FRANCIA

Forschungen zur westeuropäischen Geschichte

Max Weber
Stiftung
· · · · · · · · · ·
Deutsche
Geisteswissenschaftliche
Institute im Ausland

FRANCIA

Forschungen zur westeuropäischen Geschichte

Herausgegeben vom
Deutschen Historischen Institut Paris
(Institut historique allemand)

Band 50 (2023)

Bibliografische Information der Deutschen Nationalbibliothek
Die Deutsche Nationalbibliothek verzeichnet diese Publikation in der Deutschen Nationalbibliografie;
detaillierte bibliografische Daten sind im Internet über http://portal.dnb.de abrufbar.
ISSN 1867-6488 · ISBN 978-3-7995-8153-0 (Print)
ISBN 978-3-7995-8154-7 (E-Book)

FRANCIA – FORSCHUNGEN ZUR WESTEUROPÄISCHEN GESCHICHTE
Herausgeber: Prof. Dr. THOMAS MAISSEN
Redaktion: Prof. Dr. ROLF GROSSE (Mittelalter), Dr. CHRISTINE ZABEL (Frühe Neuzeit, 1500–1815),
Dr. JÜRGEN FINGER (Redaktionsleitung, 19.–21. Jh.)
Redaktionsassistenz: THORSTEN BUSCH, M.A.
Mitarbeit: NICOLE GÖTZELMANN
Anschrift: Deutsches Historisches Institut Paris · Institut historique allemand
Hôtel Duret-de-Chevry, 8 rue du Parc-Royal, F-75003 Paris

Aufsatzmanuskripte sind an die Redaktion zu adressieren.
Merci d'adresser les propositions d'articles à la rédaction.
francia@dhi-paris.fr

Alle Ausgaben der »Francia« ab dem Jahrgang 1973 sind online frei verfügbar auf dem Portal
»HeiJournals« der Universitätsbibliothek Heidelberg und auf perspectivia.net, dem Repositorium der
Max Weber Stiftung. Der letzte Band wird jeweils ein Jahr nach der Publikation freigeschaltet.
Die Rezensionen werden im sofortigen Open Access auf dem Portal »Francia-Recensio« veröffentlicht.
Herausgeber und Redakteure übernehmen keine Verantwortung für den Inhalt der Beiträge.

Tous les volumes de »Francia« à partir de l'année 1973 sont disponibles gratuitement sur le portail
»HeiJournals« de la bibliothèque universitaire de Heidelberg et sur perspectivia.net, la plateforme
éléctronique de la fondation Max Weber. Le dernier volume est mis en ligne un an après la publication.
Les comptes rendus sont publiés en libre accès immédiat sur le portail »Francia-Recensio«.
Les textes publiés n'engagent que leurs auteurs.

francia.dhi-paris.fr · perspectivia.net

Übersetzungen: Yanis Arbia (Paris, Resümees); Emma Bermond (Paris, Resümees); Martina Dervis
(Berlin, Resümees). Korrekturen: Jean-Léon Muller (Paris, Aufsätze Markowitz und Ressel);
Dr. Erika Mursa (Heidelberg, Aufsatz Foa); Paul Timothy Reeve (London, Aufsatz Stone);
Cordula Unewisse (Bonn, Aufsatz Crouzet); Celia Burgdorff (Toulouse, Aufsatz Duclert).

Einbandabbildung: Westliche Turmwindmühle nach Konrad Gruter von Werden, De machinis et
rebus mechanicis. Ein Maschinenbuch aus Italien für den König von Dänemark 1393–1424, Bd. 2,
hg. von Dietrich Lohrmann, Horst Kranz, Ulrich Alertz, Città del Vaticano 2006, S. 152
(siehe unten nach S. 424, Abb. 7).

Institutslogo: Kupferschläger Graphikdesign, Aachen

Dieses Buch ist aus alterungsbeständigem Papier nach DIN-ISO 9706 hergestellt.

© 2023 Jan Thorbecke Verlag
Verlagsgruppe Patmos
in der Schwabenverlag AG, Ostfildern
www.thorbecke.de
Druck: Beltz Bad Langensalza GmbH, Bad Langensalza
Hergestellt in Deutschland

INHALTSVERZEICHNIS

Thomas Maissen
Vorwort des Herausgebers/Avis au lecteur 1

FRANCIA 1973–2023

Ein halbes Jahrhundert Forschungen zur westeuropäischen Geschichte
Un demi-siècle de recherche sur l'Europe de l'Ouest
Half a Century of Research on Western Europe

Rolf Grosse
Die Redaktion der »Francia« 1973–2023 5

Mareike König – Eike Löhden
Die »Francia« anders lesen. Was Topic Modeling über Schwerpunkte und
Trends der Fachzeitschrift verrät 13

Georg Jostkleigrewe
50 Jahre »Francia«. Eine mediävistische Perspektive 55

Claire Gantet
»L'Europe françoise«? Remarques sur l'historiographie franco-allemande en
histoire moderne depuis la fondation de »Francia« (1973) 73

Reiner Marcowitz
L'intermédiaire entre historiographies française et allemande. Un demi-siècle
d'histoire contemporaine dans »Francia« 89

AUFSÄTZE

Sebastian Scholz
Handlungsfähigkeit und rechtliche Stellung der freien Frau im fränkischen
Reich (6.–8. Jahrhundert) 103

Jean-Marie Moeglin
Le traité de Verdun (843). Les enjeux d'une mémoire 129

Adelheid Krah
»Natio«, Gemeinschaft, Kult und Nation. Gemeinschaftskonzepte des Früh-
und Hochmittelalters. Teil 1 171

Maximiliane Berger
Waldwüstenwirtschaft. Produktion, Tausch und monastische Konkurrenz in
den »Vitae Ebrulfi« 205

Hannes ENGL – Robin MOENS
Sainte-Glossinde, Saint-Mihiel und der Streit um Lacroix-sur-Meuse (ca. 1187–1210). Ein außergewöhnlich gut dokumentierter Fall päpstlich delegierter Gerichtsbarkeit (Untersuchung und Edition) 227

Lucas HAASIS
Ein Hamburger Kaufmann auf Etablierungsreise in Frankreich. Ambitionen, Praktiken und Kolonialhandel im Spiegel einer Geschäftskorrespondenz der Jahre 1743–1745. 281

Magnus RESSEL
Des ennemis de la foi à visage humain. Évolution et impact du regard des intellectuels nord-européens sur les Barbaresques dans la deuxième moitié du XVIIe siècle. 307

Edern DE BARROS
La figure germanique de Charlemagne au XVIIIe siècle en France. La souveraineté à l'épreuve du régime mixte 323

Michael ROHRSCHNEIDER – Albert SCHIRRMEISTER
Die französischen Korrespondenzen in den Acta Pacis Westphalicae. Zwischenbilanz und Perspektiven 347

James STONE
Bismarck and the Bazaine Affair of 1873 367

Daniel HADWIGER
Die Entdeckung der Altstadt. Authentisierungsstrategien und die Sanierung des Altstadtviertels Le Panier in Marseille, 1972–1991 395

ZUR FORSCHUNGSGESCHICHTE UND METHODENDISKUSSION

Dietrich LOHRMANN
Frühe Gezeiten- und Turmwindmühlen. Neue Forschungen zur mittelalterlichen Energiegeschichte. 417

MISZELLEN

Michèle GAILLARD
Contribution aux Sources hagiographiques de la Gaule (SHG XIII). Les textes hagiographiques relatifs à l'abbaye Sainte-Gertrude de Nivelles 439

Amélie SAGASSER
La reprise d'un programme politique manqué. Les dispositions antijuives des synodes de Meaux-Paris (845/846), Pavie (850) et Metz (vers 893). 475

Winfried SCHULZE
»L'anti-nazi« Helmut Schneider. Wer war der Beschützer der Chantiers de la jeunesse in Auschwitz-Monowitz? 491

ATELIER

WESHALB BRINGT MAN SEINEN NACHBARN UM?

Podiumsdiskussion am 28. September 2022
am Deutschen Historischen Institut Paris

Herausgegeben von Thomas MAISSEN

Thomas MAISSEN
Das Vizinizid als historisches Phänomen und historiographisches Paradigma.
Zur Einführung 511

Jan ASSMANN
Monotheismus und Gewalt. Alttestamentliche Grundlagen einer zeitlosen
Frage 529

Denis CROUZET
Die Bartholomäusnacht als projizierte Wiederholung der »Urszene« 537

Jérémie FOA
Warum tötet man seinen Nachbarn? Der Fall der Bartholomäusnacht (August–
Oktober 1572) 561

Vincent DUCLERT
Kirchen, Massenverbrechen und Völkermord. Ein lösbares Rätsel 577

Thomas MAISSEN
Was trugen Kirche(n) und Religion zum Genozid in Ruanda bei – und was
religiöse Begriffe zu seiner historischen Erklärung? Nachfragen an Vincent
Duclert 595

NEKROLOGE

Michael Stolleis (1941–2021), von Christian ROQUES 601

Jean-Laurent Meyer (1924–2022), von Klaus MALETTKE 607

Manfred Messerschmidt (1926–2022), von Gaël EISMANN 613

Claudia Hiepel (1967–2023), von Guido THIEMEYER 617

Daniel Roche (1935–2023), von Hans-Jürgen LÜSEBRINK 619

Resümees/Résumés/Abstracts 623

Im Jahr 2022 eingegangene Rezensionsexemplare/Livres reçus pour recension
en 2022 637

VORWORT DES HERAUSGEBERS

Ein halbes Jahrhundert ist für eine geschichtswissenschaftliche Zeitschrift ein ansehnliches Alter und schon an sich Grund für Stolz und Freude beim Herausgeber, dem Deutschen Historischen Institut Paris (DHIP). Dessen Gründung erfolgte 1958 dank der Initiative des Mediävisten Eugen Ewig (Mainz). Die Mittelalterforschung prägte noch auf lange Zeit die Außenwahrnehmung des Instituts, unter seinem ersten Direktor Alois Wachtel (1966–1968) und dann vor allem in der Ära von Karl Ferdinand Werner (1968–1989). Mit seinem Amtsantritt begannen die Vorarbeiten für eine Zeitschrift, die 1973 das Licht der Welt erblickte. Sie erhielt den Namen »Francia. Forschungen zur westeuropäischen Geschichte«, womit in einer eher merowingischen Perspektive neben Frankreich die Benelux-Länder und die Schweiz gemeint waren. Dieser Fokus blieb grundsätzlich erhalten, und so ist die »Francia« die älteste und führende deutsche historische Zeitschrift, die sich mit Frankreich beschäftigt. Ein besonderes Merkmal besteht in ihrer Mehrsprachigkeit: nicht nur die deutschsprachige Forschung wird dokumentiert, von Beginn an erscheinen zahlreiche Beiträge in französischer Sprache und zunehmend auch englischsprachige Beiträge, die sich mit Frankreich, den bilateralen Beziehungen und gelegentlich mit deutschen Themen beschäftigen. Nicht zuletzt dank den dreisprachigen Resümees der Artikel und mit zahlreichen Rezensionen ist »Francia« so eine Zeitschrift geworden und geblieben, die in den drei für ihren Raum wichtigsten Forschungssprachen informiert und Wissen vermittelt.

Ein besonderes Gewicht darf bei diesem mehrsprachigen Austausch seit jeher das Mittelalter beanspruchen. Doch als 1989 Horst Möller für drei Jahre die Nachfolge von Werner antrat, erlaubte und verlangte das Profil der umfangreichen Zeitschrift eine Aufteilung auf drei Bände: Mittelalter, Frühe Neuzeit und Neuzeit. Mitarbeiter des Instituts zeichneten für die verschiedenen Aufgaben und Epochen verantwortlich: Hartmut Atsma (2/1974–12/1984) für Abbildungen und Tafeln, Martin Heinzelmann für das Mittelalter (bis Bd. 31/2004) und Jürgen Voss (bis Bd. 31/2003) für die gesamte Neuzeit, bis ihm Stefan Martens (16/1988–45/2018) die Zuständigkeit für das 19. und 20. Jahrhundert abnahm. Rainer Babel (32/2004–47/2020) verantwortete später die Teilredaktion Frühe Neuzeit und Rolf Große neben dem Mittelalter (seit 32/2005) ab 2008 auch die Redaktionsleitung.

Diese lag bis dahin beim Direktor, der stets die Herausgeberschaft innehatte und bis heute innehat. Auf Werner Paravicini (1993–2007) folgte in dieser Funktion Gudrun Gersmann (2007–2012), die wesentliche und bis heute gültige Änderungen einführte: Alle älteren Bände wurden retrodigitalisiert, so dass »Francia« mit einer Moving Wall von einem Jahr heute vollständig online zugänglich ist. Ganz ins Internet ausgelagert wurden die zahlreichen Besprechungen, die unter dem Namen »Francia-Recensio« seit 2008 in vier Ausgaben pro Jahr publiziert werden. Da auch der Jahresbericht seither separat erscheint, erlaubte der reduzierte Umfang der Zeitschrift wieder die Veröffentlichung in einem einzigen, von Thorbecke verlegten Band.

Dieser vereint Artikel, die einerseits aktuelle Forschungsthemen und -ansätze präsentieren, gerade auch von jüngeren Forscherinnen und Forschern, und andererseits die Arbeitsschwerpunkte des Instituts abbilden. Diese haben sich thematisch entwickelt, neue Forschungsachsen wie die Digitale Geschichtswissenschaft oder Afrika haben bereits erste Spuren hinterlassen. Fünf Artikel in diesem Band dokumentieren und kommentieren die Entwicklung der Zeitschrift seit 1973 und laden dazu ein, die älteren Ausgaben in Papierform oder online wieder zur Hand zu nehmen.

Wenn die Zeitschrift auch in ihrem formalen Auftritt höheren Ansprüchen genügte und genügt, so liegt das am Einsatz der erwähnten Forscher und der Redaktionsassistenzen. Die Leitung der Teilredaktionen fällt mit der Leitung der Epochenabteilungen des DHIP zusammen, und so übernahm mit Christine Zabel 2021 erstmals eine Frau beide Aufgaben, und zwar für die Frühe Neuzeit. Als Nachfolger von Stefan Martens schultert Jürgen Finger bereits seit 2018 die Verantwortung für die Neuere und Neuste Geschichte. Mit diesem Band beginnt für ihn auf einer entfristeten Stelle eine zusätzliche Funktion: die Leitung der »Francia«-Redaktion und die Leitung der Abteilung Publikationen des DHIP. In seiner kreativen, umsichtigen und kritischen Art ist er der ideale Nachfolger für Rolf Große, der ein eindrückliches Erbe hinterlässt. Mit der Sorgfalt und der philologischen Genauigkeit des Editors, der das Projekt der Gallia Pontificia leitet, hat Große sich stets auch in der »Francia« des Mittelalters und der Gesamtredaktion angenommen. Mit großer Zuverlässigkeit und Selbstständigkeit hat er dafür gesorgt, dass ihre Bände rechtzeitig, im gegebenen Umfang und mit der erwünschten thematischen Vielfalt und Breite erschienen sind. Sein hier abgedruckter Rückblick auf 50 Jahre Redaktion der »Francia« kann deshalb auch als Aufforderung und Ermunterung gelesen werden, dass die jüngere Generation im gleichen Geist und mit derselben Kompetenz die wichtige Aufgabe fortsetzt, Brücken zwischen der deutsch- und französischsprachigen Forschung zu bauen und die Ergebnisse dieses Dialogs auch der anglophonen Welt zu vermitteln.

An der Spitze des DHIP ist die Fortführung dieses Vermittlungsauftrags bereits gewährleistet. Der Stiftungsrat der Max Weber Stiftung hat Prof. Dr. Klaus Oschema (Univ. Bochum) auf den 1. September 2023 zum neuen Direktor des Instituts berufen. Damit ist dieser Band der letzte, den ich als Herausgeber begleiten darf, bevor ich nach zehn sehr schönen und bereichernden Jahren von Paris nach Heidelberg zurückkehre. Allen Mitarbeitern und Mitarbeiterinnen der »Francia« und unseren Partnern im Thorbecke-Verlag gilt mein herzlicher Dank für die gute und fruchtbare Zusammenarbeit, und ganz besonders dem Redaktionsleiter Rolf Große. Ihm und seinem Nachfolger Jürgen Finger wünsche ich für die nächsten Jahre in ihren verschiedenen Aufgaben viel Erfolg und Ertrag und für die »Francia«: *ad multos annos*!

Paris, im Frühjahr 2023   THOMAS MAISSEN

AVIS AU LECTEUR

Un demi-siècle, c'est un âge respectable pour une revue d'histoire et déjà en soi un motif de fierté et de joie pour son éditeur, l'Institut historique allemand (IHA) de Paris. Celui-ci a été fondé en 1958 à l'initiative du médiéviste Eugen Ewig (Mayence). La recherche médiévale a longtemps marqué la perception extérieure de l'institut, sous son premier directeur Alois Wachtel (1966–1968), puis surtout dans l'ère de Karl Ferdinand Werner (1968–1989). Dès son entrée en fonction, les travaux préparatoires d'une revue ont commencé et celle-ci a vu le jour en 1973. Elle fut baptisée »Francia. Forschungen zur westeuropäischen Geschichte«, titre qui désignait, dans une perspective plutôt mérovingienne, la France, les pays du Benelux et la Suisse. Cette orientation générale reste toujours valable, »Francia« est ainsi la plus ancienne et la plus importante revue historique allemande consacrée à la France. Une particularité réside dans le fait qu'elle ne se contente pas de documenter la recherche germanophone, mais qu'elle publie dès le début un nombre important d'articles en français et, au fil du temps, de plus en plus de contributions en anglais, qui traitent de l'histoire de la France, des relations bilatérales ou, occasionnellement, de thèmes allemands. C'est notamment grâce aux résumés trilingues des articles et aux nombreux comptes rendus que »Francia« est devenue et est restée une revue qui informe sur d'autres historiographies et permet le transfert de savoirs dans les trois langues.

Dans le cadre de cet échange multilingue, le Moyen Âge a toujours eu une place de choix. Toutefois, lorsque Horst Möller a pris la succession de Werner en 1989, le profil de cette revue complète a permis et exigé une répartition en trois numéros par an, représentant les trois époques: Moyen Âge, époque moderne et époque contemporaine. Les chercheurs de l'institut étaient responsables des différentes tâches et époques: Hartmut Atsma (2/1974–12/1984) pour les illustrations et les planches, Martin Heinzelmann pour le Moyen Âge (jusqu'au vol. 31/2004) et Jürgen Voss (jusqu'au vol. 31/2003) pour l'ensemble de l'époque moderne, jusqu'à ce que Stefan Martens (16/1988–45/2018) a pris la responsabilité des XIXe et XXe siècles. Rainer Babel (32/2004–47/2020) s'est vu confier plus tard la rédaction pour l'époque moderne et Rolf Große, outre le Moyen Âge (depuis 32/2005), la responsabilité de rédacteur en chef à partir de 2008.

Jusqu'alors, cette charge incombait au directeur, qui assumait et assume toujours la responsabilité générale de la publication en tant que *Herausgeber*. Werner Paravicini (1993–2007) a été suivi dans cette fonction par Gudrun Gersmann (2007–2012), qui a introduit des changements essentiels, toujours en vigueur aujourd'hui. Tous les anciens volumes ont été numérisés, de sorte que »Francia« est aujourd'hui accessible en libre accès. Le nouveau volume est mis en ligne un an après la parution de l'œuvre imprimé. Le mode de publication des nombreux comptes rendus a été entièrement réaménagé sur Internet. Depuis 2008, les comptes rendus sont publiés dans la revue en ligne »Francia-Recensio«, qui paraît quatre fois par an. Comme le rapport annuel est également publié séparément depuis lors, le volume réduit de la revue a permis de publier »Francia« à nouveau en un seul numéro, édité par Thorbecke.

La revue réunit à chaque fois des contributions qui, d'une part, présentent des thèmes et des approches de recherche actuels, notamment de la part de jeunes chercheurs et chercheuses, et qui, d'autre part, illustrent les domaines d'activité de l'IHA. Ces derniers ont évolué sur le plan thématique et de nouveaux axes de travail, comme l'historiographie numérique ou l'Afrique, ont déjà fait date. Cinq articles du volume actuel documentent et commentent l'évolution de la revue depuis 1973 et invitent à reprendre en main les anciens numéros sur papier ou en ligne.

Si la revue a satisfait et satisfait encore les grandes exigences dans sa présentation formelle, c'est grâce à l'engagement des rédacteurs et des assistants de rédaction. Comme la tâche de rédacteur est associée à la direction d'un département d'époque au sein de l'IHA, c'est ainsi qu'avec Christine Zabel une femme a pris en charge pour la première fois ces deux fonctions, à savoir pour l'époque moderne (depuis vol. 48). Jürgen Finger a succédé à Stefan Martens déjà en 2018 comme responsable de l'histoire contemporaine à l'institut et, depuis vol. 46 (2019), à la rédaction. Avec ce volume, une fonction supplémentaire lui est confiée, liée à un poste à durée indéterminée: la direction de la rédaction de »Francia« et du département des publications de l'IHA. Créatif, prudent et critique, il est le successeur idéal de Rolf Große, qui laisse un héritage impressionnant. Große a toujours pris en charge la section médiévale de »Francia« et la fonction de rédacteur en chef avec le soin et la précision philologique de l'éditeur qui dirige le projet de la Gallia Pontificia. Avec une grande fiabilité et une grande autonomie, il a veillé à ce que les numéros soient publiés à temps, dans le volume donné et avec la diversité et l'ampleur thématiques souhaitées. Sa rétrospective des 50 ans de la rédaction de »Francia«, publiée ici, peut donc être lue comme une invitation et un encouragement à ce que la jeune génération poursuive, dans le même esprit et avec la même compétence, la tâche importante de jeter des ponts entre la recherche francophone et germanophone et de transmettre les résultats de ce dialogue dans le monde anglophone.

La poursuite de cette mission de médiation est déjà garantie à la tête de l'Institut historique allemand. Le conseil de la fondation Max Weber a nommé le professeur Klaus Oschema (univ. de Bochum) au poste de directeur de l'institut à compter du 1er septembre 2023. Ce numéro est donc le dernier que j'ai le plaisir d'accompagner en tant que directeur de la publication, avant de quitter Paris pour retourner à Heidelberg après dix très belles et enrichissantes années. J'adresse mes plus vifs remerciements aux équipes de »Francia« et des éditions Thorbecke pour leur bonne et fructueuse coopération, et tout particulièrement au rédacteur en chef, Rolf Große. Je souhaite beaucoup de succès à lui et à son successeur Jürgen Finger dans leurs différentes tâches dans les années à venir et pour »Francia«: *ad multos annos*!

Paris, au printemps 2023   THOMAS MAISSEN

FRANCIA 1973–2023

Ein halbes Jahrhundert Forschungen zur westeuropäischen Geschichte
Un demi-siècle de recherches sur l'Europe de l'Ouest
Half a Century of Research on Western Europe

Rolf Grosse

DIE REDAKTION DER »FRANCIA« 1973–2023

1. Die Anfänge

50 Jahre »Francia« bieten Anlass zu einem Rückblick[1]. Er kann nicht anders einsetzen als mit der Erinnerung an ihren Begründer und ersten Herausgeber, Karl Ferdinand Werner, der das Institut von 1968 bis 1989 leitete[2]. Bereits vor seinem Amtsantritt, noch als Professor an der Universität Mannheim (1965–1968), fasste er den Plan, eine eigene Zeitschrift zu veröffentlichen[3]. Als Direktor setzte er ihn um und folgte damit

---

1 Der »Francia« wurden in der Vergangenheit zwei Beiträge gewidmet, auf die auch für das Folgende verwiesen sei: Martin Heinzelmann, Die Zeitschrift Francia/La revue Francia, in: Rainer Babel, Rolf Grosse (Hg.), Das Deutsche Historische Institut Paris/L'Institut historique allemand, 1958–2008, Ostfildern 2008, S. 171–195 (mit einem instruktiven Überblick über die inhaltliche Struktur und die Redaktion der Bände 1–33 [1973–2006], S. 179–186); Rolf Grosse, Francia. Ein Forum westeuropäischer historischer Forschung, in: ders., Revues scientifiques. État des lieux et perspectives/Wissenschaftliche Zeitschriften. Aktuelle Situation und Perspektiven, Paris 2010 (discussions, 3) (mit statistischen Angaben zur Sprache, den Epochen und Abonnenten), online https://perspectivia.net/publikationen/discussions/3-2010/grosse_francia (11.4.2023). Siehe ferner ders., Frankreichforschung am Deutschen Historischen Institut Paris, in: Jahrbuch der historischen Forschung in der Bundesrepublik Deutschland, Berichtsjahr 2012, München 2013, S. 21–27, hier: S. 23 f.; Martin Heinzelmann, Francia, in: Nicole Colin, Corine Defrance, Ulrich Pfeil, Joachim Umlauf (Hg.), Lexikon der deutsch-französischen Kulturbeziehungen nach 1945, Tübingen ²2015 (edition lendemains, 28), S. 237 f.; französische Fassung: ders., Francia (revue), in: dies., avec la collaboration d'Anja Ernst (Hg.), Dictionnaire des relations culturelles franco-allemandes depuis 1945, Villeneuve d'Ascq 2023, S. 281 f. – Für freundliche Hinweise danke ich Dagmar Aßmann (Berlin) und Katrin Neumann (Bonn).
2 Zu Karl Ferdinand Werner siehe Michel Parisse, Karl Ferdinand Werner, in: Véronique Sales (Hg.), Les historiens, Paris ²2003, S. 267–283; Olivier Guillot, Karl Ferdinand Werner, »novissimus fundator«, in: Ulrich Pfeil (Hg.), Das Deutsche Historische Institut Paris und seine Gründungsväter. Ein personengeschichtlicher Ansatz, München 2007 (Pariser Historische Studien, 86), S. 221–231; Werner Paravicini, Wachstum, Blüte, neue Häuser: Das Institut in den Jahren 1968–2007/Croissance, floraison, demeures nouvelles: l'institut pendant les années 1968–2007, in: Babel, Grosse (Hg.), Das Deutsche Historische Institut Paris (wie Anm. 1), S. 85–169, hier S. 85 f., 88–93; Dominique Barthélemy, Karl Ferdinand Werner, le médiéviste, in: Francia 38 (2011), S. 169–178; Peter Schöttler, Karl Ferdinand Werner, historien du temps présent, ebd., S. 179–189.
3 Heinzelmann, Die Zeitschrift Francia (wie Anm. 1), S. 171 mit Anm. 2.

dem Beispiel des römischen Schwesterinstituts, das seit 1898 über die »Quellen und Forschungen aus italienischen Bibliotheken und Archiven« als Publikationsorgan verfügt[4]. Den thematischen Rahmen der Zeitschrift, die den programmatischen Untertitel »Forschungen zur westeuropäischen Geschichte« trägt, skizzierte K. F. Werner in der Vorrede zum ersten, 1973 erschienenen Band:

> »Dank der Förderung durch das Bundesministerium für Bildung und Wissenschaft ist das Deutsche Historische Institut in Paris in der Lage, die erste deutsche Zeitschrift herauszugeben, die sich speziell mit der Geschichte Westeuropas befasst. Ihr besonderes Interesse gilt der Geschichte Frankreichs und seiner Nachbarländer Schweiz, Niederlande, Belgien und Luxemburg, sowie der Geschichte ihrer Städte und Provinzen. Daneben werden die Beziehungen dieses westeuropäischen Kontinentalblocks, der vom spätantiken Gallien bis zur Gegenwart behandelt wird, zu Mitteleuropa, zur Iberischen Halbinsel und zu den Britischen Inseln besondere Beachtung finden[5].«

Vorgesehen waren auch Beiträge, die im Zusammenhang mit Projekten der Mitarbeiter und Stipendiaten standen[6]. Zusammenfassend heißt es:

> »Alle Lebensbereiche sollen Berücksichtigung finden, um das Phänomen des Einflusses, den Westeuropa auf die Welt ausgeübt hat und ausübt, zur Anschauung zu bringen und zugleich zu seiner Erklärung beizutragen. Dabei wird dem Vergleich der west- und mitteleuropäischen Entwicklung besondere Aufmerksamkeit gewidmet[7].«

Diese Vorgaben sind bis heute gültig. »Francia« ist nach wie vor die einzige deutsche Zeitschrift, die der Geschichte Westeuropas gewidmet ist. Zur Ausprägung ihres besonderen Profils trägt auch bei, dass sie seit ihren Anfängen Beiträge in deutscher, französischer und englischer Sprache veröffentlicht. Sie ist frankozentriert[8]. Deutschland zählte K. F. Werner nicht zum »westeuropäischen Kontinentalblock«. Beiträge zu seiner Geschichte werden deshalb nur veröffentlicht, wenn sie einen Bezug zu Frankreich aufweisen. Die »Francia« dient aber auch als Forum für Forschungsprojekte des Hauses. Folglich konnte in Band 48 ein »Atelier«, ein Themenheft, zur »Bureaucratization of African Societies« erscheinen[9]. Es ging hervor aus der Arbeit einer Transnationalen Forschungsgruppe, die das DHIP im Rahmen seines neuen,

---

4 Zur römischen Zeitschrift siehe Martin Baumeister u. a., Einhundert Bände »Quellen und Forschungen aus italienischen Archiven und Bibliotheken«. Geschichte und Zukunft, in: Quellen und Forschungen aus italienischen Archiven und Bibliotheken 100 (2020), S. 3–24.
5 Karl Ferdinand Werner, Zum Geleit, in: Francia 1 (1973), S. 13 f., hier S. 13.
6 Vgl. Heinzelmann, Die Zeitschrift Francia (wie Anm. 1), S. 174. Zu den Forschungsprojekten des Instituts siehe Karl Ferdinand Werner, Die Forschungsbereiche des Deutschen Historischen Instituts in Paris, ihre Schwerpunkte und Projekte, in: Francia 4 (1976), S. 722–747.
7 Werner, Zum Geleit (wie Anm. 5), S. 14.
8 Vgl. Heinzelmann, Die Zeitschrift Francia (wie Anm. 1), S. 173 f.; Grosse, Francia (wie Anm. 1), § 3.
9 Susann Baller (Hg.), The Bureaucratization of African Societies. Everyday Practices and Processes of Negotiation, in: Francia 48 (2021), S. 407–525.

von Thomas Maissen (Direktor seit 2013) initiierten Forschungsschwerpunkts Afrika seit 2015 in Dakar aufgebaut hat[10].

Dem weiten Themenspektrum, dem sich die »Francia« in den letzten 50 Jahren öffnete, widmen sich die folgenden vier Aufsätze des aktuellen Bands, verfasst von Mareike König, Eike Löhden, Georg Jostkleigrewe, Claire Gantet und Reiner Marcowitz[11]. Wir werfen einen Blick auf die Redaktion, die hinter der Zeitschrift steht. Wesentliches dazu wurde bereits in zwei früheren, 2008 und 2010 erschienenen Beiträgen gesagt, die wir um Aspekte der jüngeren Vergangenheit ergänzen[12].

Erwähnt seien aber zunächst die beiden ersten Redakteure: Jürgen Voss und Martin Heinzelmann. Sie gehörten zur »Mannheimer Truppe«, die K. F. Werner nach Paris mitgebracht hatte[13]. Der Frühneuzeitler J. Voss, seit 1969 am Institut beschäftigt, betreute nicht nur die ersten drei Bände als Redakteur, sondern gab auch die Anregung zum Namen »Francia«[14]. Ab Band 4 (1976) teilte er sich die Arbeit mit dem Mediävisten M. Heinzelmann, der bereits seit 1968 am Institut tätig war[15]. Beide haben die »Francia« in starkem Maße geprägt.

2. Drei Teilbände

Als K. F. Werner 1989 in den Ruhestand ging und ihm Horst Möller als Direktor folgte, bedeutete dies auch eine wichtige Zäsur für die Zeitschrift. Erschien sie bislang als einbändiges Jahrbuch, dessen Umfang zuletzt mehr als 1000 Seiten umfasste[16], so wurde sie ab Band 16 (1989) in drei schmalere Teilbände aufgegliedert, die den Epochen »Mittelalter«, »Frühe Neuzeit – Revolution – Empire, 1500–1815« sowie »19./20. Jahrhundert« gewidmet waren. In der Vorbemerkung zu Band 16/1 betont H. Möller die inhaltliche Kontinuität und begründet die Aufteilung:

> »An dieser Vielfalt der bisher in der FRANCIA behandelten Themen aus dem weiten Bereich der westeuropäischen Geschichte und dem spezifischen Interesse an der Vermittlung geschichtswissenschaftlicher Erkenntnisse zwischen Deutschland und Frankreich wird sich auch nach dem Wechsel des Herausgebers nichts ändern, zumal die FRANCIA bis heute die einzige geschichtswissenschaftliche Zeitschrift dieses Zuschnitts geblieben ist. Die historische Fundierung des europäischen Einigungsprozesses, insbesondere der freundschaftlichen Zusammenarbeit von Franzosen und Deutschen, ist so notwendig wie eh und je. Wenn nun trotzdem einige Änderungen erforderlich sind, dann

---

10 Siehe Thomas MAISSEN, Vorwort des Herausgebers, ebd., S. 1 sowie DERS., Preface to the Focus on »The Bureaucratization of African Societies«, ebd., S. 407–409, hier S. 407.
11 Siehe unten, S. 13–102.
12 Wie Anm. 1.
13 PARAVICINI, Wachstum, Blüte, neue Häuser (wie Anm. 2), S. 89.
14 HEINZELMANN, Die Zeitschrift Francia (wie Anm. 1), S. 172, eine Aufstellung der Redakteure ebd., S. 180. Es sei erwähnt, dass Hartmut Atsma die Abbildungen und Tafeln betreute (Bd. 2 [1974]–12 [1984]) und Rainer Riemenschneider die Rezensionen der Neuzeit (Bd. 12 [1984]–14 [1986]).
15 Zum Datum ihrer Einstellung vgl. Rainer BABEL, Rolf GROSSE, Chronik/Chronique, in: DIES. (Hg.), Das Deutsche Historische Institut Paris (wie Anm. 1), S. 235–251, hier S. 237.
16 Bd. 15 (1987) umfasste XV und 1153 Seiten.

geht das in erster Linie auf den nur noch schwer zu finanzierenden, ständig wachsenden Umfang der Zeitschrift zurück. Ebenso wollen Herausgeber und Verlag dem immer wieder geäußerten Wunsch Rechnung tragen, auch epochal begrenzte Teile der FRANCIA erwerben zu können[17].«

Jeder Teilband wurde von einem eigenen Redakteur betreut. In ihren Kreis trat nun, neben M. Heinzelmann und J. Voss, der Zeithistoriker Stefan Martens, der in Band 15 (1987) bereits für den Rezensionsteil der Neuzeit zuständig gewesen war[18]. Durch die geplante Umstellung bedingt, erschien 1988 kein Band. Auf J. Voss und M. Heinzelmann folgten ab Band 32 (2005) der Frühneuzeitler Rainer Babel und der Mediävist Rolf Große[19].

3. Digitalisierung

Seit ihren Anfängen umfasste die »Francia« einen Rezensionsteil. Er zeichnete sich dadurch aus, dass Besprechungen möglichst in einer anderen Sprache als das rezensierte Buch verfasst wurden[20]. Werner Paravicini, Direktor von 1993 bis 2007, spricht von den »Rezensionen, die in ihrem kreuzweisen Charakter Stolz und Ruhm dieser Zeitschrift sind«[21]. Der Rezensionsteil nahm jedoch einen solchen Umfang an, dass Gudrun Gersmann, Direktorin seit 2007, beschloss, ihn aus der gedruckten Zeitschrift auszugliedern und unter dem Namen »Francia-Recensio« online zu veröffentlichen[22]. Zugleich wurde die Dreiteilung der Zeitschrift aufgehoben: Seit Band 35 (2008) erscheint sie wieder einbändig, in der Regel im September des Jahres. Im Vorwort erläutert G. Gersmann ihre Entscheidung:

> »Warum kehrt die im Jahre 1973 begründete FRANCIA damit zu ihrer ursprünglichen Publikationsweise zurück? Die Gründe dafür liegen auf verschiedenen Ebenen. Erstens haben wir (...) den Rezensionsteil aus der gedruckten Zeitschrift ausgelagert. Die Buchbesprechungen der FRANCIA werden von nun an ausschließlich online verfügbar sein. Wir hoffen, mit diesem Schritt unsere Rezensionen künftig schneller veröffentlichen zu können, als dies bei einem gedruckten Fachjournal, das einen beträchtlichen Vorlauf erfordert, naturgemäß der Fall sein kann. (...) Der Zusammenfassung der drei Teilbände zu einem Band, der nun allerdings auch mehr Platz für Aufsätze, Forschungsberichte und Miszellen bietet, liegen zweitens konzeptionelle Überlegungen zu Grunde. Bei vielen Fragestellungen drängt sich ein bewusst über die engen Epochen-

---

17 Horst MÖLLER, Vorbemerkung des Herausgebers, in: Francia 16/1 (1989), S. XI.
18 Vgl. HEINZELMANN, Die Zeitschrift Francia (wie Anm. 1), S. 180.
19 Bd. 32/1 (2005) betreuten M. Heinzelmann und R. Große gemeinsam.
20 Vgl. HEINZELMANN, Die Zeitschrift Francia (wie Anm. 1), S. 177; GROSSE, Francia (wie Anm. 1), § 8.
21 Werner PARAVICINI, Vorwort des Herausgebers, in: Francia 34/1 (2007), S. XIII.
22 In Francia 34/1 (2007) umfasste der Rezensionsteil die Seiten 245–385. Der Umfang dieses Teilbands belief sich auf 453 Seiten, obwohl nur 350 vorgesehen waren. Zu »Francia-Recensio« siehe Rolf GROSSE, Francia. Forschungen zur westeuropäischen Geschichte/Francia-Recensio, in: Mitteilungen des Instituts für Österreichische Geschichtsforschung 121 (2013), S. 117–119.

grenzen hinausgehender Forschungsansatz geradezu auf: Erst im großzügigen chronologischen Längsschnitt lassen sich zentrale Verläufe und Entwicklungsmechanismen der europäischen Geschichte vom Mittelalter bis in die Gegenwart vergleichend analysieren[23].«

G. Gersmann, der das DHIP auch die konsequente Anwendung der Digital Humanities zu verdanken hat, ließ die älteren Jahrgänge der »Francia« retrodigitalisieren und die aktuellen mit einer Moving Wall von zunächst zwei Jahren und seit 2010 einem Jahr im Open Access online stellen[24]. Voraussetzung dafür war der Aufbau der digitalen Publikationsplattform perspectivia.net unter dem Dach der Max Weber Stiftung[25]. Maßgeblich beteiligt an dieser Umstellung waren die drei Redakteure, R. Babel, R. Große und St. Martens, die Redaktionsassistentin Dagmar Aßmann, Gregor Horstkemper von der Bayerischen Staatsbibliothek und Michael Kaiser, der jetzige Leiter von perspectivia.net. Ihre Open-Access-Politik, die auch die Buchreihen des Instituts betraf, stellte G. Gersmann u. a. in einem Beitrag für die »Frankfurter Allgemeine Zeitung« vor[26].

Seit 2008 erscheint »Francia-Recensio« in vier Ausgaben pro Jahr mit jeweils ca. 100 Besprechungen im Open Access. Sie sind zudem auf recensio.net, dem Rezensionsportal der Bayerischen Staatsbibliothek, zugänglich[27]. Seit 2017 arbeitet perspectivia.net beim Hosting von »Francia« wie auch von »Francia-Recensio« mit der Universitätsbibliothek Heidelberg zusammen. Diese betreibt die beiden Zeitschriften mit der Software OJS (Open Journal Systems)[28]. Die technische Betreuung liegt weiterhin in den Händen der Redaktion von perspectivia.net. Dort ist Katrin Neumann die Ansprechpartnerin. Sie löste im Sommer 2016 Tobias Wulf ab und ist auch für den Kontakt zur Universitätsbibliothek Heidelberg zuständig. Monika Döring, Mitarbeiterin der Bayerischen Staatsbibliothek, versieht die Rezensionen mit Metadaten und ermöglicht die Anbindung an Bibliothekskataloge.

Als Ende Juni 2020 die 50. Ausgabe von »Francia-Recensio« veröffentlicht wurde, zählte man insgesamt mehr als 5000 Besprechungen seit 2008. Es dürfte schwer sein, ein Rezensionsjournal zu finden, das in vergleichbarem Umfang über Neuerscheinungen zur westeuropäischen Geschichte informiert. Wirft man einen Blick in den Besprechungsteil der jüngsten Bände des »Deutschen Archivs« oder der »Historischen Zeitschrift«, so findet man nur wenige französische Titel. Ohne »Francia-Recensio« würden sie, zumindest in Deutschland, kaum zur Kenntnis genommen.

---

23 Gudrun GERSMANN, Vorwort der Herausgeberin, in: Francia 35 (2008), S. IX–X, hier S. IX.
24 https://journals.ub.uni-heidelberg.de/index.php/fr (11.4.2023). Vgl. GROSSE, Francia (wie Anm. 1), § 19.
25 https://perspectivia.net//content/index.xml (11.4.2023). Vgl. GROSSE, Francia (wie Anm. 1), § 12f.
26 Gudrun GERSMANN, Wer hat Angst vor Open Access?, in: Frankfurter Allgemeine Zeitung, 18.2.2009, online https://www.faz.net/aktuell/feuilleton/forschung-und-lehre/debatte-wer-hat-angst-vor-open-access-1766807.html (11.4.2023).
27 https://www.recensio.net/front-page (11.4.2023).
28 »Francia«: https://journals.ub.uni-heidelberg.de/index.php/fr (11.4.2023); »Francia-Recensio«: https://journals.ub.uni-heidelberg.de/index.php/frrec/ (11.4.2023). Beide finden sich nach wie vor auch auf perspectivia.net: https://perspectivia.net/publikationen/francia (11.4.2023); https://perspectivia.net/publikationen/francia/francia-recensio (11.4.2023).

Die Adressdatenbank der Redaktion umfasst 6819 Rezensenten. Die hohe Zahl der Downloads – 2022 waren es 60 258 – belegt das große Interesse, auf das die Inhalte des Journals stoßen. Fragt man die Statistik nach den Ländern, in denen »Francia-Recensio« aufgerufen wird, so liegt Deutschland mit großem Abstand an der Spitze, gefolgt von den Vereinigten Staaten und Frankreich.

4. Ein zeitgemäßes Format

Die Umstellungen waren mit der Einrichtung eines internationalen Gutachtergremiums für die »Francia« verbunden, um den Anforderungen der Qualitätskontrolle Rechnung zu tragen[29]. Entschieden bislang der Direktor, der jeweilige Redakteur und der fachlich zuständige Wissenschaftler des Instituts über die Annahme eines Beitrags[30], so wird er seitdem zwei Mitgliedern des *comité de lecture* im Doppelblindverfahren vorgelegt, bei Bedarf auch externen Spezialisten. Der Attraktivität der »Francia« kommt dies sicher zugute. An eingereichten Manuskripten herrscht jedenfalls kein Mangel, und der vorgesehene Umfang von ca. 500 Seiten pro Band wird in der Regel überschritten. Auf Sympathie stößt bei den Autorinnen und Autoren zudem, dass sie Sonderdrucke nicht nur als PDF, sondern nach wie vor auch in Papierform erhalten.

Die Sektionen innerhalb der Zeitschrift wurden bei der Umstellung beschränkt auf »Aufsätze«, »Zur Forschungsgeschichte und Methodendiskussion«, »Miszellen«, »Ateliers« (sie enthalten Beiträge kleinerer Tagungen) und »Nekrologe«. Eingestellt wurden die unregelmäßigen Sektionen, die sich im Laufe der Zeit vervielfacht hatten: »Prosopographica«, »Notices critiques«, »Die Urkunden des Merowingerreiches«, »Sources hagiographiques de la Gaule«, »Dokumente« und »Prosopographica Burgundica«[31]. In ihrer Mehrzahl waren sie Aufsätzen zu einzelnen Forschungsprojekten des Instituts gewidmet. Da diese Projekte häufig mit dem Ausscheiden des Bearbeiters endeten, hatten die Sektionen ihre Funktion verloren. Die Beiträge zu Burgund und zur Hagiografie, die seitdem erschienen sind, zeigen aber, dass diese Thematik weiterhin in der »Francia« vertreten ist. Dies belegt nicht zuletzt der aktuelle Band[32].

Der Jahresbericht des Direktors, der, von wenigen Ausnahmen abgesehen, bis 2007 Bestandteil der Zeitschrift war, wurde ins Netz verlagert und erscheint zudem selbständig in gedruckter Form[33]. Der Aufsatzteil, in dem seit Band 37 (2010) auch

---

29 GERSMANN, Vorwort (wie Anm. 23), S. IX. Die Mitglieder sind hier aufgelistet: https://www.dhi-paris.fr/publikationen/francia.html (11.4.2023).
30 Vgl. HEINZELMANN, Die Zeitschrift Francia (wie Anm. 1), S. 175.
31 Ebd., S. 176–180.
32 Michèle GAILLARD, Contribution aux Sources hagiographiques de la Gaule (SHG XIII). Les textes hagiographiques relatifs à l'abbaye Sainte-Gertrude de Nivelles, unten, S. 439–473. Die Hagiografie ist zudem Gegenstand der Aufsätze von Richard SOWERBY, The Lives of St Samson. Rewriting the Ambitions of an Early Medieval Cult, in: Francia 38 (2011), S. 1–31; James Drysdale MILLER, Sing unto the Lord a New Song. Rewriting the »Vita Melanii« in Eleventh Century Rennes, ebd. 49 (2022), S. 53–75.
33 https://www.dhi-paris.fr/en/institut/jahresbericht.html (11.4.2023). Nicht erschienen ist er in Francia 16/1 (1989)–21/1 (1994); in gedruckter Form letztmals in Band 34/1 (2007), S. 403–450.

der Jahresvortrag seinen Platz gefunden hat[34], wird seit der Umstellung durch deutsche, französische und englische Resümees erschlossen, und am Ende des Bands ist das Verzeichnis der eingegangenen Rezensionsexemplare abgedruckt. Seit Band 39 (2012) erscheint die Zeitschrift auch als E-Book und seit Band 49 (2022) als E-Journal. Somit ist es jetzt möglich, einzelne Aufsätze zu erwerben[35]. Die Druckauflage des Jubiläumsbands liegt bei 350 Exemplaren, von denen 285 im Abonnement bezogen werden.

G. Gersmann passte nicht nur die »Francia« den Anforderungen der Zeit an, sie organisierte auch das DHIP nach Abteilungen und bestimmte, dass die Abteilungsleiter Mittelalter, Frühe Neuzeit sowie Neuere und Neueste Geschichte zugleich Redakteure der Zeitschrift und des Rezensionsjournals sind. Die Redaktionsleitung wurde 2008 R. Große übertragen. Als Nachfolger von St. Martens und R. Babel traten 2019 Jürgen Finger und 2021 Christine Zabel in die Redaktion ein[36]. Anfang 2023 übernahm J. Finger auch die Redaktionsleitung.

Unterstützt wird die Redaktion von einer Redaktionsassistenz. Diese Funktion hatte zunächst Ursula Hugot inne. 2004 folgte ihr D. Aßmann, die sowohl für die Zeitschrift als auch das Rezensionsjournal zuständig war[37]. Th. Maissen teilte die Redaktion im Jahr 2015: D. Aßmann betreute fortan »Francia-Recensio«, und als sie Ende 2021 ausschied, folgte ihr zu Beginn des folgenden Jahres Elisabeth Lackner. Für die Assistenz der »Francia« wurde eine Doktorandenstelle eingerichtet, deren Inhaber in der Redaktion der Zeitschrift mitwirkt, um eine berufliche Zusatzqualifikation zu erwerben[38]. Auf dieser Stelle war zunächst Christine Eckel tätig (2015–2016)[39]. Ihr folgten Christian Gründig (2016–2019), Aaron Jochim (2019–2021), Maria Kammerlander (2021–2022) und Thorsten Busch (seit 2022)[40].

Zum Schluss sei noch ein Blick auf die Verlage geworfen, bei denen die »Francia« erscheint. An die Stelle des Wilhelm Fink Verlags, von dem K. F. Werner sich bereits

---

34 Rainer HUDEMANN, Partenaires – opposants – moteurs? De la dynamique du franco-allemand depuis 1945, in: Francia 37 (2010), S. 219–235. Von 1995 bis 2008 wurde der Jahresvortrag gesondert in der von der (inzwischen aufgelösten) Gesellschaft der Freunde des DHIP herausgegebenen Reihe »Conférences annuelles de l'Institut Historique Allemand« veröffentlicht.
35 https://shop.verlagsgruppe-patmos.de/francia-49-einzelbeitraege-digital-408151.html (11.4.2023).
36 J. Finger war bereits seit April 2018 Leiter der Abteilung Neuere und Neueste Geschichte. Vgl. Thomas MAISSEN, Vorwort des Herausgebers, in: Francia 45 (2018), S. IX (J. Finger); DERS., Vorwort (wie Anm. 9), S. 1 (Ch. Zabel).
37 1995–2003 arbeitete auch Ulrika Saga als Redaktionssekretärin mit. Vgl. HEINZELMANN, Die Zeitschrift Francia (wie Anm. 1), S. 191 Anm. 38.
38 Der Umfang der Tätigkeit beträgt 12 Stunden pro Woche.
39 Ch. Eckel verteidigte ihre Dissertation über »Repressionspolitik und Deportationspraxis im besetzten Frankreich 1940–1944. Feindbilder, Akteure, Verfolgtengruppen« im Jahr 2019.
40 Ch. Gründig verteidigte seine Dissertation 2020 (»Französische Lebenswelten in der Residenz. Akteure, Räume und Modalitäten französisch-sächsischer Verflechtung im augusteischen Dresden, 1694–1763«) und A. Jochim ein Jahr später (»Imaginäre Wappen im deutsch- und französischsprachigen Raum [13.–16. Jahrhundert]«). Die Arbeit von Ch. Gründig erschien 2022 als Band 126 der »Pariser Historischen Studien«. In dieser Reihe wird auch die Dissertation von A. Jochim veröffentlicht werden. – M. Kammerlander arbeitet über »Vergemeinschaftung durch Wissen. Das universitäre Imaginär und die Entstehung der Universität von Paris (12. bis 13. Jahrhundert)«, Th. Busch zum Thema »Der infizierte Staatskörper: Pest, Pathologie und Politik im Frankreich des Ancien Régime (1618–1722)«.

nach dem ersten Band trennte, trat zunächst Artemis (Bd. 2–10 [1974–1982]) und dann, ab Band 11 (1983), Jan Thorbecke[41]. Dort ist die »Francia« seit nunmehr 40 Jahren bestens aufgehoben. Wir freuen uns, die erfolgreiche Zusammenarbeit mit dem Jubiläumsband krönen zu dürfen.

---

41 Vgl. HEINZELMANN, Die Zeitschrift Francia (wie Anm. 1), S. 175.

Mareike König – Eike Löhden

DIE »FRANCIA« ANDERS LESEN

Was Topic Modeling über Schwerpunkte und
Trends der Fachzeitschrift verrät

Neue Methoden waren in der »Francia« schon immer willkommen. In der ersten Ausgabe 1973 schrieb der Herausgeber und damalige Direktor des Deutschen Historischen Instituts (DHIP), Karl Ferdinand Werner, dass zu den bevorzugten Themengebieten der neuen Zeitschrift auch die »Diskussion der Methoden der gegenwärtigen und zukünftigen Geschichtswissenschaft«[1] gehöre. Zu diesen Methoden zählte er explizit die damals vor allem in Frankreich angesagte Quantifizierung sowie »neue technische Möglichkeiten innerhalb der sozialwissenschaftlichen Disziplinen«[2]. Dieses Zitat dient uns nicht nur als willkommene Legitimierung der von uns betriebenen »zukünftigen« Geschichte per Computer. Vielmehr stellt sich die Frage, ob und wie diese methodische Offenheit und die weiteren im Geleitwort genannten Themenschwerpunkte tatsächlich umgesetzt wurden: Wie schlägt sich die angekündigte Geschichte Frankreichs und seiner Nachbarländer von der Spätantike bis in die Gegenwart konkret in der »Francia« nieder? Welche inhaltlichen Entwicklungen und Schwerpunkte zeigen sich in der Zeitschrift, die sich über die Jahre gewandelt hat von einer bevorzugt für Themen der Mitarbeitenden und Stipendiaten offenen Institutszeitschrift hin zu einem Fachjournal mit Peer-Review[3]? Welche Unterschiede lassen sich zwischen der hier publizierten deutsch- und französischsprachigen Forschung feststellen?

Dies versuchen wir herauszufinden, indem wir die »Francia« anders lesen, und zwar mit computergestützten Methoden. Die Untersuchung möchte damit komplementäre Perspektiven bieten zu den Beiträgen, in denen Georg Jostkleigrewe, Claire Gantet und Reiner Marcowitz anlässlich des Erscheinens des 50. Jahrgangs jeweils eine Epoche in den Blick nehmen. Unsere Studie fragt nach textimmanenten Sprachmustern, inhaltlichen Schwerpunkten und Publikationstrends über die 49 bereits erschienen Jahrgänge hinweg[4]. Dabei werfen wir vergleichende Blicke auf die deutschen

---

1 Zum Geleit/Avis au lecteur, in: Francia 1 (1973), S. 13–14, hier S. 13. Als Autor des Beitrags ist zwar das Deutsche Historische Institut Paris genannt, tatsächlich hat der Direktor das Vorwort geschrieben. Vgl. dazu wie zur Geschichte der Zeitschrift allgemein Martin Heinzelmann, Die Zeitschrift Francia des Deutschen Historischen Instituts in Paris, in: Rainer Babel, Rolf Grosse (Hg.), Das Deutsche Historische Institut 1958–2009, Ostfildern 2008, S. 171–195; Rolf Grosse, Francia. Ein Forum westeuropäischer historischer Forschung, in: Discussions 3 (2010), https://perspectivia.net/publikationen/discussions/3-2010/grosse_francia.
2 Zum Geleit/Avis au lecteur (wie Anm. 1), S. 14.
3 Vgl. Rolf Grosse, Die Redaktion der »Francia« 1973–2023, in: Francia 50 (2023), S. 5–12.
4 Im Jahr 1988, vor der Aufteilung der »Francia« in drei Teilbände, ist keine Ausgabe der Zeitschrift erschienen.

und französischen Aufsätze anhand einer computergestützten Textanalyse, genauer: mit der Methode des Topic Modeling, das Themenfelder und ihre Trends in großen Textmengen aufzeigen kann. Die Stärken dieser Methode liegen im explorativen Zugang auf große, durch Lesen nicht zu bewältigende Korpora. Damit wird eine empirische, datengetriebene Perspektive auf die »Francia« eingenommen. Die Interpretation bleibt gleichwohl klassisch hermeneutisch, denn der Erkenntnisgewinn entsteht durch die Verbindung von quantitativer und qualitativer Analyse und mithin durch Wechsel zwischen den gröberen Linien des Modells und der Mikroebene der einzelnen Aufsätze. Der Beitrag zeigt zugleich, welche Möglichkeiten Topic Modeling bei der Analyse eines großen Textkorpus für die historische Forschung bieten kann und auf welche Grenzen man bei der Anwendung stößt.

In einem ersten Teil präsentieren wir in aller Kürze die Korpuserstellung und -bereinigung sowie die methodischen Grundlagen des Topic Modeling. Der quantitative Steckbrief der »Francia« im Hinblick auf Epochen, Sprachen und Geschlechterverteilung bei der Autorenschaft ist Gegenstand eines zweiten Teils. Die Schwerpunkt- und Trendanalyse der in der »Francia« publizierten Forschung erfolgt im dritten Teil. Angesichts der Fülle an Material werden nach einem Überblick über die Grundausrichtung der Zeitschrift für jede Epoche Themenfelder exemplarisch herausgegriffen und näher betrachtet. Die grundlegenden Daten zur Studie sind in einem offenen Archiv publiziert, so dass Interessierte sich auf den Weg einer weiteren Feinanalyse machen können[5]. Unser Fokus liegt auf den deutschsprachigen Beiträgen, für die das französischsprachige Korpus als Vergleichsfolie herangezogen wird. Zum Abschluss ziehen wir Bilanz zu Trends und Entwicklung der Historiografie in der »Francia« sowie zu Topic Modeling als Methode der Exploration einer Fachzeitschrift.

Korpus und Methode

Korpuserstellung und -bereinigung

Für die computergestützte Inhaltsanalyse haben wir die deutsch- und französischsprachigen Artikel der »Francia« aus den Rubriken »Aufsätze«, »Zur Forschungsgeschichte und Methodendiskussion« und »Miszellen«[6] seit ihrer Gründung 1973 bis einschließlich des Jahrgangs 49 (2022) ausgewählt. Rezensionen, Literaturberichte, Mitteilungen, Vorworte und Nekrologe blieben genauso außen vor wie Jahresberichte und die Rubriken zu Forschungsprojekten des DHIP. Neben arbeitsökonomischen Gründen war bei dieser Entscheidung ausschlaggebend, dass wir eine Trendanalyse der originären Einzelforschung in der »Francia« durchführen möchten. Aus diesem Grund blieben auch die Aufsätze der »Ateliers« unberücksichtigt, eine Rubrik, in der ab Band 29/3 (2002) Ergebnisse aus DHIP-Tagungen publiziert werden[7]. Diese hätten im Topic Modeling eigene Cluster gebildet und die Trendanalyse ver-

---

5   Mareike KÖNIG, Eike LÖHDEN, Datenreport Topic Modeling der historischen Fachzeitschrift »Francia« 1973–2022, in: Zenodo, DOI: 10.5281/zenodo.7962977, 11.7.2023. Der verwendete Code ist bei GitHub hinterlegt, https://github.com/dhiparis/Francia_TM, 11.7.2023.
6   Die Rubrik änderte mehrfach den Namen. Alle Aufsätze aus diesen Rubriken sind berücksichtigt.
7   17 Ateliers mit insgesamt 100 Beiträgen wurden bisher in der »Francia« publiziert.

zerrt. Für das Topic Modeling haben wir zwei sprachliche Subkorpora gebildet: ein deutschsprachiges mit 637 Artikeln und ein französischsprachiges mit 512 Artikeln. Das sehr viel kleinere englischsprachige Korpus mit 116 Artikeln haben wir ebenso wie die Atelierbeiträge in die allgemeinen Statistiken einbezogen.

Wie so häufig ist das Zusammenstellen des Korpus und das *preprocessing*, also die Vorbereitung der Texte für die anschließende digitale Auswertung, der aufwändigste und zeitintensivste Teil der computergestützten Forschung. So war es auch hier, da wir – obwohl die »Francia« digitalisiert vorliegt – aufgrund von Qualitätsmängeln bei der Volltexterkennung diese für die Jahrgänge bis 2007 erneut durchführen mussten[8]. In weiteren Schritten wurden die Jahrgangsbände in einzelne Aufsätze zerlegt, die Beiträge in Textdateien umgewandelt, dabei Bildseiten und nicht zum Text gehörende Teile wie Copyright-Hinweise bei PDF-Downloads, Kolumnentitel, Inhaltsverzeichnisse, Resümees, Satzzeichen sowie Verlagsorte in den Fußnoten gelöscht[9]. Die Textdateien haben wir im Anschluss manuell auf OCR-Fehler durchgesehen, zwar nur kursorisch, aber selbst das war ein Luxus, den wir uns nur angesichts der relativ niedrigen Anzahl an Aufsätzen leisten konnten[10]. Gestützt auf Erfahrungen aus ähnlichen Projekten haben wir auf die Rückführung der Wörter auf ihre Grundform (Lemmatisierung und Stemming) verzichtet und die Zerlegung in Token direkt in Mallet durchgeführt, die Software, mit der das Topic Modelling erstellt wurde.

Die Metadaten zu den Beiträgen der »Francia« (Name des Autors/der Autorin, Titel und Sprache des Beitrags, Seitenzahlen, Ausgabe, Rubrik) wurden mit einem Webparser von der Webseite der Zeitschrift auf der Plattform HeiJournals der Universitätsbibliothek Heidelberg heruntergeladen[11]. Die Einteilung der Autorinnen und Autoren nach Geschlecht haben wir genauso wie die Zuordnung der Aufsätze zu den Epochen manuell vorgenommen. Beiträge zu Napoleon oder zu Themen der Sattelzeit sind der Frühen Neuzeit zugerechnet, da sie in den Jahren der epochalen Dreiteilung der »Francia« im Band 2, Frühe Neuzeit, erschienen sind. Diese Zuordnung entspricht bis heute der Praxis der Redaktion sowie der Rezensionsplattform »Francia-Recensio«. Die so ermittelten Metadaten stellen die Grundlage für die statistischen Auswertungen in diesem Aufsatz dar[12].

---

8   Für das deutschsprachige Korpus wurde die Volltexterkennung mit Adobe, für das französischsprachige Korpus mit Tesseract unter Python durchgeführt. Für die nach 2008 publizierten Beiträge lagen native PDF mit entsprechend fehlerfreien Volltexten vor. Zur Zeitschrift auf der Publikationsplattform perspectivia.net: https://perspectivia.net/receive/repper_mods_00000815.
9   Mehr zur Korpuserstellung und -bereinigung in KÖNIG, LÖHDEN, Datenreport »Francia« (wie Anm. 5).
10 Wir danken Sarah Ondraszek, Elias Recken, Alida Sokyte und Franziska Kändler für die tatkräftige Unterstützung bei der Korpusbereinigung.
11 Francia. Forschungen zur westeuropäischen Geschichte, https://journals.ub.uni-heidelberg.de/index.php/fr/. Alle Beiträge sind dort mit einer DOI ausgestattet; aus Gründen der Übersichtlichkeit wurde bei Beiträgen aus der »Francia« auf deren Angabe in den Fußnoten verzichtet.
12 Die Metadaten sind ebenfalls in der Datenpublikation bei Zenodo hinterlegt, KÖNIG, LÖHDEN, Datenreport »Francia« (wie Anm. 5).

Topic Modeling im Überblick

Mit Topic Modeling können statistisch signifikante Muster der Sprachverwendung identifiziert und große Textkorpora explorativ erschlossen werden[13]. Die Grundannahme beim Topic Modeling lautet, dass eine Dokumentensammlung eine verborgene semantische und thematische Struktur enthält, die sich an der Kombination der verwendeten Wörter herauslesen lässt und die sich in Häufigkeitsverteilung und dem gemeinsamen Auftreten von Wörtern (Kookurrenz) zeigt. Ein Korpus besteht demnach aus verschiedenen Wort- oder Diskursfeldern (Topics), die in den einzelnen Dokumenten in unterschiedlichen Anteilen auftreten. Beim Topic Modeling werden – vereinfacht erklärt – in einem lernenden, d. h. mehrfach durchgeführten Verfahren die Wörter eines jeden Dokuments einem bestimmten Topic zugeordnet, wobei Wörter in mehreren Gruppen erscheinen können[14]. Es ist ein »unüberwachtes« und datengetriebenes Verfahren, bei dem Ergebnisse rein aus den untersuchten Texten ermittelt werden. Es werden vorab also keine Kategorien oder Suchwörter festgelegt, vielmehr spricht die Textsammlung aus sich selbst heraus. Die Zuweisung der Wörter zu Topics erfolgt anhand statistischer Häufigkeiten und den daraus berechneten Wahrscheinlichkeiten ihres gemeinsamen Auftretens in einem Textkorpus. Am Ende des Verfahrens werden im wesentlichen zwei Ergebnisse ausgegeben: 1) die zu Topics gruppierten Worte, die mit hoher Wahrscheinlichkeit gemeinsam auftreten, und die jeweilige Gewichtung der Topics am Gesamtkorpus; 2) die proportionalen Anteile der Topics an den einzelnen Aufsätzen des Korpus. Die zu Topics gruppierten Wortcluster werden in diesem Beitrag außer als Topics auch als Wort- oder als Themenfelder bezeichnet. Diese zeigen die Wahrscheinlichkeit einer bestimmten Sprachverwendung an, was Hinweise auf dahinterstehende Themen bietet.

Ein Vorteil von Topic Modeling ist die relative Schnelligkeit, in der große Mengen an Text verarbeitet und den errechneten Topics zugeordnet werden können. Über die Verteilung der Wortfelder auf die einzelnen Aufsätze stützt ein Topic Modeling die Aufmerksamkeitslenkung für die weitere Erkundung eines Korpus. So können die Anteile eines Beitrags an einem bestimmten Wortfeld oder die Nähe zweier Wortfelder anzeigen, welche Artikel man sich für ein bestimmtes Thema näher anschauen sollte. Auch können über die Berechnung der Anteile der Wortfelder an einzelnen Jahrgängen einer Zeitschrift zeitliche Trends abgelesen werden. In der Geschichtswissenschaft ist Topic Modeling bisher insbesondere bei der Untersuchung von Zeitschriften und Zeitungen gewinnbringend eingesetzt worden, was uns zu

---

13 Wir danken Lino Wehrheim für seinen einführenden Workshop zu Topic Modeling am DHIP im April 2022 und für seine wertvollen Hinweise zu unserem Aufsatz. Einen sehr guten Überblick, was Topic Modeling ist und wie es in der Geschichtswissenschaft eingesetzt werden kann, bieten: Melanie Althage, Potenziale und Grenzen der Topic-Modellierung mit Latent Dirichlet Allocation für die Digital History, in: Karoline Döring, Stefan Haase, Mareike König, Jörg, Wettlaufer (Hg.), Digital History. Konzepte, Methoden und Kritiken digitaler Geschichtswissenschaft, München 2022, S. 255–277, doi:10.1515/9783110757101-014; Lino Wehrheim, Economic History Goes Digital: Topic Modeling the Journal of Economic History, in: Cliometrica 13/1 (2019), S. 83–125, insbes. S. 96–99. Dort auch Hinweise auf weiterführende Literatur.
14 David Mimno, Computational Historiography. Data Mining in a Century of Classics Journal, in: ACM Transactions on Computational Logic 571 (2012), S. 1–19, hier S. 6.

diesem Weg der Untersuchung der »Francia« angeregt hat[15]. Eine der Grenzen von Topic Modeling liegt darin, dass – zumindest in einfachen Modellvarianten wie der hier verwendeten – Topics in ihrer Wortzusammensetzung statisch sind und damit keine Veränderungen im Vokabular eines bestimmten Themenfelds sichtbar gemacht werden[16]. Generell ist Topic Modeling eine Methode für die Textanalyse, die intensive Interpretation verlangt. Das hermeneutische Vorgehen bleibt damit zentral, wird aber durch das Topic Modeling angeregt und gelenkt.

Für diese Studie haben wir das in den Geisteswissenschaften am häufigsten verwendete und sehr gut dokumentierte Verfahren Latent Dirichlet Allocation (LDA) in Mallet verwendet[17]. In LDA spielt die relative Häufigkeit eines Wortes eine Rolle und nicht die absolute Wortfrequenz. Ein Anteil eines Topics von 20 % wird in einem dreiseitigen Beitrag genauso stark gewichtet wie derselbe Anteil in einem 30-seitigen Aufsatz[18]. Titel, Überschriften oder Abstracts haben im Topic Modeling anders als bei einer manuellen Auswertung keine hervorgehobene Bedeutung und werden wie der übrige Text gewertet. Ein wichtiger Parameter beim Topic Modeling ist die Anzahl der Topics, da sie die Modellstruktur bestimmt und damit bereits Teil der Interpretation ist. Die Anzahl der Topics wird in einem iterativen Prozess festgelegt, indem nacheinander und unter Anpassung der Stoppwortliste[19] und ggf. einer Nachkorrektur fehlerhafter OCR in den Texten verschiedene Modelle erstellt und diese qualitativ wie auch computergestützt evaluiert werden. Bei einer zu niedrigen Anzahl von Topics erscheinen diese als zu generisch und breit, während bei einer zu hohen Anzahl die Wortfelder zu spezifisch werden und im Extremfall nur einzelne Beiträge abbilden können[20]. Nach der Evaluierung mehrerer Modelle haben wir die Anzahl der Topics für beide Korpora auf 30 festgelegt[21]. Generell sind nicht alle Topics inhaltlich kohärent. Manche sind Mischtopics ohne klar erkennbaren inhaltlichen Schwer-

---

15 Eine äußerst gelungene explorative Topic-Model-Analyse einer Fachzeitschrift bietet »Signs. Journal of Women in Culture and Society«, http://signsat40.signsjournal.org/topic-model/. Weitere Beispiele außer den bereits genannten: Lino WEHRHEIM, Tobias A. JOPP, Mark SPOERER, Turn, Turn, Turn. A Digital History of German Historiography, 1950–2019, in: The Journal of Interdisciplinary History 53/3 (2022), S. 471–507; Allen Baye RIDDELL, How to Read 22,198 Journal Articles: Studying the History of German Studies with Topic Models, in: Matt ERLIN, Lynne TATLOCK (Hg.), Distant Readings. Topologies of German Culture in the Long Nineteenth Century, New York 2014, S. 91–113; Anselm KÜSTERS, Elisa G. MORENO, Mining »Die Zeit«: A Structural Topic Model Analysis of Spain's Image in the German Media 1946–2009, in: UPIER Working Paper 16 (2019), https://upier.web.ox.ac.uk/files/upierwp16kandgcorrectedversiondocxpdf.
16 ALTHAGE, Topic Modellierung (wie Anm. 13), S. 266.
17 Grundlegend zu LDA: David M. BLEI, Andrew Y. NG, Michael I. JORDAN, Latent Dirichlet Allocation, in: Journal of Machine Learning Research 3 (2003), S. 993–1022. Es gibt eine Vielzahl an Verfahren für Topic Modeling, von denen manche für historische Fragestellungen besser geeignet sein können als LDA, vgl. ALTHAGE, Topic Modellierung (wie Anm. 13); WEHRHEIM, Economic History Goes Digital (wie Anm. 13), S. 92–93.
18 RIDDELL, How to Read 22,198 Journal Articles (wie Anm. 15), S. 105.
19 Es wurden die deutschen, französischen und englischen Stopwortlisten der Python-Bibliothek NLTK verwendet, die sukzessive erweitert wurden, NLTK (Natural Language Toolkit), https://www.nltk.org/.
20 WEHRHEIM, JOPP, SPOERER, Turn, turn, turn (wie Anm. 15), S. 479. Zur Ermittlung der Anzahl an Topics siehe auch WEHRHEIM, Economic History Goes Digital (wie Anm. 13), S. 90. Außerdem liefert Mallet in der Diagnosedatei Hinweise auf die Kohärenz der Topics.
21 Ebenso festzulegen sind die Anzahl der Iterationen (in unserer Studie 2000), die Wörter pro Topic

punkt[22]. Wir haben 24 Topics im deutschsprachigen und 23 Topics im französischsprachigen Korpus vorausgewählt, der Größe nach nummeriert und für eine erste Orientierung mit inhaltlichen Oberbegriffen versehen. Die französischen Topics haben zur Unterscheidung einen angehängten Zusatz -FR an ihre Nummer erhalten (siehe die beiden Listen der Modelle im Anhang). Interpretiert werden in diesem Aufsatz nur eine Auswahl dieser Topics.

Statistischer Steckbrief der »Francia«

Epochale Schwerpunkte

Da die »Francia« sich bevorzugt den Themen der Mitarbeitenden und Stipendiaten des DHIP widmen wollte, wie im Geleitwort zur ersten Ausgabe zu lesen war[23], liegt es nahe, dass dort Beiträge zum Mittelalter überwiegen würden. Doch ist der Befund zumindest mit Blick auf die Anzahl der Aufsätze weniger eindeutig. Ein leichtes Übergewicht an mittelalterlichen Beiträgen gibt es für die Jahre 1977 bis 1985. Für die Jahre 1990 bis 1997 dominieren Beiträge aus dem 19. und 20. Jahrhundert, also zu einem Zeitpunkt, als der damalige Direktor Horst Möller mit der Dreiteilung der »Francia« ab 1989 gezielt die Zeitgeschichte stärken wollte und mit Stefan Martens zum ersten Mal ein Zeithistoriker Redakteur für die Neuere und Neueste Geschichte wurde[24]. Danach sind die Epochen relativ gleich stark vertreten, bis das Mittelalter ab 2007 zumeist wieder die meisten Beiträge liefert, eine Tendenz, die sich aktuell ab 2020 wieder umzudrehen scheint (Abb. 1).

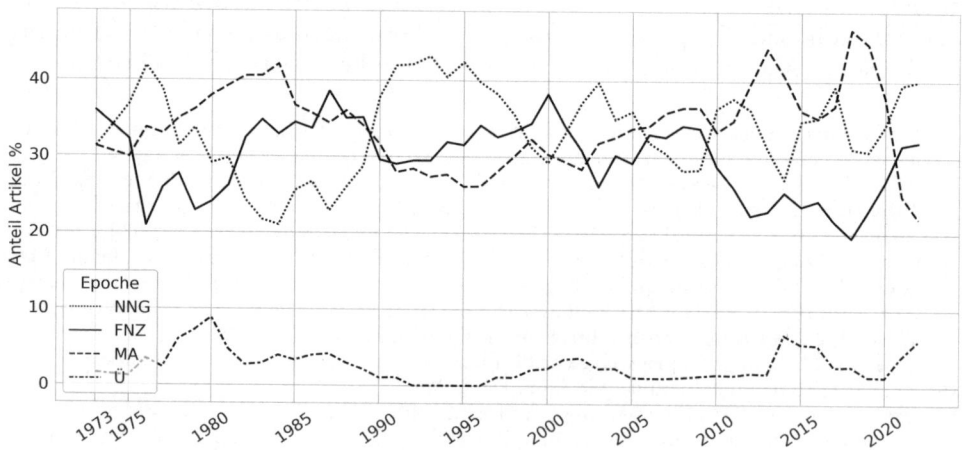

Abb. 1: Anteil Artikel pro Epoche nach Jahren in Prozent, gleitend gemittelt über Drei-Jahres-Intervalle. Datenbasis: alle Beiträge in der »Francia« (inkl. Ateliers) 1973–2022, eigene Erhebung. MA = Mittelalter, FNZ = Frühe Neuzeit, NNG = Neuere und Neueste Geschichte, Ü = epochenübergreifend.

(in unserer Studie 60) sowie das *seed-setting* (in unserer Studie 1, 2, 3, 4 …). Siehe die Dokumentation bei König, Löhden, Datenreport »Francia« (wie Anm. 5).
22 Wehrheim, Jopp, Spoerer, Turn, turn, turn (wie Anm. 15), S. 8.
23 Zum Geleit/Avis au lecteur (wie Anm. 1), S. 13.
24 Siehe dazu auch den Unterabschnitt dieses Beitrags zur Neueren und Neuesten Geschichte.

Der Blick auf die Anzahl der Druckseiten nach Epoche pro Jahrgang akzentuiert dieses Ergebnis (Abb. 2). Hier zeigt sich das Übergewicht des Mittelalters deutlicher, vor allem in den ersten beiden Jahren und von 1978 bis 1988. Generell ist in den Jahren der Dreiteilung der Zeitschrift die Seitenverteilung ausgeglichener. Von 2010 bis 2020 dominieren wieder Artikel zur mittelalterlichen Geschichte. Bisweilen sind es 50 oder sogar 100 Druckseiten mehr pro Jahrgang, was in Teilen an den höheren Artikelzahlen, aber auch an den größeren Umfängen etwa durch beigefügte Quelleneditionen liegt. Epochenübergreifende Beiträge sind durchgehend selten und nehmen auch nach der Zusammenführung der drei epochalen Teilbände nicht signifikant zu. Ab 2020 zeichnet sich ein kleiner Aufwärtstrend für sie ab, während sich zugleich die Seitenzahlen pro Epoche annähern. Das leichte Übergewicht des Mittelalters schlägt im Übrigen insbesondere bei den französisch- und englischsprachigen Beiträgen durch[25].

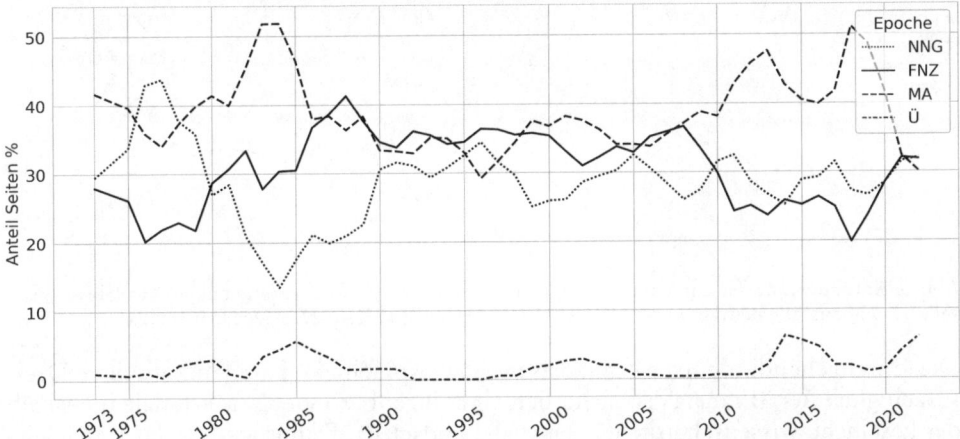

Abb. 2: Anteil Druckseiten pro Epoche nach Jahren in Prozent, gleitend gemittelt über Drei-Jahres-Intervalle. Datenbasis: alle Beiträge in der »Francia« (inkl. Ateliers) 1973–2022, eigene Erhebung. MA = Mittelalter, FNZ = Frühe Neuzeit, NNG = Neuere und Neueste Geschichte, Ü = epochenübergreifend.

Von einer zwei- zu einer dreisprachigen Zeitschrift

In den Anfangsjahren ihres Bestehens erschienen in der »Francia« überwiegend deutschsprachige Beiträge, mehr als 60 % waren es in der ersten Ausgabe (Abb. 3). Bis 1982 gelang es der Redaktion, die Anteile an deutsch- und französischsprachigen Aufsätzen schrittweise in etwa anzugleichen, wobei zwischen 1990 und 2007 deutschsprachige Beiträge erneut dominierten. Ab 2014 drehte sich das Verhältnis. Zugleich gewann das Englische als Publikationssprache an Bedeutung, ein Zeichen für die Internationalisierung von Institut und Zeitschrift unter der Direktion von Thomas Maissen ab 2013. Konkret zeigt sich das 2022 an den ins Englische übersetzten Beiträgen aus der Forschungsgruppe des DHIP zur Bürokratisierung in Afrika, die als Atelier in der »Francia« veröffentlicht wurden. Damit überwog zum ersten Mal das Englische mit mehr als 39 % vor den deutsch- und französischsprachigen Beiträgen. Aber selbst ohne diesen

---

25 KÖNIG, LÖHDEN, Datenreport »Francia« (wie Anm. 5).

Ausreißer nach oben ist der Trend zum Englischen deutlich. Rückschlüsse auf die Nationalität von Autorinnen und Autoren lassen sich aus der Publikationssprache freilich nicht ziehen, da insbesondere deutsche Autorinnen und Autoren mit Blick auf die Transfermission der »Francia« dort auf Französisch publizieren und ihre französischen Kolleginnen und Kollegen auf Deutsch, darunter vor allem in den ersten Jahrzehnten zahlreiche am DHIP gehaltene und zu Aufsätzen ausgearbeitete Vorträge.

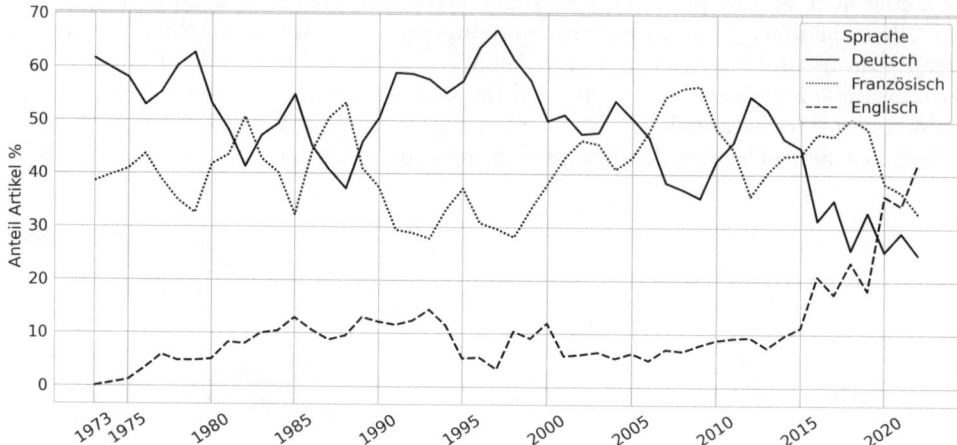

Abb. 3: Anteil der Sprachen an Artikeln nach Jahren in Prozent, gleitend gemittelt über Drei-Jahres-Intervalle. Datenbasis: alle Beiträge in der »Francia« (inkl. Ateliers) 1973–2022, eigene Erhebung.

Die durchgehende deutsch-französische Zweisprachigkeit und inzwischen Dreisprachigkeit der »Francia« ist sicherlich eines ihrer besonderen Merkmale innerhalb der geschichtswissenschaftlichen Journal-Landschaft. Damit löst sie das im Geleitwort der ersten Ausgabe formulierte Ziel ein, zu einem »mehrsprachigen Organ des internationalen Gedankenaustausches zur westeuropäischen Geschichte«[26] zu werden. Wie zweisprachig die Zeitschrift tatsächlich ist, lässt sich an der bloßen Zählung der Sprache der Aufsätze jedoch nur zum Teil ablesen. Das Topic Modeling gibt hier einen weiteren deutlichen Hinweis, denn trotz der Trennung in deutsch- und französischsprachige Texte ist insbesondere das deutschsprachige Subkorpus deutlich multilingual und zeigt drei reine französischsprachige Quellentopics an[27]. Dies ist der ausgiebigen Zitierpraxis der »Francia«-Autoren und -Autorinnen in der jeweils anderen Sprache geschuldet, vor allem aber der Publikation von Quellen im Anhang von Beiträgen, manchmal sogar von vollständigen Editionen. So mischen sich in beiden Subkorpora Deutsch, Mittelhochdeutsch, Französisch, Alt- und Mittelfranzösisch. Das Topic Modeling zeigt außerdem eine weitere, ja vermutlich vierte dominante Sprache in der »Francia« an, und zwar Latein, das naturgemäß in den deutsch- wie auch französischsprachigen Topics zu mittelalterlichen Themen auftaucht. Auch die Selbstverständlichkeit, mit der anderssprachige Zitate nicht übersetzt werden, gehört zu den besonderen Merkmalen der »Francia«.

26 Zum Geleit/Avis au lecteur (wie Anm. 1), S. 14.
27 KÖNIG, LÖHDEN, Datenreport »Francia« (wie Anm. 5).

Geschlechterverteilung der Autorenschaft

Beim Verhältnis von Autoren und Autorinnen in der »Francia« schlägt das Pendel deutlich auf die Seite der Historiker aus. Dabei ist es unerheblich, ob man die Zeitschrift insgesamt betrachtet (also inklusive Rezensionen) oder ausschließlich auf die Aufsätze blickt (Abb. 4). Unter den 30 Namen, die am häufigsten in der »Francia« publiziert haben, findet sich nur eine Frau: die französische Historikerin Rita Thalmann (1926–2013) mit 30 Artikeln und Rezensionen. Die Verlaufskurven zeigen allerdings einige Schwankungen, insbesondere ab 2010. Band zwei der »Francia« (1974) hatte zwar zwei Autorinnen vorzuweisen: Die Militärhistorikerin Ursula von Gersdorff (1910–1983) und Yvonne Delatour veröffentlichten jeweils einen Beitrag zum Thema Frauen und Arbeit im Ersten Weltkrieg[28]. Ihnen standen jedoch 29 Autoren gegenüber, und in den beiden Folgejahren ging der Zähler auf Seiten der Historikerinnen wieder auf null zurück. In den 1980er-Jahren lag der Autorinnenanteil bei knapp 14 % und damit deutlich besser als bei der »Historischen Zeitschrift« mit nicht einmal 4 % und etwas über den rund 11 %, die »Geschichte und Gesellschaft« damals vorweisen konnte[29]. In der Zeitschrift »Annales« stammten zu Beginn der 1980er-Jahre rund 19 % der Aufsätze aus der Feder von Historikerinnen, womit ein Plateau erreicht war, das dort bis in die Mitte der 2000er-Jahre nicht überschritten wurde[30]. Ein Aufwärtstrend des Anteils an Autorinnen zeichnet sich in der »Francia« in den 1990er-Jahren ab und damit später als bei anderen deutschen Zeitschriften der Geschichtswissenschaft[31]. Dafür ist der Anstieg etwas deutlicher, lässt man die beiden Ausnahmen 2011 und 2013 (jeweils drei Autorinnen) außen vor: Von 2010 bis 2020 lag der Anteil der Autorinnen in der »Francia« knapp über 30 %, bei den anderen deutschsprachigen historischen Fachzeitschriften war er in diesen Jahren im Durchschnitt bei gerundet 23 %[32]. Zum Vergleich: bei »Geschichte und Gesellschaft« lag er 2013 bei rund 37 %, sie hat die »Francia« also überholt; bei der »Historischen Zeitschrift« bei nur 12 %[33]. Am besten schneiden die »Annales« mit rund 40 % ab[34]. Signifikante Unterschiede bei den Epochen oder Sprachen gibt es mit Bezug auf die Autorenschaft nicht. Ko-Autorenschaft ist in der »Francia« ein seltenes, obschon zunehmendes Phänomen und kam bei den Artikeln bisher 66 mal vor[35].

---

28 Ursula von Gersdorff, Frauenarbeit und Frauenemanzipation im Ersten Weltkrieg, in: Francia 2 (1974), S. 91–120; Yvonne Delatour, Le travail des femmes pendant la Première Guerre mondiale, in: Francia 2 (1974), S. 482–501.
29 Karen Hagemann, Gleichberechtigt? Frauen in der bundesdeutschen Geschichtswissenschaft, in: Zeithistorische Forschungen 13/1 (2016), doi:10.14765/zzf.dok-1418.
30 Étienne Anheim, Genre, publication scientifique et travail éditorial. L'exemple de la revue Annales. Histoire, Sciences sociales, in: Tracés. Revue de Sciences humaines 32 (2017), S. 193–212, doi:10.4000/traces.6914.
31 Eine Untersuchung über den Anteil von Autorinnen in zentralen deutschsprachigen Geschichtsjournals zeigt, dass dieser ab Mitte der 1980er-Jahre ansteigt, vgl. Wehrheim, Jopp, Spoerer, Turn, turn, turn (wie Anm. 15), S. 490–491.
32 Ibid., S. 490.
33 Hagemann, Gleichberechtigt? (wie Anm. 29).
34 Anheim, Genre, publication scientifique et travail éditorial (wie Anm. 30), Absatz 3.
35 König, Löhden, Datenreport »Francia« (wie Anm. 5).

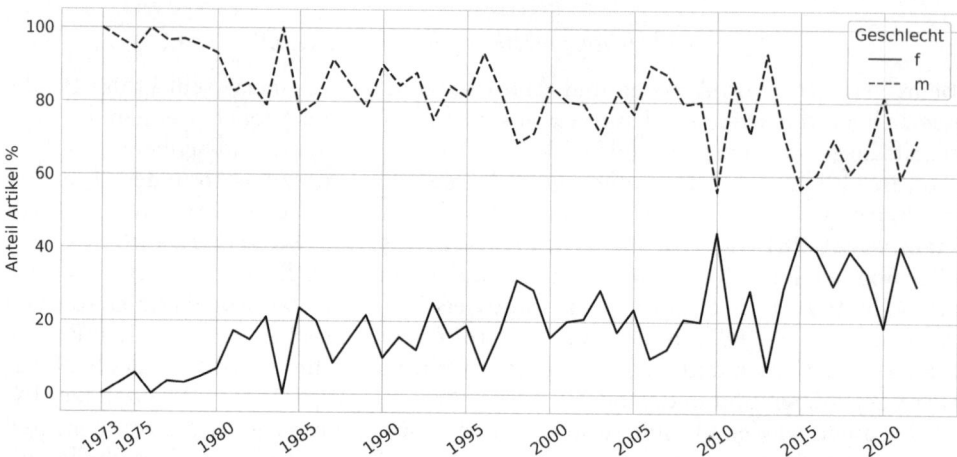

Abb. 4: Verhältnis Autorinnen (f) und Autoren (m) in der »Francia« in Prozent. Datenbasis: alle Beiträge in der »Francia« (inkl. Ateliers) 1973–2022, eigene Erhebung.

Die Wortfelder der »Francia« im Überblick

Das Topic Modeling lässt für die deutsch- und französischsprachigen Aufsätze der »Francia« ein chronologisch und thematisch sehr weit gestecktes Feld historischer Forschung erkennen (s. Tabellen im Anhang). Dabei zeichnen sich sehr deutlich sowohl Topics mit einem Epochen- als auch solche mit einem primär thematischen Schwerpunkt ab. Zudem weisen einige Topics Wortbestandteile auf, die auf eher abstrakte Diskurse hindeuten. Um eine Übersicht über die einzelnen Topics und deren »Typus« zu vermitteln, sind diese in Abb. 5 und 6 (s. Tafeln) als Treemap dargestellt. Beide Abbildungen visualisieren die einzelnen Topics in Form von Kacheln, wobei das jeweilige Gewicht die Größe dieser Kachel bestimmt. Die Topics sind – der besseren Übersicht halber – manuell nach Plausibilität verschiedenen Kategorien zugeordnet, die in den Treemaps farblich markiert sind, ebenfalls angeordnet nach Gewicht der Kategorie insgesamt. Dadurch ist die Reihenfolge in den beiden Subkorpora nicht identisch. Jeweils eine Kategorie entspricht den drei Epochen, eine weitere besteht aus einzelnen, spezifischen Themenfeldern. Als weitere Kategorie zeichnen sich für beide Sprachen durchgehend dominante historiografische Grunddiskurse ab, die durch je drei Topics repräsentiert werden. Die beiden dominanten Topics haben wir mit den Labeln *Politische Geschichte Frankreichs* – im französischen Modell nur *Politische Geschichte* – und *Geschichtsschreibung, Quellen, Methode* versehen. An dritter Stelle steht das im Vergleich zu diesen beiden nur knapp halb so starke Begriffsfeld *Gesellschafts-, Sozial- und Kulturgeschichte*. Die beiden Treemaps visualisieren das große Gewicht dieser drei Grunddiskurse in der »Francia«. Was kann man aus diesen drei Wortfeldern sehen?

Für die genaue Analyse haben wir außer den Worten in den Topics auch jeweils die zehn Artikel betrachtet, die die höchsten Anteile daran aufweisen[36]. Über diese von uns als Top 10-Aufsätze bezeichneten Artikel werden die Themen konkreter fassbar, die mit einem Wortfeld verknüpft sind und die sich aus den häufig sehr generischen Topic-Worten nicht herauslesen lassen. Zugleich zeigen sich über die Analyse der Anteile der Aufsätze an weiteren Topics Zusammenhänge zwischen den Artikeln und Hinweise auf inhaltliche Verbindungen. Neben Korrelationen auf Artikelebene haben wir außerdem die Korrelationen von Wortfeldern über die Jahre in den Blick genommen. Der Anteil eines Wortfelds an den einzelnen »Francia«-Jahrgängen ist die Grundlage für die Trendanalyse, die für jedes Topic in der Tabelle im Anhang als Miniaturansicht dargestellt ist.

Abb. 7, 8: Wortwolke *Politische Geschichte Frankreichs* (Topic 1); Wortwolke *Politische Geschichte* (Topic 2-FR) mit den jeweils 30 für das Topic wahrscheinlichsten Worten, deren Gewichtung die Schriftgröße bestimmt.

Abb. 9, 10: Wortwolke *Geschichtsschreibung, Quellen, Methoden* (Topic 2); Wortwolke *Geschichtsschreibung, Quellen, Methoden* (Topic 1-FR) mit den jeweils 30 für das Topic wahrscheinlichsten Worten, deren Gewichtung die Schriftgröße bestimmt.

---

36 Ibid. Die Top 10-Beiträge der einzelnen Wortfelder lassen sich über den Datenreport ebenfalls nachvollziehen.

Das Wortfeld *Politische Geschichte Frankreichs* (Topic 1 und Topic 2-FR) enthält als häufigste Begriffe Staat, Regierung, Einfluss, Macht, Politik bzw. im französischen Korpus *état, politique, pouvoir, autorité* (s. Wortwolken in Abb. 7 und 8). Damit zielt es klassisch auf staatliches Handeln, seine Ziele und Erfolge, auf Entwicklungen, Haltungen, Möglichkeiten und Zusammenhänge. Auch Bevölkerung und Öffentlichkeit kommen vor, bzw. *mémoire* und *société*[37]. Auffallend ist, dass im deutschsprachigen Korpus Frankreich an erster Stelle steht und nicht die deutsch-französische Geschichte, wie man es auch hätte erwarten können, im französischsprachigen Korpus dagegen beide Länder gleichermaßen vorkommen. Deutschsprachige Beiträge mit einem hohen Anteil an diesem Wortfeld (d. i. zwischen 54 % und 39 %) behandeln ganz überwiegend Themen aus dem 19. und 20. Jahrhundert. Bei den französischsprachigen Beiträgen liegen die höchsten Anteile an diesem Wortfeld nur zwischen 35 % und 30 %, d. h. die Aufsätze sind stärker mit anderen Topics gemischt. Das könnte ein Hinweis darauf sein, dass sie weniger klassisch politikgeschichtlich ausgerichtet sind. Im Unterschied zum deutschsprachigen Korpus widmen sich Beiträge in französischer Sprache mit hohen Anteilen an diesem Feld auch frühneuzeitlichen und mittelalterlichen Themen. Die Trendlinie für das Grundfeld *Politische Geschichte Frankreichs* bzw. *Politische Geschichte* ist in beiden Sprachen rückläufig (Abb. 15)[38].

Für das zweite große Themenfeld *Geschichtsschreibung, Quellen, Methode* (Topic 2 und Topic 1-FR) zeigen Begriffe wie Literatur, Buch, Titel, Verfasser, Quelle und Edition in Kombination mit Wörtern wie Wissen, Zusammenhänge und Begründungen, des Weiteren mit Adjektiven wie bekannt, frühen und späteren, dass es um die Darstellung von Forschungsstand und um Quellenstudien geht. Darüber hinaus deuten Begriffe wie erkennen, bieten, Interesse, Kenntnis und Werk darauf hin, dass mit diesem Wortfeld die Bedeutung eines Aufsatzes einleitend schmackhaft gemacht oder die Relevanz und Erkenntnismöglichkeit einer Quelle oder Methode betont werden. Im französischsprachigen Korpus ist dieses Wortfeld das größte, zugleich aber zu allgemein, um konkretere Hinweise als die auf einen Einleitungstext zu umfassen (s. Wortwolken in Abb. 9 und 10). Dieses Wortfeld findet sich in beiden Sprachen überwiegend bei Aufsätzen zur mittelalterlichen Geschichte und zur Frühen Neuzeit. Unter den Beiträgen mit hohen Anteilen an diesem Topic sind außerdem methodische Artikel oder solche, die sich mit Bibliotheks- und Archivbeständen auseinandersetzen: so etwa ein deutschsprachiger Beitrag über neue Findmittel der französischen Zentralarchive[39] und ein französischsprachiger Artikel, der 1976 einen Vernetzungsvorschlag für computergestützte Forschungsprojekte diskutiert[40]. Das generische Feld *Geschichtsschreibung, Quellen, Methode* ist im deutschsprachi-

---

37 Vgl. den Datenreport, der die 60 wahrscheinlichsten Worte pro Topic angibt, KÖNIG, LÖHDEN, Datenreport »Francia« (wie Anm. 5).
38 Der Anteil des deutschsprachigen Felds *Politische Geschichte Frankreichs* sinkt von rund 20 % Anteil auf 15 %, das französischsprachige von 15 % auf 13 %.
39 Wolfgang Hans STEIN, Neue Findmittel der französischen Zentralarchive, in: Francia 32/2 (2005), S. 159–168.
40 Lucie FOSSIER, À propos d'un formulaire d'enquête relatif à l'information sur le recours aux ordinateurs, in: Francia 4 (1976), S. 719–721.

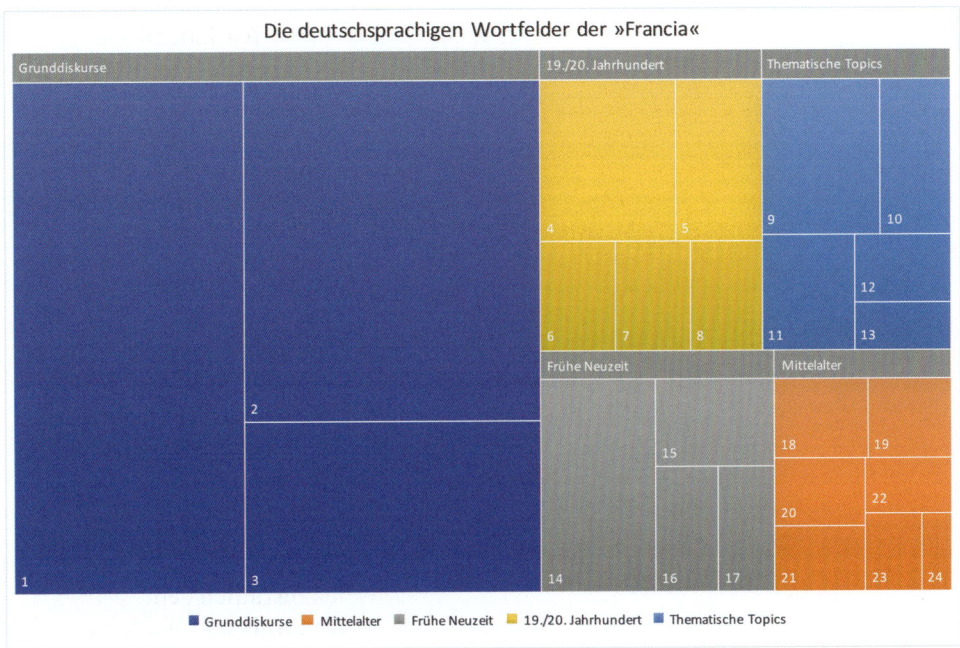

Abb. 5: **Grunddiskurse:** 1) Politische Geschichte Frankreichs. 2) Geschichtsschreibung, Quellen, Methode. 3) Gesellschafts-, Sozial- und Kulturgeschichte. **19./20. Jahrhundert:** 4) Deutsch-französische Wissenschaftsbeziehungen. 5) Internationale Beziehungen. 6) Frankreich unter deutscher Besatzung. 7) Deutschfranzösische Parteienbeziehungen. 8) BRD und europäische Integration. **Thematische Topics:** 9) Stadt- und Bevölkerungsgeschichte Frankreichs. 10) Kirche/Religion. 11) Kunst, Bibliotheken, Sammlungen. 12) Wirtschafts- und Kolonialgeschichte. 13) Frauengeschichte. **Frühe Neuzeit:** 14) Französische Revolution – Deutschland/Frankreich. 15) Außenpolitik Ancien Régime. 16) Französische Revolution – politische Geschichte. 17) Gelehrte und Medien in Aufklärung und Revolution. **Mittelalter:** 18) Fränkisches Reich – Karolinger. 19) Königtum Frankreich, England, Burgund. 20) Kirche Spätantike/Frühmittelalter. 21) Päpstliche und bischöfliche Herrschaft. 22) Gallia Pontificia. 23) Mönchtum. 24) Fränkisches Reich – Merowinger.

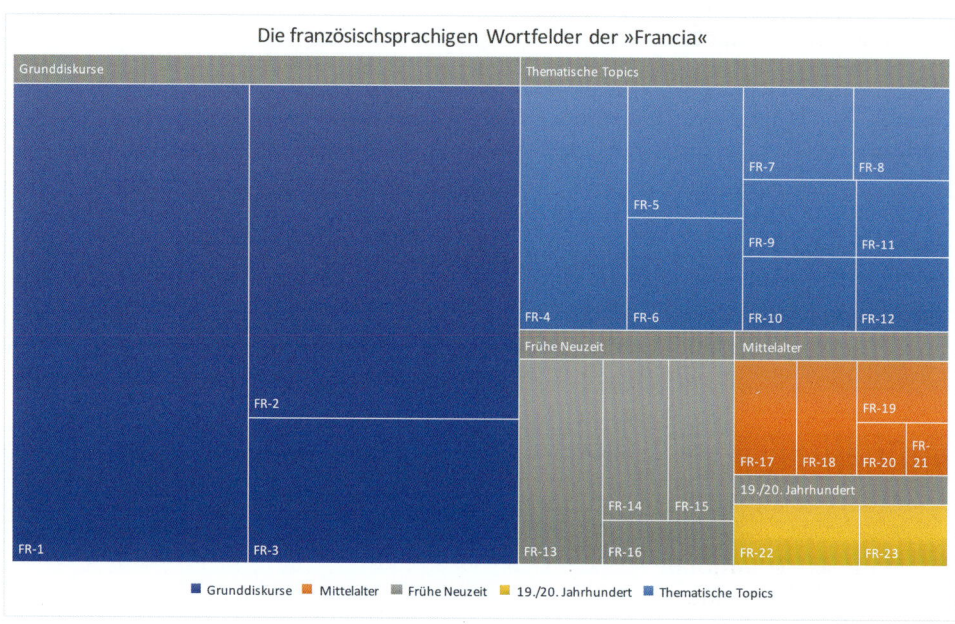

Abb. 6: **Grunddiskurse**: 1-FR) Geschichtsschreibung, Quellen, Methode. 2-FR) Politische Geschichte. 3-FR) Gesellschafts-, Sozial- und Kulturgeschichte. **Thematische Topics**: 4-FR) Deutschland/Frankreich: Macht, Staat, Krieg. 5-FR) Deutsche Geschichte. 6-FR) Wirtschaftsgeschichte. 7-FR) Krieg, Gewalt, Frauen. 8-FR) Bibliotheken, Archive, Wissen. 9-FR) Kirche/Religion. 10-FR) Schul- und Universitätsgeschichte. 11-FR) Kunst, Architektur. 12-FR) Stadtgeschichte. **Frühe Neuzeit**: 13-FR) Gelehrte und Medien in Aufklärung und Revolution. 14-FR) Französische Revolution. 15-FR) Außenpolitik Ancien Régime. 16-FR) Napoleon und Deutschland. **Mittelalter**: 17-FR) Fränkisches Reich – Karolinger. 18-FR) Papsttum/Mönchtum. 19-FR) Hagiografie. 20-FR) Grundherrschaft. 21-FR) Herzogtum Burgund **19./20. Jahrhundert**: 22-FR) Deutsch-französische Beziehungen im 20. Jahrhundert. 23-FR) Frankreich unter deutscher Besatzung.

gen Korpus relativ stabil bei rund 15 %, während es im französischsprachigen Korpus rund fünf Prozent weniger ausmacht mit etwas unter 16 % (Abb. 11).

Starken Auftrieb, und zwar deutlich und in beiden Sprachen, hat das Begriffsfeld *Gesellschafts-, Sozial- und Kulturgeschichte* (Topic 3): im deutschsprachigen Korpus von durchschnittlich und geglättet unter 8 % auf knapp unter 12 % mit starken Schwankungen; für das französischsprachige Korpus von geglättet 4 % auf ebenfalls knapp unter 12 % (Abb. 12). Die Unterschiede in den einzelnen Ausgaben und damit die Schwankungen bei der Topicverteilung sind zwar groß, dennoch lässt sich ein klarer Trend erkennen. Interessant ist, dass die eigentlich als gegensätzlich angesehenen Sozialgeschichte und Kulturgeschichte sich in beiden Sprachen in der »Francia« ein gemeinsames Wortfeld teilen. Damit wird auf Datenebene nicht deutlich, ob die Autorinnen und Autoren der Zeitschrift sich vergleichsweise früh oder spät der in den 1960/70er-Jahren aufsteigenden *new social history* bzw. dem *cultural turn* der 1980/90er-Jahre zugewandt haben[41]. Das müsste auf der Ebene der Einzelaufsätze ermittelt werden. Spannender als diese Frage ist jedoch der Anfangsverdacht, dass beide Richtungen dieselben Worte verwenden und deren Texte eine ähnliche semantische Struktur haben, unabhängig davon, ob sie sozialgeschichtliche oder kulturgeschichtliche Ansätze verfolgen. Einen ähnlichen Befund hat eine Topic-Modeling-Analyse für andere deutschsprachige Geschichtsjournals entdeckt und festgestellt, dass die Kulturgeschichte zumindest sprachlich das Interesse an Strukturen und sozialgeschichtlichen Ansätzen nicht abgelöst hat[42]. Das könnte ebenso ein Hinweis sein für die von Christoph Conrad diagnostizierte »Koexistenz von früher oder später erfundenen Traditionen«[43] in der Geschichtswissenschaft. Demnach wechseln sich Trends nicht rapide ab, sondern überlagern sich, wobei weite Teile der Forschung davon ohnehin gänzlich unberührt geblieben sind und bleiben. Eine weitere mögliche Erklärung besteht darin, dass Aufsätze, die sozial- und kulturgeschichtliche Ansätze miteinander vergleichen, die Sprachmuster beider Methoden in unserem Topic Modell zusammengezogen haben.

---

41 Zur Entwicklung der Geschichtsschreibung im 20. Jahrhundert international siehe z. B. Georg G. Iggers, Geschichtswissenschaft im 20. Jahrhundert. Ein kritischer Überblick im internationalen Zusammenhang, Göttingen 2007; Lutz Raphael, Geschichtswissenschaft im Zeitalter der Extreme. Theorien, Methoden, Tendenzen von 1900 bis zur Gegenwart, München 2003. Speziell zu Frankreich: Yann Potin, Jean-François Sirinelli (Hg.), Générations historiennes XIXe–XXIe siècle, Paris 2019.
42 Wehrheim, Jopp, Spoerer, Turn, turn, turn (wie Anm. 15), S. 501.
43 Christoph Conrad, Die Dynamiken der Wenden. Von der neuen Sozialgeschichte zum *cultural turn*, in: Geschichte und Gesellschaft. Sonderheft Wege der Gesellschaftsgeschichte, 22 (2006), S. 133–160, hier S. 148.

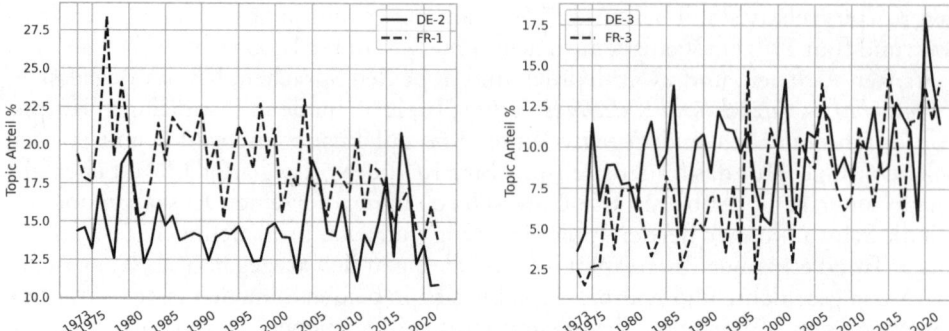

Abb. 11, 12: Verlaufskurve *Geschichtsschreibung, Quellen, Methoden* (Topic 2 und 1-FR); Verlaufskurve *Gesellschafts-, Sozial- und Kulturgeschichte* (Topic 3 und 3-FR).

Abb. 13, 14: Wortwolke *Gesellschafts-, Sozial- und Kulturgeschichte* (Topic 3); Wortwolke *Gesellschafts-, Sozial- und Kulturgeschichte* (Topic 3-FR) mit den jeweils 30 für das Topic wahrscheinlichsten Worten, deren Gewichtung die Schriftgröße bestimmt.

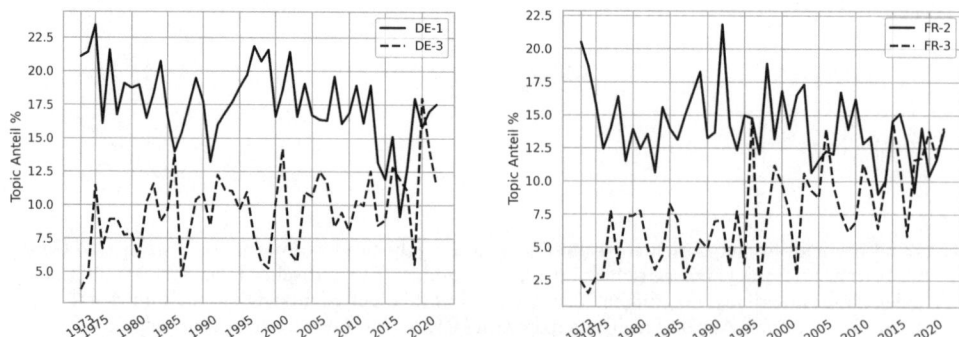

Abb. 15, 16: Verlaufskurven *Politische Geschichte Frankreichs* (Topic 1) und *Gesellschafts-, Sozial- und Kulturgeschichte* (Topic 3); Verlaufskurven *Politische Geschichte* (Topic 2-FR) und *Gesellschafts-, Sozial- und Kulturgeschichte* (Topic 3-FR).

Tatsächlich belegen die Worte im Topic *Gesellschafts-, Sozial- und Kulturgeschichte* sowie die Top 10-Beiträge eine Mischung aus den drei genannten Erklärungsoptionen. Die Worte im Topic illustrieren für beide Sprachen Schwerpunkte gleichermaßen auf Entwicklungen, Kontexte, Ideen und Strukturen des Sozialen, der Gesellschaft und der Kultur in der Moderne. Geografisch geht es um Frankreich, Deutschland und Europa (s. Wortwolken 13 und 14). Unter den zehn deutschsprachigen Aufsätzen mit vergleichsweise hohen Anteilen an diesem Wortfeld (zwischen 68 % und 50 %) sind vor allem methodische Beiträge zu Entwicklung und Erkenntnisinteresse der Geschichtsschreibung, darunter auf den drei vorderen Plätzen Lutz Raphael zur *nouvelle histoire* in Frankreich, wie sie insbesondere in der Zeitschrift »Annales« ab den 1970er-Jahren betrieben wurde[44], Andreas Cser mit einem Beitrag zum Historismus[45] und Hans-Ulrich Wehler zum »Duell« zwischen Sozial- und Kulturgeschichte[46]. Gerade der letzte Beitrag, aber auch die anderen Theorieartikel sind Beispiele für die oben genannte These, dass Aufsätze, in denen sozial- und kulturgeschichtliche Ansätze thematisiert werden, für das Zusammenziehen der Felder mitverantwortlich sind. Bei den zehn französischsprachigen Aufsätzen mit hohem Anteil an diesem Themenfeld (zwischen 60 % und 42 %) ist es analog: Hier führt ein Artikel von Roger Chartier über die *nouvelle histoire culturelle*[47] die Liste an, gefolgt von einem Beitrag von Claire Gantet über aktuelle Tendenzen der deutschsprachigen Wissensgeschichte[48] und einem Artikel von Martin Kintzinger über Michel Foucault und das Mittelalter[49]. Schön zu sehen ist an den Aufsätzen von Lutz Raphael und Claire Gantet in ihrer eigenen Sprache über das jeweils andere Land, dass der in der »Francia« betriebene Transfer geschichtswissenschaftlicher Erkenntnisse zwischen Deutschland und Frankreich die Methodendiskussionen umfasst, die sich Karl Ferdinand Werner in seinem Geleitwort zur ersten Ausgabe gewünscht hat.

Die Zunahme des Wortfelds *Gesellschafts-, Sozial- und Kulturgeschichte* geht im deutschsprachigen Korpus der »Francia« bis 2016/2017 zu Lasten des Felds *Politische Geschichte Frankreichs*, wie die gegenläufigen Verlaufskurven der beiden Topics nahelegen (Abb. 15). Danach nehmen beide Felder gemeinsam stark zu und nur in der letzten Ausgabe sinkt die *Gesellschafts-, Sozial- und Kulturgeschichte*. Im französischsprachigen Korpus korrelieren die beiden Topics ebenfalls und das Feld *Gesellschafts-, Sozial- und Kulturgeschichte* erreicht hier bereits um 2005 einen ähnlichen Anteil wie die *Politische Geschichte*. Wie im deutschsprachigen Korpus nehmen beide

---

44 Lutz RAPHAEL, Von der wissenschaftlichen Innovation zur kulturellen Hegemonie. Die Geschichte der »nouvelle histoire« im Spiegel neuerer Gesamtdarstellungen, in: Francia 16/3 (1989), S. 120–127.
45 Andreas CSER, Neuerscheinungen zur Historiographiegeschichte und historischen Methodik, in: Francia 20/2 (1993), S. 133–138.
46 Hans-Ulrich WEHLER, Das Duell zwischen Sozialgeschichte und Kulturgeschichte. Die deutsche Kontroverse im Kontext der westlichen Historiographie, in: Francia 28/3 (2001), S. 103–110.
47 Roger CHARTIER, La ›Nouvelle Histoire culturelle‹, existe-t-elle?, in: Francia 33/2 (2006), S. 1–12.
48 Claire GANTET, L'histoire des savoirs: un fleuve sans rivage? Un état des lieux de la recherche en histoire moderne germanophone, in: Francia 49 (2022) S. 457–478.
49 Martin KINTZINGER, Michel Foucault et le Moyen Âge. Une recherche de trace, in: Francia 39 (2012), S. 285–304.

Felder ab 2018 gemeinsam stark zu, mit einem kleinen Knick für die *Gesellschafts-, Sozial- und Kulturgeschichte* 2020 (Abb. 16), was ein Zeichen dafür sein könnte, dass die neue Politikgeschichte ihren Einzug in die »Francia« gehalten hat. Wenn unsere Modelle stimmen, so zeigen sie für den Mikrokosmos »Francia«, dass die französischsprachige Forschung früher einen Ausgleich zwischen Politikgeschichte und sozial- und kulturgeschichtlichen Ansätzen erreicht hat, wobei einschränkend gesagt werden muss, dass die Sprache der Publikation, wie erwähnt, nicht die Nationalität des Autors oder der Autorin belegt.

Interessant ist darüber hinaus, dass im deutschsprachigen Korpus die beiden größten Wortfelder *Politische Geschichte Frankreichs* und *Geschichtsschreibung, Quellen, Methode* auf Aufsatzebene quasi nie gemeinsam vorkommen[50]. Vielmehr dominiert entweder das eine oder das andere Topic in Kombination mit anderen. Das könnte ein Indiz dafür sein, dass in der »Francia« keine oder kaum Aufsätze publiziert wurden, die sich mit Methoden und Theorien der politischen Geschichte beschäftigen. Zu berücksichtigen ist bei dieser ersten Einschätzung gleichwohl, dass die Worte allein nicht anzeigen, welche Art von Geschichte betrieben wird, also ob das in den Begriffen durchscheinende Thema Gegenstand der Untersuchung ist, oder ob es um den Forschungsstand, eine Kontroverse oder eine methodische Herangehensweise dazu geht. Dass in der »Francia« in beiden Sprachen nicht nur staatliches Handeln beleuchtet wird, sondern auch das von Einzelpersonen, zeigen die zahlreichen Eigennamen in den Wortfeldern. Zumeist sind es Männer. Auch hier gilt, dass die bloße Nennung von Namen noch keinen Hinweis darauf liefert, wie sich jemand Thema oder Person nähert und ein Blick in die Aufsätze notwendig ist. Dennoch offenbart sich im bloßen Vorhandensein der vielen Namen ein fundamentaler Unterschied zur Geschichtsschreibung, wie sie von den »Annales«-Historikern betrieben wurde, in der Personen oder einzelne Menschen gar nicht oder allenfalls selten vorkamen[51]. Der Befund gilt im Übrigen für beide Sprachen.

Epochen und thematische Schwerpunkte

Das Topic Modeling bestätigt – insbesondere für die deutschsprachigen Aufsätze – die epochale Ausrichtung der Zeitschrift, lassen sich doch die meisten Themenfelder einer bestimmten Epoche zuordnen, wie in der Treemap in Abb. 5 zu sehen ist.

Mittelalter: die Gallia Pontificia im Aufwind

Innerhalb der Epochen hat das Topic Modeling für das Mittelalter die meisten Wortfelder ermittelt: sieben deutschsprachige und fünf französischsprachige. Fasst man die Wortfelder beider Sprachen zusammen, so zeichnen sich fünf größere Themen ab, die sich mit früheren oder aktuellen Forschungsprojekten am DHIP in Verbindung bringen lassen: Fränkisches Reich, Kirche in Spätantike und Frühmittelalter, Päpstliche und bischöfliche Herrschaft, Mönchtum und Hagiografie sowie Grund-

---

50 Die mit einem Wert von -0.526 deutlich negative Korrelation spricht da eine klare Sprache. Vgl. König, Löhden, Datenreport »Francia« (wie Anm. 5).
51 Iggers, Geschichtswissenschaft im 20. Jahrhundert (wie Anm. 41), S. 53.

herrschaft[52]. Die im Vergleich zu den anderen Epochen höhere Anzahl an mittelalterlichen Topics deutet darauf hin, dass die semantische Struktur der mittelalterlichen Themenfelder jeweils ausgeprägt ist und sich diese Felder auch untereinander gut abgrenzen lassen[53].

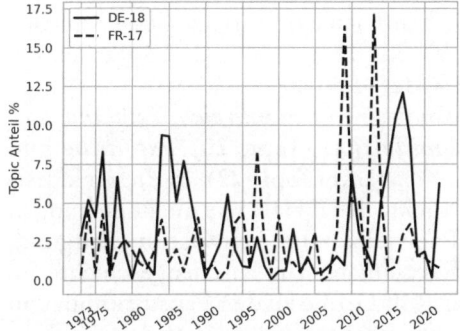
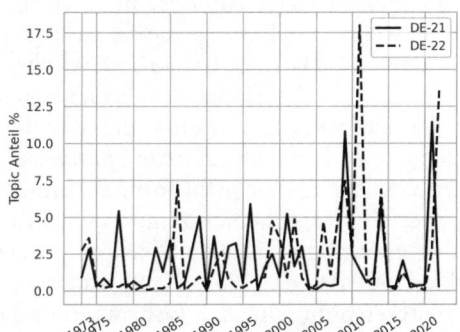

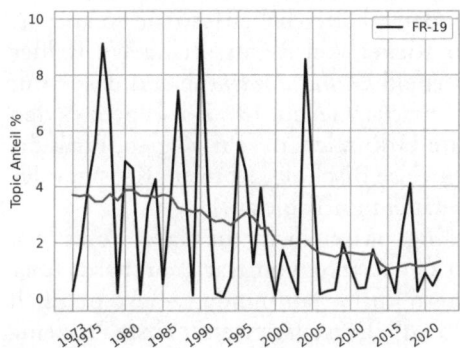

Abb. 17, 18, 19: Verlaufskurven *Fränkisches Reich – Karolinger* (Topic 18 und 17-FR); *Päpstliche und bischöflicher Herrschaft* (Topic 21) und *Gallia Pontificia* (Topic 22); Verlaufskurve *Hagiografie* (Topic 19-FR) mit geglätteter Trendlinie.

Der Anteil des in beiden Sprachen größten Wortfelds *Fränkisches Reich – Karolinger* nimmt über die Jahre in beiden Sprachen zu (Abb. 17 sowie Topic 18 und 17-FR im Anhang). Insgesamt sind die Anteile gleichwohl schwankend, häufig gehen sie gegen null, zeigen jedoch auch starke Ausschläge nach oben. Im deutschsprachigen Korpus gibt es bereits in den 1970er- und Anfang der 1980er-Jahre Ausschläge bis knapp unter 10 %, also noch zu einem Zeitpunkt, an dem Karl Ferdinand Werner die Geschicke des Instituts leitete und dessen mediävistische Forschungsinteressen u. a. das Frankenreich, seine weltlichen Eliten und Nachfolgestrukturen umfassten[54]. Aber auch über personelle Wechsel hinweg bleibt das Thema relevant: Der größte Ausschlag wird in unserem Modell mit 12 % Anteil an einem Jahrgang in Band 44 (2017) erreicht. Im französischsprachigen Korpus fällt auf, dass die Trendkurve viel ruhiger

---

52 Siehe zum Mittelalter den Beitrag von Georg JOSTKLEIGREWE, 50 Jahre »Francia«. Eine mediävistische Perspektive, in: Francia 50 (2023), S. 55–72.
53 Wir danken Rolf Große für seine hilfreichen Hinweise und Diskussionsbereitschaft bei der Interpretation der Wortfelder zum Mittelalter.
54 Vgl. JOSTKLEIGREWE, 50 Jahre »Francia« (wie Anm. 52), S. 57–63.

und auf geringerem Niveau verläuft. Bedeutende Ausschläge gibt es dort erst 2009 und 2013, dafür reichen diese über 16 % respektive über 17 % Anteil am jeweiligen »Francia«-Jahrgang hinaus, was durchaus beachtlich ist. Zu berücksichtigen ist dabei die generelle Anfälligkeit des Korpus für statistische Ausreißer, da manche Jahrgänge nur drei oder vier Aufsätze in einer Sprache umfassen und somit stark ins Gewicht fällt, wenn zwei Beiträge davon zu einem ähnlichen Thema sind. Trotz dieser Schwankungen ist das Begriffsfeld *Fränkisches Reich – Karolinger* in beiden Sprachen ein mittelalterliches Thema von hoher Konstanz in der »Francia«.

Zunehmend sind ebenso die Wortfelder *Königtum in Frankreich, England und Burgund* (Topic 19), *Kirche Spätantike/Frühmittelalter* (Topic 20), *Päpstliche und bischöfliche Herrschaft* (Topic 21) und *Gallia Pontificia* (Topic 22). In diesen klassischen Francia-Themen zeigen sich frühere Projekte des DHIP, wie die Forschungen des ehemaligen DHIP-Direktors Werner Paravicini zum Herzogtum Burgund, Hartmut Atsma (1937–2009) und Martin Heinzelmann zur Kirchengeschichte im weiteren Sinn, Dietrich Lohrmann und später Rolf Große zu den Papsturkunden in Frankreich[55]. Die Wortwolken der beiden letztgenannten Felder umfassen zahlreiche Namen von Päpsten, Erzbischöfen – insbesondere aus der Diözese Reims wie Heinrich, Fulco und Heriveus, die Papsturkunden erhalten haben – sowie von päpstlichen Legaten und dem Geschichtsschreiber Richer von Reims. Beide Wortfelder nehmen im Verlauf zu, insbesondere das Wortfeld *Gallia Pontificia* und das damit verwandte Feld *Päpstliche und bischöfliche Herrschaft* (Abb. 18). Darin geht es den häufigsten Begriffen zufolge sehr allgemein um Urkunden, die Privilegien, Pfründe, Präbende und Besitz garantieren, um die wahlweise Bischöfe, Abteien, Klöster oder Domkapitel gebeten haben (das Verb »bittet« taucht im Topic auf).

Die Worte Antoniter und Präzeptorei allerdings passen nicht zur Gallia Pontificia, die im Jahr 1198 endet. Dennoch dominiert der Artikel von Karl Borchardt über Antoniter in den päpstlichen Supplikenregistern im 14. Jahrhundert – also deutlich nach der Gallia –, mit 94 %-Anteil dieses Wortfeld[56]. Es ist der zweithöchste Prozentanteil an einem Topic, den ein Artikel im gesamten deutschsprachigen Korpus aufweist[57]. Das Beispiel macht exemplarisch zwei Dinge deutlich: Das Modeling zeigt erstens semantische Verbindungen zwischen Texten, die – aus hermeneutischer Sicht – nicht unbedingt zusammengehören, was zu weiteren Forschungen anregen kann. Zweitens könnten derartig hohe Prozentanteile darauf hindeuten, dass dieses Themenfeld ein Artefakt ist und rein aus diesem Aufsatz berechnet wurde. Dem ist hier jedoch nicht so. Der Beitrag von Karl Borchardt kreiert kein eigenes Wortfeld[58], da selbst noch der auf Platz 10 rangierende Artikel dieses Topics einen Anteil von 53 % an diesem Wortfeld hält: ein Beitrag von Ludwig Falkenstein (1933–2015), der für

---

55 Vgl. Karl Ferdinand Werner, Die Forschungsbereiche des Deutschen Historischen Instituts in Paris, ihre Schwerpunkte und Projekte, in: Francia 4 (1976), S. 723–748.
56 Karl Borchardt, Antoniter in den ältest-überlieferten päpstlichen Supplikenregistern 1342–1366, in: Francia 49 (2022), S. 95–162.
57 Mit 95 % hält eine der Editionen der Hofordnungen der Herzöge von Burgund den Spitzenwert: Werner Paravicini, Die Hofordnung Herzog Philipps des Guten von Burgund. Edition. III. Die Hofordnungen für Herzogin Isabella von Portugal von 1430, in: Francia 13 (1985), S. 191–211.
58 Ausnahmen sind die Wörter »vakant« und »ungeachtet«, die vor allem im Beitrag von Karl Borchardt vorkommen.

die Gallia Pontificia die Papsturkunden für die Diözesen Reims und Chalons-en-Champagne bearbeitet hat[59]. Im Übrigen sind unter den Top 10 der Beiträge mit den höchsten Anteilen am Begriffsfeld *Gallia Pontificia* drei weitere Beiträge von Ludwig Falkenstein, der zugleich Platz 11 und 13 auf der Liste besetzt hält und mit seinem Vokabular folglich das Topic zu prägen scheint. Eine weitere Untersuchung der Wortverwendung könnte vergleichend klären, wie sich weitere »Francia«-Aufsätze zur Gallia Pontificia semantisch zueinander und zum Antoniter-Beitrag verhalten.

Die Begriffsfelder *Mönchtum* (Topic 23) sowie *Fränkisches Reich – Merowinger* (Topic 24) sind beide rückläufig und gehen zu Beginn der 2000er-Jahre in der »Francia« fast gegen null, mit zwei kleinen Ausreißern in jüngerer Zeit[60]. Der Einschnitt liegt beim Feld *Mönchtum* nach Band 16 (1989). Während in den Vorjahren zwar ebenso »Francia«-Jahrgänge mit niedrigen Anteilen angezeigt werden, aber auch solche mit Ausschlägen auf 4 %–6 %, enthalten ab den 1990er-Jahren nur noch zwei Jahrgänge mehr als 2 % an diesem Wortfeld. Rückläufig sind ebenso die nur im französischsprachigen Korpus auftauchenden Begriffsfelder *Grundherrschaft* (Topic 20-FR) und *Hagiografie* (Topic 19-FR, s. Abb. 19). Letzteres erreichte als DHIP-Thema zu Hochzeiten Anteile von 8 %–10 % an einem »Francia«-Jahrgang. Die tatsächlichen Anteile lagen sogar noch höher, da es dazu ab Band 17/1 (1987) die eigene Rubrik zum Forschungsprojekt »Sources hagiographiques narratives de la Gaule (SHG)«[61] gab, deren Aufsätze in unserer Analyse jedoch nicht berücksichtigt sind. Der Einbruch im Wortfeld *Hagiografie* im französischsprachigen Korpus beginnt bei Band 33 (2006), was in Teilen mit dem ein Jahr zuvor erfolgten Redakteurswechsel des Mittelalter-Teils der »Francia« vom international angesehen Hagiografie-Spezialisten Martin Heinzelmann zu Rolf Große zusammenhängt[62], vor allem aber damit, dass das Projekt SHG 2007 zum Abschluss kam. Unter den Aufsätzen mit den höchsten Topicanteilen finden sich Artikel von SHG-Projektpartnern wie Joseph-Claude Poulin und François Dolbeau sowie von weiteren Spezialistinnen und Spezialisten wie Anne-Marie Bultot-Verleysen, Pierre Janin, Mireille Chazan und Pierre André Sigal. Wenn auch die Geschichte der Heiligenverehrung im französischsprachigen Teil der »Francia« nach einem letzten kleineren Hoch 2018 derzeit quasi verschwunden ist, gab es dazu jedoch wie zum eng verwandten Thema Reliquien in den vergangenen Jahren englischsprachige Beiträge. Der Wegfall von Netzwerken durch Personenwechsel am DHIP wirkt sich unterschiedlich auf die »Francia« aus: So steigt das Begriffsfeld *Herzogtum Burgund* (Topic 21-FR) im französischsprachigen Korpus ab 1999 an und dies auch über die Amtszeit des Direktors und Burgund-Spezialisten Werner Paravicini hinweg. Auch das deutschsprachige Topic *Königtum Frankreich, England, Burgund* ist wie erwähnt im Verlauf ansteigend, dies insbesondere ab 2007[63].

---

59 Ludwig FALKENSTEIN, Zur Geschichte der Stadt Chalons-en-Champagne im Mittelalter, in: Francia 35 (2008), S. 527–537.
60 Forschungen zur Merowingerzeit sind am DHIP insbesondere mit dem Namen Hartmut Atsma (1937–2009) verbunden, der 2003 in den Ruhestand gegangen ist.
61 Siehe HEINZELMANN, Die Zeitschrift Francia (wie Anm. 1), S. 177–178.
62 Vgl. GROSSE, Die Redaktion der »Francia« (wie Anm. 3).
63 KÖNIG, LÖHDEN, Datenreport »Francia« (wie Anm. 5).

Frühe Neuzeit: Schwerpunkt Französische Revolution

Bei den deutschsprachigen Beiträgen zur Geschichte der Frühen Neuzeit zeichnen sich vier Themenfelder ab: zwei zur Französischen Revolution, mit unterschiedlichen Schwerpunkten und Trendverläufen, die damit das beherrschende frühneuzeitliche Thema in der »Francia« ist, eines mit dem Label *Gelehrte und Medien in Aufklärung und Revolution* (Topic 17), das in Teilen ebenfalls der Revolutionszeit zuzurechnen ist, sowie ein stabiles Begriffsfeld *Außenpolitik Ancien Régime* (Topic 15). Die vier Begriffsfelder im französischsprachigen Korpus sind quasi analog: Auch hier lassen sich zwei der vier Begriffsfelder der Französischen Revolution zuordnen – eines davon der napoleonischen Herrschaft in Deutschland. Ebenso tauchen die beiden anderen Begriffsfelder *Außenpolitik Ancien Régime* (Topic 15-FR) sowie *Gelehrte und Medien in Aufklärung und Revolution* (Topic 13-FR) auf. Im Vergleich zu den anderen Epochen zeigen unsere Modelle für die Frühe Neuzeit die geringsten Unterschiede zwischen deutschsprachigem und französischsprachigem Korpus. Weiter zu untersuchen wäre, ob dies ein »Francia«-spezifisches Phänomen ist oder ob sich insgesamt die Frühneuzeitforschung in beiden Ländern stärker ähnelt als die der anderen Epochen[64].

Bei den Schwerpunkten zur Französischen Revolution dominiert das Begriffsfeld *Französische Revolution – Deutschland/Frankreich* (Topic 14) mit Blick auf Menschen, Krieg und Militär, auf Emigranten und Wahrnehmung der Revolution in Deutschland. Es ist zugleich das viertgrößte Topic in der Zeitschrift insgesamt, wenn auch über die Jahre leicht rückläufig (Abb. 20). Bei den Beiträgen mit den höchsten Anteilen an diesem Themenfeld geht es um das Revolutionserlebnis, um das Frankreich- und Napoleonbild in Deutschland, um eine fiktive Begegnung zwischen Napoleon und Kant und um Emigranten der Französischen Revolution in der deutschen Publizistik. Interessanterweise beschäftigen sich zwei Beiträge aus den Top 10 mit dem Deutsch-Französischen Krieg 1870/71, d. h. sie teilen sich das Begriffsfeld mit den napoleonischen Kriegen. Das könnte ein Hinweis darauf sein, dass diese Artikel zu 1870/71 auf die napoleonischen Kriege als Referenz der Zeitgenossen eingehen oder die mit beiden Kriegen verbundenen Worte ähnlich sind (anders als bei Darstellungen zum Ersten oder Zweiten Weltkrieg). Der Blick in die Aufsätze bestätigt, dass sich die sprachlichen Überschneidungen nicht etwa in der Nennung der beiden Napoleons erschöpfen. Vielmehr ähnelt sich das Kriegsvokabular der Zeitgenossen, da beide Artikel eine autobiografische Quelle zum Krieg 1870/71 vorstellen und einordnen. Hier zeigt das Topic Modeling seine Stärke der semantischen Ähnlichkeitsentdeckung zwischen Beiträgen, die sich mit unterschiedlichen Epochen befassen. Weitere Analysen könnten in diesem konkreten Fall der Frage nachgehen, ob die semantischen Überschneidungen neben dem Vokabular der Zeitgenossen auch das der Historikerinnen und Historiker betreffen, die sich mit den Themen beschäftigen. Damit wäre ein Beitrag zu leisten zur historiografischen Debatte über die Einordnung der Kriege des 19. Jahrhunderts als totalisierende Kriege[65].

---

64 Wir danken Albert Schirrmeister für seine hilfreichen Hinweise und Diskussionsbereitschaft bei der Interpretation der Wortfelder zur Frühen Neuzeit.
65 Zu dieser Debatte siehe Band 7 der Deutsch-Französischen Geschichte: Mareike KÖNIG, Élise

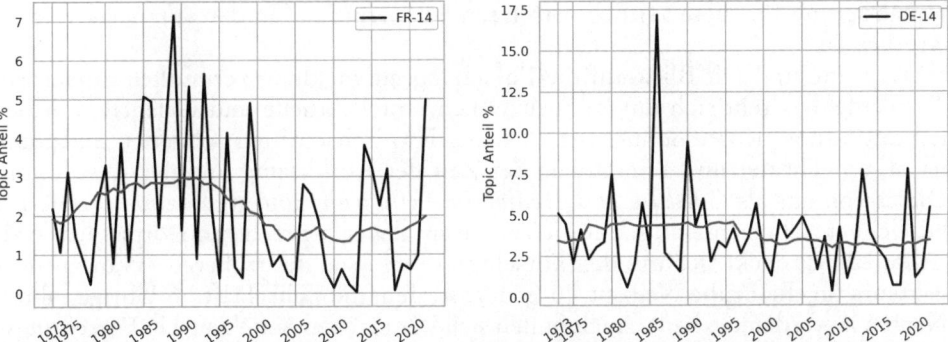

Abb. 20, 21: Verlaufskurve *Französische Revolution* (Topic 14-FR) mit geglätteter Trendlinie; Verlaufskurve *Französische Revolution – Deutschland/Frankreich* (Topic 14) mit geglätteter Trendlinie.

Das Wortfeld *Französische Revolution – politische Geschichte* (Topic 16) dreht sich um Politik und Verfassungsfragen, was neben dem Begriff Verfassung die weiteren prominenten Worte wie Nationalversammlung, Abgeordnete, Versammlung, *constitution*, Legislative, Stände und Regime nahelegen. Geografisch werden dabei nicht nur Frankreich, sondern auch die französisch verwalteten Gebiete in Deutschland wie das Großherzogtum Berg und das Königreich Westfalen in den Blick genommen. Vom Wahlspruch der Französischen Revolution finden sich die Worte Freiheit und Gleichheit, nicht aber die Brüderlichkeit im Begriffsfeld. Diese wird zwar durchaus thematisiert, beispielsweise in einem Beitrag über deutsche Jakobiner im französischen Exil von Anne Cottebrune und Susanne Lachenicht[66], aber eben nicht so häufig wie die beiden anderen Begriffe, eine Beobachtung, der näher nachzugehen wäre. Ebenso wie das analoge Wortfeld im französischsprachigen Korpus ist der Anteil dieses Wortfelds an einem »Francia«-Jahrgang über die Jahre mit 1 % leicht rückläufig. Der Trendverlauf des französischsprachigen Begriffsfelds *Französische Revolution* (Topic 14-FR) erlangt seine Blütezeit in der »Francia« zwischen den Bänden 8 und 28, wobei der höchste Anteil an einem Jahrgang mit knapp über 7 % in Band 16 (1989) erreicht wurde, also pünktlich zur Zweihundertjahrfeier der Französischen Revolution (Abb. 20). Im deutschsprachigen Korpus kommt nur das Wortfeld zur politischen Geschichte der Französischen Revolution (Topic 16) mit etwas über 4 % im Feierjahr 1989 auf einen ansehnlichen Anteil. Das eigentlich größere Feld zu Deutschland und Frankreich in der Revolution (Topic 14) schlägt mit einem Jahr Verspätung in Band 17 (1990) auf weit über 9 % aus, hatte seinen Höchststand aber bereits 1986 mit rund 17,5 % (Abb. 21). Offen bleibt die Frage, ob die französische Forschung, die zu 1789 sicherlich generell quantitativ stärker ist als die deutsche, das bevorstehende Jubiläum besser antizipiert hat oder ob eine bewusste redaktionelle

Julien, Verfeindung und Verflechtung. Deutschland und Frankreich 1870–1918, Darmstadt 2019, S. 293–295.
66 Anne Cottebrune, Susanne Lachenicht, Deutsche Jakobiner im französischen Exil. Paris und Straßburg – Wege zwischen radikaler Akzeptanz und Ablehnung der Revolution, in: Francia 31/2 (2004), S. 95–119.

Kanalisierung für diese zeitlich versetzten Schwerpunkte in der »Francia« verantwortlich ist.

Das dritte und mit Blick auf die Forschungsentwicklung vermutlich modernste Themenfeld[67] dreht sich um frühneuzeitliche Intellektuelle und Gelehrte, um Berichterstattung, Korrespondenzen, Austausch in Zeitschriften, Gazetten und Journalen, um Theater und Literatur in der Zeit der Aufklärung und der Revolution. Dieses von uns als *Gelehrte und Medien in Aufklärung und Revolution* (Topic 17) bezeichnete Themenfeld nimmt im Verlauf im deutschsprachigen Korpus leicht zu (Abb. 22). Es deckt sich mit den Forschungsinteressen des früheren »Francia«-Redakteurs für die Frühe Neuzeit, Jürgen Voss, dem die Zeitschrift im Übrigen ihren Namen zu verdanken hat[68]. Auch finden sich Beiträge zur Sattelzeit, ein Forschungsschwerpunkt der DHIP-Direktorin Gudrun Gersmann, die von 2007 bis 2012 für das Institut verantwortlich war und die »Francia« digitalisieren ließ, so dass wir sie heute computergestützt untersuchen können. Der Blick auf die Beiträge mit den höchsten Anteilen an diesem Topic zeigt, dass in einer Spezialzeitschrift wie der »Francia« schon früh Aufsätze publiziert wurden, wie sie später in der Mediengeschichte *en vogue* geworden sind, so etwa ein Aufsatz von Jürgen Voss aus dem Jahr 1983 über ein unbekanntes Schreiben von Voltaire an die »Franckfurtische Gelehrten Zeitungen« im Jahr 1753[69] oder ein Aufsatz von Hans Wolfgang Stein von 1992 über Bildpublizistik und Revolutionskarikaturen zwischen 1789 und 1804[70]. Drei weitere Beiträge unter den Top 10 lassen sich der Mediengeschichte zurechnen, darunter einer über die Frankreichberichterstattung in Thüringen zur Zeit der Französischen Revolution[71], der hier beispielhaft erwähnt wird, um die lokalgeschichtliche Breite der »Francia« zu verdeutlichen[72]. Weitere Studien behandeln einzelne Personen, zumeist mit einem deutsch-französischen Blickpunkt. Im französischsprachigen Korpus besitzt das Themenfeld *Gelehrte und Medien in Aufklärung und Revolution* (Topic 3-FR) als fünftes Topic ein höheres Gewicht als das deutschsprachige. Nach einem frühen ersten Ausschlag in Band 9 (1981) auf fast 12 %-Anteil, ist es jedoch rückläufig (Abb. 23). Auffallend sind die relativ niedrigen Werte in den letzten zehn Jahren, die mit immer noch knapp 4 % wieder bei den Werten der Anfangsjahre liegen. Inhaltlich thematisieren die Aufsätze mit hohen Anteilen am Wortfeld weniger Medien als den deutsch-französischen Austausch, Korrespondenzen und Wissenschaftsgeschichte, wie beispielsweise im Beitrag mit dem höchsten Topicanteil

---

67 Siehe zur Forschungsentwicklung der Frühen Neuzeit den Beitrag in diesem Band von Claire GANTET, »L'Europe françoise«? Remarques sur l'historiographie franco-allemande en histoire moderne depuis la fondation de »Francia« (1973), in: Francia 50 (2023), S. 73–88.
68 HEINZELMANN, Die Zeitschrift Francia (wie Anm. 1), S. 171.
69 Jürgen VOSS, Ein unbekanntes Schreiben Voltaires an die »Franckfurtische Gelehrten Zeitungen« 1753, in: Francia 11 (1983), S. 686–687.
70 Wolfgang Hans STEIN, Die Zeitung als neues bildpublizistisches Medium. Revolutionskarikaturen in den Neuwieder »Politischen Gespräche der Todten« 1789–1804, in: Francia 19/2 (1992), S. 95–157.
71 Werner GREILING, »Die nächsten Nachrichten aus Frankreich könnten überhaupt künftig wichtig werden«. Frankreichberichterstattung und Frankreichbild in Thüringen (1770–1815), in: Francia 23/2 (1996), S. 65–111.
72 Ein Ergebnis, zu dem auch Claire Gantet in ihrem Beitrag kommt: GANTET, Remarques sur l'historiographie (wie Anm. 63).

von Andreas Kleinert aus dem Jahr 1982 über die Popularisierung der Physik während der Aufklärung[73].

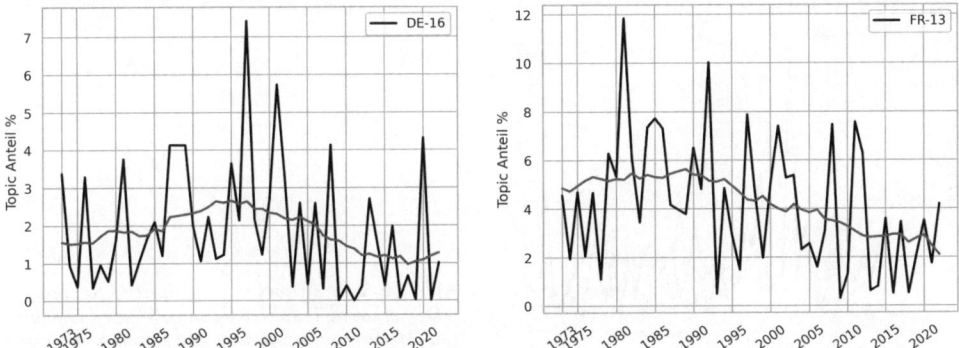

Abb. 22, 23: Verlaufskurve *Gelehrte und Medien in Aufklärung und Revolution* (Topic 17) mit geglätteter Trendlinie; Verlaufskurve *Gelehrte und Medien in Aufklärung und Revolution* (Topic FR-13).

Die drei Themenfelder zur Französischen Revolution tauchen im deutschsprachigen Korpus häufig gemeinsam in den Beiträgen auf. Beispiele dafür sind etwa ein Artikel von Helga Brandes über den deutschen Juristen und jakobinischen Publizisten Georg Friedrich Rebmann, der 1798 die französische Staatsbürgerschaft erhielt[74], oder der Aufsatz von Hans-Jürgen Lüsebrink über die soziale Funktion von Text und Bild in der deutschen und französischen Bastille-Literatur des 18. Jahrhunderts[75]. Ein Blick auf die beiden Wortfelder *Französische Revolution – Deutschland/Frankreich* sowie *Gelehrte und Medien in Aufklärung und Revolution* zeigt, dass die Distanz zwischen ihnen – im Sinne eines Unterschieds in der Wahrscheinlichkeit des gemeinsamen Auftretens – im zeitlichen Verlauf abnehmend ist, insbesondere ab Mitte der 1980er-Jahre (Abb. 24). Das bedeutet, dass die beiden Themenfelder zunehmend gemeinsam in den »Francia«-Beiträgen auftauchen, was ein Hinweis für die Abkehr von klassisch politikgeschichtlichen Darstellungen der Revolution sein könnte. Interessant ist in diesem Zusammenhang ebenso die Kombination des Feldes *Gelehrte und Medien in Aufklärung und Revolution* mit dem Themenfeld *Gesellschafts-, Sozial- und Kulturgeschichte* wie etwa im Beitrag von Kirill Abrosimov über Diderots Wissensordnungen und Kommunikationsstrategien, mit Anteilen von 32 % respektive 27 %[76]. Der Beitrag hat außerdem einen Anteil von 13 % am Quellentopic, es wird dort also ausführlich auf Französisch zitiert. Hier könnte man genauer erfor-

---

73 Andreas Kleinert, La vulgarisation de la physique au siècle des Lumières, in: Francia 10 (1982), S. 303–312.
74 Helga Brandes, »Ein Volk muß seine Freiheit selbst erobern …«. Rebmann, die jakobinische Publizistik und die Französische Revolution, in: Francia 18/2 (1991), S. 219–230.
75 Hans-Jürgen Lüsebrink, ›Die zweifach enthüllte Bastille‹. Zur sozialen Funktion der Medien Text und Bild in der deutschen und französischen ›Bastille‹-Literatur des 18. Jahrhunderts, in: Francia 13 (1985), S. 311–331.
76 Kirill Abrosimov, Wissensordnungen der Aufklärung. Diderots Kommunikationsstrategien zwischen der »Encyclopédie« und der »Correspondance litteraire« von Friedrich Melchior Grimm, in: Francia 38 (2011), S. 93–126.

schen, ob sich die im letzten Jahrzehnt populär gewordene Wissensgeschichte hinter solchen Kombinationen verbirgt, da sie in beiden Sprachen kein eigenes Wortfeld aufweist.

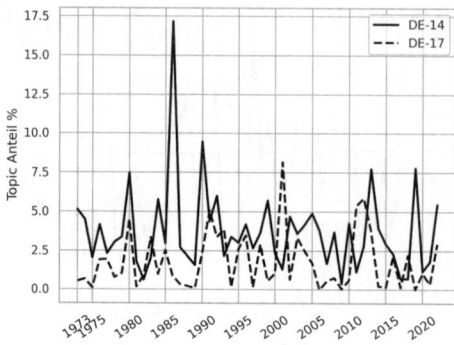

Abb. 24: Verlaufskurven *Französische Revolution – Deutschland/Frankreich* (Topic 14) und *Gelehrte und Medien in Aufklärung und Revolution* (Topic 17)

Das Feld *Außenpolitik Ancien Régime* (Topic 15) wirkt kohärent, enthält aber wenig konkrete inhaltliche Anhaltspunkte und keinen spezifischen chronologischen Fokus. Mit Spanien taucht der Hauptgegenspieler Frankreichs im 17. Jahrhundert auf, daneben Österreich, England und Schweden. Auch Brandenburg ist genannt, doch Preußen fehlt. Das Topic enthält viele Namen frühneuzeitlicher Herrscher: Ludwig, Heinrich und Franz verweisen auf französische Monarchen, die Namen Karl, Philipp, Maximilian, Leopold und Franz auf Habsburger Herrscher, die teilweise zugleich die Reichskrone trugen. Maximilian könnte zugleich auf den Bayerischen Kurfürsten während des Dreißigjährigen Kriegs verweisen, auch der Name Ernst deutet auf Wittelsbach; eine genaue Zuordnung kann nur der Blick in die Aufsätze ermöglichen. Doch bleibt angesichts der Vielzahl der Herrschernamen festzuhalten, dass in diesem Begriffsfeld klassische Diplomatie und Außenpolitik zu erwarten ist. Darauf deuten zugleich die anderen Begriffe: Es geht um Krieg und Frieden, um König, Fürsten, Gesandte, Diplomatie und Verhandlungen und das von der Mitte des 16. Jahrhunderts bis zur Sattelzeit, mit chronologisch offenen Rändern. Entsprechend findet sich die breite thematische und chronologische Verteilung auch in den Beiträgen, die einen hohen Anteil an diesem Topic aufweisen.

Unter den Beiträgen der Top 10 behandeln drei ein klassisches deutsch-französisches Thema dieser Zeit: den Erwerb des Elsass durch Frankreich im Westfälischen Frieden 1648. Eher diplomatiegeschichtlich scheinen Quellen und Herangehensweise im Beitrag über die Elsasskenntnisse französischer Gesandter von Franz Bosbach[77], eher personengeschichtlich der Artikel von Anuschka Tischer über Johann Adolph Krebs als Vermittler über das Elsass am Ende des Dreißigjährigen Kriegs[78]. Zur neueren Politikgeschichte könnte der Beitrag von Jonas Bechthold über die Elsass-

---

[77] Franz Bosbach, Die Elsaßkenntnisse der französischen Gesandten auf dem Westfälischen Friedenskongress, in: Francia 25/2 (1998), S. 27–48.

[78] Anuschka Tischer, Dr. Johann Adolph Krebs von Bach zwischen dem Reich und Frankreich. Ein Elsässisches Schicksal am Ende des Dreißigjährigen Krieges, in: Francia 26/2 (1999), S. 169–182.

verhandlungen in Zeitungsberichten zum Westfälischen Friedenskongress gehören[79], werden hier doch keine klassischen diplomatischen Akten, sondern Zeitungsberichte als grundlegende Quellen herangezogen. Blickt man auf die Namen der Autorinnen und Autoren in diesem Themenfeld, so fällt die Verbindung zu den »Acta Pacis Westphalicae« (APW) auf. Neben der gerade genannten Anuschka Tischer ist auch APW-Herausgeber Michael Rohrschneider[80] mehrfacher »Francia«-Autor, um nur diese beiden zu nennen. Das Wortfeld *Außenpolitik Ancien Régime* nimmt trotz erheblicher Schwankungen in beiden Sprachen über die Jahre zu. Weiter zu analysieren wäre, ob bei den Beiträgen der Anteil an den Feldern *Gesellschafts, Sozial- und Kulturgeschichte* oder *Gelehrte und Medien* zunehmen, während die Anteile am Themenfeld *Politische Geschichte* parallel abnehmen, um Hinweise über die methodischen Zugänge zum Thema zu erhalten oder zu erkennen, ob klassisch diplomatiegeschichtliche Herangehensweisen abnehmen.

Mit diesen dominanten Begriffsfeldern erschöpfen sich die frühneuzeitlichen Themen in der »Francia« keineswegs. Insbesondere das französischsprachige Themenfeld *Schul- und Universitätsgeschichte* (Topic 10-FR) sowie die in beiden Sprachen auftauchenden Felder Stadt-, Kirchen-, Wirtschafts-, Frauen- sowie Kunst- und Bibliotheksgeschichte enthalten ebenso zahlreiche Artikel zur Frühen Neuzeit wie auch zu den beiden anderen Epochen.

Neuere und Neueste Geschichte:
Abkehr von klassischen deutsch-französischen Themen

In der Neueren und Neuesten Geschichte bestimmen fünf Themenfelder das deutschsprachige Korpus der »Francia«, die man zusammenfassen könnte mit den Schlagworten deutsch-französische Transfers, Frankreich unter deutscher Besatzung und internationale Beziehungen[81]. Für die französischen Artikel hat der Algorithmus dagegen nur zwei Themenfelder errechnet, ein weitgefasstes zu deutsch-französischen Beziehungen im 20. Jahrhundert allgemein und wiederum Frankreich unter deutscher Besatzung[82]. Dieser Unterschied könnte zum einen daran liegen, dass es 235 deutschsprachige Artikel zum 19./20. Jahrhundert in der »Francia« gibt, aber nur 145 französischsprachige. Einige davon teilen sich eher Begriffe aus anderen Wortfeldern, den drei Haupttopics etwa oder aus dem viertgrößten Wortfeld des französischsprachigen Korpus *Deutschland/Frankreich: Macht, Staat, Krieg* (Topic 4-FR), dem Begriffsfeld *Deutsche Geschichte* (Topic 5-FR) oder dem Feld *Wirt-*

---

79 Jonas BECHTOLD, Die Elsassverhandlungen in den Zeitungsberichten zum Westfälischen Friedenskongress zwischen Information und Interpretation, in: Francia 45 (2018), S. 117–136.
80 Z. B. Michael ROHRSCHNEIDER, Das französische Präzedenzstreben im Zeitalter Ludwigs XIV.: Diplomatische Praxis – zeitgenössische französische Publizistik – Rezeption in der frühen deutschen Zeremonialwissenschaft, in: Francia 36 (2009), S. 135–179. Vgl. auch in diesem Band: ID., Albert SCHIRRMEISTER, Die französischen Korrespondenzen in den Acta Pacis Westphalicae. Zwischenbilanz und Perspektiven, in: Francia 50 (2023), S. 347–365.
81 Siehe zum 19. und 20. Jahrhundert den Beitrag von Reiner MARCOWITZ, L'intermédiaire entre les historiographies française et allemande. Un demi-siècle d'histoire contemporaine dans »Francia«, in: Francia 50 (2023), S. 89–102.
82 Wir danken Jürgen Finger für seine hilfreichen Hinweise und Diskussionsbereitschaft bei der Interpretation der Wortfelder zum 19./20. Jahrhundert und für seine sorgsame Redaktion des Beitrags.

schaftsgeschichte (Topic 6-FR), das über die Jahre deutlich rückgängig ist, was zum allgemeinen Trend in Frankreich zu passen scheint[83]. Zum anderen könnte es sein, dass im deutschsprachigen Korpus der Sprachgebrauch in den Beiträgen zu einem bestimmten Thema ähnlicher ist als im französischsprachigen, eine These, die in einer weiterführenden Studie zu vertiefen wäre. Davon abgesehen zeigt das Topic Modeling interessante Unterschiede in der Schwerpunktsetzung für beide Sprachen.

Das größte deutschsprachige Themenfeld zum 19./20. Jahrhundert – *Deutsch-französische Wissenschaftsbeziehungen* (Topic 4) – ist über die Jahre in der Trendlinie um rund 1 % abnehmend, allerdings mit starken Schwankungen (Abb. 25). Zwar tauchen unter den Begriffen des Feldes auch Worte wie Regierung, Botschaft, Amt und auswärtig auf, die anzeigen, dass es um politische Beziehungen zwischen beiden Ländern geht. Höheren Anteil haben jedoch Worte wie Presse sowie Universität, Schüler, Jugend, Wissenschaft und Kultur. Dabei zeigen Worte wie Kontakte, Beziehungen, Verständigung und Besuch an, dass es bei Beiträgen aus diesem Themenfeld eher um positiv konnotierte wissenschaftlich-kulturelle Beziehungen gehen dürfte, um Austausch, Transfer und eben um Verständigung. Ein Blick auf die Beiträge mit den höchsten Anteilen an diesem Wortfeld bestätigt das: Sie drehen sich beispielsweise wie im Artikel von Conrad Grau um die Planungen für ein Deutsches Historisches Institut in Paris während des Zweiten Weltkriegs[84] – also unter den besonderen Bedingungen der Besatzungszeit –, um die Gründung einer deutsch-französischen Gesellschaft 1926 (Hans Manfred Bock)[85] und um den Aufbau der Pariser DAAD-Außenstelle in der Folge des Elysée-Vertrags 1963 (Ulrich Pfeil)[86]. Warum dieses Wortfeld im französischsprachigen Modell nicht eigens ausgewiesen wird, lässt sich ohne weitere Untersuchung nur spekulativ beantworten: Beiträge zu diesem Thema könnten unterschiedliche Sprachverwendung aufweisen und daher vom Algorithmus nicht entdeckt worden sein. Oder es wurden in der Zeitschrift generell weniger französischsprachige Aufsätze zum Thema publiziert, weil die französische Geschichtswissenschaft entweder weniger dazu forscht oder ihre Ergebnisse in anderen Zeitschriften veröffentlicht.

---

[83] Vgl. Dominique Barjot (avec le concours de Anna Bellavitis et Bertrand Haan), Introduction, in: Dominique Barjot, Anna Bellavitis, Bertrand Haan, Olivier Feiertag (Hg.), Regards croisés sur l'historiographie française aujourd'hui, Paris 2020, S. 9–27, hier S. 20.
[84] Conrad Grau, Planungen für ein Deutsches Historisches Institut in Paris während des Zweiten Weltkriegs, in: Francia 19/3 (1992), S. 109–128.
[85] Hans Manfred Bock, Die Deutsch-Französische Gesellschaft 1926 bis 1934, in: Francia 17/3 (1990), S. 57–101.
[86] Ulrich Pfeil, Die Pariser DAAD-Außenstelle in der Ära Schulte 1963–1972. Die Institutionalisierung der transnationalen Wissenschaftskooperation in den westdeutsch-französischen Beziehungen 1963–1972, in: Francia 32/3 (2005), S. 51–74.

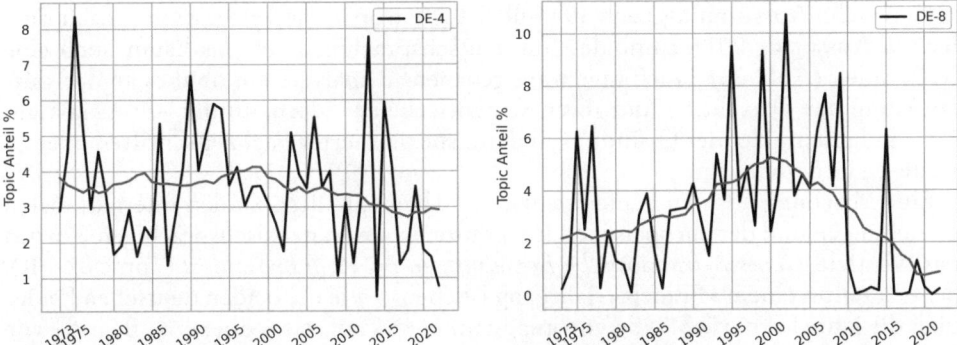

Abb. 25, 26: Verlaufskurve *Deutsch-französische Wissenschaftsbeziehungen* (Topic 4) mit geglätteter Trendlinie; Verlaufskurve *BRD und europäische Integration* (Topic 8) mit geglätteter Trendlinie

Ebenso rückläufig sind die Anteile der drei Begriffsfelder *Internationale Beziehungen* (Topic 5), *Deutsch-französische Parteiengeschichte in der ersten Hälfte des 20. Jahrhunderts* (Topic 7) sowie *BRD und europäische Integration* (Topic 8). Letztere ist ein Forschungsbereich, den Horst Möller in seiner Zeit als Direktor am DHIP 1989–1992 etablierte, u. a. mit einem vierbändigen Editionsprojekt zu den deutsch-französischen Beziehungen 1949–1963 nach der Öffnung der EU-Archive in Brüssel und Florenz. Da auch die Archive des Quai d'Orsay geöffnet wurden, konnten eine Reihe von Stipendien vergeben werden, aus denen später Beiträge für die »Francia« eingeworben wurden. Die Artikel mit hohen Anteilen am Feld zur europäischen Integrationsgeschichte thematisieren in erster Linie Frankreichs Europapolitik nach 1945 – wobei auch die USA eine Rolle spielen können –, die deutsch-französischen Beziehungen der Nachkriegszeit wie im Artikel von Reiner Marcowitz über die Wendejahre 1963/64[87] oder deutsche Politiker und ihre Einstellung zu Frankreich und Europa wie im Beitrag von Claudia Hiepel über Willy Brandt[88]. Zu sehen ist erneut, dass die »Francia« deutschen Forschenden Orientierung bietet im Quellen- und Literaturdickicht durch die Vorstellung von Editionen und die Publikation von Artikeln zu neuen Forschungstendenzen in Frankreich wie bei den Beiträgen von Jost Dülffer oder Ulrich Lappenküper[89]. Dabei fällt auf, dass die Jahrgänge 15 (1987) bis 37 (2010) der »Francia« durchgehend Anteile am Wortfeld *BRD und europäische Integration* aufweisen, anders also als bei den meisten anderen Topics, bei denen die Tiefpunkte häufig bei null liegen. Nach 2010 geht der Anteil – abgesehen von einer Ausnahme bei Band 42 (2015) – kontinuierlich zurück, so dass in den letzten Jahren ein ursprünglich klassisches Thema der »Francia« – die deutsch-

---

87 Reiner Marcowitz, Wendejahre 1963–64. Die deutsch-französischen Beziehungen, in: Francia 22/3 (1995), S. 83–103.
88 Claudia Hiepel, Willy Brandt, Frankreich und Europa, in: Francia 36 (2009), S. 251–264.
89 Beispiele dafür: Jost Dülffer, Die französischen Akten zur Außenpolitik, 1960–1965, in: Francia 32/3 (2005), S. 179–190 und Ulrich Lappenküper, Neue Quellen und Forschungen zu den deutsch-französischen Beziehungen zwischen »Erbfeindschaft« und »Entente élémentaire« (1944–1963) und ihren internationalen Rahmenbedingungen, in: Francia 24/3 (1997), S. 133–151.

französische Aussöhnung nach 1945 über die europäische Integration – nach dem letzten Ausschlag 2015 zumindest im deutschsprachigen Korpus kaum noch eine Rolle spielt (Abb. 26). Auch hier wäre genauer zu analysieren, ob dies an der Entwicklung der Forschung und ihren semantischen Feldern, an der »Francia«, am Vorhandensein oder der Gründung anderer spezialisierter Fachzeitschriften oder an weiteren Gründen liegt.

Eine Mischung aus den beiden deutschen Themenfeldern zu den internationalen Beziehungen und der europäischen Integration ist im französischsprachigen Korpus das Wortfeld *Deutsch-französische Beziehungen im 20. Jahrhundert* (Topic 22-FR). Sein Anteil an einem »Francia«-Jahrgang ist ebenso wie die beiden deutschen Felder über die Jahre leicht rückläufig von knapp unter 6 % auf etwas über 4 %. Begriffe wie Politik, Regierung, Beziehungen, Vertrag, Konferenzen, Macht, Alliierte deuten darauf hin, dass es in erster Linie um politische Geschichte geht, auch wenn Presse und öffentliche Meinung ebenso eine Rolle spielen. Anders als bei den deutschen Feldern taucht die Wirtschaft hier prominent auf, ebenso der Begriff Reparationen. Chronologisch ist das Feld weit gespannt: Unter den Beiträgen mit hohen Anteilen findet sich beispielsweise ein Artikel von Georges-Henri Soutou über die Erneuerung der deutsch-französischen Wirtschaftsbeziehungen nach dem Ersten Weltkrieg[90] und ein Artikel von Jacques Bariéty über Stresemann und Frankreich[91]. Im Bereich französische Deutschlandpolitik findet man einen Beitrag von Christian Wenkel über die französische DDR-Außenpolitik[92] und einen Artikel von Dietmar Hüser über die Deutschlandpolitik und -vorstellungen von Charles de Gaulle, Georges Bidault und Robert Schuman[93]. Dass die »Francia« gerade in den 1990er-Jahren ein Ort war, in dem sich die Prominenz der Europahistorikerinnen und -historiker austauschten, zeigen außer den genannten auch weitere Beiträge aus den Top 10, aus denen zugleich der Transfer von Themen deutlich wird, wie etwa der französischsprachige Beitrag von Wilfried Loth über die Europapolitik de Gaulles[94] oder die Vorstellung eines dreibändigen deutschsprachigen Quellenwerks zu den deutsch-französischen Beziehungen 1949–1963 durch Pierre Guillen[95]. Auf den französischen Seiten der »Francia« sind die deutsch-französischen Beziehungen nach 1945 als Thema weiterhin präsent, so etwa im Artikel von Hélène Miard-Delacroix aus dem Jahr 2018[96] – die Verschriftlichung ihres Jahresvortrags am DHIP aus dem Vorjahr –, der neben 44 % Anteil am Feld *Deutsch-französische Beziehungen im 20. Jahrhundert* über 20 % Anteil am Feld *Politische Geschichte* und 17 % Anteil am Feld *Gesellschafts-*,

---

90 Georges-Henri Soutou, Problèmes concernant le rétablissement des relations économiques franco-allemandes après la Première Guerre mondiale, in: Francia 2 (1974), S. 580–596.
91 Jacques Bariéty, Stresemann et la France, in: Francia 3 (1975), S. 554–583.
92 Christian Wenkel, Entre normalisation et continuité. La politique étrangère de la France face à la RDA, in: Francia 36 (2009), S. 231–250.
93 Dietmar Hüser, Charles de Gaulle, Georges Bidault, Robert Schuman et l'Allemagne 1944–1950: conceptions – actions – perceptions, in: Francia 23/3 (1996), S. 49–73.
94 Wilfried Loth, De Gaulle et la construction européenne. La révision d'un mythe, in: Francia 20/3 (1993), S. 61–72.
95 Pierre Guillen, Les relations franco-allemandes. Un important apport documentaire pour les années 1949–1963, in: Francia 26/3 (1999), S. 183–187.
96 Hélène Miard-Delacroix, L'impensable convergence. La France et l'Allemagne face au monde depuis 1945, in: Francia 45 (2018), S. 177–191.

Sozial- und Kulturgeschichte aufweist, wobei diese fast ausgeglichenen Anteile an politischer Geschichte und Sozial- und Kulturgeschichte am Überblickscharakter des Aufsatzes liegen und zugleich ein Beispiel für die neue Politikgeschichte mit kulturalistischem Ansatz sein kann.

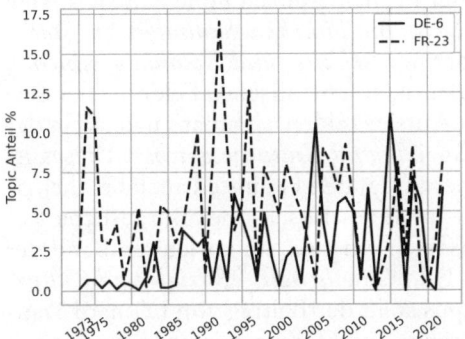

Abb. 27: Verlaufskurven *Frankreich unter deutscher Besatzung* in beiden Sprachen (Topic 6 und 23-FR).

Als einziges Wortfeld im Bereich der Neueren und Neuesten Geschichte deutlich zunehmend ist in beiden Sprachen *Frankreich unter deutscher Besatzung* (Topic 6 und 23-FR, s. Abb. 27). Bei den französischsprachigen Aufsätzen setzt der Aufwärtstrend später ein als bei den deutschsprachigen. Dort nehmen Artikel zur deutschen Besatzungszeit ab Band 11 (1983) zu. Nur wenige Jahre zuvor wurden in den französischen Archiven die Bestände für die Vichy-Zeit geöffnet, und Jean-Pierre Azéma und François Bédarida gründeten 1979 das Institut d'histoire du temps présent, das wichtige Einzelstudien zu diesem Thema angestoßen hat. Im DHIP wurde 1982 zeitgleich mit Stefan Martens zum ersten Mal ein Zeithistoriker und Experte für das Themengebiet eingestellt. Ab 1989 übernahm er die Redaktion von Teilband 3 der »Francia«, womit er die Platzierung dieses Themas in der Zeitschrift mitgestalten konnte[97]. Die Worte aus diesem Topic zeigen, dass es bei den deutschsprachigen Aufsätzen um militärische Themen geht, um Armee, Offiziere, Soldaten und Kriegsgefangene, um Polizei, Gestapo, Behörden und Vichy, sowie um Judenverfolgung, Deportation und Lager, um Resistance, Widerstand und Flucht. Eine wichtige Rolle spielen in beiden Sprachen Artikel, die Archivbestände, Findmittel oder Projekte zur Quellendigitalisierung vorstellen, und zwar – wie für die »Francia« mit ihrem Transferverständnis üblich – mit überkreuztem Blick auf das jeweils andere Land. So behandeln die französischen Beiträge deutschsprachige Quellenbestände, auch solche, die in Frankreich archiviert sind, wie etwa deutsche Militärakten im Service historique de la Défense in Vincennes, die 1944 und 1945 von der französischen Spionageabwehr in Frankreich, Deutschland und Österreich beschlagnahmt worden sind[98], oder deutsche Gerichtsakten aus dem Zweiten Weltkrieg in dessen Außenstelle in Caen[99].

---

97 Siehe GROSSE, Die Redaktion der »Francia« (wie Anm. 3).
98 Frédéric QUÉGUINEUR, Les archives allemandes dans les fonds des services spéciaux aux archives du Service historique de la Défense, in: Francia 45 (2018), S. 279–292. Weitere Beispiele dafür auch bei MARCOWITZ, L'intermédiaire (wie Anm. 81), S. 97–98.
99 Gaël EISMANN, Corinna VON LIST, Les fonds des tribunaux allemands (1940–1945) conservés au

Während sich das Wortfeld *Frankreich unter deutscher Besatzung* als Konstante in der »Francia« etabliert hat, sind die anderen Felder zum 19./20. Jahrhundert im deutschsprachigen Korpus rückläufig. Das heißt nicht, dass die Themenvielfalt in der Zeitschrift zurückgeht, im Gegenteil: Zum einen enthalten viele Beiträge aus der Neueren und Neuesten Geschichte wie bei der Frühen Neuzeit hohe Anteile an den thematischen Topics, etwa aus den Feldern *Kunst, Bibliotheken, Sammlungen, Stadt- und Bevölkerungsgeschichte Frankreichs* oder *Wirtschafts- und Kolonialgeschichte*. Zum anderen dürfte sich im Wegfall von eindeutigen semantischen Feldern eher eine Diversifizierung zeigen angesichts niedriger Aufsatzzahlen, sichtbar zugleich in der Zunahme des weiten Felds *Gesellschafts-, Sozial- und Kulturgeschichte*. Dieses ist dabei nicht nur methodisches Beiwerk, sondern trägt den Hauptteil auch bei thematischen Aufsätzen. Ein Beitrag wie der von Johannes Bosch über Bürgerliche Reformbewegungen in Deutschland und Frankreich um 1900 im vorletzten Band der »Francia« etwa enthält über 50 % Anteil am Feld *Gesellschafts-, Sozial- und Kulturgeschichte*[100]. Im französischsprachigen Korpus steht der Beitrag von Léonard Dauphant über die Geschichtsschreibung von Grenzen und Grenzräumen in Frankreich mit einem Anteil von rund 46 % am Topic für diese Tendenz, zugleich ein Beispiel dafür, dass sich die »Francia« auch dem *spatial turn* nicht verschließt[101].

Abschließend sei erwähnt, dass dem Transfergedanken der »Francia« gemäß das französischsprachige Korpus etliche Beiträge enthält, die sich mit der deutschen Geschichte beschäftigen und dies bisweilen ohne Bezug zu Frankreich. Beispielhaft genannt seien hier die Beiträge von Corine Defrance über deutsche Universitäten und Forschende nach 1945[102] und von Dominique Trimbur über die auswärtige Kulturpolitik Deutschlands der 1920er und 1930er-Jahre mit Blick auf Palästina[103].

Epochenübergreifende Themen: das Beispiel Frauengeschichte

Fünf deutschsprachige und neun französischsprachige Themenfelder in unseren Modellen sind epochenübergreifend. Das Sample ist dabei zu klein, um eine These für den Grund dieses zahlenmäßigen Unterschieds zu untermauern, etwa dass die französischsprachige Geschichtsschreibung sich stärker an Themenvokabular und erst in zweiter Linie an Epochenvokabular orientiert oder generell stärker epochenübergreifend ausgerichtet ist. Von den epochenübergreifenden Begriffsfeldern sind für beide Sprachen die Anteile der Felder *Kirche/Religion* (Topic 10, Topic 9-FR) und *Frauengeschichte* (Topic 13) bzw. *Krieg, Gewalt, Frauen* (Topic 7-FR) an einem »Francia«-Jahrgang ansteigend, alle anderen sind im deutschsprachigen Korpus

---

BAVCC à Caen. De nouvelles sources et de nouveaux outils pour écrire l'histoire de la répression judiciaire allemande pendant la Seconde Guerre mondiale?, in: Francia 39 (2012), S. 347–378.

100 Johannes BOSCH, Zurück zur Natur. Bürgerliche Reformbewegungen in Deutschland und Frankreich vor dem Ersten Weltkrieg am Beispiel des Vegetarismus, in: Francia 48 (2021), S. 169–192.

101 Léonard DAUPHANT, L'historiographie des frontières et des espaces frontalières en France depuis trente ans, in: Francia 47 (2020), S. 295–306.

102 Corine DEFRANCE, Universités et universitaires allemands dans l'après-guerre, in: Francia 30/3 (2003), S. 51–69.

103 Dominique TRIMBUR, La politique culturelle extérieure de l'Allemagne, 1920–1939: le cas de la Palestine, in: Francia 28/3 (2001), S. 35–73. Siehe dazu auch MARCOWITZ, L'intermédiaire (wie Anm. 81), S. 97–98.

leicht rückläufig[104]. Auch dabei fallen die extremen Schwankungen auf (Abb. 28). Näher betrachtet werden hier die beiden Themenfelder mit Bezug auf die Frauengeschichte, die unterschiedliche Schwerpunkte haben.

Die Begriffe im deutschsprachigen Topic sind sehr weit gefasst und umfassen Ehe- und Familiengeschichte (Frau, Mann, Ehe, Mutter, Eltern, Familie, Kinder, Mädchen, Haushalt, lieben, Brautfahrt und mit sozialem Bezug: Bauern) genauso wie religiöse Bezüge (Maria, Jeanne, Sankt, Kirche, Sonntag, Wallfahrt, Gottesurteil, Probe, Priester), außerdem kulturelle Aspekte (Kleidung, Kultur, Nacht, Tag, symbolisch). Mit Lausanne, Straßburg, Soissons, Antwerpen und Dijon gibt es lokale Bezüge. Auch tauchen Eigennamen auf, was darauf hindeutet, dass es weniger um methodische Beiträge zur Genderforschung gehen dürfte, als um konkrete Frauen bzw. um Fallstudien. Der Beitrag mit dem höchsten Anteil an diesem Themenfeld ist von Gabriela Signori und behandelt die geschlechtsspezifische Besetzung und Ausgestaltung symbolischer Räume am Ausgang des Mittelalters am Beispiel von Stadtheiligen und hier der Straßburger Marienstatue[105], publiziert übrigens bereits im Jahr 1993. Da war die Frauengeschichte zwar schon gut zehn Jahre international im Trend[106], dennoch zeigt der Beitrag die Offenheit der Zeitschrift für neue Themen und Methoden innerhalb ihres geografischen Zuständigkeitsrahmens. Unter den zehn Artikeln mit den höchsten Anteilen sind drei weitere Beiträge zum Mittelalter, etwa zu Wundern oder zur Namensgebung der Frauen im frühen Mittelalter. Unter den Beiträgen zur Frühen Neuzeit sei beispielhaft der Artikel von Christiane Coester über Brautfahrten adeliger Frauen herausgegriffen[107] sowie der Artikel von Sven Kuttner über Sexualität und Kirchenherrschaft in Französisch-Louisiana im frühen 18. Jahrhundert[108], der zugleich hohe Anteile an den Topics *Wirtschafts- und Kolonialgeschichte* (Topic 12) sowie *Stadt- und Bevölkerungsgeschichte Frankreichs* (Topic 9) aufweist.

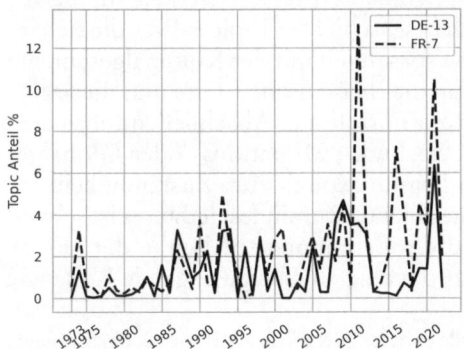

Abb. 28: Verlaufskurven *Frauengeschichte* (Topic 13) und *Krieg, Gewalt, Frauen* (Topic 7-FR)

104 König, Löhden, Datenreport »Francia« (wie Anm. 5).
105 Gabriela Signori, Stadtheilige im Wandel. Ein Beitrag zur geschlechtsspezifischen Besetzung und Ausgestaltung symbolischer Räume am Ausgang des Mittelalters, in: Francia 20/1 (1993), S. 39–67.
106 Fabrice Virgili, L'histoire des femmes et l'histoire des genres aujourd'hui, in: Vingtième Siècle. Revue d'histoire 75 (2002/3), S. 5–14.
107 Christiane Coester, Brautfahrten. Grenzüberschreitungen und Fremdheitserfahrungen adliger Frauen in der Frühen Neuzeit, in: Francia 35 (2008), S. 149–168.
108 Sven Kuttner, Der Sündenpfuhl am Mississippi. Ehe, Sexualität und Kirchenherrschaft in Französisch-Louisiana im frühen 18. Jahrhundert, in: Francia 25/2 (1998), S. 153–162.

In den französischsprachigen Beiträgen der »Francia« tauchen die Worte Frau und Frauen dagegen vor allem – aber keineswegs ausschließlich – im Umfeld von Krieg und Gewalt auf. Es geht um Strafe, Körper, Ehre und sexuelle Gewalt, um Beute und Plünderung. Geografische Hinweise liefern die Worte Valmy, Afrika und China. Der Beitrag mit dem höchsten Anteil ist von Maren Lorenz und behandelt das Quellenproblem für historische Studien über sexuelle Gewalt in Kriegen des 17. Jahrhunderts[109]. Ein weiterer Beitrag von Susanne Kuss thematisiert die Gewalt in deutschen Kolonialkriegen[110]. Das Themenfeld dreht sich gleichwohl nicht ausschließlich um Gewalt an Frauen. Artikel über Gewalt in Kriegen allgemein teilen sich das Vokabular, so beispielsweise ein Artikel von Roger Dufraisse über die Schlacht bei Valmy 1792[111] oder von Annette Becker über Glaube und Eifer der französischen Bevölkerung im Ersten Weltkrieg[112]. Ein weiterer Themenkreis gehört zur Rechtsgeschichte. Darunter befindet sich ein Artikel von Falk Brettschneider über sexuelle Gewalt in Zuchthäusern im 18. Jahrhundert[113]. Die Verbindungen dieser Beiträge über Gewalt, Körper, Ehre und Scham zu den anderen Beiträgen im Themenfeld leuchten unmittelbar ein. Auch der 2019 von Fatou Sow gehaltene Jahresvortrag des DHIP zur Debatte über Gender und Fundamentalismus in Afrika[114] enthält hohe Anteile an diesem Themenfeld. In beiden Sprachen weisen die Beiträge zugleich deutliche Anteile an Begriffen aus dem Feld *Gesellschafts-, Sozial- und Kulturgeschichte* auf. Das rasch abfallende Gewicht des Frauentopics bei den Top 10-Beiträgen macht deutlich, dass Frauengeschichte kein Schwerpunkt in der »Francia« ist, auch wenn sie dort den genannten Beispielen zufolge durchaus ihren Platz hat, und das in unterschiedlichen Facetten.

Wenn dieser Aufsatz nicht bereits sein Zeichenlimit ausgeschöpft hätte, könnte man an dieser Stelle noch einen Blick auf die in der »Francia« in beiden Sprachen prominent platzierte Stadtgeschichte (Topic 9, Topic 12-FR) werfen oder auf die vor allem im französischen Korpus starke Wirtschaftsgeschichte (Topic 6-FR), die sich im deutschsprachigen Korpus interessanterweise sprachlich mit der Kolonialgeschichte mischt (Topic 12). Beide Felder unterstreichen die thematische Breite und die regionalen Bezüge der in der »Francia« publizierten Forschung. Abschließend mag sich auch die Frage stellen, wie es mit Umwelt-, Technik-, Migrations- oder Globalgeschichte steht und natürlich auch mit der zu Beginn explizit zum Zuständigkeitsbereich der »Francia« erklärten quantitativen Geschichte. Zumindest letzteres ist schnell erzählt, denn Lochkarten, Quantitatives und Großcomputer spielten in der »Francia« in den 1970er- oder 1980er-Jahren genauso wenig eine herausragende Rolle wie

---

109 Maren Lorenz, Sur les traces de la violence sexuelle dans les guerres du XVIIᵉ siècle. Un problème des sources, in: Francia 38 (2011), S. 61–75.
110 Susanne Kuss, Les guerres coloniales allemandes en Chine et en Afrique (1900–1908), in: Francia 39 (2012), S. 193–210.
111 Roger Dufraisse, Valmy. Une victoire, une légende, une énigme, in: Francia 17/2 (1990), S. 95–118.
112 Annette Becker, Les ferveurs et la guerre en France de 1914 aux années trente, in: Francia 23/3 (1994), S. 51–69.
113 Falk Brettschneider, Unzucht im Zuchthaus. Sexualité, violence et comportements sociaux dans les institutions d'enfermement au XVIIIᵉ siècle, in: Francia 38 (2011), S. 77–92.
114 Fatou Sow, Genre et fondamentalismes. L'actualité du débat en Afrique, in: Francia 48 (2021), S. 217–236.

heutzutage Digitales und computergestützte Forschung. Gleichwohl heißt das nicht, dass es nicht sporadisch ganze Aufsätze[115] – oder auch nur Absätze in Aufsätzen – dazu gab und gibt. Und diese Offenheit ist auch weiterhin gegeben, wie dieser Aufsatz hier zeigt, in dem sich der Tradition der »Francia« folgend der 2015 am DHIP als eigene Abteilung etablierte Forschungsschwerpunkt Digitale Geschichtswissenschaften präsentieren kann. Ganz generell bedeuten hier nicht auftauchende Themengebiete vor allem, dass sie quantitativ und bei den gewählten Einstellungen eine weniger wichtige Rolle spielen oder weniger stark ausgeprägte Sprachmuster aufweisen und daher vom Algorithmus nicht erkannt werden[116], aber nicht unbedingt, dass sie in der Zeitschrift überhaupt nicht repräsentiert sind.

Fazit: ein vereinfachendes Modell zeigt Diversität

Die Gründung der »Francia« fiel in eine für die Geschichtswissenschaft spannende Zeit des Aufbruchs und der Diversifizierung historischer Methoden und Forschungsfelder. Sie sah zu Beginn der 1970er-Jahre die neue Sozialgeschichte mit ihrer vor allem in Frankreich deutlichen Ausrichtung auf Quantifizierung, dann den Paradigmenwandel über die Alltagsgeschichte hin zu neuen kulturgeschichtlichen Ansätzen der späten 1980er- und 1990er-Jahre. Es folgten weitere *turns*, die insbesondere ab den frühen 1990er-Jahren durch die Gründung spezialisierter Fachzeitschriften begleitet wurden, wie der *spatial*, *postcolonial* und *iconic turn* bis hin zum heutigen *digital turn*. Als Kind ihrer Zeit blieb die »Francia« von diesen Entwicklungen nicht unberührt, zumal ihr die Gründer Aufgeschlossenheit gegenüber neuen Ansätzen in die Wiege gelegt haben. Sie ging aber ihren eigenen Weg, entwickelte ein eigenes Profil und war nicht Spielball im Wechselwind der *turns*, wofür unsere digitalgestützte Lektüre über statistische Auswertungen und Topic Modeling klare Anhaltspunkte liefert. Obwohl das Topic Model wie alle Modelle vereinfacht, ist es ein Weg, um die »Francia« in ihrer Diversität zu zeigen, wenn man die vom Algorithmus vorgeschlagenen Lesewege betritt. Drei Ergebnisse wollen wir mit Blick auf das Profil der »Francia« abschließend zuspitzen.

Kennzeichnend ist erstens die grundlegende Ausrichtung der »Francia« auf personenzentrierte Politikgeschichte in beiden Sprachen und daneben die große Vielfalt der Erkenntnisperspektiven, Themen, methodischen Ansätze, historischen Perioden und selbst lokalen Räume. Der inhaltliche Schwerpunkt der Zeitschrift ist eigentlich nur geografisch (Frankreich und Westeuropa, ggf. in Verbindung mit dem deutschsprachigen Raum) und chronologisch (Spätantike bis Gegenwart) beschrieben, und – so zeigen die hier präsentierten Ergebnisse – dieser Möglichkeitsraum wurde breit genutzt. Zwar gibt es neben der Politikgeschichte einige weitere thematische Evergreens, aber nur wenige davon sind es auf konstant hohem Niveau oder gar zunehmend: das Fränkische Reich und die Kirchengeschichte in Spätantike und Frühmittelalter gehören dazu, die Außenpolitik im Ancien Régime, die Französische Revolution eben-

---

115 Z. B. Wolfgang VON HIPPEL, Quantitative historische Forschungen in der Bundesrepublik Deutschland, in: Francia 7 (1979), S. 453–458; Michael TRAUTH, Ex Computatione Salus? Vom Beitrag der EDV zur Arbeit des Historikers, in: Francia 22/3 (1995), S. 167–173.
116 Vgl. WEHRHEIM, Economic History Goes Digital (wie Anm. 13), S. 108.

so wie das ab den 1980er-Jahren aufkommende Thema Frankreich unter deutscher Besatzung. Die meisten der thematischen Wortfelder nehmen jedoch ab. Im Mittelalter etwa fallen mit Blick auf die deutsch- und französischsprachigen Aufsätze Mönchtum und Hagiografie fast vollständig weg. In der Neueren und Neuesten Geschichte brechen langjährige »Francia«-Klassiker wie internationale Beziehungen, europäische Integrationsgeschichte und deutsch-französische Wissenschaftsbeziehungen quantitativ ein. Über die Gründe lässt sich vielfach nur spekulieren. Sicherlich spielen die strukturellen Änderungen im Institut eine Rolle, an dem Themen durch die Umstellung auf befristete Stellen schneller wechseln als in den Jahren vor 2000 und an dem es außer der Gallia Pontificia keine Langzeitprojekte mehr gibt. Darüber hinaus spielen teilweise kontingente, teilweise strategische Parameter eine Rolle, ob und wann ein Artikel in einer Zeitschrift erscheint: angefangen beim Aufsatzangebot, über die Einwerbung von Beiträgen durch die Redaktion bis hin zu Peer-Review-Prozessen und Entscheidungen von Herausgeber- oder Beiratsgremien. Bisweilen lassen sich thematische Verschiebungen auf einen Redaktionswechsel zurückführen, bisweilen dürfte sich darin eher der Einfluss von allgemeinen Forschungstrends zeigen, und schließlich können bestimmte Themen durch andere Herangehensweisen von einem Topic in ein anderes gerutscht sein, weil Wortverwendungen nicht statisch sind, sondern sich ändern. Forschende verwenden über ein halbes Jahrhundert hinweg nicht das gleiche Vokabular für ein bestimmtes Thema. Dies ist eine der größten Schwächen des Topic Modeling mit LDA, das diesen Sprachwandel nicht anzeigen kann. Davon abgesehen jedoch blieb der Wandel der »Francia« von einer Institutszeitschrift vor allem für Mitarbeitende und ihre Projekte hin zu einem thematisch offenen, jetzt dreisprachigen Fachjournal auch dem Computeralgorithmus nicht verborgen, und das obwohl die früheren Rubriken der »Francia« zu DHIP-Forschungsprojekten gar nicht berücksichtigt wurden.

Wenn vieles abnimmt, muss etwas zunehmen. So ist das zweite Merkmal der deutlich steigende Einfluss von sozial-, alltags- und kulturgeschichtlichen Themen und Ansätzen in der »Francia«. Dies betrifft vor allem die Herangehensweise an eher klassisch politikgeschichtliche Themen, wird aber auch in den Methodendiskussionen deutlich. Interessant ist hierbei, dass sich sozial- und kulturgeschichtliche Ansätze in unserem Model ein Topic teilen, also ein gemeinsames Vokabular verwenden. Auf Aufsatzebene lässt sich anhand der Kombination der Wortfelder sehr gut nachvollziehen, wie ursprünglich klassisch ereignisgeschichtlich bearbeitete Themen der Innen- und Außenpolitik zunehmend unter Verwendung anderer Quellenbestände und mit neuem Fokus auf Kultur, Lebenswelten, Alltag und Erfahrungen innovativ bearbeitet werden. Zugleich kamen neue Themen hinzu, wie etwa die Frauengeschichte. Gerade der Blick auf Kombinationen von Wortfeldern auf Aufsatzebene lädt zum weiteren Entdecken von Beiträgen und Zusammenhängen ein und enthüllt die thematische Vielfalt der »Francia« ebenso wie sprachliche Überschneidungen von Themen über Epochen hinweg wie bei den Napoleonischen Kriegen und dem Krieg von 1870/71. Zugleich zeigen sich zwei Schwierigkeiten bei der Trendanalyse und beim Vergleich der beiden sprachlichen Subkorpora: Die Trendausschläge sind angesichts des relativ kleinen Korpus sehr groß, reichen doch gerade nach der Zusammenlegung der Epochenbände der Zeitschrift zwei, drei Artikel pro Jahrgang aus, um einen Trendausschlag nach oben oder unten zu provozieren. Hinzu kommt, dass im hier skizzierten Bild der Zeitschrift die Analyse der englischsprachigen Aufsätze genauso fehlt wie die in den projektspezifischen Rubriken publizierten Beiträge. Die Aussagekraft von Unterschieden in den beiden Sprachkorpora wird auch dadurch begrenzt, dass die Aufsätze häufig eben nicht eine nationale Forschungsperspektive repräsentieren, weil die Wahl der Publikationssprache nichts über die akademische Sozialisation und historiographische Verortung der Autorinnen und Autoren aussagt. Weitere Stolpersteine für eine semantische Auswertung stellen die Mehrsprachigkeit und Übersetzungen der Beiträge dar.

Drittens ist die »Francia« ein Ort für die Publikation neuer Ansätze, und das bisweilen bevor diese zum allgemeinen Trend wurden und obwohl es andere spezifische Publikationsorte für solche Themen gibt. Allerdings heißt Offenheit nicht zugleich Schwerpunkt: Bis auf die sozial- und kulturgeschichtlichen Ansätze haben sich keine weiteren *turns* prominent in der »Francia« gezeigt, auch wenn es, wie am *spatial turn* dargelegt, durchaus einzelne Beiträge zu verschiedenen historiografischen Methoden gibt. Nun verfolgt die »Francia« auch nicht den Anspruch, die Geschichtsschreibung zu erneuern oder einen spezifischen Ansatz zu propagieren. Vielmehr gehörte und gehört es zu ihren erklärten Zielen, zwei Historiografien miteinander in Kontakt zu bringen und nicht zuletzt durch Übersetzungsarbeit einen Transferdienst zwischen Deutschland und Frankreich zu leisten. An zahlreichen Aufsätzen, die das Topic Modeling in den Top 10-Beiträgen der einzelnen Wortfelder ermittelt hat, wurde dies deutlich, und zwar nicht nur im thematischen Bereich, sondern auch bei der Präsentation von Quellenbeständen und Findmitteln sowie in der methodischen Selbstreflexion des historischen Arbeitens. Ohne eine Wirkungs- oder detaillierte Vergleichsstudie gemacht zu haben, lässt sich guten Gewissens behaupten, dass die »Francia« in dieser Hinsicht für den deutsch-französischen Themen- und Methodentransfer fundamentale Dienste geleistet hat und leistet. Gleichwohl sind Breite und Intensität der Methodendebatten schwierig einzuschätzen. Die transnationale Geschichte oder die *histoire croisée* tauchen in unseren Modellen nicht eigens auf, und die zentralen Beiträge zu letzterer sind – anders als der grundlegende Artikel von Michael Werner und Michel Espagne zum Transfer[117] – nicht in der »Francia«, sondern an anderer Stelle veröffentlicht.

Die computergestützte Analyse der Zeitschrift hat sich aus unserer Sicht trotz des Aufwands als sehr wertvolle Methode erwiesen. Mit unserem Topic Modeling haben wir die »Francia« nicht vollständig vermessen können, was weder das Ziel des Aufsatzes war, noch mit dem hier präsentierten Instrumentarium möglich gewesen wäre. Deutlich wurden die Stärken des Topic Modeling, sich einem großen Textkorpus ohne vordefinierte Kategorien zu nähern und Schwerpunkte, Konjunkturen und Zusammenhänge zu erkennen, die ohne digitale Methoden kaum nachvollziehbar wären. Es zeigten sich aber auch Schwierigkeiten der Interpretation insbesondere bei Trends und sprachlichen Unterschieden zwischen den beiden Korpora. Am effektivsten ist das Topic Modeling, wenn mehr als individuelle Artikel in den Blick genommen werden, wenn es um die »Francia« als kollektiven Text geht. Die Methode

---

[117] Michel ESPAGNE, Michael WERNER, Deutsch-französischer Kulturtransfer im 18. und 19. Jahrhundert. Zu einem neuen interdisziplinären Forschungsprogramm des C.N.R.S., in: Francia 13 (1985), S. 502–510.

spürt die »verborgenen« Muster und Tendenzen im historiografischen Diskurs in der Zeitschrift auf und macht sie sichtbar. Nicht zuletzt daraus resultieren weiterführende Fragen und Impulse für weitere Nachforschungen. Auch regen die digital ermittelten Wortfelder und ihre Trendzahlen dazu an, sich intensiver mit der »Francia« zu beschäftigen und sich in die Lektüre ihrer Aufsätze zu vertiefen. Sollte dies bei unseren Leserinnen und Leser jetzt der Fall sein, so hat sich der Aufwand gelohnt.

Anhang

Die *Worte* der einzelnen Topics sind in der Reihenfolge der Wahrscheinlichkeit ihres Auftretens geordnet. Da sie nicht auf ihre Grundform zurückgeführt wurden (Lemmatisierung und Stemming), können Worte mehrmals in verschiedenem Kasus und Numerus vorkommen. Großschreibung und Akzente werden nicht ausgegeben. Die Angabe zum *Gewicht* eines Topics bezieht sich auf das Gesamtmodell des jeweiligen Sprachkorpus. Der Miniaturgraph zum *Trend* ist geglättet über drei Jahre.

Tabelle 1: Wortfelder der »Francia«, deutschsprachiges Korpus geordnet nach Gesamtgewicht der Epochen und Themen

Nr.	Oberbegriff/Gewicht	Die 30 für das Topic wahrscheinlichsten Worte	Trend
	Grunddiskurse (2,427)		
1	Politische Geschichte Frankreichs (1,065)	frankreich paris politischen frage politische situation lage ziel stellte regierung einfluß weg lag unterstützung entwicklung haltung mittel macht politik setzte linie erfolg staat land position möglichkeit fest zusammenhang standen jahres	
2	Geschichtsschreibung, Quellen, Methode (0,906)	quellen frage handelt findet untersuchung bekannt forschung erscheint namen literatur buch titel reihe werk text bild verfasser autor kapitel zusammenhang erkennen bezeichnet studien hand gehört bietet wissen personen behandelt rahmen	
3	Gesellschafts-, Sozial- und Kulturgeschichte (0,456)	politischen gesellschaft französischen europa sozialen entwicklung politische forschung frankreich analyse europäischen blick begriff kultur soziale modernen perspektive historiker europas kontext aufklärung welt tradition sinne kritik praxis menschen nation politik grenzen	
	19./20. Jahrhundert (0,562)		
4	Deutsch-französische Wissenschaftsbeziehungen (0,205)	deutschen deutschland französischen deutsche frankreich paris französische deutsch-französischen deutscher berlin beziehungen pariser französischer reinhard reich franzosen friedrich bayern institut berliner deutschlands ländern paul presse deutsch-französische auswärtigen universität frankreichs weltkrieg schüler	
5	Internationale Beziehungen (0,131)	politik frankreich regierung britischen bismarck deutschen england europäischen großbritannien krieg preußen staaten außenpolitik britische rußland deutschland frage preußischen bismarcks französische österreich französischen englischen internationalen beziehungen london revolution belgien krieges frankreichs	
6	Frankreich unter deutscher Besatzung (0,077)	französischen deutschen armee soldaten juden bevölkerung polizei besetzten französische akten resistance marseille vichy frankreich guerre behörden archives trier general fremdenlegion gefangenen besatzung pensionen deutsche besatzungsmacht offiziere lager weltkrieg kriegsgefangenen pension	

Nr.	Oberbegriff/Gewicht	Die 30 für das Topic wahrscheinlichsten Worte	Trend
7	Deutsch-französische Parteienbeziehungen (0,076)	partei politischen parteien republik linken rechten politik arbeiter sozialisten politische union französischen gruppen sozialistischen angestellten presse regierung kommunisten nationale sfio mehrheit faschismus poincare demokratie cgt bernhard liberalen bewegung redressement gewerkschaften	
8	BRD und europäische Integration (0,073)	französischen deutschen frankreich deutschland bundesrepublik deutsche gaulle hitler französische europäischen politik usa hitlers außenpolitik adenauer europa deutsch-französischen regierung beziehungen politischen integration gaulles staaten frankreichs verhandlungen deutschlands sowjetunion europäische außenminister zusammenarbeit	
	Thematische Topics (0,486)		
9	Stadt- und Bevölkerungsgeschichte Frankreichs (0,175)	stadt sozialen adel familie familien städtischen bevölkerung französischen paris marseille ancien soziale verwaltung städte adels regime zahl provence pariser provinz könig städten kaufleute königlichen personen amt adligen ville bürger handwerker	
10	Kirche/Religion (0,104)	kirche gott christlichen religion gottes kirchen könig heiligen religiösen katholischen menschen kirchlichen religiöse katholiken welt christliche protestanten reformation hugenotten geistlichen schriften katholische katholizismus glauben königs bischof schrift christentum lehre toleranz	
11	Kunst, Bibliotheken, Sammlungen (0,101)	paris pariser kunst bibliothek stadt reisenden ecole place rue bibliotheque bilder ludwig louvre reisen hauptstadt roi johann louis französischen france gelehrten ludwigs künstler academie sammlung bibliotheken sammlungen bücher königlichen livres	
12	Wirtschafts- und Kolonialgeschichte (0,062)	französischen landwirtschaft algerien industrie unternehmen wirtschaft societe französische bank expansion entwicklung unternehmer kolonialen handel siam marokko kolonien reinach europäischen interessen betriebe pariser gesellschaft banque ausländer mill missionare industrialisierung deloncle produktion	
13	Frauengeschichte (0,044)	frauen frau männer kinder braut köln kastner maria weiblichen lausanne bauern frauenbewegung sonntag wunder marie weibliche haushalte männern mutter kleidung mädchen kastners mann gallen ehe wallfahrt symbolischen männlichen kultur jungen	
	Frühe Neuzeit (0,477)		
14	Französische Revolution – Deutschland/ Frankreich (0,235)	deutschen franzosen frankreich französischen menschen revolution leben krieg freiheit volk soldaten napoleon nation welt deutsche friedrich mann republik deutschland bürger französische heinrich schweiz preußischen krieges macht frieden ludwig politischen armee	

Nr.	Oberbegriff/Gewicht	Die 30 für das Topic wahrscheinlichsten Worte	Trend
15	Außenpolitik Ancien Régime (0,099)	französischen kaiser frankreich könig reich ludwig wilhelm heinrich spanischen herzog französische spanien hof gesandten karl philipp kaisers friedrich frankreichs krone fürsten österreich ludwigs verhandlungen frieden johann wien kurfürsten kaiserlichen königs	
16	Französische Revolution – politische Geschichte (0,076)	revolution napoleon revolutionären französische_revolution verfassung republik napoleons revolutionäre nationalversammlung französischen comite abgeordneten paris politischen könig straßburg politische regime versammlung departements ancien nation jakobiner terreur napoleonischen berg jahres vendee constitution stände	
17	Gelehrte und Medien in Aufklärung und Revolution (0,067)	aufklärung zeitung friedrich französische_revolution emigranten zeitung titel berichterstattung bastille zeitungen revolution voltaire karl journal gazette nachrichten zeitschrift johann encyclopedie frankreich litteraire elsässischen diderot schriften graf zeitschriften gelehrten aufklärer theater georg	
	Mittelalter (0,369)		
18	Fränkisches Reich – Karolinger (0,071)	karl karls könig pippin kaiser bischof pippins trier fränkischen herrschaft ludwigs ludwig karolingischen franken kirche urkunde annales hinkmar römischen karlmann metz verdun kahlen bonifatius reich urkunden francorum mittelalter sohn reiches	
19	Königtum Frankreich, England, Burgund (0,065)	könig französischen königs philipp heinrich paris englischen heinrichs stadt mittelalter pariser ludwig saint-denis england kirche jean heiligen königlichen wappen saint-germer douai france herolde orden tod karls ludwigs herrschaft philipps karl	
20	Kirche Spätantike/ Frühmittelalter (0,061)	text handschrift römischen silvestri fassung textes edition fehlt sammlung codex actus schrörs handschriften texte liber vita agobard vorlage ecclesiae rom kapitel silvester konzil juden ego christi silvester-akten paris ita hinkmars episcopus	
21	Päpstliche und bischöfliche Herrschaft (0,058)	papst bischof cluny hugo erzbischof abt petrus bischöfe kirche arles rom heriveus paschalis pontius synode reimser arnulf lyon beauvais reims reise urban toulouse konzil langres päpstlichen weihe könig provence papsturkunden	
22	Gallia Pontificia (0,047)	diözese abt reims erzbischof antoniter bischof papst urkunde johannes petrus sancti avignon abtei päpstlichen privileg präzeptorei ecclesia urkunden ecclesie litterae kirche bittet kanoniker cartulaire saint-antoine remi clemens reimser kurie kanzlei	
23	Mönchtum (0,043)	kloster auxerre vita germanus klosters martin bischof monasterium tours aunacharius sancti klöster kirche heiligen breve martins abt mönche mönchtum basilica brevia domni bischofs namen germani institutio quellen sulpicius fulda gallien	

Nr.	Oberbegriff/Gewicht	Die 30 für das Topic wahrscheinlichsten Worte	Trend
24	Fränkisches Reich – Merowinger (0,023)	tod regierungsjahr gregor sohn chlothar childeberts chlothars datiert urkunde childebert theuderichs datierung könig herrscherjahr corbie theuderich namen dagoberts tours kalenderjahr gunthramns ergibt rebais starb chlodwig anno chlodwigs st-denis synode sigibert	

Tabelle 2: Wortfelder der »Francia«, französischsprachiges Korpus: geordnet nach Gesamtgewicht der Epochen und Themen

Nr.	Oberbegriff	Die 30 für das Topic wahrscheinlichsten Worte	Trend
	Grunddiskurse (2,929)		
1-FR	Geschichtsschreibung, Quellen, Methode (1,373)	siecle premiere partie trouve exemple effet epoque question ensemble etude point semble sources partir titre agit lieu doute nombre forme donne grand temps auteur sens cite moyen paris debut livre	
2-FR	Politische Geschichte (1,082)	etat politique temps pouvoir lettre place nouvelle situation annee hommes nouveau general grande effet point moment compte face rapports prendre mettre jours cours ordre demande reste annees volonte occasion conditions	
3-FR	Gesellschafts-, Sozial- und Kulturgeschichte (0,474)	sociale societe etat politique europe recherche siecle politiques annees monde culture moderne temps memoire historiens modele processus maniere systeme analyse social sociales concept identite sens mouvement espace historien question perspective	
	Thematische Topics (1,332)		
4-FR	Deutschland/Frankreich: Macht, Staat, Krieg (0,335)	pouvoir nouveau epoque agissait pouvaient etat voulait partie guerre trouvait grande parti systeme succes temps prit fallait devint raison armee allait put restait importance debut firent opinion regime revue position	
5-FR	Deutsche Geschichte (0,191)	berlin allemand allemande allemands reich deutschen deutsche politique deutschland karl heinrich friedrich guerre sybel johann wilhelm universite francais weimar nation palestine werner jerusalem bismarck epoque image stuttgart oeuvre allemandes deutscher	
6-FR	Wirtschaftsgeschichte (0,164)	france commerce economique siecle francais nombre population economie industrie production travail paris prix marche ville enfants pays ouvriers produits villes compagnons francaise regions rhin mobilite cologne femmes region alsace peste	
7-FR	Krieg, Gewalt, Frauen (0,130)	guerre armee femmes soldats bataille hommes honneur violence paris militaire troupes armes armees femme corps guerres mort militaires combat public victoire peine soldat ennemi morts exemple afrique justice propagande krieg	

Nr.	Oberbegriff	Die 30 für das Topic wahrscheinlichsten Worte	Trend
8-FR	Bibliotheken, Archive, Wissen (0,115)	bibliotheque lettres paris archives manuscrits lettre fonds correspondance documents france collection edition bibliotheques dossiers manuscrit volumes abelard textes siecle catalogue livres collections papiers francaise heloise registres conserves annees auguste institut	
9-FR	Kirche/Religion (0,109)	dieu latin langue eglise luther texte saint linguistique chretiens christ reforme juifs sens textes age langues alcuin moyen monde foi coeur theologie salut chretienne ecriture hildegarde clercs commynes reformation chretien	
10-FR	Schul- und Universitätsgeschichte (0,108)	ecole universite enseignement ecoles eleves universites professeurs instruction geneve professeur etudiants gouvernement enfants deux-ponts academie classe lycee etudes education college nombre recteur universitaire maitres etablissements johann bruxelles cours ville faculte	
11-FR	Kunst, Architektur (0,092)	paris chateau ville palais siecle dessin maison statue musee charlemagne nemours cour eglise cathedrale architecture batiments chapelle tour musees artistes pierre vierge exposition construction jean porte batiment plan salle domus	
12-FR	Stadtgeschichte (0,088)	villes ville siecle age stadt mittelalter conseil strasbourg bourgeois empire urbaine moyen droit francfort reseaux oberrhein societe urbaines pelerinage elites familles membres neuzeit exemple pouvoir serment peter marchands espace urbain	

Frühe Neuzeit (0,572)

Nr.	Oberbegriff	Die 30 für das Topic wahrscheinlichsten Worte	Trend
13-FR	Gelehrte und Medien in Aufklärung und Revolution (0,224)	paris france francais grand voyage homme roi lettres louis francaise monde frederic esprit ouvrage ecrit journal lettre pays hommes siecle lumieres voltaire discours memoires philosophie temps point religion mort litteraire	
14-FR	Französische Revolution (0,137)	revolution france politique constitution republique monarchie nationale peuple bourgeoisie gouvernement revolutionnaire etat droit liberte politiques marcel paris francaise revolution_francaise etats garde droits etienne revolutionnaires regime bourgeois elections lois roi francais	
15-FR	Außenpolitik Ancien Régime (0,134)	empire france empereur roi duc etats paix princes louis philippe politique charles traite frederic bourgogne francais francaise guerre richelieu espagne prince cour imperiale jean royaume autriche paris negociations siecle note	
16-FR	Napoleon und Deutschland (0,077)	napoleon prusse hambourg francais france ministre roi guerre empereur berlin russie beurnonville paris westphalie talleyrand royaume empire francaise lettre depeche etats ambassadeur prussien russe gouvernement pays general ville rhin nord	

Nr.	Oberbegriff	Die 30 für das Topic wahrscheinlichsten Worte	Trend
	Mittelalter (0,347)		
17-FR	Fränkisches Reich – Karolinger (0,100)	louis roi charles empereur charlemagne pieux royaume rois sacre aquitaine empire palais carolingiens carolingienne eglise pape regne annales francs ordo pepin eveques rome pouvoir carolingien karl chauve souverain franc cour	
18-FR	Papsttum/Mönchtum (0,098)	abbe pape eglise eveque cluny abbaye archeveque roi siecle chapitre lyon paix ordre cartulaire hugues besancon moines comte royaume concile bourgogne droit diocese actes france chanoines saint reforme monasteres eveques	
19-FR	Hagiografie (0,080)	vita saint texte paris auteur miracula manuscrit miracles gesta eveque manuscrits siecle edition saints reliques textes abbaye samson liber date monastere sancti redaction bretagne metz recueil oeuvre sources moine martin	
20-FR	Grundherrschaft (0,037)	villa manse manses donne villae eglise pierre comte terre raimond terres bernard fils cens siecle merciers gellone fevum pons hommes revenus compte impot vicomte beziers livres fiscal chartes confrerie corvees	
21-FR	Herzogtum Burgund (0,032)	seigneur duc jean bourgogne philippe chevalier jacques saligny lourdin mandement armes herve chevaliers meriadec francs mondit chevalerie mentionne guillaume comte monseigneur croix ecuyer messire lettres mort mois services guerre jehan	
	19./20. Jahrhundert (0,222)		
22-FR	Deutsch-französische Beziehungen im 20. Jahrhundert (0,130)	politique france francais guerre allemande francaise hitler allemand europe relations gouvernement pays allemands republique economique general annees note reich paris affaires traite berlin gaulle question commission reparations militaire europeenne puissance	
23-FR	Frankreich unter deutscher Besatzung (0,092)	guerre allemands resistance archives juifs police france services militaire francais occupation paris dossiers militaires tribunaux frontiere detenus autorites zone repression allemande camp service travail administration proces allemandes camps auschwitz lyon	

Georg Jostkleigrewe

50 JAHRE »FRANCIA«

Eine mediävistische Perspektive*

Bei der Vorbereitung der großen patriotischen Aktion, »die (…) ›das volle Gewicht eines 70jährigen segens- und sorgenreichen Jubiläums gegenüber einem bloß 30jährigen zur Geltung zu bringen‹ hatte«[1], macht General Stumm von Bordwehr eine verstörende Entdeckung. Als er sich in der Wiener Hofbibliothek einen Überblick über die bedeutendsten Gedanken des zeitgenössischen Geisteslebens verschaffen will, teilt ihm der Bibliothekar – »sogar Universitätsdozent; Privatdozent für Bibliothekswesen« – mit, dass er kein Buch lese.

> »Weißt du, das war mir nun beinahe wirklich zu viel! Aber er hat es mir, wie er meine Bestürzung gesehen hat, auseinandergesetzt. Es ist das Geheimnis aller guten Bibliothekare, daß sie von der ihnen anvertrauten Literatur niemals mehr als die Büchertitel und das Inhaltsverzeichnis lesen. ›Wer sich auf den Inhalt einläßt, ist als Bibliothekar verloren!‹ hat er mich belehrt. ›Er wird niemals einen Überblick gewinnen!‹[2]«

Nun ist die Aufgabe, die fünfzigjährige Publikationstätigkeit der »Francia« aus mediävistischer Perspektive zu würdigen, zwar enger umrissen als die reichlich diffusen Zielsetzungen der kakanischen Parallelaktion. Die Fülle und der breite thematische Rahmen der einschlägigen Beiträge konfrontieren den Berichterstatter aber mit denselben Problemen, mit denen auch Stumm und sein Bibliothekar zu kämpfen hatten: Eine detaillierte Diskussion einzelner Beiträge ist kaum möglich und im gegebenen Rahmen auch nicht sinnvoll. Doch auch um eine bibliothekswissenschaftliche Untersuchung kann es in diesem Beitrag nicht gehen, zumal eine solche Analyse mittels informationstechnischer Instrumentarien in diesem Band sachkundig durch die einschlägige Abteilung des Deutschen Historischen Instituts Paris geleistet wird[3].

---

* Die relativ kurzfristig übernommene Abfassung des Beitrags wäre nicht möglich gewesen ohne Unterstützung bei der Sichtung des Materials, für die ich Herrn stud. phil. Benjamin Sasse (Halle) herzlich danke. Herrn Willem Fiene M. A. (Halle) danke ich ebenso wie Herrn Professor Rolf Große (Paris/Heidelberg) für kritische Lektüre und forschungsgeschichtliche Hinweise. Verbleibende Fehler verantworte selbstverständlich ich selbst.
1 Robert Musil, Der Mann ohne Eigenschaften, Buch 1, Kapitel 21, Reinbek bei Hamburg 1978, Bd. 1, S. 87.
2 Ebd., Buch 1, Kapitel 100, S. 462.
3 Mareike König, Eike Löhden, Die »Francia« anders lesen. Was Topic Modeling über Schwerpunkte und Trends der Fachzeitschrift verrät, in: Francia 50 (2023), S. 13–54. Die Ergebnisse dieser mittels Künstlicher Intelligenz vorgenommenen Untersuchung lagen bei Abfassung dieses Beitrags nicht vor.

Schließlich geht es auch nicht darum, die Geschichte der »Francia« bzw. ihres Mittelalterteils nachzuvollziehen; hier liegen bereits informative Texte vor, die die Entwicklung der Zeitschrift gewissermaßen aus der Innenperspektive beleuchten[4].

Die Zielsetzung dieses Beitrags besteht vielmehr darin, die Funktion der »Francia« innerhalb der deutsch- und französischsprachigen Mediävistik zu untersuchen und zu würdigen. Die üblichen Kategorien eines »Rankings« sollen dabei nicht bemüht werden. Dass die »Francia« »nach Auflage und Absatz (…) nicht zu den großen Periodika« zählt[5], muss ebenso wenig hervorgehoben werden wie die Tatsache, dass sie im Bereich der Mediävistik gleichwohl zu den international wahrgenommenen deutschen Zeitschriften gehört[6]. Außer Zweifel steht auch, dass sie »mit ihrer Fokussierung auf westeuropäische Geschichte [im von Karl Ferdinand Werner definierten Sinne: Geschichte Frankreichs, der Schweiz, Belgiens, der Niederlande, Luxemburgs sowie deren Beziehungen zu den umgebenden europäischen Großräumen[7]] zumindest unter den Zeitschriften zum Mittelalter eine Sonderrolle einnimmt«[8]. Wie Rolf Große 2010 hervorgehoben hat, ist sie dadurch zur wohl wichtigsten »Anlaufstelle« für all diejenigen deutschsprachigen Wissenschaftler geworden, die Forschungsergebnisse zu Westeuropa publizieren wollen: Man muss gegenüber der »Francia« nicht näher begründen, warum die Beschäftigung mit französischer Geschichte relevant ist. Zugleich bietet die Zeitschrift auch frankophonen Beiträgen ein Forum[9] – eine Publikationsmöglichkeit, die im Bereich der mittelalterlichen Geschichte bis in die jüngsten Jahre sowohl von französischen Muttersprachlern als auch von deutschen (und anderen nicht-französischen) Autoren genutzt wird.

Die Ermöglichung des grenzüberschreitenden wissenschaftlichen Gesprächs stellt eine der zentralen Aufgaben der »Francia« dar, die Karl Ferdinand Werner im Geleitwort zum ersten Band klar benannt hatte: Die Zeitschrift sollte zu »einem mehrsprachigen Organ des internationalen Gedankenaustausches zur westeuropäischen Geschichte werden«[10]. *Dass* die »Francia« diese Aufgabe erfüllt, braucht hier nicht eigens nachgewiesen zu werden: Bei der 1998 durchgeführten Evaluation des DHI Paris hat kein geringeres Gremium als der Wissenschaftsrat »die zentrale Rolle der ›Francia‹ ›bei der wechselseitigen Wahrnehmung der deutschen und französischen Historiker‹ [unterstrichen]«[11].

---

4 Martin HEINZELMANN, Die Zeitschrift Francia/La revue Francia, in: Rainer BABEL, Rolf GROSSE (Hg.), Das Deutsche Historische Institut Paris, 1958–2008, Ostfildern 2008, S. 171–195; Rolf GROSSE, Francia. Ein Forum westeuropäischer historischer Forschung, in: Discussions 3 (2010), § 1–23, online https://perspectivia.net/publikationen/discussions/3-2010/grosse_francia (10.03.2023).
5 GROSSE, Francia (wie Anm. 4), § 23; dort auch zur Evaluation der Zeitschrift durch den Wissenschaftsrat und zum Rating der European Science Foundation.
6 Zur Aufschlüsselung der Abonnenten nach Ländern (Stand 2008) ebd., § 18.
7 Vgl. Karl Ferdinand WERNER, Zum Geleit, in: Francia 1 (1973), S. 13f., hier S. 13.
8 GROSSE, Francia (wie Anm. 4), § 23.
9 Ebd., § 22.
10 WERNER, Zum Geleit (wie Anm. 7), S. 14.
11 GROSSE, Francia (wie Anm. 4), § 23; die dort als Beleg angegebene Online-Veröffentlichung des Wissenschaftsrates jetzt unter dieser Adresse: https://www.wissenschaftsrat.de/download/archiv/4348-99.pdf (10.03.2023).

Zu reflektieren bleibt aber die Frage, *wie* die »Francia« diese Kernaufgabe in den zurückliegenden Jahrzehnten auf dem Feld der Mediävistik gelöst hat und zukünftig lösen soll – wie sie vom DHI, aber auch von ihren internationalen Beiträgern als Kommunikationsplattform gestaltet und genutzt worden ist und welche Perspektiven sich für die Zukunft ergeben. In welchen Bereichen ist die »Francia« zu einem Werkzeug der wissenschaftlichen Verständigung geworden? Welche mediävistischen Forschungsgegenstände und -ansätze aus dem deutsch- und französischsprachigen Raum beleuchtet sie vorrangig? Und welche wissenschaftlichen Diskussionen und Kontroversen spiegelt die Zeitschrift?

Die im Folgenden angestellten Überlegungen sind nicht das Ergebnis einer systematischen Untersuchung. Es handelt sich vielmehr um die subjektiven Eindrücke eines Spätmediävisten, der in seiner bisherigen akademischen Laufbahn überwiegend über Frankreich gearbeitet hat, dem Institut aber nicht eng verbunden ist – trotz aller Wertschätzung und auch Danks für die Unterstützung bei diversen Forschungsaufenthalten. Unter dieser Prämisse sollen nun zunächst einige allgemeine Beobachtungen zum mediävistischen Teil der »Francia« und Überlegungen zu dessen Verhaftung in den Forschungstraditionen des Pariser Instituts vorgestellt werden. In einem zweiten Teil wird dann etwas detaillierter danach gefragt, wie sich deutsche und französische Forschungsdiskussionen in der Zeitschrift niederschlagen, bevor in der Zusammenfassung noch einmal die Funktion der »Francia« als einer mediävistischen Kommunikationsplattform thematisiert wird.

1. Eindrücke: Die (mediävistische) »Francia« – eine Frühmittelalterzeitschrift in der Tradition der Institutsgründer?

Blickt man aus heutiger Perspektive auf 50 Jahre »Francia«, so sticht im Mittelalterteil vor allem der hohe Anteil frühmediävistischer Publikationen ins Auge, der erst in den jüngeren Bänden etwas zurückgeht. Von den 239 mediävistischen Beiträgen der ersten 34 Bände, die bei einer groben Durchsicht mehr oder weniger eindeutig dem Früh-, Hoch- oder Spätmittelalter zugeordnet werden konnten, befassen sich 53 % mit dem Frühmittelalter, hingegen nur 22 % bzw. 25 % mit dem Hoch- bzw. Spätmittelalter[12]. An der Rangfolge der Teilepochen hat sich auch in jüngerer Zeit nichts geändert, doch haben Hoch- und Spätmittelalter anteilig an Gewicht gewonnen. Unter den etwas mehr als 100 epochal eindeutig zuzuordnenden Beiträgen, die seit der »Wiedervereinigung« der »Francia« (im Band 35) erschienen sind, beschäfti-

---

12 Die folgenden Angaben beziehen sich auf die geschichtswissenschaftlichen Beiträge in den ständigen Sektionen Aufsätze, Forschungsgeschichte und Methodendiskussion (inkl. Literaturberichte/dort veröffentlichte ausführliche Rezensionen), Miszellen sowie ggf. vergleichbare Beiträge in den unregelmäßig besetzten Sektionen der Zeitschrift. Nicht berücksichtigt wurden Berichte, Nekrologe und der Rezensionsteil. Grundlage der Zuordnung sind Titel und ggf. Resümee, nur vereinzelt auch eine umfassendere Lektüre. Die erhobenen Daten sind daher im Detail möglicherweise fehlerbehaftet; sie geben den subjektiven, aber insgesamt vermutlich nicht unzutreffenden Eindruck des Verfassers wieder. – Bis Band 34 sind insgesamt 251 mediävistische Titel berücksichtigt worden, davon für das Frühmittelalter 126 (= 50 % des berücksichtigten Totals); für das Hochmittelalter 53 (21 %); für das Spätmittelalter 60 (24 %); ohne eindeutige subepochale Zuordnung 12 (5 %).

gen sich 43 % mit dem Frühmittelalter, 27 % mit dem Hochmittelalter und 30 % mit dem Spätmittelalter[13]. Mit diesem (sub)epochalen Fokus hebt sich die »Francia« deutlich von den allgemeinen Schwerpunktsetzungen der zeitgenössischen Mediävistik ab; trotz der ungebrochenen Vitalität der Frühmittelalterforschung sind heute doch eher die späteren Jahrhunderte ins Zentrum gerückt. Zum Vergleich: Die 45 mediävistischen Aufsätze, die seit 2008 in der »Historischen Zeitschrift« erschienen sind, beschäftigen sich weit überwiegend mit hoch- und spätmittelalterlichen Themen (d. h. 38 % bzw. 41 % der subepochal eindeutig zuzuordnenden Titel); der Anteil frühmediävistischer Aufsätze liegt nur mehr bei 21 %[14].

Wenn man das Pariser Institut in den 1990er und 2000er Jahren kennengelernt hat und an dessen impulsgebende Rolle bei der Erforschung des spätmittelalterlichen »burgundischen« Herrschaftskomplexes denkt, so kann der fortbestehende frühmittelaltergeschichtliche Fokus auf den ersten Blick verwundern. Die Schwerpunktsetzung erklärt sich indes aus der Entstehungsgeschichte des Instituts und seiner Zeitschrift. Sie spiegelt das mediävistische Profil ihres Gründervaters Karl Ferdinand Werner und dessen langjähriger Mitarbeiter wider – ein Profil, das seinerseits in Forschungstraditionen verhaftet ist, die eng mit Eugen Ewig, dem Begründer des Instituts, verbunden sind[15].

Dass die bevorzugten Themen der »Francia« mit den Arbeitsschwerpunkten des Instituts in Verbindung stehen sollten, war von Anfang an ganz explizit Programm: Werner nannte im Geleitwort zum ersten Band als »bevorzugte Themenbereiche (…) im Zusammenhang mit Forschungen, die von Mitarbeitern und Stipendiaten des Instituts betrieben werden«, unter anderem die »Geschichte des Frankenreichs in seiner Gesamtheit«, die »Archäologie des 3.–10. Jahrhunderts, Prosopographie und Onomastik, namentlich bis zum 12. Jahrhundert«; daneben tritt der stärker »französisch« anmutende Bereich der »Wirtschafts-, Verfassungs- und Sozialgeschichte Westeuropas«[16]. Besonders in letzterem Bereich sollten wohl die »methodischen Anregungen der modernen Sozialwissenschaften (…) für die historische Arbeit nutzbar gemacht werden«, einschließlich »Untersuchungen zu den politischen und gesellschaftlichen Strukturen, zu ›Selbstverständnis‹ und ›mentalité‹, zur demographischen Entwicklung und anderen Bereichen, die der Quantifizierung zugänglich sind«[17].

13 Ab Band 35 sind insgesamt 120 mediävistische Beiträge berücksichtigt worden, davon für das Frühmittelalter 44 (= 37 % des Totals); für das Hochmittelalter 28 (23 %); für das Spätmittelalter 36 (30 %); ohne eindeutige subepochale Zuordnung 12 (10 %).
14 Für die Erfassung der mediävistischen Aufsätze in der »Historischen Zeitschrift« gelten dieselben Kautelen wie für die Auswertung der »Francia«, siehe oben, Anm. 12. – Dem Frühmittelalter zugeordnet wurden 7 (16 % des Totals), dem Hochmittelalter 13 (29 %), dem Spätmittelalter 14 (31 %) Aufsätze. Keine klare subepochale Zuordnung erfolgte in 11 Fällen (24 %), davon drei Aufsätze zu Hoch- und Spätmittelalter, ein Aufsatz zu Früh- und Hochmittelalter. In den restlichen sieben Fällen war aufgrund von Titel und Resümee keine subepochale Zuordnung möglich.
15 Vgl. Christoph CORNELISSEN, Die Gründerväter des Deutschen Historischen Instituts Paris. Erkenntnisse und offene Fragen, in: Ulrich PFEIL (Hg.), Die Gründerväter des Deutschen Historischen Instituts Paris. Ein personengeschichtlicher Ansatz, München 2007, S. 323–336, hier S. 332: »Bis zu einem gewissen Grad wurde das DHIP so zum ›Ziehkind‹ der Bonner Mediävistik.«
16 WERNER, Zum Geleit (wie Anm. 7), S. 13.
17 Ebd., S. 14.

Auch eine weitere Besonderheit der Zeitschrift entspricht Werners ursprünglichen Planungen, nämlich die »Veröffentlichung von Quellen vornehmlich aus französischen Archiven und Bibliotheken«[18]. Der Anteil editorischer, quellenkundlicher oder unmittelbar auf Archiv- bzw. Bibliotheksbestände bezogener Beiträge macht in den ersten 34 Bänden nicht weniger als ein Viertel der mediävistischen Titel aus und liegt in den folgenden Jahrgängen immer noch bei 19 %[19]. Mit diesem quellenbezogenen Fokus steht die »Francia« nicht nur programmatisch in der Tradition der älteren Zeitschrift des römischen Schwesterinstituts[20], sondern hat den damit verbundenen Anspruch in der Publikationspraxis auch erfolgreich eingelöst.

Im Folgenden sollen diese allgemeinen Beobachtungen an einigen konkreten Beispielen illustriert und zugleich ergänzt werden. Vergleicht man die ersten Bände der Zeitschrift mit den willkürlich ausgewählten Bänden 15, 16/1, 34/1, 35 sowie 47 und 48 (d. h. den »Scharnierbänden« vor und nach dem Übergang zur »geteilten« bzw. »wiedervereinigten« »Francia« sowie den zuletzt erschienenen frei zugänglichen Bänden), so wird die Bedeutungszunahme der hoch- und vor allem spätmittelalterlichen Themen ebenso illustriert wie der fortbestehende Schwerpunkt im Bereich editorischer und (im weitesten Sinne) quellenkundlicher Veröffentlichungen. Die ersten beiden Bände enthalten mit einer Ausnahme – Werner Paravicinis Literaturbericht zur burgundischen Geschichte[21] – keinen Beitrag, der über das 13. Jahrhundert hinausreicht. Zugleich liegt ein gewichtiger Fokus auf editorischen und quellenkundlichen Arbeiten, etwa in Eugen Ewigs Untersuchung eines merowingerzeitlichen Privilegs für Corbie, Pierre Gasnaults Vorstellung Touroner Abgabenlisten, Jean Lafauries Studie der Münzen Pippins des Kleinen oder Martin Bertrams Vorstellung eines Pariser Manuskripts mit Vorlesungen zum »Liber Extra«, die in den 1280er Jahren in Orléans gehalten worden sind[22]. Karl Ferdinand Werners Diskussion des »Geburtsdatum[s] Karls des Großen« verbindet die intensive Sichtung und Kritik der zeitgenössischen Überlieferung mit personengeschichtlichen Überlegungen und der Vorstellung eines konkreten prosopographischen Untersuchungsprogramms[23].

Beim Blick auf die Bände 15 und 16/1 sticht ein hagiographie- und bischofsgeschichtlicher Cluster ins Auge, dessen Spektrum von Martin und Gregor von Tours sowie Radegundis[24] über Hinkmar von Reims und bayerische und alemannische Bi-

---

18 Ebd., S. 13.
19 Für die Bände 1–34 sind 62 von 251 Titeln dem Bereich Edition bzw. Quellenkunde (im weiten Sinn) zugeordnet worden; für die Folgejahrgänge 23 von 120 Titeln.
20 Vgl. dazu Heinzelmann, Francia (wie Anm. 4), S. 171.
21 Werner Paravicini, Sechs Neuerscheinungen zur burgundisch-französischen Geschichte im 15. Jahrhundert, in: Francia 2 (1974), S. 665–691.
22 Eugen Ewig, Das Privileg des Bischofs von Amiens für Corbie von 664 und die Klosterpolitik der Königin Balthild, in: Francia 1 (1973), S. 62–114; Pierre Gasnault, Documents comptables du VIIe siècle provenant de Saint-Martin de Tours, in: Francia 2 (1974), S. 1–18; Jean Lafaurie, Numismatique: des Mérovingiens aux Carolingiens – Les monnaies de Pépin le Bref, in: Francia 2 (1974), S. 26–48; Martin Bertram, Kirchenrechtliche Vorlesungen aus Orleans, in: Francia 2 (1974), S. 212–233.
23 Karl Ferdinand Werner, Das Geburtsdatum Karls des Großen, in: Francia 1 (1973), S. 115–157; zur von Werner hervorgehobenen Notwendigkeit, »den Umkreis von Bertradas Sippe aufzuspüren und ihn zu konfrontieren mit dem, was man über den Hof Pippins, aber auch seine einflußreichsten Getreuen in den Provinzen, ermitteln kann«, vgl. ebd., S. 157.
24 Dieter von der Nahmer, Martin von Tours: sein Mönchtum – seine Wirkung, in: Francia 15

schöfe am Hof der ostfränkischen Karolinger[25] bis zu hochmittelalterlichen Hagiographen und Bischöfen reicht[26]. Die hier beobachtete Schwerpunktsetzung entspricht dem Profil des damaligen Bereichsredakteurs Martin Heinzelmann und ist auch in anderen Bänden immer wieder zu beobachten. Das Spätmittelalter wird allein durch einen Literaturbericht bzw. eine sehr ausführliche Rezension und ein Teilstück von Werner Paravicinis Edition der burgundischen Hofordnungen sowie einen Aufsatz von Philippe Contamine zur Entstehung der historiographischen Memoria der Jungfrau von Orléans repräsentiert[27]. Die Bände 34/1 und 35 hingegen sind anders als die bisher exemplarisch betrachteten Bände durch einen deutlichen Spätmittelalterschwerpunkt mit jeweils vier (gegenüber jeweils zwei nicht-spätmittelalterlichen) Beiträgen gekennzeichnet[28]. Auch im Aufsatzteil der letzten beiden frei zugänglichen Bände überwiegen die spätmittelalterlichen Themen.

Die einzelnen Beiträge der jüngeren Bände lassen sowohl die Verhaftung in den ursprünglichen Schwerpunktsetzungen der »Francia« wie auch zwischenzeitlich eingetretene Verschiebungen hinsichtlich konkreter Forschungsthemen erkennen. Die Erschließung und editorische Bereitstellung »westeuropäischer« Quellenbestände – insbesondere auch im Miszellenteil – spielt weiterhin eine bedeutende Rolle, ebenso die Erforschung des merowingischen und karolingischen Frankenreichs. Doch haben sich Erkenntnisinteresse und teils auch Methodik gewandelt. Werners bereits er-

(1987), S. 1–41; Werner BERGMANN, Wolfhard SCHLOSSER, Gregor von Tours und der »rote Sirius«. Untersuchungen zu den astronomischen Angaben in »De cursu stellarum ratio«, in: Francia 15 (1987), S. 43–74; Sabine GÄBE, Radegundis: sancta, regina, ancilla. Zum Heiligkeitsideal der Radegundisviten von Fortunat und Baudonivia, in: Francia 16/1 (1989), S. 1–30.

25 Marlene MEYER-GEBEL, Zur annalistischen Arbeitsweise Hinkmars von Reims, in: Francia 15 (1987), S. 75–108; Geneviève BÜHRER-THIERRY, Les évêques de Bavière et d'Alémanie dans l'entourage des derniers rois carolingiens en Germanie (876–911), in: Francia 16/1 (1989), S. 1–30.

26 Pierre-André SIGAL, Le travail des hagiographes aux XIe et XIIe siècles: sources d'information et méthodes de rédaction, in: Francia 15 (1987), S. 149–182; Michael HORN, Zur Geschichte des Bischofs Fulco von Beauvais (1089–1095), in: Francia 16/1 (1989), S. 176–184; Gunnar TESKE, Ein unerkanntes Zeugnis zum Sturz des Bischofs Arnulf von Lisieux? Ein Vorschlag zur Diskussion (mit Edition), in: Francia 16/1 (1989), S. 185–206.

27 Werner PARAVICINI, Die Hofordnungen Herzog Philipps des Guten von Burgund. Edition. IV. Die verlorenen Hofordnungen von 1431/1432. Die Hofordnung von 1433, in: Francia 15 (1987), S. 183–231; DERS., Der Adel im spätmittelalterlichen Herzogtum Burgund, in: Francia 16/1 (1989), S. 207–214; Philippe CONTAMINE, Naissance d'une historiographie. Le souvenir de Jeanne d'Arc, en France et hors de France, depuis le »procès de son innocence« (1455–1456) jusqu'au début du XVIe siècle, in: Francia 15 (1987), S. 233–256.

28 Valeska KOAL, »Detestatio choreae«. Eine anonyme Predigt des 14. Jahrhunderts im Kontext der mittelalterlichen Tanzpolemik, in: Francia 34/1 (2007), S. 19–38; Olivier MARIN, Histoires pragoises: les chroniqueurs français devant la révolution hussite, in: Francia 34/1 (2007), S. 39–63; Torsten HILTMANN, Uwe ISRAEL, »Laissez-les aller«. Die Herolde und das Ende des Gerichtskampfs in Frankreich, in: Francia 34/1 (2007), S. 65–84; Werner PARAVICINI, Un tombeau en Flandre: Hervé de Mériadec, in: Francia 34/1 (2007), S. 85–146; Gilles LECUPPRE, L'imposture politique dans les terres d'Empire (XIIe–XVe siècles), in: Francia 35 (2008), S. 49–62; Ludovic NYS, Jean Van Eyck et Clèves. Pour seuls indices, des œillets »de gueules et d'argent«, un tau et une clochette!, in: Francia 35 (2008), S. 63–94; Frederik BUYLAERT, The »Van Boschuysen Affair« in Leyden. Conflicts between Elite Networks in Late Medieval Holland, in: Francia 35 (2008), S. 95–113; Gisela NAEGLE, »Bonnes villes« et »güte stete«. Quelques remarques sur le problème des »villes notables« en France et en Allemagne à la fin du Moyen Âge, in: Francia 35 (2008), S. 115–148.

wähnte Untersuchung des Geburtsdatums Karls des Großen im ersten Band der Zeitschrift ging mit einer detaillierten Analyse der historiographischen Zeugnisse des 8. und 9. Jahrhunderts einher, deren Aussagekraft unter Berücksichtigung von Überlieferungssituation, Tendenzen und zum Teil auch literarischer Gestaltung diskutiert wurde. Dieser beeindruckende gelehrte »Aufwand« diente indes in der Hauptsache zur Beantwortung einer klassisch-positivistischen Frage – ob nämlich Karl der Große 742 geboren wurde, wie die ältere Forschung annahm, oder nicht doch deutlich später[29]. (Dass der Verfasser dieser Seiten mit dem Label »Positivismus« keine Abwertung zum Ausdruck bringen möchte, sei sicherheitshalber unterstrichen). Laury Sartis im letzten frei zugänglichen Band veröffentlichter Aufsatz zur Bedeutung byzantinischer Geschichte(n) bei »Fredegar« rückt demgegenüber die historiographische Quelle um ihrer selbst willen in den Mittelpunkt; Sarti fragt zugleich nach den transmediterranen Netzwerken des Informationsaustauschs, in die ihr(e) Verfasser eingebunden war(en)[30].

Gewiss soll nicht suggeriert werden, dass Sartis und Werners Beiträge aus völlig unterschiedlichen wissenschaftlichen Universen stammen. Die beiden Texte illustrieren aber doch die Verschiebungen im Bereich der dominierenden Fragestellungen recht deutlich und können insofern durchaus als Hervorbringungen ihrer jeweiligen Zeit begriffen werden. Vergleichbare Verschiebungen sind auch in anderen Bereichen zu beobachten. Dies gilt etwa für die prosopographische Arbeit, auf die Werner großen Wert legte. Entsprechende Ansätze finden sich auch in den exemplarisch herausgegriffenen jüngeren Bänden 34/1 und 48. Im Fokus stehen nun aber nicht mehr die Jahrhunderte des früheren Mittelalters, für die die Gründerväter des Instituts eine umfassende prosopographische Erschließung angestrebt hatten, sondern vielmehr spätmittelalterliche Kontexte, in denen jeder Anspruch auf Vollständigkeit von vornherein zum Scheitern verurteilt ist. So wird die vom Verfasser dieser Seiten im 48. Band vorgelegte Untersuchung der komplexen »Berufsbiographie« des Raphael *de Campis*, der ab 1337 als ständiger Gesandter der Kommune Genua in Paris residierte, vorerst wohl ein isoliertes Mosaikstück bleiben[31]. Werner Paravicinis im 34. Band veröffentlichte Studie zum flandrischen Grabmal und Netzwerk des Hervé de Mériadec, eines bretonischen Adligen im Dienst der burgundischen Herzöge, ist demgegenüber in ein umfassendes Forschungsprogramm eingebunden, das von Paravicini und seinen Mitstreitern am Institut nachdrücklich betrieben wurde und in der »Francia« auch zeitweilig eine eigene Sektion besaß (die »Prosopographica Burgundica«).

Nun war der Burgunderschwerpunkt von Beginn an in die DNS der Zeitschrift eingeschrieben: Zwar nennt Werners Geleitwort zum ersten Band das spätmittel-

---

29 Vgl. WERNER, Geburtsdatum (wie Anm. 23); zur selben Frage später auch Matthias BECHER, Neue Überlegungen zum Geburtsdatum Karls des Großen, in: Francia 19/1 (1992), S. 37–60, der Werners Neudatierung grundsätzlich folgt, aber von einer Geburt im Jahr 748 (statt 747) ausgeht.
30 Laury SARTI, Byzantine History and Stories in the Frankish »Chronicle of Fredegar« (c. 613–662), in: Francia 48 (2021), S. 3–22.
31 Georg JOSTKLEIGREWE, La difficile construction du champ diplomatique. La mission permanente de Gênes en France (1337–?) et la professionnalisation de la diplomatie médiévale, in: Francia 48 (2021), S. 23–42, besonders S. 36–40.

alterliche Burgund nicht unter den vorrangig zu untersuchenden Themen, doch belegen bereits Paravicinis regelmäßige Literaturberichte die Bedeutung, die diesem Forschungsgegenstand in der »Francia« beigemessen wurde[32]. Andere Forschungsprojekte des Instituts haben in der Zeitschrift hingegen keine Spuren hinterlassen. Das gilt z. B. für die von Daniel König geleitete Forschergruppe »FranceMed« (»La France et la Méditerranée. Espaces de transferts culturels«)[33], der freilich neuere Publikationsformate wie die (mittlerweile wieder in die »Francia« integrierten) »Ateliers des Deutschen Historischen Instituts« zur Verfügung standen[34].

Ein letzter deutlich erkennbarer Schwerpunkt, der hier erwähnt werden soll, liegt im Bereich der Adelsforschung. Die Verbindung zu den Forschungsprofilen der Institutsdirektoren Werner und Paravicini liegt ebenso auf der Hand[35] wie die Tatsache, dass dieses internationale Forschungsfeld eigenen Dynamiken folgt. Untersuchungen zu weltlichen Eliten im Karolingerreich und seinen Nachfolgestrukturen bzw. zum westeuropäischen Adel finden sich zahlreich sowohl in älteren wie in jüngeren Bänden. Dabei verbinden sich sozial- und kulturgeschichtliche Zugriffe mit Studien zur lokalen Herrschaftsbildung. Mit einzelnen Adelsgeschlechtern und adligen Biographien beschäftigen sich beispielsweise die Beiträge von Lucien Musset im 5., Marie-Thérèse Caron im 8., Quentin Griffiths im 20. oder Bertrand Schnerb im 31. Band[36]. Prosopographische und strukturgeschichtlich ausgerichtete Untersuchungen zum Adel einzelner Regionen bieten Katharine Keats-Rohan und in jüngerer Zeit noch John Baldwin[37]. Mit der Entwicklung spezifischer adliger Identitäten befassen sich die Beiträge von Jörg Oberste und Jacques Paviot zum Zusammenhang von Kreuzzugsideologie und Gesellschaftsbild[38], von Klaus Oschema zum »parado-

---

32 Allein aus Werner Paravicinis Feder finden sich einschlägige Literaturberichte in den Bänden 2, 4, 5, 7, 16/1 und 25/1.
33 Soweit ich sehe, ist als thematisch einschlägige Veröffentlichung zu »Frankreich und dem Mittelmeerraum« allein ein älterer Literaturbericht zu verzeichnen: Andreas Sohn, Frankreich und der Mittelmeerraum: Neuerscheinungen zur islamischen Welt im Mittelalter, in: Francia 30/1 (2003), S. 191–216.
34 Vgl. die einschlägigen Bände: Rania Abdellatif, Yassir Benhima, Daniel König, Elisabeth Ruchaud (Hg.), Construire la Méditerranée, penser les transferts culturels. Approches historiographiques et perspectives de recherche, München 2012; dies. (Hg.), Acteurs des transferts culturels en Méditerranée médiévale, München 2012.
35 Genannt seien an dieser Stelle nur Karl Ferdinand Werner, Naissance de la noblesse. L'essor des élites politiques en Europe, Paris 1988; Werner Paravicini, Die Preußenreisen des europäischen Adels, 2 Bände, Sigmaringen 1989; ders., Adlig leben im 14. Jahrhundert. Weshalb sie fuhren: Die Preußenreisen des europäischen Adels, Bd. 3, Göttingen 2020.
36 Lucien Musset, Aux origines d'une classe dirigeante: les Tosny, grands barons normands du Xe au XIIIe siècle, in: Francia 5 (1977), S. 45–80; Marie-Thérèse Caron, Vie et mort d'une grande Dame: Jeanne de Chalon, comtesse de Tonnerre (vers 1388–vers 1450), in: Francia 8 (1980), S. 147–190; Quentin Griffiths, The Nesles of Picardy in the Service of the Last Capetians, in: Francia 20/1 (1993), S. 69–78; Bertrand Schnerb, Lourdin, Seigneur de Saligny et de la Motte-Saint-Jean (v. 1370–1446). Une carrière à la cour de Bourgogne, in: Francia 31/1 (2004), S. 45–93.
37 Katharine Keats-Rohan, Politique et parentèle: les comtes, vicomtes et évêques du Maine c. 940–1050, in: Francia 23/1 (1996), S. 13–26; John W. Baldwin, The Aristocracy in the Paris Region during the Reign of Philip Augustus, 1179–1223: A Quantitative Approach, 2 Teile, in: Francia 39 (2012), S. 29–68; 40 (2013), S. 27–55.
38 Jörg Oberste, Rittertum der Kreuzzugszeit in religiösen Deutungen. Zur Konstruktion von Gesellschaftsbildern im 12. Jahrhundert, in: Francia 27/1 (2000), S. 53–87; Jacques Paviot, La

xen« Verhältnis von Ritterideologie und Umgang mit dem adligen Tod[39] und jüngst von Claudia Wittig zum Verhältnis von Moral(didaxe) und Adelsidentität[40].

Ziehen wir an dieser Stelle ein erstes Zwischenfazit. Mit den bisher besprochenen Publikationsschwerpunkten beleuchtet die »Francia« seit nunmehr 50 Jahren wichtige Felder der deutsch-französischen Mediävistik. Bei aller Offenheit für Entwicklungen in der jüngeren Forschung ist sie bislang den Gründungstraditionen von Institut und Zeitschrift verpflichtet geblieben. Sie bietet insofern ein Bild des westeuropäischen Mittelalters und seiner Erforschung, das durch charakteristische Blickwinkel und Schwerpunktsetzungen geprägt ist.

2. Forschungstrends und Kontroversen?
Die »Francia« als Medium des deutsch-französischen Austauschs

Sowohl die Gründer wie später auch der Wissenschaftsrat hatten der »Francia« die zentrale Aufgabe gestellt, eine Kommunikationsplattform für den internationalen, insbesondere deutsch-französischen mediävistischen Austausch zu bilden[41]. Wie hat die Zeitschrift diese Aufgabe in den vergangenen 50 Jahren gelöst? Wo und wie hat sie mediävistische Forschungsprobleme, Ansätze und Diskussionen in den jeweiligen Nachbarraum vermittelt? Diente sie als Medium interner oder grenzüberschreitender Kontroversen?

Dass die »Francia« im Bereich der oben angesprochenen thematischen Schwerpunkte ihre Kommunikationsaufgabe ohne Zweifel umfassend gelöst hat, braucht nicht näher ausgeführt zu werden. Aber auch jenseits der besonders intensiv beleuchteten Felder hat die Zeitschrift immer wieder Beiträge gebracht, die wichtige Gegenstände der deutschen und französischen Mediävistik berühren. Exemplarisch zu nennen wären etwa Philippe Depreux' Aufsatz zur Kanzlei Ludwigs des Frommen[42], Hubert Mordeks Untersuchungen zu vorgratianischen Kirchenrechtssammlungen[43], Klaus Zechiel-Eckes Beiträge zur Identifikation von Pseudo-Isidors Fälschungswerkstatt[44] oder die im 4. Band versammelten Beiträge zur französischen und deutschen Pfalzenforschung.

---

croisade bourguignonne aux XIVe et XVe siècles: un idéal chevaleresque?, in: Francia 33/1 (2006), S. 33–68.
39 Klaus Oschema, »Si fut moult grande perte …«: L'attitude paradoxale de l'idéologie chevaleresque envers la mort (XVe–XVIe siècles), in: Francia 31/1 (2004), S. 95–120.
40 Claudia Wittig, Adliges Selbstverständnis in der Francia und im Reich zwischen Moralität und Historizität, in: Francia 47 (2020), S. 17–35; dies., Zur Konstruktion des Ritters in der deutschen und französischen Moraldidaxe des Hochmittelalters, in: Francia 46 (2019), S. 469–484.
41 Vgl. dazu oben, Anm. 10 und 11.
42 Philippe Depreux, Die Kanzlei und das Urkundenwesen Kaiser Ludwigs des Frommen – Nach wie vor ein Desiderat der Forschung, in: Francia 20/1 (1993), S. 147–162.
43 Hubert Mordek, Die collectio vetus Gallica, die älteste systematische Kanonessammlung des fränkischen Gallien, in: Francia 1 (1973), S. 45–61; ders., Kanonistische Aktivität in Gallien in der ersten Hälfte des 8. Jahrhunderts, in: Francia 2 (1974), S. 19–25.
44 Klaus Zechiel-Eckes, Zwei Arbeitshandschriften Pseudoisidors (Codd. St. Petersburg F. v. I. 11 und Paris lat. 11611), in: Francia 27/1 (2000), S. 205–210; ders., Ein Blick in Pseudoisidors Werkstatt. Studien zum Entstehungsprozess der falschen Dekretalen. Mit einem exemplarischen editorischen Anhang (Pseudo-Julius an die orientalischen Bischöfe, JK †196), in: Francia 28/1 (2001), S. 37–90.

Darüber hinaus ermöglichen der Rezensionsteil, der hier nicht näher berührt werden soll, und vor allem die Literaturberichte eine Auseinandersetzung mit weiteren Themen, die in der deutsch- und französischsprachigen Mediävistik eine Rolle spielen. Gleichwohl wird man festhalten müssen, dass bestimmte Bereiche jenseits des Rezensionsteils kaum oder gar nicht beleuchtet werden. Hinsichtlich des deutschsprachigen Raumes gilt das z. B. für die Forschungen zur pragmatischen Schriftlichkeit, die in den letzten Jahrzehnten des 20. Jahrhunderts maßgeblich von Hagen Keller geprägt wurden und in der Folgezeit auch in Frankreich rezipiert worden sind. Angesichts der Tatsache, dass die einschlägigen Untersuchungen von Keller und seinen Schülern vor allem das kommunale Italien betreffen, ist die weitgehende Nicht-Beobachtung freilich verständlich.

Mehr Aufmerksamkeit ist den Forschungen zu symbolischer Kommunikation und politischer Ritualität zuteil geworden. Zu erwähnen ist hier zum einen Jean-Marie Moeglins nuancierte Würdigung von Gerd Althoffs »Spielregel«-Buch; vor dem Hintergrund eigener Forschungen formuliert Moeglin neben grundsätzlicher Zustimmung u. a. Kritik an Althoffs bloß »funktionalistischem« Verständnis symbolischer Kommunikation[45]. Zum anderen gibt es vor allem in den jüngeren Bänden auch eine Reihe einschlägig argumentierender Beiträge, die herrschaftliche Inszenierungen im Umfeld vor allem des französischen Königtums untersuchen[46], darunter nicht zuletzt zwei Aufsätze von Martin Kintzinger, der dem Institut lange als Beiratsmitglied verbunden war[47]. Bisweilen nehmen die Literaturberichte der »Francia« auch aktuelle Kontroversen in den Blick. Dies gilt etwa für die Auseinandersetzung um Johannes Frieds Canossa-Buch[48], die Benoît Grévin zugleich zu einer Diskussion der Potentiale (und Probleme) von Frieds Memorik-Konzept nutzt[49].

---

45 Jean-Marie MOEGLIN, Rituels et »Verfassungsgeschichte« au Moyen Âge. À propos du livre de Gerd Althoff, »Spielregeln der Politik im Mittelalter«, in: Francia 25/1 (1998), S. 245–250. Vgl. daneben Moeglins eigene Arbeiten zur Deditio bzw. den entsprechenden historiographischen Erzählungen: Jean-Marie MOEGLIN, Édouard III et les six bourgeois de Calais, in: Revue historique 292 (1994), S. 229–267.

46 Klaus VAN EICKELS, »Homagium« und »Amicitia«. Rituals of Peace – and their Significance in the Anglo-French Negotiations of the Twelfth Century, in: Francia 24/1 (1997), S. 133–140; sowie zuletzt Jörg OBERSTE, Der stumme König: Die Eliten der Hauptstadt und das Scheitern der Kommunikation beim Aufenthalt Heinrichs VI. in Paris (Dezember 1431), in: Francia 48 (2021), S. 43–74; daneben Guilhem PÉPIN, Les couronnements et les investitures des ducs d'Aquitaine (XIe–XIIe siècle), in: Francia 36 (2009), S. 35–66; sowie Monja K. SCHÜNEMANN, Überlegungen zu den Funeralien König Heinrichs V. von England († 1422), in: Francia 48 (2021), S. 279–292.

47 Martin KINTZINGER, Symbolique du sacre, succession royale et participation politique en France au XIVe siècle, in: Francia 36 (2009), S. 91–112; daneben DERS., Inszenierungen der Kaiserherrschaft bei Karl V. Überlegungen zum Verhältnis von imperialer Tradition und universalen Herausforderungen, in: Francia 38 (2011), S. 207–227.

48 Johannes FRIED, Canossa. Entlarvung einer Legende. Eine Streitschrift, Berlin 2012.

49 Benoît GRÉVIN, Polémique de la »mémorique«. À propos de »Canossa. Entlarvung einer Legende. Eine Streitschrift«, in: Francia 42 (2015), S. 275–290. Zur deutschen mediävistischen Rezeption vgl. insbesondere die Besprechungen von Claudia ZEY, Matthias BECHER, Hans-Werner GOETZ, Ludger KÖRNTGEN (nebst Einführung von Jürgen DENDORFER), Canossa – keine Wende? Mehrfachbesprechung von Johannes Fried: Canossa. Entlarvung einer Legende. Eine Streitschrift, Berlin 2012, in: sehepunkte 13 (2013), Nr. 1 [15.01.2013], online http://www.sehepunkte. de/2013/01/forum/canossa-keine-wende-brmehrfachbesprechung-von-johannes-fried-canossa-entlarvung-einer-legende-eine-streitschrift-berlin-2012-163/ (10.03.2023).

Auch jenseits ihrer Publikationsschwerpunkte ermöglicht die »Francia« ihrem französischsprachigen Publikum also eine – je nach Thema unterschiedlich intensive – Auseinandersetzung mit aktuellen Diskussionen und Forschungsansätzen der deutschsprachigen Mediävistik. Wie sieht es nun in der Gegenrichtung aus? Welche Trends, Forschungsdiskussionen und ggf. auch Kontroversen der französischsprachigen Mediävistik hat die Zeitschrift für ihre deutschsprachige Leserschaft beleuchtet? Der Verfasser gesteht, dass er in diesem Zusammenhang zunächst danach gesucht hat, wie sich die »Affäre Gouguenheim« in der »Francia« niedergeschlagen hat. Sylvain Gouguenheims Buch zur direkten – d. h. nicht vorrangig über das muslimische Spanien vermittelten – mittelalterlichen Aristoteles-Rezeption[50] hatte zu einer heftigen öffentlichen Polemik geführt, nicht zuletzt deshalb, weil der Autor der stark auf den Islam fixierten arabischen Kultur tendenziell Unfähigkeit zum Verständnis rationaler Philosophie attestierte[51]. Für deutschsprachige Leser ist das Buch u. a. in der »Historischen Zeitschrift« kritisch kommentiert worden[52]; es liegt seit 2010 nebst einem kritischen Kommentar von Daniel König und Martin Kintzinger auch in deutscher Übersetzung vor[53]. Soweit der Verfasser sieht, hat die »Francia« auf eine explizite Auseinandersetzung mit dem Buch oder der dadurch ausgelösten Kontroverse verzichtet – was angesichts des Charakters der öffentlichen Diskussion in Frankreich zumindest verständlich ist[54].

50 Sylvain GOUGUENHEIM, Aristote au Mont-Saint-Michel. Les racines grecques de l'Europe chrétienne, Paris 2008.
51 Vgl. dazu mit Überblick über die französische öffentliche Diskussion Jan-Hendryk DE BOER, Rezension zu: Gouguenheim, Sylvain: Aristoteles auf dem Mont Saint-Michel. Die griechischen Wurzeln des christlichen Abendlandes. Aus dem Französischen von Jochen Grube. Mit einem Kommentar von Martin Kintzinger und Daniel König. Darmstadt 2010/Al-Khalili, Jim: Im Haus der Weisheit. Die arabischen Wissenschaften als Fundament unserer Kultur. Frankfurt am Main 2011, in: H-Soz-Kult, 28.09.2011, online www.hsozkult.de/publicationreview/id/reb-14687) (10.03.2023).
52 Thomas RICKLIN, Der Fall Gouguenheim, in: Historische Zeitschrift 290/1 (2010), S. 119–135; der Rezensent hebt ausdrücklich hervor, dass seine Stellungnahme nicht (nur) eine Rezension, sondern auch eine Stellungnahme zum Problem (verfehlter) wissenschaftlicher Redlichkeit darstelle (S. 123 f.): »Ich werde Gouguenheims *Aristote* im folgenden deshalb ausdrücklich nicht mehr in der Haltung des Rezensenten besprechen, der ein Werk nach dessen Stärken und Schwächen absucht, es entsprechend lobt und kritisiert, sondern mein Interesse wird allein der Frage gelten, was man anstellen muß, um anhand eines im großen und ganzen bekannten Ensembles von Quellen zu einem Resultat zu gelangen, das sich in keiner Weise mit dem deckt, was die Spezialistinnen und Spezialisten der mittelalterlichen Übersetzungsbewegung im lateinischen Westen ungefähr seit Charles Homer Haskins 1924 erstmals publiziertem Werk *Studies in the History of Mediaeval Science* erarbeitet haben.«
53 Sylvain GOUGUENHEIM, Aristoteles auf dem Mont Saint-Michel. Die griechischen Wurzeln des christlichen Abendlandes. Aus dem Französischen von Jochen Grube. Mit einem Kommentar von Martin KINTZINGER und Daniel KÖNIG, Darmstadt 2010.
54 Eine Auseinandersetzung mit dem Werk hat der Verfasser – *sauf erreur* – weder unter den Aufsätzen und Literaturberichten noch im Rezensionsteil gefunden, für den Gouguenheim (vor allem aufgrund seines baltischen bzw. preußischen Forschungsschwerpunkts) regelmäßig publiziert. In seinem für die »Francia« verfassten Beitrag zu Frieds Canossa-Buch bezieht sich Benoît Grévin in einer Nebenbemerkung auch auf die Affäre Gouguenheim, vgl. GRÉVIN, Polémique de la »mémorique« (wie Anm. 49), S. 276 f.: »L'›affaire Canossa‹ assume donc en Allemagne le statut de ›querelle médiévistique‹ trouvant des échos hors du monde universitaire (il semble inutile de

Auf den letzten Seiten dieses Beitrags wird der Fokus indes weniger auf Themen liegen, die so stark im Licht der Öffentlichkeit stehen wie die Affäre Gouguenheim. Vielmehr sollen drei bedeutende Forschungstendenzen, die die französische mediävistische Diskussion der letzten 50 Jahre geprägt haben, und ihre Reflexion und Diskussion in der »Francia« in den Blick genommen werden: zum einen die Erforschung der *Genèse de l'État moderne*, zum anderen die Diskussionen um die sogenannte *Mutation féodale* und schließlich auch die mediävistische Rezeption von Georges Dumézils Konzept der indogermanischen »drei Funktionen«.

Dass im Spätmittelalter gerade in Westeuropa frühstaatliche monarchische Strukturen entstehen, hat die mediävistische Forschung nicht erst in den letzten Jahrzehnten hervorgehoben. Schon zu Beginn des 20. Jahrhunderts hat beispielsweise Fritz Kern auf die administrativ unterfütterte Verdichtung der französischen Monarchie hingewiesen und diese explizit mit der »Zerrüttung« des römisch-deutschen Reiches kontrastiert[55]; mit dieser Deutung stand er unter seinen Zeitgenossen gewiss nicht allein[56]. Doch auch unabhängig von solchen normativ unterlegten Entwicklungsmodellen stellt die Herausbildung frühstaatlicher Verwaltungs-, Justiz- und Militärstrukturen und ihres sozial-, kultur- und geistesgeschichtlichen Kontextes einen wichtigen Gegenstand der mittelalterlichen Geschichte dar, dessen Erforschung in den 1980er Jahren unter dem Schlagwort der *Genèse de l'État moderne* von einer Gruppe französischer Forscher betrieben wurde[57]. In den Folgejahren wurden die Forschungen des Genèse-Projektes durch einen maßgeblich von Jean-Philippe Genet und Wim Blockmans initiierten internationalen Forschungsverbund zu den spätmittelalterlichen und frühneuzeitlichen *Origins of the Modern State* fortgeführt. Im Fokus der Untersuchungen standen u. a. die Organisation militärischer Zwangsmittel[58], der Aufbau von Finanzverwaltungen[59] und die Herausbildung legislativer und jurisdiktioneller Strukturen[60], aber auch das Verhältnis von Staat, Herrschaftseliten,

---

s'attarder sur la dernière querelle analogue française, il en a été assez parlé, et il faut bien dire à la louange de l'Allemagne que le débat reste ici un peu plus relevé dans le fond, sinon sur la forme.«

55 Fritz KERN, Die Anfänge der französischen Ausdehnungspolitik bis zum Jahr 1308, Tübingen 1910, besonders S. 36 f. (zum Zusammenhang von staatlicher Konsolidierung und dem von Kern wahrgenommenen Expansionismus der französischen Monarchie) sowie S. V (zum mittelalterlichen und mehr noch frühneuzeitlichen Gegensatz von französischem Expansions-»Druck« und römisch-deutscher »Zerrüttung«).

56 Vgl. hierzu die pointierte Sichtung entsprechender Klagen über die mangelnde Staatlichkeit des Reiches bei Bernd SCHNEIDMÜLLER, Konsensuale Herrschaft. Ein Essay über Formen und Konzepte politischer Ordnung im Mittelalter, in: Paul-Joachim HEINIG u. a. (Hg.), Reich, Regionen und Europa in Mittelalter und Neuzeit. Festschrift für Peter Moraw, Berlin 2000, S. 53–87, insbesondere S. 62 f., 85 f.

57 Zur *Genèse de l'État moderne* vgl. die einschlägigen Tagungsbände der Gruppe, insbesondere den ohne Herausgebernennung publizierten Bilanzband: L'État moderne: genèse. Bilans et perspectives. Actes du Colloque tenu au CNRS à Paris les 19–20 septembre, Paris 1990.

58 Vgl. Philippe CONTAMINE (Hg.), War and Competition between States, Oxford 2000.

59 Vgl. Albert RIGAUDIÈRE, L'essor de la fiscalité royale, du règne de Philippe le Bel (1285–1314) à celui de Philippe VI (1328–1350), in: Europa en los umbrales de la crisis (1250–1350). XXI Semanas de Estudios Medievales, Estella, 18 a 22 julio de 1994, Pampelona 1995, S. 323–391.

60 Antonio PADOA-SCHIOPPA (Hg.), Legislation and Justice; DERS. (Hg.), Les origines de l'État moderne en Europe. Justice et législation, Paris 2000.

Repräsentativorganen und Beherrschten[61] und die legitimierenden bzw. delegitimierenden Wirkungen von politischer Theorie und Propaganda[62].

Soweit der Verfasser sieht, ist das Programm des Genèse- bzw. Origins-Projektes in der »Francia« nicht explizit diskutiert worden. Bestimmte Bereiche des Forschungsprogramms hat man in der »Francia« aber in Einzelbeiträgen untersucht. Dies betrifft zum einen die Entwicklung des monarchischen Beamtenapparats und seiner Verhaftung in lokalen und überregionalen Konfliktstrukturen, die beispielsweise Alain Demurger und Elizabeth Brown in den Blick genommen haben[63]. Zum anderen wird auch die Entstehung nationaler Identitäten in Frankreich untersucht: Identitätsbildung lässt sich gewissermaßen als ideologisches Korollarium der Herausbildung monarchischer Staatlichkeit begreifen. Dabei richtet sich der Fokus nicht ausschließlich auf die spätmittelalterliche Epoche und den sogenannten Hundertjährigen Krieg, der zumeist als zentrale Periode der Entwicklung eines französischen Nationalbewusstseins angesehen wird[64]. Mehrere Beiträge untersuchen auch die hochmittelalterliche Epoche: Zu nennen ist hier beispielsweise ein Aufsatz von Joachim Ehlers zum »frühen Nationalbewußtsein in Frankreich«[65], der den Forschungsperspektiven des NATIONES-Schwerpunkts der DFG verhaftet ist. Im Blick auf die genannten Beiträge lässt sich insofern festhalten, dass der Forschungsgegenstand des Genèse-Projektes in der »Francia« vor allem dort berührt wird, wo sich Überschneidungen mit anderen übergeordneten Forschungsinteressen ergeben.

Etwas anders liegen die Dinge hinsichtlich der Diskussion um die sogenannte *Mutation féodale*. Dieses historische Modell, das von Georges Dubys Untersuchung der »feodalen« Gesellschaft im Mâconnais inspiriert und von Pierre Bonnassie maßgeblich formuliert worden ist[66], geht von einem tiefgreifenden politisch-gesellschaft-

---

61 Vgl. Wolfgang REINHARD (Hg.), Power Elites and State Building, Oxford 1996; Peter BLICKLE, Resistance, Representation, and Community, Oxford 1997.
62 Vgl. Janet COLEMAN (Hg.), The Individual in Political Theory and Practice, Oxford 1996; mit besonderer Berücksichtigung ikonographischer Formen der Herrschaftsrepräsentation und Propaganda vgl. Allan ELLENIUS (Hg.), Iconography, Propaganda, and Legitimation, Oxford 1996.
63 Alain DEMURGER, Guerre civile et changements du personnel administratif dans le royaume de France de 1400 à 1418: l'exemple des baillis et sénéchaux, in: Francia 6 (1978), S. 151–298; Elizabeth A.R. BROWN, Royal Commissioners and Grants of Privilege in Philip the Fair's France: Pierre de Latilli, Raoul de Breuilli, and the Ordonnance for the Seneschalsy of Toulouse and Albi of 1299, in: Francia 13 (1985), S. 151–189. Beide Titel thematisieren das Genèse-Projekt nicht bzw. sind vor dessen Beginn verfasst.
64 Vgl. in diesem Bereich Nicole GRÉVY-PONS, Propagande et sentiment national pendant le règne de Charles VI: l'exemple de Jean de Montreuil, in: Francia 8 (1980), S. 127–145; der Aufsatz ordnet sich in ein größeres einschlägiges Forschungsprojekt ein, vgl. Nicole PONS, »L'honneur de la couronne de France«. Quatre libelles contre les Anglais (vers 1418–vers 1429), Paris 1980. Vgl. daneben Sophia MENACHE, »Un peuple qui a sa demeure à part«. Boniface VIII et le sentiment national français, in: Francia 12 (1984), S. 193–208.
65 Joachim EHLERS, Karolingische Tradition und frühes Nationalbewußtsein in Frankreich, in: Francia 4 (1976), S. 213–235; vgl. auch Georg JOSTKLEIGREWE, Die Identität der Franzosen und der Standpunkt der anderen. André de Coutances' »Romanz des Franceis« (ca. 1200) und der normannische Blick auf Frankreich, in: Francia 37 (2010), S. 49–76.
66 Vgl. Georges DUBY, La société aux XIe et XIIe siècles dans la région mâconnaise, Paris 1953; Pierre BONNASSIE, La Catalogne du milieu du Xe siècle à la fin du XIe siècle, 2 Bände, Toulouse 1975–1976.

lichen Wandel an der Wende vom 10. zum 11. Jahrhundert aus. Dieser äußere sich im Zerfall der »öffentlichen« Herrschaftsstrukturen, die zuvor die Freiheit eines relativ umfangreichen allodialen Bauerntums gewährleistet und in der Fortexistenz der grafschaftlichen Gerichtsversammlungen ihren Ausdruck gefunden hätten. In einer anarchischen Phase des Zerfalls um das Jahr 1000 herum seien die Herrschaftsrechte von einer Kaste »feodaler« Burgherren usurpiert und »privatisiert« worden. Statt öffentlicher Gerichte seien fortan private Formen der Konfliktregelungen dominant geworden; anstelle der aus der Antike übernommenen Formen von Unfreiheit sei eine neue Leibeigenschaft entstanden, in die auch der größte Teil der vormals freien Bauern übergegangen sei[67]. In den 1990er Jahren ist dieses Entwicklungsmodell von Dominique Barthélemy, aber auch von anglophonen Forschern wie Steven White scharf kritisiert worden[68]. Barthélemy – ursprünglich selbst *mutationniste* – plädiert für eine sehr viel längere, durch vielfältige Adaptationen geprägte Transformationsphase. Die Annahme scharfer Brüche verbiete sich schon angesichts der lückenhaften und mehrdeutigen Quellenlage.

Die an dieser Stelle nur angerissenen Diskussionen um die Entstehung einer »feodalen« Gesellschaft sind nicht in der Zeitschrift des Pariser Instituts, sondern anderenorts geführt worden[69]. In der »Francia« ist weder das Modell der *Mutation féodale* noch die daran geübte Kritik prononciert vorgetragen worden. Prominente Vertreter der Mutation-These wie Jean-Pierre Poly haben hier durchaus veröffentlicht – aber zu anderen Themen[70]. Ähnliches gilt für die Anti-Mutationisten: So hat Dominique Barthélemy jüngst einen sachlich durchaus einschlägigen Beitrag einschließlich Edition und Kommentar eines Quellenfundes veröffentlicht – aber einen Beitrag zur Kontroverse, die in Frankreich seit langem weitgehend im anti-mutationistischen Sinne entschieden ist, stellt dieser Text nicht dar[71].

Was hingegen in der »Francia« veröffentlicht worden ist, sind die sachlich einschlägigen, quellengesättigten Beiträge von Élisabeth Magnou-Nortier[72]: Sie betont

---

67 Vgl. Jean-Pierre POLY, Eric BOURNAZEL, La mutation féodale. X^e–XIIe siècles, Paris 1980.
68 Dominique BARTHÉLEMY, La mutation féodale a-t-elle eu lieu ? (note critique), in: Annales. Économies, sociétés, civilisations 47/3 (1992), S. 767–777; DERS., Stephen D. WHITE, Debate: The »Feudal Revolution«, in: Past & Present 152 (1996), S. 196–205 (Barthélemy), S. 205–223 (White). – Anders als in der deutschsprachigen Mediävistik des 20. Jahrhunderts ist das Konzept der *Mutation féodale* von amerikanischen Mediävisten aufgegriffen worden; Barthélemy und White reagieren mit ihrem Aufsatz unmittelbar auf Thomas N. BISSON, The »Feudal Revolution«, ebd. 142 (1992), S. 5–42. Zu einer »deutschen« Perspektive auf die Veränderungen (oder Nicht-Veränderungen) im Umfeld des Jahres 1000 vgl. Timothy REUTER, The »Feudal Revolution«, ebd. 155 (1997), S. 177–208.
69 Vgl. hier neben dem in den »Annales« erschienenen Beitrag von BARTHÉLEMY, La mutation féodale (wie Anm. 68); auch die Replik von Pierre BONNASSIE, Réponse à Dominique Barthélemy, in: Santiago AGUADÉ NIETO, Joseph PÉREZ, Les origines de la féodalité. Hommage à Claudio Sánchez Albornoz, Madrid 2000, online https://books.openedition.org/cvz/2201 (10.03.2023).
70 Christian SETTIPANI, Jean-Pierre POLY, Les Conradiens: un débat toujours ouvert, in: Francia 23/1 (1996), S. 135–166.
71 Dominique BARTHÉLEMY (avec la collaboration de Nicolas RUFFINI-RONZANI), La paix diocésaine du Toulousain en 1163, in: Francia 46 (2019), S. 77–104.
72 Elisabeth MAGNOU-NORTIER, La terre, la rente et le pouvoir dans les pays de Languedoc pendant le Haut Moyen Âge. Première partie. La villa: une nouvelle problématique, in: Francia 9 (1981), S. 79–115; DIES., La terre, la rente et le pouvoir dans les pays de Languedoc pendant le

die weit ins Mittelalter reichende Kontinuität spätantiker Herrschafts- und Sozialstrukturen. Mutationisten wie Anti-Mutationisten bzw. Transformisten haben diese Auffassung gleichermaßen abgelehnt. Dominique Barthélemy wirft der durch Jean Durliat, Élisabeth Magnou-Nortier und mit Abstrichen sogar Karl Ferdinand Werner repräsentierten »hyperromanistischen Schule« vor, sie stelle die Spezifizität der mittelalterlichen Gesellschaft zu Unrecht in Abrede[73]. Eine »(hyper-)romanistische« Erwiderung auf solche, auch im Ton durchaus scharfe Kritik ist in der »Francia« freilich ebenso wenig veröffentlicht worden wie Debattenbeiträge von Verfechtern und Gegnern des Mutationismus. Auch für maliziöse Spitzen gegen die jeweiligen Gegner hat man andere Publikationsorte gefunden[74]. Eine umfassende Auseinandersetzung mit der Kontroverse um die *Mutation féodale* findet in der »Francia« erst aus der Retrospektive des Jahres 2019 statt: Philippe Buc geißelt scharfzüngig die »hexagonalen« Beschränktheiten der Debatte und weist dieser zugleich einen Platz in der internationalen Diskussion um früh- und hochmittelalterliche Transformationsprozesse zu[75].

Keine Großkontroverse, sondern vielmehr ein von der französischen Mediävistik dankbar aufgegriffenes nicht-geschichtswissenschaftliches Konzept bildet schließlich den letzten hier zu besprechenden Gegenstand: Es geht um Georges Dumézils Interpretament der indogermanischen »drei Funktionen«, dessen Rezeption durch französische Mediävisten von Benoît Grévin aus der Retrospektive für die »Francia« in den Blick genommen worden ist[76]. Folgt man Grévin, so beruht die noch zu Lebzeiten Dumézils erfolgte mediävistische Rezeption eigentlich auf einem Missverständnis: Dumézil hat bekanntlich in den Mythologien der indogermanischen Kulturen wiederkehrende dreigliedrige Grundstrukturen beobachtet. Diese stünden in einem – von Dumézil nie abschließend bestimmten – Verhältnis zu archaischen, ur-indogermanischen Gesellschaftsordnungen, sind uns aber nur aus der viel späte-

---

Haut Moyen Âge. Deuxième Partie. La question du manse et de la fiscalité foncière en Languedoc pendant le Haut Moyen Âge, ebd. 10 (1982), S. 21–66; DIES., La terre, la rente et le pouvoir dans les pays de Languedoc pendant le haut Moyen Âge. Troisième Partie. Le pouvoir et les pouvoirs dans la société aristocratique languedocienne pendant le haut Moyen Âge, ebd. 12 (1984), S. 53–118.

73 BARTHÉLEMY, The »Feudal Revolution« (wie Anm. 68), S. 197, spricht von einem »peremptory challenge to any idea of medieval society made by the hyper-Romanist ›school‹ (Jean Durliat, Elisabeth Magnou-Nortier, even, to some degree, K. F. Werner)«.

74 Vgl. etwa BARTHÉLEMY, Mutation féodale (wie Anm. 68), S. 774: »Nul ne plaide pour une histoire immobile – nul sinon E. Magnou-Nortier dont le système, à force de rigidité et nonobstant quelques remarques judicieuses, finit par perdre tout contact avec la réalité historique«; Élisabeth MAGNOU-NORTIER, La féodalité en crise. Propos sur »Fiefs and Vassals« de Susan Reynolds, in: Revue historique 296/2 (1996), S. 253–348, hier S. 255: »Ceux qui croient faire œuvre novatrice en s'en prenant au ›juridisme‹ de quelques historiens doivent s'attendre à recevoir ici une magistrale leçon de droit.«

75 Philippe BUC, What is Order? In the Aftermath of the »Feudal Transformation« Debates, in: Francia 46 (2019), S. 281–300. Buc analysiert die französische Debatte als Teilstück der Diskussion um früh- und hochmittelalterliche Herrschaftsstrukturen und deren Transformation; dabei unterstreicht er die generelle analytische Problematik der »janusköpfigen« Konzepte von Ordnung, die Zeitgenossen und Forschung perspektivenabhängig immer auch als Unordnung lesen können (vgl. insbesondere S. 294–300).

76 Benoît GRÉVIN, La trifonctionnalité dumézilienne et les médiévistes. Une idylle de vingt ans, in: Francia 30/1 (2003), S. 169–189.

ren Überlieferung von Völkern bekannt, die aufgrund der historischen Entwicklung bereits ganz andere Herrschafts- und Sozialstrukturen aufwiesen[77].

Aufgrund der Möglichkeit, Dumézils Ansatz rassistisch zu interpretieren, ist dieser durchaus heftig kritisiert worden[78]. Die französische Mediävistik hat das Konzept der »drei Funktionen« indes vor allem aufgegriffen, um das *Imaginaire* der früh- und vor allem hochmittelalterlichen Gesellschaften zu analysieren – also jener rezenten Kulturen, die in Dumézils eigenem indogermanistischem Forschungsdesign vor allem Störfaktoren darstellen[79]. Ungeachtet dessen hat die mediävistische Dumézil-Rezeption zweifellos die Erforschung der mittelalterlichen Vorstellungswelten befruchtet. Auch in der »Francia« ist dazu ein wichtiger Beitrag geleistet worden: Edmond Ortigues wies in der Zeitschrift die bislang unbeachtete bzw. unterschätzte Formulierung eines dreigliedrigen Gesellschaftsmodells bei Haymo von Auxerre nach[80].

Das Konzept der »drei Funktionen« ist in der Mediävistik seit dem Ende der 1980er Jahre ohne diesbezügliche Kontroverse zunehmend außer Gebrauch gekommen. Auch in der »Francia« findet sich keine kritische Auseinandersetzung, sodass man die Beschäftigung mit diesem Thema hier bereits für abgeschlossen halten könnte. Es ist indes aufschlussreich, zwei weitere deutsche Aufsätze in den Blick zu nehmen, die sich ebenfalls mit dem Themenfeld der »drei Funktionen« bzw. der dreigliedrigen Gesellschaftsordnung beschäftigen. Anhand der beiden Beiträge lassen sich zum einen die unterschiedlichen Forschungsperspektiven aufzeigen, in die deutsch- und französischsprachige Mediävistik die betreffenden Quellentexte eingeordnet haben. Zum anderen illustriert der Vergleich der beiden Texte, wozu die »Francia« von ihren Autoren gerne und häufig genutzt worden ist – und wozu nicht.

Konkret geht es um zwei Beiträge von Otto Gerhard Oexle, deren einer in der »Francia« erschienen ist. Beide befassen sich mit dem »Carmen ad Rotbertum regem« des Adalbero von Laon, dessen Formulierung einer in Beter, Krieger und Pflüger geteilten ständischen Gesellschaft zu den bekanntesten (und oft missverstandenen) einschlägigen Zeugnissen gehört[81]. Seine Deutung von Adalberos »Carmen« hat Oexle sehr umfassend in den »Frühmittelalterlichen Studien« dargelegt. Dabei nimmt er durchaus auf Dumézil Bezug, diskutiert das »Carmen« und das darin formulierte Ideal einer funktional dreigeteilten Gesellschaft aber vor allem vor dem Hintergrund der maßgeblich von Otto Brunner geprägten Neuen Verfassungsgeschichte und einer – auch an französischen Arbeiten orientierten – Erforschung von Mentalitäten und politisch-sozialen Leitideen[82].

---

77 Vgl. ebd., S. 170–175.
78 Vgl. auch hierzu ebd., S. 175.
79 Zum Missverständnis zwischen Dumézil und der Médiävistik noch einmal ebd., besonders S. 187–189.
80 Edmond ORTIGUES, L'élaboration de la théorie des trois ordres chez Haymon d'Auxerre, in: Francia 14 (1986), S. 27–43.
81 Otto Gerhard OEXLE, Die funktionale Dreiteilung der »Gesellschaft« bei Adalbero von Laon. Deutungsschemata der sozialen Wirklichkeit im früheren Mittelalter, in: Frühmittelalterliche Studien 12 (1978), S. 1–54; DERS., Adalbero von Laon und sein »Carmen ad Rotbertum regem«. Bemerkungen zu einer neuen Edition, in: Francia 8 (1980), S. 629–638.
82 Zur Bezugnahme auf Brunner und die Neue Verfassungsgeschichte vgl. OEXLE, Funktionale

In seinem etwas späteren einschlägigen »Francia«-Beitrag hingegen verweist Oexle zur Einordnung vor allem auf die zwischenzeitlich erschienene französische Literatur zu den *trois fonctions* im Mittelalter[83]. Der Beitrag selbst fokussiert hingegen nicht auf die inhaltliche Deutung von Adalberos »Carmen«, sondern bietet eine fundierte – und kritische – Auseinandersetzung mit Claude Carozzis damals gerade erschiener Neuedition, dessen editorische Grundsätze Oexle in der Tradition von Carl Erdmanns Deutung der Überlieferungssituation kritisiert[84]. Die Zeitschrift des Pariser Instituts wird an dieser Stelle also als Medium der deutsch-französischen Kommunikation und sogar Kontroverse genutzt. Im Zentrum der Auseinandersetzung steht indes keine übergreifende Diskussion um konkurrierende Forschungsperspektiven oder -paradigmata, sondern die konkrete historische Arbeit am Text. Oexles Beitrag zielt insofern auf einen Kernbereich, in dem die »Francia« von Beginn an zum Austausch zwischen deutscher und französischer Mediävistik beitragen wollte: die Forschung an Quellen aus französischen Archiven und Bibliotheken.

3. Fazit: 50 Jahre »Francia« – und weiter?

Die Gestalt der mediävistischen »Francia« in den letzen 50 Jahren ist nachhaltig von ihrem Gründer, aber auch vom Deutschen Historischen Institut in Paris und den dort Forschenden geprägt worden; die in der Frühzeit begründeten Publikationstraditionen wirken – zum Teil überraschend kräftig – bis heute nach. Doch wird keine wissenschaftliche Zeitschrift allein von ihrer Redaktion »gemacht«: Die »Francia« ist daher auch das Produkt der Autoren, die sie für bestimmte Publikationen bevorzugt nutzen, für andere hingegen nicht. Unter diesem Gesichtspunkt wird man festhalten, dass die Zeitschrift nicht als Medium für große »interne« Kontroversen der deutsch- oder französischsprachigen Mediävistik gedient hat: Weder die hier thematisierte Diskussion um die *Mutation féodale* noch z. B. die deutsche Diskussion um Otto Brunner und die Neue Verfassungsgeschichte[85] oder die von Susan Reynolds angestoßene Diskussion um das mittelalterliche Lehnswesen[86] sind in der »Francia« geführt worden.

Die »Francia« dient auch nicht primär als Plattform eines konzentrierten deutsch-französischen Austauschs über alte und neue mediävistische Forschungsgegenstände und deren Potentiale, Probleme und Perspektiven, wie dies vor der Jahrtausend-

---

Dreiteilung (wie Anm. 81), S. 3–5; zu Mentalitäten und politisch-sozialen Grundbegriffen S. 5–8; zu Dumézil S. 14.
83 Vgl. Oexle, Adalbero von Laon (wie Anm. 81), S. 629. Oexle verweist hier insbesondere auf Georges Duby, Les trois ordres ou l'imaginaire du féodalisme, Paris 1978; Jacques Le Goff, Les trois fonctions indo-europeennes, l'historien et l'Europe féodale, in: Annales. Économies, Sociétés, Civilisations 34 (1979), S. 1187–1215; sowie einen weiteren Beitrag von Claude Carozzi selbst: Claude Carozzi, Les fondements de la tripartition sociale chez Adalberon de Laon, ebd. 33 (1978), S. 683–702.
84 Vgl. Oexle, Adalbero von Laon (wie Anm. 81), S. 631 f.
85 Vgl. dazu etwa Steffen Patzold, Der König als Alleinherrscher? Ein Versuch über die Möglichkeit der Monarchie im Frühmittelalter, in: Stefan Rebenich, Johannes Wienand (Hg.), Monarchische Herrschaft im Altertum, München u. a. 2017, S. 605–633.
86 Susan Reynolds, Fiefs and Vassals. The Medieval Evidence Reinterpreted, Oxford 1994.

wende die Kolloquien von Sèvres und Göttingen geleistet haben[87]. In den letzten Jahren ist der Gesprächsfaden zwischen deutsch- und französischsprachiger Mediävistik zwar nicht abgerissen, doch ist der Austausch schwieriger geworden; die Herausforderungen einer zunehmend globalisierten Mediävistik haben dazu ebenso beigetragen wie der Verlust an deutsch-französischer Sprachkompetenz. Ob eine erneute Intensivierung möglich ist, wird die Zukunft zeigen müssen; vielleicht wird die »Francia« durch die verstärkte Dokumentation von Ateliers und Kolloquien des Instituts in kommenden Jahren zu einem sowohl engeren als auch lebendigeren mediävistischen Austausch beitragen.

Wie sich die Zeitschrift entwickeln wird, lässt sich aber wohl nur begrenzt vorhersagen oder gar planen. Ein entscheidendes Wort werden auch in Zukunft diejenigen zu sprechen haben, die ihre Texte zum Abdruck anbieten. Wenn man unter diesem Gesichtspunkt aus der Publikationspraxis der letzten Jahrzehnte extrapoliert, so besteht für die künftige Entwicklung der »Francia« gewiss kein Grund zur Besorgnis: Die Zeitschrift hat immer wieder hochklassige Beiträge gebracht, die wichtige Forschungsergebnisse zur Geschichte des westeuropäischen Mittelalters und vor allem den dortigen Quellen dokumentieren. Sie ist insofern als Werkzeug der wissenschaftlichen Kommunikation aus der deutsch-französischen Mediävistik nicht wegzudenken – und es bleibt zu hoffen, dass sie diese vielleicht unspektakuläre, aber umso wichtigere Aufgabe auch beim nächsten Jubiläum noch mit Bravour erfüllt.

---

87 Vgl. Jean-Claude Schmitt, Otto Gerhard Oexle (Hg.), Les tendances actuelles de l'histoire du Moyen Âge en France et en Allemagne. Actes des colloques de Sèvres (1997) et de Göttingen (1998), Paris 2002.

CLAIRE GANTET

»L'EUROPE FRANÇOISE«?

Remarques sur l'historiographie franco-allemande en histoire moderne
depuis la fondation de »Francia« (1973)

Dans l'entre-deux-guerres, à l'époque de fortes tensions nationales, l'historien de l'art Louis Réau brossait, non sans quelque nostalgie, le »rayonnement français« du temps des Lumières propre à unifier l'Europe[1]. L'idée de la prédominance de la langue et de la culture française à partir du règne de Louis XIV et durant tout le XVIIIe siècle s'imposa alors comme un fait incontesté dans l'historiographie tant française qu'allemande. En 2001 encore, Marc Fumaroli, membre de l'Académie française, publiait un ouvrage au titre éloquent: »Quand l'Europe parlait français«[2]. Aux XVIIe et XVIIIe siècles, expliquait-il, la »civilisation française« s'étendait sur l'Europe; bien plus qu'un simple idiome, le français était un style de vie empreint d'un ethos aristocratique de la légèreté de l'être. Marc Fumaroli s'appuyait notamment sur les écrits du polygraphe Louis-Antoine Caraccioli (1719–1803) qui, l'un des plus expressifs, affirma péremptoirement dans son ouvrage sur »l'Europe françoise«: *On reconnut toujours une nation dominante qu'on s'efforça d'imiter. Jadis tout était romain, aujourd'hui tout est françois*[3]. Or, dès 2007, l'historien Pierre-Yves Beaurepaire a retracé l'historicité d'un tel »mythe« et souligné les attitudes de fascination et d'agacement mêlés des contemporains des XVIIe et XVIIIe siècles face au »modèle français«[4]. Une simple considération des sources montre en effet à quel point l'appréciation de la France dans le Saint-Empire, et de l'Allemagne en France, n'était pas aussi uniforme que la thématique de »l'Europe françoise« le laisse entendre. D'une part, les milieux français – et spécialement parisiens – étaient moins hospitaliers que le leitmotiv du cosmopolitisme le laisse entendre[5]. D'autre part, la culture française a suscité en retour des prises de conscience protonationales et laissé place à l'ironie. Ainsi affirmait un voyageur allemand, Helfrich Peter Sturz (1736–1779), à Paris l'éclat nouveau des lettres en Allemagne:

---

1 Louis Réau, L'Europe française au siècle des Lumières, Paris 1938, rééd. Paris 1971 (L'évolution de l'humanité).
2 Marc Fumaroli, Quand l'Europe parlait français, Paris 2001.
3 [Louis-Antoine Caraccioli], Paris le modèle des nations étrangères ou l'Europe française, Turin 1773, p. 3 (1e éd. 1773, 2e éd. 1776, édition plus répandue Paris/Venise 1777).
4 Pierre-Yves Beaurepaire, Le mythe de l'Europe française au XVIIIe siècle. Diplomatie, culture et sociabilité au temps des Lumières, Paris 2007.
5 Voir Antoine Lilti, Le monde des salons. Sociabilité et mondanité à Paris au XVIIIe siècle, Paris 2005.

> *Il est temps de rendre justice aux Allemands. Leurs progrès peuvent étonner les Philosophes. Ils étoient barbares, il n'y a que trente ans, ils n'ont point eu de Médicis, ni de Louis XIV pour encourager leurs talens. Dans leurs Cours brillantes, leur langue est proscrite, parce que leurs grands Seigneurs préfèrent à leur langue un jargon ridicule, qu'ils appellent le François. Nous accueillons avec transport dans nos sociétés les hommes célebres, et nous briguons leur estime & leur amitié. Chez eux, un Homme de Lettres est sans état, & le premier Ecrivain de son siecle parlera debout au dernier Comte de l'Empire, s'il n'a d'autre brevet que celui de l'immortalité*[6].

Le propos rapporté non seulement dénigre les cours allemandes singes de Versailles, mais il souligne aussi l'éveil protonational en dépit de l'absence d'une scène nationale et d'un mécénat dominant (l'auteur salue en d'autres passages l'expérience d'un théâtre national animée par Gotthold Ephraim Lessing), tout en retournant ce déficit en une qualité intrinsèque, l'absence d'une cour dominante permettant une relation d'égal à égal entre homme de lettres et prince – on pensera ici au *topos* de la fascination mutuelle du roi de Prusse Frédéric II et de Voltaire. Autrement dit, la valorisation de la culture allemande s'affirme sur un fond de critique aulique et en particulier du culte de Louis XIV. Or, ce n'est pas seulement un Allemand qui a fréquenté les salons et les philosophes parisiens et écrit en français qui parle ici, puisque son texte a été publié par un Français à Paris dans un recueil de romans allemands traduits, retournant en France une image extérieure d'elle-même passablement critique.

Les perceptions mutuelles ne se limitaient pas à des émotions radicales de fascination ou de rejet, mais engageaient des modèles politiques divergents (la cour avec son œuvre centralisatrice mais aussi civilisatrice, face à la dispersion d'une noblesse peu argentée mais libre) et des pratiques médiatiques. Leur étude adéquate a constitué un enjeu majeur d'une discussion historiographique née dans la revue »Francia«: Il s'agit de dépasser les cadres nationaux propres, de penser la comparaison et la circulation des biens, des personnes, des techniques et savoirs, et des idées, ainsi que de leurs emprunts sélectifs. On présentera ci-dessous le contexte dans lequel la revue a pris naissance et ses concrétisations, puis quelques exemples des renouveaux de l'historiographie franco-allemande dans le cadre de l'histoire moderne (1500–1815).

1. Dans le sillon de l'amitié franco-allemande

Lors de sa fondation, »Francia« se définit à la fois comme une revue sur l'histoire de la France, de la Suisse et des États du Bénélux, un porte-parole des recherches menées à l'IHA, et un forum d'échanges entre historiens allemands et français, d'où le principe des recensions croisées (recension en français d'un ouvrage allemand et vice-versa)[7].

---

6   Nicolas DE BONNEVILLE, Choix de petits romans, Imités de l'Allemand, Paris 1786, I. Sur les François et les Allemands, ou l'après-dîner de madame la marquise de R., p. 15. L'auteur d'origine est Helfrich Peter Sturz, qui a fait un séjour à Paris en 1768 en compagnie du jeune roi Christian VII de Danemark. Son récit (en français) est repris et inclus dans un recueil de traductions en français de romans allemands édité en 1786 par Nicolas de Bonneville (1760–1828) en collaboration avec Adrien-Chrétien Friedel (1753–1786).

7   Zum Geleit/Avis au lecteur, dans: Francia 1 (1973), p. 13–16.

Depuis 1973, l'assise institutionnelle des recherches franco-allemande s'est toutefois considérablement densifiée.

Dès 1950, le DAAD (Deutscher Akademischer Austauschdienst, Office allemand d'échanges universitaires) est institué comme association de droit privé pour promouvoir la coopération universitaire entre l'Allemagne et l'étranger grâce, en particulier, à des échanges d'étudiants, de chercheurs et d'enseignants[8]. En 1958, le Centre allemand de recherche historique à Paris (Deutsche Historische Forschungsstelle), financé par l'État fédéral, est fondé et dirigé par un médiéviste. Six ans plus tard, soit un an après la signature du Traité de l'Élysée, il est formellement institutionnalisé sous le nom d'Institut historique allemand (IHA) en étant placé sous la tutelle du ministère fédéral de la recherche scientifique. C'est sous la direction du médiéviste Karl Ferdinand Werner que la revue »Francia« est fondée ainsi que les Jeudis de l'Institut historique allemand, lequel déménage de la rue du Havre vers la rue Maspéro puis, en 1994, vers l'hôtel Duret-de-Chevry (rue du Parc-Royal). La revue porte la marque de ses orientations intellectuelles, notamment du tournant numérique sous la direction de Gudrun Gersmann (2007–2012) qui a procédé à la rétro-numérisation des volumes déjà parus, au basculement uniquement en ligne des recensions, dont le nombre s'est considérablement accru, dès 2008, et à la publication en libre accès (avec barrière mobile d'un an) des nouveaux volumes[9].

Du côté français, des institutions d'échange et de médiation scientifique avec l'Allemagne sont créées quasiment simultanément. Fondée en 1977 sur l'initiative de Robert Mandrou, la Mission historique française en Allemagne est placée sous la tutelle du Ministère français des affaires étrangères et intégrée à l'Institut Max Planck d'histoire de Göttingen. Après la dissolution de ce dernier en 2007 et face au développement du Centre Marc Bloch de recherche en sciences humaines (fondé en 1992 et financé par des institutions françaises et allemandes depuis 2001), la Mission a été transformée, par fusion avec l'Institut français de Francfort-sur-le-Main, en un Institut Français d'Histoire en Allemagne (IFHA, 2009), devenu Institut Franco-Allemand de Sciences Historiques et Sociales (IFRA/SHS, 2015) et doté d'une revue[10]. Depuis 2001, le Centre Interdisciplinaire d'Études et de Recherches sur l'Allemagne (CIERA) fédère des établissements et des centres, des recherches et des projets de sciences humaines sur l'Allemagne en France[11]. L'intégration mutuelle des recherches

---

8   Site web: https://www.daad.de/de/; activités du DAAD en France: https://www.daad-france.fr/fr/. Plusieurs universités allemandes ont mis sur pied des pôles d'enseignement et de recherches sur la France, dont on trouve la liste sous le lien https://www.daad-france.fr/fr/trouver-un-financement/autres-bourses/recherche-institutions-et-financement/centres-denseignement-et-de-recherche-sur-la-france-et-la-francophonie-frankreichzentren/. Tous les sites web mentionnés ont été consultés pour la dernière fois le 12 juillet 2022.
9   Voir Rolf GROßE, Francia: Ein Forum westeuropäischer historischer Forschung, dans: Discussions 3 (2010), https://perspectivia.net/publikationen/discussions/3-2010/grosse_francia.
10 Site web: https://ifra-francfort.fr/fr/. La Mission publiait un »Bulletin«, devenu »Revue« (1980–2014). L'IFRA continue de publier de nombreuses recensions en français d'ouvrages publiés en allemand, accessibles en ligne: https://journals.openedition.org/ifha/. L'IFRA soutient la revue »Trivium« de traduction en français d'articles fondamentaux parus en allemand, et vice-versa: https://journals.openedition.org/trivium/.
11 Voir Werner RÖSENER, Das Max-Planck-Institut für Geschichte (1956–2006). Fünfzig Jahre Geschichtsforschung, Göttingen 2014. Sites web: https://www.ciera.fr/fr; https://cmb.hu-berlin.de/

franco-allemandes s'est fortement accrue avec la fondation, en 1997, de l'Université franco-allemande (Deutsch-Französische Hochschule) financée paritairement par la France et par l'Allemagne; elle suscite, évalue et participe au financement de cursus universitaires franco-allemands et de projets de recherche franco-allemands[12].

Fille de l'amitié franco-allemande, la recherche sur l'histoire partagée de ces deux pays dispose au total d'assises institutionnelles et d'interfaces de publication exceptionnelles, qui contraste fortement avec le discours médiatique dominant de la crise de l'Union européenne. Dans ce contexte, la revue »Francia« a conservé son profil ouest-européen tout en ouvrant ses horizons. On présentera quelques aspects de ses orientations en complétant la revue par les autres surfaces de publication de l'IHA, notamment les »Suppléments« (»Beihefte«) et la série en ligne »Discussions«.

2. L'histoire moderne dans la revue »Francia«: quelques données

Pour l'époque moderne, la revue »Francia« porte la marque du milieu fortement masculin des historiens modernistes allemands qui existait jusqu'aux années 2000[13]. 85 % des articles sont en effet rédigés par des hommes contre seulement 15 % par des femmes, la première contribution écrite en histoire moderne par une femme n'ayant été publiée que dans le volume 12 (1984, par Françoise Knopper-Gouron); tardive, la participation des femmes reste minoritaire jusque l'année 2021, où une parité entre hommes et femmes est respectée. Depuis sa fondation, 64 % des articles ont été rédigés par des Allemands, contre 25 % par des Français, 5 % par des Anglais, 2 % respectivement par des Suisses ou des Américains, le reste des nationalités (néerlandaise, belge, autrichienne, russe, japonaise) représentant 2 %, avec une diversification croissante au fil du temps[14]. La souplesse de l'emploi des langues singularise toutefois »Francia«. Face à la culture anglophone envahissante, elle se situe à mi-chemin. Dès 1981, elle a accueilli des articles en anglais, lesquels ne sont toutefois jamais devenus majoritaires. Bien plus, le nombre d'articles en français est supérieur au nombre d'auteurs français, un nombre non négligeable d'auteurs allemands rédigeant en français à des fins de médiation scientifique vers la France et de réception en France. Du volume 8 (1980) au volume 34 (2007), les contributions en allemand ont été assorties d'un résumé en français, mais non l'inverse.

---

fr/cmb; https://www.dfh-ufa.org/fr/; https://www.ciera.fr/fr. Le CIERA publie la revue en ligne »Trajectoires« (https://journals.openedition.org/trajectoires/) et les séries »Dialogiques et Travaux du CIERA«.

12   Le programme Erasmus (EuRopean Action Scheme for the Mobility of University Students) fondé en 1987 et devenu Erasmus+ reste aussi très prisé par les étudiantes et étudiants. Site web: https://info.erasmusplus.fr/.
13   Les données suivantes ont été établies d'après l'analyse de l'ensemble des »articles« (»Aufsätze«), sans prendre en compte les contributions rassemblées sous les titres »Histoire de la recherche et discussions méthodologiques« (»Zur Forschungsgeschichte und Methodendiskussion«, souvent des recensions étoffées d'ouvrages importants), et »Mélanges« (»Miszellen«). Ces chiffres rejoignent ceux établis scientifiquement par Mareike König et Eike Löhden dans leur article »Die ›Francia‹ anders lesen. Was Topic Modeling über Schwerpunkte und Trends der Fachzeitschrift verrät« du présent numéro, notamment p. 21. Je remercie Mareike König de sa lecture précise.
14   Ces chiffres se fondent sur les auteurs et leurs institutions. La possibilité d'une double nationalité n'a pas pu être prise en compte.

Par là, »Francia« a considérablement renforcé la légitimité de la discussion scientifique franco-allemande, dans le respect du pluralisme linguistique. Cela ne va pas de soi. En raison de l'évolution des cursus scolaires, l'apprentissage du français régresse en Allemagne tandis que la culture anglophone ne cesse de progresser. La décision prise par la »Zeitschrift für historische Forschung« (»Revue de recherche historique«), une revue de proue, de ne plus publier que des recensions d'ouvrages publiés en allemand ou en anglais, renforce l'emprise anglophone. »Francia« ne s'oppose pas à l'emploi de l'anglais mais l'intègre heureusement dans le multilinguisme.

Les périodes traitées suivent la progression de »popularité croissante« usuelle à l'université, 17 % des articles ayant trait au XVIe siècle contre 24 % au XVIIe et 59 % au XVIIIe siècle depuis la fondation de la revue: la Révolution française (43 articles) et l'époque napoléonienne (47 articles) attirent plus que les guerres de Religion ou que la guerre de Trente ans. Du point de vue historiographique, les relations internationales ainsi que l'histoire de la guerre et de la diplomatie sont très présentes avec 47 articles, alors que l'histoire religieuse (13 articles) est très effacée dans un contexte historiographique français et allemand pourtant propice. Les articles sur les relations entre la France et l'Allemagne dominent (61 articles); une part importante des contributions (avec 26 articles) traitent de régions frontalières entre ce qui relevait de la France et ce qui était »allemand«. Par volonté de se distancer d'une historiographie traditionnelle centrée sur la Prusse, de nombreux articles se sont en effet penchés sur les départements créés par l'administration napoléonienne sur des terres antérieurement allemandes. On y étudie l'administration et l'économie dans les années 1980, puis les expériences d'occupation mises en parallèle[15].

Des acteurs singuliers ou collectifs sont régulièrement l'objet de contributions: les huguenots après la Révocation de l'édit de Nantes, les »jacobins allemands« et les émigrés de la Révolution française, étudiés dans leurs parcours et leurs identités. Des sources sont fréquemment mobilisées: des correspondances, des récits de voyage et des périodiques. Les auteurs de »Francia« aiment par ailleurs les archives. Ancrés dans la tradition historiographique philologique germanophone, les articles sont souvent munis d'annexes ou consistent parfois en une édition critique. Une évolution vers une approche plus historiographique peut être décelée dans les tout derniers volumes, avec des contributions de Philippe Büttgen, Martin Wrede, Guido Braun et Emmanuelle Chapron[16].

»Francia« a fonctionné comme un forum d'échange. La thèse d'histoire démographique et sociale de la résidence de Coblence au XVIIIe siècle rédigée par Étienne

---

15 Horst CARL, Französische Besatzungsherrschaft im Alten Reich. Völkerrechtliche, Verwaltungs- und erfahrungsgeschichtliche Kontinuitätslinien französischer Okkupation am Niederrhein im 17. und 18. Jahrhundert, dans: Francia 23/2 (1986), p. 33–64.
16 Philippe BÜTTGEN, L'essence de la Réforme. Réflexions après une commémoration, dans: Francia 47 (2020), p. 77–94; Martin WREDE, Grandeur monarchique, héritage héroïque et sentiment patriotique. Représenter le roi de France après Louis XIV, dans: Francia 47 (2020), p. 95–114; Guido BRAUN, Wohlfahrtsausschuss in der Französischen Revolution, dans: Francia 47 (2020), p. 115–132; Emmanuelle CHAPRON, Les Registres de prêt des bibliothèques. De l'histoire de la lecture à l'histoire des bibliothèques, dans: Francia 48 (2021), p. 123–144.

François donne ainsi lieu à un article dès 1976[17], ainsi que les recherches de Richard van Dülmen sur les sociétés secrètes du XVIIIe siècle, de Rolf Reichardt sur la Révolution française, de Willem Frijhoff sur les étudiants en Allemagne ou de Steven L. Kaplan sur les corporations du luxe à Paris au XVIIIe siècle dans les volumes suivants[18]. Quelques débats historiographiques ont été présentés par des historiens de grand renom[19]. Sans relâche mais de façon inégale, »Francia« a ouvert ses portes aux jeunes historiens prometteurs, ainsi Wolfgang Kaiser dès 1984, ou, au tournant des années 2000, Daniel Schönpflug, Bernhard Struck et Christophe Duhamelle[20]. Simultanément, des historiens français auteurs de recherches novatrices sur le Saint-Empire sont curieusement absents, tels Christine Lebeau, Naïma Ghermani, Rachel Renault ou Sébastien Schick dont les thèses n'ont pas même fait l'objet de recensions, ainsi que, vice-versa, de brillants historiens allemands auteurs d'excellentes recherches sur la France moderne dans le monde comme Benjamin Steiner, ou de brillantes thèses d'histoire franco-allemande (Bénédicte Savoy, Anne Saada, Claudie Paye)[21].

17 Étienne FRANÇOIS, Une ville de résidence entre la tradition et les Lumières. Coblence au XVIIIe siècle, dans: Francia 4 (1976), p. 391–407.
18 Rolf REICHARDT, Zu einer Sozialgeschichte der französischen Aufklärung. Ein Essay, dans: Francia 5 (1977), p. 231–249; Richard VAN DÜLMEN, Die Aufklärungsgesellschaften in Deutschland als Forschungsproblem, dans: Francia 5 (1977), p. 251–275; Willem FRIJHOFF, Surplus ou déficit? Le nombre d'étudiants en Allemagne, 1576–1815, dans: Francia 7 (1979), p. 173–218; Steven L. KAPLAN, The Luxury Guilds in Paris in the Eighteenth Century, dans: Francia 9 (1981), p. 257–298.
19 Daniel ROCHE, L'hospitalité à l'époque moderne. Histoire intellectuelle et sociale, dans: Francia 30/2 (2003), p. 1–20; Roger CHARTIER, La ›nouvelle histoire culturelle‹ existe-t-elle?, dans: Francia 33/2 (2006), p. 1–12; Frédéric BARBIER, Représentation, contrôle, identité. Pouvoirs politiques et bibliothèques centrales en Europe, dans: Francia 26/2 (1999), p. 1–22; Mark GREENGRASS, The Mental World of Louis Turquet de Mayerne, dans: Francia 34/2 (2007), p. 1–23. Relevons les contributions de Marie Drut-Hours, qui tiennent des recherches sur les Lumières et des renouveaux de l'histoire culturelle: Marie DRUT-HOURS, Une bibliothèque spécialisée au siècle des Lumières: la bibliothèque camérale de Deux-Ponts, dans: Francia 22/2 (1995), p. 37–59; EAD., ›Aufklärung‹ dans les milieux catholiques et protestants. L'exemple des communautés de Trèves et de Deux-Ponts, dans: Francia 27/2 (2000), p. 83–102.
20 Wolfgang KAISER, Die Somati. Familienkonflikte und Konkurrenzkämpfe unter den provenzalischen Parlementaires während der Religionskriege, dans: Francia 12 (1984), p. 245–269; Daniel SCHÖNPFLUG, Dechristianisierung und Kult der Vernunft in Straßburg (1793–1794), dans: Francia 25/2 (1998), p. 105–129; Bernard STRUCK, La France vue par les voyageurs allemands au XVIIIe siècle, dans: Francia 28/2 (2001), p. 17–34; Christophe DUHAMELLE, Le pèlerinage dans le Saint-Empire au XVIIIe siècle. Pratiques dévotionnelles et identités collectives, dans: Francia 33/2 (2006), p. 69–96.
21 Cette liste très indicative pourrait s'allonger. Il en va de même notamment des thèses d'Éric Hassler, de Benjamin Landais et de David do Paço qui, il est vrai, s'attachent à Vienne et aux possessions des Habsbourg par-delà l'Europe de l'Ouest qui forme le terreau de »Francia«.
Voir Christine LEBEAU (dir.), L'espace du Saint-Empire, du Moyen Âge à l'époque moderne, Strasbourg 2004 (Sciences de l'histoire); Naïma GHERMANI, Le Prince et son portrait. Incarner le pouvoir dans l'Allemagne du XVIe siècle, Rennes 2009 (Histoire); Rachel RENAULT, La permanence de l'extraordinaire. Fiscalité, pouvoirs et monde social en Allemagne aux XVIIe–XVIIIe siècles, Paris 2017 (Histoire moderne, 57); Sébastien SCHICK, Des liaisons avantageuses. Ministres, liens de dépendance et diplomatie dans le Saint-Empire romain germanique (1720–1760), Paris 2018 (Histoire moderne, 59); Benjamin STEINER, Colberts Afrika. Eine Wissens- und Begegnungsgeschichte in Afrika im Zeitalter Ludwigs XIV., München 2014; Bénédicte SA-

3. Un creuset historiographique: transferts, circulations, tropismes

Dans le volume 13 (1985), Michel Espagne et Michael Werner lancent toutefois la notion de »transfert culturel« pour qualifier l'étude des relations entre les aires francophones et germanophones[22]. Leur dessein est d'en finir tant avec les études des »influences« – un terme très vague – qu'avec les galeries de portraits de figures singulières – ainsi l'amitié, aussi fascinée que tumultueuse, de Frédéric II et de Voltaire –, et, d'un point de vue méthodologique, de dépasser le comparatisme, dont ils critiquent le caractère frontal et statique. Ils mettent bien plus l'accent sur les transformations sémantiques subies par tout bien culturel lors de son passage d'un pays A (par exemple la France) vers un pays B (l'Allemagne), éventuellement via un pays tiers, et les acteurs et pratiques induites par de telles transformations[23]. Ils reconstruisent la formation construite et transnationale des littératures dites nationales du XIXe siècle, l'enjeu intellectuel étant doublé de la volonté méthodologique d'ouvrir les études littéraires à une approche sociologique. Michel Espagne, en effet, souligne la dimension sociale et anthropologique des processus d'échanges, qu'il qualifie d'»acculturation« ou d'hybridation[24].

Michel Espagne et Michael Werner ont ainsi intensifié, voire engagé un nouveau champ de recherches qui s'est avéré très fertile avant tout en Allemagne où elle a stimulé de nombreux programmes de recherches animés en particulier par Hans-Jürgen Lüsebrink[25]. La notion a été toutefois en partie victime de son succès, puisqu'elle a

---

voy, Patrimoine annexé. Les biens culturels saisis par la France en Allemagne autour de 1800, 2 vol., Paris 2003; Anne SAADA, Inventer Diderot. Les constructions d'un auteur dans l'Allemagne des Lumières, Paris 2003 (De l'Allemagne); Claudie PAYE, »Der französischen Sprache mächtig«. Kommunikation im Spannungsfeld von Sprachen und Kulturen im Königreich Westphalen (1807–1813), Munich 2013 (Pariser Historische Studien, 100).

22 Michel ESPAGNE, Michael WERNER, Deutsch-französischer Kulturtransfer im 18. und im 19. Jahrhundert. Zu einem neuen interdisziplinären Forschungsprogramm des C.N.R.S., dans: Francia 13 (1985), p. 502–510. Voir aussi ID., La correspondance de Jean-Georges Wille. Un projet d'édition, dans: Francia 17/2 (1990), p. 173–180.

23 Les auteurs ont poursuivi leur programme de recherches dans d'autres publications: Michel ESPAGNE, Michael WERNER, Deutsch-französischer Kulturtransfer als Forschungsgegenstand. Eine Problemskizze, dans: ID. (dir.), Transferts. Les relations interculturelles dans l'espace franco-allemand (XVIIIe et XIXe siècle), Paris 1988, p. 11–47; Michael WERNER, Maßstab und Untersuchungsebene, dans: Lothar JORDAN, Bernd KORTLÄNDER (dir.), Nationale Grenzen und internationaler Austausch. Studien zum Kultur- und Wissenschaftstransfer in Europa, Tübingen 1995, p. 21–33; Michel ESPAGNE (dir.), L'horizon anthropologique des transferts culturels, numéro spécial de: Revue germanique internationale 21 (2004).

24 Michel ESPAGNE, La notion de transfert culturel, dans: Revue Sciences/Lettres 2013, http://journals.openedition.org/rsl/219.

25 Par ordre chronologique: Wissens-, Begriffs- und Symboltransfer von Frankreich nach Deutschland, 1770–1815. Studien zu einer vergleichenden Kultur- und Mentalitätsgeschichte (Volkswagen-Stiftung, 1992–1998), dirigé par Hans-Jürgen Lüsebrink (Universität des Saarlandes) et Rolf Reichardt (Universität Mainz/Universität Gießen); Populäre Druckmedien im alten und frühmodernen Europa. Strukturen, kollektive Identitätsmuster und interkulturelle Zusammenhänge (unter besonderer Berücksichtigung von Volksalmanachen aus Deutschland, Frankreich und der Schweiz, 17.–Mitte 19. Jahrhundert) (Volkswagen-Stiftung, 1997–2001), dirigé par Hans-Jürgen Lüsebrink (Universität des Saarlandes), Jean-Yves Mollier (Université de Versailles Saint-Quentin-en-Yvelines) et York-Gothart Mix (LMU München); Kulturtransfer und Autonomisierung. Kulturvergleichende und interkulturelle Studien zu deutschamerikanischen und

pu dénommer sans nuance l'attirance, le transport et le stockage d'une culture dans une autre, à l'encontre de sa visée première[26]. Comme toute nouvelle notion, la thématique des transferts culturels a suscité des critiques ou des prolongements de six ordres.

Le premier volet d'interrogations concerne la notion de culture. Tout en ouvrant les littératures à la sociologie et à l'anthropologie, Michel Espagne et Michael Werner ont conservé une approche classique de la culture au sens de production intellectuelle et esthétique. Pour éviter de se limiter à un canon d'œuvres et ne pas se laisser piéger par des définitions aventureuses, certains chercheurs et certaines chercheuses préfèrent omettre le terme de culture et ne parler que de transferts[27].

Le deuxième ensemble d'objections a visé la rude critique, par Michel Espagne et Michael Werner, de la comparaison, comme s'ils polémiquaient contre ce qui leur était proche: le comparatisme (et plus tard les transferts culturels eux-mêmes dans le cadre de l'histoire croisée lancée comme alternative par Michael Werner et Bénédicte Zimmermann)[28]. Non seulement les comparatistes avaient eux-mêmes admis au moins une partie de ces critiques et réagi à elles, mais toute étude de transferts suppose elle-même une démarche comparative[29]. La notion même d'asymétrie des échanges, sur

frankokanadischen populären Kalendern des 18. und 19. Jahrhunderts (Deutsche Forschungsgemeinschaft ou DFG, 2003–2006), dirigé par Hans-Jürgen Lüsebrink (Universität des Saarlandes), York-Gothart Mix (Universität Marburg); Französische Almanachkultur im deutschen Sprachraum (1700–1815) (DFG, 2009–2013), dirigé par Hans-Jürgen Lüsebrink (Universität des Saarlandes) et York-Gothart Mix (Universität Marburg); Die Transkulturalität nationaler Räume. Prozesse, Vermittler- und Übersetzerfiguren sowie soziokulturelle Wirkungen des literarischen Kulturtransfers in Europa (1750–1900) (ANR-DFG, 2012–2016), dirigé par Hans-Jürgen Lüsebrink (Universität des Saarlandes), Christophe Charle (Université Paris-I) et York-Gothart Mix (Universität Marburg); Transkulturelle Biographie und Erfahrungsräume kultureller Diversität. Karriere und Werk des frankokanadischen Journalisten und Schriftstellers Paul-Marc Sauvalle (1857–1920) (DFG, 2018–2022); Übersetzungsdimensionen des französischen Enzyklopädismus im Aufklärungszeitalter: transkultureller Wissenstransfer, Mittlerfiguren, interkulturelle Aneignungsprozesse (1680–1800) (sous-projet du DFG-SPP 2130 Übersetzungskulturen in der Frühen Neuzeit, 2018–2022), dirigé par Hans-Jürgen Lüsebrink (Universität des Saarlandes) et Susanne Greilich (Universität Regensburg).
Voir leur annonce par Hans-Jürgen Lüsebrink, Soziale Funktion der Medien. Text und Bild in der deutschen und französischen Bastille-Literatur des 18. Jahrhunderts, dans: Francia 13 (1985), p. 311–331, et Rolf Reichardt, Mehr geschichtliches Verstehen durch Bildillustration? Kritische Überlegungen am Beispiel der Französischen Revolution, ibid., p. 511–523.

26 Constat formulé par Matthias Middell, Katharina Middell, Forschungen zum Kulturtransfer: Frankreich und Deutschland, dans: Grenzgänge. Beiträge zu einer modernen Romanistik 2 (1994), p. 107–122, ici p. 109.
27 Ainsi Béatrice Joyeux-Prunel, Les transferts culturels. Un discours de la méthode, dans: Hypothèses 6/1 (2003), p. 149–162.
28 Michael Werner, Bénédicte Zimmermann, Vergleich, Transfer, Verflechtung. Der Ansatz der Histoire croisée und die Herausforderung des Transnationalen, dans: Geschichte und Gesellschaft 28 (2002), p. 607–636; iid. (dir.), De la Comparaison à l'histoire croisée, Paris 2004; iid., Penser l'histoire croisée: entre empirie et réflexivité, dans: Annales HSS 58/1 (2003), p. 7–36: Ils reprochent à la perspective des transferts culturels de conforter les points de vue nationaux, alors que la dimension critique était essentielle au projet initial.
29 Johannes Paulmann, Internationaler Vergleich und interkultureller Transfer. Zwei Forschungsansätze zur europäischen Geschichte des 18. bis 20. Jahrhunderts, dans: Historische Zeitschrift 267 (1998), p. 649–685. Voir aussi Matthias Middell (dir.), Kulturtransfer und Vergleich, Leipzig 2000 (Comparativ); Christiane Solte-Gresser (dir.), Zwischen Transfer und Vergleich. Theo-

laquelle insistaient fortement les textes de Michel Espagne et Michael Werner – qui, conformément au *topos* historiographique hérité, partaient du principe d'une prédominance française au XVIIIe siècle –, ne présuppose-t-elle pas une comparaison? Non seulement les différentes approches se complètent mutuellement plus qu'elles ne s'excluent, mais le comparatisme peut avoir une éminente dimension critique[30].

La troisième critique a trait au caractère mécanique de la notion de transferts, susceptible d'être réduite en un schéma linéaire en trois ou quatre séquences: 1° production dans une culture de départ, 2° intermédiaires, 3° réception dans le pays-cible, éventuellement 4° effets en retour sur le pays de départ[31]. Le vocabulaire mathématique volontiers employé par Michel Espagne et Michael Werner semble attester ce goût pour le contour net, voire la ligne: translation, asymétrie, miroir, croisement, réflexion. Or, ce qu'il convient d'étudier est la complexité des processus induits. L'ample analyse des traductions d'encyclopédies et séries du XVIIIe siècle engagée par Hans-Jürgen Lüsebrink souligne la considérable ramification géographique, sociale et intellectuelle des échanges engagés[32].

Le quatrième volet de questions s'attache au caractère opératoire de la notion de transferts avant l'époque de l'État-nation et la fixation de frontières nationales au XIXe siècle. Wolfgang Schmale a insisté sur la pertinence à toute époque de la notion de transferts, au sens très général d'appropriations de biens étrangers, de démarcations et de consommations culturelles dans un cadre européen[33]. Faire l'histoire de transferts savants franco-allemands à l'époque moderne, tandis que les érudits européens aspirent à échanger dans le cadre d'une communauté intellectuelle commune, la République des Lettres, n'est ainsi pas dénué de sens. Empreinte de codes aristocratiques et d'un éthos de la faveur et du patronage, et manifeste dans la pratique des correspondances et la survivance du latin, la République des Lettres n'est pas qu'une formule creuse. Si, dans son projet, elle fait fi des frontières politiques que la problématique des transferts met au cœur de son propos, elle est en effet traversée de tensions, manifestes dans les institutions que certains souverains mettent en place au service de l'honneur de leur nation, ainsi la Royal society anglaise ou l'Académie

---

rien und Methoden der Literatur- und Kulturbeziehungen aus deutsch-französischer Perspektive, Stuttgart 2013 (Vice versa).

30 Voir Christian Jacob, Introduction, dans: id. (dir.), Lieux de savoir, t. 2: Les mains de l'intellect, Paris 2011, p. 11–28; id., Des mondes lettrés aux lieux de savoir, Paris 2018.

31 Reproche de linéarité dans Mitchell G. Ash, Wissens- und Wissenschaftstransfer. Einführende Bemerkungen, dans: Berichte zur Wissenschaftsgeschichte 29/3 (2006), p. 181–189, ici p. 186.

32 Voir notamment Hans-Jürgen Lüsebrink, Koloniale Welten im deutsch-französischen Kultur- und Wissenstransfer des 18. Jahrhunderts – die deutschen Übersetzungen von Raynals Histoire des deux Indes (1770/80), dans: Claire Gantet, Markus Meumann (dir.), Gelehrter Wissensaustausch zwischen der deutschsprachigen und der französischsprachigen Welt im 18. Jahrhundert, Göttingen 2023 [sous presse].

33 Wolfgang Schmale (dir.), Kulturtransfer. Kulturelle Praxis im 16. Jahrhundert, Innsbruck 2003 (Wiener Schriften zur Geschichte der Neuzeit). Voir aussi Irene Dingel, Wolf-Friedrich Schäufele (dir.), Kommunikation und Transfer im Christentum der Frühen Neuzeit, Mayence 2007 (Veröffentlichungen des Instituts für Europäische Geschichte Mainz, Beihefte 74); Marina Dmitrieva, Italien in Sarmatien. Studien zum Kulturtransfer im östlichen Europa in der Zeit der Renaissance, Stuttgart 2008; Wolfgang Schmale, Kulturtransfer, dans: Institut für Europäische Geschichte Mainz (dir.), Europäische Geschichte Online (EGO), http://www.ieg-ego.eu/schmalew-2012-de.

royale des sciences française, et dans les périodiques qui, officiellement ou officieusement, promeuvent la science anglaise (les »Philosophical Transactions« et la physique newtonienne) ou la science française (le »Journal des Sçavans« et la philosophie cartésienne). De telles concurrences ont suscité des emprunts mutuels[34]. La notion de »transfert« doit néanmoins être complexifiée, puisque les frontières sont plurielles – elles sont autant nationales que culturelles ou économiques, linguistiques et religieuses – et ne se recoupent pas les unes les autres.

C'est la raison pour laquelle un certain nombre d'historiennes et d'historiens ont préféré travailler avec la notion de »circulation«. En histoire des savoirs, où elle est particulièrement présente, elle émane d'une critique de la sociologie des sciences élaborée par Bruno Latour. Selon lui, la science moderne s'est fondée sur la collecte des savoirs locaux dans des »centres de calcul« (laboratoires, observatoires, collections, etc.), où ces données mobiles sont transformées en savoirs reproductibles et formatés (les »mobiles immuables«), s'appliquant, en retour, aux acteurs locaux[35]. Les historiens et historiennes ont à l'inverse souligné la difficulté d'une normalisation des savoirs locaux, la résistance des individus et les dynamiques issues desdites périphéries. D'où le terme de circulation, qui comme celui de transfert est transformateur tout en étant plus souple puisqu'il renvoie aux processus de rencontre, de pouvoir et de résistance, de négociation et de reconfiguration qui se développent dans les interactions transculturelles[36].

Un ensemble d'études s'est, cinquièmement, attaché moins à la »culture cible« sur laquelle se concentraient Michel Espagne et Michael Werner, qu'aux modalités de la »culture source«. Avant l'échange, on ne peut guère parler de »transferts« alors même qu'il existe des terrains favorables. De plus, les termes d'adoption et de rejet maniés dans les recherches sur les transferts ont une connotation émotionnelle, un transfert étant toujours plus ou moins consciemment considéré comme positif. Pour parer à ces lacunes, un programme franco-allemand de recherche s'est voué aux »tropismes« agissant dans la société source[37]. On a évoqué en introduction combien l'attirance pour le modèle français, le »gallotropisme«, ne revenait pas à une »gallophilie«. Gonthier-Louis Fink a ainsi relevé la perception très ambivalente de Napoléon par Goethe qui le rencontre à trois reprises en octobre 1808 et est empreint d'une esthé-

34 Voir Claire GANTET, Markus MEUMANN, Introduction, dans: IID. (dir.), Les échanges savants franco-allemands au XVIIIe siècle. Transferts, circulations, réseaux, Rennes 2019 (Histoire), p. 7–18.
35 Bruno LATOUR, La Science en action/Science in Action: How to Follow Scientists and Engineers through Society, Paris 1989, rééd. Paris 2005 (Harvard 1987).
36 Kapil RAJ, Beyond Postcolonialism… and Postpositivism: Circulation and the Global History of Science, dans: Isis 104 (2013), p. 337–347; ID., Science moderne, science globale. Circulation et construction des savoirs entre Asie du Sud et Europe, 1650–1900, Turnhout 2021. Il faudrait évidemment ajouter les travaux de Simon Schaffer, de James A. Secord, d'Antonella Romano, et de Sujit Sivasundaram notamment. Dans le numéro 46 (2019), il conviendrait de mentionner, dans la section »Forschungsgeschichte und Methodendiskussion«, l'article suivant: Dorit BRIXIUS, La production du savoir botanique sur le terrain: Les défis d'acclimatation de la noix de muscade sur l'île Maurice (1748–1783), p. 301–318.
37 Projet ANR/DFG, Gallotropisme et modèles civilisationnels dans l'espace germanophone (1660–1789). Gallotropismus und Zivilisationsmodelle im deutschsprachigen Raum (1660–1789), dirigé par Wolfgang Adam et Jean Mondot, https://www.ikfn.uni-osnabrueck.de/forschung/abgeschlossene_projekte/gallotropismus_und_ zivilisationsmodelle.html.

tique du démoniaque³⁸. Dans sa brillante thèse, Florence Catherine a montré comment Albrecht von Haller – un Bernois qui occupe 17 années durant les chaires d'anatomie, de chirurgie et de botanique à l'Université de Göttingen – tient à correspondre, dans un français parfaitement maîtrisé, avec non moins que 108 savants français, tout en dépréciant le modèle culturel français. Il n'existe ici pas de transfert global; il convient plus plutôt de distinguer des publics, des médias et des ressources³⁹. Les recherches sur le gallotropisme soulignent le caractère non linéaire et non homogène des processus étudiés et la nécessité de recourir à une échelle microhistorique intégrée dans des jeux d'échelles⁴⁰.

Restent enfin des questions ouvertes. La qualification de transfert n'est-elle pas susceptible de relever d'une opération historiographique de découpage de telle tranche chronologique ou de tel espace au détriment de telle ou tel autre? Dans l'histoire des techniques, l'invention est conduite de façon si dispersée et hybride qu'il n'est pas possible de saisir des transferts⁴¹. Il convient de plus d'observer une attentive prudence. Nathalie Ferrand a montré que les livres français rassemblés par la duchesse Anne-Amélie de Saxe-Weimar-Eisenach – où la langue de cour est restée l'allemand –, loin de manifester une admiration sans borne du modèle français, servent de manuels d'apprentissage de l'italien: un transfert peut en cacher un autre⁴²! Enfin, tout franchissement de frontière n'est pas porteur d'échanges. Dans son impressionnante thèse, Françoise Waquet a montré que les Français qui voyagent en Italie au XVIIIᵉ siècle ne font que se conforter que dans leurs préjugés⁴³.

---

38 Gonthier-Louis FINK, Goethe et Napoléon. Littérature et politique, dans: Francia 10 (1982), p. 359–379.
39 Florence CATHERINE, La pratique et les réseaux savants d'Albrecht von Haller (1708–1777). Vecteurs du transfert culturel entre les espaces français et germaniques au XVIIIᵉ siècle, Paris 2012 (Les dix-huitièmes siècles, 161); EAD., La correspondance d'Albrecht von Haller, support polyphonique de ses discours sur la France, dans: Barbara MAHLMANN-BAUER en coopération avec Michèle CROGIEZ LABARTHE (dir.), Gallotropismus aus helvetischer Sicht/Le gallotropisme dans une perspective helvétique, Heidelberg 2017, p. 257–268.
40 Voir Wolfgang ADAM, Ruth FLORACK, Jean MONDOT (dir.), Gallotropismus – Bestandteile eines Zivilisationsmodells und die Formen der Artikulation/Gallotropisme – les composantes d'un modèle civilisationnel et les formes de ses manifestations, Heidelberg 2016; CROGIEZ LABARTHE (dir.), Gallotropismus aus helvetischer Sicht (voir n. 39); Wolfgang ADAM, Jean MONDOT en coopération avec Sergej LIAMIN (dir.), Praktizierter Gallotropismus: französische Texte, geschrieben von deutschen Autoren/Pratique du gallotropisme: textes français écrits par des auteurs allemands, Heidelberg 2019.
41 Liliane HILAIRE-PÉREZ, Catherine VERNA, Dissemination of Technological Knowledge in the Middle Ages and the Early Modern Era. New Approaches and Methodological Issues, dans: Technology and Culture 47/3 (2006), p. 537–563; EAED., La circulation des savoirs techniques du Moyen-Âge à l'époque moderne. Nouvelles approches et enjeux méthodologiques, dans: Tracés. Revue de Sciences humaines 16 (2009), http://journals.openedition.org/traces/2473.
42 Nathalie FERRAND, Le roman français au berceau de la culture allemande. Réception des fictions de langue française à Weimar au XVIIIᵉ siècle, d'après les fonds de la Herzogin Anna Amalia Bibliothek/Der französische Roman an der Wiege der deutschen Kultur. Die Rezeption französischer fiktionaler Literatur im Weimar des 18. Jahrhunderts am Beispiel der Bestände der Herzogin Anna Amalia Bibliothek, Montpellier 2003.
43 Françoise WAQUET, Le modèle français et l'Italie savante. Conscience de soi et perception de l'autre dans la République des Lettres (1660–1750), Rome 1989 (Collection de l'École française de Rome, 117).

4. L'État dans l'histoire franco-allemande

L'historiographie suscitée par les transferts franco-allemands s'est avérée très fructueuse, stimulant d'autres aires de recherche[44]. La recherche sur les transferts, les circulations et les tropismes ne saurait toutefois contester la pertinence des enquêtes comparatives. D'un point de vue méthodologique et intellectuel, c'est par exemple sous l'impression faite par les cours d'André Corvisier à la Sorbonne que Bernhard R. Kroener consacre ses recherches à l'histoire de la société militaire à l'époque de la guerre de Trente ans; opérant un retour critique sur un poncif de l'historiographie allemande, il relève des continuités dans les armées avant et après 1648: Les armées permanentes ne sont pas une rupture d'avec le mercenariat[45]. Des recherches comparatives peuvent de même affiner les spécificités des cultures politiques[46].

Les décalages dans la réception s'avèrent ainsi tout à fait instructifs. La »confessionnalisation« a constitué l'un des pans de recherche les plus dynamiques des années 1980–2000. Créé par Heinz Schilling et Wolfgang Reinhard dans les années 1980, le terme vise à élargir l'idée d'un enracinement dogmatique, institutionnel et culturel des professions de foi chrétiennes (»Konfessionsbildung«) au cours des XVIe et XVIIe siècles, énoncée au milieu des années 1960 par Ernst Walter Zeeden; pour ce dernier, l'aménagement de la pluralité religieuse avait été de pair avec une concurrence, par là un besoin de délimitation réciproque, que l'on observe parallèlement chez les catholiques, les luthériens et les réformés. La confessionnalisation englobe ce mouvement dans la dynamique de la construction de l'État moderne et de la formation d'une société de sujets ou subordonnés. Dans les trois confessions, le prince cherche en effet à s'attribuer la supervision des affaires religieuses, ce qui ne fait qu'accentuer la territorialisation du Saint-Empire. Veillant à produire des clergés aptes à relever le défi confessionnel, les Églises forment de leur côté des bureaucraties dont les États se servent pour moderniser leur administration: Le contrôle clérical met en branle un processus de »disciplinarisation sociale« (»Sozialdisziplinierung«) dont les États sont à nouveau les bénéficiaires[47]. Comparant le modèle initial de la confessionnalisation et sa réinterprétation en France où il est intensément reçu,

---

44 Outre l'élargissement géographique entrepris par Hans-Jürgen Lüsebrink (voir n. 24 et 31), on peut relever le volume très suggestif d'Ann Thomson, Simon Burrows, Edmond Dziembowski (dir.), Cultural Transfers. France and Britain in the Long Eighteenth Century, Oxford 2010.
45 Voir Bernhard R. Kroener, Conditions de vie et origine sociale du personnel militaire subalterne au cours de la guerre de Trente ans, dans: Francia 15 (1987), p. 321–350; id., Les routes et les étapes. Die Versorgung der französischen Armeen in Nordostfrankreich (1635–1661). Ein Beitrag zur Verwaltungsgeschichte des Ancien Régime, Münster 1980 (Schriftenreihe der Vereinigung zur Erforschung der Neueren Geschichte, 11).
46 Ainsi Christine Aumüller, Stefan Brakensiek, Hessische Räte und pikardische Magistrate im 18. Jahrhundert, dans: Francia 22/2 (1985), p. 1–15: Si les magistrats du bailliage d'Amiens et les conseillers gouvernementaux de Kassel vivent dans une endogamie sociale et régionale, les premiers sont dénués de professionnalité et s'affirment par leur prestige social, tandis que les derniers suivent une carrière prédéterminée au service du prince.
47 Par ordre chronologique: Ernst Walter Zeeden, Die Entstehung der Konfessionen. Grundlagen und Formen der Konfessionsbildung, München/Wien 1965; Heinz Schilling, Die Konfessionalisierung im Reich. Religiöser und gesellschaftlicher Wandel in Deutschland zwischen 1555 und 1620, dans: Historische Zeitschrift 246/1 (1988), p. 1–45; Wolfgang Reinhard: Was ist katholische Konfessionalisierung?, dans: id., Heinz Schilling (dir.), Katholische Konfessionalisierung.

Heinrich Richard Schmidt relève l'»étatisme« allemand face à l'»élitisme« français, les études françaises étant en quête de l'»acculturation« du peuple par les élites. Réagissant aux critiques qui ont été formulées en Allemagne sur la rigidité du paradigme, sa sous-estimation du vécu religieux, des pratiques de piété et des résistances, il met en lumière le rôle des communes et des groupes d'intérêt dans un cadre sociologique interactionniste[48].

Le paradigme de la »Konfessionalisierung« a ainsi surestimé le pouvoir de l'État. Il en va de même dans la pratique de la guerre et dans la diplomatie, qui ne sont plus envisagées dans l'optique, héritée de Max Weber, de la gestation de l'État moderne et de la modernisation de la bureaucratie. Longtemps marginalisée, pour des raisons différentes, tant en Allemagne qu'en France, l'histoire militaire s'est renouvelée en s'ouvrant à des problématiques et des méthodes inspirées des sciences sociales (sociologie, anthropologie, histoire du genre). Résumée dans un brillant article de Markus Meumann, l'histoire militaire n'interroge plus l'époque moderne sous le seul angle de la »révolution militaire« du tournant du XVIIe siècle[49], selon laquelle des innovations techniques et tactiques auraient eu des conséquences immédiates sur la stratégie et l'étoffement de l'appareil de l'État au »siècle de fer«[50]. Le rôle majeur des entrepreneurs de guerre auxquels le recrutement est confié au gré d'un contrat privé

Wissenschaftliches Symposium der Gesellschaft zur Herausgabe des Corpus Catholicorum und des Vereins für Reformationsgeschichte 1993, Münster 1995, p. 419–451.

48 Heinrich Richard SCHMIDT, Emden est partout. Vers un modèle interactif de confessionnalisation, dans: Francia 26/2 (1999), p. 23–46. Sur les transferts et leur dimension mémorielle, voir Cornel ZWIERLEIN, Religionskriegmigration, Französischunterricht, Kulturtransfer und die Zeitungsproduktion im Köln des 16. Jahrhunderts, dans: Francia 37 (2010), p. 97–129. Synthèse de la discussion dans: Philippe BÜTTGEN, Qu'est-ce qu'une culture confessionnelle? Essai d'historiographie (1998–2008), dans: ID., Christophe DUHAMELLE (dir.), Religion ou confession. Un bilan franco-allemand sur l'époque moderne (XVIe–XVIIIe siècles), Paris 2020, p. 415–437.

49 Le thème a été lancé dans la leçon inaugurale de l'historien Michael Roberts, The Military Revolution, 1560–1660, donnée en janvier 1955 à l'Université de Belfast, publiée ultérieurement: Michael ROBERTS, The Military Revolution, dans: ID., Essays in Swedish History, Minneapolis 1966, p. 195–225. Selon la thèse de la »révolution militaire«, le recours croissant aux armes de feu et les réformes tactiques de Maurice de Nassau et de Gustave Adolphe ont mené à des armées plus amples et plus disciplinées, lesquelles, en retour, auraient nécessité une logistique, une bureaucratie et des mécanismes financiers plus efficaces pour soutenir l'armée. Cette thèse, qui a fait couler beaucoup d'encre, est actuellement très critiquée. Parmi les synthèses, signalons Markus MEUMANN, Military Revolution, dans: Encyclopedia of Early Modern History Online, dir. par Graeme DUNPHY, Andrew Gow (édition originale allemande: Enzyklopädie der Neuzeit, Stuttgart 2005–2012). Consultée en ligne le 15.03.2023 http://dx.doi.org/10.1163/2352-0272_emho_COM_024085, première publication en ligne en 2015, première publication imprimée: 28.01.2020.

50 En Allemagne, le traumatisme du nazisme a longtemps inhibé les recherches en histoire militaire, qui, en France, étaient l'objet du soupçon des tenants des »Annales«. Markus MEUMANN, Rethinking Military History? Zum Profil der Militärgeschichtsschreibung am Anfang des 21. Jahrhunderts, dans: Francia 34/2 (2007), p. 141–145; ID., Andrea PÜHRINGER (dir.), The Military in the Early Modern World. A Comparative Approach, Göttingen 2020 (Herrschaft und soziale Systeme in der Frühen Neuzeit, 26); Hervé DRÉVILLON, Olivier WIEVIORKA (dir.), Histoire militaire de la France, vol. 1: Des Mérovingiens au Second Empire [ici 2e partie, par Benjamin DERUELLE, et 3e partie, par Hervé DRÉVILLON], Paris 2018.

manifeste les limites du pouvoir étatique[51], que les relations entre militaires et civils, hommes et femmes, et les représentations ou la marginalité des batailles éclairent également[52]. En même temps, des guerres volontiers présentées comme le théâtre d'une spirale de violence sans bornes – en particulier par les adeptes de la théorie des *new wars* – comme la guerre de Trente ans ont aussi été le théâtre d'une formalisation de la pratique du droit et des tribunaux de guerre à l'échelle européenne[53]. De la guerre à la paix, le parcours est long, sinueux et incertain: La guerre et la paix ne sont pas deux états opposés frontalement l'un à l'autre[54].

Longtemps considérée comme un théâtre de futiles secrets d'alcôve, l'histoire diplomatique s'est fortement renouvelée au gré du »tournant culturaliste«. Barbara Stollberg-Rilinger a souligné le rôle structurant du cérémonial et plus largement des symboles, des images et des rituels[55]. La connaissance des institutions du Saint-

---

51 Markus MEUMANN, Matthias MEINHARDT (dir.), Die Kapitalisierung des Krieges. Kriegsunternehmer im Spätmittelalter und in der Frühen Neuzeit/The Capitalisation of War. Military Entrepreneurs in the Late Middle Ages and the Early Modern Period, Münster 2021 (Herrschaft und soziale Systeme, 13).

52 Voir notamment Markus MEUMANN, Comment les conflits entre militaires et civils étaient-ils réglés au XVIIe siècle? Les exemples du Nord de la France et du duché de Magdebourg, dans: Philippe BRAGARD, Jean-François CHANET, Catherine DENYS, Philippe GUIGNET (dir.), L'armée et la ville dans l'Europe du Nord et du Nord-Ouest. Du XVe siècle à nos jours, Louvain-la-Neuve 2006 (temps & espaces, 7), p. 89–100; Markus MEUMANN, Jörg ROGGE (dir.), Die besetzte *res publica*. Zum Verhältnis von ziviler Obrigkeit und militärischer Herrschaft in besetzten Gebieten vom Spätmittelalter bis zum 18. Jahrhundert, Münster 2006 (Herrschaft und soziale Systeme in der Frühen Neuzeit, 3); CARL, Besatzungsherrschaft (voir n. 15). Maren LORENZ, Violence sexuelle dans les guerres du XVIIe siècle. Un problème des sources, dans: Francia 38 (2011), p. 61–75; Sandrine PICAUD-MONNERAT, La petite guerre au XVIIIe siècle, Paris 2010; Claire GANTET, Peter H. WILSON, Les images des batailles de la guerre de Trente ans (1618–1648): témoignages, preuves, mémoires, dans: Dix-Septième Siècle [sous presse]; Paul VO-HA, Rendre les armes, le sort des vaincus, XVIe–XVIIe siècles, Seyssel 2017 (Époques); Hervé DRÉVILLON, Penser et écrire la guerre, contre Clausewitz (1780–1837), Paris 2021.

53 Markus MEUMANN, »J'ay dit plusieurs fois aux officiers principaux d'en faire des exemples«. Institutionen, Intentionen und Praxis der französischen Militärgerichtsbarkeit im 16. und 17. Jahrhundert, dans: Jutta NOWOSADTKO, Diethelm KLIPPEL, Kai LOHSTRÄTER (dir.), Militär und Recht vom 16. bis 19. Jahrhundert. Gelehrter Diskurs – Praxis – Transformationen, Göttingen 2016 (Herrschaft und soziale Systeme, 19), p. 87–144; ID., Forum militare. Zirkulation, Transfer, Professionalisierung und Verwissenschaftlichung militärgerichtlichen Wissens im 17. und frühen 18. Jahrhundert – ein Problemaufriss, dans: Oliver KANN, Michael SCHWARZ (dir.), Militär und Gesellschaft in der Frühen Neuzeit 22 (2021), p. 173–207; ID., Civilians, the French Army and Military Justice during the Reign of Louis XIV, circa 1640–1715, dans: Erica CHARTERS, Eve ROSENHAFT, Hannah SMITH (dir.), Civilians and War in Europe, 1618–1815, Liverpool 2012, Paperback 2014 (Eighteenth-Century Worlds, 1), p. 100–117.

54 D'un point de vue culturel: Claire GANTET, La paix de Westphalie (1648). Une histoire sociale, XVIIe–XVIIIe siècle, Paris 2001 (Essais d'histoire moderne). D'un point de vue diplomatique: Volker ARNKE, Siegrid WESTPHAL (dir.), Der schwierige Weg zum Westfälischen Frieden. Wendepunkte, Friedensversuche und die Rolle der »Dritten Partei«, Oldenburg 2021 (Bibliothek Altes Reich, 35). Sur les prémices de la guerre: Albert SCHIRRMEISTER (dir.), Agir au futur: Attitudes d'attente et actions expectatives, dans: Les Dossiers du Grihl 11/1 (2017), http://dossiers grihl.revues.org/6515.

55 Barbara STOLLBERG-RILINGER, Des Kaisers alte Kleider: Verfassungsgeschichte und Symbolsprache des alten Reiches, Munich 2008 (Traduction française: Les vieux habits de l'Empereur. Une histoire culturelle des institutions du Saint-Empire à l'époque moderne, Paris 2013); EAD.,

Empire par les juristes français du XVIIᵉ siècle n'est pas si médiocre qu'on a été porté à le croire⁵⁶. Les ambassadeurs et le personnel de la négociation, toutefois, ne sont pas une représentation de l'État. Inclus dans des réseaux lettrés, ils défendent le rang de leur prince mais aussi leur propre statut au sein de la société nobiliaire, d'où des conflits de cérémonial particulièrement complexes et qui ne dénotent aucune professionnalisation au milieu du XVIIᵉ siècle⁵⁷. L'historiographie anglo-saxonne et française interroge au-delà le statut de l'écrit politique et diplomatique comme enjeu de pouvoir et mode d'action⁵⁸.

Le roi n'est donc pas seul à faire la politique; la nébuleuse des courtisans participe directement des structures de pouvoir⁵⁹. Dans le Saint-Empire, les ministres de principautés différentes sont eux-mêmes unis par des liens interpersonnels de dépendance (patronage, amitié, clientèle, origine commune) lorsqu'il faut agir au-delà des frontières du territoire pour contrer ou aider la diplomatie⁶⁰. Les conflits que suscite la levée de l'impôt montrent à quel point on aurait tort de réduire la culture politique à une opposition frontale entre gouvernants et gouvernés, prince et sujets, empereur et Empire, État moderne et féodalité⁶¹. L'historiographie récente invite ainsi à se

---

Le rituel de l'investiture dans le Saint-Empire de l'époque moderne. Histoire institutionnelle et pratiques symboliques, dans: Revue d'histoire moderne et contemporaine 56 (2009), p. 7–29.
Sur le tournant culturel de la diplomatie, voir notamment Guido BRAUN, Une tour de Babel? Les langues de la négociation et les problèmes de traduction au Congrès de la paix de Westphalie (1643–1649), dans: Rainer BABEL (dir.), Le diplomate au travail. Entscheidungsprozesse, Information und Kommunikation im Umkreis des Westfälischen Friedenskongresses, Munich 2005 (Pariser Historische Studien, 65), p. 139–172. Sur le lien entre présence diplomatique et existence politique: Indravati FÉLICITÉ, Négocier pour exister. Les villes et duchés du nord de l'Empire face à la France 1650–1730, Berlin 2016 (Pariser Historische Studien, 105).

56 Klaus MALETTKE, Les relations entre la France et le Saint-Empire au XVIIᵉ siècle, Paris 2001 (Bibliothèque d'histoire moderne et contemporaine, 5); Guido BRAUN, La connaissance du Saint-Empire en France du baroque aux Lumières (1643–1756), Munich 2010 (Pariser Historische Studien, 91).
57 Niels F. MAY, Zwischen fürstlicher Repräsentation und adliger Statuspolitik. Das Kongresszeremoniell bei den westfälischen Friedensverhandlungen, Ostfildern 2016 (Beihefte der Francia, 82). Le personnel de l'ambassade de France auprès de la Porte ne dénote également aucune professionnalisation centralisée de l'administration: Florian KÜHNEL, Zur Professionalisierung diplomatischer Verwaltung. Sekretäre und administrative Praktiken in der französischen Botschaft in Istanbul (17. und 18. Jahrhundert), dans: Francia 46 (2019), p. 167–189.
58 Voir Giora STERNBERG, Status Interaction During the Reign of Louis XIV, Oxford 2014; Nicolas SCHAPIRA, Maîtres et secrétaires (XVIᵉ–XVIIIᵉ siècles). L'exercice du pouvoir dans la France d'Ancien Régime, Paris 2020; ID., Dinah RIBARD (dir.), On ne peut pas tout réduire à des stratégies. Pratiques d'écriture et trajectoires sociales, Paris 2013.
59 Leonhard HOROWSKI, Die Belagerung des Thrones: Machtstrukturen und Karrieremechanismen am Hof von Frankreich 1661–1789, Stuttgart 2012 (Beihefte der Francia, 74). Traduction française: Au cœur du palais. Pouvoir et carrières à la cour de France, 1661–1789, Rennes 2019 (Histoire, Aulica. L'univers de la cour); Christian KÜHNER, Politische Freundschaft bei Hofe: Repräsentation und Praxis einer sozialen Beziehung im französischen Adel des 17. Jahrhunderts, Göttingen 2013; Frédérique LEFERME-FALGUIÈRES, Les courtisans. Une société de spectacle sous l'Ancien Régime, Paris 2007.
60 SCHICK, Liaisons avantageuses (voir n. 21).
61 RENAULT, La permanence (voir n. 21). Voir aussi Christine LEBEAU (dir.), Der Staat: Akteure, Praktiken, Wissen (16.–19. Jahrhundert), dans: Discussions 10 (2015), https://perspectivia.net/publikationen/discussions/10-2015.

départir d'une vision essentialiste au profit d'une analyse des dynamiques des entremêlements des échelles étatiques[62].

*

À l'appui de quelques exemples, on a arpenté quelques renouveaux de l'histoire franco-allemande, centrés sur les thématiques des échanges et de l'État. Quelques convergences, mais aussi des décalages ont été constatés. Certes, l'histoire franco-allemande s'est compliqué la tâche en remettant en cause le référent étatique, mais elle a aussi considérablement approfondi son objet. La série d'histoire franco-allemande en 11 volumes éditée par l'IHA en allemand et en français souligne la nécessité de se départir d'une histoire rédigée selon des cadres nationaux préfixés et parfois chargés d'émotions[63]. Plutôt que de partir de frontières données, le volume sur la période de la Révolution et de l'Empire enquête ainsi sur la perception des frontières par les contemporains. L'État est désormais étudié en déplaçant et en multipliant les regards et les perspectives dans un horizon plus vaste, au détriment des »grands récits« unifiés. Le carcan des histoires nationales n'a pour autant pas disparu. Il faut aujourd'hui oser à continuer de faire un pas de côté.

---

62 Christophe Duhamelle et Falk Bretschneider proposent ainsi la notion de »fractalité«: Christophe Duhamelle, Falk Bretschneider (dir.), Le Saint-Empire: histoire sociale (XVIe–XVIIIe siècle), Paris 2018.
63 Voir les titres: https://www.dhi-paris.fr/fr/publications/histoire-fr-all.html.

Reiner Marcowitz

L'INTERMÉDIAIRE ENTRE HISTORIOGRAPHIES FRANÇAISE ET ALLEMANDE

Un demi-siècle d'histoire contemporaine dans »Francia«

Faire le bilan de la production scientifique de la revue »Francia. Forschungen zur westeuropäischen Geschichte« depuis un demi-siècle, soit sur 50 volumes, apparaît comme une entreprise ambitieuse, mais aussi risquée, voire aventureuse, même si elle se limite aux contributions sur les XIXe et XXe siècles: le danger est grand de raccourcir indûment, et même de passer sous silence des éléments essentiels, en tout cas de ne pas rendre justice à la complexité de l'objet. C'est pourquoi il convient de souligner d'emblée les limites quantitatives et qualitatives de cette étude: celle-ci ne peut que dégager les axes les plus marquants dans le maquis des publications en question, afin de mettre en évidence les particularités méthodologiques et thématiques de »Francia«. Concrètement, nous allons procéder en trois étapes. Tout d'abord, nous rappellerons le contexte de la création de »Francia« et l'idée que ses responsables et collaborateurs se faisaient d'elle, un préalable d'autant plus significatif au regard de la période des XIXe et XXe siècles, longtemps si controversée dans les historiographies allemande et française (I.). Nous examinerons ensuite l'évolution du contenu et de la méthodologie des articles consacrés à la période en question, dans les 50 volumes parus depuis la fondation de la revue (II.). Enfin, nous résumerons les résultats de notre analyse et indiquerons les perspectives d'évolution des contributions consacrées aux XIXe et XXe siècles, voire même au XXIe siècle (III.).

I.

Le premier volume de »Francia« parut en 1973 sous l'égide de Karl Ferdinand Werner, alors directeur de l'Institut historique allemand de Paris (IHA)[1]. Sa création coïncidait avec une période faste à tous les niveaux – politique, économique, culturel et social – des relations franco-allemandes après la Seconde Guerre mondiale, qui s'accompagna aussi d'une singulière »densification historiographique«[2] entre la

---

1 Martin Heinzelmann, Die Zeitschrift Francia, dans: Rainer Babel, Rolf Grosse (dir.), Das Deutsche Historische Institut Paris/L'Institut historique allemand 1958–2008, Stuttgart 2008, p. 171–195. Voir également la contribution de Rolf Grosse dans le présent ouvrage: Die Redaktion der Francia 1973–2023, dans: Francia 50 (2023), p. 5–12.
2 Franz Knipping, dans: Jean-Paul Cahn, Dietmar Hüser (dir.), Préhistoire et naissance du Comité franco-allemand des historiens/Vorgeschichte und Gründung des deutsch-französischen Historikerkomitees. Bulletin du Comité franco-allemand de recherches sur l'histoire de la France et de l'Allemagne aux XIXe et XXe siècles/Bulletin des Deutsch-Französischen Komitees für die

République fédérale d'Allemagne et la France³. En témoignent la multiplication des contacts et des coopérations entre historiens français et allemands, ainsi que, dans les années 1970, la fondation, en plus de »Francia«, de la Mission historique française en Allemagne de Göttingen (1977)⁴, puis, dans les années 1980, celles du Centre d'information et de recherche sur l'Allemagne contemporaine (CIRAC, 1982)⁵ et du Comité franco-allemand des historiens (1988)⁶. À cela s'ajouta un grand nombre de publications sur les relations franco-allemandes, en allemand, en français et en anglais, innovantes sur le plan du contenu et de la méthode, qui donnèrent une pertinence supplémentaire à un nouveau périodique comme »Francia«.

Ce constat est d'importance dans la mesure où la recherche scientifique n'évolue pas dans le vide: les instituts de recherche, les universités et leurs membres ainsi que leurs productions, dont les revues spécialisées, sont intégrés dans leurs sociétés respectives et dépendent donc du contexte politique et social de ces dernières⁷. Certes, cela concerne les différentes disciplines à des degrés divers – les sciences »dures« ou naturelles moins que les sciences humaines, l'historiographie plus que les sciences philologiques. Néanmoins, aucune spécialité n'est totalement exempte de l'influence de son contexte politique et social. En même temps, nous ne sous-entendons pas que l'activité scientifique et sa production dépendent unilatéralement d'influences extérieures ou que la science et les échanges scientifiques internationaux peuvent être tous déduits des relations générales entre les pays, voire qu'ils sont subordonnés à une quelconque primauté, fusse-t-elle politique, et à ses différentes césures. Ce n'est pas le cas, mais c'est seulement en reliant les niveaux socio-politique et scientifique

---

Erforschung der deutschen und der französischen Geschichte des 19. und 20. Jahrhunderts, 19 (2010), p. 10–15, p. 10: »historiographische Verdichtung«.

3   Corine DEFRANCE, Ulrich PFEIL, Entre guerre froide et intégration européenne: Reconstruction et intégration (1945–1963), Villeneuve d'Ascq 2012 (Histoire franco-allemande, 10); Hélène MIARD-DELACROIX, Le défi européen de 1963 à nos jours, Villeneuve d'Ascq 2011 (Histoire franco-allemande, 11); Ulrich PFEIL: Institut historique allemand (IHA), dans: Nicole COLIN, Corinne DEFRANCE, Ulrich PFEIL, Joachim UMLAUF (dir.), Dictionnaire des relations culturelles franco-allemandes depuis 1945, Villeneuve d'Ascq 2023, p. 327–328.

4   Pierre MONNET, Institut français d'histoire en Allemagne (IFHA). Mission historique française en Allemagne (MHFA), dans: ibid., p. 324–325.

5   Werner ZETTELMEIER, Centre d'information et de recherche sur l'Allemagne contemporaine (CIRAC), dans: ibid., p. 181–182.

6   Reiner MARCOWITZ, Das Deutsch-Französische Komitee für die Erforschung der deutschen und französischen Geschichte im 19. und 20. Jahrhundert. Auf dem Weg zu einer transnationalen Geschichtswissenschaft?, dans: Michel GRUNEWALD, Hans-Jürgen LÜSEBRINK, Reiner MARCOWITZ, Uwe PUSCHNER (dir.), France – Allemagne au XXᵉ siècle: la production académique de savoir sur l'Autre III. Les institutions/Deutschland und Frankreich im 20. Jahrhundert – Akademische Wissensproduktion über das andere Land III. Die Institutionen, Berne 2013, p. 85–106; Jean-Paul CAHN: Comité franco-allemand de recherches sur l'histoire de la France et de l'Allemagne aux XIXᵉ et XXᵉ siècles, dans: COLIN, DEFRANCE, PFEIL, UMLAUF (dir.), Dictionnaire des relations culturelles franco-allemandes (voir n. 3), p. 198–199.

7   Reiner MARCOWITZ, Zwischen Zeitgeist und Zeitkritik – Zum Verhältnis von Wissenschaft und Politik im deutsch-französischen Vergleich, dans: Michel GRUNEWALD, Hans-Jürgen LÜSEBRINK, Reiner MARCOWITZ, Uwe PUSCHNER (dir.), France – Allemagne au XXᵉ siècle: la production académique de savoir sur l'Autre I. Questions méthodologiques et épistémologiques/Deutschland und Frankreich im 20. Jahrhundert – Akademische Wissensproduktion über das andere Land I. Methodische und erkenntnistheoretische Fragen, Berne 2011, p. 15–31.

que l'on peut reconnaître les dépendances ainsi que le sens qui est propre à la recherche et aux chercheurs. Ce constat concerne même particulièrement l'objet de notre étude, les articles consacrés aux XIXe et XXe siècles dans une revue spécialisée en histoire, qui est soumis à des développements historiques, aux conditions sociales qui en résultent et à l'empreinte mentale qui en découle.

Dans un premier temps, »Francia« parut sous la forme d'un volume annuel; à partir de 1989, elle a été divisée en trois parties, l'une consacrée au Moyen Âge, l'autre aux débuts de l'époque moderne et la troisième aux XIXe et XXe siècles, comportant 300 pages chacune[8]. Cette répartition reflétait aussi l'importance croissante des études sur l'histoire contemporaine, y compris l'histoire du temps présent désormais bien établie au sein de l'IHA et, plus généralement, dans l'historiographie allemande et française. Dès le début, la conception géographiquement spécialisée, mais chronologiquement et méthodologiquement ouverte de la revue, fut innovante. Dans les contributions sur les XIXe et XXe siècles, celle-ci comprenait entre autres des approches d'histoire politique, constitutionnelle et économique, avec une prédilection pour les relations franco-allemandes, reposant le plus souvent sur des recherches en archives. La référence régulière à de nouvelles publications en sciences historiques, dont celles qui étudiaient les rapports autrefois si controversés aux XIXe et XXe siècles, illustrait en outre particulièrement bien la fonction de la revue dès sa création: être, à l'instar de l'IHA dans son ensemble, l'intermédiaire entre les historiographies françaises et allemandes. »Francia« voulait aussi participer par ses articles à la production de connaissances historiographiques sur l'Allemagne et la France ainsi que sur les relations franco-allemandes dans leur contexte européen, sans négliger l'histoire d'autres pays de l'Europe occidentale, et donc apporter sa contribution au transfert mutuel de connaissances.

II.

Si l'on examine la structure de la revue au-delà de la tripartition chronologique que nous venons d'évoquer, nous constatons qu'elle n'a pas changé au fil des décennies, à quelques exceptions près[9]: il y a toujours une partie consacrée aux articles, puis une section »Histoire de la recherche et discussion méthodologique« ainsi que des »Miscellanées« et enfin une partie consacrée aux comptes rendus. Au cours des 50 dernières années, l'éventail thématique et méthodologique s'est étendu de l'archéologie du IVe siècle aux relations franco-allemandes d'après la Seconde Guerre mondiale, et des approches économiques, constitutionnelles et sociales aux contributions à l'histoire des relations internationales, à l'histoire culturelle et aux débats sur la méthodologie des sciences historiques. Cette diversité des approches et des thèmes semble être due dès le début au *genius loci* de l'IHA, la nouvelle école des »Annales« s'étant établie en France depuis longtemps déjà, à côté de l'historiographie traditionnelle[10].

---

8   HEINZELMANN, Die Zeitschrift Francia (voir n. 1), p. 172, 175–176.
9   Ibid., p. 176–177.
10 Lutz RAPHAEL, Die Erben von Bloch und Febvre: Annales-Geschichtsschreibung und *nouvelle histoire* in Frankreich 1945–1980, Stuttgart 1994; Peter SCHÖTTLER, Die deutsche Geschichtswissenschaft und Marc Bloch. Die ersten Nachkriegsjahre, dans: Ulrich PFEIL (dir.), Die Rück-

Les auteurs sont aujourd'hui encore principalement des spécialistes allemands et français. Parmi eux, les germanistes français ont longtemps fait défaut. Ceci est particulièrement surprenant pour les contributions sur les XIXe et XXe siècles, car il existe depuis des décennies toute une série de »civilisationnistes« travaillant dans ce domaine de recherche. Ce n'est que depuis quelques années que leurs travaux se reflètent également dans »Francia«, l'intégration de représentants français de la civilisation allemande tenant enfin compte des particularités d'une germanistique pratiquée à l'étranger[11]. Au cours des dernières décennies, les contributions de jeunes chercheurs sont également de plus en plus représentées. Cela vaut enfin pour les historiennes, même si celles-ci restent en minorité[12].

Pour ce qui est de l'image des relations franco-allemandes dans »Francia«, les contributions à l'histoire des XIXe et XXe siècles, présentent trois aspects, soit, dans l'ordre chronologique: tout d'abord l'accent mis d'emblée sur l'héritage carolingien commun de l'Allemagne et de la France et donc sur l'idée d'une communauté de destin des deux pays, voire de l'Europe occidentale dans son ensemble, englobant non seulement l'histoire médiévale, mais aussi l'histoire moderne et contemporaine; ensuite, et cela s'appliquait en particulier à l'histoire des XIXe et XXe siècles, depuis les années 1980, l'intensification de la recherche sur la Seconde Guerre mondiale, y compris une analyse critique de la politique d'occupation allemande et de la collaboration française; enfin, à partir des années 1990, l'accent mis sur l'histoire de la coopération franco-allemande dans le cadre de l'Europe occidentale. Au fil des décennies, la présentation des relations franco-allemandes en tant qu'histoire de l'interdépendance de deux peuples fortement liés l'un à l'autre, directement ou indirectement, par la distance et le rapprochement, est restée inchangée.

Il va de soi que l'étude du XIXe siècle et de la première moitié du XXe siècle, du moins dans les premières décennies de l'existence de »Francia«, avait quelque chose d'explosif en particulier du point de vue historiographique, car les conflits franco-allemands de cette période avaient contribué à la construction idéologique d'une hostilité héréditaire, véhiculée notamment par les historiens de part et d'autre du Rhin[13]: l'époque napoléonienne au début du XIXe siècle, qui a conduit à la dissolution

---

kehr der deutschen Geschichtswissenschaft in die Ökumene der Historiker. Ein wissenschaftsgeschichtlicher Ansatz, Munich 2008, p. 155–185.

11 Jérôme VAILLANT, La germanistique: une exception française?, dans: GRUNEWALD, LÜSEBRINK, MARCOWITZ, PUSCHNER (dir.), France – Allemagne au XXe siècle I (voir n. 7), p. 85–96; Jean-Paul CAHN, Civilisation allemande et civilisation française, dans: Hans-Jürgen LÜSEBRINK, Jérôme VAILLANT (dir.), Civilisation allemande/Landes- und Kulturwissenschaft Frankreichs. Bilan et perspectives dans l'enseignement et la recherche/Bilanz und Perspektiven in Lehre und Forschung, Villeneuve d'Ascq 2013, p. 95–102.

12 Voir également l'article de Mareike KÖNIG et Eike LÖHDEN dans le présent volume: Die Francia anders lesen. Was Topic Modeling über Schwerpunkte und Trends der Fachzeitschrift verrät, dans: Francia 50 (2023), p. 13–54.

13 Reiner MARCOWITZ, Attraction and Repulsion: Franco-German Relations in the Long Nineteenth Century, dans: Carine GERMOND, Henning TÜRK (dir.), A History of Franco-German Relations in Europe. From Hereditary Enemies to Partners, New York 2008, p. 13–26; Reiner MARCOWITZ, Von einer Konfliktgeschichte zur europäischen Erfolgsgeschichte? Die deutsch-französischen Beziehungen von 1871 bis heute, dans: Tilman MAYER (dir.), 150 Jahre Nationalstaatlichkeit in Deutschland. Essays, Reflexionen, Kontroversen, Baden-Baden 2021, p. 255–270.

du Saint-Empire romain germanique et s'est terminée par les »Guerres de libération«, a ancré du côté allemand l'image de la France comme »ennemi héréditaire«[14]. Le Congrès de Vienne et la Restauration, interrompus par »1848« et l'échec de la tentative d'unification allemande »par le bas«, que l'historiographie allemande a longtemps imputé à la diplomatie française; puis l'unification allemande »par le haut« sous l'égide d'Otto von Bismarck, culminant dans la »guerre franco-allemande«, qui a clôturé le processus de la »nationalisation« de l'hostilité, engagé soixante ans plus tôt lors des »Guerres de libération«. Dès lors, l'image de l'ennemi réciproque devint »un élément constitutif de la conscience nationale, […] [qui] créait un lien de consensus national minimal dans les situations de crise«[15].

En dépit de transferts et d'interdépendances réciproques et permanents dans les domaines de la culture, de l'économie et de la science, et même de rapprochements politiques temporaires, qui ont bien sûr toujours existé après 1870–1871, ces ressentiments mutuels pouvaient être réactivés rapidement à tout moment[16]. Une historiographie nationaliste dominante dans les deux pays a contribué au cours des décennies suivantes à appliquer de manière anachronique une telle interprétation des relations franco-allemandes au passé tout en la projetant sur l'avenir. Les antagonismes franco-allemands culminèrent à nouveau lors de la Première Guerre mondiale; l'ordre d'après-guerre, avec comme élément central le traité de paix de Versailles, honni côté allemand, le perpétua malgré des efforts d'entente temporaires sous les auspices de Locarno au milieu des années 1920, accompagnés de diverses initiatives de réconciliation portées par la société civile[17]. Il s'ensuit, finalement, la Seconde Guerre mondiale, provoquée par le Troisième Reich et encore plus dévastatrice que la précédente. Ce n'est que dans le deuxième après-guerre du XXe siècle qu'Allemands de l'Ouest et Français ont rompu avec ces conflits de longue date, puis, peu à peu, avec leurs anciennes oppositions mentales – encouragés par les profonds changements évoqués en matière de politique extérieure et intérieure ainsi qu'au sein des deux sociétés, et par la volonté de rapprochement et de coopération qui en a résulté.

Comment ces évolutions se reflètent-elles plus précisément dans »Francia«? Nous nous concentrerons surtout sur une sélection d'articles, car en termes de publications scientifiques, ils sont considérés à juste titre comme la »forme reine« pour une revue spécialisée: »Les articles servent à exposer et examiner de façon approfondie les questions thématiques ou méthodologiques essentielles d'une discipline et contribuent souvent de manière déterminante au développement des connaissances propres à cette dernière«[18]. Par ailleurs, les »Miscellanées« et la rubrique »Histoire de la recherche

---

14　Bernhard STRUCK, Claire GANTET, Révolution, guerre, interférences 1789–1815, Villeneuve d'Ascq 2013 (Histoire franco-allemande, 5).
15　Michael JEISMANN, Das Vaterland der Feinde: Studien zum nationalen Feindbegriff und Selbstverständnis in Deutschland und Frankreich 1792–1918, Stuttgart 1992, p. 374–375: »ein konstitutives Element des nationalen Bewusstseins, […] [das] in krisenhaften Situationen einen Verbund des nationalen Minimalkonsenses [schuf]«.
16　Mareike KÖNIG, Elise JULIEN, Rivalités et interdépendances 1871–1918, Villeneuve d'Ascq 2018 (Histoire franco-allemande, 7).
17　Nicolas BEAUPRÉ, Le traumatisme de la Grande Guerre 1918–1933, Villeneuve d'Ascq 2012 (Histoire franco-allemande, 8).
18　Wolfgang SCHWEICKARD, Romanistische Fachzeitschriften. Panorama des revues romanes, dans: Günter HOLTUS, Michael METZELTIN, Christian SCHMITT (dir.), Lexikon der romanistischen

et discussion méthodologique« seront également prises en compte dans certains cas, lorsque les articles correspondants paraissent exemplaires dans leur approche des XIXe et XXe siècles dans »Francia«. En parcourant les différents numéros de la revue, nous constatons que dès les premières années de parution de »Francia«, cette période a été traitée de manière remarquablement large, non seulement en termes de contenu, mais aussi de méthode: sous la forme d'une présentation de l'histoire nationale allemande et française, parfois même avec un »regard croisé«, des auteurs allemands écrivant sur des thèmes de l'histoire française, leurs confrères français sur des sujets d'histoire allemande; il y eut en outre dès le début des études sur les relations bilatérales franco-allemandes, souvent intégrées dans leur contexte européen; enfin, parurent très tôt des analyses de perception qui s'intéressaient à la représentation de l'autre à différentes phases de l'histoire des XIXe et XXe siècles.

Publié en 1973, le premier volume de »Francia« contient tout d'abord les contributions d'un colloque de l'IHA sur la »domination napoléonienne en Europe« qui, outre l'accent mis sur une perspective franco-allemande, s'est penché sur l'Europe occidentale dans son ensemble, et ce dans une approche pluridisciplinaire[19]. Par ailleurs, ce premier volume de »Francia« comprend déjà un article sur un sujet d'histoire du temps présent, consacré au »référendum et vote d'initiative populaire sous la République de Weimar«[20]. De plus, le regard géographique est ici aussi élargi en comparant l'évolution de l'Allemagne de l'entre-deux-guerres avec celle d'autres démocraties occidentales. »Francia« propose donc même un exemple précoce d'analyse d'un transfert culturel. Un autre article présente au public français un nouveau recueil en langue allemande sur la fondation de l'Empire allemand en 1870–1871[21]. Enfin, il y est question du »Comité français d'histoire de la Deuxième Guerre mondiale«, organisme important pour la recherche sur la période de la Seconde Guerre mondiale dans la France de l'après-guerre[22]. Dans le volume 2 de 1974, on trouve de nouveau des contributions à un colloque franco-allemand, coorganisé par l'IHA, cette fois sur la Première Guerre mondiale[23]. Un autre article est consacré à la déclaration de garantie franco-britannique en faveur de la Pologne du 31 mars 1939, élargissant ainsi pour la première fois l'approche au-delà de la seule perspective franco-allemande[24]. Mais ce volume se distingue aussi par la publication d'un article s'appuyant sur une

---

Linguistik, Bd. 1.2, Tubingue 2001, p. 1186–1194 (p. 1186), qui définit la »Königsform« ainsi: »Aufsätze dienen der substantiellen Darstellung und Diskussion wichtiger thematischer und methodischer Problemstellungen in einer Disziplin und tragen oft maßgeblich zur Entwicklung des fachspezifischen Kenntnisstandes bei«.

19 Karl Ferdinand WERNER, Die napoleonische Herrschaft in Europa. Strukturen, Reaktionen, Konsequenzen. Bericht über das 8. deutsch-französische Historikerkolloquium des DHIP in Bremen (27.–30. September 1969), dans: Francia 1 (1973), p. 747–755.
20 Reinhard SCHIFFERS, Referendum und Volksinitiative in der Weimarer Republik. Zum Problem der Aufnahme und Umwandlung von Verfassungsrichtungen der westlichen Demokratien in Deutschland, dans: Francia 1 (1973), p. 653–691.
21 Heinz Wolf SCHLAICH, Die Reichsgründung 1870/71 und die deutsch-französischen Beziehungen. Bemerkungen zu einer wichtigen Neuerscheinung, dans: Francia 1 (1973), p. 623–652.
22 Henri MICHEL, Le Comité français d'Histoire de la deuxième Guerre mondiale, dans: Francia 1 (1973), p. 711–724.
23 Karl HAMMER, Sozialer Wandel durch den 1. Weltkrieg, dans: Francia 2 (1974), p. 897–903.
24 Gottfried NIEDHART, Die britisch-französische Garantieerklärung für Polen vom 31. März 1939, dans: Francia 2 (1974), p. 597–618.

étude américaine récente, consacré à la force de frappe et son importance pour la politique de sécurité et de défense française, mais aussi pour l'Alliance occidentale, et traitant ainsi d'un sujet concernant le passé récent de la France[25].

Le volume suivant de »Francia« présente une même ampleur thématique: on y trouve entre autres une étude sur »Stresemann et la France« rédigée par un spécialiste français reconnu, qui résume et évalue les résultats d'une nouvelle publication allemande sur le sujet[26]. De plus, le volume contient une nouvelle contribution à l'histoire très récente, cette fois-ci sur »la France et l'unification européenne«, elle aussi centrée sur l'examen d'une nouvelle étude allemande sur le sujet[27]. Dans les volumes suivants des années 1970, ce sont surtout des analyses de perception qui attirent l'attention: une étude consacrée au »jugement porté par la politique britannique sur la fondation de l'empire allemand«[28], une autre sur »l'image de la France chez les historiens allemands à l'époque de la République de Weimar«[29], une troisième dédiée à »l'opinion française face à l'avènement d'Hitler au pouvoir«[30] et, d'une certaine manière, selon une perspective inversée, une quatrième sur la »politique nationale-socialiste à l'égard de la France dans les premières années du Troisième Reich«[31]. C'est dans ce même contexte que s'inscrit un article novateur sur le thème du »nationalisme et [des] sciences en France et en Allemagne de 1914 à 1940«, où l'auteur analyse la contribution des scientifiques des deux pays à la polémique entre intellectuels français et allemands pendant la Première Guerre mondiale[32]. Signalons enfin une introduction aux applications des nouvelles méthodes quantitatives, y compris dans les sciences historiques[33].

En définitive, les premiers volumes de »Francia« confirmaient déjà l'ambition affichée par Karl Ferdinand Werner dès la création de cette nouvelle revue spécialisée: en dépit du fait que la recherche sur le Moyen Age y occupait une place prédominante[34], »Francia« devait également jouer un rôle important en histoire moderne et contemporaine, histoire du temps présent comprise. À cela s'ajoutait sa fonction de médiation, visant à informer les lecteurs sur les nouveaux projets de recherche et les publications scientifiques des deux pays, non seulement par des comptes rendus, mais

---

25 Jean KLEIN, French Nuclear Diplomacy ou du bon usage des armes de destruction massive, dans: Francia 2 (1974), p. 619–629.
26 Jacques BARIÉTY, Stresemann et la France, dans: Francia 3 (1975), p. 554–583.
27 Wilfried LOTH, Frankreich und die europäische Einigung, dans: Francia 3 (1975), p. 699–705.
28 Klaus HILDEBRAND, Die deutsche Reichsgründung im Urteil der britischen Politik, dans: Francia 5 (1977), p. 399–424.
29 Ernst SCHULIN, Das Frankreichbild deutscher Historiker in der Zeit der Weimarer Republik, dans: Francia 4 (1976), p. 659–673.
30 Hans HÖRLING, L'opinion française face à l'avènement d'Hitler au pouvoir, dans: Francia 4 (1976), p. 675–718.
31 Franz KNIPPING, Die deutsche Diplomatie und Frankreich 1933–1936, dans: Francia 5 (1977), p. 491–512; Klaus HILDEBRAND, Das Frankreichbild Hitlers bis 1936, dans: Francia 5 (1977), p. 591–625.
32 Andreas KLEINERT, Von der Science allemande zur Deutschen Physik. Nationalismus und moderne Naturwissenschaft in Frankreich und Deutschland zwischen 1914 und 1940, dans: Francia 6 (1978), p. 509–525.
33 Wolfgang VON HIPPEL, Quantitative historische Forschungen in der Bundesrepublik Deutschland, dans: Francia 7 (1979), p. 453–458.
34 Cf. KÖNIG, LÖHDEN, Die Francia anders lesen (voir n. 12), p. 18–19.

aussi sous forme d'articles discutant de nouvelles publications et tendances outre-Rhin et, au-delà, de nouvelles méthodes en histoire. De plus, les contributions ont été rédigées avant tout par des spécialistes français et allemands, souvent des historiens en début ou en milieu de carrière. C'est donc à juste titre que, dans le deuxième volume, Werner pouvait déjà tirer un bilan positif des contributions de »Francia« en général, bilan qui vaut aussi pour celles consacrées à l'histoire des XIXᵉ et XXᵉ siècles: »Un objectif que s'était fixé l'Institut Historique Allemand a été réalisé : la revue Francia est devenue un lieu de rencontre pour la recherche internationale de l'histoire de l'Europe occidentale«[35].

Au cours des décennies suivantes, les contributions à »Francia« continuèrent à traiter des périodes majeures de l'histoire franco-allemande: l'époque bismarckienne, en particulier la »question de la responsabilité dans la guerre« de 1870–1871, puis la Première et la Seconde Guerre mondiale. Elles ont été complétées par des articles sur la première moitié du XIXᵉ siècle, notamment sur les révolutions de 1830 et 1848. Les études consacrées à la période napoléonienne sont en revanche devenues plus rares, ce qui est quelque peu surprenant compte tenu des recherches intenses dont cette thématique faisait encore l'objet à l'époque. Il est intéressant de noter que »Francia« a également abordé très tôt des sujets controversés, comme en 1980 avec un article sur »les expressions du fascisme en France de 1924 à 1934«[36]. À cela s'ajoutèrent des prolongements thématiques et chronologiques avec des études sur »la France et le Liban dans la première moitié du XIXᵉ siècle« ou sur »la politique française d'immigration« jusqu'aux années 1980[37]. L'empreinte de certains rédacteurs est ici indéniable: l'arrivée de Stefan Martens au milieu des années 1980 amenant à une intensification des recherches sur le national-socialisme, le Troisième Reich, la Seconde Guerre mondiale, la politique d'occupation allemande et la collaboration française. Klaus Manfrass, quant à lui, a marqué dès les années 1970 le renforcement de l'intérêt de l'IHA pour les thèmes du passé le plus récent, voire du présent. Sur le plan méthodologique, les articles de »Francia« consacrés aux XIXᵉ et XXᵉ siècles ont reflété, au fil des décennies, une triade d'approches différentes qui se sont succédées dans l'étude des relations franco-allemandes: la comparaison[38], les »transferts culturels«[39] (par ailleurs présentés par Michel Espagne et Michael Werner aussi dans un article

---

35 Karl Ferdinand WERNER, Vorbemerkung des Herausgebers/Avis au lecteur, dans: Francia 2 (1974), p. XIII–XVI, ici p. XVI.
36 Klaus-Jürgen MÜLLER, Protest – Modernisierung – Integration. Bemerkungen zum Problem faschistischer Phänomene in Frankreich 1924–1934, dans: Francia 8 (1980), p. 465–524.
37 Alfred SCHLICHT, La France et le Liban dans la première moitié du XIXᵉ siècle. Influences occidentales dans l'histoire orientale, dans: Francia 11 (1983), p. 496–507; Klaus MANFRASS, Ausländerpolitik und Ausländerproblematik in Frankreich: Historische Kontinuität und aktuelle Entwicklungen, dans: Francia 11 (1983), p. 527–578.
38 Hartmut KAELBLE, Historisch Vergleichen. Eine Einführung, Francfort-sur-le-Main 2021.
39 Michel ESPAGNE, Michael WERNER, Deutsch-französischer Kulturtransfer im 18. und 19. Jahrhundert. Zu einem neuen interdisziplinären Forschungsprogramm des C. N. R. S, dans: Francia 13 (1985), p. 502–510; IID., Deutsch-Französischer Kulturtransfer als Forschungsgegenstand. Eine Problemskizze, dans: IID. (dir.), Transferts. Les relations interculturelles dans l'espace franco-allemand (XVIIIᵉ et XIXᵉ siècles), Paris 1988, p. 11–34.

de »Francia«) et l'»histoire croisée«⁴⁰. Sinon, des avancées méthodologiques issues d'autres domaines de recherche ont également été évoquées, comme par exemple en 1980 dans un article sur la »psycho-histoire appliquée au cas d'Adolf Hitler«⁴¹ ou en 1984 sous la forme d'une contribution sur »les statistiques et la recherche historique«⁴².

L'arrivée de Horst Möller à la tête de l'institut en 1989 a confirmé l'engagement de l'IHAP et de »Francia« en faveur de la recherche sur l'histoire du temps présent. Il s'en est expliqué dans un article programmatique paru la même année dans la revue⁴³. Son plaidoyer coïncidait avec l'ouverture des archives conservées à Colmar sur l'occupation française en Allemagne et en Autriche, essentielles pour l'étude des relations franco-allemandes après la Seconde Guerre mondiale. Un article y fut consacré dans le volume de 1989, ainsi qu'un autre au Centre des archives diplomatiques de Nantes, ouvert peu auparavant⁴⁴. Les recherches sur la période d'occupation française en Allemagne de 1945 à 1949 ont donc pris de l'ampleur dès les années 1980; une première »Histoire de la République fédérale d'Allemagne« en plusieurs volumes, traitant la période allant de sa fondation à la fin de la coalition sociale-libérale en 1982, a alors été publiée⁴⁵. Sa parution s'est accompagnée de longs comptes rendus dans »Francia«, lesquels ont même pris la forme de miscellanées⁴⁶. Cette première synthèse de la recherche sur le sujet, qui reposait sur l'exploitation de nouvelles sources et avait donc un caractère pionnier à plusieurs égards, fut donc connue très tôt en France.

À cela se sont ajoutés depuis, et de manière accrue à partir des années 1990, en dépit du passage de relai à la tête de l'IHA entre Horst Möller et l'historien médiéviste Werner Paravicini en 1992, de nombreux articles traitant de l'histoire de la République fédérale d'Allemagne et de son rapport avec la France⁴⁷. Suscitées par le cente-

---

40 Michael WERNER, Bénédicte ZIMMERMANN, Vergleich, Transfer, Verflechtung. Der Ansatz der histoire croisée und die Herausforderung des Transnationalen, dans: Geschichte und Gesellschaft 28 (2002), p. 607–636; IID., Penser l'histoire croisée: entre empirie et réfléxivité, dans: Annales. Histoire, Sciences Sociales 58/1 (2003), p. 7–36.
41 Wolfgang MICHALKA, Hitler im Spiegel der Psycho-History. Zu neueren interdisziplinären Deutungsversuchen der Hitler-Forschung, dans: Francia 8 (1980), p. 595–611.
42 Ferdinand LINTHOE NÆSHAGEN, Statistics and Historical Research, dans: Francia 12 (1984), p. 491–510.
43 Horst MÖLLER, L'Histoire contemporaine: questions, interprétations, controverses, dans: Francia 16/3 (1989), p. 128–143.
44 Pascal EVEN, Deux siècles de relations franco-allemandes. Les papiers des représentations diplomatiques et consulaires françaises en Allemagne conservés au Centre des Archives Diplomatiques de Nantes, dans: Francia 16/3 (1989), p. 83–97; Marie HAMON, Les Archives de l'Occupation française en Allemagne et en Autriche à Colmar, dans: ibid., p. 98–99.
45 Karl Dietrich BRACHER, Theodor ESCHENBURG, Joachim C. FEST, Eberhard JÄCKEL (dir.), Geschichte der Bundesrepublik Deutschland, 5 vols., Stuttgart-Wiesbaden 1981–1987.
46 Adolf KIMMEL, Die Ära Adenauer. Ein glänzend geschriebenes Lesebuch mit viel neuem Material, dans: Francia 12 (1984), p. 692–697; ID., Erhard und Kiesinger: Zwei in ihrer Bedeutung verkannte Politiker? Die Geschichte der Bundesrepublik in den sechziger Jahren, dans: Francia 13 (1985), p. 675–679; Stefan MARTENS, Histoire de l'Allemagne et de la République Fédérale après 1945. Quelques remarques concernant des publications récentes, dans: Francia 14 (1986), p. 618–637.
47 À l'exemple de Hans Martin BOCK, Zur Perzeption der frühen Bundesrepublik Deutschland in der französischen Diplomatie: Die Bonner Monatsberichte des Hochkommissars André François-

naire de la naissance de Charles de Gaulle en 1990 et par le grand colloque organisé à Paris à cette occasion, ainsi que par l'ouverture successive des archives concernées, sont aussi parues en contrepoint dans »Francia« des analyses relatives à la Ve République et à son fondateur[48]. Par ailleurs, en 1995, »Francia« publia pour la première fois un article dédié à »la recherche sur la RDA depuis l'unification allemande«, alors encore à ses débuts[49]. Dans les années 1990, des introductions à de nouvelles approches méthodologiques et thématiques en histoire attirent l'attention, comme celles consacrées à »l'importance croissante de l'informatique pour les historiens«[50] ou à l'histoire des femmes[51]. Enfin, au cours de cette même décennie, des fonds d'archives nouvellement catalogués, pertinents pour l'étude des relations franco-allemandes aux XIXe et XXe siècles, ont été présentés à plusieurs reprises, dont ceux du Service historique de l'armée de terre à Vincennes[52]. En revanche, les thèmes relatifs à l'histoire de la vie quotidienne ou des mentalités sont restés longtemps absents de »Francia« (au moins ce qui concerne l'époque contemporaine), et ceux qui y figurent restent l'exception à la règle. Le volume de 2000 comprend ainsi une »histoire comparée du dimanche en France et en Allemagne aux XVIIIe et XIXe siècles«[53]. Un an plus tard, le fondateur de l'école de Bielefeld publia néanmoins dans la revue un article sur le rapport entre l'ancienne »nouvelle« histoire sociale et la récente »nouvelle histoire culturelle« laquelle avait entretemps défié la »primauté« supposée de la première[54].

Les années 2000 ont également vu la parution d'un large éventail d'articles sur l'histoire de l'Allemagne et de la France aux XIXe et XXe siècles, y compris sur des sujets qui n'avaient pas encore été traités ou qui l'avaient été très peu dans les éditions précédentes, tels que l'histoire des »universités et universitaires allemands dans l'après-

Poncet 1949 bis 1955, dans: Francia 15 (1987), p. 579–658; Ulrich LAPPENKÜPER: Ich bin wirklich ein guter Europäer. Ludwig Erhards Europapolitik 1949–1966, dans: Francia 18/3 (1991), p. 85–121; Guido THIEMEYER, Zwischen deutsch-französischem Bilateralismus und europäischer Solidarität: Die Relance Européenne (1954–1955), dans: Francia 26/3 (1999), p. 49–75.

48 Wilfried LOTH, De Gaulle et la construction européenne: La révision d'un mythe, dans: Francia 20/3 (1993), p. 61–72; Andreas WILKENS, Das Jahrhundert des Generals. Die historische Forschung zu de Gaulle steht erst am Anfang, dans: ibid., p. 181–191.
49 Hermann WENTKER, Zum Stand der historischen DDR-Forschung: Ein Überblick über Institutionen und Projekte, dans: Francia 22/3 (1995), p. 155–166.
50 Michael TRAUTH, Ex Computatione Salus? Vom Beitrag der EDV zur Arbeit des Historikers, dans: Francia 22/3 (1995), p. 167–173.
51 Margit PERNAU-REIFELD, Celles qui n'ont pas écrit. Frauengeschichte zwischen Diskurs, Mentalität und Alltag, dans: Francia 25/3 (1998), p. 109–124.
52 Wolfgang Hans STEIN, Neue Findmittel des französischen Heeresarchivs (SHAT) in Vincennes: Beständestruktur und Fonds de Moscou, dans: ibid., p. 99–108. Il s'agit du Service historique de la Défense (SHD) actuel.
53 Robert BECK, Auf der Suche nach dem verlorenen Tag. Eine vergleichende Geschichte des Sonntags in Frankreich und Deutschland im 18. und 19. Jahrhundert, dans: Francia 27/3 (2000), p. 1–23.
54 Hans-Ulrich WEHLER, Das Duell zwischen Sozialgeschichte und Kulturgeschichte: die deutsche Kontroverse im Kontext der westlichen Historiographie, dans: Francia 28/3 (2001), p. 103–110.

guerre«[55], »l'unification économique de l'Europe occidentale«[56] ou »la lutte contre le terrorisme«[57]. Des commémorations comme les »60 ans du débarquement allié en Normandie« en 2004[58], le »centenaire de la Première Guerre mondiale« en 2014[59] ou les »50 ans de 1968«[60] ont également fait l'objet de publications. Dans les volumes des dix dernières années, nous remarquons en particulier les »Ateliers«, qui reprennent des contributions à des journées d'étude de l'IHA, renouant ainsi avec la pratique de l'époque de la fondation de »Francia«. Dans ce contexte, le dossier consacré à la »bureaucratisation des sociétés africaines«[61] attire particulièrement l'attention, car les contributions correspondantes partent d'un nouvel axe de recherche de l'IHA sous la houlette de son directeur actuel Thomas Maissen (depuis 2013)[62] et comptent parmi les très rares exemples d'un net élargissement de l'horizon géographique des contributions à »Francia« – et des recherches de l'IHA – au-delà de l'Europe occidentale.

III.

Les articles de »Francia« consacrés aux XIXe et XXe siècles, voire au XXIe siècle, montrent que la lumière l'emporte largement sur les zones d'ombre: au cours d'un demi-siècle d'existence, »Francia« a parfaitement rempli son œuvre de médiation entre historiographies allemande et française, tant sur le fond que sur le plan méthodologique, en particulier dans le domaine de l'histoire moderne et contemporaine jusqu'à l'histoire du temps présent. La revue a en effet réussi, au cours des 50 dernières années, à »devenir un organe en plusieurs langues permettant un échange international d'idées sur l'histoire de l'Europe occidentale«[63] avec pour objectif de »chercher à comprendre l'histoire du voisin, [et de] faire connaître dans son propre pays cette histoire, mais aussi les activités et les méthodes des historiens voisins«[64]. Malgré son tropisme traditionnel pour la recherche médiévale, la revue a publié dès son premier numéro de nombreux articles sur les XIXe et XXe siècles. Des thèmes

---

55 Corine DEFRANCE, Universités et universitaires allemands dans l'après-guerre, dans: Francia 30/3 (2003), p. 51–70.
56 Alexander NÜTZENADEL, Die Bundesrepublik Deutschland, Frankreich und die Debatte über eine europäische Wirtschaftspolitik 1957–1965, dans: ibid., p. 71–96.
57 Gabriele METZLER, La lutte contre le terrorisme. Réflexions sur un champ politique complexe des années 1970 et 1980, dans: Francia 43 (2016), p. 267–283.
58 Ludger TEWES, Der 60. Jahrestag der Alliierten Landung vom 6. Juni 1944 in der Normandie, dans: Francia 32/3 (2005), p. 167–178.
59 Arndt WEINRICH, Großer Krieg, große Ursachen? Aktuelle Forschungen zu den Ursachen des Ersten Weltkriegs-Centenaire, dans: Francia 40 (2013), p. 233–252.
60 Silja BEHRE, Regards croisés sur les 50 ans de 1968 en France et en Allemagne, dans: Francia 46 (2019), p. 319–329.
61 Susann BALLER (dir.), The Bureaucratization of African Societies. Everyday Practices and Processes of Negotiation, dans: Francia 48 (2021), p. 407–525.
62 Thomas MAISSEN, Preface to the Focus on »The Bureaucratization of African Societies«, dans: Francia 48 (2021), p. 407–409.
63 Karl Ferdinand WERNER, Zum Geleit/Avis au lecteur, dans: Francia 1 (1973), p. 13–16, p. 16.
64 Karl Ferdinand WERNER, L'Institut historique allemand de Paris et la Mission historique française en Allemagne, dans: Bulletin d'information de la Mission historique française en Allemagne 24/1992, p. 15–20, p. 15.

sensibles comme l'occupation allemande de 1940 à 1944, la collaboration et le fascisme français ainsi que les nouvelles approches méthodologiques des historiographies française et allemande ont également été évoqués très tôt. Ce faisant, »Francia« est effectivement devenu le »vaisseau amiral«[65] éditorial de l'IHA dans le domaine de l'histoire moderne et contemporaine, y compris l'histoire du temps présent.

Il nous faut toutefois constater que, dans les contributions consacrées à l'histoire des XIXe et XXe siècles, certains champs sont restés ignorés, ou certaines évolutions s'y rapportant n'ont trouvé que tardivement leur place dans les articles de la revue: ce fut le cas de l'histoire de la vie quotidienne ou de l'histoire socio-structurelle, qui ont fait leur apparition dans les années 1970 et 1980. Il en est allée de même pour l'histoire des femmes et des genres, l'histoire des mentalités ou la »nouvelle histoire culturelle« qui se sont renforcées depuis les années 1990 et 2000[66]. Par ailleurs, il est étonnant de constater que différents thèmes historiographiques controversés – que ce soit dans l'un des deux ou entre les deux pays – n'ont presque pas trouvé d'écho dans »Francia«. Cela a notamment été le cas de la question de la Sarre, des problématiques se rapportant à l'Algérie ou de la réunification allemande.

En outre, malgré le sous-titre de la revue, »Recherches (initialement: »contributions«) sur l'histoire de l'Europe occidentale«, les articles sur d'autres pays de l'Europe de l'Ouest, hors la France et l'Allemagne, ou sur l'unification européenne, au-delà des relations franco-allemandes, sont restés rares. Un constat d'autant plus surprenant que la recherche sur le processus d'intégration européenne a pris de plus en plus d'ampleur au cours des dernières décennies et que »Francia« aurait certainement pu devenir un forum pour de telles contributions. C'est d'ailleurs ce qu'avait souhaité Horst Möller lors de son entrée en fonction en tant que directeur de l'institut, à savoir que la revue fournisse des fondements historiques au processus d'unification européenne[67]. Dans ce contexte, il est également surprenant que les véritables contributions comparatistes aient été rares au cours des dernières décennies. Il aurait également été souhaitable de développer un regard croisé plus conséquent, non seulement grâce aux recensions »croisées« – qui font l'»orgueil et la réputation de la revue«[68] –, mais aussi à travers des articles offrant un regard allemand sur l'histoire française et un regard français sur l'histoire allemande. Peut-être ces desiderata pourraient-ils donner lieu à l'avenir à de nouvelles perspectives méthodologiques et thématiques pour »Francia«? À cet égard, il pourrait être judicieux de recourir, de manière encore plus conséquente que ces dernières années, à la pratique consistant à publier des actes de colloque de manière groupée, en donnant dans le même temps une plus grande homogénéité aux volumes.

---

65 Gudrun GERSMANN, Zur Einführung, dans: Rolf GROSSE (dir.), Wissenschaftliche Zeitschriften. Aktuelle Situation und Perspektiven, Paris 2010 (Discussions. Colloquien und Tagungen des Deutschen Historischen Instituts Paris und seiner Partner 3), p. 1–8, p. 5: »Flaggschiff«.
66 L'analyse de Mareike KÖNIG et Eike LÖHDEN, Die Francia anders lesen (voir n. 12) démontre une plus grande ouverture méthodologique dans les volumes consacrés au Moyen Age et aux débuts de l'époque moderne.
67 Horst MÖLLER, Vorbemerkung des Herausgebers, dans: Francia 16/3 (1989), p. XIII.
68 Werner PARAVICINI, Vorwort des Herausgebers/Avis au lecteur, dans: Francia 34/1 (2007), p. XIII–XIV, p. XIV.

Les contributions en anglais sont encore l'exception dans »Francia«, même si leur nombre a nettement augmenté ces dernières années[69]. Reste à savoir si la prédominance des textes en allemand et en français pourra être maintenue, au regard de la baisse des compétences linguistiques de part et d'autre du Rhin. Le maintien de cette prédominance serait opportun, car »Francia« a ici aussi un important rôle de médiation à jouer, précisément parce que la pratique de l'allemand en France et celle du français en Allemagne sont aujourd'hui sur la défensive. Le changement de rythme de parution de la revue en 2008, qui est repassé à une édition en un seul volume, semble justifié par le fait que les comptes rendus ne paraissent plus que sous forme numérique, mais il est regrettable du point de vue des spécialistes d'une grande époque comme celle des XIXe et XXe siècles, car la décision de 1989 de passer à une répartition en trois volumes témoignait aussi de la volonté de revaloriser les contributions à l'histoire moderne et contemporaine, y compris celle du temps présent, par rapport aux parutions sur l'histoire médiévale[70]; un souhait aujourd'hui relativisé. Cela apparaît d'autant plus regrettable que l'évolution annoncée en 2008, à savoir la prise en compte de la nouvelle pertinence des recherches inter-époques, n'a finalement pas trouvé d'écho dans les articles publiés par la suite[71]. L'orientation de ces dernières années vers des thèmes d'histoire globale – à partir des nouveaux projets d'études africaines de l'IHA – est la bienvenue, à condition qu'elle ne s'accompagne pas d'un abandon de la »mission principale« – et du caractéristique unique – de »Francia«, à savoir la focalisation sur l'histoire allemande et française ainsi que sur celle de l'ensemble de l'Europe occidentale.

Au vu des changements sociaux, médiatiques et politiques actuels, la question de la raison d'être de »Francia« se pose: la perte d'importance générale, voire la banalisation des relations franco-allemandes s'accompagne aussi depuis le milieu et la fin des années 1990, en dépit d'un nombre conséquent d'institutions et de programmes de recherche binationaux, d'une certaine baisse d'intérêt pour l'histoire du partenaire respectif et pour les relations bilatérales dans l'historiographie des deux pays. D'un point de vue méthodologique, l'étude des relations franco-allemandes ne semble pas non plus aussi fructueuse qu'elle le fut dans les décennies précédentes. Comment »Francia« doit-elle réagir à ces évolutions? Sans doute en s'ouvrant encore davantage aux questions multilatérales, européennes et aussi à l'histoire globale. Dans le même temps, la revue devrait continuer à comporter une forte dimension franco-allemande, qui reste en fin de compte sa »marque de fabrique« légitime et reconnue. En complément de la question du contenu se pose celle de la forme et du mode de diffusion. »Francia« s'est engagée depuis 2008 sur la voie de sa numérisation presque intégrale. Tous les volumes sont désormais accessibles en ligne, sauf le dernier qui est mis en libre accès un an après la publication. Les comptes rendus sont publiés uniquement sous forme électronique, sous le titre de »Francia-Recensio«; deux évolutions qui doivent être saluées à la mesure de l'impératif d'une science »ouverte«. Dans le même temps, elles soulèvent la question de savoir si les versions imprimées doivent encore

---

69 Cf. aussi KÖNIG, LÖHDEN, Die Francia anders lesen (voir n. 12), p. 19–20.
70 HEINZELMANN, Die Zeitschrift Francia (voir n. 1), p. 176.
71 Gudrun GERSMANN, Vorwort der Herausgeberin/Avis au lecteur, dans: Francia 35 (2008), p. IX–XII, p. XI.

être maintenues: les périodiques spécialisés imprimés ne sont-ils pas un modèle en voie de disparition? Cela semble finalement être une question de point de vue et d'habitude qui dépend fortement de l'empreinte générationnelle de chaque lecteur et lectrice. La forme »hybride« actuelle de »Francia« représente certainement le meilleur compromis. Elle restera donc sans doute valable à moyen terme; à long terme, un avenir purement numérique pourra cependant s'imposer, afin que »Francia« puisse continuer à remplir son rôle essentiel de médiation et de multiplication pour les sciences historiques françaises et allemandes et au-delà. Un demi-siècle après sa création, la pertinence de cette revue et de son rôle demeurent entières, notamment en ce qui concerne la période historique des XIXe, XXe et XXIe siècles. Comme aucun autre périodique avant elle, »Francia« nous montre de manière exemplaire les chances et les menaces qui restent celles des relations franco-allemandes dans leur contexte européen et mondial respectif.

Sebastian Scholz

HANDLUNGSFÄHIGKEIT UND RECHTLICHE STELLUNG DER FREIEN FRAU IM FRÄNKISCHEN REICH (6.–8. JAHRHUNDERT)

Die rechtliche Stellung der freien Frau im frühen Mittelalter wurde von der Forschung lange als stark eingeschränkt angesehen. Diese Sichtweise soll hier für die Zeit vom 6. Jahrhundert bis etwa zur Mitte des 8. Jahrhunderts überprüft werden. Dieser Zeitrahmen ergibt sich, weil im Frankenreich der Karolingerzeit die älteren *Leges* überarbeitet, neue *Leges* geschaffen und diese durch die Kapitularien ergänzt wurden. Damit änderte sich der Rechtsrahmen gegenüber der Merowingerzeit, was bei der Interpretation der verschiedenen Rechtstexte zu berücksichtigen ist.

François-Louis Ganshof stellte 1962 in einem grundlegenden Aufsatz fest, die freie, verheiratete Frau habe im fränkischen Reich unter dem Recht ihres Mannes gelebt[1]. Privatrechtlich sei sie grundsätzlich nicht handlungsfähig gewesen und habe eine männliche Person gebraucht, die bei einem Geschäftsabschluss für sie handelte. Allerdings gebe es dazu in den fränkischen Rechtstexten keine explizite Bestimmung. Eine entsprechende Regelung finde sich nur im langobardischen Recht, doch gehe die Forschung davon aus, dass diese Bestimmung auch im Frankenreich gegolten habe[2]. Ganshof wandte dagegen jedoch ein, langobardisches Recht sei in der frühen fränkischen Zeit unbekannt gewesen[3]. Man müsse deshalb die Situation der Frau in den Quellen genau anschauen. So sei ein volljähriges, unverheiratetes Mädchen gemäß der »Lex Ribuaria« ohne einen männlichen Vormund handlungsfähig gewesen[4]. Für die verheiratete Frau habe im fränkischen Recht jedoch eine »Geschlechtsvormundschaft« bestanden, die in der Organisation der Sippe verankert gewesen sei[5]. Entweder der Vater, der Ehemann oder ein männliches Mitglied der Sippe habe über die Frau die Vormundschaft ausgeübt[6]. Als Belege für seine These dienen Ganshof im Wesentlichen normative Texte, in denen die Eheschließung oder die Folgen der Eheschließung behandelt werden. Rechtspraktische Texte wie Urkunden und Formeln zieht er für die Argumentation nur gelegentlich heran[7]. Das ist besonders dort

---

1 François-Louis GANSHOF, Le statut de la femme dans la monarchie Franque, in: La Femme, Bd. 2, Bruxelles 1962 (Recueil de la Société Jean Bodin, 12), S. 5–58.
2 Ebd., S. 7.
3 Ebd., S. 11.
4 Ebd., S. 16f.; vgl. Lex Ribuaria 84, hg. von Franz BEYERLE, Rudolf BUCHNER, MGH LL nat. Germ., 3,2, Hannover 1954, S. 130: *Si quis homo Ribvarius defunctus fuerit vel interfectus, et filium relinquerit, usque quinto decimo anno pleno nec causa prosequatur nec in iudicium interpellatus responso reddat; post 15 autem annorum aut ipse respondeat aut defensorem eligat. Similiter et filia.*
5 GANSHOF, Statut de la femme (wie Anm. 1), S. 25–27, 42.
6 Ebd., S. 42.
7 Ebd., S. 36f.

von Bedeutung, wo es um die Frau im Strafrecht und im öffentlichen Recht geht[8]. Eine auf Basis der Formeln zu leistende Analyse, welche Handlungsmöglichkeiten die Frau vor Gericht überhaupt hatte, unterbleibt. Insgesamt bietet Ganshof eine durchaus kritische und reflektierte Betrachtung der Quellen, die aber stark durch die Sichtweise der älteren Forschung beeinflusst ist[9]. Diese wird zwar heute in vielen Details nicht mehr akzeptiert[10], doch beeinflusst sie das Denken über die rechtliche Stellung der Frau im frühen Mittelalter immer noch stark[11].

Auffallend ist, dass auch in der neueren Forschung trotz der Warnung von François-Louis Ganshof immer wieder das langobardische Recht herangezogen wird, um die rechtliche Stellung der freien Frau in anderen Rechtssystemen zu erklären. Im langobardischen Recht wird die gesellschaftliche und rechtliche Stellung der Frau maßgeblich von dem Rechtsinstitut der Munt bzw. des *mundium* bestimmt[12]. Es heißt dort unter anderem:

> »Keiner freien Frau, die unter der Herrschaft unseres Reiches nach dem Gesetz der Langobarden lebt, ist es erlaubt, nach der Entscheidung ihrer Verfügungsgewalt, das heißt selbstmündig zu leben; vielmehr muss sie immer unter der Verfügungsgewalt der Männer oder wenigstens des Königs bleiben; und sie soll nicht die Verfügungsgewalt haben, irgendetwas vom beweglichen oder unbeweglichen Vermögen ohne den Willen dessen, in dessen Munt sie ist, zu verschenken oder zu veräußern[13].«

8   Ebd., S. 44–52, 53–56.
9   Vgl. etwa Heinrich BRUNNER, Deutsche Rechtsgeschichte, Bd. 1, Leipzig 1887, S. 102; Claudius Freiherr von SCHWERIN, Grundzüge der deutschen Rechtsgeschichte, 4. Aufl., hg. von Hans THIEME, Berlin, München 1950, S. 19.
10 David HERLIHY, Land, Family and Women in Continental Europe, 701–1200, in: Traditio 18 (1962), S. 89–120, hier S. 90–92, wiederabgedruckt in: DERS., The Social History of Italy and Western Europe. 700–1500, London 1978 (Collected Sudies, 84), Nr. VI (mit der originalen Paginierung); Brigitte POHL-RESL, »Quod me legibus contanget auere«. Rechtsfähigkeit und Landbesitz langobardischer Frauen, in: Mitteilungen des Instituts für Österreichische Geschichtsforschung 101 (1993), S. 201–227, hier S. 203 f.; Doris HELLMUTH, Frau und Besitz. Zum Handlungsspielraum von Frauen in Alamannien (700–940), Sigmaringen 1998 (Vorträge und Forschungen. Sonderband, 42), S. 100–103, 235 f.; Klemens WEDEKIND, Die Rechtsstellung der freien Frau im Erb- und Eherecht des *Edictus Rothari*, in: Concilium medii aevi 12 (2009), S. 115–133, hier S. 117–119.
11 Vgl. dazu Hans-Werner GOETZ, Frauen im frühen Mittelalter, Köln 1995, S. 38 f.; S. 31–68 ein sehr guter Überblick über den Forschungsstand am Ende des 20. Jahrhunderts.
12 POHL-RESL, Rechtsfähigkeit (wie Anm. 10), S. 204 f.; Cristina LA ROCCA, Pouvoir des femmes, pouvoir de la loi dans l'Italie lombarde, in: Stéphane LEBECQ, Alain DIERKENS, Régine LE JAN, Jean-Marie SANSTERRE (Hg.), Femmes et pouvoirs des femmes à Byzance et en Occident (VIe–XIe siècles), Lille 1999, S. 37–50, bes. S. 42–50, die in der Munt vor allem ein Instrument der aristokratischen langobardischen Familien sieht, den Besitz der Frauen zu kontrollieren; dagegen betont WEDEKIND, Rechtsstellung (wie Anm. 10), S. 117–121 die große Bedeutungsbreite von Munt, die insbesondere auch den Schutz der Frauen mit einschließt.
13 Edictus Rotharii 204, hg. von Friderich BLUHME, MGH Fontes iuris, 2, Hannover 1869, S. 43: *Nulli mulieri liberae liceat in sui potestatem arbitrium vivere. Nulli mulieri liberae sub regni nostri ditionem legis langobardorum viventem liceat in sui potestatem arbitrium, id est selbmundia, vivere, nisi semper sub potestatem virorum aut certe regis debeat permanere; nec aliquid de res mobiles aut immobiles sine voluntate illius, in cuius mundium fuerit, habeat potestatem donandi aut alienandi.* Alle Übersetzungen, soweit nicht anders angegeben, von Sebastian Scholz.

Alle freien Frauen, ob ledig, verheiratet oder verwitwet, unterliegen demnach der Verfügungsgewalt der Männer und sind selbst nicht geschäftsfähig. Allerdings enthält nur das ab 643 im »Edictus Rothari« und seinen späteren Zusätzen aufgezeichnete langobardische Recht ausführliche und detaillierte Ausführungen zur Munt. Und nur im langobardischen Recht kommen – abgesehen von einer Bestimmung des alemannischen Rechts[14] – vor dem Ende des 8. Jahrhunderts die Begriffe *mundium* bzw. *mundius* vor. Die älteren *Leges*, die »Lex Visigothorum« und ihre Vorlagen[15], die fränkische »Lex Salica«[16], der burgundische »Liber constitutionum«[17] und die fränkische »Lex Ribuaria«[18] enthalten weder diese Begriffe noch ein Äquivalent. Trotzdem benutzten ältere Studien das 643 im »Edictus Rothari« festgelegte Verständnis von Munt oft ohne zeitliche und räumliche Differenzierung[19]. Die Munt

14 Leges Alemannorum LIII,2 (E codd. A), hg. von Karl LEHMANN, Karl August ECKHARDT, MGH LL nat. Germ., 5,1, Hannover 1966, S. 111: *Si autem ipsa femina post illum virum mortua fuerit, antequam illo mundio aput patrem adquirat, solvat eam ad patrem eius 400 solidis; et si filios aut filias genuit ante mundium, et omnes mortui fuerint unicuique cum wirigildo suo conponat ad illum patrem feminae.* »Wenn aber jene Frau selbst bei jenem Mann gestorben ist, bevor er jene Munt beim Vater erworben hat, soll er für diese ihrem Vater 400 Solidi Buße zahlen. Und wenn er Söhne oder Töchter vor der Munterlangung gezeugt hat und alle gestorben sind, soll er für jeden einzelnen das Wergeld an jenen Vater der Frau entrichten.« Dazu HELLMUTH, Frau und Besitz (wie Anm. 10), S. 78 f.; Andrea ESMYOL, Geliebte oder Ehefrau? Konkubinen im frühen Mittelalter, Köln 2002 (Beihefte zum Archiv für Kulturgeschichte, 52), S. 111 f.; Ines WEBER, Ein Gesetz für Männer und Frauen. Die frühmittelalterliche Ehe zwischen Religion, Gesellschaft und Kultur, Bd. 1, Ostfildern 2008 (Mittelalter-Forschungen, 24), S. 128 f.
15 Vgl. Isabella FASTRICH-SUTTY, Die Rezeption des Westgotischen Rechts in der Lex Baiuvariorum. Eine Studie zur Bearbeitung von Rechtstexten im frühen Mittelalter, Köln u. a. 2001 (Erlanger juristische Abhandlungen, 51); Jill HARRIES, Not the Theodosian Code. Euric's Law and Late Fifth-Century Gaul, in: RALPH MATHISEN, DANUTA SHANZER (Hg.), Society and culture in late antique Gaul: revisiting the sources, Aldershot 2001, S. 39–51.
16 Karl UBL, Im Bann der Tradition. Zur Charakteristik der *Lex Salica*, in: Mischa MEIER, Steffen PATZOLD (Hg.), Chlodwigs Welt. Organisation von Herrschaft um 500, Stuttgart 2014 (Roma Aeterna, 3), S. 423–445; Karl UBL, Sinnstiftungen eines Rechtsbuchs. Die Lex Salica im Frankenreich, Ostfildern 2017 (Quellen und Forschungen zum Recht im Mittelalter, 9).
17 Reinhold KAISER, Die Burgunder, Stuttgart 2004, S. 126–133; Gerd KAMPERS, Art. »Lex Burgundionum«, in: Reallexikon der Germanischen Altertumskunde, Bd. 18, Berlin, New York 2001, S. 315–317.
18 Eugen EWIG, Die Stellung Ribuariens in der Verfassungsgeschichte des Merowingerreichs, in: DERS., Spätantikes und fränkisches Gallien. Gesammelte Schriften, Bd. 1, München 1976 (Beihefte der Francia, 3,1), S. 450–471; Karl UBL, Inzestverbot und Gesetzgebung: die Konstruktion eines Verbrechens (300–1100), Berlin 2008 (Millennium-Studien, 20), S. 187 f. (zur Datierungsfrage).
19 Vgl. etwa Elizabeth Lynn HALLGREN, The Legal Status of Women in the Leges barbarorum, Diss. University of Colorado 1977, S. 45 f., 192 f.; Raimund KOTTJE, Eherechtliche Bestimmungen der germanischen Volksrechte (5.–8. Jahrhundert), in: Werner AFFELDT (Hg.), Frauen in Spätantike und Frühmittelalter. Lebensbedingungen – Lebensnormen – Lebensformen, Sigmaringen 1990, S. 211–220, hier S. 213 f.; Ingrid HEIDRICH, Besitz und Besitzverfügung verheirateter und verwitweter freier Frauen im merowingischen Frankenreich, in: Hans-Werner GOETZ (Hg.), Weibliche Lebensgestaltung im frühen Mittelalter, Köln, Weimar, Wien 1991, S. 119–138, hier S. 121 f.; Ernst HOLTHÖFER, Die Geschlechtsvormundschaft. Ein Überblick von der Antike bis ins 19. Jahrhundert, in: Ute GERHARD (Hg.), Frauen in der Geschichte des Rechts, München 1997, S. 390–451, hier S. 408; Adelheid Krah, Chancen einer Gleichstellung im Frühmittelalter? Sozialgeschichtliche Implikationen normativer Texte aus dem langobardi-

wurde einfach auf andere und ältere germanische Rechtssysteme übertragen. Noch 1990 erklärte Ruth Schmidt-Wiegand:

> »Die Belege, ..., die das *mundium* betreffen, entstammen fast alle dem langobardischen Recht, genauer gesagt dem Edictus Rothari des Jahres 643 und den Gesetzen Liutprands von 717 und 731. Es wäre indessen falsch, wie es tatsächlich geschehen, auf das Fehlen der Ehe- oder Geschlechtsvormundschaft, etwa bei den Franken schließen zu wollen. Dies verbietet nicht nur der sprachliche Befund, hat sich doch bei angelsächsisch *mund* neben den Bedeutungen ›Hand, Schutz, Vormundschaft, Sicherheit, Königsfriede‹ und ›Strafe für diesen Bruch‹ auch die spezialisierte Bedeutung ›Gabe des Bräutigams an Braut oder Schwiegervater‹ herausgebildet. ... Beides, die Bedeutungs- wie die Bezeichnungsentwicklung ist nur vor dem Hintergrund der Geschlechtsvormundschaft zu verstehen, welche die germanischen Stämme in ihrer Gesamtheit betraf. ... Wir haben hier den bezeichnenden Fall vor uns, daß das mündlich tradierte und brauchtümlich gehandhabte Gewohnheitsrecht ... nicht expressis verbis im Rechtstext zitiert und ausgeführt werden mußte. Seine Kenntnis konnte durchaus als bekannt vorausgesetzt werden[20].«

Diese Festlegung wurde in der Forschung bisher weitgehend akzeptiert, obwohl sie methodisch unzulässig ist. Wenn die Kenntnis der Munt als bekannt vorausgesetzt werden konnte, dann müsste erklärt werden, warum nur die Langobarden den Begriff der Munt in ihren Gesetzen verwenden und die Auswirkungen der Munt erklären. Waren die Langobarden dümmer als alle anderen Germanen, so dass nur sie sich den Begriff ständig in Erinnerung rufen und erklären mussten? Das ist wohl kaum ein zulässiger Interpretationsansatz.

---

schen Italien und aus dem bayerischen Rechtsbereich, in: forum historiae iuris 12. März 2002 (https://forhistiur.net/2002-03-krah/?l=de [16.02.2023]), Abschnitt 11–14; Dennis HAASE, Sozialer Wandel und Entstehung eines Strafrechts als Folge der Romanisierung und Christianisierung im Frühmittelalter, Diss. Universität Bielefeld 2006, S. 79f. (https://pub.uni-bielefeld.de/record/2305699 [16.02.2023]); Emma SOUTHON, Marriage, Sex and Death: The Family in the Post-Imperial west, University of Birmingham 2012 (https://etheses.bham.ac.uk/id/eprint/4129/ [16.02.2023]), S. 47.

20 Ruth SCHMIDT-WIEGAND, Der Lebenskreis der Frau im Spiegel der volkssprachigen Bezeichnungen der Leges barbarorum, in: AFFELDT (Hg.), Frauen (wie Anm. 19), S. 195–209, hier S. 202f.

1. Gerichtsurkunden in den Formelsammlungen

Viele der jüngeren Arbeiten, die sich mit der Stellung der Frau im frühen Mittelalter befassen, beschäftigen sich vor allem mit Ehe, Scheidung und Wiederheirat[21] oder mit Besitz und Besitzverfügungen von Frauen[22]. Ein weiteres Panorama bieten die Arbeiten von Elizabeth Lynn Hallgren, Suzanne Fonay Wemple und Hans-Werner Goetz[23]. Im Hinblick auf Ehe und Besitz spielen die Handlungsfähigkeit und die rechtliche Stellung der Frau natürlich eine wichtige Rolle. Und hier ergibt sich ein grundlegendes methodisches Problem. Wenn tragfähige Aussagen hinsichtlich der Handlungsfähigkeit und der rechtlichen Stellung der Frau in der Ehe und bei Besitzverfügungen getroffen werden sollen, muss zunächst geprüft werden, welche Handlungsmöglichkeiten eine freie Frau grundsätzlich hatte. Dies ist aber bisher nicht geschehen. Elizabeth Lynn Hallgren hat in ihrem Werk »The Legal Status of Women« nur die normativen Texte der germanischen *Leges* betrachtet, Formeln und Urkunden aber beiseitegelassen. Außer in den langobardischen Gesetzen gibt es kaum explizite Bestimmungen zur Rechts- und Geschäftsfähigkeit der Frau, sodass es sehr schwierig ist, für die übrigen Rechtsräume weiterführende Aussagen zu treffen[24]. Für das fränkische Reich findet sich lediglich eine Bestimmung in der nach 623 oder 633/34 entstandenen »Lex Ribuaria«[25], aus der man auf eine eingeschränkte Rechtsfähigkeit der Frau schließen könnte:

> »Dies aber bestimmen wir, dass keiner es wagen soll, mit einem fremden Unfreien ein Geschäft abzuschließen oder einen Tausch zu machen und er soll für ihn keine Hinterlegung und keine Schenkung machen und niemand soll von einem Unfreien hinterlegtes oder geschenktes Gut annehmen. Wenn irgendjemand aber nach dieser Bestimmung es wagt, einem Unfreien etwas anzuvertrauen, soll er nichts zurückerhalten und der Herr des Unfreien soll deshalb als

---

21 Vgl. etwa James BRUNDAGE, Law, Sex, and Christian Society in Medieval Europe, Chicago 1987; KOTTJE, Eherechtliche Bestimmungen (wie Anm. 19); ESMYOL, Geliebte oder Ehefrau (wie Anm. 14); Stefan Chr. SAAR, Ehe, Scheidung, Wiederheirat. Zur Geschichte des Ehe- und des Ehescheidungsrechts im Frühmittelalter (6.–10. Jahrhundert), Münster 2002; WEBER, Gesetz für Männer und Frauen (wie Anm. 14); SOUTHON, Marriage (wie Anm. 19); Christoph Dominik MÜLLER, Das Recht der Ehevoraussetzungen in den Leges der Goten, Burgunder und Franken unter besonderer Berücksichtigung des römischen Vulgarrechts, Berlin 2016 (Schriften zur Rechtsgeschichte, 172).
22 HERLIHY, Land, Family and Women (wie Anm. 10); HEIDRICH, Besitz und Besitzverfügung (wie Anm. 19); POHL-RESL, Rechtsfähigkeit (wie Anm. 10); DIES., Vorsorge, Memoria und soziales Ereignis: Frauen als Schenkerinnen in den bayerischen und alemannischen Urkunden des 8. und 9. Jahrhunderts, in: Mitteilungen des Instituts für österreichische Geschichtsforschung 103 (1995), S. 265–287; HELLMUTH, Frau und Besitz (wie Anm. 10).
23 HALLGREN, Legal Status (wie Anm. 19); Suzanne Fonay WEMPLE, Women in Frankish Society. Marriage and the Cloister 500 to 900, Philadelphia 1981; GOETZ, Frauen (wie Anm. 11).
24 HALLGREN, Legal Status (wie Anm. 19), S. 190; der Beitrag von Gabriele VON OLBERG, Aspekte der rechtlich-sozialen Stellung der Frauen in den frühmittelalterlichen Leges, in: AFFELDT (Hg.), Frauen (wie Anm. 19), S. 221–238 führt hier ebenfalls nicht weiter.
25 Vgl. Franz BEYERLE in der Einleitung zur Textausgabe der Lex Ribuaria, MGH LL nat. Germ., 3,2 (wie Anm. 4), S. 27; UBL, Inzestverbot (wie Anm. 18), S. 187f.

unschuldig gelten. Gleiches haben wir für einen Knaben und die Frau eines anderen festgesetzt[26].«

Hier werden ein unmündiger Knabe und die Frau eines anderen mit einem Unfreien gleichgesetzt, der als nicht geschäftsfähig eingestuft wird. Ein Mann konnte demnach kein Geschäft mit der Frau eines anderen Mannes abschließen. Mit unverheirateten Frauen oder Witwen scheint ein Geschäftsabschluss dagegen möglich gewesen zu sein[27]. Zudem stellt sich die Frage, wie weit diese Bestimmung über den regionalen Geltungsbereich der »Lex Ribuaria« hinaus rezipiert wurde[28]. Eine Einschätzung der Geschäftsfähigkeit der Frau allein mit Hilfe der *Leges* ist somit kaum möglich. Dieses Problem wird besonders in Suzanne Fonay Wemples Buch »Women in Frankish Society« sichtbar. Das Kapitel, das sie mit »Merovingian women in law and economy« überschreibt, behandelt keineswegs die Handlungsmöglichkeiten, welche die Frau diesbezüglich hatte, sondern bleibt im Wesentlichen auf die rechtlichen und ökonomischen Bedingungen der Eheschließung beschränkt[29]. Das liegt vor allem daran, dass Wemple die Formelsammlungen und Urkunden nicht auswertet. Dabei bieten gerade sie gutes Material für die Beantwortung dieser Frage[30]. Darauf wies bereits Ingrid Heidrich hin, die ihren Ansatz hinsichtlich der Formeln jedoch auf die Besitzverfügungen beschränkte[31]. Für den vorliegenden Beitrag wurden deshalb die vor 800 entstandenen Formelsammlungen systematisch darauf durchgesehen, ob Frauen als handelnde Personen auftreten. Insbesondere die Formeln, die ein eigenständiges Handeln der Frauen vor Gericht sowohl in strafrechtlichen als auch in privatrechtlichen Fällen zeigen, sind hier von besonderer Bedeutung. Denn man muss sich die Frage stellen, warum eine Frau, die angeblich nicht selbstständig handeln durfte, ohne männlichen Beistand vor Gericht als Klägerin und als Beklagte auftreten konnte.

Ein weiteres methodisches Problem ist die Konzentration der meisten Arbeiten auf das germanische Recht, ohne das römische Recht einzubeziehen. Dass aber das Frankenreich ein Raum des Rechtspluralismus war, hatte schon die Forschung des 19. Jahrhunderts im Blick. Aufgrund der programmatischen Hinwendung der deutschen Rechtsgeschichte zur nationalen »deutschen« Vergangenheit und der romantischen Gleichsetzung von »deutsch« und »germanisch«[32], wurden jedoch vor allem

---

26 Lex Ribuaria 77 (74), MGH LL nat. Germ., 3,2 (wie Anm. 4), S. 128: *Hoc autem constituemus, ut nullus cum servo alieno negotium faciat vel commutationem facere praesumat, nec ei ullam commendationem vel traditionem faciat, nec a servo quisquam commendatam vel traditam rem recipiat. Si quis autem post haec divinicionem servum aliquid commendare praesumpserit, nihil recipiat, et dominus eius ex hoc innocens habeatur. Similiter de puero vel de muliere alterius constituimus.*
27 Das wird von Ganshof, Statut de la femme (wie Anm. 1), S. 29f. nicht berücksichtigt.
28 Zum Geltungsbereich der »Lex Ribuaria« vgl. Sebastian Scholz, Die Merowinger, Stuttgart 2015, S. 214–216.
29 Wemple, Women in Frankish Society (wie Anm. 23), S. 27–50.
30 Alice Rio, Legal Practice and the Written Word in the Early Middle Ages: Frankish Formulae, c. 500–1000, Cambridge 2009; siehe auch das Projekt der Akademie der Wissenschaften in Hamburg: Formulae – Chartae – Litterae (https://www.formulae.uni-hamburg.de/ [16.02.2023]).
31 Heidrich, Besitz (wie Anm. 19), S. 120, 122–124.
32 Karl Kroeschell, Deutsche Rechtsgeschichte, Bd. 1, Köln, Weimar, Wien [13]2008, S. 1.

die Unterschiede der verschiedenen rechtlichen Ordnungen betont. So schrieb Heinrich Brunner, der Altmeister der deutschen Rechtsgeschichte: »Im fränkischen Reiche galt bei den einzelnen Nationalitäten und Stämmen verschiedenes Recht. Als die salischen Franken Gallien eroberten, ließen sie die römische Bevölkerung bei dem römischen Rechte beharren. ... So stehen sich innerhalb der fränkischen Monarchie die germanischen Stammesrechte einerseits, das römische Recht andererseits gegenüber[33].« Erschienen römisches und germanisches Recht hier noch als zwei getrennte Sphären innerhalb eines Reiches, hat die neuere Forschung gezeigt, dass diese Vorstellung nicht haltbar ist. Die Rechtssysteme haben sich gegenseitig beeinflusst, traten aber auch in Konkurrenz zueinander. Im Einzelnen sind diese Spuren nicht einfach zu verfolgen, und die Beziehung zwischen römischem und germanischem Recht hat sich zeitlich und regional unterschiedlich ausgestaltet[34]. Da aber in der »Lex Salica« ganze Sachgruppen wie das Kaufrecht oder das Recht der Grundstücksübertragung fehlen, kann man von einer Nutzung des »Codex Theodosianus« in den entsprechenden Fällen ausgehen[35]. In einigen Formeln wird deutlich, dass man keineswegs immer nur ein Recht vor Augen hatte. So heißt es in Formel 54 der Formeln von Angers[36]:

»Dass es gut und glückbringend sei! Das Gesetz des Glücks pflichtet den Angesprochenen bei und das römische Gesetz lehrt es und die Gewohnheit des *pagus* stimmt zu und die königliche Macht verbietet es nicht, dass man etwas für sich sowohl verliert, als auch an diesem glücklichsten Tag der Heirat erwünscht bekommt[37].«

33 BRUNNER, Deutsche Rechtsgeschichte (wie Anm. 9), S. 254 f.; vgl. auch Otto GIERKE, Die soziale Aufgabe des Privatrechts: Vortrag gehalten am 5. April 1889 in der juristischen Gesellschaft zu Wien, Berlin, Heidelberg 1889, S. 5–7.
34 Harald SIEMS, Zum Weiterwirken römischen Rechts in der kulturellen Vielfalt des Mittelalters, in: Gerhard DILCHER, Eva-Marie DISTLER (Hg.), Leges – Gentes – Regna. Zur Rolle von germanischen Rechtsgewohnheiten und lateinischer Schrifttradition bei der Ausbildung der frühmittelalterlichen Rechtskultur, Berlin 2006, S. 231–255.
35 Zur Geltung des »Codex Theodosianus« vgl. Gregor von Tours, Libri historiarum X, 4, 46, hg. von Bruno KRUSCH, Wilhelm LEVISON, MGH SS rer. Merov., 1,1, Hannover ²1937–1951, S. 181; für das 7. Jahrhundert bezeugt unter anderem die Lex Ribuaria 61, MGH LL nat. Germ., 3,2 (wie Anm. 4), S. 108 f. die Geltung des römischen Rechts.
36 Die Entstehung dieser Formelsammlung ist umstritten und bewegt sich zwischen dem Ende des 6. und dem Anfang des 8. Jahrhunderts, vgl. Werner BERGMANN, Die Formulae Andecavenses, eine Formelsammlung auf der Grenze zwischen Antike und Mittelalter, in: Archiv für Diplomatik 24 (1978), S. 1–53, hier S. 3 f.; Alice RIO, The Formularies of Angers and Marculf: Two Merovingian Legal Handbooks. Translated with an Introduction and Notes, Liverpool 2008, S. 248–254; DIES., Legal Practice and the Written Word in the Early Middle Ages: Frankish Formulae, c. 500–1000, Cambridge 2009, S. 67–77. Die Entstehung der Sammlung von Angers sagt allerdings noch nichts über die Entstehungszeit der Formeln aus, die wohl noch ins 6. Jahrhundert zurückreichen dürfte. Dafür sprechen die auffälligen Unterschiede zur Sammlung Marculfs. In den Formeln von Angers fehlen nicht nur Königsurkunden, sondern auch der Bischof erscheint nur ein einziges Mal (Nr. 32). Dafür kommt immer wieder der Abt als Richter vor, was sich bei Marculf und in anderen Sammlungen nicht feststellen lässt.
37 Formulae Andecavenses 54, hg. von Karl ZEUMER, MGH Formulae Merowingici et Karolini aevi, Hannover 1886, S. 23: *Quod bonum, faustum sit! Lex filicitatis adfatis adsentit, et lex Romana edocit, et consuetudo pagi consentit, et principalis potestas non prohibet, ut tam pro se inter-*

Römisches Recht, die Gewohnheit des *pagus* und die Erlasse des Königs scheinen hier als gleichwertige Glieder nebeneinander zu stehen. Sie alle beziehen sich auf die an erster Stelle stehende *lex felicitatis*, die vermutlich die Möglichkeit einer legitimen Heirat und der damit zwingend verbundenen Ausstattung der Frau[38] meint. Römisches Recht und lokale Gewohnheit lassen diese Schenkung anlässlich der Ehe zu, und sie ist nicht durch irgendeinen Erlass des Königs verboten worden[39].

Allerdings stellt sich die Frage, welche Rechtsvorstellungen in den Formeln eigentlich zum Ausdruck kommen. Detlef Liebs traf hier eine klare Einteilung: »Die ältesten [Formeln] von Angers und Cordoba sind römischrechtlich, ebenso die von Bourges, Tours und Clermont Ferrand; fränkisch dagegen sind Markulfs Sammlung, die verschiedenen Sammlungen von Sens, die verschiedenen salfränkischen und die ostfränkischen[40].« Allerdings muss Liebs selbst einschränken, dass etwa die Formeln von Angers eine Reihe von Formeln zum Selbstverkauf bieten[41], der nach römischem Recht eigentlich verboten war[42]. Werner Bergmann sah im Gegensatz zu Liebs ein »Konglomerat römisch-rechtlicher und germanisch-rechtlicher Rechtsgrundsätze« in den Formeln von Angers[43]. Weiterhin sei festzustellen, so Bergmann, »daß die Formeln mit privatrechtlichem Inhalt die römisch-rechtlichen Auffassungen der Lex Romana Visigothorum widerspiegeln, während die den Gerichtsurkunden zugrundeliegenden Verfahren auf germanischen Rechtsnormen und -traditionen beruhen«[44]. Gerade der zweite Aspekt ist wichtig, um mehr Klarheit hinsichtlich der rechtlichen Stellung der Frau zu gewinnen. Denn wenn die Verfahren, die den Gerichtsurkunden zugrunde liegen, auf germanischen Rechtsnormen und -Traditionen beruhen, dann wird man ihre Geltung nicht nur für die galloromanische, sondern auch für die fränkische oder sonstige germanische Bevölkerung annehmen müssen. Es liegt somit nahe, zunächst zu prüfen, welche Handlungsmöglichkeiten Frauen in Gerichtsverfahren besaßen. Die 12. Formel von Angers lautet:

> »Feststellung über das Fernbleiben der Gegenpartei, wie und in wessen Gegenwart jener Mann A seinen Gerichtstermin in der Stadt Angers wahrnahm, an den und den Kalenden, gemäß dem Urteil jenes berühmten Grafen B und seiner Beisitzer, für die Männer mit den Namen C und D und die Mutter jener

---

citentem, quam ad die filicissimo nupciarum obtabile evenientem. Zeumer korrigiert das *adfatis* der Handschrift in *adsatis*, vgl. aber https://werkstatt.formulae.uni-hamburg.de/texts/urn:cts: formulae:andecavensis.form054.lat001%2Burn:cts:formulae:andecavensis.form054.deu001/passage/ 1%2Ball#idm140538595863008 (16.02.2023).

38 Vgl. dazu WEBER, Gesetz für Männer und Frauen (wie Anm. 14), S. 93.
39 Vgl. auch Detlef LIEBS, Vier Arten von Römern unter den Franken im 6. bis 8. Jh., in: Zeitschrift der Savigny-Stiftung für Rechtsgeschichte. Rom. Abt. 133 (2016), S. 459–468, hier S. 463 f.
40 Detlef LIEBS, Sklaverei aus Not im germanisch-römischen Recht, in: Zeitschrift der Savigny-Stiftung für Rechtsgeschichte. Rom. Abt. 118 (2001), S. 286–311, hier S. 287; differenzierter DERS., Römische Jurisprudenz in Gallien (2. bis 8. Jahrhundert), Berlin 2002 (Freiburger Rechtsgeschichtliche Abhandlungen, 38), S. 191–196, 199–201.
41 Vgl. etwa Formulae Andecavenses 2, 3, 17, 18, 19, 21, 25, MGH Formulae (wie Anm. 37), S. 5 f., 10, 11 f.
42 LIEBS, Sklaverei (wie Anm. 40), S. 290 f., 296 f; DERS., Römische Jurisprudenz (wie Anm. 40), S. 193 f.
43 BERGMANN, Formulae Andecavenses (wie Anm. 36), S. 4.
44 Ebd., S. 34 und S. 29 f.

mit Namen E, zusammen mit dem Onkel dieser namens F, weil er (A) sagte, dass die Frau G den Vater dieser mit Namen H durch Hexerei getötet habe. Man sah, dass die, die oben schon genannt wurden, ihren Gerichtstermin nach dem Gesetz von morgens bis abends beachtet haben. Denn weder die Frau selbst kam zum Gerichtstermin noch hat sie jemanden an ihrer Stelle geschickt, der eine echte Not gemeldet hätte. Deshalb war es notwendig für die oben genannten Leute, dafür zu sorgen, dass diese Feststellung durch die Hände guter Männer bekräftigt wurde. Wie es offensichtlich auch geschehen ist[45].«

Gemäß der Gerichtsurkunde hatte ein Mann (A) im Namen seiner Verwandten Anklage gegen eine Frau (G) erhoben, sie habe seinen Vater durch einen Zauber umgebracht. Während die Kläger zum Gerichtstermin erschienen, blieb die Beklagte dem Gericht fern und schickte auch niemand, der ihr Fernbleiben durch die Angabe eines schwerwiegenden Grundes entschuldigt hätte. Es konnte somit, wie die Formel zeigt, nicht nur Klage gegen die Frau erhoben werden, sondern es wurde auch erwartet, dass die Frau selbst zu ihrem Gerichtstermin erschien. Wenn es die Vorstellung von einer Munt gegeben hätte, wäre gerade in einem solchen Fall zu erwarten, dass der Muntwalt in irgendeiner Form eingebunden gewesen wäre. Das ist jedoch in keiner Weise der Fall. Ein Einfluss des Prozessrechts, das der Frau hier eine Sonderstellung verschafft haben könnte, ist nicht anzunehmen, da sich für diese Zeit keine entsprechenden prozessrechtlichen Vorschriften nachweisen lassen[46]. Anders ist der folgende Fall gelagert:

»Aufstellung, wie und in wessen Anwesenheit A und B an ihrem Gerichtstermin anwesend waren in der Stadt Angers, in der Kirche des Heiligen C gemäß dem Urteil des *praepositus* D, weil eine gewisse Frau mit Namen E Anklage bezüglich des Besitzes F erhob. Dieser A und sein Bruder B kamen zu eben dem Gerichtstermin und haben ihre Männer hier präsentiert, damit diese sie durch einen Eid rechtfertigen sollten. Denn die Frau selbst ist auch bei dem Gerichtstermin anwesend gewesen und wollte den Eid keinesfalls annehmen. Dieser A und sein Bruder B beachteten bei ihrem Gerichtstermin das Gesetz und stellten fest, dass die Gegenpartei ihrer Rechtspflicht nicht nachgekom-

---

45 Formulae Andecavenses 12, MGH Formulae (wie Anm. 37), S. 9: [*Incipit solsadia*]. *Noticia solsadii, qualiter vel quibus presentibus illi homo placetum suum atendit Andecavis civetate, kalendas illas, per iudicio inluster illo comite vel auditores suis, haccontra hominis his nominibus illus et illus vel genetrici eorum nomen illa una cum abunculo eorum illo, dum dicerit, quasi aliqua femena nomen illa genetore eorum nomen illo per maleficio eum interfecisset. Qui ipsi iam superius nomenati placitum eorum legebus a mane usque ad vesperum visi fuerunt custodisse. Nam ipsa femena nec ad placetum advenit, nec misso in persona sua direxit, qui sonia [noncia]re debuissit. Propterea necesse fuerit predictis hominibus, ut hanc noticia bonorum hominum manibus roboratas prosequere deberent; qualiter et visi sunt fecisse*; vgl. auch die Übersetzung und die Kommentare bei Formulae – Litterae – Chartae, https://werkstatt.formulae.uni-hamburg.de/texts/urn:cts:formulae:andecavensis.form012.deu001/passage/all#idm140222607217280 (16.02.2023)
46 In den fränkischen Leges gibt es dazu keine Regelungen. Zum Einfluss christlicher Vorstellungen auf das Prozessrecht vgl. Mathias SCHMOECKEL, Die Jugend der Justitia. Archäologie der Gerechtigkeit im Prozessrecht der Patristik, Tübingen 2013, S. 190–197.

men war. Deshalb ist es notwendig, dass sie deshalb diese Aufstellung empfangen mussten. Dies haben wir folglich so gemacht[47].«

In diesem Fall hatte die Frau E selbst Klage gegen die Brüder A und B erhoben. Es ging vermutlich um umstrittenen Besitz (*res*). Die beiden Brüder boten Eidhelfer auf, welche ihren Anspruch bezeugen und beschwören sollten[48]. Die Frau, die selbst beim Prozess anwesend war, weigerte sich aber, den Eid zu akzeptieren. Offenbar konnte sie jedoch keine rechtlich relevanten Gründe für ihre Weigerung vorbringen, sodass die Brüder feststellen lassen konnten, sie sei ihrer Rechtspflicht nicht nachgekommen. Die Anwesenheit der Eidhelfer zeigt eindeutig, dass der Prozess germanischen Rechtsvorstellungen folgte. Offenbar war es dabei kein Problem, wenn eine Frau selbst Klage erhob, beim Prozess anwesend war und sogar die Annahme des rechtmäßigen Eides verweigerte. Mit keinem Wort geht die Formel auf die Notwendigkeit eines männlichen Rechtsbeistands oder eine eingeschränkte Geschäftsfähigkeit der Frau ein. Beides war offenbar nicht gegeben.

Auch im folgenden Fall, der allerdings sprachlich einige Schwierigkeiten aufweist, erscheint eine Frau als Handelnde in einem Rechtsstreit[49]:

»Es beginnt eine Sicherheit. Weil man es für durchaus bekannt ansieht, dass eine Frau namens A mit dem Mann des Heiligen mit dem Namen B die Spannung eines Streits über geraubtes Gut hatte, das Teil[50] ihres Eigentums war, sodass sie nach dem Willen derselben Frau zur Eintracht des Friedens gelangen mussten, was sie so gemacht haben. Daher gehört es sich, dass, wenn der Mann es mit seiner Hand bekräftigt hat, sie (den Frieden) annehmen müssen, was so auch geschah, sodass, wenn die Frau nach diesem Tag gegen den Mann vorgehen will, sie soundso viele Solidi zahlen soll[51].«

---

47 Formulae Andecavenses 16, MGH Formulae (wie Anm. 37), S. 10: *Incipit noticia. Noticia, qualiter vel quibus presentibus illi et illi placitum eorum adtenderunt Andecavis civetate in basileca domne illius per iudicio illo preposito, unde aliqua femena nomen illa abuit interpellatus pro illa rem. Qui illi et germanus suos illi ad ipso placito advenerunt et homines suos hic presentaverunt, ut ipso sacramento excusare deberunt. Nam ipsa illa femena ad ipso placito adfuit et ipso sacramento menime recipere voluit. Qui illi et germano suo illi placitum eorum legibus custodierunt et solsadierunt. Propterea necessarium fuit, ut ex hoc noticia accipere deberunt; quod ita et fecimus.*

48 Zur Rolle der Eidhelfer vgl. Stefan Esders, Der Reinigungseid mit Helfern. Individuelle und kollektive Rechtsvorstellungen in der Wahrnehmung und Darstellung frühmittelalterlicher Konflikte, in: Ders. (Hg.), Rechtsverständnis und Konfliktbewältigung. Gerichtliche und außergerichtliche Strategien im Mittelalter, Köln, Weimar, Wien 2007, S. 55–78, hier S. 61 f.

49 Formulae – Litterae – Chartae, Angers 26, übersetzt den Text etwas anders. Die Frau bleibt aber auch nach dieser Übersetzung handelnde Person, vgl. https://werkstatt.formulae.uni-hamburg.de/texts/urn:cts:formulae:andecavensis.form026.deu001/passage/all (16.02.2023).

50 Die Handschrift bietet *pras*, das mit Formulae – Litterae – Chartae, Angers 26 (wie Anm. 49), als *pars* zu lesen ist. Die Vermutung von Zeumer, Formulae Andecavenses 26, MGH Formulae (wie Anm. 37), S. 12, Anm. 3, es gehe um einen Frauenraub, ist nicht haltbar.

51 Formulae Andecavenses 26, MGH Formulae (wie Anm. 37), S. 12 f.: *Incipit securitas. Dum non abitur incognitum, qualiter aliqua femena nomen illa aput homine sancti illius nomen illo litis intencione abuit de illo rapto, quod ipsa fuit pras, ut ipsa ad pacem cumcordia volumtate ad ipsa femena facere deberunt; quod ita et fecerunt. Unde convenit, ut si homo manu sua firmata exinde accipere deberunt, quod ita et fecit, ut, se ipsa femena post hunc diae resultare voluerit contra homine, soledus tantus conponat.*

In diesem Fall wurde eine Frau offenbar beraubt, konnte den Täter aber überführen und einigte sich mit ihm auf die Rückgabe des geraubten Guts und verzichtete auf eine Anklage. Wieder handelt die Frau allein. Um ihren Besitz zurückzuerhalten, schließt sie Frieden mit dem Räuber und verzichtet auf ein weiteres Vorgehen gegen ihn.

Der letzte Text in dieser Reihe entstammt den »Cartae Senonicae«, die um 770 in Sens zusammengestellt wurden und auf ältere Formeln zurückgreifen[52]. Es heißt dort:

> »Feststellung über Zauberkräuter. Feststellung, wie und in wessen Gegenwart jene Frau mit Namen A, die im *pagus* B zum öffentlichen Gericht kam, das in der Basilika des Heiligen C stattfand, vor diesen und jenen und weiteren guten Männern, die unten unterschrieben haben, nachdem sie ihre Hand auf den Altar jenes Heiligen C gelegt hatte, Folgendes schwor: ›Ich schwöre hier bei diesem heiligen Ort und dem höchsten Gott und der Wirkmacht jenes Heiligen C: Da mich jener Mann D vor dem bedeutenden Mann E und anderen guten Männern verklagt hat, ich hätte ihm Zauberkräuter zubereitet und zu trinken gegeben, wodurch er krank geworden wäre oder sein Leben verloren hätte. Ich habe Zauberkräuter niemals als Zaubertrank zubereitet oder (ihm) zu trinken gegeben, wodurch er krank oder wahnsinnig geworden wäre oder sein Leben verloren hätte. Und ich gebe in keinem Fall in dieser Sache etwas anderes als diesen unanfechtbaren Eid. Bei diesem heiligen Ort und dem höchsten Gott und der Wirkmacht jenes Heiligen C.‹ Sofort aber haben danach die Männer selbst solches geschworen und sie haben mit ihren Stimmen nach dem Gesetz gesprochen[53].«

In diesem Fall musste sich die Frau selbst vor Gericht verantworten. Sie schwört den Reinigungseid[54] und erhält darauf die Unterstützung der Eidhelfer. Sie ist somit auch hier wieder handelndes Subjekt. Die Beteiligung eines Mannes, der in irgendeiner Form die Belange der Frau wahrnimmt, wird nicht erwähnt und ist auch völlig unwahrscheinlich, da die Frau den Reinigungseid selbst leistet. Sie ist also gemäß dem Verfahrensrecht im Wirtschaftsleben und vor Gericht voll handlungsfähig[55].

---

52 Vgl. dazu Rio, Legal Practice (wie Anm. 36), S. 121–126.
53 Cartae Senonicae 22, MGH Formulae (wie Anm. 37), S. 194 f.: *Notitia de erbas maleficas. Notitia, qualiter et quibus presentibus veniens femina aliqua nomen illa in pago illo, in mallo publico, in basilica sancto illo, ante illos et illos et alius quam pluris bonis hominibus, qui subter firmaverunt, posita manu sua super sacrosancto altare sancto illo, sic iurata dixit: 'Hic iuro per hunc loco sancto et Deo altissimo et virtutis sancto illo: unde me ille ante vir magnifico illo vel aliis bonis hominibus malavit, quae ego herbas maleficias temporasse vel bibere ei dedisse, per quid ipse infirmasset aut vita sua perdere debuisset: ego herbas maleficias nec potiones malas numquam temporavi nec bibere dedi, per quid ipse infirmus vel insanus fuisset aut vita sua perdere debuisset; et alio de ista causa in nullum non redibio nisi isto et idonio sacramento. Per hunc loco sancto et Deo altissimo et virtutis sancto illo'. Insequenter vero post ipse tante iuraverunt et de linguas eorum legibus direxerunt.*
54 Vgl. Esders, Reinigungseid mit Helfern (wie Anm. 48).
55 Vgl. auch Lex Alemannorum 54, 3, MGH LL nat. Germ., 5,1 (wie Anm. 14), S. 113 f.; in diesem Fall schwört die Frau selbst, dass der Mann eine Morgengabe in ihre Verfügungsgewalt übertragen hat.

Die behandelten Formeln lassen es zu, die rechtliche Stellung der freien Frau im fränkischen Reich zwischen dem 6. und 8. Jahrhundert neu einzuordnen. Da die Frauen stets als *femina* bezeichnet werden, handelt es sich um verheiratete oder unverheiratete Frauen, aber wohl nicht um Witwen. Die auf germanischen Rechtsnormen und -traditionen beruhenden Gerichtsverfahren ermöglichten es der Frau durchaus, selbst im Gericht aufzutreten und auch für sich zu handeln. Männer, die als Bevollmächtigte der Frau oder als Muntwalt auftreten, kennen die Formeln nicht. Da auch die *Leges*, die vor dem »Edictus Rothari« (643) entstanden, die Munt oder vergleichbare Konstruktionen nicht kennen, wird man die Stellung der Frau im frühen Mittelalter neu bewerten müssen.

Die Formeln geben aber auch Aufschluss über die Vermögens- und Besitzfähigkeit der Frau. Eine Formel der in der zweiten Hälfte des 7. Jahrhunderts entstandenen »Formulae Marculfi« setzt diese eindeutig voraus[56]:

> »Urkunde, dass die Tochter mit den Brüdern im väterlichen Eigenbesitz nachfolgt. Jener meiner allerliebsten Tochter von jenem. Bei uns wird die lange bestehende, aber unfromme Gewohnheit eingehalten, dass die Schwestern von dem väterlichen Land nicht mit den Brüdern einen Anteil haben sollen. Aber ich erwäge diese Gottlosigkeit genau: So wie ihr Kinder mir von Gott gleich geschenkt worden seid, so werdet ihr von mir gleichermaßen geliebt und ihr sollt euch nach meinem Tod gleichermaßen an meinem Besitz erfreuen. Deshalb setze ich durch diesen Brief dich, meine allerliebste Tochter, gegen deine Brüder, jene meine Söhne, in mein gesamtes Erbe als gleichberechtigte und gesetzmäßige Erbin ein, sodass du sowohl das väterliche Eigengut als auch das erworbene Land und die Unfreien oder unsere bewegliche Habe zu gleichem Teil mit meinen Söhnen, deinen Brüdern, teilen und ausgleichen sollst, und bei überhaupt keiner Sache sollst du einen geringeren Teil als sie selbst empfangen, sondern ihr sollt alles und von allem gleichermaßen unter euch teilen und ausgleichen. Wenn jemand aber und das Folgende[57].«

Der Aussteller der Urkunde verwahrte sich ausdrücklich gegen die »unfromme Gewohnheit«, dass die Töchter den väterlichen Grundbesitz nicht erben konnten. Tatsächlich schließt § 59,6 der »Lex Salica« die Frauen vom Erbe an der *terra salica* aus. Sie konnte nur den männlichen Erben zufallen[58]. Der Urkundenaussteller lehnte diese

---

56 Zur Datierung Rio, Formularies (wie Anm. 36), S. 110–113.
57 Formulae Marculfi II,12, MGH Formulae (wie Anm. 37), S. 83: *Carta, ut filia cum fratres in paterna succedat alode. Dulcissima filia mea illa illi. Diuturna, sed impia inter nos consuetudo tenetur, ut de terra paterna sorores cum fratribus porcionem non habeant; sed ego perpendens hanc impietate, sicut mihi a Deo aequales donati estis filii, ita et a me setis aequaliter diligendi et de res meas post meum discessum aequaliter gratuletis. Ideoque per hanc epistolam te, dulcissima filia mea, contra germanos tuos, filios meos illos, in omni hereditate mea aequalem et legitimam esse constituo heredem, ut tam de alode paterna quam de conparatum vel mancipia aut presidium nostrum, vel quodcumque morientes relinquaeremus, vel lante cum filiis meis, germanis tuis, dividere vel exequare debias et in nullo paenitus porcionem minorem quam ipse non accipias, sed omnia vel ex omnibus inter vos dividere vel exaequare aequaliter debeatis. Si quis vero et quod sequitur.*
58 Pactus legis Salicae 59,6, hg. von Karl August Eckhardt, MGH LL nat. Germ., 4,1, Hannover

Regelung ab und folgte mit seiner Erbaufteilung von der Idee her römischrechtlichen Vorstellungen, die eine Gleichstellung von Töchtern und Söhnen beim Erben ermöglichten[59]. Allerdings war es nach römischem Recht nicht möglich, einen Teil des Nachlasses durch Testament und einen anderen ohne Testament zu vererben[60], wie es bei der vorliegenden Urkunde der Fall ist, die nur die Erbeinsetzung der Tochter betrifft. Dies setzt aber voraus, dass die Tochter über das Vermögen und den Besitz verfügen konnte.

Noch eine weitere Formel aus der Sammlung des Marculf soll hier betrachtet werden. Es handelt sich um ein Testament, mit dem ein Ehemann seine Frau und Kinder als Erben bestimmt und die Frau im Gegenzug ihren Mann als Erben einsetzt, falls er sie überleben sollte. Das macht natürlich nur Sinn, wenn die Frau über eigenen Besitz verfügt, den der Mann erben kann. In dem Teil der Erbverfügung des Mannes wird ein Besitzanteil der Frau von einem Drittel an bestimmten Landgütern genannt[61]. Und in dem Teil, der die Verfügung der Frau enthält, heißt es:

> »Ebenso ich, A., deine Magd, mein Herr und Ehemann B., ich habe für die beständige Bewahrung mit breitwilligstem Wunsch gebeten, in dieses Testament zu schreiben, dass, wenn du, mein Herr und Ehemann, mich überlebst, du in Bezug auf die Gesamtheit meines Vermögens, wieviel auch immer ich aus der Nachfolge der Eltern zu haben scheine und wir in deinem Dienst gemeinsam erarbeitet haben und was ich als mein Drittel empfangen habe, vollständig, was auch immer du daraufhin zu tun wählst ... die freie Verfügungsgewalt hast, es zu tun[62].«

Diese Formel setzt eindeutig einen Eigenbesitz der Frau voraus, der nach dem Tod des Mannes in ihrer Verfügungsgewalt bleibt. Sie selbst kann über ihn bestimmen, da sie ihn für den Fall, dass sie vor ihrem Mann stirbt, an diesen vererbt. Der Eigenbesitz der Frau spielt auch in einer weiteren Formel aus der Sammlung Marculfs eine grundlegende Rolle. Hier geht es um den Streit zwischen einem Vater und seinen Kindern um das Eigengut der verstorbenen Mutter, das ausdrücklich als deren Allod

---

1962, S. 223: *De terra uero Salica nulla in muliere 〈 portio aut 〉 hereditas est, sed ad uirilem sexum, qui fratres fuerint, tota terra pertineat*; Karl KROESCHELL, Söhne und Töchter im germanischen Erbrecht, in: DERS., Studien zum frühen und mittelalterlichen deutschen Recht, Berlin 1995, S. 35–64, hier S. 56, 63, sieht hierin allerdings nur einen Vorrang der Söhne vor den Töchtern, der auf römisches Vulgarrecht zurückgehen könnte; vgl. auch HELLMUTH, Frau und Besitz (wie Anm. 10), S. 87–94, von der die oben zitierte Formel aus Marculf nicht berücksichtigt wird.

59 Max KASER, Rolf KNÜTEL, Römisches Privatrecht, München 2003, S. 405.
60 Ebd., S. 402 f.; S. 405.
61 Formulae Marculfi II, 17, MGH Formulae (wie Anm. 37), S. 86 f.: *Sed dum in villas aliquas, quas superius nominavimus, quas ad loca sanctorum vel heredes nostris depotavimus, quod pariter, stante coniugo, adquaesivimus, predicta coniux nostra tertia habere potuerat, propter ipsa vero tertia villas nuncupantes illas, sitas in pagos illos, in integritatae, si nobis suprestis fuerit, in conpensatione recipiat ...*
62 Ebd. II, 17, S. 87: *Itemque ego illa, ancilla tua, domine et iogalis meus ille in hoc testamentum prumtissima volontatae scribere perpetua conversatione rogavi, ut, si tu, domne et iogalis meus, mihi suprestis fueris, omni corpore facultatis meae, quantumcumque ex sucessione parentum habere videor, vel in tuo servitio pariter laboravimus, et quod in tercia mea accepi, in intergrum, quicquid exinde facire elegeris ... faciendi liberam habeas potestatem.*

bezeichnet wird⁶³. Die Kinder haben das mütterliche Eigengut für sich eingefordert, wodurch es zum Streit mit dem Vater kam, der nachgeben musste. Hätte der Mann die vollständige Verfügungsgewalt über das Gut seiner Frau, wäre dieser Fall nicht denkbar. Die Möglichkeit, als Frau über eigenen Besitz zu verfügen, war keine Neuerung des 7. Jahrhunderts⁶⁴, denn bereits der 20. Kanon der Synode von Mâcon 581/583 geht auf den Eigenbesitz von Frauen ein. In diesem Fall handelt es sich um eine Nonne namens Agnes, die ihren Besitz an mächtige Männer verschenken wollte, damit diese sie schützten:

> »Und obwohl man in dem obigen Kanon die Bestimmung lesen kann, was hinsichtlich der Mädchen beachtet werden muss, die sich entweder nach dem Willen der Eltern oder aus eigenem Willen der Verehrung Gottes gewidmet haben, erlassen wir doch, weil eine Nonne mit Namen Agnes, die aus der Klausur des Klosters vor einigen Jahren geflohen war, in eben dasselbe Kloster zurückgebracht worden ist, und weil man sagt, dass sie auf Antrieb des Teufels Grundstücke und irgendwelchen ihr gehörenden Besitz irgendwelchen Mächtigen schenken wollte, damit sie sich durch deren Schutz der Abgeschiedenheit im Inneren ihres Klosters entziehen und sich ihren weltlichen Gelüsten in ihrer geheimen und abgesonderten Wohnung widmen könne, daher die vorliegende Bestimmung, dass sowohl jene als auch jede andere Nonne, die beabsichtigt, sich durch diese Begründung von der frommen Lebensweise zu den Verlockungen der Welt davon zu machen oder ihr Vermögen um ihres so ungerechten Beschlusses willen irgendwelchen Leuten zu geben, dass also sowohl jene, die dies geben will, als auch jene, die dies annehmen, so lange von der Gnade der Gemeinschaft getrennt werden, bis sie das Vermögen denen, von denen sie es erhalten haben, mit der entsprechenden Genugtuung durch die Buße zurückerstatten, damit nicht, was Gott abwenden möge, die Regel des Glaubens durch den Stachel der Begierde verletzt wird⁶⁵.«

---

63 Ebd. II, 9, S. 80f.: *Sed dum et ipsa, peccatis meis fatientibus, ab hac luce discessit, et vos omni alode ipsius genetrice vestrae illa, iuxta quod ratio prestetit, mecum exinde in presentia bonorum hominum, aut reges, altercantes, per ipsam epistolam, quam in eam feceramus, contra nos evindicastis, et in vestra potestate omne alode ipsius recipistis*; vgl. auch https://werkstatt.formulae.uni-Hamburg.de/texts/urn:cts:formulae:marculf.form2_009.deu001/passage/all (16.02.2023).
64 So aber GANSHOF, Statut de la femme (wie Anm. 1), S. 36f., der aufgrund der genannten Formeln von einer Veränderung zugunsten der Frauen in der Rechtswirklichkeit ausgeht, die auf den Einfluss des römischen Rechts und des Christentums zurückgehe.
65 Synode von Mâcon (581/583), can. 20, hg. von Friedrich MAASSEN, MGH Conc. 1, Hannover 1893, S. 160: *Et licet priori titulo legatur definitum, quid de puellis, quae se diuinis cultibus aut parentum aut sua uoluntate decauerint, debeat obseruari, tamen quia monacha nomine Agnis, quae de monastirii septa fuga ante aliquos annos discesserat, in eodem est monastirio reuocata et dicitur instigante diabulo agellos uel quascumque res ad se pertinentes alequibus potentibus uelle donare, dummodo per eorum patrocinio se possit de intra monastirii sui septa subtrahere et uoluptatibus saeculi clandestina uel singulari habitatione uacare: ideo praesenti constitutione sancimus, ut tam illa quam quaecumque alia monacha, quae sub hac argumentatione se de religionis habitu ad inlecebras saeculi subtrahere aut res suas pro tam iniquae deliberationis causa quibuscumque dare censuerit, tam illa, quae hoc dare uoluerit, quam illi, quicumque hoc acceperint, ne, quod Deus auertat, ambitionis instinctu religionis uideatur regula uitiari, tamdiu sint a communionis gratia sequestrati, quamdiu res ipsas iis, a quibus hoc acceperant, digna paenitentiae satisfactione*

Agnes hat den Besitz offenbar schon besessen, bevor sie Nonne wurde, und konnte nach ihrem Eintritt ins Kloster immer noch darüber verfügen.

Doris Hellmuth hat aufgrund ihrer Untersuchung alemannischer Urkunden aus der Zeit zwischen 700 und 900 bezüglich der Vermögens- und Besitzfähigkeit der Frauen bereits erklärt: »Die Vormundschaft des Ehemannes kann zumindest in diesem Fall keinesfalls so umfassend sein, wie angenommen. Dasselbe gilt auch für die anderen verheirateten Frauen, die ohne ihren Ehemann verfügen. Nie wird in diesem Zusammenhang auf eine Vormundschaft des Ehemannes hingewiesen[66].« Setzt man diesen Befund in Bezug zu dem oben festgehaltenen Ergebnis, so ergibt sich eindeutig, dass die Frau ohne einen Mann als Vormund handeln konnte und geschäftsfähig war.

2. Schenkungsurkunden aus dem Kloster Sankt Gallen

Es stellt sich natürlich die Frage, wie weit die Vorstellungen und Praktiken, die sich den Formeln entnehmen lassen, verbreitet waren. Nicht für alle Regionen des Frankenreichs sind Formeln überliefert, und zudem stammen die verschiedenen Formelsammlungen aus unterschiedlichen Zeiten. Aber natürlich geben auch die zum Teil im Original erhaltenen Urkunden selbst Auskunft über die Handlungsmöglichkeiten der Frauen. Zunächst möchte ich zwei Urkunden der Beata behandeln, einer Angehörigen der lokalen alemannischen Elite, die am Zürichsee begütert war. Am 29. November zwischen 741 und 745 stellte sie folgende Urkunde aus:

»Für die ehrwürdige Kirche der heiligen Maria, des heiligen Petrus, des heiligen Martin, des heiligen Leodegar, der heiligen Petronella und der übrigen Heiligen, die auf der recht kleinen Insel (Lützelau) errichtet worden ist, welche in der Nähe von Ufenau liegt, wo Ata und Beata mit den übrigen Dienerinnen Gottes offenbar leben. Ich, Beata, Tochter des Rachinbert, will, weil ich auf das Heil meiner Seele und auf den ewigen Lohn bedacht bin, alle meine Güter und meinen ganzen Eigenbesitz, was auch immer ich habe, an jenen Ort schenken, und zwar in dem Weiler, den man Altorf (Mönchaltorf) nennt und in Zell, mit allem Zubehör und Anhängseln dieser an Feldern und Wäldern und in Riedikon die Ländereien und Wälder und das übrige Zubehör, was auch immer ich dort offensichtlich besitze. Und in dem Weiler, der Uznach genannt wird, acht Männer und Ländereien und Wälder und das übrige Zubehör, sowohl in Uznach als auch in Schmerikon als auch in Lenzikon als auch in Dattikon, was auch immer mein Vater Rachinbert an erworbenem Gut in jenen Orten besaß und was ich selbst und Landold später zusammengebracht und erworben haben, geben wir beide alles in völlig unversehrtem Zustand. Und in dem Weiler, der Kempraten genannt wird, (schenken wir) zwei behauste Höri-

---

restituant; Übersetzung: Ausgewählte Synoden Galliens und des merowingischen Frankenreichs, hg., übersetzt und kommentiert von Sebastian SCHOLZ, Darmstadt 2022 (Ausgewählte Quellen zur Geschichte des Mittelalters. Freiherr-vom-Stein-Gedächtnisausgabe, 56), S. 352.

66 HELLMUTH, Frau und Besitz (wie Anm. 10), S. 217f.; vgl. auch HEIDRICH, Besitz (wie Anm. 19), S. 133f.

ge mit allem Zubehör und Anhängseln dieser, aber wir haben darauf bestimmt, dass ein Kind frei sein soll, die übrigen aber so wie sie weiter oben genannt worden sind. Und in Bäretswil eine Unfreie mit Namen Contleuba und auf der Insel selbst drei Unfreie und vier Barken. Dies alles übergeben und übertragen wir an eben das oben genannte Kloster. Was auch immer sie daraufhin tun wollen, haben sie in allem die freie und ganz sichere Vollmacht, es zu tun. Wenn aber jemand, wovon ich nicht glaube, dass es geschehen wird, also entweder ich selbst oder irgendeiner meiner Erben oder irgendeine sich dagegenstellende Person, gegen diese meine Schenkung vorgehen oder gegen sie handeln oder irgendeine Intrige anzetteln will, soll er zuerst, wenn er sich nicht bessern will, fürchten, den Zorn Gottes und die Strafen der Hölle zu erwarten, und er soll gezwungen werden, doppelt so viel wie das verbesserte Gut selbst wert ist, an sie (die Dienerinnen Gottes) zu bezahlen und an den Fiskus ein Pfund Gold und zwei Pfund Silber, und diese meine gegenwärtige Schenkung soll fest bleiben mit der verbundenen Verpflichtung. Geschehen im Kloster, das man Benken nennt und ausgefertigt im Monat November am 29. Tag unter der Regierung des Herzogs Karlmann und des Grafen Pebo. Zeichen der Beata, die darum gebeten hat, dass diese Schenkung geschehe und gesichert werde. Zeichen des Grafen Pebo, Zeichen des Munigus, Abt Arnefridus, ich habe unterschrieben, Zeichen des Erchambert, Zeichen des Rihbert, Zeichen des Num, Zeichen des Butank, Zeichen des Hesindus, Zeichen des Robertus[67].«

67 Chartularium Sangallense, Bd. 1 (700–840), bearbeitet von Peter ERHART unter Mitwirkung von Karl HEIDECKER und Bernhard ZELLER, St. Gallen 2013, Nr. 10, S. 9f.: *Sacrosancta ecclesia sanctae Mariae, sancti Petri, sancti Martini, sancti Leudagarii, sanctae Petronellae ceterorumque sanctorum, qui est constructa in insola minore, quae iuxta Hupinauia est, ubi Hatta et Beata cum reliquas ancillas Dei degere videntur. Ego Beata namque filia Rachiberti, cogitans pro remedio animae meae vel pro aeterna retributione, volo omnes res meas vel omnia peculia mea, quicquid habeo, ad locum illum condonare, hoc est in villa, quae dicitur Altorf et Cella, cum omnibus adiacentiis vel adpendiciis eorum in areas vel silvas, et in Reutinchoua terras et silvas suetqua vel alias aecentias, quicquid ibi habere videor. Et in villa quae dicitur Huzinaa homines VIII et terras et silvas vel alias aecencias sive in Vzinaa, sive in Smarinchoua, sive in Nancinchoua, sive in Tattinchoua, quidquid genitor meus Racinbertus de quolibet adtracto in loca illa habuit sive ego ipse et Landoldus postea conquisivimus sive comparavimus, totum ad integrum duas partes de omnia damus; et in villa, quae dicitur Centoprato, casatos duos cum omnibus adiacentiis vel adpendiciis eorum, set unum infantem inde ingenuum taxavimus, reliqui vero sicut superius diximus ita sint. Et in Berofouilare mancipium unum nomine Contleuba, et in insola ipsa mancipios tres et parones quattuor. Ista omnia ad ipsum monasterium superius nominatum tradimus atque transfundimus. Quidquid exinde facere voluerint, liberam ac firmissimam in omnibus habeant potestatem faciendi. Si quis vero, quod fieri non credo, si aut ego ipsa aut ullus de heredibus meis vel quaelibet ulla opposita persona, qui contra hanc donationem meam venire aut agere, vel qua ulla calomnia generare voluerit, in primis, si se emendare noluerit, iram dei et poenas inferni experire pertimiscat et duplum tantum, quantum ipsa res meliorata valuerit, eis coactus exsolvat et in fisco auri libram I argenti libras II, et haec praesens donatio mea firma permaneat stipulatione subnexa. Actum in monasterio quod dicitur Babinchoua, quod fecit mensis november dies XXVIIII, regnante Carlomanno duce et Pebone comite. Signum † Beatanae, quae hanc donationem fieri et firmari rogavit. sign. † Bebonis comitis. sig. † Muninc. † Arnefridus abba subscripsi. † Erchamberti. † Rihberti. † Num. † Butanc. † Hesindo. † Roberto.*

Laut der Urkunde hatten Beata und ihre Mutter Ata auf der Insel Lützelau eine Kirche mit einer religiösen Gemeinschaft errichtet, in dem sie selbst lebten und das Beata aus ihrem Gut ausstattete[68]. Für ihr eigenes Seelenheil übertrug Beata im ersten Teil der Urkunde alle ihre Güter und ihren ganzen Eigenbesitz an die Kirche. Wichtig ist, dass sie dabei stets in der ersten Person Singular spricht: *Ego Beata ... volo ... quicquid habeo ... quicquid ibi habere videor*. Sie verfügt also allein über ihre eigenen Güter.

Im zweiten Teil der Schenkung sieht das anders aus. Nun überträgt Beata die Güter ihres Vaters Rachinbert in den genannten Orten sowie jene Güter, die sie und ihr Mann Landold später zusätzlich erworben haben. Hier wechseln die Verben in die erste Person Plural: *ego ipse et Landoldus postea conquisivimus sive comparavimus, totum ... damus... taxavimus, ... tradimus atque transfundimus*. Die Güter ihres Vaters sowie die gemeinsam mit Landold erworbenen Güter schenkt Beata gemeinsam mit ihrem Mann[69]. Über diese Güter kann sie offenbar nicht allein verfügen. Trotzdem bleibt Beata die eigentlich Handelnde in der Urkunde. Die Poenformel bezeichnet die Schenkung ausdrücklich als Gabe Beatas: *qui contra hanc donationem meam venire aut agere ... et haec praesens donatio mea firma permaneat*. In der Zeugenliste schließlich steht Beata an erster Stelle mit dem Vermerk, dass die Urkunde auf ihren Wunsch ausgestellt wurde. Ihr Mann erscheint in der Zeugenliste nicht.

Einige Zeit später, zwischen 743 und 746, übertrug Beata die Güter, die sie an die Kirche auf der Lützelau geschenkt hatte, an das Kloster St. Gallen unter dessen Abt Otmar[70]:

»Der ehrwürdigen Kirche des heiligen Bekenners Gallus, die offenbar im Arbongau errichtet wurde, wo sein Körper in Christus ruht, und der Abt Otmar mit den Mönchen des heiligen Gallus ebendort zu dienen scheint. Ich, in Gottes Namen Beata, Tochter des verstorbenen Rachinbert und seiner Frau Ata bin es schuldig, – mein Wille hat für mich solches beschlossen – mit aus Gottesfurcht zerknirschtem Herzen und zum Heil meiner Seele und der Seelen meines Vaters und meiner Mutter an die Kirche des heiligen Bekenners Gallus etwas zu schenken, was ich auch so getan habe, und zwar in den im Voraus bestimmten kleinen Orten im Gau Thurgau und zwar in der Gegend, die man Zürichgau nennt; dies sind die Namen der Orte: Zell, Nussberg und im Ort Lützelau, der neben der Ufenau liegt, und im Ort, den man Kempraten nennt, im Ort, den

---

68 Vgl. Hans SCHNYDER, Lützelau, in: Frühe Klöster. Die Benediktiner und Benediktinerinnen in der Schweiz, Bd. 1, Bern 1986 (Helvetia Sacra III,1), S. 272–278.
69 Die Behauptung von HEIDRICH, Besitz (wie Anm. 19), S. 129: »Bei allen überlieferten Beispielen des Merowingerreichs handelt es sich aber um Nonnen oder Witwen; wir haben keinen einzigen klaren Beleg für eine selbständige urkundliche Schenkungsverfügung durch eine verheiratete Frau zu Lebzeiten ihres Mannes« ist nicht korrekt, wie man an diesem Beispiel sieht. Beatas Mann lebte noch, und sie selbst lebte wohl als Laiin und nicht als Nonne auf der Lützelau; vgl. Bernhard ZELLER, Beata. Una donna nell'Abbazia di San Gallo tra memoria e oblio, in: Genesis. Rivista della Società Italiana delle Storiche 9,1 (2010), S. 67–84, hier S. 70; vgl. auch die weiteren Beispiele unten.
70 Vgl. dazu Gesine JORDAN, »Nichts als Nahrung und Kleidung«. Laien und Kleriker als Wohngäste bei den Mönchen von St. Gallen und Redon (8. und 9. Jahrhundert), Berlin 2007 (Europa im Mittelalter, 9), S. 125–130; ZELLER, Beata (wie Anm. 69), S. 73–76.

man Uznach nennt, im Dorf, das man Mönchaltorf nennt, im Ort, den man Riedikon nennt, im Ort, den man Schmerikon nennt, im Ort, den man Lenzikon nennt und in dem Ort, den man Berlikon nennt, was auch immer ich oder mein Vater ebendort offenbar besitzen, dies alles übergebe ich vollständig sowohl hinsichtlich der Erwerbungen meines Vaters als auch meiner Mutter und meiner Erwerbungen und der meines Mannes Landold in den oben genannten Orten, und ich tue es mit seiner Zustimmung, alles und vollständig an diesem Tag von meinem rechtmäßigen Eigentum in das Eigentum des heiligen Bekenners Gallus und des Abts Otmar und der Mönche, die ebendort dienen[71].«

Auch in dieser Urkunde spricht Beata in der ersten Person Singular. Sie hat beschlossen, für ihr Seelenheil und das ihres Vaters und ihrer Mutter Güter an das Kloster Sankt Gallen zu schenken, und dies ausgeführt. Ihren Besitz und den ihres Vaters übergibt sie zusammen mit den Erwerbungen ihres Vaters, ihrer Mutter, ihren eigenen Erwerbungen und denen ihres Mannes. Für die Vergabe der Erwerbungen ihres Mannes Landold beruft sich Beata auf seine Zustimmung (*per cuius consensum hoc facio*). Die Übergabe an das Kloster erfolgt aber ausdrücklich dadurch, dass Beata ihre Rechtstitel an den Besitzungen dem Kloster übergibt (*de iuris mei in dominatione sancti Galloni confessoris*). Die Urkunde fährt fort:

»Und wir empfangen von eben dieser Kirche und vom Abt Otmar und seinen Mönchen den vereinbarten Preis, nämlich Gold und Silber im Wert von 70 Solidi und fünf Pferde mit Packsätteln, raue Decken[72] und Filzdecken[73] und mit ihren Pferdegeschirren, um auf unsere Reise nach Rom zu gehen. Und wenn Gott es will, dass ich zu meinem Eigentum zurückkehre, sollen sie mir dies zugestehen, was ich in den obengenannten Orten als Wohltat für diese gegeben

---

71 Chartularium Sangallense I (wie Anm. 67), Nr. 11, S. 10f.: *Sacrasancta ecclesia sancti Galloni confessoris, quod in Arbonense pago constructa videntur, ubi corpus eius in Christo requiescit, et Otmarus abba cum monachis sancti Gallonis ibidem deservire videntur. Ego in Dei nomine Pieta filia Rekinberti condam et Atani uxori sui, talis mihi decrevit voluntas, conpuncto corde Dei timoris et animae meae remedium vel patris adque genetricis mei, ad ecclesiam sancti Galloni confessoris condonare debuerem, quod et ita feci in locellas pretestinatas in pago Durgaugense, in sito, qui dicitur Zurihgauvia; haec sunt nomina locorum: Cella, Nuzperech et in loco Luzilunouva, quod est iuxta Ubinauvia, et in loco, qui dicitur Centoprata, et in loco, que dicitur Utcinaha, et in villa, qui dicitur Altdorf, et in loco, qui dicitur Hreotinchova, et in loco, qui dicitur Smarinchova, et in loco, qui dicitur Nancinchova, et in loco que dicitur Perolvinchova, quidquid ego vel pater meus ibidem habere videntur, haec omnia et ex integro, tam de paternico meo, quam et de maternico, vel mea adquesitione et viro meo Landoaldo in his locis supernominatis, per cuius consensum hoc facio, omnia et ex integro a die presente de iuris mei in dominatione sancti Galloni confessoris vel Otmaro abbate et monachis ibidem deservientes …*
72 Vgl. Stefan SONDEREGGER, Zu den althochdeutschen Sachwörtern in den lateinischen Urkunden der Schweiz, in: Archivalia et Historica. Arbeiten aus dem Gebiet der Geschichte und des Archivwesens. Festschrift für Anton Largiadèr zum 65. Geburtstag, Zürich 1958, S. 203–218, hier S. 213; vgl. dazu Bernhard ZELLER, Language, Formulae, and Carolingian Reforms: The Case of the Alemannic Charters from St Gall, in: Robert GALLAGHER, Edward ROBERTS, Francesca TINTI (Hg.), The Languages of Early Medieval Charters. Latin, Germanic Vernaculars, and the Written Word, Leiden, Boston 2021, S. 154–187, hier S. 169–172.
73 SONDEREGGER, Zu den althochdeutschen Sachwörtern (wie Anm. 72), S. 209f.

habe, die in jenem Kloster dienen, so wie es ihnen gewährt worden ist. Nach meinem Tod sollen diese Güter verbessert an das Kloster des heiligen Gallus zurückkehren, und sie sollen sie ohne irgendeinen Widerspruch oder eine Verminderung von der behandschuhten Hand von meiner Seite oder der Seite meiner Erben mit der Gnade Gottes und in unserer Nachfolge besitzen[74].«

Die Schenkung ist also an einige Bedingungen geknüpft: Beata erhält vom Kloster Sankt Gallen Geld und Ausrüstung für ihre Romreise. Während ihrer Abwesenheit hat das Kloster Zugriff auf ihren Besitz, doch im Falle ihrer Rückkehr kann Beata bis zu ihrem Tod wieder über die Güter verfügen. Erst danach fallen sie endgültig an das Kloster. In der Zeugenliste steht Beata wie in der vorangehenden Urkunde an erster Stelle mit dem Vermerk, dass die Urkunde auf ihren Wunsch ausgestellt wurde. Ihr Mann Landold erscheint wiederum nicht in der Zeugenliste. Am Schluss heißt es dann: »Ich, in Gottes Namen Hiringus, Lektor, habe es auf Bitten der Beata zur Zeit der Regierung König Childerichs, des Hausmeiers Karlmann und des Grafen Pebo geschrieben und unterschrieben[75].«

Wie in der vorangehenden Urkunde erscheint Beata als alleinige Ausstellerin der Urkunde und als Verfügungsberechtigte über die genannten Güter. Diese wechseln ausdrücklich von ihrem rechtmäßigen Eigentum in das Eigentum des heiligen Bekenners Gallus. Für die Übertragung der von ihrem Mann Landold erworbenen Güter braucht sie dessen Zustimmung, doch alle anderen Verfügungen trifft sie selbst. Insofern kann man in Bezug auf die vermögensrechtliche Stellung von Frauen konstatieren, dass sie vermögensfähig waren und ihren Besitz sowohl verwalten als auch verkaufen oder verschenken konnten. Nur für die Vergabe der Güter ihres Mannes beziehungsweise dessen Erwerbungen benötigte Beata seine Zustimmung. Alles andere verfügte sie selbst, ohne dass ein männlicher Vormund irgendeine Rolle spielt.

Beata ist durchaus nicht die einzige verheiratete Frau, die entsprechende Verfügungen tätigte. In einer Urkunde vom 3. Mai 761, die schon außerhalb des eigentlichen Untersuchungszeitraums liegt, deren Text aber sehr aufschlussreich ist, verfügte Theoda:

»Der ehrwürdigen Kirche, die zu Ehren des heiligen Gallus, des Bekenners, errichtet wurde, wo er selbst in seinem Körper ruht und wo zur gegenwärtigen Zeit Bischof Johannes als Leiter der Mönche gilt. Ich in Gottes Namen Theoda habe den Plan gefasst, dass ich etwas von meinem Besitz an eben dieses Kloster schenken möchte, was ich so getan habe, und zwar im Gau Thurgau, in

---

74 Chartularium Sangallense I (wie Anm. 67), Nr. 11, S. 11: *Et accipimus ab hac ecclesiam et abbate Otmaro vel eius monachis precium adtaxatum, hoc est auro et argento solidos LXX et cavallos V cum saumas et rufias et filtros, cum stradura sua ad nostrum iter ad Romam ambulandum. Et si Dominus voluerit, quod ad propriam revertissem, hoc quod dedi supernominata loca per eorum beneficia, qui ad illum monasterium deserviant, ut mihi in prestitum illas res concedant; post meum vero discessum ipsas res ad monasterium sancti Galloni admelioratas revertant absque ulla contradictione vel minuatione manu vestita partibus meis vel heredum meorum cum Dei gratia et nostram successionem poseedant.*
75 Ebd. I, Nr. 11, S. 11: *Ego in Dei nomine Hiringus lector rogitus a Biatane anno III regnante Hiltrihho rege sub Carlomanno maioredomo et Bebone comite scripsi et subscripsi.*

dem Dorf, dass man Elgg nennt, übergebe ich, was immer ich dort besitze und was mir als mein Erbe zuteil wird, an Unfreien, an Geld, Häusern, Bauernhöfen, Feldern, Wiesen, Wäldern, stehenden und fließenden Gewässern vollständig nach meinem Tod an eben dieses Kloster und übertrage es seiner Verfügungsgewalt, sodass, was auch immer darauf die Brüder eben des Klosters machen wollen, sie die freie und völlig sichere Gewalt über alles in Gottes Namen haben. Und wenn irgendjemand, ich oder meine Erben oder irgendeine sich dagegenstellende Person, gegen diese Urkunde einzuschreiten versucht oder etwas dagegen zu planen wagt, dann soll sie dem seine Pflicht erfüllenden Teil die doppelte Rückerstattung zahlen und dem Fiskus zwei Unzen Gold und fünf Pfund Silber, und die gegenwärtige Urkunde soll nichtsdestotrotz für alle Zeit fest und sicher bleiben mit der verbundenen Verpflichtung …[76].«

Im Gegensatz zu Beata schenkte Theoda nur ihren Besitz in einem Ort, in Elgg, an das Kloster Sankt Gallen, aber wie bei Beata fielen die Besitzungen erst nach ihrem Tod an das Kloster. Da Theoda offensichtlich nur ihr eigenes Gut verschenkte, benötigte sie keine Zustimmung ihres Mannes für die Schenkung. Auch die Zustimmung irgendeiner anderen männlichen Person wird nicht erwähnt. Bezeichnend ist in diesem Fall die Nennung Theodas in der Zeugenliste, wo sie wie Beata an erster Stelle steht. Es heißt dort: »Zeichen der Urheberin Theoda, die erbat, dass diese Urkunde ausgestellt wird[77].« Ausdrücklich wird Theoda als die »Urheberin« der Urkunde bezeichnet. Ihr Mann scheint ähnlich wie bei Beata die Urkunde nicht als Zeuge unterschrieben zu haben. Allerdings ist hier ein kleines Fragezeichen angebracht, denn die Eheverbindung Theodas ist nicht sicher zu erschließen. Am 20. August des Jahres 760 schenkte Aimo seinen ebenfalls in Elgg gelegenen Besitz gleichfalls an das Kloster Sankt Gallen. Am Ende der Zeugenliste wird Theoda als Zeugin genannt (*sig. Deota*)[78]. Möglicherweise bezeugte sie die Schenkung ihres Mannes. Aber abgesehen davon macht das Signum Theodas unter der Urkunde deutlich, dass Frauen unter Umständen auch als Zeuginnen in Urkunden auftreten konnten, die nicht auf ihre Veranlassung ausgestellt wurden[79]. Das lässt sich in keiner Weise mit der Vorstellung der Geschäftsunfähigkeit von Frauen in Einklang bringen.

76 Ebd. I (wie Anm. 67), Nr. 29, S. 29: *Sacrosancta ecclesia in honore sancti Galli confessoris constructa, ubi ipse in corpore requiescit et presenti tempore Iohannis episcopus esse videtur rector monachorum. Ego in Dei nomine Theoda sumpsit mihi consilium, ut aliquid de re mea ad ipsum monasterium condonare deberem, quod et ita feci, hoc est in pago Durgauia, in vico qui dicitur Ailihccauge, quidquid ibidem visa sum habere et mihi in hereditatem contigit, mancipiis, pecuniis, casas, casales, campis, pratis, silvis, aquis aquarumque decursibus ad integrum post decessum meum ad ipsum monasterium trado atque transfundo dominationi, ut quicquid exinde fratres ipsius monasterii facere voluerint, liberam ac firmissimam habeant in dei nomine in omnibus potestatem. Et si quis ego aut heredes mei aut ulla opposita persona, qui contra traditionem istam venire temptaverit aut cogitare presumpserit, tunc inferat parti custodienti dupla redibitione et fisco auri unzias duas et argenti pondera V, et nihilhominus presens traditio ista omni tempore firma et stabilis permaneat et stipulatione subnexa…*
77 Ebd. I, Nr. 29, S. 29: *Sig. Teodane auctricis, quae traditionem istam fieri rogavit.*
78 Ebd. I, Nr. 27, S. 27 f.; vgl. dazu auch die Datenbank »Nomen et Gens« (https://neg.ub.uni-tuebingen.de/gast/person.jsp?ID=36935 [16.02.2023]).
79 Vgl. auch Traditiones Wizenburgenses. Die Urkunden des Klosters Weißenburg 661–864, eingeleitet und aus dem Nachlass von Karl GLÖCKNER hg. von Anton DOLL, Darmstadt 1979, Nr. 10

3. Schenkungsurkunden aus dem Kloster Weißenburg

Die Urkunden aus Sankt Gallen sind nicht die einzigen, aus denen sich ein entsprechendes Bild der Handlungsfähigkeit der Frauen ergibt. Ein ähnliches Bild zeigen auch Urkunden aus dem Elsassgau. Am 18. Januar 743 übertrug Grimhild für ihr Seelenheil verschiedene Güter an das Kloster Weißenburg. Sie verfügte dabei über ihren eigenen Besitz: »Was auch immer ich in jenem Gebiet offenbar innehabe und besitze, übertrage und übergebe ich euch (den Mönchen) vollständig[80].« Das Kloster Weißenburg erhielt die unbeschränkte Verfügungsgewalt über den Besitz, und Grimhild erklärte, sie selbst habe diese Verfügung aus freiem Willen ausstellen lassen[81]. In der Zeugenliste steht Grimhild an erster Stelle mit dem Vermerk: »Grimhild, die erbat, dass diese Verfügung gemacht werde[82].« Ihr Mann oder ein männlicher Vormund erscheinen in der Urkunde nicht.

In der Urkunde von Ratswinda, die am 19. März 742 Güter an das Kloster Weißenburg schenkte, ist ihre Verfügungsgewalt über die verschenkten Güter weniger klar formuliert. Sie ergibt sich aber aus folgendem Passus:

> »In gleicher Weise schenke ich sieben Tagewerke Ackerland in Görsdorf unter der Bedingung, dass der Name meines Sohnes Berno in das Buch des Lebens eingeschrieben und aufgenommen wird, und ihr sollt dieses Land innehaben und besitzen von diesem Tag an, und ihr sollt es euren Nachfolgern in Gottes Namen hinterlassen und was auch immer ihr darauf wählt, habt ihr in allem die freie und ganz sichere Verfügungsgewalt es zu tun[83].«

Da das Kloster die freie Verfügungsgewalt über das geschenkte Land erhielt, muss diese vorher bei der Schenkerin Ratswinda gelegen haben. Wie Grimhild steht Ratswinda am Anfang der Zeugenliste, und ihr Mann oder ein männlicher Vormund werden in der Urkunde nicht genannt.

Etwas anders sieht es im Falle der Eppha aus. In der Urkunde vom 11. April 713 heißt es: »Ich, die Frau und Schenkerin Eppha habe mein Seelenheil bedacht, und es gefiel mir in meinem Sinn, dass ich von meinem eigenen Gut mit der Zustimmung meines Sohnes mit Namen Sigihari etwas an den Ort der Heiligen schenken sollte, was ich so auch getan habe.« Es folgt die Aufzählung der geschenkten Güter[84]. Die Urkunde betont, dass es sich um die eigenen Güter Epphas handelt, und kennzeichnet sie ausdrücklich als »Schenkerin«. Die Zustimmung des Sohnes ergibt sich wohl

---

(739), S. 186: *Teste Hiltrude, que consensit*; Nr. 11 (739), S. 187; Nr. 12 (731–739), S. 188; Nr. 46 (695), S. 233;

80 Ebd., Nr. 4, S. 176: *quicquid in ipsa fine uisa sum habere uel dominare, ad integro uobis trado atque transfuso.*

81 Ebd., Nr. 4, S. 176: *presens testamentum quem ego ipsa promtissima et spontanea uoluntate mea fieri rogaui...*

82 Ebd., Nr. 4, S. 176: *Grimhilde que hoc testamentum fieri rogauit.*

83 Ebd., Nr. 7, S. 179: *Similter dono inter Gerlagesuuilare iurnales septem de terra culturali, in ea uero racione ut nomen filii mei Bernoni in libro uite conscribatur uel recenseatur et uos ipsam terram habeatis ab ac die et teneatis et uestris sucessoribus in dei nomine relinquatis uel quicquid exinde eligeritis faciendi, liberam et firmissimam in omnibus habeatis potestatem.*

84 Ebd., Nr. 6, S. 178.

kaum aus seiner Funktion als Vormund der Mutter, sondern aus seiner Stellung als potentieller Erbe, der mit seiner Zustimmung zu der Schenkung eine spätere Anfechtung des Vorgangs ausschloss. Die Söhne erscheinen auch in einer Schenkungs- und einer Prekariurkunde, die Wolfgunt für das Kloster Weißenburg ausstellte. Sie hatte im Zeitraum 705/706 Güter an das Kloster geschenkt. Diese Urkunde wurde wohl aus demselben Grund wie die zuvor behandelte Urkunde von einem ihrer Söhne unterschrieben[85]. Wolfgunt erhielt dann die Erlaubnis, auf dem verschenkten Land zu bleiben. Deshalb stellte sie nun für die Mönche die Prekariurkunde aus. Falls sie oder einer ihrer Erben der Vereinbarung widersprächen, sollte es dem Abt erlaubt sein, ihr das Land, die Häuser und die Hörigen wegzunehmen[86]. Wolfgunts drei Söhne unterzeichneten die Urkunde direkt nach ihrer Mutter und zeigten damit ihr Einverständnis mit den Vertragsbedingungen[87].

In einer Urkunde aus Echternach von 721 vollzogen die gottgeweihte Berta und ihr Sohn Chardrad-Hartbert eine Schenkung für ihr gemeinsames Seelenheil an das Kloster Echternach gemeinsam[88]. Die Urkunde ist nur im »Liber aureus Epternacensis« überliefert, in dem die Urkundentexte oft auf den rechtlich relevanten Teil gekürzt sind. Es fehlen hier die Poenformel und die Unterschriften, sodass die Position Bertas weniger deutlich wird als in den vorangehenden Urkunden. Aber Berta wird am Anfang der Urkunde vor ihrem Sohn genannt und dürfte somit die Schenkung veranlasst haben. Für ihre Stellung im weltlichen Recht spielt es keine Rolle, dass sie als *Deo sacrata* bezeichnet wird.

In einer weiteren Urkunde, die im »Liber aureus Epternacensis« überliefert ist, wird die Verfügungsgewalt der gottgeweihten Bertilindis über ihre Güter sehr gut deutlich. Sie schenkte 710 einen Teil ihres Besitzes an Bischof Willibrord:

> »Für den heiligsten und ehrwürdigen Vater, den Bischof Willibrord, die gottgeweihte Bertilindis, die Tochter des Wigibald, als Schenkerin. Wer auch immer irgendetwas von seinem Besitz an Gott oder an die Orte der Heiligen geben oder übertragen will, wird dies durch eine feierliche Schrift bekräftigen, damit durch den Lauf der Zeiten die Bestätigung als gültig und bewährt bekannt gemacht wird. Was ich auch zu tun erwäge, und weil ich den unsicheren und vergänglichen Zustand dieses Lebens bedenke, habe ich beschlossen, dir, Vater und Bischof, etwas von meinem Besitz für das Heil meiner Seele und für die unvergängliche Frucht deiner Gebete zu schenken. Dies habe ich so gemacht. Ich gebe dir im *pagus* Texandrien, im Ort Baschot am Fluss Dommele, was meine Mutter Oadrada mir als mein Erbteil rechtmäßig hinterlassen hat. … Dies alles schenke ich dir vom gegenwärtigen Tag an für die Vermehrung meines Lohns, und ich übergebe es von meiner Verfügungsgewalt in die Deinige

---

85 Ebd., Nr. 228, S. 455f.
86 Ebd., Nr. 229, S. 457.
87 Vgl. auch ebd., Nr. 261, S. 502.
88 Camillus WAMPACH, Geschichte der Grundherrschaft Echternach im Frühmittelalter. Untersuchungen über die Person des Gründers, über Kloster- und Wirtschaftsgeschichte aufgrund des liber aureus Epternacensis (698–1222), Bd. 1,2: Quellenband, Luxemburg 1930, Nr. 33, S. 77.

mit allem Eigentum dieser, ... und was auch immer mir ebendort rechtmäßig zusteht ...[89].«

Bertilindis hatte demnach Güter von ihrer Mutter geerbt, über die sie vollständig verfügen konnte. Der Besitz ist ihr rechtmäßiges Erbe, über das sie die Verfügungsgewalt (*potestas*) besitzt. In der Schreiberzeile wird festgehalten, dass Bertilindis die Ausstellung der Urkunde veranlasste.

4. Verkaufsurkunden und Inschriften

Neben den Schenkungsurkunden finden sich sowohl im »Chartularium Sangallense« als auch in den »Traditiones Wizenburgenses« Verkaufsurkunden, in der Frauen als Verkäuferinnen auftreten[90]. Am 30. August 745 schrieb der Kleriker Audo eine Urkunde auf Bitten der Daghilinda, mit welcher der Verkauf ihrer Güter in Gebertschwil an Abt Otmar von Sankt Gallen festgehalten wurde. Die Verkäuferin handelt völlig selbstständig und erhält auch den Kaufpreis von 30 Solidi für die Güter[91]. Am 1. Mai 702 verkaufte Trudawind eine Wiese an den Abt und das Kloster Weißenburg: »Denn es steht fest, dass ich dir diese Wiese aus meiner Verfügungsgewalt in der Mark Semheim im Elsaßgau verkauft habe, was ich auch so verkauft habe. ... Dafür habe ich von dir aus dem Vermögen des Klosters des heiligen Petrus in Weißenburg den Preis erhalten. Deshalb habe ich befohlen, dass dieser Verkauf geschieht, sodass du von diesem Tag an die oben genannte Wiese innehaben und besitzen sollst. ...[92].« Wie Daghilinda handelt Trudawind in dieser Urkunde selbstständig als Verkäuferin ihrer eigenen Wiese und empfängt selbst den Kaufpreis dafür.

Am 20. April 712 verkauften Amita und ihr Sohn Radulf die Güter, die Audoin, der Vater Amitas, aus dem Besitz Theudalas und an anderen Orten erworben hatte. Hier handeln Mutter und Sohn gemeinsam. Sie sorgten zusammen für den Verkauf (*quod ita et fecimus*) und erhielten auch gemeinsam den Preis dafür (*accepimus a te solidus probamus atque pensantis numero XX*). Die regelmäßige Nennung Amitas vor ihrem Sohn sowohl am Anfang der Urkunde als auch in der Zeugenliste zeigt, dass Amita

---

89 Ebd., Nr. 17, S. 48: *Domino sanctissimo et venerabili patri Willibrordo episcopo Bertilindis, filia Wigibaldi, consecrata Deo, donatrix. Quisquis ad Dei partes vel ad loca sanctorum aliquid de rebus suis dare vel delegare voluerit, hoc solempni scriptura firmetur, ut pro temporum serie fides rata atque probata celebretur. Quod et faciendum estimans, et considerans huius vitae incertum fragilemque statum, aliquid tibi de rebus meis, domne pater et pontifex, pro remedio animae meae seu orationum tuarum inmarcessibili fructu donandum decrevi. Quod et ita feci; dans tibi in pago Texandrensi, loco Hoccascaute super fluvio Dudmala, quod michi mater mea Oadrada hereditario iure legitime reliquit ... Hec omnia tibi a die presenti pro mercedis meae augmento dono ac de mea in tuam transfundo potestatem cum omni peculiari eorum ... et quicquid michi ibidem legitime provenit...*
90 Die Feststellung von POHL-RESL, Vorsorge (wie Anm. 22), S. 287, es handle sich in den Urkunden immer nur um »Schenkungen und Tauschgeschäfte« von Frauen, stimmt nicht.
91 Chartularium Sangallense (wie Anm. 67), Nr. 8, S. 7; vgl. HELLMUTH, Frau und Besitz (wie Anm. 10), S. 150.
92 Traditiones Wizenburgenses (wie Anm. 79), Nr. 44, S. 230f.: *Et qui constat me tibi vendidisse, quod ita et vendidi, pratam iuris mei in marca Semheim in pago Alsacinsae ... Unde accepi a te de rebus sancti Petri monasterio Uuzziburgo precium. Propterea hanc vendicionem tibi fieri iussi, ut ab hac die suprascriptam pratam habeas teneas atque possideas ...*

die Hauptrolle bei dem Verkauf spielte[93]. Umgekehrt stehen in den zahlreichen Urkunden, in denen Ehepaare gemeinsam einen Verkauf oder eine Schenkung vornehmen, stets die Ehemänner an erster Stelle[94]. Der Sohn handelt hier also mit Sicherheit nicht als Muntwalt seiner Mutter.

Auch aus den Inschriften lassen sich Hinweise auf die Handlungsfähigkeit der Frauen entnehmen. Ein Grabstein aus der zweiten Hälfte des 5. oder der ersten Hälfte des 6. Jahrhunderts, der aus einem der fränkischen Gräberfelder in Gondorf stammt, hat folgende Inschrift: »Hier liegt Sarmanna, die Ärztin. Sie lebte ungefähr 70 Jahre. Pientius und Pientinus, die Söhne, und Honorata, die Schwiegertochter, haben den Grabstein gesetzt, in Frieden[95].« Aus der Inschrift ergibt sich, dass Sarmanna verheiratet und als Ärztin tätig war. Diese Tätigkeit setzt aber eine Handlungs- und Geschäftsfähigkeit der Frau voraus. Dasselbe gilt für die häufiger zu beobachtende Setzung von Grabsteinen durch Frauen, die dabei eindeutig als Stifterinnen des Grabsteins erscheinen[96].

5. Fazit

Zusammenfassend ergibt sich folgendes Bild aus den Quellen: Eine Munt oder ein vergleichbares Prinzip gibt es im fränkischen Reich der Merowinger nicht. Es gibt keinen einzigen Hinweis darauf, dass Frauen Rechtsgeschäfte nur durch ihre Männer oder einen männlichen Vertreter tätigen konnten. Vielmehr konnten sie als Klägerinnen und Beklagte vor Gericht auftreten und auch Reinigungseide leisten. Und natürlich konnten sie auch ohne Weiteres selbst über eigenen Besitz verfügen und diesen verschenken oder verkaufen. Man könnte einwenden, dass die Datenbasis für diese Beobachtungen nicht sehr gut ist. Von den 395 Urkunden, die für die Zeit von 700 bis 840 im »Chartularium Sangallense« enthalten sind, wurden nur rund 33 auf Veranlassung von Frauen ausgestellt. Das sind lediglich gut 8 %. Diese Zahl relativiert sich etwas, weil Ehepaare selbstverständlich Schenkungen und Verkäufe auch gemeinsam tätigten. Allerdings ist auch hier die Zahl nicht sehr hoch[97]. Möglicherweise spielt dabei der Einfluss des römischen Rechts eine Rolle. Gemäß Codex Theodosianus II, 12, 4 konnten Männer mit der Erlaubnis ihrer Frauen für diese handeln[98], und dieser

---

93   Ebd., Nr. 225, S. 445.
94   Vgl. etwa Chartularium Sangallense (wie Anm. 67), Nr. 15, S. 16 f.; Traditiones Wizenburgenses (wie Anm. 79), Nr. 2, S. 173; Nr. 9, S. 183–185; Nr. 12, S. 188; Nr. 46, S. 233; Nr. 142, S. 346; Formulae Andecavenses 25, 37, 46, MGH Formulae (wie Anm. 37), S. 12, 16 f., 20 f.; Formulae Marculfi II, 3, II, 4, II, 5, II, 39, ebd., S. 74–78, S. 98 f.
95   Die Inschriften des Landkreises Mayen-Koblenz I, ges. und bearb. von Eberhard J. NIKITSCH, Wiesbaden 2021 (Die Deutschen Inschriften, 111), Nr. 5, S. 73–75: *Hic iacet Sarmanna medica vixit plus minus annos LXX Pientius Pientinus fili et Honorata norus titolum posuerunt in pace.* Der Stein wird heute im Rheinischen Landesmuseum Bonn aufbewahrt.
96   Vgl. etwa ebd., Nr. 4, S. 71–73 (aus Kobern-Gondorf); Die Inschriften der Stadt Trier I, ges. und bearb. von Rüdiger FUCHS, Wiesbaden 2006 (Die Deutschen Inschriften, 70), Nr. 10, S. 16 f. und Nr. 24, S. 43 f.; Die Inschriften des Rhein-Hunsrückkreises I, ges. und bearb. von Eberhard J. NIKITSCH, Wiesbaden 2004 (Die Deutschen Inschriften, 60), Nr. 4, S. 6 f.
97   Vgl. HELLMUTH, Frau und Besitz (wie Anm. 10), S. 153 mit etwas anderer Berechnungsgrundlage, da sie sich auf die Urkunden der Jahre 700 bis 920 bezieht.
98   Codex Theodosianus II, 12, 4, Theodosiani libri XVI cum constitutionibus Sirmondianis et leges

Grundsatz findet sich auch in den Formeln von Angers und Tours wieder[99]. Allerdings ist es nicht möglich, die Auswirkung dieser Rechtsvorstellung auf die Urkundenpraxis zu belegen. Da in dem hier behandelten Kontext Beispiele für die Vormundschaft des Mannes über die Frau und für die Geschäftsunfähigkeit der Frau jedoch vollständig fehlen, wird man trotz der geringen Quellenbasis davon ausgehen dürfen, dass die freien Frauen im fränkischen Reich der Merowinger über einen recht großen Handlungsspielraum verfügten und grundsätzlich rechts- und geschäftsfähig waren. Es soll allerdings nicht der Eindruck erweckt werden, es habe eine Art Gleichstellung und Gleichberechtigung zwischen Frauen und Männern bestanden. Das war sicher nicht der Fall. Für die Eheschließung brauchte die Frau die Zustimmung ihrer Eltern, insbesondere des Vaters, oder anderer Verwandter, falls die Eltern verstorben waren[100]. Auch eine einseitige Scheidung war nur dem Mann möglich[101]. Aber so abhängig vom Mann, wie es lange dargestellt wurde, war die Frau definitiv nicht.

novellae ad Theodosianum pertinentes, hg. von Theodor MOMMSEN, Paul Martin MEYER, Bd. 1,2, Berlin 1904, S. 95.
99 Formulae Andecavenses 1 und 1b, MGH Formulae (wie Anm. 67), S. 4; Formulae Turonenses 20, ebd., S. 146.
100 WEBER, Gesetz für Männer und Frauen (wie Anm. 14), S. 47–52.
101 SAAR, Ehe (wie Anm. 21), S. 297–300.

Jean-Marie Moeglin

LE TRAITÉ DE VERDUN (843)

Les enjeux d'une mémoire[1]

Après trois ans d'une âpre querelle dont un point d'orgue avait été la bataille de Fontenoy-en-Puisaye, livrée le 25 juin 841, les fils et héritiers de Louis le Pieux, Lothaire, le fils aîné, Louis dit (plus tard) le Germanique et Charles dit le Chauve, poussés par les Grands, finirent par conclure à Verdun, probablement le 10 août 843, un traité de paix[2]. Ce »traité de Verdun«, comme la postérité l'a appelé, n'a pas été conservé et n'est en fait connu que par la brève relation de quelques chroniqueurs contemporains[3].

Quelque onze siècles plus tard était conclu, le 22 janvier 1962, entre le général de Gaulle et le chancelier Adenauer, le traité franco-allemand dit traité de l'Élysée. Conformément à la procédure habituelle de ratification, il fut d'abord examiné à l'Assemblée nationale par la commission des affaires étrangères; son rapport du 7 juin 1963, rédigé par Louis Terrenoire, commençait par un long historique des relations tumultueuses entre France et Allemagne dont il faisait remonter l'origine au traité de Verdun en 843: »En nous gardant de toute pédanterie, redisons, après bien d'autres, que tout a commencé avec le fameux traité de Verdun, en 843, qui divisa en trois parts l'héritage de Charlemagne …[4].«

Entre la conclusion d'une paix, dont les clauses étaient jugées à l'évidence provisoires par les contemporains, et le »fameux traité de Verdun« s'est opéré un immense travail de construction d'une histoire et d'une mémoire; ce sont ses enjeux que je voudrais éclairer ici.

---

1 Texte remanié de la conférence annuelle de l'Institut historique allemand le 14 octobre 2022.
2 Pour un inventaire des sources, cf. Johann Friedrich Böhmer, Regesta Imperii I. Die Regesten des Kaiserreichs unter den Karolingern 751–918 (987), t. 2: Die Regesten des Westfrankenreichs und Aquitaniens, partie 1: Die Regesten Karls des Kahlen 840 (823)–877, fasc. 1. 840 (823)–848, éd. Irmgard Fees, Cologne et al. 2007, nos 216 (Fontenoy), 368 (Verdun). Pour une vue d'ensemble et une bibliographie de référence, cf. Rolf Grosse, Du royaume franc aux origines de la France et de l'Allemagne, 800–1214 (Histoire franco-allemande, 1), Villeneuve d'Ascq 2014; sur le traité de Verdun lui-même, cf. Jens Schneider, Auf der Suche nach dem verlorenen Reich: Lotharingien im 9. und 10. Jahrhundert, Cologne et al. 2010.
3 Un inventaire critique de l'historiographie de l'époque est donné par Georg Friedrich Heinzle, Flammen der Zwietracht: Deutungen des karolingischen Brüderkrieges im 9. Jahrhundert, Cologne 2020. Pour toutes les chroniques écrites sur le sol du royaume de Francie orientale/Allemagne, je renvoie une fois pour toutes au remarquable instrument de travail en ligne Geschichtsquellen des deutschen Mittelalters, https://www.geschichtsquellen.de/start (28/02/2023).
4 Journal officiel, Documents de l'assemblée nationale, annexes aux procès-verbaux des séances (Projets et Propositions de Loi, Exposés des motifs et Rapports), 2e session ordinaire de 1962–1963, séance du 7 juin 1963, annexe n°307.

I. Le traité de Verdun, un non-événement (IXᵉ–XIᵉ siècle)?

Alors que la bataille de Fontenoy a été immédiatement constituée en fait majeur et retentissant, le traité de Verdun est en revanche rapidement devenu une sorte de non-événement, menacé de sombrer dans l'indifférence voire l'oubli.

Cet écart n'est pas sans importance. En ce qui concerne la bataille de Fontenoy du 25 juin 841, trois récits ont été rédigés par des acteurs ou témoins de la bataille; celui par Nithard de la guerre des fils de Louis le Pieux[5], un poème de déploration de la bataille par un certain Angilbert et celui d'un clerc de Ravenne du nom d'Agnellus qui accompagnait son archevêque dans ce qui semble avoir été une improbable tentative de médiation. En fait, de ces trois récits, seul celui de Nithard peut être qualifié de reconstitution du déroulement de la bataille mais il se limite à en mentionner les épisodes centraux. De plus, le récit de Nithard, comme ceux d'Angilbert et d'Agnellus au demeurant, est resté quasiment inconnu au Moyen Âge avant qu'il ne soit redécouvert et repris dans la deuxième moitié du XVIᵉ siècle[6]. Outre ces trois auteurs, de très nombreuses autres annales, chroniques et histoires, écrites à l'époque et jusqu'au XIᵉ siècle, mentionnent la bataille, mais elles disent simplement qu'elle a été une immense bataille et un immense massacre et elles ajoutent souvent qu'elle a terriblement affaibli les Francs autrefois constamment victorieux et qu'elle a permis les invasions normandes.

Ce n'est pas le lieu ici de chercher à expliquer les raisons d'une telle mémoire à la fois retentissante et atrophiée. Constatons simplement que Fontenoy a été constituée dès son époque en bataille »fameuse«[7] et lourde de conséquences, mais sans récit.

Il en va différemment avec le traité de Verdun. Ce dernier est loin d'avoir retenu la même attention que la bataille de Fontenoy. Nithard qui avait donné un grand récit de la guerre des trois frères l'arrête peu avant la conclusion de la paix, apparemment parce qu'il se sentait lésé par ses conditions[8]. L'auteur des annales dites de Saint-Bertin, l'évêque Prudence de Troyes, rapporte en quelques lignes, brèves mais précises[9], le partage qui a été effectué – son récit n'aura toutefois pas une grande diffusion – mais le moine qui à la même époque met sur le parchemin à Saint-Denis quelques événements qui lui paraissent mériter de passer à la postérité évoque la bataille de Fontenoy (mal datée au demeurant), mais rien au titre de l'année 843[10]; et son

---

5 Histoire des fils de Louis le Pieux par Nithard, éd. Philippe LAUER, édition revue et corrigée par Sophie GLANSDORFF, Paris 2012, p. 88.
6 Ibid. p. XXI–XXVI.
7 Dès la fin du IXᵉ siècle, une notice annalistique de Saint-Gall la qualifie ainsi: *factum est famosissimum proelium in pago Antissiodoro iuxta villam, quae Fontis nuncupatur* ... (MGH SS 1, p. 70); Widukind de Corvey fait écho au Xᵉ siècle: *Sub his fratribus bellum famosum actum est in Phontinith antequam haec divisio regni fieret* (éd. Paul HIRSCH, Hans LOHMANN, MGH SS rer. Germ., 60, p. 40–41).
8 Cf. Janet NELSON, Public Histories and Private History in the Work of Nithard, dans: EAD (dir.), Politics and Ritual in Early Médiéval Europe, Londres 1986, p. 195–237.
9 Éd. Georg WAITZ, MGH SS rer. Germ., 5, ad 843, p. 29–30; éd. Félix GRAT, Jeanne VIELLIARD, Suzanne CLÉMENCET. Avec une introduction et des notes par Léon LEVILLAIN, Annales de Saint-Bertin, Paris 1964, p. 44–45.
10 Cf. Élie BERGER, Annales de Saint-Denis, généralement connues sous le titre de *Chronicon sancti Dionysii ad cyclos-paschales*, dans: Bibliothèque de l'École des chartes 40 (1879), p. 261–295, ici

collègue de Saint-Germain des Prés ne mentionne même pas Fontenoy. Ce silence sur le traité de Verdun se retrouve ailleurs et contraste fortement avec le vif écho reçu par Fontenoy.

Les années passent; le partage de Verdun a été en large partie remis en cause et sa mémoire mérite de moins en moins d'être conservée. Quelque part dans le nord de la Lotharingie, un annaliste donne une curieuse relation – elle aura un grand avenir après être entrée dans les annales de Lobbes – de la guerre civile: il la conclut simplement en disant qu'après une bataille restée sans vainqueur, ses protagonistes ont partagé l'héritage en quatre[11]. L'auteur qui, sans doute sur le Rhin inférieur vers 860–875, écrit la relation assez détaillée des annales dites de Xanten, évoque une tripartition du royaume par les Grands mais ne donne pas de détail[12]. L'auteur des annales dites de Fulda insiste lourdement vers 870–880 sur la bataille de Fontenoy, un désastre tel que les Francs ne se souvenaient pas d'en avoir connu un semblable; il est également relativement disert sur les tractations des trois princes avant le règlement final, mais il ne mentionne que très sobrement les conditions de la paix: la partie orientale du royaume est allée à Louis, l'occidentale à Charles et la médiane à Lothaire[13]; au moins signale-t-il, après l'annaliste de Saint-Bertin, sa conclusion à Verdun. L'archevêque Adon de Vienne donne un récit exalté de la bataille de Fontenoy mais se contente de dire que le royaume a été divisé[14]. À la même époque, l'archevêque Hincmar évoquait dans le miroir du prince qu'il adressait à Louis le Bègue l'horrible bataille de Fontenoy et les terribles dissensions qui avaient ébranlé le royaume des Francs avant que les Grands ne se décident à y mettre fin en le partageant; mais il ne citait pas précisément le traité de Verdun[15]. Toujours à la même époque, le moine qui écrit des annales dans la grande abbaye normande de Saint-Wandrille mentionne la lamentable »guerre plus que civile« qui a opposé les fils de Louis le Pieux et la bataille de Fontenoy, mais il n'a pas un mot pour le traité de Verdun[16]. Même silence chez l'annaliste de Sainte-Colombe de Sens[17]. Dans le sud-ouest de l'Allemagne, de courtes notations annalistiques que l'on retrouve à la Reichenau, à Saint-Gall, à Rheinau, évoquent simple-

p. 274; la main qui complète au XIIe siècle ces notices ajoute la mort de Louis le Pieux en 840 mais toujours pas le traité de Verdun.

11 MGH SS 2, p. 795, conservée au sein des »Annales Lobienses« dans le manuscrit Bamberg, Staatsbibliothek, Msc. Patr. 62, fol. 79r–94r, cf. Roman DEUTINGER, Die ursprüngliche Gestalt der Annales Lobienses, dans: Deutsches Archiv 75 (2019), p. 587–602.
12 Annales Xantenses et Annales Vedastini, éd. Bernhard VON SIMSON, MGH SS rer. Germ., 12, p. 11–13.
13 *DCCCXLIII. Descripto regno a primoribus et in tres partes diviso apud Viridunum Galliae civitatem tres reges mense Augusto convenientes regnum inter se dispertiunt: et Hludowicus quidem orientalem partem accepit. Karlus vero occidentalem tenuit, Hlutharius, qui maior natu erat, mediam inter eos sortitus est portionem. Factaque inter se pace et iuramento firmata singuli ad disponendas tuendasque regni sui partes revertuntur ...* (éd. Friedrich KURZE, MGH SS rer. Germ, 7, p. 37–38).
14 *Diviso postmodum imperio, unusquisque eorum ad partem suam regendam et disponendam progreditur* (MGH SS 2, p. 322).
15 PL 125, col. 985–986.
16 Chronicon Fontanellense, MGH SS 2, p. 301–304 et Jean LAPORTE, Les premières annales de Fontenelle, Paris 1951, p. 71 sq.
17 Annales Sanctae Columbae Senonensis, MGH SS 1, p. 102–109, ici p. 103.

ment la »guerre des trois frères«, la »division du royaume« et »la paix faite entre eux«[18]; un écho de ces notices se retrouve même à Cologne[19].

Vers 860–880, l'on pouvait sans doute penser que le partage de Verdun n'avait été qu'un jalon dans le processus de division de l'empire franc, les royaumes issus de Verdun paraissant à leur tour devoir faire l'objet de partages. Il n'y avait donc guère de raison d'accorder un intérêt particulier à ce traité. Mais la situation va se modifier lentement; après l'épisode sans lendemain de la reconstitution de l'Empire sous Charles le Gros dans les années 880, la Francie de l'ouest et la Francie de l'est, issues de Verdun, reprennent le long processus qui va les conduire à se séparer définitivement et à donner naissance aux royaumes de France et d'Allemagne. Au cours de cette période qui s'étend sur quelque deux siècles sans que l'on puisse désigner un événement ou une date qui auraient été le point de non-retour[20], le partage de Verdun a pu mieux apparaître parfois comme un élément de contexte, d'explication nécessaire pour comprendre le processus en cours dont quelques chroniqueurs prenaient une conscience plus ou moins claire.

Déjà, le moine Adrevald de Fleury, mort en 879, qui écrit un récit des miracles de saint Benoît, introduit un long excursus historique sur les déplorables ravages des Normands en rappelant comment, à la mort de Louis le Pieux, le »corps unique« que formait le royaume des Francs a été partagé en trois et il donne un compte rendu rapide de la nouvelle géographie politique issue du traité de Verdun dont le nom n'est toutefois pas mentionné. C'est une manière pour lui d'indiquer qu'il va parler de ce qui se passe dans le royaume de l'ouest, dont les destinées (*nostrae partis*) engagent celles de son monastère, Fleury; c'est peut-être aussi l'occasion de suggérer que cette partition de l'ancien corps unique est responsable des malheurs qu'il va longuement relater[21]. Notker le Bègue, moine à Saint-Gall de 881 à sa mort en 912, introduit dans sa continuation du »Breviarium regum Francorum« une description assez précise du partage qui a eu lieu après la mort de Louis le Pieux[22]. L'archevêque Adon de Vienne avait à peine mentionné le partage de Verdun mais un de ses continuateurs qui écrit, peut-être à la fin du IXe siècle éprouvera lui le besoin d'en donner au moins les grandes lignes et son récit aura une véritable diffusion[23]. Dans les mêmes années, Ré-

---

18 Cf. l'édition des »Annales Alamannici« par Walter LENDI, Untersuchungen zur frühalemannischen Annalistik. Die Murbacher Annalen, Freiburg/Schweiz 1971 (Scrinium Friburgense, 1), p. 146–192, ici p. 178 (à l'année 842 *inchoata divisio regni*, et 843 *Pax inter fratres facta*. Cf. aussi la Annalium alamannorum continuatio augiensis, MGH SS 1, p. 49, les Annales Weingartenses, ibid., p. 65, les Annales Augienses, ibid., p. 68; les Annales Sangallenses maiores, ibid., p. 76.
19 Annales Colonienses, ibid., p. 98.
20 Cf. Carlrichard BRÜHL, Deutschland-Frankreich. Die Geburt zweier Völker, Cologne et al., 1990 (2ᵉ éd. 1995). Cf. aussi Bernd SCHNEIDMÜLLER, Nomen Patriae. Die Entstehung Frankreichs in der politisch-geographischen Terminologie (10.–13. Jahrhundert), Sigmaringen 1987.
21 Adrevald, Miracles de saint Benoît: *Verum piissimo augusto Hludovico carnis onere spoliato, regnum Francorum, quod ex diversis nationibus solidum corpus fuerat effectum, trifariam dividitur atque a tribus eiusdem imperatoris filiis ad regendum suscipitur. Et maior quidem natu Lotharius Franciam cum Italia, Ludovicus Saxoniam omnemque Germaniam, Karolus autem iunior Burgundiam cum Aquitania possedit. Sed ut de regnis taceam, bellisne attrita decreverint, an pace continua aliquanto floruerint, nostrae partis erumnas breviloquio excurrere libet* (MGH SS 15/1, p. 493).
22 MGH SS 2, p. 329.
23 *Pace inter eos facta, diviserunt inter se Francorum imperium. Et Hlotharius quidem accepit re-*

ginon de Prüm a une conscience aussi claire que douloureuse de la ruine de la dynastie carolingienne et des catastrophes, les invasions normandes et hongroises, qui l'accompagnent; il en fait bien sûr remonter la cause à la bataille de Fontenoy, ce désastre après lequel les Francs autrefois conquérants ont été tellement affaiblis qu'ils n'ont plus été en mesure de défendre leurs frontières des ennemis, mais aussi au partage qui l'a suivie, dont il donne un compte rendu assez précis car il a engagé la division de la dynastie entre plusieurs branches qui n'ont pas su établir entre elles concorde et hiérarchie. Réginon n'évoque pas le traité de Verdun en lui-même mais il en expose les conditions et il reconnaît surtout clairement que la division et le partage du royaume des Francs après la mort de Louis le Pieux ont eu des conséquences aussi durables que funestes[24].

Tout cela montre que si le traité de Verdun ne suscite pas un grand intérêt pour lui-même, du moins ses conséquences n'ont pas pour autant complètement sombré dans l'oubli; sa mémoire survit en creux, pourrait-on dire, chez certains chroniqueurs, comme élément d'explication nécessaire dans leur récit du présent.

Il en est toujours ainsi du début du Xe siècle à la deuxième moitié du XIe siècle. De nombreux annalistes continuent à mentionner Fontenoy en passant sous silence le traité de Verdun – ceux par exemple de Limoges, de Nevers, d'Angoulême, de Saint-Pierre le Vif de Sens, de Saint-Vaast d'Arras et Saint-Amand-les-Eaux, de Flavigny et Lausanne[25], de Prüm[26], de Liège et Lobbes[27], comme également de Niederaltaich en Bavière – ou n'évoquent que dans un détour de phrase le partage qui y a été effectué – par exemple à Lobbes, Reims, Saint-Bénigne de Dijon ou encore Gand –, ou simplement la conclusion de la paix après la guerre, comme c'est le cas dans les annales d'Hildesheim et ses dérivés de Quedlinburg et de Hersfeld[28]. D'autres auteurs rappellent néanmoins sinon le traité, auquel ils continuent à ne pas accorder d'intérêt

---

gnum Romanorum et totam Italiam, et partem Franciae orientalem, totamque Provintiam; Hludowicus vero praeter Noricam, quam habebat, tenuit regna quae pater suus illi dederat, id est Alemanniam, Thuringiam, Austrasiam, Saxoniam, et Avarorum, id est Hunnorum regnum Karolus; vero medietatem Franciae ab occidente, et totam Neustriam, Brittanniam, et maximam partem Burgundiae, Gotiam, Wasconiam, Aquitaniam, submoto inde Pippino, filio Pippini, et in monasterio sancti Medardi attonso (ibid., p. 324).

24 *Anno dominicae incarnationis DCCCXLII. tres supradicti fratres imperium Francorum inter se diviserunt. Et Carolo occidentalia regna cesserunt a Brittannico oceano usque ad Mosam fluvium, Ludovico vero orientalia, scilicet omnis Germania usque Rheni fluenta et nonnullae civitates cum adiacentibus pagis trans Rhenum propter vini copiam. Porro Lotharius, qui et maior natu erat et imperator appellabatur, medius inter utrosque incedens regnum sortitus est, quod hactenus ex eius vocabulo Lotharii nuncupatur, totamque Provintiam nec non et omnia regna Italiae cum ipsa Romana urbe ...* (éd. Friedrich KURZE, MGH SS rer. Germ., 50, p. 75).

25 Annales Lausonenses, MGH SS 3, p. 152.

26 Annales Prumienses, MGH SS 15/2, p. 1290–1292; cf. Lothar BOSCHEN, Die Annales Prumienses. Ihre nähere und weitere Verwandtschaft, Düsseldorf 1972, p. 181–182.

27 Annales Laubienses / Annales Leodienses, MGH SS 4, p. 14. À la fin du Xe siècle, Folcuin écrit d'un abbé de Lobbes qu'il a vécu *tempore quatuor fratrum regum de regno Francorum concertantium ...* (MGH SS 4, p. 61).

28 *843. Hoc anno facta est pax inter Lotharium et Ludovicum et Karolum, fratres suos* (Annales Hildesheimenses, éd. Georg WAITZ, MGH SS rer. Germ, 8, p. 16, à partir des »Annales Hildesheimenses maiores« perdues): même texte dans les Annales Quedlinburgenses (éd. Martina GIESE, MGH SS rer. Germ., 72, p. 445); également dans les Annales Hersfeldenses (les Annales Altahenses maiores reprennent le même texte mais omettent la mention de la paix).

pour lui-même, du moins le partage qui a eu lieu, après la mort de Louis le Pieux, avec pour conséquence la création de plusieurs royaumes dont deux au moins, celui de l'ouest et celui de l'est, passées quelques péripéties, s'affirment à l'évidence du Xe au XIe siècle comme des ensembles politiques stables. À Einsiedeln ainsi, au tournant de l'an mille, on disposait visiblement d'un exemplaire de la chronique de Réginon de Prüm; l'on en a retenu la phrase sur les conséquences fatales de la bataille de Fontenoy pour la puissance des Francs et une version fortement abrégée de sa relation du partage du royaume[29]. Il en est de même à Echternach vers 1035[30]. Quant à Hariulf de Saint-Riquier à la fin du XIe siècle, un exemplaire de la continuation d'Ado de Vienne lui permet de préciser la nouvelle géographie politique issue du traité de Verdun (non cité en tant que tel) et donc d'indiquer le royaume auquel les destinées de Saint-Riquier étaient désormais liées[31].

Cet intérêt occasionnel chez certains historiens reste étroitement subordonné à la logique de leur récit. C'est ainsi que Widukind de Corvey, dans les années 960, rappelle les conditions du partage de Verdun dans un détour de son récit lorsqu'il en vient à raconter comment Henri l'Oiseleur a mené une expédition contre la *Gallia* et le *regnum Lotharii* et qu'il veut expliquer à ses lecteurs comment ces entités politiques se sont formées et ont été désignées ce qui le conduit à rappeler la bataille de Fontenoy et le partage de Verdun (non nommé)[32].

Il n'en reste pas moins que, si le résultat est connu et s'il est placé chronologiquement au moment du règne de Louis le Pieux et de sa succession, les conditions dans lesquelles ce partage territorial a été effectué paraissent bien confuses à de nombreux historiens. Ainsi Adémar de Chabannes n'avait-il plus à l'évidence, quand il écrit vers 1025, qu'une vague notion des conditions du traité de Verdun qui lui permettait de mentionner à la mort de Louis le Pieux un partage de l'héritage correspondant globalement aux conditions du traité, mais il fait intervenir ensuite la bataille de Fontenoy et ne mentionne en aucune façon le traité lui-même qui a mis fin au conflit. Comme il ne s'intéresse qu'au royaume de Francie occidentale, il se contente de préciser ensuite à ses lecteurs que Charles a été sacré à Limoges roi de Francie, d'Aquitaine et de Bourgogne[33]. Le chroniqueur de Saint-Bénigne de Dijon, qui écrit vers 1058–

---

29 *DCCCXLII Tunc fratres inter se diviserunt regnum, Karolo occidentale, Ludovico orientale, Lothario Lothariense necnon et Italiam cum ipsa Romana urbe cesserunt* (éd. Conradin VON PLANTA, Die Annalen des Klosters Einsiedeln, MGH SS rer. Germ., 78, p. 172–173); dans la deuxième version, le texte de Réginon de Prüm est toujours utilisé mais la mention du traité de Verdun se réduit à: *DCCCXLII Divisio regni inter fratres* (ibid., p. 248–249).

30 *Imperium inter se diviserunt; et Karolo occidentalia regna cesserunt, Lodovico vero orientalia, Lothario antem imperium Romanum et regnum quod ab eo Lothoringia vocatur* (Chronicon Epternacense breve, MGH SS 15/2, p. 1305).

31 Hariulf, Chronicon Centulense ou Chronique de l'abbaye de Saint-Riquier, éd. Ferdinand LOT, Paris 1894, p. 100–103.

32 *Lotharius enim erat filius Hluthowici imperatoris a Magno Karolo nati. Huic erant fratres Karolus et Hluthowicus. Karolo Aequitaniae et Wascanorum cessere regiones, terminum habens ab occidente Barcillonam Hispaniae urbem, ab aquilone Brittannicum mare et ad meridiem iuga Alpium, ad orientem vero Masam fluvium. Inter Masam vero fluvium et Renum Lothario regnum cessit. Hluthowico autem a Reno usque ad fines Ilirici et Pannoniae, Adoram quoque fluvium et terminos Danorum imperium erat. Sub his fratribus bellum famosum actum est in Phontinith antequam haec divisio regni fieret* (Widukind [voir n. 7], p. 40–41).

33 Ademari Cabanensis Chronicon, éd. Pascale BOURGAIN, avec la collab. de Richard LANDES et

1065, est certes en mesure de décrire assez précisément le résultat territorial issu du partage de Verdun mais son récit est fort embrouillé et il attribue en fait à Louis le Pieux ce partage dont les fils aînés n'ont pas été contents, ce qui a conduit à la bataille de Fontenoy; il renverse ainsi l'ordre chronologique des faits et fait disparaître le traité de Verdun en tant que tel[34]; il ne s'intéresse au demeurant qu'au royaume de Francie de l'ouest.

La diffusion de quelques chroniques plus anciennes, Réginon de Prüm avant tout, dans une moindre mesure la continuation d'Adon de Vienne, a donc permis à quelques auteurs de préciser les conséquences géographiques et politiques du traité de Verdun. Malgré tout, il faut bien reconnaître que, du Xe au XIe siècle, le traité de Verdun lui-même a largement disparu de l'historiographie. Face à la bataille de Fontenoy, événement retentissant mais sans récit, il est un fait historique oublié en tant que tel, mais dont les conséquences territoriales et politiques étaient parfois prises en compte comme élément d'explication de la situation présente.

La conjonction du IXe au XIe siècle de la construction d'une mémoire de Fontenoy comme événement retentissant mais sans récit, et de l'effacement du traité de Verdun a même permis la construction temporaire en France au XIIe siècle d'une bataille de Fontenoy comme moment unique et décisif de la guerre des fils de Louis le Pieux, événement clef de l'histoire du royaume de France dont la survie se serait jouée à Fontenoy.

Selon cette version, les frères de Charles le Chauve, roi de France, auraient voulu lui enlever son royaume mais, puissamment soutenu par les barons français, il aurait sauvé son trône et le royaume en remportant la glorieuse victoire de Fontenoy[35]. L'on peut suivre la genèse de ce récit lorsque dès le IXe siècle certaines relations de la guerre »oublient« Louis et font de la bataille de Fontenoy un affrontement entre Charles et Lothaire (éventuellement soutenu par son neveu Pépin). L'»Historia francorum senonensis«, écrite vers 1030, va plus loin en paraissant accréditer l'idée que Charles était opposé à tous ses frères et cette chronique est aussi la première qui donne l'Ascension 841 comme date de la bataille[36]. Cette formulation est reprise dans la continuation de l'»Historia Francorum« d'Aimoin de Fleury[37]. Allant encore plus loin dans le sens d'une opposition entre Charles, roi de France, et ses frères, l'auteur de la chronique de Saint-Bénigne de Dijon, vers 1058–1065, rapporte clairement que les frères de Charles, indignés qu'ils aient reçu de son père Louis la meilleure part de l'héritage, le royaume de France, ont voulu la lui arracher mais ils ont échoué[38]. Ce récit est utilisé par Hugues de Fleury dans le premier quart du XIIe siècle, déjà dans

George PON (Corpus Christianorum, Continuatio Medievalis, 129), Turnhout 1999, version béta/gamma III, 16–17, p. 134, III, 19, p. 137.
34 Chronique de l'abbaye de Saint-Bénigne de Dijon, éd. Émile BOUGAUD, Germain GARNIER, Dijon 1875, p. 89–94.
35 Je me permets de renvoyer pour ce qui suit à mon article parallèle à paraître »La bataille de Fontenoy – fabrique d'un événement«.
36 MGH SS 9, p. 365.
37 Aimoini monachi historia, éd. Jacques DU BREUL, Paris 1602, p. 307 et BNF lat. 12711, fol. 141v, et également dans la Chronique de Saint-Pierre le Vif de Sens, écrite au début du XIIe siècle, éd. Robert-Henri BAUTIER, Monique GILLES, Chronique de Saint-Pierre-le-Vif de Sens, dite de Clarius, Paris 1979, p. 52, 54.
38 Voir note 34.

son »Historia ecclesiastica«[39] puis, plus explicitement, dans son »Liber modernorum regum«[40]. Cette version de la bataille de Fontenoy parvient alors à Saint-Denis et l'auteur au début du XIIe siècle du texte que l'on appelle l'»Historia regum Francorum«, puis dans une seconde version l'»Abbreviatio gestorum regum Franciae«[41], transforme cette version en récit dithyrambique d'une glorieuse victoire de Charles le Chauve et des Français contre Lothaire, Louis et Pépin.

Les histoires des rois de France que l'on écrit du XIIe au XIIIe siècle, tout particulièrement (mais pas seulement) à Saint-Denis et à Saint-Germain, en latin ou en français, sur la base soit (à Saint-Denis) de l'»Historia regum Francorum«/»ex abbreviatione«, soit (à Saint-Germain des Prés) d'une combinaison de la continuation d'Aimoin de Fleury et d'Hugues de Fleury rapportent ainsi la glorieuse victoire de Charles le Chauve qui a sauvé la France à Fontenoy. Au début des années 1270, le »Roman des Rois« de Primat de Saint-Denis consacre le succès de cette reconstruction. Ce récit, que l'on retrouve également chez Gui de Bazoches et Philippe Mousket au XIIIe siècle et encore, tardif écho, dans le »Compendium« de Robert Gaguin à la fin du XVe siècle, menaçait de faire définitivement sortir de l'histoire le traité de Verdun en le rendant pour ainsi dire inutile.

Confrontée néanmoins au grand nombre de textes qui identifiaient de manière exacte les adversaires en lice à Fontenoy, cette version ne pouvait triompher indéfiniment et empêcher le retour d'un traité de Verdun dont la mémoire ne s'était tout de même pas totalement effacée et qui était nécessaire pour expliquer la genèse de la division désormais clairement établie entre les royaumes de France et d'Allemagne ou plus exactement entre le *Regnum* et l'*Imperium*.

II. Le retour du traité de Verdun (XIIe–XVe siècle)

Ce n'est en fait pas seulement l'écart trop flagrant avec la »réalité historique« de l'histoire de Charles le Chauve vainqueur à Fontenoy de ses frères coalisés contre lui qui devait permettre le retour du traité de Verdun; c'est aussi la reprise, un siècle et demi après la conclusion du traité, après un long temps d'éclipse au cours du Xe et de la première moitié du XIe siècle sans doute lié à la désintégration de l'empire carolingien, de l'écriture de l'histoire universelle à partir du milieu du XIe siècle. La chronique ou histoire universelle est assurément le genre historique fondamental au Moyen Âge car c'est celui qui correspond à la vision chrétienne de l'organisation et de l'histoire du monde comme marche de l'humanité, guidée par la Providence, vers l'avènement de la cité céleste. Cette histoire universelle, telle que ses normes avaient été définies par Eusèbe de Césarée à la fois dans ses »Canons chronologiques« et dans son »Historia ecclesiastica«, est devenue l'histoire de l'empire romain, quatrième et dernier empire universel.

---

39 MGH SS 9, p. 363.
40 Ibid., p. 376–377.
41 Historia regum Francorum, éd. Georg WAITZ, MGH SS 9, p. 401 (à partir du BNF lat. 12710); texte identique dans la seconde version publiée sous le titre Ex Abbreviatione gestorum regum Franciae, éd. Dom BOUQUET, RHGF 7, p. 255.

L'histoire universelle comme histoire de l'empire romain et du peuple porteur de la mission eschatologique dont il est investi, des Romains aux Grecs et aux Francs, est donc principiellement l'horizon ultime de toute histoire écrite au Moyen Âge. Mais cela ne signifie pas qu'il n'existe pas une conjoncture de l'histoire universelle, c'est-à-dire une volonté qui s'exprime périodiquement d'actualiser et/ou de modifier le modèle en vigueur. Cette conjoncture est étroitement liée à la fois aux aléas de l'histoire de cet empire romain, selon qu'il paraît triompher ou entrer en crise, et aux défis auxquels doit répondre cet empire universel en tant que cadre voulu par la Providence pour le déroulement de l'histoire des hommes. Il s'agit notamment de l'émergence de nouveaux peuples et de nouveaux royaumes qui remettent en cause sa légitimité.

Il existe précisément, dans la deuxième moitié du XIe siècle, un nouveau »moment« de l'écriture de l'histoire universelle. Plusieurs éléments y contribuent. L'empire des Ottoniens et de leurs successeurs saliens s'est affirmé du Xe au XIe siècle comme l'héritier de l'empire romain, mais il va devoir faire face à l'ébranlement grégorien et à la remise en cause de la mission eschatologique qu'il s'assignait dans la marche des hommes vers la parousie et l'avènement définitif de la cité de Dieu. Par ailleurs, l'empire romain, dans sa revendication d'empire universel, est confronté à l'émergence de royaumes indépendants, notamment de la France et de l'Allemagne, apparus sur les décombres de l'empire carolingien.

Cette nouvelle conjoncture de l'histoire universelle conduit à identifier la bataille de Fontenoy et surtout le partage de Verdun comme les dates-clefs d'une inflexion de l'histoire: la ruine de l'unité de l'empire franc après la mort de Louis le Pieux; l'émergence sur ses décombres d'un nouvel empire romain et de nouveaux royaumes dont le rapport à l'empire romain reste à définir, à légitimer historiquement.

Le retour du traité de Verdun et son inscription dans l'histoire universelle étaient dans ce contexte d'une certaine manière logiques, attendus et nécessaires.

Déjà en effet des chroniqueurs déjà cités comme Adémar de Chabannes au début du XIe siècle ou Hugues de Fleury au début du XIIe siècle, sans mentionner le traité de Verdun en tant que tel, actaient clairement qu'après la mort de Louis le Pieux, avec Charles le Chauve et Louis le Germanique, s'était effectuée une séparation entre le royaume de France d'un côté, l'Empire (allemand) des Romains de l'autre. Hugues de Fleury écrit: *Ab illo tamen die usque nunc manet regnum Francorum ab imperio Romanorum seiunctum atque divisum.* Restaurer la mémoire d'un traité largement devenu un non-événement aux yeux des historiens des Xe et XIe siècles n'était néanmoins pas une tâche aisée. Somme toute, la récriture française de la bataille de Fontenoy évoquée plus haut – dont Hugues de Fleury est au demeurant un jalon important – n'avait-elle pas montré qu'une autre histoire de la séparation de la France et de l'Allemagne, faisant l'économie du traité de Verdun, était possible?

Comment le retour du traité de Verdun a-t-il alors concrètement pu se réaliser?

Le temps de la mémoire vivante était évidemment, au début du XIIe siècle, passé depuis bien longtemps; mais il avait laissé un certain nombre de relations potentiellement disponibles. Elles étaient diverses, plus ou moins fiables, et parfois difficiles d'accès. L'on peinait à distinguer les partages effectués pendant le règne de Louis le Pieux de celui qui avait eu lieu – à Verdun – après sa mort. Bien des chroniqueurs des XIe–XIIe siècles ont donc du mal à donner un récit sinon proche de la réalité historique, au moins à peu près cohérent. Encore au milieu du XIIe siècle, le chroniqueur poitevin Richard de Cluny, qui suivait l'histoire des empereurs mais ne s'intéressait vraiment qu'aux destinées de l'Aquitaine, ne voyait dans la bataille de Fontenoy qu'un affrontement pour l'Aquitaine, laissée libre par la mort de Pépin, entre l'empereur Lothaire et ses deux frères, et il rapportait ensuite comment Charles et Louis s'étaient partagé le duché[42].

Il a donc fallu, en Allemagne comme en France, effectuer un gros effort pour retrouver le partage de Verdun et le constituer en date fondamentale de l'histoire propre à ces deux pays au sein de l'histoire universelle apparue dans le cadre de la nouvelle conjoncture dont elle bénéficie à partir des années 1040. La manière dont cela a été effectué ne pouvait être exactement la même dans les deux pays car en France, il fallait montrer que le royaume de France ou des Français avait une légitimité réelle dans ou à côté de l'empire romain alors que, dans l'Empire, le royaume d'Allemagne ou des Allemands se confondait avec le royaume des Romains, ou en tout cas en constituait le centre.

En Allemagne, l'indifférence pour le traité de Verdun avait donc longtemps prédominé, en parfait contraste avec le maintien d'un souvenir vif de la terrible bataille de Fontenoy. Mais, dès les années 1040, on constate l'effort pour situer au sein de l'histoire universelle, qui connaît un nouvel essor, le partage de l'empire de Louis le Pieux qui a fait naître plusieurs royaumes coexistant avec l'Empire. La particularité allemande, et c'est une différence notable avec la France, est évidemment le fait que les rois allemands étaient depuis Othon Ier et son couronnnement romain de 962 les titulaires de l'Empire romain. L'histoire des rois allemands et de l'Allemagne tendaient à se confondre avec l'histoire des empereurs et de l'empire romain, quatrième et dernier empire universel. Il n'y avait pas à opposer l'Allemagne et l'Empire.

Un premier fil part dans la seconde moitié du XIe siècle du grand monastère de la Reichenau et mène à Bamberg, au cœur même de l'empire ottonien et salien. À la Reichenau, l'auteur qui se préoccupe d'écrire une histoire universelle (elle va du Christ à l'année 1043) que l'on appelle souvent le »Chronicon suevicum universale« donne un résumé succinct de la guerre des trois frères et du partage qui y a mis fin: »840, une guerre entre les frères au sujet du partage du royaume s'enflamma. Dans la division du royaume, Louis reçut la Germanie, Lothaire avec le nom d'empereur l'Italie, Charles les Gaules«[43]; pour composer ce récit, il a probablement eu à sa disposition, directement ou indirectement, un exemplaire du »Breviarium regum Francorum« continué à Saint-Gall par Notker le Bègue un siècle et demi plus tôt[44].

---

42 *De Lothario imperatore (en rouge). Lotharius filius Lodovici post patrem imperat annis xvi; sed facta est altercatio inter eum et lodovicum regem germanie et Karolum regem francie pro regno aquitanie quem pipinus eorum frater sine liberis mortuus vacuum reliquerat. Anno secundo post mortem [reliquerat] domini Lodovici karolus calvus et lodovicus rex germanie regnum aquitanie invicem partiti sunt* (BNF lat. 4934, fol. 98r).

43 *Bellum inter fratres de particione regni excanduit. Ludowicus Germaniam, Lotharius cum imperatoris nomine Italiam, Karolus Gallias, regnum dividentes, accipiunt* (MGH SS 13, p. 64).

44 Les contacts entre Saint-Gall et la Reichenau étaient étroits mais l'emprunt a peut-être été indirect si l'on retient l'idée que le »Chronicon imperiale Suevicum« a lui-même recopié une chronique perdue (»Chronicon Augiense minus«, rédigée vers 1040) que l'on retrouve également dans le »Chronicon Duchesne« identifié par Rudolf Pokorny (BNF Duchesne 49 fol. 234r); cf. Rudolf POKORNY, Das Chronicon Wirziburgense, seine neuaufgefundene Vorlage und die Textstufen

Cette esquisse rédigée à la Reichenau a été largement reprise[45]. À la Reichenau même, elle a été utilisée par Hermann le Paralysé qui s'est également largement servi des annales de Fulda et peut-être aussi de Réginon, et a donc rédigé un récit assez étendu de la guerre des fils de Louis le Pieux[46], mais sa chronique n'a pas eu beaucoup de succès[47]. Le »Chronicon suevicum universale« a cependant été aussi largement diffusé en dehors de la Reichenau. Il a ainsi fourni parfois un récit de la bataille de Fontenoy et du partage de Verdun repris tel quel par les chroniqueurs, parfois une simple esquisse que d'autres sources viennent compléter. Le premier cas se retrouve avec la reprise du »Chronicon suevicum universale« à Melk en Autriche dont les annales, d'abord rédigées en 1123, seront ensuite continuées pendant plusieurs siècles; cela a assuré un vrai succès au court récit du »Chronicon suevicum universale« sur Fontenoy et Verdun[48] car ces annales de Melk ont été le socle sur lequel reposent toutes les annales écrites dans des monastères autrichiens. Le »Chronicon« a aussi été recopié tel quel en d'autres endroits, par exemple à l'abbaye alsacienne de Marbach où il a servi de source aux annales écrites dans les années 1230[49]. Mais le plus important est le fait qu'un exemplaire du »Chronicon suevicum« soit arrivé quasi immédiatement à Bamberg où il a servi pour établir le texte que l'on appelle le »Chronicon wirziburgense«[50]. Cette chronique a en effet servi de base au chanoine Frutolf de Michelsberg pour l'établissement à la fin du XIe siècle de sa propre chronique universelle et celle-ci aura un succès considérable en Allemagne.

Frutolf avait au départ structuré sa chronique sur le modèle de celle d'Eusèbe-Jérôme qu'il reprenait et continuait, et sur son principe d'une histoire synchronique des différents empires et royaumes qui s'étaient succédé dans l'histoire (parallèlement à la succession des olimpiades)[51]. Mais, contrairement à ce que fera Sigebert de Gembloux, il n'avait ensuite pas fait de place dans cette histoire synchronique aux nouveaux royaumes apparus à la suite des invasions barbares, conservant comme cadre les années de l'empire romain depuis Auguste jusqu'aux empereurs grecs, dont il fai-

---

der Reichenauer Chronistik des 11. Jahrhunderts, dans: Deutsches Archiv 57 (2001), p. 63–93, 451–499, et Roman DEUTINGER, From Lake Constance to the Elbe: Rewriting a Reichenau World Chronicle from the Eleventh to the Thirteenth Century, dans: Emily A. WINKLER, Chris P. LEWIS (dir.), Rewriting History in the Central Middle Ages, 900–1300, Turnhout 2022, p. 39–65.

45 Cf. DEUTINGER, Rewriting (voir n. 44).
46 *843. Descripto regno et in tria diviso, fratribusque Viriduni convenientibus, Lotharius cum imperatoris nomine Italiam et Galliam Belgicam, quae nunc usque ab eo regnum Lotharii dicitur, Ludowicus Germaniam, Pannonias, Noricum et Alamanniam, Karolus reliquas Galliarum provintias accipiunt; firmataque sacramento pace, digressi sunt* (MGH SS 5, p. 104).
47 Son récit est partiellement repris dans Chronicon de Bernold de Sankt Blasien (MGH SS 5, p. 420).
48 *840. Ludovicus, Ludowici filius, cum fratribus Lothario, Karolo, Pippino annis 36. Bellum inter fratres de participatione regni excanduit. – 841. Ludovicus Germaniam, Lotharius cum imperatoris nomine Italiam, Karolus Gallias, regnum dividentes accipiunt* (MGH SS IX, p. 489).
49 *Tandem cunctis pacem obtantibus, regnum in tria partiri constituunt. Lotharius cum imperatoris nomine Ytaliam accepit Belgicam Galliam, que nunc usque regnum Lotharii Luothringen dicitur; Ludewicus Germaniam, Karolus Gallias obtinuit* (MGH SS 17, p. 151).
50 *Ludewicus Germaniam, Lotharius cum imperatoris nomine Italiam, Karolus Galliam, regnum dividentes, accipiunt* (MGH SS 6, p. 27).
51 L'on peut étudier l'*ordinatio* de l'œuvre à partir du manuscrit d'auteur de la chronique de Frutolf, Thüringer Universitäts- und Landesbibliothek Jena, Ms. Bos. q. 19.

sait figurer la succession des »années« dans la marge (alternativement gauche et droite), leur adjoignant à partir de l'ascension politique de Pépin de Herstal une seconde colonne pour les années des maires du palais carolingiens, avant de ne conserver, après la translation de l'Empire aux Francs intervenue sous Charlemagne, que les années des empereurs romains et des rois francs (donc toujours en deux colonnes). À la mort de Louis le Pieux toutefois, il abandonne la succession des empereurs pour ne conserver dans la marge que l'unique colonne des années des rois de Francie orientale en commençant par Louis le Germanique présenté comme le successeur de Louis le Pieux. Il continue avec la suite de ses descendants (les deux colonnes impériale et royale réapparaissent épisodiquement sous Arnulf) jusqu'à ce qu'il en arrive au premier roi issu du peuple saxon dont les »années« et celles de ses successeurs jusqu'à l'époque de Frutolf structurent son histoire tandis qu'avec Othon Ier la succession des empereurs a rejoint celle des rois allemands. Le schéma de Frutolf démontrait donc clairement que l'histoire de l'empire romain comme quatrième et dernier empire universel était venue se confondre avec l'histoire du royaume allemand, véritable héritier de l'empire romain refondé par Charlemagne, avant même que les souverains ottoniens ne récupèrent le titre impérial. C'est une histoire qui parvenait à montrer que l'avènement du royaume allemand et de ses souverains s'inscrivait dans le plan providentiel du déroulement de l'histoire universelle telle qu'il avait été voulu par Dieu; c'est ce qui explique largement le succès qu'elle a rencontré en Allemagne.

Pour donner un contenu à son œuvre, Frutolf avait pris comme base le »Chronicon suevicum universale« connu par l'intermédiaire du »Chronicon wirciburgense«; mais il l'avait complété avec d'autres sources dont il disposait à Bamberg. Il en a été ainsi pour la relation de la guerre des fils de Louis le Pieux de la bataille de Fontenoy au partage de Verdun dont il donne un étrange récit[52]. Aux annales d'Hildesheim, Frutolf pourrait avoir repris l'idée que Louis le Germanique aurait succédé à son père Louis le Pieux[53], mais celles-ci, pas plus que le »Chronicon suevicum universale«, ne lui fournissait un véritable récit de la guerre des fils de Louis le Pieux. Il s'est

---

52 *A. D. 840. Ludewicus imperator obiit 12. kalend. Iui., sepultusque est in aecclesia Mettensi. Anno dominicae incarnationis 841. ab Urbe vero condita millesimo 592. Ludewicus, superioris Ludewici filius, 75° loco ab Augusto, regnare coepit, et 36 annis regnavit. Post mortem vero patris sui Ludewici imperatoris, frater eius Lotharius reversus de Italia, et Pippinus, filius Pippini patrui sui, de Aquitania, voluerunt Karolum, filium Iudith, cognomino Calvum, ea parte quam sibi pater concesserat privare, et secundum id testamentum, quod avus eorum Karolus Magnus statuerat, in tres partes inter se regna dividere. Qua de re apud Autisiodorensem pagum in loco qui dicitur Fontaneth grave praelium inter eos commissum est, et magna strage pugnatum, a neutra est parte triumphatum. Tandem vero pacificati, per quatuor tetrarchias regna dividunt.* <u>*In divisione regnorum Lotharius cum nomine imperatoris possedit Italiam, Ludewicus Germaniam, Pippinus Aquitaniam, Karolus Galliam*</u> (la partie soulignée se trouve dans la marge du manuscrit fol. 147v du ms. Jena Bos. q. 19, cf. aussi MGH SS 6, p. 172. Par la suite, les utilisateurs de la chronique de Frutolf l'ont intégrée dans le texte, cf. par exemple le manuscrit Stuttgart, Württembergische Landesbibliothek, Hist. 2° 411, fol. 140r).

53 D'après la reprise des »Annales Hildesheimenses maiores« écrites vers 1040 dans les »Annales Hildesheimenses«, (*840. Ludowicus imperator insequendo filium venit ad Ilerolfesfeldt monasterium in 6. Idus Aprilis, statimque eodem anno in 12. Kal. Iulii obiit, regni videlicet ipsius 28; cui Ludowicus, filius eius, successit*, éd. G. Waitz [voir n. 28], p. 16). Toutefois, une notation du »Chronicon Wirziburgense«, largement utilisé par Frutolf, allait aussi dans ce sens (*Et Ludewicus imperator obiit 12. Kal. Jul. Annus Domini 841. Ludewicus, Ludewici filius, cum fratribus Lo-*

donc rabattu sur une copie réalisée à Bamberg à la fin du Xe siècle d'annales initialement assemblées à Lobbes, et il en a repris les indications un peu étonnantes pour les années 840–843[54]: ce sont Louis et Pépin qui avaient voulu priver Charles de sa part d'héritage en se référant à un testament de Charlemagne; la bataille de Fontenoy entre les quatre rois n'avait pas eu de vainqueur; le partage du royaume réalisé ensuite n'avait pas été en trois mais en quatre car Pépin avait obtenu l'Aquitaine. L'emprunt au »Chronicon suevicum universale« s'est en fait limité à l'indication, portée en marge du folio du manuscrit original de la chronique, du partage effectué entre Lothaire, Louis et Charles[55], ce qui ne concorde au demeurant pas parfaitement avec ce qui précède puisque, dans cette notice, Lothaire y était déclaré avoir reçu le titre d'empereur.

Le succès sinon de l'œuvre même de Frutolf, dont le nom a été presque définitivement oublié, du moins de certains de ses multiples dérivés remaniés du premier quart du XIIe siècle[56], a fait de sa chronique le véritable socle de l'essor d'une histoire à la fois universelle, impériale et allemande en Allemagne. Elle a largement relayé la diffusion propre du »Chronicon suevicum universale« qui lui avait servi de fondement[57]. Il n'est pas surprenant qu'il en ait été ainsi dans le sud de l'Allemagne compte tenu de la situation centrale de l'évêché de Bamberg et des multiples connexions de ses institutions ecclésiastiques; c'est ainsi qu'Othon de Freising dans les années 1140, Burchard d'Ursberg († vers 1231) ou l'abbé Hermann de Niederaltaich au milieu du XIIIe siècle ont largement bâti leur œuvre historique à partir du fondement que constituait la chronique de Frutolf. Mais il en a été aussi ainsi dans le nord de l'Allemagne grâce à la transmission de manuscrits de certains dérivés de Frutolf, notamment la copie adressée en 1116 par l'abbé Ekkehard d'Aura à l'abbé de Corvey. La chronique de Frutolf a été ainsi utilisée dans tout l'espace du nord de l'Allemagne de Cologne à Lubeck et Hambourg, à Magdebourg et à la Basse Saxe.

Cette diffusion massive a assuré au récit quelque peu étrange qu'elle donnait de la guerre des fils de Louis le Pieux un écho que l'on ne doit pas sous-estimer. On le retrouve dans les copies plus ou moins complètes et/ou interpolées d'un dérivé de la chronique de Frutolf. Il en est ainsi par exemple avec Burchard d'Ursberg en Souabe[58], avec le maître d'œuvre de la »Chronica regia Coloniensis«, une chronique des rois et

thario, Karolo et Pippino ann. 36, MGH SS 6, p. 26) et pourrait avoir été la source de cette mention.
54 *840. Loduwicus imperator pius et pacificus obiit 12. Kal. Iulii., sepultus in aecclesia Mettis.
841. Defuncto Ludovico imperatore reversus Lotharius ab Italia, Pippinus filius Pippini ab Aquitania, filii Hildegardis voluerunt Karolum filium Iudith privare ex ea parte quam sibi concesserat pater, et secundum id testamentum quo Karolus avus eorum fecerat patri et patruus eorum per tres portiones inter se regna dividere qua propter apud Autisiodorensem pagum in loco qui dicitur Fontanith grave proelium commissum est inter eos, quod in toto orbe terrarum pertonuit, et magna strage pugnatum, et a neutra parte triumphatum. Tandem pacificati, per quatuor tetrarchias regna dividunt* (Bamberg, Staatsbibliothek, Msc.Patr. 62, f. 83r, édition MGH SS 2, p. 795).
55 Voir note 52.
56 Cf. désormais Thomas J. H. MCCARTHY, The continuations of Frutolf of Michelsberg's Chronicle, Wiesbaden 2018 (MGH Schriften, 74), ainsi que la pré-édition en ligne de la chronique de Frutolf et de ses continuations sur le site des MGH https://www.mgh.de/de/die-mgh/editionsprojekte/bamberger-weltchronistik (28/02/2023), sous la direction de Martina Hartmann.
57 Cf. DEUTINGER, Rewriting (voir n. 44).
58 Cf. l'unique édition intégrale de la chronique de Burchard d'Ursberg, Chronicon abbatis Urs-

empereurs romains, d'abord écrite dans les années 1170 au monastère de Siegburg avant d'être continuée à Cologne[59], avec l'auteur des annales rédigées au monastère de Pöhlde en Basse Saxe dans la deuxième moitié du XIIe siècle[60], avec la »Chronique universelle saxonne«[61], ou encore avec Albert de Stade, ancien abbé de Sainte-Marie de Stade devenu franciscain en 1240, qui écrit une chronique universelle allant de la création du monde à 1256 connue sous le nom d'»Annales Stadenses«[62], à partir de laquelle le récit donné par Frutolf de la guerre des fils de Louis le Pieux est passé dans les »Annales Hamburgenses«[63] qui vont du Christ à l'année 1265 ainsi que dans les »Annales Bremenses«[64]. Un écho plus affaibli peut sans doute aussi être discerné dans d'autres œuvres, par exemple une chronique des empereurs écrite à Weingarten, le monastère dynastique des Welfs en Souabe, à la fin du XIIe siècle[65].

Ce récit de la guerre des trois fils de Louis le Pieux est néanmoins loin de se retrouver dans toutes les œuvres inspirées de Frutolf; il y a été en réalité souvent supplanté par un autre. On devrait pouvoir l'expliquer par le fait qu'il ne rendait pas vraiment compte de l'importance de l'événement qui s'était joué à Fontenoy puis, et surtout, à Verdun pour l'histoire universelle, impériale et allemande dont Frutolf voulait être le héraut. Il ne s'agissait en effet de rien de moins que de la naissance du royaume allemand appelé à devenir le porteur de l'empire romain.

Les possibilités pour l'améliorer n'étaient toutefois pas nombreuses étant donné l'oubli qui avait très vite recouvert le partage de Verdun. De fait, ni les »Annales Fuldenses«, dont la tradition manuscrite n'est d'ailleurs pas considérable, ni la tradition issue des »Annales Hildesheimenses maiores« (on la retrouve à Hildesheim, Hersfeld, Quedlinburg, Niederaltaich …), qui avait d'ailleurs puisé ses maigres notices sur la guerre dans les »Annales Fuldenses«, ni très bref compte-rendu du »Chronicon suevicum universale«, l'un et l'autre au demeurant déjà utilisés par Frutolf, ne fournissaient une véritable solution[66]. Par ailleurs, le succès de Frutolf en Allemagne a empêché la chronique de Sigebert de Gembloux d'y connaître la diffusion qu'elle a eue en France alors qu'elle aurait pu fournir une remarquable synthèse des annales de

---

pergen. a Nino rege Assyriorum magno usque ad Fridericum II. Romanorum imperatorem, Augsbourg 1515.
59 MGH SS, 17, p. 736–788, ici p. 360.
60 Annales Palidenses, MGH SS 16, p. 59.
61 Sächsische Weltchronik, éd. Ludwig WEILAND, MGH Dt. Chron., 2, p. 154.
62 Scriptores rerum Germanicarum a Carolo M. usque ad Fridericum III., éd. Johannes SCHILTER, Strasbourg 1702, t. 2, p. 201. La version originale de l'œuvre est perdue et on n'en conserve qu'une version abrégée dans un unique manuscrit contenant la continuation des »Annales Lubicenses«.
63 Scriptores minores rerum Slesvico-Holtsatensium. Erste Sammlung, éd. Friedrich REUTER, Kiel 1875 (Quellensammlung der Schleswig-Holstein-Lauenburgischen Gesellschaft für Vaterländische Geschichte, 4), p. 405–430, ici p. 409.
64 MGH SS 17, p. 854.
65 Dite »Kaiserchronik« de Weingarten ou »De Romanis imperatoribus et de Romano regno«: … *Lotharius filius Ludewici iii imperat annis xvii in Italia. Carolus Calvus in Francia siue Gallia regnat. Ludewicus in Alemannia siue Germania, Pippinus in Aquitania. Hi quatuor fratres filij Ludewici iii Imperium diuiserunt* … (Antiquae lectiones …, éd. Henricus CANISIUS, t. 1, Ingolstadt 1601, p. 211–226, ici p. 219).
66 Les »Annales Yburgenses« de la fin du XIe siècle ont repris le texte des »Annales Fuldenses« (MGH SS 16, p. 436).

Fulda et de Réginon⁶⁷. Restait la chronique de Réginon de Prüm qui a connu une importante diffusion et qui donnait un récit précis de ce qui avait été décidé à Verdun. C'est donc elle qui a fourni le récit de la guerre des fils de Louis le Pieux venant relayer en Allemagne l'insuffisante relation que l'on pouvait lire chez Frutolf, et ceci même à l'intérieur d'œuvres qui utilisaient comme source principale un dérivé de l'œuvre de cet auteur.

Déjà Marianus Scotus, un protégé de l'archevêque Siegfried de Mayence, auteur d'une chronique universelle de la création à 1082 et qui a sans doute été commencée en 1072, a utilisé Réginon de Prüm⁶⁸. Le copiste du manuscrit qui contient la chronique de Muri, arrivé à l'année 840, commence par une ligne recopiant le »Chronicon suevicum«, puis il la raye pour lui substituer un abrégé de la relation de Réginon⁶⁹. C'est plus encore le cas dans les œuvres qui marquent aux XIIᵉ–XIIIᵉ siècles l'épanouissement en Allemagne d'une histoire impériale universelle. Ainsi l'auteur que l'on appelle l'Annalista saxo d'une chronique rédigée dans sa première rédaction en 1148–1152⁷⁰, avait à sa disposition beaucoup de sources, notamment les »Annales Fuldenses« et la chronique de Frutolf; pour les événements de 841–843, il commence certes par recopier Frutolf mais passe très vite à Réginon de Prüm dont il tire aussi bien son récit de la bataille de Fontenoy que du partage de Verdun⁷¹. L'explication de cette substitution est à l'évidence que le texte de Réginon lui permettait de mettre en évidence la naissance du *regnum teutonicum* beaucoup plus clairement que ce n'était le cas dans les annales de Fulda ou chez Frutolf. Pour l'Annalista Saxo, le royaume allemand est né du partage de l'empire carolingien après la mort de Louis le Pieux. Le roi de Francie de l'ouest est le *rex Gallie* et le royaume de l'ouest est le *regnum Gal-*

---

67 Sigebert ne paraît avoir été utilisé en Allemagne (en dehors de la Lotharingie) que de manière indirecte, grâce à la diffusion du »Speculum historiale« de Vincent de Beauvais; c'est ainsi par exemple que la »Chronica universalis Turicensis«, un retravail et continuation de la chronique d'Othon de Sankt Blasien, réalisé en 1285–1287 donne une description du partage de Verdun qui se rattache à la tradition issue de Sigebert, certainement par l'intermédiaire de Vincent de Beauvais (éd. Adolf HOFMEISTER, MGH SS rer. Germ., 47, p. 106).
68 MGH SS 5, p. 550–551.
69 *Ludowicus, ludowici filius cum fratribus lothario Karolo et Pippino annis*
   I. Ludowicus et Karolus indigne ferentes quod regno paterno privari essent exercitum undequamque contrahunt ac mox fratrem bello aggrediuntur apud Fontaniacum; in qua pugna ita francorum uires attenuate sunt ac famosa virtus infirmata ut non modo ad amplificandos regni terminos verum etiam nec ad proprios tuendos in posterum sufficerent. Tandem non sine gravi dispendio suorum karolus et ludowicus uicerunt.
   II Tres supradicti fratres imperium francorum inter se diuiserunt et karolo occidentalia regna cesserunt a brittannico oceano usque ad mosam fluvium; ludwico vero orientalia scilicet omnis germania usque ad reni fluenta et non nulle ciuitates cum adiacentibus pagis trans renum propter uini copiam. Porro Lotharius qui et maior natu erat et imperator appellabatur medius inter utrosque incedens regnum sortitus est quod hactenus ex eo uocabulo lotharii nuncupatur totamque prouinciam nec non et omnia regna Italie cum ipsa romana urbe quae et modo ab omni sancta ecclesia propter presentiam apostolorum (Sarnen, Benediktinerkollegium / Cod. membr. 10, fol. 54v). Le manuscrit de la deuxième moitié du XIIᵉ siècle paraît avoir d'abord été écrit au monastère d'Engelberg avant de passer au monastère de Muri.
70 Cf. Klaus NASS, Die Reichschronik des Annalista Saxo und die sächsische Geschichtsschreibung im 12. Jahrhundert, Hanovre 1998 (MGH Schriften, 41) et Die Reichschronik des Annalista Saxo, éd. ID., MGH SS 37.
71 Ibid., p. 69–70.

liarum ou *regnum Gallie* tandis que Louis le Germanique est le *rex (tocius) Germanie* en reprenant la terminologie de Réginon de Prüm au Xe siècle pour le royaume de l'est. Les carolingiens de Francie de l'est ont ainsi régné dans le *regnum teutonicum* assimilé à la *Germania* et, en 919, quand Henri l'Oiseleur devient roi, c'est seulement un passage du pouvoir royal des Francs aux Saxons qui aurait eu lieu[72].

Strict contemporain de l'Annalista Saxo, mais cette fois dans le sud, Othon de Freising connaissait et utilisait la chronique de Frutolf pour écrire sa chronique universelle. Mais comme l'Annalista, il a également préféré s'appuyer sur Réginon de Prüm pour rapporter les événements qui ont suivi la mort de Louis le Pieux[73]. Othon signale bien, malgré quelques interrogations, qu'il faut faire remonter aux événements de Fontenoy et de Verdun le point de départ d'une séparation entre le *regnum Francorum* et le *regnum teutonicum/imperium romanorum*. Après avoir rapporté dans sa chronique l'avènement d'Henri l'Oiseleur en 919, il revient encore implicitement sur le partage de Verdun pour redire que c'est à lui que remonte la division entre le royaume des Français (*regnum Francorum*) et le royaume des Allemands (*regnum Teutonicorum*), auquel est désormais joint l'Empire, même si l'un et l'autre pourraient à bon droit revendiquer le titre de *regnum Francorum*[74]. À leur tour, les »Annales Magdeburgenses«, une chronique universelle rédigée à Magdebourg en 1176/1188 sur la base du »Chronicon« de Frutolf, n'y font qu'un rapide emprunt quand elles abordent la guerre des fils de Louis le Pieux pour privilégier le récit de Réginon de Prüm[75]. Quant aux annales écrites à Saint-Pantaléon de Cologne en 1237 sur la base de la »Chronica regia Coloniensis« dont elles font une chronique universelle, elles commencent certes par reprendre le récit entier de Frutolf mais passent ensuite à celui de Réginon de Prüm qui seul permet de donner un récit détaillé des stipulations du traité de Verdun[76].

Il ressort donc de ces chroniques universelles impériales qui privilégient le récit de Réginon qu'il s'est produit après la mort de Louis le Pieux un événement décisif sous la forme d'un partage du royaume des Francs; il a donné naissance à deux royaumes distincts qui, selon Othon de Freising, auraient pu l'un et l'autre revendiquer en droit le titre de royaume des Francs mais seul celui de l'ouest l'avait véritablement conservé, celui de l'est ayant pris le nom de *regnum teutonicum/teutonicorum* et ayant par la suite obtenu, avec Henri l'Oiseleur et Othon Ier, l'empire romain auquel

---

72 Cf. Nass, Sächsische Geschichtsschreibung (voir n. 70), p. 356–358; voir aussi Jean-Marie Moeglin, Die historiographische Konstruktion der Nation – ›französische Nation‹ und ›deutsche Nation‹ im Vergleich, dans: Joachim Ehlers (dir.), Deutschland und der Westen Europas im Mittelalter, Stuttgart 2002 (Vorträge und Forschungen, 56), p. 353–377, spécialement p. 370–371; cf. aussi Bernd Schneidmüller, Ordnung der Anfänge – die Entstehung Deutschlands und Frankreichs in historischen Konstruktionen des Hoch- und Spätmittelalters, dans: Walter Pohl (dir.), Die Suche nach den Ursprüngen. Von der Bedeutung des frühen Mittelalters, Vienne 2004, p. 291–306, ici p. 297–298 qui fait remarquer que l'Annalista a modifié la notice de Frutolf faisant devenir roi Louis l'enfant *apud orientales Francos* par *in teutonico regno*.
73 Éd. Adolf Hofmeister, MGH SS rer. Germ., 45, p. 259.
74 Ibid., p. 276–277.
75 MGH SS 16, p. 138–139; sur les sources de la chronique cf. Nass, Sächsische Geschichtsschreibung (voir n. 70), p. 179–182 et Deutinger, Rewriting (voir n. 44).
76 Johann Georg Eckhart, Corpus historicum Medii Aevi, t. 1, Leipzig 1723, col. 683–944, ici col. 862.

il était désormais indissociablement uni, en même temps qu'il était définitivement gouverné par des souverains allemands⁷⁷.

L'historiographie allemande a continué à développer le thème de la *translatio imperii* aux Allemands en insistant de plus en plus, en totale contradiction avec l'historiographie française, sur le fait que Charlemagne était allemand et que son couronnement impérial avait donc été le vrai moment de la translation de l'Empire romain aux Allemands avant que les deux royaumes ne se séparent.

Le genre des chroniques universelles des papes et des empereurs, qui commence à partir de la seconde moitié du XIIIe siècle, ne remet pas en cause cette interprétation du partage du royaume après la mort de Louis le Pieux. Certes Martin de Troppau, qui écrit sa chronique des papes et des empereurs à Rome en 1268–1277, ne prend en compte que les destinées de l'Empire et ne mentionne donc dans son récit, sans doute recopié chez Vincent de Beauvais, que la part échue à Lothaire lors du partage de Verdun⁷⁸. Mais les »Flores temporum« écrites en Souabe dans les années 1290, très diffusées en Allemagne du sud⁷⁹, rapportent précisément que, depuis la paix conclue entre les fils de Louis le Pieux, l'on distingue les empereurs (*imperatores et reges romanorum*) des *reges francorum* qui ont cessé d'être *teutonici* pour devenir simplement rois de France; c'est-à-dire que le royaume de France est sorti du royaume des rois des Francs allemands, une théorie inverse de la lecture que font, on le verra, les historiens français. Le récit des »Flores« est certes en bonne partie fantaisiste – pour expliquer que les empereurs soient désormais également rois d'Allemagne, l'auteur invente que Louis le Germanique, qui n'avait reçu que le titre de roi de Bavière mais qui possédait tous les territoires allemands, serait mort sans fils et aurait donc institué son frère l'empereur Lothaire comme héritier – mais c'est bien le traité de Verdun (certes non mentionné en tant que tel) qui est présenté comme l'acte fondateur de la séparation entre le royaume de France et l'Empire englobant le royaume allemand⁸⁰.

---

77 L'auteur de la »Chronique universelle saxonne« présente, certes de manière passablement erronée et confuse, la période qui va de la mort de Louis le Pieux à l'avènement d'Henri l'Oiseleur comme une sorte de parenthèse historique lors de laquelle le titre impérial, qui avait échappé à Louis le Germanique, a été possédé par des fantoches sans véritable légitimité et autorité. Il a fallu attendre l'avènement d'Henri l'Oiseleur pour que l'Empire redevienne une puissance politique digne de ce nom, éd. WEILAND (voir n. 61), p. 154.

78 *Et cum ipsorum vires adeo attenuate essent, ut adversariis resistere non possent, pacem inter se fecerunt regna dividendo, imperio tamen Lothario remanente* (MGH SS 22, p. 462).

79 Cf. Heike Johanna MIERAU, Die lateinischen Papst-Kaiser-Chroniken des Spätmittelalters, dans: Gerhard WOLF, Norbert H. OTT (dir.), Handbuch Chroniken des Mittelalters, Berlin 2016, p. 105–127; également EAD., Kaiser und Kaiserreich in spätmittelalterlichen Universalchroniken: Wissensbestände, Rezeption und Wirkung in Italien, dans: Anne HUIJBERS (dir.), Emperors and Imperial Discourse in Italy, c. 1300–1500, Rome 2022, p. 199–232.

80 ... *Pace inter illos fratres reformata conclusum fuit, ut Lotharius primogenitus ac sui successores haereditario jure appellari deberent Romanorum reges aut imperatores. Carolus vero secundo genitus dici deberet rex Francorum cum suis haeredibus. Sed Lodovicus tertiogenitus nec romanorum nec francorum, sed rex Bavarorum vocaretur ... sed ipse fuit primus et ultimus rex Bavariae; mortuus est enim absque liberis .... Lodovicus igitur fratrem suum Lotharium haeredem constituit, qui regnum illud, quod ex fraterna sibi successione obvenerat, in plures Principatus, in Ducatus, Marchionatus, Lantgraphiatus divisit, sicut et nostris temporibus adhuc videmus esse* (Flores temporum, éd. Johann Gerhard MEUSCHEN, Hermanni Gyantis OFM Flores temporum seu Chronicon universale, ab orbe condito ad annum Christi 1349, Leyde 1750, p. 85–86). Puis Henri

Le partage du royaume des Francs après la mort de Louis le Pieux, tel que le racontait Réginon de Prüm repris par les historiens allemands[81], n'avait donc été que le moment où un royaume des *Francigenae*/Français s'était séparé, en fait sinon de droit, de l'unité que constituait ou allait bientôt constituer l'empire romain et le royaume des Allemands. Certains auteurs rappelaient également que la Lotharingie avait été intégrée au royaume ou empire romain/allemand[82].

Pour les historiens français également, l'histoire universelle est longtemps restée l'horizon ultime de toute histoire mais il fallait pouvoir concilier les normes d'une histoire universelle ancrée, à la suite d'Eusèbe-Jérôme, dans la référence au rôle nécessaire et providentiel de l'empire romain comme quatrième et dernier empire universel avec l'affirmation contemporaine de nouveaux royaumes devenus de fait sinon de droit indépendants de cet empire romain. Cette conciliation ne présentait évidemment pas la même évidence que dans une Allemagne devenue le cœur de l'empire romain. Se raccrocher à la conjoncture de l'histoire universelle qui s'observe dans la seconde moitié du XIe siècle en Allemagne n'avait donc rien de facile et il n'est pas surprenant que l'on puisse constater un certain décalage chronologique par rapport à l'Allemagne.

C'est en fait la chronique de Sigebert de Gembloux et le succès qu'elle a connu qui l'ont rendu possible car c'est elle qui a permis de faire émerger, à l'intérieur de l'histoire universelle, c'est-à-dire de l'empire romain comme quatrième et dernier empire universel, une histoire de France digne de ce nom, avant qu'avec Primat de Saint-Denis, au début des années 1270, une histoire des rois de France devenue aussi une histoire de la France et des Français puisse prendre son autonomie.

(l'Oiseleur) aurait directement succédé comme empereur à Louis l'Aveugle, dernier empereur issu du *genere Karulorum* (ibid., p. 90).

81 Encore à la fin du XVe siècle et au début du XVIe siècle, c'est la version du partage donnée par Réginon que l'on retrouve dans les »Memorabilium omnis aetatis et omnium gentium chronici commentarii« de Johann Vergenhans dit Nauclerus (écrits en 1504–1506, publiés à Tübingen en 1516), l'»epitome rerum germanicarum« de Jakob Wimpheling (1505), ou les »Annales ducum Boiariae« de Johannes Turmair dit Aventin (écrits en 1521, publiés en 1554); il est caractéristique par exemple qu'Aventin qui recopie en les délayant les »Annales Fuldenses« (dont il avait copié un manuscrit trouvé à Niederaltaich) complète largement leur récit quand il en arrive au partage en brodant sur le texte de Réginon de Prüm: *Caetera Galliarum, nempe Galliam Belgicam secundam, cuius urbes sunt Rhemi, Suessonum Augusta, Veromandorum Augusta (nobis Sanctus Quintinus est) atque Galliam Lugdunensem, quae et Celtica, Carolus accepit eaque pars aduc regnum Francorum et Francia occidentalis vocari solet, cuius caput est Lutecia Parisiorum* (Aventin, Annales, éd. Matthias LEXER, Aventinus – Band 2 – annales ducum Boiariae, t.1, livre I–IV, p. 552); texte identique dans la »Bayerische Chronik« (écrite en 1531), éd. Matthias LEXER, t. 5, Bayerische Chronik, t. II/2 (livre III–VIII), livre IV, ch. 44, p. 299–300.

82 Dietrich de Nieheim rapporte par exemple comment Othon Ier a ajouté le royaume de Lorraine au royaume allemand: *Eidem Germanie addidit realiter ipsam Lothoringiam, que olim fuit tercia pars regni Francie et in divisione patrimonii paterni trium filiorum dicti Karoli regis uni eorum cessit in partem, qui Lotharius fuit nominatus et inde pars illa Lothoringia nomen accepit* (Dietrich von Nieheim, Cronica, éd. Katharina COLBERG, Joachim LEUSCHNER, t. 5,2: Historisch-politische Schriften des Dietrich von Nieheim. 2e partie: Historie de gestis Romanorum principum. Cronica. Gesta Karoli Magni imperatoris, Stuttgart 1980 [MGH Staatsschriften, 5,2], p. 195).

Dans cette affaire, la reprise du récit de Sigebert sur le traité de Verdun a joué un rôle non négligeable en permettant aux historiens français d'insister sur la légitimité historique du *regnum Francorum*, devenu le royaume de France, à côté de l'Empire dont la légitimité et le rôle providentiel n'étaient pas forcément remis en cause même s'ils faisaient l'objet d'interprétations différentes de celles formulées par Sigebert[83].

Pour rapporter le traité de Verdun, Sigebert n'avait fait pour l'essentiel que reprendre la combinaison des »Annales Fuldenses« et de Réginon de Prüm que, peu antérieurement, l'auteur des »Annales Mettenses posteriores« avait réalisée, en y glissant néanmoins quelques importantes interpolations qui lui sont propres:

> »Année 843
> Les frères n'ayant toujours pas renoncé à la guerre, ils finissent enfin sur le conseil des Grands par traiter de la paix et 40 Grands de chacune des parties sont choisis afin que, se réunissant, ils partagent également le royaume. La paix fut ainsi renvoyée à l'année suivante [...].
>
> Année 844
> [...] Le royaume ayant été réparti en trois parties, les frères se rendent à Verdun et concluent la paix, et les serments ayant été donnés et reçus, chacun revient protéger sa partie (*emprunt aux annales de Fulda*) Charles reçut les royaumes de l'ouest allant de l'océan britannique jusqu'à la Meuse (*récit de Réginon*); à cette partie resta désormais et encore à présent le nom de *Francia* (*addition due à Sigebert*). À Louis allèrent les royaumes de l'est, c'est-à-dire toute la Germanie jusqu'au Rhin et quelques cités au-delà du Rhin avec leurs *pagi* adjacents, à cause de l'abondance de vin. Lothaire qui était l'aîné et était appelé empereur tint tous les royaumes d'Italie avec Rome elle-même, et aussi la Provence et la partie médiane du royaume située entre l'Escaut et le Rhin qui, ayant changé de nom, fut désormais appelée Lotharingie (*Réginon et les annales de Metz évoquaient le »royaume de Lothaire«*). Après cette division, Charles règne en France pendant 34, Louis en Germanie pendant 33 années[84].«

---

83   Cf. sur tout ceci Mireille CHAZAN, L'empire et l'histoire universelle: de Sigebert de Gembloux à Jean de Saint-Victor (XIIᵉ–XIVᵉ siècle), Paris 1999.
84   843.   3.   13.
Fratribus nondum a bello desistentibus, consilio optimatum tandem de pace agitur, et de partibus singulorum 40 primores eliguntur, qui in unum convenientes regnum aequaliter dividerent; et ita pax in annum sequentem induciatur. [...]
844.   4.   14.
[...] *Descripto in tres partes regno, fratres ad urbem Galliae Viridunum conveniunt, et inter se pacificantur; et datis et acceptis invicem sacramentis, quisque ad descriptas sibi partes regni tuendas revertuntur. Karolus accepit occidenlalia regna a Britannico oceano usque ad Mosam fluvium; in qua parte extunc et modo nomen Franciae remansit. Ludovico orientalia regna cesserunt, omnis scilicet Germania usque ad Rheni fluenta, et aliquae trans Rhenum civitates cum adiacentibus pagis, propter vini copiam. Lotharius, qui maior natu erat et imperator appellabatur, omnia Italiae regna tenuit cum ipsa Roma, nec non et Provintiam, et mediam partem Franciae inter Scaldim et Rhenum, quae mutato nomine ab eo denominalur Lotharingia. Post factam ergo divisionem Karolus regnat in Francia annis 34, Ludowicus frater eius in Germania 33* (MGH SS 6, p. 330).

Ce récit de Sigebert transformait véritablement le traité de Verdun en événement historique: grâce aux annales de Fulda, c'était bien un traité conclu à Verdun selon les formes qu'un traité devait respecter; grâce à Réginon de Prüm, ses dispositions étaient assez précisément établies; et Sigebert, par une interpolation bien choisie, avait souligné que le nom de *Francia* avait été désormais attaché à la part de Charles le Chauve.

Le but de la chronique de Sigebert était de reprendre le vieux programme de chronique universelle d'Eusèbe de Césarée. Se référant à une doctrine de la *contemporalitas regnorum* fondée sur Eusèbe, il entendait montrer comment l'empire romain, quatrième et dernier empire universel, était celui que la providence divine avait voulu pour encadrer la marche des hommes vers le salut universel. Mais, sans remettre en cause cette nécessité profonde de l'Empire pour l'achèvement de l'histoire universelle, de nouveaux royaumes pouvaient, conjoncturellement et *a priori* temporairement, apparaître et être tolérés par Dieu. Il en avait été ainsi lorsque s'étaient formés les royaumes barbares du IVe au VIe siècle; il en était à nouveau de même lorsque l'empire carolingien s'était disloqué. La bataille de Fontenoy et le partage de Verdun prenaient place dans ce schéma: à Verdun, écrivait Sigebert reprenant Réginon, il y avait eu un partage de l'Empire en trois royaumes, sans que l'empire néanmoins ne disparaisse.

La chronique de Sigebert a donc servi de matrice aux historiens français soucieux d'inscrire l'histoire de la France à l'intérieur de l'histoire universelle car son schéma organisateur, la *contemporalitas regnorum*, pris à la lettre en tout cas, donnait effectivement sa place au royaume de France au sein de l'histoire universelle. En effet l'*ordo titulorum* dans les manuscrits – une sorte de titre courant – suivait l'*ordo regnorum* et montrait la permanence du *regnum Francorum* depuis des temps immémoriaux. Certes, lorsque Charlemagne était devenu empereur des Romains, il avait fallu adapter l'ordre des titres à l'ordre des royaumes (*Immutato ordine regnorum immutandus est eciam ordo titulorum quia ab hinc sub uno comprehendendum est regnum francorum et regnum romanorum et constantinopolitanorum regnum distinguendum est a regno romanorum*), Sigebert avait donc constitué une colonne unique *Romanorum et Francorum*, à côté de la colonne des Grecs et des Anglais; mais cette réunion ne faisait pas disparaître le *regnum Francorum* et donc, lorsque le traité de Verdun avait été conclu, les colonnes *Romanorum* et *Francorum* étaient redevenues distinctes[85]. Le royaume des Français avait retrouvé sa situation d'avant le couronnement de Charlemagne après avoir été, brièvement, réuni au royaume des Romains, un schéma tout à fait différent de celui de Frutolf évoqué plus haut.

Ce récit du partage de Verdun – et plus généralement l'ensemble de la chronique de Sigebert dont *l'ordinatio* était fondée sur la *contemporalitas regnorum* – pouvait donc être repris sans problème par les chroniqueurs français[86]. Comme l'a montré Mireille Chazan, la chronique de Sigebert connaît une vaste diffusion en France au cours du XIIe siècle avant de constituer le fondement de nouvelles chroniques universelles écrites en France à partir de la fin du XIIe siècle; elles assurent la transmission du ré-

---

85 CHAZAN, L'empire et l'histoire universelle (voir n. 83), p. 170.
86 Sa reprise par Robert de Torigni en est une illustration cf. The Chronography of Robert of Torigni, éd. et trad. Thomas BISSON, Oxford 2020.

cit de Sigebert sur la guerre des fils de Louis le Pieux, la bataille de Fontenoy et le traité de Verdun. Si le Pseudo-Godel, un Anglais devenu cistercien à Pontigny qui a achevé sa chronique en 1173 n'utilise pas encore le récit de Sigebert pour raconter la guerre des fils de Louis le Pieux dans son »Libellus de recordatione temporum quod grece chronicon dicitur«, le prémontré Robert d'Auxerre, auteur d'une chronique universelle allant de la création du monde jusqu'en 1211[87], le chanoine Nicolas d'Amiens, sans doute membre du chapitre cathédral, qui écrit une chronique universelle allant jusqu'en 1204[88], et le cistercien Hélinand de Froidmont auteur au début du XIIIe siècle d'une histoire universelle allant de la création du monde jusqu'à 1204[89], sont les premiers en France à reprendre le récit de Sigebert. L'Anonyme de Laon, chanoine prémontré à Laon que l'on pense d'origine anglaise, qui écrit sans doute vers 1220 sa chronique universelle, recopie à son tour le récit de Sigebert[90]. Le dominicain Géraud de Frachet qui rédige entre 1245 et 1248 la première version de sa chronique universelle et qui utilise la chronique de Robert d'Auxerre complétée d'emprunts à l'»Historia regum Francorum« d'André de Marchiennes, redonne également ce même récit[91]. Et Vincent de Beauvais, qui utilisait à la fois Sigebert de Gembloux, André de Marchiennes et Hélinand de Froidmont, le recopie à son tour dans son très diffusé »Speculum Historiale« du milieu du XIIIe siècle[92]. À la fin du XIIIe siècle, même à Saint-Denis, c'était le récit de Sigebert de Gembloux que l'on reprenait aussi bien dans la chronique universelle latine de Guillaume de Nangis[93] que dans une histoire universelle en français rédigée à Saint-Denis au cours de la seconde moitié du XIIIe siècle[94]. Et c'est aussi ce que fait Jean de Saint-Victor quand il rédige vers 1325 la dernière grande chronique universelle latine écrite en France au Moyen Âge; pour rapporter la guerre des fils de Louis le Pieux, il suit principalement le récit de Sigebert même s'il insère aussi quelques indications tirées d'autres sources telles

---

87 Auxerre BM 145, fol. 246–247.
88 Nicolas d'Amiens, Vat. Reg. 454, fol. 65v–66r.
89 Hélinand de Froidmont, PL 212, col. 861–862.
90 BNF lat. 5011, fol. 95r–v.
91 Cf. par exemple BNF lat 14618, fol. 209r. Dans la seconde version Géraud de Frachet insère une interpolation prise chez Adémar de Chabannes sur l'intervention décisive lors de la bataille de Fontenoy du duc Garin à la tête des Toulousains et des Provençaux.
92 Speculum historiale, Douai 1624, p. 974.
93 Cf. par exemple BNF lat. 4918, fol. 195r–v. La partie du récit qui raconte les événements intervenus entre la bataille de Fontenoy et le traité de Verdun est empruntée à Ado de Vienne.
94 … *Quant li roiaumes de France out esté deuisé en trois parties par les barons sus cui li trois frere sestoient mis si comme vous auuez oi ci deuant, il assemblerent en la cité de verdun, la conferrerent leur pais par les seremenz de chascune partie; apres ce torna chascuns a la partie qui li auint par lordenance des barons. Challes recut as sa partie la terre deuers Occident des la mer de bretaigne iusques a la riuiere de muese et cele partie des lors et orendroit fu apelee France, et li demora li nons de France que ele auoit touziourz eu. Loois out la partie du roiaume par deuers occident (sic) cest assavoir toute la terre iermanie iusques a la riuiere du rihin. Aucunes citez oueques leur appartenances out il oueques tout ce outre la riuiere. Lothaires qui li ainnez estoit empereurs out touz les roiaumes dythale a sa partie, oueques tout ce out il rome prouence et la moitié de cele partie de France qui est entre leschaut et le rihun qui a cele foiz mua son non et fu apelee lohoraine. Puis donques que chascuns des trois freres out eu sa partie du roiaume leur prit si comme vos auez oi. Challes li chauues reigna en France xxxiiii anz et loois son frere reigna en germanie xxxiii anz.*
(BNF fr. 67, fol. 41v et BNF fr. 696, fol. 96v–97r.)

que la continuation d'Aimoin de Fleury ou Hugues de Fleury[95]. C'est aussi cette version du partage de Verdun que l'on retrouve dans la chronique universelle française, écrite vers 1330, à laquelle on donne le nom de »Manuel d'histoire de Philippe VI« et qui a largement utilisé le »Speculum historiale« de Vincent de Beauvais[96].

C'est encore le récit de Sigebert que l'on retrouve, par l'intermédiaire du même Vincent de Beauvais, dans des œuvres écrites vers 1270 loin de Paris par des auteurs aquitains appartenant à l'entourage d'un proche de Louis IX, l'évêque dominicain de Clermont en Auvergne Gui de la Tour du Pin; il s'agit du »Speculum gestorum mundi«[97] et des »Flores chronicarum«[98] d'Adam de Clermont ainsi que de l'»Historia figuralis« de Géraud d'Auvergne[99], qui résument tous les deux également Vincent de Beauvais. Et le grand compilateur dominicain qu'est Bernard Gui, également actif en Aquitaine dans le premier quart du XIVe siècle, a aussi donné dans ses »Flores chronicarum« un résumé du récit de Sigebert, qu'il devait certainement lui aussi à Vincent de Beauvais[100].

---

95 *... illi principes super quos erat arbitrium de particione regni francorum inter tres fratres totum regnum et imperium in tres partes diserunt inuitantesque tres fratres et eorum consiliarios ut ad viridunum gallie urbem conuenirent; cunctis presentibus ibidem pax confirmata est inter eos datisque et acceptis sacramentis invicem quilibet partem sibi assignatam accepit et ad propria reuersi sunt, ita quod Lotharius maior natu habuit in parte sua romam et totam ytaliam et prouinciam et partem francie inter scaldum et rhenum qui mutato nomine ab eo denominata est Lotharingia usque in presentem diem imperatorque apellatus est. Ludovicus autem habuit Germaniam et Burgundiam rexque fuit; Karolus calvus habuit Franciam scilicet a mari britannico usque ad mosam fluvium in qua parte extunc usque modo francie nomen remansit, scilicet Aquitaniam, Northmanniam, Franciam et Campaniam; imperauitque lotharius adiectis iiiior annis precedentibus annis xv, ludovicus regnavit xxxiii, karolus calvus xxiiii ...* (Jean de Saint-Victor, Memoriale historiarum, BNF lat. 15011, fol. 297v–298r).

96 *Or avint que le royaume fu deuisé en iii parties et sassamblerent les iii freres a verdun et firent paix et affirmerent par leurs sermens que chascun prenroit la partie qui li escherroit et ainsy fu ordené que la partie des la mer de bretaigne iusques a mose echey a charle et retint celle partie le nom de France; loys print le royaume dorient cest assauoir toute germanie jusques au rin et aucunes cités oultre le Rin; mais à Lothaire qui est ainsné demoura Romme, ytalie, prouence et celle partie entre France et almaigne qui fu appellée loraine du nom lothaire. ...* (BNF fr 2128, fol. 85r–v), qui donne certainement la deuxième version de l'œuvre. La première version donne un simple résumé: *Le xviiie roy en la droite linié fu charles appellé chauve lequel apres grant content fu diuision entre li fait et ses freres regnia en France, bourgoigne et acquitaine xxxiii ans. Loys son frere si regna en alemaigne xxxiii ans. Et Lothaires si aisné qui fu appellé empereur regna a Romme et en tous les royaumes ditale et prouence et une partie de France laquelle est appellée de son nom lorraine aussi comme Latarine ou le royaume lotaire* (BNF fr 693, fol. 80r).

97 BNF lat. 4907A, fol. 118v.

98 BNF, lat. 17551, fol. 244v.

99 BNF lat. 4910, fol. 17r.

100 *... Tandem optimatum consilio de pace agitur descripto que in tres partes regno, karolus in francia, ludovicus in germania, Lotharius vero qui maior natu erat et imperator appellabatur tenuit omnia ytalie regna cum ipsa roma nec non et provinciam et partem francie qui ab ipso denominata est lothoringia* (BNF 4976, fol. 132va–b); Bernard Gui achève une première rédaction de ses »Flores Chronicarum« en 1315 et il continue la remanier entre 1319 et 1330. Dans l'»Arbor genealogie regum francorum«, il reprend le récit de la bataille de Fontenoy donné par l'»Historia francorum ad annum 1214« (ou un de ses dérivés), dans lequel Charles le Chauve est le vainqueur de la bataille (cf. par exemple BNF lat. 4975, fol. 118v) avant de reprendre le récit du partage de Verdun par Sigebert.

Que les chroniques universelles écrites en France au cours du XIIIe et de la première moitié du XIVe siècle sur le fondement de la chronique de Sigebert aient repris son récit de la bataille de Fontenoy et du partage de Verdun n'a pas de raison d'étonner. Plus significatif est donc sans doute le fait que, lorsque l'histoire nationale française prend son essor en France au XIIIe siècle, ce récit y fait également son entrée. Dès la fin du XIIe siècle, André de Marchiennes, auteur d'une »Historia succincta de gestis et successione regum Francorum« rédigée dans les années 1190 le reprend, mais il écrivait au service des comtes de Hainaut[101]. Son contemporain Rigord était en revanche moine de Saint-Denis et l'on peut plus s'étonner qu'il choisisse également dans sa courte chronique des rois de France écrite avant 1196 de recopier l'ensemble du récit de Sigebert pour la guerre des fils de Louis le Pieux[102]; son texte est repris par Guillaume de Nangis dans sa »Chronique abrégée des rois de France« au début du XIVe siècle[103]. Les histoires des rois de France écrites dans l'entourage de la royauté répugneront toutefois longtemps, on l'a vu plus haut, à abandonner le mythe de Fontenoy comme glorieuse victoire nationale française. Avant même cependant d'y renoncer, elles greffent sur lui le récit du partage de Verdun trouvé dans une source antérieure, Ado de Vienne à Saint-Denis, Sigebert à Saint-Germain des Prés.

La compilation latine issue de Saint-Denis et conservée dans le manuscrit Vat. Reg. Lat. 550 datant sans doute du tout début du XIIIe siècle, greffe ainsi sur le récit de la victoire de Charles le Chauve selon l'»Abbreviatio regum Francorum« le bref récit de la conclusion de la paix que donnait la chronique d'Adon de Vienne[104]. C'est ce dispositif que reprend le ms. lat. 5925 de la BNF[105], lui-même suivi par Primat[106].

---

101 André de Marchiennes, Historia succincta de gestis et successione regum Francorum, éd. Raphaël DE BEAUCHAMP, Douai 1633, col.725–728.
102 »Chroniques des rois de France« de Rigord, *Karolus Calvus et Ludovicus fratres dolentes se a fratre suo Lothario debita regni parte priuari, contra eum insurgunt et in pago autisiodorensi apud uillam fontanedum inter eos pugna conseritur; et tanta cedes utrimque facta est ut nulla etas meminerit tantam stragem hominum fuisse factam in gente (mot caché par un pli) Francorum; victoria tamen Karolo et Ludouico prouenit. Tandem apud uirdunum urbem Gallie conueniunt et inter se pacificantur, et datis et acceptis inuicem sacramentis quisque ad descriptas sibi partes regni tuendas reuertuntur. Lotharius qui maior natu erat et imperator uocabatur [manque omnia regna Ytalie] tenuit cum ipsa roma nec non et prouinciam et mediam partem [manque francie inter scaldum et rhe]num quae mutato nomine ab eo Lotharingia denominatur, hec treuerensem, coloniensem, maguntinum. Ludouico uero orientalia [manque regna cesserunt, omnis sci]licet germania usque ad renum et aliquae trans renum ciuitates cum [manque adiacentibus pagis propter] uini copiam. Karolus uero caluus accepit occidentalia regna a [manque britanico occeano usque] ad mosam fluuium, in qua parte ex tunc et modo nomen francie [manque remansit; post factam ergo regni] diuisionem. Karolus regnat in francia annis xxxiiii, Ludouicus xxxiii, lotharius in imperio annis x* … (Soissons, BM 129 [120], fol. 137r–v). Le manuscrit est d'une écriture du XIIIe siècle mais, comme ce passage le montre, le copiste s'est montré très négligent.
103 Cf. par exemple BNF lat 6184, fol. 9v–10r.
104 *Et discurrentibus legatis ad colloquium tres fratres in insula quadam sequane conueniuntur et ibi sub quodam pacto imperium inter se diuidere statuunt* … (Vat. Reg. Lat. 550, fol. 182v).
105 BNF lat. 5925, fol. 175r.
106 … *Mais avant que il assemblassent derechief à bataille, corurent tant messages d'une part et d'autre que il firent assembler les III freres à parlement en une ysle du Rone. A ce s'acorderent à la parfin, que touz li empires seroit devisez en iii parties et s'entendroit chascuns apaiez de sa partie. Lothaires s'en retorna en la soveraine France qui est li roiaumes d'Austrasie, et Loys à la seue partie, et Kalles retorna en France* (Grandes chroniques de France, éd. Jules VIARD, Bd. 4, Paris 1927, p. 164–167).

Mais à Saint-Germain des Prés, l'»Historia regum Francorum ad annum 1214«, composée entre 1205 et 1223, greffe une transcription du récit de Sigebert sur sa narration de la bataille de Fontenoy[107]. C'est son texte que transcrivent en français l'Anonyme de Béthune, qui écrit avant 1217[108], l'auteur également inconnu que l'on appelle l'Anonyme de Rome-Chantilly, qui écrit l'histoire des rois de France entre 1217 et 1230[109], ainsi que le Ménestrel d'Alphonse de Poitiers[110]. C'est aussi le choix que fera Robert Gaguin à la fin du XVe siècle lorsqu'il greffe sur le récit de la glorieuse victoire de Charles à Fontenoy venu de Primat un récit du partage de Verdun inspiré désormais de la version issue de Saint-Germain des Prés, et donc au-delà d'elle de Sigebert, et non plus de la tradition dionysienne qui recopiait Ado de Vienne[111]. Quant à Nicole Gilles, il paraît avoir traduit le récit trouvé dans la chronique universelle de Guillaume de Nangis et c'est donc le récit intégral de Sigebert que l'on retrouve chez lui[112].

107 BNF lat 17008, fol. 38r.
108 *Mais por ce ne laissierent pas si frere a guerroier dusque tant que tuit troi li frere se mistrent sor xl haus princes et si deuoit chascuns tenir sermement ce que cil xl donroient a chascun et fu ferme pais entrels dusque tant que cil orent devisé ysnelment le regne et lempire en trois parties. Quant il lorent deuisé au mieus qu'il porent si fisrent les trois freres et lor conseils venir a verdun et jurer et doner bons ostages quil tenroient fermement lor esgart. A donques fu dones a charlon le chauf le regnes deuers occident des la mer de bretaigne dusques a une ewe que on apele muese et tres donques apela on tote cele partie France. Looys ot le regne deuers orient, toute germanie dusques a lewe del Rin et aucunes cites outre le rin auoec les ville qui mult sont plainteines de vin. Lohiers li ainsnes fu apelés emperere et ot Rome et tote lombardie et prouence et la moiene partie de France qui est entre leschaut et le Rin et cele partie fu donques apelée loherraine et deuant ce estoit ele apelee Torenge. ...* (BNF n. acq. 6995, fol. 34v–35r).
109 *... Et comme ces freres ne fussent pas encores appaisiez ains sefforcoient encores de combattre lun contre lautre se ne fussent les barons de ce royaume qui chercherent la paix et eslurent de chacune partie xl des plus haulx barons qui sassemblissent entreulx et departissent le royaume. Quant ces barons eurent regardé comment le partaige se feroit, ilz firent assembler les freres a verdun qui est une des citez de France et illec firent paix entreulx et se iurerent lun lautre de tenir celle paix puis sen ala chacun en sa partie et charles eut en sa part le pais doccidant des la mer de bretaigne iusques au fleuve de muese qui a retenu iusques aujoudui le nom de France, et Loys eut tout le royaume deuers oriant cestassauoir toute allemaigne que lystoire appelle germanie iusques au rin et eut encores une grant partie des citez et de la terre doultre le rin pour labondance du vin. Lothier qui estoit le frere ainsné et qui estoit appellé empereur et qui auoit ia esté couronné a empereur par le pape pasquier ou vivant de son père eut toute la terre qui appartenoit au royaume de lombardie et toute lombardie avec romme la cite et toute prouence et la moictié de France qui est entre le rin et sclade une autre riviere qui court en celle terre, fut appellée lorraine de son nom qui auoit nom devant thorince ...* (ms. de Chantilly, fol. 231r–231v).
110 BNF fr. 4961, fol. 61r–v.
111 *In ea consilium de rebus ad se pertinentibus capiunt. Eunt ultro citroque ad reges legati de concordia praecepta ferentes. Eius concordiae formula haec fuit. Lothario Austrasia omnis atque provincia cum portione terrae quam ab eo postea lothoringiam appellatam esse quidam putant in partem uenit. Ludouico germania in qua baioarii sunt, carolo regnum franciae ab oceano britannico ad mosam usque relinquit* (Robert Gaguin, Compendium, édition de 1497 à Lyon, Lib. V fol. XXVIr).
112 *Finablement par le conseil des grans seigneurs et nobles du royaulme qui estoient mediateurs de la paix furent esleuz dung costé et dautre des plus grans lesquelz diuiserent le royaulme egallement entre les freres. Et demoura audit Charles le Chauve toute la terre depuis la mer oceane qui est en bretaigne iusques au fleuve de Mueze soubz le nom et tiltre de roy de France. Loys eust toute Germanie et allemaigne oultre et iusques au Rin et ledit Lothaire qui estoit laisné eust lempire de Romme et tous les royaulmes de lombardie, prouuence et une portion de France qui est entre les fleuves de lescau et le Rin, laquelle portion de royaulme tient de present le nom de Lor-*

Paul Émile de Vérone, au début du XVIe siècle, reste fidèle à cette version des faits en ce qui concerne le traité de Verdun[113].

Le récit du partage de Verdun donné par Sigebert de Gembloux s'était donc largement imposé chez les historiens français. Ils étaient toutefois sans doute plus fidèles à la lettre de la chronique de Sigebert qu'à son esprit. Car tandis que pour Sigebert, l'empire romain restait, de translation en translation, la colonne vertébrale de l'histoire universelle[114], ce qui importait aux historiens français était de montrer que le royaume de France n'était en aucune façon une apparition conjoncturelle destinée à s'effacer devant l'empire romain mais qu'il avait une place privilégiée dans le plan de Dieu; les Francs/Français étaient depuis des temps immémoriaux le fer de lance de l'Église en marche vers l'avènement de la cité de Dieu. Ils avaient relayé dans cette tâche le peuple romain et l'empire romain. Ils avaient à leur tête une succession ininterrompue de rois de France qui allait de Pharamond et Clovis au roi sous lequel ils écrivaient, des rois dont on numérotait soigneusement l'ordre de succession, laquelle succession constituait graphiquement dans les généalogies une ligne verticale que Bernard Gui appelait dans son »Arbor genealogie regum francorum« la *linea recta*[115]. Certes Charlemagne avait rétabli à son profit l'empire romain mais il avait été roi de France et empereur, deux titres tout à fait distincts qui n'avaient été que conjoncturellement réunis.

Ce que les historiens français voulaient donc lire chez Sigebert était que le partage de Verdun n'avait fait que rétablir l'existence autonome du royaume de France après la glorieuse mais finalement courte parenthèse au cours de laquelle royaume de France et empire romain avaient été réunis. Il est significatif à cet égard que, dans l'histoire universelle écrite en français à Saint-Denis à la fin du XIIIe siècle, évoquée plus haut, l'adaptateur du texte latin ait jugé bon de préciser que le nom de France que prend désormais (selon Sigebert) la part de Charles le Chauve est celui qu'elle avait toujours eu: *et cele partie des lors et orendroit fu apelee France et li demora li nons de France* que ele auoit touziourz eu (je souligne)[116]. Il s'agissait bien de dissiper l'ambiguïté que comportait la chronique de Sigebert qui, d'un côté, affirmait la permanence du *regnum francorum* de l'époque antérieure à Charlemagne à l'époque postérieure à Louis le Pieux mais, d'un autre côté, écrivait que la part attribuée à

---

raine a cause dudit Lothaire. Apres ladicte diuision et partage ainsi faitz lesditz freres assemblerent a verdun et apres ledit Lothaire empereur et roy sen retourna en ytalie et les autres en leurs terres … (Nicole Gilles, Chroniques et annales de France, édition de 1525, fol. 66r–v).

113 Paul Emile DE VÉRONE, De rebus gestis Francorum libri IX, Paris 1518, fol. 74r, *Exin in annum inducie factae, delectique utrinque quadrageni proceres, quorum fide prudentiaque, fida aequaque pax componi posset. Conuenit ut Franciae Rex Carolus diceretur. Eaque Arari, Rhodano, Scalde, Mosa, Oceano, Pyreneo saltu contineretur. Ludouico Germania Uniaque cederet. Relique opes ac imperium penes Lotarium forent. Pipini adolescentis respectu nullus extitit.* … (même récit dans l'édition complète de 1539, fol. 55v–56r).

114 Sigebert avait noté en le regrettant que la destitution de Charles le Gros avait prolongé cette scission regrettable entre empire romain et royaume des Francs: *Romanum imperium et regnum Francorum misere discerpitur* (MGH SS 6, p. 343).

115 Cf. par exemple BNF n. acq. 1171: Charlemagne, Louis le Pieux et Charles le Chauve se trouvent sur la ligne verticale des rois de France tandis que Louis le Germanique et Lothaire sont renvoyés aux marges latérales.

116 BNF fr. 67, fol. 41v, BNF fr. 696, fol. 97r.

Charles le Chauve constituait un nouveau royaume qui avait pris le nom de *Francia*. Rien n'avait changé, soutenait l'adaptateur français.

Les histoires universelles comme les histoires des rois de France et des Français écrites en France au XIIIe siècle avaient donc pu intégrer sans problème le récit du partage de Verdun car il avait l'immense avantage de souligner la permanence dans l'histoire du royaume et des rois des Francs/Français sans que cela oblige à remettre forcément en cause, en tout cas avant Jean de Saint-Victor, le caractère légitime, nécessaire et providentiel de la fonction impériale. Il n'empêche, à force de reprendre le récit hérité de Sigebert qui, en apparence, faisait simplement réapparaître, après la parenthèse carolingienne, la colonne du *regnum Francorum* comme entité politique indépendante de l'Empire, *de facto* plus que *de jure* selon Sigebert, les historiens français ne pouvaient pas totalement ignorer que le partage de Verdun n'avait tout de même pas vraiment rétabli la situation antérieure au couronnement impérial de Charlemagne lorsque le royaume des Francs coexistait avec l'empire romain (grec). Quelque chose d'important s'était produit lors du partage de l'empire de Louis le Pieux à Verdun: un royaume de Germanie ou d'Allemagne était sorti du *regnum Francorum*. Par ailleurs, l'empire romain lui-même, tel qu'il avait été recréé par Charlemagne, n'avait pas disparu mais, après avoir mené une existence autonome à côté du *regnum Francorum*, il avait été réuni avec la *Germania* au profit des souverains allemands.

Par conséquent, le partage de Verdun, aux yeux des chroniqueurs français, n'était certes en aucune façon la naissance de la France, elle existait depuis fort longtemps[117]; mais c'était tout de même, à tout le moins, la naissance du royaume des Allemands désormais intimement associé à l'Empire. Plus exactement, cela voulait dire que les *reges Francorum*, les rois français, avaient perdu le territoire de l'Allemagne, autrefois sous leur autorité, et le titre d'empereur que leur glorieux ancêtre, Charlemagne, leur avait acquis.

Un indice ténu, certes, mais néanmoins significatif de cette prise de conscience de transformations dont l'importance, derrière l'apparente immobilité du déroulement de l'histoire selon Sigebert, ne pouvait être sous-estimée, est le fait par exemple que l'anonyme de Laon, tout en recopiant fidèlement au début des années 1220 le récit de Sigebert, mettait en exergue le partage de Verdun en en faisant une rubrique avec les trois royaumes *Roma, Germania, Francia* placés sous le nom des trois fils de Louis[118]. Une séparation définitive s'était bien créée entre la France, l'Italie et l'Allemagne; elle était ensuite devenue une séparation entre la France et l'Allemagne/Empire. Hugues de Fleury l'avait déjà dit et, dans la mise au propre posthume du manuscrit de la chronique de Jean de Saint-Victor, dans les années 1320, le copiste ou une main contemporaine avaient placé une notation marginale sous le récit du partage de Verdun: *hic fuit prima separatio regni Alemanie et Francie*[119]. Peu auparavant, la chancellerie de Philippe le Bel avait fait une allusion quelque peu sibylline à la guerre des fils

---

117 Cf. SCHNEIDMÜLLER, Ordnung der Anfänge (voir n. 72), spécialement p. 298.
118 *Descriptio siue diuisio regni inter filios Ludouici*
  Lotharius   Ludouicus   Karolus
  Roma   Germania   Francia
  (en rouge, BNF lat. 5011, fol. 95v).
119 BNF lat. 15011, fol. 298r; sur Jean de Saint-Victor, cf. Isabelle GUYOT-BACHY, Le »Memoriale

de Louis le Pieux et à la séparation des royaumes de France et d'Allemagne qui en était résultée, quand elle cherchait à justifier l'annexion de la ville de Lyon[120].

La France d'après le traité de Verdun était donc toujours la France, mais c'était une France réduite par rapport à ce qu'avait été le *regnum Francorum* jusqu'à Louis le Pieux. Au demeurant, Rigord, dans sa petite chronique des rois de France (écrite avant 1196), après avoir terminé le récit du règne de Childeric par un récit des conquêtes des Francs et notamment de leur victoire sur les *Alemannos*, éprouvait le besoin d'insérer, avant de passer au règne de Clovis déjà annoncé (*clodoueus filius eius in regno francorum succedit*), un chapitre sur la différence entre deux acceptions de *regnum Francorum*, une acception large qui correspond au royaume des Francs couvrant Gaule et Germanie, celui de Clovis, et une acception étroite qui renvoie au territoire situé entre le Rhin, la Meuse et la Loire auquel l'on donne le nom de *Francia*, précisément, notons-le, le terme employé par Sigebert pour désigner la part de Charles le Chauve[121]. Et, selon Giraud de Barri, les barons français se demandant pourquoi le jeune Philippe Auguste paraissait tellement absorbé dans de sombres pensées auraient eu comme réponse qu'il se demandait avec une vive anxiété si lui ou un autre roi français (*Francorum rex*) parviendrait un jour à redonner au *Franciae*

---

historiarum« de Jean de Saint-Victor: un historien et sa communauté au début du XIVe siècle, Turnhout 2000.

120 *Item invenitur in scripturis et litteris antiquis fidem facientibus, quod olim quidam rex Francie habuit duos filios, quorum unus fuit rex Francie et alter imperator, et quod magna briga fuit inter eos orta super finibus regni et imperii, et ipsis in campis congregatis cum armis paratisque ad occidendum hincinde fuit inter eos per amicos communes concordatum, quod quatuor flumina, Scalcus, Moza, Rodanus et Sagona essent pro finibus de cetero regni et imperii...* (Fritz KERN, Acta Imperii Angliae et Franciae: ab anno 1267 ad annum 1313. Dokumente vornehmlich zur Geschichte der auswärtigen Beziehungen Deutschlands, Tübingen 1911, n° 274, ici p. 205); cf. Jean-Marie MOEGLIN, L'Empire et le Royaume – entre indifférence et fascination 1214–1500, Villeneuve d'Ascq 2011 (Histoire franco-allemande, 2), p. 22.

121 *De Childerico rege* [en rouge]
Childericus Meroveo successit... Sub isto Childerico, franci treverim super mosellam capiunt, aurelianis urbem devastant, andegauis incendunt, Paulum comitem urbis perimunt, Alemannos sibi subiugant. Childerico Francorum rege mortuo, clodoueus filius eius in regno francorum succedit. Quomodo hoc regnum scilicet Francorum accipiendum sit [en rouge]
Verumtamen diligenter attendendum est quod hoc nomen, videlicet regnum Francorum, quandoque large quandoque stricte accipitur: large quando Franci ubicumque manerent sive in Austriam, sive in Alemanniam, sive in Germaniam superiorem vel inferiorem, vel Galliam Belgicam, vel Narbonensem inhabitantes, regnum Francorum vocabantur, sicuti decem tribus Judeorum in Samariam regnum Israël vocabantur, et duodecim tribus tempore David et Salomonis simili vocabulo nuncupate sunt. Stricte vero regnum Francorum accipitur quando sola Gallia Belgica regnum Francorum vocatur, que est infra Renum, Mosam et Ligerim coartata, quam Galliam appropriato vocabulo, moderni Franciam vocant. Modo vero, propter insolentiam regum Francorum, nectamen terram istam quam Franciam vocant juribus suis in integrum habere merentur. Excecavit enim illos pestis ambitionis et avaricie et quasi in reprobum sensum traditi, non faciunt ea que conveniunt. His breviter prelibatis ad propositum redeamus (Soissons, BM 129 [120], fol. 134r, passage partiellement édité par Henri-François DELABORDE, Notice sur les ouvrages et sur la vie de Rigord, moine de Saint-Denis, dans: Bibliothèque de l'École des chartes 45 [1884], p. 585–614 (ici p. 604), cité d'après Delaborde par SCHNEIDMÜLLER, Ordnung der Anfänge [voir n. 72], p. 301 et note 55. Sur cette chronique, cf. en dernier lieu Rigord – Histoire de Philipppe Auguste, édition, traduction et notes sous la direction de Elisabeth CARPENTIER, Georges PON, Yves CHAUVIN, Paris 2006, p. 63–65.

regnum la grandeur qu'il avait eue sous Charlemagne[122]. Ces témoignages de la fin du XIIe ou du début du XIIIe siècle ne renvoient certes pas encore explicitement à la définition géographique de la France issue du traité de Verdun. Mais Primat de Saint-Denis, qui écrivait au début des années 1270 ce qui allait être le socle des »Grandes chroniques de France«, distinguait désormais soigneusement la »vraie« France, le royaume de France de son époque, qui était l'héritière de la Neustrie et aussi de la part de Charles le Chauve après le traité de Verdun, de la »souveraine France«, terme par lequel il traduisait la *superior Francia* d'Adon de Vienne, qui était l'héritière de l'Austrasie, laquelle n'avait jamais été la vraie France[123]. Et Jean de Saint-Victor après avoir repris la formule de Sigebert sur la *Francia* de Charles le Chauve qui allait de l'océan à la Meuse jugeait bon de préciser qu'elle comprenait donc l'Aquitaine, la Normandie, la *Francia* (c'est-à-dire l'Île de France) et la Champagne[124].

L'ancienne *Francia* évoquée par Sigebert comme étant la part de Charles le Chauve lors du partage de Verdun était explicitement déclarée dans les chroniques françaises du XVe siècle le »royaume de France«[125], c'est-à-dire la »petite« France des quatre rivières, une France dont on devait bien constater, même si l'on faisait semblant de ne pas le voir, qu'elle était une France rabougrie privée de tous les territoires rattachés désormais à l'empire romain »allemand«. Quant au titre d'empereur que Charlemagne roi de France avait acquis, il était définitivement perdu pour les rois de France et l'auteur du manuel de Philippe VI vers 1330 s'emportait contre le fait qu'il n'y ait plus eu de roi de France empereur depuis Charles le Chauve[126].

122 … »*Voluebam hoc*«, inquit, »*animo, utrum ullo unquam tempore michi, vel alii Francorum regi, Deus hanc gratiam dare dignetur, quod Francie regnum in statum pristinum eamque celsitudinem et amplitudinem quam tempore Karoli quondam habuerat reformare queat*« (Giraldus Cambrensis, De principis instructione III, 25, éd. Robert BARTLETT, Gerald of Wales, Instruction for a Ruler (*De Principis Instructione*), Oxford 2018, p. 676, cité par SCHNEIDMÜLLER, Ordnung der Anfänge (voir n. 72). Giraud le Cambrien rédige son œuvre de 1191 à 1216 ou 1217 et admire Philippe Auguste autant qu'il critique Henri II.
123 Sur l'usage du terme de *souveraine France*, opposé à *France*, par lequel Primat traduit le *in superiori Francia* d'Ado qu'il trouvait dans le BNF lat. 5925, cf. Bernard GUENÉE, Comment on écrit l'histoire au XIIIe siècle: Primat et le »Roman des roys«, Paris 2016. Cf. aussi SCHNEIDMÜLLER, Nomen Patriae (voir n. 20).
124 Voir note 95.
125 La phrase de Sigebert *Karolus accepit occidentalia regna a Britannico occeano usque ad Mosam fluvium; in qua parte extunc et modo nomen Franciae remansit* est ainsi explicitée dans une des versions du texte très diffusé connu sous le nom d'»Abrégé à tous nobles«: … *Charles le chauf ot le royaume de occident, cestassavoir Bretaigne jusques au fleuve de Meuse, en laquelle partie des lors et maintenant remaint le nom du royaume de france* (BNF nouv. acq. fr. 7519, fol. 28v). Noël de Fribois ne parle pas clairement ni des guerres des fils de Louis le Pieux ni du traité de Verdun mais il évoque son résultat en précisant que *Charles le Chauve, fils de Loÿs le Débonnaire empereur, tint le royaume de France trente quatre ans et l'Empire trois ans; et divisèrent et départirent l'Empire les quatres fils dudit Loÿs le Débonnaire, c'est assavoir Lothaire, Pépin, Loÿs* [fol. 22] *et ledit Charles le Chauve. Et out ledit Charles le royaume de France, et Loÿs Germanie, et Lothaire Italie et Romme. Pépin mouru vivant son pere, Loÿs le Débonnaire. Ex historia Francorum* (éd. Kathleen DALY, Abregé des croniques de France, Paris 2006, p. 117).
126 *Ce Charle le chauve ouye la mort de son nepveu filz dudit lotaire son frere sen ala a Romme et fit tant par droit que li Romain li firent emperour. Et comme il ot tenue lempire ii ans il mourut lequel mort lestat des francois dechei moult de sa force et noblesse ne oncques puis jusques au jour duy nulz roys des francois ne fu emperieres, cestassauoir iusques a lan notres seigneur mil cccxxxiii*

En Allemagne comme en France par conséquent, c'est la relation du partage du royaume des Francs après la mort de Louis le Pieux remontant à la chronique de Réginon de Prüm qui s'était imposée et était devenue une sorte de vulgate que l'on retrouve dans de multiples chroniques de la fin du Moyen Âge. Mais le sens dont on investissait ce récit n'était pas le même. En France, l'on devait se résigner à admettre du bout des lèvres que certes la France était toujours la France mais qu'après le partage de l'empire franc de Charlemagne, un royaume allemand s'en était émancipé et avait même réussi à capter la dignité d'empereur romain que Charlemagne avait acquise aux rois de France; la *Francia* de Sigebert de Gembloux était clairement assimilée au »royaume de France«. En Allemagne, l'on considérait à l'inverse qu'un royaume de France était sorti du royaume/empire des Francs/*Teutonici* mais que l'Empire, que Charlemagne avait apporté aux Allemands, leur était resté ou leur était revenu au plus tard à partir d'Henri l'Oiseleur. Désormais le royaume allemand et l'empire romain se confondaient: »le royaume allemand, qui aujourd'hui s'appelle l'empire romain«, écrivait ainsi Beatus Rhenanus dans ses »Rerum germanicarum libri tres« au début du XVIᵉ siècle[127].

III. Le traité de Verdun à l'origine de la naissance des grands États de l'Europe moderne

Au seuil de l'époque moderne, l'historiographie française et allemande avait donc mis en place une séquence d'événements historiques qui faisait plus ou moins consensus: à la mort de Louis le Pieux, l'aîné de ses fils, Lothaire avait coûte que coûte voulu maintenir à son profit l'unité de l'empire carolingien mais ses deux frères Charles et Louis s'y étaient opposés et avaient réclamé leur part; ils avaient été victorieux à Fontenoy, ce qui avait entraîné la conclusion d'un traité de paix signifiant la fin définitive de l'empire carolingien et la naissance sur ses décombres des trois royaumes de France, d'Allemagne et accessoirement d'Italie. La guerre des fils de Louis le Pieux, dont les deux moments décisifs étaient la bataille de Fontenoy et le traité de Verdun, était donc devenue un événement essentiel de l'histoire de la France, de l'Allemagne et de l'Europe.

Cette séquence historique, qui n'est nullement remise en question mais au contraire consolidée par le retour du récit de Nithard dans la deuxième moitié du XVIᵉ siècle, invitait à soulever les questions de fond concernant le sens de cet événement historique. Les historiens du Moyen Âge avaient hésité à les aborder de front; elles allaient être vraiment traitées par les historiens de l'époque moderne et contemporaine. En même temps qu'ils achèvent de faire passer le traité de Verdun du statut d'événement fantôme, identifiable par ses conséquences plus que par sa réalité, à celui de »traité fameux«, ce sont eux qui vont assigner au »grand narratif« mis en place par leurs prédécesseurs une place centrale au sein de la réflexion sur la naissance des grands États-nations de l'Europe moderne et contemporaine.

---

que ce fut transcript (BNF fr. 693, fol. 80r). Adémar de Chabannes avait déjà écrit qu'après Charles le Chauve *nec ultra imperium accepit aliquis de regibus Francie*, mais c'était vers 1025.
127 Rerum germanicarum libri tres, 1531, par exemple p. 90: *Henricus, secundus Germaniarum rex qui Chonrado Franco successit, Sclavinos, Bohemos tributarios regno Germanico fecit, quod hodie Romanum imperium appellatur.*

Pour les Allemands, l'affaire ne posait guère de difficulté; leur seule inquiétude était que les Français veuillent leur contester la possession de l'empire romain qui faisait la fierté de la nation allemande; les humanistes allemands du début du XVIe siècle, notamment Jakob Wimpheling et Johannes Aventinus, s'étaient donc violemment dressés contre cette prétention. Pour le reste, le traité de Verdun était considéré comme un partage dans lequel Louis le Germanique avait reçu l'Allemagne et Charles le Chauve la France dont les destinées s'étaient définitivement séparées; un royaume d'Italie, au bénéfice de Lothaire, était également évoqué.

Ceci devient un véritable dogme dans l'historiographie allemande. Je cite simplement, quelques exemples d'histoires écrites dans la deuxième moitié du XVIIIe siècle, parmi des dizaines d'autres possibles; le »Chronologischer Grundriß der allgemeinen Weltgeschichte« d'Anton Friedrich Büsching paru en 1762 rapportait qu'en *4818 [année du monde], 842 [année de l'ère chrétienne] das große fränkische Reich wird unter Ludwig I. vertheilet. Und Deutschland und Frankreich werden besondere Reiche*[128]; la »Geschichte des Teutschen Reichs« de Christoph Gottlob Heinrich Hartknoch, parue en 1778, déclarait: *So entstanden die besondern Königreiche Italien, Teutschland und Frankreich. Ludewig der Teutsche war also der eigentliche Stifter des teutschen Reichs und erst hier eigentlich nimmt die Geschichte des teutschen Reichs, das nun nicht mehr abhängig war, ihren Anfang*[129]; le »Grundriß der Europäischen Staatengeschichte« de Johann Jacob Glass paru en 1783 le confirmait: *Hier scheidet sich die deutsche und französische Geschichte, da Deutschland ein eigener für sich bestehender Staat wird*[130], de même que le »Leitfaden der allgemeinen Weltgeschichte« de Karl Hammerdörfer paru en 1786: *Teutschland war endlich ganz von Frankreich und Italien geschiden*[131], tandis que la »Weltgeschichte für Kinder und Kinderlehrer« de Karl-Friedrich Becker, parue en 9 tomes en 1802, faisait chorus: *Das ist die berühmte Theilung von Verdun, wodurch Frankreich und Deutschland auf ewig von einander geschieden worden sind … Jetzt stehen wir also an dem Scheidewege, wo die deutsche Geschichte sich von der französischen trennt*[132]. L'Alle-

---

128 »4818 [année du monde], 842 [année de l'ère chrétienne] le grand empire franc est divisé sous Louis Ier. Et l'Allemagne et la France deviennent des royaumes particuliers« (Anton Friedrich Büsching, Chronologischer Grundriß der allgemeinen Weltgeschichte. Zum Gebrauch der Gymnasien, Berlin, Leipzig 1762, p. 34).

129 »Ainsi naquirent les royaumes particuliers d'Italie, d'Allemagne et de France. Louis le Germanique fut ainsi le véritable fondateur du royaume allemand et c'est seulement à ce moment que l'histoire du royaume allemand, qui désormais n'était plus dépendant, prend son commencement« (Christoph Gottlob Heinrich Hartknoch, Geschichte des Teutschen Reichs, Riga, Leipzig 1778, p. 94).

130 »Ici se séparent l'histoire allemande et l'histoire française, étant donné que l'Allemagne devient un État propre existant pour lui-même« (Johann Jacob Glass, Grundriß der Europäischen Staatengeschichte, nebst einer Anleitung zu der Hessischen Geschichte, Kassel 1783, p. 9).

131 »L'Allemagne fut enfin séparée de la France et de l'Italie« (Karl Hammerdörfer, Leitfaden der allgemeinen Weltgeschichte oder die vornehmsten Weltbegebenheiten nach der Zeitfolge geordnet und zum Gebrauch für Lehrer und Lernende eingerichtet, Leipzig 1786, p. 78).

132 »C'est le célèbre partage de Verdun, par lequel France et Allemagne furent éternellement séparées l'une de l'autre … Nous sommes à présent sur la ligne de partage où l'histoire allemande se sépare de l'histoire française (Karl-Friedrich Becker, Weltgeschichte für Kinder und Kinderlehrer, 9 tomes, Berlin 1802, t. 3, p. 382).

magne comme ensemble politique indépendant était née au moment du traité de Verdun.

Pour les Français en revanche, les termes du problème étaient nettement plus compliqués. Au seuil de l'époque moderne, il était acquis que les Francs étaient leurs ancêtres directs et que ces Francs descendaient eux-mêmes des Troyens qui s'étaient établis à l'ouest du Rhin au terme d'une longue pérégrination. Ils avaient reçu leur nom de »Francs/Français« de l'empereur romain Valentinien en récompense de la victoire qu'ils avaient remportée contre les »Allemands«, comme l'écrivait l'auteur du »Songe du Vergier« en confondant un peu vite les Alains de sa source et les Allemands de son époque (*car l'en lit in Cronica Eusibii que, pour la victoire que ilz eurent contre lez Alemans* ...)[133]. Ils avaient créé le royaume de France et avaient conquis la Germanie intégrée dans l'Empire de Charlemagne. Plus tard, au moment du traité de Verdun, il y avait bien eu une dissociation de l'ensemble franc mais le royaume de l'ouest, la France, était celui qui avait conservé le véritable héritage des Francs. Les Français n'avaient donc aucun doute quant au fait qu'ils étaient les dépositaires du glorieux héritage franc/français de Clovis et de Charlemagne. Il reste qu'ils avaient tout de même perdu l'Allemagne et, en tout cas après Charles le Chauve, l'Empire.

Fallait-il s'en attrister ou simplement, comme en Allemagne, prendre acte du fait qu'à Verdun en 843, les royaumes de France et d'Allemagne s'étaient séparés et géographiquement définis? La France était bien l'héritière du *regnum Francorum* mais c'était tout de même un nouveau royaume. C'est, d'une certaine manière, la réaction des historiens français du XVIe siècle.

Ainsi Jean Bouchet écrit-il dans ses »Annales d'Aquitaine«, dont la première édition paraît en 1524: *Deux ans après ladite bataille de Fontenay de lemsserroys, et l'an de nostre salut huit cens xliiii selon la cronique de Sigibert, les trois frères Lhotaire, Loys et Charles feirent ung traicté de paix à Verdun en Vermendoys sans les deux enfans de Pépin roy d'acquitaine par succession; et partirent les Gaules et les terres de l'Empire en trois parties; audit Charles demoura tout les pais depuis la mer Britanique et les mons pirénéens iusques a la rivière de Meuse qui est toute la terre quon appelle de présent le royaume de France* ...[134]. Il suit effectivement de près Sigebert de Gembloux mais d'une part, il parle, le premier à ma connaissance, du *traité de paix à Verdun*, qu'il place il est vrai en Vermandois, d'autre part, à la suite des auteurs du XVe siècle, il précise les frontières du territoire donné à Charles en y ajoutant au sud les Pyrénées et la phrase de Sigebert *in qua parte extunc et modo nomen Franciae remansit* est traduite en *qu'on appelle de présent le royaume de France*.

La brève chronique des rois de France de l'évêque Jean du Tillet, publiée pour la première fois en latin en 1539, et qui a connu de multiples éditions latines puis françaises, enfonce le clou en portant à l'année du Christ 844 et du monde 4805 (dans sa version française): *Charles cest le premier des roys de France, a qui separément est escheu et aduenu le royaume, lequel est maintenant véritablement appellet le royaume*

---

133 Songe du Vergier, éd. Marion SCHNERB, t. 1, Paris 1982, p. 146, cf. aussi MOEGLIN, L'Empire et le Royaume (voir n. 120), p. 301.
134 Jean BOUCHET, Annales d'Acquitaine, faictz et gestes en sommaire des roys de France et dangleterre et des pays de Naples et de Milan, Poitiers 1524, fol. 46v.

de France. Car Charlemaigne et autres ses predecesseurs sentoient quelque chose de la Germanie. Ces troys freres s'assemblent à Verdun, où ils declarerent auoir pour agreable le partage d'entre eulx ains faict[135].

Gilles Corrozet (1510–1568), dans son très diffusé »Trésor des histoires de France« rédigé en 1563 mais seulement imprimé en 1583 par son fils, commence par définir ce que recouvre la France: *Austrasie est la portion que les historiographes appellent France orientale, depuis la riuiere de Meuse, iusques au fleuve du Rhin. La France occidentale s'estend depuis la mer Britannique, iusques à la riviere de Meuse en retournant aux monts pirénées*; puis il évoque le partage de Verdun en reprenant du Tillet: *Apres le trespas de Loys le Debonnaire, ses trois enfans (une forte bataille auparavant donnée) s'accorderent et ses partagèrent ainsi. Charles le Chauve, eut la France occidentale, (de l'estendue qu'elle est escrite cy dessus) souz le nom et titre de Roy de France, et est le premier des Rois à qui séparement est escheu, ce que véritablement est appellé le Royaume de France. Loys eut Austrasie (descrite cy dessus) dite la France orientale, ou Germanie, tant dela, que deça le Rhin ...*[136].

Bernard de Girard, seigneur du Haillan écrivait quant à lui dans son traité »De l'état et du succès des affaires de France« paru en 1570: *il* [Louis le Pieux] *mourut l'an vingt septiesme de son regne, laissant pour successeur Charles son fils puisné surnommé le Chauve à la France, et Loys laisné à la Germanie*[137], tandis que François de Belleforest déclarait dans son »Histoire de France« de 1579 que Charles le Chauve avait obtenu *en somme tout le Royaume de France, comme ores il se comporte (sauf la Provence et la Bourgoigne qui estoyent à Lothaire, comprenant tout le païs occidental, que les anciens François appelloient Neustrie, lequel estoit compris et enclos entre les rivières de Saône, le Rhosne, l'Escault, la Meuse, l'Océan du costé d'Angleterre, et les monts Pyrénées*[138]; et dans un passage antérieur, il avait déjà indiqué que Louis le Pieux avait voulu attribuer à son fils Charles *le Royaume Neustrie ..., lequel estoit (ainsi que souvent j'ay declaré) celuy proprement qui appartenoit aux vrays Roys de France ...*[139]; il se donnait également beaucoup de mal pour rappeler que les Français de Gaule étaient depuis tout temps exempts de la domination de l'Empire[140]. Et Ni-

---

135 Cité d'après Jean DU TILLET, Chronique des roys de France, puis Pharamond ..., Paris, Galliot du Pré, 1550, fol. 28r. Dans l'édition latine qui accompagne en 1539 la première édition complète de l'histoire de Paul Émile, on lit: *Carolus Calvus, primus Franci sanguinis, cui separatim contigit, quod vere Franciae regnum nunc dicitur. Nam Carolus Magnus, et alii, qui aetate praecesserant, Germanicum quiddam referebant. Hi tres fratres in colloquium Virduni venerunt et quam diximus haereditariam divisionem ratam habuerunt.*
136 Édition de 1583, fol. 48v–49r.
137 Fol. 30v.
138 François DE BELLEFOREST, Grandes Annales et histoire générale de France, t. 1, Paris 1579, fol. 251v.
139 Ibid., fol. 244v
140 Ibid., fol. 249r: [les ambassadeurs de Charles le Chauve rejettent les propositions de Lothaire] *Que Louys Debonnaire ayant associé Lothaire à l'Empire, luy auoit aussi mis en main les terres propres de l'Empire qui est Rome, & ce qu'il possedoit en Italie: que depasser outre il ne pouvioit, & ne deuoit puisque le surplus de ses Seigneuries ne dependoyct aucunement de l'Empire, ains les auoyent les Roys de France vaillamment deliurees de la fubieccion des Empereurs, auant que jamais l'Empire tombast es mains de Charlemaigne. [...] Estant le nom François asiez illustre de soy sans le penser annoblir auec celuy de l'Empire. Et par ainsi Louys faisant Lothaire Empereur, ne pretendoit (comme ne le pouuant faire) comprendre la Gaule en celle donation, ce qui a esté asiez*

colas Vignier évoquait dans son »Sommaire de l'histoire de France« également paru en 1579 la part de Charles le Chauve comme étant *ce qu'on nomme aujourd'huy vrayement le royaume de France*[141]. Les Saincte-Marthe enfonçaient le clou en écrivant en 1619 que Charles avait obtenu comme lot *la partie occidentale de ses [Louis le Pieux] grands Estats, qui est la France de maintenant*[142].

Les royaumes »modernes« de France et d'Allemagne étaient donc sinon nés, du moins avaient été restaurés dans leur intégrité au partage de Verdun. Ces auteurs toutefois écrivaient alors que la France peinait à résister à la puissance de la maison impériale d'Autriche avant de s'enfoncer dans les guerres de religion. Mais à la fin du XVIe siècle, le royaume de France redevient conquérant et ce constat d'une (re)naissance du royaume de France à Verdun en 843 et de sa séparation de l'Empire interroge de plus en plus les historiens français. Les rois de la »vraie« France pouvaient-ils renoncer si facilement à ce qu'avait été l'ancien *empire françois* de Charlemagne au profit du »petit« royaume de France moderne?

Déjà Jean Du Tillet, frère du Jean du Tillet évêque de Meaux cité plus haut, offrant en 1566 au roi de France Charles IX un »Recueil des rois de France«, rehaussé de 30 miniatures de pleine page donnant les portraits de ces rois accompagnés d'une courte biographie, commentait le partage de Verdun: *Par celuy dudit Charles fut la France accourcie*[143], et Du Haillan, dans le traité cité plus haut, poursuivait son récit du règne de Charles le Chauve en notant qu'il avait eu *enuie de le [son royaume] remettre en la grandeur, & de ioindre & attacher au corps de la France, les membres des pays qui en auoient esté couppez par les partages des enfans de Pépin & de Charles le Grand. Ce qu'il fit, et y attacha une partie de la Lorraine et de la Bourgogne. Dont il y eut une grande querelle ....*[144], et Belleforest rapportant les débuts de la dispute entre les trois frères après la mort de Louis le Pieux indiquait: *C'est icy que commença le diuorse lequel abaissa depuis les forces de l'vne & l'autre nation, & causa la ruyne de l'Empire François....*[145], et les Saincte-Marthe en 1619 parlaient aussi, en paraphrasant la chronique de Du Tillet, d'une France *accourcie* lors du partage de Verdun[146].

Le concept d'*empire françois* fait ainsi irruption dans l'historiographie des »artisans de la gloire« de la première moitié du XVIIe siècle; il renvoie à l'ensemble des territoires qui ont été soumis aux rois de France, mérovingiens puis carolingiens, et

---

euident par les partages faits depuis, lesqnels ont separé d'effet les Gaules, & la Germanie du corps de l'Empire.

141 Nicolas VIGNIER, Sommaire de l'histoire des François, Paris 1579, p. 139: *Les conditions de lappointement fait le 16. iour de Mars à Verdun, entre les frères furent telles que Charles surnommé le Chauue retint pour sa part ce qui estoit de la France Occidentale (dicte Neustrie) bornée de la Saône, de l'Escault, de la mer Oceane, des monts Pyrenees, de la Meuse qui est ce qu'on nomme aujourd'huy vraymcnt le royaume de France.*
142 Scevole et Louis DE SAINCTE-MARTHE, Histoire généalogique de la maison de France, avec les illustres familles qui en sont descendues, t. 1, Paris 1619, p. 401.
143 BNF, fr. 2848, fol. 42v; l'œuvre a été republié à une dizaine de reprises entre 1580 et 1618.
144 Du HAILLAN, De l'état et du succès, fol. 31r
145 BELLEFOREST, Grandes Annales (voir n. 138), fol. 248v.
146 SAINCTE-MARTHE, Histoire généalogique (voir n. 142), t. 1, p. 301: *Charles eut la France Occidentale, non pas entière, mais racourcie à sçavoir depuis la Bretagne Armorique iusques aux riuieres de Meuse et de l'Escaud, et iusques au Rhosne & à la Saône, encore iusques aux Pyrénées, aux Alpes et à la Mer, qui est peu prés la France d'auiourd'huy, comme il a esté dit ...*

donc aux Français; il ne faut donc pas le confondre avec ce que Vignier par exemple, après d'autres, appelle *le vray & propre Roiaume des François* qui correspond à la France occidentale, attribuée à Charles le Chauve. C'est la distinction et le rapport entre ces deux entités politiques qui retient de plus en plus l'intérêt des historiens français.

Certains d'entre eux auraient presque été jusqu'à voir se réaliser à Verdun la naissance de *notre France* comme disait Étienne Pasquier[147]. Mais, en réalité, c'est une erreur de perspective car la »vraie« France, la France occidentale ou Neustrie, existait déjà, et elle a continué à exister en formant la part attribuée à Charles le Chauve. Le *traité*, comme disait Bouchet, ou l' *appointement* de Verdun selon Vignier, n'est pas pour autant un événement anodin; certes, il n'a rien changé à l'existence de la vraie France, mais il a mis fin à l'*empire françois* car l'Allemagne en est sortie grâce à ce traité. Charlemagne était français et son empire était un empire français. Mais avec Louis le Débonnaire, écrivait Vignier, commença *la diminution & decroisscment de l'honneur, réputation & grandeur du nom & de l'Empire des François*[148;] Claude Fauchet concluait en 1604 son développement sur le traité de Verdun: *Ce partage des freres Roys de France auec égale puissance, non seulement affoiblist l'Empire François, mais encores diuisa leurs hommes, vassaux & fubiects*[149], et les frères Saincte-Marthe condamnaient en 1619 les partages réalisés par Louis le Pieux comme ayant été *vne des premières causes de la décadence de l'Empire François*[150].

Dans leur déploration de la ruine de *l'empire françois* qu'avait signifié le traité de Verdun, des auteurs tels que Vignier et Fauchet pointaient encore principalement le fait que désormais le royaume de France et les autres royaumes issus du partage avaient été des proies faciles pour les envahisseurs étrangers – ils se situaient dans une tradition qui remontait à Réginon de Prüm – et le fait que le partage avait inauguré un processus de désintégration de l'État qui n'était pas près de s'arrêter. Leurs successeurs reprennent cette idée de la ruine de l'empire français mais ils insistent désormais avant tout sur la diminution et le dommage pour le prestige et l'autorité du roi de France et des Français qui en étaient résultés.

Jacques de Charron introduit en 1621 un ton nouveau; après avoir présenté la part de Charles le Chauve lors du partage de Verdun, il poursuit en s'indignant que tant de terres allemandes aient été ainsi soustraites à l'autorité ancienne et légitime des rois de France[151] *qui releuoient encores anciennement de leur Couronne Françoise, auant l'es-*

---

147 ... *Et à Charles advint la Neustrie & autres pays circonvoisins, prenant pour ceste cause qualité de Roy de France. Car comme j'ay dict, nostre France Occidentale estoit lors appellée Westrie, & depuis Neustrie, à la différence de la France Orientale que l'on appella du commencement Ostrie & par succession de temps Austrasie. Et à vray dire, c'est en luy auquel commença le plant de la France, tel que l'on a depuis veu continuer en la lignée de Hugues Capet* (Etienne Pasquier, Les recherches de la france, Paris 1596, L. I, ch. 12, fol. 23v).

148 Sommaire de l'histoire des François (voir n. 141), p. 415. Vignier avait longuement démontré la qualité de Français de Charlemagne.

149 Cf. Claude Fauchet, Déclin de la maison de Charlemagne, Paris 1602, fol. 36.

150 Saincte-Marthe, Histoire généalogique (voir n. 142), t. 1, p. 253.

151 Jacques de Charron, Histoire universelle de toutes les nations et spécialement des Gaulois ou François..., Paris 1621, p. 807: *Dont s'ensuiuit que non seulement tout ce que les Roys de France auoient dés longtemps auparauant possedé en Bauiere, Saxe, Frize, Franconie, Soaue, Austriche, & autres prouinces d'Alemagne, commença (tout ainsi qüe l'Italie) par partage entre leurs enfans,*

tablissement de l'Empire d'Alemagne[152]; en tout état de cause, *apres le trespas des derniers masles descendus de Lothaire et Louys enfans du dit Louys le Débonnaire, toutes les prouinces du Royaume de France qui leur auaient appartenu (ou du moins la Souuerainete d'icelles) deuoient selon ladite Loy du pays, qui auoit esté approuuee & toujours inviolablement gardée par tous les François, retourner à nos Roys, lesquels estoient leurs plus proches heritiers en ligne masculine*[153]. Et s'agissant du rapport qui doit exister dans le présent entre le royaume de France et l'Empire, il rappelle encore que *Charlemagne qui auoit conquis l'Empire sur les Infidèles & ennemis de l'Eglise, puis receu encores apres le tiltre d'Empereur du consentement de tout le peuple Romain, n'adiousta pas le Royaume de France audit Empire; ains tout au contraire adiousta l'Empire au Royaume de France, par forme de dignité seulement*[154].

Et Scipion Dupleix était sur la même ligne dans son »Histoire générale de France« parue également en 1621 lorsqu'il évoquait avec nostalgie *l'espace de cent & vingt ans: durant lequel temps le roiaume & l'empire des François fut tres florissant & tres-auguste sous l'heureux gouuernement de Charles Martel, Pepin le Bref, Charles le Grand & Louis le Debonnaire. [...] Mais leurs successeurs degenerans de la vertu & de la pieté de ces quatre excellens princes, ils ne nous feront voir desormais pendant leur minorité ou foiblesse que des quereles, dissensions, guerres ciuiles, vsurpations tyranniques auec toute sorte de desordres qui seront cause de la traduction de l'empire en Alemagne: & mesmes auroient dez lors destruit le roiaume des François si la diuine prouidence n'auoit aneanti la race de tels monarques pour conseruer la monarchie*[155]. Et Mézeray glosait comme à son habitude le texte de Dupleix dans le tome I de son »Histoire de France« paru en 1643 pour déplorer le démembrement de l'ancien empire français, une perte qui s'est avérée jusqu'à présent sans retour possible sauf, écrivait Mézeray, *si Lovys le Iuste* [Louis XIII], *qui a estouffé le reste de ses diuisions, ne luy sait encore vne fois par la sagesse de ses Conseils, & par la force de ses Armes, reuoir le siecle de Charlemagne*[156], et concluant sa description du partage de Verdun, il s'exclamait: *Voila donc cette grande Machine en pièces, non encore rassemblées iusques à maintenant*[157]. Cette exaltation de *l'Empire françois* est également manifestée par la publication à Orléans en 1651 par Laurent Turquoys d'un ouvrage précisément intitulé »L'empire françois ou l'histoire des conquestes des royaumes et provinces dont il est composé. Leurs démembrements et leur réunion à la couronne«. Il ne manquait pas de consacrer tout un chapitre au *démembrement de l'empire françois par les partages d'entre les enfans de Louys le Débonaire*[158]; il exposait aussi lon-

---

& non par guerre ny reuolte, à estre separe de leur Souueraineté & obeissance ... Le même Charron critiquait la folle opinion selon laquelle *les François estoient issus des Allemands* (cf. Myriam YARDENI, Enquête sur l'identité de la »nation France«, de la Renaissance aux lumières, Paris 2004, p. 86).
152 Ibid., p. 811.
153 Ibid., p. 815.
154 Ibid., p. 820.
155 Scipion DUPLEIX, Histoire générale de France, t. 1, Paris 1621, p. 558.
156 François Eudes dit DE MÉZERAY, Histoire de France depuis Faramond jusqu'au règne de Louis le Juste, t. 1, Paris 1643, p. 251.
157 Ibid., p. 259
158 Laurent TURQUOYS, L'empire françois ou l'Histoire des conquestes des royaumes et provinces dont il est composé, Paris 1651, p. 109.

guement, pour la déplorer, la perte de la Lorraine lorsque *l'empereur Henry prenant son temps à propos, ravit à la France ce beau fleuron de Couronne l'an 925*[159]. Et Claude Le Ragois, dans son »Manuel d'histoire de France« paru en 1687 et qui connaîtra d'innombrables éditions (remaniées) jusqu'au XIXe siècle, affirmait clairement que l'Empire appartenait aux Français:

D. *L'Empire appartenoit-il de droit aux François?*
R. *Ouy.*
D. *Pourquoy?*
R. *Pour deux raisons; l'une qu'il a esté fondé par un Prince François; l'autre que l'Empire n'étoit composé que de la Monarchie Françoise*[160].

Bien sûr, tous ces auteurs savaient que la séparation de la France et de l'Allemagne était irréversible, mais l'invocation de *l'Empire françois* leur permettait de justifier historiquement les extensions territoriales vers l'est que la France de Louis XIII et de Louis XIV était en train de mener à bien, c'est-à-dire la construction d'un royaume de France s'étendant à l'est jusqu'au Rhin et au Jura; c'est précisément ce que cherche à faire, de manière quelque peu pesante et appliquée, l'ouvrage de Laurent Turquoys.

Par la suite, chez les historiens du XVIIIe siècle, dans le contexte d'une France notablement agrandie mais bien moins conquérante qu'au XVIIe siècle, la nostalgie de *l'Empire françois* tend à s'effacer[161]. Voltaire illustrait cette évolution en titrant un de ses chapitres de l'»Essai sur les mœurs«: *L'Allemagne pour toujours séparée de l'empire franc ou français*[162]. Mais parallèlement, l'on note aussi que les historiens rapportent parfois le partage de Verdun sans préciser que la part reçue par Charles le Chauve est la France actuelle, en omettant ainsi la phrase canonique remontant à Sigebert de Gembloux et qui avait connu du Moyen Âge à l'époque moderne un si grand succès[163]. De fait, il n'y avait plus adéquation entre ces deux France, celle de Verdun et celle de Louis XV.

---

159 Ibid., p. 132.
160 Claude Le Ragois, Instruction sur l'histoire de France et romaine, par questions et réponses, Paris 1687, p. 28–29.
161 Cf. toutefois Pons-Augustin Alletz, Tableau de l'histoire de France depuis le commencement de la Monarchie jusqu'à la fin du Règne de Louis XIV, inclusivement, Paris 1766, 2 vol. in-12., première partie, p. 68: *Les partages, qu'assigna Louis le Débonnaire à ses enfans, causerent presque la ruine de l'Empire François, dont la grandeur embrassait presque toute l'Europe sous Charlemagne …*
162 Voltaire, Essai sur les mœurs et l'esprit des nations, Paris 1756, cité d'après le t. 1 de l'édition de 1826, p. 467.
163 Cf. par exemple les développements sur le partage de Verdun du président Hénault dans la première édition de son très diffusé manuel ([Hénault] Boudot Pierre-Jean, Nouvel Abrégé d'histoire de France, Paris 1744, p. 52: … *Les trois frères font enfin la paix: Charles le Chauve conserve l'Aquitaine avec la Neustrie, Louis a toute la Germanie, d'où il fut appelle le Germanique, & Lothaire qui étoit l'aîné, eut avec le titre d'Empereur, l'Italie, et (en termes exprès) la ville de Rome, encore la Provence, la Franche-Comté, le Lyonnois, & les autres contrées qui se trouvent enclavées entre le Rhône, le Rhin, la Saône, la Meuse & l'Escaut.* La phrase de Sigebert réapparaît dans le manuel de Pierre-Marie Gault de Saint-Germain, Abrégé élémentaire de l'histoire de France depuis le temps héroïques jusqu'à nous, t. 1, Paris 1821, p. 151–152, mais pour désigner cette fois le royaume constitué par Charles le Chauve après son acquisition du royaume de Lo-

IV. Le traité de Verdun et la naissance des nations française et allemande

Chemin faisant, le traité de Verdun était donc devenu, enfin, un événement historique majeur. Alors que dès le IXe siècle, l'on parlait de la »fameuse« bataille de Fontenoy, Voltaire est sinon le premier du moins un des premiers à parler en 1756 dans son »Essai sur les mœurs« de *la fameuse paix de Verdun*; tout en y voyant l'origine *de la haine entre les Français et les Allemands*, il évoquait *Charles-le Chauve, premier roi de la seule France, et Louis-le-Germanique, premier roi de la seule Allemagne*[164].

L'importance du traité de Verdun était d'avoir créé des entités politiques, des royaumes, des pays dont chacun s'accordait à dire qu'ils avaient été le fondement de la géographie politique contemporaine et tout particulièrement de la division entre la France et l'Allemagne, ce qui n'empêchait pas parfois certains auteurs, Louis-Sébastien Mercier par exemple, d'exprimer un certain regret de la perte de l'Empire pour les rois de France et la France[165].

Mais arrive la Révolution française qui met en avant la prise de conscience par un peuple qu'il forme une nation et la volonté d'assurer l'indépendance et la grandeur de cette nation. Les historiens entreprennent de relire l'histoire de France à la lumière de ce nouveau paradigme pour mettre en valeur les événements qui préfigurent déjà cette émergence de la nation consciente d'elle-même et maîtresse de son destin.

Le désormais »fameux traité de Verdun« va alors être investi d'un sens nouveau, d'abord en France puis en Allemagne. En France, c'est Augustin Thierry qui formule le premier une théorie cohérente du traité de Verdun comme événement fondateur d'une nation. La treizième des »Lettres sur l'histoire de France«, dans l'édition princeps de 1827, a comme titre »Sur le démembrement de l'empire de Karl-le-Grand«; en claire rupture avec la nostalgie de *l'Empire françois* qui inspirait l'historiographie de l'époque moderne, Augustin Thierry compare l'empire franc de Charlemagne à l'empire napoléonien; comme ce dernier, il était une construction artificielle incapable de résister à l'affirmation des nationalités; sa chute était non seulement inévitable mais souhaitable. La dislocation de l'empire de Louis le Pieux n'avait été rien d'autre que »la restauration de l'ordre et de l'indépendance naturelle des peuples«. Augustin Thierry met donc en valeur la césure décisive que représente le traité de Verdun même s'il n'évoque pas le lieu Verdun (mais il parle de traité); »Cette révolution dont les historiens modernes ne parlent qu'avec le ton du regret, causa une grande joie parmi les peuples«, commente-t-il. Parallèlement, le partage de l'empire de Louis le Pieux avait permis à la nationalité allemande d'obtenir son propre royaume; elle avait défendu et promu »sa cause nationale«. Quant à l'ensemble donné à Lothaire, il n'était qu' »une division entièrement factice et de nature à ne pouvoir se perpétuer, tandis que les deux autres divisions, fondées sur la distinction réelle des races et des

---

thaire: *Aussitôt après sa mort, les évêques et les barons envoyèrent une députation à Charles-le-Chauve, qui étoit à Attigny, pour l'inviter à prendre possession de ce royaume*; de sorte que Charles est le premier qui ait été véritablement roi de ce qu'on appelle encore aujourd'hui la France (je souligne).

164 VOLTAIRE, Essai sur les mœurs (voir n. 162), p. 468–469.
165 MERCIER, Portraits des rois de France, t. 1, Neuchatel 1783, p. 294–295: *Quand on songe à ce superbe empire d'Occident que Charlemagne avoit fondé, l'on voit avec douleur, qu'il cessa d'être héréditaire, & qu'il devint électif en passant aux Allemands …*

existences nationales, devaient se prononcer de plus en plus« et il s'était désintégré rapidement. C'est ainsi que le traité de partage à Verdun marquait le début de »l'époque où, à parler rigoureusement, commence la nation française«.

En Allemagne, la position symétrique de celle d'Augustin Thierry va trouver des porte-paroles influents en la personne de deux grandes figures de l'historiographie allemande au XIXᵉ siècle, Johann Gustav Droysen et Georg Waitz, dans les discours qu'ils prononcent le 10 août 1843 à l'université de Kiel à l'occasion du millième anniversaire du traité de Verdun. Mais tandis que Droysen[166] se contente d'évoquer en passant la »victoire du principe national« et »l'évolution nationale de l'État allemand«, dont le début remonte au traité de Verdun, pour enchaîner très vite sur une péroraison enflammée consacrée au sens de l'histoire allemande pendant le premier millénaire de son histoire, Waitz se fixe pour but de reconstituer en historien la formation de l'Allemagne comme pays depuis les Germains décrits par Tacite[167]. L'intégration réussie par Charlemagne des Saxons dans l'empire franc est une étape importante car elle permit la »réunion des Saxons avec les autres Stämme allemands, conféra à l'élément germanique une telle force qu'il put se dresser contre l'élément roman et, séparé des parties gallo-franques et italo-lombardes de l'Empire, s'élever à un développement particulier«[168]; et il se réfère explicitement à Augustin Thierry, en rejetant les critiques de Guizot, pour voir dans la dissolution de l'empire carolingien l'expression de la réaction nécessaire des nationalités contre Charlemagne qui aurait voulu les fondre ensemble; un processus au cours duquel les nationalités se sont d'ailleurs quelque peu restructurées; »C'est ici que se situe le vrai point de départ de l'histoire des plus importants États européens. Le Reich allemand également a connu alors son commencement«[169]. Lothaire qui luttait pour le maintien de l'unité de l'Empire ne pouvait qu'avoir le dessous: »Charles et Louis ne luttaient pas simplement pour l'indépendance de leurs seigneuries; mais aussi pour celle des deux peuples à la tête desquels ils se trouvaient[170].« L'épisode du serment de Strasbourg était l'expression de deux nationalités se séparant l'une de l'autre: »La séparation des peuples s'était déjà réalisée; il n'y manquait plus que la ratification par un acte officiel et les nouveaux États étaient fondés. C'est ainsi que fut conclu le traité de Verdun[171].« Et Waitz de conclure: »Voici donc l'importance du traité de Verdun pour le peuple allemand […].

---

166 Johann-Gustav DROYSEN, Rede zur tausendjährigen Gedächtnißfeier des Vertrages zu Verdun … am 10. August 1843, Kiel 1843.
167 Kieler Universitäts-Programm als Einladung zur 1000jährigen Gedachtniss-feier der Gründung des deutschen Reichs am 10. August 1843, Kiel 1843, repris dans Georg WAITZ, Gesammelte Abhandlungen, t. 1: Abhandlnngen zur Deutschen Verfassungs- und Rechtsgeschichte, Göttingen 1896, p. 1–24.
168 »Die Verbindung der Sachsen mit den übrigen deutschen Stammen, verlieh dem germanischen Eléments eine solche Stärke, dass es sich dem romanischen entgegensetzen und sich, abgesondert von den gallisch – frankischen und den italisch – langobardischen Theilen des Reichs, zu einer eigenthümlichen Entwickelung erheben konnte« (ibid.).
169 »Hier ist der wahre Anfangspunkt für die Geschichte der wichtigsten europäischen Staaten. Auch das deutsche Reich hat damals seinen Anfang genommen« (ibid.).
170 »Karl und Ludwig stritten nicbt bloss fur die Unabhängigkeit ihrer Herrschaften, auch fur die der Völker an deren Spitze sie standen« (ibid.).
171 »Die Scheidung der Völker hatte sich schon vollzogen; es bedurfte nur der urkundlichen Bestätigung, und die neuen Staaten waren begründet. So wurde der Vertrag zu Verdun geschlossen« (ibid.).

Il y avait désormais un royaume allemand. Louis l'a fondé; le traité de Verdun l'a fait entrer dans l'histoire[172]. « En accord avec cette célébration, le roi Friedrich Wilhelm IV de Prusse fonda le 18 juin 844 un *Verdun-Preis* qui devait être remis tous les cinq ans à la meilleure œuvre en langue allemande parue au cours des cinq dernières années sur l'histoire de l'Allemagne[173].

Les historiens libéraux du XIXe siècle, en France comme en Allemagne, avaient hérité de l'époque moderne une séquence historique cohérente, centrée sur la bataille de Fontenoy, le serment de Strasbourg et le traité de Verdun, mais ils lui donnaient un sens radicalement différent. Il s'agissait d'épisodes décisifs de l'avènement de la nation française et de la nation allemande.

L'interprétation du traité de Verdun va rester néanmoins un sujet de débat. En effet, la théorie révolutionnaire d'Augustin Thierry fut rapidement adoptée en France par de très nombreux historiens, mais elle fut aussi critiquée et fortement nuancée par d'autres, de Guizot qui mettait en avant la tendance de fond vers le règne des petites dominations qu'incarnait la féodalité, à Gabriel Monod[174], Arthur Kleinclausz dans l'»Histoire de France« d'Ernest Lavisse[175], Louis Halphen et Ferdinand Lot[176]. Il en est de même en Allemagne où un long débat entre historiens commence sur la date exacte de la naissance de l'Allemagne; il inspire encore l'*opus magnum* de Carlrichard Brühl paru en 1990 et significativement intitulé »Allemagne, France. Naissance de deux peuples«[177] même si ce livre achevait de réfuter l'idée d'un traité de Verdun comme acte de naissance de la France et de l'Allemagne et plaidait, certainement avec raison, pour un processus de longue durée sans date décisive.

Si cette dernière interprétation paraît s'être définitivement imposée chez les historiens actuels, Augustin Thierry et Georg Waitz avaient néanmoins non seulement fixé les termes du débat que tous leurs successeurs ont repris jusqu'à une époque très récente: le traité de Verdun a-t-il été la première expression de la force des nationalités ou faut-il plutôt penser qu'il a simplement contribué à fixer un cadre dans lequel ces nationalités ont pu commencer à s'épanouir? Ils avaient également, pour un bien plus large public au delà du débat entre érudits, fait du traité de Verdun un lieu de mémoire de l'histoire française et de l'histoire allemande, »le premier grand traité de l'histoire moderne«, comme l'écrivait un auteur dès la fin des années 1830[178] tandis qu'Auguste

---

172 »Das aber ist die Bedeutung des Verduner Vertrags für das deutsche Volk […]. Es bestand von nun an ein deutsches Reich. Ludwig hat es b-griindet, der Verduner Vertrag hat es in die Geschichte eingeführt« (ibid.).
173 Cf. Katharina Weigand, Geschichtsschreibung zwischen Wissenschaft und nationaler Vereinnahmung: der Verdun-Preis, dans: ead., Jörg Zedler, Florian Schuller (dir.), Die Prinzregentenzeit. Abenddämmerung der bayerischen Monarchie?, Ratisbonne 2013, p. 105–127.
174 Gabriel Monod, Du rôle de l'opposition des races et des nationalités dans la dissolution de l'empire carolingien, dans: Annuaire de l'EPHE 1896, p. 5–17 (»Ce traité, qui n'avait pas eu pour base la division des races et des peuples, eut pour résultat de contribuer à la formation de nations distinctes beaucoup mieux que n'aurait fait une division plus rigoureusement ethnographique«).
175 Ernest Lavisse, Histoire de France, t. II,1: Le Christianisme, les Barbares, les Mérovingiens et les Carolingiens, par Charles Bayet, Christian Pfister, Arthur Kleinclausz, Paris 1903.
176 Louis Halphen, Ferdinand Lot, Le règne de Charles le Chauve (840–877), 1ère partie, 840–851, Paris 1909.
177 Adaptation française en 1995 sous le titre: Naissance de deux peuples – Français et Allemands (IXe–XIe siècle).
178 Théophile Lavallée, Histoire des Français depuis le temps des Gaulois jusqu'en 1830, Paris

Longnon parlait de »la charte constitutive du royaume de France«[179]. Seul Fustel de Coulanges se démarque avec éclat de cette *opinio communis* en décrivant la lutte des fils de Louis le Pieux comme un simple affrontement de »bandes«, des gangs armés cherchant à mettre en coupe réglée l'Empire, mais sa position est restée très isolée et n'est généralement mentionnée que pour être immédiatement rejetée[180].

La mémoire de la bataille de Fontenoy et du traité de Verdun a pu ainsi rester du XIXe au XXe siècle un enjeu politique, sujette à des tentatives d'instrumentalisation et de détournement.

Il en est ainsi en France avec l'interprétation du traité de Verdun que fait Jacques Bainville dans son influente »Histoire de France« publiée en 1924. Bainville (1879–1936), proche de Charles Maurras et de Léon Daudet, et qui passait pour un spécialiste de la »question allemande«, reliait le traité de Verdun à la question des frontières naturelles de la France: parce qu'il avait fallu contenter Lothaire, l'on avait commis à Verdun une terrible erreur; on avait soustrait à la France éternelle une partie de son sol national, tout ce qui allait de la Meuse au Rhin; et pour Bainville, de cette erreur conjoncturelle étaient sortis mille ans de guerre[181], un avis sur le traité de Verdun qui n'était en fait pas vraiment neuf[182], mais qui aura encore une longue postérité qui mène jusqu'aux débats évoqués au début de cet article sur la ratification du traité de réconciliation franco-allemande dit traité de l'Élysée.

Autre tentative d'instrumentalisation, cette fois de l'autre côté du Rhin, celle organisée par Theodor Mayer, président des Monumenta Germaniae Historica et partisan convaincu du régime nazi, qui réunissait et introduisait, à l'occasion du 1100[e] anniversaire du traité en 1943, 9 contributions d'historiens. Le but était clairement, à un moment où l'Allemagne nazie prenait conscience qu'elle ne parvenait plus à faire face à la puissance militaire de l'Union soviétique, de plaider pour une Europe des nations sous hégémonie allemande, telle que le traité de Verdun paraissait l'avoir ébauchée[183].

1838–1839, cité d'après la 4e éd., Paris 1844, t. 1, p. 473–474; repris par Charles-Aimé DAUBAN (1820–1876), Nouveau Cours d'histoire, Paris 1868, p. 393–398 et l'auteur de l'Histoire nationale illustrée de la France depuis les temps les plus reculés, Paris 1876, p. 95.

179 Auguste LONGNON, La formation de l'unité française, leçons professées au Collège de France en 1889–1890, publiées par H. François DELABORDE, Paris 1922, p. 21.

180 Numa-Denis FUSTEL DE COULANGES, Histoire des institutions politiques de l'ancienne France, 2e éd. revue par Camille JULLIAN, Paris 1907, notamment p. 617 et suivantes.

181 Jacques BAINVILLE, Histoire de France, Paris 1924, p. 319 (»La France aurait à reconquérir ses anciennes frontières, à refouler la pression germanique: après plus de mille ans et des guerres sans nombre, elle n'y a pas encore réussi«).

182 Cf. par exemple, avant même la perte de l'Alsace-Lorraine en 1870, Victor DURUY, Histoire de France, t. 1, Paris 1860, p. 173 (»Ce traité réduisait la Gaule d'un tiers et lui enlevait pour la première fois sa limite du Rhin et des Alpes; il pèse encore sur nous depuis mille ans …«); Theodore-Henri BARRAU, La patrie et histoire de la France, Paris 1860, p. 184 (»Ainsi l'ancienne Gaule, devenue France, perdit ses limites naturelles«); Théophile LAVALLÉE, Les Frontières de la France, 2e éd., Paris 1866 (1ere éd. 1864), p. 8–10 (»la Gaule, devenue la France, perdit pour des siècles ses frontières naturelles)«.

183 Theodor MAYER (dir.), Der Vertrag von Verdun 843. 9 Aufsätze zur Begründung der europäischen Völker- und Staatenwelt, Leipzig 1943; cf. aussi Martin LINTZEL, Die Anfänge des deutschen Reichs – über den Vertrag von Verdun und die Erhebung Arnulfs von Kärnten, Munich, Berlin 1942, qui tentait de rendre au traité de Verdun sa valeur fondatrice.

Encore après la Seconde Guerre mondiale, dans un contexte d'apaisement et de rapprochement entre les peuples européens et tout particulièrement entre Français et Allemands, on a voulu enrôler le traité de Verdun au service de la cause européenne; intégré dans la série *Europa* de l'émission de 1982 et associé au traité de Rome de 1957, il était implicitement désigné comme une date fondatrice dans l'histoire de l'Europe: Verdun avait marqué la fin d'une première Europe, celle des Carolingiens, le traité de Rome marquait la renaissance d'une seconde Europe, telle était la leçon qui semblait se dégager. Cette ambiguïté ne s'efface pas à notre époque même si elle est désormais passée à l'arrière-plan du fait de l'oubli de Fontenoy et de Verdun qu'a provoqué la ruine de l'histoire événementielle dans l'enseignement de l'histoire à partir des années 1970.

Au terme de ce long parcours, il faut bien le reconnaître: ce qu'a vraiment été le traité de Verdun continue à nous échapper. L'on peut faire l'inventaire et la critique des traces et des documents qu'un fait historique a produits; ils fournissent toute une série de données ou de coordonnées exactes à son sujet; on peut à partir de là situer l'enjeu, souvent conflictuel, que l'établissement de ces traces a représenté pour les contemporains qui les ont produites, volontairement ou non; mais, comme fait historique en soi, le traité de Verdun nous restera toujours inaccessible. Ce que j'ai en revanche essayé de montrer, c'est comment les différentes époques se sont fabriqués leur »traité de Verdun«. Beaucoup de ces constructions sont fausses car elles contredisent les données exactes dont nous disposons, ou elles supposent des données que nous n'avons pas, et il est important de démasquer les imposteurs qui manipulent l'histoire. Mais il serait fort présomptueux d'affirmer que d'autres qui ne tombent pas sous ce travers, en particulier celles auxquelles est parvenue l'historiographie actuelle, donneraient la vérité vraie du traité de Verdun. Pour autant, la manière dont les sociétés se forgent une image du passé est au cœur de leur fonctionnement et éclairer ce processus peut nous apprendre beaucoup. Il importe d'avoir conscience, j'ai essayé de le montrer, que cette enquête doit être menée sur la longue durée: de Réginon de Prüm à Ernest Lavisse et au-delà, une chaîne ininterrompue d'historiens a élaboré et transmis une séquence de faits dont ils considéraient qu'ils donnaient la vérité de l'événement qu'avait été la conclusion du traité de Verdun, et ils lui ont attribué un sens qui devait éclairer leur propre époque.

Adelheid Krah

»NATIO«, GEMEINSCHAFT, KULT UND NATION

Gemeinschaftskonzepte des Früh- und Hochmittelalters. Teil 1

Patrick Geary gewidmet.

Die Bezeichnungen des »Nationalen« – »Nation«, »Nationen/Nations/les Nations« – werden seit dem 19. Jahrhunderts als politische Begriffe verwendet, sodass ihre vormals andersartige Hermeneutik heute im Allgemeinen in Vergessenheit geraten ist. Die historischen Wurzeln für die Entstehung nationaler Staatsgebilde und nationaler Ideen führen jedoch zu den Anfängen von Gemeinschaftsbildungen und Ethnizität, wobei der Ausformung von »nationalen« Sprachen eine besondere Rolle zukam: sowohl für die Zusammengehörigkeit von Gemeinschaften und die schrittweise Ausformung von Gemeinschaftskonzepten, als auch für die Abgrenzung der einzelnen nationalen Gebilde gegenüber den benachbarten anderer Sprache und Herkunft.

Zwar hat bereits Benedict Anderson im Jahr 1983 auf den Zusammenhang zwischen sozialen Gemeinschaften mit gemeinsamer Sprache, Ethnizität und kultureller Entwicklung und den Vorstellungswelten überhöhter nationaler Konstrukte hingewiesen; er tat dies allerdings als Versuch, um die Wurzeln des politischen Nationalismus des 19. und 20. Jahrhunderts zu erkunden, und verstand die in Europa entstandenen Nationen als *imagined communities*[1]. Johann Gottlieb Fichte (1762–1814) hatte in seinen »Reden an die deutsche Nation« eine philosophische Grundlage mit ähnlichen Vorstellungen vorgelegt, indem er beispielsweise in der 4. Rede auf naheliegende Merkmale für die von ihm konstatierte »Hauptverschiedenheit zwischen den Deutschen und den übrigen Völkern germanischer Herkunft« verwies. Aus der Perspektive seiner Zeitsicht waren für ihn die östlichen Länder Europas »neueuropäische Nationen, als z. B. die von slawischer Abstammung, [die] sich vor dem übrigen Europa noch nicht so klar entwickelt zu haben scheinen«[2]. Den Entwicklungsstand der »deutschen Nation«, die ein geeintes Staatsgebilde sei, stufte er hoch ein, sah allerdings einen Nachholbedarf gegenüber der französischen. Wenn wir aber von den nationalen Vorstellungen des deutschen Nationalstaates abrücken, die in Weiterführung die Ideologie des Nationalismus mithervorgerufen haben, und allgemein von historisch gewachsenen Formen von Gemeinschaft ausgehen, aus denen sich die staatlichen Gebilde im Laufe der europäischen Geschichte additiv formiert haben, dann trifft die mediävistische Sichtweise von Susan Reynolds zu. Sie betrachtet nämlich die Epochen des Mittelalters nicht nur als einen Ablauf von Königreichen, sondern

---

1 Benedict Anderson, Imagined Communities, London 1983.
2 Johann Gottlieb Fichte, Sämtliche Werke, Berlin 1845–1846, Bd. 7, S. 311; Hermann Zeltner, Fichte, Johann Gottlieb, in: Neue Deutsche Biographie, Bd. 5 (1961), S. 122–125.

in deren Wechselwirkung mit den sozialen Gemeinschaften³. Diese formierten sich nach unterschiedlich strukturierten Gemeinschaftskonzepten und nicht ausschließlich nach dem ethnischen Prinzip der gemeinsamen Abstammung und Zusammengehörigkeit. Freilich liegt den neuzeitlichen Bezeichnungen »Nation«/»Nations/Nationen« die Bedeutung der ethnischen Gleichheit nach der Geburt (*natio*) zugrunde.

Ein Blick in das »Handwörterbuch der deutschen Rechtsgeschichte« zeigt, dass dieser sprachliche Unterschied in der Wissenschaft Berücksichtigung findet, weil die beiden Begriffe nicht in einem Artikel vermengt wurden, sondern zwei separate vorgesehen waren: einer zur Entstehung und Verwendung des Begriffs »Natio« und ein zweiter zum Lemma »Nation«, der auch das Phänomen der nationalen Abgrenzung behandelt⁴.

Dieses Phänomen kann man heute nicht nur in der Politik, sondern auch bei den großen Sportereignissen beobachten, wenn die Mannschaften einzelner Nationen in Wettkämpfen gegeneinander antreten. Obgleich diese international ausgetragen werden und es um Ranking und Siege in global ausgerichteten Weltmeisterschaften geht, sind neben den Sportlern und Sportmannschaften die Flaggen ihrer Länder und deren Landeshymnen omnipräsent. Nationale Emotionen begleiten die Mannschaften während der Wettkämpfe; die Siege werden als ausgelassene Feste gefeiert, Niederlagen als Katastrophen und Schwächen der eigenen Nation interpretiert. Der Wettkampf ihrer Sportler schweißt jede Nation zu einer emotional aufgeladenen Gemeinschaft zusammen, die sich zur gegnerischen in Opposition positioniert und umgekehrt. Auf dieser Bühne präsentieren sich die Nationen als solche, so etwa seit den 2018–2019er-Jahren in den Fußballturnieren der deshalb nicht unumstrittenen »UEFA Nations League«⁵. Doch während man jahrhundertelang nach den das Volk und die Nation einenden Mythen in der Historie suchte, scheinen sie im internationalen Sportwettkampf ohne größere Anstrengungen existent und präsent zu sein: Der Sportler und seine Mannschaft stehen für ihre Nation als Teil der nationalen Gemeinschaften, selbst wenn sie es nicht von Geburt an waren. Das bedeutet, dass hier einerseits ein sehr gutes Beispiel für die von amerikanischen Wissenschaftlern entwickelte »Theory of abstract communities« vorliegt, die besagt, dass einerseits Menschen mit unterschiedlicher ethnischer Abstammung eine nationale Gemeinschaft bilden können, und andererseits die traditionellen, exkludierenden nationalen Muster, zu denen die Hymnen und Fahnen gehören, beibehalten werden (müssen)⁶. Es stellt sich die Frage, ob das eine neue Form von nationalem Kult ist, der die bisher praktizierten Inszenierungen der Nationen ersetzt oder auch verdrängt.

---

3   Susan Reynolds, Kingdoms and communities in Western Europe, 900–1300, Oxford ²1997.
4   Adelheid Krah, Natio, in: Albrecht Cordes u. a. (Hg.), Handwörterbuch zur deutschen Rechtsgeschichte, Bd. 3 (2016), Sp. 1782–1787; ferner Georg Schmidt, Nation, Nationenbildung, ebd., Sp. 1787–1792.
5   Vgl. Auslosung zum Nations League, Bundesliga meckert, DFB-Präsident winkt ab, in: Der Spiegel.online vom 23.01.2018 (https://www.spiegel.de/sport/fussball/nations-league-reinhard-grindel-laesst-kritik-nicht-gelten-a-1189331.html [16.02.2023]).
6   So etwa der Versuch von Paul James, Nation Formation: Towards a Theory of Abstract Community, London 1996, mit einem Zeitraster ab der Geschichts- und Sozialtheorie von Marx und Engels; vgl. die Rezension des Buches von Andrew Harvey in: Australian Journal of Political Science 32,3 (Nov. 1997), S. 492.

Die Parameter, welche unsere Vorstellung verbinden, die sich hinter den Bezeichnungen »Natio«, Gemeinschaft, Kult und Nation verbergen und ihnen innewohnen, scheinen ebenso flexibel wie sensibel für Veränderungen jeglicher Art zu sein. Vor allem aber hängt die Begriffsbildung an den historischen und soziokulturellen Erscheinungsbildern von Gemeinschaft und am Wissen und Glauben, dass die menschliche Gemeinschaft unvergänglich sei.

Daher unternimmt unser Beitrag eine Rückblende zu den Vorstellungswelten von Gemeinschaft in der Spätantike und im Mittelalter. Er schließt an die im Jahr 2018 in dieser Zeitschrift veröffentlichte Studie »Natio, nicht Nation?« an, in der versucht wurde, eine klare Differenzierung der Hermeneutik dieser beiden Begriffe vorzulegen und ihren Gebrauch im Kontext historischer Entwicklungen in Europa anhand einiger ausgewählter Themen zu erläutern[7]. Ein wichtiges Ergebnis des Aufsatzes war, dass dem Begriff »Nation« zwar eine europäische Begriffsbildung zugrunde liegt, jedoch nicht seiner Wurzel *natio*. Zwar ist das Wort ein lateinisches und wird als Pluralwort *nationes* gelegentlich für ethnische Gruppen verwendet, die außerhalb des Imperium Romanum siedelten. Primär meint *natio* jedoch die Geburt des einzelnen menschlichen Individuums und den Beginn menschlichen Seins, allerdings auch die Zugehörigkeit des Einzelnen zu einer ethnischen Gemeinschaft von Geburt an. Die dem Substantiv *natio* zugrunde liegende verbale Form des lateinischen Deponens *nasci, nascor, natus sum*, das »geboren werden, entstehen« bedeutet, erfasst einerseits den Vorgang der Geburt und den Eintritt des Neugeborenen in die soziale Gemeinschaft und andererseits in einem breiten, abstrakten Sinn grundsätzlich auch den Beginn und den Verlauf sozio-kultureller Entstehungsprozesse. Die bisher dieses Forschungsfeld leitende Metaphorik von »time, space and body«[8], von Zeit, Raum und Körper (im Sinne von Gemeinschaft), wird also methodisch in der vorliegenden Studie erweitert, weil sie die Vernetzung sozialer Gemeinschaftsformen und Entwicklungsschienen des historischen Zeitablaufs in den Fokus nimmt. Diese Aufgabe kann nicht ohne sprachliche Textanalysen geleistet werden.

Im Folgenden soll daher für den Zeitraum der Spätantike und des Mittelalters den Ursachen der Vernetzung sozialer Gemeinschaftsformen und Entwicklungsschienen nachgegangen werden. Vorab ist grundsätzlich festzuhalten, dass es für die gebildete, intellektuelle Oberschicht eine Herausforderung war, die Geschichte der sich neu formierenden sozialen Gemeinschaften zu schreiben, nachdem das römische Reich zerfallen war und die schubweisen Einwanderungswellen der Völker aus dem Osten eine Umwälzung der politischen, ökologischen und sozialen Strukturen auf allen Ebenen eingeleitet hatten. Das Problem, die eigene Gegenwart und Identität in Worte zu fassen, konnte daher nicht ohne Anlehnung an Textmuster ähnlicher Inhalte aus der biblischen Geschichte bewältigt werden. Zugleich war man darauf bedacht, die erlebte Gegenwart in das System des theologischen Heilsplans der

---

7 Adelheid Krah, »Natio« nicht Nation? Von der Wurzel zur Vielfalt, in: Francia 45 (2018), S. 241–262.
8 Wie Anm. 6.

Menschheitsgeschichte einzupassen, um den neuen Formen von Gemeinschaft und Identität einen Rahmen zu geben[9].

Die für diese Studie ausgewählten Beispiele sozialer Gemeinschaft offenbaren interessante Sozialkonzepte, die aufgrund von Interaktionen der Parameter »Natio, Gemeinschaft, Kult und Nation« und durch deren unterschiedliche Gewichtung im europäischen Raum entstanden sind. Dadurch kann im Ergebnis die Hermeneutik dieser Begriffe grundlegend erweitert werden. In den einzelnen, thematischen Kapiteln wird daher stringent auf die Zusammenschau und den Kontext der behandelten Texte und historischen Momentaufnahmen geachtet, um ein schlüssiges, wissenschaftliches Bild vorzulegen. Was den aktuellen Forschungsstand insbesondere zum Problem nationaler Mythen und von Nationsbildungsprozessen im Mittelalter anbelangt, so wurde dieser bereits in den erwähnten, vor Kurzem erschienenen Publikationen behandelt und soll daher hier nicht noch einmal wiederholt werden. Vielmehr wird inhaltlich an die Ergebnisse dieser Arbeiten angeschlossen[10]. Die Vertiefung von bereits genannten wichtigen Aspekten, wie dem der freiwilligen Selbstabgrenzung von Gemeinschaften und deren Input zur eigenen Identitätsfindung, ist aber notwendig, um ein Gesamtbild des gewählten Themas zu zeichnen und ein abschließendes Resümee ziehen zu können.

I. Gemeinschaftskonzepte bei Isidor von Sevilla, Hrabanus Maurus und Cassiodor

Das breite Spektrum des lateinischen Begriffes *natio* war schon dem spanischen Bischof Isidor von Sevilla (um 555–636) bewusst, der in seiner »Etymologie« das Pluralwort *nationes* in Hinblick auf die Zugehörigkeit ethnisch verschiedener Gruppen zu einer großen, alle Menschen als sozialen Verband einenden Gemeinschaft verstand und so definierte, mit hermeneutischer Nähe zum sozialen Begriff der *familia*, jedoch ohne dieses Wort in seiner Definition zu nennen. Er schrieb Folgendes: *[...] diu sit societatem una omnium nationum lingua fuit que hebrea vocatus, qua patriarchae et prophetae usi sunt*[11]. Vermutlich verzichtete er auf einen sprachlichen Bezug zwischen *natio* und *familia*, weil er den Charakter familiärer Fürsorge, der dem Wort *familia* innewohnt, nicht mit dem Pluralwort *nationes* in Verbindung setzen wollte. Es ging ihm um anderes: Er umschrieb ein Modell, das die Gemeinschaft aller Menschen erfassen sollte, weil sie nach seinem Verständnis am Beginn der Menschheitsgeschichte einem einzigen sozialen Sippenverband mit gleicher Sprache angehörten und der gleichen kultischen Religion des hebräischen alttestamentarischen Glaubens,

---

9 Vgl. hierzu etwa Stefan ESDERS, Faithful Believers: Oath of Allegiance in Post-Roman Societies as Evidence for Eastern and Western »Visions of Community«, in: Walter POHL, Clemens GANTNER, Richard PAYNE (Hg.), Visions of Community in the Post-Roman World: the West, Byzantium and the Islamic World, 300–1100, Farnham 2012, S. 357–374, und Steffen PATZOLD, »Einheit« versus »Fraktionierung«. Zur symbolischen und institutionellen Integration des Frankenreiches im 8./9. Jahrhundert, ebd., S. 375–390.
10 Vgl. KRAH, Natio (wie Anm. 4 und 7).
11 Zitat nach der Ausgabe von Wallace Martin LINDSAY (Hg.), Isidor Hispalensis episcopi etymologiae sive originum lib. XX, Oxford 1911, liber IX, 1–3.

wie es im Buch Genesis in Kapitel 11 dargestellt ist[12]. Solche Ordnungsvorstellungen umschreiben ein idealisiertes Sozialkonzept, das Isidor von Sevilla im Zeitalter der alttestamentarischen Religionsgeschichte historisch zu verankern suchte und zugleich an das Konzept des augustinischen Gottesstaates anlehnte. Mit diesem wollte Augustinus im spätantiken, desolaten Imperium Romanum einen spirituellen Umbau einleiten, um ihm auf diese Weise Dauerhaftigkeit zu verleihen. Das komplexe Werk des Augustinus lautet bekanntlich im Titel »De civitate Dei contra paganos, libri XXII«; sein Verfasser hat damit keinen unwesentlichen Beitrag zur Sozialethik und zur Ausformung einer nachhaltig wirkenden politisch-theologischen Ekklesiologie geleistet, die vor allem durch das Plädoyer für Humanität und friedliches Zusammenleben der Völker bis in die Gegenwart Bestand hat[13].

Damit war der Grundstein für die Vereinheitlichung sozialer Gemeinschaften auf der Basis der christlicher Religion und der Sprache der Religion als bestimmende Elemente für viele Jahrhunderte gelegt worden, zum einen für die Ideengeschichte des Mittelalters nach Augustinus und zum anderen aufgrund der enormen Verbreitung des etymologisch-lexikalischen Werkes Bischof Isidors von Sevilla, das als Wissensspeicher in den Bibliotheken und im Schulunterricht benutzt wurde. Es gilt noch heute als Lehrbuch des antiken Wissens, das aus der Perspektive des gelehrten Theologen verfasst wurde, der am Ende der Völkerwanderungszeit im westgotischen Spanien lebte und das Prinzip der Einheit von Glauben und Reich im westlichen Römerreich vertrat und umsetzen wollte[14]. Dazu bedurfte es eines Lehrbuches mit klaren Definitionen.

Der Intention seines lexikalischen Werkes entsprechend ging der gelehrte Bischof in seinen Artikeln von der Bedeutung von Schlüsselwörtern der lateinischen Sprache aus. Man kann diese Methode auch als eine Frühform der linguistischen Sprach- und Wortanalyse verstehen, denn Isidor begriff die Wörter als die durch die Sprache vorgegebenen Wurzeln des spätantiken Wissens. Das Erschließen von Wissen und dessen Vermittlung ist für ihn methodisch nur mit Hilfe einer breiten etymologischen Er-

---

12 Biblia sacra vulgata, Liber Genesis 11, 1–10; online-Ausgabe der Deutschen Bibelgesellschaft (https://www.die-bibel.de/bibeln/online-bibeln/bibliothek/VUL [16.02.2023]).
13 Vgl. die Ausgabe Sancti Aurelii Augustini episcopi de civitate dei libri XXII, hg. von Bernhard DOMBART, Alfons KALB, BD. 1–2, Stuttgart, Leipzig ⁵1993 (Bibliotheca scriptorum Graecorum et Romanorum Teubneriana). Vgl. Karla POLLMANN, Augustins Transformation der traditionellen römischen Staats- und Geschichtsauffassung (Buch I–V), in: Christoph HORN (Hg.), Augustinus, De civitate Dei (Klassiker Auslegen, 11), Berlin 1997, S. 25–40; ferner aus theologischer Sicht Joseph RATZINGER, Volk und Haus Gottes in Augustins Lehre von der Kirche, München 1954, der die Bedeutung des Kultes vom Leib Christi als einendes Element der augustinischen Ekklesiologie in seiner Auslegung neu zentriert hat. Vgl. ferner John St. H. GIBAUT, Praktizierte Ekklesiologie in einer Zeit der Krise: Beispiele aus dem 6. Jahrhundert, in: Theologische Quartalschrift 190 (2010), S. 42–56; Ernst DASSMANN, Die eine Kirche in vielen Bildern: zur Ekklesiologie der Kirchenväter, Stuttgart 2010; DERS., Beobachtungen zur Ekklesiologie des Ambrosius von Mailand, in: Johannes ARNOLD u. a. (Hg.), Väter der Kirche. Ekklesiales Denken von den Anfängen bis in die Neuzeit. Festgabe für Hermann Josef Sieben SJ zum 70. Geburtstag, Paderborn u. a. 2004, S. 405–429; Otmar HAGENEDER, Kirche und Christenheit in der neuen Ekklesiologie des Papsttums, in: Giancarlo ANDENNA (Hg.), Pensiero e sperimentazioni istituzionali nella societas Christiana (1046–1250), Milano 2007, S. 215–236.
14 Vgl. Domingo RAMOS-LISSÓN, Isidor, in: Lexikon für Theologie und Kirche 5 (1996), Sp. 618–620.

klärung lateinischer Schlüsselbegriffe möglich. Ausgehend von diesen, gruppierte er Wortfamilien nach inhaltlichen Zusammenhängen, um so auf einer breiten Basis Begrifflichkeit und Faktizität zu ergründen. Eine solche Vorgehensweise implizierte jedoch auch den etymologischen Wandel der Wörter des Lateins. Die Richtigkeit seiner Beobachtungen und Schlussfolgerungen überprüfte Isidor anhand von Aussagen, die er in der Bibel zu seinen Themen fand, und stellte durch autoritative Quellenzitate nicht nur einen inhaltlichen Kontext her, sondern sicherte sie dadurch auch theologisch ab.

Diese Methode ermöglichte es ihm problemlos, das Pluralwort *nationes* mit der Bedeutung des Wortes *gentes* für die zahlreich im römischen Imperium inzwischen integrierten Völkerschaften aus dem Blickwinkel seiner eigenen Zeitgeschichte des 7. Jahrhunderts zu verbinden. Das wesentlichste Unterscheidungsmerkmal der Gesellschaften seiner Zeit im Vergleich zum »Gottesstaat« des Alten Testamentes war für ihn die im Lauf der Menschheitsgeschichte entstandene Sprachenvielfalt, die aber in der alttestamentarischen Erzählung vom missglückten Turmbau von Babel als fundamentale Katastrophe der Geschichte metaphorisch ausgeschmückt berichtet wird. Da durch Gottes Eingreifen das gigantische Bauprojekt aufgrund der entstandenen Sprachenvielfalt und Sprachdifferenzen im heidnischen Großreich vernichtet worden war, war Sprachenvielfalt biblisch eindeutig negativ konnotiert worden, und zwar als eine sündhafte Entwicklung der Menschheit. Allerdings hat Isidor in seiner Argumentation die wichtige Textpassage aus Genesis 11 nicht angeführt, in der berichtet wird, dass die Verwirrung der Sprachen durch Gott herbeigeführt wurde, um die *superbia* der Menschen zu bestrafen, die ein bis in die Himmelssphäre reichendes Bauwerk errichten wollten[15]. Das Wort »Babel« steht in dieser Bibelstelle als Synonym für den menschlichen Geisteszustand der Verwirrung und wird auch so erklärt.

Der in Sevilla, in der römischen Provinz Hispania agierende Bischof vertrat die Prämisse, dass die Sprachen nach der den *gentes* übergeordneten Religionssprachen des hebräischen und christlichen Kultes zu vereinheitlichen seien, wobei diese Aufgabe dem christlich gewordenen römisch-griechischen Imperium und den Bischofssitzen an den spätantiken Städten zufalle, deren Aufgabe es sei, die menschliche Gesellschaft nach der Vision und den Vorgaben des heiligen Augustinus in eine friedvolle Form des Zusammenlebens zu führen. Auf diese Weise sollte eine *civitas Dei* nach den visionären Vorgaben des großen Kirchenvaters in der Phase des Zusammenbruches des römischen Reiches aufgebaut werden. Isidor hat dieses Konzept vor allem in seinem Werk »Sententiae« ausgeführt, welches im spanischen und aquitanischen Raum stark verbreitet war und durch Homilien ergänzt wurde[16]. Ein wesentlicher

---

15 Wie Anm. 12.
16 Hierzu ist beispielsweise die am Ende des 8. Jahrhunderts hier entstandene Handschrift München, BSB Clm 14325 von Isidorus Hispaliensis, »Sententiae«, relevant, der eine »Homilia de paenitentia« eines Ps. Augustinus, also ein im Stil des Augustinus geschriebener Bußtext beigebunden wurde. Sie kam im 10. Jahrhundert nach Sankt Emmeram in Regensburg; siehe Friedrich HELMER, Hermann HAUKE, Elisabeth WUNDERLE, Katalog der lateinischen Handschriften der Bayerischen Staatsbibliothek München. Die Handschriften aus Sankt Emmeram in Regensburg, Bd. 3: Clm 14261–14400, Wiesbanden 2011, S. 208–210; Weiteres bei Anm. 14. – Hans-Joachim DIESNER, Isidor von Sevilla und seine Zeit, Berlin 1973, und DERS., Zeitgeschichte und Gegenwartsbezug bei Isidor von Sevilla, in: Philologus 119 (1975), S. 92–97.

Bestandteil war, dass die führenden Sprachen, welche die Menschen einten, weiterhin die drei kultischen Sprachen der Religion sein sollten: das Hebräische, das Griechische und das Latein.

Isidor von Sevilla vermittelte diesen Gedanken in dem bereits erwähnten Zitat auch aus historisch-chronologischer Perspektive, sodass an dieser Stelle noch einmal gesondert auf seine Passage »De linguis gentium« zurückzukommen ist. Dieser Text wurde im Frühmittelalter häufig abgeschrieben, er war Bestandteil der Bildungsinhalte in den Klöstern und mittelalterlichen Schulen.

Am Beginn der Menschheitsgeschichte – womit Isidor von Sevilla nach damaliger Epochengliederung das biblische Altertum, also die »Tertia Aetas« seit Abraham meinte – hätten alle *nationes* einheitlich nur die hebräische Sprache gesprochen: *una omnium nationum lingua fuit, quae Hebraea vocatur*[17]. Da die hebräische Sprache des Alten Testaments die einzige kultisch-monotheistische Sakralsprache der Menschheit war, sollte sie auch künftig als Sakralsprache Priorität haben. In Hinblick auf die Weiterentwicklung der Menschheit und seine Zeit spricht Isidor anschließend von drei christlichen Kultsprachen des römischen Reiches, nämlich dem Hebräischen, Griechischen und Lateinischen: *Tres sunt autem linguae sacrae, Hebrea, Greca, Latina, quae toto orbe maxime excellunt*. Als schlagender Beweis für die Richtigkeit seiner Argumentation führt er nicht die lateinisch-griechische kirchliche Gesetzgebung der römischen Kaiser etwa des »Codex Theodosianus« an, sondern die dreisprachige Inschrift am Kreuze Christi. Gegen den Einwand, dass das Urteil auch in der Volkssprache anzugeben war, könnte man argumentieren, dass im Prozess des Jesus von Nazareth auch der Stifter einer neuen Richtung der jüdischen Religion gerichtet worden war, wodurch der hebräischen Sprache als Kultsprache Priorität zukam.

Zugleich verweist Isidor damit argumentativ ins Neue Testament und setzt den Beginn eines neuen Zeitalters mit dem Tod Jesu an. In diesem Kontext spricht er auch vom Nutzen der hebräischen Sprache für die christliche Theologie, denn die

---

17 Vgl. Isidor (wie Anm. 11); eine frühe Überlieferung des Textes im Codex Sankt Gallen, Stiftsbibliothek, Cod. Sang. 237, Isidori Etymologiae libri viginti, p. 10–326, entstanden nach 800, vermutlich nicht in Sankt Gallen, zum tertia aetas p. 86, online e-codices – Virtual Manuscript Library of Switzerland: https://e-codices.unifr.ch/de/csg/0237/86 (16.02.2023), sowie p. 140, https://e-codices.unifr.ch/de/csg/0237/140 (16.02.2023), mit Randinitiale eines L zum Kapitelbeginn; 1 *De Linguis gentium; turris post diluvium. Nam priusquam superbia turris illius in diversos signorum sonus humanam diu sit societatem una omnium nationum lingua fuit que hebrea vocatus qua patriarchae et prophetae usi sunt. Non solum in sermonibus suis verum etiam in litteris sacris. Initio autem quot gentes sunt tot linguae fuerunt. Deinde plures gentes quam linguae sunt, quia ex una lingua multes sunt gentes exorte. Linguae autem dictae in hoc loco pro verbis que per linguam fiunt genere locutionis {sunt} loquieris qui efficit pro id quod efficitur nominatur. Sicut os dici solet pro verbis, sicut manus pro litteris*. In den zeithistorischen Kontext des Bischofs gehört auch die berühmte, schematisierte »Weltkarte«, abgebildet im Codex St. Gallen, Stiftsbibliothek, Cod. Sang. 237 auf p. 219, online e-codices – Virtual Manuscript Library of Switzerland: https://e-codices.unifr.ch/de/csg/0237/219 (16.02.2023), mit der Isidor die Welt in die Kontinente Asia, Europa und Afrika aufteilt und entsprechend seinem Standort in Sevilla die Ansicht in einem runden Medaillon geostet hat. Das Schema ist mittig horizontal geteilt; in der oberen, östlichen Hälfte siedelte Isidor den Kontinent Asia an, in der unteren Europa und Afrika, welche er mittig vertikal durch die das Mittelmeer symbolisierende Trennlinie voneinander abgrenzte. Europa ist links gereiht, Afrika rechts.

Kenntnis der drei Sakralsprachen sei nötig, um Zweifel und Fehler bei der Auslegung der heiligen Schriften zu vermeiden. Er schreibt:

> *His enim tribus linguis super crucem Domini a Pilato fuit causa eius scripta. Unde et propter obscuritatem sacrarum scripturam harum trium linguarum cognitio necessaria est. Ut ad alteram recurratur dum si quam dubitationem nominis vel interpraetationis sermo unius linguae attulerit*[18].

In dieser Passage spielt Isidor auf die üblicherweise in der Bibelexegese verwendete Methode des argumentativen Erforschens einer Antwort unter Verwendung von theologischen Quisquilien an. Sie steht in der Tradition der theologischen und philosophischen Disputationen der griechischen Kirchenväter und wurde als anerkannte Methode bereits bei philosophischen Disputationen im griechischen Altertum verwendet. Man kann diese Textstelle auch im zeithistorischen Kontext mit der griechischsprachigen Welt Kaiser Justinians interpretieren, die nach der Zerschlagung des Vandalenreiches, der Gründung der nordafrikanischen Provinz Byzacena und in seiner Gesetzgebung für den afrikanischen und spanischen Raumes des Imperiums neu belebt wurde.

Zu bedenken ist ferner, dass Isidor von Sevilla im letzten Jahrzehnt der Herrschaft Justinians geboren wurde, als der Kaiser die Einheit des Imperiums und die Ausdehnung des griechischen Sprachraums im Westen des Reiches bei seiner Auseinandersetzung mit dem Papst in Rom anstrebte. Mischa Meier hat in der von ihm 2010 vorgelegten Neuinterpretation eines Breviariums, für das der Diakon Liberatus von Karthago (datiert auf 534–566) verantwortlich zeichnet, dieses Werk als literarischen Vermittlungsversuch zwischen dem griechischen Osten und dem lateinischen Westen eingestuft. Nach den Aussagen des Proömiums wäre es für afrikanische Kleriker geschrieben worden und habe die bestimmende Position des Ostens in theologischen Fragen für Justinian reklamiert, und zwar in Anlehnung an die Kirchenpolitik des Kaisers Theodosius. Tatsächlich handelt es sich bei diesem Werk um einen kurzen kirchenhistorischen Abriss des Nestorianer- oder Drei-Kapitel-Streits über die Bewertung der Christologie, welchen Kaiser Justinian im Sinne der griechischen Kirche entschieden hatte. Das Breviar des Literatus überliefert nämlich zahlreiche Textauszüge aus oekumenischen Konzilien, die zu einer narrativen Darstellung vernetzt oder dem Text inseriert wurden[19].

---

18 Codex Sankt Gallen, Stiftsbibliothek, Cod. Sang. 237, p. 140. Zur Textgestaltung vgl. jetzt Evina STEINOVÁ, Two Carolingian Redactions of Isidore's »Etymologiae« from St. Gallen, in: Mittellateinisches Jahrbuch 56, Heft 2 (2021) 298–376, wobei sie 20 Sankt Galler Handschriften vergleichend untersucht hat. Für das heute noch in über 1 000 Handschriften und in unterschiedlichen Varianten vorliegende Werk erscheint der Verfasserin die ausgewählte mit Bezug auf das Thema der Studie besonders signifikant, die vermutlich im nordfranzösischen Ductus geschrieben wurde und mit Ergänzungen zur Sprachvielfalt auf p. 326 und 327 versehen ist. Auf p. 327 wurde ein griechisches »Vater-Unser« und ein slawisches Alphabet später beigebunden, beides dürfte aber zeitgleich entstanden sein; vgl. Gustav SCHERRER, Verzeichnis der Handschriften der Stiftsbibliothek von St. Gallen, Halle 1875, S. 85 f.

19 Vgl. die neue lateinisch-französische Ausgabe: Libératus de Carthage, Abrégé de l'histoire des Nestoriens et Eutychiens, texte latin par Eduard SCHWARTZ, introduction et notes par Philippe BLAUDEAU, traduction: François CASSINGENA-TRÉVEDY, O. S. B., PHILIPPE BLAUDEAU, Paris 2019

Die zentrale Thematik der Christologie hat Bischof Isidor von Sevilla wie so viele Theologen seiner Zeit beschäftigt. In seiner Interpretation ist das Kreuz Jesu das Symbol für die Einheit des Alten und des Neuen Testaments. Es steht für gegenseitige Religionstoleranz, den Austausch und das spirituelle Miteinander bei der Exegese des Alten Testamentes, um den wahren Sinn der Texte ergründen zu können. Diese Art gemeinsamer Bibelexegese der hebräischen, griechischen und romorientierten, lateinischen Theologen dürfte im spanischen Westgotenreich in der Zeit Bischof Isidors praktiziert worden sein. Es ist davon auszugehen, dass das Programm der *restauratio imperii* Kaiser Justinians als Konzept einer imperialen Völkergemeinschaft des Ost- und Westreiches programmatisch umgesetzt wurde und nach seinem Tod am 14. November 565 noch lange im historischen Gedächtnis der nächsten Generationen präsent war.

Zu erinnern ist in diesem Zusammenhang an den Einfluss des byzantinisch geprägten Nordafrika auf die Iberische Halbinsel, insbesondere durch die bereits erwähnte römisch-griechische Präfektur Byzacena, die Südspanien und dem Geburtsort Bischof Isidors Cartagena nahezu gegenüber lag. Hier war es Justinian für einige Zeit gelungen, den griechischen Einflussbereich des Imperiums wieder zu verankern[20].

(Sources chrétiennes, 607), mit einer sehr guten, die karolingischen Überlieferungszusammenhänge der Schrift darstellenden Einleitung. Wichtig ist auch die kommentierte frühe Edition von Johannes GARNERIUS, Liberati archidiaconi ecclesiae Carthaginensis Breviarium causae nestorianorum et Eutychianorum, Paris 1675, online: https://mdz-nbn-resolving.de/details:bsb10743757 (16.02.2023), die m. E. auf einem eigenen Überlieferungsstrang basiert und eine exegetische Auseinandersetzung des Editors mit dem Basistext im Druck wiedergibt. Eine spätantike Überlieferung des Breviariums ist mir nicht bekannt. Mischa MEIER, Das Breviarium des Liberatus von Karthago. Einige Hypothesen zu seiner Intention, in: Zeitschrift für antikes Christentum 14/1 (2010), S. 130–148; dazu im Zusammenhang publiziert von Steffen PATZOLD, Spurensuche. Beobachtungen zur Rezeption des Liberatus in der Karolingerzeit, ebd., S. 226–249. Ferner Thomas Ernst VON BOCHOVE, Justinianus Latinograecus. Language and Law during the Reign of Justinian, in: Alessandro GARCEA u. a. (Hg.), Latin in Byzantium, Bd. 1: Late antiquity and beyond, Turnhout 2019, S. 199–247. Zur Christologie vgl. Alois GRILLMEIER, Jesus der Christus im Glauben der Kirche, Bd. 2,1: Das Konzil von Chalcedon (451), Rezeption und Widerspruch (451–518), Freiburg im Breisgau, Wien 1991, ferner Johannes ZACHHUBER, Grillmeiers Darstellung des 6. Jahrhunderts. Leistungen und Grenzen, in: Theresia HAINTHALER (Hg.), Jesus der Christus im Glauben der einen Kirche. Christologie – Kirchen des Ostens – Ökumenische Dialoge, Freiburg, Basel, Wien 2019, S. 400–420; vgl. zu den Quellen des Drei-Kapitel-Streits Karl-Heinz UTHEMANN, Kaiser Justinian als Kirchenpolitiker und Theologe, in: Augustinianum 9 (1999), S. 5–83, Wiederabdruck in: Mischa MEIER (Hg.), Justinian, Darmstadt 2011 (Neue Wege der Forschung), S. 100–173.

20 Die Kirche der Provinz Byzacium hat im 6. Jahrhundert einige Privilegien von Kaiser Justinian erhalten. Vgl. in diesem Kontext über eine kleine Kirchenrechtssammlung zum spätantiken Kirchenrecht in Nordafrika in der Kirchenprovinz Byzacium die Arbeit von Wolfgang KAISER, Authentizität und Geltung spätantiker Kaisergesetze. Studien zu den Sacra privilegia concilii Vizaceni, München 2007 (Münchner Beiträge zur Papyrusforschung und antiken Rechtsgeschichte, 96), etwa S. 198 und weitere Literatur hier; ferner Adelheid KRAH, Lex episcoporum et ceteris clericorum. Frühe kirchenrechtliche Texte aus Oberitalien in einer Handschrift der Leipziger Universitätsbibliothek, Berlin 1993 (Abhandlungen der Sächsischen Akademie der Wissenschaften zu Leipzig, Philologisch-Historische Klasse , 73,5). Grundlegend Alexander DEMANDT, Die Spätantike. Römische Geschichte von Diocletian bis Justinian, 284–565 n. Chr., München 1989 (Handbuch der Altertumswissenschaft. 3. Abt., 6. Teil), hier S. 207. Er spricht von einer Experimentierphase der Religionspolitik, nicht von einer »Umwandlung«, ein Begriff, der besser vermieden werden sollte.

Die römisch-griechische Präfektur Byzacena reichte weit in den Süden Afrikas in die von Berbern besiedelten Regionen hinein. Durch diese neue Präfektur sollten gentile Gemeinschaften und deren Kultur und Sprache politisch ausgegrenzt und von der Kultur der sie beherrschenden griechisch-römischen »Nation« überlagert werden – ein Bemühen, das freilich nur von kurzer Dauer war[21].

Abschließend soll darauf hingewiesen werden, dass es sich bei den »Etymologien« des Isidor um ein zwar narratives, aber überwiegend pragmatisch strukturiertes Lehrwerk handelt. Die Kurztexte wurden unter Verwendung von rhetorischen Stilmitteln an die Vorgabe angepasst; sie sind oft sehr knapp. In Isidors exegetischen Werken zu theologischen Fragen verhält es sich anders, denn für komplexe Antworten war er immer an die Dogmen der Glaubensinhalte gebunden und versteht sich daher auf ausschweifende, langatmige und sorgfältig geführte Disputationen[22].

Zwei Jahrhunderte später war die klare Auslegung der mehrsprachigen Inschrift am Kreuz Jesu im Sinne eines gemeinsamen Verständnisses der hebräisch-christlichen Theologie kein Thema mehr und die von Isidor in seinen »Etymologien« dokumentierte, kulturelle Einheit des antiken römischen Imperiums lange vergessen. Der byzantinische Einflussbereich entlang der nordafrikanischen Küste war von den musli-

---

21 Vgl. bei DEMANDT, Die Spätantike (wie Anm. 20), S. 205, 411.
22 Kritisch, aber in der Wissenschaft nicht rezipiert und basierend auf Isidors dogmatischem Werk »Sentenciae« der Aufsatz von Pierre CAZIER, De la coercitation à la persuasion. L'attitude d'Isidor de Séville face à la politique des souverains visigothiques, in: DERS., Valentin NIKIPROWETZKY, De L'Antijudaisme antique à l'antisemitisme contemporain, Lille 1979, S. 125–146, der auf den Predigtstil und die traditionelle Dogmatik in diesem Werk abzielt. Zu bedenken ist aber, dass Isidor eine kleine Schrift unter dem Titel »Contra Iudaeos ad Florentinam sororem« verfasst haben soll; Anlass dürfte der jüdische Handel mit christlichen Sklaven gewesen sein, den schon Justinian nicht mit Gesetzen unterbinden konnte, sondern sich gezwungen sah, diese sogar zu lockern. Vgl. dazu auch die Bemerkung von Gerd Kampers, dass Isidor die von König Sisebut angeordnete Zwangsbekehrung der Juden in der »Historia Gothorum« als Fehler bezeichnet hat; Gerd KAMPERS, Isidor et les acteurs sociaux contemporains. Isidor von Sevilla und das Königtum, in: AuTard 23 (2015), S. 123–132, hier S. 126. – Die lateinische Veränderung mit theologischer Abwertung des Judentums im sogenannten althochdeutschen Isidor dürften m. E. nicht auf Isidor von Sevilla zurückgehen; Edition von Hans EGGERS (Hg.), Der althochdeutsche Isidor. Nach der Pariser Handschrift und den Monseer Fragmenten, Tübingen 1964 (Altdeutsche Bibliothek, 63); vgl. die Überlieferung des Textes im Codex Einsiedeln, Stiftsbibliothek, Codex 169 (468), p. 1–64, dessen Entstehung in der Beschreibung der Handschrift von P. Dr. Odo LANG von 2009 auf das 9./10. Jahrhundert festgesetzt ist mit Provenienz aus Italien nach Einsiedeln. Hier findet sich zwar auch der das erste Kapitel der Schrift einleitende judenfeindliche Satz *Quomodo Christus a domino patre genitus est iudei nefaris incredulitate Christum Dei filium abnegantes (...)*, wobei es sich jedoch um einen historischen Topos handelt, der einige Zeilen später noch einmal aufgenommen wird. Online e-codices - Virtual Manuscript Library of Switzerland: https://www.e-codices.unifr.ch/de/sbe/0169/1/0/ (16.02.2023). – Tatsächlich geht es in der Schrift aber um die Frage der Christologie und die Vermittlung der griechischen Theosis im Westen; daher wurde das Werk auch im Mittelalter rezipiert; zur Theologie der Theosis vgl. aus moderner Sicht die Arbeiten des Theologen der ukrainisch-unierten Kirche und langjährigen Professors für Theologie in Toronto Petro B. T. BILANIUK, The Mystery of Theosis and Divinisationi, in: David NIEMAN, Margaret SCHATKIN (Hg.), The heritage of the Early Church. Essays in Honor of the very reverend Georges Vasilievich Florovsky, Rome 1973 (Orientalia Christiana Analecta, 195), S. 337–359; vgl. ferner die Literaturzusammenstellung der »Theosis Bibliography«, https://www.fairlatterdaysaints.org/answers/Theosis_Bibliography (16.02.2023), sowie die Aufsatzsammlungen, DERS., Studies in Eastern Christianity, Bd. 1–4, München 1977–1989.

mischen Truppen überrannt worden. Die fortbestehenden, spätantiken Traditionen im gallorömischen Raum waren einer neuen imperialen Konzeption des Abendlandes gewichen, das mit dem griechischen Byzanz eine langjährige Auseinandersetzung um Glaubensinhalte und Formen der kultischen Verehrung auf theologisch-politischer Ebene im sogenannten Bilderstreit führte. Der große Theologe Hrabanus Maurus (um 780–856), der Abt von Fulda und Erzbischof von Mainz war, nahm in seinem frühen Werk »De laudibus sanctae crucis libri duo« eine theologisch-mystische Umdeutung des Kreuzes Jesu zum Kreuz Christi vor und schrieb seine in Verse gefassten Meditationen in Form eines Figurengedichtes. Er stilisierte das Kreuz Jesu zum Symbol eines nach Rom orientierten, abendländischen Glaubens für das karolingische Kaiserreich. Im Stil seiner Zeit benutzte er die Buchstaben des Monogramms des Namens Christi als Angelpunkte seiner Verse und etablierte mit seinem Figurengedicht erstmals eine romgebundene Kreuzesverehrung, die bis heute in der römisch-katholischen Theologie einen zentralen Platz einnimmt[23]. Dabei wurde das Kreuz Christi mit Blick auf die Menschheitsgeschichte zu einem »christlichen Olymp« im Reich Gottes, etwa wenn er schrieb: *Pacificos Dominus prolis complectit amore. Supremus quoque omnium octogonus, hoc conscriptus est versu: Pro Christo afflictus regnum jam spectat Olympi*[24]. Zugleich sollte das Kreuz als spiritueller Mittelpunkt der karolingischen Welt alle hier lebenden Völker vereinigen: *et linguae socian-*

---

23 Es handelt sich um ein Jugendwerk, das Hrabans Maurus mit 30 Jahren, also um 810, stilistisch nach dem poetischen Schema, das Porphyrius befolgte, verfasst hat; dazu W. LEVITAN, Dancing at the End of the Rope: Optatian Porfyry and the Field of Roman Verse, in: Transactions of the American Philological Association 115 (1985), S. 245–269, der ausführt, dass die Gedichte des Porphyrius, die dieser vor allem Kaiser Konstantin dem Großen gewidmet hatte, in karolingischer Zeit im Unterricht verwendet wurden und Scholien erhielten sowie als Vorlagen dienten. Er erläutert in seiner Studie einige Beispiele der Figurengedichte von Porphyrius, die im Text auch abgedruckt sind. Vgl. ferner Raimund KOTTJE, Hrabanus Maurus – *Praeceptor Germaniae?* in: Deutsches Archiv 31 (1975), S. 534–545. Auch im Westfrankenreich begann damals die Kreuzesverehrung populär zu werden, die leider auch mit einer veränderten Theologie zu Lasten des Judentums einherging. Vgl. dazu die beiden Schriften des Erzbischofs Agobard von Lyon: De insolentia Iudaeorum, in: Agobardus Lugdunensis, Opera Omnia, edited by Lieren VAN ACKER, Turnhout 1981 (Corpus Christianorum. Continuatio Mediaevalis, 52), S. 189–195, und De judaicis superstitionibus et erroribus, ebd., S. 197–221, wobei er anhand einer exegetischen Zusammenstellung von Bibelzitaten die systematische Trennung der jüdischen Gemeinschaften in seiner Erzdiözese von den christlichen rechtfertigt und diese Methode der sozialen Absonderung auch seinem Adressaten Kaiser Ludwig dem Frommen nahelegt. In ersterem Text brandmarkte er insbesondere den jüdischen Sklavenhandel mit christlichen Knaben. – Anna Beth LANGENWALTER, Agobard of Lyon. An exploration of Carolingian Jewish-Christian relations, PhD diss., University of Toronto, 2009, online: https://tspace.library.utoronto.ca/bitstream/1807/19051/1/Langenwalter_Anna_B_200911_PhD_thesis.pdf (16.02.2023), mit nützlicher Literatur. – Vgl. aber auch die berühmte figurale Darstellung Kaiser Ludwigs des Frommen als *miles Christi* im Figurengedicht des Hrabanus Maurus in der Handschrift Bibliotheca Apostolica Vaticana, Codex Vat. Reg. Lat. 124, fol. 4v; ferner die Darstellung seines Sohnes Karls des Kahlen in dessen Gebetsbuch als kniender Beter linksseitig vor dem rechtsseitig abgebildeten Kreuz Christi: Gebetbuch Karls des Kahlen, München, Schatzkammer der Residenz, ResMü Schk 4 WL, wohl Reims zwischen 846 und 869, online: https://daten.digitale-sammlungen.de/0007/bsb00079994/images/index.html?fip=193.174.98.30&id=00079994&seite=81 (16.02.2023).

24 Hrabanus Maurus, De laudibus sanctae crucis libri duo, MIGNE PL, Bd. 107, Paris 1851, Sp. 133–294C, Figura XVII. De octo beatitudinibus evangelicis. Declaratio, col. 218 D; Figura XXII, De monogrammate, in quo Christi nomen comprehensum est, col. 235.

tur laude sacrata – »und die Zungen werden geeint im heiligen Lob«[25]. Die Kultsprache des Karolingerreiches war das Latein.

Während Hraban den mystischen Berg Olymp der griechischen Götterwelt durch einen Parameterwechsel für die christliche Welt umdeutete und ihn dadurch als Topos im christlichen Kontext verwenden konnte, hat sich Isidor von Sevilla in seinen Ausführungen auf die griechisch-heidnische Geschichte eingelassen, die für ihn nicht negativ konnotiert war, sondern ein ruhmreicher Teil der Menschheitsgeschichte und ihrer Kultur. In seiner Reihung der drei »globalen« Religionssprachen des römischen Imperiums, durch welche nach seiner Auffassung die Vielfalt der Sprachen der *gentes* zu drei *nationes* kultisch gebündelt wurde, folgte er dem chronologischen Schema der Geschichtsdarstellung des Altertums und bezog er auch die griechische Geschichte argumentativ mit ein, indem er die Epoche mit der biblischen Geschichte des Altertums und der Geschichte seiner eigenen Gegenwart verband. Diese Sichtweise ermöglichte ihm, in seinen weiteren Ausführungen die Unterschiede der einzelnen Volksstämme heidnischer *gentes* aus den Bezeichnungen ihrer Sprachen und Mythen etymologisch abzuleiten, ohne dabei einer heidnischen Wissenschaftsdarstellung verdächtigt werden zu können. Denn trotz heidnischer Herkunft waren sie Teile der drei großen Religionsgemeinschaften und bildeten aufgrund der Autorität der drei kultischen Religionssprachen der Menschheit eine Einheit[26].

Ferner werden zahlreiche Themen zur Verwaltung des römischen Reiches in den drei großen Kulturzonen – Asia, Africa, Europa – sowie zur Pluralität der Rechts- und Kultursprache von Isidor in seinen »Etymologien« behandelt, denn er ging von einer Fortdauer der Mehrsprachigkeit aus. Diese Annahme stützte er ebenfalls mit dem Hinweis auf die Inschrift am Kreuze Christi, die den Urteilsspruch des Pilatus in den drei in Palästina relevanten Amtssprachen, auf Hebräisch, Griechisch und Latein, in der Causa des Jesus von Nazareth anzeigte. Die angesprochene Kontinuität der drei elitären Amts- und Sakralsprachen des römischen Reiches war natürlich auch als Aufforderung an die Nachfolgestaaten des Imperiums, insbesondere an die Herrscher des Westgotenreiches, zu verstehen, in dem Isidor lebte und predigte. Er hat sein etymologisches Werk bekanntlich dem westgotischen König Sisebot gewidmet[27].

---

25 Ebd., Figura XXI. De septuagenario numero et binario cum ejus significationibus, col. 234C. – Übersetzung des Zitats durch die Autorin.

26 In der Biblia sacra Vulgata wird in Psalm 104, Vers 44 die Einnahme des gelobten Landes durch die Israeliten nach der Flucht aus Ägypten und die Unterwerfung der Bewohner von einer Unterwerfung der *gentes* richtig übersetzt, da gentile Volksgruppen gemeint sind: Vers 43: *Et eduxit populum suum in laetitia laudantes electos suos,* (Vers 44) *et dedit eis terras gentium et laborem tribuum possederunt* (Vers 45) *ut custodirent caerimonias eius et leges eius servarent. Alleluia.* – Zitiert nach der autorisierten online-Ausgabe der Deutschen Bibelgesellschaft, https://www.bibelwissenschaft.de/online-bibeln/biblia-sacra-vulgata/lesen-im-bibeltext/bibel/text/lesen/stelle/19/1040001/1049999/ch/3166c22665705d07cd518d4ef9b38a15/ (16.02.2023). – Wenn Gerda HEYDEMANN in ihrer Wiener Dissertation von 2013, Christentum und Ethnizität im Frühmittelalter, auf S. 130 dieselbe Bibelstelle auf Deutsch folgendermaßen wiedergibt: »Er gab ihnen die Länder der Völker (nationes) und ließ sie den Besitz der Nationen (labores populorum) gewinnen«, hier also mit »nationes«, operieren möchte, so irrt sie.

27 Vgl. Jacques FONTAINE, Isidore de Séville et la culture classique dans l'Éspagne visigothique, Paris 1959 (Études augustiniennes), überarbeitete Fassung Paris 1983; DERS., Isidore de Séville. Genèse

Vor einiger Zeit hat der Altphilologe Hans-Joachim Diesner auf die zeitgeschichtlichen Bezüge in Isidors enzyklopädischem Werk hingewiesen, die in der wissenschaftlichen Diskussion bisher wenig Beachtung fanden. Entscheidend für die Sichtweise Isidors dürfte gewesen sein, dass die Gesetze Justinians fast immer zweisprachig auf Griechisch und Latein promulgiert und verbreitet worden waren und auch die Entscheidung des Diskurses theologischer Fragen damals der Anerkennung in ökumenischen Konzilien bedurfte. Die Anlehnung Isidors an die drei Kultsprachen der Bibel ist daher wohl auch als Ausdruck seiner Hoffnung auf eine die Menschheit einende Religionsgemeinschaft zu verstehen[28].

Zusammenfassend ist somit festzuhalten, dass Isidor die Autorität der drei Kult- und Amtssprachen vierfach begründet hat: 1. historisch, durch die Entwicklungsgeschichte der Menschheit; 2. politisch, durch die Bildung von Großreichen und die Vereinheitlichung der Sprachen; 3. verwaltungstechnisch, aufgrund der einheitlichen Rechts- und Verwaltungssprachen; 4. theologisch, durch ihre Funktionen als Religions- und Kultsprachen, wodurch er die zahlreichen *gentes* zu drei Nationen einer großen sozialen Religionsgemeinschaft geeint sah.

Freilich gehörte die Glanzzeit der Könige von Judäa und Israel und der hebräischen Sprache längst der Vergangenheit an, nicht aber die Bedeutung der alttestamentarischen Propheten und Psalmisten. Die Könige David und Salomon waren vorbildhaft und deren prophetische Texte und Psalmen wirkmächtig. Sie haben zur Ausformung des mittelalterlichen Herrscherbildes beigetragen und bestimmten den Kanon der mittelalterlichen Herrschertugenden. Dieses Herrscherbild wurde erfolgreich in den Texten der Herrscherparänesen weitergeführt und trug wesentlich zur Ausformung der Herrscherideologie des »Gottesgnadentums« bei. Dadurch wurde aber die Berechtigung zur Expansion der Reiche geschaffen, um gentil strukturierte Landschaftsräume anderer Kulturen anzubinden. Die Verbreitung der christlichen Religion durch Missionierung erfolgte bekanntlich von Rom aus mit päpstlicher Billigung. Die christlichen Kaiser des Abendlandes sahen darin freilich ein geeignetes Mittel, um die heidnischen Nachbarn zu bekämpfen und deren Kult und Identität zu vernichten. Dieser Abwertung der slawischen »Nationen« war in der Historie eine *longue durée* beschieden und ein Revival im Nationalsozialismus, der das brutale Vorgehen gegen eine vermeintlich »minderwertige Rasse« mit der Vorgehensweise der großen Kaiser des deutschen Mittelalters rechtfertigte. Erst durch den polnischen Mediävisten Karol Modzelewski erhielt die slawisch-heidnische Vergangenheit der *gentes* zwischen Elbe und Oder eine Identität, die erstmals nicht an den christlichen Standards der westlichen Nachbarn gemessen wurde[29].

Anders argumentierte in der ersten Hälfte des 6. Jahrhunderts schon der gelehrte römische Staatsmann Cassiodor, als er in einer Stellungnahme zur Rechtsnachfolge auf römischem Pachtland dieses Recht für alle Freien im gesamten römischen Reich reklamierte und dabei den Begriff *universa natio* als umfassendes Gemeinschafts-

---

et originalité de la culture hispanique au temps des Wisigoths, Turnhout 2000; DERS., Culture et spiritualité en Espagne du IVᵉ au VIIᵉ siècle, London 1986.
28 Vgl. ferner dazu DIESNER, Isidor von Sevilla (wie Anm. 16).
29 Karol MODZELEWSKI, Das barbarische Europa. Zur sozialen Ordnung von Germanen und Slawen im frühen Mittelalter, Osnabrück 2011.

konzept verwendete. Er verglich die große Gemeinschaft aller Freien des römischen Reiches unterschiedlicher Herkunft mit der sozialen Zelle einer Familie, in der nach römischem Recht alle männlichen Nachkommen gleichermaßen erbfähig waren. Die Bezeichnung *familia* verwendet er als Metapher für das Rechtsprinzip der Gleichbehandlung aller Freien, wie die Söhne einer Familie in der Erbfolge, um ihren Anspruch auf römisches Pachtland zu verdeutlichen, selbst dann, wenn der Pachtgrund nicht im Herkunftsland der Person lag. Trotz der Verschiedenheit ihrer Herkunft bildeten alle Freien zusammen, wie die Mitglieder einer Familie, die soziale und politische Völkergemeinschaft des römischen Imperiums, die geeint war durch das römische Recht[30].

Während Cassiodor im angeführten Textbeispiel juristisch von einer Gemeinschaft aller freien Personen nach römischem Recht ausging, differenzierte der Bischof von Sevilla und machte dadurch auch auf mögliches Konfliktpotenzial aufmerksam, falls die von ihm schlussendlich aufgezeigte harmonische Balance von einheitlicher Sprache, Politik, Geschichte und Kult aus den Fugen geraten sollte. Die kultischen Religionssprachen waren starke Garanten für Stabilität, die in der Hispania auch nach der Einwanderung der Westgoten fortbestand, weil sie das römische Recht des »Codex Theodosianus« modifiziert und die christliche Religion, wenn auch in der Form des Arius übernommen hatten. Entscheidend scheint aber das Zusammenwirken der oben genannten vier Faktoren und der Weiterbestand der drei, die *gentes* einenden autoritativen Kultsprachen gewesen zu sein. Auch der Staatsmann Cassiodor, der *magister officiorum*, *praefectus praetorio* und Konsul war, *patricius* genannt wurde und 554 das Kloster Vivarium gegründet hatte, um sich von den Amtsgeschäften zurückzuziehen, beherrschte die griechische und die lateinische Sprache. Er beschäftigte sich in seinen Werken gleichermaßen mit der Auslegung von Psalmen wie mit einer Überarbeitung der lateinischen Formelsprache. Die senatorischen Tugenden stehen in seinem Werk »Variae« bekanntlich nicht im Widerspruch zu den christlichen. Auch erlebte er, wie später Isidor, die Fremdherrschaft der Goten – in Italien waren es die Ostgoten, in Spanien die Westgoten gewesen. Er entwarf mit seiner literarischen Überarbeitung der römischen Amtsformeln in den »Variae« viel Neues in Weiterentwicklung der herkömmlichen lateinischen Formelsprache, sicherlich in der Absicht, sie zu aktualisieren und für die Fremdherrschaft der neuen Zeit zugänglich zu machen und an diese anzupassen[31]. Die »Variae« des Cassiodor dürften Isidor von Sevilla bekannt gewesen sein, wurden sie doch von Cassiodor für die nächsten Generationen geschrieben.

Die Pluralität der drei elitären Sprachen der Religion, Verwaltung, Politik und Gesetzgebung war in den folgenden Jahrhunderten nicht mehr in dem Ausmaß gegeben wie zuvor. Die Veränderungen nach dem Ende der Völkerwanderungszeit erforderten die Entwicklung anderer Gemeinschaftskonzepte mit anderen Prämissen und Parametern und einen Paradigmenwechsel der bestehenden. Bevor nun einige Bei-

---

30 *Beneficium tale non habuerunt in patria sua, sed hic omnes sub hac condicione parentes sunt: universa natio, quantum ad successionis beneficium, una familia est.* Cassiodori senatoris Variae, hg. von Theodor MOMMSEN, Berlin 1894 (MGH Auct. Ant., 12), XII, 12, 9, S. 367.
31 Vgl. dazu die neue Edition von Friederike GATZKA, Cassiodor, »Variae« 6, Berlin, Boston 2019 (Untersuchungen zur antiken Literatur und Geschichte, 132), hier Einführung S. 1–64.

spiele von Gemeinschaftskonzepten des Mittelalters näher beleuchtet werden und nach den Ursachen für die Umdeutung der Begriffsinhalte von *natio* und *Nation* im Laufe der historischen Entwicklung gefragt werden soll, bedarf es noch einer Rückblende zur semantischen Bedeutung dieser Begriffe.

II. »Geburt«, »Naissance« und »Nationes«, oder: die Komplexität von Entstehungsprozessen

Abgesehen von der Projizierung des Begriffs *natio*, Geburt, auf die Entstehung einer sozio-politischen Gemeinschaft und auf diese selbst oder auf die Gemeinschaft aller Freien des römischen Imperiums, wie etwa nach dem Rechtsverständnis Cassiodors – wobei hier ebenfalls ein Entstehungsprozess impliziert ist –, meint die abstrakt verwendete Wortform den Abschluss einer langwierigen Entwicklung, sei es historisch-politischer oder sozio-politischer Art, oder auch den Abschluss eines schwierigen Vorgangs, der eben im Volksmund in Analogie zum biologischen Geburtsvorgang als »eine schwere Geburt« bezeichnet wird. Einige Werke der mediävistischen Literatur haben in den Titel das Wort »Geburt« oder »Naissance« aufgenommen, so etwa »Naissance de la France« von Ferdinand Lot, »La naissance de la noblesse« von Karl Ferdinand Werner oder »Die Geburt Mitteleuropas. Geschichte Österreichs vor seiner Entstehung, 378–907« von Herwig Wolfram[32]. Sie indizieren bereits im Titel, dass von den Verfassern großräumige, sozio-kulturelle Entstehungsprozesse und ein breites Bild historischer Entwicklungsphänomene behandelt werden. Karl Ferdinand Werner verwendet den Begriff »Naissance«, um das Aufkommen der Elite und des europäischen Geblütsadels im Mittelalter als sozialen Prozess zu beschreiben, der sich zu einer etablierten Gesellschaftsform in Europa entwickelte, wie es sie vorher nicht gab und wie sie etwa im Orient auch gar nicht entwickelt wurde.

Die römischen Verwaltungsinstitutionen und der hierarchische Aufbau des römischen Heeres wurden in den germanischen Reichen als funktionierende Gemeinschaftskonzepte weitergeführt, was maßgeblich zum Aufstieg von Adelsfamilien und der Formierung eines neuen Adelsstandes beitrug. Die sozialen Umschichtungen während der Spätantike und des Frühmittelalters haben die Gesellschaft in den germanischen *regna* und den aus ihnen hervorgegangenen, mittelalterlichen Reichen bis ins 12. Jahrhundert und darüber hinaus geprägt. Diesen Prozess der »Naissance« des Adels in Europa macht Werner anhand von folgenden wichtigen Schlüsselbegriffen fest, die sowohl die römische Verfassungsgeschichte als auch die des westlichen Mittelalters kennzeichnen: *princeps, regnum, dignitas, res publica, officium* und *honor*. Durch die Übernahme der römischen Titulatur und der militärischen und kirch-

---

[32] Ferdinand LOT, Naissance de la France, Paris 1948, immer noch unübertroffen; für die merowingische Zeit ein spektakulärer Neuansatz von Patrick GEARY, Before France and Germany. The Creation and Transformation of the Merovingian World, Oxford 1988, in der hier benutzten französischen Version: Le monde mérovingien. Naissance de la France, Paris 1989, dem es gelang, die Brücke von der Instrumentalisierung der germanischen Vergangenheit zur Ideologie des Nationalsozialismus wissenschaftlich aufzuarbeiten; vgl. auch die Rezension von Michel SOT, in: Annales 46/6 (1991), p. 1265–1267; Karl Ferdinand WERNER, Naissance de la noblesse. L'essor des élites politiques en Europe, Paris ²1999; Herwig WOLFRAM, Die Geburt Mitteleuropas. Geschichte Österreichs vor seiner Entstehung 378–907, Wien 1987.

lichen Hierarchien im Mittelalter ist eine historische Kontinuität auch den Institutionen zu konstatieren, sodass anzunehmen ist, dass sich der europäische Adel durch die Adaption der Tradition des römischen Adels legitimieren konnte, wobei sich nicht zuletzt das Modell der Familie als strukturbildende, soziale Vorgabe und als patriarchalisch-hierarchische Keimzelle dauerhaft etablieren konnte, um den Anspruch auf Herrschaft zu stellen und über mehrere Generationen zu behaupten. Allerdings ist mit der Vererbbarkeit von Ämtern und von an Besitz gebundenen, weltlichen Funktionen erst ab dem 9. und 10. Jahrhundert in Westeuropa ein neuer Weg beschritten worden, der zur Entstehung der spezifisch europäischen Adelsstrukturen des Mittelalters geführt habe sowie zu deren Fortwirkung bis in die Gegenwart. Die neuen Impulse, die auf den gesellschaftlichen Veränderungen der fränkisch-karolingischen Herrschaft und ihrer Nachfolgestaaten basieren, führten demnach zu einer großräumigen sozialen und kulturellen Durchmischung und haben offenbar diese »schwere Geburt« in Gang gebracht, deren Nährboden die jahrhundertealten politischen, rechtlichen, religiösen und sozialen Gegebenheiten waren, die sich innerhalb des römischen Imperiums und darüber hinaus im Frankenreich und seinen Nachfolgestaaten entwickeln konnten. Daher gelang bereits vierzig Jahre früher Ferdinand Lot ein großer Bogen einer historischen Darstellung der Entstehung Frankreichs, den er von der Entwicklung der römischen Gallia zu den merowingischen und karolingischen Reichen bis zum Frankreich der Kapetinger zu spannen vermochte.

Patrick Geary hat dann mit seinem Neuansatz von 1988/1989 eine ganze Forschungsdisziplin in Gang gebracht, die sich, ausgehend von seinen Prämissen, der Erforschung der merowingisch-fränkischen Frühzeit und vor allem dem später deutschsprachigen Raum widmete, während er selbst zunächst die Frühzeit des französischen Raumes untersucht hatte. Ganz klar hat er dabei der in der Neuzeit und insbesondere im 20. Jahrhundert betriebenen Instrumentalisierung der Vergangenheit zu nationalen Zwecken, die der Rechtfertigung eines militanten Führungsanspruches durch die »Deutsche Nation« dienen sollte, und einer politisch propagierten, ideologischen »Volksgemeinschaft« eine Absage erteilt[33]. Er sah vielmehr in der christlichen Religion die ausschlaggebende Kraft, die letztendlich die Nationsbildung im frühmittelalterlichen merowingisch-fränkischen Regnum ermöglich habe – trotz der gravierenden politischen Veränderungen in dieser Epoche.

Freilich war das päpstliche Rom nicht mehr das Rom der Spätantike, worauf Michel Sot in seiner Rezension hinwies[34]. Allerdings wirkten die christliche Religion und der Glaube an ihre siegverleihende Kraft seit Konstantin dem Großen dauerhaft als mentale Bindeglieder zwischen Romanen und Germanen, sodass die Legende von der Hinwendung Konstantins zum christlichen Glauben und seiner römischen Legionäre in der Schlacht an der Milvischen Brücke in der Zeit der Siege Chlodwigs bei Zülpich gegen die Alemannen eine mentale »Re-naissance« erfahren konnte, von

---

33 Zu dieser Begriffsbildung im Nationalsozialismus einige Details im Sammelband von Frank BAJOHR, Michael WILDT (Hg.), »Volksgemeinschaft«. Neue Forschungen zur Gesellschaft des Nationalsozialismus, Frankfurt am Main 2009.
34 Vgl. GEARY, Le monde mérovingien (wie Anm. 32), hier die Kapitel »Les peuples de Francie«, S. 118–140, und »Une aristocratie franque chrétienne«, S. 200–208.

der die merowingischen Geschichtsschreiber berichten. Letztlich wurde ein christliches Regnum errichtet, das die Söhne Chlodwigs in christliche *regna* aufteilten, die aber durch die gemeinsame Religion und die Verschmelzung romanischer und germanischer gentiler Gemeinschaften verschiedener Volkssprachen zu einer politischen Nation zusammenwuchsen. Der großflächige Siedlungsraum, in welchen die Franken expandiert hatten, erstreckte sich nördlich und südlich der Loire, in Burgund entlang der Rhône, beiderseits des Rheins, nach Osten bis in den thüringischen Raum und im Norden bis zu den friesischen Handelshäfen. Die wechselseitige Assimilation der gentilen Gemeinschaften unter der Herrschaft der Könige der merowingischen Dynastie und die durch die christliche Religion vermittelte Einheit im Glauben bereitete den karolingischen Hausmeiern die Basis zur Errichtung eines universalen, abendländischen Regnum und einer christlichen »Nation«[35].

Mit dem christlichen Kult wurde das Latein zur gesprochenen Kultsprache des Abendlandes, in der alle öffentlichen Belange gleichermaßen viele Jahrhunderte geregelt wurden. Latein war die Sprache der Verwaltung, Politik und der Diplomatie und eines alle Gemeinschaften umfassenden Kirchensystems des karolingischen Regnum und seiner Nachfolgereiche. Ein gutes Beispiel hierfür sind die Straßburger Eide, die zunächst auf Latein verfasst worden waren und im zweiten Schritt in die beiden Volkssprachen übersetzt wurden. Die intellektuelle Arbeit der Formulierung des Vertrags auf Latein hatte die geistliche Oberschicht geleistet, für die Promulgation durch die Truppen Karls des Kahlen und Ludwigs des Deutschen wurde aber die Übersetzung in der jeweiligen Volkssprache benötigt[36].

Die Kontinuität der christlichen Religion und ihrer Bildungseinrichtungen betraf im Mittelalter auch die Kunst und alle kulturellen Bereiche, sie förderte die Entwicklung der Wissenschaften im Abendland. Es sei an dieser Stelle auf das Buch von Jacques Fontaine »Naissance de la poésie dans L´Occident chrétien« hingewiesen, in dem der Verfasser auf den Entwicklungsprozess der lateinischen Kunstsprache zu einer neuen Blüte aufmerksam machte und zur Fehleinschätzung der lateinischen Poesie zwischen Spätantike und karolingischer Erneuerung als »Dekadenz« eine Gegendarstellung vorgelegt hat[37]. In diesem Zusammenhang muss auch die besondere Art der Geschichtsschreibung Gregors von Tours erwähnt werden und seine Aufarbeitung der eigenen Gegenwart während der Königsherrschaft der Merowinger. In zahlreichen

---

35 Dazu Helmut REIMITZ, History, Frankish Identity and the Framing of Western Ethnicity, 550–850, Cambridge 2015, der in Teil III für die karolingische Zeit einige wenige Schnittstellen und Schlagwörter bis zur Reichskrise Ludwigs des Frommen um 829 behandelt. Zu dieser Krisensituation und deren Verarbeitung durch die intellektuelle Oberschicht vgl. jetzt auch Mayke DE JONG, Justin Carl LAKE, Confronting crisis in the Carolingian empire: Paschasius Radbertus' funeral oration for Wala of Corbie, Manchester 2020; DIES., For God, king and country: the personal and the public in the Epitaphium Arsenii, in: Early Medieval Europe 25,1 (2017), S. 102–113.
36 DEMANDT, Die Spätantike (wie Anm. 20), S. 437–454; dies wurde von der Verfasserin anhand einer detaillierten Textanalyse nachgewiesen; vgl. Adelheid KRAH, Die Entstehung der »potestas regia« im Westfrankenreich während der ersten Regierungsjahre Kaiser Karls II. (840–877), Berlin 2000, hier S. 131–141.
37 Jacques FONTAINE, Naissance de la poésie dans L'Occident chrétien. Ésquisse d'une histoire de la poésie latine chrétienne du IIIe au VIe siècle. Avec une préface de Jacques PERRET, Paris 1981 (Études Augustiniennes), rezensiert von Pascale BOURGAIN, in: Bibliothèque de l'École des chartes 139 (1981), S. 269–270.

Anekdoten brandmarkt er das Leben der weltlichen Gemeinschaften als ein grundsätzlich moralisch anstößiges und brutales und stellt diesem »Barbarischen« ein christliches Gemeinschaftskonzept einer nach religiösen Vorgaben und Gesetzen geprägten Gesellschaft gegenüber, deren Lenkung den gallorömischen Bischöfen obliegen sollte. In seinen Anekdoten vermengt er römisch-rechtlich mögliche, brutale Foltermethoden als Textmuster mit Szenen aus seiner Gegenwart[38].

Seit dem Aufkommen des modernen, national-politischen Denkens in der Neuzeit und der gegenseitigen politischen Abgrenzung der Staaten im Streit um die Vormacht in Europa und den Kolonien änderte sich das bekanntlich, und die moderne Demokratie sieht eine Trennung von Staat und Religion vor. Ein schwacher Hinweis auf die Partizipation der christlichen Religion und Kultur an sozial-politischen, nationalen Gemeinschaften ist noch im Namen der »Christlich-Demokratischen Union Deutschlands« sowie der »Democrazia Cristiana« Italiens erhalten geblieben, wobei sich Letztere bekanntlich 1994 auflöste, ihren Namen gewechselt hat und seitdem »Partito Popolare Italiano« heißt. Ein solcher Paradigmenwechsel und die Neudefinition von »Nation« waren bereits im Zeitalter der Glaubensspaltung, dann durch die philosophische Verankerung von Staatlichkeit und *peuple* in der Französischen Revolution umgesetzt worden, in der die Religion ihre staatstragenden, politischen Funktionen endgültig verloren hat. In den anschließenden Revolutionskriegen wurden die Punkte der entwickelten Theorien nationalen Denkens zu einer sozio-kulturellen Ideologie umgeformt und zu einer die Menschen mobilisierenden Kraft, mit der sich politische Aggressionen legitimieren ließen. Das bürgerliche Zeitalter des 19. Jahrhunderts tat ein Weiteres zur Entwicklung ideeller Vorstellungen von nationaler Einheit, wobei demokratische Gedanken vermengt wurden. Die dabei unternommene gefährliche Annäherung an eine konstruierte nationale Begriffswelt von Identitäten führte zum Versuch, Formen des Zusammenlebens ethnischer Gemeinschaften mit Vorgaben von vermeintlich idealtypischen Rassevorstellungen zu kontrastieren und abzuwerten[39].

Um auf den Bischof Isidor von Sevilla zurückzukommen: Ihm schwebte wohl vielmehr das Modell eines sozialen Zusammenhaltes in dem auf römischem Boden errichteten spanischen Westgotenreich vor, für das ihm wie auch Gregor von Tours (Amtszeit 573–594) die lateinische Sprache der abendländischen Religion der Garant zu sein schien. Jahrhunderte später wurde der Begriff der *cohésion sociale* von Émile Durkheim geprägt, der am Ende des 19. und im 20. Jahrhundert das Bild einer moralisch-sittlichen Erneuerung der Gesellschaft für Frankreich und Europa entworfen

---

38 Dies wird im Werk von Georg SCHEIBELREITER, Die barbarische Gesellschaft. Mentalitätsgeschichte der europäischen Achsenzeit, Darmstadt 1999 umfassend aufgearbeitet.
39 Überzeugend dargestellt von Patrick GEARY, Writing the Nation: Historians and National Identities from the Nineteenth to the Twenty-First Centuries, in: Bettina BILDHAUER, Chris JONES (Hg.), The middle ages in the modern world, London 2017 (Proceedings of the British Academy, 208), S. 73–86. Grundlegend für die Moderne ab der französischen Revolution mit klaren Definitionen der Unterscheidungen zwischen Politik und Nation das Werk von Dominique SCHNAPPER, La communauté des citoyens. Sur l'idée moderne de nation, Paris 1994, hier der Abschnitt »Du religieux au politique«, S. 122 ff., und Kapitel V »Penser la Nation«, S. 157–202; vgl. ferner Alan S. MILWARD, The European Rescue of the Nation-State, Abington ²2000, Kap. 2: »The post-war nation-state«, S. 21–45, hier S. 28; SCHMIDT, Nation (wie Anm. 4), Sp. 1787.

hat⁴⁰. Die Vision einer moralisch geprägten, sozialen Gemeinschaft ist aber epochenübergreifend mit der Vision eines friedlichen Zusammenlebens der Menschen verbunden; Isidor von Sevilla, Gregor von Tours und Émile Durkheim sind nur einige Vordenker, man könnte noch Immanuel Kant anfügen und viele Weitere oder auf die Lehre des Augustinus von Hippo (354–430) verweisen⁴¹. Für Isidor und Gregor war ein friedliches Zusammenleben der menschlichen Gemeinschaft mit der Vorstellung einer sie einenden Sprache verbunden. Freilich wurde der Wechsel von der Verwaltungs- und Kultsprache des Lateins zu den jeweiligen Volkssprachen der entstehenden Nationen bereits im Laufe des Spätmittelalters vollzogen, mit dem auch der Beginn der »europäischen Staatenwelt« angesetzt wird. In der Folgezeit galt Sprachdifferenz zunehmend als Merkmal für mentale und politische Abgrenzung von Gemeinschaften und wurde in Nachbarschaftskriegen instrumentalisiert. Das Latein blieb aber die Sprache der katholischen Religion und des liturgischen Ritus, der bis zum Ende des 2. Vatikanischen Konzils im Jahr 1965 in dieser Sprache international praktiziert wurde⁴².

Festzuhalten ist Folgendes: Aus den oben angeführten mediävistischen Werken kann man die historische Dreidimensionalität der Bezeichnung *natio*/»Geburt«/»Naissance« geradezu »herauslesen«, da in ihnen über große Zeitspannen viele Details reflektiert wurden. Die zeitliche Dreidimensionalität der Begriffsbildungen ist aber bereits in der Grundbedeutung des Verbes *nasci* angelegt und vorgegeben.

III. »Natio« – die dynamische Perspektive des Lebens, oder: vom Kult der Unvergänglichkeit der Gemeinschaft

Die Perfektform des Verbes *nasci* lautet bekanntlich *natus sum* und wurde römerzeitlich zur Angabe des Geburtsdatums verwendet: Sie bezeichnet den Abschluss der biologischen Menschwerdung des Individuums und den Beginn des Lebens innerhalb der menschlichen Lebensgemeinschaft. Nicht zuletzt wurde in der Weihnachtsgeschichte von der Geburt Jesu die Konnotation von Geburt, Kult und Eintritt in die politische, religiöse und soziale Gemeinschaft besonders deutlich überliefert, weil in diesem Text das biologische Ereignis in den Kontext der römischen Volkszählung, die damals stattfand und eine amtliche Personenregistrierung in Palästina war, eingebettet ist und von der Aufnahme des Neugeborenen in die jüdische Glaubensgemeinschaft berichtet wird. Der Evangelist Lukas spricht von der Bedeutung der

---

40 Emile Durkheim, L'éducation morale, Nachdruck: Travaux de l'annee sociologique, Paris 1938; deutsch: ders., Erziehung, Moral und Gesellschaft. Vorlesung an der Sorbonne 1902/1903, Neuwied 1973 (Soziologische Texte, 86); von der Verfasserin in der französischen Version benutzt, insbesondere S. 54–73, 4ᵉ Leçon, Le second élément de la moralité: l'attachement aux groupes sociaux. Vgl. dazu auch Schnapper, La communauté (wie Anm. 39), S. 15 ff.
41 Augustinus von Hippo, De civitate Dei. Zweiundzwanzig Bücher über den Gottesstaat, übers. von Alfred Schröder, Kempten, München 1911–1916 (Des heiligen Kirchenvaters Aurelius Augustinus ausgewählte Schriften, 1–3. Bibliothek der Kirchenväter, 1. Reihe, 1, 16, 28), Buch 19, Kap. 7, 8, 10, 11, 12, 15, 16, 25, 26, 27, online gestellt von der Theologischen Fakultät, Patristik und Geschichte der alten Kirche der Universität Fribourg (CH): https://bkv.unifr.ch/de/works/cpl-313/versions/zweiundzwanzig-bucher-uber-den-gottesstaat-bkv/divisions/3 (16.02.2023).
42 Grundlegend Franz-Xaver Bischof, Das Zweite Vatikanische Konzil (1962–1965). Stand und Perspektiven der kirchenhistorischen Forschung im deutschsprachigen Raum, Stuttgart 2012.

römischen Verwaltung, die ein wirksames Instrument war, um die im Imperium ansässigen Menschen der unterschiedlichen Volksgruppen dauerhaft an die römische Herrschaft zu binden. Anders schreibt die Weihnachtsgeschichte der Evangelist Johannes, der die Geburt Jesu theologisch-philosophisch als das zentrale Ereignis einer sich dynamisch weiterentwickelnden Heils- und Menschheitsgeschichte am Beginn seines Evangeliums positioniert hat, welches nach dem *logos*, dem »Willen Gottes«, planmäßig eingetreten sei[43].

Die Menschwerdung Jesu steht in der christlichen Theologie für Anfang und Ende und sein Tod am Kreuz ist spiegelbildlich für den Anfang des himmlischen Lebens nach dem Ende des irdischen zu verstehen, und dies bedeutet, dass die biologischen Geschehnisse von Leben und Tod im Kult der christlichen Religion eine spirituelle Dimension über das zeitliche Geschehen hinaus erhalten sollten. Dieser Glaube wurde in den Antiphonaren der christlichen Liturgie jahrhundertelang überliefert und an den Hochfesten gepflegt. Zugleich wird die Überwindung der Sterblichkeit im Auferstehungsmythos des Osterfestes gefeiert, als Resurrektion und als »Renaissance« der durch das Taufwasser auf spirituelle Weise neu geborenen Menschen. Die rituelle Taufe erwachsener Christen in der Osternacht war und ist noch immer ein mystisches Ritual der Aufnahme von Menschen in die große kultische Gemeinschaft der christlichen Religion. Dieses Ritual der öffentlichen Taufe an Ostern mit dem abschließenden Mahl der Osteragape kann auch als eine Form von *cohésion sociale* der christlichen Gemeinden verstanden werden[44]. Ein Beispiel der Instrumentalisierung dieser liturgischen Riten, beginnend drei Tage vor Ostern und am Osterfest, ist für die Zeit der sogenannten »Bruderkriege« durch Nithard zum Jahr 841 überliefert, der sich damals im Heer Karls des Kahlen befand. Das Ritual der Osterfeier vom 14. bis 17. April 841 gehört in den Kontext der Ereignisse der Jahre 840–843, die in der französischen Forschung auch als ein Markstein am Beginn der politischen Nationenbildung von Deutschland und Frankreich konstatiert wurden: Zwei Monate vor der Entscheidungsschlacht von Fontenoy am 25. Juni 841 wurden im Lager König Karls, der sich damals im Waldgebiet von Othe zwischen Sens und

---

43 Biblia sacra vulgata, Evangelium secundum Lucam 2, online: https://www.bibelwissenschaft.de/online-bibeln/biblia-sacra-vulgata/lesen-im-bibeltext/bibel/text/lesen/?tx_buhbibelmodul_bibletext%5Bscripture%5D=Lukas+2 (16.02.2023); Biblia sacra vulgata, Evangelium secundum Johannem 1, in der lateinischen Version als *Verbum*, im Wortspiel der bekannten Passage: **1** *In principio erat Verbum et Verbum erat apud Deum et Deus erat Verbum* **2** *hoc erat in principio apud Deum*, online: https://www.bibelwissenschaft.de/online-bibeln/biblia-sacra-vulgata/lesen-im-bibeltext/bibel/text/lesen/stelle/53/10001/19999/ch/9975d600eb8a30e7a2ba7b854a8a3383/ (16.02.2023); Worterklärung zu *logos* – Sprache Gottes – Wille Gottes – angekündigt in der Kultsprache des Hebräischen durch die Propheten; die Frage der Menschwerdung des Logos hat die oben angesprochene Theologie der griechisch-römischen Spätantike über Jahrhunderte beschäftigt. Der Beginn ist stark der Lehre Platons verpflichtet, vgl. Kurz HILDEBRANDT, Platon. Logos und Mythos, Berlin ²1959, Buch 2, XIV. Phaidon und das Gastmahl, Der zeugende Geist, S. 164–208.

44 Vgl. auch den Text des Kirchenlieds der Weihnachtsliturgie *Hodie Christus natus est*, beispielsweise im Antiphonar des 14. Jahrhunderts aus Sankt Lambrecht, Steiermark, Graz, Universitätsbibliothek 29 (olim 38,8 f.), fol. 55r, auf der Seite der University of Waterloo, Cantus: A Database for Latin Ecclesiastical Chant – Inventories of Chant Sources (https://cantus.uwaterloo.ca/chant/243683 [16.02.2023]). Vgl. Ingrid FISCHER, Die Tagzeitenliturgie an den drei Tagen vor Ostern: Feier – Theologie – Spiritualität, Tübingen 2013.

Troyes befand, die Osterfeierlichkeiten als Rituale der Erneuerung und Stärkung der Krieger in Hinblick auf die bevorstehenden Kämpfe gegen Kaiser Lothar zelebriert, wobei der König die Krone trug[45]. Die *resurrectio Christi* wurde – wie so oft – von Nithard militärisch als Omen für einen künftigen Sieg über die Feinde gedeutet.

Beide Begriffe, *natio* und »Nation« meinen also, dass etwas entstanden ist, das zu einer weiteren dynamischen Entwicklung befähigt und diese in Kraft setzt. Im Plural stehen sie darüber hinaus für die Verfestigung von sozialen und politischen Personenverbänden zu einer wie auch immer bestimmten Geschlossenheit menschlicher Gemeinschaft, welche die gemeinsame Sprache eint[46]. Die Menschen einer *cohésion sociale* sprechen eine gemeinsame Sprache oder auch nicht. Aber warum? Die Gegensätzlichkeit des Bedeutungsinhaltes, der Anfang und Ende, Ende und Anfang meint, bedarf weiterer Erklärung.

Vorab ist festzuhalten, dass sich einerseits die lateinische Sprache von der gesprochenen Sprache zur reinen Amts- und Kultsprache veränderte. Andererseits blieb in den romanischen Sprachen die Vielfalt der Ausdrucksmöglichkeiten des Lateins erhalten und entwickelte sich weiter. In den germanischen und slawischen Sprachen sind die lateinischen Wörter lediglich in den veränderten Formen der aus ihnen entstandenen Fremdwörter zu erkennen und nahmen sozusagen »von außen«, in Form der zu einer Fachsprache gehörenden Begrifflichkeit, in sehr begrenztem Ausmaß als »Fremdwörter« Einfluss. Andererseits blieb die lateinische Amtssprache, die zugleich die Sprache der Theologie und der Liturgie war, der geistlichen Oberschicht und den Klerikern vorbehalten sowie den gebildeten Laien. Das hatte zur Folge, dass die auf Latein verfassten theologischen Schriften und Lehrbücher zur Ausbildung einer Elite im Abendland verwendet wurden, die jahrhundertelang dem Denken und den Dogmen der romgebundenen Religion verhaftet war. Schwebte schon Platon ein neuer Adel durch einen sich erneuernden Zeitgeist vor, so war in karolingischer Zeit das Dictum des Hieronymus von Stridon *Nobilis genere, sed nobilior sanctitate* ein geflügeltes Wort. Alkuin beklagte sich zur Zeit Karls des Großen über den zunehmenden Sittenverfall unter Verwendung eben dieses Dictums, mit dem Hieronymus allerdings in einem Kunstbrief in Form eines Epitaphs die hl. Paula pries. Es spricht für die facettenreiche Arbeitsweise Alkuins, dass er das Zitat nicht nur als einen moralischen Spiegel eingesetzt hat, sondern dass er mit diesem Zitat auch einen Appell zur Fortdauer der Bindung des fränkischen Reiches an das römische Papsttum an die Oberschicht richtete[47].

---

45 Vgl. KRAH, Die Entstehung der »potestas regia« im Westfrankenreich (wie Anm. 36), S. 56–67 und zum weiteren Vorgehen Karls des Kahlen und der Schlacht von Fontenoy ebd., S. 67–86; vgl. dazu ferner demnächst den Abschnitt »Straßburg oder Coulaines?«, in: Adelheid KRAH, Natio, Gemeinschaft, Kult und Nation. Gemeinschaftskonzepte des Frühmittelalters und am Beginn des Hochmittelalters, Teil 2, in: Francia 51 (2024).

46 Vgl. KRAH, Natio (wie Anm. 4).

47 Alkuin schrieb in seinem auf den Beginn der Kaiserzeit Karls des Großen datierten Brief an Gundrada, die Schwester des Abtes Adalhard von Corbie, sich über die Moral der fränkischen Nobilität beklagend, in Abwandlung eines Zitats aus dem Epitaphium sanctae Paulae (verstorben am 26. Januar 404) des Hieronymus von Stridon: *Sint nobiles in moribus, sicut sunt nobiles ex parentibus. Non serviant carnali desiderio, sed Christi magisterio. Vivant coram hominibus honeste et coram Deo digne. Agant de praeteritis poenitentiam et caveant se de futuris; quia scriptura dicit: »Deus dat poenitentibus partem iustitiae«.* Alcuini sive Albini epistolae, recensuit Er-

Die in den Zentren des Unterrichts ausgebildete elitäre Gemeinschaft beherrschte auch die Rechtskultur des Frühmittelalters, die in den romanischen Gebieten Europas in antiker, spätrömischer Tradition stand. Zur Zeit des Bischofs Isidor von Sevilla war das theodosianische Rechtskorpus längst von den Westgoten übernommen worden mit einem Geltungsbereich bis an die Flusslinie der Loire[48]. In Burgund galt neben dem Volksrecht der Burgunder ebenfalls das theodosianische römische Recht, ebenso in der Diözese Chur und in der südlichen Alpenzone sowie an den norditalienischen Bischofssitzen, wo es zusammen mit vielfältigen Auszügen aus den Novellen der Kirchengesetzgebung Kaiser Justinians als praktiziertes Recht verwendet wurde[49].

Diese Strukturierung der poströmischen Landschafträume Westeuropas in »elitäre Zonen« der lateinischen Sprachkultur für Religion, Bildung und Recht sowie das übernommene Netzwerk intellektuellen Kulturaustausches zwischen den geistlichen Zentren dürften letztendlich das Fundament für das anhaltende Prestige der lateinischen Kult-, Rechts- und Kultursprache gelegt haben, in der sämtliche weiteren Schriften und Rechtsdokumente sowie deren Sammlungen verfasst wurden. Ganz selbstverständlich benutzte man das Latein auch als die Sprache der Geschichtsschreibung sowie zur Dokumentation historischen Schrifttums; man schuf die Tradition wissenschaftlicher Gepflogenheiten und des gelehrten Wissensaustausches auf Latein, die in manchen intellektuellen Kreisen des deutschsprachigen Raums bis zum Ende des 19. Jahrhunderts Usus war.

Auf die vielfältigen Tendenzen einer »Re-naissance« der Antike, aber auch des Mittelalters in den Bereichen der Philosophie, Philologie, der Kunst und Architektur braucht hier nicht näher eingegangen zu werden. Sie alle dienten in irgendeiner Weise der eigenen Identitätsfindung, um in der Vernetzung mit der Vergangenheit die Fortdauer von Gemeinschaftsformen und bestehende Existenzprozesse der eigenen Gegenwart definieren zu können. Dantes visionäre Erzählungen in seinem italienisch geschriebenen Werk »La comedia« sind letztlich eine Verankerung der eigenen Per-

---

nestus Dümmler, Berlin 1895 (MGH Epistolae Karolini aevi, 2), S. 1–481, Epist. 241, S. 386 f. Er benutzt das Vorbild der hl. Paula zur Kommunikation mit Gundrada nach einem Dictum des Hieronymus von Stridon, das hier ebenfalls im Kontext aus der Edition von Labourt zitiert wird, Saint Jérôme, Lettres, Bd. 5, texte établi et traduit par Jérôme Labourt, Paris 1955 (Collection des universités de France, B 12, 5), Epistola 108, 1, Epitaphium sanctae Pavlae, S. 159, wo es am Beginn heißt: *Si cuncta mei corporis membra uerterentur in linguas, et omnes artus humana uoce resonarent, nihil dignum sanctae ac uenerabilis Paulae uirtutibus dicerem.* **Nobilis genere, sed multo nobilior sanctitate;** *potens quondam diuitiis, sed nunc Christi pauperitate insignior*; es folgt eine kurze Beschreibung der Herkunft der hl. Paula und ihrer Wirkungsweise: *Graecorum stirps, suboles Scipionum, Pauli heres, cuius uocabulum trahit, Maeciae Papirae, matris Africani uera et germana progenies, Romae praetulit Bethlem, et aura tecta fulgentia informis luti uilitate mutauit.* Labourt weist S. 159, Anm. 2 darauf hin, dass Paul eine Bezeichnung für die *gens Aemilia* war, die von mehreren Mitgliedern verwendet wurde. Sollte dies noch Alkuin bekannt gewesen sein, so zielte seine kritische Bemerkung auf die Bildung der fränkisch-karolingischen Elite der Adelsfamilien ab.

48 Detlev Liebs, Codex Theodosianus, in: Albrecht Cordes u. a. (Hg.), Handwörterbuch zur deutschen Rechtsgeschichte, Bd. 1 (2008), Sp. 868–870; ders., Lex romana visigothorum, ebd., Bd. 3 (2016), Sp. 918–924.
49 Detlev Liebs, Lex Romana Burgundionum, ebd., Bd. 3 (2016), Sp. 908–912; Elisabeth Meyer-Marthaler, Hans-Jürgen Becker, Lex Romana Curiensis, ebd., Sp. 913–918.

son mit den großen Gestalten der Vergangenheit, durch deren Werke das eigene Schaffen inspiriert wurde. Es markiert in der Dichtkunst so etwas wie einen Linguistic Turn durch die Andersartigkeit der sprachlichen Gestaltung der aufgegriffenen Themen der Theologie, Poesie und Historie, auch wenn der Begriff natürlich erst im 20. Jahrhundert in der Methodik der Sprachanalyse entwickelt wurde. Doch schrieb Dante (1265–1321) am Beginn der Renaissance in Italien und verwendete das als dichterische Sprache anerkannte Italienisch und nicht das Latein, wie seine Vorbilder Vergil und Bernhard von Clairvaux. Das in mittelalterlichen Werken über viele Jahrhunderte angeprangerte Heidentum Vergils war damals offenbar kein Thema mehr und dürfte vielmehr als ein überholtes Image des großen Dichters gegolten haben, das man eben dem Mittelalter zurechnete[50].

Das an der Schwelle zur Neuzeit geschriebene Werk Dantes hat das Denken in ganz Europa bis in die Gegenwart beflügelt. Es trug aber auch zu einem Bewusstsein für die Wertschätzung der Vergangenheit bei. Wenn sich etwa dem visionären Poet im Paradies der scholastische Theologe Bernhard von Clairvaux vor dem Thron der Gottesmutter als gelehrter Begleiter im Zwiegespräch zugesellt, so spiegelt dies die Bedeutung seines mittelalterlichen Vorbildes wider und die große Anerkennung der mittelalterlichen Scholastik durch den Dichter, aber es weist auch auf die »Re-naissance« der großen Verehrung der Muttergottes in den Kirchen Italiens hin und auf einen Wandel in der marianischen Verehrung: Maria führt die zu ihr betenden Menschen der christlichen Gemeinschaft in das Paradies. Deshalb schließt Dante sein Werk

---

50 Eine der neueren Editionen ist Dante Alighieri, Dante's Paradiso: The vision of Paradise from the Divine Comedy, illustrations by Gustave Doré, translated by The Rev. Henry Francis Cary, Minneapolis 2015, Gesänge XXXI–XXXIII, benützt als e-book, bereitgestellt an der Universitätsbibliothek Wien; ferner: Nicola Fosca (Hg.), Dante Aligieri, La Divina Commedia, 3, Paradiso, Canterano 2020 sowie Franco Ricordi, Filosofia della Commedia di Dante: La luce moderna e contemporanea del nostro più grande poeta, 3, Paradiso, Milano 2021. Vgl. auch unter den Frühdrucken des Werkes La comedia di Dante Aligieri con la noua espositione di Alessandro Vellutello von 1544, die Papst Paul III. gewidmet ist. Eine weitere frühe Handschrift der »Comedia« ist der auf Papier geschriebene Codex Ricasoli Firidolfi des 14. Jahrhunderts, der sich im 16. Jahrhundert in der Bibliothek der Barone Ricasoli Firidolfi befand, heute Teil der Fondation Martin Bodmer, Cologny, Cod. Bodmer 56; Digitalisat in der Sammlung der Schweizer e-codices, mit dem Profilporträt des Dichters als Ausschmücken der Initiale am Beginn des Textes, online e-codices – Virtual Manuscript Library of Switzerland: https://e-codices.unifr.ch/de/fmb/cb-0056/1r (16.02.2023); Beschreibung Paola Allegretti, Catalogo dei codici italiani, Cod. Bodmer 56. In: Corona Nova. Bulletin de la Bibliotheca Bodmeriana 2 (2003), S. 48–53. Zur Furcht vor einer heidnischen Infiltration des Menschen bei der Lektüre von Vergils Versen sei hier als Beispiel die Vision Ermenrichs von Ellwangen, des späteren Bischofs von Passau, angeführt, dem nach nächtlicher Lektüre der Verse des Dichters dieser als monströses Phantom erschienen sei, wie er in seiner »Epistola ad Grimoldum« schreibt. Auch verwendet er für ihn zwei Namen: »Vergil«, wenn er die Poesie des Dichters preist, und »Maro« für den heidnischen Schriftsteller Vergil. Dazu bei Adelheid Krah, Karolingische Lehrbücher. Zu Büchern als Wissenssammlungen in Bibliotheken und Schulen des 9. Jahrhunderts. In: Lucie Heilandová, Jindra Pavelková (Hg.), Knihovny a jejich majitelé. Odraz zájmu a touhy po poznání, Brno 2018, S. 40–62, hier S. 54–57 und S. 58–62 zur Blasphemie des Dichters und dem Sprichwort »vom Gold im Mist«. Auch Ermoldus Nigellus und Lupus von Ferrières verwenden das Pseudonym »Maro« für Vergil; vgl. etwa Ermold le Noir, Poème sur Louis le Pieux et Epîtres au roi Pépin, éd. et trad. par Edmond Faral, Paris 1932, Vers 52, S. 6, und die Rezension zu dieser Edition von Léon Levillain, in: Bibliothèque de l'École des chartes 94 (1933), S. 156–163, hier S. 160.

auch mit einem kunstvollen Marienhymnus[51]. Durch seine Dichtkunst in der für ganz Europa damals vorbildhaften italienischen Sprache wurde so etwas wie ein »Gleichklang« zwischen der Volkssprache und dem Latein erreicht, was zu einer unglaublichen Rezeption dieses Werkes führte, nicht aber der Zusammenschluss der italienischsprachigen Räume zu einer Nation.

IV. Die Vielfalt der *gentes* und Isidors Zugeständnisse, oder: Gemeinschaft braucht Gesetze

Die Vision Isidors von Sevilla vom Fortbestand großer, durch die Kultsprachen geeinter Nationen war längst überholt, obgleich sein Lehrbuch auch in anderen Bereichen benutzt und gerne zur Legitimation für Gesetzeswerke der fränkischen Zeit herangezogen wurde, um darzulegen, dass sie in der mosaischen Gesetzgebungstradition des Alten Testamentes und des hebräischen Volkes stehen. Es ging dabei sicher nicht um die Akzeptanz der jüdischen Thoragesetze, sondern vielmehr um einen Mythos aus dem Judentum, den Isidor als absolute Autorität für die Notwendigkeit einer Gesetzgebung verstand, durch die das Zusammenleben innerhalb der Gemeinschaften der Menschen zu regeln sei.

Man könnte den berühmten Prolog der »Lex Baiuvariorum«, der auch separat in einzelnen Leges-Handschriften überliefert ist und auch im Kontext zum Text der »Lex Alamannorum« verschriftlicht wurde, als montiertes Machwerk eines narrativen Proömiums abtun; doch stellen die in fränkischer Zeit promulgierten Gesetze, insbesondere des süddeutschen Raums, Produkte der damals vorgenommenen strukturellen Vereinheitlichung dar, die dem Zusammenschluss von gentilen Rechtsgemeinschaften förderlich sein sollten. Deren besondere Rechtsgewohnheiten wurden vom fränkisch-karolingischen Königtum explizit mittels Kapitularien – also durch Spezialgesetzgebung – bewilligt, freilich in einer an die Ideologie des christlichen merowingisch-karolingischen Regnum angepassten Form. Dies betraf vor allem das Verhältnis zur Kirche und den Schutz der Kleriker[52].

Hierfür bedurfte es einer autoritativen Einleitung, die die Tradition der antiken Gesetzgebung und den Kontext zur Religion und zur Religionsgesetzgebung herstellte und nicht – wie etwa das langobardische Edikt König Rothars, das im *Gairethinx*, einer »nationalen« Versammlung langobardischer Krieger und Heerführer, im November 643 promulgiert wurde – ausschließlich auf die eigene Geschichte der Einwanderung und den Prozess der Ansiedlung in Oberitalien Bezug nahm[53]. Das

---

51 Wie Anm. 50.
52 Lex Baiwariorum, ed. von Ernst Baron VON SCHWIND, Hannover 1926 (MGH LL nat. Germ., 5, 2), Titel I, Kap. 1–13, in allen Handschriften, in T2 gekürzt. – Mit Fokus auf die »Lex Alamannorum« zuletzt Wilfried HARTMANN, Glaube und Kirche im Spiegel der Leges, in: Sebastian BRATHER (Hg.), Recht und Kultur im frühmittelalterlichen Alemannien. Rechtsgeschichte, Archäologie und Geschichte des 7. und 8. Jahrhunderts, Berlin 2017 (Ergänzungsbd. zum Reallexikon der germanischen Altertumskunde, 102), S. 309–331.
53 Prolog des Edictus Langobardorum, recensuit Friedrich BLUHME, Hannover 1868 (MGH LL, 4), S. 1–3. Zu diesem Ritual des Gesetzgebungsaktes vgl. die Arbeiten von Gerhard DILCHER, etwa Il »gairethinx« e la legislazione longobarda, in: Cala FALLUOMINI (Hg.), I Longobardi in Italia. Lingua e cultura, Alessandria 2015, S. 87–112, mit weiterführender Literatur und DERS., Lango-

»Edictum Rothari« enthält keine kirchenrechtlichen Bestimmungen. Es wurde zwar auf Latein verfasst, der Text ist allerdings mit vielen volkssprachigen Schlüsselbegriffen zur Bezeichnung von Standesunterschieden und spezifischen Delikten übersät, um überhaupt anwendbar zu sein. Die Kontextualisierung mit Schlüsselwörtern der Volkssprachen durchzieht auch die Texte des salfränkischen Rechts sowie des alemannischen und des baiuvarischen[54]. Einen Bezug zur Einwanderung von Baiuvaren in den süddeutschen Raum sucht man am Beginn der »Lex Baiuvariorum« vergeblich. Sogar die verkürzte Textversion im Leges-Sammelcodex aus dem 9. Jahrhundert, der heute in Cologny, Bibliotheca Bodmeriana, Signatur Cod. Bodmer 107, aufbewahrt wird, enthält zur Frage der Gesetzgebung der »Lex Baiuvariorum« nur den Hinweis, dass es sich um Gesetze im merowingischen Regnum handle, die offenbar auf einer Volksversammlung promulgiert worden waren[55].

Der Prolog der »Lex Baiuvariorum« entspricht mehrheitlich der Passage von Kapitel 1 und 3 aus Buch V »De legibus« der »Etymologien« Isidors von Sevilla[56]; sie wurde lediglich durch eine Umschreibung des Dictums *Lex est constitutio scripta* erweitert sowie durch einen Zusatz am Ende, in dem von einer Gesetzeserneuerung unter merowingischen Königen die Rede ist. Das Wort *gens* begegnet am Textbeginn von Isidors Begriffsdefinition »De legibus«, wo er das mosaische Recht als das älteste ihm bekannte benannte, als er schrieb: *Moyses gentis Hebrae primus omnium divinas leges sacris litteris explicavit.* Es werden weitere Gesetze der Antike als Beispiele für Recht und Gemeinschaft genannt. Die Terminologie gentiler Rechtssetzung wird am Ende des Prologs der »Lex Baiuvariorum« in einem Zusatz noch einmal aufgenommen, wenn von der Schriftpraxis der Gesetze der Franken, Alemannen und Baiuvaren in merowingischer Zeit die Rede ist; es heißt hier:

Ipso [scil. Theudericus rex Francorum] autem dictante iussit conscribere legem Francorum et Alamannorum et Baioariorum unicuique genti quae in eius potestate erat, secundum consuetudinem suam, addidit quae addenda erant et improvisa et inconposita resecavit[57].

bardisches Recht, in: Albrecht CORDES u.a. (Hg.), Handwörterbuch zur deutschen Rechtsgeschichte, Bd. 3 (2016), Sp. 624–637.

54 Vgl. Ruth SCHMIDT-WIEGAND, Sprache, Recht und Rechtssprache bei Franken und Alemannen vom 6. bis zum 8. Jahrhundert, in: Gerhard DILCHER (Hg.), Leges – Gentes – Regna. Zur Rolle von germanischen Rechtsgewohnheiten und lateinischer Schriftkultur, Berlin 2006, S. 141–158; DIES., Die volkssprachigen Wörter der Leges barbarorum als Ausdruck sprachlicher Interferenz, in: DIES., Dagmar HÜPPER, Claus-Dieter SCHOTT (Hg.), Stammesrecht und Volkssprache. Ausgewählte Aufsätze zu den Leges barbarorum. Festgabe für Ruth-Schmidt-Wiegand zum 1.1.1991, Weinheim 1991, S. 181–212.

55 SCHWIND (Ed.), Lex Baiwariorum (wie Anm. 52), S. 261, die Überschrift zum Kapitelverzeichnis: *Hoc decretum apud regem et principes eius et apud cunctum populum Christianum qui infra regnum Mervungorum consistunt.*

56 Vgl. die Gegenüberstellung der Textpassagen aus den »Etymologien« mit dem Text des Prologs in der Edition von SCHWIND (Ed.), Lex Baiwariorum (wie Anm. 52), S. 198–203; ferner zu Buch V der »Etymologien« die neue Edition von Valeriano YARZA URQUIOLA, Francisco Janvier ANDRÉS SANTOS, Isidoro de Sevilla, Etimologías Libro V, De legibus – De temporibus, Paris 2013 (Auteurs latins du Moyen Âge), hier S. 10–20.

57 SCHWIND (Ed.), Lex Baiwariorum (wie Anm. 52), S. 201f.; der Prolog ist allerdings auch in veränderter Form des Textes am Ende der Lex überliefert, etwa in der späten Handschrift des

Interessant ist, dass diese Definition einer historisch bedingten Gesetzgebung der Menschheit durch den im gotischen Spanien an der Schnittstelle zum Frühmittelalter lebenden Bischof Isidor von Sevilla von den Franken als Autorität bemüht wurde. Als Bischof von Sevilla war Isidor um die spätantike Kontinuität bemüht und kannte das in lateinischer Sprache formulierte westgotische Recht einschließlich der im 5. Jahrhundert unter König Eurich erlassenen Frühform und ebenso den »Codex Theodosianus«[58]. Den Gelehrten der merowingischen Zeit war klar, dass sie nirgends eine bessere Definition von Recht und Gesetzgebung und zu den Grundlagen einer auf römischem Recht basierenden Rechtsordnung finden konnten als in den 27 Kapiteln, die Isidor in seinem etymologischen Lexikon in Buch V »De legibus – De temporibus« vorgelegt hatte. Hier findet sich unter dem Titel »De auctoribus legum« als erstes Kapitel genau jener Text, der für den Prolog der »Lex Baiuvariorum« im Wesentlichen als historische Einleitung verwendet wurde, beginnend mit dem bekannten Hinweis *Moyses gentis Hebraeae primus omnium divinas leges sacris litteris explicavit* auf die mosaische Gesetzgebung und einem weiterführenden historischen Abriss bis zur theodosianischen Rechtskompilation. Die nächsten Kapitel differenzieren genau, etwa in Kapitel 3 zwischen *fas* und *ius*, dem göttlichen und dem menschlichen Recht, zwischen *ius*, *leges* und *mores*, dem Natur-, Zivil- und Militärrecht und dem *ius gentium*. Isidor erfasst mit dem Begriff *ius gentium* sehr viele Bereiche, so auch das Recht der *gentes*, Bündnisse zu schließen, indem er wie folgt formulierte: *Et inde ius gentium, quia eo iure omnes ferre gentes utuntur*[59]. Er meint damit ein Völkerrecht, das jede *gens* beanspruchen kann, denn eine übergeordnete Gesetzgebung einer alle *gentes* einenden »Nation« kennt er nicht.

Das Wort *natio* fehlt in Buch V komplett, sowohl im Teil »De legibus« als auch im Teil »De temporibus«. Beide greifen gedanklich insofern ineinander, als Isidor in seiner Chronologie der Menschheitsgeschichte bei der Darstellung der Zeitfaktoren der Zersplitterung der Menschheit in *gentes* und somit auch seiner eigenen Zeitgeschichte genauso Rechnung trägt wie im Teil »De legibus« des Buches. Lediglich die christliche Religion wird zur Zeitachse, denn die »Chronik« endet mit dem Hinweis, dass nun auch die Goten katholisch geworden seien und die Juden in Spanien den christlichen Glauben angenommen hätten, was wohl visionär gemeint war, als er schrieb: *Judaei in Hispania Christiani efficiuntur*. Abschließend wird die Zukunft des 6. Zeitalters, in dem Isidor nach seiner Zeitrechnung lebte, Gott mit den Worten *Residuum sextae aetatis tempus Deo soli est cognitum* anbefohlen[60].

Es kann also davon ausgegangen werden, dass ab dem 6. Jahrhundert Gesetzgebung auch eine Institution für die in den Westen und Süden Europas migrierten gentilen Volksstämme war, in der das unterschiedlich praktizierte Gewohnheitsrecht und damit ein wesentlicher Teil der Identitäten dieser sozialen Gemeinschaften festgeschrieben und transparent wurde. Obgleich sie ethnisch verschieden waren, bestand für alle nach ihrer Ansiedlung die Notwendigkeit, das Zusammenleben durch Ord-

---

13. Jahrhunderts aus dem Zisterzienserkloster in Aldersbach, die heute unter der Signatur BSB Clm 2621 in der Bayerischen Staatsbibliothek in München aufbewahrt wird.
58 Vgl. auch Felix DAHN, »Eurich«, in: Allgemeine Deutsche Biographie 48 (1904), S. 450–451.
59 Etimologías Libro V (wie Anm. 56), Kap. 6, S. 19f.
60 Ebd., Kap. 39, Tit. 42, S. 175–177.

nungsvorgaben in schriftlichen Gesetzen zu regeln. Die Verschriftlichung der eigenen Gewohnheitsrechte in lateinischer Sprache ist als Schritt der Angleichung an das romanische Bildungsniveau zu verstehen, vor allem an das Niveau der in den Einwanderungsländern im römischen Imperium vorgefundenen Gesetzgebungspraxis. Die Rituale der Promulgation der gentilen Leges waren aber eher ethnische Inszenierungen. Insofern sind Isidors Ausführungen für beide Rechtsentwicklungen von Bedeutung, wenn er etwa in Buch V, Kapitel 10 die Frage stellt, *Quid sit lex?* und sie folgendermaßen beantwortet: *Lex est constitutio populi, qua maiores natu simul cum plebibus aliquid sanxerunt*[61]. Mit der sozialen Differenzierung zwischen der elitären Oberschicht der *maiores natu* und der breiten, untergeordneten Schicht der *plebs* umschrieb Isidor interessanterweise sowohl die römische Gesellschaft als auch die der sesshaft gewordenen *gentes*.

In den letzten Jahrzehnten wurde in der Mediävistik viel über Fragen der Akkulturation und Identität der *gentes* diskutiert, doch scheint die Beobachtung von Karl Ferdinand Werner schlüssig, der die frühmittelalterlichen Adelsstrukturen als eine Fortentwicklung der römischen Gesellschaftsordnung und des römischen Militärwesens versteht und als eine sozio-kulturell dynamisch wirkende historische Dimension festmachte[62]. Nicht zu vergessen ist der Einfluss des Heiligenkultes und seine Verbreitung und Ausstrahlung vom römisch-griechischen Imperium in die Nachfolgestaaten. Dies zeigt etwa das oben angeführte Textbeispiel aus Alkuins Brief an Gundrada, in dem er ein Zitat des Hieronymus von Stridon aus dessen Epitaph für die heilige Paula und die römische *gens Aemilia*, aus der sie stammte, verwandte und mit diesem hagiographischen Textbaustein die Theologie des großen Kirchenvaters in seine Gegenwart projizierte[63].

Wenn Isidor aber von der Vielfalt der Gesetze der *gentes* spricht, so ist das eine Reminiszenz an die eigene Zeitgeschichte, die ihn zwang, vom spätantiken Konzept der großen Nationenbildung durch Sprachvereinheitlichung und einem einheitlichen, römischen Recht für alle Bewohner des römischen Reiches, wie es Kaiser Justinian vorschwebte, abzurücken[64].

Es ist bekannt, dass die »Lex Baiuvariorum« auch einige Passagen des gotischen Rechts in der frühen Fassung des euricianischen übernommen hat[65]. Eine gemeinsame Überlieferung der König Eurich zugeschriebenen Version des westgotischen Rechtes mit den Texten von Buch V »De legibus« der »Etymologien« Isidors ist nicht aus-

---

61 Ebd., Kap. 6, S. 23.
62 Vgl. WERNER, Naissance (wie Anm. 32).
63 Vgl. oben bei Anm. 47.
64 Vgl. oben bei Anm. 19.
65 Vgl. etwa zu Titel XII der »Lex Baiuvariorum« über die Verletzung von Grenzzeichen, die Quellen vergleichend SCHWIND (Ed.), Lex Baiwariorum (wie Anm. 52), S. 398–402; vgl. Isabella FASTRICH-SUTTY, Die Rezeption des westgotischen Rechts in der Lex Baiuvariorum. Eine Studie zur Bearbeitung von Rechtstexten im frühen Mittelalter, Köln u. a. 2001 (Erlanger juristische Abhandlungen, 51); Tamás NÓTARI, Remarks on the creation and the prologue of Lex Baiuvariorum, in: Acta juridica hungarica: Hungarian Journal of legal studies 55, 4 (2014), S. 334–350, fasst nur den älteren Forschungsstand zusammen, ohne auf die Überlieferungszusammenhänge des Textes einzugehen; spätere Zusätze am Ende der »Lex Baiuvariorum« entsprechen Passagen der »Lex Alamannorum« bzw. der »Lex Salica«.

zuschließen⁶⁶. Es handelte sich ja um ein Schulwerk für den Unterricht und die Bildung künftiger Generationen der Nobilität mit hoher Verbreitung an den monastischen Zentren, zumal Buch V auch die einzelnen Zeitalter der Weltgeschichte in einer überarbeiteten Form des antiken Wissens zum Inhalt hat. Daher dürfte weiteres, spätantikes Wissen und westgotisches Schrifttum zusammen mit Isidors »Etymologien« von den gotischen Zentren in die Bibliotheken der fränkischen und burgundischen geistlichen Schreibschulen gelangt sein und ein wertvoller Teil des Bücherbestandes gewesen sein, was durch die gemeinsame Textüberlieferung dieser Quellen in der »Lex Baiuvariorum« naheliegend erscheint. Hier nimmt in Kapitel 26, das die verschiedenen Instrumente der Rechtsausübung behandelt, das Testament mit zahlreichen möglichen Textvarianten einen vorrangigen Platz ein. Zuvor wird die Aufgabe der Zeugen und der zur Unterschrift eines Testaments berechtigten Personen festgelegt.

Dieses Procedere wurde zur Zeit der bayerischen Herzöge Odilo und Tassilo III. praktiziert und ist in den kopialen Abschriften der Herzogurkunden im Freisinger Traditionsbuch, dem sogenannten Cozroh-Codex von 824, nachvollziehbar dokumentiert⁶⁷. Auch für das Delikt des Hochverrats argumentiert Isidor traditionell nach römischen Vorstellungen, was die Konspiration mit den Feinden anbelangt. Damit wurde Herzog Tassilo III. nach seiner Absetzung belastet. Es ist bei Isidor aber nicht die Rede von einer verweigerten Teilnahme an einem Heereszug, was als nachträgliche Erfindung für ein militärischen Verschulden im Bericht der »Annales Francorum« erwähnt wird, um die Absetzung des Herzogs als Vergehen gegen den Heerführer zu rechtfertigen, der damals König Pippin gewesen war⁶⁸.

Insoweit zeichnet sich eine Schnittstelle zwischen den einheitlichen römisch-rechtlichen Vorstellungen einer politisch geeinten fränkischen »Nation« und den gentilen Rechtsvorstellungen und Neuschöpfungen der *Leges barbarorum* ab. Wie am Beispiel der Absetzung Herzog Tassilos III. gezeigt wurde, gab es Lücken, die zu einem juristischen Erklärungsnotstand führten. Das mit dem volkssprachigen Wort *herisliz* gemeinte Delikt überliefert zwar die fränkische Geschichtsschreibung. Dieses Delikt wurde aber bei der Novellierung der »Lex Baiuvariorum« durch Karl den Großen

---

66 Die Edition des gotischen und euricianischen Rechts von Karl Zeumer basiert auf dem in einigen Teilen als Palimpsest überlieferten Text der Handschrift Paris BNF Lat.12 161; vgl. die Beschreibung in der digitalen Bibliotheca legum, http://www.leges.uni-koeln.de/mss/handschrift/paris-bn-lat-12161/ (16.02.2023). Lex Visigothorum. Leges Visigothorum antiquiores, ed. Karl ZEUMER, Hannover, Leipzig 1902 (MGH, LL nat. Germ, 1), Titel Legum codicis Euriciani fragmenta, S. 1–32. – Vgl. Dietrich CLAUDE, Eurich, in: Reallexikon der Germanischen Altertumskunde, Bd. 8, ²(1994), S. 17–19; anders Herman NEHLSEN, der König Alarich II. als Gesetzgeber hierfür im Vordergrund sieht: Alarich II. als Gesetzgeber. Zur Geschichte der Lex Romana Visigothorum, in: Gerhard DILCHER (Hg.), Studien zu den germanischen Volksrechten, Frankfurt am Main u. a. 1982 (Rechtshistorische Reihe, 1), S. 143–203, sowie DERS., »Lex Visigothorum«, in: Handwörterbuch zur deutschen Rechtsgeschichte, Bd. 2 (1978), Sp. 1966–1979. Klassisch und noch immer gültig für die frühe Geschichte des Arelat ist das Werk von René POUPARDIN, Le royaume de Bourgogne (888–1038). Études sur les origines du royaume d'Arles, Paris 1907; Horst BITSCH, Arelat, in: Lexikon des Mittelalters, Bd. 1 (1980), Sp. 916 f.
67 Vgl. Adelheid KRAH, Der Transfer von Urkundenbeständen in das Monasterium Sancti Corbiniani auf dem Freisinger Burgberg: Ursachen und Bedeutung der Überlieferungen im Freisinger Traditionsbuch des Cozroh, in: Beiträge zur altbayerischen Kirchengeschichte 60 (2020), S. 5–32.
68 Etimologías libro V (wie Anm. 56), Kap. 26, Tit. 25, S. 69.

nicht in die Lex aufgenommen, sondern es firmiert erst im »Capitulare Italicum« von 801 in Titel 2 unter dem fränkischen Wort *De haribanno*. Diese Bestimmung setzte bei Verweigerung der Teilnahme an einem Feldzug des Kaisers eine Bußzahlung fest, von dem Verlust eines Amtes oder einer militärischen Funktion ist keine Rede[69].

Aber bereits nach der Schlacht von Vouillé und der Niederlage Alarichs II. gegen den Merowingerkönig Chlodwig von 507 ist südlich der Loirelinie mit einer Umorientierung zu rechnen, die in der Folgezeit einen Transfer von Wissen und Handschriften von den Zentren des gotischen Reiches im aquitanisch-südfranzösischen Raum über den burgundischen in die fränkisch-alemannischen und süddeutschen Gebiete des Reiches zur Folge hatte. Das Arelat war schon in römischer Zeit ein mehrere Provinzen beiderseits der Rhône umspannender Landschaftsraum, der die Alpenregion mit dem Norden verband. Nach der Formierung des burgundischen Regnum am Ende der karolingischen Epoche wurde es bekanntlich zu einer begehrten Drehscheibe des Kulturaustausches und unterlag dem Einflussbereich der Machtinteressen der sächsisch-salischen Königsherrschaft, weil der burgundische König Rudolf die charismatische Insignie der Heiligen Lanze besaß, der ein Nagel vom Kreuz Christi eingebunden war. Sie sollte zur wertvollsten Insignie des deutschen Königtums und der deutschen Nation werden[70].

In diesen Kontext gehört auch die 2021 erschienene Arbeit von Michael J. Kelly, der sich aber überwiegend den historiografischen Werken Isidors »De origine Gothorum« und »De laude Spaniae« widmete, sowie dessen »Historia Gothorum, Wandalorum, Sveborum« und mit Patrick Wormald von einer starken Beeinflussung der römischen Gesetzgebung durch die Literatur ausging[71]. Diesem Argument von Patrick Wormald und ihm folgend Kelly widerspricht allerdings die Tatsache, dass man in frühkarolingischer Zeit sehr genau zwischen den Wissensinhalten zu selektieren verstand. Im Codex Sankt Gallen, Stiftsbibliothek, Signatur Cod. Sang. 133 etwa, der drei kodikologische Einheiten von im 8. und 9. Jahrhundert geschriebenen

---

69 Vgl. Adelheid KRAH, Herisliz, in: Handwörterbuch zur deutschen Rechtsgeschichte, Bd. 2 (2011), Sp. 962–964. Capitulare Italicum von 801, in: Alfred BORETIUS (ed.), Capitularia regum Francorum, Bd. 1, Hannover 1883 (MGH Legum sectio II), S. 204–206, hier Titel 2, S. 205. In diesem Zusammenhang ist auf folgende Studie hinzuweisen, die freilich das bereits über viele Jahrzehnte diskutierte Thema der fränkischen *consuetudines* und deren Anpassung in karolingischer Zeit noch einmal aufnimmt, Gerda HEYDEMANN, Helmut REIMITZ, *Novae et antiquae consuetudines*. Beobachtungen zu Geschichte und Exegese in den karolingischen Kapitularien, in: Karl UBL, Bernhard JUSSEN (Hg.), Die Sprache des Rechts. Historische Semantik und karolingische Kapitularien, Göttingen 2022, S. 35–60; vgl. auch Adelheid KRAH, Das Bild der Sozialgeschichte in den *Leges barbarorum*. Analyseperspektiven, in: Hans-Georg HERMANN u. a. (Hg.), Von den *leges barbarorum* bis zum *ius barbarum* des Nationalsozialismus. Festschrift für Hermann Nehlsen zum 70. Geburtstag, Köln u. a. 2008, S. 77–98.

70 Gunther WOLF, Prolegomena zur Erforschung der Heiligen Lanze, in: Die Reichskleinodien. Herrschaftszeichen des Heiligen römischen Reiches, Göppingen 1997 (Schriften zur staufischen Kunst und Geschichte, 16), S. 130–145; noch immer gültig Walther HOLTZMANN, König Heinrich I. und die hl. Lanze. Kritische Untersuchungen zur Außenpolitik in den Anfängen des Deutschen Reiches, Bonn 1947.

71 Michael J. KELLY, Isidore of Seville and the »Liber Iudiciorum«. The Struggle for the Past in the Visigothic Kingdom, Leiden, Boston 2021 (The Medieval and Early Modern Iberian World, 80), S. 176; der »Liber iudiciorum« ist allerdings eine Rechtssammlung der späteren westgotischen Könige vor allem ab der Mitte des 7. Jahrhunderts.

Texten enthält und noch heute im originalen karolingischen Einband aufbewahrt wird, sind ausschließlich biblisch-geografische und biblisch-historiografische Texte von Hieronymus und Isidor von Sevilla sowie die »Kosmographie« des Aethicus Ister und ein Bericht einer frühen Pilgerreise vereint; es findet sich hier einziger kein Rechtstext[72]. Auch steht der Meinung von Kelly freilich als schlagender Beweis entgegen, dass Hubert Mordek in seiner umfangreichen Publikation »Bibliotheca capitularium regum Francorum manuscripta« nur auf eine einzige Überlieferung eines historiografischen Textes im Kontext der Rechtssammlungen hinweisen kann, nämlich auf ein zwei Folia umfassendes Exzerpt der »Historia Langobardorum« in einer Rechtshandschrift des 11. Jahrhunderts, und lediglich zwei Beispiele von kleineren, historiografischen Texten am Beginn von groß angelegten Kapitularien- und Legeshandschriften kennt[73].

Damit dürfte klar sein, dass mit dem Zugeständnis einer eigenen Gesetzgebung, zunächst an die Goten und Burgunder, und der dann eigenständig von den Königen der Langobarden und Franken ausgeführten Verschriftlichungen des Gewohnheitsrechtes, die Idee eines die *gentes* einenden römischen Imperiums von den romanisch-kirchlichen Eliten im 6. und 7. Jahrhundert, also an der Schwelle zum Frühmittelalter, endgültig aufgegeben werden musste. Zu erinnern ist natürlich an die Rezeption des theodosianischen Rechtskompendiums für die im Raum der Burgunder und im Westgotenreich nach diesem Recht lebenden Romanen.

Durch die von den fränkischen Herrschern initiierte Verschriftlichung des Gewohnheitsrechtes der weiteren *gentes* in ihren Regna und durch die Anordnung der Rechtserneuerung und Verbesserung der Gesetzgebung war die Basis für die rechtliche Eigenständigkeit dieser *gentes* in ihren Siedlungsräumen geschaffen worden. Das oben bereits zitierte Dictum Isidors – *Quid sit lex? – Lex est constitutio populi, qua maiores natu simul cum plebibus aliquid sanxerunt* – spiegelt sich besonders in den Prologen der langobardischen, fränkischen und alemannischen Leges wider, wobei diese Prologtexte in einigen Leges-Handschriften durch zeitgenössische serielle Abbildungen der anwesenden Magnaten illuminiert wurden[74].

Durch diese gentil bezogene Gesetzgebung, welche die fränkischen Herrscher zwar kontrolliert, aber nicht den nicht-fränkischen *gentes* in ihrem *regnum* oktroyiert hatten, tat sich in den sogenannten älteren Stammesherzogtümern des deutschsprachigen Raums eine dynamische Perspektive für die künftige Entwicklung von eigen-

---

72 Vgl. die Handschriftenbeschreibung von Gustav SCHERRER, Verzeichnis der Handschriften der Stiftsbibliothek von St. Gallen, Halle 1875, S. 48 f., sowie die kodikologische Übersicht im Portal e-codices zur Handschrift, online e-codices – Virtual Manuscript Library of Switzerland: https://www.e-codices.unifr.ch/de/searchresult/list/one/csg/0133 (16.02.2023).
73 Hubert MORDEK, Bibliotheca capitularium regum Francorum manuscripta, München 1995 (MGH Hilfsmittel, 15), S. 141, 801, 1038. In diesem Kontext ist auf das Forschungsprojekt »La mobilité du droit – transfert des écrits juridiques à l'aune de la situation des Juifs en Europe« von Amélie Sagasser am DHI Paris hinzuweisen.
74 Vgl. Hubert MORDEK, Frühmittelalterliche Gesetzgeber und Iustitia in Miniaturen weltlicher Rechtshandschriften, in: La giustizia nell'alto medioevo, secoli V–VIII, Spoleto 1995 (Settimane di studio del Centro italiano di studi sull'alto medioevo, 42), S. 997–1052, sowie die letzte Edition der »Lex Alamannorum« von Clausdieter SCHOTT (Hg.), Lex Alamannorum. Text – Übersetzung – Kommentar – Faksimile. Das Gesetz der Alemannen. Faksimile aus der Wandalgarius-Handschrift Codex Sangallensis 731, Augsburg 2006.

ständig agierenden Herrschaftsbereichen auf, die über viele nachfolgende Jahrhunderte die Geschichte des süddeutschen Raums prägten. Zunächst gab es hier gentil strukturierte militärische Dukate des fränkischen Einflussbereiches, und daher verwundert es nicht, dass von den fränkischen Herrschern Bestrebungen zur Rechtsangleichung ausgingen. Die Überarbeitung und Fortentwicklung der Rechtskodifikation unter den karolingischen Herrschern ist zwar vom Gedanken der Vereinheitlichung des Rechtes getragen und einer zunehmenden Latinisierung der Deliktbezeichnungen, doch ist es nicht so, dass etwa die »Lex Baiuvariorum« oder die »Lex Alamannorum« dadurch zum »Anhängsel« des salfränkischen oder ribuarisch-fränkischen Rechts geworden wären. Die zahlreich überlieferten Sammelhandschriften, welche die gentilen Volksrechte des Frankenreiches vereinen, verdeutlichen die Eigenständigkeit der gentilen Leges: Sie wurden getrennt voneinander als jeder *gens* zugeordnete Rechtskorpora abgeschrieben und eben nicht zu einer einzigen Gesetzessammlung durch Systematisierung und Vereinheitlichung der Rechtsnormen vermengt.

Die gesamte Rezeption dieser Rechtsquellen hat die getrennte Überlieferung der einzelnen Rechtskorpora beibehalten. Selbst die späte, in Mainz angefertigte monumentale Leges-Sammelhandschrift, die heute in der Forschungsbibliothek in Gotha unter der Signatur Gotha, Memb. I 84 aufbewahrt wird und mit der auch eine ottonische Rezeption des karolingischen »Liber legum« des Lupus von Ferrières (805–862) vorliegt, behielt dieses Schema noch zu Beginn des 11. Jahrhunderts bei – vermutlich aus Respekt gegenüber der großartigen Leistung des gelehrten Abtes der karolingischen Hofakademie. Aus dem Proömium zu dieser Sammlung geht hervor, dass Lupus von Ferrières an einer Rechtsangleichung gearbeitet hatte, die aber im geteilten Karolingerreich nicht mehr umsetzbar war[75]. Die Mainzer Handschrift basiert auf der oberitalienischen Abschrift des Rechtskorpus des Lupus von Ferrières, das heute in der bischöflichen Bibliothek in Modena unter der Signatur Bibliotheca Capitolare O. I. 2 aufbewahrt wird. Die Anfertigung dieser italienischen Abschrift wurde von der Forschung auf die Zeit um das Jahr 991 festgelegt[76], wobei sie eher auf das Jahr 994 zu datieren wäre, nämlich den Beginn der eigenständigen imperialen Herrschaft Kaiser Ottos III.: Man kann einen Zusammenhang mit seinem um diese Zeit vorgelegten Herrschaftsprogramm vermuten. Die frühere Datierung der Handschrift Modena dürfte mit der Regentschaft der Kaiserin Theophanu in Oberitalien konform gehen, die im Jahr 991 verstarb[77]. Gut denkbar erscheint, dass die Kaiserin den gentilen Mischstrukturen der Bevölkerung in Oberitalien Rechnung tragen wollte und daher die Abschrift des damals offenbar in Oberitalien noch im Original vorhandenen Rechtskorpus des Lupus in Auftrag gab; dieses könnte sich damals in der Bibliothek der Pfalz Pavia befunden haben. Die ausführliche Kapitulariensamm-

---

75 Vgl. die Beschreibung dieser Handschrift bei MORDEK, Bibliotheca (wie Anm. 73), Gotha, Forschungsbibliothek, Memb. I 84, S. 131–149. Hierauf wird später noch zurückzukommen sein; Harald SIEMS, Textbearbeitung und Umgang mit Rechtstexten im Frühmittelalter. Zur Umgestaltung der Leges im Liber legum des Lupus, in: DERS. u. a. (Hg.), Recht im frühmittelalterlichen Gallien. Spätantike und germanische Wertvorstellungen, Köln 1995, (Rechtsgeschichtliche Schriften, 7), S. 29–72, sowie Olivier MÜNSCH, Der Liber legum des Lupus von Ferrières, Berlin 2001 (Freiburger Beiträge zur Mittelalterlichen Geschichte, 14).
76 MORDEK, Bibliotheca (wie Anm. 73), S. 256–268.
77 Vgl. Knut GÖRICH, Otto III., in: Neue Deutsche Biographie, Bd. 19 (1999), S. 662–665.

lung auf fol. 152r–215v enthält wichtige Kapitularien Karls des Großen, Ludwigs des Frommen und König Pippins sowie Kaiser Lothars für das Reich und Italien, die durch ein Gesetz Kaiser Ludwigs II. ergänzt werden, das nicht mehr der Sammlung des Lupus angehörte.

Anders als diese Handschrift ist der in Mainz gefertigte Rechtscodex aufgebaut, der mit 414 Folia wesentlich umfangreicher ist und aus vier Teilen besteht, wovon die Rechtssammlung des Lupus nur den zweiten Teil ausmacht. Die Handschrift mit der Signatur Gotha, Memb. I 84 enthält daneben römisches Recht in der Fassung der »Lex Romana Visigothorum« sowie das langobardische »Edictum« König Rothars und die Kapitulariensammlungen des Ansegis. Damals wurden die gentilen Leges in der von Lupus überarbeiteten Version vermutlich für Oberitalien noch immer als brauchbar angesehen, weil sie Lupus für Markgraf Eberhard von Friaul (verstorben zwischen 864 und 866), den Schwager Kaiser Ludwigs des Frommen, angefertigt hatte und das Oberitalien besiedelnde Völkergemisch so regierbar war.

Eberhard stand seit 828 als Markgraf in Oberitalien im Auftrag des Kaisers an der Spitze von Verwaltung und Militär, wo seit der Eroberung des Langobardenreiches durch Karl den Großen von 774 gentile Stämme des Frankenreiches angesiedelt worden waren – Burgunder, Franken, Baiuvaren, Alemannen lebten hier als Gegengewicht zur langobardisch-romanischen Bevölkerung, wobei jede Volksgruppe ihr eigenes Recht behielt. Karl der Große griff nur wenig ein, etwa in seinem bereits erwähnten »Capitulare Italicum« von 801.

Ein Hinweis auf einen ottonisch-kaiserlichen Auftrag fehlt in beiden Handschriften. Naheliegend ist die Vermutung, dass der Mainzer Rechtscodex der Königsherrschaft Heinrichs II. in Oberitalien während seiner jahrelangen Kämpfe mit dem »italienischen« König Arduin von Ivrea nützlich sein sollte, um nach der Eroberungsphase das friedliche Zusammenleben der *gentes* in Oberitalien zu regeln[78]. In beiden Rechtskorpora stehen aber die Kaiserliste von Christi Geburt bis zu Ludwig dem Frommen und der sogenannte Prolog der »Lex Baiuvariorum«, also der Text aus Isidors Etymologien V, »De legibus«, an exponierter Stelle, nämlich am Beginn der gentilen Gesetzessammlungen, vermutlich entsprechend der Vorlage der Rechtssammlung des Lupus[79]. Diese Texte legitimierten Ende des 10. und zu Beginn des 11. Jahrhunderts die *Renovatio* des römischen Kaisertums durch die liudolfingische Herrscherdynastie. Eine ottonische Kaiserliste wurde diesen Rechtssammlungen allerdings nicht zusätzlich inseriert.

Vom Zusammenschluss zu einer »Nation« gleicher Sprache war man in karolingischer wie in ottonischer Zeit noch weit entfernt und wohl auch bewusst abgerückt. Es galt vielmehr, die unterschiedlichen *gentes* im Regnum auf Dauer zu integrieren, was nur durch eine moderate Anpassung ihrer Rechte und Zusatzregelungen in den Kapitularien, durch die einheitliche Amtssprache des Lateinischen und ein romorientiertes, von den Erzbistümern ausgehendes Kirchensystem machbar war. Ergänzend wirkte die moralische Kontrolle der Bevölkerung durch die Religion, die eine zweite Rechtsschiene mit Hilfe der Bußbücher etablieren konnte. Nicht zuletzt aus

---

78 Vgl. Eduard HLAWITSCHKA, Franken, Alemannen, Bayern und Burgunder in Oberitalien 774–962 (Forschungen zur oberrheinischen Landesgeschichte, 8), Freiburg im Breisgau 1960.
79 Vgl. oben Anm. 56f. sowie MORDEK, Biblioteca (wie Anm. 73), S. 134f., 258.

diesem Grund hat Karl der Große das Netz der Erzbistümer in seinem Reich durch zahlreiche Neugründungen erheblich erweitert[80].

V. Resümee

Die im Vorstehenden dargestellten Gemeinschaftskonzepte des Früh- und Hochmittelalters lassen im Ergebnis einige Konstanten über einen längeren Zeitraum deutlich werden. Es wurde zunächst von der Idee des Fortbestandes des römischen Imperiums als Großreich ausgegangen, wobei dieses Konzept aufgrund des Glaubenswechsels und der Dominanz der christlichen Religion für Isidor von Sevilla wie für Cassiodor als Zukunftsperspektive erfolgversprechend war. Der gemeinsame Kult und die gemeinsame Sprache der Religion, Verwaltung und Gesetzgebung waren tragende Komponenten des Gemeinwesens am Ende der Völkerwanderungszeit, auf das die romanische Bevölkerung die Hoffnung einer künftigen Einheit der großen römischen »Nation« setzen konnte. Cassiodor sprach hinsichtlich des Zusammenlebens der gentilen Bevölkerung von einer *familia*. Ein Problem ergab sich durch die Ausgrenzung der anderen, sei es aufgrund ihrer immer mehr in Abwertung kommenden Religion oder ihrer Sprache. Während sich bereits Isidor mit der Umsetzung einer Gleichstellung der »hebräischen Nation«, aufgrund der in der Religion elitären Sprache des Hebräischen wie des Griechischen neben dem Latein in seinen theologisch-exegetischen Werken schwertat, nahm der große Theologe Hrabanus Maurus zu Beginn des 9. Jahrhunderts eine mystische Umdeutung des Kreuzes Christi vor und stilisierte es zum Symbol des nach Rom orientierten Glaubens der Gemeinschaft der Gläubigen des fränkischen Großreiches. Aufgrund der Verbindung von »Staat« und romorientierter Religion am Beginn des 9. Jahrhunderts in Form einer *Renovatio Romani imperii* und durch Annahme des Kaisertitels durch Karl den Großen, *Karolus serenissimus augustus a deo coronatus magnus pacificus imperator Romanum gubernans imperium, qui et per misericordiam dei rex Francorum et Langobardorum*, der ab 801 bezeugt ist, wandelte sich die bestehende *cohésion sociale* des Frankenreiches grundlegend[81]. Ferner wurde das ideengeschichtlich in der griechischen Philosophie begründete Prinzip der Erneuerung sozialer Gemeinschaften nach Zerstörung und Tod im Frühmittelalter auf allen Ebenen umgesetzt: politisch, kultisch, und in der Wiederbelebung der antiken Kultur. Diese Entwicklung scheint durch die Mystifizierung des Kreuzes Christi als Symbol des Lebens auf der Schiene des die Menschen des Großreiches verbindenden Glaubens zum Prozess der Erneuerung staatlicher und verwaltungstechnischer Strukturen enorm beigetragen zu haben. Der Kult der Unvergänglichkeit der religions-politischen, sozialen Gemeinschaft von gentil verschiedenen Menschen des Frankenreiches erleichterte manches und führte zur Kontrolle des sozialen Lebens auf zwei Ebenen. Dies erklärt auch, weshalb auf den großen Reichs- und Hoftagen sowie auch auf den regionalen Ver-

---

80 Einhardi vita Karoli Magni, post Georg Heinrich Pertz recensuit Gerhard WAITZ, Hannover, Leipzig 1911 (MGH SS rer. Germ.), Kap. 29, S. 38, wo Einhard von 21 Metropolitansitzen im Reich spricht.
81 Vgl. Theodor SCHIEFFER, Karl der Große, in: Neue Deutsche Biographie, Bd. 11 (1977), S. 157–174.

sammlungen und vor Gericht, so etwa im bayerischen Dukat, neben den Grafen die Bischöfe oder deren Vertreter anwesend waren und diese Versammlungen auch gemeinsam geleitet haben.

Dem trug ferner Rechnung, dass sich nachhaltige Formen gegenseitiger Toleranz in der Gesetzgebungspraxis des fränkischen Imperiums finden. Denn erstaunlicherweise wurde das salfränkische oder ribuarische Recht nicht als einheitliches und allgemein verbindliches für alle gentilen Völker des Frankenreiches umgesetzt. Eine solche Verordnung sucht man in der karolingischen Kapitulariengesetzgebung vergebens. Vielmehr trug diese Form der Aktualisierung des Rechts in Form von Satzungen, die flächendeckend Geltung hatten, der Struktur des Großreiches Rechnung, die eine gentile und militärisch eher partikular organisierte der einzelnen *gentes* war, auf deren Stütze die karolingischen Kaiser und Könige setzten. Stimmig waren und blieben aber die Vorgaben aus spätrömischer Zeit, die Bischof Isidor von Sevilla in seinen »Etymologien« in Buch V »De legibus – De temporibus« zusammengestellt hatte. Sie galten als Messlatte für Recht und Gesetz, die in den großen Sammelhandschriften der gentilen *Leges barbarorum* den Gesetzen vorangestellt wurde und die man – auch separat verschriftlicht – als Dokument der geltenden Rechtsideologie über Jahrhunderte bis zum Beginn der Re-naissance des römischen Rechtes im 12. Jahrhundert bereit hielt.

Die durch die Hermeneutik der Wortfamilie *nasci, natio, naissance, Nation* vorgegebene Konstante sozialer Gemeinschaften impliziert auch die mentale Retrospektive und Rückbindung an frühere Formen von Gemeinschaft sowie an deren Gesetze und Moralvorstellungen für das Zusammenleben und an einzelne, herausragende Individuen aus der Vergangenheit. Selbst an der Schnittstelle des Sprachwechsels vom Lateinischen in die Volkssprache wurde auf die überlieferten Konstanten der historischen Kult- und Kulturentwicklung zurückgegriffen, wie es Dante Alighieri in seiner »Comedia« in besonders eindrucksvoller Weise getan hat[82].

---

82 Teil 2 unseres Beitrags folgt in Francia 51 (2024).

MAXIMILIANE BERGER

WALDWÜSTENWIRTSCHAFT

Produktion, Tausch und monastische Konkurrenz in den »Vitae Ebrulfi«

Es ist eine allgemein anerkannte These, dass eine von Mönchen beschriebene und bewohnte Wüste zunächst eine spirituelle Wüste ist. Wenn sich das Ringen mit Frugalität und Einsamkeit in bereits etablierten Klöstern inmitten euromediterraner Kulturlandschaften abspielt, ist das besonders augenfällig[1]; besonders gut erforscht ist es anhand der monastischen Pionierfiguren der Wüstenväter, die in der Spätantike in der tatsächlichen ariden Einöde die Reduktion der Welt auf ihr Streben nach Gott suchten[2]. In diesen Fällen musste textarchäologische Arbeit erst zutage fördern, dass die Wüste der Eremiten eher am Rande als fernab der bewohnten Welt angesiedelt war, dass sie teils in engem Kontakt und wirtschaftlichem Austausch mit Dörfern oder Städten und häufig in der Nähe von Handelswegen lebten. Die Viten der Wüsten-

1 Wüste und Einöde als gegenweltlicher Landschaftstopos: Delphine BROCAS, Amaia LEGAZ, Iraty, de la forêt mythique à la forêt sylvo-pastorale, in: Andrée CORVOL-DESSERT (Hg.), Les forêts d'Occident du Moyen Âge à nos jours, Toulouse 2004, S. 181–202; Gerrit HIMMELBACH, Wirtschaftsgeschichte in einer »Einöde«? Die Entdeckung der Kulturlandschaft Spessart, in: Hans-Peter BAUM, Rainer LENG, Joachim SCHNEIDER (Hg.), Wirtschaft – Gesellschaft – Mentalitäten im Mittelalter. Festschrift zum 75. Geburtstag von Rolf Sprandel, Stuttgart 2006, S. 109–131; James GOEHRING, The Dark Side of Landscape, in: Journal of Medieval and Early Modern Studies 33 (2002), S. 437–451; Fabrice GUIZARD-DUCHAMP, Les terres du sauvage dans le monde franc (IVe–IXe siècle), Rennes 2009; Jean HEUCLIN, Aux origines monastiques de la Gaule du Nord. Ermites et reclus du Ve au XIe siècle, Lille 1988. Als Beispiele für die zahlreichen Einzelstudien, die sich mit spirituellen Wüsten in der europäischen religiösen Welt beschäftigen: Maria-Elisabeth BRUNERT, Das Ideal der Wüstenaskese und seine Rezeption in Gallien bis zum Ende des 6. Jahrhunderts, Münster 1994; Mary CARRUTHERS, »The Desert«, Sensory Delight, and Prayer in the Augustinian Renewal of the Twelfth Century, in: Hans VAN LOON, Giselle DE NIE, Michiel OP DE COUL, Peter VAN EGMOND (Hg.), Prayer and the Transformation of the Self in Early Christian Mystagogy, Leuven 2018, S. 393–408; Hildegard KELLER, Wüste. Portrait eines Nicht-Ortes, in: Ulrich MÜLLER, Werner WUNDERLICH (Hg.), Burgen, Länder, Orte, Konstanz 2008, S. 997–1007; DIES., Wüste. Kleiner Rundgang durch einen Topos der Askese, in: Werner RÖCKE, Julia WEITBRECHT (Hg.), Askese und Identität in Spätantike, Mittelalter und Früher Neuzeit, Berlin 2010, S. 191–206.
2 Petra BAHR, Wüste Orte, wüste Lektüren. Zum Wüstenmotiv im Neuen Testament, in: Uwe LINDEMANN, Monika SCHMITZ-EMANS (Hg.), Was ist eine Wüste? Interdisziplinäre Annäherungen an einen interkulturellen Topos, Würzburg 2000, S. 45–58; grundlegend: Peter BROWN, The Rise and Function of the Holy Man in Late Antiquity, in: Journal of Roman Studies 61 (1971), S. 80–101; James GOEHRING, Ascetics, Society, and the Desert. Studies in Early Egyptian Monasticism, Harrisburg 1999; Martin JUNG, Die Bedeutung der Wüste in der Vita Antonii und in den Apophtegmata patrum, in: Albrecht BEUTEL, Reinhold RIEGER (Hg.), Religiöse Erfahrung und wissenschaftliche Theologie. Festschrift für Ulrich Köpf zum 70. Geburtstag, Tübingen 2011, S. 157–187; Nancy SEVCENKO, The Hermit as Stranger in the Desert, in: Dion SMYTHE (Hg.), Strangers to Themselves. The Byzantine Outsider, Aldershot 2000, S. 75–86.

väter zeigen als Grundierung der spirituellen Einsamkeit Spuren ganz und gar nicht leerer Wirtschaftsräume. Für die Viten ihrer europäischen Epigonen, die im Hochmittelalter die nordwestlichen Wüstenäquivalente, die Wälder, bevölkerten, gilt das ebenso[3].

Der Blick auf wirtschaftliche Aspekte ist sogar wesentlich, um eine Gruppe von hagiografischen Texten aus dem Umfeld des normannischen Klosters Saint-Évroult (Saint-Évroult-Notre-Dame-du-Bois, dep. Orne, Diöz. Lisieux) zu verstehen. Die Lebensgeschichte des heiligen Ebrulfus[4] (saint Évroult) ist zugleich die Gründungs- und Wachstumsgeschichte des Klosters Saint-Évroult. Ebrulfus lebt, auf der Suche nach Grenzerfahrung und Christusnachfolge des Eremitentums, mit wenigen Gefährten in der Waldwüste, bevor seine Gemeinschaft wächst und die klösterliche Bewirtschaftung des Waldes gedeiht. Die ersten Wunder, die der heilige Mann vollbringt, dienen der Sicherung des Lebensunterhalts der Gemeinschaft. Die spirituelle Karriere der Gründerfigur Ebrulfus ist ein lebenslanges Suchen nach der ausschließlichen Gottesintimität der Wüsteneinsamkeit. Dabei wird ihm immer wieder sein eigener Erfolg zum Hindernis, denn seine Attraktionskraft als Gottesnaher ent-wüstet seine Umgebung; zugleich ist sie jedoch für das Überleben der jungen Klostergemeinschaft eine entscheidende Ressource. Dieser Zwiespalt der Heiligenfigur führt dazu, dass die Viten, die über ihn erzählen und erzählt werden, das Selbstverständnis der Klostergemeinschaft auch anhand ihrer erfolgreichen wirtschaftlichen Gestaltungsfähigkeit begreifen und zum Medium wirtschaftlicher Modellbildung werden.

Im Folgenden stehen daher zwei wirtschaftsgeschichtliche Dimensionen von fünf[5] erhaltenen »Vitae Ebrulfi« im Zentrum. Zum einen lassen sich, analog der bereits für spätantike Wüstenväter etablierten Herangehensweise, aus der Waldwüstenbeschreibung Annahmen der Vitenerzähler über Ressourcen, Produktion, Austausch und wirtschaftliche Akteure, kurz: über die vorhandene und sich verändernde Wirtschaftslandschaft im Pays d'Ouche rekonstruieren. Dabei ist nicht davon auszugehen, dass die Viten zur Beschreibung der tatsächlichen Wirtschaftsbedingungen genutzt werden können, wohl aber zur Beschreibung jenes an wirtschaftliche Gestaltungsfähigkeit geknüpften Selbstverständnisses der Gemeinschaft. Diese Vorstellungen können zudem, zweitens, diachron miteinander verglichen werden, um nach Entwicklungen im Denken über klösterliches Wirtschaften zu fragen. Dass die verschiedenen Varianten der Vita, deren Entstehungszeiten vom 8./9. Jahrhundert bis ins späte 12. Jahrhundert reichen, Veränderungen in Vorstellungen über klösterliche Soll- und Norm-

---

3 Maximilian DIESENBERGER, Die Überwindung der Wüste. Beobachtungen zu Rahmenbedingungen von Klostergründungen im frühen Mittelalter, in: Elisabeth VAVRA (Hg.), Die Suche nach dem verlorenen Paradies. Europäische Kultur im Spiegel der Klöster, St. Pölten 2000, S. 87–92. Mit umweltgeschichtlichem Fokus: Ellen F. ARNOLD, Negotiating the Landscape. Environment and Monastic Identity in the Medieval Ardennes, Philadelphia 2013.
4 Da es sich mehrheitlich um lateinische Texte handelt, werde ich im Folgenden die lateinische Namensform verwenden.
5 Die Zahl ist eine Vereinfachung: Zusätzlich zu den fünf ausführlichen Fassungen der Lebensgeschichte des heiligen Ebrulfus gibt es kürzere Abrisse, die auf eine oder mehrere dieser fünf zurückgehen, etwa die als Zugabe zur späteren Versvita edierte: Jean-Baptiste BLIN (Hg.), La Vie de saint Évroult en vers français du XIIe siècle, in: Bulletin de la Société historique et archéologique de l'Orne 6 (1887), S. 1–73, S. 72 f. Diese edierten oder weitere Kurzversionen werden hier nicht berücksichtigt.

zustände spiegeln, wurde für Liturgie und Klosterarchitektur bereits festgestellt[6]. Hier wird zu zeigen sein, dass Ähnliches auch für klösterliches Wirtschaften gilt.

Nach einer knappen Einführung in die hier ausgewählte Gruppe von fünf Viten wird zunächst die älteste Vita (A1) vorgestellt. Im Anschluss werden die Veränderungen gezeigt, die die späteren Viten jeweils in der Darstellung einzelner wirtschaftlicher Aspekte (Wüstheit des Waldes, erste Herausforderung am Niederlassungsort, wundersame Begegnung mit einem waldtypischen wirtschaftlichen Akteur) sowie in der Gesamtinterpretation der Rolle der Klosterwirtschaft im Wald vornahmen, um die Lebensgeschichte des Gründungsheiligen an zeitgenössische Vorstellungen anzupassen.

1. »Vitae Ebrulfi«, 8./9.–12. Jahrhundert

Vier der fünf Fassungen der Lebensgeschichte des heiligen Ebrulfus, die im Folgenden besprochen werden, hängen mittelbar oder unmittelbar von der ersten, ältesten ab. Diese Vita (A1) wurde von Marjorie Chibnall im Zuge ihrer Arbeit an der Edition der »Historia Ecclesiastica« des Ordericus Vitalis identifiziert. Sie ist in zwei englischen Handschriften des 12. resp. 13. Jahrhunderts überliefert und geht wohl auf das 8. oder 9. Jahrhundert zurück[7]. A2[8], eine Vita des mittleren oder späteren 12. Jahrhunderts, ist eng an A1 angelehnt und wurde in einer ursprünglichen Kategorisierung noch nicht von ihr differenziert[9]. Die drei weiteren von A1 abhängigen Viten lassen sich direkt mit dem Kloster Saint-Évroult selbst in Verbindung bringen. Am Beginn dieses zweiten Strangs von Überarbeitungen steht die Vita B, deren ältester Textzeuge auf das 11. Jahrhundert datiert werden kann[10]. Sie wurde in der ersten Hälfte des 12. Jahrhunderts von Ordericus Vitalis in seine »Historia Ecclesiastica« übernommen, im Textbestand unverändert, aber angereichert mit umfangreichem lokalgeschichtlichen und mündlich tradierten Material[11]. Die resultierende Fassung

---

6   Marjorie CHIBNALL, The Merovingian Monastery of St Evroul in the Light of Conflicting Traditions, in: Studies in Church History 8 (1972), S. 31–40.
7   Marjorie CHIBNALL, The *Vitae* of St. Évroul, in: DIES. (Hg.), The Ecclesiastical History of Orderic Vitalis, Bd. 3: Books V and VI, Oxford 1972, S. 363–364; DIES., The Merovingian Monastery (wie Anm. 6). Text: DIES. (Hg.), The earliest *Vita sancti Ebrulfi*, in: DIES. (Hg.), The Ecclesiastical History of Orderic Vitalis, Bd. 1: General Introduction, Books I and II, Oxford 1980, S. 204–211, im Folgenden: A1. Zum Kloster Saint-Évroult erster Gründung: Véronique GAZEAU, Saint-Évroult et ses abbés à l'époque ducale, in: Bulletin de la Société historique et archéologique de l'Orne 129 (2010), S. 7–14.
8   Text: Louis Pierre HOMMEY (Hg.), Une Vie de S. Évroult. Écrite par un témoin oculaire de ses dernières années et de sa mort, in: Bulletin de la Société historique et archéologique de l'Orne 6 (1887), S. 261–297; im Folgenden: A2.
9   Balthasar BAEDORF, Untersuchungen über Heiligenleben der westlichen Normandie (der Diözesen Avranches, Coutances, Bayeux und Séez), Bonn 1913, S. 111–124. Dort auch eine Übersicht der Textzeugen von A1, A2 und B.
10 Text: Jean MABILLON, Acta Sanctorum Ordinis Sancti Benedicti in saeculorum classes distributa, Bd. 1, Paris 1668, S. 354–360; im Folgenden: B.
11 Text: CHIBNALL (Hg.), The Ecclesiastical History of Orderic Vitalis, Bd. 3 (wie Anm. 7), S. 264–302, im Folgenden: OV. Literatur zu Ordericus Vitalis ist Legion; hier sei lediglich auf die grundlegende Erschließung und einen jüngeren Sammelband verwiesen: Marjorie CHIBNALL, The World of Orderic Vitalis, Oxford 1984; Charles C. ROZIER u.a. (Hg.), Orderic Vitalis. Live, Works

der Lebensgeschichte des Ebrulfus ist die ausführlichste der fünf und zugleich die direkte Grundlage der spätesten Vita. Diese ist eine französischsprachige Versdichtung, die Ordericus' Version übersetzt und für Laienpublikum überarbeitet, und entstand vermutlich im späten 12. Jahrhundert in Saint-Évroult[12].

Nur Ordericus Vitalis und die Versvita erzählen neben dem *curriculum vitae* das *curriculum mortis* ihres Helden, schildern mithin auch Geschehnisse um seine Reliquien. Insbesondere die Versvita richtet sich deutlich an Laien im Umfeld der Abtei Saint-Évroult. Sie dürfte an Festtagen einem breiten Publikum aus der Umgegend sowie Patronen und Gönnern des Klosters aus gehobenen sozialen Schichten der benachbarten Regionen präsentiert worden sein, deren Lebenswelt und Unterhaltungsgewohnheiten die Vita weit entgegenkommt[13]. Alle fünf Viten teilen bezüglich der Eremitenkarriere des hl. Ebrulfus und der Anfänge der Klostergemeinschaft von Saint-Évroult denselben Episodenbestand. Anpassungen und Aktualisierungen in der Wortwahl treten auf diese Weise deutlich zutage und verändern in ihrer Gesamtheit die jeweilige Interpretation der – vor dem Hintergrund älterer ökonomischer Sichtweisen und Umstände entworfenen – Geschichten.

2. Die älteste Vita (A1)

Die älteste Vita gibt den ihr folgenden Texten Struktur und Episodenbestand weitestgehend vor. Am Beginn des *curriculum vitae* des Ebrulfus steht seine Bekehrung zu einem heiligmäßigen Leben, das er im Gang in die Waldeinsamkeit zu verwirklichen sucht. Die Beschaffenheit der Waldwüste interessiert dabei zunächst hinsichtlich der spirituellen Chancen, die sie bietet. Es folgt eine Herausforderungsszene, in der ein Bewohner der Waldwüste auf den Plan tritt und in der abrupt klar wird, dass die Eremitengemeinschaft sich in eine bestehende lokale Wirtschaftsstruktur einzufügen hat, wenn sie an diesem Ort ihr gottgefälliges Leben führen möchte. Die Herausforderung wird bewältigt. Die Bekehrung des Herausforderers geht in eine letztendliche Transformation der Wirtschaftsstruktur der Waldgebiete durch die Präsenz der Klostergemeinschaft über. Nachdem solchermaßen Ausgangsproblematik und Zielpunkt vermessen sind, bietet die Vita einige Wundererzählungen, die den Weg da-

---

and Interpretations, Woodbridge 2016. Zur Schriftproduktion in Saint-Évroult: Denis ESCUDIER, Orderic Vital et le scriptorium de Saint-Évroult, in: Pierre BOUET, Monique DOSDAT (Hg.), Manuscrits et enluminures dans le monde normand (X^e–XVe siècles), Caen 1999, S. 17–28; Loïc DE COURVILLE, Le »petit cartulaire« et l'aumônerie de Saint-Évroult, in: Bulletin de la Société historique et archéologique de l'Orne 129 (2010), S. 61–66; Bernard MERLETTE, La bibliothèque de l'abbaye de Saint-Évroult au Moyen Âge, ebd. 129 (2010), S. 49–59. OV diente kürzlich geradezu als Muster topischer hagiografischer Walddarstellung: Anne WAGNER, Monique GOULLET: La forêt dans l'hagiographie, in: Sylvie BÉPOIX, Hervé RICHARD (Hg.), La forêt au Moyen Âge, Paris 2019, S. 85–103.

12 Erste Druckausgabe: BLIN (Hg.), La Vie de saint Évroult en vers français (wie Anm. 5); hier verwendete Edition: Ferdinand DANNE (Hg.), Das altfranzösische Ebrulfusleben. Eine Dichtung aus dem 12. Jahrhundert, in: Romanische Forschungen 32 (1913), S. 748–893, im Folgenden: Versvita. Auch diese Vita ist in einer wesentlich späteren Handschrift überliefert (14. Jahrhundert).

13 Dies betrifft neben der Versform und der Sprache auch inhaltliche Aspekte, am augenfälligsten im Zuge des Bekehrungsprozesses zu Beginn, in den hier, anders als in den anderen Viten, die Gattin des zukünftigen Heiligen stark involviert ist. Sie trägt und bestimmt den Weg des Paares aus der weltlichen Nobilität in ein heiligeres Leben mit (Versvita [wie Anm. 12], Vers 1–671).

zwischen als durch die Heiligkeit der Gründerfigur abgesichertes Überleben und allmähliches Prosperitätswachstum schildern. In A1 ist die Erzählung dieser Episoden als dialektische Integrationsgeschichte durchkomponiert. In der Herausforderungsszene stehen Waldwüste und Eremiten für nicht nur unterschiedliche, sondern zunächst inkompatibel geglaubte Wirtschaftsweisen. Die Bekehrung und ihre Folgen deuten bereits auf eine Synthese voraus, die beide Wirtschaftsweisen integriert, und die Wundererzählungen zeigen, wie die Integration vonstatten geht.

Sehen wir uns diesen Prozess nun Schritt für Schritt an. Ebrulfus stammt aus einer wohlhabenden und sozial hochstehenden Familie in Bayeux. Als er dem Ruf Gottes folgt, hat er bereits eine illustre weltliche Karriere hinter sich[14]. Einerseits macht dieser Hintergrund den folgenden Bruch umso radikaler, andererseits wird Ebrulfus' Entschluss, Weltliches aufzugeben, logisch sorgfältig an seinen bisherigen Aufstieg angeschlossen. Er übergibt seinen gesamten Besitz an Arme und verzichtet auf jeglichen Nießbrauch[15]. Der Rahmen, der dieser Verzichtshandlung gegeben wird, ist der eines gewinnbringenden Tauschakts, denn das Gotteswort, dem Ebrulfus folgt, verspricht hundertfachen Lohn und ewiges Leben (Matthäus 19:29). Ebrulfus erweitert durch die Vorleistung materiellen Verzichts den Wirtschaftsraum, in dem er sich bis dahin bewegt hatte, in eine neue, außerweltliche Dimension. Er geht ein *sacrum commercium* ein, eine im frühen Mittelalter übliche Darstellungsform der Konversion zum spirituellen Leben[16]. Dass dies kein abruptes Ersetzen weltlicher Existenzbedingungen durch ausschließlich geistige Gesichtspunkte bedeutet, zeigt der weitere Verlauf der Erzählung.

Ebrulfus begibt sich mit drei gottesfürchtigen Gefährten eilends direkt *ad heremum*. Bei Ortswahl und Lebensentscheidung des heiligen Mannes geht es zunächst um Unsichtbarkeit und Unerreichbarkeit. Die bewaldeten Gegenden, die sie aufsuchen, sollen sie vor menschlichen Blicken verbergen; die wenigen Wege, die in der weiten, wüsten Gegend zu finden sind, wurden lediglich von Wildeseln, Hirschen und anderen Wildtieren gebahnt[17]. Inmitten der Unwegsamkeit weist ein Engel dem Ebrulfus eine Quelle zur Versorgung der Gemeinschaft mit Wasser, in deren Nähe

---

14 *Tantamque ei dominus a iuuentute sua gratiam boni operis contulit ut propter humilitatis officium magnum in palatio habuisset locum*, A1 (wie Anm. 7), S. 204.

15 *relictis rebus omnibus tradidit eas pauperibus. [...] nichilque sibi retinuit ex omnibus quae ad usum pertinent, metuens sententiam Ananie et Saphire, qui ante pedes apostolorum fraudati agri precio obnoxii et reprobi mortui sunt*: A1 (wie Anm. 7), S. 205. Die Vita betont hier eine strenge Auslegung der Güterweggabe, die in der Praxis wohl bei Weitem nicht immer so gehandhabt wurde; schließlich ging es in der Regel um die Redistribution von Gütern, nicht von Mittellosigkeit, vgl. Gerasinos MERIANOS, George GOTSIS, Managing Financial Resources in Late Antiquity. Greek Fathers' Views on Hoarding and Saving, London 2017.

16 Franziska QUAAS, Towards a Different Type of Market Exchange in the Early Middle Ages. The Sacrum Commercium and its Agents, in: Tanja SKAMBRAKS, Julia BRUCH, Ulla KYPTA (Hg.), Markets and their Actors in the Late Middle Ages, Berlin 2021, S. 27–70; zu weiteren semantischen Näherungen transzendentaler und irdischer Ökonomien: Isabelle ROSÉ, Commutatio. Le vocabulaire de l'échange chrétien au haut Moyen Âge, in: Jean-Pierre DEVROEY, Laurent FELLER, Régine LE JAN (Hg.), Les élites et la richesse au haut Moyen Âge, Turnhout 2010, S. 113–138; Valentina TONEATTO, Élites et rationalité économique. Les lexiques de l'administration monastique du haut Moyen Âge, ebd., S. 71–96.

17 *summa cum uelocitate ad heremum conuolauit, et inter opaca nemorum loca in silua Oxomense latitauit. Sed cum in Eandem ingressi fuissent siluam et huc atque illuc per loca uastissima circu-*

sie ihre Laubhütten errichten und als Mönche zu leben beginnen[18]. Die Ortswahl des Ebrulfus und seiner Gefährten erfolgt allerdings bei näherem Hinsehen auch geleitet von menschlicher Landkategorisierung. Die blickdichten Wälder, die ihnen ein Leben fernab von den Siedlungen weltlicher Menschen ermöglichen (*et procul abesset habitatio hominum saecularium*), lagen innerhalb eines namentlich bezeichneten und damit administrativ begriffenen Gebietes mit besonderem, auf König und Fiskus bezogenen Rechtsstatus: *in silva Oxomense*[19]. Ebrulfus' neuer Lebensmittelpunkt auf königlichem Waldland schließt in gewisser Weise an seine vormalige Karriere bei Hofe an. Die waldige Wildheit der Gegend entsprach und entsprang einer administrativ-rechtlichen Abgrenzung. Sie markierte nicht die Abwesenheit von Wirtschaftslandschaften.

Dass das Behaupten des Wohnortes womöglich nicht so reibungslos vonstatten geht wie sein Auffinden, wird anschließend in einer Herausforderungsszene durchgespielt. Die Ruhe des gerade errichteten Klosters wird von außen durchbrochen. Ein *homo quidam* kommt zu den Gefährten. Er kann das klösterliche Lebensmodell, dem die Gemeinschaft folgen will, sehr wohl identifizieren, doch er stellt seine Umsetzbarkeit an gerade diesem Ort infrage[20]. Dieser Kenner der lokalen Wirtschaftsbedingungen konfrontiert die Ebrulfusgefährten mit zwei Unvereinbarkeiten zwischen Waldlandschaft und Klosterwirtschaft: Zum einen liege die *solitudo* mitten auf einer Route plündernder Rotten, zum anderen sei der Boden für Ackerbau ungeeignet[21]. Ganz im Gegenteil zur Unerreichbarkeit, die die Eremitengemeinschaft für

mirent, non inueniebatur callis opportuna pergendi nisi tamtummodo [sic] onagrorum ceruorumque ac bestiarum uia: A1 (wie Anm. 7), S. 205.
18 *sicut monachorum exposcit ordo*, A1 (wie Anm. 7), S. 205.
19 Quellenstellen A1, S. 205. Zu *silua*, Fiskus und Wald als Rechtsbegriff: Chris WICKHAM, European forests in the early Middle Ages. Landscape and land clearance, in: DERS., Land and Power. Studies in Italian and European Social History, 400–1200, London 1994, S. 155–199; Jacques LE GOFF, Le désert-forêt dans l'Occident médiéval, in: DERS., L'Imaginaire médiéval. Essais, Paris 1985, S. 59–75; Anne MAILLOUX, Le territoire dans les sources médiévales. Perception, culture et experience de l'espace social, in: Benoît CURSENTE, Mireille MOUSNIER (Hg.), Les territoires du médiéviste, Rennes 2005, S. 223–235; Ugo PETRONIO, La proprietà del bosco e delle sue utilità, in: Simonetta CAVACIOCCHI (Hg.), L'uomo e la foresta, secc. XIII–XVIII, Prato 1996, S. 423–436.
20 *O monachi, quae uobis turbationis causa fuit quod huc aduenistis? Vel quomodo praesumpsistis in ista solitudine hospitari? Non optimum locum inuenistis*: A1 (wie Anm. 7), S. 205.
21 *An nescitis quia iste locus cursus est Sueuorum aliena diripientium? Non diu tuti hic poteritis manere. Arua enim inculta et infructuosa ad laborem exercendum uobis inuenistis*: A1 (wie Anm. 7), S. 205. Die *Sueui* geben Rätsel auf; Chibnall vermutet entweder eine allgemeine Referenz auf Barbaren, da die Sueben im 7. Jahrhundert – näher an Ebrulfus mutmaßlicher Lebenszeit als an der Vita – nicht in dieser Gegend zu finden gewesen seien, oder einen Kopierfehler (*Sueui* statt *saeui*). Sie datiert jedoch die Vita auf das 8./9. Jahrhundert, mithin eine Zeit, in der sowohl in England, wo A1 überliefert ist, als auch in Nordfrankreich mit einiger Regelmäßigkeit mit Plünderzügen von Männern aus dem Norden (auch *Suecia*?) oder dem Ostseeraum (*Suebus*) zu rechnen war, denen die Erstgründung des Klosters Saint-Évroult allerdings entkommen zu sein scheint: Vincent HINCKER, Histoire de l'abbaye de Saint-Évroult, in: Saint-Évroult Notre Dame du Bois. Une abbaye bénédictine en terre normande, Condé-sur-Noireau 2001, S. 15–35. Marodierende Nordmänner seien also als weitere Möglichkeit einer Bedrohung der jungen Klostergemeinschaft des Ebrulfus ins Spiel gebracht. Mit dem Hinweis auf die Unfruchtbarkeit der lokalen Böden hatte der *quidam* offenbar ebenfalls recht: Emmanuelle DABON, Saint-Évroult en pays d'Ouche, ebd., S. 1–13.

ihre spirituelle Einsamkeit sucht, entpuppt sich die Waldwüste als zu nah an den Austauschtrassen einer Beuteökonomie. In seinem Hinweis auf die Unfruchtbarkeit des Waldes evoziert der *quidam* mit der begrifflichen Zusammenballung von *cultus*, *fructus* und *labor* eine sesshafte Agrarökonomie, die er offenbar für klostertypisch hält. Die Herausforderung kontrastiert mithin eine ortsübliche gewaltsame Tauschökonomie und die sesshafte Agrarproduktion der Mönche und schließt aus diesem Kontrast mit im Grunde hilfreicher Intention[22], für Letztere sei im Wald um die Charentonne kein Platz.

Welche Rolle der *quidam* selbst zwischen den Extremen spielt, wird erst deutlicher, als die vier Eremiten (*illi*) seine Einwände durch Verweis auf die Macht Gottes, die Seinen auch in der Wüste zu ernähren, entkräftet (den eröffneten Kontrast dabei jedoch nicht widerlegt) haben[23]. Auf ihre Bekehrungsaufforderung hin kehrt er schon am nächsten Morgen von seinem eigenen nahegelegenen Wohnort zurück und bringt als Eintrittsgabe drei Brote und einen Kamm Honig[24]. Der Bewohner der Waldwüste hat demnach nicht nur ein Heim (*propria*), sondern verfügt auch über Getreide und betreibt Bienenwirtschaft. Er lebt eng genug mit der gewaltsamen Tauschökonomie der durchziehenden Plünderer, kennt mit Klöstern verbundene agrarische Wirtschaftsweisen, aber repräsentiert seinerseits eine dritte, lokale, auf die Waldlandschaft ausgerichtete Wirtschaft. Seine Aufnahme in die Mönchsgemeinschaft weist den Weg auch zu einer Integration der Klostergemeinschaft in die Waldwirtschaft, denn er tauscht seine im Wald erwirtschafteten Gaben gegen die spirituellen Güter, die ihm die neuen Mitbewohner zur Verfügung stellen: *[r]efectusque cibo spirituali*[25]. Ebrulfus und seine Gefährten haben Rückhalt in einer nichtweltlichen Ökonomie, aus der sie ganz konkret, über Aufnahme in die Gemeinschaft, Anleitung zum gottgefälligen Leben und Nähe zum Heiligen, Zukunftsangebote machen. Wird also weder in der Rede des *quidam* noch in der Antwort der Gemeinschaft um Ebrulfus die agrarische Produktionswirtschaft als klösterlicher Idealtyp infrage gestellt, zeigt sich in der Bewältigung der Herausforderung bereits, dass das Fortdauern der Gemeinschaft praktisch weniger darauf beruhen wird, dass die Mönche als Repräsentanten der Agrarökonomie im Wald agieren, als vielmehr auf der Veralltäglichung von Tauschprozessen, die waldtypische Erträge mit einem spirituellen Angebot aufwiegen. Waldbewohnern wie dem *quidam*, mit gewaltbasiertem Gütertausch bereits vertraut, stellt die Prä-

---

22 Einer der möglichen Vergleichstexte, Eigils *Vita Sturmi*, kennt zwar keine solche Herausforderungsszene, aber ebenfalls einen *ille homo locorum in solitudine peritissimus*, der dem heiligen Mann bei der Suche nach einem geeigneten Ort für das spätere Kloster Fulda Hinweise gibt: Pius ENGELBERT (Hg.), Die Vita Sturmi des Eigil von Fulda, Marburg 1968, S. 140. Eine Abhängigkeit der Erzählungen untereinander besteht nicht.

23 *Et de labore quem dixisti, potens est dominus seruis suis parare mensam in deserto*, A1 (wie Anm. 7), S. 205 f.

24 *Tunc ille compunctus in hos sermones reuertens ad propria et mane in crastinum reuersus ad eos, detulit eis tres subcinericios panes et fauum mellis*: A1 (wie Anm. 7), S. 206. Die Brote weisen die Waldwirtschaftsdarstellung der Vita A1 als verhältnismäßig realistisch aus; in späteren mittelalterlichen Waldromantiken gilt der Wald im wörtlichen Sinne als brotlose Gegend, um ihn deutlicher von bewohnter Zivilisation abzuheben: Peter WUNDERLI, Der Wald als Ort der Asozialität. Aspekte der altfranzösischen Epik, in: Josef SEMMLER (Hg.), Der Wald in Mittelalter und Renaissance, Düsseldorf 1991, S. 69–112, S. 78.

25 A1 (wie Anm. 7), S. 206.

senz der jungen Klostergemeinschaft damit eine friedliche Form der Tauschwirtschaft zur Verfügung.

Die Fortführung dieser Tauschwirtschaft begründet im Anschluss eine Transformation der Waldwüstenwirtschaft, indem sie sowohl die Klostergemeinschaft als auch ihren Wohlstand wachsen lässt. Die Undurchdringlichkeit des Waldes schwindet; die Möglichkeit des Tauschs von Walderträgen gegen spirituelle Güter wird in der Region bekannt. Die ungeahnt zahlreichen Nachbarn des *quidam* in der Waldeinsamkeit liefern dem Kloster in solchen Tauschakten mehr als nur das Nötige: *Nonnulli autem sepius ad eos uenientes, deferebant quaeque eis necessaria et oportuna erant, aedificatique remeabant ad propria*[26]. Das Überdauern der Klostergemeinschaft offenbart die Wirtschaftsregion in der Waldeinsamkeit, da ihre Beteiligung an regionalen Tauschprozessen sie zwangsläufig näher an andere, alteingesessene Bewirtschafter des Waldes heranrückt. Die ersten Wunder, die Ebrulfus anregt, bestätigen den *quidam*, denn sie sind genau deshalb nötig, weil klösterlich autarke Agrarwirtschaft die Gemeinschaft in dieser Situation nicht tragen kann. Sie bestätigen aber auch die Erwiderung der eremitischen Gemeinschaft, dass Gott sich um die Seinen kümmere, denn im Wald kann sich ein regionaler Markt in Form einer Praxis des Angebots von spirituellen Gütern und Heiligenpräsenz im Tausch gegen Lebensunterhalt herausbilden.

Das erste der Lebensunterhalt sichernden Wunder um Ebrulfus tritt ein, als die Vorräte der Gemeinschaft dank ihrer Freigebigkeit einmal bis auf ein halbes Brot zusammengeschrumpft sind, das nun auch noch als Almosen dienen soll. Die Mönche zögern, doch Ebrulfus setzt die Gabe durch. Noch am selben Abend nimmt sich Gott der Seinen an: Vor dem Tor des Klosters kommt ein voll beladenes Packtier zum Stehen, das ein *quidam fenerator Christianus* gesandt hatte, und das Brot, Käse und Wein liefert. Damit, so die Vita A1, sei die Klostergemeinschaft wirtschaftlich angekommen; sie habe fortan nie mehr Mangel am Nötigsten gelitten[27]. Die beteiligten Akteure der Erzählung zeigen noch etwas mehr davon, wie die Waldwirtschaftslandschaft vorgestellt werden kann, in die sich das Kloster integriert. Schon die Erwähnung einer Almosenpraxis weist auf ein gewisses Maß an Durchgangsverkehr sozioökonomisch benachteiligter Waldaufenthalter hin. Die Figur des Wohltäters, der *fenerator Christianus*, steht geradezu emblematisch für das Leben von Maklergeschäften und monetärem Austausch. Der christliche – daher den heiligmäßig Lebenden gegenüber hilfsbereite – Wucherer – daher über Kenntnisse der Tauschwirtschaftsbeziehungen in der Region verfügend – hilft der Klostergemeinschaft auf angemessene Weise, mit Naturalien, die in der Waldwüstenwirtschaft ohnehin über Tauschgeschäfte bezogen werden müssen: Agrarische Erzeugnisse sowie Erträge von Milchwirtschaft und Weinbau, obschon mit der Vorstellung klösterlichen Wirtschaftens verknüpft, gehören nicht zu den eigenen wirtschaftlichen Ressourcen der *cultores* der Waldeinsamkeit. Am Ende der ersten Wundererzählung ist klar, dass

---

26 Ebd., S. 206.
27 *Egrediente autem paupere cum panis alimento, facto modico interuallo ante solis occasum respiciunt, et ecce pre foribus ante ianuam somarius onustus cum pane et caseo et uino sufficienter, feneratore quodam Christiano illis delegante. [...] Ab illo enim die nunquam defuit eis quicquid necessarium habebant famuli Dei*: A1 (wie Anm. 7), S. 206.

die blickdichte Unerreichbarkeit, die das spirituelle Ziel der Gemeinschaft um Ebrulfus war, sich in einer bewirtschafteten Waldlandschaft abspielt, die eigene, von den Ressourcen des Waldes lebende Einwohner kennt, die Menschen verschiedenster Wohlstandsniveaus bevölkern und der die Anwesenheit wirtschaftlichen Austausch Treibender (sei es friedlich, sei es gewaltsam) alltäglich ist.

Dass das wachsende Kloster sich in dieses Tableau als spiritueller Dienstleister und ebenfalls Waldressourcen bewirtschaftender Teilnehmer integriert, zeigt ein weiteres Wunder um Ebrulfus. Auch hier wird zunächst auf die durch den *quidam* geschilderten Bedingungen Bezug genommen: Räuber treten auf den Plan, die der Klostergemeinschaft ihre Rotte Mastschweine zu entwenden trachten. Ihr Ansinnen scheitert jedoch, weil sie auf wundersame Weise mit ihrer Beute so lange durch die plötzlich wieder unwegsame Waldeinsamkeit irren, bis sie sich erschöpft noch immer oder erneut in Reichweite des klösterlichen Glockengeläuts wiederfinden, ihren Tatversuch bekennen und Mönche werden[28]. Der Wald an der Charentonne erweist sich, ganz gemäß der Herausforderungsszene, als Attraktionsgebiet für gewaltsames Beutemachen. Die Beute ist, in Form der Erträge von Schweinezucht, ein klassischer Teil der Waldökonomie[29]. Verstärkt durch Neuzugänge aus der *silua* selbst scheint die Klosterwirtschaft um den heiligen Ebrulfus, die A1 präsentiert, gut an lokale Verhältnisse angepasst.

Die älteste »Vita Ebrulfi« erzählt über die besprochenen Episoden hinweg den Aufbau der Klosterwirtschaft und -gemeinschaft als stimmige Integrationsgeschichte. Das Verhältnis zwischen den Neuankömmlingen auf der Suche nach Wüstenerfahrungen und der bestehenden Waldökonomie wird weitgehend paritätisch austariert. Die Herausforderungsszene spannt zwar einen Kontrast zwischen klösterlichem Leben auf der Grundlage von Bodenbewirtschaftung einerseits und unfruchtbarem Waldland sowie gewaltsamer Beuteökonomie andererseits auf. Jedoch wird der Kontrast im Fortgang der Erzählung nicht eingelöst; er bleibt idealtypischer Diskurs. Bald zeigt sich zwischen beiden Extremen eine Bewirtschaftung der Waldwüste, in der die ganz eigenen Produktionsbedingungen der Waldlandschaft und das Angebot spiritueller Güter durch die Neuankömmlinge sich zu einer Waldwüstenwirtschaft ergänzen. Der wachsende Wohlstand der Klostergemeinschaft beruht dabei in erster Linie auf wirtschaftlichem Tausch, nicht zuletzt von spirituellen – *cultus* im nicht-landwirtschaftlichen Sinne – gegen materielle Güter. Bienen und Schweine treten als Charakteristika der Waldbewirtschaftung direkt in Erscheinung; Getreide, Milchprodukte und Wein werden aus anderen Landschaften erworben und durch Akteure des (zumindest zum Teil monetären) Austauschs umverteilt. Diese Existenzgrundlagen der Klostergemeinschaft greifen die ursprüngliche Berufung des

---

28 *Denique duo seui latrones ex alia prouincia ad eandem cellam porcos saginatos dum furari uenissent et per ipsam heremum quaerentes circumirent fatigati ab itinere audierunt signum sicut mos est monachorum ad horam sonare. Tremefacti itaque et pauore percussi, relictis porcis ad hominem Dei uelociter accedentes, confessi sunt ei crimen quod egerant, factique sunt strenuissimi monachi*: A1 (wie Anm. 7), S. 206.
29 Für die Normandie: Christophe MANEUVRIER, Autour de quelques formes d'élevage spéculatif dans la Normandie médiévale (XIIe–XIVe siècles), in: Mathieu ARNOUX, Anne-Marie FLAMBARD HÉRICHER (Hg.), La Normandie dans l'économie européenne (XIIe–XVIIe siècle), Caen 2010, S. 99–117.

hl. Ebrulfus wieder auf, die Dreingabe weltlicher Güter gegen hundertfachen Lohn in der himmlischen Ökonomie. Vor dem Zahltag im Jenseits leben die Ebrulfusgefährten von ähnlichen Transaktionen im Kleinen, indem sie ihre Teilhaftigkeit an der Gemeinschaft Gottes im Tausch gegen Lebensunterhalt weitervermitteln. Auf diese Weise behalten sowohl der *quidam*, der Kenner der weltlichen Waldökonomie, als auch Ebrulfus und seine Gefährten, im Vertrauen auf Gott in der Wüste, recht. Zur Entstehungszeit von A1 gab es offenbar noch keine Veranlassung, im Nachdenken über die Wirtschaftsbedingungen klösterlicher Existenz tiefere Gräben zwischen der einen und der anderen Wirtschaftsweise zu ziehen.

In der Rezeption der Vita A1 spaltet sich die Erzähltradition in zwei Stränge, die sich hinsichtlich ihrer Offenheit für die erzählende Auseinandersetzung mit ökonomischen Fragen stark unterscheiden. Der eine, erhalten in der Vita A2, klammert Anregungen zum Nachdenken über Wirtschaft und wirtschaftliche Akteure so weit aus der Erzählung aus wie es der in A1 vorgegebene Episodenbestand zulässt. Der andere hingegen, erhalten in B/Ordericus Vitalis (= OV) und der Versvita, elaboriert und nuanciert gerade die Elemente der Erzählung, die eine Auseinandersetzung mit ökonomischen Fragen spiegeln und fördern. Im Erzählen über Ebrulfus im Umfeld des Klosters Saint-Évroult im 11. und 12. Jahrhundert wird also eine Entscheidung zur Auseinandersetzung mit ökonomischen Modellen monastischer Existenz sichtbar. Diese Auseinandersetzung gestaltet sich radikaler als noch in A1: Die Gegensätze zwischen Wald und Agrarlandschaft sowie zwischen Waldwirtschaft und Klosterwirtschaft werden weit schärfer gezeichnet; auf ausbalancierte Integration wird zugunsten der Betonung einer monastisch geleiteten sozioökonomischen Transformation des Waldes verzichtet.

3. Der benediktinische Weg in einen literarisierten Wald

Spätere Bearbeitungen der »Vita Ebrulfi« entfernen den Wald nicht nur spirituell, sondern auch landschaftlich und sozioökonomisch weiter von den Agrarlandschaften. Dies geht Hand in Hand mit einer Benediktinisierung der Gründerfigur Ebrulfus. Die Vita A2 bleibt dabei nah an der ältesten Fassung: Ebrulfus begibt sich mit seinen drei Gefährten direkt in den Wald (*heremus, silva*). Dieser ist wiederum sowohl physisch durch bewaldet-blickdichte Unwegsamkeit (*nemoribus opaca, invia*) als auch administrativ durch die kategorisierende Erfassung (*in pago Utico Oxymense sita*) gekennzeichnet[30].

Anders hingegen im um 1050 neugegründeten Kloster Saint-Évroult selbst, für Erzähler und Weiterentwickler von Vita B: Die Benediktsregel äußert sich gleich zu Beginn deutlich darüber, welche Formen des Gott gewidmeten Lebens wann, für wen oder überhaupt akzeptabel sind[31]. Der Weg ins Anachoretentum sollte nur nach vorheriger sorgfältiger Vorbereitung und Schulung in einer Klostergemeinschaft versucht werden. Die Sarabaiten, die diese Gradualisierung des Weges in die Einsamkeit nicht beachten und stattdessen eigenmächtig und ungeschult in die Wüste gehen, blieben hingegen der Welt verhaftet (*adhuc operibus servantes saeculo*, Regula Bene-

---

30 A2 (wie Anm. 8), S. 275.
31 Regula Benedicti 1; zitiert nach Ulrich FAUST (Hg.), Die Benediktsregel, Stuttgart 2009.

dicti 1.7) und erreichten nicht denselben Grad monastischer Perfektion. Da der Klostergründer Ebrulfus über solche suspekten, nur semi-monastischen Praktiken erhaben sein musste, tritt er, der im Grunde bereits vorher fast ein Leben nach Mönchsregel geführt habe[32], von Vita B an zunächst in ein Kloster ein[33]. Erst nachdem klar ist, dass er auch innerhalb der Klostergemeinschaft durch große monastische Perfektion auffällt, macht er sich mit drei weiteren Mönchen auf in den Wald[34]. In der benediktinischen Rahmung ist dieser Wald, obschon auch hier namentlich kategorisiert (*locus Oximensis nomine, Vticus*), wesentlich weltferner darzustellen als in A1 und A2[35]. Er ist nicht einfach ein Wald, der Schutz vor Störung und Gelegenheit zum Verzicht auf gewohnte gesellschaftliche Annehmlichkeiten bietet, sondern er ist riesig, dicht zugewachsen und schrecklich, bewohnt von wilden Tieren. Werden in A1 hier noch die Tiere benannt, die als Jagdbeute und Nahrung genutzt werden, ist die Fauna nun namenlos wild. Der Wald der Vita B ist auch in sozialer Hinsicht eher ein schrecklicher denn ein nur einsamer Ort. Unbekannte Waldbevölkerung und dazu noch Räuber sind in der Tradition der Vita B bereits Fakten der Waldwüstenexistenz, bevor noch der *quidam* auftaucht, um die Eremiten direkt zu konfrontieren.

Die unheimliche Zivilisationsferne, die diese Darstellung suggeriert, wird von den Überarbeitungen der Vita B noch verstärkt. Dort wird aus dem zweistufigen Weg in die Waldeinsamkeit ein dreistufiger. Das hängt mit den lokalgeschichtlichen Interessen von Ordericus Vitalis zusammen, der eine Kapelle in der Umgegend des Klosters Saint-Évroult, die mit Ebrulfus in Verbindung gebracht wurde, in die Vita integrierte. Ebrulfus begibt sich dort erst in das Kloster Deux-Jumeaux, dann in den Wald in Nähe der Befestigungen Exmes und Gacé und dann in die richtige Waldwüster, wo das Kloster Saint-Évroult entsteht. Diese lokalgeschichtliche Verortung geht mit einer Literarisierung des Waldes einher. Der Weg des Gründungsheiligen muss eine Steigerung des Eremitentums zum Inhalt haben. Literarische Vorlieben des 12. Jahrhunderts, wie sie auch den aristokratischen Gönnern der Abtei Saint-Évroult bekannt gewesen sein dürften, liefern dafür Gestaltungsmöglichkeiten[36]. Der Wald als literarischer Topos kennt im Wesentlichen zwei Ausprägungen: den lichten Wald der Erholung von den Geschäften und Zwängen der Welt, also den *locus amoenus*, und den finsteren Wald der Gesetzlosigkeit und Asozialität, der Aufhebung bekannter Rationalitäten und der Brotlosigkeit, also den *locus asper*[37]. Ordericus Vitalis ruft

---

32 *Sicque degens adhuc sub Laïcali habitu vitam instituerat, ut nihil ab his discrepare videretur, quos imperium Regulare coërcebat*: B (wie Anm. 10), S. 355; OV (wie Anm. 11), S. 266.
33 B (wie Anm. 10), S. 355; OV (wie Anm. 11), S. 266; Versvita (wie Anm. 5), Vers 672–768.
34 B (wie Anm. 10), S. 355; OV (wie Anm. 11), S. 268; Versvita (wie Anm. 5), Vers 777–828.
35 *Qui venientes ad locum Oximensem nomine ingressi sunt silvam quam Vticum protestantur incolae. Quae silva densitate arborum horribilis, crebris latronum frequentata discursibus, habitationem praestabat immanibus feris. [...] vastissima loca solitudinis*: B (wie Anm. 10), S. 355.
36 Zu »Familienähnlichkeiten« hagiografischer Texte mit anderen literarischen Gattungen wie etwa Romanen: Christa GRAY, James CORKE-WEBSTER (Hg.), The Hagiographical Experiment. Developing Discourses of Sainthood, Leiden 2020.
37 Hildegard Elisabeth KELLER, Wald, Wälder: Streifzüge durch einen Topos, in: Ulrich MÜLLER, Werner WUNDERLICH (Hg.), Burgen, Länder, Orte, Konstanz 2008, S. 927–941; WUNDERLI, Der Wald als Ort der Asozialität (wie Anm. 24); Wilhelm BUSSE, »Im Wald, da sind die Räuber ...«, in: Josef SEMMLER, Der Wald in Mittelalter und Renaissance, Düsseldorf 1991, S. 113–129. Ähn-

diese beiden Topoi direkt auf: Die Klause in der Nähe von Exmes liegt an einem *locus amenus siluis et fontibus abunda[ns]*; das gottgefällige Leben dort ist angenehm[38]. Allein, es hat den Schönheitsfehler der Weltnähe. Die nahegelegenen Befestigungen sind lokale Zentren für administrative, juridische und wirtschaftliche Geschäfte von Besuchern aus dem Adel und den Mittelschichten. Also begeben sich die Ebrulfusgefährten in den Wald an der Charentonne, dessen in Vita B formulierte Schrecklichkeit Ordericus Vitalis übernimmt und mit einer expliziten *loci asperitas* anreichert[39].

4. Die Herausforderung: Natur und Gesellschaft

An diesem wilden, rauen Ort gestaltet sich die erste Begegnung mit einem Eingesessenen in den zwei Erzählsträngen (A2 vs. B/OV/Versvita) auf je unterschiedliche Weise. Der *homo quidam*, der in A2 auftaucht, beobachtet die Mönche zunächst eine Weile. Ihr Alltagsverhalten ist ihm fremd; er spricht sie hier, im Gegensatz zu A1, nicht als Mönche an, deren Lebensmodell ihm schon bekannt ist[40]. Er selbst nennt die Gegend *horrida heremi loca*, bevor er darauf hinweist, dass häufig wilde Gesellen auf Raubzug durchzögen und für den *labor* der Mönche kein dankbarer Grund vorhanden sei[41]. Erst in der Erwiderung der Mönchsgemeinschaft erhalten die wilden Gesellen den zivilisiert-juridischen Namen *latrones*, und der Waldbewohner wird verhältnismäßig kontextlos dazu aufgefordert, die Lebensweise der Mönche zu imitieren[42]. Auch sein Eintritt in die junge Klostergemeinschaft ist weniger als Tausch weltlicher Besitzungen gegen geistliches Leben und zukünftigen Lohn geschildert denn als Folgsamkeit gegenüber den Mahnworten der Mönche[43]. Die zivilisatorische Mission des Ebrulfus und seiner Gefährten wird deutlich herausgestrichen, die wilde Rohheit des Waldes betont. Die enge Verknüpfung der Bekehrung des Waldbewohners mit Mahnworten und Anregung zur Imitation der Neuankömmlinge entscheidet die Konfrontation in eindeutiger, geradezu kolonialisierender, aber kaum an wirtschaft-

---

lich wird auch *eremus* im Mittellateinischen sowohl zu einem Bild für die Extremsituation der Einsamkeit als auch bisweilen zu einem positiven Gegenbild zu negativ bewerteten Zivilisationserscheinungen: Uwe LINDEMANN, Passende Wüste für Fata Morgana gesucht. Zur Etymologie und Begriffsgeschichte der fünf lateinischen Wörter für Wüste, in: DERS., Monika SCHMITZ-EMANS (Hg.), Was ist eine Wüste? Interdisziplinäre Annäherungen an einen interkulturellen Topos, Würzburg 2000, S. 87–99.

38 OV (wie Anm. 11), S. 268–270; Versvita (wie Anm. 5), Vers 829–858.
39 OV (wie Anm. 11), S. 270.
40 *die quâdam venit ad eos homo quidam, qui diligenter eorum acta contemplatus, admirabatur insolitam sibi hominum conversationem, et ait ad eos:* »*Quis vos perturbationis metus huc abegit? Cur huc venistis?*«: A2 (wie Anm. 8), S. 276. Zu *conversatio* als Alltagsleben: Michael BORGOLTE, Conversatio cottidiana. Zeugnisse von Alltag in frühmittelalterlicher Überlieferung, in: Hans Ulrich NUBER u. a. (Hg.), Archäologie und Geschichte des ersten Jahrtausends in Südwestdeutschland, Sigmaringen 1990, S. 295–385.
41 *et quae horrida heremi loca ad habitandum elegistis? Hi saltus sevorum aliena rapientium solet esse pervius; insuper et arva infructuosa et inculta ad exercendum laborem exquisistis vobis*: A2 (wie Anm. 8), S. 276. Die ursprünglichen *Suevi* sind hier zur *lectio facilior* verändert.
42 *Tu vero quae gerimus si imitari velles, prava quae agis relinqueres opera, et angustam viam quae ducit ad atria vite arriperes*: A2 (wie Anm. 8), S. 277.
43 *Iterum quoque a sanctis viris de mundi contemptu admonitus, relictis omnibus quae habuit, ibidem se Domino vovens, monachus est effectus*: A2 (wie Anm. 8), S. 277.

liche Überlegungen geknüpfter Weise. Die davon getrennte und dem nachgeordnete wirtschaftliche Aufgabe, die sich den Mönchen stellt, ist allein, der wilden Waldnatur Überlebensgrundlagen abzuringen.

B/OV wählen einen anderen Zugang zur Begegnung von Waldeinheimischem und Eremiten, der die Wildheit der Wüstennatur zugunsten differenzierter Abwägungen gemeinschaftlicher Wirtschaftsorganisation zurückstellt. Dieser Zugang ist insofern näher an A1, als er dem Wald seine eigenen Wirtschaftsweisen zugesteht und Teile davon für eine neue Wirtschaftsgemeinschaft unter Beteiligung des Klosters nutzbar macht. Dennoch zeigen auch diese Viten deutliche Eingriffe in den Text der Vorlage. Der Einheimische ist nicht irgendein Mann aus dem Wald, sondern einer der Räuber, die den Wald bewohnen[44]. Der Räuber weiß genau, was Mönche wollen; zusätzlich ist ihm das spezifische Lebensmodell »Eremitentum« geläufig. Im Grunde hilfreich, erklärt er jedoch: *non optimum locum invenistis. An nescitis quia hic est locus latronum & non Eremitarum? hujus nemoris incolae rapina vivunt; proprio viventes labore consortes pati nolunt*[45]. Der Hinweis auf die Unfruchtbarkeit des Bodens ist lediglich ein Nachsatz gegenüber der Feststellung, dass die Klostergemeinschaft an diesem Ort nicht sicher leben könne. Nicht die Natur ist das eigentliche wirtschaftliche Problem des monastischen Projekts. Stattdessen ist der Wald bereits besetzt (ob der Räuber gar auf eine Besitzrelation zwischen Räubern und Wald anspielt, lässt das Lateinische im Genitiv, der als subjectivus wie objectivus gelesen werden kann, elegant offen). Die bestehenden lokalen Wirtschaftsgewohnheiten beruhen auf gewaltsamer Güterwegnahme. Ackerbau Treibende wollen die Räuber nicht tolerieren. Das primäre Hindernis für eine dauerhafte Etablierung der Klostergemeinschaft ist demnach ein soziales.

In gewisser Weise ist das eine stärkere Herausforderung als die Unfruchtbarkeit der Natur: Gott kann den Seinen einen Tisch in der Wüste bereiten, aber was passiert, wenn die Seinen mit einem unangepassten Wirtschaftsmodell in eine etablierte sozioökonomische Konstellation platzen? Ebrulfus dreht jedoch mit genau diesem Gotteswort in seiner Erwiderung auch die sozioökonomische Konstellation um, indem er auf die Rahmung des *sacrum commercium* zurückgreift[46]. Durch eine göttliche Überwindung der wüstenbedingten Ertragsknappheit haben die Neuankömmlinge auf einmal Rückhalt im größten und reichsten vorstellbaren Wirtschaftsraum. Die Räuber hingegen stehen plötzlich außerhalb der Tischgemeinschaft wie sie qua Broterwerb außerhalb der Gemeinschaft der Gerechten stehen. Wenn der *quidam* von den Erträgen dieser transzendenten Wirtschaftsgemeinschaft etwas abbekommen möchte, muss er die klösterlichen Wirtschaftsweisen und Güterhierarchien akzeptieren. Dieser Argumentation kann sich der Räuber nicht entziehen. Er bringt mit

---

44 *factum est ut quidam latronum qui silvam incolebant, ad eos diverteret. Et admirans eorum constantiam & in Christi servitio perseverantiam ait: O Monachi, [...] Ad haec venerabilis pater Ebrulfus, ut erat vir eloquens, singula propositionum exsecutus respondit*: B (wie Anm. 10), S. 356.
45 B (wie Anm. 10), S. 356.
46 *Illud autem quod poposuisti ultimum de labore, noveris, quia potens est Dominus servis suis parare in deserto mensam refectionis. Cujus opulentiae particeps & ipse fieri potes si pravitatem quam exerces, deseris, & Deo qui vivus & verus est te famulaturum devotissime sponderis, fili*: B (wie Anm. 10), S. 356.

Brot und Honig Erträge der Waldwirtschaft, die nicht Teil der gewaltsamen Ökonomie seines bisherigen Lebens sind, und legt Profess ab. Klosterwirtschaft und natürliche Wirtschaftsbedingungen des Waldes passen sehr wohl zusammen. Der in der Herausforderungsszene der Vita B vorgezeichnete Auftrag der Klostergemeinschaft ist weniger die Zähmung der Waldnatur, als vielmehr der soziale Anschluss des Waldes an die gewaltfreie Ökonomie außerhalb durch eine soziökonomische Befriedungsmission.

Die Versvita intensiviert diese Stoßrichtung der Herausforderungsszene weiter, indem sie das Element ökonomischer Rationalität einführt. Der dortige Räuber spricht nicht direkt von einer Feindseligkeit der Waldbewohner gegenüber dem andersartigen Wirtschaftsmodell des Klosters. Stattdessen greift er zu einer anschaulichen Schilderung der Arbeitsabläufe in der Beuteökonomie, um den Mönchen die Gefahren des Waldes vor Augen zu führen[47]. Die Verantwortung für das Gelingen des monastischen Projekts liegt damit in der Entscheidung der Mönche (bleiben oder gehen?) als rationale ökonomische Akteure. Die Abgelegenheit des Ortes im Wald ist deutlich nicht eine von Raum, Natur oder Bevölkerungsarmut, sondern, getreu positiver wie negativer literarischer Walddarstellungen, eine normbezogene: Die Waldbewohner sind *frans et quitez* von gesellschaftlichen Regeln[48]. Das Projekt der Mönche, in diesem Umfeld Ackerbau treiben zu wollen, komme einem Akt des Wahnsinns (*forcenerie*) gleich[49]. Das Erste, was Ebrulfus in seiner Erwiderung tut, ist, diese unterstellte Irrationalität zu verneinen[50]; dadurch wird seine Bekehrungsrede, die ganz der in Vita B vorgezeichneten Argumentationslinie folgt und die größeren Ertragsaussichten einer Transzendentales einbeziehenden Ökonomie bewirbt, unter das Rubrum einer Debatte um die bessere (ökonomische) Ratio gestellt. Zum Abschluss der Profess des geläuterten Räubers vollzieht der heilige Mann pars pro toto die Transformation der sozialen Charakteristik der Waldwirtschaft, indem er feststellt: Der Wald sei kein Ort für Räuber, sondern für Mönche und Eremiten; die Freiheit, auf die es hier ankommt, ist die Freiheit von Sünden[51].

5. Lebensunterhaltswunder: eine Figur der Tauschwirtschaft

Wie die Klostergemeinschaft im Wald ihr alltägliches Überleben sichert und auf welche Weise sie zugleich ihren guten soziökonomischen Einfluss in der Waldwüste verbreitet, zeigen emblematisch die Lebensunterhaltswunder. Ein Element dieser Erzählungen, das spätere Rezeptionen von A1 unterscheidet und das sie zur Profilie-

---

47 Versvita (wie Anm. 5), Vers 973–978.
48 *gueres n'i ourent sejourné, / qu'un larron est vers eulz tourné: / „Ahi, dist, moines, que querez? / Vostre preu point ci ne ferez, / ci n'a pas demeure a hermitez, / mes a larrons qui frans et quitez / demourent ci, quant ont robez / lez gens [...]*: Versvita (wie Anm. 5), Vers 965–974. Hildegard Elisabeth KELLER, Wald, Wälder (wie Anm. 37); WUNDERLI, Der Wald als Ort der Asozialität (wie Anm. 24); BUSSE, »Im Wald, da sind die Räuber ...« (wie Anm. 37); Helen PHILLIPS, Bandit Territories and Good Outlaws, in: DIES. (Hg.), Bandit Territories. British Outlaw Traditions, Cardiff 2008, S. 1–23.
49 Versvita (wie Anm. 5), Vers 981–989.
50 *et dit, que pas ne sunt tourné / en ce bois par forcenerie*: ebd., Vers 992–993.
51 *que cel lieu n'ert habitation / a larrons, ains ert mansion / a moines et a sains hermites, / pour fere eulz de leur pechiez quitez*: ebd., Vers 1101–1104.

rung ihrer Interpretationen der Lebensgeschichte des hl. Ebrulfus nutzen, ist die Figur des Lebensmittelspenders, der immer auch ein repräsentativer Akteur des wirtschaftlichen Austauschs im und durch den Wald ist.

A2 begibt sich hier ganz auf päpstliche Linie: Aus dem *foenerator Christianus* in A1 wird ein *quidam Christianus*[52]. Im 12. Jahrhundert wurde die Vorstellung eines christlichen Wucherers zur *contradictio in adiecto*; die Lateinkonzilien II (1139) und III (1179) schlossen Wucher treibende Laien aus der christlichen Gemeinschaft aus[53]. Anders als für Erzähler des 8./9. Jahrhunderts kommt jemand, der hauptberuflich finanzwirtschaftliche Transaktionen vollzieht, als Umgang oder gar Retter für den hl. Ebrulfus für die Erzähler von A2 nicht mehr infrage.

Ganz anders handhaben diese Thematik die Viten B und Ordericus Vitalis[54] sowie die Versvita. Dort wird das Kloster bewusst als Akteur und Partner einer regionalen und friedlichen Tauschökonomie gezeigt, um zugleich eine Befriedung der Waldwirtschaft, eine Entfernung von gewaltsamer Güterredistribution vorzuführen. Am *foenerator Christianus* aus A1 interessiert B/OV gerade der *fenerator*[55]. Die Gabe des Wucherers lässt sich in den lateinischen Viten noch, wie Marjorie Chibnall vorschlägt[56], als Bußakt lesen, und der Wucherer selbst somit als eine der – an dieser Stelle freilich zum göttlichen Instrument gewordenen – gesellschaftlichen Randfiguren, die den Wald bevölkern. Mit Blick auf die Gesamtheit ökonomischer Elemente in der Vitengestaltung und vollends im diachronen Vergleich mit der Bearbeitung (auch) für Laienpublikum wird aber deutlich, dass Agenten der Tauschwirtschaft zugleich

---

52 *Nam, egrediente paupere, modico intervallo transacto, ecce adest quidam Christianus prae foribus monasterii cum saumario onusto pane et caseo, seu sufficienti vino*: A2 (wie Anm. 8), S. 278. Die insgesamt wenig wirtschaftlich orientierten, frommen Interessen der Vitenfassung A2 fügen dem Ende des versuchten Schweinediebstahls zusätzlich zu der bereits in A1 vorhandenen Beichte noch eine Bußstrafe hinzu: *Famulus autem Domini, clementer indulgens admissum facinus, et poenitentia illis indicta, fratrum eos coetui admistens, perfectos eos postmodum habuit monachos*: A2 (wie Anm. 8), S. 279.

53 Die Literatur zu (Papst)Kirche und Wucher ist Legion; hier sei daher auf maßgebliche Handbuchwerke zu kirchlich-theologischem ökonomischen Denken verwiesen, die jeweils auch die ab dem späteren 12. Jahrhundert positiveren theologischen Haltungen gegenüber Kaufleuten thematisieren: John GILCHRIST, The Church and Economic Activity in the Middle Ages, London 1969, S. 63; Odd LANGHOLM, Economics in the Medieval Schools. Wealth, Money and Usury according to the Paris Theological Tradition 1200–1350, Leiden 1992, bes. S. 37–87; Diana WOOD, Medieval Economic Thought, Cambridge 2002.

54 OV weicht von B nur durch einen längeren lokalgeschichtlichen Einschub ab (OV [wie Anm. 11], S. 276), der dem gerade doch noch gespeisten Armen ein Weilchen folgt und die Geschichte einer Heilquelle erzählt, die dieser aus Dankbarkeit auf wundersame Weise schuf. Sie habe sich zu einer überregionalen Attraktion entwickelt, sei dann allerdings in Vergessenheit geraten, weil ein gewisser Berengarius, dem das Land gehörte, und dessen Agrarwirtschaft der Durchgangsverkehr störte, den Zugang gesperrt hatte. Auch die Versvita übernimmt diesen Exkurs: Versvita (wie Anm. 5), Vers 1274–1372.

55 *Erogato autem pane pauperi, ecce ante solis occasum visus est astitisse pro foribus Cellulae quidam clitellarius, pane & vino sufficienter onustus; qui vero cum adduxerat, dicens se feneratorem esse, ministrum advocavit*: B (wie Anm. 10), S. 356f. *Erogato itaque a sancto Ebrulfo pane pauperi, ecce ante solis occasum uisus est astitisse pro foribus cellulae quidam clitellarius, pane et uino sufficienter onustus. Qui uero eum adduxerat, dicens se foeneratorem esse, ministrum aduocauit*: OV (wie Anm. 11), S. 278.

56 Ebd., S. 278.

als so normale wie nötige Bestandteile klösterlicher Wirtschaftslandschaften in Szene gesetzt werden.

In der Versvita stellt sich der Mann, der mit einem mit Brot und Wein beladenen Pferd auftaucht, als Händler (*marcheant*) vor und erklärt an der Klosterpforte sein Kommen, als initiiere er ein Verkaufsgespräch: Er habe nicht ohne Waren reisen wollen, habe nämlich nicht gewusst, ob es hier nicht Bedarf an Lebensmitteln gebe, oder wer sonst die Vorräte liefere[57]. Dann jedoch entpuppt er sich als Wohltäter, indem er sich ohne Vollzug der Handelstransaktion davonmacht. Das Publikum in und um Saint-Évroult in der zweiten Hälfte des 12. Jahrhunderts ist eventuell zeitgenössisch mit den Erzählern und Lesern von A2, doch die Wirtschaft, in der sich das Leben »ihres« hl. Ebrulfus abspielt, ist eine ganz andere. Professionelle Akteure eines (auch monetarisierten) Warenaustauschs sind sowohl Bestandteile des Alltagslebens dieses Publikums als auch essenziell für den Lebensunterhalt der Klostergemeinschaft. Nicht zuletzt in der positiv besetzten Figur des *marcheant* spiegelt sich in den Ebrulfusviten um das Kloster Saint-Évroult eine zeitgemäße und produktive Auseinandersetzung mit den Interaktionsnotwendigkeiten, die benediktinische Autarkie begleiteten[58].

6. Transformation einer Wirtschaftslandschaft

Die Geschichte von Ebrulfus und seinen Gefährten ist eine klösterliche Erfolgsgeschichte. Ihr monastisches Projekt kann sich nicht nur gegen die erste Herausforderung, sondern auch dauerhaft behaupten. Präsenz und Wachstum des Klosters bleiben nicht ohne Folgen für die lokale Wirtschaftsgemeinschaft im Wald. Die Viten bieten, gleichsam als Vorschau, im Anschluss an die Herausforderungsszene eine Zusammenfassung dieser Entwicklungen. Die ursprünglich in A1 angelegte balancierte Integration, in deren Verlauf der *quidam* recht behält, weil die Mönche sich unter lokalen Wirtschaftsbedingungen am Gütertausch beteiligen, und die Mönche recht behalten, weil ihr spezifisches spirituelles Angebot diesen überlebenssichernden Gütertausch ermöglicht, wird in der späteren Rezeption aus dem Gleichgewicht gebracht. Auf Basis der älteren Integrationserzählung und ausgehend von der spirituellen, moralischen und rhetorischen Überlegenheit des Ebrulfus über seine Waldwüstenumgebung, werden im 11. und 12. Jahrhundert Transformationsgeschichten geschrieben.

---

57 *Quer einsque soleil fust couchié / de la porte s'est aprochié / un hommes, qui i sommier maine, / si chargié que a mult grant peine / poet aler – de pain et de vin –; / ce pert i mesage devin; / le celerier fet apeler, / et cil ne se voult pas celer. / L'omme si ne l'a pas gabé; / Einz li dist: »Va a ton abbé / et li di que marcheant sui, / venir ne vouloie pas vui; / ne savoie, s'il li failloit / pain ne vin, ne qui li bailloit / sa despense a lui et aus freres.«*: Versvita (wie Anm. 5), Vers 1345–1359.
58 Jean-Pierre Devroey, Monastic Economics in the Carolingian Age, in: Alison Beach, Isabelle Cochelin (Hg.), The Cambridge History of Medieval Monasticism in the Latin West, Bd. 1: Origins to the Eleventh Century, Cambridge 2020, S. 466–484; Lucien Musset, Réflexions sur les moyens de paiement en Normandie aux XIe et XIIe siècles, in: Ders., Jean-Michel Bouvris, Véronique Gazeau (Hg.), Aspects de la société et de l'économie dans la Normandie médiévale (X^e–XIIIe siècles), Caen 1988, S. 65–89.

In der wirtschaftlich wenig interessierten Vita A2 ist die Transformation des Waldes eine spirituelle. Die göttlichen Werke der Gefährten locken die Bewohner der vermeintlichen Einöde an. Manche von ihnen treten der Mönchsgemeinschaft bei, in erster Linie jedoch entwickelt sich ein Austausch, im Zuge dessen den Mönchen körperliche Nahrung gebracht wird, die sie mit seelischer Nahrung reichlich aufwiegen[59]. Diese spirituelle Ent-Wüstung des Waldes wird weder weiter vertieft noch als solche benannt.

Anders in den Saint-Évroult-Viten, die den anfänglichen Kontrast zwischen Waldwüstenwirtschaft und Kloster erhöhen und den Pioniergeist der Eremiten herausstreichen. In B/OV bewirkt die Etablierung der Klostergemeinschaft nichts weniger als eine völlige Transformation des Waldes zu einer Wirtschaftslandschaft der Agrarproduktion. Die räubernde Waldbevölkerung folgt hier zwei verschiedenen möglichen Reaktionsweisen auf die Anwesenheit von Ebrulfus und dessen Gefährten: *aut fiebant Monachi, aut deserentes latrocinia efficiebant cultores agri*[60]. Während der *quidam latro* den Waldboden noch für unfruchtbar gehalten hatte, bereitet, wie Ebrulfus erwiderte, Gott den ehemaligen Räubern, die neuerdings die Seinen sind, tatsächlich einen Tisch in der Waldwüste – die freilich ob dieser regen Betriebsamkeit schon keine mehr ist: *jamque propter frequentiam venientium, praedicta silva solitudinis amiserat vocabulum*[61]. Die Rolle des Klosters inmitten dieser transformierten Wirtschaftslandschaft ist die eines austauschbasierten Antriebs. Die ehemaligen Räuber bestellen den Waldboden. Der Austausch materieller gegen spirituelle Güter findet demnach auf der Basis der Überschüsse statt, die sie in der Agrarproduktion erwirtschaften und die von der jungen Klostergemeinschaft als Zentralort verzehrt und immateriell vergolten werden.

Der Rolle des Gründers Ebrulfus als Leiter dieses Zentralortes widmet die Versvita besonderes Augenmerk. Auch hier stehen den Räubern diese zwei Wege eines reformierten Lebens offen, Ackerbau oder Mönchtum. Viele entscheiden sich für Arbeitsleben und Landbesitz[62]. Ebrulfus und seine Gemeinschaft jedoch sind ein weithin wirksamer Attraktionsfaktor der Waldregion sowie ein lokales Redistributionszentrum. Menschen verschiedenster sozioökonomischer Stellung lockt der Ruf des Heiligen nach Saint-Évroult[63]. Sie geben ihm von ihren materiellen Gütern, er gibt ihnen spirituelle Nahrung und/oder, je nach Bedarf, auch gleich von den materiellen Gütern, die er von anderen Tauschpartnern erhalten hat[64]. Für die laikalen Zuhörer aus der Umgegend des Klosters Saint-Évroult im späteren 12. Jahrhundert wird diese Position des Gründungsheiligen fast in die Analogie eines Feudalherren gekleidet,

---

59 *minime inibi diu latere potuere, dum divina opera quae per eos gerebantur, volitante fama, passim multorum auribus a vicinis loci illius ingererentur. Unde factum est ut nonnulli saepius ad eos venientes, dum eis deferebant necessaria corporis alimenta, ab eis reportabant alimenta vite; quin et multi ex ipsis, exemplum secuti illorum, ibidem monachi facti sunt*: A2 (wie Anm. 8), S. 277.
60 B (wie Anm. 10), S. 356.
61 Ebd., S. 356.
62 Versvita (wie Anm. 5), Vers 1107–1134.
63 Ebd., Vers 1155–1157.
64 *chascun de sez biens li aporte; / et li donnent mult largement, / et il lez redonne ensement*: ebd., Vers 1152–1154.

der Überschüsse abschöpft und umverteilt: *que dedens le bois ert tel sire, / qu'avoit tele compagnie*[65].

Doch vor allem wird aus den Viten B/OV und der Versvita eine pragmatisch-affirmative Haltung gegenüber ökonomischen Tauschtransaktionen deutlich. Der aktiven Beteiligung der Klostergemeinschaft an wirtschaftlichem Austausch, unter Einbeziehung materieller wie immaterieller Güter, wird eine befriedende Wirkung zugeschrieben. Es ist nicht so, dass Äcker bestellende Mönche die Tauschwirtschaft aus dem Wald tilgen. Stattdessen führt gerade das zusätzliche, aus der unendlichen jenseitigen Ökonomie schöpfende Angebot der Mönche zu einer Zentrierung der Tauschwirtschaft auf sie und zu ihren Bedingungen, sodass potenzielle Tauschpartner die gewaltsame Güterumverteilung zugunsten legitimer, friedlicher Produktion aufgeben. Solche Mönchsgemeinschaften lassen sich als ideale Pioniere im Landesausbau darstellen, weil sie im Wortsinn nicht nur ihr eigenes Äckerlein bestellen, sondern großflächig bei anderen Veränderungen anstoßen. Diese positive Deutung einer auf Austausch hin orientierten monastischen Wirtschaft positioniert das Kloster Saint-Évroult in breiteren Debatten des 12. Jahrhunderts, in denen ein solches Wirtschaftsmodell unter Druck geraten war.

7. Benediktinisches Wirtschaften unter Konkurrenzdruck

In der Entwicklungsgeschichte der »Vita Ebrulfi« ist die Auseinandersetzung mit Wirtschaftlichem nicht nur präsent, sondern zentral und wird mit einiger Aktualität und Publikumsorientierung geführt. Dabei sind wirtschaftliche Fragestellungen in Heiligenviten weder abwegig noch selbstverständlich. Die deutlichen Divergenzen zwischen den zwei zeitlich teils parallelen Bearbeitungssträngen der ältesten Vita – A2 einerseits, B/OV und die Versvita andererseits – zeigen, dass im Kloster Saint-Évroult im 11. und 12. Jahrhundert eine bewusste Entscheidung getroffen wurde, sich im Medium der Gründungsgeschichte an zeitgenössischen wirtschaftlichen Debatten zu beteiligen und ein spezifisches Wirtschaftsmodell zu vertreten.

Mit einem solchen Modell ist die reale Wirtschaftsgeschichte der normannischen Landschaften, in denen die »Vitae Ebrulfi« erzählt wurden, bei allen möglichen Interdependenzen dennoch nicht zu verwechseln. Die Agrar- und Wirtschaftsgeschichte des nordfranzösischen sowie allgemeiner des westeuropäischen Raums hat deutlich herausgearbeitet, dass von Wald als ungenutzter Wildnis schon im Frühmittelalter kaum die Rede sein kann. Als *incultum* bezeichnete Landschaft stellte einen menschlich durchdrungenen Wirtschaftsraum dar, der mit Wald-, Wiesen- und Weideflächen eine notwendige und ubiquitäre Ergänzung der bebauten Ackerflächen bildete. Designationen als Acker- und anderweitige Nutzflächen waren dabei keineswegs permanent; temporäre Kulturen bzw. *saltus* müssten als selbstverständlicher Teil des Wirtschaftens gelten. Schließlich intensivierte sich die Aufteilung und Festigung von Hoheits- und Zugriffsrechten über diese (Teil)Räume und ihre Ressourcen zwar parallel zu Dynamisierungen der Agrarökonomie im 11. und 12. Jahrhundert, aber dies reflektierte eher einen Wandel herrschaftlicher Sozialstrukturen als einen Neuauf-

---

65 Ebd., Vers 1108f. Womit der arme Ebrulfus in der Waldwüste wieder genau in der Position angekommen wäre, vor der er um seiner Seele willen bereits geflüchtet war.

bruch ins Unbekannte der Landeserschließung⁶⁶. Die Rolle benediktinischer Klöster in diesem Prozess ist nicht festzulegen, indem sie entweder als Pioniere der Walderschließung oder als Profiteure und Propagatoren eines weitgehend separat von (in heutigem Verständnis) ökonomischen Erwägungen existierenden Gabentauschsystems betrachtet werden⁶⁷. Sie waren, bei allen Abgeschiedenheits- und Autarkieidealen, eingebettet in lokale und regionale Tauschwirtschaften, die ihrerseits Ackerbau und *incultum*-Bewirtschaftungen sowie Marktrelationen umspannten. Sie organisierten dabei die Feldarbeit anderer und partizipierten an wirtschaftlichen Tauschbeziehungen, deren Skalierbarkeit vom Honig der Waldbewohner über den Wein durchreisender Händler bis zum Schatz im Himmelreich ohne eine Trennung zwischen symbolisch-spirituellen Gaben und ökonomischen Logiken besser erfasst werden kann⁶⁸.

---

66 Corinne BECK, Fabrice GUIZARD, Bernard BODINIER (Hg.), Lisières, marais et friches. Les usages de l'inculte de l'Antiquité au XXIᵉ siècle, Villeneuve d'Ascq 2013; Corinne BECK, Fabrice GUIZARD, La forêt ressources, in: Sylvie BÉPOIX, Hervé RICHARD (Hg.), La forêt au Moyen Âge, Paris 2019, S. 107–120; Sylvie BÉPOIX, L'évolution des espaces cultivés, ebd., S. 180–190; Monique BOURIN, Les droits d'usage et la gestion de l'inculte en France méridionale. Un terrain de comparaison »avant la peste«, in: DIES., Stéphane BOISSELLIER (Hg.), L'espace rural au Moyen Âge. Portugal, Espagne, France (XXIᵉ–XIVᵉ siècle), Rennes 2002, S. 193–206; Jean-Pierre DEVROEY, Économie rurale et société dans l'Europe franque (VIᵉ–IXᵉ siècles). Fondements matériels, échanges et lien social, Paris 2003; DERS., Puissants et misérables. Système social et monde paysan dans l'Europe des Francs (VIᵉ–IXᵉ siècles), Brüssel 2006; DERS., Le paysan consommateur: Enjeux d'une problématique, in: Guilhem FERRAND, Judicaël PETROWISTE (Hg.), Le necessaire et le superflu. Le paysan consommateur, Toulouse 2019, S. 267–278; Aline DURAND, Les paysages médiévaux du Languedoc (Xᵉ–XIIᵉ siècles), Toulouse 1998; DIES., Marie-Pierre RUAS, La forêt languedocienne (fin VIIIᵉ siècle –XIᵉ siècle), in: Andrée CORVOL-DESSERT (Hg.), Les forêts d'Occident du Moyen Âge à nos jours, Toulouse 2004, S. 163–180; Laurent FELLER, Paysans et seigneurs au Moyen Âge. VIIᵉ–XVᵉ siècles, Paris 2007; Robert FOSSIER, L'amendement des sols en France du Nord (XIIᵉ–XIIIᵉ siècles), in: Aline DURAND (Hg.), Plantes exploitées, plantes cultivées. Cultures, techniques et discours, Aix-en-Provence 2007, S. 63–75; Emmanuelle SANTINELLI-FOLTZ, Espaces forestiers: espaces genrés?, in: Marie DELCOURTE-DEBARRE u. a. (Hg.), Environnement, territoires et sociétés. Études interdisciplinaires offertes à Corinne Beck, Valenciennes 2021, S. 171–186; Shoichi SATO, Les implantations monastiques dans la Gaule du nord. Un facteur de la croissance agricole au VIIᵉ siècle? Quelques éléments d'hypothèse concernant des régions de Rouen et de Beauvais, in: La croissance agricole du haut Moyen Âge. Chronologie, modalités, géographie, Auch 1990, S. 169–177; Roland VIADER, Christine RENDU (Hg.), Cultures temporaires et féodalité. Les rotations culturales et l'appropriation du sol dans l'Europe médiévale et moderne, Toulouse 2014.

67 Gabentausch als Tauschsystem sui generis, einschließlich Wald, etwa bei: Régine LE JAN, Le don et le produit sauvage au haut Moyen Âge, in: Simonetta CAVACIOCCHI (Hg.), L'uomo e la foresta, secc. XIII–XVIII, Prato 1996, S. 579–589; DIES., Raban Maur et les munera. Idéologie du don, hiérarchie et politique, in: Philippe DEPREUX u. a. (Hg.), Raban Maur et son temps, Turnhout 2010, S. 407–422.

68 DEVROEY, Économie rurale et société (wie Anm 66); Laurent FELLER, Richesse, terre et valeur dans l'occident médiéval. Économie politique et économie chrétienne, Turnhout 2021; Florence WEBER, De l'anthropologie économique à l'ethnographie des transactions, in: Laurent FELLER, Chris WICKHAM (Hg.), Le marché de la terre au Moyen Âge, Rom 2005, S. 29–48; Alexis WILKIN, Communautés bénédictines et environnement économique, IXᵉ–XIIIᵉ siècles. Réflexions sur les tendances historiographiques de l'analyse du temporal monastique, in: Steven VANDERPUTTEN, Brigitte MEIJNS (Hg.), Ecclesia in Medio Nationis. Reflections on the Study of Monasticism in the Central Middle Ages, Louvain 2011, S. 101–150.

All dies war Erzählern und Adressaten der »Vitae Ebrulfi« selbstverständlicher als es heutigen Beobachtern sein kann. Die Erzählung der ältesten Ebrulfusvita A1 ist mit ihrer Darstellung des Sich-Einfügens der Mönche in die Waldwirtschaft nah an einem solchen Bild von Kloster, Agrargesellschaft und Waldnutzung. Die Unterscheidung zwischen dem aus Gründen religiöser Topoi remoten und undurchdringlichen Wald und der umgebenden Landschaft wird nicht überstrapaziert; in der Herausforderungsszene postulierte wirtschaftliche Differenzen bleiben deutlich markiert diskursive Idealtypen und werden in der Integration der Mönche in die Waldwirtschaft harmonisiert. Die späteren Viten hingegen, deren Entstehungszeit gerade in eine Phase verstärkten rechtlichen Zugriffs auf die ökonomisch längst erschlossenen Wälder Nordwesteuropas fällt, greifen zu stärkerer Kontrastierung, ja zu Dichotomisierung von Waldwüstenwirtschaft und Ackerbaugesellschaft. Sie entfernen den Wald erzählerisch aus der christlichen Zivilisation. Diese binäre Erzählweise macht den Wald zu einem Neuland, auf dessen Testgrund die Bedeutung klösterlichen Wirtschaftens modelliert werden kann. Wie heutige Modelle auch, beruhen die Erzählungen der Viten auf analytischen Vereinfachungen der wirtschaftlichen Gegebenheiten und auf der Orientierung an Leitunterscheidungen.

Die zwei Leitunterscheidungen, die die »Vitae Ebrulfi« treffen, sind im Grunde noch heute relevant: ein Fokus entweder auf der Naturbedingtheit oder der sozialen Konstituiertheit von Wirtschaftsleben und der Kontrast bzw. die Beziehung zwischen produktionsbasierten und tauschbasierten Wirtschaftskonzeptionen[69]. Den Vitenerzählern und ihren Publika stand evident eine Denkweise zur Verfügung, die Wirtschaftsprämissen als gesellschaftlich entscheidbar auffasste und die auch eine Wahl zwischen Primat der (Agrar)Produktion und Primat des Gütertauschs nach Kriterien örtlicher, zeitlicher und sozialer Situationsangemessenheit vorsah.

Diese Differenzen werden in den späteren Vitenfassungen nicht mehr integriert und harmonisiert, sondern auf die eine oder andere Weise entschieden. Aus der Integration in den Wirtschaftsraum Wald (A1) wird eine Zähmung des Waldes, die sich nur in A2 als Behauptung gegen die Wildheit der Natur darstellt, in B/OV und der Versvita hingegen als Behauptung gegen eine sozioökonomisch bestimmte Waldwüste. B/OV und die Versvita propagieren zugleich einen durch Ebrulfus und seine Gefährten vorbereiteten Sieg agrarischer Produktionswirtschaft über die vormals im Wald herrschende (gewaltsame) Tauschwirtschaft. Solch eine Transformationsge-

---

69 »Basiert« meint dabei einen gedanklichen und postulierten Primat und natürlich keine Ausschließlichkeit. Heute beruht die ökonomische Ausbildung mit solcher Ausschließlichkeit auf tauschwirtschaftlichen Konzeptionen, dass die (erst spät)mittelalterliche Vorgeschichte häufig als Geschichte allmählicher Entdeckung der tauschwirtschaftlichen Realität ökonomischer Gesetzmäßigkeiten erscheint. Die »Vitae Ebrulfi« zeigen uns in diesem Punkt größere Flexibilität. Edwin S. Hunt, James M. Murray, A History of Business in Medieval Europe, 1200–1550, Cambridge 1999; jüngster umfassender Forschungsüberblick: Ulla Kypta, Julia Bruch, Tanja Skambraks (Hg.), Methods in Premodern Economic History, Cham 2019; prominentester Advokat gegen die gegenwärtige Ausschließlichkeit austauschfokussierter Wirtschaftslehren: Ha-Joon Chang, Bad Samaritans, New York 2008; ders.: Economics. The User's Guide, London 2014. Zur Unterscheidung formaler Ökonomie, wie wir sie seit dem 19. Jahrhundert kennen, von substanzieller Ökonomie vgl. auch Karl Polanyi, The Economy as Instituted Practice, in: Richard Swedberg, Mark Granovetter (Hg.), The Sociology of Economic Life, Boulder 1992, S. 29–51.

schichte, mit ihrer Betonung der sozioökonomischen Befriedungsmission, die der Gründerheilige mittels Anregung zur Agrarproduktion erfüllt, und die genau deshalb nötig und möglich ist, weil Wirtschaftsweisen sozial bestimmt werden, lässt sich (mit etwas Willen zum Hypothetischen) auf ihre Erzählsituation in Saint-Évroult im 12. Jahrhundert zurückführen.

B/OV und die Versvita beziehen Position in einer zeitgenössischen Debatte um die Umsetzung der Benediktsregel im monastischen Wirtschaften. Die Neugründung der Abtei, in der diese Viten geschrieben, gelesen und aufgeführt wurden, unterschied sich in wirtschaftlicher Hinsicht vermutlich insofern von ihrer ursprünglich merowingerzeitlichen Vorgängerin, als ihre Ausstattung zu einem größeren Teil aus Renteneinkünften (aus Zöllen, Märkten, Mühlen, Kirchen etc.) bestand[70]. Saint-Évroult lebte von (teils monetarisiertem) Austausch und in Zirkulation gebrachtem Überschuss. Nicht zuletzt durch die Konkurrenz der frisch auf den Plan getretenen Zisterzienser standen solche Grundlagen klösterlichen Wirtschaftens im 12. Jahrhundert wieder zur Diskussion und gerieten unter Legitimationsdruck. Die Zisterzienser strebten nach einer möglichst strengen Auslegung der Benediktsregel; in wirtschaftlicher Hinsicht bedeutete dies für sie einen möglichst weitgehenden Rückzug aus der monetären Tauschökonomie und auf eine von den Mönchen selbst betriebene Agrarproduktion[71].

Auch der Anfang der Benediktsregel, an den die »Vita Ebrulfi« angeglichen wurde, wurde als Kommentar zu legitimen monastischen Wirtschaftsgrundlagen gelesen. Neben den erstrebenswerten, aber gestaffelt in Angriff zu nehmenden Lebensmodellen klösterlicher und eremitischer Existenz stellten die Sarabaiten das zu meidende Gegenbild dar, deren Wirtschaftsform laut Ivo von Chartres auszeichne, *ut in privatis locis proprio jure vivant et victum sibi de substantia pauperum per manum raptorum, et de foenore negotiatorum accipiant*[72]. Monastisches Wirtschaften solle genau so nicht aussehen, sich also nicht von den Profiten der Tauschwirtschaft (gewalt-

---

70 CHIBNALL, The World of Orderic Vitalis (wie Anm. 11), S. 63. Grégory COMBALBERT, La rivalité entre Saint-Évroult et les évêques de Lisieux. À propos de quelques eglises données à Saint-Évroult (XIe–XVIe siècle), in: Bulletin de la Société historique et archéologique de l'Orne 129 (2010), S. 15–48. In einer Wirtschaftslandschaft, die exportgeprägt war, und wo der Anschluss an regionale Tauschtransaktionen nie weit entfernt lag, kann das als üblich betrachtet werden; vgl. den Überblick in Mathieu ARNOUX, Anne-Marie FLAMBARD HÉRICHER, Introduction, in: Mathieu ARNOUX, Anne-Marie FLAMBARD HÉRICHER (Hg.), La Normandie dans l'économie européenne (XIIe–XVIIe siècle), Caen 2010, S. 1–8.
71 In der praktischen Umsetzung für Cîteaux selbst nachgewiesen: Jean TRUAX, Building the Desert, in: Cistercian Studies Quarterly 51 (2016), S. 77–91. Dass ihnen dabei schnell die eigene Hingabe an effiziente Produktion zum Problem wurde, indem sie sie zwang, ihre abgelegenen, aber reiche Überschüsse produzierenden Wüstenrefugien auf die kommerzielle Landkarte zu bringen, ist eine andere Geschichte: Werner RÖSENER, Die Stadthöfe der Zisterzienser im Spannungsfeld der Stadt-Land-Beziehungen des Hochmittelalters, in: Claudia DOBRINSKI, Brunhilde GEDDERTH, Katrin WIPFLER (Hg.), Kloster und Wirtschaftswelt im Mittelalter, München 2007, S. 85–99; KELLER, Wüste. Kleiner Rundgang durch einen Topos der Askese (wie Anm. 1), S. 193; Mette B. BRUUN, The Cistercian Rethinking of the Desert, in: Cîteaux. Commentarii Cistercienses 53 (2002), S. 193–212.
72 Ivo von Chartres, Epistola 192, MIGNE PL, Bd. 162, Sp. 198–202, Sp. 200; Geneviève GIORDANENGO (Hg.), Lettres d'Yves de Chartres, éd. électronique TELMA (IRHT), Orléans 2017, http://telma-chartes.irht.cnrs.fr/yves-de-chartres/notice/21130 (18.02.2023).

sam oder friedlich) tragen lassen. Abgelegen und außerhalb des »normalen« gesellschaftlichen Normsystems lebend, sich ernährend von den Erträgen von Raub, Wucher und professionellem Gütertausch – das klingt stark nach der Waldwüstenwirtschaft, zu der Ebrulfus und seine Gefährten finden. Dass derlei Kritiken an einem auch in der Normandie verbreiteten Wirtschaftsmodell geistlicher Gemeinschaften in Saint-Évroult durchaus angekommen waren, zeigen nicht zuletzt Ordericus Vitalis' Diskussionen des alten und neuen Mönchtums, die für situative Flexibilität und für Toleranz verschiedenartiger Modelle und ihrer historischen Gewachsenheit plädieren[73].

Die Bearbeitungen der Ebrulfusvita reagieren nun auf diese Kritikpunkte, indem sie die Findung einer wachstumsfähigen klösterlichen Wirtschaftsweise in der Waldwüste mit der wirtschaftlichen und moralischen Reform der Umgegend verknüpfen. Landwirtschaftliche Autarkie hilft niemandem; mit dem Geist der Regel konforme Tauschwirtschaft hingegen kreiert *Spillover*-Effekte für eine ganze Region. Die soziale Herausforderung gegen das monastische Projekt in B/OV, von eigener Arbeit lebende Neuankömmlinge seien unerwünscht, stellt die Klostergemeinschaft von Saint-Évroult deutlich und gegen die konkurrierende Interpretation durch die Zisterzienser auf die Seite der *laboratores*. Der spezifischen Ausgestaltung dieser Arbeit liegt die Idee zugrunde, dass eine weitgehend tauschbasierte klösterliche Wirtschaft einen wichtigen missionarischen, ja zivilisatorischen Beitrag leistet, wenn sie den Gütertausch befriedet. Dafür wird der Markt, den diese Tauschwirtschaft bildet, größer, nämlich auch transzendent gedacht.

In Analogie zum *sacrum commercium* des Individuums, das seine irdische Wirtschaftsgrundlage anpasst, um größeren, jenseitigen Profit zu erlangen, eröffnet die junge Klostergemeinschaft um Ebrulfus eine Teilhabe an der spirituellen Ökonomie und macht das Angebot spiritueller Nahrung im Tausch gegen Produkte friedlicher Landwirtschaft und friedlicher Tauschwirtschaft. Damit lässt sich vermutlich eine partielle und lokale Antwort auf die von Alexis Wilkin aufgeworfene Frage danach geben, ob sich mit der benediktinischen Produktionsorganisation eine spezifische moralische Wahl verbinde[74]: Ja, denn zumindest für die Vitenerzähler von Saint-Évroult generierte die klösterliche Präsenz in der Region gerade auf diese Weise – und nicht etwa durch eigenen Ackerbau der Mönche – befriedende *Spillover*-Effekte, die sie in der Lebensgeschichte des hl. Ebrulfus modellierten und propagierten. Für das Kloster Saint-Évroult im 12. Jahrhundert, in dem die Versvita zur Aufführung kam, war dies ein noch laufender Prozess, der nicht nur innerhalb der monastischen Welt die Konkurrenzfähigkeit des lokalen klösterlichen Wirtschaftsmodells behauptete, sondern der sich auch an die adligen Beuteökonomien in der Umgegend richten konnte, über die Ordericus Vitalis so viel zu berichten hatte.

---

73 Marjorie CHIBNALL (Hg.), The Ecclesiastical History of Orderic Vitalis, Bd. 4: Books VII and VIII, Oxford 1973, S. 310–326.
74 WILKIN, Communautés bénédictines et environnement économique (wie Anm. 68), S. 136f.

Hannes Engl – Robin Moens

SAINTE-GLOSSINDE, SAINT-MIHIEL UND DER STREIT UM LACROIX-SUR-MEUSE (CA. 1187–1210)

Ein außergewöhnlich gut dokumentierter Fall
päpstlich delegierter Gerichtsbarkeit (Untersuchung und Edition)[1]

Die päpstliche Delegationsgerichtsbarkeit beruhte im Wesentlichen auf der Übertragung fallbezogener päpstlicher Sondervollmachten auf lokale Akteure, die am Ort des Streitgeschehens als Richter fungieren sollten und deren Urteile zugleich die Verbindlichkeit päpstlicher Entscheidungen besaßen. Dies garantierte einerseits der Kurie eine Verfahrensabwicklung durch ortskundige Personen und ersparte andererseits den Streitenden eine Prozessführung in Rom, zu der sie Beweismittel und eventuell Zeugen hätten mitführen müssen. Darüber hinaus bot sich den Klägern dadurch die Möglichkeit, an der Bestellung der Entscheidungsträger in einem päpstlich legitimierten Gerichtsprozess mitzuwirken, denn im Idealfall, den eine Dekretale Coelestins III. vom 17. Juni 1193 definierte, sollten beide Streitparteien je einen und die Kurie den dritten Richter benennen. Dieser Versuch einer normativen Reglementierung der Verfahrenseinleitung war wohl eine Reaktion auf die im ausgehenden 12. Jahrhundert zunehmende Inanspruchnahme der päpstlichen Delegationsgerichtsbarkeit, die sich in der Überlieferung mehrerer Regionen widerspiegelt[2].

---

[1] Der folgende Beitrag entstand im Rahmen des deutsch-luxemburgischen DFG-FNR-Projekts INTERLOR – »Lotharingien und das Papsttum. Interaktions-, Integrations- und Transformationsprozesse im Spannungsfeld zwischen zentraler Steuerung und regionaler Eigendynamik (11.–Anfang 13. Jahrhundert)« und ist die Frucht einer im Oktober 2021 nach Lothringen unternommenen Archivreise; siehe zu diesem Projekt neben dem Internetauftritt (https://www.ma.histinst.rwth-aachen.de/go/id/tqojt [1.02.2023]) auch Harald MÜLLER, Hannes ENGL, Michel MARGUE, Timothy SALEMME, Vorstellung des Forschungsprojekts »INTERLOR – Lotharingien und das Papsttum. Interaktions-, Integrations- und Transformationsprozesse im Spannungsfeld zwischen zentraler Steuerung und regionaler Eigendynamik (11.–Anfang 13. Jahrhundert)«, in: Studi di Storia medioevale e di Diplomatica, nuova serie 5 (2021), S. 297–306. Unser ausdrücklicher Dank gilt Prof. Dr. Harald Müller (RWTH Aachen) für den regen Gedankenaustausch während der Vorbereitungsphase des Beitrags.

[2] Zur Entwicklung und Funktionsweise der päpstlichen Delegationsgerichtsbarkeit im 12. und 13. Jahrhundert vgl. Jane Eleanor SAYERS, Papal Judges Delegate in the Province of Canterbury, 1198–1254. A Study in Ecclesiastical Jurisdiction and Administration, Oxford 1971 (Oxford Historical Monographs), S. 1–41; Dietrich LOHRMANN, »Juges délégués«, in: Philippe LEVILLAIN (Hg.), Dictionnaire historique de la papauté, Paris 1994, S. 978; Harald MÜLLER, Päpstliche Delegationsgerichtsbarkeit in der Normandie (12. und frühes 13. Jahrhundert), 2 Bde., Bonn 1997 (Studien und Dokumente zur Gallia Pontificia, 4/1–2), Bd. 1, bes. S. 9–20; DERS., The Omnipresent Pope: Legates and Judges Delegate, in: Keith SISSON, Atria A. LARSON (Hg.), A Companion to the Medieval Papacy. Growth of an Ideology and Institution, Leiden, Boston 2016 (Brill's Companions to the Christian Tradition, 70), S. 199–219, hier S. 210–219; zur besagten Dekretale Coelestins III. (JL 17019; Walther-Holtzmann-Kartei, https://www.kuttner-institute.jura.uni-

Ein besonders gut dokumentierter Fall innerhalb der lothringischen Überlieferung betrifft einen langwierigen und äußerst hartnäckig geführten Rechtsstreit, in dem sich in den Jahren zwischen 1187 und 1210 die Äbtissin von Sainte-Glossinde in Metz (Benediktinerinnen) und der Abt von Saint-Mihiel (Benediktiner, Diözese Verdun) gegenüberstanden[3]. Verhandelt wurde er größtenteils durch päpstlich delegierte Richter, doch traten daneben auch lokale Schiedsgerichte, die das Prozessgeschehen entscheidend beeinflussten. Gegenstand des Streits waren ein Drittel der Zehnten und das Präsentationsrecht der Pfarrkirche von Lacroix-sur-Meuse (Diözese Verdun; dép. Meuse, arr. Commercy, ct. Saint-Mihiel)[4]. Der Ort liegt knapp 10 km nördlich von Saint-Mihiel und bildete einen der grundherrschaftlichen Besitzschwerpunkte dieses Klosters im Gebiet zwischen dem Fluss Aire und den Hügeln der Woëvre (siehe Karte unten S. 230)[5]. Wann genau vonseiten des Klosters Sainte-Glossinde erstmals Ansprüche auf die Kirche von Lacroix-sur-Meuse erhoben wurden, lässt sich nicht mit letzter Sicherheit sagen[6]. Reibungspunkte zwischen beiden Abteien gab es jedenfalls bereits lange vor dem Beginn des Prozesses. In den Jahren zwischen 1138 und 1156 war ein Streit zwischen ihnen um die Zehnten und das Präsentationsrecht der Pfarrkirche von Amance (Diözese Toul; dép. Meurthe-et-Moselle, arr. Nancy, ct. Grand Couronné) entbrannt. Er konnte durch den Erzbischof und päpstlichen Legaten Hillin von Trier offenbar nur vorläufig beigelegt werden[7], denn das Urteil eines Schiedsgerichts vom März 1210 geht auf die umstrittenen Rechte bei

muenchen.de/holtzmann_formular.htm#Einf%C3%BChrung [18.02.2023]) (= WH) 754e, X 1.29.21) vgl. ebd., S. 212 mit Anm. 29.

3   Zu Sainte-Glossinde im 12. und 13. Jahrhundert vgl. Gordon BLENNEMANN, Die Metzer Benediktinerinnen im Mittelalter. Studien zu den Handlungsspielräumen geistlicher Frauen, Husum 2011 (Historische Studien, 498), S. 95–122; DERS.: Dos patronarum. Symboliques et fonctions d'églises paroissiales des abbayes de bénédictines de Metz entre le XIIe et le XIVe siècle, in: Tristan MARTINE, Jessika NOWAK (Hg.), D'un regnum à l'autre. La Lotharingie, un espace de l'entre-deux? Vom regnum zum imperium. Lotharingien als Zwischenreich?, Nancy 2021 (Archéologie, Espaces, Patrimoines), S. 257–273; Jean-Luc FRAY, Le temporel de l'abbaye Sainte-Glossinde de Metz (XIe–XIIIe siècles), in: Annuaire de la Société d'histoire et d'archéologie de la Lorraine 80 (1980), S. 103–134. Zu Saint-Mihiel in dieser Zeit vgl. Anja GILLEN, Saint-Mihiel im hohen und späten Mittelalter. Studien zu Abtei, Stadt und Landesherrschaft im Westen des Reiches, Trier 2003 (Trierer Historische Forschungen, 52), passim; Michel PARISSE, In media Francia: Saint-Mihiel, Salonnes et Saint-Denis (VIIe–XIIe siècles), in: Media in Francia … Recueil de mélanges offert à Karl Ferdinand Werner à l'occasion de son 65e anniversaire par ses amis et collègues français, Paris 1989, S. 319–343; DERS., Origines et développement de l'abbaye de Saint-Mihiel (VIIIe–XIIe siècles), in: Saint-Mihiel. Journées d'études meusiennes, Nancy 1974 (Annales de l'Est, mémoires, 48), S. 25–33.
4   Dass nur um ein Drittel der Zehnten gestritten wurde, geht aus einem im späteren Verlauf des Konflikts verfassten Schreiben des Bischofs Albert von Verdun hervor; siehe im Anhang, Nr. 23. Das Präsentationsrecht bringt hingegen erst das im März 1210 erlassene Urteil eines lokalen Schiedsgerichts zur Sprache; siehe ebd., Nr. 34. Die Drittelung von Zehnten geht in der Regel auf eine Aufteilung durch die Kirchenfabrik bzw. den Grundbesitzer, den Bischof und den Pfarrer zurück; vgl. dazu Giles CONSTABLE, Monastic Tithes. From Their Origins to the Twelfth Century, Cambridge 1964 (Cambridge Studies in Medieval Life and Thought, New Series, 10), S. 43 f., 54–59.
5   Vgl. PARISSE, Origines et développement (wie Anm. 3), S. 30.
6   Siehe dazu unten Anm. 92.
7   André LESORT, Chronique et chartes de l'abbaye de Saint-Mihiel, Paris 1909–1912 (Mettensia, 6), S. 428–435 Nr. 8–10.

Amance weitaus ausführlicher ein als auf die Kirche von Lacroix-sur-Meuse[8]. Darüber hinaus waren sowohl Sainte-Glossinde als auch Saint-Mihiel parallel zum Prozess um Lacroix-sur-Meuse in Rechtsstreitigkeiten mit anderen Klöstern verwickelt, die ebenfalls vor päpstlich delegierten Richtern ausgetragen wurden[9].

Vor diesem Hintergrund erscheint der Konflikt um Lacroix-sur-Meuse zunächst nicht weiter bemerkenswert, sondern eher als ein beliebig herausgegriffenes *exemplum* aus dem Alltag päpstlicher Delegationsgerichtsbarkeit in Lothringen an der Wende zum 13. Jahrhundert. Auch der Streitgegenstand an sich stellt kein Novum dar. Streitigkeiten um Zehnt- und Patronatsrechte gehörten zu den Dingen, die delegierten Richtern am häufigsten zur Entscheidung übergeben wurden[10]. Außergewöhnlich an diesem Fall ist jedoch seine Überlieferung, die in ihrer Fülle und Form für diese Zeit bislang einzigartig ist[11]. Unter den betreffenden Stücken, die im Anhang des Artikels verzeichnet und ediert sind, befinden sich Urteile delegierter Richter, päpstliche Bestätigungen dieser Urteile, ein Urteilsspruch eines regionalen Schiedsgerichts, Urkunden verschiedener in den Streit eingebundener regionaler Instanzen, aber auch Mitteilungen und Handlungsanweisungen delegierter Richter an diese Instanzen sowie an andere delegierte Richter, die den Fall weiterverhandeln sollten. Überwiegend sind von diesen Stücken noch die Originale erhalten. Sie lagern heute in den Archives départementales de la Moselle zu Saint-Julien-lès-Metz im Fonds von Sainte-Glossinde[12]. Die übrigen Stücke sind zusammen mit Abschriften von manchen dieser Originale

---

8 Siehe im Anhang, Nr. 35.
9 Zu Saint-Mihiel siehe LESORT, Chronique et chartes (wie Anm. 7), S. 405 f. Nr. 138; Johann Friedrich BÖHMER, Ulrich SCHMIDT, Regesta Imperii, IV. Lothar III. und ältere Staufer. Vierte Abteilung: Papstregesten 1124–1198, Teil 4: 1181–1198, Lieferung 5: 1191–1195, Cölestin III., Köln, Weimar, Wien 2018, Nr. 945. Zu Sainte-Glossinde siehe ebd., Nr. 65; Michel PARISSE, Bullaire de la Lorraine (jusqu'à 1198), in: Annuaire de la Société d'histoire et d'archéologie de la Lorraine 69 (1969), S. 75 Nr. 388.
10 Vgl. dazu MÜLLER, Päpstliche Delegationsgerichtsbarkeit (wie Anm. 2), S. 129–131; DERS., Die Urkunden der päpstlichen delegierten Richter. Methodische Probleme und erste Erkenntnisse am Beispiel der Normandie, in: Rudolf HIESTAND (Hg.), Hundert Jahre Papsturkundenforschung. Bilanz – Methoden – Perspektiven. Akten eines Kolloquiums zum hundertjährigen Bestehen der Regesta Pontificum Romanorum vom 9.–11. Oktober 1996 in Göttingen, Göttingen 2003 (Abhandlungen der Akademie der Wissenschaften zu Göttingen, Philologisch-Historische Klasse, Dritte Folge, 261), S. 351–371, insbesondere S. 368; vgl. künftig auch Isabella AURORA, Dal centro alla periferia: la giurisdizione papale delegata a Melfi nel XIII secolo, in: Melfi e età sveva. Terzo convegno internazionale di studio promosso per il millenario di fondazione della città di Melfi (1018–2018), Melfi 9–11 settembre 2021 (in Druckvorbereitung).
11 Zu anderen Fällen dieser Zeit, von denen größere Teile des Prozessdossiers überliefert sind, vgl. etwa Marlene POLOCK, Der Prozeß von 1194 zwischen Orvieto und Savona um das Val di Lago. Mit Editionen der Akten und der Bischofsliste von Savona bis zum Ende des 12. Jahrhunderts, in: Quellen und Forschungen aus italienischen Archiven und Bibliotheken 70 (1990), S. 46–150; Werner MALECZEK, Die Pieve Casorate im Streit mit der Zisterze Morimondo. Ein Beitrag zur päpstlich delegierten Gerichtsbarkeit unter Innocenz III., in: Mitteilungen des Instituts für Österreichische Geschichtsforschung 105 (1997), S. 361–392; Ludwig FALKENSTEIN, Urbans III. Dekretale JL 15746 (WH 280) und der Streit um die Einkünfte der Kirche in Brieulles-sur-Meuse, in: Zeitschrift der Savigny-Stiftung für Rechtsgeschichte, Kan. Abt. 86 (2000), S. 185–261; Patrick MULLINS, The Life of St Albert of Jerusalem. A Documentary Biography, Part 1, Rom 2016 (Textus et Studia Historica Carmelitana, 42), S. 291–310.
12 Saint-Julien-lès-Metz, Arch. dép. de la Moselle, H 4120.

im Chartular von Sainte-Glossinde aus dem späten 13. Jahrhundert überliefert[13]. Das Urteil des Schiedsgerichts vom März 1210 fand darüber hinaus Eingang in ein Chartular von Saint-Mihiel aus dem späten 17. oder frühen 18. Jahrhundert, das jedoch auf eine ältere Grundlage zurückgehen dürfte[14]. Nicht erhalten haben sich indes Zeugen- oder Verhandlungsprotokolle, die über die rechtlichen Details des Streits oder die Argumentationsführung beider Parteien Auskunft geben könnten.

Dieses reichhaltige Urkundendossier bietet somit in erster Linie die Möglichkeit, einzelne Abläufe der Verfahrenspraxis päpstlicher Delegationsgerichtsbarkeit und deren Reichweite im regionalen Kontext anhand eines konkreten Einzelfalls untersuchen zu können. Daher werden im Folgenden nach einer kurzen chronologischen Darstellung des Prozessverlaufs zunächst unterschiedliche Aspekte der Verfahrenspraxis näher beleuchtet, insbesondere die Richterauswahl, die Übergänge zwischen den Prozessphasen und die Verhandlungsorte. Daran anknüpfend erfolgt eine Analyse des Zusammenspiels bzw. Spannungsverhältnisses zwischen der delegierten Gerichtsbarkeit auf der einen und den örtlichen Schiedsgerichten sowie den verschiedenen regionalen Akteuren auf der anderen Seite.

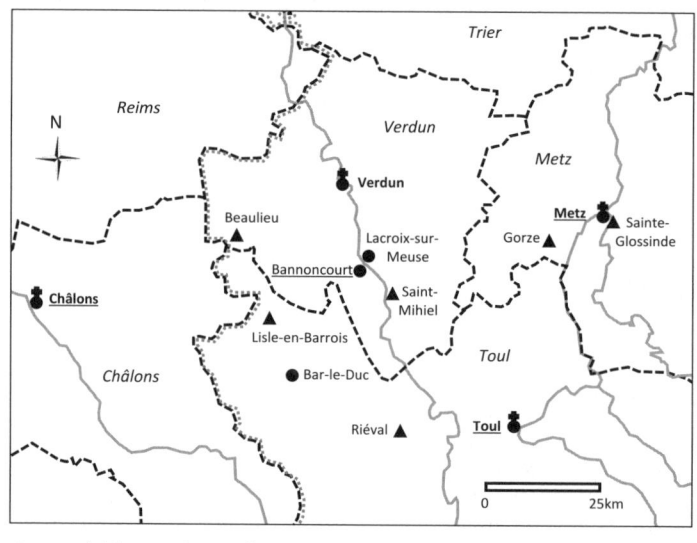

Orte und Akteure des Rechtsstreits
● Ort; unterstrichen: Verhandlungsort   ⚜ Bischofssitz   ▲ Kloster, Stift
--- Diözesangrenze   - - - Reichsgrenze   ——— Fluss

---

13 Paris, BnF, ms. lat. 10024, fol. 47r–48r; vgl. zu diesem Chartular BLENNEMANN, Symboliques et fonctions (wie Anm. 3), S. 257; Mathias AUCLAIR, Dessin de sceaux et d'armoires dans le cartulaire de Sainte-Glossinde de Metz (BNF, ms. lat. 10024), in: Revue française d'héraldique et de sigillographie 66 (1996), S. 53–66; Hermann MEINERT, Papsturkunden in Frankreich. Neue Folge, 1. Band: Champagne und Lothringen, Berlin 1932–1933 (Abhandlungen der Gesellschaft der Wissenschaften zu Göttingen, Philologisch-Historische Klasse, Dritte Folge, 3, 4), S. 141. Die Hand, welche die prozessrelevanten Stücke kopierte, scheint die älteste der in dem Chartular tätigen Hände zu sein.

14 Siehe im Anhang, Nr. 35; Bar-le-Duc, Arch. dép. de la Meuse, 4 H 6, p. 317f.; vgl. zu diesem Chartular LESORT, Chronique et chartes (wie Anm. 7), S. XIX–XXXVIII.

1. Chronologie des Prozessgeschehens

Das erste Stück in der Chronologie des Prozesses um Lacroix-sur-Meuse ist ein zwischen 1187 und 1190 aufgesetztes Schreiben der Elektin Imagina von Sainte-Glossinde. Darin teilte sie dem Abt von Saint-Mihiel mit, dass sie zur Schlichtung des zwischen ihnen entbrannten Streits den Almosenier Wilhelm und den Magister Bartholomäus von Metz als Richter ausgewählt habe[15]. Über dieses lokale Schiedsgericht ist nichts Näheres bekannt, doch dürfte es entweder gescheitert sein oder zugunsten von Saint-Mihiel geurteilt haben, da Clemens III. wohl nach einer Klage der Äbtissin von Sainte-Glossinde den Fall wenig später an den Primicerius Hugo von Metz und den Abt Peter von Gorze (Benediktiner, Diözese Metz) delegierte[16]. In Abwesenheit seines Kollegen und des Abtes von Saint-Mihiel sprach Hugo von Metz der Äbtissin von Sainte-Glossinde den Besitz und das Eigentumsrecht der umstrittenen Zehnten von Lacroix-sur-Meuse zu[17]. Dieses Urteil wurde im Nachhinein durch Peter von Gorze bestätigt[18] und überdies durch eine *Littera* Coelestins III. vom 8. Mai 1192 besiegelt[19]. Es bildete zugleich die Grundlage für das weitere Prozessgeschehen und sollte weder von den späteren delegierten Richtern noch von päpstlicher Seite widerrufen werden.

Dagegen ging der Abt von Saint-Mihiel in mehreren Anläufen vor. Wohl im unmittelbaren Anschluss an die päpstliche Bestätigung dieses Urteils appellierte er an den Papst[20] und erreichte, dass Coelestin III. den Elekten Rotrod, den Archidiakon Rainald und den Thesaurar Jakob von Châlons-en-Champagne zu delegierten Richtern bestellte[21]. Diese bestätigten jedoch das vorherige Urteil und wiesen ferner Bischof Albert und den Archidiakon Robert von Verdun dazu an es durchzusetzen[22]. Auch dieses Urteil erkannte der Abt von Saint-Mihiel nicht an. Er versuchte weiterhin, der Äbtissin von Sainte-Glossinde den Besitz der Zehnten von Lacroix-sur-Meuse streitig zu machen, und ignorierte die Aufforderung der delegierten Richter, zu einer erneuten Gerichtsverhandlung zu erscheinen[23]. Daher richteten sie ein weiteres Schreiben an Albert von Verdun, in dem sie ihm befahlen, den Abt von Saint-Mihiel zu suspendieren[24]. Da Albert von Verdun ihre Anweisungen nicht befolgte, schalteten sie zunächst den Erzbischof Johannes von Trier ein[25]. Wenig später drohten sie Albert von

---

15 Siehe im Anhang, Nr. 2.
16 Ebd., Nr. *3.
17 Ebd., Nr. *4 und Nr. 5.
18 Ebd., Nr. *6.
19 Ebd., Nr. 7; siehe auch Nr. 8.
20 Ebd., Nr. *9. Zur Appellation vgl. etwa Charles DUGGAN, Papal Judges Delegate and the Making of the »New Law« in the Twelfth Century, in: Thomas N. BISSON (Hg.), Cultures of Power. Lordship, Status, and Process in Twelfth-Century Europe, Philadelphia 2013, S. 172–200, insbesondere S. 175f.; Antonio PADOA SCHIOPPA, La delega appellatione remota nelle decretali di Alessandro III, in: André GOURON, Albert RIGAUDIÈRE (Hg.), Renaissance du pouvoir législatif et genèse de l'État, Montpellier 1988 (Publications de la Société d'histoire du droit écrit et des institutions des anciens pays de droit écrit, 3), S. 179–188.
21 Siehe im Anhang, Nr. 10.
22 Ebd., Nr. *14 und Nr. 15.
23 Ebd. Nr. *16.
24 Ebd. Nr. 17.
25 Ebd., Nr. *18, Nr. 19 und Nr. 20.

Verdun damit, sein widerspenstiges Verhalten dem Papst zu melden[26], der ihren Entscheid am 11. Oktober 1195 unterdessen bekräftigt hatte[27]. Albert von Verdun gab schließlich nach und forderte den Abt von Saint-Mihiel unter Androhung des Anathems dazu auf, das Urteil anzuerkennen[28]. 1198 oder 1199 ließ sich die Äbtissin von Sainte-Glossinde dieses Urteil darüber hinaus durch einen päpstlichen Legaten Innocenz' III. namens Johannes bestätigen[29].

Nachdem der Abt von Saint-Mihiel abermals eine Appellation an der Kurie eingereicht hatte, übertrug Innocenz III. den Fall am 24. April 1199 den Äbten von Beaulieu-en-Argonne (Benediktiner, Diözese Verdun), Lisle-en-Barrois (Zisterzienser, Diözese Toul) und Riéval (Prämonstratenser, Diözese Toul)[30]. Da auch ihr Urteil offenbar zugunsten von Sainte-Glossinde ausfiel[31], wurde zunächst ein lokales Schiedsgericht zwischengeschaltet[32]. Gegen das dort verkündete Urteil gingen wiederum die weiterhin im päpstlichen Auftrag agierenden Äbte von Lisle-en-Barrois und Riéval vor. Sie kassierten das Urteil des Schiedsgerichts, bestätigten das vorherige Urteil der delegierten Richter aus Châlons und forderten nun ihrerseits Bischof Albert von Verdun dazu auf, es durchzusetzen[33]. Ob dieser ihren Anweisungen nachging, ist unklar. Fest steht jedoch, dass sich der Abt von Saint-Mihiel diesem Urteil widersetzte, denn wenig später exkommunizierten ihn die beiden delegierten Richter und belegten sein Kloster mit dem Interdikt[34]. Diesen Vorgang wiederholten sie wenig später[35].

Aus einem weiteren, zwischen 1202 und 1204 verfassten Schreiben dieser beiden Delegaten geht hervor, dass der Fall dann dem Dekan Leo, dem Kantor Haymard und dem Scholaster Werner von Reims zur Entscheidung übertragen wurde[36]. Die Richter aus Reims dürften also ebenfalls infolge einer Appellation des Abtes von Saint-Mihiel an den Papst bestellt worden sein. Über ihr Vorgehen ist jedoch nichts bekannt. Wahrscheinlich griffen sie den Fall gar nicht auf.

Die nächste und zugleich letzte Nachricht über den Streit findet sich in einer Urkunde, die im März 1210 im Anschluss an ein lokales Schiedsgericht ausgestellt wurde. Als Richter fungierten dort der Bischof Gerhard von Châlons, der Zirkator Peter

---

26 Ebd., Nr. 21. Wie die meisten Stücke des Prozessdossiers enthalten auch die Urkunden und Schreiben der delegierten Richter aus Châlons, Alberts von Verdun und Johannes' von Trier, keine Datierung. Die eben skizzierte Chronologie ergibt sich zum einen aus dem in Nr. 21 enthaltenen Hinweis auf die zuvor in dieser Sache ergangenen Anweisungen an Albert von Verdun (*Ne si forte ad aures summi pontificis venerit, quod vos mandato ipsius minime deferentes, in eiusdem executione torpentes inventi fueritis et remissi*). Zum anderen dürften die delegierten Richter auch aufgrund der Hierarchie der betroffenen Kircheninstanzen und vor allem aufgrund der Kosten und Mühen, die mit einer Romreise verbunden waren, zunächst den Trierer Erzbischof mobilisiert und erst in letzter Instanz mit dem Papst gedroht haben.
27 Siehe im Anhang, Nr. 22.
28 Ebd., Nr. 23.
29 Ebd., Nr. 24.
30 Ebd., Nr. *25 und Nr. *26.
31 Ebd., Nr. *28.
32 Ebd., Nr. *30.
33 Ebd., Nr. 31.
34 Ebd., Nr. 32.
35 Ebd., Nr. 33.
36 Ebd., Nr. 34.

von Metz[37], die beiden Magister Bliard von Saint-Sauveur in Metz und Rainald von Saint-Étienne in Saint-Mihiel sowie Dietrich von Broussey. Anlass zur Einberufung dieses Gerichts war neben dem Streit um Lacroix-sur-Meuse auch der bereits erwähnte Konflikt um Amance. Während letzterer durch einen einvernehmlichen und im Einzelnen festgehaltenen Kompromiss beigelegt werden konnte[38], schoben die Schiedsleute dem Abt von Saint-Mihiel die alleinige Verantwortung für ein etwaiges Wiederauflammen des um Lacroix-sur-Meuse entbrannten Streites zu[39].

2. Aspekte der Verfahrensweise

Anhand der Darstellung des Prozessverlaufs dürfte bereits deutlich geworden sein, wie langwierig und vielschichtig das Verfahren war. Auch wenn in diesem Fall kein vollständig überliefertes Prozessdossier vorliegt[40], so gewähren die überlieferten Urkunden dennoch tiefe Einblicke in die unterschiedlichen Verfahrensabläufe päpstlicher Delegationsgerichtsbarkeit in einer Zeit, als die normengebundene Standardisierung des päpstlichen Delegatenwesens noch im Aufbau begriffen war[41]. Um das Verfahren in seiner praktischen Umsetzung und vor dem Hintergrund einer langwierigen Prozessentwicklung schärfer konturieren zu können, sollen bei den anschließenden Ausführungen insbesondere die drei folgenden Fragen berücksichtigt werden: (a) Welchen Einfluss hatten der Prozessverlauf und die Streitparteien auf das der Bestellung der Delegaten vorausgehende Auswahlverfahren? (b) Weshalb zog sich der Prozess in die Länge, und wie gestaltete sich die Übergabe des Falls an neue Kollegien delegierter Richter? (c) Welche Bedeutung kommt den öffentlichkeitsbezogenen Faktoren der Verhandlungen im Hinblick auf den Prozessverlauf zu?

---

37 Beim Zirkator von Metz handelt es sich um einen Würdenträger des Domkapitels. Welche Aufgaben mit diesem Amt im Einzelnen verbunden waren, ist unklar. Einige nach Metz ergangene päpstlichen Schreiben aus dem ausgehenden 12. Jahrhundert lassen jedoch vermuten, dass er dem Bischof vorwiegend in Angelegenheiten von Seite und, die religiöse Einrichtungen betrafen, siehe Johann Friedrich Böhmer, Katrin Baaken, Ulrich Schmidt, Regesta Imperii, IV. Lothar III. und ältere Staufer. Vierte Abteilung: Papstregesten 1124–1198, Teil 4: 1181–1198, Lieferung 1: 1181–1184, Lucius III., Köln, Weimar, Wien 2003, Nr. 919; Johann Friedrich Böhmer, Ulrich Schmidt, Regesta Imperii, IV. Lothar III. und ältere Staufer. Vierte Abteilung: Papstregesten 1124–1198, Teil 4: 1181–1198, Lieferung 4: 1187–1191, Clemens III., Köln, Weimar, Wien 2014, Nr. 1328; Böhmer-Schmidt, RI IV,4,4,5 (wie Anm. 9), Nr. 475.

38 Siehe zu diesem Streit oben Anm. 7.

39 Siehe im Anhang, Nr. 35.

40 Das erste bekannte vollständig überlieferte Prozessdossier stammt aus Noyon und entstand um die Mitte des 13. Jahrhunderts; vgl. dazu Olivier Guyotjeannin, Les reliques de Saint Éloi à Noyon. Procès et enquêtes du milieu du XIIIe siècle, in: Revue Mabillon 62 (1990), S. 57–110; Dietrich Lohrmann, *Delegatio cum articulis et interrogatoriis annexis*: Die prozeßrechtliche Wende im Streit um die Reliquien des heiligen Eligius (1256), in: Rolf Grosse (Hg.), L'acte pontifical et sa critique, Bonn 2007 (Studien und Dokumente zur Gallia Pontificia, 5), S. 229–164.

41 Vgl. Duggan, Papal Judges Delegate (wie Anm. 20), S. 177; Müller, Päpstliche Delegationsgerichtsbarkeit (wie Anm. 2), S. 10; ders., Urkunden (wie Anm. 10), S. 354.

a. Kriterien der Richterauswahl

Insgesamt begegnen in der überlieferten Form des Prozessdossiers sieben unterschiedliche Richterkollegien. Davon setzten sich vier aus päpstlich delegierten Richtern und die übrigen drei aus lokalen Schiedsleuten zusammen. Bei letzteren lässt sich die Zuordnung zu den beiden Streitparteien vergleichsweise deutlich nachvollziehen. In Bezug auf das erste, in den Jahren zwischen 1187 und 1190 tagende Schiedsgericht geht aus einem Schreiben der Äbtissin von Sainte-Glossinde klar hervor, dass sie zwei Metzer Domkanoniker als Richter ausgewählt hatte[42]. Demnach dürfte auch der Abt von Saint-Mihiel zwei Schiedsleute benannt haben. Ein ähnliches Prozedere ist für das im März 1210 einberufene Schiedsgericht vorauszusetzen, das der Überlieferung zufolge den Endpunkt des Streitgeschehens bildet. Hier begegnen mit dem Zirkator Peter und dem Magister Bliard von Saint-Sauveur erneut zwei Kanoniker aus der Metzer Bischofsstadt. Auf Initiative des Abtes von Saint-Mihiel dürften hingegen der Magister von Saint-Étienne, dessen Stift sich in der Ortschaft Saint-Mihiel befand, sowie Dietrich von Broussey, der vermutlich ein Touler Domkanoniker war, benannt worden sein[43]. Der in der Inscriptio der betreffenden Urkunde zuerst genannte Bischof Gerhard von Châlons bürgte kraft seiner bischöflichen Würde wohl für die gegenseitige Anerkennung des Urteilsspruchs. Er dürfte zugleich als neutrale Instanz gegolten haben[44]. Die personelle Zusammensetzung dieser beiden Schiedsgerichte lässt bereits erkennen, in welcher Umgebung beide Streitparteien bevorzugt

---

42 Siehe im Anhang, Nr. 2. Der Magister Bartholomäus wird in dem Schreiben der Äbtissin nicht explizit als Domkanoniker von Metz ausgewiesen, doch ist er als solcher bereits seit 1176 bezeugt; siehe Saint-Julien-lès-Metz, Arch. dép. de la Moselle, H 1742, n° 1; H 1479, n° 23.

43 Siehe im Anhang, Nr. 35. Dietrich von Broussey verwendete das Siegel des Touler Archidiakons Friedrich. Wahrscheinlich stand er in einem Abhängigkeitsverhältnis zu ihm, denn Urkundende verwendeten Siegel ihrer weltlichen oder geistlichen Obrigkeiten in der Regel nur, wenn sie selbst kein eigenes Siegel besaßen; vgl. Harry BRESSLAU, Handbuch der Urkundenlehre für Deutschland und Italien, Bd. 1, Leipzig ²1912, S. 713. Indes kann Dietrich nicht aufgrund seiner Präsenz in bzw. Herkunft aus Broussey dem Touler Archidiakon unterstanden haben, da diese Pfarrei zur Diözese Verdun gehörte. Vermutlich war er also Domkanoniker in Toul und griff deshalb auf das Siegel des Archidiakons zurück. In lothringischen Urkunden werden Domkanoniker, die zu einer bedeutenden Familie gehörten, häufig nur mit Nachnamen genannt, so etwa die Metzer Domkanoniker aus der Familie Saint-Martin; siehe zu dieser Familie auch unten Anm. 48. Broussey-en-Woëvre (Diözese Verdun; dép. Meuse, arr. Commercy) lag rund 18 km südöstlich von Saint-Mihiel und befand sich damit im Einflussbereich der Abtei Saint-Vincent in Metz und der Herren von Apremont, die beide nicht unbedingt ein freundschaftliches Verhältnis zu Sainte-Glossinde pflegten; vgl. Michel PARISSE, Noblesse et chevalerie en Lorraine médiévale, les familles nobles du XIe au XIIIe siècle, Nancy 1982, S. 141 f.; zu den beiden Prioraten von Saint-Mihiel in der Diözese Toul (Laître-sous-Amance und Harréville-les-Chanteurs) vgl. Monique GOULLET, Anne WAGNER, Reliques et pouvoirs dans le diocèse de Verdun aux Xe–XIe siècles, in: Revue Mabillon 71 (1999), S. 67–88, hier S. 82–86, und GILLEN, Saint-Mihiel (wie Anm. 3), S. 178 f., 219–222.

44 Der Elekt Rotrod von Châlons war infolge einer Appellation des Abtes von Saint-Mihiel zusammen mit zwei weiteren Klerikern seiner Bischofsstadt in den Jahren zwischen 1192 und 1195 von Coelestin III. mit der Entscheidung des Streits um Lacroix-sur-Meuse beauftragt worden, hatte aber gegen Saint-Mihiel entschieden und sich äußerst energisch für die Durchsetzung dieses Urteils eingesetzt; siehe im Anhang, Nr. *9–23. Das Urteil, das er im gleichen Zeitraum in einem anderen Rechtsstreit zwischen Saint-Mihiel und dem südlich von Toul gelegenen Kloster Saint-Èvre gefällt hatte, fiel hingegen zugunsten von Saint-Mihiel aus; siehe oben Anm. 9.

Vertreter ihrer rechtlichen Interessen rekrutierten. So entschied sich die Äbtissin von Sainte-Glossinde zwei Mal für Kanoniker aus der Bischofsstadt Metz, unter denen sich Domkanoniker und ein Säkularkanoniker aus dem Stift Saint-Sauveur[45] befanden. Der Abt von Saint-Mihiel griff ebenfalls auf Schiedsleute aus seinem näheren Umfeld zurück, darüber hinaus machte er sich aber auch seine Verbindungen in die Diözese Toul zunutze. Daraus ergeben sich bereits wichtige Anhaltspunkte für die Hintergründe, die der Auswahl der in den Streit eingreifenden delegierten Richter zugrunde lagen.

Bei den ersten beiden delegierten Richtern, dem Primicerius Hugo von Metz und dem Abt Peter von Gorze (Benediktiner, Diözese Metz), lässt sich zumindest eine räumliche Nähe zu Sainte-Glossinde nicht von der Hand weisen[46]. Doch scheint ihre Ernennung auf einen Kompromiss zwischen der Kurie und dem Vertreter der Äbtissin von Sainte-Glossinde zurückzugehen. Der Primicerius Hugo galt damals als eine bedeutende kirchliche Autoritätsperson in der Diözese Metz. Er hatte Zugang zu päpstlichen Dekretalen, dürfte also zumindest über Grundkenntnisse im kanonischen Recht verfügt haben[47], und war bereits zuvor als delegierter Richter in Erscheinung getreten[48]. Damit erfüllte er die notwendigen Voraussetzungen, um sowohl der Kurie als auch der Appellantin eine möglichst zweckmäßige und bedenkenlose Abwicklung des Verfahrens zu garantieren[49]. In Metz scheint er als möglicher Kandidat für das Delegatenamt unumgehbar gewesen zu sein. Um dieselbe Zeit (1190–1191) fungierte er auch als päpstlicher Exekutor in einem Rechtsstreit zwischen Sainte-Glossinde und dem Kloster Gorze um die Pfarrei von Saint-Agnant-sous-les-Côtes

---

45 Die Kanoniker von Saint-Sauveur unterhielten enge Beziehungen zu den Kanonikern von Saint-Thiébaut, deren Stift in einem Abhängigkeitsverhältnis zu Sainte-Glossinde stand; vgl. Hans-Walter HERRMANN, Die Kollegiatstifte in der alten Diözese Metz, in: DERS. (Hg.), Die alte Diözese Metz – L'ancien diocèse Metz. Referate eines Kolloquiums in Waldfischbach-Burgalben vom 21. bis 23. März 1990, Saarbrücken 1993 (Veröffentlichungen der Kommission für Saarländische Landesgeschichte und Volksforschung, 19), S. 113–145, hier S. 124. Dieses Abhängigkeitsverhältnis wird eingehend in einer Urkunde Viktors IV. vom 27. Oktober 1162 zur Sprache gebracht; siehe Benjamin SCHÖNFELD, Die Urkunden der Gegenpäpste. Zur Normierung der römischen Kanzleigewohnheiten im 11. und 12. Jahrhundert, Köln, Weimar, Wien 2018 (Papsttum im mittelalterlichen Europa, 7), S. 299–301 Nr. V 85.
46 Siehe im Anhang, Nr. *3.
47 In dem Schreiben, in dem Hugo von Metz die ihm und Peter von Gorze nachfolgenden Delegaten aus Châlons über sein Vorgehen informierte, zitierte er eine Dekretale Alexanders III., um die ohne seinen Kollegen vorgenommene Urteilsfindung zu rechtfertigen; siehe im Anhang, Nr. 11 sowie unten Anm. 75.
48 So etwa im Jahr 1184 in einem Konflikt zwischen der Abtei Haute-Seille (Zisterzienser, Diözese Metz) und dem Domkanoniker Wilhelm dem Jüngeren von Saint-Martin; siehe Michel PARISSE, Une carrière ecclésiastique au XIIe siècle, Hugues de Bar, in: Annuaire de la Société d'histoire et d'archéologie de la Lorraine 64 (1965), S. 85–111, hier S. 100f. Nr. 9. Die Familie von Saint-Martin, die im ersten Schiedsgericht zwischen Sainte-Glossinde und Saint-Mihiel (1187–1190) eine aktive Rolle spielte, stand dem Primicerius Hugo offensichtlich nahe, denn sowohl Wilhelm der Jüngere als auch Wilhelm der Ältere folgten ihm noch zu seinen Lebzeiten in Ämtern nach, die er parallel zum Primizeriat bekleidete; vgl. Michel PARISSE, Les princiers messins au XIIe siècle. Questions généalogiques et chronologiques, in: Annuaire de la Société d'histoire et d'archéologie de la Lorraine 71 (1971), S. 19–28, hier S. 28; DERS., Une carrière ecclésiastique (wie oben), S. 101.
49 Zu den Qualifikationsanforderungen delegierter Richter vgl. MÜLLER, Päpstliche Delegationsgerichtsbarkeit (wie Anm. 2), S. 202–217.

und das Gorzer Priorat Apremont-la-Forêt[50]. Dass der Abt Peter von Gorze von der Äbtissin von Saine-Glossinde als delegierter Richter vorgeschlagen wurde, ist vor diesem Hintergrund eher unwahrscheinlich. Da auch sein Vorgänger Albert (1161– ca. 1170) zuvor als päpstlicher Delegat tätig gewesen war[51], erhärtet sich der Verdacht, dass die Bestellung Peters von Gorze zu einem delegierten Richter vor allem auf einen an der Kurie gefassten Entschluss zurückging.

Das Urteil dieses ersten delegierten Richterkollegiums versuchte der Abt von Saint-Mihiel anzufechten, indem er zu einem nicht näher bekannten Zeitpunkt zwischen 1192 und 1195 an der Kurie erschien und dort um die Überprüfung des vorausgegangenen Verfahrens bat[52]. Coelestin III. bestellte daraufhin drei Kleriker aus Châlons-en-Champagne zu delegierten Richtern. Dies waren der hochadelige, aus der Normandie stammende Elekt von Châlons, Rotrod von Le Perche, der ebenso hochadelige Archidiakon Rainald von Grandpré und der Thesaurar Jakob von Fagnières[53]. Während Rotrod als Elekt und Neffe des mächtigen Reimser Erzbischofs Wilhelm sicherlich das soziale Ansehen des Richterkollegiums aufwerten sollte, bürgten die beiden letztgenannten Delegaten wohl vor allem für die Rechtsqualität des Verfahrens[54]. Wie bereits erwähnt, leiteten der Elekt Rotrod und der Thesaurar Jakob um dieselbe Zeit einen Prozess zwischen Saint-Mihiel und dem südlich von Toul gelegenen Kloster Saint-Èvre (Benediktiner), den sie zugunsten von Saint-Mihiel entschieden[55]. Dass dieselben delegierten Richter zur gleichen Zeit zweimal mit der Entscheidung eines Rechtsstreits betraut wurden, in den das Kloster Saint-Mihiel verwickelt war, ist sicher kein Zufall. Doch stellt sich auch hier die Frage, inwiefern Coelestin III. mit ihrer Ernennung die Vorschläge des Klägers berücksichtigte. Es ist jedenfalls auffällig, dass er nicht auf Personen aus der näheren Umgebung der Klage führenden Partei zurückgriff, wie es noch unter seinem Vorgänger der Fall gewesen war, als die Äbtissin von Sainte-Glossinde an den apostolischen Stuhl appelliert hatte. Da der

---

50 Siehe oben Anm. 9.
51 Siehe Johann Friedrich BÖHMER, Katrin BAAKEN, Ulrich SCHMIDT, Regesta Imperii, IV. Lothar III. und ältere Staufer. Vierte Abteilung: Papstregesten 1124–1198, Teil 4: 1181–1198, Lieferung 2: 1184–1185, Lucius III., Köln, Weimar, Wien 2006, Nr. 2343.
52 Siehe im Anhang, Nr. *9.
53 Ebd., Nr. 10.
54 Sylvette GUILBERT, Fasti Ecclesiae Gallicanae, Bd. 14: Diocèse de Châlons-en-Champagne, Turnhout 2015, S. 160; Édouard DE BARTHÉLEMY, Diocèse ancien de Châlons-sur-Marne, histoire et monuments, suivi des cartulaires inédits de la commanderie de La Neuville-au-Temple, des abbayes de Toussaints, de Monstiers et du prieuré de Vinetz, Paris, Chaumont, Châlons 1861, Bd. 1, S. 404; Bd. 2, S. 428 (die Initiale R. wurde hier mit Robert statt korrekterweise mit Rainhald aufgelöst). Châlons galt im 12. Jahrhundert als bedeutendes Zentrum kanonistischen Wissens; vgl. John S. OTT, Men on the Move: Papal Judges-Delegate in the Province of Reims in the Early Twelfth Century, in: Melodie H. EICHBAUER, Danica SUMMERLIN (Hg.), The Use of Canon Law in Ecclesiastical Administration, 1000–1234, Leiden 2019 (Medieval Law and Its Practice, 26), S. 23–50, hier S. 33; zur Bedeutung kanonistischer Kenntnisse als Voraussetzung für einen Delegationsauftrag vgl. MÜLLER, Päpstliche Delegationsgerichtsbarkeit (wie Anm. 2), S. 204–207 sowie zuletzt OTT, Men on the Move, S. 40. Auch in Evesham wurden 1204–1205 ein Bischof und ein Archidiakon zu delegierten Richtern bestellt, um eine Appellation auf ihre Rechtmäßigkeit zu überprüfen und ein höheres Maß an Ansehen und Rechtskenntnis der Delegaten zu gewährleisten; vgl. Max SPAETHEN, Giraldus Cambrensis und Thomas von Evesham über die von ihnen an der Kurie geführten Prozesse, in: Neues Archiv 31 (1906), S. 595–649, hier S. 634.
55 Siehe oben Anm. 9.

Abt von Saint-Mihiel an der Kurie die Befangenheit Hugos von Metz und Peters von Gorze beanstandet hatte[56], wollte man dies in Rom wahrscheinlich für den weiteren Verlauf des Verfahrens ausschließen, indem man bewusst drei Personen zu delegierten Richtern bestellte, die nicht aus Lothringen stammten.

Die Hoffnung des Abtes von Saint-Mihiel auf Lacroix-sur-Meuse wurde durch das Eingreifen der delegierten Richter aus Châlons jedoch schon bald enttäuscht, denn sie bestätigten das Urteil Hugos von Metz und Peters von Gorze[57]. Danach vergingen mindestens vier Jahre, bis der inzwischen neue Abt von Saint-Mihiel an der Kurie vorstellig wurde, um ein weiteres Mal das Urteil der delegierten Richter aus Metz überprüfen zu lassen[58]. Am 24. April 1199 übergab Innocenz III. infolge dieser Appellation den Fall an die Äbte Dietrich von Beaulieu-en-Argonne (Benediktiner, Diözese Verdun), Arnold von Lisle-en-Barrois (Zisterzienser, Diözese Toul) und Gerhard von Riéval (Prämonstratenser, Diözese Toul)[59]. Deren Abteien befanden sich, wie Saint-Mihiel, im näheren Einflussbereich der Grafen von Bar[60]. Doch scheint ihre Ernennung ebenfalls das Resultat eines Dialogs zwischen dem Kläger und der Kurie gewesen zu sein. Von Innocenz III. weiß man, dass er bevorzugt Vorsteher regulierter Gemeinschaften als Delegaten oder Legaten einsetzte, insbesondere aus dem Zisterzienserorden[61], der mit dem Abt von Lisle-en-Barrois auch bei diesem Richterkollegium vertreten war. Dieser befand sich zur gleichen Zeit in einem Rechtsstreit mit dem Abt von Saint-Mihiel[62] und dürfte daher wohl kaum von Letzterem als Delegat vorgeschlagen worden sein. Sein Kollege, der Abt von Beaulieu-en-Argonne, hatte bereits zuvor als delegierter Richter fungiert und in einem Streit zwischen dem Kloster Saint-Arnoul bei Metz und dem Grafen von Bar einen Vergleich zugunsten von Saint-Arnoul herbeigeführt[63]. Diese beiden Äbte übernahmen zunächst die Leitung des Verfahrens. Der Abt von Riéval griff erst zu einem späteren

---

56 Siehe unten Anm. 103.
57 Siehe im Anhang, Nr. *14.
58 Ebd., Nr. *25; GILLEN, Saint-Mihiel (wie Anm. 3), S. 73.
59 Siehe im Anhang, Nr. 26.
60 Vgl. Augustin CALMET, Histoire de Lorraine, qui comprend ce qui s'est passé de plus mémorable dans l'Archevêché de Trèves, & dans les Evêchés de Metz, Toul & Verdun, ..., Bd. 7, Nancy ²1757, Liste chronologique, Sp. CXf. und CXCIX; Pierre-Auguste LEMAIRE, Recherches historiques sur l'Abbaye et le Comté de Beaulieu-en-Argonne, Bar-le-Duc 1873, S. 29f., 139; Michel PARISSE, La petite noblesse et les nouveaux ordres. Les bienfaiteurs de Riéval en Lorraine (XIIᵉ–XIIIᵉ siècles), in: Elisabeth MORNET (Hg.), Campagnes médiévales. L'homme et son espace. Études offertes à Robert Fossier, Paris 1995 (Publications de la Sorbonne, Histoire ancienne et médiévale, 31), S. 455–471, hier S. 456–459, 462f.; Jean-Pol ÉVRARD, L'abbaye de Lisle-en-Barrois. Origines, histoire et chartes (1143–1226), Turnhout 2021 (ARTeM – Atelier de Recherches sur les Textes Médiévaux, 30), S. 54f., 58, 60, 66f., 71, 77–80.
61 Herbert GRUNDMANN, Zur Biographie Joachims von Fiore und Rainers von Ponza, in: Deutsches Archiv 16 (1960), S. 437–546, bes. S. 440f., 447–449; Michele MACCARRONE, Studi su Innocenzo III, Padua 1972 (Italia Sacra, Studi e documenti di Storia Ecclesiastica, 17), S. 224; Brenda M. BOLTON, For the See of Simon Peter. The Cistercians at Innocent III's Nearest Frontier, in: Judith LOADES (Hg.), Monastic Studies, Bd. 1: The Continuity of Tradition, Bangor 1990, S. 1–20.
62 Siehe ÉVRARD, L'abbaye de Lisle-en-Barrois (wie Anm. 60), S. 209–213 Nr. 72 und S. 217f. Nr. 74.
63 PARISSE, Bullaire (wie Anm. 9), S. 80 Nr. 415; Saint-Julien-lès-Metz, Arch. dép. de la Moselle, H 42, n° 2 und n° 3.

Zeitpunkt aktiv in das Streitgeschehen ein und sollte dabei den Abt von Beaulieu ersetzen[64].

Beachtung verdient in diesem Zusammenhang vor allem der Umstand, dass Gerhard von Riéval in den Jahren zwischen 1202 und 1204 zusammen mit dem Abt V. von Lisle-en-Barrois ein Schreiben aufsetzte, in denen beide bekannt gaben, dass sie den Abt von Saint-Mihiel exkommuniziert und sein Kloster mit dem Interdikt belegt hätten[65]. Der Abt V. von Lisle-en-Barrois hat also offensichtlich den an seinen Vorgänger Arnold[66] ergangenen Delegationsauftrag übernommen. Für ihn war das Delegationsmandat Innocenz' III. vom 24. April 1199[67] folglich keine personengebundene, sondern eine amtsbezogene Anweisung. Eine naheliegende Erklärung hierfür könnte die Inscriptio der von den beiden Delegaten inserierten Kommissorie sein. Darin ist nur von ihren Dignitäten die Rede, namentlich erwähnt werden sie nicht. In dem nicht mehr erhaltenen Original des Delegationsmandats dürften demnach Referenzpunkte anstelle der Abtsnamen gestanden haben. Unklar ist indes, ob das Vorgehen des Abtes V. von Lisle-en-Barrois noch im Einklang mit den an der Kurie vorherrschenden Ansichten stand. Etwa 30 Jahre zuvor hatte Alexander III. in seiner Dekretale *Quoniam abbas* festgelegt, dass ein päpstliches Delegationsmandat beim Todesfall eines der Delegaten automatisch auf dessen jeweilige Amtsnachfolger zu übertragen sei, sofern darin nicht die Namen der Delegaten, sondern nur die kirchliche Institution, mit der sie verbunden waren, genannt wurde[68]. Gregor IX. schrieb hingegen um 1230 in der Dekretale *Uno delegatorum* vor, dass ein Delegationsauftrag bereits mit dem Tod eines der Delegaten erlöschen sollte[69]. Diese Auffassung scheint zu Beginn des 13. Jahrhunderts in Lothringen allerdings noch keine praktische Anwendung gefunden zu haben, denn am Auftreten des Abtes V. als delegierter Richter nahmen weder sein Kollege Gerhard von Riéval noch die Streitparteien Anstoß.

Die vermutlich letzten Delegaten, an die der Streit übergeben wurde, waren der Domdekan Leo, der Kantor Haymo und der Scholaster Werner von Reims[70]. In Anbetracht des Vorgehens ihrer Vorgänger[71] muss ihrer Ernennung ebenfalls eine Appellation des Abtes von Saint-Mihiel vorausgegangen sein. Ob der Abt eine dieser drei Personen oder überhaupt Domkanoniker aus Reims als delegierte Richter vorgeschlagen hatte, steht indes dahin. Klar ist jedoch, dass die juristische Ausbildung und Sachkenntnis die wesentlichen Kriterien ihrer Auswahl bildeten. Die Kathedrale von Reims galt seit den 1160er-Jahren als ein bedeutendes Zentrum der Kanonistik, und in ihrem Umfeld wirkten spätestens seit dem ausgehenden 12. Jahrhundert »mehrere

---

64 Siehe im Anhang, Nr. 27–34.
65 Ebd., Nr. 32 und Nr. 34.
66 V. muss bereits der zweite Nachfolger Arnolds gewesen und auf den 1202 noch bezeugten Abt Gottfried gefolgt sein; vgl. zu den beiden letztgenannten Äbten CALMET, Histoire de Lorraine, Bd. 7 (wie Anm. 60), Liste chronologique, Sp. CXf. und ÉVRARD, L'abbaye de Lisle-en-Barrois (wie Anm. 60), S. 71. V. war bislang nicht als Abt von Lisle-en-Barrois bekannt. Sein Auftreten im Streit um Lacroix-sur-Meuse scheint der einzige verbliebene Beleg seines Wirkens zu sein.
67 Siehe dazu im Anhang, Nr. 26 und Nr. 27.
68 X 1.29.14 (JL 14175; ed. Emil FRIEDBERG, Corpus iuris canonici, Bd. 2, Leipzig 1881, Sp. 162).
69 X 1.29.42 (POTTHAST 9557; ed. FRIEDBERG, Corpus iuris canonici [wie Anm. 68], Sp. 182).
70 Siehe im Anhang, Nr. 34.
71 Ebd., Nr. 31–34.

prozesserfahrene Kleriker«[72]. In dieser Zeit hatte der Domdekan Radulf von Sarre zusammen mit dem Kantor und Scholaster von Reims bereits einige Delegationsaufträge innerhalb seiner Kirchenprovinz wahrgenommen[73]. Genau diese drei Amtsträger mit der Entscheidung des Streits um Lacroix-sur-Meuse zu betrauen, war also insbesondere für die Kurie eine naheliegende Option, zumal sie aufgrund ihrer Herkunft wohl auch als weitgehend neutral galten; jedenfalls verfügten die drei Richter aus Reims im Unterschied zu ihren Vorgängern aus dem Barer Einflussbereich und aus Châlons über keine erkennbaren Beziehungen nach Lothringen. Vor diesem Hintergrund wäre es durchaus möglich, dass sie alle drei von der Kurie ausgewählt wurden.

Soweit sich die Hintergründe erhellen lassen, treten hinsichtlich der praktischen Verfahrensweisen der delegierten Richter und der für ihre Auswahl relevanten Kriterien einige grundlegende Tendenzen zum Vorschein. Clemens III. hatte nur zwei Personen zu delegierten Richtern bestellt. In den darauffolgenden Phasen unter Coelestin III. und Innocenz III. waren es hingegen drei Personen, gemäß der sich ab den 1180er-Jahren allmählich durchsetzenden Vorgabe, die Coelestin III. darüber hinaus durch eine Dekretale kodifiziert hatte[74]. In der Praxis agierten jedoch oft nicht alle Delegaten gemeinsam. Der Primicerius Hugo von Metz urteilte faktisch allein[75]. Bei den drei Richtern aus Châlons scheinen der Elekt Rotrod und der Thesaurar Jakob eine führende Rolle übernommen zu haben[76]. Von den drei lothringischen Äbten, denen Innocenz III. den Fall übertragen hatte, griffen stets nur zwei aktiv in das Streitgeschehen ein[77].

Hinsichtlich der qualifikationsbezogenen Kriterien der Richterauswahl sind im Verlauf des Streits deutliche Schwerpunktverlagerungen zu verzeichnen, von denen zwei die Anforderungen der Kurie klar erkennen lassen. Dies betrifft zum einen den Übergang vom ersten auf das zweite delegierte Richterkollegium. Clemens III. hatte anfangs zwei prozesserfahrene und angesehene Personen mit der Untersuchung des

---

72 Vgl. mit dem Zitat Ludwig FALKENSTEIN, Radulf von Sarre als päpstlicher Delegat und seine Mitdelegaten, in: Richard Henry HELMHOLZ, Paul MIKAT, Michael STOLLEIS (Hg.), Grundlagen des Rechts. Festschrift für Peter Landau zum 65. Geburtstag, Paderborn 2000, S. 301–332, hier S. 305; vgl. ferner Waclaw URUSZCZAK, Les juges délégués du pape et la procédure romano-canonique à Reims dans la seconde moitié du XIIe siècle, in: Tijdschrift voor Rechtsgeschiedenis 53 (1985), S. 27–42, hier S. 28 f.; FALKENSTEIN, Urbans III. Dekretale (wie Anm. 11), S. 234; Peter LANDAU, Die Dekretsumme »Tractaturus magister« und die Kanonistik in Reims in der zweiten Hälfte des 12. Jahrhunderts, in: Zeitschrift der Savigny-Stiftung für Rechtsgeschichte, Kann. Abt. 100 (2014), S. 132–152.
73 FALKENSTEIN, Radulf von Sarre (wie Anm. 72), S. 311; DERS., Urbans III. Dekretale (wie Anm. 11), S. 234.
74 Vgl. MÜLLER, Päpstliche Delegationsgerichtsbarkeit (wie Anm. 2), S. 190 f.; zur besagten Dekretale Coelestins III. vom 17. Juni 1193 (JL 17019; WH 754e, X 1.29.21) vgl. DERS., The Omnipresent Pope (wie Anm. 2), S. 212 mit Anm. 29 sowie zuletzt BÖHMER-SCHMIDT, RI IV,4,4,5 (wie Anm. 9), Nr. 858.
75 Siehe im Anhang, Nr. *4 und Nr. 5. Hugo rechtfertigte dies auch gegenüber den Richtern aus Châlons, indem er auf die Dekretale *Quamvis simus* Alexanders III. (X 1.29.6; JL 14156; ed. FRIEDBERG, Corpus iuris canonici [wie Anm. 68], Sp. 159) verwies; siehe im Anhang, Nr. 11; vgl. zu dieser Dekretale DUGGAN, Papal Judges Delegate (wie Anm. 20), S. 278 f.
76 Siehe im Anhang, Nr. *16 und 17.
77 Ebd., Nr. 27–34. Dies scheint eine durchaus gängige Praxis gewesen zu sein; vgl. mit Bezug auf die Reimser Kirchenprovinz etwa URUSZCZAK, Les juges délégués du pape (wie Anm. 72), S. 32.

Streits beauftragt, deren engeres Wirkungsfeld eindeutig in der Nähe der Klage führenden Partei lag. Das zweite Richterkollegium aus Châlons, welches das vorausgegangene Urteil überprüfen sollte, suggerierte aufgrund seiner personellen Zusammensetzung hingegen ein deutlich höheres Maß an Neutralität, verfügte zudem über eine quasi-bischöfliche Autorität und wahrscheinlich auch über eine fundiertere juristische Ausbildung. Bei den drei Domkanonikern aus Reims, die die von Innocenz III. zuvor beauftragten Delegaten aus Lothringen ablösen sollten, scheinen Neutralität und juristische Sachkenntnis sogar das alleinige Auswahlkriterium gewesen zu sein. Die personelle Zusammensetzung der beiden delegierten Richterkollegien aus der Champagne könnte somit auf eine voranschreitende juristische Professionalisierung des päpstlichen Delegatenwesens hindeuten[78]. Andererseits könnten auch erst der vonseiten des Abtes von Saint-Mihiel vorgebrachte Befangenheitsvorwurf[79] und das im weiteren Verlauf des Streits absehbare Scheitern des Prozesses die Kurie dazu veranlasst haben, die juristischen Kompetenzen potenzieller Delegaten als Auswahlkriterium in den Vordergrund zu rücken. Falls dem so ist, würde das bedeuten, dass den Appellanten von der Kurie weniger Spielraum bei der Richterauswahl zugestanden wurde, wenn sie Kritik am bisherigen Vorgehen der delegierten Richter übten und dadurch die Effizienz des päpstlichen Delegatenwesens hätte angezweifelt werden können.

Trotz der unterschiedlichen Schwerpunktgewichtung der Auswahlkriterien der delegierten Richterkollegien legt deren jeweilige personelle Zusammensetzung den Schluss nahe, dass das Auswahlverfahren – wie es die Forschung bereits verschiedentlich herausgestellt hat – überwiegend das Resultat eines Kompromisses zwischen der Kurie und den Appellanten war[80]. In der Summe kristallisieren sich drei wesentliche Auswahlkriterien heraus: die Nähe zum Ort des Streitgeschehens, juristische Sachkenntnis und persönliches Ansehen, das mit einem höheren kirchlichen Amt – wozu neben dem Episkopat auch das Abbatiat, Archidiakonat, Dekanat und andere Ämter traten[81] – oder bzw. zugleich mit hochadliger Geburt verbunden sein konnte. Auf

---

78 Vgl. dazu auch die Überlegungen von MÜLLER, Päpstliche Delegationsgerichtsbarkeit (wie Anm. 2), S. 89, 216; FALKENSTEIN, Radulf von Sarre (wie Anm. 72), S. 305.
79 Siehe unten Anm. 103.
80 PADOA SCHIOPPA, La delega appellatione remota (wie Anm. 20), S. 180 f.; MÜLLER, Päpstliche Delegationsgerichtsbarkeit (wie Anm. 2), S. 194–197; DERS., Entscheidung auf Nachfrage. Die delegierten Richter als Verbindungsmitglieder zwischen Kurie und Region sowie als Gradmesser päpstlicher Autorität, in: Jochen JOHRENDT, Harald MÜLLER (Hg.), Römisches Zentrum und kirchliche Peripherie, Berlin, New York 2008 (Neue Abhandlungen der Akademie der Wissenschaften zu Göttingen, Philologisch-Historische Klasse, 2), S. 109–131, hier S. 120–122, 127; Patrick N. R. ZUTSHI, Petitioners, popes, proctors: the development of curial institutions, c. 1150–1250, in: Giancarlo ANDENNA (Hg.), Pensiero e sperimentazioni istituzionali nella societas Christiana (1046–1250). Atti della sedicesima Settimana internazionale di studio, Mendola, 26–31 agosto 2004, Mailand 2007 (Storia, Ricerche), S. 265–293; OTT, Men on the Move (wie Anm. 54), S. 25.
81 Anders hingegen Frank ENGEL, Die Diözese Ávila und die päpstliche Delegationsgerichtsbarkeit im 12. Jahrhundert, in: Klaus HERBERS, Fernando LÓPEZ ALSINA, Frank ENGEL (Hg.), Das begrenzte Papsttum, Spielräume päpstlichen Handelns. Legaten – delegierte Richter – Grenzen, Berlin, Boston 2013 (Abhandlungen der Akademie der Wissenschaften in Göttingen, Philologisch-Historische Klasse, Neue Folge, 25), S. 289–310, hier S. 297, der in Archidiakonen »eher rangniedere[n] Kleriker[n]« sieht; zur Bedeutung des Archidiakonats in Lothringen vgl. PARISSE,

diese Auswahlkriterien verwiesen bereits die maßgeblichen Studien von Jane Sayers und Harald Müller, wenngleich sie dem letztgenannten Aspekt der familiären Herkunft und Vernetzung etwas weniger Bedeutung beimaßen[82], der im Streit zwischen Sainte-Glossinde und Saint-Mihiel jedoch deutlich zum Tragen kommt[83]. Auffällig ist zudem, dass das eigentliche Wirkungsfeld von sechs der insgesamt elf Delegaten in der Kirchenprovinz Reims und damit jenseits der Reichsgrenzen lag. Dies mag angesichts der Randlage Lothringens im Westen des Reichs nicht unbedingt verwunderlich erscheinen, zumal sich die Klöster beider Streitparteien im romanischen Sprachgebiet des oberlotharingischen Herzogtums befanden. Gleichwohl legt dieser Befund ein bislang unberücksichtigtes Moment in den wechselseitigen Beziehungen zwischen der Champagne und Lothringen[84] offen. Zugleich unterstreicht er die Stellung von Reims und Châlons als überregional bedeutsame Zentren der Kanonistik und kann darüber hinaus als ein weiteres Indiz für die Nähe der französischen Kirche zum Papsttum[85] gewertet werden.

b. Orte und Öffentlichkeiten der Prozessführung

Die in den Streit eingreifenden delegierten Richter scheinen ihre Urteile überwiegend in den Bischofsstädten ihrer eigenen Diözesen gefällt zu haben. Der Primicerius Hugo von Metz verkündete seinen Urteilsspruch etwa vor den Toren der Metzer Kathedrale[86]. Da die nachfolgenden Delegaten aus Châlons in ihren Urkunden nicht angaben, welchen Ort sie zur Verhandlung vorgesehen hatten, ist davon auszugehen, dass sie es für selbstverständlich erachteten, die Sache in ihrer eigenen Bischofsstadt zu verhandeln[87]. Die beiden Delegaten aus Riéval und Lisle-en-Barrois wählten später das Domkapitel von Toul als Verhandlungsort[88], was aufgrund der Diözesanzugehörigkeit beider Abteien nicht weiter bemerkenswert ist. Einen zwischenzeitlichen Einschnitt markiert hingegen die Entscheidung der im April 1199 von In-

---

Une carrière ecclésiastique (wie Anm. 48), S. 92–94 und DERS., Noblesse et chevalerie (wie Anm. 43), S. 255–260.

82 SAYERS, Papal Judges Delegate (wie Anm. 2), S. 113; MÜLLER, Päpstliche Delegationsgerichtsbarkeit (wie Anm. 2), S. 191f., 194.
83 Dies unterstreichen zum einen die hochadelige Herkunft Hugos von Metz sowie Rotrods und Rainalds von Châlons. Zum anderen griff das von Rotrod von Châlons angeführte Richterkollegium zunächst auf seine familiären Beziehungen in die Diözese Verdun zurück, um sein Urteil durchzusetzen; siehe dazu weiter unten Anm. 125; zur Herkunft Hugos von Metz vgl. PARISSE, Une carrière ecclésiastique (wie Anm. 48), S. 86–90 und DERS., Les princiers messins (wie Anm. 48), S. 23–26; zur Herkunft Rotrods und Rainalds von Châlons siehe oben Anm. 54.
84 Vgl. dazu etwa Michel PARISSE, Quelques observations sur les frontières entre le Royaume et l'Empire, in: Michel MARGUE, Hérold PETTIAU (Hg.), La Lotharingie en question. Identités, oppositions, intégration. Lothringische Identitäten im Spannungsfeld zwischen integrativen und partikularen Kräften. Actes des 14es Journées Lotharingiennes, 10–13 octobre 2006, Luxemburg 2018 (Publications de la Section Historique de l'Institut Grand-Ducal de Luxembourg, 126), S. 365–373.
85 Vgl. Rolf GROSSE, La fille aînée de l'Église. Frankreichs Kirche und die Kurie im 12. Jahrhundert, in: JOHRENDT, MÜLLER (Hg.), Römisches Zentrum und kirchliche Peripherie (wie Anm. 80), S. 299–322.
86 Siehe im Anhang, Nr. 11: ... in facie Metensis ecclesie ...
87 Verhandlungen an der hauptsächlichen Wirkungsstätte der Delegaten waren z.B. auch in der Normandie die Regel; vgl. MÜLLER, Päpstliche Delegationsgerichtsbarkeit (wie Anm. 2), S. 73f.
88 Siehe im Anhang, Nr. 31.

nocenz III. zu delegierten Richtern bestellten Äbte von Beaulieu-en-Argonne und Lisle-en-Barrois, den Prozess in Bannoncourt weiterzuführen[89]. Dieser Ort befand sich in unmittelbarer Nähe von Lacroix-sur-Meuse, lag aber westlich der Maas und gehörte damit noch zum engeren Einflussbereich von Saint-Mihiel[90]. Zu den Klöstern der beiden Delegaten aus Beaulieu-en-Argonne und Lisle-en-Barrois betrug die Entfernung jeweils rund 30 km. Der Auswahl dieses Ortes könnte daher ein Kompromiss zwischen ihnen[91] sowie der Umstand zugrunde gelegen haben, dass sie die Besitzansprüche beider Streitparteien auf Lacroix genauestens überprüfen sollten[92] und hierfür wahrscheinlich auch auf ortsansässige Zeugen zurückgreifen mussten. Dies taten sie aber nicht direkt vor Ort. Zudem waren solche Ortstermine bei einfachen Besitzstreitigkeiten, die nicht mit der Beschaffenheit des Geländes zusammenhingen, eigentlich unüblich[93]. Möglicherweise hat also auch der Abt von Saint-Mihiel Einfluss auf die Auswahl dieses Verhandlungsortes genommen.

Aus vier Urkunden des Prozessdossiers geht hervor, dass die delegierten Richter zu Beratungszwecken auch andere Personen zur Verhandlungsführung hinzugezogen haben[94]. Dies scheint ein durchaus gängiges Vorgehen gewesen zu sein und ist daher an sich nicht als außergewöhnlich einzustufen[95]. Interessanterweise wird im Fall von Lacroix-sur-Meuse jedoch nur in jenen Urkunden auf solche Rechtsbeistände verwiesen, die eine nicht dem Regelfall entsprechende Vorgehensweise der Delegaten oder ein deutliches Bedürfnis derselben erkennen lassen, ihre Vorgehensweise zu rechtfertigen. Bereits Hugo von Metz, der das erste Urteil alleine fällen musste, verwies kurz vor der eigentlichen Verkündung seines Urteils auf andere nicht näher genannte Personen, die scheinbar der Zeugenbefragung beiwohnten[96]. Das gleiche tat er, mit identischem Wortlaut, in seiner Mitteilung an die ihm nachfolgenden Delegaten aus Châlons[97]. Auch wenn die Einbeziehung einer breiteren Öffentlichkeit in die Verhandlungsführung nicht außergewöhnlich war, hielt er dies offensichtlich für erwähnenswert. Eine dezidiert legitimierende Funktion besaßen derartige Verweise auf Rechtsbeistände hingegen erst bei den späteren Delegaten aus Riéval und Lisle-en-Barrois, die im Domkapitel von Toul das Urteil eines zuvor zwischengeschalteten Schiedsgerichts kassierten. In ihrer Urteilsverkündung ist von mehreren höchst angesehenen und gebildeten Männern die Rede, deren Ratschlag maßgeblich für die Aufhebung des Urteils der Schiedsleute und die Rückkehr zum vorherigen *status*

---

89 Ebd., Nr. 27.
90 Siehe die Karten 3, 4 und 4a im Anhang von GILLEN, Saint-Mihiel (wie Anm. 3).
91 Vgl. zu derartigen Kompromissen MÜLLER, Päpstliche Delegationsgerichtsbarkeit (wie Anm. 2), S. 75.
92 Siehe im Anhang, Nr. 27.
93 Vgl. MÜLLER, Päpstliche Delegationsgerichtsbarkeit (wie Anm. 2), S. 94.
94 Siehe im Anhang, Nr. 5, 11, 31 und 32.
95 Vgl. SAYERS, Papal Judges Delegate (wie Anm. 2), S. 103 f.; MÜLLER, Päpstliche Delegationsgerichtsbarkeit (wie Anm. 2), S. 183.
96 Siehe im Anhang, Nr. 5: ... *testes producentem idoneos et honestos ... Quibus receptis, examinatis et auditis et in una consonantibus veritate mihi et omnibus, qui aderant, fide facta, predictam abbatissam, qua fungebar auctoritate, lata sentencia in possessionem misi* ...
97 Ebd., Nr. 11.

quo gewesen sei[98]. Darauf verwiesen dieselben Richter auch in einer weiteren Urkunde, in der sie bekannt gaben, dass sie den Abt von Saint-Mihiel exkommuniziert und über sein Kloster das Interdikt verhängt hätten[99]. In den vier Urkunden der auf Hugo von Metz folgenden Richter aus Châlons[100] finden sich hingegen keinerlei Hinweise auf Rechtsbeistände. Diese drei Delegaten waren sich ihrer Vorgehensweise offenbar sicher und hielten es nicht für nötig, ihre Entscheidungen durch den Verweis auf eine zusätzliche juristische Autorität zu untermauern[101].

c. Hintergründe und Übergänge der Prozessphasen

Die außergewöhnlich gute Überlieferungssituation des Streits um Lacroix-sur-Meuse könnte darauf zurückzuführen sein, dass dieser Prozess äußerst langwierig war und die benachteiligte Streitpartei unterschiedliche Argumentationsstrategien anwandte, um eine Entscheidung zu ihren Gunsten herbeizuführen. Gegen das erste Urteil der noch von Clemens III. beauftragten Delegaten aus Metz, das Coelestin III. am 8. Mai 1192 bestätigt hatte[102], versuchte der Abt von Saint-Mihiel vorzugehen, indem er diese Personen in Rom als befangen zurückwies[103]. Infolge dieser Appellation bestellte Coelestin III. drei Kleriker aus Châlons zu delegierten Richtern und trug ihnen auf, den Einwand des Abtes auf seine Rechtmäßigkeit zu überprüfen[104]. Darüber hinaus richteten die beiden früheren Delegaten aus Metz je ein separates Schreiben an ihre Nachfolger aus Châlons, in denen sie ihre Vorgehensweise (insbesondere das alleinige Handeln Hugos von Metz und die Modalitäten der Zeugenbefragung) rechtfertigten.[105] Die delegierten Richter aus Châlons überprüften daraufhin den vorausge-

---

98 Ebd., Nr. 31: ... *presentibus viris, quampluribus preclare opinionis et eruditionis eximie, de eorum consilio predictam sententiam cassavimus et abbatissam in plenitudinem iuris, quod in predicta decima usque ad sententiam illam habuerat, auctoritate apostolica restituimus* ...

99 Ebd., Nr. 32: ... *prudentium virorum, qui aderant, consilio predictam abbatissam auctoritate apostolica per sententiam in possessionem super decima de Cruce super Mosam misimus.*

100 Ebd., Nr. 13, 15, 17 und 21.

101 Für ihr Selbstbewusstsein spricht ferner die Tatsache, dass sie in dem Delegationsmandat Coelestins III., das sie in ihr Ladungsschreiben an die Äbtissin von Sainte-Glossinde (ebd., Nr. 13) inserierten, nicht einmal den Namen des Papstes nannten, was durchaus ungewöhnlich ist; vgl. MÜLLER, Päpstliche Delegationsgerichtsbarkeit (wie Anm. 2), S. 51.

102 Siehe im Anhang, Nr. 7. Der Papst wurde anscheinend durch Peter von Gorze über die Urteilsverkündung informiert, obwohl dieser selbst daran gar nicht aktiv teilgenommen hatte; siehe ebd., Nr. *6.

103 Ebd., Nr. *9; siehe auch ebd., Nr. 13: ... *quod cum abbatissa Sancte Glodesindis eos super decima de villa que Crux appellatur ... coram delegatis iudicibus sibi valde suspectis traxisset in causam* ...; zur *recusatio iudicum* vgl. Richard H. HELMHOLZ, Canonists and Standards of Impartiality for Papal Judges Delegate, in: Traditio 25 (1969), S. 386–404; Linda FOWLER, »Recusatio iudicis« in Civilian and Canonist Thought, in: Joseph R. STRAYER, Donald E. QUELLER (Hg.), Post Scripta. Essays on Medieval Law and the Emergence of the European State in Honor of Gaines Post, Rom 1972 (Studia Gratiana, 15), S. 717–785.

104 Siehe im Anhang, Nr. 10; siehe auch ebd., Nr. 13.

105 Ebd., Nr. 11 und 12. Nur das Schreiben Hugos von Metz ist vollständig überliefert. Es ist bislang der erste Beleg einer vollständig überlieferten Mitteilung früherer an spätere delegierte Richter. Solche Mitteilungen scheinen bereits damals üblich gewesen zu sein, denn sie lassen sich auch aus einem Schreiben dreier delegierter Richter aus Châlons an Clemens III. erschließen, die in den Jahren zwischen 1189 und 1191 einen Streit zwischen den Prämonstratensern von Saint-Paul in Verdun und dem Priester von Brieulles-sur-Meuse verhandelten; vgl. FALKENSTEIN, Urbans III. Dekretale (wie Anm. 11), S. 225f. mit Anm. 103 und S. 255f.

gangenen Prozess, hatten diesbezüglich aber nichts zu beanstanden und bestätigten daher das erste Urteil[106].

Da sich die *recusatio iudicum* des Abtes von Saint-Mihiel als erfolglos erwiesen hatte, wählte dessen Nachfolger nach dem Tod Coelestins III. eine neue Strategie. Gegenüber Innocenz III. behauptete der neue Abt[107], die Zehnten von Lacroix-sur-Meuse befänden sich seit mehr als 40 Jahren im Besitz seines Klosters, doch hätten die Delegaten aus Metz den Besitz dieser Zehnten der Äbtissin von Sainte-Glossinde zugeschrieben, weil sein Vorgänger der Verhandlung ferngeblieben sei und jene einen *status quo* herstellen wollten (*causa rei servande*)[108]. Ferner behauptete er, unter Coelestin III. sei die Frage nach dem Eigentumsrecht (*ius proprietatis*) nicht eingehend behandelt worden[109]. Dies sollten nun die drei Äbte von Beaulieu-en-Argonne, Lisle-en-Barrois und Riéval im Auftrag Innocenz' III. überprüfen[110]. Seit 1199 versuchte der Abt von Saint-Mihiel also, das Eigentumsrecht anstelle der Verfügungsgewalt (*ius possessionis*) über die umstrittenen Zehnten zum Verhandlungsgegenstand werden zu lassen. Seine Strategie scheint allerdings nicht gefruchtet zu haben, denn die drei Delegaten Innocenz' III. sprachen die Zehnten von Lacroix-sur-Meuse ebenfalls der Äbtissin von Sainte-Glossinde zu, und in ihren Urkunden ist diesbezüglich nur von der *possessio* die Rede, nicht jedoch von der *proprietas*[111]. Das gilt auch für ihr Schreiben, in dem sie die späteren Delegaten aus Reims über ihr Urteil informierten und ihnen mitteilten, dass sie bereits zum zweiten Mal versucht hätten, den Abt von Saint-Mihiel durch Kirchenstrafen zum Einlenken zu bewegen[112]. Demnach ist davon auszugehen, dass die delegierten Richter aus Reims nicht den gesamten Prozessverlauf, sondern nur die Rechtsgültigkeit dieses letzten Urteils zu überprüfen hatten.

---

106 Siehe im Anhang, Nr. *14 und 15.
107 Zu den Daten der damaligen Abbatiate von Saint-Mihiel vgl. GILLEN, Saint-Mihiel (wie Anm. 3), S. 73, 493.
108 Siehe im Anhang, Nr. 27; zur Bedeutung der Formulierung *causa rei servande* und derartigen Vorgehensweisen vgl. MÜLLER, Päpstliche Delegationsgerichtsbarkeit (wie Anm. 2), S. 80–82. FRAY, Le temporel (wie Anm. 3), S. 114 bezweifelt, dass Lacroix-sur-Meuse damals bereits seit über 40 Jahren im Besitz von Saint-Mihiel gewesen sei, und verweist diesbezüglich auf eine Urkunde Innocenz' II. für Sainte-Glossinde vom 28. April 1139 (JL 8021; PARISSE, Bullaire [wie Anm. 9], S. 39 Nr. 171), in der von *Villare cum medietate conductus ęcclesię sanctę crucis* die Rede ist; siehe Georg WOLFRAM, Die Urkunden Ludwigs des Deutschen für das Glossindenkloster in Metz, in: Mitteilungen des Österreichischen Instituts für Geschichtsforschung 11 (1892), S. 1–27, hier S. 15. Dem ist jedoch entgegenzuhalten, dass Lacroix-sur-Meuse in den Urkunden des Prozessdossiers stets als *Crux super Mosam* bezeichnet wird und der Besitz einer *villa quae dicitur Crux cum ecclesia* dem Kloster Saint-Mihiel bereits am 30. April 1105 von Paschalis II. bestätigt worden war; siehe JL 6036; PARISSE, Bullaire (wie Anm. 9), S. 25 Nr. 90; LESORT, Chronique et chartes (wie Anm. 7), S. 205–216 Nr. 60, hier S. 207.
109 Siehe im Anhang, Nr. 27: *Cumque postmodum eadem causa ab eodem predecessore nostro venerabili fratri nostro Cathalaunensi episcopo iterum commissa fuisset et bone memorie predecessor prefati questione proprietatis simpliciter intemptaret, parte adversa possessorium intendente et exceptionem rei iudicate frequentissime proponente, notificatur episcopo de proprietate nichil discutiens, sentenciam ipsorum iudicum approbavit.*
110 Ebd.
111 Siehe ebd., Nr. 31 und 32.
112 Ebd., Nr. 34.

Ausschlaggebend für die Langwierigkeit des Prozesses waren also zum einen vermeintliche Fehler bei der Prozessführung, die es infolge der Appellationen des Abtes von Saint-Mihiel stets aufs Neue zu überprüfen galt. Dies zeigen auch die überlieferten Mitteilungen, welche die delegierten Richter an ihre Nachfolger richteten. In ihnen wird etwa auf die befragten Zeugen, das alleinige Handeln eines Delegaten oder das Fernbleiben des Abtes von Saint-Mihiel von der Verhandlung verwiesen. Auf den Streitgegenstand oder die diesbezüglich von beiden Parteien angemeldeten Ansprüche gehen sie jedoch nicht näher ein[113].

Zum anderen dürfte sich der Prozess auch deshalb in die Länge gezogen haben, weil man in Saint-Mihiel offenbar versuchte, einen Pontifikatswechsel abzuwarten, um den Streit wieder aufnehmen zu lassen und ihn in eine andere Richtung zu lenken. Dies legt insbesondere die Appellation des Abtes von Saint-Mihiel an Innocenz III. nahe. Ein derartiges Vorgehen ist auch in anderen Fällen belegt und stellte für die unterlegene Streitpartei gerade angesichts des hohen Alters der Vorgänger Innocenz' III. eine aussichtsreiche Möglichkeit dar, vermeintlich beendete Prozesse wieder anzustoßen[114], zumal dadurch keine Kritik am amtierenden Papst geübt werden musste.

3. Die Reichweite des Verfahrens im regionalen Kontext

Der Streit zwischen Sainte-Glossinde und Saint-Mihiel liefert ein besonders eindrucksvolles Beispiel dafür, dass sich päpstlich legitimierte Gerichtsurteile auf regionaler Ebene häufig nur schwer durchsetzen ließen[115]. Damit erscheint er geradezu symptomatisch für die bereits andernorts diskutierte »Schwäche des Systems« päpstlicher Delegationsgerichtsbarkeit[116]. Jedoch lässt sich deren Reichweite im vorliegenden Fall nicht allein anhand der Anerkennung der Urteilssprüche durch die Streitparteien ermessen. Sie bezieht sich vielmehr auf ein breitgefächertes Spektrum an Reaktionen sowohl der Streitenden selbst wie der in den Streit eingebundenen regionalen Instanzen auf einzelne Entscheidungen und Anweisungen der delegierten Richter. Daher stellt sich zunächst die Frage, auf welche Mittel die delegierten Richter zurückgriffen, um ihre jeweiligen Entscheidungen durchzusetzen, und welche

---

113 Ebd., Nr. 11, 12 und 34.
114 Vgl. FALKENSTEIN, Urbans III. Dekretale (wie Anm. 11), S. 240 f.
115 Vgl. dazu zuletzt HERBERS, LÓPEZ ALSINA, ENGEL (Hg.), Das begrenzte Papsttum (wie Anm. 81), vor allem den Beitrag von Daniel BERGER, Delegierte Gerichtsbarkeit im Bistum Burgos im 12. Jahrhundert. Zu Verbreitung und Akzeptanz einer neuen Form von Rechtsprechung, S. 251–288, hier S. 275 f.; zur gleichen Problematik im frühen 12. Jahrhundert vgl. ferner Markus KRUMM, Streiten vor (und mit) dem Papst: Beobachtungen zur kurialen Gerichtspraxis anhand der Klosterchronik von Montecassino und des *Chronicon* Falcos von Benevent, in: Jessika NOWAK, Georg STRACK (Hg.), *Stilus – modus – usus*. Regeln der Konflikt- und Verhandlungsführung am Papsthof des Mittelalters. Rules of Negociation and Conflict Resolution at the Papal Court in the Middle Ages, Turnhout 2019 (Utrecht Studies in Medieval Literacy, 44), S. 67–95 sowie in Bezug auf Lothringen auch Hannes ENGL, Aspects diplomatiques des relations entre la papauté et les premiers chanoines réguliers en Lorraine (fin XIe–début XIIe siècles), in: MARTINE, NOWAK (Hg.), D'un *regnum* à l'autre (wie Anm. 3), S. 309–324, hier S. 316–318.
116 Vgl. mit dem besagten Zitat FALKENSTEIN, Urbans III. Dekretale (wie Anm. 11), S. 245 f.; MÜLLER, Päpstliche Delegationsgerichtsbarkeit (wie Anm. 2), S. 251–256; John Clare MOORE, Papal Justice in France Around the Time of Pope Innocent III, in: Church History 41 (1972), S. 295–306.

Reaktionen dies bei den betroffenen Akteuren hervorrief. Um die Reichweite dieser Entscheidungen angemessen beurteilen zu können, gilt es aber ebenso die Rolle der lokalen Schiedsgerichte zu evaluieren. Standen sie ausschließlich in Konkurrenz zu den päpstlich legitimierten Gerichtsprozessen, oder konnten beide Gerichtsinstanzen womöglich auch ineinandergreifen?

a. Mittel, Wege und Grenzen der Urteilsdurchsetzung

Die erste Phase päpstlicher Delegationsgerichtsbarkeit hatte durch die Ausstellung zweier *Litterae* Coelestins III. vom 8. und 9. Mai 1192 ihren förmlichen Abschluss gefunden. Während das erste Schreiben den Urteilsspruch Hugos von Metz und Peters von Gorze bestätigte[117], wies der Papst in seinem zweiten Schreiben darüber hinaus den Bischof Bertram und den Dekan Albert von Metz dazu an, für die Einhaltung dieses Urteils zu sorgen[118]. Ob der Erwerb beider *Litterae* bereits als Indiz für ein zu befürchtendes Vorgehen des Abtes von Saint-Mihiel gelten kann, ist allerdings fraglich. Zwar scheinen solche Urteilsbestätigungen nicht die Regel gewesen zu sein und sich vorrangig auf Prozesse beschränkt zu haben, die durch ein eindeutiges Urteil (*sententia diffinitiva*) ihren vorläufigen Abschluss gefunden hatten[119], doch war der Äbtissin von Sainte-Glossinde offensichtlich nicht daran gelegen, ein ähnlich lautendes Schreiben an Albert von Verdun richten zu lassen, der in dieser Sache eigentlich zuständig gewesen wäre, denn das Kloster Saint-Mihiel und der Streitgegenstand lagen in seiner Diözese[120]. Zudem wurden die beiden *Litterae* Coelestins III. im Rahmen einer umfassenden Petitionsinitiative mehrerer geistlicher Einrichtungen aus Metz erwirkt[121], die für die Äbtissin auch erst den Anlass geboten haben könnte, sich das Urteil der delegierten Richter durch den Papst bestätigen zu lassen. Es gibt zumindest keinerlei Anhaltspunkte dafür, dass dies für sie unmittelbar im Anschluss an die Urteilsverkündung ein dringliches Bedürfnis dargestellt hätte.

Albert von Verdun wurde erst während der darauffolgenden Phase in den Streit miteinbezogen. Der Urteilsspruch der delegierten Richter aus Châlons war zugleich verbunden mit einem Appell an ihn, die Äbtissin in den Besitz der umstrittenen Zehnten von Lacroix-sur-Meuse einzuweisen und den Abt von Saint-Mihiel gegebenenfalls unter Androhung des Anathems davon abzuhalten, ihr den besagten Besitz streitig zu

---

117 Siehe im Anhang, Nr. 7.
118 Ebd., Nr. 8.
119 In dem von POLOCK, Der Prozeß von 1194 (wie Anm. 11) aufgearbeiteten Prozessdossier findet sich etwa keine päpstliche Urteilsbestätigung. FALKENSTEIN, Urbans III. Dekretale (wie Anm. 11), S. 244 mit Anm. 147 verweist auf mehrere Fälle ohne päpstliche Urteilsbestätigung. Die von ihm ebd., S. 240 in Anm. 131 zitierte *Littera* Alexanders III. bestätigte hingegen ebenfalls eine *sententia diffinitiva*; siehe Johannes RAMACKERS, Papsturkunden in Frankreich. Neue Folge, 4. Band: Picardie, Göttingen 1942 (Abhandlungen der Akademie der Wissenschaften in Göttingen, Philologisch-Historische Klasse, Dritte Folge, 27), S. 284f. Nr. 154. Das gleiche gilt für die *Littera* Innocenz' III. im von MALECZEK, Die Pieve Casorate (wie Anm. 11) behandelten Prozessdossier; siehe ebd., S. 385f. Nr. 6.
120 Möglicherweise hängt die Einbindung des Bischofs Bertram von Metz (1180–1212) damit zusammen, dass dieser sich energisch darum bemühte, ein Gegengewicht zu dem damals in Metz erstarkenden Einfluss des Schöffenkollegs aufzubauen, und dabei auch bei den städtischen Frauenklöstern Rückhalt suchte; vgl. dazu BLENNEMANN, Metzer Benediktinerinnen (wie Anm. 3), S. 125f.
121 Siehe im Anhang den Kommentar zu Nr. *6.

machen[122]. In diesem Schreiben zeichnet sich also bereits eine Verschärfung des Konflikts ab. Auffallend ist zudem, dass es auch an den Verduner Archidiakon Robert von Grandpré gerichtet ist. Er stand dem Archidiakonat der Argonnen vor[123] und war eigentlich gar nicht zuständig in dieser Sache, da Lacroix-sur-Meuse und Saint-Mihiel im Archidiakonat Rivières lagen. Ebenso wenig hätte er als einvernehmlicher Vermittler zwischen dem Bischof und den Streitparteien auftreten können, denn Albert von Verdun war infolge einer äußerst strittigen Wahl, bei der ein Teil des Klerus für Robert gestimmt hatte, in sein Bischofsamt gelangt und konnte sich erst nach einer Intervention Kaiser Friedrichs I. durchsetzen[124]. Umso bemerkenswerter ist vor diesem Hintergrund der Umstand, dass Robert ein Vetter des hier als Delegat in Erscheinung tretenden Archidiakons Rainald von Châlons war[125]. Die delegierten Richter aus Châlons griffen also zunächst auf ihre familiären Verbindungslinien ins Bistum Verdun zurück, um den zuständigen Diözesanbischof unter Druck zu setzen.

Wenig später richteten sie erneut ein Schreiben an Albert von Verdun. Darin forderten sie ihn auf, den Abt von Saint-Mihiel zu suspendieren, da dieser gegen ihren Urteilsspruch verstoßen und überdies ihren Befehl, sich dafür in ihrer Gegenwart zu verantworten, ignoriert hatte. Doch wurde dieses Schreiben nur vom Elekten Rotrod und dem Thesaurar Jakob von Châlons ausgestellt. Rainald von Châlons wird nicht genannt. Es ist auch nicht mehr an Robert von Grandpré, sondern ausschließlich an Albert von Verdun adressiert. Hier scheint sich somit ein Strategiewechsel abzuzeichnen, zumal die delegierten Richter im Vergleich zu ihrem vorherigen Schreiben wesentlich expliziter auf ihren Autoritätsanspruch verwiesen[126]. Dabei betonten sie auch, dass die von ihnen befohlene Strafverhängung erst dann zurückgenommen werde, wenn der Abt seinen Ungehorsam gegenüber dem Papst und ihnen hinreichend gesühnt habe[127].

---

122 Ebd., Nr. 15; zur Person und Amtszeit Alberts von Verdun vgl. Frank G. HIRSCHMANN, Verdun im hohen Mittelalter. Eine lothringische Kathedralstadt und ihr Umland im Spiegel der geistlichen Institutionen, 3 Bde., Trier 1996 (Trierer Historische Forschungen, 27), Bd. 2, S. 617, 635–637.
123 Michaël GEORGES, Le chapitre cathédral de Verdun à la fin du Moyen Âge (fin XIIe–début XVIe siècle): étude d'une communauté ecclésiastique séculière, 2 Bde., Thèse de Doctorat, Université de Lorraine (Nancy) 2016, https://theses.hal.science/tel-01752195v2 (18.02.2023), hier Bd. 2, S. 311.
124 Johann Friedrich BÖHMER, Ferdinand OPLL, Regesta Imperii, IV. Ältere Staufer, Zweite Abteilung: Die Regesten des Kaiserreiches unter Friedrich I. 1152 (1122)–1190, 4. Lieferung: 1181–1190, Wien, Köln, Weimar 2011, S. 206 Nr. 3130. Robert von Grandpré sollte auch die Nachfolge Alberts als Bischof von Verdun antreten, nachdem dieser im Zuge städtischer Unruhen am 26. Juli 1208 getötet worden war; vgl. HIRSCHMANN, Verdun im hohen Mittelalter (wie Anm. 122), S. 617; PARISSE, Noblesse et chevalerie (wie Anm. 43), S. 236, 258.
125 Detlev SCHWENNICKE (Hg.), Europäische Stammtafeln, Neue Folge: Stammtafeln zur Geschichte der europäischen Staaten, Bd. 7: Familien des alten Lotharingien, Teil 2, Marburg an der Lahn 1979, Tafel 11. Er fungierte darüber hinaus zur gleichen Zeit als Delegat in einem Prozess zwischen dem Grafen Theobald I. von Bar und dem Abt von Saint-Arnoul in Metz; siehe PARISSE, Bullaire (wie Anm. 9), S. 80 Nr. 415.
126 Siehe im Anhang, Nr. 17: ... *auctoritate apostolica vobis precipue demandamus, quatinus ob reverenciam mandati apostolici et nostri, qui vicem ipsius in parte ista fungimur* ...
127 Ebd.: ... *quousque predictam abbatissam et moniales pacifice permiserit possidere, summo etiam pontifici et nobis de contentione et inobediencia sufficienter fuerit satisfactum.*

Da Albert von Verdun ihren Anweisungen nicht Folge leistete, schalteten sie in zweiter Instanz den Erzbischof Johannes von Trier ein[128]. Dieser bestätigte zunächst ihr Urteil[129] und hielt den Verduner Bischof in einem separaten Schreiben dazu an, für dessen Durchsetzung zu sorgen. Sein Vorgehen rechtfertigte er damit, dass er den Befehlen des apostolischen Stuhles nicht zuwiderhandeln dürfe[130].

Auch dies scheint Albert von Verdun jedoch nicht sonderlich beeindruckt zu haben, denn es ist ein weiterer Brief der delegierten Richter aus Châlons an ihn überliefert, der deutlich schärfer als ihre vorherigen Schreiben formuliert ist. Darin kündigten sie an, sein widerspenstiges Verhalten dem Papst zu melden, falls er ihre Anweisungen weiterhin ignorieren sollte, und ließen unmissverständlich durchblicken, dass er in diesem Fall mit einer Bestrafung durch den apostolischen Stuhl rechnen müsste[131]. Albert von Verdun lenkte schließlich ein – zumindest teilweise. Er bestellte beide Streitparteien zu sich, ließ den Urteilsspruch der Richter in ihrer Gegenwart verlesen und verbot dem Abt von Saint-Mihiel unter Androhung des Anathems, sich diesem Urteil zu widersetzen[132]. Der vormaligen Aufforderung der Richter, den Abt zu suspendieren[133], kam er jedoch nicht nach.

Ob Albert von Verdun infolge dieses Schreibens der delegierten Richter nachgab oder erst nachdem die Äbtissin von Sainte-Glossinde am 11. Oktober 1195 von Coelestin III. eine *Littera* erwirkt hatte, durch die der Urteilsspruch der delegierten Richter nun auch von höchster Stelle bestätigt wurde[134], lässt sich nicht mit letzter Sicherheit ergründen[135]. Fest steht jedoch, dass der Erwerb dieser *Littera* nicht im Rahmen einer größeren Petitionsinitiative mehrerer monastischer Einrichtungen aus dem Metzer Umfeld erfolgte, wie es noch bei den beiden vorherigen *Litterae* dieses Papstes der Fall gewesen war[136]. Die individuelle Entsendung eines Boten nach Rom scheint die Äbtissin von Sainte-Glossinde bereits in Betracht gezogen zu haben, als abzusehen war, dass sich der Widerstand des Abtes von Saint-Mihiel nicht durch die Einbindung der regionalen Kircheninstanzen brechen ließ. Das gleiche gilt für die delegierten Richter, die ebenfalls erst in letzter Instanz mit der Einschaltung des Papstes drohten.

---

128 Ebd., Nr. *18.
129 Ebd., Nr. 19.
130 Ebd., Nr. 20: *Nos vero, quia mandatis apostolicis contrahire non debemus, dilectioni vestri mandamus...*; zu seinen Beziehungen zum Papsttum vgl. Egon Boshof, Germania Pontificia vol. X: Provincia Treverensis, pars I: Archidioecesis Treverensis, Göttingen 1992, S. 18f., 150–152; zu seiner Person und Amtszeit vgl. ferner Margret Corsten-Loenartz, Erzbischof Johann I. von Trier (1189–1212), in: Zeitschrift der Geschichte der Saargegend 13 (1963), S. 127–200 und Marianne Pundt, Metz und Trier. Vergleichende Studien zu den städtischen Führungsgruppen vom 12. bis zum 14. Jahrhundert, Mainz 1998 (Trierer Historische Forschungen, 38), S. 130–134, 160f., 333f.
131 Siehe im Anhang, Nr. 21: *Ne si forte ad aures summi pontificis venerit, quod vos mandato ipsius minime deferentes, in eiusdem executione torpentes inventi fueritis et remissi, indignationem ipsius et iram incurrere mereamini...*
132 Ebd., Nr. 23.
133 Ebd., Nr. 17.
134 Ebd., Nr. 22.
135 Wahrscheinlicher ist jedoch Ersteres; siehe im Anhang den Kommentar von Nr. 23.
136 Siehe im Anhang den Kommentar von Nr. *6.

In der Vorgehensweise der delegierten Richter aus Châlons zeichnet sich somit eine klare Tendenz ab. Um ihr Urteil durchsetzen zu können, wandten sie sich an den zuständigen Diözesanbischof und bauten durch die zusätzliche Einbindung seines unliebsamen Konkurrenten, des Archidiakons Robert von Grandpré, von Anfang an Druck auf ihn auf. Diesen Druck erhöhten sie in der Folgezeit schrittweise, zunächst durch immer explizitere Verweise auf die mit ihrem Auftrag verbundene Autorität, dann durch die Einschaltung des Trierer Metropoliten und schließlich durch ihre Drohung, den Papst über die ablehnende Haltung Alberts von Verdun in Kenntnis zu setzen. Ihr entschlossenes und zugleich wohl überlegt wirkendes Vorgehen legt gerade in Anbetracht der Einbeziehung Roberts von Grandpré den Schluss nahe, dass es ihnen womöglich um mehr gegangen sein könnte als um eine erfolgreiche Durchführung ihres päpstlichen Auftrags. Vielleicht sahen sie in diesem Auftrag auch eine Chance, die Autorität Alberts von Verdun zu untergraben und so der Verwirklichung ihrer eigenen Interessen im Bistum Verdun Vorschub zu leisten.

Unabhängig davon, welche Interessen sie in Verdun verfolgten, offenbart ihr Vorgehen eine unzweifelhafte Selbstständigkeit in der Auswahl der zur Durchsetzung ihrer Entscheidungen eingesetzten Mittel. Zugleich zeugt es von einem ausgeprägten Selbstvertrauen hinsichtlich des mit ihrem päpstlichen Auftrag verbundenen Autoritätsanspruchs[137]. Besonders deutlich wird dies in der unüblichen Auslassung des Protokolls in dem von ihnen inserierten Delegationsmandat Coelestins III.[138], in dem ebenfalls selten belegten Rückgriff auf das Anathem[139] und in der Ausdrucksweise ihrer beiden letzten Schreiben an Albert von Verdun[140]. Darüber hinaus zeigt ihr Vorgehen, dass der mit ihrem Auftrag verbundene Autoritätsanspruch handfester Drohungen bedurfte, um zumindest teilweise zur Geltung zu kommen. Die Reichweite ihrer Entscheidungen und Anweisungen war also nicht so begrenzt, wie es deren anfängliches Ignorieren durch den Abt von Saint-Mihiel und Albert von Verdun vermuten lassen. Es gelang ihnen schließlich, Albert von Verdun dazu zu bewegen, den Abt von Saint-Mihiel zu sich zu bestellen und ihn unter Androhung des Anathems zur Befolgung ihres Urteilsspruchs aufzurufen.

Diese Diskrepanz zwischen der Nichtbefolgung päpstlich legitimierter Gerichtsurteile durch die benachteiligte Streitpartei und deren forcierter Anerkennung durch andere regionale Akteure zeigt sich auch im weiteren Verlauf des Streits. Etwa viereinhalb Jahre nachdem Coelestin III. das Urteil der Delegaten aus Châlons bestätigt hatte, appellierte der Abt von Saint-Mihiel ein weiteres Mal an der Kurie[141]. Innocenz III. bestellte daher am 24. April 1199 die Äbte von Beaulieu-en-Argonne, Lisle-en-Barrois und Riéval zu delegierten Richtern[142]. Sie bestätigten offenbar das Urteil ihrer Vorgänger, denn kurz darauf tagte ein lokales Schiedsgericht, dessen Urteilsspruch

---

137 Zur Autorität sowie zu den Durchsetzungsmöglichkeiten und -problemen der delegierten Richter vgl. MÜLLER, Entscheidung auf Nachfrage (wie Anm. 80), S. 129–131.
138 Siehe ihm Anhang, Nr. 13; zur prozessrelevanten Bedeutung und zum inhaltlichen Aufbau von Delegationsmandaten vgl. MÜLLER, Päpstliche Delegationsgerichtsbarkeit (wie Anm. 2), S. 50–53.
139 Vgl. ebd., S. 181.
140 Siehe im Anhang, Nr. 17 und Nr. 21.
141 Ebd., Nr. *25.
142 Ebd., Nr. 26.

zugunsten des Abtes von Saint-Mihiel ausfiel[143]. Unterdessen war es der Äbtissin von Sainte-Glossinde jedoch gelungen, eine Urkunde des Grafen Theobald I. von Bar und Luxemburg zu erwirken, in der er ihr versprach, sie künftig nicht mehr wegen der Zehnten von Lacroix-sur-Meuse zu behelligen[144]. Dies ist auch insofern erstaunlich, als Saint-Mihiel gemeinhin als das älteste »Hauskloster« der Grafen von Bar gilt und diese dort bereits seit 1033 im Besitz der Vogteirechte waren[145]. Zuvor war Theobald I. eher als Förderer sowohl der materiellen wie rechtlichen Belange dieses Klosters aufgetreten. Noch vor seinem Herrschaftsantritt hatte er den Mönchen zusammen mit seinem Bruder und Vorgänger, Heinrich I., wichtige Schenkungen bestätigt[146]. Zudem hatte er maßgeblich dazu beigetragen, dass der Erzbischof Folmar von Trier in seiner Funktion als päpstlicher Legat zweimal zugunsten von Saint-Mihiel intervenierte, als sich die dortige Gemeinschaft in einem Streit mit dem Hospital Saint-Thiébaut-sous-Boumont befand[147]. Das Urteil der delegierten Richter konnte ihn aber offensichtlich dazu bewegen, zumindest im Streit zwischen Sainte-Glossinde und Saint-Mihiel nicht weiter die Interessen des dortigen Abtes zu verfolgen.

Die in dieser Phase des Streits agierenden Delegaten wählten gegenüber ihren Vorgängern aus Châlons eine völlig andere Strategie zur Durchsetzung ihres Urteils. Dem zwischenzeitlichen Versuch des Abtes von Saint-Mihiel, dieses Urteil durch ein lokales Schiedsgericht aufheben zu lassen[148], entgegneten sie mit der Einberufung einer Gerichtsverhandlung im Domkapitel von Toul, der auch mehrere andere angesehene und gebildete Männer, möglicherweise aus den Reihen der dort ansässigen Kanoniker, beiwohnten. Auf deren Anraten kassierten sie das Urteil des Schiedsgerichts[149], mit der schroffen Begründung, dass es rechtswidrig sei und die dafür verantwortlichen Personen keine wirklichen Richter gewesen wären, sondern sich aufgrund ihrer Einfältigkeit bei der Urteilsfindung durch den Abt von Saint-Mihiel regelrecht

---

143 Ebd., Nr. *28 und Nr. *30.
144 Ebd., Nr. 29.
145 GILLEN, Saint-Mihiel (wie Anm. 3), S. 125 f.; Georges POULL, La Maison ducale et souveraine de Bar, Nancy 1994, S. 69; Egon BOSHOF, Untersuchungen zur Kirchenvogtei in Lothringen im 10. und 11. Jahrhundert, in: Zeitschrift der Savigny-Stiftung für Rechtsgeschichte, Kann. Abt. 65 (1979), S. 79 f.
146 LESORT, Chronique et chartes (wie Anm. 7), S. 382 f. Nr. 123; zum Hintergrund dieses Konflikts vgl. GILLEN, Saint-Mihiel (wie Anm. 3), S. 221 f.; zum Verhältnis Theobalds zu Saint-Mihiel vgl. ebd., S. 140 f.
147 LESORT, Chronique et chartes (wie Anm. 7), S. 383–386 Nr. 124 und Nr. 125. Folmar von Trier erhielt zwischen dem 1. Juni 1186 und dem 15. Februar 1187 einen Legationsauftrag, der sich jedoch nur auf seine eigene Kirchenprovinz beschränkte; vgl. Johann Friedrich BÖHMER, Ulrich SCHMIDT, Regesta Imperii, IV. Lothar III. und ältere Staufer. Vierte Abteilung: Papstregesten 1124–1198, Teil 4: 1181–1198, Lieferung 3: 1185–1187, Urban III. und Gregor VIII., Köln, Weimar, Wien 2012, S. 326 Nr. 542; BOSHOF, Germania Pontificia (wie Anm. 130), S. 160 Nr. 162; zum Verhältnis zwischen ihm und Theobald vgl. LESORT, Chronique et chartes (wie Anm. 7), S. 383 f. Anm. 6.
148 Siehe im Anhang Nr. *30.
149 Ebd., Nr. 31: ... *presentibus viris, quampluribus preclare opinionis et eruditionis eximie, de eorum consilio predictam sententiam cassavimus* ...

hätten verführen lassen¹⁵⁰. Im Unterschied zu ihren Vorgängern aus Châlons drohten sie zudem selbst dem Abt von Saint-Mihiel mit dem Anathem, falls er gegen ihr Urteil verstoßen sollte¹⁵¹. Sie verbanden ihre Urteilsverkündung zwar ebenfalls mit einer an Albert von Verdun gerichteten Anweisung, dieses Urteil durchzusetzen, gingen dabei aber noch einen Schritt weiter, indem sie ihn dazu anhielten, etwaige Widersacher direkt zu exkommunizieren¹⁵².

Diese Radikalität zeigt sich auch in ihrem späteren Vorgehen. Um den Widerstand des Abtes von Saint-Mihiel zu brechen, richteten diese Delegaten weder weitere Ermahnungen an Albert von Verdun, noch schalteten sie den Trierer Metropoliten oder den Papst ein. Nachdem der Abt gegen ihr Urteil verstoßen hatte, exkommunizierten sie ihn umgehend und belegten sein Kloster obendrein mit dem Interdikt¹⁵³. Dies erwies sich immerhin insofern als wirkungsvoll, als der Abt sie nun persönlich aufsuchte und versprach, der Äbtissin von Sainte-Glossinde die umstrittenen Zehnten zurückzuerstatten, falls sie die über ihn verhängte Kirchenstrafe zurücknehmen würden¹⁵⁴. Daher hoben sie das Interdikt vorläufig auf¹⁵⁵. Doch da der Abt sein Versprechen auf einer wenig später anberaumten Gerichtsverhandlung zurückgezogen hatte, sahen sie sich gezwungen, ihre Bannsentenz zu erneuern¹⁵⁶. Daraufhin scheint der Abt von Saint-Mihiel ein weiteres Mal an der Kurie vorstellig geworden zu sein. Die wohl von Innocenz III. zwischen 1202 und 1204 bestellten Richter aus Reims griffen aber offenbar nicht in den Streit ein¹⁵⁷.

b. Päpstliche Delegationsgerichtsbarkeit und lokale Schiedsgerichte

Wie bereits erwähnt, dürfte der erste Eingriff päpstlich delegierter Richter in diesen Streit auf eine Appellation der Äbtissin von Sainte-Glossinde zurückgehen, die dadurch wahrscheinlich das Urteil eines lokalen Schiedsgerichts anfechten wollte¹⁵⁸.

---

150 Ebd.: ... *ad instantiam partis abbatis seducta simplicitate iudicantium lata est sentencia plurimum diversa ab illo articulo, de quo fuerat sentendiandum.*
151 Ebd.: ... *sub interminatione anathematis prohibentes abbati Sancti Michaelis et ceteris quibusque, ne possessionem abbatisse super eadem decima, quam ei restituimus, turbare presumant.* Möglicherweise hatte Rotrod von Châlons darauf verzichtet, dem Abt von Saint-Mihiel selbst mit dem Anathem zu drohen, weil er zum Zeitpunkt seines päpstlichen Auftrags noch Elekt war und damals die Exkommunikationsbefugnis von Elekten noch nicht vollumfänglich anerkannt wurde; vgl. Robert Louis BENSON, The Bishop-Elect: A Study in Medieval Ecclesiastical Office, Princeton ²2016, S. 113, 119f.; zum Datum der Bischofsweihe Rotrods von Châlons vgl. im Anhang den Kommentar von Nr. 23.
152 Siehe im Anhang, Nr. 31: *Hic est, quod vestre discretioni ex officio nobis iniuncto audemus precipere, ut sentencie nostre super restitutione predicte abbatisse facta, executione adhibeatis et quoscumque turbatores eiusdem possessionis in vestra diocesi constitutos autoritate apostolica excommunicatos denuntietis.*
153 Ebd., Nr. 32.
154 Ebd., Nr. 34: *Postmodum vero abbas dolose nos convenit promittens, quod omnia ablata abbatisse ex integro restitueret, si sentenciam ralaxaremus.*
155 Ebd.: *Cuius nos dolos et insidias ignorantes sentenciam, quam in conventum lata fuerat, relaxavimus, sperantes abbatem, quod promiserat, facturum.*
156 Ebd.: *Cumque ad diem pars utraque venisset assignatam, abbas nichil horum, quos promiserat, voluit tenere. Tunc demum dolos ipsius manifeste percipientes, in ipsum sentenciam excommunicationis iterum misimus et ecclesiam Sancti Michaelis iterum subiecimus interdicto.*
157 Siehe im Anhang den Kommentar zu Nr. 34.
158 Ebd., Nr. *3.

Ein derartiges Vorgehen ist keinesfalls außergewöhnlich. Es bildete auch in anderen Regionen ein wesentliches Motiv für den Rückgriff auf die päpstliche Delegationsgerichtsbarkeit[159]. Gleichwohl unterstreicht es die Konkurrenz bzw. das Spannungsverhältnis zwischen lokalen Schiedsgerichten und dem päpstlichen Delegatenwesen[160]. Dieses Spannungsverhältnis sollte sich im weiteren Verlauf des Streits noch einmal deutlich zuspitzen, als das Urteil der delegierten Richter durch ein lokales Schiedsgericht zwischenzeitlich aufgehoben wurde[161] und jene daraufhin das dort gefällte Urteil kassierten[162].

Um ihren Autoritätsanspruch gegenüber diesem lokalen Schiedsgericht behaupten zu können, stellten die delegierten Richter die Sache so dar, als hätte der Abt von Saint-Mihiel die Schiedsleute manipuliert[163]. Da die in dem Streit bislang in Erscheinung getretenen delegierten Richter durchweg zugunsten von Sainte-Glossinde geurteilt hatten, erscheint diese Behauptung nicht unbedingt abwegig, zumal sich die Äbtissin von Sainte-Glossinde nur durch einen Prokurator vertreten ließ[164] und daher nicht selbst in das Prozessgeschehen eingreifen konnte. Allerdings ist in diesem Zusammenhang zu betonen, dass ein lokales Schiedsgericht nur infolge gegenseitiger Absprachen zwischen beiden Streitparteien zustande kommen konnte, die in der Regel auch für die Auswahl der Richter verantwortlich waren[165]. Die Einberufung des besagten Schiedsgerichts kann also kein einseitiges Unternehmen des Abtes von Saint-Mihiel gewesen sein. Folglich ist sie in Bezug auf beide Streitparteien als ein erstes Indiz für einen aufkommenden Zweifel an der Effizienz päpstlicher Delegationsgerichtsbarkeit in diesem Fall zu werten. Die Gründe hierfür liegen wohl einerseits in den einer einvernehmlichen Kompromisslösung im Wege stehenden Bestätigungen der ersten *sententia diffinitiva* durch die späteren delegierten Richter und andererseits in deren vergeblichen Versuchen, den Abt von Saint-Mihiel zur Anerkennung dieses Urteils zu zwingen[166].

Dass die Äbtissin von Sainte-Glossinde vom energischen Vorgehen der delegierten Richter gegen das Urteil des Schiedsgerichts profitierte, braucht nicht näher erläutert zu werden. Auch der Abt von Saint-Mihiel dürfte angesichts des resoluten Vorgehens der delegierten Richter gegen das Urteil des Schiedsgerichts relativ schnell wieder dazu übergegangen sein, seine Interessen durch die Inanspruchnahme päpstlicher Autorität zu wahren. Dafür spricht jedenfalls die Einbeziehung der Richter aus Reims,

---

159 MÜLLER, Päpstliche Delegationsgerichtsbarkeit (wie Anm. 2), S. 260f.
160 Vgl. dazu DERS., Urkunden (wie Anm. 10), S. 368f.
161 Siehe im Anhang, Nr. *30.
162 Ebd., Nr. 31.
163 Ebd.: ... *ad instantiam partis abbatis seducta simplicitate iudicantium* ...
164 Ebd.: *Cumque ad diem illum venisset abbas in propria persona, abbatissa per procuratorem* ...
165 Marc BOUCHAT, La justice privée par arbitrage dans le diocèse de Liège au XIIIe siècle: Les arbitres, in: Le Moyen Âge 95,3 (1989), S. 439–474, hier S. 448–451; SAYERS, Papal Judges Delegate (wie Anm. 2), S. 240–242. Dies geht auch aus dem Schreiben der Äbtissin von Sainte-Glossinde aus der Anfangsphase des Streits hervor, in dem sie den Abt von Saint-Mihiel über die von ihr erwählten Schiedsleute informierte; siehe im Anhang, Nr. 2.
166 Die Bedeutung eines einvernehmlichen Vergleichs für den erfolgreichen Abschluss eines durch päpstlich delegierte Richter geleiteten Prozesses unterstreichen auch SAYERS, Papal Judges Delegate (wie Anm. 2), S. 239; MÜLLER, Päpstliche Delegationsgerichtsbarkeit (wie Anm. 2), S. 101; BERGER, Delegierte Gerichtsbarkeit (wie Anm. 115), S. 280–282.

die ja höchstwahrscheinlich erst infolge einer Appellation des Abtes von Innocenz III. bestellt worden waren[167]. Da sie den Streit jedoch nicht aufnahmen und ansonsten keine weiteren Eingriffe delegierter Richter belegt sind, scheinen in der Folgezeit auf beiden Seiten wieder Zweifel am Nutzen des päpstlichen Delegatenwesens in dieser Sache aufgekommen zu sein. Wohl deshalb erklärten sich beide Streitparteien einige Jahre später erneut dazu bereit, ihren Konflikt durch ein Schiedsgericht beilegen zu lassen[168].

Die dort im März 1210 ausgestellte Urkunde bildet den chronologischen Abschluss des überlieferten Prozessdossiers und kann daher wohl auch in rechtlicher Hinsicht als Ende des Streitgeschehens gelten[169]. Wie bereits erwähnt, wurde im Rahmen dieses Schiedsgerichts noch ein anderer Streit zwischen beiden Abteien verhandelt, auf dessen Regelung die besagte Urkunde wesentlich detaillierter eingeht. Über die Zehnten und das Präsentationsrecht von Lacroix-sur-Meuse lässt die Urkunde hingegen nur verlauten, man habe sich dahingehend geeinigt, dass der darüber entbrannte Streit vollständig bei Saint-Mihiel verbleiben solle[170]. In Bezug auf Lacroix-sur-Meuse kam es also zu keinem wirklichen Vergleich, sondern das Schiedsgericht machte Saint-Mihiel allein für ein etwaiges Wiederaufflammen des Konflikts verantwortlich. Damit bestätigte es letztlich den zuvor durch die Urteile der delegierten Richter geschaffenen *status quo*. In dieser Hinsicht erwiesen sich deren langwierige Eingriffe in den Streit als durchaus wirkungsvoll. Sie hatten die Äbtissin von Sainte-Glossinde in eine Position gerückt, die ihr nun auch vor einem lokalen Schiedsgericht dazu verhalf, sich gegenüber Saint-Mihiel zu behaupten. Darüber hinaus war es den delegierten Richtern gelungen, den Bischof von Verdun, den Trierer Erzbischof und den Vogt von Saint-Mihiel dazu zu bewegen, in diesem Streit zugunsten von Sainte-Glossinde Stellung zu beziehen. Durch den Urteilsspruch des Schiedsgerichts wurde dem Abt von Saint-Mihiel somit die letzte Möglichkeit genommen, seine Ansprüche auf Lacroix-sur-Meuse auf dem Rechtsweg geltend zu machen. Hätte er dies im Nachhinein noch einmal versuchen wollen, wäre er dazu verpflichtet gewesen, das in seinem Einvernehmen durch das Schiedsgericht veranschlagte Bußgeld von 100 Metzer Pfund an Sainte-Glossinde zu zahlen[171].

---

167 Siehe im Anhang, Nr. 34.
168 Dass die delegierten Richter aus Reims den Fall an das Schiedsgericht übermittelten, ist eher unwahrscheinlich. Ein derartiges Vorgehen ist zwar andernorts vereinzelt belegt (vgl. SAYERS, Papal Judges Delegate [wie Anm. 2], S. 241), doch wurde das Schiedsgericht erst etwa sechs Jahre nach der Bestellung der Delegaten einberufen. Zudem wäre angesichts der dichten Überlieferung des Prozesses ansonsten wohl auch ein Schreiben der Delegaten erhalten geblieben, das mit diesem Schiedsgericht in Zusammenhang stünde.
169 Siehe im Anhang, Nr. 35.
170 Ebd.: *Nos itaque Domino sic faciente concordes ita consensu arbitramur unanimi, quod tota querela iamdicta de Cruce penes ecclesiam Sancti Michaelis integre remanebit.*
171 Ebd.: *... ita est in nos a partibus eisdem unanimiter compromissum ... quod si altera partium ab abritio resiliret, relique parti in centum libris Metensis teneretur.*

4. Fazit

Dank seiner außergewöhnlichen Überlieferungsdichte gewährt der Streit zwischen Sainte-Glossinde und Saint-Mihiel bislang verborgen gebliebene Einblicke in die Praxis und Reichweite päpstlicher Delegationsgerichtsbarkeit an der Wende vom 12. zum 13. Jahrhundert. Er liefert einen ersten handfesten Beleg dafür, dass päpstliche Delegaten bei langwierigen Prozessen, die von verschiedenen delegierten Richterkollegien geleitet wurden, ihre Nachfolger schriftlich über das eigene Vorgehen in Kenntnis setzten. Hinsichtlich der Auswahl delegierter Richter stellte sich heraus, dass die hierfür geltenden Kriterien im weiteren Verlauf des Streits strenger wurden. Persönliches Ansehen und praktische Erfahrungen galten weiterhin als wichtige Faktoren, traten aber zusehends hinter die juristische Ausbildung potenzieller Delegaten und situationsbedingte Anforderungen der Kurie zurück. Ob dies mit der Langwierigkeit dieses Konflikts oder Entwicklungen in Rom zusammenhängt, müsste allerdings noch systematisch untersucht werden. Indes kann die personelle Zusammensetzung der in diesen Streit einbezogenen delegierten Richterkollegien als ein unzweifelhaftes Indiz weitreichender Querverbindungen zwischen Lothringen, dem Papsttum und der Kirchenprovinz Reims gewertet werden.

Des Weiteren wurde deutlich, dass die Entwicklung zu einem rein personengebundenen Delegationsauftrag am Beginn des 13. Jahrhunderts in der Praxis noch nicht vollzogen war. Darüber hinaus unterstreicht der Streit zwischen Sainte-Glossinde und Saint-Mihiel, dass sich die Reichweite und Effizienz des päpstlichen Delegatenwesens nicht adäquat ermessen lassen, wenn man nur die unmittelbare Anerkennung der Urteile delegierter Richter durch die Streitparteien in den Blick nimmt. Da das erste Urteil aufgrund seiner eindeutigen Schuldzuweisungen einer einvernehmlichen Kompromisslösung im Wege stand, ließen sich auch die nachfolgenden Urteile zwar zunächst nicht durchsetzen, doch gelang es den delegierten Richtern, unterschiedliche regionale Instanzen zur Anerkennung ihrer Entscheidungen zu bewegen. Das breite Spektrum der Mittel, derer sich die delegierten Richter zur Durchsetzung ihrer Urteile bedienten, offenbart zugleich ein großes Maß an Selbstständigkeit und Selbstsicherheit im Umgang mit dem ihnen übertragenen Autoritätsanspruch. Ihr energisches und beharrliches Vorgehen legte letztlich den Grundstein für die Entscheidungsfindung des abschließenden lokalen Schiedsgerichts, das ebenfalls Saint-Mihiel für schuldig erklärte. Wenngleich sie unmittelbar nicht zu einer Beilegung des Konflikts beitrugen, so erwiesen sich die Entscheidungen der mit diesem Fall beauftragten Delegaten langfristig dennoch als effizient. Damit zeigt der Streit zwischen Sainte-Glossinde und Saint-Mihiel auch, dass beendete und vermeintlich erfolglose Delegationsaufträge durchaus zur Anerkennung des päpstlichen Autoritätsanspruchs auf regionaler Ebene beitragen und lokale Akteure in ihrer Entscheidungsfindung nachhaltig beeinflussen konnten.

Anhang: Regesten und Urkunden

*1   (1187–1190)
(Die Äbtissin Hedwig oder die Elektin Imagina) von Sainte-Glossinde in Metz wählt den Zirkator P(eter) von Metz und den Magister B(artholomäus) als Schiedsleute in dem zwischen ihr und dem Abt von Saint-Mihiel ausgebrochenen Streit aus.
   Erwähnt in Nr. 2.
   Vgl. zur Datierung sowie zur Identifizierung der Elektin Imagina und der beiden Richter den Kommentar des folgenden Regests.

2   (1187–1190)
Die Elektin I(magina) von Sainte-Glossinde in Metz informiert den Abt von Saint-Mihiel darüber, dass der von ihrer Seite zur Schlichtung des zwischen ihnen ausgebrochenen Streits vorgesehene Schiedsmann, der Zirkator P(eter) von Metz, aufgrund einer Krankheit ausgefallen und nun durch den Metzer Almosenier W(ilhelm den Jüngeren von Saint-Martin) ersetzt worden sei.
   A = Orig., Saint-Julien-lès-Metz, Arch. dép. de la Moselle, H 4120, n° 6; C = Chartular von Sainte-Glossinde, Ende 13. Jh., Paris, BnF, Ms. lat. 10024, fol. 47v. – Ed.: LESORT, Chronique et chartes (wie Anm. 7), S. 444f. Nr. 18 (nach C).
   Obwohl am Ende der Urkunde nur das Siegel Wilhelms des Älteren von Saint-Martin, des Kustos des Metzer Domkapitels, angekündigt wird, weist sie zwei Einschnitte zur Siegelbefestigung auf; davon ist lediglich der auf der heraldisch rechten Seite befindliche Pergamentstreifen erhalten geblieben. Einen Anhaltspunkt für die Datierung liefert die Amtszeit Peters als Zirkator von Metz. Sein Vorgänger Wilhelm ist in dieser Funktion bis 1186 bezeugt und sein Nachfolger Wilhelm der Ältere von Saint-Martin ab 1190; vgl. Jean FRANÇOIS, Nicolas TABOUILLOT, Histoire générale de Metz, Bd. 3: Preuves, Metz 1775, S. 143, 148; vgl. zur Bedeutung des Zirkatorenamtes in Metz oben Anm. 37; die Familie von Saint-Martin war das führende Geschlecht der gleichnamigen parraige, vgl. Jean SCHNEIDER, La ville de Metz aux XIIIe et XIVe siècles, Nancy 1950, S. 116–127 und Gisela MINN, Kathedralstadt und Benediktinerkloster. Die Abtei St. Vinzenz und die Stadt Metz im Mittelalter, Trier 2002 (Trierer Historische Forschungen, 45) S. 213f. Hinter der Initiale der Elektin von Sainte-Glossinde und Ausstellerin dieses Schreibens verbirgt sich wohl die spätere Äbtissin Imagina. Im Äbtissinnenkatalog von CALMET, Histoire de Lorraine, Bd. 7 (wie Anm. 60), liste chronologique, Sp. LXXXIX wird sie zwar erst zum Jahr 1215 erwähnt, doch nennt ein weiterer, auf Erwähnungen in Urkunden fußender Katalog des 18. Jahrhunderts (Saint-Julien-lès-Metz, Arch. dép. de la Moselle, H 4056, p. 24) zu diesem Zeitpunkt noch Oda als Äbtissin, die Calmet zufolge bereits um 1200 amtiert habe. Imagina dürfte somit Hedwig nachgefolgt sein, die bis 1186 als Äbtissin von Sainte-Glossinde bezeugt ist; siehe Saint-Julien-lès-Metz, Arch. dép. de la Moselle, H 4056, p. 23 f. und CALMET, Histoire de Lorraine, Bd. 7 (wie Anm. 60), liste chronologique, Sp. LXXXIX. Das Schreiben ist demnach wohl in den Jahren zwischen 1187 und 1190 ausgestellt worden. Der von der Äbtissin anstelle des Zirkators Peter von Metz ausgewählte Schiedsmann Wilhelm der Jüngere von Saint-Martin war ein Neffe Wilhelms des Älteren von Saint-Martin und ist von 1190 bis 1193 als Almosenier des Domkapitels und Dekan des von Sainte-Glossinde abhängigen Stifts Saint-Thiébaut

in Metz bezeugt; siehe FRANÇOIS-TABOUILLOT, Histoire générale de Metz, Bd. 3, preuves S. 150, 153, 160. Der zweite Schiedsmann, der Magister B., ist höchstwahrscheinlich mit dem Metzer Kanoniker Bartholomäus von Blénod identisch, der erstmals 1176 als Zeuge einer gerichtlichen Übereinkunft zwischen den Zisterziensern von Villers-Bettnach und den Benediktinern von Saint-Nabor (beide Diözese Metz) belegt ist und zuletzt um 1220 eine Urkunde zugunsten des Klosters Saint-Symphorien bei Metz ausstellte; siehe Saint-Julien-lès-Metz, Arch. dép. de la Moselle, H 1742, n° 1 und H 1479, n° 23. Der Kustos W., der die Urkunde der Äbtissin besiegelte, ist wohl mit dem bereits erwähnten Wilhelm dem Älteren von Saint-Martin zu identifizieren, der in dieser Funktion erstmals 1183 als Zeuge in einer Urkunde des Bischofs Bertrams von Metz für Saint-Pierre-aux-Nonnains belegt ist; siehe Joseph BERNHAUPT, Le cartulaire de Saint-Pierre-aux-Nonnains de Metz, Nancy 1984 (Mémoire de maîtrise dactyl.), S. 45.

/01/ Dilectis in Christo amicis et dominis .. venerabili abbati et toti capitulo Sancti Michaelis I(magina) Dei gratia electa totumque /02/ capitulum Sancte Glodesindis Metensis salutem in vero salutari. Cum ad sedandas eas, que inter nos et /03/ vos versantur discordias, ex parte nostra domnum P(etrum) circatorem Metensem et magistrum B(artholomeum) elegerimus /04/ et ad habendum super hoc tractatum dies sit prefixa secunda feria post festum beate Glodesindis, superveniente /05/ gravi corporis molestia prenominatus P(etrus) circator ad locum huic tractatui assignatum venire /06/ prepeditur. Ne itaque huius rei processus ex eius absentia evacuetur, vice ipsius domnum W(illelmum) elemo- /07/ sinarium Metensem substituimus. Ad huius ergo rei fidem pleniorem presentes litteras vobis dirigimus, quibus /08/ fecimus apponi sigillum domni W(illelmi) custodis Metensis, eo quod capitulum nostrum sigillum proprium non habebat.

(duo sigg. dep.)

*3 (1187 Dezember 20–1191 Mai 7)
Papst (Clemens III.) beauftragt den Primicerius H(ugo) von Metz und den Abt P(eter) von Gorze (Benediktiner, Diözese Metz) mit der Beilegung des Streits zwischen der Äbtissin von Sainte-Glossinde in Metz und dem Abt von Saint-Mihiel um die Zehntrechte bei Lacroix-sur-Meuse.

Erwähnt in: Nr. 5 und Nr. 10. – Reg.: PARISSE, Bullaire (wie Anm. 9), Nr. 391; BÖHMER-SCHMIDT, RI IV,4,4,5 (wie Anm. 9), Nr. 460.

Zum Terminus ante quem siehe den Kommentar zu Nr. 5. Terminus post quem ist der Tag der Inthronisation Clemens' III.; siehe dazu Johann Friedrich BÖHMER, Ulrich SCHMIDT, Regesta Imperii, IV. Lothar III. und ältere Staufer. Vierte Abteilung: Papstregesten 1124–1198, Teil 4: 1181–1198, Lieferung 4: 1187–1191, Clemens III., Köln, Weimar, Wien 2014, Nr. 2; PARISSE und BÖHMER-SCHMIDT schreiben die Ernennung der Richter hingegen Coelestin III. zu. Der Metzer Primicerius Hugo († 1200) entstammte der französischen Familie von Clermont (Diözese Beauvais; dép. Oise, arr. Clermont) und war ein Neffe des Metzer Bischofs Stephan von Bar (1121–1162) sowie des Metzer Elekten Dietrich von Bar (1163–1171). Seit 1158 war er zunächst Archidiakon von Vic, bevor er 1171 zum Primicerius des Metzer Domkapitels aufstieg. 1169 ist er ferner als Kustos und Propst von Saint-Sauveur in Metz bezeugt. Mit seiner Heimat blieb er durch die Propstwürde des Stifts Saint-Évremont in Creil verbunden. Darüber hinaus ist er als Archidiakon von Ligny-Belrain (Diözese Toul) belegt (1186); vgl. PARISSE, Les princiers messins (wie Anm. 48), S. 23–28 und DERS., Une carrière ecclésiastique (wie Anm. 48). Von Peter von Gorze ist lediglich bekannt, dass er von 1170/1171 bis 1205 seiner Abtei vorstand; siehe zu ihm CALMET, Histoire de Lorraine, Bd. 7 (wie Anm. 60), liste chronologique, S. XCII und Armand D'HERBOMEZ, Cartulaire de l'abbaye de Gorze. Ms. 826 de la Bibliothèque de Metz, Paris 1898 (Mettensia, 2), S. 589–601.

*4 (Metz, 1187 Dezember 20–1191 Mai 7)
Der von Papst (Clemens III.) beauftragte Richter und Primicerius H(ugo) von Metz bestätigt der Äbtissin von Sainte-Glossinde in Abwesenheit des Abtes von Saint-Mihiel, der trotz peremtorischer Ladung nicht zur Verhandlung erschienen war, und im Anschluss an eine Befragung von Zeugen aus Lacroix-sur-Meuse den Besitz der zu diesem Ort gehörenden Zehnten.
Erwähnt im folgenden Regest.
Terminus post quem ist der Tag der Inthronisation Clemens' III. Der Terminus ante quem ergibt sich aus Nr. 5. In Nr. 11 wird erwähnt, dass Hugo sein Urteil in facie Metensis ecclesie fällte.

5 (1188 Dezember 21–1192 Mai 8)
Der von Papst (Clemens III.) beauftragte Richter, Primicerius H(ugo) von Metz, verkündet mit Verweis auf seinen abwesenden Kollegen, Abt P(eter) von Gorze, das von ihm im Streit zwischen dem Abt von Saint-Mihiel und der Äbtissin von Sainte-Glossinde zugunsten letzterer gefällte Urteil (Nr. *4).
A = Orig., Saint-Julien-lès-Metz, Arch. dép. de la Moselle, H 4120, n° 4. – Ed.: PARISSE, Une carrière ecclésiastique (wie Anm. 48), S. 102 f. Nr. 11.
In der linken oberen Hälfte der Urkunde fehlt ein Stück des Pergaments. Die Plica weist zwei Siegeleinschnitte auf, doch sind beide Siegel verloren. Nur im Einschnitt auf der heraldisch linken Seite findet sich noch ein Pergamentstreifen. Aus der gängigen Rechtsformel, die der Primicerius Hugo am Ende seines Schreibens anführt, ergibt sich, dass dieses am ersten Gerichtstag, der ein Jahr nach dem ersten Urteilsspruch (Nr. *4) einberufen wurde, ausgestellt worden sein muss. Dies kann frühestens ein Jahr und einen Tag nach diesem Urteil (Nr. *4) gewesen sein. Terminus ante quem ist das Ausstellungsdatum des päpstlichen Bestätigungsschreibens Coelestins III. (Nr. 7).

/01/ [Notum sit omnibus] tam presentibus quam futuris, quod ego H(ugo) Dei gratia Mettensis primicerius et P(etrus) Gorziensis abbas /02/ [causam], que inter abbatem Sancti Michaelis et abbatissam Sancte Glodesindis super decimis de Cruce super Mo- /03/ [sam] vertebatur, auctoritate apostolica sub nostro examine hoc modo et ordine terminavimus. Cum enim /04/ summus pontifex decisionem nobis illius controversie commisisset, nos utrique parti scitatione peremptoria et diem et locum /05/ prefiximus competentem, ubi sine gravamine sub nostra stare presentia et subire iudicium potuissent. Ad /06/ quam diem dominus abbas Sancti Michaelis nec venit, nec misit aliquem, qui saltem causas absentie allegaret. Instante /07/ autem domina abbatissa et petente, ut finem rei debitum imponere non differemus, presertim cum

dominus abbas videretur /08/ causa protrahendi negotii non venisse, ego H(ugo) primicerius collega meo partes suas mihi, quia interesse non poterat, /09/ relinquente memoratam abbatissam audivi, testes producentem idoneos et honestos, IIII scilicet clericos /10/ et aliquos laicos ipsius ville supradicte Crucis, per quos sepedicta abbatissa dominium decimarum illarum erat /11/ probatura. Quibus receptis, examinatis et auditis et in una consonantibus veritate mihi et omnibus, qui ade- /12/ rant, fide facta predictam abbatissam, qua^a fungebar auctoritate, lata sentencia in possessionem misi /13/ et anno et die evoluto cum adversa pars in ius non venit, supradicte abbatisse et ecclesie sue possessi- /14/ onem predictam et proprietatem confirmavi.
(duo sigg. dep.)
a. quia PARISSE, *Une carrière ecclésiastique.*

*6 (1192 Anfang)
Der päpstlich delegierte Richter und Abt P(eter) von Gorze informiert Papst Coelestin III. über den von ihm und seinem Kollegen, dem Primicerius (Hugo) von Metz, im Prozess zwischen Saint-Mihiel und Sainte-Glossinde gefällten Urteilsspruch (siehe Nr. 5).
Zu erschließen aus Nr. 7.
Von den Personen, die in dem infolge dieser Urteilsverkündung ausgestellten Privileg Coelestins III. (Nr. 7) erwähnt werden, erhielt nur der Abt von Gorze eine Initiale. Folglich wäre anzunehmen, dass er den Papst über den besagten Urteilsspruch in Kenntnis gesetzt hat. Sein Brief dürfte von dem Prokurator nach Rom gebracht worden sein, der vom 8. bis zum 15. Mai neben den Papsturkunden für das Metzer Domkapitel (BÖHMER-SCHMIDT, RI IV,4,4,5 [wie Anm. 9], Nr. 470) und die beiden städtischen Klöster Saint-Arnoul (ebd., Nr. 481) und Saint-Vincent (ebd., Nr. 482) noch ein Mandat Coelestins III. erwirkte, das einen anderen Streit von Sainte-Glossinde um die Zehntrechte von Saint-Aubin-sur-Aire betraf (ebd., Nr. 479).

7 Lateran, (1192) Mai 8
Papst Coelestin III. bestätigt der Äbtissin und den Nonnen von Sainte-Glossinde das anlässlich ihres Streits mit dem Abt von Saint-Mihiel um die Zehntrechte bei Lacroix-sur-Meuse von (den delegierten Richtern) Abt Peter von Gorze und dem Primicerius (Hugo) von Metz gefällte Urteil.
A = Orig., Saint-Julien-lès-Metz, Arch. dép. de la Moselle, H 4120, n° 1a. – Ed.: Georg WOLFRAM, Ungedruckte Papsturkunden der Metzer Archive, in: Jahrbuch der Gesellschaft für lothringische Geschichte und Altertumskunde 15 (1903), S. 278–323, hier S. 318–319 Nr. 24; MEINERT, Papsturkunden in Frankreich (wie Anm. 13), S. 396 Nr. 283 (fragm.); ChLor n° 348 (online: http://telma.irht.cnrs.fr/outils/originaux2/charte267903/ [18.02.2023]). – Reg.: JL –; Georg WOLFRAM, Die Dufresnesche Urkundensammlung, in: Jahrbuch der Gesellschaft für lothringische Geschichte und Altertumskunde 7,1 (1895), S. 49–78, hier S. 65 Nr. 7; PARISSE, Bullaire (wie Anm. 9), S. 76 Nr. 392; BÖHMER-SCHMIDT, RI IV,4,4,5 (wie Anm. 9), Nr. 461.
Das Pergament ist teilweise beschädigt. Die päpstliche Bleibulle ist noch erhalten und wurde mit rot-gelben Seidenfäden an der Plica befestigt. Sowohl den inneren als auch den äußeren Merkmalen nach handelt es sich um eine Littera gratiosa bzw. um eine Littera cum serico.

/01/ CELESTINUS episcopus servus servorum Dei dilectis in Christo filiabus .. abbatisse et monialibus Sancte G[lo]- /02/ desindis Metensis salutem et apostolicam benedictionem. Cum sententi[e] de auctoritate apostolica ratione pre- /03/ via proferuntur, plurimum expedire dinoscitur, ut apostolici script[i] roborentur mu[ni]mine, ne /04/ temeritate cuiusquam infringi debeant vel in dubium revoc[ar]i. Eapropter, dilecte /05/ in Domino filie, vestris iustis postulationibus annuentes sententiam la[ta]m pro /06/ vobis de auctoritate [aposto]li[ca per dilectos nostros] filios, P(etrus) Gorziensem abbatem et .. Primicerium [M]e- /07/ tensem, in causa, que inter vos et .. abbatem Sancti [Michaelis super dec]imis [de C]ruce s[uper Mosam a]l[iquan]d[iu /08/ f]uisse noscitur agitat[a], s[icu]t rationa[biliter dicta]ta] est nec legitima appell[at]ione [suspensa], /09/ auctoritate apostolica confirmamus et presentis scripti patrocinio communimus. [Nulli /10/ er]go omnino hominum liceat hanc pagi[na]m nostre const[itu]tionis infringere [vel ei /11/ au]su temerario contraire. Si quis autem [hoc attemptare presumpserit, indignation- /12/ em omn]ipotentis [Dei] et beatorum Petri et Pauli apostolorum eius [se noverit in]cursurum. Da[t. /13/ Later]ani, VIII. Id. maii, pontificatus nostri [ann]o secundo.
B.

8   *Lateran, (1192) Mai 9*
Papst Coelestin III. bestätigt das von den delegierten Richtern, dem Abt (Peter) von Gorze und dem Primicerius (Hugo) von Metz, im Streit zwischen Sainte-Glossinde in Metz und Saint-Mihiel um die Zehntrechte bei Lacroix-sur-Meuse gefällte Urteil und befiehlt dem Bischof (Bertram) und dem Dekan (Albert) von Metz, für dessen Einhaltung zu sorgen.

A = Orig.: Saint-Julien-lès-Metz, Arch. dép. de la Moselle, H 4120, n° 1b. – Ed.: MEINERT, Papsturkunden in Frankreich (wie Anm. 13), S. 396f. Nr. 284 (fragm.). – Reg.: JL –; Georg WOLFRAM, Regesten der im Bezirks- und Hospitalarchiv zu Metz befindlichen Papsturkunden (1. Folge: 1049–1399), in: Jahrbuch der Gesellschaft für lothringische Geschichte und Altertumskunde 1 (1888/89), S. 191–214, hier S. 196 Nr. 29; PARISSE, Bullaire (wie Anm. 9), Nr. 393; BÖHMER-SCHMIDT, RI IV,4,4,5 (wie Anm. 9), Nr. 462.

Das Pergament ist an manchen Stellen etwas beschädigt. In Zeile 9 steht bei confirmavimus das Suffix -vimus auf Rasur; wahrscheinlich stand hier ursprünglich wie in Nr. 7 confirmamus. Die für diese Überarbeitung verantwortliche Hand versuchte, sich dem Duktus des päpstlichen Schreibers anzupassen, und scheint zeitlich nicht allzuweit von diesem entfernt zu sein. Das päpstliche Bleisiegel ist nicht mehr vorhanden, jedoch erweist sich das Stück gerade im Vergleich zu Nr. 7 sowohl im Hinblick auf seine äußeren wie inneren Merkmale als Littera cum filo canapis. Bis auf Wolfram datieren die zitierten Regestenwerke das Stück – wohl einem Lesefehler Meinerts folgend – auf den 8. Mai 1192. BÖHMER-SCHMIDT nennt als Archivsignatur »H 4120 n. 3«, was jedoch der Archivsignatur von Nr. 31 entspricht. Zur Amtszeit Bischofs Bertram (1180–1212) und des Dekans Albert (1190–1194) von Metz siehe Michel PARISSE, Metz dans l'Église impériale (925–1238), in: François-Yves LE MOIGNE (Hg.), Histoire de Metz, Toulouse 1986 (Univers de la France et des pays francophones), S. 109–135, hier S. 126ff., und Jean FRANÇOIS, Nicolas TABOUILLOT, Histoire générale de Metz, Bd. 3: Preuves, Metz 1775, S. 148ff.

/01/ Celestinus episcopus servus servorum Dei venerabili fratri .. episcopo et dilecto filio .. d[ecano] /02/ Metensi salutem et apostolicam benedictionem. Cum sententie de auctoritate apostolica ratio[ne] [pre]- /03/ via proferuntur, plurimum expedire dinoscitur, ut apostolici scripti roborentur muni- /04/ mine, ne temeritate cuiusquam infringi debeant vel in dubium revocari. Eapropter /05/ sententiam latam pro abbatissa et monialibus Sancte Glodesindis Metensis de auctoritate /06/ apostolica per Gorziensem abbatem et Primicerium Metensem in causa, que inter ipsas et /07/ abbatem Sancti Michaelis super decimis de Cr[uce] super Mosam aliquandiu fuisse noscitur /08/ agitata, sicut rationabiliter dictata est nec legitima appellatione suspensa, au- /09/ [cto]ritate apostolica confirma*vimus*[a]. Ideoque discretioni vestre per apostolica scripta mandamus, /10/ quatinus sententiam ipsam auctoritate apostolica confirmatam faciatis, ut iustu[m] /11/ [vi]deritis inviolabiliter observari. Dat. Laterani, VII. /12/ Id. maii, pontificatus nostri anno secundo.

(B. dep.)

a. *auf Rasur.*

*9 (1192 Mai 9–1195 Januar 22)
Der Abt von Saint-Mihiel appelliert anlässlich seines Streits mit der Äbtissin von Sainte-Glossinde um den Zehnten von Lacroix-sur-Meuse an Papst (Coelestin III.) wegen der Befangenheit des Primicerius Hugo von Metz und des Abtes Peter von Gorze, die als delegierte Richter (siehe Nr. *3–8) zugunsten von Sainte-Glossinde entschieden hatten (Nr. *4 und Nr. 5).

Erwähnt in dem in Nr. 13 teilweise inserierten Delegationsmandat Coelestins III. (Nr. 10).

Terminus post quem ist wohl das Ausstellungsdatum von Nr. 8, terminus ante quem die Bestätigung des Urteils der neuen delegierten Richter aus Châlons(-en-Champagne) durch Coelestin III. (Nr. 22). Die Appellation war offensichtlich eine Reaktion des Abtes von Saint-Mihiel auf die päpstliche Bestätigung (Nr. 7 und Nr. 8) des von den vormaligen Delegaten aus der Diözese Metz gefällten Urteils (Nr. 5) und könnte demnach noch in das Jahr 1192 fallen. In dem betreffenden Delegationsmandat Coelestins III. (Nr. 10) wird der vom Abt von Saint-Mihiel vorgebrachte Vorwurf der Befangenheit dieser Richter durch die Formulierung coram delegatis iudicibus sibi valde suspectis *zum Ausdruck gebracht; siehe Nr. 13.*

10 (1192 Mai 9–1195 Januar 22)
Papst (Coelestin III.) ernennt den Elekten R(otrod), den Archidiakon R(ainald) und den Thesaurar J(akob) von Châlons(-en-Champagne) zu delegierten Richtern im Prozess zwischen dem Abt von Saint-Mihiel und der Äbtissin von Sainte-Glossinde um die Zehntrechte bei Lacroix-sur-Meuse; er befiehlt ihnen, im Vorfeld zu überprüfen, ob die Appellation des Abtes von Saint-Mihiel in dieser Sache (Nr. *9) rechtens war, und den vorherigen Status quo wiederherzustellen, falls sie erfahren sollten, dass nach dieser Appellation an dem bisherigen Rechtsstand etwas verändert worden sein sollte.

Teilweise inseriert in Nr. 13.

Zur Datierung siehe oben den Kommentar von Nr. *9. Das Delegationsmandat wurde ohne Protokoll in Nr. 13 inseriert, was durchaus ungewöhnlich ist. Bei dem

Elekten von Châlons handelt es sich um Rotrod von Le Perche. Er wurde um 1190 gewählt, empfing am 24. März 1196 seine Bischofsweihe und verstarb am 10. Dezember 1201; vgl. Sonja BENNER, Châlons-en-Champagne. Die Stadt, das Chorherrenstift Toussaint und das Umland bis zur Mitte des 14. Jahrhunderts, Trier 2003 (Trierer Historische Forschungen, 55), S. 160 und GUILBERT, Fasti Ecclesiae Gallicanae, Bd. 14 (wie Anm. 54), S. 62f. Bei dem Archidiakon R. handelt es sich um Rainald von Grandpré (1184–1210); vgl. zu ihm ebd., S. 319 Nr. 858 und S. 325 Nr. 816 sowie BENNER, Châlons(-en-Champagne), S. 173 und insbesondere DE BARTHÉLEMY, Diocèse ancien de Châlons, Bd. 1 (wie Anm. 54), S. 401–407; II, S. 428, 442. Hinter der Initiale des Thesaurars verbirgt sich Jakob von Fagnières (1175–1196); vgl. zu ihm GUILBERT, Fasti Ecclesiae Gallicanae, Bd. 14, S. 221 Nr. 255 und S. 426.

11   *(1192 Mai 9–1195 Januar 22)*
Der (ehemals als delegierter Richter fungierende) Primicerius H(ugo) von Metz informiert den Elekten R(otrod), den Archidiakon R(ainald) und den Thesaurar J(akob) von Châlons(-en-Champagne) über das einst von ihm in Abwesenheit seines entschuldigten Kollegen, des Abtes P(eter) von Gorze, im Streit zwischen der Äbtissin von Sainte-Glossinde und dem Abt von Saint-Mihiel gefällte Urteil (siehe Nr. 5).

C = Chartular von Sainte-Glossinde, Ende 13. Jh., Paris, BnF, Ms. lat. 10024, fol. 47r. – Ed.: LESORT, Chronique et chartes (wie Anm. 7), S. 437–439 Nr. 12. – Reg.: PARISSE, Une carrière ecclésiastique (wie Anm. 48), S. 103 Nr. 12.

Parisse datiert unter Hinweis auf Nr. 5 und Nr. 7 bzw. Nr. 8 auf »1190–1192, 8 mai«. Doch dürften die Richter aus Châlons erst in einer späteren Phase bzw. nach der päpstlichen Bestätigung des Urteils der beiden Richter aus der Diözese Metz (Nr. 7 und Nr. 8) bestellt worden sein; siehe Nr. *9 und Nr. 10. Das Schreiben Hugos von Metz eröffnet die Reihe der im Chartular von Sainte-Glossinde enthaltenen Stücke (fol. 47r–48r), die sich auf den Streit mit Saint-Mihiel beziehen; siehe zu diesem Chartular oben Anm. 13. Was den Inhalt angeht, so ist es ungewöhnlich, dass der Papst an jener Stelle, wo Hugo von Metz auf das an ihn gerichtete Delegationsmandat (Clemens' III.) (Nr. *3) verweist, nicht beim Namen genannt wird. Dies ist wohl auf eine Gewohnheit des Kopisten zurückzuführen, denn dieser benutzte auch Reverenzpunkte, wo dies im Original gar nicht der Fall gewesen sein kann (z. B.: prefatum .. abbatem; siehe vor allem auch Nr. 12).

/01/ Reverendo domno suo R(otrudo) venerabili Cathalaunensi[a] electo, R(ainaldo) archidiacono, I(acobo) thesaurario, H(ugo) maioris ecclesie /02/ Metensis primicerius salutem et obsequium. Vestra nosse dignetur discretio, quod cum causa, que inter .. abbatem Sancti /03/ Michaelis et .. abbatissam Sancte Glodesindis super decimis cuiusdam ville super Mozam, que vocatur /04/ Crux, verteretur, a domino papa mihi et abbati Gorzienci appellatione remota commissa fuisset decidenda, /05/ hoc modo et ordine terminavimus. De mandato siquidem domini .. pape utramque partem primo et secundo citan- /06/ tes et diem et locum competentem[b], ad quem sine gravamine convenire possent, tandem[c] cum nec ad primum /07/ nec ad secundum predictus abbas venisset, de consilio prudentum, ne sententiam precipitasse videremur, /08/ diem peremptoriam ei prefiximus, ad quem nec venit nec responsalem misit, qui saltem causas absentie[d] sue al- /09/ legaret. Cumque dicte diei peremptorie iam dictus .. abbas Gorziensis negociis prepeditus interesse /10/ non posset, mihi coniudici suo vicem suam agendam de iure et ratione commisit iuxta decretalem /11/ Alexandri pape III, quam mittit Wintoniensi episcopo, que sic incipit: »Quamvis simus etc.«[e] Ego enim, cum /12/ per totam diem peremptoriam prefatum .. abbatem expectassem, in crastino presertim, cum dominus .. abbas /13/ videretur causa protrahendi negocii non venisse, de consilio honestorum virorum ac prudentum, qui ade- /14/ rant in facie Metensis ecclesie, eam [i. e. abbatissam] audivi testes producentem ydoneos et honestos, scilicet IIIIor /15/ clericos et alicos laicos ipsius ville supradicte Crucis, per quos dicta .. abbatissa dominium decimarum /16/ illarum, quod ad eam pertinebat, erat probatura. Quibus examinatis, auditis et receptis mihi et omnibus, qui /17/ aderant, fide facta, auctoritate, qua fungebar, lata sententia in possessionem abbatissam misi et anno et die /18/ evoluto cum pars adversa in ius venire contempneret, prememorate .. abbatisse et ecclesie sue predictam /19/ possessionem et proprietatem confirmavi.

a. Cathalanensi C. – b. *Hier scheint ein Verb (im Partizip Präsens Plural) zu fehlen.* – c. tamdem C. – d. abscentie C. – e. *X 1.29.6 (JL 14156; ed.* Friedberg, *Corpus iuris canonici [wie Anm. 68], Sp. 159).*

12 (1192 Mai 9–1195 Januar 22)
Der (ehemals als delegierter Richter fungierende) Abt P(eter) von Gorze informiert den Elekten R(otrod), den Archidiakon R(ainald) und den Thesaurar J(akob) von Châlons(-en-Champagne) über das von seinem Kollegen, dem Primicerius H(ugo) von Metz, gefällte (Nr. 5) und von ihm hernach bestätigte (Nr. *6) Urteil im Streit zwischen Sainte-Glossinde in Metz und Saint-Mihiel.

Fragmentarisch überliefert in: C = Chartular von Sainte-Glossinde, Ende 13. Jh., Paris, BnF, Ms. lat., fol. 47r.

Zur Datierung siehe oben den Kommentar zu Nr. *9 und Nr. 11. Im Anschluss an die Kopie des vorherigen Stücks (Nr. 11) steht im Chartular von Sainte-Glossinde folgender Satz: Sequitur confirmatio coniudicis .. abbatis Gorziensis unus et idem tenor et eadem sententia super eodem negocio de verbo ad verbum. Sigillata. *Darauf folgen das Protokoll und ein Incipit des Kontextes:* /01/ Reverendo domino suo venerabili Cathalaunensi electo, R(ainaldo) archidiacono I(acobo) thesaurario, P(etrus) Gorziensis ecclesie /02/ humilis .. abbas salutem et orationum suarum humile suffragium. Vestra nosse dignetur discretio etc.

13 (1192 Mai 9–1195 Januar 22)
Die delegierten Richter (Coelestins III.), der Elekt R(otrod), der Archidiakon R(ainald) und der Thesaurar J(akob) von Châlons(-en-Champagne), informieren die Äbtissin von Sainte-Glossinde (in Metz) mittels eines teilweisen Inserts ihres Delegationsmandats (Nr. 10) darüber, dass sie sich des Streits zwischen ihr und dem Abt und Konvent von Saint-Mihiel angenommen haben, und befehlen ihr, einen Tag nach dem Tag des hl. Vinzenz (also am 23. Januar) vor ihnen zu erscheinen, um gegenüber dem Abt von Saint-Mihiel Rechenschaft abzulegen.

A = Orig., Saint-Julien-lès-Metz, Arch. dép. de la Moselle, H 4120, n° 18. – Ed.: –.

In der unteren Hälfte des Pergaments befindet sich ein Riss. Die Plica weist zwei Siegeleinschnitte auf. Ansonsten sind jedoch keine Spuren der einstigen Siegelbefesti-

gung erhalten geblieben. Zur Datierung siehe oben den Kommentar zu Nr. *9. Das inserierte Delegationsmandat Coelestins III. (Nr. 10) wird ohne Protokoll wiedergegeben, was durchaus bemerkenswert ist; vgl. dazu oben Anm. 138.

/01/ R(otrudus) Dei gratia Cathalaunensis electus et R(ainaldus) archidiaconus et I(acobus) thesaurarius^a Cathalaunensis abbatisse Sancte Glodesendis /02/ salutem. Noveritis, quod super causam, que inter vos et abbatem Sancti Michaelis vertitur, apostolicum mandatum suscepimus /03/ in hunc modum: »Conquerentibus dilectis filiis abbate et conventu Sancti Michaelis accepimus, quod cum abbatissa Sancte /04/ Glodesendis eos super decima de villa, que Crux appellatur, quam ipsi diu in pace possederant, coram delega- /05/ tis iudicibus sibi valde suspectis traxissent in causam, ipsi a manifesto gravamine ad nostram presentiam /06/ appellarunt. Inde est, quod discretioni vestre per apostolica scripta mandamus, quatinus, si appellationem illam legitime /07/ interpositam fuisse noveritis, ad presentiam vestram utraque parte citata, que hinc inde proposita fuerit /08/ audiatis et causam appellatione remota concordia vel iudicio terminetis. Si quid vero post appellationem ad nos /09/ legitime interpositam temerarie noveritis immutatum, appellatione remota in statum pristinum reducatis. /10/ Nullis litteris veritati et iusticie preiudicium fa[cien]tibus, si que apparuerint a sede apostolica impetrate. /11/ Quod si omnes his exequendis nequiveri[tis interess]e, duo vestrorum ea nichilominus exequantur.« Inde est, quod /12/ eadem auctoritate, qua fungimur, vob[is mand]amus, quatinus crastina die post festum beati Vincen- /13/ tii vestram nobis exhibeatis pre[se]ntiam p[redicto] abbati responsura.

(duo sigg. dep.)

a. thessaurarius *A.*

*14 (1193–1195 Januar 23)

Die delegierten Richter (Coelestins III.), der Elekt R(otrod), der Archidiakon R(ainald) und der Thesaurar J(akob) von Châlons(-en-Champagne) bestätigen das im Prozess mit Saint-Mihiel um den Zehnten von Lacroix-sur-Meuse zugunsten der Äbtissin von Sainte-Glossinde gefällte Urteil (Nr. 5) der vormals in dieser Sache tätigen delegierten Richter, des Primicerius H(ugo) von Metz und des Abtes P(eter) von Gorze, nachdem ihnen deren instrumenta *durch die Äbtissin von Sainte-Glossinde vorgelegt worden waren, und erklären es für unwiderruflich.*

Erwähnt in Nr. 15.; zur Datierung siehe ebd. den Kommentar. Zu den von der Äbtissin vorgelegten instrumenta *dürften wohl Nr. 5, Nr. 7 und Nr. 11 gehört haben, denn diese Stücke wurden wenig später auch einem Legaten Innocenz' III. zur Bestätigung vorgelegt; siehe Nr. 24 bzw. den dortigen Kommentar.*

15 (1193 Januar 23–1195 Oktober 11)

Die delegierten Richter (Coelestins III.), der Elekt R(otrod), der Archidiakon R(ainald) und der Thesaurar J(akob) von Châlons(-en-Champagne), informieren den Bischof A(lbert) und den Archidiakon R(obert) von Verdun darüber, dass sie, nachdem ihnen von der Äbtissin von Sainte-Glossinde die instrumenta *der vormals mit dem Prozess gegen Saint-Mihiel um den Zehnten von Lacroix-sur-Meuse betrauten Delegaten, des Primicerius H(ugo) von Metz und des Abtes P(eter) von Gorze, vorgelegt* worden waren, das von diesen zugunsten der Äbtissin gefällte Urteil (Nr. 5) für rechtskräftig und unwiderruflich erklärt haben (Nr. *14); sie befehlen ihnen, dieses Urteil zu befolgen, die Äbtissin in den Besitz des umstrittenen Zehnten (von Lacroix-sur-Meuse) einzuweisen und dem Abt sowie dem Konvent von Saint-Mihiel mit dem Anathem zu drohen, falls sie der Äbtissin diesen Besitz streitig machen sollten.

A = Orig., Saint-Julien-lès-Metz, Arch. dép. de la Moselle, H 4120, n° 12; C = Chartular von Sainte-Glossinde, Ende 13. Jh., Paris, BnF, Ms. lat., fol. 47r. – Ed.: LESORT, Chronique et chartes (wie Anm. 7), S. 439–440 Nr. 13 (nach C).

Die Plica weist drei Siegeleinschnitte auf. Nur eines der Siegel ist mitsamt dem dazugehörigen Pergamentstreifen noch erhalten. Da es auf der heraldisch rechten Seite angebracht wurde und überdies ein Gegensiegel enthält, dürfte es wohl zum Elekten von Châlons gehören. Terminus post quem ist der Tag der Urteilsverkündung der Richter aus Châlons (Nr. *14); dies kann frühestens der 23. Januar 1193 gewesen sein; siehe Nr. 13. Terminus ante quem ist die Bestätigung dieses Urteils durch Coelestin III. (Nr. 22). Bei dem Verduner Archidiakon handelt es sich um Robert von Grandpré. Er war von 1171 bis 1196 Archidiakon der Argonnen und stand 1187 nach einer strittigen Wahl zunächst Albert von Verdun als Gegenkandidat für das Bischofsamt gegenüber; vgl. GEORGES, Chapitre cathédral, Bd. 2 (wie Anm. 123), S. 311 und HIRSCHMANN, Verdun im hohen Mittelalter, Bd. 2 (wie Anm. 122), S. 617.

/01/ Venerabili domno et patri A(lberto) Dei gratia Virdunensi episcopo et R(oberto) eiusdem ecclesie archidiacono R(otrodus) eadem gratia Cathalaunensis electus, /02/ R(ainaldus) archidiaconus et I(acobus), thesaurarius salutem et sinceram dilectionem. Causam, que inter abbatem Sancti Michaelis et /03/ abbatissam Sancte Glodesindis super quibusdam decimis vertebatur, ex mandato apostolico suscipientes ter- /04/ minandam, partibus hinc inde ad presentiam nostram convocatis et auditis rationibus, cum abbatissa rei iu- /05/ dicate exceptionem pretenderet et super hoc exhiberet instrumenta iudicum, H(ugonis) scilicet primicerii Meten- /06/ sis et P(etri) abbatis Gordiensis, qui pro ea super eodem negocio sententiam pronuntiaverant, manifesta /07/ veritate didicimus, sententiam illam canonice latam fuisse, nec per appellatione relevatam. Quo- /08/ circa iuxta mandatum apostolicum in negocio procedentes eamdem sententiam confirmavimus, auctori- /09/ tate apostolica vobis mandantes, quatinus eam firmiter observari faciatis, iniungentes etiam, /10/ ut eamdem abbatissam in corporalem mittatis possessionem, tam abbati quam conventui Sancti Michaelis /11/ in eam perturbare presumant sub interminatione anathematis inhibentes.

   sig.   (sig. dep.)   (sig. dep.)

*16   (1193 Januar 2–1195 Oktober 11)
Die delegierten Richter (Coelestins III.), der Elekt R(otrod), (der Archidiakon Rainald?) und der Thesaurar J(akob) von Châlons(-en-Champagne), fordern den Abt von Saint-Mihiel (peremtorisch) dazu auf, sich in ihrer Gegenwart dafür zu verantworten, dass er der Äbtissin von Sainte-Glossinde den Besitz der ihr von ihnen zugesprochenen Zehnten (Nr. *14) streitig gemacht habe.

Erwähnt in: Nr. 17.

Wahrscheinlich wurde dieses Schreiben nur von Rotrod und Jakob ausgestellt, da in Nr. 17 der Archidiakon Rainald nicht erwähnt wird.

17 *(1193 Januar 23–1195 Oktober 11)*
Die delegierten Richter (Coelestins III.), der Elekt R(otrod) und der Thesaurar J(akob) von Châlons(-en-Champagne), befehlen Bischof A(lbert) von Verdun, den Abt von Saint-Mihiel zu suspendieren, da dieser der Äbtissin von Sainte-Glossinde trotz des von ihnen verkündeten Urteilspruchs (Nr. *14) weiterhin ihren Besitz bei Lacroix-sur-Meuse streitig machen würde und weder zu der von ihnen deswegen einberufenen Verhandlung (siehe Nr. *16) erschienen sei, noch einen Stellvertreter dorthin geschickt habe.

A = Orig., Saint-Julien-lès-Metz, Arch. dép. de la Moselle, H 4120, n° 13 ; C = Chartular von Sainte-Glossinde, Ende 13. Jh., Paris, BnF, Ms. lat. 10024, fol. 47v. – Ed.: LESORT, Chronique et chartes (wie Anm. 7), S. 442–443 Nr. 16 (nach C).

Das Pergament von A ist aufgrund etlicher Beschädigungen kaum noch leserlich und kann daher nur unter Zuhilfenahme von C entziffert werden. Nur das heraldisch linke der mithilfe von Pergamentstreifen an der Plica angebrachte Siegel ist noch erhalten. Es zeigt einen aufrecht stehenden Kleriker, möglicherweise den hl. Stephan, denn die abgebildete Figur ist in eine Dalmatik gekleidet und hält in der linken Hand einen Palmzweig, was sie als Märtyrer ausweist. Aus dem noch erkennbaren Teil der Legende SIGILL IAC ergibt sich, dass es sich um das Siegel des Thesaurars Jakob von Châlons handelt. Das Schreiben muss nach Nr. 15 aufgesetzt worden sein, da explizit auf die Nichtanerkennung des in Nr. 15 verkündeten Urteils durch den Abt von Saint-Mihiel verwiesen wird. Auffallend ist, dass der Verduner Archidiakon Robert von Grandpré im Unterschied zu Nr. 15 nicht mehr Adressat ist und auch sein Vetter Rainald von Châlons in der Inscriptio nicht mehr als Delegat genannt wird.

/01/ Venerabili domno et patri A(lberto) Dei gratia Virdunensi episcopo R(otrudus) ea[dem] gratia Cathalaunensis /02/ [electus[a] et I(acobus) thes]aurarius salutem et sincere dilectionis obsequium. Quoniam abbas /03/ [Sancti Michaelis mandatum apostolicum et nostrum transgrediens possessionem [abbatiss]e /04/ et monialium Sancte Glodesindis, in qua a nobis ordine iudicia[r]i[o] m[isse fue]- /05/ rant, [perturbare] presumpsit et ad diem sibi a nobis prefixam super hoc res[ponsurus /06/ venire contempserit] vel mittere responsalem, auctoritate apostol[ica] vobis [b]p[recipue de- /07/ mandamus[b], qua]tinus ob reverenciam mandati apostolici et nostri, qui vi[cem] ipsius in parte /08/ ista fungimus[c], ipsum[d] ab officio suspensum denuncietis, quousque predictam abbatissam /09/ et moniales pacifice per[miser]it possidere, summo etiam pontifici et nobis [e]de contemp- /10/ [tione et in]obedientia sufficienter[e] fuerit satisfactum. Volumus etiam e[umdem /11/ abbatem non lacera]re[f], quod nisi ipse hoc fecerit, nos super ipsum manum nostra[m a]ggravabimus.

(sig. dep.)   sig.

a. C; in A ist die Stelle stark vergilbt und wurde von einer jüngeren Hand, die aufgrund der darunter sichtbaren Bleistiftspuren in das 19. oder 20. Jahrhundert gehören dürfte, mit R archi überschrieben. – b. precipue mandamus C; in A befindet sich vor dem Zeilenende jedoch noch ein d sowie mindestens ein weiterer Buchstabe. – c. gerimus C. – d. Offenbar von späterer Hand über der Zeile hinzugefügt; dies wurde in C übernommen. – e. sufficienter de inobedientia C. – f. lacerare C; latere LESORT, Chronique et chartes.

*18 (1193 Januar 23–1195 Oktober 11)
Die delegierten Richter (Coelestins III.), der Elekt Rotrod, der Archidiakon Rainald und der Thesaurar Jakob von Châlons(-en-Champagne), befehlen dem Erzbischof Johannes von Trier, für die Umsetzung des von ihnen gefällten Urteils (Nr. *14) zu sorgen.
Erwähnt in Nr. 20.
Zur Datierung siehe Nr. 15. Die Einschaltung des Trierer Metropoliten dürfte – als zusätzliches Druckmittel – erst erfolgt sein, als sich abzeichnete, dass Bischof Albert von Verdun dem Befehl der delegierten Richter zur Suspension des Abtes von Saint-Mihiel (Nr. 17) nicht Folge leisten wollte.

19 (1193 Januar 23–1195 Oktober 11)
Der Erzbischof Johannes von Trier bestätigt das von den delegierten Richtern (Coelestins III.), dem Bischof Rotrod, dem Archidiakon Rainald und dem Thesaurar J(akob) von Châlons(-en-Champagne), gefällte Urteil im Streit zwischen Sainte-Glossinde in Metz und Saint-Mihiel (Nr. *14) und befiehlt allen, die von seinem Schreiben Kenntnis erlangen, dieses Urteil zu befolgen.
A = Orig., Saint-Julien-lès-Metz, Arch. dép. de la Moselle, H 4120, n° 11. – Ed.: –.
Der Pergamentstreifen sowie die untere Hälfte des erzbischöflichen Siegels sind noch erhalten. Zur Datierung siehe Nr. 15. Das Stück gehört wohl zu Nr. 20, das ebenfalls nach Nr. 15–17 einzuordnen ist.

/01/ Iohannes Dei gratia Treverorum archiepiscopus universis presentis scripti paginam inspicientibus in perpetuum. Notum esse volumus /02/ tam presentibus quam futuris christiane fidei religionem profitentibus, quod nos sentenciam pro abbatissa de Sancta Glodesinda in causa, /03/ que inter ipsam et abbatem Sancti Michaelis super decimis ville, que dicitur Crux, vertebatur, a venerabilibus domnis R(otrudo) Katalaunensi /04/ episcopo, R(ainaldo) archidiacono et I(acobo) thesaurario iudicibus delegatis kanonice latam approbamus et ratam eam habentes confirmamus, /05/ districte precipientes eam inviolabiliter observari, ne iniuste de cetero et sine iuris ordine eam in his presumat quis /06/ molestare.
sig.

20 (1193 Januar 23–1195 Oktober 11)
Der Erzbischof J(ohannes) von Trier informiert den Bischof A(lbert) von Verdun darüber, dass ihm die delegierten Richter (Coelestins III.), der Elekt R(otrod), der Archidiakon R(ainald) und der Thesaurer J(akob) von Châlons(-en-Champagne), befohlen hätten, für die Durchsetzung des von ihnen im Streit zwischen Sainte-Glossinde und Saint-Mihiel gefällten Urteils (Nr. *14) zu sorgen, und befiehlt ihm daher seinerseits, den Abt und Konvent von Saint-Mihiel unter Androhung des Anathems zur Befolgung dieses Urteils anzuhalten.
A = Orig., Saint-Julien-lès-Metz, Arch. dép. de la Moselle, H 4120, n° 19. – Ed.: –.
Das Siegel ist nicht erhalten, doch an der Plica ist noch ein Rest des Pergamentstreifens zu erkennen, an dem es einst befestigt war. Zur Datierung siehe Nr. 15. Die Ausstellung dieser Urkunde erfolgte wohl gleichzeitig mit Nr. 19. Der Wortlaut ist stark an die erste Vollstreckungsanweisung angelehnt, welche die Richter aus Châlons an Bischof Albert von Verdun gerichtet hatten (Nr. 15).

/01/ I(ohannes) Dei gratia Treverensis archiepiscopus dilecto in Christo fratri A(lberto) venerabili Virdunensi episcopo salutem et fraternam /02/ in Domino dilectionem. Scripserunt nobis R(otrudus) Cathalaunensis electus, R(ainaldus) archidiaconus et I(acobus) thesaurarius^a, iudices /03/ delegati in causa, que inter abbatem Sancti Michahelis et abbatissam Sancte Glodesindis vertebatur, /04/ auctoritate apostolica mandantes, quatinus sentenciam in causa prefata ordine iudiciario ab eis /05/ pro abbatissam latam firmiter observari faciemus. Nos vero, quia mandatis apostolicis contrahire non debemus, /06/ dilectioni vestre mandamus, quatinus eam firmiter observari faciatis, tam abbati quam conventui Sancti Mi- /07/ chahelis, ne eam perturbare presumant sub interminatione anathematis inhibentes.

(sig. dep.)

a. tesaurarius *A*.

21 (1193 Januar 23–1195 Oktober 11)
Die delegierten Richter (Coelestins III.), der Elekt R(otrod), der Archidiakon R(ainald) und der Thesaurar J(akob) von Châlons(-en-Champagne), drücken gegenüber dem Bischof (Albert) von Verdun ihre Verwunderung darüber aus, dass er die Übergriffe der Gemeinschaft von Saint-Mihiel auf die Gemeinschaft von Sainte-Glossinde hinnehme, zumal sie letzterer kraft päpstlicher Autorität und eines richterlichen Urteilspruchs den Besitz der umstrittenen Pfarrkirche Lacroix-sur-Meuse zugesprochen hätten (Nr. *14). Sie befehlen ihm, der Gemeinschaft von Sainte-Glossinde diesen Besitz zu bestätigen und gegen jegliche Widersacher ihres Urteils mit kirchlichen Strafen vorzugehen, drohen ihm aufgrund seiner Missachtung der in dieser Sache von ihrer Seite ergangenen Anweisungen (siehe Nr. 15 und Nr. 17) mit dem Zorn des Papstes und rufen ihn zum Gehorsam gegenüber ihnen auf.

A= Orig., Saint-Julien-lès-Metz, Arch. dép. de la Moselle, H 4120, n° 7. – Ed.: –.

Mit Ausnahme der drei Einschnitte in der Plica haben sich keine weiteren Spuren der Besiegelung erhalten. Zur Datierung siehe Nr. 15. Das Stück ist deutlich schärfer formuliert als Nr. 15 und Nr. 17. Die abschließende Drohung der delegierten Richter stellt eine neue Stufe gegenüber den zuvor an Albert von Verdun gerichteten Vollstreckungsanweisungen (Nr. 15 und Nr. 17) dar. Daher dürfte dieses Schreiben erst nach den beiden Schreiben des Trierer Erzbischofs (Nr. 19 und Nr. 20) aufgesetzt worden sein, in welchen die erste Vollstreckungsanweisung (Nr. 15) aufgegriffen wurde; siehe auch den Kommentar von Nr. 20.

/01/ Venerabili domno et patri .. Dei gratia Virdunensi episcopo R(otrudus) eadem gratia Cathalaunensis electus, R(ainaldus) archidiaconus et /02/ I(acobus) thesaurarius salutem et sinceram dilectionem. Miramus plurimum, quod possessionem abbatisse et monialium /03/ Sancte Glodesindis super decimis ville, que Crux appellatur, a Sancti Michaelis abbate et monachis violenter /04/ perturbari sustineatis, cum nos predictas moniales auctoritate apostolica et ordine iudiciario in /05/ eamdem miserimus possessionem. Inde est, quod vobis eadem auctoritate mandando precipimus, quatinus /06/ easdem moniales, quod ipsis a nobis canonice adiudicatum fuit, quiete possidere faciatis, tam predictum /07/ abbatem quam omnes, qui eas super eadem possessione inquietare presumpserint, ecclesiastica districtione /08/ cohibentes. Ne si forte ad aures summi pontificis venerit, quod vos mandato ipsius minime defe-

/09/ rentes, in eiusdem exsecutione torpentes inventi fueritis et remissi, indignationem ipsius et iram /10/ incurrere mereamini, et ut de eodem, quanta potuistis, observato diligentia vestram non immerito /11/ debeat commendare devotionem.
(tria sigg. dep.)

22   Lateran, 1195 Oktober 11
Papst Coelestin III. bestätigt der Äbtissin von Sainte-Glossinde in Metz das anlässlich ihres Streits mit dem Abt von Saint-Mihiel um die Zehntrechte bei Lacroix-sur-Meuse von den (delegierten Richtern), dem Elekten (Rotrod), dem Archidiakon R(ainald) und dem Thesaurar J(akob) von Châlons(-en-Champagne), gefällte Urteil (Nr. *14).

A = Orig., Saint-Julien-lès-Metz, Arch. dép. de la Moselle, H 4120, n° 2; C = Chartular von Sainte-Glossinde, Ende 13. Jh., Paris, BnF, Ms. lat. 10024, fol. 47v. – Ed.: Georg WOLFRAM, Ungedruckte Papsturkunden der Metzer Archive, in: Jahrbuch der Gesellschaft für lothringische Geschichte und Altertumskunde 15 (1903), S. 321 Nr. 28; LESORT, Chronique et chartes (wie Anm. 7), S. 441–442 Nr. 15 (nach C); MEINERT, Papsturkunden in Frankreich (wie Anm. 13), S. 409 Nr. 304 (fragm.); ChLor n° 345 (online: http://telma.irht.cnrs.fr/outils/originaux2/charte267900/[18.02.2023]) (fragm. nach MEINERT). – Reg.: JL 17288; PARISSE, Bullaire (wie Anm. 9), S. 80 Nr. 413.

Sowohl den äußeren wie den inneren Merkmalen nach handelt es sich um eine Littera gratiosa *bzw. um eine* Littera cum serico. *Das päpstliche Bleisiegel ist noch vorhanden und wurde mit rot-gelben Seidenfäden an der Plica befestigt. Auffallend ist, dass die Initiale des Namens des Elekten von Châlons fehlt, während die Initialen der beiden anderen Richter aufgenommen wurden. Im Bittschreiben muss folglich der Name des Elekten ausgelassen worden sein. Ein möglicherweise parallel an den Bischof ergangenes Mandat des Papstes mit Aufforderung zur Durchsetzung des Urteils, wie es in einer früheren Phase dieses Streits der Fall war (siehe Nr. 7 und Nr. 8), ist nicht überliefert. Im Unterschied zu dieser früheren Phase scheint diese* Littera *Coelestins III. auch nicht von einem für mehrere geistliche Einrichtungen der Bischofsstadt Metz agierenden Prokurator erwirkt zu sein; siehe den Kommentar von Nr. *6.*

/01/ CELESTINUS episcopus servus servorum Dei dilecte in Christo filie .. abbatisse Sancte Glodesindis in Metti salutem et /02/ apostolicam benedictionem. Ea que de mandato sedis apostolice concordia vel iudicio statuuntur firma debent et illiba- /03/ ta consistere, et ne in recidive contentionis scrupulum relabantur, eadem convenit apostolico munimine robora- /04/ ri. Eapropter, dilecta in Christo filia, tuis iustis postulationibus grato concurrentes assensu sententiam, quam /05/ dilecti filii .. electus, R(ainaldus) archidiaconus et I(acobus) thesaurarius Cathalaunenses super controversia, que inter te /06/ et abbatem Sancti Michaelis vertebatur, pro te super de[cimis][a] cuiusdam ville, que Crux dicitur, de mandato apostoli- /07/ co protulerunt, sicut eadem sententia rationabiliter lata est nec legitima appellatione suspensa, auctori- /08/ tate apostolica confirmamus et presentis scripti patrocinio communimus. Nulli ergo omnino hominum liceat /09/ hanc paginam nostre confirmationis infringere vel ei ausu temerario contraire. Si quis autem hoc at- /10/ temptare presump-

serit, indignationem omnipotentis Dei et beatorum Petri et Pauli apostolorum eius se noverit /11/ incursurum. Dat. Laterani, V. Id. octobris, pontificatus nostri anno quinto.
B.

a. *die Stelle des Pergaments ist vergilbt.*

23 *(1193 Januar 23–1196 März 24)*
*Der Bischof A(lbert) von Verdun gibt bekannt, dass er den Abt und das Kapitel von Saint-Mihiel und die Äbtissin von Sainte-Glossinde (in Metz) zu sich bestellt und in ihrer Gegenwart den Urteilsspruch der delegierten Richter (Coelestins III.), des Elekten R(otrod), des Archidiakons R(ainald) und des Thesaurars J(akob) von Châlons(-en-Champagne) (Nr. *14), verlesen habe, demzufolge der Äbtissin von Sainte-Glossinde der dritte Teil der Zehntrechte bei Lacroix-sur-Meuse zustehe, und droht dem Abt von Saint-Mihiel mit dem Anathem, falls er gegen dieses Urteil vorgehen sollte.*

A = Orig., Saint-Julien-lès-Metz, Arch. dép. de la Moselle, H 4120, n° 17. – Ed.: –.

Von der einstigen Besiegelung sind bis auf den Einschnitt in der Mitte der Plica keine Spuren mehr erhalten. In die Innenseite der heraldisch rechten unteren Hälfte der Plica schrieb eine Hand, die wohl nicht mehr dem ausgehenden 12. Jahrhundert zuzuordnen ist, die Worte S/F[?]i ego dominus. Zum Terminus post quem siehe Nr. 15. Es ist nicht sicher, ob sich der Bischof infolge der letzten Aufforderung der Richter (Nr. 21) dazu bereit erklärte, ihr Urteil durchzusetzen, oder erst nachdem die päpstliche Bestätigung (Nr. 22) dieses Urteils in Sainte-Glossinde eingetroffen war. Da in der Urkunde Alberts von Verdun jedoch von dieser Bestätigung nirgends die Rede ist, ist davon auszugehen, dass er auf Nr. 21 reagierte und noch keine Kenntnis von Nr. 22 besaß. Terminus ante quem ist somit das Weihedatum Rotrods von Châlons (24. März 1196), denn dieser wird in der Urkunde Alberts von Verdun noch als Elekt bezeichnet; vgl. zum Datum der Bischofsweihe Rotrods BENNER, *Châlons-en-Champagne (wie unter Nr. 10), S. 160. In der Urkunde wird erstmals erwähnt, dass der Konflikt nur ein Drittel des Zehnten von Lacroix-sur-Meuse betraf. Der zweite Streitgegenstand, das Recht den Pfarrer zu präsentieren, geht erst aus Nr. 35 hervor.*

/01/ A(lbertus) Dei gratia Virdunensis episcopus omnibus, ad quos presentes littere pervenerint, in perpetuum. Notum /02/ sit omnibus tam futuris quam presentibus, quod in presentia nostra constitutis abbate et capitulo Sancti /03/ Michaelis et abbatissa Sancte Glodesindis, lectis litteris domni R(otrudi) Cathalaunensis electi et R(ainaldi) ar- /04/ chidiaconi et I(acobi) thesaurarii[a], qui super quadam controversia scilicet tercie partis decime de Cru- /05/ ce, que versabatur inter predictum capitulum et iamdictam abbatissam, erant a summo pontifice iudices /06/ delegati, secundum tenorem litterarum, que ex supradictorum iudicum emanaverant conscientia, auctoritate /07/ summi pontificis et delegatorum iudicum et nostra auctoritate predictam abbatissam in possessio- /08/ nem misimus corporalem, iamdicto abbati et suo capitulo in virtute obedientie[b] [sic] et sub pena ana- /09/ thematis, ne iamdictam abbatissam super sua possessione perturbare presumerent, inhibentes[c].

(sig. dep.)

a. tessaurarii *A*. – b. inobbedientie *A*. – c. inibentes *A*.

24 *(1198 Februar 22–1199 Juni 30)*
Der Subdiakon Johannes, päpstlicher Legat und Verwandter (nepos) des Papstes (Innocenz III.), bestätigt das von den delegierten Richtern, dem Bischof R(otrod), dem Archidiakon R(ainald) und dem Thesaurar J(akob) von Châlons(-en-Champagne), gefällte Urteil (Nr. *14) im Streit zwischen der Äbtissin von Sainte-Glossinde in Metz und dem Abt von Saint-Mihiel um die Zehntrechte bei Lacroix-sur-Meuse und verbietet letzterem, dagegen anzugehen.

A = Orig., Saint-Julien-lès-Metz, Arch. dép. de la Moselle, H 4120, n° 15; C = Chartular von Sainte-Glossinde, Ende 13. Jh., Paris, BnF, Ms. lat. 10024, fol. 47r. – Ed.: LESORT, Chronique et chartes (wie Anm. 7), S. 440–441 Nr. 14 (nach C).

Das Siegel des Legaten ist noch erhalten, aber nicht mehr zu identifizieren. Es wurde mit zwei dicken Hanfschnüren durch zwei Siegeleinschnitte an der Plica befestigt und durch eine Schlaufe unterhalb der Plica hindurchgezogen. Unzweifelhafter Terminus post quem ist das Weihedatum (24. März 1196) Rotrods von Châlons-en-Champagne, der hier erstmals als Bischof und nicht mehr als Elekt bezeichnet wird; vgl. zu diesem Datum BENNER, Châlons-en-Champagne (wie unter Nr. 10), S. 160; anders dagegen LESORT, S. 440 Anm. 3, der von einer Ausstellung vor der Bestätigung des Urteils durch Coelestin III. vom 11. Oktober 1195 (Nr. 22) ausgeht. Der päpstliche Legat und Subdiakon der römischen Kirche ist wohl mit dem Vetter Innocenz' III., Johannes dei Conti di Segni, identisch, der am 4. Juni 1200 erstmals als Kardinaldiakon bezeugt ist. Er wird häufiger als nepos des Papstes bezeichnet und hatte mehrere Pfründen in England (vor allem bei York, Conisbrough und Langtoft) inne. Dass es sich bei ihm um einen Legaten bzw. Verwandten Coelestins III. handelt, ist auszuschließen; vgl. Werner MALECZEK, *Papst und Kardinalskolleg von 1191 bis 1216. Die Kardinäle unter Coelestin III. und Innocenz III.*, Wien 1984 (Publikationen des Historischen Instituts beim Österreichischen Kulturinstitut in Rom, 1/6), S. 114, 136 f. Denkbar wäre folglich, dass Johannes von Segni über die Mosel nach England reisen wollte und in Metz haltmachte, wo ihn die Nonnen von Sainte-Glossinde antrafen und um die Bestätigung des Urteils der Richter aus Châlons baten. Da sich Johannes in seiner Urkunde noch explizit auf diese Richter bezog, muss das Stück ausgestellt worden sein, bevor die Ernennung der neuen Delegaten in Sainte-Glossinde bekannt war; siehe dazu Nr. 26 und Nr. 27. Dem Legaten wurden nach eigener Aussage sententiae *von den Nonnen von Sainte-Glossinde vorgelegt. Darunter befand sich zum einen die* Littera, *in der Coelestin III. das Urteil Hugos von Metz und Peters von Gorze bestätigt hatte (Nr. 7), denn darin fehlt genau wie im vorliegenden Stück die Initiale des Metzer Primicerius Hugo. Zum anderen muss er die Urteilsverkündung Hugos (Nr. 5) sowie deren Übermittlung an die Richter aus Châlons(-en-Champagne) (Nr. 11) eingesehen haben, denn er nennt, genau wie diese beiden Schreiben, den Metzer Primicerius vor dem Abt von Gorze. Des Weiteren dürfte ihm Nr. 23 vorgelegen haben, denn seiner Urkunde begegnet ebenfalls die etwas seltsam anmutende Schreibweise* tessaurarius. *Das bezüglich der Römischen Kirche verwendete Adjektiv* sacrosancta *ist wohl eher ungewöhnlich in Legatenurkunden, doch in den Briefen Innocenz' III. häufiger anzutreffen; siehe für den Zeitraum von 1198 bis 1199 etwa Christopher Robert* CHENEY, *Mary G.* CHENEY *(Hg.),* The Letters of Pope Innocent III (1198–1216) concerning England and Wales. A Calendar with an Appendix of Texts, *Oxford 1967, Nr. 13, 33, 37 und 119.*

/01/ I(ohannes) Dei gratia sacrosancte Romane ecclesie summi pontificis nepos, sub-diaconus[a] et legatus, omnibus, ad quos pre- /02/ sens scriptum pervenit, salutem. In causa, que inter abbatem Sancti Michaelis et abbatissam Sancte Glodesindis /03/ vertebatur super decimis cuiusdam ville, que Crux appellatur, sicut sententia iuste lata est a primis /04/ iudicibus a domino papa delegatis, videlicet (Hugone) Mettensi primicerio et P(etro) Gorziensi abbate, postea eadem /05/ sententia a secundis iudicibus ab abbate impetratis et a summo pontifice consti[tut][b]is, scilicet R(otrudo) /06/ Cathalaunensi episcopo, R(ainaldo) archidiacono et I(acobo) thesaurario[c], auditis utriusque partis allegationibus iuste /07/ et canonice abbatisse confirmata est. Sic eandem sententiam canonice a iudicibus latam auctorita- /08/ te summi pontificis, qua fungimur, ratam habentes confirmamus, abbati Sancti Michaelis et eiusdem /09/ loci conventui super eadem querela perpetuum silentium inponentes.

sig.

a. *Das b trug der Schreiber über der Zeile nach.* – b. *Das Pergament ist an dieser Stelle vergilbt.* – c. C, tessaurario A.

*25 (Lateran, April 1199)
Der Abt von Saint-Mihiel appelliert an Papst Innocenz III. wegen seines Streits mit der Äbtissin von Sainte-Glossinde um die Zehnten von Lacroix-sur-Meuse.
  Erwähnt in Nr. 27.

26 Lateran, (1199) April 24
Papst Innocenz III. ernennt die Äbte von Beaulieu-en-Argonne (Benediktiner, Diözese Verdun), Lisle-en-Barrois (Zisterzienser, Diözese Toul) und Riéval (Prämonstratenser, Diözese Toul) zu delegierten Richtern im Prozess zwischen dem Abt von Saint-Mihiel und der Äbtissin von Sainte-Glossinde, informiert sie über den bisherigen Prozesshergang unter seinem Vorgänger Coelestin III., im Zuge dessen bereits der Abt (Peter) von Gorze und der Primicerius (Hugo) von Metz (siehe Nr. 5) sowie der Bischof (Rotrod) von Châlons(-en-Champagne) (siehe Nr. *14) als delegierte Richter geurteilt hatten.
  Inseriert in Nr. 27. POTTHAST – ; *Register Innocenz' III.* –.

27 (1199 April 24–Juni 30)
Die delegierten Richter und Äbte D(ietrich) von Beaulieu-en-Argonne und A(rnold) von Lisle-en-Barrois übermitteln der Äbtissin von Sainte-Glossinde in Metz mittels Insert ein Mandat Innocenz' III. vom 24. April (1199) (Nr. 26), in dem dieser sie sowie den Abt (Gerhard) von Riéval über den bisherigen Prozesshergang unter seinem Vorgänger Coelestin III. informiert und ihnen die Entscheidung des Streits bezüglich des Eigentumsrechtes angeordnet hatte, und befehlen der Äbtissin daher peremtorisch, bis zum 30. Juni mit den Mönchen von Saint-Mihiel nach Bannoncourt zu kommen, damit die Sache dort verhandelt werden könne.
  A = Orig., Saint-Julien-lès-Metz, Arch. dép. de la Moselle, H 4120, n° 8. Ed.: –.
  Die Siegel sind nicht erhalten, doch befinden sich an der Plica noch die beiden Pergamentstreifen, an denen sie einst befestigt waren. Terminus post quem ist der Austellungszeitpunkt des inserierten Delegationsmandats Innocenz' III., Terminus ante quem der von den Richtern genannte Zeitpunkt für die Verhandlung des Streits. Bei diesen handelt es sich um die Äbte Dietrich von Beaulieu-en-Argonne (1187–1206), Arnold von

Lisle-en-Barrois (1181–1201) und Gerhard von Riéval (1192/94–1219); der Abt Arnold von Lisle-en-Barrois war, anders als ÉVRARD, L'abbaye de Lisle-en-Barrois (wie Anm. 60), S. 71 zuletzt vermutete, 1199 also noch im Amt. Alle drei Abteien befanden sich, wie Saint-Mihiel, im näheren Einflussbereich der Grafen von Bar; vgl. LEMAIRE, Recherches (wie Anm. 60), S. 29f., 139; CALMET, Histoire de Lorraine, Bd. 7 (wie Anm. 60), Liste chronologique, Sp. CXf. und CXCIX; Michel PARISSE, La petite noblesse et les nouveaux ordres. Les bienfaiteurs de Riéval en Lorraine (XIIe–XIIIe siècles), in: Elisabeth MORNET (Hg.), Campagnes médiévales: l'homme et son espace. Études offertes à Robert Fossier, Paris 1995 (Publications de la Sorbonne : Histoire ancienne et médiévale, 31), S. 455–471, hier S. 456–459 und 462f.; ÉVRARD, L'abbaye de Lisle-en-Barrois, S. 54f., 58, 60, 66f., 71, 77ff. In dieser Phase spielten zunächst die Äbte von Beaulieu und Lisle eine führende Rolle. Im späteren Verlauf rückte der Abt von Riéval an die Stelle des Abtes von Beaulieu; siehe Nr. 31–34. Die Gemeinde von Bannoncourt (dép. Meuse, arr. Commercy, ct. Dieue-sur-Meuse), wohin die Richter die Äbtissin von Sainte-Glossinde bestellt hatten, grenzt heute südöstlich an diejenige von Lacroix-sur-Meuse und befindet sich knapp 10 km nördlich von Saint-Mihiel.

/01/ T(heodericus) Dei gratia Belli Loci et A(rnulfo) de Insula abbates abbatisse Sancte Glodesindis salutem et orationes. Scripsimus mandatum domini pape in hunc modum: »Innocencius episcopus servus servorum Dei /02/ filiis Belli Loci et de Insula et Regievallis abbatibus salutem et apostolicam benedictionem. Ad audienciam nostram dilecto filio abbate Sancti Michaelis conquerente perveniens, quod cum ecclesia Sancti Michaelis /03/ decimas ecclesie de Cruce super Mosam per annos XL et amplios pacifice possedisset, abbatissa Sancte Glodesindis a bone memorie C(oelestino) papa^a predecessore nostro ad dilectos fi- /04/ lios abbatem Gordicensem et primicerium Metensem super eisdem decimis apostolicas litteras impetravit, qui cum diem, quo se deberent ipsorum conspectui presentare, partibus adsignassent /05/ et abbas ad diem sibi a iudicibus memoratis prefixam coram iudicibus minime apareret, ipsi prefatam abbatissam causa rei servande iamdictarum decimarum possessionem /06/ miserint. Cumque postmodum eadem causa ab eodem predecessore nostro venerabili fratri nostro Cathalaunensi episcopo iterum commissa fuisset et bone memorie predecessor prefati questione /07/ proprietatis simpliciter intemptaret, parte adversa possessorium intendente et exceptionem rei iudicate frequentissime proponente, notificatur episcopo de proprietate nichil dis- /08/ cutiens, senteciam ipsorum iudicum approbavit. Quia vero nobis inibi constitit de premissis causam ipsam dilectioni vestre duximus commitendam, per apostolica scripta mandantes, quatinus partibus /09/ convocatis audiatis, que hinc inde duxerint, proponenda et causa de proprietate quam possessione veritatem diligencius inquirentes, causam ipsam sine debito terminetis. Nullis litteris /10/ veritati et iusticie preiudicantibus a sede apostolica impetratis. Quod si omnes his exequendis nequiveritis interesse, duo vestrorum causa nichilominus exequantur. Dat. Laterani, VIIII. /11/ kal. maii, pontificatus nostri anno secundo.« Auctoritate igitur domini pape, qua fungimur, diem nobis peremptorium vobis prefigimus kalende proxima VII feria post decessione beati Iohannis, /12/ quatinus apud Bannuncort fratribus Sancti Michaelis veniatis responsura.
(duo sigg. dep.)
a. *Wurde im Nachhinein wohl von der Hand des Schreibers aus* pape *korrigiert.*

*28 *(Bannoncourt, 1199 Juni 30)*
Die delegierten Richter Innocenz' III., D(ietrich) von Beaulieu-en-Argonne und A(rnold) von Lisle-en-Barrois (sowie Gerhard von Riéval?), urteilen am 30. Juni 1199 im Streit zwischen der Äbtissin von Sainte-Glossinde und dem Abt von Saint-Mihiel um den Zehnten von Lacroix-sur-Meuse.
Zu erschließen aus Nr. 27.
Dieses Urteil dürfte ebenfalls zugunsten von Sainte-Glossinde ausgefallen sein, denn Theobald I. von Bar, der Vogt von Saint-Mihiel war, versprach zwischen 1197 und 1200 der Äbtissin von Sainte-Glossinde, sie künftig nicht mehr wegen der Zehnten von Lacroix-sur-Meuse zu behelligen (Nr. 29). Zudem geht aus Nr. 31 hervor, dass bald darauf ein lokales Schiedsgericht tagte, das zugunsten von Saint-Mihiel urteilte (Nr. *30).

29 *(1197–1200 November)*
Der Graf T(heobald) I. von Bar und Luxemburg verspricht der Äbtissin von Sainte-Glossinde in Metz, sie künftig nicht mehr wegen der Zehnten von Lacroix-sur-Meuse zu behelligen.
A = Orig., Saint-Julien-lès-Metz, Arch. dép. de la Moselle, H 4120, n° 16; C = Chartular von Sainte-Glossinde, Ende 13. Jh., Paris, BnF, Ms. lat. 10024, fol. 48r. – Ed.: –.
Das Siegel ist nicht erhalten, nur noch der zu seiner Befestigung in der Mitte der Plica angebrachte Pergamentstreifen. Theobald I., der Vogt von Saint-Mihiel war, konnte erst nach seiner Heirat mit Ermesinde den Grafentitel von Luxemburg führen; vgl. Parisse, *Noblesse et chevalerie (wie Anm. 43), S. 229, 355 sowie* Gillen, *Saint-Mihiel (wie Anm. 3), S. 140f. Der in der Zeugenliste an zweiter Stelle vertretene Primicerius Hugo von Metz verstarb noch vor dem 20. November 1200; vgl.* Parisse, *Une carrière ecclésiastique (wie Anm. 48), S. 9. Der Verduner Kantor Hugo stammte aus Audun(-le-Tiche oder -le-Roman?), war zugleich Archidiakon der Woëvre und ist spätestens 1200 verstorben; vgl.* Georges, *Le chapitre cathédral de Verdun, Bd. 2 (wie Anm. 123), S. 128ff. Demnach dürfte diese Urkunde relativ zeitnah zu dem Richterurteil vom 30. Juni 1199 (Nr. *28) ausgestellt worden sein bzw. in dessen Folge. Zu dem ebenfalls in der Zeugenliste genannten Gottfried I. von Apremont (1190–1204) vgl.* Parisse, *Noblesse et chevalerie (wie Anm. 43), S. 351.*

/01/ T(heobaldus) comes Barrensis et de Lucelemburc universis, ad quos presens scriptum per- /02/ venerit, in Domino salutem. Noverint universi tam presentes quam futuri, quod quam- /03/ cumque querimoniam super decima de Cruce super Mosam erga abbatissam Sancte /04/ Glodesindis Mettensis habebamus, ecclesie Sancte Glodesindis resignavimus et wirpivi- /05/ mus et ei de omnibus hominibus nostris firmam pacem teneri faciemus. In huius /06/ autem rei testimonium presentem paginam sigillo nostro confirmavimus. /07/ Testes Albertus Virdunensis episcopus, Hugo Mettensis primicerius, Hugo cantor Vir- /08/ dunensis, Iofridus de Aspero Monte.

(sig. dep.)

*30 *(nach 1199 Juni 30–1204)*
Ein nicht näher identifizierbares Kollegium von Schiedsleuten urteilt im Konflikt zwischen dem Abt von Saint-Mihiel und der nur durch einen Prokurator vertretenen Äbtissin von Sainte-Glossinde zugunsten von Saint-Mihiel.
Erwähnt in: Nr. 31.

In Nr. 31 ist nicht von Richtern (iudices) *im eigentlichen Sinn, sondern nur von* iudicantes *die Rede, die auf Betreiben des Abtes von Saint-Mihiel zu dessen Gunsten ein von den eigentlich zur Verhandlung stehenden Punkten deutlich abweichendes Urteil erlassen hätten. Angesichts des in Bezug auf diese Schiedsleute doch recht abwertenden Wortlauts kann es sich bei ihnen weder um delegierte Richter noch um Subdelegaten handeln. Wahrscheinlich ist ihre Zusammenkunft durch den Versuch einer einvernehmlichen Neubemessung zu erklären; vgl. zu den beiden letztgenannten Aspekten des päpstlichen Delegatenwesens* MÜLLER, *Päpstliche Delegationsgerichtsbarkeit (wie Anm. 2), S. 102, 184. In Nr. 31 heißt es, dieses Schiedsgericht sei deswegen einberufen worden, weil der Abt von Saint-Mihiel das Urteil der delegierten Richter aus Châlons (Nr. *14) nicht anerkennen wollte. Die besagten Schiedsleute werden jedoch weder in den Schreiben der delegierten Richter aus Châlons (Nr. 15, 17 und 21) noch in dem Schreiben der nach ihnen als Delegaten fungierenden Äbte von Beaulieu-en-Argonne und Lisle-en-Barrois (Nr. 27) erwähnt. Als Terminus post quem für den Urteilsspruch der Schiedsleute ist daher das von den beiden letztgenannten Äbten am 30. Juni 1199 in Bannoncourt gefällte Urteil (Nr. *28) anzusetzen. Die unter dem Vorsitz der Schiedsleute geleitete Verhandlung und das von ihnen erlassene Urteil dürften somit den Anlass für die in Nr. 31 erwähnte Gerichtsversammlung in der Kathedrale von Toul gebildet haben, wo die Äbte von Lisle-en-Barrois und Riéval als delegierte Richter zugunsten der Äbtissin von Sainte-Glossinde urteilen sollten. Zum Terminus ante quem siehe den Kommentar zu Nr. 32.*

31 *(Toul, nach 1199 Juni 30–1204)*
Die delegierten Richter (Innocenz' III.), die Äbte von Riéval und Lisle-en-Barrois, informieren den Bischof A(lbert) von Verdun über das von ihnen in der Kathedrale von Toul im Beisein angesehener und kundiger Männer verhängte Urteil im Streit zwischen dem Abt von Saint-Mihiel und der Äbtissin von Sainte-Glossinde um die Zehnten von Lacroix-sur-Meuse, nachdem ein nicht näher genanntes und vom Abt von Saint-Mihiel beeinflusstes Kollegium von Schiedsleuten zuvor ein fehlerhaftes Urteil zugunsten von Saint-Mihiel erlassen hatte (Nr. *30), und befehlen ihm, die Äbtissin im Verbleib des besagten Zehnten zu belassen und etwaige Widersacher gegen ihr Urteil kraft päpstlicher Autorität zu exkommunizieren.

A = Orig., Saint-Julien-lès-Metz, Arch. dép. de la Moselle, H 4120, n° 14 ; C = Chartular von Sainte-Glossinde, Ende 13. Jh., Paris, BnF, Ms. lat. 10024, fol. 47v. – Ed.: LESORT, Chronique et chartes (wie Anm. 7), S. 443f. Nr. 17 (nach C).

Die Siegeleinschnitte in der Plica verweisen auf eine zweifache Besiegelung, von der nur noch das auf der heraldisch linken Seite angebrachte Siegel erhalten ist. Das Motiv ist kaum noch zu erkennen, entspricht aber nicht demjenigen des an Nr. 32 angehängten Siegels und dürfte auch angesichts der Reihenfolge in der Intitulatio dem Abt von Lisle-en-Barrois zuzordnen sein. Zum Terminus post quem siehe den Kommentar zu Nr. *30; zum Terminus ante quem siehe den Kommentar zu Nr. 32. Die

Richter verweisen zwar auf das ihnen sowie dem Abt von Beaulieu-en-Argonne übermittelte Delegationsmandat (Nr. 26), doch trat letzterer weder hier noch in der Folgezeit aktiv in Erscheinung.

/01/ Reverendo domno et patri suo A(lberto) venerabili Virdunensi episcopo .. Regievallis et .. de Insula abbates salutem. /02/ Cum nobis et .. abbati de Bello Loco a domino summo pontifice delegata esset diffinitio cause cuiusdam, que inter abbatem Sancti Michaelis et .. abbatissam /03/ Sancte Glodesindis Metensis super decima ville Crucis super Mosam vertebatur, abbatissa opponente exceptionem rei iudicate, eo quod eadem /04/ causa ventilata et diffinita fuerat coram domino episcopo Cathalaunensi, qui iam dudum delegationem cause eiusdem a domino summo pontifice /05/ susceperat et iudicio terminaverat. Cumque abbas Sancti Michaelis opponeret ab episcopo iudicatum esse tantum de possessione et /06/ econtra abbatissa assereret et de possessione et de proprietate esse[a] iudicatum, prefixus est eis dies de sententia ferenda, utri eorum ad- /07/ iudicanda esset [b]probatio sue assertionis[b]. Cumque ad diem illum venissent abbas in propria persona, abbatissa per procuratorem, ad instantiam /08/ partis abbatis seducta simplicitate iudicantium lata est sententia plurimum diversa ab illo articulo, de quo fuerat sententiandum. /09/ Siquidem per sententiam qualem qualem [sic!] missus est abbas in possessionem decime, de qua erat litigium, eo quod abbatissa in propria persona pre- /10/ sentiam suam iudicio suo non exhibuerat, vero postmodum partibus convocatis errore precedenti comperto, in capitulo maioris ecclesie Tul- /11/ lensis presentibus viris, quampluribus preclare opinionis et eruditionis eximie, de eorum consilio predictam sententiam cassavimus et abbatissam in /12/ plenitudinem iuris, quod in predicta decima usque ad sententiam illam habuerat, auctoritate apostolica restituimus, sub interminatione /13/ anathematis prohibentes abbati Sancti Michaelis et ceteris quibusque, ne possessionem abbatisse super eadem decima, quam ei restituimus, turbare pre- /14/ sumant. Hic est, quod vestre discretioni ex officio nobis iniuncto audemus precipere, ut sentente nostre super restitutione predicte abbatisse /15/ facta, executione adhibeatis et quoscumque turbatores eiusdem possessionis in vestra diocesi constitutos autoritate apostolica excommunicatos /16/ denuntietis.

(sig. dep.)   sig.

a. fore C; siehe auch LESORT, *Chronique et chartes*, S. 444. – b. assertio sue probationis C; siehe auch ebd., S. 444.

32   *(1202–1204)*

Die als delegierte Richter (Innocenz' III.) fungierenden Äbte, V. von Lisle-en-Barrois und G(erhard) von Riéval geben bekannt, dass sie kraft päpstlicher Autorität den Streit zwischen der Äbtissin von Sainte-Glossinde in Metz und dem Abt von Saint-Mihiel zugunsten ersterer entschieden (Nr. 31) und letzteren exkommuniziert und sein Kloster mit dem Interdikt belegt haben, da er sich nicht an ihre vormaligen Anweisungen in dieser Sache gehalten habe.

A = Orig., Saint-Julien-lès-Metz, Arch. dép. de la Moselle, H 4120, n° 3. – Ed.: –.

Von den beiden Siegeln ist nur dasjenige erhalten, welches auf der heraldisch linken Seite angebracht wurde. Die darauf nur noch schemenhaft zu erkennende infulierte Abtsfigur wäre angesichts der Intitulatio dem Abt von Riéval zuzuordnen. Das

Schreiben muss nach Nr. 31 ausgestellt worden sein, denn in diesem Stück ist noch nicht von dem durch die beiden delegierten Richtern verhängten Interdikt über das Kloster Saint-Mihiel die Rede. Wie in Nr. 34 wird auch in dem vorliegenden Schreiben V. als Abt von Lisle-en-Barrois genannt. 1202 ist dort noch Gottfried als Abt bezeugt; vgl. CALMET, *Histoire de Lorraine, Bd. 7 (wie Anm. 60), Liste chronologique, Sp. CXf. Der Abt V. agierte hier offensichtlich aufgrund des vormals an Abt Arnold († 1201/1202), den Vorgänger Gottfrieds, ergangenen Delegationsmandats (siehe Nr. 26 bzw. 27). Der Terminus ante quem ergibt sich aus dem Umstand, dass das einige Zeit später ergangene Schreiben derselben Richter (Nr. 34) an den Reimser Dekan Leo adressiert ist, der im Jahr 1204 ins Kloster eintrat; vgl. Pierre* DESPORTES, *Hélène* MILLET, *Fasti Ecclesiae Gallicanae, Bd. 3: Diocèse de Reims, Turnhout 1998, S. 104 und 426 Nr. 1111. Weshalb wie in Nr. 31 der Abt von Beaulieu-en-Argonne nicht mehr als delegierter Richter agierte, lässt sich nicht näher ergründen.*

/01/ V. Dei gratia de Insula et G(érardus) Regievallis abbates omnibus, ad quos litteras istas pervenire /02/ contigerit, salutem in Domino. Discretioni vestre notum facimus, quod dominus papa querelam, que /03/ inter abbatem Sancti Michaelis et abbatissam Sancte Glodesindis Mettensis de Cruce super Mosam /04/ vertebatur, nobis audiendam commisit et terminandam. Nos itaque partibus convo- /05/catis allegationis utriusque partis audivimus, quibus auditis prudentium virorum, /06/ qui aderant, consilio predictam abbatissam auctoritate apostolica per sententiam in /07/ possessionem super decima de Cruce super Mosam misimus. Abbati vero sub pena /08/ excommunicationis eadem auctoritate precipientes, quod possessionem abbatisse, in quam a nobis per sententiam missa fuerat, nullatenus turbaret. Quoniam igitur abbas /10/ mandatum nostrum immo domini pape, cuius in hac causa vice fungimur, /11/ contempnere et possessionem turbare presumpsit, in ipsum sententiam ex- /12/ communicationis tulimus et ecclesiam Sancti Michaelis subiecimus interdicto.

(sig. dep.)   sig.

Nr. *33   (1202–1204)
Die als delegierte Richter (Innocenz' III.) fungierenden Äbte V. von Lisle-en-Barrois und G(erhard) von Riéval exkommunizieren den Abt von Saint-Mihiel erneut, weil er auf der von ihnen einberufenen Verhandlung, wo auch die Äbtissin von Sainte-Glossinde erschienen war, sich nicht an die ihnen zuvor gemachten Versprechungen bzgl. der Rückerstattung der Zehnten von Lacroix-sur-Meuse an Sainte-Glossinde halten wollte.

Erwähnt in Nr. 34.

Aus Nr. 34 geht hervor, dass diese Verhandlung auf Bitten des Abtes von Saint-Mihiel einberufen worden war.

34   (1202–1204)
Die als delegierte Richter (Innocenz' III.) fungierenden Äbte V. von Lisle-en-Barrois und G(erhard) von Riéval informieren den Dekan L(eo), den Kantor H(aymard) und den Scholaster W(erner) von Reims darüber, dass sie kraft päpstlicher Autorität den Streit zwischen der Äbtissin von Sainte-Glossinde in Metz und dem Abt von Saint-Mihiel zugunsten ersterer entschieden (Nr. 31) und letzteren mitsamt seines Konventes

erneut exkommuniziert und das Kloster mit dem Interdikt belegt hätten (Nr. *34), da er sich nicht an ihre vormaligen Anweisungen in dieser Sache gehalten habe.
A = Orig., Saint-Julien-lès-Metz, Arch. dép. de la Moselle, H 4120, n° 5. – Ed.: –.
Von der einstigen Besiegelung sind nur die beiden Pergamentstreifen erhalten. Das Schreiben muss nach Nr. 32 ausgestellt worden sein, denn die beiden delegierten Richter belegten das Kloster Saint-Mihiel nun bereits zum zweiten Mal (iterum) mit dem Interdikt; siehe zur Datierung ansonsten auch den Kommentar von Nr. 32. Der Dekan Leo von Reims ist von 1198 bis 1204 in Urkunden belegt; vgl. DESPORTES, MILLET, *Fasti Ecclesiae Gallicanae, Bd. 3 (wie unter Nr. 32), S. 104 und 426 Nr. 1111. Haymard von Provins ist von 1198 bis 1208 als Kantor bezeugt; von 1208 bis 1219 war er Bischof von Soissons; vgl. ebd., S. 104 und 317 Nr. 1128. Werner war Scholaster von Reims von 1188 bis 1215; vgl. ebd., S. 106 und 272 Nr. 1157. Bei diesen drei Personen dürfte es sich wohl ebenfalls um delegierte Richter handeln, die in der Folgezeit die Verhandlung des Streits übernehmen sollten. Ein päpstliches Delegationsmandat in dieser Sache ist zwar nicht überliefert, doch erhärtet sich der Verdacht eines Delegationsauftrags zum einen deshalb, weil in einer früheren Phase des Streits die delegierten Richter Hugo von Metz und Peter von Gorze ihre Nachfolger aus Châlons(-en-Champagne) ebenfalls schriftlich über ihr Vorgehen unterrichtet hatten; siehe Nr. 11 und Nr. 12. Zum anderen sind bereits im ausgehenden 12. Jahrhundert mehere Fälle belegt, in denen der Domdekan von Reims zusammen mit dem Kantor und Scholaster als delegierter Richter auftrat; vgl.* FALKENSTEIN, *Radulf von Sarre (wie Anm. 72), S. 311. Da das Urteil der Äbte von Lisle-en-Barrois und Riéval zugunsten von Sainte-Glossinde ausfiel, ist davon auszugehen, dass der Ernennung der Richter aus Reims eine Appellation des Abtes von Saint-Mihiel vorausging. Über ihr Vorgehen ist nichts weiter bekannt. Wahrscheinlich griffen sie den Fall gar nicht auf.*

/01/ Venerabilibus dominis suis L(eoni) Dei gratia Remensis ecclesie decano, H(aymardo) cantori, G(arnero) magistro /02/ scolarum, V. de Insula, G(erardus) Regievallis abbates veritati fidele adhibere. Discretioni /03/ vestre significamus, quod dominus papa causam, que inter abbatem Sancti Michaelis et abbatissam Sancte Glodesindis /04/ Mettensis super decima de Cruce supra Mosam vertebatur, nobis audiendam commisit /05/ et terminandam. Nos vero partibus citatis et auditis, cognita veritate abbatisse ipsam /06/ per sentenciam in possessionem misimus. Abbati auctoritate apostolica, qua in causa ista fungeba- /07/ mur, precipientes, quod possessionem abbatisse, in quam a nobis per sentenciam missa fuerat, /08/ nullatenus turbaret. Quoniam igitur abbas mandatum nostrum, immo domini pape cuius vice funge- /09/ bamur, contempnere et possessionem abbatisse turbare presumpsit, nec admonicione nostra /10/ voluit resipiscere, tam in ipsum quam in conventum Sancti Michaelis sentencia excommunicati- /11/ onis misimus. Postmodum vero abbas dolose nos convenit promittens, quod omnia ablata /12/ abbatisse ex integro restitueret, si sentenciam relaxaremus. Cuius nos dolos et insidias ignorantes sentenciam, quam in conventum lata fuerat, relaxavimus, sperantes abbatem, /13/ quod promiserat, facturum et tam ipsi quam abbatisse super hoc diem assignavimus. Cumque /14/ ad diem pars utraque venisset assignatam, abbas nichil horum, quos promiserat, voluit /15/ tenere. Tunc demum dolos ipsius manifeste percipientes in ipsum sentenciam excom- /16/ municationis iterum misimus et ecclesiam Sancti Michaelis iterum subiecimus interdicto.

(duo sigg. dep.)

35 *Châlons-en-Champagne, 1210 März*
Der Bischof Gerhard von Châlons(-en-Champagne), der Zirkator P(eter) von Metz, der Magister Bliard von Saint-Sauveur in Metz, der Magister Rainald von Saint-Mihiel und Dietrich von Broussey besiegeln als Schiedsleute unter Festlegung einer Konventionalstrafe von 100 Metzer Pfund den Vergleich zwischen Sainte-Glossinde in Metz und Saint-Mihiel um die Zehnten der Kirchen von Lacroix-sur-Meuse und Amance sowie um das Recht, deren Priester zu präsentieren; in Bezug auf Lacroix-sur-Meuse verzichten sie auf die Nennung weiterer Details und verfügen, dass der Streit bei Saint-Mihiel verbleiben solle; in Bezug auf Amance urteilen sie zugunsten von Sainte-Glossinde, räumen den Mönchen von Saint-Mihiel aber weiterhin gewisse Rechte gegenüber dem Pfarrer von Dommartin-sous-Amance ein.

A = Orig., Saint-Julien-lès-Metz, Arch. dép. de la Moselle, H 4120, n° 9 (Exemplar für Sainte-Glossinde); C = Chartular von Saint-Mihiel, 17./18. Jh., Bar-le-Duc, Arch. dép. de la Meuse, 4 H 6, p. 317f. (Exemplar für Saint-Mihiel); D^1 = Kopie eines Vidimus des Offizials des Bischofs Thomas von Toul (1330–1353), 18. Jh., Saint-Julien-lès-Metz, Arch. dép. de la Moselle, H 4120, n° 9c (Exemplar für Sainte-Glossinde); D^2 = französische Übersetzung derselben Kopie, 18. Jh., ebd., n° 9b. – Ed. : –.

*Die Urkunde erging in Form eines Chirographs. Bei dem überlieferten Original handelt es sich um dessen rechte Hälfte, die bei Sainte-Glossinde verblieb. Es wurde mit fünf Siegeln versehen, die alle noch erhalten sind und mit dicken grün-gelben Schnüren in der Plica verknotet wurden. Auf der heraldisch rechten Seite befindet zunächst das Siegel des Bischofs von Châlons. Von der Legende sind noch die Buchstaben …CATALAU… zu erkennen. Das zweite Siegel ist aufgrund der Legende +SIGILL PETRI METEN CIRCATORIS dem Metzer Zirkator zuzuordnen. Das dritte Siegel gehört zum Magister Rainald von Saint-Mihiel; in Ansätzen sind eine Priesterfigur sowie Teile der Legende (R.NAL) zu erkennen. Die Legende des vierten Siegels (+ S BLIARDI CA S[N]C [S]AL[V D]IACI) verweist auf den Magister und Kanoniker Bliard von Saint-Sauveur in Metz. Dietrich von Broussey verwendete das Siegel des Touler Archidiakons Friedrich. – Gerhard von Douai war Bischof von Châlons(-en-Champagne) von 1202 bis 1214/1215 und demzufolge Nachfolger von Rotrod, der vorher als delegierter Richter im Konflikt um Lacroix-sur-Meuse agierte; vgl. G*UILBERT*, Fasti Ecclesiae Gallicanae, Bd. 14 (wie Anm. 54), S. 64ff. Der Zirkator Peter von Metz ist von 1198 bis 1216 bezeugt; vgl. Martin M*EURISSE*, Histoire des Evesques de l'Eglise de Metz, Metz 1643, S. 432; Saint-Julien-lès-Metz, Arch. dép. de la Moselle, H 62, n° 1. Der Magister Bliard kann nicht weiter identifiziert werden. Der Magister Rainald von Saint-Mihiel muss wohl ein Säkularkanoniker aus dem Stift Saint-Étienne in Saint-Mihiel gewesen sein, über das für diese Zeit kaum etwas bekannt ist; vgl. dazu ansonsten G*ILLEN*, Saint-Mihiel (wie Anm. 3), S. 30, 110, die es jedoch mit dem späteren Namen Saint-Léopold bezeichnet. Dietrich von Broussey ist ebenfalls nicht weiter bezeugt, dürfte aber wohl in Verbindung mit dem Touler Domkapitel gestanden haben, denn er bediente sich des Siegels des Touler Archidiakons Friedrich; vgl. zu diesem Pierre P*ÉGEOT*, Mathias B*OUYER*, Fasti Ecclesiae Gallicanae,*

Bd. 17: Diocèse de Toul, Turnhout 2017, S. 165 Nr. 108. In dieser Urkunde wird zum ersten Mahl erwähnt, dass auch das Präsentationsrecht des Pfarrers von Lacroix-sur-Meuse Gegenstand des Konflikts war.

/01/ Girardus Dei gratia Cathalaunensis episcopus, P(etrus) circator[a] et magister Bliardus canonicus Sancti Salvatoris Metensis, magister Renaldus de Sancto Michaele et Theodericus de Brociaco[b] /02/ omnibus tam futuris quam presentibus, ad quos presentes littere pervenerint, in Domino salutem. Cum inter ecclesias Sancti Michaelis et Sancte Glodesindis Metensis questio verteretur et diutis- /03/ sime ventilata fuisset super dimidia parte conductus ecclesie Crucis super Mosam et tertia parte decime eiusdem ville, super conductu etiam capellani de Asmantia et /04/ quibusdam decimis eiusdem ville, scilicet arengalibus, extirpalibus, indominicatis croadis et sortibus et terris Sancti Michaelis et capella beate Marie sub Asmantia sita et ca- /05/ pella eiusdem castri. Tandem Deo sic volente ita est in nos a partibus eisdem unanimiter compromissum, quod nisi nos, videlicet P(etrus) circator[c], magistri B(liardus) et R(enaldus) et Th(eodericus), /06/ concordes inveniremur, quicquid ego episcopus cum duobus eorum arbitrarer inviolabiliter teneretur, ita quod si altera partium ab arbitrio resiliret, relique parti in centum /07/ libris Metensis teneretur. Nos itaque Domino sic faciente concordes ita consensu arbitramur unanimi, quod tota querela iamdicta de Cruce penes ecclesiam Sancti Michaelis /08/ integre remanebit. Omnes autem decime de Asmantia tam minute quam grosse undecumque habeantur, preter quam de terris de dote ecclesie vel aliis, quas inpresentiarum[d] tenet /09/ ecclesia Sancti Michaelis vel que ab ea tenentur, erunt ecclesie Sancte Glodesindis. Ecclesia vero Sancti Michaelis de terris, de dote ecclesie vel aliis, quas nunc[e] tenet vel que nunc[f] /10/ ab ipsa tenentur, in perpetuum decimas obtinebit. Si quas vero terras post hoc ecclesia eadem aquisierit, ex hiis decimas solvet ecclesie Sancte Glodesindis. Persona autem, quam /11/ ad curam ecclesie Domnimartini ecclesia Sancte Glodesindis presentaverit, [per totam] Asmantiam ius parochiale habebit, ita quod in capella Sancte Marie predicta extra /12/ cancellum altare fiet de novo, ubi presbiter parrochialis parrochialia ministrabit et usque ad horam diei primam ad voluntatem suam divina sollempniter /13/ ministrabit. Diebus autem sollempnibus, si voluerit, post monachos parochianis suis vespertinas horas cantabit. Si autem usque ad horam diei primam /14/ aliquis monachorum divina celebrare voluerit, infra cancellum id faciet submissa voce et non pulsatis campanis. Post horam autem diei primam /15/ horas suas et missam, ea qua voluerint sollempnitate, infra cancellum monachi celebrabunt. Monachorum autem eadem erit ecclesia, ita tamen quod de paro- /16/ chialibus se[g] nec debebunt nec poterint intromittere, nec impedimento esse presbitero predicto modo celebrare vel ministrare volenti. Ut igitur hoc nostrum arbitrium ratum /17/ et inconcussum permaneat, cyrographum istud fieri fecimus et sigillorum nostrorum munimine roborari. Et quia ego Theodericus sigillum non habeo, sigillum Frederici /18/ Tullensis archidiaconi istis appendi litteris impetravi. Actum Cathalaunensi anno dominice incarnationis M CC decimo, mense martio.

   sig.   sig.   sig.   sig.   sig.

a. curator C. – b. Brouciate C. – c. curator C. – d. nunc C. – e. nec C. – f. nec C. – g. sese C.

LUCAS HAASIS

EIN HAMBURGER KAUFMANN AUF ETABLIERUNGSREISE IN FRANKREICH

Ambitionen, Praktiken und Kolonialhandel im Spiegel einer Geschäftskorrespondenz der Jahre 1743–1745[1]

Besonderes Kapergut

Es muss sich zwischen dem 24. und 26. August 1745 zugetragen haben, so steht es heute in den Akten, dass die englischen Offiziere James Doran und Bartlet Bartholomew Coleman, erster und zweiter Leutnant des Kaperschiffs *Charming Molly*, im Hafen des Küstenorts Deal während einer Durchsuchung des Schiffes *Hoffnung* im Bug auf eine mysteriöse Holzkiste stießen[2]. Kurz zuvor hatte die *Charming Molly*, ausgestattet mit einem Kaperbrief der britischen Krone, das fremde Handelsschiff in den Gewässern vor der pittoresken englischen Kalksteinküste bei Beachy Head aufgebracht. Diese Landzunge war damals dafür bekannt, dass dort englische Kaperschiffe lauerten, denn sie stellte für Schiffe die letzte Meerenge vor der rettenden offenen See dar.

Der Grund für die Kaperung der *Hoffnung* war, dass das Schiff den Ärmelkanal zu Kriegszeiten aus Richtung Frankreich passierte und Frankreich und England sich zu dieser Zeit im Österreichischen Erbfolgekrieg als Feinde gegenüberstanden. Die Kolonialmächte kämpften um die Vorherrschaft auf See[3]. Kapern galt zu dieser Zeit auf Seiten aller Kriegsparteien als legitimes Mittel der Kriegsführung[4]. Das Schiff *Hoffnung*

---

1 Mein besonderer Dank gilt Amanda Bevan für ihr Vertrauen und die unablässige Hilfe bei der Erschließung und Katalogisierung des Luetkens-Archivs in den National Archives in London, Christine Zabel und Magnus Ressel vom DHI Paris für die zugewandte Betreuung bei diesem Artikel, Dagmar Freist, Sarah Lentz und Torsten dos Santos Arnold für die Unterstützung sowie den beiden anonymen Peer-Reviewer*innen für die sehr konstruktive Zusammenarbeit.
2 Siehe Attestation regarding papers by Nicholas Craven, 24./26. August 1745, The National Archives, UK (im Folgenden: TNA), High Court of Admiralty (im Folgenden: HCA) 32/115/14; Examinations of James Doran and Bartlet Bartholomew Coleman, 10. September 1745. Instance and Prize Courts: Examinations and Answers, Examinations 1744–1747, TNA, HCA 13/90. Sämtliche durch Anführungszeichen gekennzeichneten Übersetzungen der französischen, englischen und niederländischen Originalzitate aus den Briefen sowie der Zitate aus der Sekundärliteratur ins Deutsche erfolgten durch den Verfasser.
3 Siehe Matthew S. ANDERSON, The War of the Austrian Succession, 1740–1748, London, New York 1995.
4 Siehe David J. STARKEY, British Privateering Enterprise in the Eighteenth Century, Exeter 1990; Donald PETRIE, The Prize Game. Lawful Looting on the High Seas in the Days of Fighting Sail, Annapolis 1999; Nathan PERL-ROSENTHAL, Reading Cargoes: Letters and the Problem of Nationality in the Age of Privateering, in: DERS., Lauren BENTON (Hg.), A World at Sea. Maritime Practices and Global History, Philadelphia 2020, S. 75–88.

wurde entsprechend unter dem »Vorwand gekapert, dass das besagte Schiff und die besagten Güter Untertanen des französischen Königs oder anderen Feinden der Krone Großbritanniens gehörten und deren Eigentum seien« und damit rechtmäßiges Kapergut, sogenannte Prisen, darstellten[5]. Als einzige Bedingung für die Rechtmäßigkeit einer feindlichen Übernahme von Schiffen galt gemäß maritimem Kriegsrecht, dass dem britischen Admiralitätsgericht, dem High Court of Admiralty, später triftige Beweise vorgelegt werden konnten, dass es sich bei dem gekaperten Schiff tatsächlich um ein feindliches Schiff handelte[6]. Aus diesem Grund waren die englischen Offiziere Doran und Coleman im Hafen von Deal auf dem Schiff *Hoffnung*. Während der Kapitän des gekaperten Schiffes an Land befragt wurde, suchten sie an Bord des Schiffes nach Beweismitteln, die die Kaperung legitimierten. Nicht nur aufgrund des Zeitdrucks war die Suche nach Beweisgut in diesem Fall jedoch schwierig: die gekaperte *Hoffnung* war zudem kein französisches – und damit per se feindliches – Schiff, sondern fuhr unter Hamburger Flagge und mit Hamburger Pass und Papieren.

Die Freie Hansestadt Hamburg und ihre Kaufleute wahrten offiziell während der gesamten Frühen Neuzeit Neutralität[7]. Das bedeutete, dass sich die Elbstadt aus kriegerischen Konflikten heraushielt und stattdessen separate Friedens- und Handelsverträge mit den Großmächten unterhielt. Mit Frankreich sicherten die Handelsverträge von 1716 die Hamburger Neutralität, gegenüber England galt Neutralität im Zuge der *Navigation Acts*[8]. Hamburger Schiffe waren somit eigentlich vor Kaperungen

5   Allegation for the Master, 5. August 1746, TNA, HCA 32/115/14.
6   Siehe Amanda BEVAN, Randolph COCK, High Court of Admiralty Prize Papers, 1652–1815. Challenges in improving access to older Records, in: Archives 53/137 (2018), S. 34–58; Dagmar FREIST, The Prize Papers. Uncurated Histories of Global Scope, in: Peter BURSCHEL, Sünne JUTERCZENKA (Hg.), Das Meer: Maritime Welten in der Frühen Neuzeit/The Sea: Maritime Worlds in the Early Modern Period, Köln, Weimar, Wien 2021, S. 267–279.
7   Siehe Karen NEWMAN, Hamburg in the European Economy, 1660–1750, in: Journal of European Economic History 14/1 (1985), S. 57–93; Isabell PANTEL, Die hamburgische Neutralität im Siebenjährigen Krieg, Münster 2011; Éric SCHNAKENBOURG, Entre la guerre et la paix: Neutralité et relations internationales, XVIIe–XVIIIe siècles, Rennes 2013; Frank HATJE, Libertät, Neutralität und Commercium: Zu den politischen Voraussetzungen für Hamburgs Handel, in: Hamburger Wirtschafts-Chronik 7 (2007), S. 213–247; zur maritimen Neutralität generell Leos MÜLLER, The Forgotten History of Maritime Neutrality, 1500–1800, in: Pascal LOTTAZ, Herbert R. REGINBOGIN (Hg.), Notions of Neutralities, London 2019, S. 67–86.
8   Kommerz- und Seetraktat zwischen Ludwig XV. und den Hansestädten Bremen, Hamburg und Lübeck, 1716, Staatsarchiv Hamburg, Senat Cl. VI, Nr. 5, Vol. 1, Facs. 1a2.
    Siehe Fred-Konrad HUHN, Die Handelsbeziehungen zwischen Frankreich und Hamburg im 18. Jahrhundert: unter besonderer Berücksichtigung der Handelsverträge von 1716 und 1769, unveröffentlichte Dissertation, 2 Bde., Hamburg 1952, hier Band 1, insb. S. 7 (Navigation Acts); zu den Bedingungen und Privilegien für Hamburger Kaufleute in Frankreich siehe S. 34 sowie 87–88. Zu den Navigation Acts siehe außerdem Charles JENKINSON (Earl of Liverpool), A Collection of All the Treaties of Peace, Alliance, and Commerce, Between Great-Britain and Other Powers, London 1785; Karen NEWMAN, Anglo-Hamburg Trade in the Late Seventeenth and Early Eighteenth Century, unpublished PhD-thesis, London 1979, S. 149–159; Kenneth MORGAN, Mercantilism and the British Empire, 1688–1815, in: Donald WINCH, Patrick K. O'BRIEN (Hg.), The Political Economy of British Historical Experience, 1688–1914, Oxford, New York 2002, S. 165–191; Charles ANDREWS, The Acts of Trade, in: John H. ROSE, Arthur P. NEWTON, Ernest A. BENIANS (Hg.), The Cambridge History of the British Empire, vol. 1: The Old Empire: From the Beginnings to 1783, Cambridge 1929, S. 268–299.

geschützt. Grundsätzlich hätte die *Hoffnung* also gar nicht gekapert werden dürfen, es sei denn, die jeweils gegnerische Kriegspartei würde auf dem Schiff Beweise finden, die eine verschleierte und illegitime Verbindung der Reeder, des Kapitäns oder der beteiligten Kaufleute mit dem Feind belegten. Gerade letzteres war der Verdacht im Falle der *Hoffnung*: Die Kaperfahrer vermuteten Falschbeflaggung und falsche Schiffspässe, *Lurrendreyerey* im zeitgenössischen Sprachgebrauch[9]. Diesen Betrug nahmen englische Kaperfahrer zu dieser Zeit für nahezu jedes Schiff an, das aus Frankreich abfuhr. Daher urteilte ein zeitgenössischer Beobachter, dass die *Kriegsschiffe vom König weilen in Hoffnung das viel Lurrendreyery mit Unterschrifft, deshalb alles auffbringen was für kompt*[10]. Der Fund der Holzkiste sollte ihnen im Falle der *Hoffnung* zuletzt Recht geben.

Man kann sich die Erleichterung vorstellen, als die Offiziere im Bug des Schiffes auf die Kiste stießen und damit auf einen letzten Hoffnungsschimmer dafür, dass sie am Ende doch noch die notwendigen Beweise gefunden hatten. Der Fund dieser Kiste im Laderaum muss ihnen sofort seltsam vorgekommen sein, schon deshalb, weil sie versteckt worden war: eingeklemmt in der hintersten Ecke des Laderaums, von allen Seiten verdeckt von schweren Fässern voller Zucker, Kaffee, Butter, Leinen und Fleisch. Es war den Offizieren möglich, sie einen Spalt zu öffnen und was beim Öffnen der Kiste zum Vorschein kam, wird Grund zur Freude gewesen sein, denn Doran und Coleman hatten die sprichwörtliche Nadel im Heuhaufen gefunden. Zu Protokoll wird Doran später geben, dass sie

> »eine große Truhe voll mit Papieren im hinteren Laderaum des besagten Schiffes gefunden haben und dass dieselbe Truhe so zwischen den Fässern eingeklemmt war, dass sie gezwungen waren, fast einen halben Tag zu arbeiten, um an dieselbe heranzukommen, und es lagen einige Kleidungsstücke sowie Papiere in der besagten Truhe und […] dass unter den besagten Papieren mehrere Pakete französischer Briefe, französischer Konnossemente [Frachtbriefe, L. H.] und Wechsel waren, und sie nahmen alle besagten Papiere aus der besagten Brigg und schickten sie an Land und übergaben sie an […] Kapitän [des Kaperschiffes, L. H.] Craven, der sie nach London brachte[11].«

Das Luetkens-Archiv

Doran und Coleman waren im Bug des Schiffes auf das Geschäfts- und Briefarchiv des Kaufmanns und späteren Ratsherrn der Hansestadt Hamburg Nicolaus Gottlieb Luetkens gestoßen, damals verwahrt in einer Reisekiste, heute in drei Archivboxen

---

9   *Lurrendreyer: als Wort beim Seehandel gebraeulich, und bedeutet, was einer mit falschen Paessen, falschen Flaggen, falschen Conoissementen, falscher Fustage verbotener Waare u. d. gl. faehret.* Art. »Lurrendreyerey«, in: Michael Richey (Hg.), Idioticon Hambvrgense oder Woerter-Buch, zur Erklaerung der eigenen, in und uem Hamburg gebraeuchlichen, Nieder-Saechsischen Mund-Art, Hamburg 1755, S. 157.
10 Brief von Anthony Luetkens an Nicolaus Gottlieb Luetkens, 5. Juli 1744, TNA, HCA 30/233.
11 Examination of James Doran and Bartlet Bartholomew Coleman, 10. September 1745. Instance and Prize Courts: Examinations and Answers, Examinations 1744–1747, TNA, HCA 13/90.

(siehe Abbildung 1) überliefert[12]. Wie der Gerichtsprozess später zu Tage fördern sollte, war Luetkens der Reeder des Schiffes *Hoffnung*. Der Grund für das Verstecken der Kiste war, dass Luetkens die zwei zurückliegenden Jahre damit verbracht hatte, Frankreich zu bereisen, um sich dort als Fernhandelskaufmann zu etablieren. Dabei hatte er aktiv am französischen Markt partizipiert, sich als Reeder und Kommissionsagent im Re-Export französischer Kolonialwaren betätigt und sich damit intensiv am französischen Atlantikhandel beteiligt. Zu diesem Zeitpunkt hatte Luetkens noch keinen Hamburger Bürgerpass, das heißt, er hatte das große Bürgerrecht der Hansestadt noch nicht erworben, das die Einwohner Hamburgs nicht automatisch genossen, sondern nur auf Antrag vergeben wurde. Ohne Hamburger Bürgerrecht stand es Luetkens offen, sich in Frankreich als Kaufmann niederzulassen[13].

England war die Nähe zwischen Frankreich und Hamburg sowie jegliche Geschäftsbeziehung zwischen hanseatischen und französischen Kaufleuten jedoch ein Dorn im Auge und die englische Seite betrachtete diese als Bruch mit dem Neutralitätsgebot. Dieser Umstand war Luetkens bekannt. Er tat deshalb gut daran, sein Archiv zu verstecken. Die Seeleute an Bord der *Hoffnung* sollten später zu Protokoll geben, sie hätten den Kaufmann nervös »auf dem Deck gesehen« und sie »glaubten, er wäre der Reeder[14]«. Wie die spätere Kaperung der *Hoffnung* zeigte, war seine Nervosität berechtigt, denn tatsächlich sollten sich seine schlimmsten Befürchtungen bewahrheiten und das Archiv in die Hände der Engländer fallen. Der Inhalt der Reisekiste wurde im anschließenden Gerichtsprozess als Hauptbeweisstück gegen den Reeder geführt und nach dem Prozess, der zu großen Teilen nachteilig für den Hamburger verlief, im Gerichtsarchiv eingelagert. Luetkens bekam sein Archiv nie zurück.

Als Beweisgut des Admiralitätsgerichts lagert das Luetkens-Archiv bis heute in den National Archives in London als Teil der *Prize Papers Collection*. Dieser Bestand, der aus den erhaltenen Beweismitteln und Gerichtsakten von über 35 000 Kaperungen zwischen 1652 und 1817 besteht, wird im Akademieprojekt Prize Papers erschlossen, digitalisiert und erforscht[15]. Weil das Luetkens-Archiv als Teil der Prize Papers, das heißt als unversehrtes Kapergerichtsgut erhalten geblieben ist, handelt es sich bei diesem Bestand um eine Art Zeitkapsel. Über Jahrhunderte vergessen, enthält das Archiv noch immer sämtliche Briefe und das gesamte kaufmännische Schriftgut, das sich bereits 1745 in der Reisekiste befunden hatte: über 2200 Briefe, sowohl eingehende als

---

12 Siehe zum Hamburger Kaufmann und Ratsherren den biographischen Eintrag 2375: »Lütkens (Nicolaus Gottlieb)«, in: Hans SCHRÖDER (Hg.), Lexikon der Hamburgischen Schriftsteller bis zur Gegenwart, Hamburg 1870, S. 601–602.
13 Siehe Mary LINDEMANN, Patriots and Paupers, Hamburg, 1712–1830, New York, Oxford 1990, S. 60–63; Franklin KOPITZSCH, Zwischen Hauptrezeß und Franzosenzeit 1712–1806. Geistiger Aufbruch. Die Aufklärung, in: Werner JOCHMANN, Hans-Dieter LOOSE (Hg.), Hamburg. Die Geschichte der Stadt und ihrer Bewohner, Hamburg 1982, S. 351–414, hier S. 367; PANTEL, Hamburgische Neutralität (wie Anm. 7), S. 26.
14 Siehe Examination of Samuel Tunis, 24./26. August 1745, TNA, HCA 32/115/14.
15 Siehe https://www.prizepapers.de (24.03.2023); BEVAN, COCK, High Court of Admiralty Prize Papers (wie Anm. 6), S. 34–58; FREIST, The Prize Papers (wie Anm. 6).

auch ausgehende Korrespondenzen in den Sprachen Französisch, Deutsch und Niederländisch, zudem Rechnungen, Wechsel, Zeitungen, Frachtbriefe und Preiskuranten[16].

Neue Perspektiven

Das Luetkens-Archiv stellt ein einmaliges Zeugnis kaufmännischen Lebens, Reisens und Handelns eines Hamburger Kaufmanns im Frankreich des 18. Jahrhunderts dar. Es gewährt durch die besondere Überlieferungssituation einen weitgehend unverstellten Blick auf die Aktivitäten des Kaufmanns und seiner Geschäftspartner und Familienmitglieder in Frankreich, Hamburg und mehreren weiteren Handelsstädten im damaligen Europa. Das Besondere an diesem Geschäftsarchiv ist, dass es Dokumente eines zentralen Zeitabschnitts im Leben eines Kaufmanns enthält. Sie geben Auskunft über eine Phase, in der der kaufmännische Durchbruch gelang oder die Karriere ein jähes Ende fand: die kaufmännische Etablierungsphase.

Die erhaltenen Dokumente des Luetkens-Archivs decken die Zeit zwischen Lehre und Handelsdienerschaft auf der einen und der Eröffnung eines eigenen Handelshauses auf der anderen Seite ab, die wiederum oft mit der Heirat einherging. Diese Phase der Etablierung war von hoher Mobilität geprägt und stellte eine Zeit der Bewährung dar. Beide Merkmale weisen dieses Karrieremoment als eine entscheidende Wegmarke im Leben der Kaufleute aus. In der bisherigen Forschung hat diese Phase dennoch bisher nur wenig Aufmerksamkeit erhalten[17]. Das liegt auch daran, dass Kaufmannsarchive üblicherweise erst mit der Firmengründung beginnen und umfangreiche Bestände aus dem vorangehenden Lebensabschnitt in Archiven dadurch selten sind. Insbesondere bezogen auf Hamburger Archive sind die Bestände rar, da viele Hamburger Archivalien durch Brand oder Krieg zerstört wurden[18]. Der Erhalt des Luetkens-Archivs stellt insofern einen Glücksfall dar.

---

16 Siehe unseren ausführlichen Katalogeintrag für das Luetkens-Archiv in TNA, HCA 30/232 bis TNA, HCA 30/236, fortlaufend in Discovery zu finden: von https://discovery.nationalarchives.gov.uk/details/r/C4249188 bis https://discovery.nationalarchives.gov.uk/details/r/C4249192 (30.08.2022).

17 Standardlektüre ist noch immer Wolfgang RUPPERT, Der Bürger als Kaufmann: Erziehung und Lebensformen, Weltbild und Kultur, in: Ulrich HERRMANN (Hg.), Die Bildung des Bürgers. Die Formierung der bürgerlichen Gesellschaft und die Gebildeten im 18. Jahrhundert, Weinheim, Basel 1982, S. 287–305; DERS., Bürgerlicher Wandel. Die Geburt der modernen deutschen Gesellschaft im 18. Jahrhundert, Frankfurt a. M. 1984, S. 57–103; Peter EARLE, The Making of the English Middle Class. Business, Society and Family Life in London, 1660–1730, Berkeley, Los Angeles, Oxford 1989, S. 85–111; Paul BUTEL, La Maison Schröder et Schyler de Bordeaux. Fondation et premier essor, in: Bulletin du centre d'histoire des espaces atlantique 3 (1987), S. 3–20. Bisher gibt es zur kaufmännischen Etablierungsphase kein umfassendes Werk. Die Etablierungsphase wird jedoch in einzelnen Kapiteln bekannter wirtschaftshistorischer Standardliteratur zumindest mit erwähnt, so in Kenneth MORGAN, Introduction, in: DERS. (Hg.), The Bright-Meyler Papers: A Bristol-West India Connection, 1732–1837, Oxford 2007, S. 80–99. Siehe David HANCOCK, Citizens of the World: London Merchants and the Integration of the British Atlantic Community: 1735–1785, Cambridge 1995; Richard GRASSBY, The Business Community of Seventeenth-Century England, New York 1995.

18 Siehe Hans-Dieter LOOSE, Das Stadtarchiv der Freien und Hansestadt Hamburg im Großen Brand von 1842, in: Joachim W. FRANK, Thomas BRAKMANN (Hg.), Aus erster Quelle. Beiträge zum 300-jährigen Jubiläum des Staatsarchivs der Freien und Hansestadt Hamburg, Hamburg 2013, S. 51–84.

Das Luetkens-Archiv erlaubt Rückschlüsse auf die zentralen Etappen der Etablierungsphase als Fernhandelskaufmann im Atlantikhandel, die im Folgenden aufgezeigt werden[19]. Ebenfalls fokussiert der Artikel auf das Reiseziel Frankreich. Luetkens wählte für diese zentrale Phase seiner Karriere bewusst die französische Westküste. Sie war für Kaufleute besonders lukrativ. Die Gründe dafür lassen sich anhand von Luetkens' Beispiel aufzeigen. Schließlich wird gefragt, welche Rolle Kaufleuten wie Luetkens im System des französischen Kolonialhandels zukam.

In vielerlei Hinsicht war Luetkens ein typischer Vertreter der Gruppe hanseatischer Kaufleute im Atlantikhandel des 18. Jahrhunderts. Sein Beispiel bestätigt mehrere Faktoren und Wege deutscher Beteiligung am Atlantikhandel, die die Forschung der vergangenen Jahre als zentral herausgestellt hat. Zu nennen sind die Arbeiten von Klaus Weber, Pierrick Pourchasse, Silvia Marzagalli, Paul Butel, Mickael Augeron, Pascal Even, Peter Höfer, Wolfgang Henninger, Margaret Schulte Beerbühl und Jorun Poettering[20]. Gleichzeitig bietet das Beispiel Luetkens eine erhellende Nahperspektive auf die Etablierungsphase des Fernhandelskaufmanns, die bisher ausstand. Durch den lückenlosen Erhalt seiner reziproken Korrespondenz, die es erlaubt, Verhandlungsverläufe aus mehreren Perspektiven unterschiedlicher Briefschreiber zu beleuchten, kann der Fokus der Analyse stärker als bisher auf die geschäftliche Praxis, die konkrete Durchführung kaufmännischer Unternehmungen, die Verhandlungsprozesse und das Taktieren der Akteure vor Ort und in den brieflichen Verhandlungen gerichtet werden. Trotz makroökonomisch günstiger Bedingungen, so zeigt es diese Perspektive, war die tatsächliche Handelspraxis bei Luetkens durchgängig von

---

19 Ausführliche Analysen zu diesen Etappen finden sich in Lucas Haasis, The Power of Persuasion. Becoming a Merchant in the 18th Century, Bielefeld 2022.

20 Klaus Weber, Deutsche Kaufleute im Atlantikhandel 1680–1830. Unternehmen und Familien in Hamburg, Cadiz und Bordeaux, München 2004; ders., German Merchants in the Atlantic Trade of Colonial Goods and European Manufactured Goods, Linking Hamburg, Cadiz, and Bordeaux (1700–1830), in: Jahrbuch für Europäische Überseegeschichte 1 (2000), S. 169–174; Pierrick Pourchasse, Le commerce du Nord. La France et le commerce de l'Europe septentrionale au XVIIIe siècle, Rennes 2006; Pierrick Pourchasse, Dynamism and Integration of the North European Merchant Communities in French Ports in the 18th Century, in: Victor N. Zakharov, Gelina Harlaftis, Olga Katsiardi-Hering (Hg.), Merchant Colonies in the Early Modern Period, London, New York 2016, S. 45–60; Silvia Marzagalli, Négoce et politique des étrangers en France à l'époque moderne: discours et pratiques de rejet et d'intégration, in: Mickael Augeron, Pascal Even (Hg.): Les étrangers dans les villes-ports atlantiques. Expériences françaises et allemandes, XVe–XIXe siècles, Paris 2010, S. 45–62; Paul Butel, Le négoce international en France au XVIIIe siècle, in: François M. Crouzet (Hg.), Le négoce international: XIIIe–XXe siècle, Paris 1989, S. 140–152; Paul Butel, Les négociants allemands de Bordeaux dans la deuxième moitié du XVIIIe siècle, in: Jürgen Schneider (Hg.), Wirtschaftskräfte und Wirtschaftswege. Festschrift für Hermann Kellenbenz, Bd. 2: Wirtschaftskräfte in der europäischen Expansion, Stuttgart 1978, S. 589–611; Peter Höfer, Deutsch-französische Handelsbeziehungen im 18. Jahrhundert: die Firma Breton frères in Nantes (1763–1766), Stuttgart 1977; Wolfgang Henninger, Johann Jakob von Bethmann 1717–1792. Kaufmann, Reeder und kaiserlicher Konsul in Bordeaux, 2 Bde., Bochum 1993; Margrit Schulte Beerbuehl, Deutsche Kaufleute in London: Welthandel und Einbürgerung (1660–1818), München 2007; Jorun Poettering, Handel, Nation und Religion: Kaufleute zwischen Hamburg und Portugal im 17. Jahrhundert, Göttingen 2013. Bezogen auf Reisepraxis knüpft der Artikel an aktuelle Forschungen zu Frankreich und England an: Gábor Gelléri, Lessons of Travel in Eighteenth-century France. From Grand Tour to School Trips, Woodbridge 2020; Richard Ansell, Complete Gentlemen. Educational Travel and Family Strategy, 1650–1750, Oxford 2022.

Anpassungsleistungen und Improvisation, aber auch von einem gewissen Kalkül und Pragmatismus geprägt. Selten liefen die Geschäfte reibungslos. Die erhaltenen Briefe belegen eindrucksvoll, wie Luetkens trotz der in Frankreich bereits gebotenen legalen Möglichkeiten zusätzlich aktiv Grauzonen im französischen Wirtschaftssystem nutzte und sie für seine Zwecke instrumentalisierte.

In der Kaufmannsforschung der letzten Jahre überwog der Blick auf Kaufleute und Firmen, die sich über Naturalisierung, also durch Einbürgerung, oder durch Heirat in Frankreich den Direktzugang zum französischen Markt und zu den Kolonien verschafften. Die Schiffe der naturalisierten Kaufleute fuhren unter französischer Flagge. Ein Schwerpunkt der Forschung liegt auf der zentralen Rolle dieser Kaufleute im französischen Sklavenhandel[21]. Luetkens war zur Zeit seiner Etablierung nicht im Direkthandel mit den französischen Kolonien aktiv, da ihm dies legal nicht gestattet war, sondern war ausschließlich als Re-Exporteur französischer Güter aus Frankreich und als logistischer Dienstleister tätig.

Dieser Typus des Fernhandelskaufmanns als Mittelsmann, gewissermaßen als kolonialer Kaufmann in zweiter Reihe, stand in der bisherigen Forschung seltener im Fokus und viele der Namen dieser Händler sind heute – dies trifft auch auf Luetkens zu – weitgehend unbekannt. Weniger zentral für den Fernhandel als Kaufleute wie Friedrich Romberg, Heinrich Carl von Schimmelmann oder die Gebrüder Bethmann – um einige Namen der aktuellen Kaufmannsforschung zu nennen – waren diese Kaufleute gleichwohl nicht. Auch der Typus des Kaufmanns als Mittelsmann, Abnehmer und Nutznießer des französischen Systems, lässt sich an dieser Stelle thematisieren, gerade weil die vielen Mittler-Kaufleute wie Luetkens angesichts ihrer großen Anzahl das koloniale System Frankreichs stützten.

Ein zentraler Aspekt hinsichtlich der Kaufmannsforschung ist, dass wirtschaftsgeschichtliche Perspektiven mit mikrogeschichtlichen Ansätzen kombiniert und dadurch nuanciert werden, insbesondere im Hinblick auf die Analyse der konkreten Durchführung kaufmännischer Praktiken vor Ort. David Hancock hat mit seinen Arbeiten zu »Citizens of the World« und bezogen auf die Briefe des Kaufmanns William Freeman hier den Weg bereitet[22]. Aktuell arbeiten auch Anka Steffen und Magnus Ressel sowie Torsten Dos Santos Arnold zu deutschen Kaufleuten im Atlantikhandel, deren Studien neben dem in diesem Artikel präsentierten Beispiel erwarten lassen, dass sich das Forschungsfeld in den nächsten Jahren weiter dynamisieren wird[23].

---

21 Siehe Klaus WEBER, Mitteleuropa und der transatlantische Sklavenhandel: Eine lange Geschichte, in: WerkstattGeschichte 66–67 (2014), S. 7–30; siehe DERS., Deutschland, der atlantische Sklavenhandel und die Plantagenwirtschaft der Neuen Welt, in: Journal of Modern European History 7 (2009), S. 37–67; Magnus RESSEL, Hamburg und die Niederelbe im atlantischen Sklavenhandel der Frühen Neuzeit, in: WerkstattGeschichte 66–67 (2014), S. 75–96. Siehe Sarah LENTZ, Rebekka VON MALLINCKRODT, Josef KÖSTLBAUER (Hg.), Beyond Exceptionalism: Traces of Slavery and the Slave Trade in Early Modern Germany 1650–1850, Berlin 2021; Felix BRAHM, Eve ROSENHAFT (Hg.), Slavery Hinterland. Transatlantic Slavery and Continental Europe, 1680–1850, Woodbridge 2016.
22 Siehe HANCOCK, Citizens of the World (wie Anm. 17); siehe DERS., The Letters of William Freeman, London Merchant, 1678–1685, London 2002.
23 Siehe Magnus RESSEL, The Global Presence of Merchants from the German Empire: Linking the Continental Overland and Seaborne Trade, in: Margrit SCHULTE BEERBUEHL, Heike KNORTZ

Eine mikrogeschichtliche Erweiterung der Wirtschaftsgeschichte und die Verfügbarkeit möglichst differenzierter Fallstudien sind lohnend, denn wie Lawrence Stone beschrieb, erlaubt es gerade diese

> »Suchscheinwerfer-Methode, bei der ein einzelnes Ereignis in allen Einzelheiten aufgezeichnet wird [...], vorausgesetzt, es wird sehr sorgfältig in seinen Gesamtzusammenhang gestellt, [...] ein ganzes soziales System [und ebenso Wirtschaftssysteme, L. H.] zu beleuchten[24].«

Wie in diesem Artikel gezeigt wird, bedeutet Mikrogeschichte zu betreiben entsprechend, anhand eines begrenzten Beobachtungsfelds über die Methode einer dichten Kontextualisierung des jeweiligen Fallbeispiels zu detaillierten Erkenntnissen über allgemeinere Phänomene zu gelangen[25].

Nicolaus Gottlieb Luetkens

Nicolaus Gottlieb Luetkens oder Lütkens (1716–1788) entstammte einer bürgerlichen Familie aus Hamburg-Billwerder. Sein Vater und Großvater waren Pastoren, seine Onkel Kaufleute. Wie damals typisch für bürgerliche Familien, schlugen die Söhne ähnliche Karrierewege ein wie ihre Väter und Onkel[26]. Inwieweit die Luetkens-Brüder hierbei volle Entscheidungsfreiheit genossen, lässt sich heute nur noch schwer rekonstruieren. Die Wahl des jeweiligen Karrierewegs, so verraten es zumindest die später zwischen den drei Brüdern gewechselten Briefe, scheint jedoch nicht gegen ihren Willen geschehen zu sein. Nicolaus Gottlieb und sein jüngster Bruder Anton wurden Kaufleute, der mittlere Bruder Joachim Pastor. Der älteste der Brüder, Nicolaus Gottlieb, begab sich nach der Lehre auf Auslandsreise, sein Bruder Joachim auf Bildungsreise nach England. Nicolaus Gottlieb hatte seine Ausbildung im Handelshaus des Niederländers David Speelmeyer absolviert. Seine Ausbildung war also praktisch ausgerichtet, während Joachim studierte. Nach der Lehre war Nicolaus

---

(Hg.), Migrationsforschung – interdisziplinär und diskursiv. Internationale Forschungserträge zu Migration in Wirtschaft, Geschichte und Gesellschaft, Göttingen 2021, S. 239–270; siehe Romberg-Projekt von Magnus Ressel: https://www.geschichte.uni-frankfurt.de/102309703/Romberg_Projekt (24.03.2023).
Siehe Anka Steffen, Klaus Weber, Spinning and Weaving for the Slave Trade: Proto-Industry in Eighteenth-Century Silesia, in: Brahm, Rosenhaft, Slavery Hinterland (wie Anm. 21), S. 87–107; Torsten dos Santos Arnold, Atlantic Sugar and Central Europe: Sugar Importers in Hamburg and their Trade with Bordeaux and Lisbon, 1733–1798, in: Jutta Wimmler, Klaus Weber (Hg.), Globalized Peripheries. Central Europe and the Atlantic World, 1680–1860, Woodbridge 2020, S. 99–116.

24 Lawrence Stone, The Revival of Narrative: Reflections on a New Old History, in: Past and Present 85/11 (1979), S. 3–24, hier S. 13–14.
25 Siehe Hans Medick, Mikro-Historie, in: Winfried Schulze (Hg.), Sozialgeschichte, Alltagsgeschichte, Mikro-Historie – eine Diskussion, Göttingen 1994, S. 40–53; Giovanni Levi, On Microhistory, in: Peter Burke (Hg.), New Perspectives on Historical Writing, Cambridge 1991, S. 93–113.
26 Rebekka Habermas, Frauen und Männer des Bürgertums: Eine Familiengeschichte (1750–1850), Göttingen 2002, S. 3–5; Richard van Duelmen, Kultur und Alltag in der Frühen Neuzeit. Erster Band. Das Haus und seine Menschen 16.–18. Jahrhundert, München 2005, S. 114–122.

Gottlieb zunächst Handelsdiener bei Speelmeyer geblieben. Als Angestellter war er mit mehr Befugnissen im Handelshaus ausgestattet als der Lehrling. Zu seinem Aufgabenbereich gehörte nun auch, die auswärtige Korrespondenz zu führen oder Kundenbesuche vorzunehmen. Nach der Handelsdienerschaft zog es Luetkens ins Ausland, um, wie damals nahezu obligatorisch für Söhne aus dem bürgerlichen oder adligen Stand, Erfahrungen eines weltgewandten Reisenden und die nötigen Sprachkenntnisse zu erwerben[27]. Teils zog es junge Kaufleute bereits während ihrer Lehre ins Ausland, wie dies Mark Häberlein und Marijke van der Wal in ihren Forschungen zur Familie Endorfer im 17. Jahrhundert und der Familie Heusch im 18. Jahrhundert anschaulich belegen.[28]

Da Luetkens' Vater früh verstarb, war Nicolaus Gottlieb, trotz der Unterstützung durch die Onkel, bei Antritt der Reise nach seiner Zeit im Hause von Speelmeyer vornehmlich auf sich selbst gestellt. Er erwarb jedoch schnell ein großes Unterstützernetzwerk an Handelspartnern, das ihm auch über die Zeit der Etablierung hinaus erhalten blieb. Dieses Netzwerk war einer der zentralen Gründe für seinen kaufmännischen Aufstieg. Das Bild des sogenannten *Selfmademan*, das heute oft bemüht wird, traf auf Luetkens nicht zu; vielmehr fußte sein Erfolg maßgeblich auf der Unterstützung anderer Kaufleute. Seine erste Reise führte ihn ab 1739 nach England, in die Niederlande, nach Spanien und Frankreich. Für seine zweite Reise, die durch das Luetkens-Archiv belegt ist, zog es ihn ausschließlich nach Frankreich, das er zu diesem Zeitpunkt wohl bereits als dasjenige Land auserkoren hatte, auf das er sich als Geschäftsmann konzentrieren wollte. Wie er später schrieb, war sein Ziel,

> *nach zurückgelegten Dienst=Jahren [...] sich in der Handlung zu habilitiren* [zu welchem Zweck er] *von hier in fremde Länder, als Holland, Engelland, Frankreich, Spanien pp. verreiset, nach zurückgelegten solchen Reisen aber wieder anhero gekommen sey, ferner,* [habe er vorgehabt,] *hierauf nochmahl eine Reise nach fremde Länder vorzunehmen, um sich Correspondence und Freunde an auswärtigen Örtern zu erwerben*[29].

Die Reise nach Frankreich diente demnach dem Zweck, sich in den Geschäftspraktiken des Fernhandels weiter zu schulen, wichtige Kontakte zu knüpfen und französische Lebensformen kennenzulernen. Letzteres wird sich Jahre später darin widerspiegeln, dass Luetkens, nachdem er durch den kolonialen Zuckerhandel zu großem Vermögen gelangt war, seine *Bel Étage* in seinem Kaufmannshaus im französischen *Louis-Seize*-Stil vertäfeln ließ. Der Raum ist heute noch im Hamburger Museum für

---

27 Siehe Ansell, Complete Gentlemen (wie Anm. 20), S. 20.
28 Siehe Mark Häberlein, Hans-Jörg Künast, Irmgard Schwanke (Hg.), Die Korrespondenz der Augsburger Patrizierfamilie Endorfer 1620–1627. Briefe aus Italien und Frankreich im Zeitalter des Dreißigjährigen Krieges, Augsburg 2010; Marijke van der Wal, Koopmanszoon Michiel Heusch op Italiëreis: brieven van het thuisfront (1664–1665), Hilversum 2019.
29 Summarische Deposition abseiten des erbaren Nicolas Gottlieb Lütkens und der erbaren Hertzer et von Bobart, d. 27. September 1745. Attestation of Anthony Lutkens exhibited by Crespigny, 5. September 1745, TNA, HCA 32/143/17.

Kunst und Gewerbe ausgestellt[30]. Den Grundstein für seinen späteren Reichtum legte Luetkens während der Etablierungsphase in Frankreich.

Etablierungsphase in Frankreich

Der Grund für Luetkens' Reise nach Frankreich war die Absicht, dort seine Etablierung als Fernhandelskaufmann zu vollziehen. Zum Zeitpunkt der Kaperung des Schiffes *Hoffnung* war ihm dieser Schritt bereits geglückt. Im August 1745 befand er sich auf der Heimreise nach Hamburg, wo ihn seine zukünftige Frau sowie der Geschäftspartner seines Handelshauses erwarten sollten. Durch die Kaperung wurde Luetkens das Geschäftsarchiv also zum denkbar ungünstigsten Zeitpunkt entwendet: direkt zu Beginn seiner Karriere als niedergelassener Kaufmann. Gerade in dieser Phase sämtliche geschäftliche Unterlagen zu verlieren, war ein herber Verlust. Für die Forschung hingegen ist es ein Gewinn, denn die erhaltenen Briefe dokumentieren im Detail die Etappen seiner Etablierungsphase.

Auf Grundlage der Analyse des Luetkens-Archivs konnten fünf entscheidende Schritte und Tätigkeitsfelder einer kaufmännischen Etablierungsphase identifiziert werden[31]. Dazu gehören der Kommissionshandel, die Reederei, der Hochrisikohandel, worunter im Falle von Luetkens der Handel mit Prisen und der Mittelmeerhandel fielen, sowie die Suche nach einem Geschäftspartner für die Gründung eines eigenen Handelshauses und schließlich die Heirat als letzte Etappe der Etablierung[32]. Diese konkreten Schritte ebneten dem Hamburger den Weg zu einer Karriere als Fernhandelskaufmann im Atlantikhandel des 18. Jahrhunderts. Zugleich blieben diese Schritte nicht ohne Rückschläge. Für diese wiederum fanden die Kaufleute alternative Lösungswege, die nicht selten Insidergeschäfte oder die Nutzung rechtlicher Grauzonen miteinschlossen. Auch diese Praktiken gehörten – so lässt sich aus Luetkens' Beispiel schließen – zur Etablierung als Kaufmann dazu. Das französische Wirtschaftssystem ließ Raum für derartige Praktiken, man könnte sogar sagen, dass es diese explizit förderte.

Frankreich

Mitte des 18. Jahrhunderts prosperierte die französische Wirtschaft[33]. Nicht nur für einheimische, sondern auch für ausländische Kaufleute bildete das Königreich einen lukrativen Wirtschaftsstandort. Gegen die lang vorherrschenden Vorstellungen vom

---

30 *Louis-Seize*-Raum mit Vertäfelung, von ca. 1775, die einst im Kaufmannshaus des Senators N. G. Luetkens in der Katharinenstraße 17 in Hamburg zu finden war, Museum für Kunst und Gewerbe, Hamburg.
31 Siehe weiterführend Haasis, The Power of Persuasion (wie Anm. 19).
32 Siehe zur Heiratsanbahnung Lucas Haasis, Buying Patience: Ordering and Purchasing Wedding Jewellery and Furniture through Intimate Networks during Eighteenth-Century Mercantile Marriage Initiation and Preparation, in: Itinerario 46/3 (2022), S. 356–370.
33 Silvia Marzagalli, The French Atlantic World in the Seventeenth and Eighteenth Centuries, in: Nicholas Canny, Philip Morgan (Hg.), The Oxford Handbook of the Atlantic World, c. 1450–c. 1820, Oxford 2011, S. 235–251; Paul Butel, France, the Antilles, and Europe in the Seventeenth and Eighteenth Centuries: Renewals of Foreign Trade, in: James D. Tracy (Hg.), The Rise of Merchant Empires: Long-Distance Trade in the Early Modern World, 1350–1750, Cam-

abgeschotteten merkantilistischen Ancien Régime hat die Forschung gezeigt, dass in den Handelsstädten Frankreichs große Gruppen ausländischer Kaufleute, insbesondere deutscher, damals so genannter *Nationen*, auf Französisch *les colonies germaniques*, aktiv am französischen Handel partizipierten[34]. Hamburger Kaufleute, die durch das Neutralitätsgebot der Hansestadt von den Kriegshandlungen und Sanktionen der Kriegsparteien ausgenommen waren, spielten eine wichtige Rolle in der Wirtschaft der kolonialen Großmacht Frankreich – eine Rolle, von der die ausländischen Kaufleute selbst profitierten. Doch wie gelang es Hamburger Kaufleuten im französischen Wirtschaftssystem Fuß zu fassen und worauf gründete ihr wirtschaftlicher Erfolg? Dafür gibt es fünf Gründe, die im Folgenden vorgestellt werden und welche zugleich wesentliche Aspekte der hamburgisch-französischen Beziehungen im 18. Jahrhundert veranschaulichen.

Geschäftspraktiken

Tatsächlich schloss die französische Wirtschaftspolitik diejenigen ausländischen Kaufleute, die nicht zur Einbürgerung oder Einheirat in französische Kaufmannszirkel gewillt waren, vom direkten Handel mit den französischen Kolonien aus. Dies entsprach der merkantilistischen Grundausrichtung des französischen Wirtschaftssystems. Grundlage dafür war der 1671 eingeführte *droit d'exclusive* oder *l'exclusive*, das französische Merkantilgesetz, das alle Handelsaktivitäten mit den Kolonien ausschließlich französischen Kaufleuten vorbehielt[35]. Kern dieser Regelung war, dass

> »ausländische Schiffe von den kolonialen Häfen ausgeschlossen und die französischen Exporte in die Kolonien von allen Zöllen befreit wurden. Diese Beschlüsse legten den Grundstein für das, was später als exklusives System bezeichnet wurde: eine Politik, die Ausländer vom direkten, kolonialen Handel ausschloss und die Kolonien verpflichtete, ausschließlich mit den Häfen und Kaufleuten des Mutterlandes zu handeln[36].«

Diese rechtlichen Beschränkungen hielten Hamburger Kaufleute wie Luetkens jedoch nicht davon ab, nach Frankreich zu reisen und dort Handel zu treiben. Im französischen Mutterland betätigten sie sich im Re-Export und Weitertransport von Kolonialwaren nach Hamburg und Mitteleuropa. Erlaubt war ihnen insbesondere der

---

bridge 1990, S. 102–152; Paul BUTEL, L'économie française au XVIIIe siècle, Paris 1993; François CROUZET, Wars, Blockade, and Economic Change in Europe, 1792–1815, in: Stanley ENGERMAN (Hg.), Trade and the Industrial Revolution, 1700–1850, vol. 2, Cheltenham 1996, S. 191–212.

34 Siehe WEBER, Deutsche Kaufleute (wie Anm. 23); DERS., The Atlantic Coast of German Trade. German Rural Industry and Trade in the Atlantic, 1680–1840, in: Itinerario 26/2 (2002), S. 99–119; BUTEL, Les négociants allemands (wie Anm. 20); Alfred LEROUX, La colonie germanique de Bordeaux: Étude historique, juridique, statistique, économique, d'après les sources allemandes et françaises, t. 1, De 1462 à 1870, Bordeaux 1918, S. 45–149.

35 Siehe HUHN, Die Handelsbeziehungen zwischen Frankreich und Hamburg (wie Anm. 8), S. 87–88; WEBER, Deutsche Kaufleute (wie Anm. 23), S. 14–15, 56, 159–165, 277; Jean TARRADE, Le commerce colonial de la France à la fin de l'Ancien Régime. L'évolution du régime de »l'Exclusif« de 1763 à 1789, 2 Bde., Paris 1972, Band 1, S. 83–112; Gillian THOMPSON, Pierre BOULLE, France Overseas, in: William DOYLE (Hg.), Old Regime France 1648–1788, Oxford 2011, S. 105–138.

36 MARZAGALLI, The French Atlantic World (wie Anm. 33), S. 184–185.

Handel mit Überschusswaren, die auf dem französischen Markt keine Abnehmer fanden. Darunter fielen auch Waren aus gekaperten Prisen. Luetkens baute zum Zwecke der Redistribution französischer Waren während seiner Reise ein dichtes logistisches Versorgungs- und Unterstützungsnetz und eine regelmäßig verkehrende Schiffsverbindung zwischen Hamburg und den wichtigsten Umschlaghäfen des Atlantikhandels auf: Bordeaux, Brest, Lorient, Bayonne, St. Malo, Nantes, La Rochelle, aber auch San Sebastian und Bilbao.

In diesen Handelsstädten in Frankreich und Nordspanien übernahmen ausländische Kaufleute die Rolle von Agenten, Zwischenhändlern und Mittelsmännern. Eines ihrer hauptsächlichen Betätigungsfelder wurde der Kommissionshandel. Luetkens selbst betätigte sich auch im Kommissionsgeschäft in England über seine Verbindungen zu seinem Onkel Anthony Luetkens in London, der dort – wie es in England im Gegensatz zu Frankreich verpflichtend für die Beteiligung am Handel war – eingebürgert war. In Frankreich war diese Geschäftssparte jedoch durch die vielen ausländischen Kaufleute in den Hafenstädten, denen es ohne Naturalisierung erlaubt war sich am Handel zu beteiligen, besonders ausgeprägt.

Kommissionshandel bedeutete, dass Kaufleute wie Luetkens als Kommissionäre Waren auf Rechnung anderer Kaufleute kauften oder verkauften, zum Beispiel für französische Handelspartner, oder diese Kommissionswaren auf eigene Rechnung verschifften. Die Kommissionsagenten übernahmen die praktische Abwicklung der Unternehmung und erhielten dafür eine Provision von meist 2 % des Verkaufserlöses. Die Vorteile dieser Praxis lagen auf der Hand: Auf diese Weise konnte Luetkens die kolonialen Beschränkungen legal umgehen und sich dennoch Zugang zu den Märkten für Zucker, Kaffee oder Tabak verschaffen. Gleichzeitig war es ihm möglich, eine sehr breite Produktpalette anzubieten und dem Prinzip von Angebot und Nachfrage zu folgen. Die Kolonialmächte wiederum profitierten von einem größeren Absatz- und Vertriebsgebiet für ihre Waren, unter anderem auch im Ostseeraum und im Hinterland des Heiligen Römischen Reiches[37]. Es ist anzunehmen, dass ohne diese Erweiterung der Absatzgebiete die koloniale Wirtschaft Frankreichs und deren enormes Wachstum weniger ausgeprägt, wenn nicht gar durch eine Übersättigung des französischen Marktes weniger funktionsfähig gewesen wäre. Wie Felix Brahm und Eve Rosenhaft aufzeigen konnten, ist die prosperierende Wirtschaft Mitteleuropas letztlich nur durch die Einbindung in den atlantischen Markt zu verstehen.[38]

Luetkens war sehr aktiv im Kommissionshandel. Er verfügte während seiner Etablierungsphase über ein breites Produktportfolio und handelte mit Kolonialwaren: Zucker, Kaffee, Tabak, Tee, Reis, Indigo, Cochenille, Baumwolle, Pelzen und Elfenbein. Französische Inlandsprodukte waren Wein, Branntwein und Cognac, Honig, Wachs und Rehleder. Aus Hamburg und dem norddeutschen Umland kamen nach Frankreich (und England) Holz und andere Schiffsbaumaterialien sowie Leinen. Die

---

37 Siehe HANCOCK, Citizens of the World (wie Anm. 17), S. 81; Francesca TRIVELLATO, The Familiarity of Strangers. The Sephardic Diaspora, Livorno, and Cross-Cultural Trade in the Early Modern Period. New Haven, London 2009, S. 153–176; HENNINGER, Bethmann (wie Anm. 20), S. 102–134; Henry ROSEVEARE, Markets and Merchants of the Late Seventeenth Century: The Maresco-David Letters 1668–1680, Oxford 1987, S. 20–21.
38 Siehe BRAHM, ROSENHAFT, Slavery Hinterland (wie Anm. 21), insbesondere die Introduction, S. 1–24.

Nachfrage nach Baumaterialien und Leinen war in Frankreich aufgrund des Ausbaus der französischen Flotte und der Nachfrage zur Ausstattung der Plantagen sehr hoch[39]. Der Kommissionshandel bot zu Beginn der Karriere als Fernhandelskaufmann eine verhältnismäßig stabile Einnahmequelle, was diesen Handelszweig für Luetkens besonders attraktiv machte[40]. Später spezialisierte sich der Kaufmann auf den Zuckerhandel, importierte raffinierten oder auch unraffinierten Zucker und Melasse nach Hamburg, die dort in Zuckerraffinerien weiterverarbeitet wurden[41].

Die Analyse der Luetkens-Briefe erlaubt einen nuancierten Blick in die Abläufe des Kommissionsgeschäfts, die Kooperationsformen und Taktiken, sowie Luetkens Reaktionen auf lokale Angebote. So wurde Luetkens im April 1744 auf einen Tipp seines langjährigen Handelspartners Johann Jakob Bethmann hin, der wiederum Proben von François Jourdain, hugenottischer Kaufmann in Brest, zugesandt bekommen hatte, auf eine Ladung von *224 Bouc*[cands] & *113 Oxh*[oft] [ein Fässermaß, L. H.] braunem, unraffiniertem *sucre muscovado* in Brest aufmerksam gemacht[42]. Dieser Zucker wurde bei einer Auktion des spanischen Admiralitätsgerichts in San Sebastian angeboten, entstammte einem gekaperten englischen Schiff, das in Brest vor Anker lag und wurde durch den Gerichtshof als Prisengut angeboten. Luetkens investierte sowohl in den Kauf von Prisenschiffen als auch in Prisenwaren – eine lukrative Geschäftssparte, denn ausländischen Kaufleuten war es gestattet, dieses Prisengut direkt zu beziehen und als französische Waren weiter zu handeln. Gleichzeitig war der Handel mit Prisengut ein Risikogeschäft, denn bis auf Stichproben wurde die Ware ungesehen gekauft. Luetkens ersteigerte den Zucker über Mittelsmänner in San Sebastian, zum einen, um nicht selbst dorthin reisen zu müssen, zum anderen um Zollzahlungen zu umgehen. Den Einkauf tätigten für ihn Nicolas und Jean Darragory, hugenottische Kaufleute aus einer angesehenen, alteingesessenen französischen Kaufmannsfamilie, die sich in San Sebastian niedergelassen hatten. Der Zucker wurde in Brest aus- und umgeladen sowie umdeklariert. Vor Ort nahm die Inspektion des Zuckers Elart von Bobartt vor, Luetkens' Handelspartner aus Nantes. Luetkens verschiffte den Zucker daraufhin auf Rechnung seiner Hamburger Handelspartner Hertzer & von Bobartt von Brest nach Hamburg, während er selbst den gesamten Zeitraum über in Bordeaux weilte. Hertzer & von Bobartt wiederum sollten den Zucker in Hamburg verkaufen. Für die *Factura*, die Einkaufsrechnung für den Zucker in Frankreich, einigte man sich darauf, die Information, dass es sich um englisches Prisengut handelte, auszusparen. Es wäre auch in der Versicherung »nicht nötig zu spezifizieren« [*niet nodig te expliquert*], dass es sich um Prisengüter handelte, stattdessen sollte nur ausgewiesen werden, dass sie »gekauft und geladen wurden auf Rechnung« [*gecocht en geladen voor Reekning*] von Hamburger Freun-

---

39 Siehe WEBER, Atlantic Coast of German Trade (wie Anm. 34), S. 101, 229.
40 Siehe HANCOCK, Citizens of the World (wie Anm. 17), S. 81; TRIVELLATO, The Familiarity of Strangers (wie Anm. 37), S. 153–176.
41 Siehe Astrid PETERSSON, Zuckersiedergewerbe und Zuckerhandel in Hamburg im Zeitraum von 1814 bis 1834. Entwicklung und Struktur zweier wichtiger Hamburger Wirtschaftszweige des vorindustriellen Zeitalters, Stuttgart 1998, S. 41–59.
42 Brief von Hertzer & von Bobartt an Nicolaus Gottlieb Luetkens, 6. April 1744, TNA, HCA 30/234.

den[43]. Um den Verdacht erst gar nicht aufkommen zu lassen, dass es sich bei der Ware um Prisengüter handelte, wurde zudem Brest als Verkaufsort angegeben, wo das Schiff vor Anker lag, und nicht San Sebastian, wo die Auktion stattfand. Der Erlös aus dem Verkauf des Zuckers in Hamburg lag am Ende 18 % über dem Einkaufswert. Luetkens hatte somit einen großen Gewinn erzielt ohne die Waren ein einziges Mal gesehen zu haben: Vorteil des Kommissiongeschäfts und seiner guten Verbindungen nach Frankreich und Spanien und nicht zuletzt ein Hinweis auf das Gespür der Kaufleute, Grauzonen innerhalb des französischen Systems zu nutzen.

Nicht nur im Handel mit Prisen, sondern generell im An- und Verkauf sowie der Vermietung von Schiffen betätigten sich Hamburger Kaufleute häufig. Wie bereits im Fall des Kommissionhandels stellte dieser Geschäftszweig für Luetkens eine sichere Einkommensquelle dar. Am Ende seiner Frankreichreise unterhielt der Kaufmann neun Handelsschiffe unter Hamburger Flagge, die zwischen Frankreich und der Nordsee, aber auch im Mittelmeer verkehrten. Mit ihrem Reedereigeschäft stellten Kaufleute wie Luetkens eine attraktive, vergleichsweise sichere logistische Infrastruktur für französische Kaufleute zur Verfügung.

Wiederum lässt der Blick in die Korrespondenzen die Feinheiten des Reedereigeschäfts erkennen, das auch in diesem Fall nicht ohne individuelle Lösungen am Rande der Legalität auskam. Zur Analyse der Reedereitätigkeit von Kaufleuten genügt es demnach ebenfalls nicht, nur staatliche Regelungen zu betrachten, sondern auch die individuellen. Die Praxis vor Ort erforderte auch hier Anpassungsleistungen. Ziel der Hamburger Reedereitätigkeit war die Verschiffung eigener Kommissionsware oder der Kommissionsware anderer Kaufleute unter neutraler Flagge. Das Problem für Luetkens war, dass er das Hamburger Bürgerrecht noch nicht erworben hatte, aus dem genannten Grund, sich die Möglichkeit einer Niederlassung in Frankreich offenzuhalten. Er konnte damit für seine Schiffe jedoch auch keinen Hamburger Pass erstehen, ebenso wenig konnte der Kaufmann seine Schiffe jedoch unter französischer Flagge fahren lassen. Dieses Problem löste Luetkens, indem er seine Schiffe pro forma auf seinen Bruder Anton Luetkens, seines Zeichens Lehrling in Hamburg, überschreiben ließ, während er selbst sie daraufhin zurückmietete und weiterhin unterhielt. Anton musste für dieses Geschäft das Große Hamburger Bürgerrecht erwerben. Nicolaus Gottlieb agierte also erneut in einer rechtlichen Grauzone. Vielsagend für sein kaufmännisches Vorgehen ist, wie Nicolaus Gottlieb seinen Bruder überzeugte, entsprechend mitzuwirken. Er schickte ihm einen Brief mit dem Angebot. Diesem legte er einen unversiegelten Brief an Antons Lehrherren Luer Luers bei. Wollte Anton auf das Angebot eingehen, musste er diesen Brief nur selbst versiegeln und an seinen Dienstherren übergeben oder den Brief andernfalls verbrennen. Luetkens gewährte seinem Bruder also eine gewisse Entscheidungsfreiheit. Gleichzeitig spielte er auf Antons brüderliche Loyalität an, indem er schrieb: *ich zweyffelle nicht lieber Bruder oder du wirst mir hierin zustimmen [...] das die*

---

43 Brief von Nicolaus Gottlieb Luetkens an Cornelis de Meyere & Soonen, 24. März 1744, TNA, HCA 30/232, Briefbuch III, no. 17.

*Sache ins Werk mach kommen*⁴⁴. Wie konnte der jüngere Bruder vor diesem Hintergrund ablehnen?

Nimmt man beide Geschäftsfelder, Kommissionsgeschäft und Reederei, zusammen, so lag das Hauptbetätigungsfeld von Nicolaus Gottlieb Luetkens in Frankreich im Re-Export von Kolonialwaren in Richtung der nordöstlichen Märkte, und zwar auf eigenen Schiffen. Das Besondere an dieser Rolle der Hamburger Kaufleute als Zwischenhändler und wichtiges Scharnier zwischen den Märkten war, dass sie ungeachtet der merkantilistischen Politik Frankreichs auf diese Weise ungehindert tätig sein konnten und von den französischen Wirtschaftsakteuren nicht nur toleriert, sondern als Handelspartner akzeptiert und integriert wurden. Hamburger Kaufleute verhalfen der französischen Wirtschaft dadurch dazu, das kommerzielle Überangebot, das im Mutterland durch die Sättigung des Marktes vorherrschte, aktiv auszugleichen und trugen so zum wirtschaftlichen Wachstum bei⁴⁵. Wie Pierrick Pourchasse zeigen konnte, übernahmen hanseatische Kaufleute nahezu den gesamten Weitertransport französischer Waren nach Mitteleuropa und ins Baltikum⁴⁶. Diese Tatsache veranlasste einen heute unbekannten Schriftsteller zu der treffenden Einschätzung, dass die ausländischen Kaufleute in Frankreich letztlich

»von unermesslichem Wert für unsere Wirtschaft [*d'une utilité infinite pour le commerce*] waren, es ist sicher, dass unsere Wirtschaft ohne sie schrumpfen würde, und wer unter unseren Kaufleuten könnte die Art von Geschäften machen, die sie machen [*les memes affaires qu'ils fond*]?⁴⁷«

Privilegien

Ein zusätzlicher Anreiz für Hamburger Kaufleute nach Frankreich zu reisen und dort Handel zu treiben, bestand darin, dass sie dort Privilegien genossen. Hamburger Kaufleuten war es gestattet, in den französischen Städten eigene Geschäftsräume und Lagerhäuser zu mieten. Es galt Niederlassungsfreiheit. »Ein Hamburger Kaufmann, der in eigener Sache oder für eine Firma nach Frankreich reiste, konnte sich dort ohne besondere Formalitäten in einer Stadt niederlassen und ein Zimmer neh-

---

44 Brief von Nicolaus Gottlieb Luetkens an Anton Luetkens, 5. Mai 1744, TNA, HCA 30/232, Briefbuch I, no. 1.
45 Siehe Silvia MARZAGALLI, Trade across Religious Boundaries in Early Modern France, in: Francesca TRIVELLATO, Leor HALEVI, Catia ANTUNES (Hg.), Religion and Trade: Cross-Cultural Exchanges in World History, 1000–1900, Oxford, NewYork 2014, S. 169–191; Pierrick POURCHASSE, Le Commerce du Nord. Les échanges commerciaux entre la France et l'Europe septentrionale au XVIIIe siècle, Rennes 2006, S. 267–327; BUTEL, L'économie française (wie Anm. 33), S. 77–82.
46 Siehe Pierick POURCHASSE, L'immigration négociante ou le développement d'un capitalisme sans frontières au XIIIᵉ siècle, in: Mickael AUGERON, Pascal EVEN (Hg.), Les étrangers dans les villes-ports atlantiques (wie Anm. 20), S. 317–332.
47 Remarques sur l'état des Hanséates de Bordeaux, en 1711, Archives départementales de la Gironde (ADG), Intendance de Bordeaux, Commerce – C 4473, siehe auch Paul BUTEL, Le négoce international en France au XVIIIᵉ siècle, in: François M. CROUZET (Hg.), Le négoce international: XIIIᵉ–XXᵉ siècle, Paris 1989, S. 140.

men oder für längere Zeit ein Haus mieten[48].« Die Hamburger Kaufleute waren zudem von der Zahlung des *Dixiéme*, des Zehnten, befreit. Für ein Jahr ihres Aufenthalts waren die Kaufleute außerdem von der Pflicht zur Zahlung weiterer Steuern, wie der Kopfsteuer, entbunden. Die Hamburger Kaufleute waren außerdem von vielen Zöllen befreit oder mussten gegebenenfalls nur sehr geringe Einfuhrzölle zahlen, die zwischen 3 und 3,5 % lagen. Sie waren auch von Sondersteuern wie dem *droit de tonneau*, dem Faß-Geld, befreit.[49] »Die Notwendigkeit, den Reexport von Kolonialwaren anzukurbeln, machte die Behörden […] nachsichtig gegenüber der ständigen Einwanderung von Protestanten aus Nordeuropa nach Frankreich, wo sie sich im Großen und Ganzen gut in die örtliche Kaufmannsgemeinschaft integrierten«, schreibt dazu Silvia Marzagalli[50]. Luetkens nutzte die Lagerräume seiner französischen Geschäftspartner oder mietete selbst Räume an. Er unterhielt Warenmagazine in mehreren Städten, die er bereist hatte. Dies erlaubte ihm, an unterschiedlichen Orten Waren auf Kommission einzukaufen, zwischenzulagern und weiterzuverkaufen.

Ein weiteres gesetzliches Vorrecht ausländischer Kaufleute in Frankreich, das deren Bereitschaft förderte, sich aktiv in die französische Wirtschaft einzubringen, bestand darin, dass sie vor Ort Handelshäuser mit anderen Kaufleuten eröffnen durften, das heißt zusammen mit einem französischen Kaufmann oder mit Kaufleuten aus anderen neutralen Städten und Ländern private Partnergesellschaften in Frankreich gründen konnten. Ausländische Kaufleute durften sich also mit einem französischen, schweizerischen, deutschen, spanischen oder holländischen Geschäftspartner in Frankreich assoziieren und gemeinsam ein Handelshaus als gemischt-nationale Gesellschaft gründen[51]. Das konnte ohne Einbürgerung geschehen – ein Privileg, das in anderen Ländern, allen voran in England, undenkbar gewesen wäre. Dort galt, dass ausschließlich die Naturalisierung das Recht zur Niederlassung mit sich brachte[52]. Aus Luetkens' Briefen lässt sich schließen, dass es anfänglich sogar sein primäres Ziel gewesen sein musste, sich in Frankreich niederzulassen. In einem Brief an Simon Moritz Bethmann, der zu dieser Zeit noch im Handelshaus von John Furly in Amsterdam angestellt war, erklärte er, er habe schon *halb beschloßen umb nach Nantes zu gehen und mir all da zu etablieren*. Weiter führt er aus: *in Gefall ich in Nantes etabeliren sollte gerne einen Assosirten hette* […] *bin auf den Gedancken gekommen E. E. zu proponiren ob Lust sich mit mir in Nantes zu assosiren, circa auf sieben Jahre*. Seine Beweggründe dafür legt Luetkens im selben Brief dar. Er schreibt, Nantes wäre *ein Platz wo noch was zu verdienen ist* und *da außer hallb Landes ein junger Kaufman mit viell leuchten Mühe sein Brodt haben kan*[53].

Mit keinem Wort erwähnte Luetkens, warum ihn die Niederlassung in Nantes wirtschaftlich reizte. Auch sämtliche Briefe seiner Korrespondenzpartner der Familien

---

48 HUHN, Die Handelsbeziehungen zwischen Frankreich und Hamburg (wie Anm. 8), S. 34.
49 Siehe Kommerz- und Seetraktat (wie Anm. 8), III Kopfsteuer (capitation)/Zehnte (dixiéme), IV Faßgeld (droit de tonneau)
50 MARZAGALLI, Trade across Religious Boundaries (wie Anm. 45), S. 187.
51 Siehe WEBER, Deutsche Kaufleute (wie Anm. 23), S. 190.
52 Siehe SCHULTE BEERBÜHL, Deutsche Kaufleute in London (wie Anm. 20), S. 59–64.
53 Brief von Nicolaus Gottlieb Luetkens an Simon Moritz Bethmann, 19. November 1743, TNA, HCA 30/232, Briefbuch II, unnummeriert.

Abbildung 1: Das Luetkens-Archiv. The National Archives, UK, ref. HCA 30/232–236.

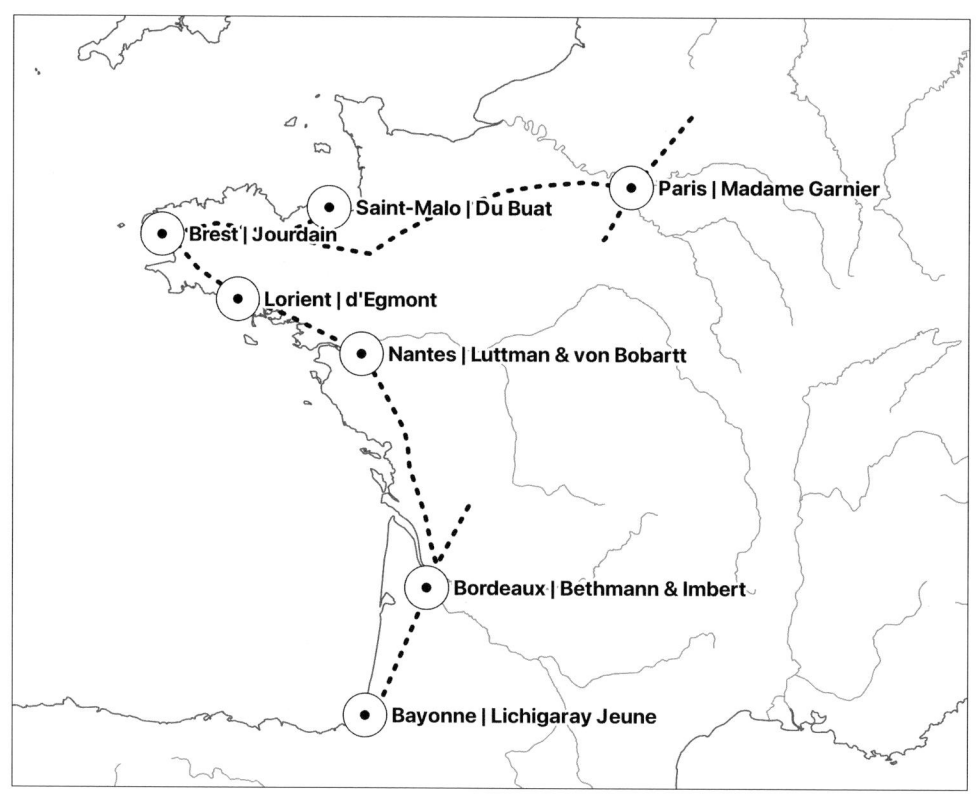

Abbildung 2: Reiseroute. Map created with QGIS, made with Natural Earth.

Bethmann und Adami schwiegen sich dazu aus. Nantes war im 18. Jahrhundert der Hauptumschlagsplatz Frankreichs im atlantischen Sklavenhandel[54]. Auch wenn letzterer im Zuge des Österreichischen Erbfolgekriegs zurückging, lässt sich vermuten, dass die Geschäftspartner die Option einer möglichen Beteiligung am Geschäft mit versklavten Menschen durch die Niederlassung in Nantes zumindest in Erwägung zogen[55]. Erwähnung findet dies jedoch in keinem der über 30 in dieser Angelegenheit gewechselten Briefe. Johann Jakob Bethmann sollte sich später im Direkthandel mit den Kolonien und als Teilhaber an der Ausstattung von Schiffen mit versklavten Menschen beteiligen.[56]

Letztendlich scheiterte Luetkens' Plan der Niederlassung daran, dass Simon Moritz Bethmann noch in einem festem Vertragsverhältnis bei Furly stand. Der jüngste Bethmann-Bruder sollte dennoch nur kurze Zeit später zusammen mit seinem Bruder die Bethmann-Bank in Frankfurt gründen. Luetkens fand hingegen einen Geschäftspartner in Hamburg. Unter seinen Korrespondenten und Geschäftspartnern finden wir mehrere gemischt-nationale Handelshäuser, darunter Tourton, Baur & Comp. in Paris, ein Bankhaus des französischen Hugenotten Tourton und des Schweizers Baur; Bethmann & Imbert in Bordeaux, ein Handelshaus des Frankfurter Lutheraners Bethmann und des Hugenotten Imbert; Luttman & von Bobartt, ein Handelshaus des Hamburger Lutheraners Luttmann und des niederländischen Calvinisten van Bobartt; oder Ochs & Schweighauser, ursprünglich aus der Schweiz, nun in Nantes etabliert, beide Calvinisten. Diese Häuser waren zentrale Akteure im französischen Handel, auch wenn einer oder sogar beide Partner ursprünglich ausländische Kaufleute waren. Weiterhin hatten diese Handelshäuser gemein, dass alle genannten Kaufleute protestantischer Konfession waren.

Netzwerke

Der dritte Grund, warum der Handel in Frankreich für junge hamburgische Kaufleute vielversprechend war, bestand darin, dass sie in Frankreich ein weit verzweigtes Geschäftsnetz in Gestalt des französischen Teils der sogenannten »Protestantischen Internationale« vorfanden[57]. Die offensichtlichste Praxis ausländischer Kaufleute in Frankreich war, dass sie sich bewusst zusammenschlossen, gemeinsam Handel trieben und sich insbesondere mit Kaufleuten zusammentaten, die ihre religiöse Zugehörig-

---

54 Siehe Klaus WEBER, Mitteleuropa und der transatlantische Sklavenhandel (wie Anm. 21), S. 7–30, hier S. 21.
55 Siehe Bernard MICHON, La traite négrière nantaise au milieu du XVIIIe siècle (1748–1751), in: Cahiers des anneaux de la mémoire 10 (2007), S. 35–63; Pierre H. BOULLE, Slave Trade, Commercial Organization and Industrial Growth in Eighteenth-Century Nantes, in: Revue française d'histoire d'outre-mer 214 (1972), S. 70–112.
56 Siehe WEBER, Deutschland, der atlantische Sklavenhandel und die Plantagenwirtschaft der Neuen Welt (wie Anm. 21), S. 50. Siehe HENNINGER, Bethmann (wie Anm. 20), S. 262–269. Siehe Magnus RESSEL, Das Alte Reich und der transatlantische Sklavenhandel. Drei Schlaglichter auf eine historische Verflechtung, in: L. I. S. A. Wissenschaftsportal Gerda Henkel Stiftung, 14.1.2021, URL: https://lisa.gerda-henkel-stiftung.de/altesreich_sklavenhandel_ressel (08.04.2023).
57 Siehe John F. BOSHER, Huguenot Merchants and the Protestant International in the Seventeenth Century, in: The William and Mary Quarterly 52/1 (1995), S. 77–102; Herbert LÜTHY, La Banque protestante en France et la révocation de l'édit de Nantes à la Révolution, 2 Bde., Paris 1961; eine gute Einführung bietet MARZAGALLI, Trade across Religious Boundaries (wie Anm. 45).

keit teilten. Dies diente als verbindendes Element und führte zu einem Vertrauensvorschuss zwischen den ausländischen und den in Frankreich ansässigen Kaufleuten sowie zwischen protestantischen Kaufleuten in vielen weiteren Teilen Europas[58]. Für die Hamburger Kaufleute bedeutete dies, dass sie als Protestanten mit französischen, niederländischen, schweizerischen oder anderen deutschen Protestanten handelten. Die im Luetkens-Archiv vertretenen Kaufleute, ja fast sein gesamtes Netzwerk, bestand aus Protestanten, die über ganz Europa verteilt waren.

Dieses Muster der »protestantischen Internationale« beschreibt die supranationale Diasporagemeinschaft der europäischen Protestanten während der Frühen Neuzeit[59]. Der Begriff »protestantische Internationale« bezieht sich auf die Netzwerke und die Solidargemeinschaft von Protestanten über nationale Grenzen hinweg, die in verschiedenen protestantischen Ländern oder als Minderheit in katholischen Ländern wie Frankreich lebten. Die Kaufleute interagierten in einer Art »imaginären Gemeinschaft«, einer »kosmopolitischen Diaspora« von Protestanten[60]. Wie Marianne Wokeck treffend formulierte, »muss die hugenottische Diaspora nicht als bloße Verstreuung begriffen werden, sondern als Schichten sich überlagernder Netzwerke, die lokale und nationale Grenzen überschreiten[61]«.

Für die im 18. Jahrhundert in Frankreich lebenden Protestanten und die Hugenotten im Exil, die *France protestante à l'étranger*, waren die eigenen Netzwerke nicht nur für ihren Handel, sondern letztlich für ihr Überleben wichtig[62]. Die Hugenotten oder *Français réformés* stellten im 18. Jahrhundert eine kleine Minderheit innerhalb des katholischen Frankreichs dar. Seit der Widerrufung des Edikts von Nantes im Jahre 1685 hatten sie unter massenhafter Verfolgung und Ausgrenzung zu leiden, da das Edikt von Fontainebleau Protestanten in Frankreich die freie Glaubensausübung verbot und ihnen die Abhaltung öffentlicher Gottesdienste untersagte. Die Aufhebung des Edikts von Nantes führte zur Unterdrückung der reformierten Kirche in Frankreich und zwang die Protestanten ins Exil, in die Konversion oder nötigte sie zur

---

58 Siehe Jean MONDOT, Jean-Marie VALENTIN, Jürgen Voss (Hg.), Deutsche in Frankreich, Franzosen in Deutschland 1715–1789. Institutionelle Verbindungen, soziale Gruppen, Stätten des Austausches/Allemands en France, Français en Allemagne 1715–1789. Contacts institutionnels, groupes sociaux, lieux d'échanges (Beihefte der Francia 25), Sigmaringen 1992.
59 Siehe Silvia MARZAGALLI, Commercer au-delà des frontières confessionnelles dans la France de l'époque moderne, in: Albrecht BURKARDT (Hg.), L'économie des dévotions. Commerce, pratiques et objets de piété à l'époque moderne, Rennes 2016, S. 347–373; Klaus WEBER, La migration huguenote dans le contexte de l'économique atlantique: l'exemple de Hambourg, in: Guido BRAUN, Susanne LACHENICHT (Hg.), Hugenotten und deutsche Territorialstaaten. Immigrationspolitik und Integrationsprozesse/Les États allemands et les huguenots. Politique d'immigration et processus d'intégration, München 2007, S. 125–136.
60 David ONNEKINK, Models of an Imagined Community. Huguenot Discourse on Identity and Foreign Policy, in: David J. B. TRIM (Hg.), The Huguenots: History and Memory in Transnational Context. Essays in Honour and Memory of Walter C. Utt, Leiden, Boston 2011, S. 193–216, hier S. 198.
61 Marianne S. WOKECK, Trade in Strangers: The Beginnings of Mass Migration to North America, University Park, Pa. 1999, S. XXII.
62 Siehe Bertrand VAN RUYMBEKE, Randy J. SPARKS (Hg.), Memory and Identity: The Huguenots in France and the Atlantic Diaspora, Columbia 2003; vor allem die Einleitung von Bertrand VAN RUYMBEKE, Minority Survival: The Huguenot Paradigm in France and the Diaspora, in: ibid., S. 1–25, in welcher der Autor auch die atlantische Diaspora mit einbezieht.

Verheimlichung ihrer religiösen Zugehörigkeit[63]. Dennoch blieben einige Hugenotten in Frankreich, insbesondere solche aus dem Kaufmannsstand. Silvia Marzagalli stellte in diesem Zusammenhang fest, dass »es keine guten Quellen gibt, um ihre Zahl im Jahrhundert nach der Aufhebung des Edikts von Nantes zu schätzen, aber in den 1780er Jahren gab es genauso viele Protestanten wie ein Jahrhundert zuvor, und sie waren überwiegend im Handel tätig[64].« Aber bis zum Jahr 1787, als den Hugenotten offiziell das Recht auf Religionsausübung in Frankreich zurückgegeben wurde, erlebten sie eine »Zeit des einfachen Überlebens ohne einen organisatorischen Rechtsrahmen[65].« Deshalb waren die »protestantische Internationale« und ihre Netzwerke letztlich ein Sicherheitsnetzwerk für die protestantischen Kaufleute in Frankreich.

Die verbliebenen Protestanten wurden geduldet, weil ihre Handelshäuser immer noch einen erheblichen Wirtschaftsfaktor in Frankreich darstellten »als Quelle von Finanzkapital und ausländischen Schiffen« und wegen ihrer Verbindungen zu »Verwandten und Partnern in Holland und England« oder auch in den Hansestädten[66]. Sie blieben wichtige Säulen der französischen Wirtschaft und trugen zum französischen Steuersystem bei. Zugleich war »für den durchschnittlichen hugenottischen Kaufmann jener Zeit [...] die Religion stärker als die Nationalität und er war in der Regel bereit, sein Schicksal mit amerikanischen, holländischen, englischen oder anderen protestantischen Kaufleuten zu verbinden«. Auf diese Weise prägte die »protestantische Internationale« die wirtschaftlichen Aktivitäten sowohl der einheimischen als auch der ausländischen protestantischen Kaufleute, die in der ersten Hälfte des 18. Jahrhunderts einwanderten, dort lebten, reisten oder arbeiteten[67].

Es ist daher nicht verwunderlich, dass sich in den Luetkens-Briefen wiederholt Hinweise auf die Religionszugehörigkeit bestimmter Kaufleute finden. Die Mitglieder des Nanteser Handelshaus Ochs & Schweighauser – letzterer war später im Handel mit versklavten Menschen tätig – werden beispielsweise in einem Brief als *Protestanten und eines der besten Contoren* bezeichnet; andere Kaufleute werden als *Hamburger und Protestant* vorgestellt; oder es wird argumentiert, dass der Umstand, *das er ein Calvines* sei, dem Adressaten *wohl so wenig als uns anstößig sein*[68] werde. Eine ganz praktische Folge der »protestantischen Internationale« lässt sich an Luetkens Reisestationen aufzeigen, die ihn ausschließlich in Häuser von Protestanten führten.

---

63 Siehe Susanne LACHENICHT, Huguenot Immigrants and the Formation of National Identities, in: The Historical Journal 50/2 (2007), S. 309–331; DIES., The Huguenots' Maritime Networks, Sixteenth-Eighteenth Centuries, in: Dagmar FREIST, Susanne LACHENICHT (Hg.), Connecting Worlds and People: Early Modern Diasporas, London, New York 2016, S. 31–44.
64 MARZAGALLI, Trade across Religious Boundaries (wie Anm. 45), S. 186; siehe Yves KRUMENACKER, Les minorités protestantes dans le grandes villes françaises de l'epoque moderne, in: Analele Universitatii Bucuresti 2008, S. 101–114.
65 HENNINGER, Bethmann (wie Anm. 20), S. 158–160.
66 John F. BOSHER, Business and Religion in the Age of New France, 1600–1760, Toronto 1994, S. 133.
67 DERS., Huguenot Merchants (wie Anm. 57), S. 93.
68 Brief von Nicolaus Gottlieb Luetkens an Ehrefriend Engelhardt, 8. März 1745, TNA, HCA 30/232, Briefbuch I, no. 584; Brief von Anthony Luetkens an Nicolaus Gottlieb Luetkens, 2. Mai 1744, TNA, HCA 30/235; Brief von Hertzer & von Bobartt an Nicolaus Gottlieb Luetkens, 4. September 1744, TNA, HCA 30/234.

Reisestationen

Luetkens' Reiseroute kann anhand der Briefe und einzelner Gerichtsaussagen rekonstruiert werden[69]. Er war in Frankreich sehr mobil, besuchte viele Städte und traf in den zwei Jahren seiner Geschäftsreise mehr als hundert Handelspartner. Seine Reiseroute und sein Reiseplan spiegeln in besonderem Maße die Strukturen der »protestantischen Internationale« wider und lassen zudem eine klare geschäftliche Agenda erkennen[70].

Die Karte in Abbildung 2 präsentiert Luetkens' Reiseroute, ergänzt um die Kaufmannshäuser, in denen er Station machte. Gastfreundschaft für ausländische Reisende war ein wichtiges Merkmal der »protestantischen Internationale«. Der Blick auf seine Route verschafft uns ein genaues Bild davon, wie Luetkens seine Reisen organisierte. In den zwei Jahren, die er in Frankreich verbrachte, reiste er die gesamte französische Westküste von Süden nach Norden ab und besuchte alle wichtigen Häfen des französischen Atlantikhandels: Bordeaux, Bayonne, Nantes, Lorient, Saint-Malo und Brest. Schließlich kehrte er nach einer letzten Zwischenstation in Paris nach Hamburg zurück. In jeder dieser Städte suchte er ein etabliertes Handelshaus auf, wo er für mehrere Wochen oder Monate ein Dach und Arbeit fand. Es handelte sich dabei ausnahmslos um hugenottische oder andere protestantische Handelshäuser. Das Haus Bethmann & Imbert war ein Unternehmen eines hugenottischen und eines lutherischen Kaufmanns. Thimothée Lichigaray Jeune war Hugenotte, ebenso François Jourdain und Jean Du Buat. Pieter Luttman & Elart von Bobartt waren eine gemischte Gesellschaft bestehend aus einem lutherischen und einem calvinistischen Kaufmann. Jean Jacques d'Egmont war ein *natif d'Ostende en Flandre* und Calvinist[71].

Luetkens' Wahl der Orte, die er bereiste, entsprach seinen protestantischen Netzwerken. An all diesen Orten war Luetkens als Reeder und Kommissionär tätig, das heißt, er trieb von dort aus Handel in eigenem Namen sowie im Namen seiner Gastgeber und weiterer Kaufleute. Wenn er die jeweiligen Handelshäuser wieder verließ, bezog er sie weiterhin in seine Handelsaktivitäten mit ein. Auf diese Weise konnte Luetkens sein Netzwerk während der Reise ausbauen und festigen und seinen Kundenstamm erweitern. Das Ergebnis war ein dichtes Korrespondentennetz mit mehr als 60 Handelshäusern im Heiligen Römischen Reich, insbesondere den Hansestädten, Frankreich, den Niederlanden, Spanien, England, Polen, der Schweiz und Italien. Während seiner Etablierungsphase gelang es Luetkens, seinen Kreis an Korrespondenten und Handelspartnern gezielt zu erweitern und den Radius seiner Geschäfte auszudehnen. Dies war der eigentliche Zweck seines Reiseplans und ein weiterer Grund dafür, warum er seine Etablierung erfolgreich abschließen konnte.

---

69 Examination and attestation of Ludolph Jochim Köster, a Bookkeeper in several compting houses of this city, Additional Hearings and Attestations, TNA, HCA 32/115/14.
70 Brief von Meinicken an Nicolaus Gottlieb Luetkens, 24. Oktober 1744, TNA, HCA 30/233.
71 Inventaire-sommaire des Archives départementales antérieures à 1790. Morbihan. Archives civiles. Série E, supplement, Tome IV, Vannes 1881, S. 285.

Briefpraxis

Briefe und Korrespondenzpraxis spielten bei dieser Vernetzung eine wichtige Rolle[72]. Briefe wurden dazu genutzt, bestehende Kontakte aufrechtzuerhalten oder neue Kontakte zu knüpfen. Innerhalb des Handelsgeschäfts selbst, sowohl als Zwischenhändler, Reeder als auch als Kommissionsagent, oder auch in Bezug auf persönliche Angelegenheiten wie Heiratsverhandlungen, nahmen Briefe häufig eine Stellvertreterrolle ein und galten als handlungsermächtigend.[73] Briefe vermochten es, so folgert ein zeitgenössisches Kaufmannshandbuch, »für uns zu kaufen, zu reden und verkaufen[74].« Briefe bedeuteten für Luetkens Interaktion, Handlungsspielraum, Verhandlungsplattform, Versicherung. Seine Briefpraxis durchdrang nahezu sämtliche Lebensbereiche: Geschäft, Familie, Ehe, Wohnen. Gerade deshalb ist die Überlieferung seiner Briefe so wertvoll für die Forschung zu frühneuzeitlichen Kaufleuten, dem Atlantikhandel sowie den deutsch-französischen Beziehungen, die sich am Beispiel Luetkens abbilden[75].

Konkrete Wege und Mittel deutsch-französischer Vernetzung spiegeln sich in mehreren Briefpraktiken, derer sich Luetkens und seine Korrespondenzpartner in Frankreich bedienten. Luetkens korrespondierte mit seinen Handelspartnern nicht nur auf Deutsch, sondern in seinen Geschäftsbriefen hauptsächlich auf Französisch. Seine Korrespondenzpartner stellten es ihm frei, auf ihre französischen Briefe auf Deutsch zu antworten. Es kam so zum Teil zu bilingualen Korrespondenzverläufen. In manchen Briefen wird als Zeichen des Entgegenkommens und sicher auch zur Vereinfachung der Verhandlungen angeboten: *Du kanst in teutsch an Tourton, Baur & Comp. & an Guldiman schreiben*[76]. Als Zeichen seiner fortschreitenden Eingliederung in den französischen Handel, aber auch seines guten Geschäftssinns, schrieb Nicolaus Gottlieb Luetkens jedoch auch auf Französisch und versuchte so, seine Sprachkenntnisse unter Beweis zu stellen[77]. Ebenfalls typisch war, dass die unterschiedlichen Handelspartner eines Handelshauses, etwa des Handelshauses Bethmann & Imbert, in ein und demselben Brief in zwei unterschiedlichen Sprachen

---

72 Siehe Francesca TRIVELLATO, Merchant's Letters across Geographical and Social Boundaries, in: Francisco BETHENCOURT, Florike EGMOND (Hg.), Correspondence and Cultural Exchange in Europe 1400–1700, Cambridge 2007, S. 80–103; DIES., The Familiarity of Strangers (wie Anm. 37), S. 153–176.; Toby L. DITZ, Formative Ventures. Eighteenth-Century Commercial Letters and the Articulation of Experience, in: Rebecca EARLE (Hg.), Epistolary Selves: Letters and Letter-Writers, 1600–1945, Aldershot 1999, S. 59–78.
73 Siehe Handels=Mann, Kaufmann, Negociant, L. Mercator, Fr. Marchand, Négociant, in: Johann Georg KRÜNITZ (Hg.), Oekonomische Encyklopädie, 242 Bde., Berlin 1773–1858, vol. 21, S. 747–754, hier S. 753.
74 Johann Carl MAY, Versuch in Handlungs-Briefen und grössern kaufmännischen Aufsätzen nach den Gellertschen Regeln. Nebst einer Abhandlung von dem guten Geschmacke in Handlungsbriefen, Lübeck 1794, S. 1.
75 Ausführlich zu kaufmännischen Briefpraktiken siehe HAASIS, The Power of Persuasion (wie Anm. 19).
76 Brief von Johann Jakob Bethmann an Nicolaus Gottlieb Luetkens, 25. Juli 1744, TNA, HCA 30/234.
77 Siehe Mark HÄBERLEIN, Christian KUHN (Hg.), Fremde Sprachen in frühneuzeitlichen Städten. Lernende, Lehrende und Lehrwerke, Wiesbaden 2010; John GALLAGHER, Learning Languages in Early Modern England, Oxford 2019.

schrieben: Imbert schrieb geschäftlich auf Französisch, Bethmann auf Deutsch, auch bezogen auf Privates. So kam es nicht selten vor, dass ein französischer Geschäftsbrief um eine persönliche Note als Postskriptum auf Deutsch ergänzt wurde[78]. Dies verdeutlicht, dass Briefe nicht nur dazu genutzt wurden, um Handel zu treiben, sondern auch, um sich gegenseitig Vertrauen auszusprechen. Damit war die briefliche Korrespondenz ein wichtiger Teil der deutsch-französischer Handelspraxis, der persönlichen Vernetzung und Zusammenarbeit um die Mitte des 18. Jahrhunderts[79].

Luetkens' Rolle im Kolonialhandel und seine Rückkehr nach Hamburg

Frankreich war das eigentliche Wunschziel der Niederlassung von Nicolaus Gottlieb Luetkens. Am Ende kehrte er dennoch nach Hamburg zurück. Die Versuche, einen Geschäftspartner für ein Handelshaus vor Ort zu finden, waren erfolglos geblieben. Seine Bemühungen, sich mit den Gebrüdern Bethmann zu assoziieren, waren gescheitert. Es gab offenbar keine weiteren Kandidaten in Frankreich mit denen sich Luetkens in Frankreich niederlassen wollte. Statt der Bethmanns fand er schließlich einen Geschäftspartner in Hamburg, Ehrenfried Engelhardt, dessen Schwester Ilsabe er im November 1745 ehelichte – eine gute Partie und zusammen mit der Eröffnung des Handelshauses beschloss die Heirat seine Etablierungsphase. Die Kontakte nach Frankreich sicherten dem Handelshaus Luetkens & Engelhardt in den Folgejahren das Auskommen. Auf Luetkens' Erfahrungen in Frankreich, seinem Netzwerk sowie seinem in Frankreich akkumulierten Kapital gründete sich der Aufstieg seines Handelshauses zu einem der umsatzstärksten Handelshäuser Hamburgs[80]. Das Haus Luetkens & Engelhardt avancierte bereits in den 1750er Jahren zum drittgrößten Zuckerimporteur Hamburgs. Dies belegen die in den Hamburger Admiralitäts- und Convoygeld-Einnahmebüchern verzeichneten, vor allem aus Frankreich zu verzollenden Einfuhrmengen des Handelshauses eindrücklich. Tabellarische Einträge von großen Zuckerimporten durch das Handelshaus Luetkens & Engelhardt oder durch *Nic. Gottl. Luetkens* finden sich geballt in den 1750er und 1760er Jahren und bleiben dann kontinuierlich bestehen bis drei Jahre vor seinem Tod im Jahre 1788[81].

Dass sich Luetkens noch 1745 die Option offengelassen hatte, sich in Frankreich niederzulassen, dafür spricht zuletzt die Existenz eines Dokuments, das in den Prozessakten bezüglich eines kurze Zeit später gekaperten Schiffees erhalten ist. In den

---

78 Siehe Henninger, Bethmann (wie Anm. 20), S. 81–82.
79 Genauer zur Rolle von Briefen und Briefpraxis siehe Haasis, The Power of Persuasion (wie Anm. 19).
80 Siehe dos Santos Arnold, Atlantic Sugar and Central Europe (wie Anm. 23), S. 112.
81 *Admiralitaets Zoll und Convoy Einnahme*, Staatsarchiv Hamburg, Admiralitätskollegium, 371–2, F6, vol. 14–28. Meine eigenen Recherchen haben sich auf die frühen Jahrgänge der Zollbücher ab Band 18 konzentriert. Mein herzlicher Dank gilt an dieser Stelle Torsten dos Santos Arnold, der mir aus seiner Forschung umfangreiches Datenmaterial zur Verfügung gestellt hat, die es mir nun erlauben, sämtliche Einfuhren des Handelshauses für nahezu den gesamten Hamburger Zeitraum bis 1785 auszumachen. Damit kann ich Luetkens' Konzentration auf den Zuckerhandel und den Umstand, dass er zeit seines Lebens hauptsächlich über französische Häfen nach Hamburg importierte, belegen. Siehe zu den Erhebungen Markus A. Denzel. Der seewärtige Einfuhrhandel Hamburgs nach den »Admiralitäts- und Convoygeld-Einnahmebüchern« (1733–1798), in: Vierteljahresschrift für Sozial- und Wirtschaftsgeschichte 102/2 (2015), S. 131–160.

Gerichtsunterlagen zum Fall der *Post von Hamburgh* findet sich der originale Hamburger *Bürger=Eyd* von Luetkens[82]. Er hatte das Hamburger *Große Bürgerrecht* erst kurz nach seiner Rückkehr in die Hansestadt angenommen[83]. Zuvor hatte er bewusst darauf verzichtet, um als Kaufmann in Frankreich mobil und unabhängig zu bleiben. Zwar hatte er dann, wenn es ihm nützlich war, auf seine Hamburger Herkunft verwiesen; wann immer es ihm aber keine Vorteile brachte, ließ er den Umstand unerwähnt. Bürger der Stadt Hamburg war er während seiner Zeit in Frankreich nicht geworden, eine für die heutige Forschungsdiskussion um die maritime Neutralität Hamburgs bemerkenswerte Vorgehensweise, zeigt sie doch zum einen, dass die Neutralität für Hamburger Kaufleute nicht immer die attraktivste Option darstellte und zum anderen, dass diese Neutralität letztlich brüchig war und eine Verhandlungssache und Verhandlungsmasse darstellte, die geschickt eingesetzt werden konnte, wenn sie dem eigenen Vorteil dienlich war. Das Vorgehen und Abwägen von Kaufleuten wie Luetkens, ihre Handelspraktiken und die Art und Weise, wie Grauzonen bewusst bespielt und gerechtfertigt wurden, zeigt vielmehr, dass trotz offizieller Handelsverträge auch Hamburger Kaufleute in der Handelspraxis letztlich selten neutral geblieben sind. Es verbietet sich daher, wie es vielfach geschieht, ihre Beteiligung am Kolonialhandel Frankreichs (oder auch Englands) vor dem Hintergrund des Neutralitätsgebots auszuschließen.

Im Gegenteil: Mit ihrem Handel unterstützten und festigten Kaufleute wie Nicolaus Gottlieb Luetkens das französische koloniale Wirtschaftssystem und die atlantische Plantagenwirtschaft. Die ausländischen Kaufleute genossen in Frankreich Privilegien, nutzten legale Möglichkeiten innerhalb der französischen Wirtschaft, dominierten ganze Wirtschaftszweige wie den Re-Export von Waren oder nutzten Grauzonen, um ihren Handlungsspielraum zu erweitern. Ausländische Kaufleute festigten die Kolonialpolitik Frankreichs auf diese Weise und profitierten von ihr – eine Beobachtung, die Dank der Arbeiten von Klaus Weber, Rebekka von Mallinckrodt, Sarah Lentz, Felix Brahm und Eve Rosenhaft seit einem knappen Jahrzehnt Einzug in die Forschungsdebatte gehalten hat[84]. Luetkens' Rolle in diesem System war die eines Mittelsmannes. Die Fallstudie zu diesem Typus des Kaufmanns, der in zweiter Reihe agierte und dennoch sehr einflussreich war, – eine Studie, die bisher ausstand – ergänzt die Forschungen zu bekannteren deutschen Kaufleuten und Firmen, wie Romberg, Bapst & Cie, Bethmann oder Schimmelmann, die im kolonialen Direkthandel und im Sklavenhandel aktiv waren.

Luetkens war während seiner Etablierung weder im Direkthandel mit den Kolonien noch im Geschäft mit versklavten Menschen aktiv, sondern betätigte sich in den Handelsbereichen, die ihm als hanseatischem Ausländer von der französischen Krone legal zugestanden wurden. Als Reeder und Kommissionär unterstützte er die Kolonialwirtschaft dennoch maßgeblich, etwa durch die »Bereitstellung von Schiffen, Kapital, Plantagenausrüstung und Kleidung sowie [durch] die Weiterverarbeitung und

---

82 Bürger=Eyd, TNA, HCA 32/143/17.
83 Zum großen und kleinen Bürgerrecht in Hamburg siehe erneut LINDEMANN, Patriots and Paupers (wie Anm. 13), S. 60–63; PANTEL, Hamburgische Neutralität (wie Anm. 7), S. 26; KOPITZSCH, Zwischen Hauptrezeß und Franzosenzeit (wie Anm. 13), S. 367.
84 LENTZ, MALLINCKRODT, KÖSTLBAUER, Beyond Exceptionalism (wie Anm. 24); grundlegend bis heute Eric WILLIAMS, Capitalism and Slavery, Richmond, Vi. 1944.

de[n] Konsum von Kolonialwaren⁸⁵«. Bezeichnend in dieser Hinsicht ist, dass die einzigen Artefakte, die heute im Luetkens-Archiv erhalten sind, Leinenmuster und eine Baumwollprobe sind⁸⁶. Wie die Forschungen von Anka Steffen und Klaus Weber aufzeigen konnten, waren gerade Leinen aus dem Gebiet des Alten Reiches, vor allem aus Schlesien, aber auch aus Osnabrück oder dem Münsterland, im Dreieckshandel als Tauschware zum Kauf von versklavten Menschen und als Kleidungsstoff für die versklavten Menschen auf den Plantagen im Umlauf⁸⁷.

Kaufleute wie Luetkens waren somit wichtige Zahnräder im atlantischen kolonialen System, ohne die das System nicht funktioniert hätte. Die Kommissionsware Zucker, auf die sich Luetkens zuletzt spezialisierte, wurde in den Kolonien von versklavten Menschen produziert. Der Fakt, dass sich Luetkens als Reeder und Kommissionagent im Weiterversand und der Distribution von Kolonialwaren über den Knotenpunkt Hamburg ins mitteleuropäische Hinterland und ins Baltikum betätigte, lässt ihm die Rolle eines aktiven Unterstützers der Plantagenökonomie zukommen. Kaufleute wie Luetkens hatten einen wesentlichen Anteil daran, dass die Kolonialwirtschaften wie in Frankreich prosperierten, weil die von ihnen vertriebenen Waren Abnehmer in ganz Europa fanden.

Luetkens war in seiner Tätigkeit nicht allein: Sein erhaltenes Adressbuch ist gefüllt mit deutschen Namen im europäischen Ausland. Klaus Weber folgerte dementsprechend: »Alleine in den drei wichtigen Kolonialhandelshäfen Cadiz, Bordeaux und London lebten in der Zeit von 1660 bis 1830 etwa tausend Großhändler aus den Gebieten des Alten Reichs, die alle mehr oder weniger direkt von der Plantagenwirtschaft profitierten⁸⁸.« Auch hier zeigt sich die Wichtigkeit einer Fallstudie zu diesem Typus des kommerziellen Mittelsmanns. Luetkens gehörte mit Sicherheit zu den »Schlüsselfiguren […] deutsche[r] Fernhändler und Finanziers aus Bremen und Hamburg sowie aus dem Hinterland, deren Filialen und Netzwerke tief in die kolonialen Räume der westlichen Seemächte reichten⁸⁹.«

Es ist zuletzt anzunehmen, dass der Kaufmann Luetkens in späteren Jahren für seinen Zuckerhandel nicht nur Geschäftsbeziehungen nach Frankreich unterhielt, sondern auch über Frankreich einen Direkthandel mit den Kolonien aufbaute, allen voran mit der französischen Kolonie Saint-Domingue. Davon zeugt eine an ihn gerichtete Widmung in einem Buch mit *Betrachtungen über den gegenwärtigen Zustand der französischen Colonie zu San Domingo*, in der attestiert wurde, dass Luetkens *mit dem Zustand der Colonie gewiß sehr bekannt* [war], *indem einige Dero größten*

---

85 Ibid., S. 11; siehe Weber, Mitteleuropa und der transatlantische Sklavenhandel (wie Anm. 21), S. 7.
86 Erhalten im Luetkens-Bestand sind Muster von Leinen, *hempen* und *flaxen*, deren Herkunft Anka Steffen im westfälischen bzw. Osnabrücker Raum vermutet. An dieser Stelle möchte ich meinen Dank für diesen Hinweis aussprechen. Die Originalmuster befinden sich in Briefen in TNA, HCA 30/232.
87 Klaus Weber, Germany and the Early Modern Atlantic World: Economic Involvement and Historiography, in: Lentz, von Mallinckrodt, Köstlbauer, Beyond Exceptionalism (wie Anm. 24), S. 26–56, hier S. 32; Steffen, Weber, Spinning and Weaving for the Slave Trade (wie Anm. 21).
88 Weber, Deutschland, der atlantische Sklavenhandel und die Plantagenwirtschaft der Neuen Welt (wie Anm. 21), S. 37–67, hier S. 53.
89 Weber, Mitteleuropa und der transatlantische Sklavenhandel (wie Anm. 21), S. 7.

*Handelszweige mittelbar dahin gehen*⁹⁰. Auch seine Kontakte zu zentralen Akteuren im kolonialen Direkthandel und im Sklavenhandel wie Bethmann, Schweighauser, Struykmann, Tourton, Baur & Comp. oder Michel & Grou sowie sein Handel mit der französischen Compagnie des Indes, den er bereits während der Etablierungsphase unterhielt und der sich jedoch zunächst ausschließlich auf den Re-Export von Zucker, Kaffee oder Stoffen beschränkte, lässt vermuten, dass Luetkens seine Aktivitäten später im Kolonialhandel weiter in Richtung des Direkthandels ausbaute⁹¹. Damit würde er sich in ein Muster einfügen, das für prominente atlantische Großkaufleute bekannt war. Vielleicht beließ er es jedoch auch beim Kommissionshandel mit dem französischen Mutterland, denn schon dieser war lukrativ genug und belegt klar, dass Hamburger Kaufleute im 18. Jahrhundert keineswegs immer neutral gewesen sind.

---

90 Hilliard d'Auberteuil, Michel René, Betrachtungen über den gegenwärtigen Zustand der französischen Colonie zu San Domingo, übersetzt von Johann Andreas Engelbrecht, Leipzig 1779, S. 3–4.
91 Siehe Weber, Deutschland, der atlantische Sklavenhandel und die Plantagenwirtschaft der Neuen Welt (wie Anm. 21), S. 50.

Magnus Ressel

DES ENNEMIS DE LA FOI À VISAGE HUMAIN

Évolution et impact du regard des intellectuels nord-européens sur les Barbaresques dans la deuxième moitié du XVIIe siècle[1]

Introduction

Jusqu'à l'apogée des Lumières au XVIIIe siècle, la littérature européenne consacrée aux corsaires barbaresques[2] en donne généralement une image effrayante. Ils y sont dépeints comme des ennemis particulièrement redoutables, cruels et sauvages[3]. Bien que ce point de vue soit resté dominant en Europe au XVIIIe siècle, il a aussi été contesté en ce temps pour la première fois par un grand nombre d'auteurs dont les publications eurent une influence considérable sur les élites lettrées européennes. Dès lors, le discours sur les Barbaresques perdit toujours davantage de son caractère terrifiant, en particulier dans la seconde moitié du XVIIIe siècle[4].

Des auteurs français nous semblent être à l'origine de ce changement de ton, ceux-ci jouant au XVIIIe siècle un rôle majeur dans les débats d'idées en Europe. À cet égard, Jacques Philippe Laugier de Tassy, sujet du roi de France, est une figure de première importance. Il commence en 1699 une longue carrière au sein du ministère français de la Marine. En 1717, il devient chancelier au consulat de France à Alger. Il est nommé consul à Amsterdam en 1720, où il reste jusqu'à sa mort en 1748[5]. Son »Histoire du royaume d'Alger«, publiée en 1725 à Amsterdam, marque l'une des principales étapes dans l'évolution de ce discours, qui passe alors de l'*horrifique* au *respect*[6]. Dès l'introduction le propos est sans équivoque:

1 L'auteur remercie la Fondation Gerda Henkel et l'Institut historique allemand de Paris pour leur soutien financier dans la conduite de ses recherches. Il adresse aussi ses plus vifs remerciements aux deux évaluateurs anonymes pour leurs précieux conseils.
2 Ce terme désigne généralement les corsaires ou pirates musulmans maghrébins et ottomans qui opéraient depuis les ports d'Afrique du Nord depuis 1520 à 1830, voir: Jacques Heers, Les Barbaresques. La course et la guerre en Méditerranée. XIVe–XVIe siècle, Paris 2001, p. 7.
3 Voir par exemple Guy Turbet-Delof, L'Afrique barbaresque dans la littérature française aux XVIe et XVIIe siècles, Genève 1973, p. 73–90; Ernstpeter Ruhe, Christensklaven als Beute nordafrikanischer Piraten. Das Bild des Maghreb im Europa des 16.–19. Jahrhunderts, dans: Id. (dir.), Europas islamische Nachbarn, Wurtzbourg 1993, p. 159–186, ici p. 163; Lisa Voigt, Writing Captivity in the Early Modern Atlantic. Circulations of Knowledge and Authority in the Iberian and English Imperial Worlds, Chapel Hill 2009.
4 Sur ce point voir l'ouvrage de Ann Thomson, Barbary and Enlightenment. European Attitudes towards the Maghreb in the 18th Century, Leiden 1987.
5 Ann Thomson, Jean-Philippe Laugier de Tassy, dans: David Thomas, John Chesworth (dir.), Christian-Muslim Relations: A Bibliographical History, vol. 13, Leiden 2019, p. 572–575.
6 Voir notamment la préface dans: Noël Laveau, André Nouschi (dir.), Jacques Philippe Laugier de Tassy, Histoire du royaume d'Alger: un diplomate français à Alger en 1724, Paris 1991, p. I–XII.

> *C'est souvent sur la foi de quelques moines Espagnols, qui débitent mille fables, pour faire valoir les services qu'ils rendent au public en allant dans la Barbarie, faire le rachat des esclaves, ou sur des contes supposés que font de prétendus esclaves qui courent le monde en gueusant, avec des chaînes qu'ils n'ont jamais portées en Afrique, mais qui se servent adroitement de quelque certificat des religieux de la Rédemption* [l'ordre des Trinitaires, MR] *des captifs, qu'un véritable esclave racheté leur aura donné ou vendu*[7].

De Tassy présente un Alger qui n'est pas trop barbare, cruel ou despotique. Au lieu de cela, le lecteur et la lectrice apprend à quel point la domination des Turcs sur les habitants est faible et combien l'État lutte constamment pour sa survie. La guerre contre les Chrétiens apparaît dès lors comme une pure nécessité pour une élite fragile à la tête d'un règne instable – une élite qui n'a donc pas d'autre choix que de lutter contre les Européens pour assurer l'ordre et maintenir son pouvoir. Les esclaves chrétiens ont, selon de Tassy, une vie assez agréable à Alger et, comme nous le verrons, il semble sur ce point s'inspirer fortement de deux auteurs protestants:

> *Le libertinage règne parmi les esclaves chrétiens, & il est rare d'en voir qui ne soient adonnés à toute sorte de vices. Ceux qui vivent avec sagesse, & qui obéissent fidèlement à leurs maîtres, sont comblés de caresses & regardés avec admiration*[8].

Suivent d'autres descriptions élogieuses du traitement des prisonniers par les Algériens. À la fin de son ouvrage, de Tassy compare la situation des Chrétiens capturés à Alger à la captivité qu'ils ont vécue avec les Espagnols, les Algériens étant clairement dépeints comme des geôliers beaucoup plus humains.

L'ouvrage fut contesté et attaqué avec véhémence par les Trinitaires à peine un an après sa parution[9]. L'ordre des Trinitaires, fondé en 1198 après la troisième croisade, était chargé en France, depuis des siècles, de racheter les chrétiens capturés en Afrique du Nord. Pierre Dan (env. 1580–1649), père supérieur de l'ordre, avait publié en 1637 son »Histoire de Barbarie« (deuxième édition en 1649), un ouvrage de référence sur les Barbaresques, dans lequel les États du Maghreb étaient présentés comme des lieux sinistres, où les musulmans torturaient les chrétiens capturés[10]. Bien avant le XVIIIe siècle, les Trinitaires avaient propagé cette vision négative des Barbaresques et ils ne pouvaient donc être indifférents à une publication comme celle de de Tassy. Dans la »Relation en forme de journal du voiage pour la rédemption des captifs aux

---

7 Ibid., p. 10.
8 Ibid., p. 167.
9 Turbet-Delof, L'Afrique barbaresque (voir n. 3), p. 228–229.
10 Pierre Dan, Histoire de Barbarie et de ses corsaires, des royaumes, et des villes d'Alger, de Tunis, de Salé & de Tripoly. […], Paris 1637; id., Histoire de Barbarie, et de ses Corsaires. […] Seconde Edition. Reveue et augmentee, Paris 1649. Sur l'œuvre et son auteur, voir: Gillian Weiss, Pierre Dan, Histoire de Barbarie et de ses corsaires, dans: David Thomas, John Chesworth (dir.), Christian-Muslim Relations: A Bibliographical History, vol. 9, Leiden 2017, p. 482–488; id., Pierre Dan, dans: David Thomas (dir.), Christian-Muslim Relations Online II, 1500–1900, doi: http://dx.doi.org/10.1163/2451-9537_cmrii_COM_28248: 21.02.2023.

roiaumes de Maroc et d'Alger pendant les années 1723, 1724 et 1725«, écrit par des Trinitaires Jean de La Faye, Denis Mackar, Augustin d'Arcisas et Henry Le Roy, de Tassy est qualifié d'*Auteur moderne, qui a écrit dans son Histoire du Roiaume d'Alger, qu'ils* [les esclaves chrétiens, MR] *n'étoient pas si malheureux*. Et les Trinitaires poursuivent leurs récriminations :

> *Aparemment il ne compte pour rien la perte de la liberté, la détention forcée dans un pays étranger, l'éloignement de sa famille, souvent de sa femme et de ses enfants, ou s'ils les ont avec eux, toujours esclaves de generation en generation, un travail infructueux pour eux-mêmes, dont le profit est tout au Patron.*

Ils continuaient en affirmant que les forces de l'esclave diminuaient au fur et à mesure qu'il vieillissait et qu'il était ensuite affranchi pour un prix modique, ce qui précipitait l'homme, désormais âgé, une nouvelle fois dans la misère dans son propre pays. De plus, les esclaves chrétiens en Afrique du Nord seraient plongés dans un monde où régnait le péché, le nom du Christ y étant synonyme d'horreur. Les esclaves étaient selon eux soumis à un arbitraire permanent, ce qui entraînait une affliction de l'âme, même s'ils pouvaient parfois avoir un maître bienveillant. Dans la suite de leur ouvrage, les Trinitaires n'abordaient plus le livre de de Tassy, non sans avoir déclaré qu'ils avaient encore beaucoup à dire à son sujet[11]. Néanmoins (ou précisément à cause de ces critiques), le livre connut un grand succès en Europe, ce dont témoignent sa traduction dans de nombreuses langues et ses éditions successives. D'autres auteurs français, mais également anglais, suivirent bientôt de Tassy dans ses conclusions[12].

De plus, Amsterdam, lieu de publication du livre de de Tassy, n'était pas, nous y reviendrons, sans conséquence quant à son contenu[13]. Dans un des ports les plus importants de la mer du Nord, de Tassy trouva un environnement où, dès le XVIIe siècle, la représentation des Barbaresques était, plus qu'ailleurs, caractérisée par une forme de *respect*. C'est notamment le cas de deux livres que nous examinerons ici, leurs auteurs, Johann Frisch et Simon de Vries, proposant, dès cette époque, une image plus nuancée des Barbaresques. Publiant, respectivement, en allemand et en néerlandais, ils n'exercèrent pas une grande influence en Europe mais il semble probable que leurs points de vue aient été largement partagés sur les rives de la mer du Nord.

La réserve manifestée par Frisch et de Vries quant à la condamnation sans appel des corsaires de Barbarie était un précurseur de ce qui allait se passer en France un demi-siècle plus tard avec l'ouvrage de de Tassy. Leurs écrits semblent également refléter un courant d'idées influent au Nord de l'Europe, à la fin du XVIIe siècle, qui se montrait opposé à toute escalade militaire contre les occupants de l'Afrique du Nord.

Nous esquisserons d'abord le tableau des relations entre les pays d'origine des deux auteurs et les corsaires de Barbarie, c'est-à-dire les côtes du Maghreb. Nous

---

11 Ahmed Farouk (dir.), Jean Baptiste de La Faye: Relation en forme de journal du voiage pour la rédemption des captifs aux roiaumes de Maroc et d'Alger pendant les années 1723, 1724 et 1725, Paris 2000, p. 15–16.
12 Thomson, Jean-Philippe Laugier de Tassy (voir n. 5), p. 573–575.
13 Il faut aussi souligner que de Tassy lui-même était un captif des Espagnols durant la guerre de Succession d'Espagne. Cette expérience a aussi contribué à sa sympathie pour l'Algérie, voir Laveau, Nouschi, Jacques Philippe Laugier de Tassy (voir n. 6), p. II.

présenterons ensuite l'œuvre de l'Allemand Johann Frisch, publiée en 1666, puis celle du Néerlandais Simon de Vries, parue en 1684. Nous nous attacherons enfin à démontrer le lien des deux textes avec l'ouvrage de de Tassy – et aussi la nette évolution du discours chrétien sur l'islam formulée par l'auteur français, dont les conclusions vont bien au-delà de celles de ces deux auteurs protestants.

L'Europe du Nord et les Barbaresques au XVIIe siècle

Dès le dernier tiers du XVIe siècle, les bateaux hollandais, allemands et anglais, naviguant toujours davantage dans les eaux du sud de l'Europe, sont de plus en plus victimes des attaques des Barbaresques. Il est même possible de quantifier l'ampleur du problème. Un inventaire du consul français d'Alger datant de 1624 nous montre clairement le nouveau »goût« des Barbaresques pour les vaisseaux venant du Nord. Durant leur âge d'or, à savoir la première moitié du XVIIe siècle[14], ils ont particulièrement ciblé ces vaisseaux, comme en témoigne la liste dressée par le consulat français d'Alger:

> *Nombre des vaisseaux prins [sic] à diverses nations et forteresses sacagées au Roy d'Espagne par les corsaires d'Alger durant le temps de huict années, scavoir despuis l'an 1613 jusques en l'année 1621.*
>
> *Premièrement, 447 vaisseaus de Olande*
> *Plus, 193 vaisseaus françois, tant de Ponent que du Levant*
> *Plus, 56 vaisseaus alemans et annabattistes*[15]
> *Plus, 60 vaisseaus d'Angleterre*
> *De plus, 120 vaisseaus d'Espagne, tant caravelles que vaisseaus ronds, et par dessus lesditz vaisseaus un grand nombre de barques le long de la coste d'Espagne*
> *Plus 60 barques de la coste de Provance ct Languedoc; el le [sic] tout a été prins et coppié sur un roolle que le consul des François tenoit autrefois en la ville d'Alger, sans y comprendre les vaisseaux et barques qui ont esté bruslés par eux et coulés à fondz*
> *Le nombre des dits vaisseaus et barques prins par lesditz corsères consiste à 936*[16].

Évidemment, la valeur des cargaisons de ces navires, ajoutées à celle des équipages comme »marchandise« ou comme main d'œuvre pour la marine des Régences d'Afrique du Nord, c'est-à-dire les États d'Alger, de Tunis et de Tripoli, dépassaient à cette période celles des victimes traditionnelles des corsaires. La Régence d'Alger en particu-

---

14   Ellen G. Friedman, Spanish Captives in North Africa in the Early Modern Age, Madison (Wisconsin) 1983, p. 13–32.
15   Les Allemands étaient pratiquement tous luthériens. Il semble possible que les bateaux des *annabattistes* désignent ceux de Gdansk, car à l'époque il existait en Pologne un groupe relativement important d'anabaptistes, connus sous le nom de *sociniens*. Il convient toutefois de souligner que les armateurs de Gdansk étaient eux aussi exclusivement luthériens, et que l'auteur français de la liste n'avait peut-être pas suffisamment de connaissances à ce sujet.
16   Henri-Delmas de Grammont, Relations entre la France et la Régence d'Alger au XVIIe siècle, dans: Revue Africaine 23 (1879), p. 5–160, ici p. 137–138.

lier s'était alors spécialisée dans l'attaque de ces navires qui représentaient des prises faciles et de grande valeur.

Ces »chiffres«, bien qu'impressionnants, semblent même sous-estimer l'importance du phénomène. Un historien anglais, David Delison Hebb, évaluant l'impact de l'action des corsaires sur l'Angleterre, a recensé pas moins de 90 captures de navires anglais de 1616 à 1622. Pour la période de 1616 à 1642, il parvient au nombre considérable de 400 captures[17]. L'historien français Daniel Panzac a, lui aussi, souligné que les chiffres du consul français semblaient inférieurs à la réalité[18]. Confirmant la supériorité, à cette époque, du butin humain »nordique« sur les Européens du Sud son confrère Michel Fontenay écrit:

> »Le glissement de la course algéroise vers les eaux océanes a été presque immédiat. Sur les 572 captifs mentionnés dans le journal de Gramaye du 8 juin au 12 octobre 1619, 178 seulement venaient des rivages méditerranéens. Tous les autres avaient été capturés dans l'Atlantique, soit en mer (notamment des Hanséates), soit aux Canaries, soit sur côte de la péninsule Ibérique, depuis le Détroit jusqu'à la Galice[19].«

Ce problème était donc de la première importance pour les Européens du Nord. Les Barbaresques menaçaient leurs routes maritimes les plus lucratives et diminuaient considérablement leurs profits. La côte ibérique ainsi que la Méditerranée restent pendant toute la période moderne une région de première importance pour le commerce intra-européen[20]. Ces difficultés suscitent donc de vives réactions de la part des Européens: attaques d'escadres contre les cités Barbaresques, organisation de convois, et tentatives incessantes pour conclure un traité de paix avec les Régences. Grâce à plusieurs victoires dans le dernier tiers du XVIIe siècle, les Anglais concluent un traité stable avec les Barbaresques en 1672, suivis par les Français en 1689 et, finalement, par les Néerlandais en 1726. Le danger des corsaires musulmans se réduit ainsi peu à peu au cours du XVIIIe siècle, les navires anglais et néerlandais se retrouvant à l'abri de leurs assauts.

Notons que la menace des corsaires musulmans restait importante pour les Européens du Nord à l'époque où furent édités les deux ouvrages que nous allons étudier. Les élites des principales villes commerciales du nord de l'Europe ainsi qu'une partie substantielle de la population côtière avaient suffisamment de raisons de craindre les Barbaresques. Néanmoins, certains auteurs nord-européens ont commencé, précisément à cette période, à se faire une idée différente de leurs ennemis d'Afrique du Nord.

---

17 David Delison Hebb, Piracy and the English government, 1616–1642. Policy-Making under the Early Stuarts, Aldershot 1994, p. 139–140.
18 Daniel Panzac, La marine ottomane: De l'apogée à la chute de l'Empire (1572–1923), Paris 2009, p. 133–135.
19 Michel Fontenay, Pour une géographie de l'esclavage méditerranéen aux temps modernes, dans: Cahiers de la Méditerranée 65 (2002), p. 17–52, ici p. 39.
20 Maria Fusaro, After Braudel. A Reassessment of Mediterranean History between the Northern Invasion and the Cavarane Maritime, dans: id., Colin Heywood, Mohamed-Salah Omri (dir.), Trade and Cultural Exchange in the Early Modern Mediterranean. Braudel's Maritime Legacy, London 2010, p. 1–22.

L'image des Barbaresques dans l'œuvre de Johann Frisch, 1666

En 1666 Johann Frisch (1636–1692), premier diacre de la ville d'Altona, près de Hambourg, publiait sous le titre »Schauplatz barbarischer Schlaverey« (»Théâtre de l'esclavage barbaresque«), une œuvre dont le sujet principal était la situation des esclaves chrétiens dans différentes localités nord-africaines[21]. Ce livre était le premier ouvrage consacré exclusivement aux Barbaresques à paraître en Allemagne. Ce n'était pas par hasard que Frisch s'était intéressé à ce sujet. L'homme est une figure majeure de l'histoire de la presse en Allemagne, et selon Holger Böning, il compte parmi les fondateurs du journalisme allemand[22]. Frisch a commencé sa carrière avec la parution de son »Schauplatz«, qui lui a valu jusqu'à sa mort d'être considéré comme l'un des plus grands »publicistes« d'Allemagne du Nord[23]. Dans le choix de son titre, il utilise la métaphore du »Schauplatz« (»scène«) répandue à cette époque. Nous pouvons l'interpréter comme une »Zentralmetaphorik für die Sammlung von Wissen« (»métaphore générique désignant une collection de savoirs«), le titre signalant l'appartenance à un genre typique de l'époque, celui des compendiums spécialisés[24].

Frisch naquit le 12 mars 1636 à Hambourg dans une famille peu fortunée. Il étudia la théologie à partir de 1656 à Altdorf puis à Wittenberg, terminant ses études avec une »Dissertatio de Waldensibus« (»Dissertation sur les Vaudois«) qui fut imprimée en trois éditions (1659, 1663, 1675). Compilant l'essentiel de la littérature européenne sur ces protestants des hautes vallées du Piémont, qui en furent chassés à plusieurs reprises, cet ouvrage montre que son auteur s'inscrivait dans les préoccupations de son temps. Les trois éditions successives témoignent du grand intérêt du public allemand pour les nouvelles persécutions dans le Piémont et Frisch se montrait ici attentif aux débats politico-religieux contemporains[25]. En 1661, il est nommé *Erster Diakon* (premier diacre) à Altona, une ville qui va connaître un rapide développement grâce au statut de port franc que lui accorde le roi du Danemark en 1664[26].

---

21 Johann Frisch, Schauplatz barbarischer Schlaverey, Altona 1666.
22 Böning est spécialiste des médias sous le Saint-Empire romain germanique au XVIIe siècle. Holger Böning, Welteroberung durch ein neues Publikum. Die deutsche Presse und der Weg zur Aufklärung. Hamburg und Altona als Beispiel, Brême 2002, p. 220–226.
23 Sur la vie de Frisch voir: Johann Adrian Bolten, Johann Adrian Boltens Historische Kirchen-Nachrichten von der Stadt Altona […]. Erster Band, Altona 1790, p. 101–104; Dieter Lohmeier, Frisch, Johann, dans: Schleswig-holsteinisches biographisches Lexikon, vol. 5, Neumünster 1979, p. 93–94; Franklin Kopitzsch, Grundzüge einer Sozialgeschichte der Aufklärung in Hamburg und Altona, Hambourg 1990, p. 712. Selon Karin Unsicker, ses journaux sont encore à ce jour un champ de recherche à défricher: Karin Unsicker, Weltliche Barockprosa in Schleswig-Holstein, Neumünster 1974, p. 155–156.
24 Markus Friedrich, Das Buch als Theater. Überlegungen zu Signifikanz und Dimensionen der Theatrum-Metapher als frühneuzeitlichem Buchtitel, dans: Theo Stammen, Wolfgang Weber (dir.), Wissenssicherung, Wissensordnung und Wissensverarbeitung. Das europäische Modell der Enzyklopädien, Berlin 2004, p. 205–232, ici p. 209. Voir plus en général sur cette métaphore le travail important de Gerhild Scholz Williams, Mediating Culture in the Seventeenth-Century German Novel: Eberhard Werner Happel, 1647–1690, Ann Arbor 2013.
25 Sur les persécutions des Vaudois à l'époque moderne voir Simone Baral, Le Chiese Valdesi e l'Internazionale Protestante (XVI–XIX secolo), dans: Chrétiens et Sociétés 25 (2018), p. 85–101.
26 Paul Theodor Hoffmann, Politik und Geistesleben in Altona vom 17. bis zum 19. Jahrhundert, dans: Zeitschrift des Vereins für Hamburgische Geschichte 39 (1940), p. 41–85; Agathe Wucher,

Fig. 1. Frontispice de Frisch, Schauplatz (voir n. 20). Source: Bibliothèque Herzog August de Wolfenbüttel, Sign. Gw 162. Je remercie la bibliothèque Herzog August de Wolfenbüttel pour l'autorisation de l'utiliser.

Fig. 2. Tortures des Chrétiens: Vries, Handelingen en Geschiedenissen (voir n. 44), p. 324. Source: Collection privée Mario Klarer (Innsbruck). Je remercie Mario Klarer pour l'autorisation de l'utiliser.

À Altona, Frisch devient un journaliste très actif, publiant entre autres le premier grand hebdomadaire d'Allemagne, les »Erbauliche Ruh-Stunden«. Il n'est pas seulement productif en tant que journaliste mais aussi comme essayiste. En 1677, il fait paraître un ouvrage de 67 pages sous le titre »Unvorgreiffliche Erörterung der Frage: Was von der Polygamie oder Viel-Weiberey zu halten sey?« (»Discussion sans préjugés de la question: que faut-il penser de la polygamie?«). Il y défend le mariage monogame, non seulement pour des raisons religieuses mais en avançant aussi des arguments pratiques. Selon lui, la polygamie conduit à une morale déplorable, favorise les divorces et avilit les femmes[27]. Peut-être que son travail incessant et ses nombreux litiges avec des bourgmestres et plusieurs pasteurs ont contribué à sa mort précoce: il décède le 30 août 1692 à l'âge de 58 ans, alors qu'il préparait activement la seconde édition de son livre sur les Barbaresques.

Le livre qui nous occupe, le »Schauplatz«, se situe entre la relation de voyages et l'ouvrage spécialisé. Frisch avoue ne pas être allé personnellement à Alger. Il s'appuie principalement sur des conversations avec d'anciens captifs. Comme il le précise dans la préface, il est parvenu, au prix d'efforts personnels et financiers considérables, à réunir les témoignages de seize anciens esclaves ayant longtemps séjourné en Afrique du Nord. Majoritairement originaires de Hambourg, la plupart sont mentionnés sous leur propre nom dans le corps du texte et Frisch souligne n'avoir rien rapporté qui n'ait reçu l'approbation de ses informateurs[28].

L'accent est ainsi mis sur les témoignages directs, ce qui rend l'ouvrage relativement inédit par rapport aux livres déjà publiés en Europe méridionale et occidentale. À plusieurs reprises, Frisch se réfère à quelques textes plus anciens, mais au lieu des écrits d'auteurs célèbres comme Diego de Haëdo ou Pierre Dan[29], il choisit plutôt des récits de voyageurs des décennies précédentes. Il évoque ainsi le célèbre témoignage de l'ancien esclave flamand Emanuel d'Aranda (env. 1612/14–env. 1686) dont il produit ici une traduction partielle en allemand[30]. Il met aussi en avant le récit de voyage de l'Écossais William Lithgow (env. 1582–env. 1645) et s'appuie quelquefois sur l'œuvre de l'historien italien Paolo Giovio (1483–1552), la seule de ses sources qui ne soit pas une relation de voyage[31].

Die gewerbliche Entwicklung der Stadt Altona im Zeitalter des Merkantilismus (1664–1803), dans: Martin EWALD (dir.), 300 Jahre Altona: Beiträge zu seiner Geschichte, Hambourg 1964, p. 49–102, ici p. 57–64.

27 Johann FRISCH, Unvorgreiffliche Erörterung der Frage: Was von der Polygamie oder Viel-Weiberey zu halten sey?, Hambourg 1677. Le livre s'intégrait à un débat enflammé sur la polygamie à l'époque, voir sur ce point George Elliott HOWARD, A History of Matrimonial Institutions: Chiefly in England and the United States with an Introductory Analysis of the Literature and the Theories of Primitive Marriage and the Family, Chicago 1904, p. 247.

28 FRISCH, Schauplatz (voir n. 21), p. III–IV.

29 Diego DE HAËDO, Topografia e historia general de Argel […], Valladolid 1612. Sur l'œuvre et son auteur voir George CAMAMIS, Estudios sobre el cautiverio en el Siglo de Oro, Madrid 1977. Sur Pierre Dan voir n. 10.

30 Sur la diffusion européenne et les diverses traductions du texte de d'Aranda par Frisch voir Mario KLARER (dir.), Verschleppt, verkauft, versklavt: Deutschsprachige Sklavenberichte aus Nordafrika (1550–1800). Edition und Kommentar, Vienne et al. 2019, p. 81–131.

31 William LITHGOW, Travels of William Lithgow, in Europe, Asia, and Affricke, London 1623. Sur l'œuvre et son auteur voir Martin GARRETT, Lithgow, William (b. 1582, d. in or after 1645), dans: Henry C.G. MATTHEW, Brian HARRISON, The Oxford Dictionary of National Biography,

Ces quelques références demeurent toutefois marginales par rapport aux témoignages des anciens captifs allemands. L'indépendance prononcée de Frisch à l'égard des œuvres existantes avait par ailleurs une raison très claire: indigné par l'esclavage, il s'intéressait en fin de compte plus à ce sujet qu'à celui des Barbaresques. Son livre n'est pas seulement une condamnation de l'esclavage chez ces derniers, mais il y blâme celui-ci sous toutes ses formes. Après la dédicace du livre, explicitant son objectif de soutenir l'œuvre de rachat des esclaves hambourgeois, il consacre quelques pages à l'esclavage comme élément caractéristique de nombreuses sociétés humaines. Il y rappelle que les *freyen Teutschen* (»Allemands libres«), ignorant l'esclavage, n'ont aucune connaissance sur celui-ci.

Pour Frisch l'esclavage est le grand mal de l'époque. Aussi ancien que l'humanité elle-même, il est apparu selon lui car la fainéantise de quelques-uns les aurait incités à faire travailler les autres pour eux. Des guerres en ont résulté, une partie de l'humanité luttant pour la liberté et l'autre pour la domination. Ces conflits ont conduit chez tous les peuples à la réduction en esclavage des prisonniers de guerre. Frisch différencie plusieurs formes de sociétés esclavagistes: Juifs, païens, Spartiates et Romains ont pratiqué l'esclavage. Les Juifs ont instauré des lois proscrivant certains traitements trop durs tandis que chez les Spartiates et les païens, sans la protection de lois, le traitement ne dépendait que du bon vouloir des maîtres. Les Romains étaient de ce point de vue les plus cruels, car leurs lois définissaient l'esclave *pro nullo et sine capite*, donnant à ses maîtres un pouvoir total sur son existence. Frisch cite Lodovico Ricchieri (Caelius Rhodiginus) (1469–1525), un illustre professeur vénitien de la Renaissance:

> *La servitude est la plus grande des misères/pire même que la mort. Car/qu'y a-t-il y a plus lamentable pour un homme/que d'être vendu à un autre/qui a le pouvoir absolu sur sa vie et sa mort? Et qui en contrepartie ne peut jouir de rien/mais doit donner tout ce qu'il acquiert à l'autre*[32]?

Heureusement, se félicite Frisch, grâce à la propagation de l'Évangile, l'esclavage s'est éteint dans toute la Chrétienté. La pauvreté de beaucoup d'affranchis a cependant entraîné la création de nombreux hospices ou fondations et introduit de nouvelles formes de travail contre rémunération. Les derniers vestiges de l'esclavage finissent, toujours selon Frisch, de disparaître avec l'avancée de l'Islam. Un des messages de cette »maudite secte« est en effet que tous ses croyants doivent être des hommes libres. Les potentats chrétiens (Frisch ne dit pas ici lesquels), voyant la grande attraction de ce précepte, abandonnent alors l'esclavage. Frisch cite Jean Bodin (1530–1596) qui affirme qu'autour de l'an 1200 on n'en trouve plus aucune trace dans la Chrétienté[33].

Oxford 2004, p. 2004–2008. Sur Giovio, qui était principalement un historien de l'Italie et non d'Afrique du Nord, voir: T. C. PRICE ZIMMERMANN, Paolo Giovio: The Historian and the Crisis of Sixteenth-Century Italy, Princeton 2001.

32 FRISCH, Schauplatz (voir n. 21), p. 5. La traduction est basée sur: Lodovico RICCHIERI, Caelii Rhodigini Lectionum Antiquarum Libri Triginta, Francfort-sur-le-Main 1599, p. 335. Sur l'auteur voir: Nouvelle biographie générale: depuis les temps les plus reculés jusqu'à nos jours, vol. 42, Paris 1866, p. 134.

33 FRISCH, Schauplatz (voir n. 21), p. 6. Dans l'original c'est 1250: Jean BODIN, De republica libri sex, Paris 1586, p. 39.

Avec leur »insatiable nature et cruauté plus que barbare«, les Portugais et les Espagnols, commençant leur avancée dans les Indes occidentales après 1492, le remettent à l'ordre du jour. En 1509, ils déclarent esclaves les musulmans (»à juste titre«, précise Frisch), et les Indiens *mit höchster Unbilligkeit und Himmelanschreiender Grausamkeit* (»avec la plus grande des injustices et d'une cruauté qui est une injure au ciel«). Ils ont ainsi sorti l'esclavage de l'oubli où il était tombé. Les Anglais et d'autres peuples qui commerçaient dans les Indes occidentales en ont été informés et ont utilisé à leur tour comme esclaves, non seulement les »Nègres« ou »Mores noirs« de l'Angola, mais aussi leurs ennemis des pays chrétiens. Ils leur ont fait cultiver le tabac et le sucre et s'en sont aussi servi pour remplacer les chevaux, en leur faisant porter de lourdes charges[34].

Frisch se distingue en attaquant de manière sévère la pratique de l'esclavage dans l'espace atlantique et en le comparant sans ambiguïté à l'esclavage méditerranéen. Il semble fort probable qu'il ait lu un livre néerlandais intitulé »Bedenckingen over den Guineeschen Slaef-handel der Gereformeerden met de Papisten« (»Réflexions sur le commerce des esclaves de Guinée que font les Réformés et les Papistes«). Cet essai a été publié en 1665 par Georgius de Raad (1625–1667), un prédicant réformé du port de Flessingue en Zélande[35]. L'ouvrage de plus de 180 pages contribua au débat sur la légitimité de la traite des esclaves pratiquée par des sujets de la République des Provinces-Unies et fut l'expression la plus visible du camp opposé à la traite négrière et à l'esclavage. Aux yeux de Raad, il s'agissait là de pratiques catholiques que les vrais croyants ne devaient pas suivre. Frisch avait très probablement lu cet auteur quand il écrivit sa condamnation sans appel de toutes les formes d'esclavage[36].

C'est seulement après cette longue introduction générale et une critique en règle de l'esclavage contemporain dans les pays chrétiens que Frisch parle des Barbaresques. Selon lui, l'esclavage n'a en réalité jamais été supprimé dans les pays de l'Islam. Il évoque le sujet à la page 20 dans la première partie de son livre. Frisch n'écrivait donc pas principalement contre les Barbaresques, mais bien contre l'esclavage. Il s'opposait à quiconque le pratiquait tout en continuant à établir des distinctions entre ses différentes formes. Outre la traduction partielle du récit de captivité d'Emmanuel d'Aranda, on trouve ainsi dans son livre de longs passages sur la géographie, l'ethno-

---

34 FRISCH, Schauplatz (voir n. 21), p. 7–8. Il s'agit peut-être d'une référence au Psaume 130, 1: *De profundis clamavi ad te, Domine.*
35 Sur Raad et son œuvre voir Jan-Willem WIND, Georgius de Raad (1625–1677) en zijn visie op slavernij en slavenhandel, dans: Zeeland 23 (2014), p. 19–26.
36 Sur ce point voir Magnus RESSEL, Eine Rezeptionsskizze der atlantischen Sklaverei im frühneuzeitlichen protestantischen Deutschland, dans: Nicole PRIESCHING (dir.), Theologie und Sklaverei von der Antike bis in die frühe Neuzeit, Hildesheim 2016, p. 165–205, ici p. 174–179. Il convient de noter que le premier ouvrage antiesclavagiste virulent a été publié en Angleterre en ces années, précisément en 1684: Morgan GODWYN, The Negro's and Indians Advocate, Suing for their Admission into the Church, or a Persuasive to the Instructing and Baptizing of the Negro's and Indians in our Plantations, London 1684. Sur cette œuvre voir Katharine GERBNER, Christian Slavery: Conversion and Race in the Protestant Atlantic World, Philadelphia 2018, p. 61–65.

graphie, la société et l'histoire d'Alger³⁷. Deux chapitres de 250 pages contenant cinquante petites histoires, de quelques pages chacune, concluent l'ouvrage³⁸.

L'ouvrage de Frisch est très différent des livres catholiques. Même s'il décrit de nombreux aspects de l'esclavage des chrétiens chez les Barbaresques, il ne plaide jamais en faveur d'une croisade ou d'une attaque des musulmans. Il différencie les diverses pratiques et formes de l'esclavage, en visant toujours sa condamnation en général, et non pas celle de l'islam. Mais comment parvient-il à maintenir cette distinction dans ses écrits? Cette position n'était possible qu'au prix d'un jugement très sévère sur la cruauté des maîtres doublé d'un éloge des Barbaresques pour leur comportement. Il décrit ainsi les Turcs de façon étonnante:

> »C'est à remarquer que les Turcs natifs/ceux qui ne sont part de la populace ordinaire/se comportent très modestement envers leurs esclaves/tellement que maint captif/qui sert un Turc natif/a mieux jours dans l'état d'esclave qu'à l'état du libre dans sa patrie: Il y a même des hommes recueillis chez eux/qui ne veulent acheter aucun esclave/car il leur semble inhumain/de regarder des hommes comme le bétail³⁹.«

Selon Frisch, les Turcs représentaient donc un peuple en partie appréciable sur lequel il était possible d'écrire en termes positifs. Peut-être le pasteur luthérien suivait-il en cela la ligne théologique de sa confession, qui, depuis Martin Luther lui-même, n'avait pas développé à l'égard des Turcs une aversion aussi forte que celle professée par le catholicisme. La rupture avec l'idée de croisade avait en effet été particulièrement frappante chez Luther, et celle-ci semble trouver ici un écho⁴⁰. Mais Frisch n'était pas pour autant une sorte de libéral avant la lettre, et ne se montrait pas toujours tolérant. Dans un passage de son livre, il qualifie des Juifs de »vermine«, car ils auraient révélé aux Algériens les mesures de protection d'un convoi des Hambourgeois⁴¹. Parfois, il critique aussi certains musulmans avec véhémence. Le fonctionnement des États bar-

---

37 L'œuvre d'Aranda était très connue en son temps et connaissait quelques éditions profondément différentes: Emanuel D'ARANDA, Relation De La Captivité Dv Sievr Emanvel D'Aranda […], Paris 1657; ID., Relation De La Captivité & Liberté Du Sieur Emanuel D'Aranda […], Troisiéme Edition […], Bruxelles 1662. Frisch a bien probablement utilisé une traduction néerlandaise, dont nous ne connaissons malheureusement que la seconde édition de 1682: ID., Turcksche Slaeverny ende bekomen Vryheyt, Bruges 1682.
38 Il s'agit généralement de petites histoires d'esclaves chrétiens à Alger et de leurs expériences avec leurs maîtres algériens, voir: Magnus RESSEL, Cornel ZWIERLEIN, Zur Ausdifferenzierung zwischen Fiktionalitäts- und Faktualitätsvertrag im Umfeld frühneuzeitlichen pikarischen Erzählens (16./17. Jh.), dans: Jan MOHR, Michael WALTENBERGER (dir.), Das Syntagma des Pikaresken, Heidelberg 2014, p. 103–129.
39 FRISCH, Schauplatz (voir n. 21), p. 39–40: *Und ist wol zu merken/das die geborne Türken/was nicht gemeines Pöbels ist/sich sehr bescheidendlich gegen ihre Schlaven halten/so das mancher Gefangener/der einem gebornen Türken dienet/besser Tage hat im Schlaven als freyen Stande in seinem Vaterlande: Ja es giebet andächtige Leüte unter ihnen/welche gahr keinen Schlaven kauffen wollen/weil es ihnen unmenschlich dünket/einen Menschen dem Vieh gleich zu achten.*
40 Voir: Johannes EHMANN, Luther, Türken und Islam. Eine Untersuchung zum Türken- und Islambild Martin Luthers (1515–1546), Gütersloh 2008; Adam S. FRANCISCO, Martin Luther and Islam: A Study in Sixteenth-Century Polemics and Apologetics, Leiden 2007.
41 Ibid., p. 36.

baresques lui apparait détestable, car il est principalement fondé sur la mise en esclavage des chrétiens. Néanmoins, il s'en tient toujours à ses principes de base. Il s'abstient de toute condamnation, sauf si l'action d'un individu ou d'un groupe est dirigée contre Hambourg ou vise la mise en esclavage d'une personne libre ou la torture d'un esclave.

L'anti-esclavagisme »néerlandais« se trouve probablement aussi représenté dans le frontispice de l'ouvrage (voir Fig. 1)[42]. Nous y voyons la victoire de deux navires musulmans contre un vaisseau de Hollande. Vient ensuite une autre gravure où figurent des chrétiens sur le marché aux esclaves d'une cité musulmane. Les mains des chrétiens ainsi que leurs bouches sont examinées par les musulmans qui vérifient s'ils appartiennent à un rang supérieur, ce qui leur permettra d'obtenir une rançon plus élevée. L'ange figurant dans la partie supérieure de l'image est remarquable avec ses deux trompettes: suspendue à celle de droite, une chaîne d'esclave, accrochée à celle de gauche un objet avec une corde enroulée, peut-être un sceptre[43]. Il semble que nous ayons affaire ici à une référence à Mt 24, 31: *Et il enverra ses anges avec un grand son de trompette; et ils rassembleront ses élus des quatre vents, depuis l'un des bouts du ciel jusqu'à l'autre bout*[44].

Frisch voulait peut-être montrer à ses lecteurs que les vrais croyants devaient refuser l'esclavage. Le fait que les musulmans étaient opposés à la vraie foi s'illustrait dans leurs pratiques esclavagistes et la même opposition se retrouvait chez les chrétiens lorsqu'ils réduisaient des innocents en servitude.

Représentations des Barbaresques chez Simon de Vries, 1684

1684 marque l'apogée et le début du déclin de l'influence de l'Europe catholique sur les représentations des Barbaresques dans le nord de l'Europe. Cette même année, Gotfried van Broekhuizen traduit intégralement l'œuvre de Pierre Dan en néerlandais et Simon de Vries (env. 1624/28–1708) en assure la publication commentée[45]. Jamais auparavant une œuvre consacrée exclusivement aux Barbaresques n'avait été traduite dans le nord, à part quelques récits de voyageurs et des mémoires de captivité[46]. L'édition originale reproduisait plus d'une douzaine d'images de tortures ou d'exécutions de chrétiens, dont la cruauté est encore accentuée dans la version néerlandaise (voir Fig. 2).

Vries ne se contente pas de publier la traduction de l'œuvre de Dan. Comme il l'indique dans son introduction à l'annexe qu'il a lui-même rédigée, il en juge le contenu

---

42 Sur l'image voir aussi: Ernstpeter RUHE, »Aus Barbareÿen erlöset«. Die deutschsprachigen Gefangenenberichte aus dem Maghreb (XVI.–XIX. Jh.) und ihre Rezeption, Wurtzbourg 2021, p. 29–31.
43 Le graveur Hans Martin Winterstein avait une prédilection pour des sceptres, voir le frontispice de: Georg HACKE, Deliciae Marianae oder Himmlische Seelen-Lust der heil. Mutter Gottes Mariae, Francfort-sur-le-Main 1672.
44 Louis SEGOND (trad.), La Sainte Bible: Nouveau Testament, Oxford 1880, http://www.bible-en-ligne.net: 21.02.2023.
45 Simon DE VRIES, Historie van Barbaryen, En des zelfs Zee-Roovers, Amsterdam 1684.
46 Sur un pamphlet en allemand qui, en 1623, décrivait l'esclavage dans les États barbaresques comme particulièrement horrible, voir: Magnus RESSEL, Zwischen Sklavenkassen und Türkenpässen. Nordeuropa und die Barbaresken in der Frühen Neuzeit, Berlin et al. 2012, p. 75–77.

trop »propagandiste«[47]. Constituant un livre en lui-même, ce long commentaire de 244 pages doit être considéré comme la première vraie contribution du monde néerlandais aux écrits sur les Barbaresques. L'ouvrage est destiné exclusivement au public néerlandais, comme en témoigne son titre: »Handelingen en Geschiedenissen, Voorgevallen tusschen den Staet der Vereenighde Nederlanden En dien van de Zee-Roovers in Barbaryen; Als der Rijcken en Steeden van Algier, Tunis, Salee en Tripoli; Van't Jaer Christi 1590 tot op't Jaer 1684« (»Histoire et tractations survenues entre l'État des Provinces-Unies et ceux des bandits de la mer en Barbarie: à savoir les Royaumes et villes d'Alger, Tunis, Salé et Tripoli, de l'an 1590 à l'an 1684«). À l'inverse du livre original de Dan, l'édition néerlandaise ne comporte pas de présentation générale de l'histoire des Barbaresques. L'auteur livre un texte que nous qualifierions aujourd'hui de description contemporaine. Guerres et traités de paix sont détaillés, comme les batailles en mer et les expéditions des Néerlandais sur les côtes nord-africaines, etc. La contribution de Vries est donc d'une grande valeur pour qui s'intéresse à l'histoire des relations de l'Europe du Nord avec les Barbaresques et constitue une source précieuse sur le XVIIe siècle, en particulier sur la période qui va de la paix de Westphalie à 1684[48].

L'ardent calviniste Simon de Vries était comme Frisch un auteur prolifique, proche du journalisme: Il publia pas moins de cinquante-sept livres, soit un ouvrage par an[49]. Ce *schoolmeester* d'Utrecht était en définitive un véritable polygraphe et un traducteur assidu d'œuvres allemandes. Notons que parmi les traductions de de Vries se trouvent aussi les »Erbauliche Ruh-Stunden« de Johann Frisch[50]. Qui plus est, son livre sur les Barbaresques témoigne aussi de l'influence de Frisch: au-delà de la chronique politique quotidienne, il contient nombre d'observations annexes sur les États nord-africains et quelques longues descriptions générales associées à une brève chronologie. Dans les passages plus éloignés de l'histoire événementielle figurent des commentaires très instructifs sur les représentations des Barbaresques. Il en va ainsi de sa critique du système judiciaire d'Afrique du Nord, lequel lui semble très sévère, en particulier contre les chrétiens[51]. En général Vries donne néanmoins une image assez bienveillante des Barbaresques qu'il décrit explicitement comme plus généreux que les chrétiens:

---

47 Pierre Dan est nommé un *Roomsch-Geestlijck persoon* et Vries adjoint qu'il l'avait trouvé *geraedsaem, noch yets by't ghedaghte Werck te doen voegen*. Voir Simon DE VRIES, Handelingen en Geschiedenissen, Voorgevallen tusschen den Staet der Vereenighde Nederlanden En dien van de Zee-Rovers in Barbaryen, Amsterdam 1684, p. III.

48 La partie historique sur les Barbaresques, du début du XVIe siècle jusqu'au milieu du XVIIe siècle, s'arrête à la page 83 et est suivie sur plus de 150 pages d'une description contemporaine de l'histoire des États des Barbaresques, avec une emphase sur les relations entre les Pays-Bas et l'Afrique du Nord jusqu'aux années 1680.

49 Sur de Vries voir principalement: Arianne BAGGERMAN, Een drukkend gewicht: Leven en werk van de zeventiende-eeuwse veelschrijver Simon de Vries, Amsterdam 1993. Baggerman montre que Vries était un calviniste, de la mouvance stricte du Voetianisme, mais qu'il aimait apparemment aussi s'inspirer des théologiens luthériens allemands.

50 Simon DE VRIES, Historische, philosophische en politike rust-uuren, aengeleghd tot een eerlijcke, leersaeme en vermaecklijke gemoeds-verquickingh; [...] Uyt de schriften veeler beroemde mannen en eygene ervarenheyd t'saem-gestelt van Johannes Frisschius, Amsterdam 1681.

51 DE VRIES, Handelingen en Geschiedenissen (voir n. 47), p. 69.

»Dans la première partie de notre ›Grand Océan historique‹[52], de la page 97 à 102, nous avons montré en détail qu'ils ne sont pas aussi mauvais qu'on veut nous faire croire. Ceux qui doivent travailler dans nos pays souffrent beaucoup plus que les esclaves à Alger; mis à part que la perte de leur liberté double le fardeau. Les traitements durs pour quelques-uns de ces hommes proviennent majoritairement de leur grande méchanceté, de leur entêtement à ne pas parler positivement de leurs maîtres, de leur désobéissance et de leur indocilité. Beaucoup de ceux qui se plaignent tant dans leurs lettres pourraient se trouver mieux là-bas que dans leur patrie. Un rameur sur les galères des chrétiens a un sort bien pire que les rameurs-esclaves en Barbarie[53].«

Ces quelques lignes peuvent être considérées comme marquant une nouvelle étape dans la rupture avec les paradigmes du discours traditionnel: Auteur d'un ouvrage sur l'Afrique du Nord, de Vries estime ici les captifs coupables de leur misère et renchérit en comparant les conditions des galériens sur les deux rives de la Méditerranée, au bénéfice de l'Afrique du Nord. Il poursuit en citant les mémoires d'un Allemand du nom d'Albert Schiel qui témoigne du bon traitement des chrétiens par leurs maîtres algériens[54].

Vries a de toute évidence fait siennes les convictions de Frisch en les radicalisant. À ses yeux, le message anti-esclavagiste global de Frisch n'était pas essentiel. Il est même fort probable qu'il n'ait pas saisis certaines nuances du texte de Frisch, probablement parce qu'elles contrastaient trop fortement avec le titre du livre, qui contenait l'adjectif »barbare« pour désigner le comportement des musulmans. Quoi qu'il en soit, Frisch, nous le savons, condamnait l'esclavage en général, en Méditerranée et dans l'Atlantique, et considérait les esclaves chrétiens des Barbaresques comme l'exemple le plus significatif d'un fléau qu'il détestait, de tous temps et en tous lieux. Ce parti pris lui permettait par ailleurs de faire l'éloge des Barbaresques qui hésitaient à traiter leurs esclaves chrétiens de manière trop dure et ce point de vue se retrouvait dans les publications néerlandaises qui critiquaient la traite des Noirs dans l'Atlantique.

Pour de Vries cet aspect ne joue aucun rôle. Il se contente de reprendre à son compte la description favorable des Barbaresques quant au traitement des esclaves chrétiens et la renforce, ce qui, pour un citoyen d'Utrecht, s'inscrivait dans l'air du temps. En effet, au moment de la publication de son ouvrage, une paix assez stable régnait depuis cinq ans entre la République des Provinces-Unies et Alger. Une nouvelle guerre contre la France menaçait d'éclater, et au cours du conflit précédent (1672–1678) les Français s'étaient comportés de manière effroyable pendant leur occupation d'une grande partie du pays. Impossible dès lors de continuer à croire dans l'opposition entre le monde »humaniste« des chrétiens, d'une part, et celui »cruel«

---

52 Je n'ai pas pu consulter cet ouvrage, qui semble très rare. Il est possible qu'aucun exemplaire n'existe aujourd'hui. Simon SCHAMA le cite dans son livre fameux, The Embarrassment of Riches: An Interpretation of Dutch Culture in the Golden Age, Berkeley 1988, p. 33. Lui aussi non plus ne l'a pas trouvé.
53 DE VRIES, Handelingen en Geschiedenissen (voir n. 47), p. 151.
54 Le livre d'Albert SCHIEL est introuvable, comme le »Groot Historisch Ocean«. Virginia LUNSFORD l'a aussi cherché en vain: Piracy and Privateering in the Golden Age Netherlands, New York 2005, p. 290.

des musulmans de l'autre. Il était donc assez aisé pour de Vries de s'approprier un contenu propre au »Schauplatz« de Frisch et de le développer tout en simplifiant l'argumentation du diacre d'Altona.

Le résultat constituait une nouvelle rupture avec le discours traditionnel. Le »Schauplatz« de Johann Frisch illustrait déjà un abandon assez net des positions catholiques, lesquelles avaient toujours souligné la cruauté des Barbaresques. De Vries va quant à lui bien plus loin. Son choix est d'autant plus surprenant si l'on prend en compte le fait qu'il n'était pas favorable aux Barbaresques. Il décrit en effet en détail leurs violations des traités et leurs dures attaques contre les flottes néerlandaises.

Ainsi, même si l'argumentation est contradictoire, le message essentiel restait clair: on pouvait et devait respecter les Barbaresques, ennemis ordinaires, au même titre que les autres puissances européennes.

Conclusion

En dehors d'une aire assez restreinte, les deux ouvrages présentés ici n'eurent que peu d'influence[55]. Seule la deuxième édition du livre de Frisch connut un grand succès, dont témoignent les nombreux exemplaires qui se trouvent aujourd'hui dans les bibliothèques européennes. Cette version au contenu quelque peu confus parut en 1694, soit deux ans après la mort de Frisch. D'autres »auteurs« y avaient mis la dernière main après le décès de l'auteur. L'introduction avec ses attaques en règle contre l'esclavage et ses réflexions fondamentales sur l'injustice de la servitude humaine fut quant à elle réimprimée avec de légers ajouts[56]. Y figure aussi la traduction allemande de quelques lignes de de Vries, portant un jugement positif sur les Barbaresques[57]. Mais ces passages assez bienveillants côtoient de nombreuses descriptions très négatives sur les Africains du Nord, ce qui aboutit à un assemblage assez contradictoire. Cette nouvelle édition connut donc un succès beaucoup plus grand que la première et fut lue par de nombreux auteurs européens, par exemple le Suédois Carl Reftelius qui l'utilisa pour son propre texte sur les Algériens en 1737[58].

Cependant, en dépit de la faible diffusion des publications de 1666 et 1684, celles-ci trouvèrent, à Amsterdam et à Hambourg, un certain nombre de lecteurs qui avaient une vision des Barbaresques davantage marquée par le respect qu'ailleurs en Europe. Il faut aussi souligner que ces ouvrages ne contribuèrent pas seulement à forger le jugement de leurs lecteurs: leur contenu même était aussi fortement inspiré par des idées déjà répandues en Europe septentrionale. Ils eurent cependant un effet limité jusqu'à la publication du livre de Laugier de Tassy en 1725. Celui-ci marqua le début dans toute l'Europe d'un nouveau discours sur les Barbaresques. Il est probable que,

---

55 Il semble cependant que la première édition du livre de Frisch ait influencé la littérature spécialisée allemande sur les Barbaresques: SCHOLZ WILLIAMS, Mediating Culture (voir n. 24), p. 107–108.
56 Voir: RESSEL, Eine Rezeptionsskizze (voir n. 36), p. 179–180.
57 Johann FRISCH, Schau-Platz Barbarischer Sclaverey […], Hamburg 1694, p. 110–111. Les lignes de Vries se trouvaient réimprimés de nouveau en allemand dans un livre assez populaire: Caspar GOTTSCHLING, Staat von dem Königreiche Algier in Africa, s.l., [1712], p. 106.
58 Carl REFTELIUS, Historisk och politisk beskrifning öfwer riket och staden Algier ifrån år 1516 til och med år 1732, Stockholm 1739.

quand il habitait Amsterdam, de Tassy ait été sensible à ces idées, lesquelles l'ont ensuite influencé dans l'écriture de son livre. Quelques-uns de ses paragraphes semblent être repris ou au moins fortement inspirés des livres de nos deux auteurs protestants, notamment ce passage sur les circonstances des traitements sévères infligés aux esclaves chrétiens par les Algériens:

> *Lorsqu'on châtie sévérement les esclaves, c'est qu'ils l'ont mérité par quelque crime, comme assassinat, vol considérable, revolte & autres semblables cas; & l'on* [les moines catholiques, MR] *fait passer ces châtimens pour cruautéz*[59].

La ressemblance avec des phrases de Frisch et surtout de de Vries est ici évidente. Il faut cependant se garder de voir en de Tassy un simple »successeur« de ces deux auteurs, car cela reviendrait à sous-estimer son originalité. D'autres facteurs importants ont également joué un rôle dans la rédaction de son ouvrage, à commencer par les relations pacifiques entre Alger et la France, qui duraient depuis plus de 30 ans en 1725, et avaient aussi permis une certaine pénétration économique française de l'Afrique du Nord[60]. De Tassy va de fait beaucoup plus loin que ses deux prédécesseurs protestants. Alors que ces derniers ne s'étaient exprimés que ponctuellement de manière favorable à l'égard des Barbaresques, il écrit sur ces Africains du Nord tout un livre cohérent et bienveillant de plus de 350 pages. Du point de vue de l'histoire des idées, il faut donc souligner la nette évolution chez de Tassy du discours chrétien sur l'islam laquelle fut fort probablement inspirée par les deux ouvrages protestants que nous venons d'évoquer. Le fait que cette vision positive des Barbaresques ait été publiée en français (mais pas en France!), favorisant ainsi sa pénétration dans le monde catholique, distingue la rupture introduite par le livre de de Tassy. Ces circonstances expliquent aussi sa condamnation par les Trinitaires et probablement, avec eux, par une grande partie de l'opinion française.

Voilà ainsi retracée la genèse du point de vue »nord-européen« et protestant sur les Barbaresques, lequel est apparu pour la première fois en 1666 à Altona, près de Hambourg, avant de s'illustrer de nouveau à Amsterdam, en 1684, pour constituer le socle du discours des Lumières à leur sujet. Le succès du livre de de Tassy de 1725 a ensuite permis de diffuser dans toute l'Europe une nouvelle vision des Barbaresques, rendant ainsi possible un regard différent des Européens sur leurs voisins de la rive opposée de la Méditerranée, leur reconnaissant un visage humain et écartant toujours davantage les discours qui les présentaient comme de simples ennemis de la foi.

---

59 LAVEAU, NOUSCHI, Jacques Philippe Laugier de Tassy (voir n. 6), p. 194.
60 Voir: Paul MASSON, Histoire des établissements et du commerce français dans l'Afrique barbaresque (1580–1793). Algérie, Tunisie, Tripolitaine, Maroc, Paris 1903.

Edern de Barros

LA FIGURE GERMANIQUE
DE CHARLEMAGNE AU XVIIIe SIÈCLE EN FRANCE

La souveraineté à l'épreuve du régime mixte

La figure historiographique de Charlemagne joue un rôle clef dans la construction de l'identité européenne, en particulier en France et en Allemagne[1]. Depuis le XIIe siècle, il est revendiqué à la fois par le roi de France, par l'empereur, mais aussi par le pape pour mieux s'affirmer face à leurs rivaux[2]. La légende de Charlemagne participait déjà à l'effort allemand de restauration de l'empire universel, comme l'a mis en évidence Robert Folz[3], jusqu'à devenir une référence majeure aux XIXe et XXe siècles[4] notamment dans l'Allemagne nazie[5]. En France, Charlemagne interroge la forme de la monarchie qu'il convient d'adopter comme en témoigne la fascination de l'empereur Napoléon pour le personnage[6]. »Plus que tout autre prince du Moyen Âge, rappelle Rolf Große, il a pénétré l'imaginaire des hommes et occupe une place essentielle dans notre inconscience historique.«[7] Pour autant, l'idéologie impériale attachée à la figure de Charlemagne est loin de faire consensus. L'image de Charlemagne est mar-

1   Voir notamment Bernd Bastert (dir.), Karl der Große in den europäischen Literaturen des Mittelalters. Konstruktion eines Mythos, Tübingen 2004; Franz-Reiner Erkens (dir.), Karl der Große in Renaissance und Moderne. Zur Rezeptionsgeschichte und Instrumentalisierung eines Herrscherbildes, Berlin 1999.
2   Gaston Zeller, Les rois de France candidats à l'Empire, dans: Revue historique 173 (1934), p. 273–311; Werner Goez, Translatio imperii. Ein Beitrag zur Geschichte des Geschichtsdenkens und der Politischen Theorien im Mittelalter und der Neuzeit, Tübingen 1958.
3   Robert Folz, Le souvenir et la légende de Charlemagne dans l'Empire germanique médiéval, Paris 1950.
4   Bernd Schneidmüller, Sehnsucht nach Karl dem Großen. Vom Nutzen eines toten Kaisers für die Nachgeborenen. Die politische Instrumentalisierung Karls des Großen im 19. und 20. Jahrhundert, dans: Geschichte in Wissenschaft und Unterricht 51 (2000), p. 284–301; Karl Ferdinand Werner, Karl der Große oder Charlemagne? Von der Aktualität einer überholten Fragestellung, dans: Bayerische Akademie der Wissenschaften. Philosophisch-Historische Klasse. Sitzungsberichte 4 (1995), p. 5–7.
5   Alain Brose, Charlemagne dans l'idéologie national-socialiste, dans: Revue belge de Philologie et d'Histoire 93 (2015), p. 811–842; Karl Ferdinand Werner, Karl der Große in der Ideologie des Nationalsozialismus, dans: Zeitschrift des Aachener Geschichtsvereins 101 (1997/98), p. 9–64, notamment p. 39–41.
6   Thierry Lentz, Napoléon and Charlemagne, dans: Napoleonica 1 (2008), p. 45–68. Sur la représentation du roi à l'époque absolutiste, voir Louis Marin, Le portrait du roi, Paris 1981.
7   Rolf Große, Les cendres de Charlemagne, dans: Id., Michel Sot (dir.), Charlemagne. Les temps, les espaces, les hommes. Construction et déconstruction d'un règne, Turnhout 2018 (Collection Haut Moyen Âge, 34), p. 11–18, particulièrement p. 13. Voir plus particulièrement Robert Morrissey, L'empereur à la barbe fleurie. Charlemagne dans la mythologie de l'histoire de France, Paris 1997.

quée par son »extraordinaire plasticité«[8]. Est-il un héritier des empereurs romains d'Occident ou n'est-il qu'un chef de guerre germanique dont les pouvoirs sont bornés dans le civil? Au XVIIIe siècle en particulier, la question est au cœur des débats entre les partisans d'une monarchie absolue héritée de la tradition romaniste, et les théoriciens du régime mixte favorables à la »révolution« des États généraux qui puisent davantage dans la tradition des Germains décrits par Tacite. Utilisée d'abord par les théoriciens de l'absolutisme monarchique, la figure de Charlemagne leur échappe cependant pour devenir le »modèle du roi anti-absolutiste«[9] à la suite de la publication de ses capitulaires par Baluze[10] puis dans les recueils de Martin Bouquet[11], qui alimentent le débat sur l'ancienne constitution démocratique de la France.

Toutes ces questions de droit public interrogent à travers Charlemagne – Romain ou Germain – l'actualité ou non du récit de Tacite pour décrire l'origine du gouvernement des Francs.

> *Un des objets qu'il se propose* [écrit le traducteur de Tacite] *en peignant les mœurs des Germains, est de censurer indirectement celles de sa nation. En apparence occupé de la Germanie, jamais il ne perd Rome de vue. Il serait fâché que ses lecteurs ne fissent point le parallèle qu'il a dans l'esprit, et qui certainement est la clé de son ouvrage*[12].

Inscrire donc Charlemagne dans la tradition romaine ou germanique, c'est actualiser la critique de Tacite dans le cadre de la monarchie française. Pour un historiographe au service de la cour de France, comme l'abbé Dubos, il ne fait pas de doute que Charlemagne est un héritier de l'*imperium* des Romains. En revanche, d'autres auteurs critiques de la monarchie absolue, comme Boulainvilliers, Montesquieu, l'abbé Vertot, le duc de Nivernois, Condillac ou encore Mably, élaborent un récit concurrent qui leur permet de faire valoir l'idée d'une monarchie tempérée par des contre-pouvoirs démocratiques ou aristocratiques qu'ils identifient déjà sous les Carolingiens, et avant eux dans les coutumes des Francs germaniques[13]. La thèse du gouvernement gothique trouvait ses origines dans les thèses des monarchomaques, notamment dans »Franco-Gallia« (1573) de Hotman qui »invente une tradition républicaine à la française«[14], étant l'un des premiers à détacher la République de son socle romain, tout en

---

8 Robert Morrissey, Charlemagne, dans: Pierre Nora (dir.), Les lieux de mémoires, t. III, Paris 1997, p. 4389–4425, ici p. 4397.
9 Morrissey, L'empereur à la barbe fleurie (voir n. 7), p. 265.
10 Étienne Baluze, Capitularia regum Francorum […], 2 vol., Paris 1677.
11 Martin Bouquet, Recueil des historiens des Gaules et de la France, 22 vol., Paris 1738–1865. Les neuf premiers volumes concernent les deux premières races.
12 Tacite, Description de la Germanie et des mœurs de ses habitants, dans: Jean-Philippe-René de la Blèterie (dir.), Traduction de quelques ouvrages de Tacite, Paris 1755, t. I, p. liii.
13 Pour resituer la thèse germaniste au sein de »l'histoire savante«, voir Blandine Barret-Kriegel, Les historiens de la monarchie, Paris 1988; Colette Beaune, Naissance de la nation France, Paris 1985; Jacques de Saint Victor, Les racines de la liberté. Le débat français oublié 1689–1789, Paris 2007.
14 Jacques de Saint Victor, Thomas Branthôme, Histoire de la République en France, Paris 2018, p. 87.

s'appropriant les analyses de Polybe sur le *régime mixte*[15] qu'il recherche au sein de la monarchie germanique comme l'a mis en évidence Donald Kelly[16]. Montesquieu à son tour soutient que le gouvernement des Français, comme celui des Anglais, tire son origine de la *conquête* germanique du Ve siècle, comme l'écrivait également Boulainvilliers lorsqu'il rappelait les origines *franques* et contractuelles de la monarchie pour contester son évolution vers l'absolutisme. L'ancienne monarchie franque, née avec Clovis, était en ce sens une monarchie limitée, voire une monarchie mixte sortie des forêts de Germanie: *ce beau système a été trouvé dans les bois*[17], écrit Montesquieu. »Il y a là quelques pages, commente Adhémar Esmein, qui ont exercé l'influence la plus profonde sur le droit constitutionnel de l'Occident[18]«.

Cependant, la tradition germaniste n'est pas nécessairement porteur d'un idéal démocratique selon le rapport que les auteurs imaginent entre les peuples conquérants et les peuples conquis. Selon Boulainvilliers – représentant de la thèse du libéralisme nobiliaire – les Francs, en qualité de conquérants, auraient entretenu un rapport de domination à l'égard des Gallo-romains, d'où résulterait un gouvernement qui serait l'ancêtre des libertés et des privilèges aristocratiques[19]. L'abbé Dubos, quant-à-lui, niait la distinction entre Francs vainqueurs et Gallo-romains vaincus, voyant dans la noblesse la créature d'une monarchie absolue depuis les origines, et dans le sillage du droit romano-impérial. Montesquieu, héritier et continuateur de ce débat, paraît tenir la balance entre ces deux thèses dans »L'esprit des lois« (1748), avec cependant une tendance pour la première plus favorable au libéralisme nobiliaire contre la monarchie absolue[20]. Contre la séparation étanche voulue par Boulainvilliers, Mably construit au contraire une version démocratique du germanisme, un »melting pot«[21] des peuples pour reprendre la formule de Robert Morrissey. S'il rejette la thèse de Dubos des origines romaines de l'histoire de France, il écarte également la thèse selon laquelle il existerait depuis les origines une noblesse française dans la race des Francs. Comme chez Montesquieu, les vaincus se rallient à leur vainqueur, ce qui lui permet de penser l'idée de nation à l'intérieur du Champ de Mars aux côtés du clergé et des Leudes[22]. L'enjeu historiographique de cette controverse est alors d'asseoir historiquement le pouvoir de la noblesse dans la version de Boulainvilliers ou de la roture dans celle de Mably. Ce dernier se fait l'adversaire de la vision d'un Charlemagne qui

---

15 Voir notamment Henri MOREL, Le régime mixte ou l'idéologie du meilleur régime politique, dans: Michel GANZIN (dir.), L'influence de l'Antiquité sur la pensée politique européenne (XVIe–XXe siècles), Aix-en-Provence 1996, p. 94–112.
16 Donald KELLEY, François Hotman. A Revolutionary's Ordeal, Princeton 1973.
17 MONTESQUIEU, De l'esprit des loix, ou du rapport que les loix doivent avoir avec la constitution de chaque gouvernement, les moeurs, le climat, la religion, le commerce, &c. […], Genève 1748, p. 260.
18 Adhémar ESMEIN, Éléments du droit constitutionnel français et comparé, Paris 1914, p. 66.
19 Olivier THOLOZAN, Henri de Boulainvilliers. L'anti-absolutisme aristocratique légitimé par l'histoire, Aix-en-Provence 2015.
20 Élie CARCASSONNE, Montesquieu et le problème de la constitution française au XVIIIe siècle, Paris 1927.
21 MORRISSEY, Charlemagne (voir n. 8), p. 4389.
22 François FURET, Mona OZOUF, Deux légitimations historiques de la société française au XVIIIe siècle. Mably et Boulainvilliers, dans: Annales. Économies, sociétés, civilisations 34/3 (1979), p. 438–450.

serait la caution historique des défenseurs des droits politiques du Parlement. Le Paige en particulier, dans ses »Lettres historiques sur les fonctions essentielles du Parlement« de 1753, présente les Parlements comme les héritiers directs des assemblées législatives des deux premières races. Contre ce Charlemagne »parlementaire« qui congédie le peuple de l'histoire carolingienne au profit de la noblesse, Mably déploie une historiographie qui justifie voire participe à la genèse de la révolution des États généraux[23].

Dans cet article nous nous intéresserons plus particulièrement au récit de Condillac et Mably à propos de Charlemagne qui est particulièrement représentatif des controverses historiographiques qui traversent tout le siècle des Lumières. L'influence des deux frères sur la Révolution française, en outre, justifie de s'intéresser de près à leur récit historiographique. Le parcours littéraire de Mably entre 1740 et 1784 témoigne par ailleurs d'une prise de conscience républicaine originale qui s'accroît à mesure de ses progrès dans l'étude de l'histoire à la suite de Montesquieu, éclairé par la méthode dite »analytique« de son frère Condillac. En 1740, le jeune Mably rédige un premier ouvrage historiographique courtisan, le »Parallèle des Romains et des Français«, qui lui permet de travailler aux Affaires étrangères auprès du ministre d'État, le cardinal de Tencin, de 1742 à 1747. Cependant, après sa rupture avec le cardinal, Mably change radicalement de position pour se faire un adversaire de sa première définition absolutiste de la souveraineté héritée de Jean Bodin. Il déploie avec son frère Condillac une théorie du régime mixte critique de la tradition du droit des robins héritée de la jurisprudence romaine de l'époque impériale. Il sépare l'histoire de France de celle de Rome pour sortir du préjugé du »Parallèle des Romains et des Français«, et publie les deux premiers tomes de ses »Observations sur l'histoire de France« justifiées par des »Remarques et preuves« où l'on trouve précisément cette rupture régénératrice qu'est la chute de l'Empire romain, qui permet la refondation du régime mixte lors de l'établissement des Germains décrits par Tacite. Car pour les deux frères, toute l'historiographie de l'ouvrage absolutiste du jeune Mably est viciée par la *manie du parallèle*[24], c'est-à-dire par la volonté de naturaliser le gouvernement monarchique à la manière de l'abbé Dubos. À présent, les deux tableaux de l'histoire ancienne et de l'histoire moderne semblent séparés par les *limes* qui distinguent l'empire judiciarisé décadent et le monde démocratique des Germains. La frontière historiographique permet alors le déploiement d'un droit public français depuis le paradigme des *sociétés du premier âge*[25] que Mably rejetait en 1740. Leur récit s'enracine fondamentalement dans une culture politique et morale toute neuve, celle des *républiques des barbares*[26] épargnées par la corruption du monde romano-impérial. Par opposition aux Gallo-

---

23 Voir Lucien CALVIÉ, Liberté, libertés et liberté(s) germanique(s): une question franco-allemande, avant et après 1789, dans: Mots 16 (1988), p. 9–33, notamment p. 13–15; Jean-Pierre FAYE, Poétique de l'histoire et Droit naturel, dans: Peter FRIEDEMANN, Florence GAUTHIER et al. (dir.), Colloque Mably. La politique comme science morale, t. II, Bari 1997, p. 7–21, ici p. 9.
24 Gabriel BONNOT dit MABLY, Observations sur les Romains, t. I, Genève 1751, p. 1.
25 ID., Parallèle des Romains et des Français par rapport au gouvernement, t. I, Paris 1740, p. 309.
26 ID., Du développement, des progrès et des bornes de la raison, dans: Collection complète des œuvres de l'Abbé de Mably, t. XV, Paris 1794/95, p. 1–82, ici p. 51. Voir Edern DE BARROS, L'Anthropologie de Condillac et Mably: L'affirmation d'une théorie républicaine de l'État contre le »despotisme légal« des Économistes, dans: Droit & Philosophie 12 (2020), p. 189–206.

romains, les Germains de Tacite vivaient dans une heureuse simplicité, c'est-à-dire dans ce régime mixte des premiers temps qu'est la *démocratie tempérée*[27]. Devenu précepteur du prince Ferdinand de Parme en 1758 jusqu'en 1765, Condillac demande à son frère de l'aider à former le jeune prince sur le modèle d'un Charlemagne germanique notamment, pour l'imprégner d'une culture politique démocratique qui serait inhérente à la période. Ensemble, ils rédigent le monumental »Cours d'étude pour l'instruction du prince de Parme« (1775) en 16 volumes, qui occupe une place majeure dans la promotion d'une monarchie tempérée fondée sur la restauration des États généraux à la veille de la Révolution française. L'idéal de la *démocratie tempérée* recherchée dans l'étude des monuments législatifs sous les Mérovingiens et les Carolingiens permet en effet aux deux frères d'élaborer une puissante critique de la monarchie absolue au sortir de l'anarchie des fiefs, fortifiée par le préjugé du parallèle des Romains et des Français. *Mably*, note son ami l'abbé Mathieu Mousnier en 1791, *est le premier qui ait fait connaître la législation de Charlemagne*[28] par l'étude minutieuse des capitulaires. L'irruption de la *démocratie tempérée* des Francs sur la scène de l'histoire *via* la figure du Charlemagne démocrate a pu ainsi participer à la connaissance de l'usurpation monarchique, et par suite à une prise de conscience républicaine à l'origine de la transformation des États généraux en Assemblée nationale constituante. En effet, la publication de ses œuvres va accompagner le processus révolutionnaire au point que Mably apparaît comme »l'un des pères de la nation française«[29] ou le »maître ès lois de la Révolution française«[30].

Il convient donc de s'intéresser à la figure historiographique de Charlemagne pour mieux saisir son influence dans les débats entre les partisans d'une monarchie absolue héritée de la tradition romaniste, et les théoriciens du régime mixte favorables à la »révolution« des États généraux. Dans quelle mesure l'image d'un Charlemagne romain ou germain interroge-t-elle l'idée même de souveraineté à l'épreuve de la théorie du régime mixte au XVIIIe siècle?

Nous verrons d'abord que la question des origines de l'histoire de France joue un rôle majeur dans la définition du droit public français, selon qu'on se représente Clovis comme l'héritier de l'Empire romain comme chez Dubos ou au contraire selon qu'on définit son pouvoir dans le sillage du paradigme de la *démocratie tempérée* des Germains décrits par Tacite comme chez Condillac et Mably (I). Ainsi, la figure de Charlemagne envisagée dans la continuité de ces polémiques entre absolutistes et républicains joue un rôle crucial dans l'affermissement de la monarchie absolue ou au contraire dans sa critique au profit de la tradition démocratique des États généraux (II).

---

27 MABLY, Parallèle des Romains et des Français (voir n. 25), t. I, p. 309; ID., Observations sur l'histoire de France, t. I, Kehl 1788, p. 257; Étienne BONNOT dit CONDILLAC, Cours d'étude pour l'instruction du prince de Parme […], t. XII, Parme 1775, p. 338.
28 Mathieu MOUSNIER, Observations sur l'état passé, présent et futur de la nation et de l'influence du publiciste Mably sur la révolution, Paris 1791, p. 11.
29 Hans Erich BÖDEKER, Peter FRIEDEMANN (dir.), Gabriel Bonnot de Mably. Textes politiques (1751–1783), Paris 2008, p. 19.
30 Jean CARBONNIER, La passion des lois au siècle des Lumières, dans: Bulletin de la Classe des lettres et des sciences morales et politiques 62 (1976), p. 540–554, notamment p. 544.

I. Les origines romaines ou germaniques de l'histoire de France

La question des origines de l'histoire de France déchire les théoriciens du droit public, car elle engage la validité historique des deux traditions concurrentes. Pour les partisans du parallèle des Français et des Romains, comme le Mably de 1740 favorable au système de Dubos, Clovis est monarque à la manière des rois de la troisième race dans la continuité du droit romano-impérial (A). Pour les républicains partisans du régime mixte au contraire, Clovis n'est que le premier magistrat de la république dans le sillage de la description que fait Tacite des Germains qui permet d'introduire la critique des modernes par les anciens *via* la théorie du régime mixte (B).

A. La tradition absolutiste du parallèle des Romains et des Français

L'abbé Dubos est sans doute l'auteur le plus représentatif de la tradition romaniste des légistes royaux[31]. Il établit d'emblée une continuité des mœurs et des institutions romaines avec celles des Francs, tout en rejetant la thèse de la pureté germanique d'où s'enracine des usages démocratiques incompatibles. Le premier fondement du parallèle des Romains et des Français trouve sa source dans l'affirmation de Grégoire de Tours selon laquelle l'empereur Anastase aurait donné à Clovis *le titre et les ornements de patrice, de consul ou même d'auguste et d'empereur*[32]; hypothèse que le duc de Nivernois qualifie d'édifice chimérique de la dépendance de nos ancêtres[33], d'où découle chez Dubos la supposition d'institutions romaines chez les Francs à la place de leur barbarie républicaine:

> *Le consulat de Clovis* [écrit Nivernois] *n'était pas un véritable Consulat; que Clovis par là ne devint point officier de la République: mais qu'il se conforma à l'usage où étaient avant lui tous les Rois Barbares, d'accepter les ornemens Consulaires et Impériaux, qui pouvaient leur être de quelque utilité dans le fait; mais dont ils n'avaient, dans le droit, aucun besoin*[34].

> *M. l'abbé du Bos* [note Mably] *ne fait de Clovis qu'un officier de l'Empire, un maître de milice, qui tenait son pouvoir de Zénon et d'Anastase* […]. *Il se livre à des conjectures jamais analogues aux coutumes ni aux mœurs du temps dont il parle, et toujours démenties par les monuments les plus sûrs de notre histoire, qu'il ne cite jamais, ou dont il abuse*[35].

Pour l'abbé Dubos, le consulat de Clovis supposément reçu d'Anastase en 510 est l'événement *qui fut peut-être après son baptême celui qui contribua le plus à l'établis-*

---

31 Voir Myron Piper GILMORE, Argument from Roman Law in Political Thought 1200–1600, Cambridge 1941; Julius LAUTNER, Zur Bedeutung des römischen Rechts für die europäische Rechtskultur und zu seiner Stellung im Rechtsunterricht, Zurich 1976.
32 CONDILLAC, Cours d'étude (voir n. 27), t. XI, p. 53.
33 Louis-Jules MANCINI-MAZARINI dit DE NIVERNOIS, Mémoire sur l'indépendance de nos premiers Rois par rapport à l'Empire, dans: Mémoires de l'Académie des Inscription et Belles-Lettres, t. XX, Paris 1753, p. 162–183, ici p. 173.
34 Ibid., p. 174.
35 MABLY, Observations sur l'histoire de France (voir n. 27), t. I, p. 232–233.

*sement de la Monarchie Française*³⁶. Le consulat n'est pas seulement un ornement mais ajoute de nouveaux pouvoirs au roi au fondement du droit public français. Il ne fait ainsi pas de doute, selon lui, que Childéric, le père de Clovis, était *Maître de la Milice dans le département des Gaules en quatre cents soixante et treize*³⁷. De même, à la mort de son père, Clovis alors adolescent accepte *le Généralat*³⁸ conféré par l'empereur Zénon qui lui donne *l'administration des affaires de la guerre*³⁹, d'où Dubos conclut que Clovis s'était mis au service de l'Empire en acceptant cette charge. Dès leur établissement en territoire romain, les dignités devaient non pas modifier ces fonctions primitives, mais y ajouter des prérogatives qui y étaient d'abord absentes. *En qualité de Chefs suprêmes d'une Nation qui était alliée de l'Empire, et non pas sujette de l'Empire, ils étaient toujours des Potentats, qui ne relevaient que de Dieu et de leur épée, et par conséquent des Rois indépendants*⁴⁰.

Pour Condillac et Mably, le piège absolutiste du parallèle des Romains et des Français trouve sa source dans les préjugés Gallos-romains du clergé accoutumé au despotisme impérial allié à l'Église depuis Constantin. Si Dubos adopte une lecture absolutiste des origines de l'histoire de France, c'est qu'il se fie trop rapidement au récit de Grégoire de Tours au détriment de la lecture des monuments législatifs. Car le biais interprétatif de l'évêque de Tours contre la *démocratie tempérée* des Germains témoigne plus généralement de l'esprit ecclésiastique qu'on retrouve dans la figure d'Injuriosus qui *oublie qu'il est citoyen, pour ne parler qu'en évêque*⁴¹ quand il s'adresse à Clotaire. De même, *dans mille endroits des écrits de Grégoire de Tours*, écrit Mably, *on voit avec étonnement que ce prélat raconte des faits qui prouvent la liberté des Français, avec les tours et les expressions d'un homme qui ne connaît que le pouvoir arbitraire*⁴². On en conclut, écrit Condillac, *que l'autorité des rois est absolue, arbitraire, et qu'ils ont le droit de disposer de tout sans consulter les lois*⁴³. En ce sens, l'»historiette«⁴⁴ du vase de Soissons rapportée par l'historien des Francs, qui met en scène le partage du butin, traduit cette tension naissante au VIᵉ siècle entre la tradition germanique démocratique et celle despotique du clergé gallo-romain d'où prend naissance le préjugé monarchique contre les *Républiques barbares*. Le débat politique et moral depuis cette »historiette« trouve sa source dans le récit de la réaction de la troupe à la demande que fait le roi de déroger à la coutume démocratique de ré-

---

36 Jean-Baptiste Dubos, Histoire critique de l'établissement de la monarchie française dans les Gaules […], t. II, Amsterdam 1734, p. 3. Voir Chantal Grell, Clovis du Grand Siècle aux Lumières, dans: Bibliothèque de l'École des chartes 154 (1996), p. 173–218; Olivier Guillot, Clovis »Auguste«, vecteur des conceptions romano-chrétiennes, dans: Michel Rouche (dir.), Clovis. Histoire et mémoire, Paris 1998, p. 705–736.
37 Dubos, Histoire critique (voir n. 36), t. II, p. 189.
38 Ibid., p. 269.
39 Ibid., p. 270.
40 Ibid., p. 188.
41 Mably, Observations sur l'histoire de France (voir n. 27), t. I, p. 263–264. Voir Louis Halphen, Grégoire de Tours historien de Clovis, dans: Mélanges d'histoire du moyen âge offerts à M. Ferdinand Lot, par ses amis et ses élèves, Paris 1925, p. 235–244.
42 Dubos, Histoire critique (voir n. 36), p. 264.
43 Condillac, Cours d'étude (voir n. 27), t. XI, p. 79.
44 Edern de Barros, L'historiette du vase de Soissons: le tacitisme en débat au siècle des Lumières, dans: 13 en Droit 6 (2020), p. 20–27.

partition du butin par le hasard pour s'emparer du vase ou de la cruche, et répondre à la demande de l'évêque Rémi qui voudrait sa restitution. Si la troupe résiste, c'est que l'absolutisme est une usurpation. Si elle consent à une dérogation à la coutume démocratique, alors se met en place la fiction du contrat social au fondement du transfert de la souveraineté de la nation vers le roi. Or, Grégoire de Tours semble congédier de l'histoire du droit public français la résistance démocratique dans la figure du soldat insolent, valorisant au contraire la réaction de quelques-uns porte-parole du bon vouloir du prince dans le sillage de plusieurs maximes du droit public romain. Cependant comme le remarque Mably, la réponse monarchiste des »plus avisez«[45] (*mens sanior*) est plus conforme à l'esprit d'un gallo-romain accoutumé au despotisme impérial, qu'à celui de soldats francs sortis des forêts de Germanie:

> *Le compliment de l'armée* [note Mably] *tel que Grégoire de Tours le suppose, ne peut être vrai; il n'a aucune analogie avec les mœurs publiques. On avait dit à l'historien que l'armée avait consenti à la demande de Clovis; et là-dessus il imagina une réponse telle que l'auraient faite des Gaulois, aussi accoutumés au gouvernement despotique que les Français l'étaient à la liberté*[46].

> *Les Gaulois* [ajoute Condillac] *[...] se représentaient la royauté d'après la puissance qu'ils avaient vue dans les derniers empereurs; et ils croyaient qu'un roi, parce qu'on le nomme roi, est au dessus des lois*[47].

Le crédit qu'accorde Dubos à l'interprétation que fait Grégoire de Tours de l'»historiette« lui permet donc de raccrocher les débuts de l'histoire de France avec la fin de l'Empire romain pour avancer la thèse d'un *continuum* historique. L'adage prêté aux plus avisés rappelle l'esprit du *Quod principi placuit legis habet vigorem*[48] formulé par Ulpien au titre IV »De constitutionibus principium« du livre I du »Digesta«. La traduction proposée par Dubos du passage de l'»Historia francorum« incline en ce sens vers une lecture absolutiste de la royauté mérovingienne pour appuyer le préjugé du parallèle. *Tous les gens sages*, traduit-il, *répondirent à ce discours: Grand Prince, vous êtes le maître de tout ce qui se voit ici, et même de nous? Ne sommes-nous pas vos sujets? Usez-en donc à votre bon plaisir, car personne n'est en droit de s'opposer à vos volontés*[49]. En ce sens, s'ils vivaient dans la *démocratie tempérée*, cependant dès les origines les Francs transfèrent au prince la souveraineté à la manière des Romains. *Utpote cum lege regia* [peut-on lire dans le Digeste] *quae de imperio eius lata est, populus ei et in eum omne suum imperium et potestatem conferat*[50].

---

45 Grégoire DE TOURS, L'histoire des François de S. Grégoire Evesque de Tours, Paris 1568, p. 110–111.
46 MABLY, Observations sur l'histoire de France (voir n. 27), t. I, p. 306–307, note 2.
47 CONDILLAC, Cours d'étude (voir n. 27), t. XI, p. 78–79.
48 Robert Joseph POTHIER, Pandectæ Justinianeæ, in novum ordinem Digestæ, cum legibus codicis et novellis quae jus Pandectarum confirmant, explicant aut abrogant, t. I, Paris 1748, p. 11. Nous traduisons: »Ce qui a plu au prince a force de loi.«
49 DUBOS, Histoire critique (voir n. 36), t. II, p. 339.
50 POTHIER, Pandectæ Justinianeæ (voir n. 48). Nous traduisons: »Car par la loi royale qui a établi son autorité, le peuple lui a transmis la puissance souveraine.«

Le récit de l'auteur présente cependant une incohérence manifeste avec les mœurs tracées dans les monuments législatifs anciens[51]. L'abbé Vertot rappelle d'ailleurs que le butin est considéré par Tacite comme *un bien commun, acquis par l'armée*[52], ce qui exclut que Clovis puisse en disposer selon son bon plaisir autorisé par la troupe. Manifestement le vase n'est donc pas la propriété du roi, auquel cas il pourrait en disposer selon sa volonté. Clovis n'a pas la faculté de se saisir d'une partie du butin selon son bon plaisir, mais semble contraint d'obéir à *la coutume de la nation*[53] qui est habituée depuis les forêts de Germanie à la règle du partage démocratique par le sort. *Clovis*, écrit Condillac, *voulant rendre un vase qui avait été enlevé à l'église de Reims, supplia son armée de la lui accorder; un soldat déchargea sur ce vase un coup de francisque, lui disant de se contenter de ce qui lui tomberait en partage*[54], car *il ne disposait de rien: le butin appartenait à l'armée; il se contentait de la part que le sort lui donnait*[55].

> *En effet* [ajoute Mably] *le butin que faisait une armée appartenait à l'armée; et le roi lui-même n'avait que la part que le sort lui assignait. On se rappelle sans doute que Clovis, après la bataille de Soissons, n'osa disposer, sans le consentement de ses soldats, d'un vase précieux qu'ils avaient pris sur le territoire de Reims, et que l'évêque de cette église lui redemandait*[56].

Comme le remarque Mably, Dubos ne s'explique pas pourquoi Clovis ne punit pas le soldat insolent dans l'immédiat, mais attend un prétexte disciplinaire dans les circonstances de la guerre, à l'occasion de la revue des troupes. Imprégné du préjugé du parallèle, Dubos s'en tient à affirmer que le prince attend *une occasion où il peut se venger, non point en particulier qui se livre au mouvement impétueux d'une passion, mais en souverain qui se fait justice d'un sujet insolent*[57]. Or si effectivement Grégoire de Tours affirme que Clovis *réprima les ressentiments de l'injure qui luy estoit faite*[58], c'est moins par esprit de modération que parce que sa puissance royale est bornée dans le cadre d'une *démocratie tempérée*:

---

51 La bibliographie sur la législation sous les deux premières races est abondante. On pourra retenir en particulier les travaux de François Louis GANSHOF, Was waren de Capitularia?, Bruxelles 1955; Hubert MORDEK, Studien zur fränkischen Herrschergesetzgebung. Aufsätze über Kapitularien und Kapitulariensammlungen ausgewählt zum 60. Geburtstag, Francfort-sur-le-Main et al. 2000. Sur l'histoire de la publication des capitulaires, voir notamment Philippe DEPREUX, Charlemagne et les capitulaires: formation et réception d'un corpus normatif, dans: GROẞE, SOT (dir.), Charlemagne (voir n. 7), p. 19–42.
52 René Aubert DE VERTOT, Dissertation dans laquelle on tasche de démêler la véritable origine des François par un parallèle de leurs mœurs avec celles des Germains, dans: Mémoires de l'Académie des Inscriptions et Belles-Lettres, t. II, Paris 1717, p. 611–650, ici p. 624.
53 MABLY, Observations sur l'histoire de France (voir n. 27), t. I, p. 308.
54 CONDILLAC, Cours d'étude (voir n. 27), t. XI, p. 70.
55 Ibid.
56 MABLY, Observations sur l'histoire de France (voir n. 27), t. I, p. 222.
57 Ibid., p. 306–307; DUBOS, Histoire critique (voir n. 36), t. II, p. 340.
58 DE TOURS, L'histoire des François (voir n. 45), p. 110–111.

Ce n'est point comme souverain [écrit au contraire Mably] *que Clovis se fait justice d'un sujet insolent, puisqu'il déguise sa vengeance, en prenant le prétexte de punir le soldat pour sa négligence à tenir ses armes en bon état. Croira-t-on sans peine que la patience et la modération fussent alors des qualités fort estimées chez les Français, et qu'il fût plus honnête pour un grand roi d'assassiner de sang froid un de ses soldats, que de le tuer par emportement*[59]?

Le pouvoir exécutif [écrit Condillac] *exige de la part du soldat une obéissance prompte, et de celle du général une autorité absolue dans tout ce qui concerne la discipline. Sans cela, la démocratie ne pourrait pas subsister: vérité que l'expérience apprenait aux Français. Toutes les fois donc qu'il s'agissait du service militaire, l'autorité du général était absolue: mais hors ce cas, il n'avait d'influence dans les délibérations, qu'autant qu'il avait le talent de persuader*[60].

B. La tradition de la démocratie tempérée des Francs germaniques

En rupture avec les mœurs décadentes de l'Empire romain, l'intrusion des *Républiques barbares*[61] est une invasion des doutes au milieu de l'évidence du droit public absolutiste. Construire le droit public moderne dans le parallèle des Romains et des Français revenait en effet à persévérer dans une vision jurisprudentielle du droit qui étouffe la démocratie inhérente à la nature sociable de l'homme. Au contraire, l'apparition des Germains sur la scène de l'histoire renverse les certitudes juridiques pour redécouvrir dans la figure du barbare cette nature qui nous dirige instinctivement vers le bien avant la corruption. C'est ainsi que l'œuvre de Tacite joue un rôle pivot dans le basculement de l'histoire ancienne et de l'histoire moderne dans le récit des deux frères, puisqu'en détournant le regard de la Rome corrompue pour le porter sur la simplicité des Germains, le récit tacitien permet de commencer l'histoire de France à la *démocratie tempérée par le conseil des grands et l'autorité du prince*[62]. Ce modèle primitif permet ainsi d'évaluer le degré de la corruption contemporaine. *Ils jouissaient tous des mêmes droits*, écrit Condillac, *ils étaient égaux, et ils ne connaissaient pas ces différences humiliantes, qui font que dès les berceaux les hommes sont de différentes espèces*[63].

C'est donc dans cette perspective que Mably, accoutumé à la lecture des traités depuis 1741, s'intéresse tout particulièrement dans ses »Remarques et preuves« aux monuments législatifs sous la première race qui valident empiriquement le récit de la *démocratie tempérée* des Germains dans la grande analogie de leurs mœurs avec celles de Francs. Il reconnecte ainsi les recueils des capitulaires d'Étienne Baluze et de Martin Bouquet avec les »Ordonnances des rois de France de la troisième race« contre l'esprit de l'entreprise de Louis XIV qui voulait au contraire occulter la *démocratie tempérée* des Germains[64]. Le récit de Tacite joint à l'étude des pièces est ainsi destiné

---

59 MABLY, Observations sur l'histoire de France (voir n. 27), t. I, p. 306–308.
60 CONDILLAC, Cours d'étude (voir n. 27), t. XI, p. 70.
61 MABLY, Du développement, des progrès et des bornes de la raison (voir n. 26), p. 51.
62 ID., Observations sur l'histoire de France (voir n. 27), t. I, p. 256.
63 CONDILLAC, Cours d'étude (voir n. 27), t. XII, p. 338.
64 *Le feu Roy Loïs XIV,* écrit en effet Eusèbe de Laurière, *d'heureuse mémoire crut, qu'il estoit né-*

à préparer la justification historique de la restauration des États généraux. L'étude des monuments des Francs à la lumière de Tacite rentre par conséquent en conflit avec l'historiographie absolutiste qui »permet de soutenir«, remarque François Saint-Bonnet, »que la monarchie française est absolue depuis toujours«[65]. Il ne s'agit plus de lire les monuments législatifs des Francs à la lumière du droit public romain comme le fait Dubos, qui incline vers une interprétation absolutiste de l'histoire du droit dans le sillage de la démarche de Grégoire de Tours. À présent, les deux frères se représentent les Francs à la lumière des *principes du gouvernement populaire apportés de Germanie*[66] pour se libérer des préjugés de la modernité imprégnée des vices de la romanité. Les Germains existent dans les circonstances démocratiques de la simplicité des mœurs ou de la médiocrité mablienne qui constitue cette »heureuse ignorance plus salutaire que les lois«[67] inhérente à »l'antique simplicité«[68] dont parle Tacite, et qu'il oppose à la corruption des mœurs du despotisme impérial que Dubos voudrait prendre pour paradigme des origines de l'histoire de France:

> *Tant qu'elles ont peu de besoins* [écrit Condillac à propos des Républiques barbares] *elles ont aussi plus de vertus. Un même esprit anime tous les citoyens.* [...] *mais elle tombe, lorsqu'elle est parvenue au luxe, la dernière période de sa grandeur*[69].
>
> *Tant que les hommes ne sont qu'ignorants* [écrit à son tour Mably] *et que leurs vices grossiers peuvent s'associer avec un certain courage et une certaine force, vous trouverez encore quelques étincelles du Beau politique et moral; et l'histoire des Barbares mêmes qui se sont établis sur les ruines de l'empire romain en offre plusieurs exemples*[70].

Cette heureuse simplicité est d'abord fondée sur la communauté primitive des biens comme le remarque Condillac[71] au rapport de Tacite. Par cette égalité de fortune qui forme l'âme des *Républiques barbares*, les Germains devaient se regarder les uns les autres comme des égaux, au fondement de leur liberté, et source de la culture des qualités sociales. Puisque dans leur pureté originelle les Germains existaient dans

---

cessaire pour le bien de son Estat, de faire travailler, sous son autorité à une nouvelle Collection [...] sans remonter néanmoins jusques aux Ordonnances des Roys des deux premières Races, soit parce que la plupart de ces Loix, sont si différentes de celles qui sont aujourd'huy en usage parmi nous, qu'il semble qu'elles ayent esté faites pour d'autres peuples, soit parce qu'on ne pouvoit rien ajoûter de nouveaux aux Recueils imprimez de ces Ordonnances, qui ont esté donnez sous le titre de Lois anciennes, et de Capitulaires des Roys de France. Eusèbe DE LAURIERE (dir.), Ordonnances des rois de France de la troisième race [...], t. I, Paris 1723, p. iv–v.

65 François SAINT-BONNET, Les périls du contre-feu doctrinal des absolutistes au XVIIIᵉ siècle. Des contraintes de l'éristique constitutionnelle coutumière, dans: Droits 54 (2011), p. 81–94, ici p. 88.
66 MABLY, Observations sur l'histoire de France (voir n. 27), t. I, p. 251.
67 TACITE, Description de la Germanie (voir n. 12), t. I, p. 42.
68 Ibid., p. 8–9.
69 CONDILLAC, Cours d'étude (voir n. 27), t. XI, p. 19.
70 Gabriel BONNOT dit MABLY, Du Beau, dans: Collection complète (voir n. 26), t. XIV, p. 187–369, ici p. 321.
71 CONDILLAC, Cours d'étude (voir n. 27), t. X, p. 213.

l'égalité parfaite de la communauté des biens, il s'ensuit naturellement que la *vie simple* ou la *médiocrité* germanique suppose chez eux une *démocratie tempérée*, laquelle pénètre sur les terres despotiques et corrompues de l'Empire, ranimant l'âme léthargique des Gaulois accoutumés à vivre comme sujets. En effet, le droit est d'abord dans les usages communs fondés sur une éducation militaire commune. *Au lieu de lois*, écrit Mably, *ils n'avaient pour toute règle que des coutumes grossières, conservées par tradition, et dont un père instruisait ses enfants, en leur apprenant à se servir de son épée et de sa francisque*[72]. Cependant le droit des Germains ne se réduit pas aux coutumes démocratiques par nature insuffisantes pour corriger les abus comme le montre Condillac dans le livre »Des lois« du tome VI du »Cours d'étude«. Dans toute société civile se trouvent des citoyens choisis pour arbitrer les conflits, au lieu qu'ils se résolvent par la violence. Le pouvoir judiciaire des Germains est d'origine démocratique, et non pas d'origine monarchique:

> »Il appartient encore à ces mêmes assemblées générales [écrit Tacite] de nommer les chefs destinés à rendre la justice dans chaque canton et dans les villages qui en dépendent. Chacun de ces chefs a cent assesseurs choisis parmi les peuples. Ils forment le conseil, et jugent conjointement avec le chef[73].«

Tacite souligne également que les affaires criminelles étaient portés directement au »conseil de la nation«[74]. Il est donc naturel d'y voir la source même du pouvoir législatif, c'est-à-dire du pouvoir de faire les lois pour corriger les abus. Les »ordonnances«[75] que produisent les Germains ne sont donc pas monarchiques comme pourrait le laisser entendre le terme choisi par La Blétérie pour traduire le verbe *constituunt*. Les lois sont elles-mêmes l'expression de la *démocratie tempérée*. Elles sont fondamentalement démocratiques, parce qu'elles sont faites dans cette »assemblée générale«[76] où réside la souveraineté de la troupe qui donne son dernier mot. Mais elles sont pourtant tempérées parce qu'elles ne résultent pas de la volonté unique de la troupe assemblée, c'est-à-dire d'une démocratie pure. Le régime mixte est déjà en germe dans la manière même de délibérer comme le remarque Mably citant Tacite, laissant au roi la prérogative, à la noblesse le conseil, et au peuple la décision:

> *Les chefs décident les affaires de peu d'importance* [écrit Tacite]. *On réserve les autres à l'assemblée générale qui cependant n'a pas le droit d'en connaître, qu'elles n'aient été discutées par les chefs. [...] Les grands opinent à leur tour, et sont écoutés avec les égards que méritent leur âge, leur noblesse, leurs exploits, leur éloquence. On défère moins à l'autorité de la personne qu'à ses raisons. Si l'avis déplaît à la multitude, elle le rejette par un murmure. Lorsqu'elle le goûte, chacun frappe son bouclier de sa lance*[77].

---

72 MABLY, Observations sur l'histoire de France (voir n. 27), t. I, p. 216.
73 TACITE, Description de la Germanie (voir n. 12), t. I, p. 21.
74 Ibid., p. 20.
75 Ibid., p. 19.
76 Ibid.
77 MABLY, Observations sur l'histoire de France (voir n. 27), t. I, p. 301; TACITE, Description de la Germanie (voir n. 12), t. I, p. 18–20.

Il remarque en ce sens que la »Préface« de la loi salique rapporte qu'elle a été décrétée *apud cunctum populum christianum qui infra regnum Merwengorum consistunt*[78] ou encore *inter Francos et eorum Proceres*[79], c'est-à-dire de la même manière que les Germains faisaient leurs lois dans leur assemblée nationale:

> *Vous avez remarqué, dans le cours de vos études* [écrit Mably] *au prince de Parme, que les barbares dont descendent toutes les nations de l'Europe, avaient dans la Germanie le gouvernement le plus libre*[80].

> *Dès l'origine de la monarchie Française* [ajoute Condillac], *nous trouvons une assemblée générale, appelée le champ de Mars, parce qu'elle se tenait au commencement de ce mois. C'est là que résidait la puissance législative: le chef et son conseil n'avaient que le pouvoir exécuteur, et le droit de décider des affaires les moins importantes*[81].

Mably remarque encore dans l'article 5 du décret de Childebert de 595 la formule *omnibus nobis adunatis*[82] d'où il tire le principe de la participation populaire dans le consentement aux lois. Mais plus généralement, le frère de Condillac rappelle que *les rois Mérovingiens ne donnaient aucun ordre particulier, aucun diplôme, sans employer les formules suivantes: Una cum nostris optimatibus: fidelibus pertractavimus. De consensu fidelium nostrorum. In nostra et Procerum nostrorum præsentia*[83]. Dès lors, il n'hésite pas à rapprocher la *démocratie tempérée* décrite par Tacite avec ce passage des lois saliques, qui les montre rédigées par quelques-uns à la suite d'une élection. *Dictaverunt Salicam Legem Proceres ipsius gentis, qui tunc temporis apud eam erant rectores. Sunt autem electi de pluribus viris quatuor* [...] *Qui per tres Mallos convenientes, omnes causarum origines solicito discurrendo, tractantes de singulis judicium decreverunt hoc modo*[84].

---

78 Mably, Observations sur l'histoire de France (voir n. 27), t. I, p. 301. Nous traduisons: »Par devant le roi et ses princes, par devant tout le peuple chrétien qui se trouvent à l'intérieur du royaume des Mérovingiens«. Voir Friedrich Lindenborg, Codex legum antiquarum [...], Francfort-sur-le-Main 1613, p. 399.
79 Mably, Observations sur l'histoire de France (voir n. 27), t. I, p. 302. Nous traduisons: »Entre les Francs et leurs grands«. Voir Lindenborg, Codex legum antiquarum (voir n. 78), p. 314.
80 [Gabriel Bonnot dit Mably], De l'étude de l'histoire, dans: Condillac, Cours d'étude (voir n. 26), t. XVI, p. 98.
81 Condillac, Cours d'étude (voir n. 27), t. XI, p. 69–70.
82 Decretio Childeberti regis, Data circa annum DXCV, dans: Bouquet, Recueil des historiens (voir n. 11), t. IV, p. 111. Nous traduisons: »Tout le monde étant réuni à nous«.
83 Mably, Observations sur l'histoire de France (voir n. 27), t. I, p. 302–303. Nous traduisons: »Ensemble avec nos *optimates* nous avons examiné en profondeur; du consensus de nos fidèles; en notre présence et en présence de nos grands [*proceres*]«.
84 Mably, Observations sur l'histoire de France (voir n. 27), t. I, p. 301–302. Voir Pactus Legis Salicæ, Prologus seu Præfatio, dans: Bouquet, Recueil des historiens (voir n. 12), t. IV, p. 122. Nous traduisons: »Les grands de cette nation, qui dans ce temps la dirigeaient, dictèrent la loi salique. Furent choisis quatre hommes entre plusieurs autres [...] qui se réunissant dans l'intervalle de trois assemblées, discutèrent avec attention les principes de toutes les causes, et traitèrent de chacune en particulier, décrétèrent le jugement de cette façon«.

»L'effet Mably«[85] dont parle Jean-Pierre Faye, et qui consiste à introduire sur la scène de l'histoire moderne l'âme démocratique des hordes barbares au milieu des Gallo-romains, a donc pour effet de réveiller l'âme léthargique des contemporains habitués plus à subir le droit qu'à le faire. *Rappelez-vous ces barbares sortis du Nord ou de la Germanie*, écrit Mably, *dont nous descendons tous. En s'établissant dans les provinces de l'Empire, ces peuples y portèrent une forme mixte de gouvernement, et la seule qui pût convenir à leurs mœurs*[86]. Alors, le paradigme des *Républiques barbares* devait servir chez les deux frères à rappeler sans cesse aux contemporains que la *démocratie tempérée* est la forme la plus naturelle aux sociétés politiques à leur naissance mues par cet *instinct aveugle*[87], c'est-à-dire la forme que nous prescrit la nature pour notre première conservation, dont on ne peut s'éloigner sans risquer la corruption des sociétés politiques:

> *Leurs chefs* [note Condillac à propos des Francs] *qu'on nommait rois, n'avait qu'une autorité bornée. Ils pouvaient décider seuls des affaires de peu de conséquence: mais lorsqu'elles étaient plus importantes, c'est dans l'assemblée de la nation qu'on en délibérait; c'est-à-dire, dans un camp de soldats, qui traînaient après eux leurs femmes, leurs enfants, leurs troupeaux et leurs esclaves. Un pareil gouvernement était une démocratie, où les membres n'agissaient de concert, que parce qu'ils étaient forcés de se réunir contre des ennemis communs, qui les pressaient de toutes parts. Telle est l'idée qu'on se fait des Germains d'après Tacite; et telle est celle qu'on doit se former encore des Français, lorsqu'ils s'établirent dans les Gaules*[88].

> *Tacite nous apprend* [écrit Mably] *que le gouvernement des Germains était une démocratie, tempérée par le pouvoir du prince et des grands. Quand on ne retrouverait pas dans les monuments les plus anciens et les plus respectables de notre histoire, une assemblée générale, appelée le champ de Mars, en qui résidait la puissance législative, et un conseil composé du roi et des grands, qui n'était chargé que du pouvoir exécutif, ou de décider provisionnellement les affaires les moins importantes ou les plus pressées; on jugera sans peine, après ce que j'ai dit de la fortune et des mœurs des Français, qu'ils devaient être souverainement libres*[89].

II. La figure polémique de Charlemagne

L'historiographie des Carolingiens au XVIIIe siècle joue un rôle majeur dans la confirmation ou dans la réfutation de la *démocratie tempérée*, enjeu de son actualité en vue d'une révolution des États généraux. Pour les partisans du parallèle des Romains et

---

85 FAYE, Poétique de l'histoire (voir n. 23), t. II, p. 9.
86 Gabriel BONNOT dit MABLY, Du cours et de la marche des passions dans la société, dans: Collection complète (voir n. 26), t. XV, p. 135–476, ici p. 259.
87 CONDILLAC, Cours d'étude (voir n. 27), t. XII, p. 331.
88 Ibid., t. XI, p. 69–70.
89 MABLY, Observations sur l'histoire de France (voir n. 27), t. I, p. 220–221.

des Français, Charlemagne est un vrai monarque absolu par le sacre et empereur d'Occident par le couronnement (A). Au contraire pour les républicains Condillac et Mably, Charlemagne n'est que le restaurateur de la *démocratie tempérée* parce qu'il fonde son autorité sur le consentement du Champ de Mai (B).

A. *Le Charlemagne des absolutistes: l'empereur sacré d'Occident*

L'analyse de l'»historiette« du vase de Soissons mettait en évidence une tension dès l'époque de Grégoire de Tours entre la tradition démocratique des Germains, et celle despotique du clergé gallo-romain. La demande faite par le maire de palais Pépin le Bref au pape Zacharie, pour s'approprier le titre royal et envoyer Childéric III au cloître de Sithieu[90], devait participer à la confusion des pouvoirs temporels et spirituels: *qui de Childéric ou de Pépin avait des droits au trône*[91]? En effet, la demande de Pépin devient la source de l'ingérence de la puissance spirituelle dans la puissance temporelle. Car après avoir reçu de Zacharie le titre de roi, Pépin inaugure en France la cérémonie du sacre, qui marque une rupture avec *les principes du gouvernement populaire* apporté de Germanie. Car le récit des commencements de la *démocratie tempérée* faisait voir la royauté comme un établissement civil fondé sur l'élection:

> *Jusqu'à Pépin* [le Bref] [remarque Mably] *l'inauguration des rois de France n'avait été qu'une cérémonie purement civile. Le prince, élevé sur un bouclier, recevait l'hommage de son armée, et était ainsi revêtu de toute l'autorité de ses pères*[92].

> *Cette cérémonie* [continue Condillac recopiant les »Observations«] *prouvait que le peuple donnait lui-même la couronne: mais Pépin, qui voulait paraître la tenir immédiatement de Dieu, n'omit rien pour faire regarder son élection comme un ordre du ciel*[93].

Alors que Childéric III, qui a le titre mais pas la puissance, est envoyé au monastère, Pépin est sacré une première fois par Boniface qui lui donne l'onction sur le modèle des Juifs, avant d'être sacré une seconde fois par Étienne II avec ses fils en échange de la conquête de territoires sur les Lombards au profit du pontife:

> *Il voulut être sacré par Boniface* [écrit Condillac] *et recevoir de sa main l'onction royale, comme David l'avait reçue de Samuel, lorsqu'il fut choisi de Dieu à la place de Saül. Cette comparaison lui plaisait, et on s'en servit alors, pour lui faire sa cour [...]. Une comparaison est une démonstration pour le peuple, qui ne raisonne pas. Ce fut donc assez de lui représenter Samuel dans Boniface et David dans Pépin. Il ne distingua pas les choses, que la flatterie confondait: et il reçut comme un principe incontestable, que les rois sont comme David, immédiatement établis par l'ordre exprès de Dieu*[94].

---

90 Plus connu sous le nom de l'abbé de Saint-Bertin de Saint-Omer.
91 Condillac, Cours d'étude (voir n. 27), t. XI, p. 121.
92 Mably, Observations sur l'histoire de France (voir n. 27), t. II, p. 62–63.
93 Condillac, Cours d'étude (voir n. 27), t. XI, p. 123.
94 Ibid., p. 123–124.

> *Il confondit toutes les idées* [note Mably] *et appliquant les principes du gouvernement tout divin, dont les ressorts étaient autant de miracles, au gouvernement des Français, que Dieu abandonnait au droit naturel et commun à tous les hommes. Étienne* [II] *compara la dignité de Pépin* [le Bref] *à la royauté de David, qui était une espèce de sacerdoce, et contre laquelle les Juifs ne pouvaient attenter sans sacrilège. Les Français venaient d'élire Pépin* [le Bref] *librement, et sans qu'aucun prophète l'eût ordonné de la part de Dieu; le pontife leur dit cependant que ce prince ne tenait sa couronne que de Dieu seul, par l'intercession de Saint Pierre et de Saint Paul, et les menaça des censures de l'église, s'ils se départaient jamais de la fidélité et de l'obéissance qu'ils devaient à Pépin* [le Bref] *et à sa postérité*[95].

L'alliance entre Pépin et Étienne II devait nécessairement fortifier les arguments en faveur du despotisme sous un masque théocratique. Cependant comme le soulignent les deux frères, le sacre ne détruit pas totalement *les principes du gouvernement populaire*. C'est ce que le frère de Mably note à la lecture de l'»Ordinatio imperii« de 814, où l'on voit que *si l'un des trois laissait un fils, les oncles conservaient à cet enfant la succession de son père, supposé que les peuples du pays le voulussent pour roi*[96]. Pépin le Bref avait d'abord été élu avant d'être sacré, et semble renouer avec la modération de Pépin de Herstal, par opposition avec la tyrannie de Charles Martel, en revivifiant le Champ de Mars. Mais surtout, c'est l'assemblée de Saint-Denis, sur la fin du règne de Pépin, qui sauve *les principes du gouvernement populaire* de l'entière corruption par le sacre, en mêlant dans la coutume successorale les deux principes de l'élection populaire et divine comme l'attestent les »Annales de Metz«[97], l'article 5 de la »Charte de division de Charlemagne« de 806[98], l'article 14 de la »Charte de division de Louis le Débonnaire« de 817[99], ou encore le serment de Louis le Bègue[100] à son couronnement; pièces rapportées par Mably, et résumées encore par Condillac:

> *Ce prince* [note Mably à propos de Pépin] *ne s'en reposa point sur le serment des Français, la cérémonie du sacre; et les menaces du pape Étienne* [II]. *Quand il sentit approcher sa fin, il assembla les grands à Saint-Denis; et, en demandant leur consentement pour partager ses états entre ses fils Charles et Carloman, il sembla reconnaître que la naissance ne conférait point le droit de régner. De ces*

---

95 Mably, Observations sur l'histoire de France (voir n. 27), t. II, p. 63–64.
96 Condillac, Cours d'étude (voir n. 27), t. XI, p. 320. Voir Charta divisionis Imperii inter Lotharium, Pippinum, et Ludovicum filios Ludovici Pii Imperatoris [817], XIV, dans: Baluze, Capitularia (voir n. 10), t. I, p. 577–578.
97 Mably, Observations sur l'histoire de France (voir n. 27), t. II, p. 285. Voir Annales Francorum Metenses, seu potius chronicon monasterii S. Arnulphi Mettensis, XXVII, dans: Bouquet, Recueil des historiens (voir n. 11), t. V, p. 339.
98 Mably, Observations sur l'histoire de France (voir n. 27), t. II, p. 286–287. Voir Charta Divisionis Imperii Francorum, quam Carolus Magnus fecit pro pace inter filios sos conservenda [806], LXX, V, dans: Bouquet, Recueil des historiens (voir n. 11), t. V, p. 772.
99 Mably, Observations sur l'histoire de France (voir n. 27), t. II, p. 286, note 3. Voir Charta divisionis Imperii inter Lotharium, Pippinum et Ludovicum filios Ludovici Pii Imperatoris [817], XVIII, dans: Bouquet, Recueil des historiens (voir n. 11), t. VI, p. 407.
100 Mably, Observations sur l'histoire de France (voir n. 27), t. II, p. 287. Voir Capitula Ludovici II. Francorum regis, Karoli Calvi F. [878], I, dans: Baluze, Capitularia (voir n. 10), t. II, p. 273.

exemples récents, joints au souvenir des coutumes anciennes, il se forma un nouvel ordre de succession: le trône fut héréditaire dans la famille de Pépin [le Bref], *mais électif par rapport aux princes de cette maison*[101].

Il reconnut par là [écrit Condillac parlant de Pépin] *que c'était au moins aux grands du royaume de disposer de la couronne; et il fit voir qu'il ne comptait pas beaucoup sur les droits que lui avaient donnés les papes Zacharie et Étienne. Ce qui se passa dans cette assemblée parut arrêter, que le trône serait héréditaire dans la famille de Pépin, mais électif par rapport aux princes de cette maison. C'est ainsi que les ménagements d'un souverain, qui ne se sent pas assez affermi, décident souvent de la nature du gouvernement. Vous vous rappelez Auguste*[102].

Le problème historiographique du couronnement de Charlemagne en 800[103] fait rejaillir cependant la question du parallèle des Romains et des Français, qui remettait en cause l'idéal de la *démocratie tempérée* aux origines de l'histoire de France. Pépin et ses fils Charles et Carloman avaient déjà reçu le titre de *patrice* à l'occasion de leur sacre et de leur couronnement par les papes. Le titre de patrice était une création de Constantin Ier pour désigner les *pères de la République, ou du prince*[104] au rapport de Zozime, avant de devenir la *Summa dignitas*[105] d'après l'expression de Justinien qu'on retrouve dans les Gaules au moment de la conquête des Francs. *Aétius fut fait patrice*[106], rappelle Dubos, comme Chilpéric ou Syagrius. *Patrice de Rome* désigne plus spécifiquement *ceux qui occupèrent l'Italie, n'osant prendre le titre d'Empereurs*[107]. C'est ensuite en vertu de la fausse *donation de Constantin*[108], qui *aurait donné aux papes en souveraineté la ville de Rome et toutes les provinces de l'empire d'Occident*[109], que les évêques de Rome s'autorisent à donner à leur tour le titre de *patrice de Rome*, et par suite le titre d'empereur.

Jusques bien avant dans le cinquième siècle [remarque Condillac], *l'Occident a eu ses empereurs sous la domination des Hérules, des Ostrogoths, des empereurs Grecs et des rois de France. Il faut donc qu'on ait bien compté sur l'ignorance*

---

101 Mably, Observations sur l'histoire de France (voir n. 27), t. II, p. 70–71.
102 Condillac, Cours d'étude (voir n. 27), t. XI, p. 130–131.
103 Sur la question, voir notamment François Louis Ganshof, The Imperial Coronation of Charlemagne. Theories and Facts, Glasgow 1949; Robert Folz, Le couronnement impérial de Charlemagne, Paris 1964; Georges Minois, Le couronnement de Charlemagne (25 décembre 800). Naissance de l'identité française?, dans: Patrice Gueniffey, François-Guillaume Lorrain (dir.), Les grandes décisions de l'histoire de France, Paris 2018, p. 19–37.
104 »Patrice«, dans: Dictionnaire universel français et latin, vulgairement appelé dictionnaire de Trévoux […], t. VI, Paris 1771, p. 597.
105 Ibid.
106 Dubos, Histoire critique (voir n. 36), t. I, p. 354.
107 »Patrice« (voir n. 104), p. 597.
108 Mably, Observations sur l'histoire de France (voir n. 27), t. III, p. 44. Depuis 1440, Laurent Valla a démontré la fausseté de l'acte. Voir Condillac, Cours d'étude (voir n. 27), t. XI, p. 160.
109 Ibid.

> *des peuples, puisqu'on a fabriqué l'acte de cette donation, et qu'on a entrepris de le faire valoir*[110].

L'exarchat étant sous la menace du prince des Lombards Didier, le pape Adrien Ier invita Charlemagne à la conquête de l'Italie[111]. Après avoir passé les Alpes en 773 et vaincu les Lombards, Charlemagne fît son entrée dans Rome *au milieu des acclamations du peuple, fut salué roi de France et des Lombards, et reçut les hommages qu'on devait au patrice de Rome. En reconnaissance, il confirma la donation faite au souverain pontife par Pépin*[112]. C'est lors de son cinquième voyage en Italie pour défendre le pape Léon III que Charlemagne est couronné par le pape, sous les acclamations du peuple: *vive Charles-Auguste, couronné de la main de Dieu, vie et victoire au grand et pacifique empereur des Romains. De ce jour Charlemagne se crut empereur, lui qui jusqu'alors n'avait osé prendre que le titre de patrice de Rome*[113]. Or, si le frère de Mably reconnaît la légitimité de la souveraineté de Charlemagne sur Rome par le consentement populaire dans les circonstances de la menace lombarde et de la passivité de la cour de Constantinople, en revanche il manifeste son doute à l'égard de la thèse de la renaissance de l'Empire romain, fondée sur la fausse donation de Constantin:

> *D'ailleurs qu'acquérait Charlemagne? Une nouvelle dénomination, et rien de plus. Il est vrai qu'une dénomination est quelque chose aux yeux du vulgaire, qui ne juge que par les noms. Le peuple voyait confusément dans le titre d'Auguste, quelque chose de plus que dans celui de roi; et comme la grandeur des princes est souvent moins dans la réalité que dans l'opinion, Charlemagne devenait lui-même quelque chose de plus. De ces idées confuses, il naissait même des droits: car pour peu qu'on raisonnât conséquemment, on voyait bien que dès que le roi de France était Auguste, il devait au moins posséder tout ce qui avait appartenu aux empereurs d'Occident. Voilà vraisemblablement pourquoi Charlemagne ambitionna ce titre*[114].

B. Le Charlemagne des républicains: le restaurateur de la démocratie tempérée

Après avoir négligé l'importance du sacre et du couronnement impérial dans la définition des pouvoirs du roi carolingien, les deux frères vont mettre en évidence que *ce grand législateur qui civilisa les Français pour un moment*[115] n'est que *le premier magistrat de la nation*[116]. L'enjeu, à l'évidence, est de rappeler que la monarchie absolue de leur temps est une usurpation. Le règne de Charlemagne est ainsi *le morceau le*

110 Ibid.
111 Ibid., p. 139.
112 Ibid., p. 140.
113 Ibid., p. 142–143
114 Ibid., p. 143–144. Sur la réception de Charlemagne à Rome, voir Josef DEER, Die Vorrechte des Kaisers in Rom (722–800), dans: Schweizer Beiträge zur allgemeinen Geschichte 15 (1957), p. 5–63. Pour resituer la notion d'empire dans le contexte médiéval, voir Robert FOLZ, L'idée d'Empire en Occident du Ve au XIVe siècle, Paris 1972.
115 CONDILLAC, Cours d'étude (voir n. 27), t. XII, p. 331.
116 Ibid., t. XI, p. 157.

plus curieux, le plus intéressant et le plus instructif de l'histoire moderne[117] au point qu'il *mérite d'être compté parmi les plus grands hommes*[118]. Car le règne de ce *prince à la fois philosophe, législateur, patriote et conquérant*[119] est celui de la réanimation de la vertu des *républiques barbares* dans les circonstances pourtant où *les Français étaient perdus*[120] dans les Gaules, territoire de corruption. *Au milieu de ce chaos*, écrit Mably, *parut Charlemagne, que j'ose comparer à Lycurgue*[121]. *Il est arrivé*, note à son tour Condillac, *que les désordres ont fait sentir le besoin des lois, et vous avez vu les peuples de la Grèce en demander à l'envi aux citoyens les plus sages.* [...] *Il fallait donc qu'il naquît sur le trône un roi législateur? Devait-on s'y attendre?*[122] Car pour les deux frères, Charlemagne est le restaurateur de la *démocratie tempérée* des Germains, c'est-à-dire des *principes du gouvernement populaire* dans la mesure où il a *rappelé dans ses états les principes oubliés de la Germanie*[123], c'est-à-dire les *anciens principes des lois saliques*[124]. Charlemagne rétablissait ainsi l'empire des lois sur le consentement de la nation et *apprit aux Français à obéir aux lois, en les rendant eux-mêmes leurs propres législateurs*[125]. Pépin le Bref avait déjà rétabli le Champ de Mai – l'assemblée de la nation des Francs – abandonné après les guerres civiles. Charlemagne *perfectionna cet établissement*[126] en convoquant les assemblées deux fois par an, au printemps et à la fin de l'automne. C'est ainsi qu'ils remarquent que *la première loi qu'on publia, fut de s'y rendre avec exactitude*[127] comme l'atteste l'article 12 du capitulaire de 769: *Ut ad mallum venire nemo tardet, primum circa æstatem, secundo circa autumnum*[128].

L'assemblée du Champ de Mai n'est pas seulement celle des grands du royaume, mais elle est *l'assemblée de la nation*[129] contrairement à ce qu'imagine Montesquieu dans le chapitre IX du livre XXVIII »De l'esprit des lois«[130]. *Elle n'était pas seulement composée des grands*, écrit Condillac, *Charlemagne y fit entrer le peuple: persuadé que la puissance du prince ne se mesure pas par le nombre des esclaves, il voulait que ses sujets fussent tous citoyens*[131]. L'entrée du peuple signifie *a minima* l'idée de consentement *via* l'élection. Pour Baluze commentant les capitulaires, *ce consente-*

---

117 Mably, Observations sur l'histoire de France (voir n. 27), t. II, p. 72.
118 Condillac, Cours d'étude (voir n. 26), t. XI, p. 133.
119 Mably, Observations sur l'histoire de France (voir n. 27), t. II, p. 73.
120 Ibid., p. 74.
121 Mably, Du Beau (voir n. 69), p. 351.
122 Condillac, Cours d'étude (voir n. 26), t. XI, p. 134.
123 Mably, Du cours et de la marche (voir n. 85), p. 261.
124 Mably, De l'étude de l'histoire (voir n. 70), p. 321.
125 Mably, Observations sur l'histoire de France (voir n. 27), t. I, p. 78.
126 Ibid., t. II, p. 78–79.
127 Condillac, Cours d'étude (voir n. 27), t. XI, p. 134; Mably, Observations sur l'histoire de France (voir n. 27), t. II, p. 79.
128 Ibid., p. 292, note 2. Voir Capitularia Caroli Magni datum, ut videtur, sub ejus regni exordi, anno Christi DCCLXIX, XII, dans: Bouquet, Recueil des historiens (voir n. 11), t. V, p. 646. Nous traduisons: »Que personne ne tarde de venir aux malles le premier autour de l'été, le deuxième autour de l'automne«.
129 Ibid., p. 80.
130 Montesquieu, De l'esprit des lois (voir n. 17), t. II, p. 298: *La nation, c'est-à-dire les seigneurs et les évêques: il n'était point encore question des communes.*
131 Condillac, Cours d'étude (voir n. 27), t. XI, p. 134.

ment, ne consiste point dans la délibération de la populace, mais dans le suffrage des premiers de l'État, des Grands et des principaux personnages qui sont les chefs du peuple[132]. Aussi les deux frères semblent-ils partager la lecture de Baluze qu'ils éclairent à la lumière d'Hincmar de Reims:

> *Comme l'assemblée était composée de trois corps* [résume Condillac], *le clergé, la noblesse et le peuple, elle était aussi divisée en trois chambres. Ces chambres discutaient chacune séparément les affaires qui la concernaient; et elles se réunissaient lorsqu'elles voulaient se communiquer leurs règlements, ou délibérer sur des affaires communes. Le prince ne paraissait qu'autant qu'elles l'appelaient; c'était toujours ou pour servir de médiateur, lorsque les contestations étaient trop vives, ou pour donner son consentement aux arrêtés de l'assemblée. Quelquefois il proposait ce qu'il jugeait avantageux: mais il ne commandait pas, et la nation faisait les lois*[133].

C'est tout particulièrement l'expression *cætera multitudo*[134] qui retient l'attention de Mably qui considère qu'*on ne peut entendre que le peuple, ou ce que nous avons depuis appelé le tiers-état*[135]. Or ce ne peut être le peuple tout entier des forêts de Germanie comme le rappelait judicieusement Baluze, mais plutôt les *chefs du peuple* présents aux côtés des *priores* des deux premiers ordres de la noblesse et du clergé, que Mably identifie plus précisément à *ces scabins ou rachinbourgs*[136] qui étaient *les assesseurs des juges*[137] nommés par le peuple dans les lois saliques. Car, note Condillac à la suite de son frère, *il n'était pas possible de rassembler toute la nation, que d'ailleurs une assemblée trop nombreuse peut difficilement se passer sans trouble; il fut réglé que chaque comté députerait douze représentants du peuple*[138]. Au contraire *quand tous les citoyens d'une République sont assemblés, l'État n'a plus de frein. Qui peut modérer ses caprices?*[139] La démocratie sous Charlemagne est donc médiatisée par *ses Représentants; qui rendent les assemblées moins hardies, moins capricieuses, moins légères, moins inconstantes, parce qu'elles ont un censeur dans le Corps de la Nation qui les observe*[140]. C'est d'ailleurs ce que semble confirmer l'article 2 du deuxième capitu-

---

132 Étienne BALUZE, Histoire des capitulaires des rois Français sous la première et seconde race ou Préface de M. Étienne Baluze sur l'Édition qu'il a donnée en 1677 des Capitulaires de nos Rois, La Haye 1755, p. 12.
133 CONDILLAC, Cours d'étude (voir n. 27), t. XI, p. 135. Voir MABLY, Observations sur l'histoire de France (voir n. 27), t. II, p. 84; Hincmari Remorum archiepiscopi ad episcopos quosdam Franciæ, epistola, cap. XXXV, dans: François DU CHESNE, André DU CHESNE (dir.), Historiæ Francorum scriptores [...], t. II, Paris 1636, p. 496.
134 Ibid.
135 MABLY, Observations sur l'histoire de France (voir n. 27), t. II, p. 296.
136 Ibid., p. 296.
137 Ibid., p. 296. Voir Christian LAURANSON-ROSAZ, À l'origine des territoires de justice: vicaria, districtus et périmètres de paix, dans: Histoire de la Justice 21 (2001), p. 9–28, notamment p. 14.
138 CONDILLAC, Cours d'étude (voir n. 27), t. XI, p. 135. Voir MABLY, Observations sur l'histoire de France (voir n. 27), t. II, p. 80–81.
139 MABLY, De la législation ou principes des loix, t. II, Amsterdam 1776, p. 56.
140 Ibid., p. 56–57.

laire de l'an 819 du recueil de Bouquet rapporté par Mably où l'on retrouve les *duodecim scabini* germaniques ou les *meliores homines illius comitatus*.

Ainsi, les deux frères soulignent que si le gouvernement de Charlemagne n'est pas parfaitement analogue à la démocratie des Francs sortis des forêts de Germanie, il est du moins fondé sur le consentement du peuple à la loi, votée dans les plaids réunissant les trois ordres. C'est ce que confirment de nombreuses pièces rapportées par Mably, en particulier l'article 19 du troisième capitulaire de l'an 803[141], le prologue du premier capitulaire de l'an 816[142], les Annales de S. Bertin[143], ou encore l'assemblée de 833[144] où l'on trouve précisément le mot *populus* toujours associé à la fabrication des lois:

> *Si Charlemagne* [écrit Condillac] *maintint son autorité, c'est qu'il fit entrer le peuple dans les assemblées de la nation; qu'il su balancer par ce troisième corps la puissance de la noblesse et du clergé; et qu'il entretint l'union entre ces trois ordres. Cette politique lui réussit: sur quoi vous remarquerez que le plan de gouvernement le plus équitable est le plus avantageux pour le souverain, comme pour les sujets*[145].

> *En partageant l'autorité* [résume Mably] *en associant tous les citoyens au gouvernement, il ne voulut que les distraire de leurs intérêts personnels. Il espéra que la rivalité du clergé, de la noblesse et du peuple les forcerait d'abord à s'observer mutuellement; qu'ils s'imposeraient, se tiendraient en équilibre; que chaque ordre, gêné par les deux autres, apprendrait peu à peu à les craindre et les respecter; et que tous s'accoutumant enfin à avoir moins d'ambition, quelques idées communes sur le bien public les prépareraient à y travailler de concert*[146].

Conclusion

La figure impériale de Charlemagne n'a donc rien de consensuel, même si elle domine au XIXe et au XXe siècle. À côté de l'empereur d'Occident existe aussi le souvenir d'un Charlemagne démocrate chez plusieurs auteurs qui envisagent la refonda-

---

141 MABLY, Observations sur l'histoire de France (voir n. 27), t. II, p. 297, note 3. Voir Capiulare tertium anni DCCCIII. Alia capitula de causis admonendis, XIX, dans: BALUZE, Capitularia (voir n. 10), t. I, p. 394.
142 MABLY, Observations sur l'histoire de France (voir n. 27), t. II, p. 297. Voir Capitulare primum anni. Sive Capitula addita ad legem Salicam in generali populi Conventu habito apud Aquisgranum post natale Domini anno quinto Imperii Ludovici Pii desinente, dans: BOUQUET, Recueil des historiens (voir n. 11), t. VII, p. 416.
143 MABLY, Observations sur l'histoire de France (voir n. 27), t. II, p. 297. Voir Annales francorum vulgò bertiniani dicti. DCCCXXX, dans: BOUQUET, Recueil des historiens (voir n. 11), t. VI, p. 193.
144 MABLY, Observations sur l'histoire de France (voir n. 27), t. II, p. 298. Voir Agobardi lugdunensis archiespiscopi chartula, porrecta Lothario Augusto in Synodo Compendiensi anno DCCCXXXIII, dans: BOUQUET, Recueil des historiens (voir n. 11), t. VI, p. 246.
145 CONDILLAC, Cours d'étude (voir n. 27), t. XI, p. 206–207.
146 MABLY, Observations sur l'histoire de France (voir n. 27), t. II, p. 123.

tion de la monarchie française *via* la convocation des États généraux. La construction historiographique d'un Charlemagne démocrate permet de mener la critique de l'histoire du droit public français et de ses dérives absolutistes. Coupant les liens avec l'Empire romain, Condillac et Mably délaissent l'étude de la jurisprudence romaine, et en particulier la connaissance du »Digesta«, pour s'intéresser aux monuments législatifs sous les Mérovingiens et les Carolingiens, en particulier sous Charlemagne. »Mably et Condillac [remarque Robert Morrissey] font de lui le restaurateur de l'ancienne république originaire«[147]. Ils enracinent ainsi le droit public français dans la théorie du régime mixte germanisée *via* Tacite, qui vise *in fine* à justifier la nécessité d'une »révolution« opérée par les États généraux. Contre le portrait d'un Charlemagne empereur d'Occident, les deux frères décrivent au contraire un restaurateur de la *démocratie tempérée*. Le moment carolingien permet alors de repenser l'actualité de la description des Germains par Tacite dans les circonstances d'une grande monarchie qui trouve son équilibre institutionnel lorsque le monarque partage sa souveraineté avec la nation comme l'avait fait Charlemagne. Les deux frères tentent de cette façon de suivre le fil d'Ariane de l'expérience démocratique en France en rappelant l'histoire du Champ de Mai pour faire vivre les États généraux, contre le triomphe de l'idée de souveraineté une et indivisible héritée de Jean Bodin.

De ce point de vue, ils ont exercé une influence majeure sur la Révolution française. »On oublie trop souvent [note Robert Morrissey] que si la Révolution a voulu se concevoir comme l'avènement des Lumières et des droits de l'homme universel, elle fut d'abord vécue comme réforme de la constitution de la nation en tant qu'entité historique«[148]. La figure d'un Charlemagne démocrate est la preuve historique, selon plusieurs révolutionnaires, qu'il est possible de fonder la prospérité d'une grande société sur la souveraineté de la nation. Ainsi l'œuvre des deux frères – surtout celle de Mably – participe pendant la Révolution à la discussion autour de la figure républicaine de Charlemagne avant la réactualisation de son mythe, cette fois impérial, sous Napoléon Bonaparte[149]. La publication des œuvres de Mably accompagne d'ailleurs le processus révolutionnaire. *Tout le monde lit les chefs-d'œuvre de Mably*, écrit Delisle de la Sales en 1793, *et ce qu'on sait par cœur n'a pas besoin d'analyse*[150]. La plupart des acteurs de la Révolution reconnaissent en lui un prophète des événements. La pensée constitutionnelle de Mably exerce notamment une influence importante sur tout le côté modéré, en particulier entre 1789 et 1792, avant de devenir l'inspirateur de l'an II pour ses idées démocratiques et sociales. Alors que l'abbé Maury prononce un discours le 13 juin 1790 pour affirmer la thèse selon laquelle *la noblesse existait deux cent ans avant les fiefs*, des murmures s'élèvent d'où sort un cri:

---

147 MORRISSEY, L'empereur à la barbe fleurie (voir n. 7), Paris 1997, p. 354.
148 Ibid., p. 268. »Cette idée si courante que le XVIIIe siècle est un siècle typiquement ›ahistorique‹, est elle-même une idée sans aucun fondement historique: rien de plus qu'un mot d'ordre lancé par le romantisme, une devise pour partir en campagne contre la philosophie des Lumières«. Ernst CASSIRER, La philosophie des Lumières, Paris 1966, p. 207.
149 Thomas KRAUS, Auf dem Weg in die Moderne. Aachen in französischer Zeit 1792/93, 1794–1814, Aachen 1994, p. 135–165.
150 Voir son Discours préliminaire, dans: Gabriel Bonnot dit MABLY, Des droits et des devoirs du citoyen, Paris 1793, p. 2.

Lisez Mably[151]*!* Jean-Paul Rabaut Saint-Étienne, qui participe à la rédaction de la »Constitution française du 3 septembre 1791«, rapporte à propos des »Observations sur l'histoire de France«, que le livre *devint le catéchisme des Français*[152]. Jacques-Guillaume Thouret voit en Mably *l'oracle de son temps,* [qui] *lui montrait dans le modèle du souverain constitutionnel*[153]. La figure d'un Charlemagne démocrate décrit par Mably est encore une référence chez les Montagnards qui retiennent moins l'idée d'Empire carolingien que celle de démocratie du Champ de Mai. En 1774, Marat ne manquait pas déjà de rappeler que *la suprême puissance résidait dans les assemblées de la nation*[154]. Si donc la figure de Charlemagne a pu justifier la Révolution des États généraux, elle perd cependant en force pendant la phase démocratique et sociale de la Révolution, puisque le peuple n'a plus besoin d'un héros pour lui rendre ses droits usurpés dont il s'est lui-même emparé.

Il faut revenir brièvement sur l'échec de la Révolution française dans sa dimension républicaine et sociale, à la suite de la réaction thermidorienne, pour comprendre la domination historiographique de la thèse de l'impérialisme carolingien. Condillac et Mably sont notamment les victimes collatérales de la réaction, qui construit une historiographie de deux frères ennemis[155]. Le 9 Thermidor marque un coup d'arrêt à l'influence de Mably sur la Révolution, et la réaction qui se poursuit sous le Directoire participe au discrédit d'un Charlemagne démocrate. Condillac, mort en 1780, est quant-à-lui récupéré par la vaste nébuleuse pluridisciplinaire des Idéologues qui se revendiquent de sa pensée libérale sans trop cependant évoquer son historiographie républicaine, dans la lignée des Physiocrates[156]. Or l'instrumentalisation de Condillac par les Idéologues aura des conséquences fâcheuses sur sa postérité après la réaction de Napoléon Bonaparte contre eux. Aux Lumières françaises incarnées par le Locke français (Condillac), Germaine de Staël oppose l'idéalisme allemand[157] qui participe à la construction concurrente de la figure religieuse et impériale de Charlemagne, précurseur du Saint-Empire romain germanique, duquel se revendiquait déjà Frédéric Barberousse. *A fortiori*, le Consulat et l'Empire valorisent l'image d'un Charlemagne empereur d'Occident dans le sillage de Rome[158], tout en évitant de

---

151 Jean-Siffrein MAURY, Discours du samedi 19 juin, au soir, dans: Archives parlementaires, t. XVI, p. 374–378, ici p. 377.
152 Jean-Paul RABAUT, Précis historique de la Révolution française, Paris 1792, p. 58.
153 Cité dans Ernest LEVÈQUE, La vie et l'œuvre d'un Constituant. Thouret 1746–1794, Thèse, Paris 1910, p. 31.
154 Jean-Paul MARAT, Les chaînes de l'esclavage, Paris 1774, p. 268.
155 Edern DE BARROS, Le régime mixte chez Condillac et Mably: Éléments du républicanisme libéral dans le XVIIIᵉ siècle français, dans: Annales historiques de la Révolution française 409 (2022), p. 199–206. Condillac serait, *via* les Idéologues, un théoricien d'une monarchie constitutionnelle et un ardent défenseur libéral de la propriété privée à la manière des Physiocrates. Mably serait au contraire un précurseur du communisme qui voudrait rétablir la souveraineté démocratique par la communauté des biens dans son enthousiasme anti-libéral pour l'égalité. Il inspirerait les hommes de l'An II, puis les Babouvistes.
156 Edern DE BARROS, Quesnay, maître à penser des Économistes, dans: Frank LAFFAILLE (dir.), Maîtres à penser (Bulletin annuel de Villetaneuse, 6), à paraître courant 2023.
157 ID., Le cliché du »sensualisme« chez les romantiques, dans: Revue de Littérature Comparée, à paraître courant 2023.
158 Jean CHAS, Parallèle de Bonaparte avec Charlemagne, Paris 1803; Roger DUFRAISSE, Les grands personnages de l'histoire romaine dans les récits et écrits de Sainte-Hélène, dans: Revue de l'Ins-

s'en référer aux Capétiens. Le moment du sacre et du couronnement de Napoléon en 1804, envisagé d'abord à Aix-la-Chapelle[159], reproduit d'ailleurs la geste carolingienne[160]. Le »nouveau Justinien« était alors à la manœuvre du »Code civil des Français«, promulgué en 1804 sur les ruines de la liberté politique pour terminer la Révolution. *Je suis Charlemagne*, écrit Napoléon à Pie VII, *parce que, comme Charlemagne, je réunis la couronne de France à celle des Lombards, et que mon empire confine avec l'Orient. J'entends donc que l'on règle avec moi sa conduite sur ce point de vue*[161].

---

titut Napoléon 149 (1987), p. 10–37, notamment p. 11; Thomas R. KRAUS, Napoleon – Aachen – Karl der Große. Betrachtungen zur napoleonischen Herrschaftslegitimation, dans: Mario KAMP (dir.), Krönungen. Könige in Aachen – Geschichte und Mythos, t. II, Mainz 2000, p. 699–707.
159 Jean FAVIER, Charlemagne, Paris 1999, p. 691. Il séjourne dans la ville du 2 au 11 septembre 1804, où il visite le tombeau de Charlemagne pour préparer le sacre et le couronnement.
160 Frédéric MASSON, Le sacre et le couronnement de Napoléon, Paris 1908. En avril 1803, Napoléon envisage d'ériger une statue de Charlemagne sur la place Vendôme. Pour le sacre, il fait figurer les »honneurs de Charlemagne«, à savoir les *regalia* survécues à la Révolution. Voir Danielle GABORIT-CHOPIN, Regalia: les instruments du sacre des rois de France, Paris 1987.
161 Cité dans MORRISSEY, Charlemagne (voir n. 8), p. 4406; Lettre datée du 6 janvier 1806, dans: Napoléon BONAPARTE, Correspondance de Napoléon Ier. Publiée par ordre de l'Empereur Napoléon III, t. XI, Paris 1863, p. 643–644.

Michael Rohrschneider und Albert Schirrmeister

DIE FRANZÖSISCHEN KORRESPONDENZEN IN DEN ACTA PACIS WESTPHALICAE

Zwischenbilanz und Perspektiven

Im Jahr 2022 jährte sich zum 60. Mal die Veröffentlichung des ersten Editionsbandes der Akten zum Westfälischen Frieden (Acta Pacis Westphalicae)[1]. Die APW zählen aufgrund ihrer hohen editorischen Standards zu den Flaggschiffen der deutschen Frühneuzeitforschung[2]. In gedruckter Form liegen derzeit 48 Bände mit einem Gesamtumfang von fast 35 000 Seiten vor (ca. 2,3 laufende Meter). Es verwundert angesichts dieser Zahlen nicht, dass diesem monumentalen Editionsunternehmen inzwischen sogar »die ehrwürdige Aura einer großen geschichtlichen Leistung«[3] zugebilligt wird. Nüchterner betrachtet, lässt sich jedenfalls konstatieren, dass sich die APW in den vergangenen Jahrzehnten als wichtiger Impulsgeber für die Historische Friedensforschung erwiesen haben und dass sie aufgrund ihrer interessanten Entstehungsgeschichte in den 1950er Jahren und ihrer nachfolgenden Entwicklung überdies ein lohnenswerter Gegenstand für historiographische Studien sind[4].

---

[1] Vgl. Acta Pacis Westphalicae [im Folgenden APW], hg. von der Nordrhein-Westfälischen Akademie der Wissenschaften und der Künste in Verbindung mit der Vereinigung zur Erforschung der Neueren Geschichte e. V. durch Max Braubach (†), Konrad Repgen (†) und Maximilian Lanzinner, bisher 48 Bde., Münster 1962–2015; vgl. auch das elektronische Supplement: Die Westfälischen Friedensverträge vom 24. Oktober 1648. Texte und Übersetzungen (APW. Supplementa electronica, 1), www.pax-westphalica.de/ipmipo/index.html (letzter Zugriff: 08.01.2023); zum kleinen Jubiläum der APW (1962–2022) vgl. den Blogbeitrag von Katharina Stuhldreher, Michael Rohrschneider, Ich hab aber darumb noch die hoffnung zum frieden so ganz und zumahle nicht verlohren – Der Westfälische Friede als Chiffre der Hoffnung, in: Hoffnung handeln – L'espérance en action. Ein Frühneuzeitblog – Carnet de recherche en histoire moderne, https://hoffnungfnz.hypotheses.org/1084 (letzter Zugriff: 08.01.2023).

[2] Vgl. exemplarisch jüngst Jörg Zedler, Von Potentialen und Grenzen der Quelle. Methodische Anmerkungen zum Wert historisch-kritischer Editionen am Beispiel der Reisetagebücher Karl Albrechts von Bayern, in: Zeitschrift für bayerische Landesgeschichte 83 (2020), S. 685–700, hier S. 685.

[3] Wolfgang Dieter Lebek, Begrüßung, in: Maximilian Lanzinner (Hg.), Sicherheit in der Vormoderne und Gegenwart. Symposium der Nordrhein-Westfälischen Akademie der Wissenschaften und der Künste, Paderborn, München, Wien, Zürich 2013 (Nordrhein-Westfälische Akademie der Wissenschaften und der Künste, S 10), S. 7–9, hier S. 7.

[4] Zur Geschichte und historiographischen Einordnung der APW vgl. aus jüngerer Zeit insbesondere Maximilian Lanzinner, Die *Acta Pacis Westphalicae* und die Geschichtswissenschaft, in: Christoph Kampmann, Maximilian Lanzinner, Guido Braun, Michael Rohrschneider (Hg.), L'art de la paix. Kongresswesen und Friedensstiftung im Zeitalter des Westfälischen Friedens, Münster 2011 (Schriftenreihe der Vereinigung zur Erforschung der Neueren Geschichte e. V., 34), S. 31–72; ders., Das Editionsprojekt der Acta Pacis Westphalicae, in: Historische Zeitschrift 298 (2014), S. 29–60; vgl. darüber hinaus auch Helmut Neuhaus, Die ›Acta Pacis Westphalicae‹

Gleich der 1962 veröffentlichte erste Band mit den Instruktionen für die Kongressgesandten der Höfe von Paris, Stockholm und Wien enthielt, wie der langjährige Herausgeber der APW Konrad Repgen später betonte, »eine wirkliche Sensation«[5]. Denn hier wurde erstmalig die lange Zeit vergeblich gesuchte Geheiminstruktion für den kaiserlichen Prinzipalgesandten Maximilian Graf von Trauttmansdorff vom 16. Oktober 1645 präsentiert[6]. Aber auch die in diesem Auftaktband zum ersten Mal gedruckten französischen Instruktionen, deren Entstehungsgeschichte und Textgenese von Fritz Dickmann und Kriemhild Goronzy minutiös dokumentiert wurden, sind nachfolgend intensiv rezipiert worden und haben die Forschung deutlich vorangebracht[7]. Sie wurden maßgeblich noch von Richelieu konzipiert und gelten nicht nur als »außenpolitisches Vermächtnis«[8] des Kardinalpremiers und wichtige Quelle, um den konkreten »französischen Anteil an dem großen Friedenswerk von 1648«[9] bemessen zu können, sondern sie ermöglichen zugleich auch tiefe Einblicke in die generellen außenpolitischen Maximen und Leitvorstellungen der damaligen leitenden Akteurinnen und Akteure.

Gewissermaßen komplementär zu den Instruktionen werden in den APW die Korrespondenzen der drei Signatarmächte des Friedens vom 24. Oktober 1648 ediert, darunter mit inzwischen acht edierten Bänden (in zehn Teilbänden) die Korrespondenzen des französischen Hofes mit den Kongressbevollmächtigte in Münster und Osnabrück, die mit fast 9 350 Druckseiten die umfangreichste Abteilung innerhalb der APW bilden[10]. Sie stehen im Zentrum der nachfolgenden Ausführungen, die das kleine APW-Jubiläum zum Anlass nehmen, eine vorläufige historiographische Bilanz

---

(APW), in: DERS. (Hg.), Erlanger Editionen. Grundlagenforschung durch Quelleneditionen: Berichte und Studien, Erlangen, Jena 2009 (Erlanger Studien zur Geschichte, 8), S. 47–64; Sandra OTTO: Die Geschichte der ›Vereinigung zur Erforschung der neueren Geschichte e. V.‹ und der Aktenedition ›Acta Pacis Westphalicae‹, Bachelorarbeit, Bonn 2013; Anuschka TISCHER, Die »Acta Pacis Westphalicae«, in: Helmut FLACHENECKER, Krzysztof KOPIŃSKI (Hg.), Editionswissenschaftliches Kolloquium 2021. Fortführung alter Editionsvorhaben im neuen Gewande, Toruń 2022 (Publikationen des Deutsch-Polnischen Gesprächskreises für Quelleneditionen, 11), S. 45–58.

5   Konrad REPGEN, Die westfälischen Friedensverträge von 1648 und die editorische Erschließung ihrer Akten und Urkunden, in: Archive im zusammenwachsenden Europa. Referate des 69. Deutschen Archivtags und seiner Begleitveranstaltungen 1998 in Münster veranstaltet vom Verein deutscher Archivare, Siegburg 2000 (Der Archivar. Mitteilungsblatt für deutsches Archivwesen, Beiband 4), S. 23–52, hier S. 31; vgl. auch die etwas verhaltenere Formulierung in DERS., Über die Publikation ACTA PACIS WESTPHALICAE (= APW), in: DERS., Dreißigjähriger Krieg und Westfälischer Friede. Studien und Quellen, hg. von Franz BOSBACH und Christoph KAMPMANN, Paderborn, München, Wien, Zürich 1998 (Rechts- und Staatswissenschaftliche Veröffentlichungen der Görres-Gesellschaft N. F., 81), S. 153–180, hier S. 157 (»eine gewisse Sensation«).

6   Vgl. APW (wie Anm. 1). Serie I: Instruktionen. Bd. 1: Frankreich – Schweden – Kaiser, bearb. von Fritz DICKMANN, Kriemhild GORONZY, Emil SCHIECHE, Hans WAGNER und Ernst Manfred WERMTER, Münster 1962, S. 440–452.

7   Vgl. Fritz DICKMANN, Kriemhild GORONZY (Bearb.), Die französischen Instruktionen (1636–1643), in: ibid., S. 1–189.

8   Ibid., S. 1.

9   Ibid.

10 Vgl. APW (wie Anm. 1). Serie II. Abteilung B: Die französischen Korrespondenzen, bisher Bd. 1–8, Münster 1979–2011. Die Edition der kaiserlichen und schwedischen Korrespondenzen im Rahmen der APW ist bereits abgeschlossen und umfasst zusammen 14 Bände in 16 Teilbänden.

zur Edition der französischen Korrespondenzen zu ziehen und die vielfältigen Potenziale aufzuzeigen, die das umfangreiche Quellenmaterial der gegenwärtigen und zukünftigen Forschung bietet.

In einem ersten Schritt werden zunächst in aller Kürze die Genese und bisherigen wissenschaftlichen Erträge der Edition der französischen Korrespondenzen rekapituliert (I.), ehe dann in einem zweiten Schritt die laufenden Editionsarbeiten und aktuelle Forschungsperspektiven vorgestellt werden (II.).

I. Die Edition der französischen Kongresskorrespondenzen: Genese und Erträge

Die Initiatoren der APW fällten die mutige Entscheidung, eine historisch-kritische Edition der Akten eines Friedensschlusses in die Wege zu leiten, der in der deutschen Forschung lange Zeit als »nationales Unglück«[11] und in anderen europäischen Ländern als »negativer *lieu de mémoire*«[12] (Spanien) oder gar als »eher zweitrangig«[13] (Frankreich) wahrgenommen wurde[14]. Die Gründung dieses Editionsunternehmens fügt sich in die geschichtswissenschaftliche Neuorientierung in der Bundesrepublik Deutschland nach der fundamentalen Zäsur des Jahres 1945 ein, in deren Gefolge die national- und machtstaatlichen Prämissen der älteren Historiographie ad acta gelegt und tradierte Meistererzählungen zum Westfälischen Frieden überwunden wurden[15]. So heißt es im Vorwort des ersten Bandes der APW: »Erst die geschichtlichen Erfahrungen des 20. Jahrhunderts haben ins volle Bewußtsein gerückt, daß die Friedens-

---

11 Fritz DICKMANN, Der Westfälische Frieden, Münster ⁷1998, S. 494.
12 In Anlehnung an Heinz DUCHHARDT, Der Westfälische Frieden als *lieu de mémoire* in Deutschland und Europa, in: Klaus BUSSMANN, Heinz SCHILLING (Hg.), 1648. Krieg und Frieden in Europa. Textband I: Politik, Religion, Recht und Gesellschaft, [Münster] 1998, S. 41–47, hier S. 46; vgl. in diesem Zusammenhang auch Fernando SÁNCHEZ MARCOS, La historiografía española sobre la paz de Münster, in: Hugo de SCHEPPER, Chr. L. TÜMPEL, J. J. V. M. de VET (Hg.), La Paz de Münster/The Peace of Munster 1648. Actas del Congreso de Conmemoración organizado por la/Proceedings of the Commemoration Congress organized by the Katholieke Universiteit Nijmegen. Nijmegen-Cleve 28.–30. VIII. 1996, Barcelona, Nijmegen 2000 (Nijmeegse publicaties over Nieuwe Geschiedenis, 5), S. 15–28, hier S. 17.
13 Claire GANTET, Der ambivalente Friede. Der Westfälische Friedenskongress in der französischen Historiographie, in: Dorothée GOETZE, Lena OETZEL (Hg.), Warum Friedenschließen so schwer ist. Frühneuzeitliche Friedensfindung am Beispiel des Westfälischen Friedenskongresses, Münster 2019 (Schriftenreihe zur Neueren Geschichte, 39, N. F., 2), S. 37–50, hier S. 41.
14 Anders verhält es sich in der schwedischen Historiographie, in der der Westfälische Frieden lange Zeit eindeutig positiv konnotiert war, da er in die Großmachtzeit Schwedens fiel. Erst in den letzten Jahrzehnten ist es diesbezüglich verstärkt zu Neubewertungen gekommen; vgl. Martin HÅRDSTEDT, The Westphalian Peace Congress. Understanding and Consequences from a Swedish Perspective, in: ibid., S. 65–73. Die niederländische Geschichtswissenschaft interessiert sich seit jeher deutlich stärker für den zeitgenössisch in der niederländischen Republik umstrittenen Separatfriedensschluss mit Spanien vom 30. Januar 1648; vgl. hierzu zuletzt Irena KOZMANOVÁ, Der Friede als Tabuthema? Die gegenwärtige Konstitution von Zeit und Sachen und das Reputationsproblem der Provinz Holland, in: ibid., S. 75–91, hier S. 91: »Umstritten wie er [i. e. der Friedensschluss mit Spanien] war, stellte er statt einer starken Erinnerungskultur eher Vergessen her, das nötig war, um nach einer als Krise wahrgenommenen Periode den inneren Zusammenhalt zu stärken«.
15 Vgl. Winfried SCHULZE, Deutsche Geschichtswissenschaft nach 1945, München 1993 (dtv Wissenschaft, 4597), hier insbesondere S. 259 f.

schlüsse von 1648 – trotz all ihrer Unvollkommenheiten und Unzulänglichkeiten – nicht zu den Ereignissen der Vergangenheit zählen, deren die Nachwelt sich schämen müßte, im Gegenteil: es haben sich damals Ansätze zu einem europäischen Ordnungsgedanken ergeben, die dem heutigen Urteil als recht gute Lösungsversuche erscheinen«[16]. Vor dem Hintergrund der außenpolitischen Bemühungen in der Ära Adenauer um eine Verständigung mit den ehemaligen Kriegsgegnern und ganz im Sinne des Topos der Geschichte als *magistra vitae* wurde es von den Begründern der APW als nützlich erachtet, »wenn die Geschichtswissenschaft gründlich, durch Studien und durch Editionen, erforsche und dokumentiere, wie man früher in Europa Frieden geschlossen habe«[17]. Dass der Westfälische Frieden heutzutage in der Forschung nicht nur als frühneuzeitlicher Referenzfrieden schlechthin gilt[18], sondern aktuell auch als Analysefolie für Friedensstiftungsversuche in der gegenwärtigen Staatenwelt herangezogen wird[19], hängt zweifellos mit der von den Gründervätern der APW getroffenen Entscheidung zusammen, die Genese der Friedensschlüsse von 1648 ausführlich in Form einer historisch-kritischen Edition zu dokumentieren. Denn daraus ist in den vergangenen Jahrzehnten ein Quellenfundament entstanden, das für die Erforschung vormoderner Friedensschlüsse in qualitativer und quantitativer Hinsicht beispiellos ist.

Dass der Quellengattung der Korrespondenzen in diesem Kontext zentrale Bedeutung zukommen musste, stand den verantwortlichen Herausgebern Max Braubach und Konrad Repgen bei der Konzeption der APW deutlich vor Augen. Jedenfalls war man von Anfang an bereit, den Korrespondenzen im Rahmen der Gesamtedition breiten Raum zu geben[20]. Von allen Reihen der APW haben sie mit Abstand den größten Umfang. Gemäß dem Provenienzprinzip und aufgrund der aus pragmati-

---

16 Max BRAUBACH, Konrad REPGEN, Vorbemerkungen zur Gesamtedition, in: APW I/1 (wie Anm. 6), S. V–XI, hier S. VII.
17 Konrad REPGEN, Akteneditionen zur deutschen Geschichte des späteren 16. und des 17. Jahrhunderts. Leistungen und Aufgaben, in: Lothar GALL, Rudolf SCHIEFFER (Hg.), Quelleneditionen und kein Ende? Symposium der Monumenta Germaniae Historica und der Historischen Kommission bei der Bayerischen Akademie der Wissenschaften, München 22./23. Mai 1998, München 1999 (Historische Zeitschrift. Beihefte N. F., 28), S. 37–79, hier S. 60. Repgen bezog sich hier explizit auf die Haltung des Ministerialdirektors Paul Egon Hübinger, der für die Gründung der APW und der mit der Edition betrauten Vereinigung zur Erforschung der Neueren Geschichte e. V. maßgebliche Bedeutung hatte.
18 Vgl. Siegrid WESTPHAL, Der Westfälische Frieden 1648, in: Irene DINGEL, Michael ROHRSCHNEIDER, Inken SCHMIDT-VOGES, Siegrid WESTPHAL, Joachim WHALEY (Hg.), Frieden im Europa der Frühen Neuzeit. Handbook of Peace in Early Modern Europe, Berlin, Boston 2021 (Reference), S. 929–949.
19 Vgl. Patrick MILTON, Michael AXWORTHY, Brendan SIMMS, Towards a Westphalia for the Middle East, London 2018; Michael ROHRSCHNEIDER, The Peace of Westphalia (1648) as a model for the Middle East? An Interim Summary, in: Florian HELFER, Peter GEISS, Sandra MÜLLER-TIETZ, Michael ROHRSCHNEIDER (Hg.), Overcoming Conflict. History Teaching – Peacebuilding – Reconciliation, Wiesbaden 2023 [im Druck].
20 Vgl. Konrad REPGEN, Vorwort, in: APW (wie Anm. 1). Serie II. Abteilung C: Die schwedischen Korrespondenzen. Bd. 1: 1643–1645, bearb. von Ernst Manfred WERMTER, Münster 1962, S. VI–IX, hier S. VI: »Innerhalb der Acta Pacis Westphalicae verlangt die Serie der Korrespondenzen den meisten Raum. […] Doch weder der Bearbeiter noch die Herausgeber sind durch diesen Umfang erschreckt worden: wer die Quellen des Westfälischen Friedens publizieren will, wird nicht den Abdruck umfangreicher und langatmiger Aktenstücke verschmähen«.

schen Gründen erforderlichen Arbeitsteilung[21] wurden sie in mehrere Abteilungen aufgeteilt (Kaiser, Frankreich, Schweden), innerhalb derer strikt chronologisch vorgegangen wird. Weitere Korrespondenzabteilungen waren geplant; sie wurden aber – trotz zum Teil weitgehender Vorarbeiten – noch nicht umgesetzt[22].

Angesichts des großen Quellenumfangs wird allerdings in der Editionspraxis bis zum heutigen Tag ein doppelter Verzicht auf Vollständigkeit praktiziert: Nicht alle Briefe, die zwischen der Pariser Zentrale und den Bevollmächtigten in Westfalen gewechselt wurden, werden in die Edition aufgenommen, und nicht alle der schließlich für die Edition ausgewählten Schreiben werden im vollen Wortlaut abgedruckt[23]. Dass die entsprechenden subjektiven Entscheidungen der Bearbeiterinnen und Bearbeiter, auf den Abdruck von Schreiben zu verzichten bzw. bei Bedarf aus Kürzungsgründen Regestierungen vorzunehmen, nahezu unausweichlich zu schmerzlichen inhaltlichen Einbußen führen müssen, erübrigt sich fast zu sagen. Ein Blick auf die Zahlen vermag diese Vorgehensweise jedoch zu rechtfertigen: Allein die im engeren Sinne verhandlungsrelevante französische Korrespondenz im Zeitraum von 1644 bis zur Unterzeichnung des Friedens 1648 wird auf bis zu 2 500 Schreiben geschätzt[24].

Aus dem großen Umfang des Quellenmaterials resultierte auch die Entscheidung, in Bonn eine eigene Arbeitsstelle für die APW einzurichten, wo die im Rahmen von aufwendigen Archivrecherchen europaweit zusammengetragenen und zumeist als Mikrofilme vervielfältigten Materialien gründlich erschlossen und ediert wurden. Seit 2013 fungieren die Räumlichkeiten des Zentrums für Historische Friedensforschung der Universität Bonn, das heutzutage eine Doppelfunktion als Forschungsinstitution und universitäre Sammlung aufweist, als Editionsstelle der APW[25].

Als geschickter forschungsstrategischer Schachzug erwies sich die Praxis, die editorischen Arbeiten an den APW-Bänden mit themennahen Qualifikationsschriften der jeweiligen Bearbeiterinnen und Bearbeiter zu koppeln. Mit der von Beginn an

---

21 Vgl. hierzu REPGEN, Akteneditionen (wie Anm. 17), S. 63: »Der Bearbeiter kann sich also auf die Akten eines bestimmten Zeitraums einer einzigen Macht konzentrieren. Das ermöglicht ein vielfaches Nebeneinander-Arbeiten ohne gegenseitige Störung, ohne unliebsame Überschneidungen und ohne den sonst kaum vermeidbaren Zwang, auf das langsamere Vorankommen eines anderen warten zu müssen«.

22 So lag von der spanischen Korrespondenz bereits eine APW-Druckfahne vor, die jedoch nicht zur Publikation gelangte, da es nach langen Bemühungen gelang, auf den Nachlass des spanischen Prinzipalgesandten Peñaranda zuzugreifen, der sich zuvor im Privatbesitz des Duque de Frías befunden hatte. Mit den Peñaranda-Akten stand für die Edition eine völlig neue Textgrundlage zur Verfügung, sodass entschieden wurde, die geplante Drucklegung zu stoppen; zu den Peñaranda-Akten vgl. Michael ROHRSCHNEIDER, Der Nachlaß des Grafen von Peñaranda als Quelle zum Westfälischen Friedenskongreß, in: Historisches Jahrbuch 122 (2002), S. 173–193.

23 Vgl. schon die Denkschrift Repgens von Mai 1957, mit der er das Projekt APW skizzierte; REPGEN, Über die Publikation (wie Anm. 5), S. 177: »Abdruck im vollen Wortlaut: Bei der Masse des für die APW in Frage kommenden Materials scheidet diese Methode von vornherein aus, denn eine solche ›vollständige‹ Edition würde einen riesigen Arbeitsstab erfordern und nur mit sehr erheblichen Mitteln durchgeführt werden können. Auch wäre die wissenschaftliche Verwertbarkeit durch den Umfang des Gedruckten schon wieder beeinträchtigt«.

24 Vgl. Anuschka TISCHER, Französische Diplomatie und Diplomaten auf dem Westfälischen Friedenskongress. Außenpolitik unter Richelieu und Mazarin, Münster 1999 (Schriftenreihe der Vereinigung zur Erforschung der Neueren Geschichte e. V., 29), S. 15.

25 Informationen unter https://www.zhf.uni-bonn.de (letzter Zugriff: 08.01.2023).

von Aschendorff (Münster) verlegten, seit 2018 in neuer Folge erscheinenden »Schriftenreihe der Vereinigung zur Erforschung der Neueren Geschichte e. V.« wurde eine wissenschaftliche Reihe etabliert, die komplementär zu den APW Forschungen präsentiert, welche nicht selten unmittelbar aus dem Editionskontext erwachsen sind[26]. Die daraus resultierenden Synergien belegt im Falle der Reihe der französischen Korrespondenzen unter anderem die Tatsache, dass vier Editorinnen und Editoren – darunter mit Anuschka Tischer, Franz Bosbach und Guido Braun, eine Schülerin und zwei Schüler von Konrad Repgen – als Dissertationen bzw. als Habilitationsschrift Monographien publiziert haben, die umfassend auf die APW zurückgreifen[27].

Um das Jahr 2000 begann zudem insofern eine neue Phase in der Geschichte des Editionsunternehmens als die Bearbeiterinnen und Bearbeiter der APW-Bände nun auch verstärkt mit Tagungsbeiträgen und Aufsätzen hervortraten. Zwar war dies auch schon zuvor punktuell der Fall; im Sinne eines raschen Voranschreitens der Edition und einer Fokussierung auf die parallelen Qualifikationsschriften bildeten begleitende kleinere Publikationen der Editorinnen und Editoren in den ersten Jahrzehnten der APW, verglichen mit der weiteren Entwicklung im 21. Jahrhundert, aber eher die Ausnahme. Dass die Chancen, die eine intensive Publikationstätigkeit der Editorinnen und Editoren für die Rezeption der APW in der historischen Zunft bieten, nach der Jahrtausendwende verstärkt genutzt wurden, hängt sicherlich auch damit zusammen, dass sich das institutionelle Selbstverständnis allmählich wandelte: Aus der vormaligen Editionsstelle, die seit 1977 von der heutigen Nordrhein-Westfälischen Akademie der Wissenschaften und der Künste finanziert wurde und deren volle Konzentration deshalb stets auf der Erfüllung des Editionsplans liegen musste, ist nach dem Auslaufen der Akademieförderung eine universitäre Forschungseinrichtung geworden, die ein deutlich verändertes Profil aufzuweisen hat und somit auch mit veränderten Anforderungen, etwa im Bereich der Wissenschaftskommunikation, konfrontiert ist. Eine Arbeitsstelle, deren Fokus nahezu ausschließlich auf das Voranschreiten der Edition beschränkt bliebe, wäre in Wissenschaft und breiterer Öffentlichkeit heutzutage kaum mehr vermittelbar. Nicht zuletzt mussten die Bearbeiterinnen und Bearbeiter aus Gründen der wissenschaftlichen Weiterqualifikation ein großes Interesse daran haben, mit eigenen Publikationen hervorzutreten.

Gerade im Hinblick auf die französischen Korrespondenzen der APW ist zu konstatieren, dass sich neben den erwähnten Monographien in neuerer Zeit auch Aufsatzpublikationen als maßgeblicher Faktor der Vermittlung der editorischen Erträge erwiesen haben. Dies betrifft zum einen die Publikationen der deutschen APW-Edi-

---

26 Vgl. die Auflistungen und weiteren Informationen unter www.pax-westphalica.de/apw-svg/svg_publiziert.html und https://www.zhf.uni-bonn.de/publikationen/schriftenreihe-zur-neueren-geschichte (letzter Zugriff: 08.01.2023).
27 Vgl. Franz Bosbach, Die Kosten des Westfälischen Friedenskongresses. Eine strukturgeschichtliche Untersuchung, Münster 1984 (Schriftenreihe der Vereinigung zur Erforschung der Neueren Geschichte e. V., 13); Tischer, Französische Diplomatie (wie Anm. 24); Michael Rohrschneider, Der gescheiterte Frieden von Münster. Spaniens Ringen mit Frankreich auf dem Westfälischen Friedenskongress (1643–1649), Münster 2007 (Schriftenreihe der Vereinigung zur Erforschung der Neueren Geschichte e. V., 30); Guido Braun, La connaissance du Saint-Empire en France du baroque aux Lumières 1643–1756, München 2010 (Pariser Historische Studien, 91). Kriemhild Goronzy, Christiane Neerfeld und Peter Arnold Heuser haben Dissertationen publiziert, die in anderen Bereichen der Forschung anzusiedeln sind.

torinnen und -Editoren zu Themen des Friedenskongresses bzw. der Friedensschlüsse von 1648; diese Aufsätze zeichnen sich zumeist durch große Quellennähe aus, die in aller Regel in einem unmittelbaren Zusammenhang mit den Kenntnissen steht, die die Verfasserinnen und Verfasser im Rahmen der eigenen Editionstätigkeit erworben haben[28]. Zum anderen hat das beeindruckende Fundament, das die APW zur Geschichte des Westfälischen Friedens gelegt hat, erfreulicherweise auch zahlreiche Forscherinnen und Forscher jenseits des engeren Bonner Forschungskontextes dazu bewogen, tief in das französischsprachige Quellenmaterial einzutauchen. Zwar ist im Hinblick auf die französische Forschung zu Recht hervorgehoben worden, dass diesbezüglich sehr wohl noch Nachholbedarf besteht[29], gerade wenn man die ausgezeichnete Quellenlage berücksichtigt, die durch die Edition der französischen Korrespondenzen gegeben ist. Aber dies kann nicht darüber hinwegtäuschen, dass inzwischen zahlreiche Arbeiten vorliegen, die substantiell auf das Korpus der in den APW publizierten französischen Quellen zurückgreifen. Beispielshalber erwähnt seien in diesem Zusammenhang aus der US-amerikanischen Forschung die einschlägigen Monographien von Derek Croxton und Paul Sonnino[30], aus dem deutschsprachigen Bereich die Dissertation von Niels F. May[31] oder auch die interdisziplinären Zugänge in dem von Annette Gerstenberg herausgegebenen Sammelband »Verständigung und Diplomatie auf dem Westfälischen Friedenskongress«[32]. Sie alle basieren auf den APW-Bänden zur französischen Kongresskorrespondenz und demonstrieren

---

28 Nicht alle Bearbeiterinnen und Bearbeiter der französischen Korrespondenzen haben entsprechende Publikationen vorgelegt, etwa Rita Bohlen, die sich – nicht zuletzt aufgrund ihrer Fähigkeit, die schwierige Handschrift des französischen Gesandten Abel Servien lesen zu können – große Verdienste um die Editionsreihe erworben hat.

29 In diesem Sinne explizit GANTET, Der ambivalente Friede (wie Anm. 13). Allerdings ist zu beobachten, dass auch die französische Forschung anlassbezogen starke Forschungspräsenz gezeigt hat, denkt man beispielsweise an die Publikationen aus dem zeitlichen Umfeld des 350-jährigen Jubiläums des Westfälischen Friedens 1998 oder auch an die 2009 in Bonn ausgerichtete Tagung *L'art de la paix*; vgl. insbesondere: 1648. La paix de Westphalie. Vers l'Europe moderne [Ausstellungskatalog], Paris 1998; Jean-Pierre KINTZ, Georges LIVET (Hg.), 350ᵉ anniversaire des Traités de Westphalie 1648–1998. Une genèse de l'Europe, une société à reconstruire, Straßburg 1999; Lucien BÉLY (Hg., unter Mitarbeit von Isabelle RICHEFORT), L'Europe des traités de Westphalie. Esprit de la diplomatie et diplomatie de l'esprit, Paris 2000; KAMPMANN, LANZINNER, BRAUN, ROHRSCHNEIDER (Hg.), L'art de la paix (wie Anm. 4); Isabelle RICHEFORT, L'apport des *Acta Pacis Westphalicae* à la science historique française, in: ibid, S. 73–90.

30 Derek CROXTON, Peacemaking in Early Modern Europe. Cardinal Mazarin and the Congress of Westphalia. 1643–1648, Selinsgrove, London 1999; DERS., Westphalia. The Last Christian Peace, New York 2013; Paul SONNINO, Mazarin's Quest. The Congress of Westphalia and the Coming of the Fronde, Cambridge/Mass., London 2008; in früheren Arbeiten hatte Sonnino noch nicht die APW konsultiert und sich vornehmlich auf die entsprechenden archivalischen Quellen gestützt; vgl. DERS., Prelude to the Fronde. The French Delegation at the Peace of Westphalia, in: Heinz DUCHHARDT (Hg.), Der Westfälische Friede. Diplomatie – politische Zäsur – kulturelles Umfeld – Rezeptionsgeschichte, München 1998 (Historische Zeitschrift. Beihefte N. F., 26), S. 217–233.

31 Vgl. Niels F. MAY, Zwischen fürstlicher Repräsentation und adliger Statuspolitik. Das Kongresszeremoniell bei den westfälischen Friedensverhandlungen, Ostfildern 2016 (Beihefte der Francia, 82).

32 Vgl. Annette GERSTENBERG (Hg.), Verständigung und Diplomatie auf dem Westfälischen Friedenskongress. Historische und sprachwissenschaftliche Zugänge, Köln, Weimar, Wien 2014.

mit Nachdruck die Vorzüge quellennaher Forschung, die eben nicht auf die Auswertung der Erträge der reichhaltigen Sekundärliteratur beschränkt bleibt.

Eine systematische oder gar vollständige Erfassung und Auswertung der zahlreichen Aufsatzpublikationen, die die französischen APW-Korrespondenzen zur Grundlage haben, kann und soll an dieser Stelle nicht geleistet werden[33]. Bei einer generellen Bilanz und Evaluation der einschlägigen Arbeiten sind aber folgende Aspekte hervorzuheben: Erstens: Eine erkennbare Traditionslinie der Publikationen, die auf der Auswertung der französischen Korrespondenzen der APW basieren, ist die Fokussierung auf Themen und Methoden der Diplomatie- und Politikgeschichte. Dies hängt zweifellos – zumindest mittelbar – mit der von Herausgeberseite getroffenen Grundsatzentscheidung zusammen, die Dokumentation der Textgenese der westfälischen Friedensverträge als Kernaufgabe der Edition zu definieren. Repgen hat diese Zielsetzung später wie folgt umrissen: »Unsere Edition hat die allmähliche, stufenweise Entstehung dieses Vertragstextes zu dokumentieren, von den ersten Anfängen in den schlagwortartigen Leitsätzen der Forderungskataloge vom 11. Juni 1645 bis zu den oft wortreichen, mit allen juristischen Finessen ausgestatteten Klauseln der über 350 Paragraphen der Friedensverträge von Osnabrück und Münster, die am 24. Oktober 1648 unterschrieben und gesiegelt wurden«[34]. Dementsprechend wurden bestimmte Themen in der Edition nachrangig dokumentiert und oftmals stark regestiert. Besonders auffällig ist dies in den Editionsbänden der französischen Korrespondenz im Hinblick auf die Militaria, die bewusst weitgehend ausgeklammert bleiben[35]. Auch Angelegenheiten von eher privater Natur und Fragen des Kongressalltags und -zeremoniells sind nicht in der Intensität berücksichtigt worden, wie dies aus Sicht der neueren Forschung wünschenswert gewesen wäre. In diesen Bereichen sind somit aus Gründen des Umfangs schmerzliche Einschnitte in Kauf genommen und Potenziale für bestimmte Forschungsfragen somit von vornherein nicht ausgeschöpft worden.

Zweitens: Ein Blick auf diejenigen Publikationen jüngeren Datums zum Westfälischen Frieden bzw. zum Friedenskongress von Münster und Osnabrück, die sich durch große Quellennähe und die intensive Auswertung der APW auszeichnen, zeigt sehr deutlich, in welchem hohem Maße hier Themenbereiche behandelt werden, die mit den Erkenntnisinteressen der sogenannten Neuen Diplomatiegeschichte korrespondieren bzw. diese sogar antizipierten. Ohne Anspruch auf Vollständigkeit seien

---

33 Vgl. stattdessen die folgenden Forschungsüberblicke neueren Datums: Maximilian LANZINNER, Die »Acta Pacis Westphalicae« (APW) seit dem Gedenkjahr 1998, in: Inken SCHMIDT-VOGES, Siegrid WESTPHAL, Volker ARNKE, Tobias BARTKE (Hg.), Pax perpetua. Neuere Forschungen zum Frieden in der Frühen Neuzeit, München 2010 (bibliothek altes Reich, 8), S. 49–72; Michael ROHRSCHNEIDER, Neue Tendenzen der diplomatiegeschichtlichen Erforschung des Westfälischen Friedenskongresses, in: ibid., S. 103–121; Guido BRAUN, L'art de la paix au XVIIe siècle. L'état de la recherche et les éditions de sources récentes sur les congrès internationaux, in: XVIIe siècle 254 (2012), S. 29–41; Maximilian LANZINNER, Neuere Forschungen zum Westfälischen Friedenskongress und die Acta Pacis Westphalicae, in: Historisches Jahrbuch 133 (2013), S. 426–462; Dorothée GOETZE, Lena OETZEL, Der Westfälische Friedenskongress zwischen (Neuer) Diplomatiegeschichte und Historischer Friedensforschung, in: H-Soz-Kult, https://www.hsozkult.de/literaturereview/id/forschungsberichte-4137, 20.12.2017 (letzter Zugriff: 08.01.2023).
34 REPGEN, Akteneditionen (wie Anm. 17), S. 67.
35 Vgl. hierzu die Begründung ibid., S. 63 f.

hier schlagwortartig einige Themen hervorgehoben, die in den Arbeiten von Historikerinnen und Historikern behandelt wurden, die sich eingehend mit den in den APW edierten französischen Korrespondenzen befasst haben: Finanzfragen, Klientel und Patronage, diplomatische Sprache(n), Perzeptionsfragen, Publizistik und Öffentlichkeit, symbolische Kommunikation, Friedensvermittlungspraktiken, Wissenskulturen und Kulturtransfer[36].

Drittens: Nach der Übernahme der Herausgeberschaft der APW durch Maximilian Lanzinner im Jahre 2003 – der sechste Band der französischen Korrespondenz war der letzte, den Konrad Repgen als Herausgeber unmittelbar inhaltlich betreut hat[37] – erfolgte eine wesentliche Erweiterung des Profils der APW durch die Acta Pacis Westphalicae digital. Zwar war schon zu Zeiten der Herausgeberschaft Repgens mit wesentlicher Unterstützung von Antje Oschmann, der damaligen Geschäftsführerin der Vereinigung zur Erforschung der Neueren Geschichte e. V., der Schritt ins digitale Zeitalter vollzogen worden, indem ein noch heute wertvolles, allerdings nicht mehr aktualisiertes digitales Supplement mit umfangreichen Materialien rund um den Westfälischen Frieden und die APW im Internet zur Verfügung gestellt wurde[38]. Mit *APW digital* wurde dann aber in Kooperation mit der Bayerischen Staatsbibliothek eine digitale Edition am von Maximilian Lanzinner geleiteten Zentrum für Historische Friedensforschung erarbeitet, die bislang 40 der derzeit 48 gedruckten APW-Bände umfasst und mit ihren umfangreichen Zusatzangeboten (Volltextsuche, Kalender, Biogramme, Georeferenzierungen usw.) einen erkennbaren Mehrwert gegenüber der Printversion aufweist[39]. Dass beispielsweise die in *APW digital* enthaltenen Bände 1–6 der französischen Korrespondenzen, die im Druck über 7 500 Seiten umfassen, nun mittels Volltextsuche bequem und schnell durchsuchbar sind, eröffnet der Forschung zweifellos neue Möglichkeiten. Unter der Ägide Lanzinners wurden die APW somit endgültig ins digitale Zeitalter transferiert.

II. Editorische und geschichtswissenschaftliche Perspektiven

Am 25. Oktober 1648 sandte Abel Servien der französischen Königinmutter Anna jenen Friedensvertrag, der den Dreißigjährigen Krieg beendete, und schrieb dazu, man habe die Dinge zur allseitigen Zufriedenheit und mit besonderem Vorteil für die Würde des Königs geregelt (*toutes choses s'y sont passées avec une satisfaction réciproque*

---

36 Auf umfangreiche Nachweise muss an dieser Stelle verzichtet werden; vgl. stattdessen die in Anm. 33 genannten Forschungsüberblicke.
37 Vgl. Konrad REPGEN, Vorwort, in: APW (wie Anm. 1). Serie II. Abteilung B: Die französischen Korrespondenzen. Bd. 6: 1647, bearb. von Michael ROHRSCHNEIDER unter Benutzung der Vorarbeiten von Kriemhild GORONZY und unter Mithilfe von Rita BOHLEN, Münster 2004, S. VII f.
38 Siehe Anmerkung 1.
39 Vgl. https://apw.digitale-sammlungen.de/ (letzter Zugriff: 08.01.2023); Maximilian LANZINNER, Tobias SCHRÖTER-KARIN, Tobias TENHAEF, Acta Pacis Westphalicae digital, in: GERSTENBERG, Verständigung und Diplomatie (wie Anm. 32), S. 251–265; Tobias TENHAEF, Informationsgewinn und Informationsverlust beim Medienwechsel. Das Beispiel APW digital, in: GOETZE, OETZEL (Hg.), Friedenschließen (wie Anm. 13), S. 123–136. Eine Erweiterung von *APW digital* um die bislang noch nicht erfassten Bände ist geplant.

et un si particulier avantage pour la dignité du Roy)⁴⁰. Man mag aus dieser Bemerkung des französischen Gesandten Erleichterung über den Abschluss herauslesen, steht sie doch am feierlichen Ende der vier Jahre dauernden, komplizierten Verhandlungen in Münster und Osnabrück; man könnte ebenfalls eine gewisse Erleichterung konstatieren, wenn dieser Satz auch in der Edition zu lesen ist, steht die Bemerkung doch damit zugleich am Ende des neunten Bandes der Edition der französischen Korrespondenz, eines lange erwarteten Bandes: Er wird ein Nachzügler des gesamten Projektes sein: Im Jahr 2011 ist Band 8 der französischen Korrespondenz erschienen, zuvor 2010 Band 7, vor allem die Bände 3–6 in dichter Folge zwischen 1999 und 2004⁴¹.

Ist dies ein Nachteil für die Edition? Diese Frage ist nicht mit einem einfachen Ja oder Nein zu beantworten. Auf den folgenden Seiten geht es deshalb darum, die Konsequenzen zu beleuchten, die sich daraus ergeben, dass dieser Band in einem veränderten editionswissenschaftlichen (II.1) und geschichtswissenschaftlichen (II.2) Kontext erscheint, sowohl in technischer als auch in theoretischer, methodischer und inhaltlicher Hinsicht. Trotz der unübersehbaren Verbindungen zu benachbarten Disziplinen aus den Sprach-, Literatur- oder allgemeiner, den Kulturwissenschaften, konzentrieren sich Ausführungen auf diese beiden Zusammenhänge. Keine Nebensache ist dabei, die Aufgabe der Edition zu erörtern, mit den inhaltlichen Weiterungen umzugehen und ihren Wert für künftige Arbeiten – auch außerhalb des engeren Kontexts des Westfälischen Friedens – anzudeuten.

Konsequenzen betreffen einerseits die Benutzung der Gesamtedition – dies kann relativ schnell abgehandelt werden: Bisher fehlt der Abschluss zur Dokumentation der französischen Kongressdiplomatie, sodass Aussagen über die schwedischen, kaiserlichen und auch die spanischen Akteure für die letzten – mitunter dramatischen – Monate ohne den Kontext ihrer französischen Pendants blieben, wenn nicht archivalische Forschungen angestellt wurden. Mit Vorliegen der französischen Korrespondenz werden die Kooperation, die Konkurrenz, das Agieren und Reagieren sowohl an den Kongressorten als auch in den anderen europäischen Schauplätzen deutlich klarer erkennbar. Die Gesamtedition gewinnt also an Aussagekraft und an Möglichkeiten der Benutzung aus den sehr unterschiedlichen Perspektiven, auf die oben bereits hingewiesen wurde.

Grundlegender aber ist die Arbeit am neunten Band selbst betroffen – auch hier bereits auf einer einfachen Ebene: Kontinuitäten in der Arbeitsweise der Edition

---

40 Abel Servien an Königin Anna, Münster 1648 Oktober 25, Archives des affaires étrangères, Correspondance Politique, Allemagne 112, fol. 356–358.
41 Genau aufgeschlüsselt: APW (wie Anm. 1). Serie II. Abteilung B: Die französischen Korrespondenzen. Bd. 3/1–2: 1645–1646, unter Benutzung der Vorarbeiten von Kriemhild Goronzy bearb. von Rita Bohlen und Elke Jarnut mit einer Einleitung und einem Anhang von Franz Bosbach, Münster 1999; Bd. 4: 1646, bearb. von Clivia Kelch-Rade und Anuschka Tischer unter Benutzung der Vorarbeiten von Kriemhild Goronzy und unter Mithilfe von Michael Rohrschneider, Münster 1999; Bd. 5/1–2: 1646–1647, bearb. von Guido Braun unter Benutzung der Vorarbeiten von Kriemhild Goronzy und Achim Tröster, unter Mithilfe von Antje Oschmann am Register, Münster 2002; Bd. 6 (wie Anm. 37), 2004; Bd. 7: 1647–1648, bearb. von Christiane Neerfeld unter Mithilfe von Rita Bohlen und Michael Rohrschneider, Münster 2010; Bd. 8: Februar–Mai 1648, bearb. von Peter Arnold Heuser unter Mithilfe von Rita Bohlen, Münster 2011.

müssen wiederhergestellt werden, Zusammenhänge, die bei einer dichten Folge und enger Zusammenarbeit der Editorinnen und Editoren auch mündlich weitergegeben wurden, erst wieder erschlossen werden[42]. Eine andere Folgerung liegt in der Ungleichzeitigkeit des Gleichzeitigen begründet: Der neunte Band fügt sich in das 1957 bzw. 1962 begonnene Gesamtunternehmen und in die 1979 begonnene Reihe der französischen Korrespondenzen ein und folgt – grosso modo – den anfangs getroffenen editorischen Entscheidungen (zu Ausnahmen siehe unten). Er entsteht aber im Kontext editorischer Praktiken, die sich seit und mit der Digitalisierung immer weiter und häufiger vom gedruckten Buch entfernen, ohne diese Praktiken übernehmen zu können – unabhängig davon, dass auch nicht jede Form unbesehen übernommen werden sollte. Dies ist hier näher zu betrachten. Der endgültige Schritt ins digitale Zeitalter, den die APW auch retrospektiv bereits unternommen haben, ist nicht mit einer Änderung der Verfahrensweisen in der editorischen Arbeit verbunden, dieser Schritt wurde – anders wäre es ja auch gar nicht möglich – lediglich auf der Ebene der Präsentation und der Zugangsmöglichkeiten vollzogen.

II.1. Digitales Edieren und die Französische Korrespondenz in den APW

Ausgelöst durch die neuen digitalen Techniken gab es in den letzten Jahren lebhafte Diskussionen zu Editionsprinzipien, die methodische und technische Fragen grundsätzlich, aber durchaus auch pragmatisch behandelten. Auf einige der Einsichten und Schlussfolgerungen für die praktische Editionsarbeit beziehen wir uns – eine umfassende Wiedergabe der Forschungen ist an dieser Stelle angesichts der tiefgehenden, breit dokumentierten Diskussionen weder nötig noch möglich.

Zunächst: Einige grundsätzliche Anforderungen an eine Edition ändern sich nicht mit dem Übergang in die Digitalisierung. Denn Editionsarbeit ist Grundlagenforschung im besten Sinne, die nur dann ihre Aufgabe erfüllen kann, wenn diese Grundlagen verlässlich, vollständig und in ihrer Basis – so in der Definition des Korpus – nachvollziehbar sind. Mit der Digitalisierung scheint aber allgemein ein Aufschwung der editionstheoretischen Überlegungen auch in den Geschichtswissenschaften einzusetzen. Diese sind tendenziell mit eigenen editorischen Arbeiten verbunden[43]. Das betrifft natürlich auch die Retrospektive: Noch 2013 konstatierte Patrick Sahle in seiner grundlegenden Dissertation, die Geschichte der Editionstechniken in der Geschichtswissenschaft sei noch nicht im Gesamtzusammenhang untersucht worden, abgesehen von zwei Beiträgen aus den frühen 1950er Jahren und einer Untersuchung von Hartmut Hoffmann zur Editionstechnik der MGH aus dem Jahr 1996, »alles

---

42 Auf die ganz grundsätzlich unabdingbare Zusammenarbeit mit erfahrenen Editoren – nicht zuletzt aufgrund fehlender geschichtswissenschaftlicher Reflexionen – weist Jakob Wührer hin: Jakob WÜHRER, Martin SCHEUTZ, Zu Diensten Ihrer Majestät. Hofordnungen und Instruktionsbücher am frühneuzeitlichen Wiener Hof, Wien, München 2011 (Quelleneditionen des Instituts für Österreichische Geschichtsforschung, 6), S. 210.
43 Siehe paradigmatisch ibid. Ein Beispiel für die Diskussion veränderter Möglichkeiten und der Konsequenzen der Digitalisierung für editorische Arbeit anhand eines konkreten Projekts: Bernd POSSELT, Die Schedelsche Weltchronik. Ideen zur digitalen Edition eines humanistischen Buchprojekts, in: Sabine HOLTZ, Albert SCHIRRMEISTER, Stefan SCHLELEIN (Hg.), Humanisten edieren. Gelehrte Praxis im Südwesten in Renaissance und Gegenwart, Stuttgart 2014 (Veröffentlichungen der Kommission für Geschichtliche Landeskunde in Baden-Württemberg Reihe B, Forschungen, 196), S. 143–162.

andere aber ist Praxis!«[44]. 2017 ist sein Befund dann deutlich anders. Sahle schreibt, in den vergangenen Jahren sei kaum ein Monat vergangen, ohne dass man eine Tagung oder einen Workshop zu Editionen in Europa hätte besuchen können, wo es zu einer breiten methodischen Auseinandersetzung, auch interdisziplinär komme, die zur Etablierung eines anerkannten fachübergreifenden Methodenpluralismus geführt habe[45]. Die Praxis des digitalen Edierens, die in vielfältigen Formen und für sehr unterschiedliche Textsorten erprobt wird[46], sollte allerdings nicht bei einer Engführung auf den Medienwandel stehenbleiben, fordert Sahle: Wenn bisher die Edition von ihrem Zielpunkt aus gedacht worden sei, möchte er »die verschiedenen Formen der Überlieferung, die verschiedenen Textsorten, die verschiedenen Haltungen für den Prozess des Edierens«[47] ins Zentrum rücken, um zu einer technologisch unabhängigen und medienneutralen Theoriebildung zu gelangen. Dennoch scheinen diejenigen Überlegungen vorzuherrschen, die sich am Zielpunkt und an den technischen Möglichkeiten und Formen der Umsetzung orientieren – die also statt Theorie vielleicht mehr Methode und Standards oder *best practices* entwickeln[48]. Die Vielfalt der Formen, die Multimedialität und Vernetztheit der zu edierenden Elemente sowie die Offenheit der gedachten Edition für neue, digital geprägte Zugänge wie *text mining* und *topic modeling* stehen im Vordergrund. Denn erst in digital lesbaren Texten können mit diesen automatisierten Methoden Wortcluster, Begriffshäufungen und damit Themen und Strukturen herausgearbeitet werden. Dennoch bleiben diese Diskussionen nicht unabhängig von fundamentalen theoretischen Elementen, denn all dies steht in engem Zusammenhang damit, wie ein Text oder Korpus konzeptualisiert wird – was als Text bzw. Korpus definiert wird, wo die Grenzen der Edition gesetzt werden. Sie betreffen damit auch die französische Korrespondenz in den APW, deren Korpusdefinition von Anfang an offengelegt wurde. Die in den Anmerkungen seit jeher geleistete Vernetzung mit weiteren, vor allem archivalischen Quellen, insbesondere der diplomatischen Korrespondenz mit anderen Akteuren der französischen Politik, könnte als Verlinkung im Internet noch viel weitreichender geführt werden. Aber eine Umsetzung solcher Möglichkeiten besteht realistisch in nächster

---

44 Patrick Sahle, Digitale Editionsformen: Zum Umgang mit der Überlieferung unter den Bedingungen des Medienwandels, Teil 1: Das typografische Erbe, Norderstedt 2013 (Schriften des Instituts für Dokumentologie und Editorik, 7), S. 39; siehe auch S. 92: trotz der geschichtswissenschaftlichen Perspektivenverschiebungen unterblieb eine Auseinandersetzung mit der Form der editorischen Grundlagenarbeit.
45 Ders., Archiv und Edition: Standards und Best Practices, in: Martin Schlemmer (Hg.), Digitales Edieren im 21. Jahrhundert, Essen 2017 (Veröffentlichungen des Landesarchivs Nordrhein-Westfalen, 67), S. 143–164, hier S. 145 (mit Anm. 4).
46 Siehe hierzu nur die beiden folgenden Webseiten, auf denen jeweils ein guter Überblick geboten wird: Auf der Seite der LMU München geordnet nach Editorensystemen, digitalen Editionen, Zentren digitaler Editionswissenschaft und Sekundärliteratur: https://www.squirrel.uni-muenchen.de/ressourcen/digitale_editionen/index.html (letzter Zugriff: 04.01.2023); dann der Katalog von Patrick Sahle, der derzeit 817 digitale Editionen unterschiedlicher Machart verzeichnet, darunter auch die APW: https://www.digitale-edition.de/exist/apps/editions-browser/index.html (letzter Zugriff: 04.01.2023).
47 Patrick Sahle, Digitale Editionsformen: Zum Umgang mit der Überlieferung unter den Bedingungen des Medienwandels, Teil 2: Befunde, Theorie und Methodik, Norderstedt 2013 (Schriften des Instituts für Dokumentologie und Editorik, 8), S. 125.
48 Vgl. dazu ders., Archiv und Edition (wie Anm. 45).

Zeit nicht. Aufgrund seiner zeitlich und personal ebenso wie sachlich klaren Begrenzung und Stabilität wäre das Korpus prädestiniert für Methoden des *text mining* – doch der Konjunktiv ist hier mit Bedacht gesetzt: Sinnvoll erscheint ein solcher Zugriff nur dann, wenn er für das gesamte Korpus möglich wäre, nicht aber nur für jenen Bruchteil, der jetzt ediert wird.

Als ein maßgeblicher Vorteil originär digitaler Editionen wird ihre Offenheit auch für Korrekturen, Überarbeitungen und Anpassungen an neue wissenschaftliche Standards, Methoden und Interessen gelobt, während es bei gedruckten Editionen unmöglich sei, neue Perspektiven einzuschließen, wenn keine Neuedition geleistet werden kann[49]. Der Fortschritt der Wissenschaft wird gegen die Kanonisierungseffekte und die unhinterfragte Norm einer unvollkommenen Edition gestellt[50]. Dies unbestritten, kann allerdings die Stabilität auch umgekehrt als Vorteil des gedruckten Buches verbucht werden: Die Bezugsgröße ist und bleibt klar und eindeutig für jede folgende Benutzung. Deshalb muss nicht mühsam aus Versionsgeschichten rekonstruiert werden, ob eine Edition z. B. falsch zitiert oder der Text geändert wurde und sich somit unterschiedliche Benutzer zu unterschiedlichen Zeiten auf unterschiedliche Editionen beziehen, die nur gleich heißen. Desgleichen bleiben die technischen Hürden für den Zugang zu einem gedruckten Buch konkurrenzlos niedrig (ohne von der Energiebilanz einer Edition in der Cloud zu sprechen). Die Dauerhaftigkeit der Online-Editionen wird zwar in allen öffentlich geförderten Forschungsprojekten in Deutschland verlangt, verhindert dennoch nicht zwingend, dass einzelne Editionen nach einer gewissen Zeit nicht mehr auffindbar sind oder mindestens ihre Adressen verändern können[51].

---

49 Georg Vogeler, Christopher Pollin, Roman Bleier, »Ich glaube, Fakt ist…«, in: Karoline Dominika Döring, Stefan Haas, Mareike König, Jörg Wettlaufer (Hg.), Digital History. Konzepte, Methoden und Kritiken Digitaler Geschichtswissenschaft, Berlin, München, Boston 2022 (Studies in Digital History and Hermeneutics, 6), S. 171–190, hier S. 177: »Die Unveränderbarkeit der gedruckten Edition macht es unmöglich, nachträglich andere Perspektiven einzuschließen. Editionstexte sind nur über den umständlichen Weg einer Neuedition mit Überarbeitung in einer neuen Perspektive erschließbar, während digitale Editionen offen für Veränderungen sind«.

50 Albert Schirrmeister, Edieren – Über die Reflexivität gelehrter Praxis, in: Holtz, Schirrmeister, Schlelein (Hg.), Humanisten edieren (wie Anm. 43), S. 1–15, hier S. 14.

51 Der grundsätzliche Nachteil einer digitalen Edition – und noch mehr die Probleme, die bei einer Verbindung digitaler und papierner Versionen entstehen – wird ausgerechnet bei der so reflektierten Edition der Hofordnungen und Instruktionen von Wührer/Scheutz sichtbar: Die im Buch im Jahr 2011 angegebene Internetadresse (s. Wührer, Scheutz, Zu Diensten Ihrer Majestät (wie Anm. 42), S. 13), offenbar 2016 noch benutzbar (Jakob Wührer, Wie ediert man archivalische Quellen? Editionsstandards und ihre Bedeutung für das editorische Arbeiten, in: Schlemmer (Hg.), Digitales Edieren (wie Anm. 45), S. 111–142, hier S. 113, Anm. 7), führt im Jahr 2022 ins Nichts. Ist der ungünstigste Fall, dass die Edition verschwunden ist, eingetreten? Jedenfalls wird sie nicht im Catalogue of Digital Scholarly Editions, hg. von Patrick Sahle aufgeführt (https://www.digitale-edition.de/exist/apps/editions-browser/about.html) und ist auch an anderen üblichen Orten nicht zu finden (19.12.2022). Ein aktueller Beitrag, der die problematische Veränderlichkeit von digitalen Texten anhand eines Plagiatsfalles reflektiert: Christof Rolker, Sapienti satis est (?): Zur digitalen Quellenkritik im Kontext von Plagiatsvorwürfen, in: Mittelalter. Interdisziplinäre Forschung und Rezeptionsgeschichte, https://mittelalter.hypotheses.org/29906, 10.01.2023 (letzter Zugriff: 04.02.2023).

Langzeitprojekte, die sich mitunter selbst wie »ein Dinosaurier im Internet«[52] wahrnehmen, müssen – das sollten die wenigen Anmerkungen deutlich machen – mit den technischen Möglichkeiten anders umgehen als neue Projekte, die in der Wahl ihrer Form freier sind. Allerdings sind je nach Langzeitprojekt auch hier Unterschiede zu machen: Die Reichstagsakten können in ihrem editorischen Zugriff mit jedem Reichstag neu ansetzen – und haben dies, häufig stillschweigend, in Bezug auf das Korpus der zu edierenden Stücke und die editorische Form immer wieder getan. Die Leibniz-Edition rechnet aufgrund der schieren Größe und der Vielgestaltigkeit des zu edierenden Korpus und der daraus resultierenden zeitlichen Spanne des Vorhabens eine Evolution der editorischen Praktiken mit ein[53]. Ob und inwiefern dies im Falle der zweifelsohne sehr wünschenswerten Erweiterung von *APW digital* der Fall sein wird, ist eine noch vollkommen offene Frage.

Zusammenfassend vertreten wir den Standpunkt, dass die neuen digitalen editorischen Techniken für den »Nachzüglerband« eines in der Mitte des 20. Jahrhunderts begonnenen Großprojekts lediglich in einer reduzierten und angepassten Version sinnvoll genutzt werden können und dass es angebrachter ist, die Edition insgesamt auf einen relativ gleichen Stand der Digitalisierung zu bringen und dabei zugleich auch die Vorteile einer gedruckten Papiervariante zu nutzen.

II.2. Geschichtswissenschaftliche Konsequenzen. Der Blick auf neue Themen

Obwohl editionstheoretische Überlegungen grundsätzlich an den geschichtswissenschaftlichen Diskurs anschlussfähig sind, wurde noch kürzlich konstatiert, dass die beiden theoretischen Diskurse meistens getrennt voneinander blieben. Editionen würden geradezu hingenommen, ohne als Quelle für epistemologische Überlegungen der Geschichtswissenschaft genutzt zu werden[54]. Eine gewichtige Einschränkung ließe sich hier machen: Historikerinnen und Historiker, die als Editorinnen und Editoren arbeiten, verbinden dies durchaus mit editions- und geschichtstheoretischen Überlegungen, beispielsweise zur Konstitution des »Ereignisses« Reichstag[55]. Die

---

52 Nora GÄDEKE, Ein Dinosaurier im Internet – die historisch kritische Leibnizedition. Vom Nutzen der neuen Medien für ein editorisches Langzeitunternehmen, in: Brigitte MERTA, Andrea SOMMERLECHNER, Herwig WEIGL (Hg.), Vom Nutzen des Edierens. Akten des Internationalen Kongresses zum 150-jährigen Bestehen des Instituts für Österreichische Geschichtsforschung, Wien, 3.–5. Juni 2004, Wien, München 2005 (Mitteilungen des Instituts für Österreichische Geschichtsforschung Ergänzungsband, 47), S. 183–196.

53 Zu Leibniz vgl. ibid.; zu den Reichstagsakten z. B. Johannes HELMRATH, (Humanisten) Edieren in den Deutschen Reichstagsakten, in: HOLTZ, SCHIRRMEISTER, SCHLELEIN (Hg.), Humanisten edieren (wie Anm. 43), S. 209–244; Maximilian LANZINNER, Der authentische Text und das editorisch Mögliche: Deutsche Reichstagsakten. Reichsversammlungen (1556–1662), in: MERTA, SOMMERLECHNER, WEIGL (Hg.), Vom Nutzen des Edierens (wie Anm. 52), S. 101–108; siehe dazu auch SAHLE, Digitale Editionsformen, Teil 1 (wie Anm. 44), S. 95.

54 VOGELER, POLLIN, BLEIER, Fakt (wie Anm. 49), hier S. 185: »Im methodischen Diskurs der Geschichtswissenschaft spielen Editionen bislang keine besondere Rolle. Sie werden in der Praxis hingenommen, eingefordert, in ihrer Qualität gelobt oder kritisiert, aber nicht in Beziehung gesetzt zur Epistemologie der Geschichtswissenschaft«. Ebenso WÜHRER, SCHEUTZ, Zu Diensten Ihrer Majestät (wie Anm. 42), S. 209.

55 HELMRATH, Humanisten (wie Anm. 53), passim, z. B. S. 211 (»Edieren heißt Wählen, Edieren heißt Komponieren«) und S. 218: »Und so repräsentiert das Ensemble der tatsächlich edierten Quellen für die meisten auch das Ereignis ›Frankfurter Reichstag‹ selbst«.

methodischen Anforderungen zur Offenlegung der Perspektiven sind kaum sonst so folgenreich und deshalb so streng[56]. Denn bei der Arbeit an Editionen wird die zum geflügelten Wort gewordene Formulierung Reinhart Kosellecks vom Vetorecht der Quellen[57] gewissermaßen umgewendet: Die Edition produziert die Quelle, in dem sie das Korpus definiert und die Rahmen setzt, innerhalb derer sich die Narration entfaltet. Sie tut dies aber dezidiert nicht für den einmaligen Gebrauch, sondern zur immer wieder erneuten Nutzung für möglichst viele, unabhängig von Editorin bzw. Editor arbeitende Historikerinnen und Historiker (und, wie im Fall der APW bereits häufig geübt, selbstverständlich auch für andere Disziplinen). Da den Edierenden also kein Vetorecht eingeräumt werden kann, muss hier – mehr noch als in anderer historischer Arbeit – der eigene spezifische Blick auf die Quelle kritisch hinterfragt werden[58], also das der Edition zugrunde liegende Erkenntnisinteresse offengelegt werden. Denn eine Edition bietet ein geschlossenes Bild, das suggeriert, die Texte in Vollkommenheit abzubilden. Die Aufgabe des Editors muss zweitens darin bestehen, selbstreflexiv mit dieser Perspektivengebundenheit umzugehen. Er muss sich deshalb in zweierlei Hinsicht anders verhalten als in einer an Thesen orientierten Forschung: Er muss sich einerseits so weit als möglich zurücknehmen und dabei zugleich versuchen, in der Gestaltung und Wahrnehmbarkeit der Quellen unterschiedlichen Perspektiven Raum zu geben[59].

Die Erkenntnisinteressen, denen wir das Unternehmen APW insgesamt zu verdanken haben, wurden von Anfang an offengelegt: Die Editorinnen und Editoren waren auch die ersten Nutzer, ihr Interesse am Westfälischen Frieden prägt das Erscheinungsbild[60]. Doch die besonders elaborierten Register ermöglichen von Beginn an eine Tiefenerschließung sowie eine Lektüre quer zu den formgebenden Interessen. Ebenfalls von Beginn an wurde im System der Nummerierung die »quasi-göttliche«

---

56 So z. B. VOGELER, POLLIN, BLEIER, Fakt (wie Anm. 49), S. 185: »Editor:innen als ›Anwälte des Vetorechts‹ der Quellen müssen deshalb sowohl die Aussagen der Quellen über historische Fakten zu ermitteln versuchen (›Text als Inhalt‹) als auch offenlegen, dass sie nur eine Perspektive auf die Quelle wiedergeben, die aus einer bestimmten Wissensdomäne gespeist ist«.
57 Reinhart KOSELLECK, Standortbindung und Zeitlichkeit. Ein Beitrag zur historiographischen Erschließung der geschichtlichen Welt, in: DERS., Wolfgang J. MOMMSEN, Jörn RÜSEN (Hg.), Objektivität und Parteilichkeit in der Geschichtswissenschaft, München 1977 (Beiträge zur Historik, 1), S. 17–46, hier S. 45: »Streng genommen kann uns eine Quelle nie sagen, was wir sagen sollen. Wohl aber hindert sie uns, Aussagen zu machen, die wir aufgrund der Quellen nicht machen dürfen. Die Quellen haben ein Vetorecht«.
58 Vgl. Martin TSCHIGGERL, Thomas WALACH, Stefan ZAHLMANN, Geschichtstheorie, Wiesbaden, Heidelberg 2019, S. 94; die dort formulierten und für die Geschichtswissenschaft insgesamt gemachten Gedanken nehmen wir auf und beziehen sie auf die Edition: »Da die Quelle als solche erst durch unsere Betrachtung erzeugt wird, müssen wir nicht in erste Linie danach fragen, welche Bedeutung der historische Medienproduzent intendiert haben könnte. Weil wir selbst die eigentlichen Produzenten der Quelle sind, müssen wir vielmehr unseren eigenen, spezifischen Blick auf die Quelle kritisch hinterfragen«. Vgl. dazu auch VOGELER, POLLIN, BLEIER, Fakt (wie Anm. 49), hier S. 174.
59 Anhand eines sehr kurzen Textes – dem letzten Schriftstück Ludwig van Beethovens – führt Jakob Wührer paradigmatisch vor, welche Elemente bei der Edition einer archivalischen Quelle bedacht werden können (und sollten): WÜHRER, Wie ediert man archivalische Quellen (wie Anm. 51).
60 WÜHRER, SCHEUTZ, Zu Diensten Ihrer Majestät (wie Anm. 42): Dort heißt die Kapitelüberschrift auf S. 221 ganz passend »Cui bono«.

Chronologie der Lektüre aufgehoben, die durch die synchronisierte Lesbarkeit die Briefe aus Paris und aus Westfalen in der Edition entsteht und nicht die Wartezeit auf die Antworten nachvollziehen kann: Bei jedem einzelnen Brief wird mit Rückverweis auf Vorgängerbriefe und Verknüpfung mit den Antwortbriefen die Perspektive der Akteure und ihr möglicher Kenntnisstand sichtbar gemacht.

In der Arbeit an der Korrespondenz wurden zudem unerwartete Potenziale und Unterschiede zu anderen Teilen der APW deutlich, so hat schon im Vorwort zum vierten Band der französischen Korrespondenzen Konrad Repgen einen Unterschied zur kaiserlichen Korrespondenz benannt: »Die Briefe bieten zwar«, so Repgen, »seltener, als es etwa die kaiserlichen Akten tun, protokollartige Beschreibung des Verlaufs der Verhandlungen, haben als Quelle aber einen eigenen Reiz durch das hohe Reflexionsniveau der beteiligten Staatsmänner und Diplomaten, deren Meinungs- und Willensbildung in diesen Korrespondenzen erfolgte«[61].

Solche Beobachtungen der Editorinnen und Editoren während ihrer Arbeit haben auch in den Bestandteilen der editorischen Arbeit ihren Niederschlag gefunden, insbesondere im Register, in den Kommentaren und in der Textgestaltung: So wird mit dem 1999 erschienenen dritten Band der französischen Korrespondenz die Rubrik der »politischen Verkehrssprache« neu eingeführt. Kulturgeschichtliche Einflüsse werden bereits seit einiger Zeit erkennbar: Die wachsende Sensibilität für die Bedeutung der anfangs als *Privata* und *Militaria* ausgesonderten Elemente für die Konstitution der Briefe führt zu deutlich vorsichtigeren Kürzungen. Die Form der Briefe ernst zu nehmen, wie dies die neuere Forschung fordert, die Briefwechsel als Quelle für Handlungs- und Diskursmuster und soziale Beziehungsnetze der Akteure zu verstehen[62], ist ebenfalls ein Bedürfnis der Edition, das sich direkt aus der intensiven Beschäftigung mit den Quellen ergibt[63]. Es wird erkennbar, dass sogenanntes Privates essenziell mit dem vermeintlich davon getrennten Diplomatischen verbunden ist: Warum schreibt etwa Abel Servien, warum schreiben Henri Groulart, seigneur de La Court (Resident in Osnabrück), Henri-Auguste de Loménie, comte de Brienne (secrétaire d'État aux affaires étrangères) oder auch Hugues de Lionne (conseiller d'État, Sekretär Mazarins und Neffe Serviens) jeweils auf die eine oder andere Art? Wie entwickeln sich die Beziehungen der Akteure im Laufe der Jahre zu einander[64]? Für die Beantwortung solcher und ähnlicher Fragen ist die Vollständigkeit des Briefwechsels wichtig: Im Frühjahr 1648 reisten nacheinander Serviens Konkurrenten im Dienst des Königs ab. Diese neue Konstellation ohne den comte d'Avaux und den duc de Longueville wird erst im neunten Band vollständig wirksam[65].

---

61 Konrad REPGEN, Vorwort, in: APW II B 4 (wie Anm. 41), S. VIIf., hier S. VIII.
62 Tilman HAUG, Korrespondenz in Diplomatie und/oder Patronage-Beziehungen der Frühen Neuzeit, in: Marie Isabel MATTHEWS-SCHLINZIG, Jörg SCHUSTER, Gesa STEINBRINK, Jochen STROBEL (Hg.), Handbuch Brief. Von der Frühen Neuzeit bis zur Gegenwart, Berlin, Boston 2020 (De Gruyter Reference), S. 740–752, hier S. 740.
63 Gunilla BUDDE, Geschichtswissenschaft, in: ibid., S. 61–80, hier S. 65: »Erstaunlicherweise hat sich die deutschsprachige anders als die englische Historiographie mit dem Brief als Quelle wenig reflektierend auseinandergesetzt«.
64 Vgl. ibid., S. 67.
65 Peter Arnold HEUSER, Einleitung, in: APW II B 8 (wie Anm. 41), S. LXVII–CX, hier S. XCV–XCVII.

Ein Manko besteht in dieser Hinsicht weiter und ist auch kaum zu heilen: Was die Edition auch jetzt (noch) nicht leistet, ist die Wiedergabe der materiellen Form, der Förmlichkeiten des Briefeschreibens. Aufgrund der Edition kann nicht analysiert werden, ob sich der Briefschreiber an die Konventionen gehalten hat, sei es in der Gestaltung der Anrede oder in den Grußformen, um nur die augenfälligsten Elemente zu nennen: Denn wenn der König (bzw. sein Sekretär) der Königin schreibt, verlangen es die Regeln, dass genau zwei Finger breit Abstand nach der Anrede gelassen wird, bevor der Brieftext einsetzt, und wiederum drei Finger breit nach Abschluss des Brieftextes vor der Grußformel[66]. Unterscheidet also Abel Servien z. B. auch in dieser Weise, ob er seinem Neffen Lionne, dem Kardinal Mazarin oder dem Minister Brienne schreibt? Die relativ neue Edition der Internuntiatur des Johann Rudolf Schmid zum Schwarzenhorn von 1649 nutzt die digitalen Möglichkeiten beispielhaft. Sie gibt eine Faksimile-Ansicht, die dem edierten Text gegenübergestellt werden kann, und verbindet dies mit der Verlinkung eines kommentierenden Apparats[67]. Auch hier zeigt sich die größere Beweglichkeit eines kleineren Projekts im Vergleich zum Langzeitprojekt der APW; hinzu kommt die schiere Größe des in der französischen Korrespondenz edierten Korpus. Außerdem liegen die Handschriften und ihre Rechte bei verschiedenen (französischen) Institutionen, die keine Verbindung zur Edition aufweisen.

Die Aufgabe der Edition bleibt es, die kommunikative Praxis der Gesandtschaft[68] sichtbar zu halten und der Forschung zu präsentieren. Denn schließlich zeigen die neuen Ansätze nicht lediglich neue Perspektiven, sondern auch ein weiteres: Zum umfassenden Verständnis gerade derjenigen Inhalte, auf die es den Begründern der APW bereits ankam, gehört unabdingbar, die Kontexte der Nachrichten zu erhalten. Es geht darum nachzuvollziehen, warum und auf welche Weise in der Korrespondenz verhandelt wurde und dass die Korrespondenz eine eigene diplomatische Handlungsform darstellt. Nicht zu Unrecht spricht Haug deshalb auch von einer »Hermeneutik der diplomatischen Korrespondenz«, derer es bedarf, um die diplomatische Korrespondenz als Kommunikationsmedium besser zu verstehen[69]. Will sie nicht anekdotisch verfahren, sondern Aufschlüsse über allgemeine Praktiken des Mediums gewinnen, kann sich eine solche Hermeneutik aber erst mit und an einer

---

66 Vgl. dazu die Ausführungen von Nicolas Schapira, Maîtres et secrétaires (XVIᵉ–XVIIIᵉ siècles). L'exercice du pouvoir dans la France d'Ancien Régime, Paris 2020 (L'évolution de l'humanité). Er zitiert auf S. 224 ein *formulaire pour le Cabinet du Roi*, verfasst vom *secrétaire à la main* Ludwigs XIV. (BNF Fonds Fr. 344).

67 Arno Strohmeyer, Georg Vogeler (Hg.), Die Internuntiatur des Johann Rudolf Schmid zum Schwarzenhorn (1649), Salzburg, Graz 2019, http://gams.uni-graz.at/context:dipko (letzter Zugriff: 19.12.2022); diese Edition ist inzwischen Bestandteil von: QhoD – Digitale Edition von Quellen zur habsburgisch-osmanischen Diplomatie 1500–1918, https://qhod.net/ (letzter Zugriff: 06.03.2023); vgl. die Projektübersicht unter https://www.oeaw.ac.at/ihb/forschungsbereiche/digitale-historiographie-und-editionen/forschung/habsburg-osmanische-diplomatie (letzter Zugriff: 13.02.2023).

68 Christine Roll, Einleitung. Berichten als kommunikative Herausforderung. Europäische Gesandtenberichte in praxeologischer Perspektive, in: Thomas Dorfner, Thomas Kirchner, Christine Roll (Hg.), Berichten als kommunikative Herausforderung. Europäische Gesandtenberichte der Frühen Neuzeit in praxeologischer Perspektive, Köln, Wien 2021 (Externa, 16), S. 9–47.

69 Haug, Korrespondenz (wie Anm. 62), S. 749.

Edition des möglichst großen Korpus schulen, entwickeln und dabei neue Forschungshorizonte eröffnen. Auch wenn diese mitunter den heutigen Editorinnen und Editoren unbekannt sein dürften, hoffen sie dennoch, dass der Aufbruch zu ihnen auch mit ihrem Werk möglich sein wird.

Wenn die editorische Arbeit an der Korrespondenz des Jahres 1648 erkennbar sehr von den geschichtswissenschaftlichen – und im engeren Sinne diplomatiegeschichtlichen – Arbeiten profitiert, die von den APW direkt und indirekt ausgingen, dann ist damit aber immer noch lediglich ein Teil ihres Potenzials benannt. Die Korrespondenz kann und sollte als Möglichkeit begriffen werden, einen ganz spezifischen Blick auf die französische Gesellschaft des 17. Jahrhunderts zu werfen und analytische Zugänge auf der Basis eines gut erschlossenen und in sich relativ konsistenten Quellenkorpus zu nutzen.

Bereits heute sind ökonomiegeschichtliche, rechtshistorische oder auch mediengeschichtliche ebenso wie emotionsgeschichtliche Analysen der APW denkbar. Für historisch-semantische Fragestellungen und die Dynamik der politischen Sprachentwicklung bietet das Wort *révolution* ein anschauliches Beispiel: Es wird – uneinheitlich – aber im ganz neuen Sinne gebraucht im Jahr 1648 mit Blick auf die Fronde und auf den Volksaufstand in Neapel, die als fundamentale Umwälzung der Verhältnisse verstanden werden. Kosellecks Beobachtungen zur Begriffsgeschichte dieses »einst emphatischen Wortes«[70] werden mit neuem Material neue Facetten hinzugefügt. Die Verbindung von kurzfristigem mit langfristigem Denken und Handeln wird ebenso in seinen politischen wie in den ökonomischen Dimensionen sichtbar, sei es in dem Projekt einer gemeinsamen Fernhandelsgesellschaft von Frankreich mit Brandenburg, sei es in den Diskussionen über die politischen Unruhen der Fronde, die zusehends den Austausch zwischen Paris und Münster prägten und die Verhandlungen beeinflussten, oder sei es in den Berichten eines Agenten aus den Generalstaaten über die Annäherung an Spanien und eine aufkommende Gegnerschaft zu Schweden.

Hierfür wird die Französische Korrespondenz allgemein noch viel zu wenig genutzt. Pointiert gesagt: Der 24. Oktober 1648 spielte in Frankreich zeitgenössisch und auch in der Forschung zwar eine Rolle, allerdings mehr als Tag des Friedens von St. Germain-en-Laye, der einen ersten Abschluss der (Parlaments-)Fronde erreichte; der Friedensschluss selbst blieb in Paris beinahe unbeachtet[71]. Der Westfälische Friedenskongress insgesamt ist auch in der internationalen Forschung eher als Reichsthema präsent und wird in Frankreich in der politischen Geschichte vom Pyrenäenfrieden mit Spanien 1659 überlagert[72]. Deshalb wird auch das sehr deutsche Unternehmen der APW in Frankreich zumeist nur auf die engere politische (Reichs-)

---

70 Reinhart KOSELLECK, Revolution als Begriff und als Metapher. Zur Semantik eines einst emphatischen Worts, in: Ulrike SPREE, Willibald STEINMETZ, Carsten DUTT (Hg.), Begriffsgeschichten. Studien zur Semantik und Pragmatik der politischen und sozialen Sprache, Frankfurt am Main 2006, S. 240–251.
71 So ausdrücklich z. B. Michel PERNOT, La Fronde, Paris 1994, S. 94.
72 Lediglich als ein Beispiel die (sicherlich durch die relative Nähe zum Beginn der Alleinherrschaft Ludwigs XIV. mitbegründete) Periodisierung in: Hervé DRÉVILLON, Les rois absolus. 1629–1715, Paris 2011 (Histoire de France): Der Titel des ersten Teils lautet »L'absolutisme extraordinaire (1629–1660)«.

Geschichte hin wahrgenommen. Es bleibt also eine forschungsfördernde Aufgabe, die sich aus der Kenntnis dieser reichen Quelle für den Editor und für die Edition ergibt: den Reichtum an möglichen Forschungsperspektiven und den möglichen Erkenntnisgewinn zur französischen Gesellschaft des 17. Jahrhunderts zu propagieren und die Edition tatsächlich »zur Welt« zu bringen.

James Stone

BISMARCK AND THE BAZAINE AFFAIR OF 1873

The verdict of history on the administration of military justice in late nineteenth-century France has been understandably harsh[1]. It was a system that was notorious for pandering to populist prejudices, frequently turning judicial proceedings into political show trials for mass consumption. The Dreyfus Affair of 1894 is perhaps the most infamous example of this abuse of power. But the court martial of François-Achille Bazaine (1811–1888) in 1873 constituted an equally egregious miscarriage of justice with an arguably far greater historical significance. The mockery of military law that resulted in Bazaine being condemned to death as a traitor was in many ways France's equivalent of the German »stab-in-the-back« myth (*Dolchstoßlegende*). In the French version, it was one man who was made the scapegoat for the collapse of French arms during the Franco-Prussian War of 1870–71. Another difference was that in 1918 Ludendorff blamed the revolution at home for the defeat of the German army on the front; in 1873 the French condemned Bazaine for betraying the revolution at home on the front.

Because of its wider political significance, the Bazaine Affair did not remain a strictly domestic matter. It garnered widespread international attention. Nowhere was this foreign interest greater than in Berlin. This heightened level of engagement in the proceedings was partly due to the fact that Germans saw themselves as co-defendants during the trial[2]. This intense involvement in the affair was reflected in the press coverage: German newspapers published daily accounts of the hearings. Germany's chancellor, Otto von Bismarck, was even more invested in the courtroom drama since it was his own diplomatic manoeuvres to end the war that underlay the accusations of treason levelled against Bazaine. More importantly, the trial and its outcome threatened to undermine the pillars of the chancellor's French policy. As a result, he followed the affair very closely, and used his influence first to defer the trial, then to secure an acquittal and finally to mitigate the negative political fallout from the guilty verdict. Although Bismarck's role in the Bazaine Affair constitutes an important and fascinating chapter in Franco-German relations, it has been overlooked by researchers.

The focus of this study is the impact that the Bazaine Affair had on German foreign policy, and how Bismarck attempted to mitigate the damage he feared it would cause to his political plans for France. In this context, it will also consider the direct and indirect involvement of the German government in the court martial. This examination of the trial is based primarily on material from the archives of the German Foreign Office, and articles in newspapers under its control, which show that Bismarck was involved in every major phase of the Bazaine affair, from the earliest stag-

---

1 For Nancy, without whom this would not have been possible.
2 Kölnische Zeitung, 30 December 1873, no. 361, 1ˢᵗ ed.

es of the court martial in 1872 until the demise of the exiled and disgraced Bazaine in 1888. This material also reveals that the German Chancellor feared that the trial and the guilty verdict threatened to exacerbate a crisis in his strategy to prevent a French war of revenge.

There is, of course, a much larger historiographical context for the Bazaine court martial as a transnational event. It constitutes, for example, another chapter in the story of the disproportionate influence that Germany exercised over the development of the French Third Republic in its formative years[3]. As will be illustrated, the prosecution made key decisions about Bazaine's court martial based on concerns about how Germany might react. The Bazaine Affair is also part of a broader historical discussion about the psychological impacts of »defeat« at a national level[4]. Similarly, it touches on the emerging research about the nature and implications of »surrender« in conflicts[5]. While these related areas of historical inquiry will inevitably be an implicit element in the following discussion, they will only be considered where there is specific relevance to Bismarck's policy considerations.

To allow for a proper understanding and analysis of the German side of the Bazaine Affair, a short overview of the events in 1870 that led to the trial will be provided (I). The long period of preparations and debate about whether the trial should even proceed will then be outlined, since it was during this early period that Bismarck's engagement became more intense, if not always voluntary (II). It will also consider the lengthy negotiations initiated by Bazaine to engage his former enemies as defence witnesses in his trial (III). This consideration of the preamble for the court martial will set the stage for the main sections of the analysis, which will examine the efforts made by the German Chancellor immediately before, during and after the trial to counter the threats to his French policy posed by the court martial and its verdict (IV–VI). A final section will consider the lengthy discussions between Bazaine and the German government on the provision of financial support for the disgraced marshal and his family after his conviction and subsequent exile (VII).

I. The Case against Bazaine (August–October 1870)

The charges against Bazaine that led to his court martial in October 1873 stemmed from actions he took while in command of the Army of the Rhine from August to October 1870. Bazaine's misfortunes began on 12 August, when Napoleon III was forced to relinquish command of an army that was already in retreat after initial reverses on the frontier[6]. He had to select one of his corps commanders to take his place, and the then 59-year-old François Bazaine was chosen for this challenging task

---

3   Allan MITCHELL, Victors and Vanquished. The German Influence on Army and Church in France after 1870, Chapel Hill, NC 1984.
4   Herve DRÉVILLON, La défaite comme symptôme, Hypothèses, 11 (2008), p. 283–295.
5   Holger AFFLERBACH, Hew STRACHAN (eds.), How Fighting Ends. A History of Surrender, Oxford 2012.
6   The background details are from: Michael HOWARD, The Franco-Prussian War. The German Invasion of France 1870–1871, New York 1962, p. 134–182. Edmond RUBY, Jean REGNAULT, Bazaine, coupable ou victime? À la lumière des documents nouveaux, Paris 1960. Matthias STEINBACH, Abgrund Metz. Kriegserfahrung, Belagerungsalltag und nationale Erziehung im

because there was no other suitable candidate. He was also called upon because he was the popular choice of the citizens of Paris. His humble origins had made him a man of the people. Sixteen years later, Bazaine was to confess to the German military attaché in Madrid that he had not wanted the command, and had accepted it only after he was ordered to do so by the emperor[7]. If this is true, then it showed that Bazaine sensed his limitations as a senior commander. He had risen to the highest post in the French army from the ranks, but this unconventional career path had left some important gaps in his training. Bazaine had certainly accumulated considerable battlefield experience leading expeditionary troops during the Crimean War (1853–56), the Second Italian War of Independence (1859/60), and the Second Franco-Mexican War (1861–67). However, the task of manoeuvring an army of 180 000 men in a strategic retreat across France with an enemy moving quickly to block his escape route proved to be well beyond his abilities. Even an abler leader would have found the dire situation he inherited daunting.

The fate of the Army of the Rhine was sealed when Bazaine did not move his forces quickly enough to avoid being outflanked by the swiftly marching enemy troops. The marshal also displayed a lack of tenacity when he failed to exploit an opportunity to break through much weaker opposing forces on 16 August. On that day, his army engaged a single Prussian corps near Vionville/Mars-la-Tour in a classic encounter battle and yet he retreated. Two days later he was forced to fight a battle at Gravelotte-St. Privat with reversed front. His troops again achieved considerable tactical success, but he nevertheless withdrew into the fortifications around Metz. The Army of the Rhine was soon trapped in that city by the German Second Army under Prince Frederick Charles and subjected to a two-month siege. The series of fatal errors made by Bazaine leading to the encirclement of his army seemed so incomprehensible to his later judges that they were prepared to give credence to the claim that so many questionable decisions must have been part of a premeditated plan to betray France.

Bazaine's indictment in 1873 also held him personally responsible for the disaster that befell the Army of Châlons at Sedan on 2 September, which resulted in Napoleon III being taken prisoner and the collapse of the Second Empire. When Marshal Patrice MacMahon took command of this force, he was torn between marching to relieve the Army of the Rhine and moving his army under the protection of the fortifications around Paris. But it proved impossible to abandon Bazaine to his fate. After delays that were to prove fatal, MacMahon marched to free the besieged French troops at Metz. The failure of Bazaine to break through German lines to link up with this relief army, and the lack of timely communications from him about his true sta-

---

Schatten einer Festung 1870/71, Munich 2022 (Pariser Historische Studien, 56), DOI: 10.1524/9783486832969.

7 Adolf von Deines to the Foreign Office. 12 April 1886, no. 7, Frankreich 80, vol. 1, Politisches Archiv des Auswärtigen Amts (PAAA). The report about this conversation was to lead to an international controversy in 1888, in which Bazaine would figure prominently: Frederic B. M. HOLLYDAY, »Love Your Enemies! Otherwise Bite Them!« Herbert Bismarck and the Morier Affair, 1888–1889, in: Central European History, 1 (1968), no. 1, p. 56–79, DOI: 10.1017/S0008938900014783. Bazaine described his appointment similarly in his memoirs: François BAZAINE, Épisodes de la guerre de 1870 et le blocus de Metz, Madrid 1883, p. 48.

tus, were to be cited in his trial as evidence that he was to blame for the disaster that befell the Army of Châlons at Sedan, thereby making him solely culpable for France's entire defeat in 1870.

But it was Bazaine's attempts to save his army by engaging in negotiations with Bismarck that offered the prosecution the strongest evidence of his alleged treason. The military challenges of breaking a siege by 200 000 German troops were further complicated by the perplexing political situation that arose from the events that took place in Paris following the defeat at Sedan. Napoleon III and the Second Empire were overthrown on 4 September 1870 by a republican revolution that declared a Government of National Defence with the republican Léon Gambetta as its effective dictator. The Empress Eugénie and her son fled to England and found refuge in Camden Place (Chislehurst, Kent) while Napoleon III was a prisoner of war in Wilhelmshöhe castle near Cassel in Germany. This turn of events created a quandary for Bazaine: he had sworn an oath of loyalty to the deposed French Emperor and was totally cut off from a government in Paris with questionable legitimacy, for which he felt no allegiance or sympathy.

As food supplies in Metz dwindled and the hopelessness of extricating his army by military means became clear, the French commander was quick to grasp at the straw of a political solution to his dilemma[8]. Edmond Régnier (1822–1886), a civilian with good intentions and no official mandate, approached Bismarck claiming to be acting as an intermediary for the Empress Eugénie. He alleged that the empress wished to reach an agreement that would allow Bazaine's forces to restore the empire after accepting German peace terms. Régnier was allowed to enter Metz to present his proposals to Bazaine. The unexpected prospect of being able to save his army and return »order« to France appealed to the marshal. Bismarck therefore permitted one of Bazaine's commanders, General Charles-Denis Bourbaki, to leave Metz to discuss the situation directly with the empress in England. It was soon discovered that the scheme outlined by Régnier did not have the backing of either the Empress Eugénie or Napoleon III. The project therefore collapsed. Faced with the prospect of starvation, Bazaine made one final attempt to negotiate the release of his army with the Germans so that he could use it to restore the empire by force. This time the Empress Eugénie was amenable to concluding a separate peace, but her refusal to agree to what was, in effect, a blank cheque with regard to the terms of capitulation resulted in the failure of these talks. Bismarck wrote to Bazaine that the negotiations had reached an impasse, so that the fate of his army was now entirely in the hands of the Prussian military[9]. At the same time, he ordered that the semi-official German press make clear in its disclosures about these discussions that Bazaine was »conducting negotiations independent of the government in Paris and in opposition to it«[10]. The chancellor was clearly seeking to publicize Bazaine's attempted betrayal of the revo-

---

8   HOWARD, The Franco-Prussian War (as in n. 6), p. 257–283.
9   Bismarck to Bazaine. 23 October 1870, tel., Frankreich 70, no. 6, vol. 2, PAAA. Printed in: Otto von BISMARCK, Die gesammelten Werke. Politische Schriften, Friedrich THIMME (ed.), vol. 6b, Berlin 1931, p. 558.
10 Bismarck to the Foreign Office. 22 October 1870, tel. no. 318, Frankreich 70, no. 6, vol. 2, PAAA.

lution in order to exert pressure on the Government of National Defence to negotiate peace on his terms.

French republicans thus had some grounds to view Bazaine's actions as an attempt to overthrow the Government of National Defence. For his part, the marshal argued that his actions were entirely honourable because the only legitimate government of France was the imperial court. But it was the circumstances surrounding the actual act of capitulation that did the greatest damage to Bazaine's personal reputation within the army and civilian population. The marshal held out until 29 October when – with the concurrence of his commanding generals – he agreed to an unconditional surrender. Bazaine's insistence on fully complying with the German terms contributed almost as much to his fall from grace as the surrender itself. His refusal to order the destruction of the regimental colours and eagles or spike the cannons aroused harsh criticism in France. This disregard for even a final symbolic display of defiance was seen as a serious breach of military honour.

Of greater strategic importance was the fact that the timing of the fall of Metz was a huge blow to the military position of the Government of National Defence. The republican armies operating south of Paris had been enjoying some success against German forces. But Bazaine's surrender suddenly released almost 200 000 enemy soldiers to fight against the troops of the republic, which effectively ended any hope that France could improve her strategic position sufficiently to negotiate better peace terms. In view of these circumstances, Gambetta reacted to the news of the capitulation of Metz by issuing a declaration on 30 October branding Bazaine a traitor[11]. The popular perception of Bazaine amongst supporters of the embattled French republic across Europe following his capitulation is captured in a contemporary caricature (Fig. 1).

This edict had no practical consequences for Bazaine, as he was a prisoner of war in Germany. In February 1871, it ceased to have any legal significance, as the Government of National Defence was dissolved and a newly elected National Assembly convened in Bordeaux. The marshal therefore no longer faced a death sentence if he returned to France. The anger aroused by his surrender and the circumstances surrounding it remained, however, and the French people demanded action from the new government to hold Bazaine accountable. Already in May 1871, the National Assembly was presented with a petition to launch an inquiry into the events surrounding the fall of Metz. In October 1871, a special commission was created with the mandate to investigate all the capitulations during the war. It was led by Marshal Achille Baraguey d'Hilliers (1795–1878), a former member of the Imperial Senate[12].

---

11 Printed in: RUBY, REGNAULT, Bazaine (as in n. 6), p. 304–305.
12 Heinrich SCHULTHESS (ed.), Europäischer Geschichtskalender 1871, Nördlingen 1872, p. 402. François-Christian SEMUR, L'Affaire Bazaine. Un maréchal devant ses juges, Turquant 2009, p. 47.

II. Bazaine Faces His Accusers (October 1871–May 1872)

After his release from imprisonment in Germany, Bazaine stayed in Geneva, having been advised by the French Minister of War, Ernest Courtot de Cissey, to delay his return to France[13]. He did not travel to Paris until October 1871[14]. Just prior to his homecoming, he had already reached out to Berlin to ask for help with his defence against the accusations that he knew he would face. The marshal requested that the German Foreign Office provide him with a copy of a telegram Bismarck had sent to him regarding the negotiations with Régnier[15]. He hoped that the publication of this document »would have a favourable influence on public opinion«. Bazaine was also completing a book that sought to justify his actions during the war, and he clearly intended to draw on German support in making his case[16]. Bismarck readily complied, although there was a certain irony in the fact that Prussian leaders were providing documents to defend a Napoleonic marshal who lived in the Avenue d'Iéna in Paris[17]. Even at this early stage of the affair, Bazaine seems to have recognized that his former enemies might be his only allies in the looming battle.

The hearings of the military commission began on 21 April 1872 and lasted three weeks. It would prove typical of the court martial that followed that the senior officers running this inquiry ignored regulations requiring the proceedings to take place behind closed doors, so that it was conducted under the scrutiny of journalists and public opinion[18]. The findings of the investigating team were greatly influenced by a book published during these months by Gaston d'Andlau, a former senior officer in the Army of the Rhine, who had argued that Bazaine's actions were all part of an elaborate and treasonable conspiracy to advance his own career[19]. The accusation that Bazaine's decisions on the battlefield were motivated by personal ambition was to become a central element in the subsequent indictment. The new book also stoked an already smouldering resentment against Bazaine in the French capital. Given this prevailing hostile atmosphere in Paris, it is not surprising that the report of the inquiry was damning for the marshal, citing compelling evidence that he had committed multiple breaches of the military code. The panel recommended that Bazaine be subjected to a court martial.

---

13 RUBY, REGNAULT, Bazaine (as in n. 6), p. 310.
14 The date of Bazaine's return to France is based on accounts of French historians and the marshal's correspondence with the German Foreign Office. However, a report received from an agent of German military intelligence indicates that Bazaine had already travelled incognito to Versailles in June 1871. Agent report. June 8, 1871, Polizei II B 10, vol. 4, PAAA.
15 Bazaine to Bismarck. 20 September 1871. Frankreich 70, no. 6, vol. 6, PAAA. Bazaine to Bismarck. October 14, 1870, ibid.
16 François BAZAINE, L'Armée du Rhin depuis le 12 août jusqu'au 29 octobre 1870, Paris 1872.
17 Lothar Bucher (Bismarck's personal secretary) to Hermann von Thile (German Secretary of State). 29 September 1871, Frankreich 70, no. 6, vol. 4, PAAA. Thile to Bazaine. 29 September 1871, ibid. Thile to Bazaine. 17 October 1871, ibid.
18 RUBY, REGNAULT, Bazaine (as in n. 6), p. 312.
19 Gaston D'ANDLAU, Metz, campagne et négociations. par un officier supérieur de l'Armée du Rhin, Paris 1872. SEMUR, L'Affaire Bazaine (as in n. 12), p. 48. Agent report. 14 March 1871, Polizei II B 10, vol. 4, PAAA.

The marshal learned of these findings on 2 May 1872. The next day he wrote to the French president, Adolphe Thiers, demanding to be allowed to make his case in front of a jury of his peers in order to defend his honour[20]. Thiers wished to avoid a trial, since he felt that »the whole thing was just a mean-spirited intrigue by vengeful lawyers« seeking to pass judgment on a soldier who had undoubtedly made serious errors[21]. But he bowed to Bazaine's wishes and allowed the preparations for the trial to go forward. On instructions from Thiers, Cissey requested that a court martial be convened. Bazaine surrendered himself to French authorities on 14 May and was taken into custody[22]. He was to remain imprisoned awaiting trial for an unprecedented seventeen months.

At the start of May 1872, Thiers complained to the German ambassador, Count Harry von Arnim, that the court martial of Bazaine had become his main preoccupation[23]. It was soon to become a major preoccupation for the German chancellor as well. In fact, Bismarck was given an unexpected opportunity to prevent the trial from even taking place. Bazaine's defenders have always pointed to his insistence on being put on trial as proof of his innocence[24]. However, the marshal seems to have almost immediately regretted this decision. Only a few days after writing to the president demanding a court martial, Bazaine requested a meeting with the German ambassador. There were two highly sensitive matters he wished to discuss. The first was a request for four senior German officers from the former Second Army to present evidence in his defence at the upcoming trial[25]. A few days later, President Thiers himself also asked Bismarck to agree to help Bazaine by providing witnesses in his defence, and offered his personal assurance that any German officers who testified would be treated with respect[26]. Bazaine's second and more startling appeal was for political asylum in Germany in the event that he decided to flee the country[27]. To support his case for being granted the protection of the German Emperor, Bazaine pleaded that his son was a citizen [sic!] of the Reich as he had been born there while the marshal and his wife were prisoners on German soil. Bazaine motivated this apparent sudden change of heart with reference to his concern that the »red left« – by which he meant Gambetta – was determined to »have his head«. Based on this statement, he may have miscalculated his chances of getting a fair trial when he demanded a court martial. But in view of the suddenness of the volte face, there is probably some truth to what Thiers had confided to Arnim: that it was actually the marshal's friends and comrades who had talked him into demanding a trial when it could have

---

20 Bazaine to Thiers. 3 May 1872. Printed in: SEMUR, L'Affaire Bazaine (as in n. 12), p. 48.
21 Arnim to Bismarck. 11 May 1872, no. 73, Frankreich 75, vol. 1, PAAA.
22 SCHULTHESS (ed.), Europäischer Geschichtskalender 1872 (as in n. 12), p. 382.
23 Arnim to Bismarck. 11 May 1872, no. 75, Frankreich 73, vol. 1, PAAA.
24 SEMUR, L'Affaire Bazaine (as in n. 12), p. 210.
25 Arnim to Bismarck. 6 May 1872, Frankreich 70, vol. 132, PAAA.
26 Arnim to Bismarck. 11 May 1872, Frankreich 75, vol. 1, PAAA. Ironically, the discussion between Thiers and Arnim took place as they strolled in the gardens of the Grand Trianon, where the court martial was to take place in 1873.
27 Arnim to Bismarck. 7 May 1872, Frankreich 70, vol. 132, PAAA. This report was deemed so secret and sensitive that it was not prepared by the embassy scribe. Instead, it was written by a member of the diplomatic staff at the embassy, Friedrich von Holstein, and marked as ›secret‹ when it arrived in Berlin.

been avoided[28]. It is otherwise difficult to comprehend why he so quickly gave serious consideration to fleeing the country to avoid being put in front of a firing squad.

Responding to these pleas for help presented serious political challenges for Bismarck. Since both appeals from a Marshal of France touched on military matters and the Kaiser saw this as his exclusive domain, the chancellor asked for an imperial audience to discuss how best to reply[29]. The emperor was inclined to permit German officers to give testimony on Bazaine's behalf, but stipulated that they only give statements under oath on German soil, which was a sensible precaution given the danger of exposing them to a hostile French public – Thiers' assurances notwithstanding[30]. When the emperor's views were communicated to Arnim, the one condition attached to any testimony that the German officers might give was that it be limited to purely military matters. The details of the political negotiations had not been made public, and the chancellor wished for them to remain secret. Bismarck was also not convinced that witness statements from the former enemy would be helpful to Bazaine.

The chancellor's handling of Bazaine's appeal for political asylum was more complex and nuanced. He requested that Arnim meet with the marshal again to convince him to abandon his plans to flee to Germany. Bismarck suggested that, if Bazaine genuinely felt that he had to leave France, he should go to England instead[31]. However, he also wanted his ambassador to persuade the marshal to stay and face his accusers. Accordingly, Bismarck instructed Arnim to point out that by fleeing France Bazaine would be admitting his guilt, and that this would not only ruin his own political future, but also undermine any chance for a restoration of the Napoleonic Empire. This rather optimistic assessment of the possibility of the then 16-year-old imperial prince Louis-Napoleon at some point ruling France as Napoleon IV was likely based on an assertion made by Bazaine to Arnim at their recent meeting. During that conversation, he had claimed that »*today* the Empire was still strong enough in France to seize the reins of power«[32]. Bismarck clearly sought to use the marshal's apparent belief in a return of the empire in the near future to give him the courage to remain in France. In fact, the chancellor further reinforced Bazaine's positive view of his political prospects in France by expanding on the favourable outlook for an imperial restoration in a separate dispatch, where he indicated that he would look favourably on this outcome[33]. When it was published in 1874 during the Arnim trial, this document was interpreted to mean that Bismarck favoured a revival of the Napoleonic Empire in France[34]. What has been overlooked by contemporaries – and

---

28 Arnim to Bismarck. 17 October 1873, no. 122, Frankreich 70, vol. 142, PAAA.
29 Bismarck to Wilhelm I. 9 May 1872, Frankreich 70, vol. 132, PAAA.
30 Bismarck to Arnim. 12 May 1872, no. 97, ibid.
31 Bismarck to Arnim. 12 May 1872, no. 98, ibid. This dispatch was not sent off until 13 May. It probably arrived in Paris on 14 May, which left little time for the ambassador to deliver the message from Bismarck before Bazaine surrendered himself.
32 Arnim to Bismarck. 6 May 1872, no. 70, Frankreich 75, vol. 1, PAAA.
33 Bismarck to Arnim. 12 May 1873, no. 99, Frankreich 75, vol. 1, PAAA. Printed in: August MUNCKEL, August DOCKHORN (eds.), Stenographischer Bericht über den Process Arnim, Berlin 1874, p. 159–160.
34 Ibid. On the reaction of the French press to the publication of this document during the Arnim

later scholars – is that it was written specifically to be used by the German ambassador to convince Bazaine not to flee France. The chancellor's main concern was that by taking flight the marshal would be confessing his guilt and proving that France had only lost the war due to his collusion with the enemy. This was a mindset that Bismarck believed posed a significant danger to the maintenance of peace. His recommendation of England as an alternate destination shows that he also did not want to have to contend with the political complications arising out of Bazaine becoming a refugee in Germany. However, it does not seem that any of these messages were conveyed to the marshal before he turned himself over to authorities on 14 May.

III. Bismarck Supports Bazaine's Defence (May 1872–December 1873)

Shortly after his incarceration in a military prison, Bazaine again reached out to the German ambassador through an intermediary with another request to assist in his defence. The marshal had heard that citizens of Metz had offered to testify against him at his trial or to hold demonstrations demanding to be allowed to testify[35]. Immediately after receiving this warning, Bismarck contacted Eduard von Moeller, the regional governor for Alsace-Lorraine, and instructed him to treat any efforts by the citizens of that city to appear before the court martial as an »unlawful participation in French affairs«[36]. A few weeks later, German military intelligence alerted the Foreign Office that a senior officer from the French secret service (Deuxième Bureau) was travelling to Metz under a false identity in connection with the court martial of Bazaine[37]. Bismarck once again notified Moeller of the particulars of this clandestine operation, including the address where the French officer would be staying in Metz, presumably with the intention of taking action to prevent him from completing his mission[38]. The chancellor clearly wanted to do all that he could to ensure that Bazaine was not found guilty of the charges against him.

But Bismarck still hoped that the marshal would be released without a trial, and there were several reasons to believe that this would be the outcome. There were, for example, some procedural obstacles that initially blocked the convening of a court martial. The only precedent for putting a Marshal of France on trial was the execution of Marshal Ney in 1815 for his role during the Hundred Days. But in that case it was a civilian body that had passed judgement, as the military court had declared itself incompetent in the matter. French military law required that Bazaine be tried by a tribunal of his peers, but it was not possible to find enough commanders of the same rank to preside. A special law had to be passed by the National Assembly to

---

trial in 1874: Rudolf Lindau (Press Attaché in Paris) to Chlodwig Prince Hohenlohe-Schillingsfürst (German Ambassador in Paris). 15 December 1874, Frankreich 77, vol. 6, PAAA.
35 Arnim to Bismarck. 23 May 1872, no. 81, Frankreich 70, vol. 133, PAAA.
36 Thile to Moeller. 30 May 1872, Frankreich 70, vol. 134, PAAA.
37 Private letter from Colonel Brandt. 9 June 1872, Frankreich 70, vol. 134, PAAA. The recipient was likely Otto von Bülow, who was the Foreign Office liaison with German military intelligence. James STONE, Spies and Diplomats in Bismarck's Germany. Collaboration Between Military Intelligence and the Foreign Office, 1871–1881, Journal of Intelligence History 13 (2014), p. 22–40, DOI: 10.1080/16161262.2013.861220.
38 Thile to Moeller. 10 June 1872, Frankreich 70, vol. 134, PAAA.

permit the court martial to proceed by allowing admirals and senior generals with battlefield experience to act as Bazaine's judges. It is indicative of the high level of popular pressure to proceed with the trial that this law was passed on 16 May, only two weeks after the decision to convene a court martial was taken[39]. While this step cleared the path for a trial, its circumvention of longstanding regulations cast doubt on the legitimacy of the entire procedure.

Another factor preventing the immediate prosecution of Bazaine was that parts of France were still occupied by German troops until the war indemnity was completely paid. The prosecutors feared that the trial might be compromised if it took place while the German army controlled French territory, as there would be a fear of reprisals for words or actions by the court that Berlin might find objectionable[40]. This concern was just a symptom of a deeper French anxiety over the likely German reaction to the court martial. In the months prior to the start of the hearings, Paris newspapers reported an irrational paranoia about the likelihood of »Prussian« spies infiltrating the proceedings, although it was unclear why such cloak and dagger tactics were needed given that the sessions were to be open to the public[41]. Nevertheless, these rumours illustrate the acute French awareness of Germany's interest in the outcome of the affair, and a sense that Berlin would not look favourably upon Bazaine's conviction. In an effort to minimize German influence over the outcome, the court martial did not convene until 6 October 1873, only a few weeks after the last German troops had left French soil[42]. Initially, this long delay seemed to make it more likely that the trial might not take place at all.

President Thiers was himself the main obstacle preventing the court martial from convening. Thiers hoped to draw things out to allow sufficient time for passions to cool and thereby, he hoped, avoid a trial altogether[43]. The French president was no doubt encouraged in these efforts by the German embassy, and he was acutely aware of the extent to which he owed his position to Bismarck's backing. To avoid a trial, he attempted to select a senior officer who would favour Bazaine to lead the preparation of the case against him. When he was approached by General Raymond Séré de Rivières, a former subordinate of Bazaine who was anxious to take on the task, Thiers believed that he had found a senior officer who would lean towards a favourable outcome for the accused. In reality, however, Rivières had been made a general by Gambetta during the Government of National Defence, and he shared the republican leader's desire to exact revenge. After conducting interviews of witnesses, he completed his draft report on 31 December 1872. The final version of the written findings was submitted to the National Assembly on 6 March 1873[44]. It was devastating for Bazaine. Thiers felt betrayed, and referred to Rivières in a conversation

---

39   Heinrich SCHULTHESS (ed.), Europäischer Geschichtskalender 1872, Nördlingen 1873, p. 382.
40   Marie de Mirabeau to Edwin von Manteuffel. 18 June 1873, Frankreich 70, vol. 141, PAAA.
41   Rudolf Lindau to Bismarck. 11 August 1873, no. 54, Frankreich 77, vol. 3, PAAA.
42   Lindau to Bismarck. 13 June 1873, no. 36, Frankreich 77, vol. 2, PAAA.
43   SEMUR, L'Affaire Bazaine (as in n. 12), p. 53–57.
44   SEMUR, L'Affaire Bazaine (as in n. 12), p. 82. Heinrich SCHULTHESS (ed.), Europäischer Geschichtskalender 1873, Nördlingen 1874, p. 303.

Fig. 1: Caricature in a Polish (Galician) journal from November 1870 showing »Bazen« [sic] being paid for the surrender of Metz by Bismarck. Note the depiction of Bazaine using an antisemitic stereotype. »Marketplace of the modern Genghis Khan ›By Divine Providence‹« in: »Djabel« (Krakow), Nov. 7, 1870. Copyright: Interfoto/Sammlung Rauch (01085426).

Fig. 2: Dreyfus being haunted by the ghost of Bazaine: »FEU BAZAINE: À nous la simple détention, ô mon fils! … C'est aux petits pioupious que sont réservées les balles!« Alphonse Hector Colomb (pseud. »B. Moloch«), »Égalité«, in: Le Chambard socialiste, 29 December 1894. Source: Wikimedia Commons (public domain).

with Arnim as a »misérable coquin« (rotten scoundrel)[45]. However, he continued to assure Berlin that he would prevent the court martial from taking place.

In the months leading up to the trial, the imprisoned Bazaine renewed the request he had made of Arnim for Prussian officers to provide testimony in his defence. He now used the Comtesse Marie de Mirabeau as an intermediary to advocate for him with German leaders, including the Kaiser[46]. The countess was a writer and contributor to the conservative newspaper »Le Figaro«, and was a frequent visitor during the marshal's confinement. She was also a friend of Field Marshal Edwin von Manteuffel, who commanded the German army of occupation in France from his headquarters in Nancy. Manteuffel, in turn, had access to both Bismarck and the Kaiser. Mirabeau exploited this relationship effectively to seek support for the marshal, and conveyed letters from Bazaine to Manteuffel and the German Emperor that were then passed on to Berlin[47]. The field marshal was also personally quite sympathetic towards Bazaine's plight, and had spoken out publicly in his defence[48]. During a speech at the unveiling of a war memorial in Metz, Manteuffel cautioned the people of France that their strong emotions about France's defeat would prevent Bazaine from receiving a fair trial. He also praised the French marshal and his troops for having shown themselves to be the equals of their German opponents on the battlefield. Manteuffel had been a corps commander in the Second Army and had led his troops in several engagements against Bazaine's forces, so this was no idle praise. Apparently, this chivalrous gesture was well received in France[49]. And Bazaine expressed his gratitude to his former adversary for the public display of support[50].

As the start of the court martial approached, Mirabeau and Bazaine increased their efforts to gain approval for the marshal's appeal for German testimony. However, the request for statements from senior German officers was dropped. They now concentrated on obtaining a declaration from Prince Frederick Charles, the Kaiser's nephew[51]. In his role as intermediary, Manteuffel recommended to the chancellor that any testimony given by Frederick Charles be restricted to purely military events, with an emphasis on proving that Bazaine had never met with him prior to the surrender of Metz. Bismarck responded by referring to the earlier request made by Bazaine in May 1872, noting that »formal considerations« had prevented a positive response at that time[52]. This time, however, the chancellor promised to recommend to the Kaiser that he grant the marshal's wish. However, he stipulated that all discussions regarding military evidence given to Bazaine's defence attorney would have to

---

45 Arnim to Bismarck. 17 October 1873, no. 122, Frankreich 70, vol. 142, PAAA.
46 The countess was the mother of Sibylle de Mirabeau, an important French writer who published under the pseudonym ›Gyp‹. The daughter described some of the meetings with Bazaine while he was in prison in her memoirs: Gyp, La Joyeuse Enfance de la IIIe République, Paris 1931, p. 104–106.
47 Mirabeau to Manteuffel. 18 February 1873 (The dating of the letter is based on its date of arrival in the Foreign Office archives. The letter itself has no date.), Frankreich 70, vol. 137, PAAA. Mirabeau to Manteuffel. 18 June 1873, ibid., vol. 141.
48 Karl Keck, Das Leben des Feldmarschalls von Manteuffel, Bielefeld 1890, p. 215–216.
49 Arnim to Bismarck. 9 March 1873, no. 35, Frankreich 70, vol. 139, PAAA.
50 Bazaine to Mirabeau. 9 February 1873, Frankreich 70, vol. 137, PAAA.
51 Manteuffel to Bismarck. 29 December 1872, Frankreich 70, vol. 136, PAAA.
52 Bismarck to Manteuffel. 31 December, 1872, ibid.

go through army channels exclusively. He feared that »any externally recognizable involvement of a political personality, like myself, would certainly do more harm than good for Bazaine's cause in France«.

When Bazaine renewed his request in February 1873, Bismarck instructed Arnim to provide him with an assessment of whether evidence given by German generals would help or hurt the marshal's defence[53]. Arnim responded that support from Prussian officers might help the marshal with the judges, but not the public[54]. He did note, however, that both the marshal and his young Mexican wife had told him that they needed a written declaration from Frederick Charles that Bazaine had never accepted an invitation to dine with him during the siege of Metz. In response, Arnim was instructed to report on any further requests from Bazaine for assistance along with his appraisal of whether granting these wishes would be beneficial[55]. Bismarck clearly wanted to aid the accused, but he was concerned that any succour coming from the enemy would damage the marshal's case. For his part, Bazaine had few options. His fellow generals were not willing to testify for him, and Régnier, who was safe in self-imposed exile in England, had wisely declined to appear before the court martial out of fear that he would be arrested[56].

Shortly before the trial began, Mirabeau renewed Bazaine's request for a statement from Prince Frederick Charles[57]. The countess had continued to lobby for German assistance for the marshal through the first half of 1873. She had also expressed her outrage that Bazaine was being held for months after the indictment had been completed in order to wait for the last occupying forces to leave France. Bazaine's lawyer had been told that the prosecution was afraid that the indictment was so harsh and offensive to Germany that Berlin might respond by delaying the withdrawal of its troops[58]. The countess also complained that the case against the marshal had been rigged against him to pander to the »radicals'« lust for revenge. She then conveyed the marshal's regards to Prince Frederick Charles, confirming that he would appeal to him to refute specific allegations made against the marshal. In Paris, the legitimist-clerical newspaper »L'Union« reported in June 1873 that Bazaine had already called upon Frederick Charles to testify on his behalf[59]. But while it was true that tentative discussions had already taken place about the prince's testimony, a direct request was not made until the start of September 1873. At that time, the countess asked for a rather far-reaching affidavit that not only denied any secret meetings between the prince and Bazaine, but that would attest to the fact that the marshal had never intended to carry out a coup d'état and was a loyal servant of his country[60].

---

53 Bismarck to Arnim. 27 February 1873, no. 25, Frankreich 70, vol. 137, PAAA.
54 Arnim to Bismarck. 9 March 1873, no. 35, Frankreich 70, vol. 139, PAAA.
55 Hermann Ludwig von Balan to Arnim. 28 March 1873, no. 41, Frankreich 70, vol. 140, PAAA.
56 SEMUR, L'Affaire Bazaine (as in n. 12), p. 109. Régnier was in fact condemned to death *in absentia* (*par contumace*) by court martial in September 1874. After the conviction, Bismarck wrote a letter on Régnier's behalf that was published in »The Times«. Bismarck to Régnier. 2 October, 1874, Frankreich 70, vol. 142, PAAA. The Times, 15 October 1874.
57 Mirabeau to Manteuffel. 18 June 1873, Frankreich 70, vol. 141, PAAA.
58 Bazaine to Mirabeau. 1 February 1873, Frankreich 70, vol. 137, PAAA.
59 L'Union, 17 June 1873. Lindau to Bismarck. 20 June 1873, no. 59, Frankreich 77, vol. 2, PAAA.
60 Mirabeau to Frederick Charles. 6 September 1873, Nachlass Prinz Friedrich Karl. Hausarchiv

It was at this point that the process became more formalized. Bazaine's high-profile lawyer, Maître Charles Lachaud, initiated direct discussions with the German military attaché in Paris, Major Alfred von Bülow, outlining the specific and limited attestation he required from Frederick Charles denying any clandestine meetings[61]. The declaration was to be addressed to the defence attorney and not to Bazaine in order to avoid any hint of familiarity between the two former commanders. Bülow forwarded this request to Frederick Charles. After receiving the countess's entreaty, the Hohenzollern prince had already consulted his former chief of staff, General Gustav von Stiehle, to ask for his advice. Stiehle recommended that the prince avoid any political references and not deal with the issue of treason. He should only state that he had never met Bazaine before accepting his surrender[62]. This approach aligned with the request from Bazaine's attorney. The prince's final declaration therefore closely followed these guidelines. The Kaiser, who was the prince's uncle, had commanded that Bismarck and Moltke be involved in finalizing the content of the statement, but it is unclear whether either actually reviewed the text[63]. However, the prince believed that he had Bismarck's approval.

The final result was a very short letter dated 28 September – likely the date of the first draft – which contained the terse statement that the two marshals had met for the first time at the surrender on 29 October 1870[64]. It was presented to the court martial on 8 December along with a second declaration that was requested at the last minute by Bazaine's attorney and hastily formulated by a German liaison officer. Bismarck was not available to review its content on short notice. It was, however, a rather uncontroversial statement that the forces under Bazaine had fought well and that, in the prince's professional opinion, the capitulation of Metz was unavoidable. This second declaration was dated 6 December. Both documents were submitted by the German embassy, but only the military attaché was involved, as Bismarck had stipulated[65].

With Bismarck's approval, the Hohenzollern court had done all that it could to ensure Bazaine's acquittal, by offering testimony in his defence while carefully avoiding any political assessment of the capitulation.

(HA), Rep. 59, no. 83, Geheimes Staatsarchiv (GStA), Berlin. Special thanks to Professor Wilhelm E. Winterhager for finding and making copies of the relevant material.

61 Lachaud to Major von Bülow. 2 September 1873, ibid.
62 Stiehle to Frederick Charles. 19 September 1873, ibid.
63 William I to Frederick Charles. 10 December 1873, ibid. Frederick Charles to William I. 10 December 1873, ibid.
64 The letters were dated 28 September and 6 December 1873. Printed in: SEMUR, L'Affaire Bazaine (as in n. 12), p. 250. In the Prussian royal archives there are documents that date the first document to 28 November, but the newspapers and stenographic reports clearly state 28 September as the date of the first declaration.
65 Frederick Charles to William I. 10 December 1873, Rep. 59, Nr. 92, HA, GStA.

IV. The Court Martial and the Crisis in Bismarck's French Policy (May–October 1873)

Bazaine's increased urgency in seeking testimony from Frederick Charles in the second half of 1873 was driven by political developments in France. Up until May 1873, it appeared that the court martial could be prevented. There was certainly strong pressure to proceed with the prosecution. The republicans under Gambetta wanted to hold Bazaine accountable for his attempt to topple the Government of National Defence. The monarchists wanted to restore the pride and honour of the French army by demonstrating that France was not defeated on the battlefield but rather betrayed by a traitor. The French public too was anxious to overcome the national trauma caused by defeat and foreign occupation by finding a scapegoat. In spite of the growing pressure from these forces to hold Bazaine accountable for his alleged crimes, Thiers continued to use his power to prevent the marshal's prosecution from becoming a *cause célèbre* that was likely to sour relations with Germany and create divisions at home. To gain support for his embattled position, the president used the newspapers under his control to socialize the idea that the court martial would not be allowed to proceed[66]. Bismarck fully supported Thiers in his efforts to play for time until it was possible to drop the charges and free Bazaine[67]. In January 1873, the chancellor was still confident that this tactic would succeed. But his republican allies in France worked against this outcome. Gambetta's newspapers protested bitterly against the idea of cancelling the trial, as the republicans wanted Bazaine to face a firing squad; presumably in the hope of an acquittal, the Bonapartists also seized the occasion to push for the tribunal to be convened. When the final indictment against Bazaine was presented to the National Assembly in April 1873, Thiers once again opposed proceeding with the court martial[68]. However, this last roadblock was soon pushed aside. On 24 May 1873, Bazaine's former comrade in arms, Marshal MacMahon, became president after Thiers lost support in the National Assembly. The new monarchist government was committed to moving forward with the trial.

The replacement of Thiers by MacMahon as French head of state raised considerable alarm in Berlin. Bismarck viewed this change as a major setback for his French policy. He had strongly backed Thiers as a leader who was moving France towards becoming a republic. This was the chancellor's ideal outcome, as a republican regime would make it more difficult for France to find allies amongst the other monarchies on the European continent. MacMahon was a conservative leader who was supportive of a restoration of the monarchy. Consequently, this change of regime represented a serious threat to one of Bismarck's key foreign policy objectives[69]. Accordingly, the German semi-official press greeted the change of government by labelling the

---

66   Le Soir, 7 February 1873. Lindau to Bismarck. 8 February 1873, no. 7, Frankreich 77, vol. 2, PAAA. Lindau to Bismarck. 18 March 1873, no. 15, ibid. Lindau to Bismarck. 28 March 1873, no. 17, ibid.
67   Ludwig BAMBERGER, Bismarcks großes Spiel. Die geheimen Tagebücher Ludwig Bambergers, Ernst FEDER (ed.), Berlin 1932, p. 299.
68   SCHULTHESS, Geschichtskalender 1873 (as in n. 44), p. 303.
69   Bismarck to William I. June 1873 (date of draft 25 May 1873), Frankreich 78, vol. 2, PAAA. Printed in: Otto von BISMARCK, Gesammelte Werke. Neue Friedrichsruher Ausgabe (NFA),

new president »the Marshal of Revenge«, suggesting that the imprisoned Bazaine would have been a better choice[70]. In the months leading up to the trial, efforts by the new government to fill the vacant throne dominated French domestic politics. Bismarck used his influence wherever possible to thwart the plans of the French monarchists[71]. These efforts to intervene in the internal affairs of France soon became entangled with the chancellor's attempts to mitigate the potential threats to his French strategy resulting from the trial and conviction of Bazaine.

Once the way was cleared for the court martial to move forward, the difficult task of appointing officers senior enough to conduct the proceedings under the newly relaxed selection rules for the members had to be addressed. The most politically significant appointment to the tribunal made by Thiers was undoubtedly that of its president, Henri d'Orléans, Duc d'Aumale. He was the leader of the Orléanist political faction in the National Assembly, which supported the claims of the Count of Paris to the French throne. As a son of King Louis Philippe, he was also in line to be king. He had only recently returned to France after over two decades in exile following the revolution of 1848. His selection to preside over the court martial was somewhat controversial, as his military credentials to preside were questionable. He had held the rank of general under the July Monarchy and had seen limited combat in Algeria. But his military rank had been bestowed largely for dynastic reasons. When he was named as president of the military tribunal on 10 July 1873, he did not yet have any troops under his command, so he did not meet even the relaxed criteria for acting as one of Bazaine's judges[72]. This situation was remedied on 23 September, only two weeks before the trial began, when he was given command over the French VII Corps in Besançon. One of his first decisions as president of the tribunal was to change the location of the hearings from Compiègne to the Grand Trianon, a royal palace in Versailles. This move to a high-profile venue closer to Paris was clearly designed to give the tribunal, and its president, greater public visibility.

Bismarck did not require any such theatricality to give the Duc d'Aumale's important new role his full attention. He immediately recognized this appointment as a threat to his entire pro-republican French strategy. The Duc d'Aumale was a significant player in French monarchist politics and a prominent member of a French royal house. When Thiers was toppled by the monarchist factions, the duke was widely touted as a leading candidate for the presidency, and he had agreed to accept the position if it was offered to him[73]. His selection as the next head of state had the potential to fundamentally change the direction of French politics. Choosing a member of

---

Konrad CANIS et al. (eds.), Schriften 1879–1898, Part 3, 1 (1871–1873), Paderborn 2004, p. 534–537.

70 Gabriel de BROGLIE, Mac Mahon, Paris 2000, p. 218.
71 Allan MITCHELL, The German Influence in France after 1870. The Formation of the French Republic, Chapel Hill, NC 1979, p. 144–176. Heinz-Alfred POHL, Bismarcks »Einflußnahme« auf die Staatsform in Frankreich 1871–1877. Zum Problem des Stellenwerts von Pressepolitik im Rahmen der auswärtigen Beziehungen, Frankfurt a. M. 1984.
72 According to the German military attaché, the duke had made multiple attempts to avoid this assignment: Major von Bülow to the Foreign Office. 30 July 1873, no. 41, Frankreich 70, vol. 141, PAAA.
73 Raymond CAZELLES, Le Duc d'Aumale. Prince aux dix visages, Paris 1984, p. 328–330.

a royal family as president of France could quickly lead to the creation of a regency and the transformation of the system of government into a constitutional monarchy. This scenario was widely discussed in Paris as the »république Aumalienne«[74]. The duke's political ambitions thus threatened the foundation of Bismarck's French policy – which was to promote the establishment of a radical republic. In fact, an Orléanist restoration represented a worst-case scenario for him, as it would be a liberal monarchy that had a greater likelihood of enduring than the absolutist Bourbon alternative. In the context of the Bazaine Affair, this meant that Bismarck sought to seize any opportunity to prevent the Duc d'Aumale from leveraging his prominent role in a sensational political show trial to further his ambitions and the cause of monarchism in France. The duke's appointment thus acted as an additional incentive for him to attack the entire proceeding.

The chancellor's animosity towards the Orléanist leader was evident in how he handled the duke's attempt to prepare himself for his role in the trial. On 6 September 1873, the duke wrote to the French prime minister and foreign minister, Duke Alfred de Broglie, expressing his wish to visit Metz to become familiar with the battlefields that were to be the subject of the court martial[75]. He intended to conduct this visit incognito, but requested that Broglie inform the German government of his intentions to avoid any complications and to obtain its blessing. Even though the trial was set to begin on 6 October, Broglie did not present this request to Count Ludwig von Wesdehlen, the German chargé d'affaires, until 23 September[76].

As commander-in-chief of the armed forces, the Kaiser was the first to review the duke's proposal, and was inclined to give his approval, but first he asked to hear the views of his chancellor[77]. Bismarck advised his sovereign strongly against granting this wish. He argued that the duke was an important political figure in France, so that his appearance in Metz could be exploited for the purpose of agitating in favour of the Orléanist party[78]. Bismarck did not believe that the Duc d'Aumale would be able to preserve his incognito, so public disturbances seemed unavoidable. If large-scale manifestations of support for the duke amongst the French-speaking population of Lorraine occurred, the chancellor warned, then local authorities would have to step in, and this intervention could cause an international incident. These fears may have been linked to Bazaine's earlier warning about plans to instigate demonstrations in Metz to allow the citizens of that city to testify against the marshal. The chancellor also had political reservations in view of the negotiations taking place in France to restore the monarchy. Against the background of this royalist initiative, the presence of a senior member of one of the French dynasties on German soil with the approval of the Kaiser could be seen in France as a sign of Berlin's endorsement of the efforts to restore the monarchy there – the exact opposite of Bismarck's preferred direction for French domestic affairs. Although Wilhelm I did not share his

---

74 MITCHELL, The German Influence in France after 1870 (as in n. 71), p. 132.
75 Aumale to Broglie. 6 September 1873. Printed in: Ernst DAUDET, Le Duc d'Aumale, Paris 1898, p. 282–283.
76 Wesdehlen to Foreign Office. 22 September 1873, tel. no. 75, Frankreich 70, vol. 141, PAAA.
77 Marginal note of Wilhelm I, ibid.
78 Bismarck to Wilhelm I. 27 September 1873, Frankreich 70, vol. 141, PAAA.

chancellor's concerns, he reluctantly gave his assent to a negative response, but he ordered that he be shown the dispatch to the embassy before it was sent.

The resulting diplomatic rebuff was rather harsh, but the emperor nonetheless gave it his approval. For the most part, it repeated the concerns raised in the chancellor's briefing for the Kaiser[79]. In addition, Arnim was instructed to convey the impression that the Duc d'Aumale's past hostility towards Germany played an important role in the refusal of his petition. This was likely a reference to his efforts to use the Orléanist press to play up his party's hatred of Germany to counter any perception that their family ties to members of German dynasties made them sympathetic to France's arch foe[80]. Although the official response was already quite strongly worded, Bismarck decided to go one step further in seeking to use this incident to discredit the duke by attacking him publicly. He waited until just after the start of the trial on 6 October to take this rather unusual step. On the following day, he sent a draft article to the Foreign Office to be published in the »Norddeutsche Allgemeine Zeitung« – the chancellor's semi-official organ[81]. It was a brief, but incredibly venomous piece of journalism. After revealing the request made by the duke, this front-page article went on to accuse the duke of going through the formality of requesting permission to visit Metz so that he could stage a politically motivated *mise en scène*. Since the duke was »blessed with less tact than other people«, it alleged, he would have managed to convince others to act unlawfully during his visit. The timing of this bit of character assassination was almost certainly designed to steal the thunder of the duke's debut as president of the court martial.

This sharp public attack on a senior French general and member of a royal house by a journal known to express Bismarck's views attracted considerable attention in Paris. Broglie protested to the German ambassador about this particularly egregious »entrefilet« in a newspaper controlled by the Foreign Office[82]. The French press also commented widely on this article. The conservative newspapers criticized the refusal of the duke's petition as an unfriendly act toward France[83]. The republican papers, in contrast, took their cue from Bismarck and echoed his criticism that the duke's actions displayed a lack of tact. This incident illustrates clearly that Bismarck was prepared to use any means to prevent the duke from turning his leading role in a very high-profile trial into a political platform to promote his brand of monarchism in France.

Many historians also believe that one of the political objectives of the Bazaine court martial was to further the political ambitions of the Duc d'Aumale[84]. After his

---

79 Balan to Arnim. 28 September 1873, ibid.
80 Lindau to Bismarck. 10 April 1873, no. 19, Frankreich 77, vol. 2, PAAA.
81 Bucher to the Foreign Office. 7 October 1873, Frankreich 70, vol. 141, PAAA. Norddeutsche Allgemeine Zeitung, 10 October 1873, no. 236. The published text is not identical to the draft sent by Bismarck. On the government-controlled press: Eberhard Naujoks, Bismarck und die Organisation der Regierungspresse, in: Historische Zeitschrift 205 (1967), no. 1, p. 46–80, DOI: 10.1524/hzhz.1967.205.jg.46.
82 Arnim to Bismarck. 17 October 1873, no. 120, Frankreich 82, vol. 1, PAAA. Johannes Lepsius et al. (eds.), Die Große Politik der europäischen Kabinette 1871–1914. Sammlung der diplomatischen Akten des Auswärtigen Amtes (GP), Berlin 1924, vol. 1, p. 213–214.
83 Lindau to Bismarck. 18 October 1873, no. 64, Frankreich 77, vol. 3, PAAA.
84 For example: Semur, L'Affaire Bazaine (as in n. 12), p. 350. Ruby, Regnault, Bazaine (as in n. 6), p. 315.

conviction, Bazaine certainly felt that he had been sacrificed on the altar of the duke's dynastic aspirations. Events outside of the courtroom were also improving the political prospects of the Orléans princes[85]. At the start of November, the attempt to restore the Count of Chambord to the French throne had failed. And the Count of Paris, the next in line from the house of Orléans, had renounced his claims as part of the monarchist fusion to support the Bourbon pretender. This left the Duc d'Aumale as the most attractive option for those seeking to restore the French monarchy. Since this outcome threatened the entire basis of his French policy, Bismarck was – as will be shown later – even more motivated to repeat his attacks against the Orléanist pretender after the trial had come to its foregone conclusion.

V. The Chimera of a Military Coup (October–December 1873)

In addition to the political danger posed by the Duc d'Aumale's leadership of the trial, the chancellor focused his attention during the court martial on the potential reaction of the French army to the persecution of one of their former commanders. A few days after the hearings began, he reached out to the embassy in Paris to ask that it closely monitor the impression that the affair was making on officers who, like Bazaine, had risen to their posts from the rank and file[86]. Although Bismarck did not initially spell out the scenario he had in mind, he believed that there was a strong possibility that Bazaine's martyrdom might trigger an uprising in the army. Arnim's initial response was to remark – rather pointedly – that he could not comment, as Bismarck himself had instructed him to stay isolated from French society[87]. He did report, however, that the army's interest in the trial was much less than had been anticipated.

Bismarck's belief that a coup d'état could be triggered by the court martial increased after one of its most dramatic moments. The chief of staff of the Army of Châlons and the former military attaché in Berlin, Colonel Eugène Stoffel, was called to the stand on 5 November to testify about communications received from the besieged Army of the Rhine. Instead of answering the prosecution's questions, he angrily objected to insinuations that he had destroyed certain telegrams. He then directly attacked the author of the indictment, General Séré de Rivières, by stating: »I share the sentiments of the entire army and I only feel contempt and disdain for him«[88]. After ignoring repeated warnings from d'Aumale to answer only the queries put to him by the court, Stoffel was placed under arrest and later jailed for three months. The German chancellor believed that Stoffel would not have spoken as he did unless there was widespread disapproval of the trial in the French army. Consequently, he once again instructed the embassy to comment on the likelihood of a military revolt

---

85 Bazaine to von der Burg. 15 December 1873, Frankreich 80, vol. 1, PAAA.
86 Bucher to the Foreign Office. 9 October 1873, Frankreich 77, vol. 141, PAAA. Bernhard von Bülow (Secretary of State) to Arnim. 11 October 1873, no. 184, ibid.
87 Arnim to B. von Bülow. 15 October 1873, no. 118, Frankreich 70, vol. 142, PAAA.
88 Semur, L'Affaire Bazaine (as in n. 12), p. 138–139. For an eyewitness account see: Gyp, La Joyeuse Enfance (as in n. 46), p. 123–125.

by officers who had risen through the ranks like Bazaine. This time he requested that the military attaché also provide his assessment[89].

Major von Bülow responded that the inquiry from the Foreign Office was based upon the false premise that the attitude of French officers would vary depending upon how they had received their commissions[90]. In reference to Stoffel's outburst and subsequent arrest, he pointed out that the colonel's invocation of the »entire army« was only a rhetorical flourish. Stoffel, he noted, had become something of an outsider in army circles as he had shifted his attention to politics[91]. In general, the attaché referred to his earlier reports that had stressed the improved discipline in the French army and specifically ruled out the possibility of a coup d'état.

Despite these assurances, Bismarck continued to press the embassy in Paris on this issue. Only a few days after receiving Major von Bülow's response to his query, he once more asked for both a military and political assessment of the possibility of a »*pronunciamento*« caused by the Bazaine Affair[92] – the choice of terms was indicative of a growing feeling in Berlin that France might be sliding into the same domestic political chaos plaguing Spain where military coups had become common[93]. As evidence that the trial might cause an uprising, Bismarck cited an article reproduced in the »Norddeutsche Allgemeine Zeitung« in which a French general had stated that the Bazaine affair was creating unrest in the army.

Once again, both Arnim and Bülow replied that they considered such an eventuality highly unlikely. To prove this point, the German ambassador quoted Bazaine himself, who had told him shortly before his imprisonment that he did not believe that the army would be inclined to stage a coup[94]. With obvious annoyance, Bülow replied by quoting excerpts from earlier reports he had filed on this subject, presumably to emphasize that he had already responded and that repeating the question was not going to change his answer[95].

Bismarck's persistence in pushing for a confirmation that the court martial might cause a military coup suggests that he was either interested in politically exploiting signs that the trial was causing resentment in the French officer corps or that he had information leading him to believe that a *putsch* was imminent. Of course, he may have just been hoping that pressure from the army might prevent a guilty verdict. And he badly wanted an acquittal, as he believed a guilty verdict would be detrimental to vital German interests in France.

---

89 Lothar Bucher to the Foreign Office. 7 November 1873, Frankreich 70, vol. 142, PAAA. B. Bülow to Arnim. 10 November 1873, no. 223, ibid.
90 Major von Bülow to the Foreign Office. 14 November 1873, ibid.
91 Stoffel ran for a seat in the National Assembly in the elections of 1873 and lost.
92 Lothar Bucher to the Foreign Office. 18 November 1873, Frankreich 70, vol. 142, PAAA. B. von Bülow to Arnim. 24 November 1873, no. 243, Frankreich 78, vol. 4, PAAA.
93 Major von Bülow to Bismarck. 6 November 1873, ibid.
94 Arnim to B. von Bülow (Secretary of State). 30 November 1873, no. 142, Frankreich 78, vol. 4, PAAA.
95 Major von Bülow to the Foreign Office. 28 November 1873, ibid.

VI. Bismarck Reacts to the Verdict (December 1873–January 1874)

As the court martial took its course, it became increasingly apparent that the outcome had been predetermined, and that the proceedings were just an elaborate public spectacle designed to assuage the popular demand for a scapegoat for the defeat of 1870. The formal charge against Bazaine involved the violation of two statutes of the military code that made any capitulation in the field or the surrender of a fortified position punishable by death if the commander had not done all that duty and honour required to continue the fight. The impression of the German embassy that the verdict had been decided at the outset (»un parti pris«[96]) was confirmed by the fact that after only a few hours of deliberation on 10 December the court unanimously found the marshal guilty on both counts and sentenced him to death and degradation in rank. Shortly after the verdict was pronounced, the Duc d'Aumale submitted a request to the minister of war, General François Charles du Barail, to reduce the sentence to twenty years' imprisonment in a fort on the French island of Sainte-Marguerite, off the coast of Cannes. Two days later the French president approved this request and commuted the death sentence. MacMahon, who had followed the deliberations closely, had apparently favoured an acquittal[97].

The verdict was manifestly of considerable importance to the German Foreign Office. As soon as the judgment was announced, Arnim telegraphed the news to Berlin. He also offered a harsh commentary on the outcome by noting that the conviction of Bazaine was obviously intended to quench Parisians' »thirst for revenge«, and would likely be praised by the republicans as »an act of heroism«. In this brief communiqué, he also ridiculed the Duc d'Aumale as a »theatrical general«, adding that he fully expected that there would be a backlash against the verdict, which would be directed at the president of the court martial[98]. Bismarck seems to have agreed with this assessment, or at least wanted to do what he could to ensure that d'Aumale's prestige suffered as a result of his leading role in this shameful affair. Next to this passage in the decrypted telegram he scrawled in pencil: »The Duke will carry the largest portion of the damage which France has inflicted upon herself with this latest outrage«.

The notation by the German chancellor was not just an empty phrase or an offhand remark. Studies of the workflow in the Foreign Office under Bismarck have shown that these sorts of marginalia were not so much personal commentaries as directives for use in crafting dispatches or instructing the inspired press[99]. In this case, it appears to have provided some of the key themes for a large-scale newspaper cam-

---

96 Major von Bülow to Foreign Office. 14 November 1873, Frankreich 70, vol. 142, PAAA. Major von Bülow did note in this context that the indictment against Bazaine was so one-sided that it had actually created some sympathy for the accused, and that the actual outcome was therefore difficult to predict.
97 BROGLIE, Mac Mahon (as in n. 70), p. 267.
98 Arnim to Foreign Office. 11 December 1873, no. 91, Frankreich 78, vol. 4, PAAA. Bismarck's marginal notes were not made on the original telegram, but on a copy of the telegram sent to the chancellor at his estate in Varzin.
99 In particular: James STONE, Cracking the Bismarck Code. A New Perspective on German Diplomatic Documents, 1871–1890, in: Historische Mitteilungen der Ranke-Gesellschaft, 25 (2012), p. 175–207.

paign across a wide range of newspapers known to be mouthpieces of the Foreign Office, led by the semi-official »Norddeutsche Allgemeine Zeitung«. The similarities in the content and intent of this simultaneous and coordinated press outburst point to central control. The primary target audiences for this journalistic offensive to mitigate the fallout from the Bazaine verdict were evidently political parties, the government and the newspaper-reading public in France. As shown above with the early attacks on d'Aumale, French reporters carefully monitored the German newspapers known to publish the views of the German chancellor and would reprint the content of these articles or excerpts from them. German-controlled papers in France also used this material to fill their pages. It was certainly a kind of public diplomacy, but more particularly part of an ongoing attempt by Bismarck to influence French domestic affairs and public opinion[100]. But foreign governments were also a target audience for these pieces. An analysis of the articles appearing in two representative government-controlled newspapers published in the aftermath of the Bazaine verdict will demonstrate the objectives of this campaign, as well as the tactics employed.

A common theme of the first round of inspired articles that appeared in semi-official newspapers in the immediate aftermath of Bazaine's conviction was scathing criticism of the performance of the president of the tribunal. A few examples will illustrate the political intent of these journalistic salvos. The criticism of d'Aumale in a lead article in the »Norddeutsche Allgemeine Zeitung« was severe, but largely factual[101]. It began by questioning the legitimacy of the entire court martial due to the lack of experienced officers of sufficient rank to judge the actions of Bazaine. It then singled out the Duc d'Aumale for special attention by pointing out that he had been in exile for twenty-five years, had no real combat experience and was no longer familiar with the French army. The »Kölnische Zeitung«, which was not as closely tied to the government, was much more judgmental in its characterization of the duke's handling of the trial[102]. It published a lead article that began by describing how poorly d'Aumale had run the proceedings, alleging that he had embarrassed himself by repeatedly displaying huge gaps in his technical knowledge and an inability to correctly analyse military situations.

This eviscerating assessment of the duke's performance was certainly not based on any objective consideration of his effectiveness as president of the court martial. Rather it was a politically motivated, skewed depiction of events intended to ensure that any backlash from the trial was directed at d'Aumale, which aligned with the intent behind the chancellor's marginal note on the telegram with the news of Bazaine's conviction. Bismarck was clearly trying to prevent the duke from gaining political capital from his involvement in this travesty of justice. He already knew from reports filed by the German embassy in Paris that d'Aumale's conduct of the trial had been praised in the French press across party lines[103]. And when the German military attaché in Paris read the scathing condemnation of d'Aumale's management of the trial in the »Kölnische Zeitung«, he commented in his next report that he found the

---

100 As described in detail in: POHL, Bismarcks »Einflußnahme« (as in n. 71).
101 Norddeutsche Allgemeine Zeitung, 14 December 1873, no. 292.
102 Kölnische Zeitung, 12 December 1873, no. 344, 1st ed.
103 Lindau to Bismarck. 13 October 1873, no. 63, Frankreich 77, vol. 3, PAAA.

assertion that the duke's reputation had been damaged by his involvement in the trial to be »completely false« with respect to his personal standing in the army[104]. Bülow's frankness is astonishing, since it can be assumed that he was fully aware that the article he criticized likely originated in the Foreign Office. The attaché also pointed out that the duke's ambition and intelligence would allow him to use his solid performance in the trial to strengthen an already strong position in the country and army. Bülow predicted that d'Aumale had a promising future that could not be ignored.

This forecast for a surge in personal prestige and power for the Prince of Orléans was further confirmed by a report from German military intelligence[105]. It revealed that the recent failure of the Bourbon candidacy meant that there was a strong possibility that French monarchists would now look to the Duc d'Aumale as the next president of the republic, perhaps under a restored Orléanist constitutional monarchy. It was this eventuality that Bismarck feared most. His use of the press to denigrate d'Aumale's role in the trial was therefore clearly driven by his growing concern that the universal praise of the duke's conduct of the hearings might help to catapult him to power in France. And the chancellor's perception that d'Aumale was a leading advocate of building up French military strength to prepare for a future conflict with Germany was entirely justified[106]. In fact, the Orléanist press praised the duke's role in the trial after the guilty verdict by loudly proclaiming him as the man who would lead France's war of revenge[107].

The intense and coordinated reaction of the semi-official German press to Bazaine's conviction also targeted the French president, Marshal MacMahon. Bismarck's newspapers pointed out that if Bazaine was found guilty, then the president of France should also be judged to have violated the same two articles of the military code[108]. Bismarck's media mercenaries repeatedly decried the manifest injustice that Bazaine had been sentenced to twenty years in prison just weeks after MacMahon's presidency had been extended for seven years (*septennat*), even though their share in the defeat of France was virtually identical. Although MacMahon had been wounded and had technically given up command of the Army of Châlons shortly before its surrender, the German press argued that as the forces he led into disaster had also capitulated in the field and had given up a major fortress in Sedan, he was as guilty as Bazaine of the two charges.

These attacks against MacMahon were part of a broader ongoing journalistic campaign orchestrated by Bismarck with the goal of removing the French president from power. A few weeks earlier the chancellor had ordered those newspapers under the influence of the government to take every opportunity to portray MacMahon as a

---

104 Major von Bülow to the Foreign Office. 20 December 1873, no. 50, Frankreich 78, vol. 4, PAAA. Bülow's assessment aligns with that of modern historians. SEMUR, L'Affaire Bazaine (as in n. 12), p. 71. CAZELLES, Le Duc d'Aumale (as in n. 72), p. 359.
105 Excerpt from an agent report. Brandt to the Foreign Office. [Dec 1873], Frankreich 78, vol. 4, PAAA. Stone, Spies and Diplomats in Bismarck's Germany (as in n. 36), p. 22–40.
106 This is the assessment of a recent biographer: CAZELLES, Le Duc d'Aumale (as in n. 73), p. 358.
107 La Liberté, 12 December 1873. Lindau to Bismarck. 12 December 1873, no. 83, Frankreich 73, vol. 4, PAAA.
108 Norddeutsche Allgemeine Zeitung, 14 December 1873, no. 292. Kölnische Zeitung, 30 December 1873, no. 361, 1st ed.

dictator at home and a threat to the peace abroad[109]. Arguing that the French president was equally culpable for France's defeat in 1870 was another way Bismarck sought to undermine MacMahon's domestic position. Specifically, these accusations were intended to counteract the positive Russian media coverage of the trial, which used the affair to place the French president in a very positive light[110].

The guilty verdict presented another, more serious threat to German security: it had the potential to significantly increase the risk of a French war of revenge through its psychological impact. To deal with this danger, Bismarck used his newspapers to dampen any resurgence of French chauvinism arising out of Bazaine's conviction. Once again, the »Norddeutsche Allgemeine Zeitung« was somewhat less direct in sending this message[111]. It pointed out that the true purpose of the dramatic »spectacle« staged in Trianon was to convince the public and the armed forces that France had not really lost the war in 1870 because she had been »betrayed«. The piece argued that the proponents of the court martial sought to use it to restore French self-confidence vis-à-vis Germany, especially regarding the two countries' relative military capability. It then noted: »The national vanity [of France] must not be allowed to get used to the idea of the superiority of the power of a foreign nation«. The French people needed a scapegoat, it posited, to restore the world's belief in France's invincibility, and had chosen Bazaine to play that role. To counter any increase in French hubris, the author reminded the newspaper-reading public in France that the defeat of 1870 was the fault of the entire nation: it was, after all, the same public opinion that had demanded that Bazaine be put in charge of the Army of the Rhine in August 1870 that was now demanding his execution as a traitor. Once again, the »Kölnische Zeitung« highlighted Bismarck's real concern more bluntly[112]. It noted that the guilty verdict had triggered a dangerous boost in the collective ego of the French nation with regard to its military prowess. The author then issued the following warning: »This is of importance for the rest of Europe to the extent that it could fan the flames of a desire for war in this great nation«.

These articles represented only the first wave of Bismarck's journalistic efforts to minimize the damage done to his foreign policy by the outcome of the Bazaine affair. Soon afterwards a second wave of articles appeared in semi-official newspapers dealing with the treatment of the ex-marshal's conviction by the foreign press. The initial round of inspired German journalism had suggested that the trial and its result were viewed with »revulsion« outside of France. However, this claim proved to be inaccurate – or at least premature. It soon became apparent that the guilty verdict had been applauded by the press in most European countries. This second set of articles therefore sought to counteract the negative effects of this unexpectedly positive foreign reaction to the news of Bazaine's condemnation. The »Kölnische Zeitung« published a lead article that critically dissected the position taken by British newspapers[113]. »The Times« and other leading English newspapers had praised the verdict as entirely

---

109 Bismarck to the Foreign Office. 31 November 1873, tel. no. 33, Frankreich 78, vol. 4, PAAA.
110 Alvensleben to the Foreign Office. 28 October 1873, Frankreich 70, vol. 142, PAAA.
111 Norddeutsche Allgemeine Zeitung, 14 December 1873, no. 292.
112 Kölnische Zeitung, 12 December 1873, no. 344, 1st ed.
113 Kölnische Zeitung, 30 December 1873, no. 361, 1st ed.

justified because Bazaine owed his loyalty to whichever government was in power, regardless of the oath he had given or the legitimacy of that government[114]. The Cologne paper objected strongly to this »monstrous theory« and defended Bazaine as a man of honour who could not just simply discard a vow that he had sworn.

The »Norddeutsche Allgemeine Zeitung« dedicated a second lead article on the Bazaine verdict to the press of Russia, where official state newspapers had commended the conviction[115]. This obviously inspired piece took exception to Russia's favourable treatment of the proceedings, noting that its position deviated from that of the rest of Europe and aligned only with the views taken by the French press – which was demonstrably not true. This article triggered a rejoinder in the Russian official press which was personally reviewed by the czar before it was published[116]. Bismarck's journalistic campaign to reduce the damage done by the guilty verdict now threatened to degenerate into an ugly proxy battle with Russia, Germany's closest ally. To avoid any further deterioration of the situation, the chancellor sought to defuse the emerging conflict by instructing his ambassador in St. Petersburg to disavow the article in the »Norddeutsche Allgemeine Zeitung« by claiming, perhaps with tongue in cheek, that it was a common misconception that everything published in that paper reflected an official opinion[117]. At the same time, Bismarck used this opportunity to share his views on the trial with the czar. Above all he stressed how the proceedings had revealed the »deceitfulness« of the Duc d'Aumale. He also endeavoured to sway Alexander II in favour of the marshal by pointing out that Bazaine was branded a traitor primarily because of his decision to remain loyal to his emperor and because of his rejection of the revolutionary government in Paris. This argument was tailored to resonate with the conservative czar.

It is noteworthy that Bismarck did not use his journalistic condottieri to engage directly with French republican newspapers which had endorsed and celebrated Bazaine's conviction. The reason for this restraint was likely that the trial created a difficult political dilemma for him. His French policy was based upon supporting the consolidation of a republic in France. He had therefore been using government-controlled newspapers to attack the monarchist regime in France and to sing the praises of the republican opposition led by Leon Gambetta[118]. Yet it was Gambetta who had been pushing hardest for the conviction of Bazaine. And, as expected, the

---

114 Count Münster (German Ambassador in London) to Bismarck. 13 December 1873, no. 194, England 63, vol. 3, PAAA.
115 Norddeutsche Allgemeine Zeitung, 24 December 1873.
116 Heinrich VII Prinz Reuß (German Ambassador in St. Petersburg) to Bismarck. 7 January 1874, no. 1, Russland 53, vol. 1, PAAA.
117 Bismarck to Reuß. 13 January 1874, no. 7. Russland 53, vol. 1, PAAA. Printed in: Otto von Bismarck, Gesammelte Werke. Neue Friedrichsruher Ausgabe (NFA), Konrad Canis et al. (eds.), Schriften 1879–1898, Part 3, 2 (1874–1876), Paderborn 2005, vol. 2, p. 16–18. The original report about the positive coverage of the trial in the Russian press is initiated by the head of the Press Department in the Foreign Office, Ludwig Aegidi, which usually meant that a response in the German press was ordered. Alvensleben to the Foreign Office. 28 October 1873, Frankreich 70, vol. 142, PAAA. On the document workflow see: Stone, Cracking the Bismarck Code (as in n. 99).
118 Arnim to Bismarck. 17 October 1873, no. 120, Frankreich 82, vol. 1, PAAA. Printed in: GP (as in n. 82), vol. 1, p. 213–214.

republican press was unanimous in celebrating the guilty verdict. At the same time, left-wing newspapers used the outcome of the trial to further their own political agenda by arguing that the verdict was a vindication of the republican revolution of 4 September[119]. The Orléanist and government-friendly newspapers also fully supported the judgment of the court, claiming that Bazaine's treason proved the hollowness of the German victories in 1870 since they were made possible only by the treachery of one man – Bazaine. France, they argued, would have prevailed in a fair fight[120]. Although Bismarck did not attack these papers directly, many of the conclusions they reached were repudiated – as noted above – in the first wave of inspired articles.

The chancellor also sought to combat the potentially dangerous fallout from the court martial's guilty verdict in a more sensational fashion. Only a month after Bazaine's conviction, Bismarck staged a major war scare that was to shock France and Europe. The pretext for the scare were a few pastoral letters issued by French bishops that the chancellor deliberately demonized as clerical agitation aimed at instigating another war[121]. But the conviction of Bazaine may have also played a role in motivating the chancellor to trigger this crisis. On the eve of the war scare, the French ambassador in Berlin noted that the emerging wave of hostility in the semi-official German press towards the French government was attributable to the chancellor's anger at the Bazaine verdict[122]. The main purpose of the scare that Bismarck orchestrated in mid-January 1874 was to work toward the replacement of the French monarchist government with a republican regime. Through the press and diplomatic communications, he had repeatedly threatened France with a preventive strike if his demands were not met — which would have likely led to the fall of the royalist government. The primary goal of this exercise in sabre-rattling, therefore, aligned closely with Bismarck's desire to ensure that d'Aumale did not ride the wave of popularity from the trial to seize power. But a secondary goal of the war scare may have been to counter the rise in French chauvinism caused by Bazaine's conviction by underlining France's continuing military weakness. When Bismarck spoke in the Reichstag in December 1874 in response to criticism of the scare he had instigated earlier in the year, he likened his actions to giving France a »cold shower« (»kalter Wasserstrahl«)[123]. Although this rationale does not accurately reflect the main purpose of the scare – which was regime change – it may have correctly described an ancillary objective of the crisis, which was to mitigate the potential threat arising from a resurgence in France's faith in the ability of its army to wage a successful war against Germany that might be triggered by Bazaine's guilty verdict.

---

119 Lindau to Bismarck. 12 December 1873, no. 84b, Frankreich 77, vol 3, PAAA.
120 Ibid.
121 James STONE, Religion, Rivalry or Regime Change? Bismarck, Arnim and the Pastoral Letters Crisis of 1873/4, in: Forschungen zur Brandenburgischen und Preußischen Geschichte 32 (2022), p. 71–110. MITCHELL, The German Influence in France after 1870 (as in n. 71), p. 144–176.
122 Élie de Gontaut-Biron to Louis Decazes. 26 December 1873, private. Printed in: André DREUX, Dernières années de l'ambassade de M. de Gontaut-Biron 1874–1877, d'après ses notes et papiers diplomatiques, Paris 1907, p. 7.
123 Speech by Bismarck. 4 December 1874. Otto von BISMARCK, Die gesammelten Werke, vol. 11, Reden, Wilhelm SCHÜSSLER (ed.), Berlin 1929, p. 376.

VII. A German Pension for a Marshal of France (1874–1888)

Bazaine's conviction was also to have an interesting and lengthy dénouement, in which Bismarck became entangled. After his sentence was pronounced, the marshal was able to get a letter addressed to a former staff officer in the Second Army, Colonel von der Burg, to the German military attaché in Paris[124]. It was forwarded to Manteuffel, who then passed it along to Bismarck and Frederick Charles. Bazaine began this missive by lamenting that he had been told that the two declarations from Frederick Charles had done his cause more harm than good[125]. The marshal then explained that his conviction was once again forcing him to seek German assistance, and appealed for financial help for his young wife and three children. He pleaded his case by revealing that he had lost his salary following his conviction, and that he had been charged for the considerable costs of the trial, so that he was no longer able to support his family while he served his 20-year sentence. In his initial reply to the marshal, Manteuffel had advised the supplicant that any German payments to him would be interpreted as further evidence that his capitulation in 1870 had been bought and paid for by the enemy. As a possible solution to the marshal's financial troubles, he suggested turning to Czar Alexander II for help, as the marshal's father Pierre-Dominique Bazaine had served in the Russian army in the corps of engineers[126]. For his part, Bismarck was inclined to assist his former adversary's family, but was concerned about the repercussions if this transaction became known in France. A revelation of this kind would not only harm Bazaine's reputation, but would also lend credence to the dangerous myth that France had lost the war in 1870 solely because a French marshal had sold himself to the Germans.

To avoid any negative fallout, the chancellor worked behind the scenes to promote the solution recommended by Manteuffel. He approached the Russian ambassador in Berlin requesting that the czar consider assisting Bazaine's family. He offered to provide some of the actual funds, but explained that the payments themselves would need to come from Russia[127]. Following Manteuffel's lead, he pointed out that there was a plausible case for Russian largesse towards Bazaine, as his father had helped to fortify the port of Sevastopol – although those same fortifications were later destroyed by French troops led by Bazaine during the Crimean War. Perhaps this was the reason that the czar did not agree to assist the disgraced marshal's family. It is also possible that Alexander II wished to avoid offending France. Perhaps the prospect of indiscretions about Russian financial aid creating Franco-Russian discord was another reason Bismarck favoured this solution.

With the assistance of his young wife, the 63-year-old Bazaine escaped from his island prison in August 1874. He then found asylum in Spain and took up residence in Madrid. From there, he once again turned to Germany for pecuniary assistance.

---

124 Major von Bülow to the Foreign Office. 20 December 1873, no. 50, Frankreich 78, vol. 4, PAAA.
125 Von der Burg to Frederick Charles. 25 December 1873, Rep. 59, no. 83, HA, GStA. Bazaine to von der Burg. 15 December 1873, Frankreich 80, vol. 1, PAAA. Bazaine to von der Burg. 15 December 1873 (Copy), Rep. 59, no. 83, HA. GStA.
126 Manteuffel to Bismarck. 25 December 1873, Frankreich 80, vol. 1, PAAA.
127 Reuß to Bismarck. 31 December 1873, private, ibid. B. von Bülow to Reuß. 6 January 1873, private, ibid.

This time he sent a letter directly to the chancellor[128]. Bismarck was appalled by this lack of discretion, as the letter would have passed through France where he was sure that it had been opened[129]. He once again declined the request due to the political risks if these payments were to be discovered[130]. As Bazaine's personal and financial situation deteriorated over the next twelve years, he repeatedly reached out to Bismarck, the Kaiser and Frederick Charles for money[131]. In view of the accusations made about the marshal accepting bribes from Germany to surrender Metz, it is worth noting that in making these requests he never once hinted that Bismarck was under any obligation to him for services rendered. The only claim he ever made on the generosity of the House of Hohenzollern was based on a letter he had from the Prussian King Friedrich Wilhelm III thanking Bazaine's father for his service. Nevertheless, the chancellor continued to advise against any payments to the marshal. At one point, Bismarck inquired about the sum of money that the marshal required as an annual stipend. The amount quoted was so large that it contributed to the chancellor's reluctance to grant the request: a disgraced ex-marshal living beyond his means would have raised questions about how he was sustaining this lifestyle. Finally, after receiving reports at the start of 1888 that the ailing old marshal was living alone in appalling conditions, Bismarck approved the payment of a modest monthly allowance sufficient to ensure his well-being[132]. But even this small amount was to be provided in cash and dispensed by the German embassy in Madrid in a manner designed to ensure that the transaction remained secret. The money was also taken from Bismarck's secret »reptile fund«, so that it was protected from any public disclosure[133]. In fact, the entire correspondence concerning these pleas for financial help was marked either »secret« or »top secret« by the chancellor[134]. Bismarck remained very cautious, even after more than a decade, about avoiding any actions that would support the findings of the court martial. Bazaine's death in September 1888 ended any further risk of exposure.

Conclusion

At first glance it seems counterintuitive that Bismarck became so actively engaged in the defence of a disgraced Marshal of France whose troops had inflicted so many casualties on his countrymen. It is even more puzzling when one considers that the chancellor's own son Herbert was injured at Mars-la-Tour in a cavalry engagement with troops under the command of Bazaine. There were certainly several important political considerations that dictated the chancellor's actions. For one, he was worried

---

128 Bazaine to Bismarck. 8 July 1875, ibid.
129 H. Bismarck to J. von Radowitz. 17 July 1875, ibid.
130 Paul von Hatzfeldt (German envoy in Madrid) to B. von Bülow. 12 August 1875, ibid.
131 Hatzfeldt to B. von Bülow. 24 May 1876, ibid. Bazaine to Hatzfeldt. 19 May 1876, ibid. B. von Bülow to Hatzfeldt. 8 March 1877, no. 29, ibid. Hatzfeldt to Eberhard zu Solms (German envoy in Madrid). 4 February 1882, no. 2, ibid.
132 H. Bismarck to Ferdinand von Stumm (German envoy in Madrid). 20 February 1888, ibid.
133 Robert Nöll von der Nahmer, Bismarcks Reptilienfonds. Aus den Geheimakten Preußens und des Deutschen Reiches, Mainz 1968, p. 79.
134 On how documents were classified: Stone, Cracking the Bismarck Code (as in n. 99).

that the Duc d'Aumale would ride the coattails of his role as president of the court martial to become the French head of state. Furthermore, Bismarck was concerned that a guilty verdict would increase the risk of a war of revenge by popularizing the myth that France had lost to Germany in 1870 only because of Bazaine's treachery. During the trial itself, he became fixated on the notion that the court martial could instigate a revolt within the French army. Bismarck may have also engaged so actively in the court martial because he likely felt that he – along with the rest of Germany – was on trial with Bazaine. Unquestionably, the German military victories of 1870/71 would be diminished if Bazaine were officially branded a traitor. In addition, Bismarck likely had a sense of obligation to the marshal because of his willingness to negotiate with him during the war. In a broader transnational context, the chancellor's strong reaction against the verdict likely reflected his growing frustration over his diminished ability to influence French domestic politics. The first symptom of his weakened control was the fall of Thiers, whom he had strongly backed, in May 1873. Bazaine's fate was yet another clear indication that French leaders were asserting their independence from Berlin.

Ignoring all the politics, the chancellor demonstrably had some genuine admiration for Bazaine. He sincerely respected the marshal's attempt during the siege of Metz to restore the French empire. According to Bismarck, Bazaine »did what a Prussian general would have done« and he »failed only because of [Empress] Eugénie's opposition, as he would have otherwise taken Paris with his 160 000 men, installed a regency and would have gone down in history as a greater [political] soldier than [George] Monck«[135]. In addition, the German chancellor's willingness to provide financial support to Bazaine and his family if it could be done without political risks indicates that he felt a degree of responsibility for the marshal's disgrace and sympathized with his personal predicament. Finally, Bismarck appears to have been sincerely appalled by the mockery of justice that took place in Trianon. In fact, his condemnation of the entire affair in the inspired German press aligns closely with the judgement of most modern historians[136]. It was indeed a flagrant miscarriage of justice, and the much-maligned »Iron Chancellor« was initially a lone voice denouncing this vindictive political show trial instigated by a government claiming to occupy the moral high ground of a republican democracy. However, the French perception of Bazaine and his trial began to shift two decades later, when the Dreyfus Affair revealed the injustices in the administration of military law under the Third Republic. During this second major scandal, journalists and political caricaturists (see Fig. 2) recognized the similarities between the two courts martial and began to view Marshal Bazaine simply as a higher-ranking victim of a system that was fundamentally corrupt.

---

135 BAMBERGER, Bismarcks großes Spiel (as in n. 67), p. 299.
136 SEMUR, L'Affaire Bazaine (as in n. 12); RUBY, REGNAULT, Bazaine (as in n. 6); Quintin BARRY. Bazaine 1870. Scapegoat for a Nation, Warwick 2020.

Daniel Hadwiger

DIE ENTDECKUNG DER ALTSTADT

Authentisierungsstrategien und die Sanierung des Altstadtviertels
Le Panier in Marseille, 1972–1991

Die Modernisierungsanstrengungen vieler westeuropäischer Städte zielten ab den 1970er-Jahren besonders auf die Sanierung des unzerstörten älteren Baubestandes. Nach den Wiederaufbaumaßnahmen der Nachkriegszeit sollten neben modernen Neubauten die vom Zweiten Weltkrieg verschonten historischen Altstädte saniert werden. Die historische Bausubstanz wurde unter kulturellen wie ökonomischen Gesichtspunkten für den Tourismus entdeckt. Die Rolle der alten Stadtviertel veränderte sich. Diese sollten nicht mehr nur bewohnt, sondern auch konsumiert werden[1]. Insbesondere ab den 1970er-Jahren begann man in zahlreichen Städten Europas Teile der historischen Altstadt zu sanieren: in Paris, Lyon, Regensburg, Lübeck, Rotterdam, Bologna oder Glasgow[2]. Ereignisse wie das europäische Denkmalschutzjahr 1975 spiegelten ein verändertes Werteverständnis gegenüber der historischen Stadt wider, die als bedrohtes kulturelles Erbe galt[3]. Im Gegensatz zu den scheinbar austauschbaren modernen Nachkriegsbauten schien das verfallende historische Bauerbe einer Stadt eine unverwechselbare Identität und eine authentische Atmosphäre zu verleihen. Die Sanierung bedeutete jedoch immer eine selektive Entscheidung für eine als erhaltenswert angesehene Epoche und eine identitätsstiftende Zugehörigkeit, die heterogene oder gar widersprüchliche Zuschreibungen nicht zuließ.

Am Beispiel des historischen Viertels Le Panier in Marseille soll nachvollzogen werden, inwiefern in den Jahren »nach dem Boom«[4] historische Altstädte als erhaltenswerte Räume wiederentdeckt wurden und – im konkreten Fall – welches Bild eines authentischen Marseille dabei vermittelt werden sollte. Der Panier mit einem Migrationsanteil von rund 30 Prozent war eines der wenigen Viertel von Marseille, das seit den 1970er-Jahren als „historisch" saniert wurde[5]. Es ist heute eine der beliebtesten

---

1 Vgl. Françoise Choay, Das architektonische Erbe, eine Allegorie. Geschichte und Theorie der Baudenkmale, Braunschweig, Wiesbaden 1997, S. 194.
2 Vgl. Florian Urban, Erfindung der Altstadt, in: Bundeszentrale für politische Bildung (Hg.): Stadt und Gesellschaft, 9.7.2018. URL: https://www.bpb.de/politik/innenpolitik/stadt-und-gesellschaft/216897/stadterneuerung-geschichtspolitik-und-tourismus, letzter Zugriff 20.12.2022.
3 Vgl. Maren Fürniss, Die Kampagne des Europarates für das europäische Denkmalschutzjahr 1975. Entstehungsgeschichte, Ziele und Umsetzung, in: Michael Falser, Wilfried Lipp (Hg.): Eine Zukunft für unsere Vergangenheit. Zum 40. Jubiläum des Europäischen Denkmalschutzjahres (1975–2015), Berlin 2015, S. 73–85.
4 Vgl. Sebastian Voigt, Since the Boom. Continuity and Change in the Western Industrialized World after 1970, Toronto 2021; Anselm Doering-Manteuffel, Lutz Raphael, Nach dem Boom. Perspektiven auf die Zeitgeschichte seit 1970, Göttingen 2008.
5 Neben dem Panier wurden ab den 1980er-Jahren Teile der Stadtviertel von Belsunce und Noailles

touristischen Sehenswürdigkeiten in Marseille, da es mit seinen engen Gassen, Plätzen und pittoresken Häusern am ehesten dem Bild eines authentischen »provenzalischen Dorfes«[6] entspricht. Mit der Sanierung des Panier-Viertels sollte ab den 1990er-Jahren ein positives Image geprägt werden, das ältere Klischees von einem verarmten, kriminellen Marseille überdecken sollte. Diese Strategie scheint Erfolg gehabt zu haben. So ist die beliebte französische Fernsehserie »Plus belle la vie« vom Panier-Viertel inspiriert. Zahlreiche Touristinnen und Touristen hoffen heute in den steilen Gassen zwischen Bars und Künstlerateliers ein Stück Provence in den Straßen Marseilles zu finden[7]. Die Sanierung des Panier-Viertels war jedoch das Ergebnis politischer Entscheidungen, die eine bestimmte Erzählung von Marseille bevorzugten: ein mediterranes Fischerdorf, inspiriert vom Pariser Montmartre-Viertel und Aix-en-Provence. Die Sanierung erscheint als Konstruktion einer traditionellen Insel im urbanen Raum. Zeitgleich wurde im Nachbarviertel Les Carmes Marseille als moderne »Metropole Südeuropas«[8] inszeniert, indem dieses historische Viertel fast vollständig zerstört und in neuen funktionalen Bauten administrative und wirtschaftliche Institutionen angesiedelt wurden.

Das Beispiel des Panier-Viertel in Marseille ist typisch für Strategien der Inwertsetzung der Altstadt seit den 1970er-Jahren und erlaubt, Transformationsprozesse bezüglich der Rolle von historischen Altstädten näher zu untersuchen. Warum galt gerade das Viertel Le Panier als »authentisches« Viertel und somit als erhaltenswert? Die Untersuchung beruht auf kommunalen Berichten, Broschüren, Reiseführern und soziologischen Untersuchungen aus dem Stadtarchiv Marseille und dem Departementalarchiv der Bouches-du-Rhône. Nach einem Überblick über das Forschungsfeld (I) wird zunächst die zeitgenössische Wahrnehmung des Panier-Viertels als verfallendes Quartier beschrieben (II). Anschließend werden die Sanierung des Viertels (III) und dessen Repräsentation nach der Sanierung erörtert (IV). Abschließend werden die Reaktionen der Einwohnerschaft und insbesondere der Migrantinnen und Migranten auf die Inszenierung des Panier als touristisches Viertel analysiert (V).

I. Die Sehnsucht nach Authentizität

Der Erhalt der verfallenden Altstadt von Marseille war Teil einer umfassenden Umstrukturierung des Stadtzentrums. Zunächst war in einer Phase der schnellen und improvisierten Modernisierung in den 1950er-Jahren der kriegszerstörte alte Hafen mit modernen Nachkriegsbauten »ohne Geschmack«[9] wiederaufgebaut worden. Anschließend sollte das Stadtzentrum nach dem Vorbild amerikanischer Städte zu einem Konsum- und Erlebnisort weiterentwickelt werden. In den 1970er-Jahren erhielt es

---

saniert. Vgl. Archives départementales des Bouches-du-Rhône (AD BdR), 1447 W 31. Opération programmée d'amélioration de l'habitat (künftig: OPAH), Étude de réalisation. Recensement général de la population, Februar 1983 (künftig: Recensement général 1983), S. 19.

6   Alèssi Dell'Umbria, Histoire universelle de Marseille. De l'an mil à l'an deux mille, Marseille 2006, S. 662. Alle Zitate eigene Übersetzungen des Autors.
7   Vgl. Jean-Yves Le Naour, Plus belle la vie. La boîte à histoires, Paris 2013.
8   AD BdR, 1723 W 56. Opération d'aménagement du secteur de la butte des Carmes, 13.1.1978.
9   AD BdR, 12 O 249. Protestbrief des Bürgermeisters Michel Carlini an den Minister für Wiederaufbau, 4.9.1950.

mit dem neu errichteten Einkaufszentrum Centre Bourse und mehrgeschossigen Büro- und Wohnhäusern eine zeitgenössische Architektur. Zugleich leerte sich die Innenstadt und der Altbaubestand verfiel. Neue Großwohnsiedlungen entstanden am Stadtrand, um Familien aus dem Stadtzentrum, Arbeitsmigrantinnen und -migranten sowie *pieds noirs* nach dem Algerienkrieg neuen Wohnraum zu bieten[10].

Die Begründung der Stadt Marseille, warum gerade das Panier-Viertel saniert werden sollte, war typisch für die 1970er- und 1980er-Jahre in Europa. Marseille sollte einerseits mit dem Centre Bourse und Bürokomplexen modernisiert werden. Andererseits sollte die Stadt durch den Erhalt älterer Viertel zu einer historischen Kulturstadt umgebaut werden. In der ältesten Stadt Frankreichs mit dem Etikett einer »antiken Stadt, die nichts Antikes an sich hat«[11], kam so das Bild von Marseille als historische Stadt in unmittelbaren Konflikt mit der Inszenierung als moderne Stadt. Die Auseinandersetzungen entzündeten sich im Besonderen am Bau des Einkaufszentrums Centre Bourse, bei dem man auf antike Hafenmauern gestoßen war[12]. Welche Identität war erhaltenswert und welche Funktion sollte das Stadtzentrum erfüllen? Nach den Debatten um die antiken Hafenmauern erfuhr das Stadtzentrum als historischer Ort verstärkte Wertschätzung und der Wunsch nach einer authentischen, unverwechselbaren Stadt kam auf. In den 1970er-Jahren sei ein Bewusstsein dafür entstanden, »für welchen Wert das Stadtzentrum steht: für einen emotionalen Wert, einen wirtschaftlichen Wert, einen ausgleichenden Wert. Denn es geht nicht nur darum, das Alte zu bewahren, sondern auch dafür Sorge zu tragen, dass die Stadt nicht eine einzige gleichförmige und standardisierte Großwohnsiedlung wird«[13].

Marseille ist in vielerlei Hinsicht ein interessantes Untersuchungsobjekt, da hier unterschiedlichste Zuschreibungen um die Deutungshoheit konkurrieren: als antike Hafenstadt, als Industriemetropole der Dritten Republik oder als kosmopolitische Stadt mit modernen Großwohnsiedlungen. Nicht ein Stil oder eine Bauepoche, sondern vielmehr die »eklektische Architektur«[14] und die kosmopolitische Atmosphäre mit Migrantinnen und Migranten aus Europa, dem Maghreb, Afrika und Asien machen heute die Besonderheit der Stadt aus. Diese Vielfalt ist nicht selbstverständlich und steht einem nach Eindeutigkeit strebenden Bild Marseilles entgegen, das kommunale und private Akteure seit den 1970er-Jahren entwickelten.

Die Untersuchung des Panier-Viertels in Marseille liegt an der Schnittstelle von drei Forschungskontexten: Diskussionen um städtische Authentizität, die Geschichte von Altstadtsanierungen in Europa ab den 1960er-Jahren und die Stadtgeschichte Marseilles.

Die Entwicklung des Altstadtviertels Le Panier wird in diesem Artikel als Prozess einer urbanen Authentisierung gedeutet. Als Authentisierung werden »Diskurse und

---

10 Vgl. Michel PERALDI, Claire DUPORT, Michel SAMSON, Sociologie de Marseille, Paris 2015, S. 30.
11 Joseph MERY, Marseille et les Marseillais, Paris 1884, S. 24.
12 Vgl. Marc BOUIRON, Philippe MELLINAND (Hg.), Quand les archéologues redécouvrent Marseille, Paris 2013, S. 43–68; Sheila CRANE, Mediterranean Crossroads. Marseille and Modern Architecture, Minneapolis, MN 2011, S. 237–274.
13 Archives municipales de Marseille (AM), 801 W 42. Ville de Marseille, Le quartier historique du Panier doit assurer du confort, 1976.
14 Vgl. Aude LAGET, Marseille et son patrimoine architectural, Mémoire, Université Aix-Marseille, 2003, S. 29.

Praktiken begriffen, die im Rahmen eines bestehenden wissenschaftlichen, denkmalpflegerischen, aber auch stadtgesellschaftlichen Wertekanons bestimmte Objekte als bedeutend einstufen und als bewahrenswürdig identifizieren«[15]. Die Objekte, wie Gebäude und Stadtstrukturen, oder Praktiken sollten glaubwürdig die jeweiligen historischen Sachverhalte repräsentieren. Dabei ist es nicht relevant, ob das Objekt tatsächlich ein historisches Original ist. Entscheidend ist, ob ein Objekt für echt gehalten wird. Daher wird Authentizität hier als sozial konstruiert verstanden. Zudem ist die Erhaltung eines Bauwerks oder eines Stadtviertels immer auch Ausdruck einer subjektiven Auswahl. Sie spiegelt zeitgenössische Debatten, welchen Wert eine Stadtgesellschaft bestimmten Vierteln und Epochen zuschreibt. Das ausgewählte Bauerbe soll glaubwürdig eine Vergangenheit repräsentieren, die für den städtischen Raum als identitätsstiftend und daher als erhaltenswert gilt. Dies kann von verschiedenen Gruppen unterschiedlich bewertet werden. Auch kann das materielle Bauerbe selbst »nonkonform und unbequem«[16] für die Gegenwart sein und an verdrängte, unverständliche und komplexe Sachverhalte erinnern. Authentisierungsprozesse sind daher das bisweilen konflikthafte Ergebnis einer Auseinandersetzung zwischen Materialität und sozialer Konstruktion.

Die Analyse von Authentisierungsprozessen gewährt so einen Einblick in Debatten um Zugehörigkeit und Identität einer Stadtgesellschaft. Welche Epoche wurde in Wert gesetzt und galt deshalb als erinnerungswürdig? Welche Bevölkerungsgruppen setzten sich für den Abriss oder für die Bewahrung welchen Bauerbes ein? Akteure wie Kommunen, Denkmalämter, Bürgerinitiativen und Tourismusverbände trugen durch Diskurse und Bilder zur Authentisierung von Objekten bei. Debatten um historische Authentizität werden im Besonderen seit den 1960er-Jahren im Bereich des internationalen Denkmalschutzes geführt, muss doch seit 1977 die Authentizität eines Objekts nachgewiesen werden, um in das UNESCO-Weltkulturerbe aufgenommen zu werden[17]. Das Konzept der historischen Authentizität untersucht seit den 2010er-Jahren mit Arbeiten von Achim Saupe, Christoph Bernhardt, Arnold Bartetzky oder Tino Mager Authentizitätsbehauptungen und den Stellenwert der Vergangenheit am Beispiel des architektonischen Erbes[18]. Seit einigen Jahren werden im Besonderen Authentisierungsprozesse in urbanen Räumen untersucht. Sharon Zukin beschreibt solch eine urbane Authentizität als eine »besondere Art des Erlebens von Gebäuden und Stadtteilen, die als lokal, historisch und unverwechselbar«[19] empfunden werden. Als Besonderheit einer städtischen, historischen Authentizität macht Christoph Bernhardt auf die Repräsentation der Stadt durch großräumige Formen

---

15 Vgl. Christoph BERNHARDT, Martin SABROW, Achim SAUPE, Authentizität und Bauerbe. Transdisziplinäre Perspektiven, in: DIES. (Hg.), Gebaute Geschichte. Historische Authentizität im Stadtraum, Göttingen 2017, S. 9–22, hier S. 14 f.
16 Tino MAGER, Schillernde Unschärfe. Der Begriff der Authentizität im architektonischen Erbe, Berlin, Boston, MA 2016, S. 16.
17 Vgl. Achim SAUPE, Authentizität, Version: 3.0, in: Docupedia-Zeitgeschichte, 25.8.2015. DOI: 10.14765/zzf.dok.2.705.v3, letzter Zugriff 20.12.2022.
18 Vgl. BERNHARDT, SABROW, SAUPE, Gebaute Geschichte (wie Anm. 15); Arnold BARTETZKY (Hg.), Geschichte bauen. Architektonische Rekonstruktion und Nationenbildung vom 19. Jahrhundert bis heute, Köln, Weimar, Wien 2017; MAGER, Schillernde Unschärfe (wie Anm. 16).
19 Sharon ZUKIN, Stadtkultur auf der Suche nach Authentizität, in: Jahrbuch StadtRegion (2009/2010), S. 45–63.

aufmerksam, wie etwa Stadtbild, Landschaft und Stadtgrundriss. Authentizitätszuschreibungen beziehen sich hier nicht nur auf das materielle Bauerbe, sondern auch auf »alltägliche Praktiken, Riten und Lebensweisen«[20]. Nicht zuletzt gelten auch Bilder und Narrationen als ein wichtiger Bestandteil städtischer historischer Authentizität. Insgesamt sind es sowohl materielle Elemente, wie eine historische Tür, als auch immaterielle Elemente, wie soziale Praktiken und Atmosphären, welche als städtische Authentizität inszeniert werden.

Die Studie versteht sich auch als Beitrag zur Forschung über Altstadtsanierungen in Europa ab den 1960er-Jahren. Die Sanierung des Panier-Viertels war kein singuläres Ereignis, sondern Teil einer übergreifenden Wiederentdeckung der Altstadt in zahlreichen Städten Europas, etwa in Bologna, das ab 1969 nicht mehr nur einzelne Gebäude, sondern ganze Gebäudekomplexe im historischen Stadtzentrum zu bewahren suchte[21]. Journalistinnen und Journalisten, Bürgerinitiativen sowie Wissenschaftlerinnen und Wissenschaftler protestierten vielerorts gegen die Zerstörung der historischen Bausubstanz[22]. Ihre Vorstellungen von »Altstadt« sind selbst eine Konstruktion, Altstädte werden in verschiedenen Studien als Projektionsflächen dieser Akteure interpretiert. Sie erscheinen als ein »Produkt der Moderne«[23], das der Sehnsucht der postmodernen Gesellschaft nach dem Ursprünglichen, Individuellen und Echten Rechnung trägt. Die Altstadt als historischer Kern inmitten einer Stadt, als Raum, an dem sich historische Entwicklungen ablesen lassen und der zur Identifikation beiträgt, ist als Konzept eine Erfindung der 1970er-Jahre[24]. Zahlreiche Studien arbeiteten die Erhaltung der historischen Stadtzentren durch den staatlichen Denkmalschutz, Kommunen und lokale Bürgerinitiativen ab den 1970er-Jahren für Westdeutschland, die DDR, Italien oder Großbritannien heraus.[25] Untersuchungen zu Frankreich betonten die Bedeutung staatlicher Akteure im Denkmalschutz sowie jene von Bürgerinitiativen[26]. Aufschlussreich sind zudem transnationale Studien zur

---

20 Christoph BERNHARDT, Stadt, in: Achim SAUPE, Martin SABROW (Hg.), Handbuch Historische Authentizität, Göttingen 2022, S. 482–492.
21 Vgl. Filippo DE PIERI, Paolo SCRIVANO, Representing the »Historical Centre« of Bologna. Preservation Policies and Reinvention of an Urban Identity, in: Urban History Review 33 (2004), S. 34–45.
22 Wolf Jobst SIEDLER, Die gemordete Stadt. Abgesang auf Putte und Straße, Platz und Baum, Berlin 1964; Adam FERGUSSON, The Sack of Bath. A Record and an Indictment, Salisbury 1973; Louis CHEVALIER, L'assassinat de Paris, Paris 1977.
23 Gerhard VINKEN, Zone Heimat. Altstadt im modernen Städtebau, Berlin, München 2010, S. 13; DERS., Im Namen der Altstadt. Stadtplanung zwischen Modernisierung und Identitätspolitik. Einführung in eine wechselhafte Geschichte, in: Carmen ENSS, Gerhard VINKEN (Hg.), Produkt Altstadt. Historische Stadtzentren in Städtebau und Denkmalpflege, Bielefeld 2016, S. 9–26.
24 Vgl. URBAN, Erfindung der Altstadt (wie Anm. 2).
25 Vgl. Miles GLENDINNING, The Conservation Moment. A History of Architectural Preservation. Antiquity to Modernity, London 2013; ENNS, VINKEN, Produkt Altstadt (wie Anm. 23); Julia WIGGER, Jana BRESSLER, Jannik NOESKE, Wiebke REINERT, Stadtwende? Altstadterneuerung in Ostdeutschland zwischen bürgerschaftlichem Engagement und Fachdiskurs, in: Marcus BÖICK u. a. (Hg.), Jahrbuch Deutsche Einheit 2021, S. 157–176; Deutsche UNESCO-Kommission (Hg.), Sanierung historischer Stadtkerne im Ausland. Frankreich, Großbritannien, Holland, Italien, Polen, Bonn 1975.
26 Vgl. Xavier LAURENT, Grandeur et misère du patrimoine. D'André Malraux à Jacques Duhamel, 1959–1973, Paris 2003; Isabelle BACKOUCHE, Aménager la ville. Les centres urbains français entre conservation et rénovation (de 1943 à nos jours), Paris 2013; DIES. u. a. (Hg.), La ville est à nous!

gegenseitigen Rezeption und zum interkommunalen Transfer zwischen Ländern und Städten im Bereich der Altstadtsanierung. So wird im Vergleich deutlich, inwiefern neben den Niederlanden insbesondere Frankreich mit dem Gesetz zum Schutz des historischen Bauerbes von 1962 (Loi Malraux), das den Schutz ganzer Ensembles nach sich zog, als Vorbild wahrgenommen wurde. So bewunderte man in der Bundesrepublik das französische Vorgehen im Denkmalschutz. Deutschland habe, so ein zeitgenössischer Beobachter, »dem französischen Vorgehen heute nichts Gleichwertiges an die Seite zu stellen«[27].

Untersuchungen zur Stadtgeschichte von Marseille haben der Altstadtsanierung bisher wenig Aufmerksamkeit gewidmet. Neuere Studien zur Geschichte Marseilles griffen vor allem Migration, Kriminalität, den Umgang mit dem antiken Bauerbe oder den Wiederaufbau des alten Hafens nach dem Zweiten Weltkrieg auf[28]. Studien zum Panier-Viertel richteten einen Fokus auf dessen Migrationsgeschichte und die Gentrifizierung des Viertels ab den 1990er-Jahren[29]. Sie hinterfragten jedoch nicht, warum gerade der Panier als erstes und als eines von wenigen Vierteln als erhaltenswert eingestuft und saniert wurde. Die Geschichte der Altstadtsanierung ist jedoch gerade für Marseille von Bedeutung, da der Umgang Marseilles mit seinem Bauerbe lange als eine Geschichte der Zerstörung erzählt wurde. Die enge, dicht bebaute Stadt galt bis ins 20. Jahrhundert als eine »Stadt, die kaum Bauwerke«[30] vorzuweisen habe. So beklagte der Stadthistoriker Adrien Blès die wiederholte Zerstörung von Teilen der Altstadt mit der Trassierung der Rue de la République 1864, der Bebauung des Geländes hinter der Börse 1929, der Zerstörung des Hafenviertels durch die deutsche Besatzungsmacht 1943 und des Viertels Les Carmes 1985. Marseille habe

Aménagement urbain et mobilisations sociales depuis le Moyen Âge, Paris 2018; Hervé GLEVAREC, Guy SAEZ, Le patrimoine saisi par les associations, Paris 2002; Pierre MAURER, Architectures et aménagement urbain à Metz (1947–1970). Action municipale: la modernisation d'une ville, thèse de doctorat, université de Lorraine 2018; Régis NEYRET, Vieux Lyon. 30 ans de secteur sauvegardé 1964–1994, Lyon 1995.

27 Werner BORNHEIM, Enge und Weite des Denkmalbegriffs, in: Deutsche Kunst und Denkmalpflege 24 (1966), S. 1–23, hier S. 22, zit. in: Sigrid BRANDT, Internationale Grundsatzpapiere der städtebaulichen Denkmalpflege. Eine Analyse im Vergleich zu städtebaulichen Entwicklungen, in: Österreichische Zeitschrift für Kunst und Denkmalpflege 1/2 (2015), S. 51–59, hier S. 53.
28 Vgl. Jean BOUTIER, Stéphane MOURLANE (Hg.), Marseille l'Italienne. Histoire d'une passion séculaire, Arles 2021; Stéphane MOURLANE, Céline REGNARD (Hg.), Les batailles de Marseille. Immigration, violences et conflits. XIXᵉ–XXᵉ siècles, Aix-en-Provence 2013; CRANE, Mediterranean Crossroads (wie Anm. 12); Jean-Lucien BONILLO, La reconstruction à Marseille. Architecture et projets urbains 1940–1960, Marseille 2007; René BORRUEY, Jean-Denis ESPINAS, Antoine PICON, Marseille. Ville et port, Marseille 1992.
29 Marie-Françoise ATTARD-MARANINCHI, Le Panier. Village corse à Marseille, Paris 1997; Comité du Vieux Marseille (Hg.), Le Panier. Cœur historique de Marseille, Marseille 2021; Catherine BRISSE, Étude urbaine. Le quartier du Panier à Marseille, Abschlussarbeit, ENSA Marseille, Marseille 1981; Sandra GUINARD, Régénérer la ville. Patrimoine et politique d'image à Porto et Marseille, Rennes 2015; Jean-Michel GÉA, Le Panier, un quartier marseillais en voie de gentrification. Reconfigurations sociales et résistances langagières, in: Langage et société 162 (2017), S. 21–45; Michel BASILE, Art et territoires créatifs. Analyse de la dimension sociale de deux quartiers culturels à Nantes (les Olivettes) et Marseille (le Panier), in: Géographie et cultures 109 (2019), S. 145–166.
30 Vgl. Régis BERTRAND, Le patrimoine de Marseille. Une ville et ses monuments, Marseille 2011, S. 8.

»trotz der Zerstörungen die Seele der Stadt«[31] bewahrt. Die Sanierung des Panier erscheint vor diesem Hintergrund ungewöhnlich. Der neue, wertschätzende Blick auf die Altstadt in Marseille reiht sich jedoch in einen übergreifenden Prozess ein, der in vielen europäischen Städten ab den 1970er-Jahren zu beobachten war. Die Frage nach Authentisierungsstrategien des Panier-Viertels erlaubt somit lokale Spezifika in allgemeine Prozesse der Altstadtsanierung einzuordnen, die zeitgleich ganz ähnlich in Europa stattfanden.

II. Die Gefahr eines raschen Zerfalls: Diskurse um den Verfall des alten Panier

Das Panier-Viertel mit einer Fläche von rund 10 Hektar befindet sich nahe dem Hügel Saint-Laurent direkt am Meer, zwischen dem alten Hafen, dem neuen Hafen Joliette und der Rue de la République. Der Panier, im 6. Jahrhundert v. Chr. von griechischen Phokäern besiedelt, galt als ältestes Stadtviertel Marseilles, es trage – so ein Papier der Stadtverwaltung – die »Spuren von 26 Jahrhunderten«[32]. In den 1970er-Jahren war das Viertel nach Ansicht Gaston Defferres, des langjährigen sozialistischen Bürgermeisters von Marseille (1944/45; 1953–1986), jedoch von der »Gefahr eines raschen Zerfalls« gekennzeichnet[33].

Wegen seiner zentralen Lage zwischen Hafen und Zentrum gab es immer wieder Pläne, den Panier umzugestalten. Vorhaben, das Viertel ganz abzureißen, etwa zum Bau einer Verbindung zwischen altem und neuem Hafen im 19. Jahrhundert, scheiterten an der unzugänglichen Topografie auf einem Hügel und der »wirtschaftlichen Nutzlosigkeit«[34] des Viertels. Im Zweiten Weltkrieg sprengte die Wehrmacht am südlichen Rand des Viertels weite Teile des alten Hafens und zahlreiche Wohngebäude in die Luft. Auf den Ruinen von rund 1500 gesprengten Gebäuden wurden hier in den 1950er-Jahren nach Plänen der Architektengruppe von Fernand Pouillon, André Devin und René Egger moderne mehrstöckige Wohngebäude errichtet, die sich sichtbar von den Gebäuden des benachbarten Panier-Viertels aus dem 19. Jahrhundert abhoben[35].

In einer Umfrage von 1975 galt der Panier mit seinen mittelalterlichen Straßenverläufen, pittoresken Plätzen und engen Gassen für die Marseiller als »ein wertvolles historisches Bauerbe und typische Siedlungsform im Mittelmeerraum«[36]. Das Viertel sei seit seiner Gründung in der Antike kontinuierlich bewohnt worden und daher ein »authentischer Überrest der traditionellen mediterranen Bauweise«[37]. Viele Stadt-

---

31 Adrien BLÈS, Les Carmes. Un quartier disparu, Marseille 1999, S. 37.
32 AM, 1236 W 113. Ville de Marseille, Panier – Vieille Charité. Périmètre de restauration immobilière. Réhabilitation d'un quartier de Marseille, 1990.
33 AM, 1236 W 113. Gaston DEFFERRE, Sauvegarder le berceau de Marseille, in: Marseille informations 51 (1974), S. 1.
34 Vgl. ATTARD-MARANINCHI, Le Panier (wie Anm. 29), S. 16.
35 Vgl. Ahlrich MEYER, Die Razzien in Marseille 1943 und die Propagandaphotographie der deutschen Wehrmacht, in: Francia 22 (1995), S. 127–154, DOI: 10.11588/fr.1995.3.59530, letzter Zugriff 20.12.2022; Pierre SOUYRI, La déstruction du quartier du Vieux Port à Marseille, in: Annales 2 (1972), S. 509–510; BONILLO, La reconstruction à Marseille (wie Anm. 28), S. 65–81.
36 AM, 1236 W 113. DEFFERRE, Sauvegarder le berceau de Marseille (wie Anm. 33), S. 1.
37 AD BdR, 8 J 470. Marie-Agnès MARION, La réhabilitation du quartier du Panier de Marseille, mémoire DESS, université Aix-Marseille 1986, S. 2.

bewohnerinnen und bewohner bestätigten in Interviews 1974, dass sie »emotional eng mit dem Viertel verbunden« seien und es als »pittoresk und typisch«[38] für Marseille erachteten. Neben der besonderen Atmosphäre in den steilen Gassen und dem »dörflichen Charme«[39] waren es auch die historischen Gebäude, die Aufmerksamkeit erregten.

Abb. 1: Das Armenhospiz Vieille Charité im Panier-Viertel vor der Sanierung, 1970. Conseil départemental 13/Archives départementales des Bouches-du-Rhône, 6 Fi 5548.

Auf rund zehn dicht bebaute Hektar verteilten sich 899 mehrheitlich über hundert Jahre alte Gebäude. Während in Marseille insgesamt nur rund ein Drittel der Bausubstanz aus der Zeit vor dem Ersten Weltkrieg stammte, galt dies im Panier-Viertel für rund 92 Prozent aller Häuser, die vor allem im 19. Jahrhundert gebaut worden waren[40]. Neben dem historischen Gesamtbestand befanden sich hier zudem mehrere denkmalgeschützte Bauwerke, insbesondere aus dem 16. und 17. Jahrhundert: das Hospiz Vieille Charité (s. Abb. 1), die Tour des Trinitaires, die Chapelle des Pénitents noirs et blancs und der Kirchturm von Notre-Dame-des-Accoules.[41] Für die Bewoh-

---

38 AD BdR, 113 J 292. C. TARRAZI, Centre directionnel. Enseignements tirés de l'enquête statistique, Étude AGAM, 26.5.1974, S. 46.
39 AM, 1236 W 113. Ville de Marseille, Panier (wie Anm. 32), S. 1.
40 Vgl. BRISSE, Étude urbaine (wie Anm. 29), S. 176.
41 Vgl. Catherine D'ORTOLI, Catherine DUREUIL-BOURACHAU, Marseille monuments, Marseille 2019, S. 78, 80, 82, 96.

nerinnen und Bewohner des Viertels bedeutete dies jedoch, wie die Soziologin Catherine Brisse feststellte, dass ein Großteil von ihnen in »sehr alten, baufälligen und unkomfortablen«[42] Gebäuden wohnte. Noch 1983 gab es nur in 61 Prozent der Häuser Zugang zu warmem Wasser und eine Toilette innerhalb der eigenen Wohnung[43]. Drei Viertel der Wohnungen besaßen nur ein oder zwei Zimmer, was das Viertel wenig attraktiv für Familien machte.[44]

Der schlechte Zustand des baufälligen Altstadtviertels hatte erhebliche soziale Konsequenzen. Viele Bewohnerinnen und Bewohner verließen ab den 1960er-Jahren das Panier-Viertel, um sich in besser ausgestatteten Wohnungen im Zentrum oder modernen Großwohnsiedlungen am Stadtrand niederzulassen. Die Bevölkerungszahl im Panier-Viertel halbierte sich innerhalb von 15 Jahren von 11 500 Personen (1968) auf 5700 Personen (1983)[45]. 1982 standen 21 Prozent der Wohnungen leer und 134 Wohnhäuser waren entweder zugemauert oder unbewohnt[46]. In der Folge verblieben von der einheimischen Bevölkerung hauptsächlich ältere Personen, die sich weigerten fortzuziehen. Rund ein Viertel der im Panier Ansässigen waren über 60 Jahre alt, darunter zahlreiche alleinlebende Seniorinnen. Repräsentativ war der Fall der 75jährigen Marie Lopez, die gegen ihren Willen als eine der letzten Personen im Rahmen des Sanierungsprogramms 1986 in eine neue Wohnung an der Porte d'Aix umziehen musste[47].

Während Familien das Viertel verließen und vor allem ältere Personen vor Ort verblieben, zogen Migrantinnen und Migranten in die freigewordenen Wohnungen ein. So stellte ein Bericht eines Stadtplanungsbüros 1983 fest: »Das Viertel Le Panier, letzte Insel des mittelalterlichen Marseilles, scheint sein wundersames Überleben seiner wirtschaftlichen Nutzlosigkeit zu verdanken, das für neu ankommende Immigranten von sozialem Nutzen war«[48]. Die Nähe zum Hafen und kostengünstiger Wohnraum hatten dazu geführt, dass das Panier-Viertel immer schon stark von Migration geprägt gewesen war. Auf die Zuwanderung aus Italien Ende des 19. Jahrhunderts folgten in der Zwischenkriegszeit Menschen aus Korsika und Spanien, nach dem Zweiten Weltkrieg aus dem Maghreb, von den Komoren, aus Südeuropa und Südostasien. 1983 waren circa 30 Prozent der Bevölkerung im Panier-Viertel Migrantinnen und Migranten, die vor allem aus dem Maghreb und von den Komoren stammten und insbesondere im Osten und Süden des Viertels wohnten[49]. Während die aus Korsika und Italien eingewanderten Menschen scheinbar schnell integriert waren und den kosmopolitischen und mediterranen Charakter des Viertels mit ihren Vereinen stark geprägt hatten, wurde der Zuzug aus Regionen außerhalb Europas nach 1945 als Zäsur wahrgenommen. Die frühere Migration und Integration von

---

42 Brisse, Étude urbaine (wie Anm. 29), S. 176.
43 Vgl. AM, 1236 W 102. Étude de réalisation d'OPAH. Bilan social, Mai 1982, S. 5.
44 Vgl. Recensement général, 1983 (wie Anm. 5), S. 19.
45 Vgl. ibid., S. 7.
46 Bilan social, Mai 1982 (wie Anm. 43), S. 4.
47 Vgl. Jean-Louis Parisis, Paroles des locataires. 1919–1989, Marseille 1989, S. 129–135.
48 AM, 1236 W 103. Ville de Marseille, Association de restauration immobilière de Marseille (künftig: ARIM) (Hg.), Opération programmée d'amélioration de l'habitat. Marseille. Le quartier du Panier, Februar 1983, S. 2.
49 Vgl. Recensement général, 1983 (wie Anm. 5), S. 11.

Menschen aus Korsika oder Italien, die selbst ab den 1960er-Jahren den Panier verließen, wurde nun in der Erinnerung verklärt und der aktuellen Migration gegenübergestellt. So äußerte 1981 einer der Bewohner:

> »Früher war dies ein Viertel mit Korsen und Italienern. Danach haben sich Vietnamesen am Lorette-Platz niedergelassen, jetzt sind es die Araber und die Schwarzen ... mir macht es nichts aus, aber es gibt viele, denen dies nicht gefällt, vor allem den älteren Leuten«[50].

Eine Broschüre der Stadt Marseille urteilte 1990, dass mit der »letzten Immigrationswelle das soziale Zusammenleben zerstört wird, das zuvor im Viertel vorherrschte«, und es Probleme beim Zusammenleben zwischen »alten Bewohnern im Viertel und den Neuankömmlingen (Maghrebiner, Komorer)«[51] gebe. Mit den verfallenden Häusern und den billigen Mieten sei das Panier-Viertel ein »Zufluchtsort für Immigranten«[52] geworden. Dies habe den Wegzug der einheimischen Bevölkerung beschleunigt.

Abb. 2: Kinder spielen in einer Straße des Panier-Viertels, ca. 1982. Zahlreiche Wohngebäude mussten im Viertel mit Stützen abgesichert werden, um einen weiteren Verfall zu verhindern. Conseil départemental 13/Archives départementales des Bouches-du-Rhône, 132 Fi 41, Fotografie: Patrice Terraz.

50 BRISSE, Étude urbaine (wie Anm. 29), S. 100.
51 AM, 1236 W 113. Ville de Marseille, La réhabilitation du Panier. Histoire et procédures, Marseille 1990, S. 3.
52 Vgl. ibid.

Der schlechte Zustand der Gebäude (s. Abb. 2), der schwierige Zugang zum Viertel über enge Treppen und die Entvölkerung führten ab den 1960er-Jahren dazu, dass zahlreiche baufällige Wohnungen illegal und überteuert an Migrantinnen und Migranten vermietet wurden. Doch im Unterschied zur Vorkriegszeit, als diese im Stadtzentrum eine billige Unterkunft und Arbeit am Hafen gefunden hatten, waren mit der Deindustrialisierung und der Verlegung des Fischerhafens nach Saumaty (1976) die Erwerbsmöglichkeiten sowohl für die Alteingesessenen als auch die Neuankömmlinge stark zurückgegangen. So sei »der Altbau im Stadtzentrum zu einem echten Sozialbau geworden, verdammt zur Unterbringung der Allerärmsten«[53].

III. Die Sanierung des Panier-Viertels 1972–1991: eine Renovierung mit Hindernissen

Die Sanierung des Panier-Viertels erfolgte im nationalen Vergleich spät. In anderen Großstädten Frankreichs (Lyon, Paris) und benachbarten Städten Südfrankreichs (Aix-en-Provence, Avignon, Uzès) wurden bereits in den 1960er-Jahren historische Stadtkerne als Denkmalschutzzonen ausgewiesen[54]. Die Sanierung des Panier war eine verspätete Reaktion der Stadt Marseille, die ab den 1960er-Jahren im Zuge der Dekolonisation und durch die Verlagerung des Industriehafens nach Fos-sur-Mer erheblich an Bedeutung verlor. Große Bauprojekte in den 1960er-Jahren wie ein modernes Einkaufs- und Büroviertel im Stadtzentrum (Centre directionnel) oder das Stadterneuerungsprogramm Euroméditerranée ab den 1990er-Jahren sollten die lokale Wirtschaft wiederbeleben[55]. Marseille als Stadt der Händler erkannte im Vergleich zu anderen französischen Städten erst spät, dass mit der Inwertsetzung der Altstadt ein positiver Imagewandel bewirkt werden konnte. Der Wandel von einem Industrie- zu einem Kulturstandort sollte sich erst ab den 1990er-Jahren und mit der Ernennung zur europäischen Kulturhauptstadt 2013 verstärkt vollziehen[56].

Die Sanierung des Panier-Viertels war eines der ersten kulturell motivierten Großprojekte im Stadtzentrum, das parallel zur Errichtung des Einkaufszentrums Centre Bourse ab den 1960er-Jahren die Innenstadt aufwerten sollte. Bereits 1955 war der Panier als einziges Stadtviertel in Marseille als Sanierungsgebiet ausgewiesen worden[57]. Es sollte allerdings weitere zwei Jahrzehnte dauern, bis zwischen 1970 und 1990 das Altstadtviertel nach und nach tatsächlich saniert wurde.

Der langsame Prozess spiegelt die grundsätzlichen Konflikte zwischen Kommune, Immobilienunternehmen, Denkmalämtern und den Bewohnerinnen und Bewohnern wider. Während einer Startphase (1972–1981), gekennzeichnet vom Wegzug der Bewohner, dem zunehmenden Verfall der Bausubstanz und dem Misstrauen der verbliebenen Eigentümer und Mieter gegenüber dem Sanierungsprojekt, erfolgten Informationskampagnen und Vorzeige-Sanierungen wie in der Rue du Refuge. In einer

---

53 AM, 801 W 42. Ville de Marseille, Le quartier historique du Panier doit être assuré du confort, 1976.
54 Vgl. BRANDT, Internationale Grundsatzpapiere (wie Anm. 27), S. 54 f.
55 Vgl. DELL'UMBRIA, Histoire universelle de Marseille (wie Anm. 6), S. 650–654; Henry DOUGIER, Marseille Euroméditerranée. Un laboratoire de l'architecture du soleil, Paris 2014.
56 Vgl. Boris GRÉSILLON, Un enjeu »capitale«. Marseille-Provence 2013, La Tour d'Aigues 2011.
57 Vgl. DELL'UMBRIA, Histoire universelle de Marseille (wie Anm. 6), S. 662 f.

zweiten Phase der organisatorischen Reform (1981–1986) wechselte die Stadt Kooperationspartner, initiierte neue Formen der Partizipation und erhöhte die Anreize zur Sanierung. Doch erst in der dritten Phase der Umsetzung (1986–1991) war der Großteil der Eigentümerinnen und Eigentümer vom Sanierungsprojekt überzeugt und erlaubte erstmals, dass Hunderte von Wohnungen innerhalb eines Jahres saniert werden konnten (s. Grafik 1). 1990 war rund ein Viertel aller Wohnungen im Panier-Viertel erneuert worden[58].

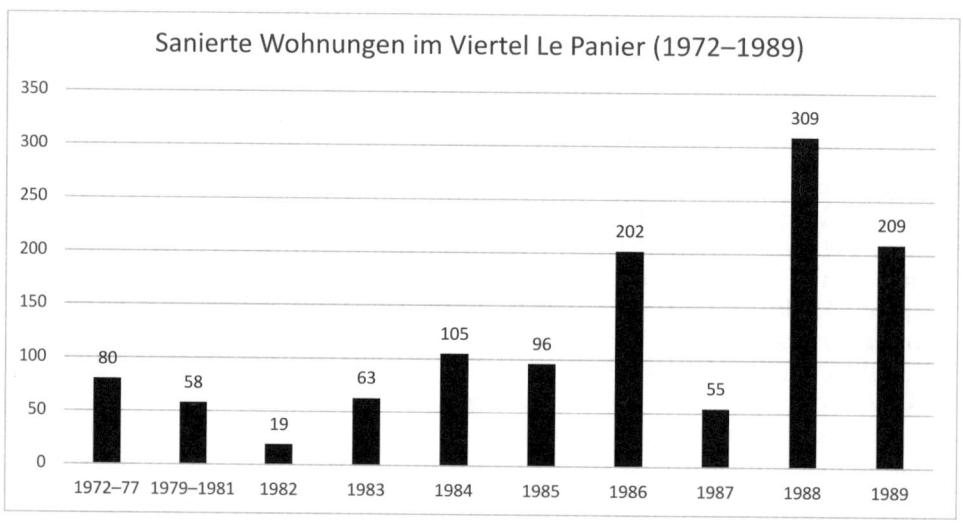

Grafik 1: Quelle: AM, 1236 W 113. Ville de Marseille, La réhabilitation du Panier, Marseille 1990, S. 13 (Grafik: DH).

Seit der formalen Ausweisung des Sanierungsviertels 1955 war zunächst wenig geschehen. Der Auftakt zur ersten Phase war die regional viel beachtete Sanierung der Vieille Charité. Das im Panier-Viertel gelegene ehemalige Armenhospiz aus dem 17. Jahrhundert mit seiner Kapelle wurde im Rahmen des neuen Kulturprogramms unter Minister André Malraux und unterstützt von prominenten Fürsprechern wie Le Corbusier ab 1968 saniert[59]. Der Stadtrat von Marseille wies daraufhin 1972 das gesamte Panier-Viertel als »Bauerwartungsland« (*Zone d'aménagement différé*, ZAD) aus. Die Stadt behielt ein Vorkaufsrecht, um Immobilienspekulationen zu verhindern[60]. Der Stadtrat Jean Goudareau begründete die Sanierung des Viertels mit dem bereits umgebauten Armenhospiz: Man könne nicht auf »halbem Wege stehen

---

58 Vgl. Ville de Marseille, La réhabilitation du Panier (wie Anm. 51), S. 13; AD BdR, 1447 W 31. Ville de Marseille, OPAH Marseille. Le quartier du Panier, 1983, S. 4.
59 Vgl. Régis BERTRAND, Le patrimoine de Marseille. Une ville et ses monuments, Marseille 2011, S. 89.
60 Bibliothèque municipale de Marseille, Alcazar (Bibl. Alcazar), Pba 18. Intervention de M. Jean GOUDAREAU demandant la création d'un secteur sauvegardé du quartier du Panier à la séance du Conseil municipal de Marseille, 17.3.1972.

bleiben«[61] und das Armenhospiz sanieren, aber die Umgebung verfallen lassen. Das Panier-Viertel sei erhaltenswert, da es das älteste Viertel Marseilles mit einer homogenen Bausubstanz sei. Morgen könne das Viertel »das touristischste Quartier der Stadt sein und für unsere Mitbürger (…) ein beliebter Ort der Entspannung«[62] werden.

Der Sanierungsbeschluss von 1972 war charakteristisch für die wirtschaftliche Neuausrichtung von Marseille, das sich als touristische Stadt in der Nähe der Côte d'Azur inszenieren wollte. Der Stadtrat hoffte, dass sich nach der Sanierung Restaurants, Galerien, Antiquitätenläden und Künstler in der Altstadt ansiedeln würden, ähnlich wie in Lyon und Montpellier[63]. In der Folge erwarb die Stadt zwar rund 1000 Wohnungen, etwa ein Viertel aller Wohnungen im Panier. Doch die Wohnungen blieben unsaniert, wurden illegal besetzt oder verfielen[64].

Auch die nachfolgende Idee einer »Sammeloperation zur Immobilienrenovierung« (Opération groupée de restauration immobilière, OGRI) mit Steuererleichterungen scheiterte. Die steuerlichen Vorteile wurden nicht in Anspruch genommen, da die meisten Besitzerinnen und Besitzer so wenig verdienten, dass sie gar nicht steuerpflichtig waren[65]. Ebenso hatte eine »Geplante Operation zur Verbesserung des Wohnraums« (Opération programmée d'amélioration de l'habitat, OPAH 1) ab 1977 wenig Erfolg. Die Stadt wollte mit staatlichen Subventionen als Vorzeigeprojekt die Rue de Refuge sanieren, die besonders heruntergekommen war und eine ärmere Bevölkerung beherbergte. Doch konnte wegen finanzieller und technischer Probleme nur ein Viertel der geplanten Wohnungen in der Rue de Refuge saniert werden[66].

Die zweite Phase ab 1982 war von Reformen geprägt: Organisation und Prozesse änderten sich und neue Akteure beteiligten sich am Sanierungsprozess. Im Viertel wurden Informationstreffen zur Sanierung abgehalten, die dort Ansässigen miteinbezogen und von Soziologinnen und Soziologen befragt. Die Interviews wurden im Panier-Viertel durchgeführt und vom »Verein für Wohnraumsanierung« (Association de restauration immobilière, ARIM) und dem »Ausschuss zur Rückbildung von Slums« (Comité de liaison pour l'aide à la résorption des bidonvilles, CLARB) organisiert. CLARB hatte bereits ab den 1960er-Jahren die Stadt Marseille bei kommunalen Großprojekten begleitet[67]. Der Rückgriff von stadtpolitischen Akteuren auf Vereine und soziologisches Expertenwissen zum besseren Verständnis von urbanen Transformationen war typisch für die Zeit ab den 1960er-Jahren. Die Verwissenschaftlichung und Medialisierung von urbanen Projekten erfolgte in zahlreichen Städten Europas[68]. Die Stadt Marseille versuchte die Eigentümerinnen und Eigentümer im Rahmen einer erneuten »Operation zur Verbesserung des Wohnraums« (OPAH 2) ab 1983 mit höheren Steuererleichterungen zur Sanierung zu motivieren.

---

61 Ibid.
62 Ibid.
63 Vgl. ibid.
64 Vgl. Ville de Marseille, La réhabilitation du Panier (wie Anm. 51), S. 6.
65 Ibid.
66 Ibid.
67 Vgl. CLARB (Hg.), Les bidonvilles de Marseille, Marseille 1964.
68 Vgl. Christiane REINECKE, Die Ungleichheit der Städte. Urbane Problemzonen im postkolonialen Frankreich und der Bundesrepublik, Göttingen 2021 (Kritische Studien zur Geschichtswissenschaft, 242), S. 27.

Fassadenreinigung und der Zuzug von Jungen und Wohlhabenden sollten das Image des Viertels aufwerten[69].

Doch erst 15 Jahre nach Sanierungsbeginn kann man eine Wende feststellen. Der Abschluss der Sanierung des Armenhospizes Vieille Charité 1986 als Forschungszentrum und Museum mit einer ersten internationalen Ausstellung sollte helfen, »das Bild, das die Eigentümer von ihrem Viertel haben, radikal zu ändern«[70]. Als Leuchtturmprojekt im Panier-Viertel richtete sich das neue Museum Vieille Charité weniger an die bedürftige Bevölkerung in der Nachbarschaft, es überzeugte vor allem externe Investoren[71]. Im Rahmen der dritten »Operation zur Verbesserung des Wohnraums« (OPAH 3) ab 1987 stieg die Anzahl der sanierten Wohnungen und komplette Häuserblocks, wie in der Rue des Pistoles, wurden samt den anliegenden Häusern erneuert (s. Abb. 4). Bis 1990 war ein Viertel aller Wohnungen instandgesetzt. Die Abwanderung aus dem Panier ging zurück[72].

Die Bewohnerinnen und Bewohner waren erst spät von der Renovierung »ihres« Panier überzeugt. Eine Soziologin fasste 1983 zusammen, dass man lange vergessen habe, dass »ein verfallendes Viertel aus sehr beschädigten Gebäuden besteht […], aber auch aus Bewohnern, die oft alt und mittellos«[73] seien. Als Gründe für die Verzögerung und die späte Zustimmung der Eigentümerinnen und Eigentümer nannte die Stadt ökonomische, juristische und soziale Umstände: Das Eigentum an den Wohnanlagen sei auf zahlreiche Einzelpersonen verteilt, die überdurchschnittlich alt seien. Fast 60 Prozent von ihnen hätten so wenig Einkommen, dass sie Rente oder Sozialhilfe bezögen und deshalb auch nicht von Steuererleichterungen bei Sanierungsbedarf profitieren könnten; Rücklagen hätten sie auch nicht. Die Sanierungskosten hätten sich zudem durch den schwierigen Zugang zu den Baustellen über die engen Gassen und den sehr schlechten Zustand der Gebäude erhöht. Die Kommunikation zwischen Stadt und Eigentümerinnen und Eigentümern sei dadurch erschwert gewesen, dass letztere meist individuell aufgetreten, Besitzverhältnisse ungeklärt gewesen und die Absprachen mit ihnen sowie den Mieterinnen und Mietern unzureichend gewesen seien. Alle fürchteten wegen steigender Kosten und Mieten aus dem Viertel wegziehen zu müssen[74]. Zwar versprach die Stadt, die »bisherigen Einwohner vor Ort zu halten«[75]. Zugleich hieß es in einer kommunalen Broschüre von 1975 aber auch, dass man nicht erwarten dürfe, für eine sanierte, moderne Wohnung dieselbe Miete zu zahlen wie für eine »baufällige Wohnung ohne Komfort«[76]. Nach Abschluss der Sanierung beobachtete man seit den 1990er-Jahren eine partielle Gentrifizierung des Panier-Viertels als »Schaufenster für Touristen«[77] mit Galerien

---

69 Vgl. Ville de Marseille, La réhabilitation du Panier (wie Anm. 51), S. 6.
70 Vgl. ibid., S. 7.
71 Vgl. Régis BERTRAND, Hospice, caserne, taudis, musée. La promotion patrimoniale de la Charité de Marseille, in: Rives nord-méditerranéennes 16 (2003), S. 11–25.
72 Ville de Marseille, La réhabilitation du Panier (wie Anm. 51), S. 13.
73 Ville de Marseille/ARIM, Le quartier du Panier, Februar 1983 (wie Anm. 48), S. 6.
74 Ville de Marseille, La réhabilitation du Panier (wie Anm. 51), S. 4.
75 Ville de Marseille/ARIM, Le quartier du Panier, Februar 1983 (wie Anm. 48), S. 4.
76 AM, 1236 W 113. La réhabilitation du quartier du Panier, in: Marseille informations 51 (1974), S. 4.
77 Hadrien BELS, Cinq dans tes yeux, Paris 2020, S. 5.

Abb. 3: Sanierungskarte für das Viertel Le Panier. Die Kernzone in rosa mit den ältesten Gebäuden, die vor 1914 errichtet wurden, sollte zuerst saniert werden. Archives de Marseille, 1236 W 113. La réhabilitation du quartier du Panier, in: Marseille informations 51 (1974).

Abb. 4: Sanierung des Häuserblocks in der Rue des Pistoles, Juli 1988. Archives de Marseille, 1063W1521_8807073.

und Restaurants. Zugleich blieb das Viertel populär mit einer hohen Anzahl an ausländischen Arbeitern und Arbeiterinnen, Arbeitslosen und einer überdurchschnittlichen Anzahl an Sozialwohnungen[78].

IV. Mit der Vergangenheit in die Zukunft: Authentisierungspolitik und Zuschreibungen

Der Stadtrat von Marseille hatte 1972 seine Entscheidung, das Panier-Viertel zu bewahren, mit einer kulturellen und touristischen Nutzung begründet[79]. Als Vorbild dienten neben dem Montmartre-Viertel in Paris insbesondere Städte der Provence. Wie in Aix-en-Provence, Avignon und Saint-Paul-de-Vence galt es, den mediterranen Charakter der Stadt hervorzuheben, der sich in der historischen Bausubstanz, den pittoresken Plätzen und der spezifischen Atmosphäre widerspiegeln sollte. Das Panier-Viertel erscheint dabei wie eine historische Insel inmitten einer modernen Großstadt. Das benachbarte Viertel Les Carmes wurde in den 1980er-Jahren zugunsten von neuen Büro- und Einkaufsflächen abgerissen. Im Stadtzentrum dominiert seitdem das Einkaufszentrum Centre Bourse mit den vier Hochhäusern der Tours Labourdette das Sichtfeld. Die ehemalige Identität als Hafenstadt sollte nun ersetzt werden durch eine Zuschreibung als moderne Dienstleistungs- und Verwaltungsstadt einerseits sowie als eine historische Stadt für Tourismus und Kultur andererseits. Jedes Viertel stand für eine andere Zuschreibung, jeder Raum sollte jeweils unterschiedliche Epochen repräsentieren. Das Panier-Viertel wurde so ab den 1990er-Jahren als authentischer Ort des Mittelmeerraumes inszeniert. Bisweilen wurde es auch als provenzalisches Dorf dargestellt, das Bestandteil einer mediterranen Stadt sei, für die ein historisches Gedächtnis, ein Hafen und der kosmopolitische Charakter als typisch genannt wurden[80].

Doch mit welcher Begründung und welcher Zielsetzung wurde das Viertel ab den 1990er-Jahren als authentischer historischer Ort des Mittelmeerraums inszeniert? Noch in den 1970er-Jahren schrieb das städtische Tourismusbüro, dass Marseille »nicht sehr provenzalisch«[81] wirke und empfahl Touristinnen und Touristen Rundtouren in das benachbarte Cassis. Der Panier galt bis in die 1970er-Jahre als Viertel mit einem schlechten Ruf, das mit organisierter Kriminalität in Verbindung gebracht wurde[82]. Führungen in der Innenstadt wurden nicht angeboten. Mit der Sanierung änderte sich der Diskurs. So begründete Bürgermeister Defferre zu Sanierungsbeginn, dass das Viertel erhalten bleiben müsse, da es für die Stadtbevölkerung die typische traditionelle Bauform des Mittelmeerraums repräsentiere[83]. Dreißig Jahre später

---

78 Vgl. Virginie BABY-COLLIN, Florence BOUILLON, Le centre-ville de Marseille 1990–2012. Embourgeoisement généralisé ou accentuation des inégalités?, in: Langage & Société 2017/4, Nr. 162, S. 107–111, DOI: https://doi.org/10.3917/ls.162.0107, letzter Zugriff 20.12.2022.
79 Vgl. GOUDAREAU, Intervention (wie Anm. 60).
80 Josiane PIERRI, Les communautés. Marseille, ville de migration, in: Comité du Vieux Marseille, Le Panier (wie Anm. 29), S. 197–214, hier S. 213.
81 Office municipal de tourisme de Marseille (Hg.), Marseille. Charme et richesses d'une métropole, Marseille 1970, S. 12.
82 Vgl. Robert MESINI, Mémoire de flic, Paris 1991, S. 138 f.
83 Vgl. DEFFERRE, Sauvegarder le berceau de Marseille (wie Anm. 33), S. 1.

bekräftigte die Stadt in einer Werbebroschüre, dass nach Jahrzehnten des Verfalls der Panier »als historischer Ort, als authentisches Bauerbe wieder ein Viertel geworden ist, wo man gerne lebt«[84]. Wichtig war es für die Stadt, die »Authentizität des Panier-Viertels zu respektieren«[85]. Doch was galt in dem heterogenen Stadtviertel nun als authentisch?

Als wichtige Elemente urbaner Authentizität gelten in der Forschung das Stadtbild, die Landschaft und der Stadtgrundriss[86]. Im Falle des Panier-Viertels wurde das Stadtbild seit dem 18. Jahrhundert durch die markante Silhouette des Kirchturms von Notre-Dame-des-Accoules geprägt, die in Broschüren, auf Gemälden und Postkarten reproduziert wurde. Dicht aneinander gebaute Häuser, steile Treppen und enge Gassen wurden in der Außendarstellung betont, da sie den Panier unverwechselbar machten. Neu war nach der Sanierung die Darstellung von sauberen, menschenleeren Orten, welche frühere Repräsentationen eines populären, schmutzigen Viertels voller Menschen ablöste[87]. Die Landschaft und den Grundriss des Viertels identifizierten Stadtplaner nach der Sanierung ebenfalls als einzigartige Charakteristika. So seien die Lage auf einem Hügel, die reguläre Straßenführung und die historischen, variantenreichen Gebäude wichtige Merkmale des Viertels[88].

Wichtig für die Transformation von einem verarmten »Ghetto« zu einem offenen Ort der Kultur war die Inwertsetzung der ältesten Gebäude im ältesten Stadtviertel Marseilles. Die Sanierung historischer Bauwerke führte oftmals auch zu einer neuen Verwendung: Die Kapelle der Schwarzen Büßer wurde 1973 wieder zu einer Kirche, nachdem sie als Schlafsaal für ausländische Arbeiterinnen und Arbeiter genutzt worden war; das ehemalige Armenhospiz Vieille Charité wurde 1986 von einem illegal besetzten Wohnraum zu einem Museum und das Krankenhaus Hôtel Dieu ab 2006 zu einem Fünf-Sterne-Hotel umgebaut[89]. In der Folge wurde das Panier-Viertel 1995 als Denkmalschutz-Zone ausgewiesen (Zone de protection du patrimoine architectural, urbain et paysager, ZPPAUP). Fassaden und Außendekorationen wie etwa Ecknischen mit Heiligenfiguren konnten so unter Denkmalschutz gestellt werden[90].

Die Authentisierung des Panier-Viertels führte auch zu einer Vereinheitlichung und Ausdünnung des Baubestandes. Sanierte Gebäude und Neubauten sollten sich an die bisherige Gestaltung der Straße anpassen. So durften für die Dächer nur Ziegel verwendet werden, das Errichten von Balkonen und glänzende Oberflächen waren verboten und die Fassadenfarbe sollte sich an die »dominierende Farbe der alten Bebauung«[91] anpassen. Großflächige Neubauten wie Einkaufszentren und Krankenhäuser durften nicht mehr errichtet werden[92]. Zugleich war auch die Zerstörung von

---

84 Ville de Marseille, La réhabilitation du Panier (wie Anm. 51), S. 14.
85 Ville de Marseille, Panier – Vieille Charité (wie Anm. 32).
86 BERNHARDT, Stadt (wie Anm. 20).
87 Vgl. Françoise FAVRE, Annie ZORZAN, Le Panier vu par les peintres, in: Comité du Vieux Marseille, Le Panier (wie Anm. 29), S. 221–237.
88 Vgl. AM, 1698 W 20. Ville de Marseille, Dossier de projet de ZPPAUP, Januar 1997, S. 34.
89 D'ORTOLI, DURUEIL-BOURACHAU, Marseille monuments (wie Anm. 41), S. 80, 96, 102.
90 Vgl. Ville de Marseille, Dossier de projet de ZPPAUP (wie Anm. 88), S. 231 f.
91 Vgl. Bibl. Alcazar, P 2583. André-Hubert MESNARD, Réhabilitation. Le quartier du Panier à Marseille, Paris 1979, S. 25.
92 Vgl. ibid, S. 21–25.

historischen Gebäuden und die Neuschaffung von öffentlichen Plätzen Teil der städtischen Authentisierungspolitik. Die Gebäude vor dem Armenhospiz Vieille Charité wurden zerstört, um die Sicht auf das Hospiz freizugeben[93]. Die ehemalige Ordensniederlassung Couvent des Repenties aus dem 17. Jahrhundert wurde 1976 zerstört, um dort die Place du Refuge zu schaffen[94]. Der Altstadtverein von Marseille kritisierte inmitten der Sanierungsphase in einem Schreiben an den Bürgermeister: »Die Marseiller Bevölkerung muss ohnmächtig miterleben, wie der älteste Kern ihrer Stadt nach und nach zerstört wird«[95].

Eine ungezwungene, persönliche Atmosphäre, die dem Viertel seinen »dörflichen Charme«[96] gab, schien dem Panier-Viertel einen unverwechselbaren Charakter zu verleihen. Auf historischen öffentlichen Plätzen inmitten von improvisierten Cafés und mobilen Straßenhändlern könne man sich ungezwungen unterhalten. Eine Nutzbarkeitsstudie nach der Sanierung stellte als Ergebnis einer Umfrage nicht die sanierten, historischen Gebäude als Vorzug heraus, sondern die Alltagskultur der Bewohnerinnen und Bewohner. Le Panier sei »das Dorf in der Stadt«, wo man herzlich empfangen werde und sich mit dem Viertel identifiziere, in dem man in »kleinen Bars und Bistros diskutiert«[97]. Das Viertel wurde als typisch für Marseille herausgestellt, da man sich hier noch »trifft und diskutiert« und »Araber und Schwarze kein Hindernis«[98] sind.

Als authentisch für den Panier galt der Stadtverwaltung insbesondere die Einwanderung aus Italien und Korsika. Nichteuropäische Immigrantinnen und Immigranten dem Maghreb, Asien und Afrika, die ab den 1960er-Jahren in das Viertel kamen, galten demgegenüber als untypisch. Stolz wies die Verwaltung in einer kommunalen Broschüre auf die »ursprünglich korsische und italienische Einwohnerschaft« hin, die dem Viertel eine »persönliche Note«[99] gebe. Anwohner aus Afrika und Asien wurden nicht erwähnt, sondern nur allgemein als »verarmte Bevölkerung« beschrieben, die »im Viertel bezahlbaren Wohnraum finden«[100] würde. Fotos der Bewohner in der Broschüre zeigen junge europäische Familien in sanierten Altbauwohnungen oder traditionelle Pizzerien. Die Inszenierung eines authentischen Panier-Viertels, das nur von europäischer Migration geprägt sei, fügte sich in die allgemeine Migrationspolitik der Stadt ein. Jean-Claude Gaudin, Bürgermeister von Marseille (1995–2020) aus der konservativen Partei UMP (heute LR), fasste 2001 seine Vision entsprechend zusammen:

---

93 Vgl. Dell'Umbria, Histoire universelle de Marseille (wie Anm. 6), S. 664.
94 AD BdR, 197 W 39. Faut-il démolir les bâtiments du Refuge au nom de la restauration du Panier?, in: Le Méridional, 3.4.1974.
95 AD BdR, 1615 W 216. Schreiben des Comité du Vieux Marseille an den Bürgermeister von Marseille, 4.2.1988.
96 Ville de Marseille, Panier (wie Anm. 32), S. 10.
97 AM, 1236 W 113. Jacques Dioux, À Marseille au quartier du Panier, la porte du passé ouvre sur l'avenir. Recherche des possibilités de développement commercial, September 1993, S. 25.
98 Ibid.
99 Ville de Marseille, Panier (wie Anm. 32), S. 10.
100 Ibid.

»Das Volk von Marseille ist nicht ein maghrebinisches Marseille und nicht ein komorisches Marseille. Das Stadtzentrum wurde von einer fremden Bevölkerung überschwemmt, die Marseiller sind fortgezogen. Ich renoviere, ich kämpfe gegen Mietwucherer und bringe wieder die Einwohner zurück, die Steuern zahlen«[101].

Gaudins Aussagen zufolge waren nicht-europäische Migrantinnen und Migranten in Marseille Fremde, während vorherige Migrationen aus Europa als positiv dargestellt wurden. Zugleich wurde verschwiegen, dass es auch einheimische Eigentümerinnen und Eigentümer waren, welche ihre verfallenden Wohnungen zu überhöhten Preisen vermieteten.

V. »Das Viertel hat seine Identität verloren«: Die Sichtweise der Bewohner

Die Sanierung verbesserte das Ansehen des Panier-Viertels und stoppte allmählich die Abwanderung. Pierre Allegrini, der im Viertel aufgewachsen war, begrüßte die Instandsetzung der öffentlichen Straßen und Plätze sowie die Restaurierung der historischen Gebäude[102]. Als eine Art »Montmartre von Marseille«[103] sei der Panier zu einem attraktiven Zentrum mit Museen, Ausstellungen und schönen historischen Gebäuden geworden. Die 62jährige Frau E. lobte, dass das Viertel nun sauberer sei, es mehr Bänke gebe und »jeder zufrieden ist«[104]. Ein lokaler Verein brachte Künstler und Künstlerinnen ins Quartier und lud Malerinnen und Maler aus London und Paris ein, sich vom Panier inspirieren zu lassen[105]. Filme wie »La Gloire de mon père« (1990) zeigten das Panier-Viertel als provenzalisches Dorf. Andere Filme stellten wie in der Fernsehserie »Van Loc. Un grand flic de Marseille« (1992) das kriminelle Bandenmilieu dar, das es dort gar nicht mehr gab[106]. Die Inszenierung und Nostalgie einer vergangenen Epoche, wie zum Beispiel der Mythos der früheren Kriminalität im Viertel, ist typisch für Authentisierungsprozesse. Als authentisch gilt, was im Verschwinden begriffen ist und als unverwechselbares Charakteristikum eines Ortes gilt.

Die Bewohnerinnen und Bewohner begrüßten zwar die Sanierung des Panier, beklagten jedoch, dass dies ein Vorgang gewesen sei, der über sie hinweg und nicht mit ihnen gemeinsam entschieden worden sei. Das Viertel sei eine Art Freilichtmuseum mit verteuerten Mieten geworden, in dem die früher belebten Straßen nun »verschlafen und still«[107] seien und die Bevölkerung von Touristinnen und Touristen wie exo-

---

101 Jean-Claude GAUDIN, Antrittsrede 2001, zit. in: Bruno LE DANTEC, Entre effondrements et coquilles vides. Marseille en guerre, in: Vacarme 4 (2019), S. 72–83, hier S. 74.
102 AD BdR, Delta 8944. Pierre ALLEGRINI, Le Panier … mon quartier à Marseille, Marseille 1995, S. 66.
103 Ibid.
104 Recensement général, 1983 (wie Anm. 5), S. 30. Name in verkürzter Form in Akten zitiert.
105 Vgl. BRISSE, Étude urbaine (wie Anm. 29), S. 204.
106 Vgl. Jehan ARMAGNAC, Le Panier fait son cinéma, in: Comité du Vieux Marseille, Le Panier (wie Anm. 29), S. 241–250.
107 Albert LEIBOVITCH, Michèle ROSSI, Liliane TESTU, Les rues du Panier, in: Comité du Vieux Marseille, Le Panier (wie Anm. 29), S. 141–168, hier S. 150.

tische »Fische in einem Aquarium beobachtet«[108] würde. Der Sanierungsprozess selbst sei von Korruption gekennzeichnet und »autoritär« gewesen. Die Stadt habe eine Sanierung durchgeführt, welche »die Bevölkerung überhaupt nicht verlangt habe«[109].

Viele Bewohnerinnen und Bewohner beklagten, dass der Charakter des Viertels mit dem Wegzug der bisherigen Bevölkerung verloren gegangen sei. Für Herrn Y. waren die italienischen Familien in die Hochhaussiedlungen am Stadtrand »vertrieben«[110] worden. Für den korsischstämmigen Pierre Allegrini habe das Panier-Viertel »seine Identität mit dem Wegzug der Korsen und anderer Bewohner verloren«[111]. Auch andere ältere Personen beschrieben, dass das Viertel früher »ein großes Dorf war, wo sich jeder die Hand gegeben hat«[112], es nun aber keine Unterstützung untereinander mehr gäbe und der soziale Kontakt eingeschränkt sei. Gründe dafür waren eine stärkere Durchmischung im Viertel mit Angehörigen aus dem Maghreb und den Komoren, aber auch der Tagestourismus, welcher die ökonomischen und sozialen Gewohnheiten des Panier-Viertels veränderte. Der spontane Austausch im Freien war ebenfalls eingeschränkt, da kommerzielle Cafés die improvisierten Abendessen auf dem Bürgersteig ersetzt hatten und man nun zahlen musste, um draußen im Sitzen zu diskutieren. Die Kommodifizierung des Viertels, die verstärkt ab den 2010er-Jahren einsetzte, war eine Folge der Sanierung. Privatwohnungen wurden für Touristinnen und Touristen vermietet, öffentliche Plätze für die Gastronomie genutzt und der Einzelhandel an Bedürfnisse des Tourismus angepasst.

Menschen aus Afrika und Asien, die seit den 1960er-Jahren im Panier-Viertel ansässig waren, betrachteten die Sanierung mit Skepsis und Desinteresse. Sie glaubten nicht an das Versprechen der Stadtverwaltung, die »bisherigen Einwohner vor Ort zu halten und den Zustand der Gebäude durch Renovierungsmaßnahmen zu verbessern«[113]. Frau A. aus Madagaskar zufolge waren die sanierten Häuser »nicht für uns, weil wir schwarz sind«[114]. Auch Frau C. aus Marokko war der Meinung, »all diese sanierten Häuser, das ist für die Franzosen«[115]. Einige Eigentümerinnen und Eigentümer versuchten scheinbar, die ausländische Mieterschaft, die während der Sanierung kurzzeitig umziehen musste, an einer Rückkehr in die sanierte Mietwohnung zu hindern und stattdessen junge Franzosen und Französinnen dort unterzubringen[116]. Viele schienen sich nicht an die Sanierungsregeln zu halten und bauten illegal Stockwerke aus, wo wiederum ausländische Arbeiterinnen und Arbeiter zu Wucherpreisen untergebracht wurden[117]. Neben den sanierten Wohnhäusern existierten parallel zahlreiche baufällige Wohnungen, die bis in die 2000er-Jahre überteuert und illegal an Migrantinnen und Migranten vermietet wurden. Deutlich illustrierte dies

---

108 Josiane Pierri, Les communautés (wie Anm. 80), S. 197–214, hier S. 213.
109 Interview mit Herrn Z., in: Brisse, Étude urbaine (wie Anm. 29), S. 210.
110 Interview mit Herrn Y., in: Brisse, Étude urbaine (wie Anm. 29), S. 213.
111 Allegrini, Le Panier (wie Anm. 102), S. 65.
112 Interview von Frau N., 73 Jahre, in: Recensement géneral, 1983 (wie Anm. 5), S. 26.
113 Ville de Marseille/ARIM, Le quartier du Panier (wie Anm. 48), S. 4.
114 Ibid., S. 103. Name in verkürzter Form in Akten zitiert.
115 Ibid., S. 104. Name in verkürzter Form in Akten zitiert.
116 Ibid.
117 Vgl. Allegrini, Le Panier (wie Anm. 102), S. 66.

ein Comic von Kindern aus dem Panier-Viertel, der 2001 die illegale Praxis der *marchands de sommeil* und deren Mietwucher anprangerte[118].

Die Umsiedlung von Migrantinnen und Migranten aus baufälligen Wohnungen in Siedlungen am Stadtrand führte zu einer sozialen Umstrukturierung, die manche sogar als »soziale Säuberung«[119] bezeichneten. Wenig überraschend fühlten diese Menschen sich von der Inszenierung des Panier-Viertels als ein »Montmartre von Marseille« ausgeschlossen und reagierten abweisend und desinteressiert. Unverständnis und Konflikte gab es auch zwischen Personen im Viertel, die sich für den Erhalt historischer Gebäude einsetzten, und jungen Migrantinnen und Migranten, die im Zuge der Sanierung in eine Ecke des Viertels mit einigen wenigen Straßen verdrängt wurden und vor allem Interesse an bezahlbarem Wohnraum für Familien hatten[120]. Aus der Sicht der letztgenannten bot die Sanierung eher Nachteile, da sie den Wohnraum verteuerte und die neuen Museen und Kunstgalerien wenig Arbeitsmöglichkeiten vor Ort schufen. Nach Abschluss der Sanierung erfolgte ab den 2000er-Jahren eine Gentrifizierung, die parallel mit dem Stadtsanierungsprogramm Euroméditerranée das Zentrum von Marseille spürbar veränderte[121]. So leben heute kaum noch Angehörige der Komoren im Panier-Viertel[122]. Zugleich veränderte sich die soziale Zusammensetzung der Einwohnerschaft im Viertel aber nur geringfügig. 2015 waren 9 % der dortigen Immobilien Sozialwohnungen, was für ein zentrumsnahes Viertel in Frankreich als überdurchschnittlich hoch gilt[123].

Nur ein Teil des Viertels ist bis heute instandgesetzt. Zahlreiche Wohnungen blieben baufällig, so dass in der Wahrnehmung von Jugendlichen das Panier-Viertel noch 2001 als die »Favelas von Marseille«[124] galt. Heute täuschen die zentralen sanierten Straßen im Viertel darüber hinweg, dass immer noch eine Vielzahl von Gebäuden, etwa in der Rue du Poirier, einsturzgefährdet ist. Ein Bewohner des Panier stellte 2021 fest, dass die Wohnungen entweder an Touristinnen und Touristen vermietet würden oder in einem katastrophalen Zustand seien[125]. Vor diesem Hintergrund wurde erst der Einsturz zahlreicher Häuser in der Rue d'Aubagne im Nachbarviertel Noailles 2018 als Bruch in der städtischen Wohnungspolitik wahrgenommen[126].

---

118 Vgl. Association ICI (Hg.), Passage de Lorette. Conte Marseillais, Marseille 2001.
119 Karima DIRECHE-SLIMANI, Fabienne LE HOUÉROU, Les Comoriens à Marseille. D'une mémoire à l'autre, Paris 2002, S. 77.
120 Vgl. ibid., S. 78.
121 Vgl. Silvère JOURDAN, Un cas aporétique de gentrification. La ville de Marseille, in: Méditerranée 111 (2008), S. 85–90, DOI: https://doi.org/10.4000/mediterranee.2788, letzter Zugriff 20.12.2022.
122 Vgl. BABY-COLLIN, BOUILLON, Le centre-ville de Marseille 1990–2012 (wie Anm. 78), S. 107–111; PIERRI, Les communautés, (wie Anm. 80), S. 212.
123 Vgl. PERALDI, DUPORT, SAMSON, Sociologie de Marseille (wie Anm. 10), S. 95.
124 Ibid., S. 80.
125 PIERRI, Les communautés, (wie Anm. 80), S. 213.
126 Vgl. Karine BONJOUR, Rue d'Aubagne. Récit d'une rupture, Marseille 2019.

Fazit: Authentisierung und Gentrifizierung

Die Inszenierung des Panier-Viertels als »provenzalisches Dorf«[127] im Zuge der Sanierung scheint – nach den Maßstäben der Initiatoren – geglückt zu sein. Die Präsentation ausgewählter materieller Spuren (Kirchen, Heiligenfiguren, Treppen) kreierte ein scheinbar authentisches Dorf des Mittelmeerraums. Das Viertel ist heute, wie vom Stadtrat 1972 bei Sanierungsbeginn gewünscht, ein beliebter Ort der Naherholung und des Tourismus, der unter anderem für Tagestouristinnen und -touristen von Kreuzfahrtschiffen, attraktiv ist. Die immateriellen Elemente, wie der »dörfliche Charakter«[128] und der soziale Austausch zwischen Angehörigen verschiedener Nationen und Generationen, gingen jedoch verloren. Der Panier wurde als eines der wenigen historischen Stadtviertel von Marseille in den 1970er-Jahren als erhaltenswert ausgewählt, da er der historisch älteste Stadtteil war, zentrumsnah lag und einen Baubestand bewahrt hatte, der die Zerstörungen durch Krieg und Stadtplanung der letzten Jahrhunderte überdauert hatte. Zugleich war die Sanierung des Panier-Viertels ein wichtiger Wendepunkt in der Selbst- und Fremdwahrnehmung Marseilles von einer Industriestadt hin zu einer touristischen Kulturstadt, die mit der kulturellen Umnutzung von Industrieflächen ab den 1990er-Jahren und der Ernennung zur europäischen Kulturhauptstadt 2013 fortgeführt wurde[129].

Die Sanierung des Panier-Viertels ab den 1970er-Jahren war darüber hinaus Teil einer europäischen Entwicklung, in der zahlreiche Städte ihre verfallenden Altstadtkerne für den Tourismus und die Naherholung sanierten. Wie viele andere Städte versuchte Marseille, eine neue Identität als Kulturstadt mit reichem historischem Erbe in der Nähe der Côte d'Azur aufzubauen – auch aus ökonomischen Gründen, da die Stadt ab den 1970er-Jahren von der Deindustrialisierung geprägt war. Da Marseille 1972 vergleichsweise spät die Altstadtsanierung beschloss, wurden Vorreiter wie Paris, aber auch provenzalische Städte wie Avignon und Aix-en-Provence zum Vorbild. Nach Abschluss der Sanierung schloss sich Marseille mit Lissabon und Rabat zu einer Mittelmeer-Union zusammen und beriet nun selbst in den 1990er-Jahren als Experte Sanierungsprojekte, etwa in Marokko[130].

Unter den verschiedenen denkbaren Zuschreibungen des Panier als Dorf des Mittelmeers oder der Provence, als korsischer, italienischer, maghrebinischer oder komorischer Ort bildete sich schlussendlich eine dominante Zuschreibung heraus: die Inszenierung als mediterranes, europäisches Dorf. Die Identität als ärmeres, kriminelles Hafenviertel wurde ersetzt durch das Bild eines kreativen Museumsviertels. Stolz wurde auf den mediterran kosmopolitischen Charakter des Viertels hingewiesen, das von griechischen Phokäern gegründet und stark von Migrantinnen und Migranten aus Südeuropa geprägt worden sei. Die neuere Immigration aus dem Maghreb, Asien und den Komoren ab den 1960er-Jahren blieb dagegen im Hintergrund.

---

127 Dell'Umbria, Histoire universelle de Marseille (wie Anm. 6), S. 662.
128 Pierri, Les communautés, (wie Anm. 80), S. 213.
129 Vgl. Marta Rosenquist, La friche la Belle de Mai à Marseille. Espaces industriels, politiques culturelles et art contemporain, Aix-en-Provence 2019; Grésillon, Un enjeu »capitale« (wie Anm. 56).
130 Vgl. AM, 1236 W 169. Réseau MED-REHAB, Réhabilitation de la médina de Rabat, 30.6.1993.

Kennzeichnend für den Authentisierungsprozess, wie er hier für den Panier beispielhaft untersucht wurde, ist erstens die Homogenisierung und Vereinfachung unterschiedlichster Identitäten, Mythen und Zuschreibungen. Eine vergangene Epoche und Atmosphäre wird ausgewählt, welche komplexe, alternative Zuschreibungen überdeckt und eine Realität erschafft, welche mit den Erwartungen und Vorstellungen von Touristinnen und Touristen möglichst übereinstimmt. Zweitens setzt ein Authentisierungsprozess oft erst gegenüber einer Vergangenheit ein, die im Verschwinden begriffen ist. Drittens wird zwar die materielle Authentizität durch die Konservierung von Gebäuden und Objekten bewahrt, allerdings geht das Immaterielle oftmals verloren. Soziale Interaktion und Atmosphäre verändern sich, etwa durch die Verteuerung der Mieten, den Wechsel der Einwohnerschaft und neue Nutzungen des öffentlichen Raums. Heute vermittelt der Panier das ideale Bild eines mediterranen Dorfes mit Bistros, kreativen Graffitis, Kunstläden und Blumen. Es dient als Kulisse für Tourismus und Gastronomie oder als Drehort für Filme[131]. Das Panier-Viertel ist weniger ein Abbild des heutigen Marseille als vielmehr die Wunschvorstellung eines historischen, authentischen Marseille, wie man es sich im letzten Drittel des 20. Jahrhunderts und bis heute vorstellt.

---

131 Vgl. Le Naour, Plus belle la vie (wie Anm. 7); Armagnac, Le Panier fait son cinéma (wie Anm. 106).

Zur Forschungsgeschichte und Methodendiskussion

Dietrich Lohrmann

FRÜHE GEZEITEN- UND TURMWINDMÜHLEN

Neue Forschungen zur mittelalterlichen Energiegeschichte

Absence of evidence is not evidence of absence.

Energiegeschichte war lange ein wenig beachtetes Thema, vielleicht die große Lücke in der Mittelalterforschung, die am dringlichsten zu füllen ist. Die Lage hat sich im Laufe der letzten Jahrzehnte verbessert. Besonders den Wasser- und Windmühlen wurde viel Aufmerksamkeit zuteil. Weniger ging es um den großen Anteil der Muskelkraft von Mensch und Tier, und noch weniger um den Wärmebedarf der Bevölkerung und des mittelalterlichen Gewerbes. Auf all diesen Gebieten besteht weiter Forschungsbedarf, ausgehend von einer Erschließung der einschlägigen Schrift- und Bildquellen ebenso wie von den oft besonders aufschlussreichen archäologischen Funden.

In meiner soeben erschienenen Quellenanthologie zu den Energieressourcen Westeuropas in der Zeit vor 1500, womit nicht nur das 15. Jahrhundert gemeint ist, sondern die gesamte Zeit seit der Spätantike, versuche ich, einen thematischen Rahmen zu schaffen, innerhalb dessen die weitere Arbeit hoffentlich weitere Quellen erschließen und offene Fragen klären kann[1]. Die erfolgreichen Unternehmungen der Europäer in Übersee seit dem 16. Jahrhundert beruhen bekanntlich nicht nur auf ihrem früher vielberufenen kühnen Entdeckergeist, sondern mindestens ebenso auf den technischen Möglichkeiten, die während der voraufgehenden Jahrhunderte in Europa geschaffen worden waren, und darüber wissen wir zu wenig. Verbesserte Nutzung des Windes in der Segeltechnik und der Einsatz von Schwarzpulver in der Artillerie bildeten nur den sichtbarsten Teil dieser Entwicklung.

Ziel dieses Beitrags ist es, einerseits auf die Breite der Problematik hinzuweisen, wie sie in den beiden genannten Bänden der Anthologie vorgezeichnet ist, vor allem aber darzustellen, in welcher Weise die Forschung an Themen weiterarbeiten kann, die bisher nicht hinreichend abzuklären waren oder einfach zu weit verstreut, zu entlegen, zu wenig bedeutsam oder zu schwierig erschienen. Zugleich nutze ich die Gelegenheit, eingangs auf einige Ergänzungen hinzuweisen, deren Fehlen mir in den bibliografischen Abschnitten besonders schmerzlich erscheint. Es geht also zunächst

---

1 Dietrich Lohrmann, Energieressourcen Westeuropas vor 1500. Eine Anthologie von Text- und Bildzeugnissen, Bd. 1–2, Düren 2022 (Aachener Studien zur älteren Energiegeschichte, 11–12). Künftig zitiert: Anthologie bzw. Anthologie 2.

um einen Forschungsbericht, dann um Forschungsvertiefung auf zwei bisher zu wenig betrachteten Gebieten.

Die zweibändige Anthologie von 2022 behandelt den mittelalterlichen Energieeinsatz in vier großen Blöcken: Antriebskräfte, Verkehrsinfrastruktur, Wärmequellen und Suche nach neuen Antriebs- und Wärmequellen. Dieser weite Rahmen konnte, wie mir wohl bewusst war, nicht überall in gleicher Qualität ausgefüllt werden. Während zu den Themen Wasserkraft und Windkraft zahlreiche neuere Arbeiten vorliegen, ähnlich wie auch beim Verkehr, den mittelalterlichen Straßen, Brücken, dem Transport auf Flüssen und Kanälen, ist die Forschung im Bereich der Wärmequellen nur sehr partiell vorangeschritten. Mehr oder weniger neu ist auch der Versuch, im letzten Teil des zweiten Bandes eine Übersicht über die m. E. sehr aktive Suche nach neuen Energiequellen und die dazu einschlägigen Schriftquellen zu liefern. Zu jedem der insgesamt 44 Kapitel ist eine eigene Bibliografie beigegeben, dazu am Anfang eine Auswahl der wichtigsten Überblickswerke, bei denen zu meinem Schmerz der Hinweis auf die acht Bände »Studies in Ancient Technology« von Robert J. Forbes fehlt[2]. Sein Beitrag »Power« im zweiten Band der berühmten »History of Technology«, Oxford 1956, ist aber an etlichen Stellen vermerkt.

In der Masse der zu zitierenden Titel fehlt der Hinweis auf die Mühle bzw. das Mühlrad als »Universalmotor des Mittelalters« in der kurzen Geschichte der Technik im Mittelalter von Markus Popplow[3]. Noch nicht berücksichtigt sind die Studien Franz Irsiglers zur »Bündelung von Energie in der mittelalterlichen Stadt« und einige seiner Beiträge in seiner 2021 erschienenen Aufsatzsammlung »Spätlese«, die keineswegs nur den ihm so vertrauten Weinbau meint[4]. Die engsten Bezüge zu den Abschnitten über Wasserkraft im ersten Teil ergeben sich durch die lehrreiche »Histoire de l'énergie hydraulique« von Paul-Louis Viollet[5] und durch die beiden 2019 und 2022 erschienenen Bände des Dortmunder Ingenieurprofessors Andreas Ney[6]. Er hat seinen

---

2   Robert J. Forbes, Studies in Ancient Technology, Bd. 1–9, Leiden 1955–1964.
3   Markus Popplow, Technik im Mittelalter, München 2010, S. 78–88. Neben den Naturkräften Wasser und Wind sollte der noch lange bedeutende Anteil der Muskelkraft von Mensch und Tier nicht vergessen werden. Vgl. Anthologie 1, S. 23–88.
4   Spätlese. Aufsätze aus den ersten beiden Jahrzehnten des 21. Jahrhunderts. Festgabe für Franz Irsigler zum 80. Geburtstag, hg. von Michael Embach u. a., Trier 2021. Einschlägig darin u. a. der Beitrag über die spätantike Mähmaschine und die angebliche Erfindung des Pferdekummets im 9. Jahrhundert (S. 31–48, zu meinem Teil 1,2 »Antriebskräfte von Tieren«) oder die Wirtschaftsräume und Energieströme in Mittelalter und Früher Neuzeit (S. 429–444). Zum Verkehr außerdem S. 355–374 (»Der Hansehandel auf dem Rhein«) und S. 485–498 (»Die Flößerei auf der Mosel und ihren Nebenflüssen«). Anregend ferner der Vergleich dreier niederländischer Autoren zur unterschiedlichen Investitionstätigkeit in Westeuropa und dem Nahen Osten während des Mittelalters, wobei die Wasser- und Windmühlen eine wesentliche Rolle spielen: Bas Van Bavel, Eltjo Buringh, Jessica Dijkman, Mills, Cranes, and the Great Difference: the Use of Immovable Capital Goods in Western Europe and the Middle East, Ninth to Sixteenth Centuries, in: Economic History Society 71/1 (2017), S. 1–24. Der Artikel ist auch in einer Internet-Fassung zugänglich: https://onlinelibrary.wiley.com/doi/epdf/10.1111/ehr.12571 (22.02.2023).
5   Pierre-Louis Viollet, Histoire de l'énergie hydraulique. Moulins, pompes, roues et turbines de l'Antiquité au XXe siècle, Paris 2005, ²2022.
6   Andreas Ney, Wasser-, Windräder und -mühlen in der Spätantike und dem Mittelalter, nach archäologischen, bildlichen und schriftlichen Quellen, Detmold 2019, S. 53–58, 413. Zum zweiten Band siehe Anm. 14.

Ruhestand genutzt, um sich in die ferne Vergangenheit der Wasser- und Windmühlen in Europa einzuarbeiten. Sein methodischer Ansatz, die Konzentration auf die Quellen, ist zu begrüßen. Um sich nach Möglichkeit nur auf archäologische Zeugnisse und direkte Schriftquellen stützen zu können, übergeht er jedoch die unentbehrliche Sekundärliteratur und behandelt sie nur, soweit sie ihm aus technischer Sicht fehlerhaft erscheint. Seine Sammeltätigkeit ist bewunderungswürdig, sein Gliederungsprinzip allerdings mehr als unbequem. Die komplizierte Anordnung nach Quellengattungen und der ständige Wechsel zwischen Wasser- und Windkraft reißen die Zusammenhänge weit auseinander. In seinem soeben erschienenen zweiten Band, der das System des ersten beibehält, bemüht sich Ney vor allem um Nachträge zur antiken Vorgeschichte. Hier erscheinen zwei wiederkehrende Themen, auf die ich näher eingehen möchte, zumal sie auch in meiner Anthologie noch verbesserungsfähig sind[7].

1. Römische Vorläufer der mittelalterlichen Gezeitenmühlen?

Was sind Gezeitenmühlen? Am Ende geschützter Meeresbuchten werden Dämme gebaut, hinter denen sich Flutwasser staut, das bei Ebbe abfließend genutzt wird, um Mühlräder anzutreiben. Die ältere Wirtschaftsgeschichte billigt diesen von Gezeitenkräften getriebenen Mühlen an Europas Küsten in der Regel nur wenig Bedeutung zu. Etliches darüber war vor allem aus England und den Niederlanden bekannt, gehört aber eher in die Zeit seit dem Hochmittelalter[8]. In den Niederlanden boten Windkraft und Gezeiten (neben der Nutzung der eigenen Torfbestände) eine wesentliche Hilfe für die wachsende Bevölkerung[9].

In Bezug auf die Ursprünge war außerdem eine Diskussion über die Frage entbrannt, ob Westeuropa seine inzwischen für das Mittelalter nachgewiesenen Gezeitenmühlen dem Orient verdanke. Dabei bezog man sich auf die arabischen Geografen des 10. Jahrhunderts und die genauere Beschreibung von al-Muqaddasi ca. 990, der ein hohes Lied auf die Gezeiten im Mündungsbereich von Euphrat und Tigris (Shatt al Arab) singt und hinzufügt: »And when the tide ebbs it is also useful for the working of mills because they are situated at the mouth of the river and its tributaries[10].« Spektakuläre Funde von Gezeitenmühlen im frühmittelalterlichen Irland seit dem

---

7 Vgl. Anthologie 1, S. 181–195, 244–293.
8 Rex WAILES, Tide Mills in England and Wales, Transactions of the Newcomen Society 19 (1938), S. 1–33; Robert S. FORBES, Power, in: Charles SINGER (Hg.), A History of Technology, Bd. 2, Oxford 1956, S. 614–622; Walter E. MINCHINTON, Early Tide Mills. Some Problems, in: Technology and Culture 20 (1979), S. 777–786; DERS., Tidemills of England and Wales, in: TIMS-Transactions 4 (1982), S. 339–353.
9 A. Tutein NOLTHENIUS, Getij- en Watermolen in Vlaanderen, in: Tijdschrift van het Koninklijk. Nederlands Aardrijkskundig Genootschap 73 (1956), S. 162–166; A. De KRAAKER, Frans WEEMAES, Malen en moeijke tijden. De geschiedenis van de grafelijke ros-, wind- en watermolens in Noord-Vlaanderenen aangrenzend Zeeland tussen 1450 en 1610, Kloosterzande 1995; Dietrich LOHRMANN, Frühe Gezeitenmühlen besonders im flandrischen Amt Hulst, in: Jean-Marie Duvosquel, Erik THOEN (Hg.), Peasants and Towns in Medieval Europe, in: Studia in honorem Adriaan Verhulst, Gent 1995, S. 517–528.
10 Dazu zuletzt Adam LUCAS, Wind, Water, Work. Ancient and Medieval Milling Technology, Leiden, Boston 2006, S. 88–90.

7. Jahrhundert haben danach die orientalische Ursprungsthese zwar geschwächt, aber nicht gänzlich überwunden, denn immerhin zeigt der Dekor des berühmten Buchs von Kells aus dem 8. Jahrhundert auch orientalische Einflüsse. Ich muss nicht hinzufügen, dass die Gezeitenkräfte sich im Wesentlichen aus dem Einfluss der Masse des Mondes auf die Meeresflächen der Erde ergeben und somit fast unerschöpflich sind, wenn auch technisch und wirtschaftlich nicht leicht zu nutzen. Das wussten die Menschen auch schon in der Antike und im frühen Mittelalter[11].

a. Irland

Die Ergebnisse der Archäologen zu den frühmittelalterlichen Gezeitenmühlen in Irland haben die Forschungslage grundlegend verändert. Sie finden sich vor allem in zwei Publikationen. Zunächst in einem zusammenfassenden Bericht von Colin Rynne, veröffentlicht 2000 in einem für die verschiedenen Länder Europas höchst aufschlussreichen Sammelband unter der Leitung von Paolo Squatriti. Ausgehend von der schriftlichen Überlieferung früher irischer Gesetzessammlungen und Andeutungen in der irischen Hagiografie, dazu sprachlichen Zeugnissen des Altirischen, entwirft Rynne ein ausführliches Tableau der archäologischen Funde[12]:

> »Some 28 Irish mill sites have been dated by dendrochronology, and most of these dates fall between the early seventh and tenth centuries A.D. A further seven sites have been dated by C14, although up until quite recently the determinations produced for the Irish mills using this technique could at best provide the outline date of ›early medieval‹.«

Aus technischer Sicht zeigen die irischen Funde ein bemerkenswertes Nebeneinander sowohl von Horizontal- wie von Vertikalrädern. Elf Seiten bei Colin Rynne befassen sich speziell mit den irischen Horizontalwasserrädern, ihren Schussrinnen (*penstocks*) und Lagern (*bearings*). Sieben Seiten gelten den Mühlen mit Vertikalrädern, wobei auch Anlagen aus der späteren normannischen Herrschaftsperiode einbezogen sind. Hierher gehört ferner (S. 41) die seitdem oft abgebildete Rekonstruktion der Gezeitenmühle von Littleisland in der südlichen Grafschaft Cork. Charakteristisch für die irischen Forschungen ist der Nachdruck auf der Beschreibung des technischen Umfeldes. Man hat das Ausmaß der großen Dämme zur Rückhaltung des steigenden Flutwassers feststellen können, ebenso die beeindruckenden Mengen des gespeicherten Flutwassers berechnet, kennt die künstlich geschaffenen Kanäle (*flumes*) und nicht zuletzt die spezielle Art der Mühlräder und ihre Zuläufe bzw. Schussgerinne (*penstocks*).

> »In many instances, considerable effort was expended on the provision of a water supply for these mills. An ingenious system of feeder ponds and leats was con-

---

11 Vgl. u. a. Wesley STEVENS, Bede's Scientific Achievement, Newcastle 1985 (Jarrow Lectures 1985). Für die Antike ist vor allem auf Plinius und Seneca zu verweisen und auf die Messungen des Posidonius in Cádiz, wo er eindrucksvolle Fluthöhen beobachtete.
12 Colin RYNNE, Waterpower in Medieval Ireland, in: Paolo SQUATRITI (Hg.), Working with Water in Medieval Europe. Technology and Resource-Use, Leiden, Boston, Köln 2000 (Technology and Change in History, 3), S. 1–50, bes. S. 14.

structed on High Island, off the Galway coast, to power a small horizontal-wheeled mill for the adjacent monastery. A further island mill site on Little-island in Cork-Harbour, dating to c. A. D. 630, exploited tidal changes to power a large double horizontal-wheeled mill and a small vertical-wheeled mill[13].«

Nächst dem Überblick von Colin Rynne ist vor allem auf die 2007 erschienene, in Deutschland schwer zugängliche Monografie von Thomas MacErlean und Norman Crothers über die frühmittelalterlichen Gezeitenmühlen des Klosters Nendrum in Nordirland zu verweisen. Andreas Ney hat diese sehr gründliche Arbeit jüngst ausgewertet, sodass ich mich kurzfassen kann. Der Fund von Nendrum ist insgesamt besser erhalten als der von Littleisland. Er ist insofern von besonderer Bedeutung, als zwei, vielleicht sogar drei aufeinanderfolgende frühmittelalterliche Gezeitenmühlen am gleichen Standort nachgewiesen sind, die erste dendrochronologisch schon 619 A. D. mit Mühlenteich und Damm, Schusskanal bzw. Schussrohr (*penstock*), Standort des Wasserrads, Untergraben und anderem mehr. Die zweite Mühle, datiert nach umliegender Keramik auf das Jahr 789 A. D., ist besser erhalten, ihr Stauteich wesentlich größer, erhalten auch Reste eines Schaufelrads in effizienterer Form. Ney gibt fünf Abbildungen aus MacErlean und Crothers 2007. Es folgen bei ihm Angaben zu Mühlen in der Bretagne und einer angelsächsischen Gezeitenmühle in Kent (Ebbsfleet 692) mit einer Abbildung, die seitdem von Oxford Archaeology aus dem Internet zurückgezogen wurde[14]. 2010 erschien jedoch eine höchst aufschlussreiche Arbeit von Damian Goodburn zu dieser Londoner Grabung, auf die ich weiter unten eingehen werde.

b. Kontinentale Atlantikküste, besonders Bretagne

Mehr Überblick, wenn auch in wesentlich kürzerer Weise, liefert Piere-Louis Viollet, früherer Professor an der École des mines. In seiner 2005 erschienenen »Histoire de l'énergie hydraulique« geht er zwar auf die irischen Gezeitenmühlen nicht näher ein, nennt aber die im 10. (vielleicht schon 7.) Jahrhundert bezeugten Gezeitenmühlen bei Basrah (Irak). Zusammenfassend fügt er hinzu[15]:

»Mais c'est au XIIe siècle en Occident que le moulin à marée connaît son plus grand développement (Boithias et De la Vergne 1989). À cette époque, toute la façade occidentale de l'Europe se couvre de moulins à marée: à Bayonne vers 1120–1125, à Wooton dans le Hampshire (1132), à La Rochelle, où en 1139 les Templiers reçoivent le don d'un moulin de la part d'Aliénor d'Aquitaine, dans le

---

13 Ebd., S. 17.
14 Thomas MacErlean, Norman Crothers, Harnessing the Tides. The Early Medieval Tide Mills at Nendrum Monastery, Strangford Lough, Belfast 2007; dazu Andreas Ney, Wasser-, Windräder und -mühlen in Europa in Antike, Spätantike und Mittelalter, Norderstedt 2022 (BoD-Books on Demand), S. 46–49, 67–70, 148–151 und öfter (künftig zitiert: Ney 2). Das Quellen- und Literaturverzeichnis steht mitten im Band S. 95, der Anhang beginnt streng genommen schon S. 80 mit den chronologischen Verzeichnissen. Zu den irischen Gesetzestexten vgl. S. 49 und 300–305, zu den hagiografischen Texten S. 47 f., 238–249. Da der Autor seine Ausführungen nach Quellengattungen vorstellt und ständig zwischen Wasser- und Windmühlen wechselt, entsteht ein schwer zu durchdringendes, aber anregendes und inhaltsreiches Geflecht.
15 Viollet, Histoire de l'énergie hydraulique (wie Anm. 5), S. 64.

Suffolk et près de Londres (1170–1180), dans le pays de Guérande (1182), en Bretagne à Saint-Coulomb (1181) et Pencastel (1186), à Dieppe (1207), Carentan (1277), en Hollande à Zuicksee (1220), sur le Tage à Alcantar (1313), à Ruppelmonde sur l'Escaut (1388). On finira par en compter une centaine en Bretagne.«

Die überregionale Bedeutung der mittelalterlichen Nutzung der Gezeitenenergie ist damit gesichert. Viollets Verweis auf Boithias et De La Vernhe 1989 meint ein umfangreiches, in Deutschland wieder kaum erreichbares, vorzüglich illustriertes Werk, das sich in besonderer Weise den bretonischen Gezeitenmühlen widmet und den gesamten westeuropäischen Küstenbereich bis nach Portugal einbezieht[16]. Zu dem oft erwähnten modernen Gezeitkraftwerk von La Rance bei Saint-Malo erfährt man (Abb. 1–2), dass die 18 Kilometer tiefe Meeresbucht auch in vorindustrieller Zeit schon mit einer Folge von 15 deutlich kleineren Gezeiten- und (später) etwa ebenso vielen Windmühlen besetzt war. Auf den folgenden Seiten erscheinen eindrucksvolle Aufnahmen: eine Karte der Standorte an der Nord- und Westküste der Bretagne und die Unterscheidung der ausschließlich gezeitenabhängigen Anlagen von denen, die im Mündungsbereich eines Flusses gelegen sowohl das gespeicherte Flutwasser wie den Zufluss des Flusses nutzten.

In der Bretagne ist inzwischen, wie es scheint, eine weitere frühmittelalterliche Gezeitenmühle entdeckt worden, datiert auf die Jahre 585–600, somit noch etwas älter als die Anlage von Nendrum in Irland. Die Rede ist von »Cross-Channel Exchanges«. Der Fund bei Saint-Pol-de-Léon diene als »technical vector and catalyst« solcher Kontakte, die im keltischen Bereich nichts Besonderes sind. Autor der Internetpräsentation ist der erfahrene Dendrochronologe Vincent Bernard[17].

Insbesondere für die irischen Gezeitenmühlen des 7.–9. Jahrhunderts stellt sich die Frage der Herkunft ihrer Technologie. Ney (Bd. 2, S. 46f.) verweist auf die lateinische Herkunft der gälischen Bezeichnung für Wassermühlen *muillen* und die Angabe des irischen Dichters O'Lochtain, wonach der irische König Cormac Mac Airt einen Mühlenbauer von jenseits des Meeres, das heißt aus dem römischen Britannien, wenn nicht vom Kontinent, geholt habe, um eine Wassermühle bauen zu lassen. Hieran knüpft das Folgende an.

---

16 Jean-Louis BOITHIAS, Antoine DE LA VERNHE, Les moulins à mer et les anciens meuniers du littoral. Mouleurs, piqueurs, porteurs et moulageurs, Nonette 1989. Die Angaben beruhen auf Karten des 18. Jahrhunderts. Zu Portugal vgl. die in meiner Anthologie 1, S. 183–185 behandelten Arbeiten von Hartmut WITTENBERG, insbesondere Historic Tide Mills of Portugal – with focus on Hydraulic Aspecsts, 4th IWA International Symposion on Water and Wastewater Technologies in Ancient Civilizations (WWA), Coimbra, Sept. 2016, online: https://www.researchgate.net/publication/308792542_Historic_Tide_Mills_of_Portugal_-_with_Focus_on_Hydraulic_and_Operational_Aspects (22.02.2023). Vgl. auch Ewan SONNIC (Hg.), The Energy of the Tides – Yesterday, Today, Tomorrow, Rennes 2021.

17 Vincent BERNARD, Medieval Tide Mills in Western France as a Technical Vector and Catalyst of Cross-Channel exchanges (mitgeteilt von David Plunkett). Von Vincent BERNARD und Cyrille BILLARD vgl. u. a. Du bois pour les pêcheries: Archéologie littorale et dendro-archéologie des périodes médiévales dans l'Ouest de la France, in: Dendro -chronologie -typologie -ökologie. Festschrift für André Billamboz zum 65. Geburtstag, Freiburg im Breisgau 2013, mit Beginn im 6.–7. Jahrhundert. Skeptisch hierzu NEY, 2, S. 152.

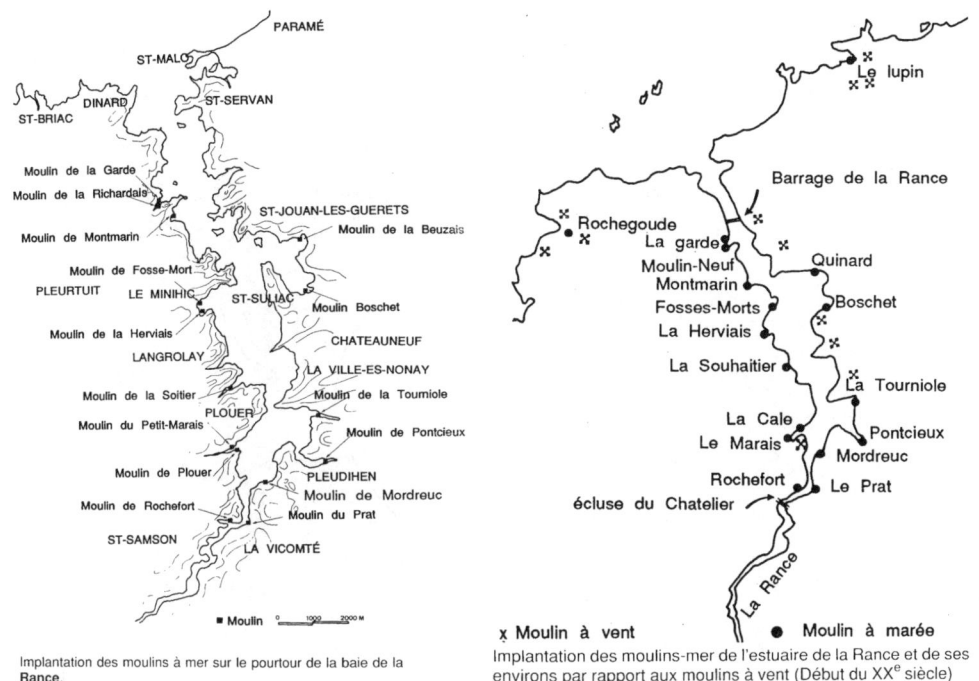

Abb. 1–2: Gezeiten- und Windmühlen (18. Jh.) in der Bucht La Rance (Ille et Vilaine) nach Boithias, de La Vernhe, Les moulins à mer (wie Anm. 16), S. 46, 67.

c. London. Römische Gezeitenmühlen?

Römische Gezeitenmühlen sind bisher nirgendwo mit Sicherheit nachgewiesen. Für römische Wasserbauingenieure bot der Bau solcher Anlagen aber kein wesentliches Hindernis. Sie waren im Dammbau ebenso erfahren wie im Bau von Wassermühlen. Die Verbindung beider Techniken ergab die gewünschten Mühlen zur Nutzung der Gezeitenkraft an Standorten, an denen Bäche mit geeignetem Gefälle fehlten. Für römischen Damm- bzw. Mauerbau im Binnenland bewahrt vor allem Spanien eindrucksvolle Beispiele. Den Bau von Wassermühlen mit vertikalem Wasserrad schildert bereits Vitruv. Nachweise für den Bau von Wassermühlen in den römischen Provinzen, darunter auch Britannien, hat vor allem Örjan Wikander 1985 zusammengetragen. Seitdem sind zahlreiche Neufunde hinzugekommen[18]. In diesem Rahmen ist die Auswertung einer großen römerzeitlichen Grabung im Westen des römischen London zu sehen. Zeitlich kommt vor allem der Wiederaufbau der Stadt nach den Zerstörungen des Boudicca-Aufstandes (47–60 A.D.) infrage, als die Bevölkerungszahl

---

18 Örjan Wikander, Archaeological Evidence for Early Water-mills – an Interim Report, in der Zeitschrift History of Technology 10 (1985) S. 151–179. Ders., The Water-Mill und Industrial Applications of Water-Power, in: Handbook of Ancient Water Technology, ed. Örjan Wikander, Leiden, Boston, Köln 2000, S. 371–412.

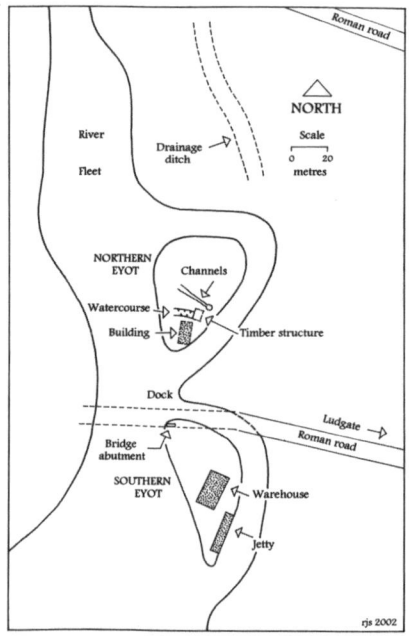
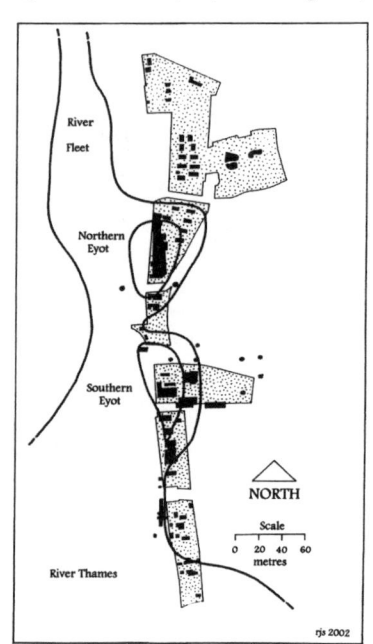

Abb. 3–4: London Ausgrabungen im Mündungsbereich der River Fleet, 1.–2. Jh. n. Chr., nach Spain, A Possible Roman Tide-Mill (wie Anm. 20).

Londons stark anwuchs[19]. Dazu kommt die Frage, inwieweit die hydrografischen Bedingungen in London (Fluthöhe zwischen 4 und 7 Metern) generell andere Typen von Wassermühlen zulassen als eben Gezeitenmühlen.

Im Mündungsbereich der damals nicht unbedeutenden River Fleet, eines Zuflusses zur Themse am Westrand des römischen London, überprüft der englische Archäologe Robert J. Spain eindringlich die schon von den Ausgräbern geäußerte Vermutung einer römerzeitlichen Gezeitenmühle aus dem 1.–2. Jahrhundert (Abb. 3–4). Spain war durch Vorarbeiten am Standort Ickham, Kent, und am Hadrian's Wall mit römischen Wassermühlen bereits wohl vertraut. Im Westen des römischen London bildet seine Grundlage die archäologische Dokumentation einer großflächigen Grabung von 1988–92 auf dem Gelände eines künftigen Londoner Altenheims, sie umfasst nicht weniger als 54 Bände. Hinzu kommen Studien zum Gezeitenverhalten der unteren Themse, das auch zur Römerzeit schon große Unterschiede erkennen lässt[20].

---

19 Richard Hingley, Londinium, a Biography. Roman London from its Origins to the Fifth Century, London, New York 2018, S. 116–120. Dazu Nicholas Barton, The Lost Rivers of London, London 1992, S. 97 (River Lea), 99 (River Fleet).
20 Robert Spain, A Possible Roman Tide-Mill (2002), online https://docplayer.net/29563382-A-possible-roman-tide-mill-robert-spain.html (22.02.2023).

Abb. 7–8: Westliche und östliche Turmwindmühlen nach Konrad Gruter von Werden, ed. LOHRMANN, KRANZ, ALERTZ (wie Anm. 55), S. 152, 159.

Spains wertvolle, nur im Internet veröffentlichte Analyse der Grabungsdokumentation scheint auf dem Kontinent kaum Beachtung gefunden zu haben. Der englische Tide Mill-Spezialist David Plunkett sendet mir dazu ausführliche private Aufzeichnungen. Letzthin befürwortet auch er die Deutung der Befunde als Gezeitenmühle. Es sei eine Anlage mit zusätzlichem Zufluss durch die River Fleet. Nur in Detailfragen setzt er gelegentlich ein Fragezeichen[21].

Die Grabung im Mündungsbereich der heute ganz im Untergrund fließenden River Fleet verdient erhebliches Interesse für die immer noch unbeantwortete Frage nach dem Ursprung der Gezeitenmühle. Dass diese nicht in Irland erfunden wurde, deutet sich schon an durch die erwähnte Nachricht, wonach ein irischer König des 2. Jahrhunderts zum Bau seiner Anlage einen Mühlenbauer von jenseits des Meeres habe kommen lassen (gemeint offenbar das römische Britannien). Auch der sprachliche Befund des irischen Wortes *muillen* weist auf lateinischen bzw. römischen Ursprung (*molendinum*). Deutlich weiter führt die Auswertung der großen Grabung von 1988–92, sie sei in Kürze hier vorgestellt.

Spains Abbildung 1 zeigt die Lage der alten Flussmündung in dem heutigen Londoner Stadtviertel am Westrand des römischen London. Auf Abbildung 3 erkennt man die beiden von den Archäologen nachgewiesenen Inseln (*eyots*) im Mündungsbereich der River Fleet. Auf der südlichen Insel deuten Pfostenfunde auf eine Anlegestelle und ein Warenlager mit Funden herantransportierten Getreides. Auf der nördlichen Insel erscheinen weitere bedeutende Pfahlstrukturen. Dort liegt nach Spain die Position der vermuteten Mühle an einem gezeitenabhängigen Mühlkanal. Spains Abbildung 10 zeigt die Niveauverhältnisse und den hypothetischen Verlauf einer etwas späteren nördlichen Ableitung aus der River Fleet. Wegen des Rückganges des Gezeitenniveaus im 2. Jahrhundert sollte dieser *aqueduc* mehr Wasser auf die Mühlräder lenken. Es handelt sich demnach wie um den nicht seltenen Fall kombinierten Antriebs sowohl durch Gezeitenströmung wie durch auslaufendes Flusswasser.

Abschließend folgt ein Blick auf die insgesamt bedeutenden Fortschritte der Kenntnis von Wassermühlen in der römischen Kaiserzeit. Spain verweist auf die relativ häufige Verbindung von römischen Militärlagern mit anliegenden Wassermühlen. Für die Deutung der Anfänge früher Nutzung der Gezeitenenergie ist sein Beitrag von erheblicher Bedeutung, wenn auch ein abschließendes Urteil noch auszustehen scheint. Sollte die Deutung als Gezeitenmühle, die auch von den Ausgräbern selbst schon begünstigt wurde, zutreffen, ergibt sich zumindest die Richtung einer noch weiter zu vertiefenden Lösung für das angedeutete Herkunftsproblem. Nicht aus dem Orient käme die erste Gezeitenmühle, sondern aus römischem Knowhow, was dann auch für die Herkunft der frühmittelalterlichen Gezeitenmühlen Irlands zuträfe.

Aus einer weiteren Londoner Grabung stammt eine bedeutende Ergänzung zu Spains Angaben über die veränderten Fluthöhen im Laufe des Mittelalters. Oxforder

---

[21] David PLUNKETT, Sendung vom 17.10.2022. Ich bin David Plunkett für seine Hilfe zu großem Dank verpflichtet. Seine Excel-Workbook Tabelle, die er 2019 bei einer Tagung der Internationalen Gesellschaft für Mühlenkunde (TIMS) in Berlin vorstellte, verzeichnet für England und die Isle of White 216 Gezeitenmühlen, für Wales und die Isle of Man 31 solche Mühlen bis ins 20. Jahrhundert.

Archäologen erzielten diese Ergebnisse im Anschluss an die Funde zweier weiterer Gezeitenmühlen, darunter eine wohl erhaltene Anlage in Northfleet, die gelegentlich auch als Horizontalmühle von Ebbsfleet erscheint. Die ältere Mühle dort gehört in die 690er Jahre, also in einen ähnlichen zeitlichen Zusammenhang wie die ältesten irischen Gezeitenmühlen, die jüngere in die 1190er-Jahre. Der Vorbericht von Damian Goodburn behandelt vor allem die Rückschlüsse auf das veränderte Gezeitenverhalten. Die ältere Mühle sei ausgefallen in einer »period of fairly rapid sea level rise«[22]. Adam Lucas verweist für das 14. Jahrhundert auf Gezeitenmühlen am Londoner Tower und bei Hadley Castle in Essex[23]. Weitere Angaben sind unter den Titeln »Great houses, moats and mills on the south bank of the Thames« zu finden und unter dem Stichwort »House-Mill on the River Lea«, wo noch 1776 ein großer Neubau errichtet wurde und bis 1941 als Standort einer Gezeitenmühle diente[24]. London scheint demnach über lange Zeiträume einen erheblichen Teil seines Mehls in gezeitenabhängigen bzw. gezeitenassistierten Mühlen gemahlen zu haben, was die Wahrscheinlichkeit einer solchen Lösung schon in römischer Zeit weiter erhöht.

Aus meiner Anthologie sei ergänzend auf einen Komplex von Gezeitenmühlen im Osten Londons verwiesen. Dort sind aus dem Domesday Book zum Jahre 1066 neun Mühlen verzeichnet, die sich 1087 zum Zeitpunkt der Abfassung des Buches auf acht vermindert hatten[25]. Diese Mühlen lagen im gezeitenabhängigen Mündungsbereich der River Lea. Es scheint nicht ausgeschlossen, dass auch dieser günstige Standort für Gezeitenmühlen schon in römischer Zeit genutzt wurde. Ein weiterer Standort, diesmal mit sicherer römischer Vergangenheit, befindet sich nahe der Themsemündung in der Nähe eines spätantiken Forts des Limes Saxonicus. Der älteste urkundliche Beleg für Reculver stammt aus dem Jahr 949, danach erneut im Domesday Book. 949 ist von einem zugehörigen, wohl gezeitenabhängigen Mühlgraben (mylen fleotes) die Rede[26]. Noch eine Gezeitenmühle an der Themsemündung ist 1327 in Southend-on-Sea nachgewiesen.

Die Mühle von Reculver nahe der Küste von Kent wurde, wie es scheint, schon am Ende des 12. Jahrhundert durch eine Windmühle ersetzt[27]. Sie stellt ähnlich wie Southend-on-Sea das Problem der begrenzten Dauerhaftigkeit von Gezeitenmühlen. Dazu gibt es etliche Parallelen im 13.–14. Jahrhundert. Durch Stürme und Fluten verschlechterten sich damals die Bedingungen für den Erhalt der Gebäude von Gezeitenmühlen an Englands Küsten. Boithias und La Vernhe S. 50f. erörtern die

---

22 Damian GOODBURN, Simon DAVIS, Two New Thames Tide Mills of the 690s and 1190s and a brief update on archaeological evidence for changing medieval tidal levels, in: Tides and Floods. New Research on London and the tidal Thames from the Middle Ages to the Twentieth Century, hg. von James A. GALLOWAY, London 2010, S. 1–13. Vgl. auch Simon DAVIS zu einem Fund des 12. Jahrhunderts, online: https://www.standard.co.uk/hp/front/uncovered-oldest-watermill-in-london-6928584.html (22.02.2023).
23 LUCAS, Wind, Water, Work (wie Anm. 10), S. 100.
24 http://www.thamesdiscovery.org/frog-blog/tidal-mills-on-the-thames (22.02.2023). Dazu Simon BLATHERWICK, Richard BLUER, Great houses, Moats and Mills on the South Bank of the Thames. Medieval and Tudor Southwark and Rotherhithe, London 2009.
25 Anthologie 1, S. 185f. nach Codex diplomaticus aevi Saxonici, Bd. 3, ed. John M. KEMBLE, London 1845, S. 428–429. Domesday Book Kent 2.13, ed. Philip MORGAN, Chichester 1983, fol. 3c.
26 Anthologie 1, S. 185–187.
27 Richard HOLT, The Mills of Medieval England, Oxford 1988, S. 133.

Gründe für den ähnlichen Rückgang von Gezeitenmühlen in der Bretagne. Aufschlussreich für den damals steigenden Wasserstand des Meeres sind dort u. a. überflutete Megalithflächen in der Umgebung von Carnac[28]. In zahlreichen anderen Fällen ersetzte man die gefährdeten oder zerstörten Gezeitenmühlen ebenfalls durch Windmühlen[29]. An einer Stelle heißt es, eine Gezeitenmühle könne der Konkurrenz zahlreicher neuer Windmühlen nicht standhalten. Etliche Gezeitenmühlen nahe der Atlantikküste hielten sich trotzdem bis ins 20. Jahrhundert. Während des Zweiten Weltkriegs in Frankreich erlebten sie kurzfristig eine Renaissance, etliche wurden beschädigt[30].

2. Zur Herkunft der westlichen Turmwindmühlen

Für die mittelalterliche Bevölkerung erfüllten Windmühlen und Gezeitenmühlen nach einem schönen Satz des australischen Technikhistorikers Adam Lucas (2006) eine ähnliche wirtschaftliche Funktion: Sie boten beide Mahlkapazitäten da, wo die lokale Wasserkraft nicht stark oder nicht regelmäßig genug war, um eine gewöhnliche Wassermühle anzutreiben[31]. Sowohl die Gezeiten wie der Wind lieferten die jeweils nötige Ersatzenergie, die Gezeiten allerdings wesentlich früher, wie wir am Beispiel Irlands sahen, und in einem geografisch wesentlich eingeschränkteren Maße, nämlich nur in Meeresbuchten oder in gezeitenabhängigen Flussmündungen und deren unmittelbaren Zuflüssen, wie im Falle Londons für die River Fleet und River Lea schon dargelegt. Die Bockwindmühlen Westeuropas kamen deutlich später auf, nach übereinstimmender Ansicht der Forscher an den Küsten des Ärmelkanals erst seit etwa 1180 und in verstärktem Maße erst während der ersten Hälfte des 13. Jahrhunderts[32]. Hier geht es um die mediterranen Turmwindmühlen. Ihre Geschichte ist komplizierter und schlechter erforscht. Ältere Autoren vermuteten ihren Ursprung erst im 15.–16. Jahrhunderts[33].

a. Provence

Aus der Provence sind 1235–1250 schriftliche Zeugnisse von *molendini aure* bekannt, die man im Gegensatz zu den dortigen *molendini aque* als Windmühlen deutet. Lange betrachtete man sie als mögliche Vorläufer der Windmühlen im nordwestlichen Europa. Sie wären Vermittler zwischen Orient und Okzident, wenn sich die ursprüngliche Datierung 1160 für die Statuten von Arles behauptet und die Vermittlung aus

---

28 BOITHIAS, DE LA VERNHE, Les moulins à mer (wie Anm. 16), S. 50 f.
29 LUCAS, Wind, Water, Work (wie Anm. 10), S. 143–145.
30 BOITHIAS, DE LA VERNHE, Les moulins à mer (wie Anm. 16), S. 121 f.: »Les moulins en sursis sous l'occupation«.
31 LUCAS, Wind, Water, Work (wie Anm. 10), S. 85.
32 HOLT, The Mills of Medieval England (wie Anm. 27). Er schreibt S. 33: »Of the limited number of medieval inventions the windmill was perhaps the most important economically.« Dazu vor allem die fundamentale Auswertung der Rechnungen im Staatsarchiv Lille durch Yves COUTANT, Middleeeuwse molentermen in het graafschap Vlaanderen. Terminologie du moulin médiéval dans le comté de Flandre, Tongeren, Liège 1994.
33 Vgl. Anm. 53 (NOTEBAART) und 66 (CROMBIE).

dem Orient durch die Kreuzfahrer noch Gültigkeit hätte. Beides steht jedoch ernsthaft infrage.

Es sind Zeugnisse normativer Art, sie setzen die Existenz solcher Mühlen als älter voraus. Einmal geht es in Arles ca. 1235 um die Festsetzung des Mahlgeldes: Die Windmühlen geben den 20. Teil, die Wassermühlen den 30. Teil. Zum anderen erhalten wir 1252 in Tarascon einen Zolltarif für Hölzer von Wind- und Wassermühlen, die somit in größerer Zahl im Bau und offenbar auch längst bekannt waren.

Item statuimus quod molitura detur molendinis aure vicesima pars et molendinis aque tricesima pars, et pro hac parte teneantur cujuslibet generis bladi molere bladum; et bladum primum apportatum cujuscumque generis molendinarius prius molere teneatur [...]. Et molendinarii molendinorum aure habeant similiter mensuram ferro Communis signatam que faciat vicesimam partem sextarii, cum qua recipiant molituram. Et in omnibus molendinis tam aure quam aque molendinarii teneantur molere bladum tam ponderatum quam non ponderatum; et qui contra fecerit in viginti solidis puniatur.

Forma et modus percipiendi pedagium in villa Tarasconi in Rodono in rebus diversis deportatis per Rodonum, ascendendo vel descendendo.
De fusta unius molendini aure: V sol.; de fusta unius molendini aque: X sol.

»Ebenfalls verfügen wir, dass als Mahlgeld den Windmühlen der zwanzigste Teil zusteht, den Wassermühlen der dreißigste Teil. Für diesen Anteil sollen sie Getreide jeglicher Art mahlen; das zuerst gebrachte Getreide jeglicher Art soll der Müller zuerst mahlen [...]. Die Müller der Windmühlen verwenden ebenfalls ein mit dem Eisen der Kommune gezeichnetes Maß, womit sie das Mahlgut empfangen; es entspricht dem 20. Teil eines Sextars. So sollen die Müller in allen Wind- wie Wassermühlen Getreide mahlen, das sowohl gewogen wie nicht gewogen ist. Wer dagegen verstößt, zahlt 20 Solidi[34].

Regelung des Zolltarifs in der Stadt Tarascon an der Rhône für diverse Dinge, die auf der Rhône berg- und talwärts transportiert werden.
Vom Wellbaum einer Windmühle 5 Schillinge, vom Wellbaum einer Wassermühle 10 Schillinge[35].«

Zur Deutung des provenzalischen Windmühlentyps gibt es spätere bildliche Zeugnisse. Dabei handelt es sich um Steintürme mit Vier- oder Mehrflügel-Windrädern, wie sie aus dem östlichen Mittelmeer bekannt sind. Dieser Typ zeigt sich verbreitet auf Abbildungen der Städte Arles und Marseille im 16.–17. Jahrhundert. Für Autoren der Provence wie Jean Orsatelli ist klar, dass es sich um Windmühlen »de type grec« handelt[36]. Was liegt dann näher als die Vermutung, dass dieser provenzalische Typ

---

34 Statuta sive leges municipales Arelatis, in: Charles GIRAUD, Essai sur l'histoire du droit français au Moyen Âge, Bd. 2, Paris 1846, S. 208 Art. 57.
35 Enquêtes sur les droits et revenus de Charles Ier d'Anjou en Provence, 1252 et 1278, ed. Edouard BARATIER, Paris 1969, S. 385–386 Nr. 674–675. Vgl. ergänzend Tarif des péages du comte de Provence, au milieu du XIIIe siècle, in: Cartulaire de l'abbaye de Saint-Victor de Marseille, ed. Benjamin GUÉRARD, Bd. 1, Paris 1857, S. LXXXII–LXXXIII.
36 Jean ORSATELLI, Les moulins. Les moulins à vent, les moulins à eau, Marseille 1979, S. 94–98.

von Windmühlen durch Kontakte mit der griechischen Welt entstanden sei? Ich habe deshalb in der Anthologie nach voraufgehender Ablehnung der These eines östlichen Ursprungs durch die Kreuzfahrer in Syrien nun die Hypothese vorgeschlagen, dass die Provenzalen sich an griechischen Mühlen in der Ägäis, insbesondere in Rhodos, orientiert hätten. Das bleibt zu überprüfen.

b. Eine Vielzahl von Hypothesen

Für Frankreich hat Claude Rivals 1987 eine Vielzahl älterer Hypothesen vorgestellt, die sich mit der Frage des Ursprungs der westlichen Windmühlen beschäftigen[37]. Er bespricht dabei auch die provenzalischen Turmwindmühlen und verfolgt ihre Ausbreitung nach Westen, freilich nicht immer mit strenger Unterscheidung von Turm- und Bockwindmühlen. Turmwindmühlen sind jedoch bis an die französische Westküste gelangt, sie erscheinen, neben den viel zahlreicheren Bockwindmühlen, auf festem Grund auch in Flandern, und schon um 1295 ist der Baubeginn einer großen Turmwindmühle in Dover bezeugt:

A. *Expense facte per manum Stephani de Penecestr'I Constabularii castri Dovor' circa facturam cuiusdam molendini ventrici de petra in eodem castro, incipiente die lune in vigil' beati Andree apostoli anno regno regis Edwardi vicesimo tercio.* B. *Et in uno molendino ventrico de petra de novo construendo in dicto castro [...] anno 23 £ 36-6-11.*	»A. Ausgaben aus der Hand des Stephen of Penchester, Konstabler der Burg Dover, zum Bau einer Windmühle aus Stein in dieser Burg, beginnend am Montag der Vigil des hl. Apostels Andreas, im 23. Regierungsjahr des Königs Eduard. B. Und für eine neu zu bauende Windmühle aus Stein in der genannten Burg [...] 23 Pfund, 36-6-11[38].«

Während die Vermittlung dieses Typs von Turmwindmühlen nach Norden über die Provence sehr wahrscheinlich wirkt, ist die Frage ihrer eigentlichen Herkunft ungeklärt. Es sind mediterrane Turmwindmühlen mit steinernem Turm und aufsitzender drehbarer Haube. Aus Syrien, vermittelt durch Kreuzfahrer, können sie nicht kommen. Diese Hypothese ist seit Langem widerlegt, seit man den Bericht des Ambroise beachtet, wonach deutsche oder niederländische Mühlenbauer 1189–1190 bei der Belagerung von Akkon eine Windmühle errichtet hatten, die den Muslimen völlig unbekannt war; es sei die erste Windmühle in Syrien überhaupt gewesen. Die Einzelteile dieser aus Bauholz errichteten Mühle waren von den Kreuzfahrern wohl aus Europa mitgebracht worden[39].

---

37 Claude Rivals, Le Moulin à vent et le meunier dans la société française traditionnelle, Paris 1987, S. 44–50.
38 Teil A. London Public Record Office, Roll of Expenses E 101/462/14. – Teil B. Ebd., Pipe Roll 29 Edward I rot. 22, ed. John Salmon, A Note on Early Tower Windmills, in: Journal of the British Archaeological Association 39 (1966), S. 75.
39 Dietrich Lohrmann, Von der östlichen zur westlichen Windmühle. Beitrag zu einer ungelösten Frage, in: Archiv für Kulturgeschichte 77 (1995), S. 1–32, bes. S. 24–26; Anthologie 1, S. 244–293, bes. S. 281.

Wenn Syrien bzw. Palästina ausfallen, kann man als inspirierende Windmühlenlandschaft an die griechischen Inseln der Ägäis denken, wo aus der Neuzeit eindrucksvolle Bilder von vielflügeligen Turmwindmühlen bezeugt sind. Als solche sind sie für Touristen noch heute sichtbar und durch Abbildungen bekannt[40]. Boten sie die Anregung, solche Mühlen auch in Westeuropa zu bauen? In meiner Anthologie habe ich vorgeschlagen, zwischen einigen von ihnen und den früh bezeugten Turmwindmühlen der Provence einen Zusammenhang zu sehen[41]. Das ist zu überprüfen.

c. Die Abbildungen in Buondelmontes »Liber insularum Arcipelagi«

Einer der Bezugspunkte angesichts des Mangels früher Zeugnisse für die griechischen Turmwindmühlen in der Ägäis war die bekannte Beschreibung dieser Inselwelt durch den Florentiner Cristoforo Buondelmonte, 1420, 1422 oder 1430 je nach konsultierter Rezension. Buondelmonte bespricht in seinen Texten insgesamt 79 griechische Inseln der Ägäis, dazu das näher gelegene Korfu am Eingang der Adria, die Festung Gallipoli am Hellespont (Dardanellen) und schließlich Konstantinopel mit der genuesischen Vorstadt Pera. In seinen Texten zeigt Buondelmonte jedoch für die Windmühlen nicht das geringste Interesse. Er ist ein gelehrter Humanist, voller Erinnerungen an Homers Ilias und Odyssee, die griechische Götterwelt, lateinische Dichter und frühchristliche Überlieferung. Gelegentlich streut er historische Ereignisse ein wie den Tod des Normannen Robert Guiscard auf der Insel Iacinctus oder erinnert an die Auseinandersetzungen zwischen Genua und Venedig um die Insel Tenedos am südlichen Eingang zum Hellespont. Mehrfach erwähnt er die Kämpfe mit den Türken im 14. Jahrhundert, und nicht selten nennt er Wasserquellen, auf Kreta, Kos und Chio sogar Wassermühlen. Auf den größeren Inseln zeigen die beigegebenen Zeichnungen Türme zum Schutz der Quellen, dazu zahlreiche Wälder, sehr oft auch Ruinen verfallener Siedlungen und Festungen. Symbole von Turmwindmühlen mit vier Flügeln erscheinen nur auf den eingefügten Kartenbildern.

Die Überlieferung von Buondelmontes »Liber insularum arcipelagi« ist reich, bis zu 70 Handschriften. Das Interesse an dem Werk war sichtlich groß, dafür zeugen auch die zahlreichen Varianten sowohl in den Texten wie auf den Abbildungen der verschiedenen Inseln. Angesichts dieser Vielfalt und des Fehlens einer kritischen Gesamtedition sind generalisierende Aussagen vorerst schwierig. Ich stütze mich auf die 2005–2007 publizierte Düsseldorfer Handschrift, die mit einem genuesischen Illustrator in Verbindung gebracht wird[42], und auf eine Kopie des 15. Jahrhunderts im département des Cartes et plans der Pariser Nationalbibliothek (Ge. D 4369). Fünf weitere Pariser Kopien, die ich Anfang 1995 kurz sehen konnte, liegen in der zugehörigen Handschriftenabteilung (ms. latins 4822–4825, dazu ms. nouv. acq. lat 2383)[43].

---

40 Abbildungen u. a. in dem grundlegenden, mittlerweile gealterten Werk von Jannis C. NOTEBAART, Windmühlen. Der Stand der Forschung, Den Haag, Paris 1972, nach S. 276.
41 Anthologie 1, S. 250–263.
42 Cristoforo Buondelmonti Liber insularum (ULBD ms. G 13): Faksimile und Kommentar, ed. Irmgard SIEBERT, Max PLASSMANN, Wiesbaden 2005; Textausgabe von Karl BAYER, Wiesbaden 2007. Ältere Ausgabe von Émile LEGRAND, Description des îles de l'Archipel par Christophe Buondelmonti. Version grecque, Paris 1897.
43 Die Karte Ge. D 4369 auf Gallica in Farbe gesehen im Oktober 2022 (jetzt offenbar nicht mehr zugänglich); vgl. die ähnliche Handschrift BNF, ms. lat.4825 unter https://gallica.bnf.fr/ark:/12148/

Giuseppe Gerola benutzte1931 für die Darstellung von Konstantinopel sechs weitere Handschriften aus italienischen Bibliotheken in Florenz, Ravenna, Venedig, Mailand und dem Vatikan[44]. Seine vergleichende Untersuchung der Varianten einer einzigen der 82 behandelten Darstellungen sollte Nachfolger finden. Eine kritische Gesamtedition wäre ein lohnendes Großprojekt. Mit dem Vergleich der Abbildungen wäre zu beginnen.

Die für die Präsenz von Turmwindmühlen wichtigsten Einzeldarstellungen auf den Buondelmonte-Karten sind die für Konstantinopel, den Hafen der Insel Rhodos und die große Festung von Gallipoli am nördlichen Eingang zu den Dardanellen. An allen drei Standorten ist die Präsenz von potenziellen okzidentalen Mühlenbauern zu beachten. Die Turmwindmühle des Plans von Konstantinopel steht nördlich des Goldenen Horns neben der Mauer der Genuesenstadt Pera. Während die meisten Buondelmonte-Karten hier nur ein Mühlensymbol zeigen, hat ms. nouv. acq. lat. 2383 in der Stadt Pera drei weitere.

Auf Rhodos herrschten ab 1307–1310 die Ritter des Johanniterordens. Ihre zwölf Turmwindmühlen auf der westlichen Hafenmole (dazu weitere Anlagen gegenüber und in den oberhalb gelegenen Gärten) sind durch Darstellungen von 1484–1486 in Breydenbachs und Grünembergs Reiseberichten wohlbekannt[45] (Abb. 5). Die Vorgeschichte dieser Mühlen lässt sich bis zu den Capitula Rhodi und dem Bericht eines franziskanischen Pilgers aus Frankfurt um 1350 zurückverfolgen. Der Bau der Türme auf der Hafenmole dürfte deshalb am ehesten auf Initiative des Johanniterordens erfolgt sein, das heißt nach der Eroberung der Insel 1307–1310. Breydenbachs späte Erzählung, der Bau sei schon um 1250 durch gefangene Genuesen erfolgt, verdient weniger Vertrauen. Am Ende des 14. Jahrhunderts standen auf der Mole 16 (14) Mühlentürme. Vier von ihnen sind offenbar 1440 dem Bau des großen Verteidigungsturmes an der Spitze der Mole gewichen[46].

btv1b10036631m"., https://gallica.bnf.fr (22.02.2023). – Eine kritische Edition für das Kapitel Kreta in: C. Buondelmonti Descriptio Insule Crete et Liber Insularum, ed. M.-A. Spitael (ed.), Heraklion 1981. Ihre Seiten 84–92 beschreiben 14 Handschriften, darunter eine auf Chio angefertigte Kopie von 1429, die nach Norfolk gelangt ist. Weiteres zu den Handschriften siehe in der Düsseldorfer Faksimileedition.

44 Giuseppe GEROLA, Le vedute di Costantinopoli di Cristoforo Buondelmonti, in: Studi bizantini e neoellenici 3 (1931), S. 249–279. Weitere Angaben in dem Artikel Cristoforo Buondelmonte, in: Dizionario biografico degli Italiani, Bd. 15, Rom 1972, S. 198–200 und in der Faksimileausgabe der Düsseldorfer Handschrift (wie Anm. 42).

45 Konrad Grünemberg, Von Konstanz nach Jerusalem. Eine Pilgerreise zum Hl. Grab im Jahre 1486. Die Karlsruher Handschrift, eingeleitet und übersetzt von Folker REICHERT, Andrea DENKE, Darmstadt 2015, S. 9, 56 (2 Turmwindmühlen in Modon, Hs. Gotha), 59 (12 TWM Rhodos), 17v (5 Turmwindmühlen Modon Hs. Karlsruhe), 20r Kreta (Horizontale Windmühle), Rhodos (erneut 12 Turmwindmühlen auf der Hafenmole). Vgl. auch Gerhard FOUQUET (Hg.), Die Reise eines niederadeligen Anonymus ins Hl. Land im Jahre 1494, Frankfurt 2007. Werner KREUER, Tagebuch der Hl. Land-Reise des Gaudenz von Kirchberg … im Jahre 1470, Paderborn 1990 (mit sehr guten Abbildungen aus Breydenbach–Reuwich).

46 Belege bei Albert GABRIEL, La cité de Rhodes MCCCX–MDXXII. Topographie, architecture militaire, Paris 1921, S. 58ff. und in meiner Studie, À quelle époque a-t-on construit les moulins à vent sur le môle du port de Rhodes?, in: Jean-Marc ROGER (Hg.), Rhodes et les chevaliers de Rhodes 1310–2010, Actes du colloque Rhodes, 28 et 29 mai 2010, Flavigny-sur-Ozerain 2013, S. 159–168. Ebd., S. 185–196 ein Beitrag von Michel BALARD, Le paysage de Rhodes vu par les voyageurs et pèlerins des XIVe et XVe siècles. Die Mühlenordnung der Capitula Rhodi 1330–40

Abb. 5: Turmwindmühlen auf Hafenmole der Insel Rhodos (Rhodos-Stadt) nach Bernhard von Breydenbach, Peregrinatio in Terram Sanctam, Mainz 1484, fol. 21v–22r (Ausschnitt aus Holzschnitt von Erhard Reuwich).

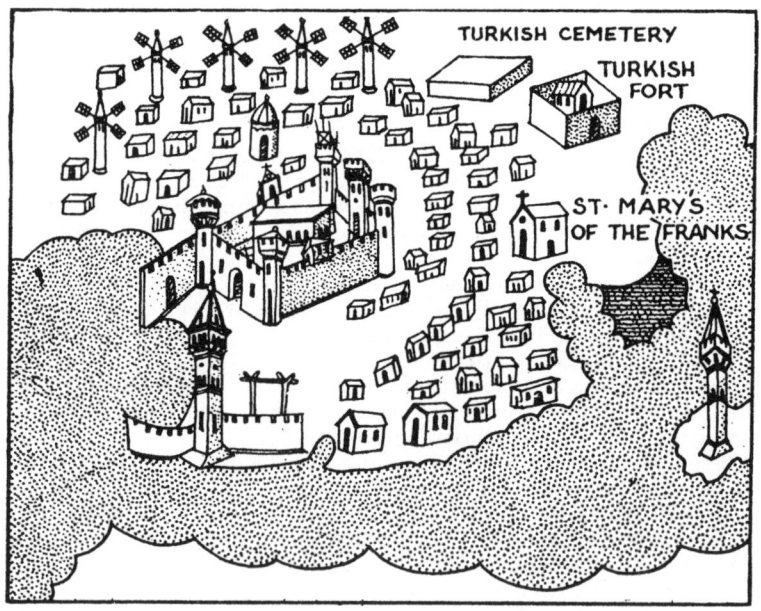

Abb. 6: Turmwindmühlen über der Festung und Stadt Gallipoli (Gelibolu, Türkei) nach Singer (Hg.), A History of Technology, Bd. 2 (wie Anm. 8), S. 625. Vgl. Paris, BnF, département des Cartes et plans, ms. Rés. Ge FF 9351, fol. 69r (Bild 76) mit der Angabe: *molendina hec sunt 50 seu plura*, online https://gallica.bnf.fr/ark:/12148/btv1b55010482q.r=ms.%20R%C3%A9s.%20Ge%20FF%209351?rk=21459;2 (22.02.2023).

Gallipoli verdient besondere Beachtung. Um 1300 war es angeblich eine der bedeutendsten Festungen im byzantinischen Thrakien, in der nachfolgenden Zeit immer wieder umstritten zwischen Katalanen, Griechen, Venezianern und Türken[47]. Am Standort oberhalb der großen Festung über der nördlichen Einfahrt zum Hellespont – ein oft umkämpfter Platz – erkennt man auf den von mir eingesehenen Buondelmonte-Exemplaren sieben (sechs) symbolartig vereinfachte Skizzen von Turmwindmühlen (Abb. 6). Darüber hat ein nicht wesentlich späterer Benutzer vermerkt, es seien dort 50 Windmühlen oder mehr gewesen[48]. Diese hohe Zahl überrascht, sie erklärt sich m. E. durch den Malbedarf des Handelsplatzes und die hohe Zahl von Truppen, die hier stationiert waren. In allen Fällen handelt es sich um runde Steintürme und Windräder mit jeweils nur vier Flügeln. Die Datierung ist schwierig, denn Zeugnisse für die Zeit vor 1300 fehlen bislang. Im 14. Jahrhundert tritt der Platz voll ins Licht der Geschichte. Zunächst besetzten ihn die in Thrakien schon länger marodierenden Katalanen und hielten ihn unter loser Kontrolle der Byzantiner. 1331 folgte ein erster Angriff der Türken. Nach dem großen Erdbeben von 1354 bemächtigten sie sich kampflos dieser Festung, verloren sie 1365 an Amadeus VI. von Savoyen und seine Kreuzfahrer, der sie den Byzantinern restituierte. Kaiser Andronikos IV. jedoch überließ sie 1376 definitiv den Osmanen; Buondelmonte kommentiert das mit Empörung.

Erst in der nun folgenden Epoche scheinen angesichts großer türkischer Truppenkontingente und weiterhin regem Schiffsverkehr, vor allem der Genuesen, die Bedingungen für den Bau einer großen Zahl von Turmwindmühlen erfüllt. Die Präsenz von Genuesen bleibt dabei zu beachten. Was man auf den Karten bei Buondelmonte sieht, sind nicht die typischen Vielflügelräder der Ägäis, die man aus zahlreichen Abbildungen der Neuzeit kennt, eher ähneln sie den Turmwindmühlen des Westens mit vier Flügeln. Man kann sie auf Bauten durch Spezialisten aus Genua oder Venedig (z. B. in dem wichtigen Hafen Modon) zurückführen, sie aber auch einfach dadurch erklären, dass die westlichen Zeichner der Buondelmonte-Handschriften die Mühlen nicht gesehen haben und sich an das hielten, was sie aus dem Westen kannten. In jedem Fall sind es Mühlen, die zahlreichen vorbeifahrenden westlichen Seefahrern aufgefallen sein müssen.

---

bei Antony LUTTRELL, The Town of Rhodes, 1306–1356, Rhodes 2003, S. 203–208. Vgl. auch Jürgen SARNOWSKY, Macht und Herrschaft im Johanniterorden des 15. Jahrhunderts, München 2001, S. 388, 448 f. Frederike TIMM, Der Palästina-Pilgerbericht des Bernhard von Breidenbach und die Holzschnitte Erhard Reuwichs, Stuttgart 2003–2004, S. 166.

47 Ausführliche Darstellung dieser Kämpfe von Halil Inalcik in der Encyclopédie de l'Islam, nouv. édition, Bd. 2, Paris 1965, S. 1005–1010, bes. S. 1006. 1304 standen die Katalanen im losen Dienst von Byzanz.

48 Die Handschrift Düsseldorf setzt *molendria quinquaginta a Vento*, die Pariser Handschrift Ge. D 4369 *molendina hec sunt 50 seu plura*.

d. Andere westliche Turmwindmühlen

Ich ändere damit meine in der Anthologie geäußerte Vermutung, die provenzalischen Turmwindmühlen des früheren 13. Jahrhunderts könnten auf Anregung von Kreuzfahrern entstanden sein, die solche Mühlen in der Ägäis gesehen hätten. Die Existenz früher griechischer Turmwindmühlen wird dadurch nicht ausgeschlossen; frühe Zeugnisse für sie auf den Inseln haben wir jedoch nicht. Turmwindmühlen erscheinen dagegen in Westeuropa, mit großer Wahrscheinlichkeit vor 1235 in der Provence, wie wir sahen, 1237 in der Toskana, 1295 schon in Dover[49]. Aus derselben Zeit (1230er-Jahre) stammen die westlichen Turmwindmühlen der Ritterorden auf den Festungen des Crac des Chevaliers und der Burg Saphet in den verbliebenen Gebieten der Kreuzfahrerstaaten[50].

Nach einer angeblich ersten Turmwindmühle 1332 in Venedig (Bartolomeo Verde) setzt Guido von Vigevano 1335 Rollen und Ringbalken für die Hauben von Turmwindmühlen als bekannt voraus[51]. Es folgen gegen Ende des Jahrhunderts ebensolche Turmwindmühlen mit Rollen für die Hauben in Flandern[52], 1392–1393 ein zylindrischer Windmühlenturm auf dem Neumarkt in Köln. Im 14. Jahrhundert sind weitere Windmühlen im Bereich um Venedig zu vermuten, die Serenissima war ständig auf der Suche nach neuen Antriebsformen, hatte aber mit Gezeitenmühlen in der Adria wenig Erfolg. Die Turmwindmühlen im venezianischen Hafen von Modon (Peleponnes), abgebildet bei Grünemberg und Reuwich, gewinnen in diesem Sinne besonderes Interesse. Hier erscheinen 1486 die ersten Mehrflügler, bei Reuwich zweimal acht Flügel, bei Grünemberg unmittelbar an der Stadtmauer fünf Turmwindmühlen mit jeweils ebenfalls acht Flügeln. Diesen Vielflüglern folgen, wie es scheint, die meisten anderen Windmühlen auf den Inseln der Ägäis. Sie gelangen im 16. Jahrhundert bis zu den Balearen und den Kanarischen Inseln[53]. Jeder einzelne Beleg hat seinen Wert, denn noch um 1970 glaubten etliche Autoren, die westliche Turmwindmühle mit drehbarer Haube sei erst eine Erfindung des 16. Jahrhunderts bzw. Leonardo da Vincis[54].

---

49 Anthologie 1, S. 263.
50 Crac des Chevaliers nur Abbildungen. Saphet, De constructione castri Saphet, ed. R. B. C. Huygens, in: Studi medievali 6,1 (1965), S. 385: *Sunt etiam ibi XII molendina de aqua extra castrum et infra plurima de animalibus et de vento et furni sufficientissimi, sicut decet.*
51 Anthologie 1, S. 285: *super illis ruellis, sicut fiunt molendina de vento …; hoc edificium accepi ad similitudinem molendinorum de vento.*
52 Belege bei Yves COUTANT, Terminologie du moulin médiéval dans le comté de Flandre, Tongeren, Liège 1994, die ich in der Anthologie 1, S. 277 zusammengestellt habe. Dazu Abbildungen in Froissart-Handschriften wie Paris, BnF, ms. fr. 2644, fol. 85r (3 Turmwindmühlen vor großer flämischer Stadtkulisse)
53 Vgl. Anm. 35. Reuwich zeigt für Rhodos mehrfach Achtflügler, Grünemberg für Modon ebenfalls. Weiteres bei NOTEBAART, Windmühlen (wie Anm. 40), S. 240 und Karel DAVIDS, Innovations in Windmill Technology c. 1500–1800, in: S. CAVACCIOCCHI (Hg.), Economia e energia secoli XII–XVIII. Atti della Trentaquattresima settimanadi studi (Prato),Florenz 2003, S. 271–291.
54 NOTEBAART, Windmühlen (wie Anm. 40), S. 103 schreibt dazu: »Wenn wir aber annehmen, dass die Mühlen des Mittelmeertyps schon 1444 die Niederlande erreichten (A. Sipman, De torenmolen ze Zedam 1953), und zwar vermutlich von Frankreich aus, dann muss auch angenommen werden, dass sie in Frankreich schon lange vorher berühmt waren.« Ebd., S. 397 (Index) unter-

e. Die Turmwindmühle des Konrad Gruter von Werden in Italien (1424)

Konrad Gruter hat seit 1393 über dreißig Jahre lang in Italien Beobachtungen zu technischen Neuigkeiten dieses Landes notiert und zahlreiche italienische Ingenieure kennengelernt[55]. Obwohl er aus dem Westen Deutschlands stammte und auch eine Bockwindmühle beschreibt, beginnt er wie selbstverständlich mit einer Turmwindmühle:

Si quis enim molendinum ad ventum construere voluerit, hoc ordine erit inchoandum. Fabricatur itaque turris rotunda alta viginti aut XXV pedum mensura, aut plus vel minus secundum quod operanti placuerit seu fuerit oportunum, nam parva huiusmodi possunt construi molendina atque magna. Huius turris summitas sive tectum certis suppositis rotulis volubile aptatur, ita ut ad quamlibet venti partem ex facili volvi possit. In quo etiam tecto axis ex transverso turris extenditur, et ultra turris latitudinem uno capite ad duorum vel trium pedum distantiam.	Will jemand eine Windmühle bauen, so muss er mit folgender Anordnung beginnen. Man baut zunächst einen 20 bis 25 Fuß hohen runden Turm, auch niedriger oder höher, wie es dem Erbauer beliebt oder günstig ist, denn es können kleine und auch große Mühlen dieser Art gebaut werden. Der höchste Teil dieses Turmes, die Dachhaube, wird durch bestimmte unterlegte Rollen drehbar gemacht, so dass er sich leicht in jede Windrichtung wenden lässt. In der Haube erstreckt sich eine Welle quer durch den Turm, sie reicht mit einem Ende 2 bis 3 Fuß weit über den Rand des Turmes hinaus[56].

Auf der gerahmten Abbildung 7 (nach Seite 424) sieht man die Bremse, aber auch die Rollen, auf denen sich die Haube dieser Windmühle dreht, dazu als Detail das Stockgetriebe. Datum 1424. Ich schließe daraus, dass Turmwindmühlen in Italien und vermutlich auch Dalmatien keine Seltenheit mehr waren und Gruter sie vor allem als solche bekannt machen wollte. Bauholz wurde im Mittelmeerumkreis vor allem für Schiffbau benötigt, so benutzte man für die Windmühlentürme lieber die reichlich vorhandenen Steine. Schon 1332 soll wie schon bemerkt in Venedig durch Bartolomeo Verde eine erste Windmühle erbaut worden sein[57]. Auf die Rollen unter der Dachhaube verweist Guido von Vigevano schon 1335 und bezieht sich dabei auf die Technik der (westlichen) Windmühlenbauer[58].

scheidet er konische, leicht konische und zylindrische Mühlentürme. Zu Leonardo vgl. u. a. ebd., S. 128.
55 Konrad Gruter von Werden, De machinis et rebus mechanicis. Ein Maschinenbuch aus Italien für den König von Dänemark 1393–1424, Bd. 2, ed. Dietrich LOHRMANN, Horst KRANZ, Ulrich ALERTZ, Città del Vaticano 2006, S. 152–155.
56 Anthologie 1, S. 264 f.
57 Johann BECKMANN, Erfindungen, Bd. 2, Leipzig 1785, S. 39 f. Vgl. Franz M. FELDHAUS, Die Technik, Wiesbaden 1970 (1914) S. 1328. Dort noch eine Turmwindmühle 1395 nach einer jüdischen Handschrift in Nürnberg, auf die Franz M. FELDHAUS, Die Technik der Antike und des Mittelalters, Potsdam 1931, S. 98 f. erneut hinweist (S. 408 die angeblich älteste bekannte Konstruktion einer Windmühle mit drehbarem Dach bei Leonardo da Vinci).
58 *Volvatur super istis ruellis recte sicut fiunt molendina de vento.* Anthologie 1, S. 285 nach Ulrich

Deutlich geschieden davon folgt bei Gruter eine orientalische Horizontalwindmühle aus Sarmatien nach dem Bericht (wohl auch einer Skizze) von vermutlich genuesischen oder venezianischen Werkleuten (*viri industriosi*) (Abb. 8, nach Seite 424). Wie lange diese Mühlen in der südlichen Ukraine schon arbeiteten, bleibt offen. Ihr Weg führte von dort über Polen bis nach Skandinavien. Die Anfänge der griechischen Vielflüglerwindmühlen in der Ägäis fallen nach bisherigem Wissensstand erst in das 15. Jahrhundert. In der Frühen Neuzeit standen sie auf zahlreichen Inseln der Ägäis und gelangten wohl von dort aus bis auf die Balearen, Kanaren und in die Neue Welt des 16. Jahrhunderts.

f. Eine neue Kontroverse

Andreas Ney übt scharfe Kritik an einer englischen Arbeit zur antiken Vorgeschichte der Windmühlen, die versucht hatte, einen Zusammenhang zwischen der alexandrinischen Mechanik, den Horizontalwindmühlen des fernen Seistans und den späteren griechischen Vertikalwindrädern herzustellen. Ney spricht regelmäßig von einer »abenteuerlichen Hypothese«, referiert diese gelehrte Arbeit aber nicht näher[59]. Michael J. T. Lewis, um den es hier geht, hat viel neues Material bereitgestellt. Er verfolgt die Idee des Heronschen Windantriebs bis ins muslimische 9. Jahrhundert (Banu Musa) und findet zumindest einen Beleg für eine Horizontalwindmühle auf der griechischen Insel Karpathos. Seine ausdrücklich als Hypothese gekennzeichnete Idee, die Seistan-Horizontalmühlen könnten zur Seldschukenzeit nach Kleinasien gelangt sein, ist zumindest insofern begründet, als er feststellt: »The Seljiuqs encouraged arts, science and literature; they built roads, bridges and caravanserais; and it was claimed that for the first time in centuries not only convoys but solitary travelers could journey in safety from the Mediterranean to beyond the Oxus[60].« Bezüglich eines Zusammenhanges zwischen alexandrinischer Technik und persischer Windmühlentechnik hatte schon Forbes vermutet: »The windmill seems to be a local Persian adaptation of the Greek mill to a region where there is no water but where steady winds prevail[61].«

Ney sieht außerdem die Gefahr einer neuen Kreuzfahrerlegende[62]. Dass byzantinische Ingenieure imstande gewesen wären, von Horizontalwindrädern zu Vertikalwindrädern überzugehen, traut er ihnen offensichtlich nicht zu. Bedingt durch große Archivverluste des byzantinischen Reiches, beruht die Kenntnis früher byzantinischer Vertikalwindräder auf einer leider nur dünnen Überlieferungsbasis. Lewis kann deshalb nur wenige Belege für den Einsatz von Windkraft im byzantinischen Machtbereich des 13.–14. Jahrhunderts erbringen. Dort geht es auch nicht nur um Getreidemühlen, sondern um den Einsatz von Windkraft zur Wasserhebung und Bewässerung im Umfeld zweier byzantinischer Klöster in Kleinasien, Lembiotissa und Koteine in

---

ALERTZ, Der Windwagen des Guido von Vigevano, in: Technikgeschichte 68 (2001), S. 53–77, bes. S. 59–64.
59 NEY 2, S. 76–79. Andere Einschätzung bei LUCAS, Wind (wie Anm. 10), S. 105–107.
60 Michael J. T. LEWIS, The Greeks and the Early Windmill, in: History of Technology 13 (1991), S. 141–189.
61 FORBES, Power (wie Anm. 8), S. 617.
62 NEY 2, S. 79.

der Gegend von Smyrna/Izmir: 1228, 1234, 1247 und weiter bis 1284[63]. Ney bestreitet die Funktion der Wasserhebung, sie wird immerhin auch für Seistan schon erwähnt und erscheint noch früher um 850 bei den Banu Musa in deutlichem Zusammenhang mit Windkraft[64]. Wesentlich später bewässern die Pumpen von Turmwindmühlen die Gärten der Johanniter auf Rhodos.

Die Form der Windräder von Lewis' kleinasiatischen Belegen wird nicht präzisiert. Die Überlieferung wird erst dichter im 14. Jahrhundert und danach mit den Karten der ägäischen Inseln zu Cristoforo Buondelmontes »Descriptio insularum«. Um 1470–1480 erscheinen Horizontalräder zum Antrieb von Pumpen in Entwürfen von Francesco di Giorgio Martini, sind aber in der Praxis wohl für diesen Zweck zu schwach[65].

3. Schluss

Wie wir sahen, sind die Fragen betreffend Zeitpunkt und Herkunft der am Anfang behandelten Gezeitenmühlen zwar nicht endgültig geklärt, deutliche Fortschritte aber dank der großartigen Funde ab dem frühen 7. Jahrhundert in Irland unverkennbar. Erste Verwirklichungen in römischer Zeit erscheinen, wie von Robert Spain, Simon Davis und Simon Blatherwick am Beispiel Londons gezeigt, als durchaus möglich, denn die wesentlichen Elemente der Technologie, Dammbau und der Bau von Wassermühlen, waren den römischen Ingenieuren wohlbekannt. Nach den großen Erfolgen für das 7.–9. Jahrhundert in Irland ist die Archäologie aufgerufen, an den Küsten Britanniens, Galliens, Hispaniens und Lusitaniens (Portugals) weiterzusuchen. Wichtig zudem der von Adam Lucas 2006 betonte Hinweis, dass Gezeiten- und Windmühlen in vielen Fällen bis ins 18.–19. Jahrhundert einander ergänzten.

Noch 1964 sah Alistair Crombie in seinem bekannten Buch »Von Augustinus bis Galilei« die Turmwindmühle mit drehbarer Haube als eine Entwicklung des ausgehenden 15. Jahrhunderts an und betrachtete sie als »letzte bedeutsame Neuerung im Bereich der Antriebsmaschinen vor der Erfindung der Dampfmaschine«[66]. Die nun bekannten Zeugnisse reichen bis ins frühere 13. Jahrhundert und vielleicht noch etwas weiter zurück. Gegenüber der verbreiteten Erwartung, dass östliche Technik den westlichen Turmwindmühlen vorausgegangen sei, ist angesichts zahlreicher Zeugnisse eher das Gegenteil anzunehmen. Auch die Anlagen im Osten des Mittelmeers sind, soweit wir sie kennen, westlichen Ursprungs, bei den Genuesen in Pera und den Türken (Genuesen?) in Gallipoli ebenso wie bei den Johannitern auf Rhodos, den Venezianern in Modon und sehr wahrscheinlich auch schon bei den Ritterorden im Heiligen Land und den etwa gleichzeitigen, wenn nicht früheren *molendina aure* in der Provence. 1335 bei Guido von Vigevano und 1424 bei Konrad Gruter liegen für die Drehbarkeit der Mühlenhauben auf Rollen eindeutige technische Angaben vor, ebenso Ende des 14. Jahrhunderts in Flandern (Yves Coutant).

---

63 LEWIS, The Greeks and the Early Windmill (wie Anm. 59), S. 159, 164.
64 Donald HILL, The Book of Ingenious Devices (Kitab al-Hiyal) by the Banu (sons of) Musa bin Shakir, Dordrecht, Boston 1979, S. 222: »On this stanchion we erect splits, which turn stanchion *nm* if the wind blows, like those which people are accustomed to install in windmills.«
65 Anthologie 1, S. 288 f.
66 Alistair CROMBIE, Von Augustinus bis Galilei, Köln, Berlin 1964, S. 194.

Zur Herkunft der Turmwindmühlen sind zahlreiche Hypothesen entwickelt worden. Eine der originellsten, durchaus begründet, stammt von Michael J. T. Lewis aus dem Jahr 1993. Ihre kürzliche Disqualifikation durch Andreas Ney überzeugt nicht. Ganz generell gilt, dass es für den Erkenntnisfortschritt auch in der Geschichtswissenschaft und besonders in der Technikgeschichte ohne Hypothesen nicht geht. Fehlen Zeugnisse für eine Technik, bedeutet das nicht, dass es sie nicht gab: »Absence of evidence is not evidence of absence.«

Miszellen

Michèle Gaillard

CONTRIBUTION AUX SOURCES HAGIOGRAPHIQUES DE LA GAULE (SHG XIII)

Les textes hagiographiques relatifs à l'abbaye Sainte-Gertrude de Nivelles*

Pour Martin Heinzelmann, en hommage amical

Avant-Propos

Depuis le lancement, en 1987, de l'entreprise SHG (= Sources hagiographiques de la Gaule avant l'an mil), une douzaine de contributions ont paru dans les publications de l'Institut historique allemand de Paris, soit dans la revue »Francia«, soit dans ses »Beihefte«. Le caractère international de cette entreprise collective fut posé d'emblée par la réunion des efforts de trois co-responsables: François Dolbeau, Martin Heinzelmann et Joseph-Claude Poulin. Il s'est poursuivi par le recrutement tout aussi international des collaborateurs puisque les auteurs viennent de pays aussi divers que la France, l'Allemagne, la Belgique, les États-Unis et le Canada. Après quelques années d'interruption, le fil de ce projet est renoué par la présente étude de Michèle Gaillard, et grâce à l'accueil toujours aussi généreux de l'Institut historique allemand de Paris.

À l'origine, le cadre chronologique des enquêtes se limitait à l'an mil; mais à l'expérience, il a paru opportun de déborder sur le XIe siècle, quand les circonstances d'un dossier particulier s'y prêtent. Le projet initial mettait – et continue de mettre – le retour systématique aux manuscrits au cœur de la démarche de datation, localisation et attribution des œuvres hagiographiques. Au fil du temps, les conditions de travail des chercheurs se sont grandement améliorées du fait de l'accessibilité croissante à de bonnes reproductions numériques des manuscrits par l'intermédiaire d'Internet. L'ambition de SHG n'est pas de créer des dogmes intangibles dans l'interprétation de l'hagiographie latine narrative du haut Moyen Âge, mais de fournir des points d'appui à valeur durable pour le maniement de cette matière éminemment vivante, y compris au service des médiévistes dont la spécialité personnelle n'est pas l'hagiographie[1].

François Dolbeau, Martin Heinzelmann et Joseph-Claude Poulin

---

* Cet article doit beaucoup aux remarques de mes amis Klaus Krönert et Fernand Peloux et encore davantage aux relectures attentives de François Dolbeau et de Joseph-Claude Poulin, en particulier pour les éditions en annexes; qu'il en soient tous chaleureusement remerciés.
1 Sur la conception d'ensemble du projet SHG, cf. François Dolbeau, Martin Heinzelmann, Joseph-Claude Poulin, Les sources hagiographiques narratives composées en Gaule avant l'an mil, dans: Francia 15 (1987) p. 325–338 et aussi, pour davantage d'informations, l'introduction de l'ouvrage de Joseph-Claude Poulin, L'hagiographie bretonne du haut Moyen Âge: répertoire raisonné, Ostfildern 2009 (Beihefte der Francia, 69), en part. p. 9–13.

Bibliographie[2]

BOFFA 2016	Sergio BOFFA, L'abbaye et la naissance d'une ville: le cas de Nivelles des origines à la fin du XIIe siècle, dans: Annales de la Société d'Archéologie, d'Histoire et de Folklore de Nivelles 33 (2016), p. 61–78.
CHANTINNE, MIGNOT 2014	Frédéric CHANTINNE, Philippe MIGNOT, La collégiale Sainte-Gertrude de Nivelles. Réexamen du dossier archéologique, dans: Hortus artium medievalium 20 (2014), p. 513–519.
DIERKENS 1986	Alain DIERKENS, Saint Amand et la fondation de l'abbaye de Nivelles, dans: Revue du Nord 69 (avril-juin 1986), p. 327–334.
DIERKENS 1989	Alain DIERKENS, Prolégomènes à une histoire des relations culturelles entre les îles britanniques et le continent pendant le Haut Moyen Âge. La diffusion du monachisme dit colombanien ou iro-franc dans quelques monastères de la région parisienne au VIIe siècle et la politique religieuse de la reine Bathilde, dans: Hartmut ATSMA (dir.), La Neustrie. Les pays au nord de la Loire de 650 à 850, vol. 2, Sigmaringen 1989 (Beihefte der Francia, 16, 2), p. 371–394.
DOLBEAU 2019	François DOLBEAU, Hagiologie et histoire littéraire. Réflexions sur les prologues et épilogues, dans: Olivier COLLET, Yasmina FOEHR-JANSSENS, Jean-Claude MÜHLETHALER (dir.), Fleur de clergie. Mélanges en l'honneur de Jean-Yves Tilliette, Genève 2019, p. 239–367.
DONNAY-ROCMANS 2005	Claudine DONNAY-ROCMANS, Nivelles. L'ancienne collégiale Sainte-Gertrude, dans: Le Patrimoine médiéval de Wallonie, Namur 2005, p. 61–63.
DONNAY-ROCMANS 1999	Claudine DONNAY-ROCMANS, Les sanctuaires mérovingiens et carolingiens de l'abbaye de Nivelles, dans: De la Meuse à l'Ardenne 29 (1999), p. 49–64.
EFFROS 1996	Bonnie EFFROS, Symbolic Expressions of Sanctity: Gertrude of Nivelles in the Context of Merovingian Mortuary Custom, dans: Viator 27 (1996), p. 1–10.
VON EUW 1995	Anton VON EUW, Les manuscrits de la vie de sainte Gertrude (Die Handschriften der *Vita sanctae Gertrudis*), dans: TRÉSOR 1995, p. 55–59.
FOURACRE/ GERBERDING 1996	Paul FOURACRE, Richard A. GERBERDING, Late Merovingian France. History and Hagiography 640–720, Manchester, New York 1996, p. 301–329 (Manchester medieval sources series) (avec traduction anglaise de la *Vita Geretrudis* et de l'*Additamentum Nivaliense de Fuilano*, p. 319–329).

---

[2] Pour ne pas alourdir la présentation, les nombreux articles de dictionnaires n'ont pas été indiqués; on les trouvera sur le site »narrative-sources.be« au n° G1 84, ainsi que d'autres références plus générales; pour la même raison, les références uniques ou quelque peu en marge du sujet n'ont été indiquées qu'en note.

Gaillard 1990	Michèle Gaillard, Les fondations d'abbayes féminines dans le nord et l'est de la Gaule de la fin du Ve siècle à la fin du Xe siècle, dans: Revue d'histoire de l'Église de France 196 (1990), p. 6–20.
Gaillard 2004	Michèle Gaillard, Les saintes abbesses au VIIe siècle, dans: Anne Wagner (dir.), Les saints et l'histoire. Sources hagiographiques du haut Moyen Âge, Rosny-sous-Bois 2004 (Sources d'histoire), p. 89–94.
Gaillard 2015	Michèle Gaillard, Female Monasteries of the Early Middle Ages (Seventh to Ninth Century) in Northern Gaul. Between Monastic Ideals and Aristocratic Powers, dans: Janet E. Burton, Karen Stöber (dir.), Women in the Medieval Monastic World, Turnhout 2015 (Medieval monastic studies, 1), p. 75–96.
Gauthier 1980	Nancy Gauthier, L'évangélisation des pays de Moselle. La province romaine de Première Belgique entre Antiquité et Moyen Âge (IIIe–VIIIe s.), Paris 1980.
Gerberding 1987	Richard A. Gerberding, The Rise of the Carolingians and the Liber Historiae Francorum, Oxford 1987 (Oxford historical monographs), p. 57–61.
Grosjean 1957	Paul Grosjean, Notes d'hagiographie celtique, dans: Analecta Bollandiana 75 (1957), p. 373–420.
Heinzelmann 2016	Martin Heinzelmann, Ein karolingisches Legendar vom Beginn des 9. Jahrhunderts: Montpellier, Bibl. Interuniversitaire Faculté Médecine H. 55, dans: Claudia Alraum, Andreas Holndonner, Hans-Christian Lehner *et alii* (dir.), Zwischen Rom und Santiago. Festschrift für Klaus Herbers zu seinem 65. Geburtstag, Bochum 2016, p. 211–225.
Helvétius 2017	Anne-Marie Helvétius, Le monachisme féminin en Occident de l'Antiquité tardive au haut Moyen Âge, dans: Monachesimi d'Oriente e d'Occidente nell'alto medioevo: Spoleto, 31 marzo–6 aprile 2016, 1, Spoleto 2017, p. 193–230.
Herbillon 1983	Jules Herbillon, Dominica, Dominicana, pseudo-abbesse de Nivelles, dans: Bulletin de la Société Royale Le Vieux-Liège 10 (1983), p. 316.
Hoebanx 1952	Jean-Jacques Hoebanx, L'Abbaye de Nivelles des origines au XIVe siècle, Bruxelles 1952 (Académie royale de Belgique. Classe des lettres et des sciences morales et politiques. Mémoires, 46, fasc. 4), p. 22–44.
Le Jan 2001	Régine Le Jan, Monastères de femmes, violence et compétition pour le pouvoir dans la Francie du VIIe s., dans: ead., Femmes, pouvoir et société dans le haut Moyen Âge, Paris 2001 (Les médiévistes français, 1), p. 89–107.
Mertens 1979	Joseph Mertens, Le sous-sol archéologique de la collégiale de Nivelles, Nivelles 1979.

NEUBURG 2021	Marieke NEUBURG, Heilige Frauen ergreifen Partei I: Die *causa scribendi* der »Vita Geretrudis B«, dans: Frühmittelalterliche Studien 55 (2021), p. 115–167.
NEUBURG 2022	Marieke NEUBURG, Heilige Frauen ergreifen Partei II: Nivelles – Trier – Aquileia. Die Verbreitung der »Vita Geretrudis B«, dans: Frühmittelalterliche Studien 56 (2022), p. 257–324.
PETRASCHKA 1999	Eveline PETRASCHKA, Fränkischer Adel und irische Peregrini im 7. Jahrhundert. Die *Vita* der hl. Geretrude von Nivelles, ein Zeugnis des hagiographischen Kreises um den Iren Foillan, Frankfurt am Main 1999 (Europäische Hochschulschriften, 849).
ROCHAIS 1975	Henri-Marie ROCHAIS, Un légendier cistercien de la fin du XIIe siècle. Le *Liber de natalitiis* et quelques grands légendiers des XIIe et XIIIe siècles, 3 vol., Rochefort 1975 (Documentation cistercienne, 15).
STRACKE 1936	Desideer A. STRACKE, Oud en nieuw aangaande de *Vita Geretrudae*, dans: Ons geestelijk erf 10 (1936), p. 48–84 (présentation et discussion historiographique autour de l'existence d'une abbesse Dominica et sur l'identité de l'auteur de la Vie et des Miracles), p. 123–155 (discussion – pas très convaincante – de la chronologie de la Vie de Gertrude) et p. 435–455 (résumé des positions de l'auteur, considérations sur la piété de la famille des Pippinides et considérations historiques à propos des personnages nommés dans la Vie et les Miracles).
TRÉSOR 1996	Un trésor gothique, la châsse de Nivelles, Cologne, Schnütgen-Museum, 24 novembre 1995–11 février 1996, Paris, Musée national du Moyen Âge–Thermes de Cluny, 12 mars–10 juin 1996, Paris 1996 (version allemande: Schatz aus den Trümmern, der Silberschrein von Nivelles und die europäische Hochgotik, Cologne 1995).
VAN DER ESSEN 1907	Léon VAN DER ESSEN, Étude critique et littéraire sur les *Vitae* des saints mérovingiens de l'ancienne Belgique, Louvain, Paris 1907, p. 5–23.
WADE 2013	Susan W. WADE, Gertrude's tonsure: An examination of hair as a symbol of gender, family and authority in the seventh-century *Vita* of Gertrude of Nivelles, dans: Journal of Medieval History 39/2 (2013), p. 129–145.
WELKENHUYSEN 1964	Andries WELKENHUYSEN, De oudste *Vita s. Geretrudis*. Nieuwe uitgave, met tekstkritische en taalkundige verantwoording, vertaling en indices, vol. 1: Tekstkritische en taalkundige verantwoording; vol. 2: Tekst, vertaling, indices, Louvain 1964 (mémoire de maîtrise inédit: étude littéraire et édition de la *Vita* et des *Virtutes s. Geretrudis*).
WERNER 1980	Matthias WERNER, Der Lütticher Raum in frühkarolingischer Zeit. Untersuchungen zur Geschichte einer karolingischen Stammlandschaft, Göttingen 1980 (Veröffentlichungen des Max-Planck-Instituts für Geschichte, 62).

Abrévations

AA SS: Acta Sanctorum

AA SS OSB: Jean Mabillon, Acta Sanctorum Ordinis sancti Benedicti, 9 vol., Paris 1668–1701.

BHL: Bibliotheca hagiographica latina antiquae et mediae latinitatis, 2 vol., Bruxelles 1898–1899, (Subsidia hagiographica, 6) (réimpr. 1949 en deux vol. et 1992 en un vol.) et Novum supplementum, Bruxelles 1986 (Subsidia hagiographica, 70).

Bischoff, Katalog: Bernhard Bischoff, Katalog der festländischen Handschriften des neunten Jahrhunderts, vol. 3, Wiesbaden 2014.

Cat. Brux.: Catalogus codicum hagiographicorum bibliothecae regiae Bruxellensis ... ediderunt Hagiographi bollandiani, 2 vol., Bruxelles 1886–1889.

Cat. Trev.: Maurice Coens, Catalogus codicum hagiographicorum latinorum bibliothecae civitatis Treverensis, dans: Analecta Bollandiana 52 (1934), p. 157–285.

Levison, Conspectus: Wilhelm Levison, Conspectus codicorum hagiographicorum, MGH, SRM, vol. 7, Hanovre, Leipzig 1920, p. 529–706.

MGH: Monumenta Germaniae Historica.

SRM: Scriptores rerum Merovingicarum.

SS: Scriptores (in folio).

Introduction

Cette étude a pour objectif de faire le point sur les textes hagiographiques antérieurs à l'an mil relatifs à l'abbaye de Nivelles.

La Vie de sainte Gertrude de Nivelles (Brabant, Belgique) est bien connue des hagiologues et des historiens; sa datation de l'époque mérovingienne ne fait aucun doute et, comme les miracles rédigés peu après, cette Vie a été abondamment citée et utilisée pour préciser certains événements liés à l'ascension des Pippinides, ancêtres des Carolingiens.

La Vie se trouve en particulier dans des légendiers anciens (cf. ci-dessous, p. 445–446) dans deux versions différentes que le dernier éditeur, Bruno Krusch, a désignées par les lettres A et B. Les *desinit* et *incipit* du prologue et de la *Vita* proprement dite sont identiques et le contenu global des chapitres est le même, ce qui explique leur regroupement sous le seul n° BHL 3490. La base »Légendiers latins«[3] fait état de 45 manuscrits (du IXe au XVIIe siècle) pour ce seul n° BHL mais nous n'avons pris en compte ici que les manuscrits antérieurs à 1100[4].

Deux séries de Miracles, au récit fort circonstancié et donc également fort utilisés par les historiens, font suite à la *Vita* dans une partie des manuscrits: les *Virtutes* (BHL 3495) et la *Continuatio virtutum* (BHL 3499), qui ont été également édités par Krusch. Mais ce dernier ignorait l'existence d'une recension de ces deux textes dans le manuscrit Paris, BnF, lat. 5593 qui a servi de base à l'édition de la *Vita* B. Comme ils sont quelque peu différents de ceux qu'il édite, nous en donnons l'édition en annexe 1.

En 1907, Léon Van der Essen, tout en s'appuyant sur l'édition effectuée par Krusch, a rigoureusement étudié les différentes versions de la Vie de Gertrude[5], distinguant la *Vita Prima* éditée par Krusch, la *Vita tripartita* (connue par des manuscrits datant au plus tôt du XIe siècle et édi-

---

3   Issue du travail de Michel Trigalet, la base »Légendiers latins« devrait, à terme, remplacer la BHLms qui n'en n'était qu'une extraction, fondée sur les seuls catalogues hagiographiques publiés par les Bollandistes; je remercie Fernand Peloux de m'avoir communiqué les données concernant ce dossier.

4   Il en est de même pour les récits de miracles (BHL 3495 et 3499); sur la Vie et les Miracles de sainte Gertrude dans les légendiers copiés à partir du XIIe siècle et en particulier dans le *Liber de Natalitiis*, cf. Rochais 1975, vol. 2, p. 41 et vol. 3, tableau du *LN* pour février/mars (32a–b.).

5   Van der Essen 1907, p. 1–12.

tée par G. Van Ryckel) et une *Vita tertia*, au prologue original, connue en particulier par le manuscrit Vat. Reg. Lat. 497, du XIe/XIIe siècle[6]. Le classement effectué dans la BHL, fondé sur les éditions, ne correspond pas à la terminologie de Van der Essen et distingue les éditions de la Vie de celles des deux séries de Miracles. Si l'édition de Krusch permet un accès facile aux textes de la Vie et des Miracles rédigés entre le VIIe et la fin du VIIIe siècle, il n'en est pas de même pour les textes qui figurent dans des manuscrits datables d'à partir du XIe siècle qui présentent des variantes plus ou moins importantes par rapport à leur modèle. C'est pourquoi, en annexe 2, nous présentons l'état de nos connaissances sur les éditions de ces textes et sur les manuscrits y afférant que nous avons pu consulter; en annexe 3, nous éditons les *Miracula* qui figurent dans le manuscrit Vat., Reg. Lat. 497, dont le texte diffère sensiblement du texte édité par Krusch et du texte que nous éditons en annexe 1.

Enfin, nous avons choisi d'examiner ici également le texte BHL 3211, que la BHL rattache au dossier de saint Fursy (BHL 3209–3218) mais dont le contenu est en lien avec Nivelles, Fosses et la famille de sainte Gertrude, davantage qu'avec la Vie de saint Fursy, comme l'avaient bien compris les remanieurs tardifs qui ont inséré l'épisode dans la Vie de la sainte (cf. ci-dessous, annexe 2, p. 467).

I. Gertrudis

Gertrudis (Geretrudis, Gerdrudis, Gerthrudis; fr. Gertrude)
† le 17 mars 659, à Nivelles.
Abbesse de Nivelles

a) Dossier

1. *Vita s. Gertrudis* BHL 3490
1a. *Prologus* (1 chapitre)
Inc.: *Sancta et inseparabili caritate largiente ...*
Des.: *Quisnam autem in Europa habitans huius progenie altitudinem nomina ignorat et loca.*
1b. *Vita* (7 chapitres)
Inc.: *Igitur cum esset in domo parentum s. Dei puella Gertrudis.*
Des.: *... ancillis corpus beatissimæ virginis Christi Gertrudis honorifice traditur sepulturæ ubi quotidie orationum eius præstantur beneficia.*

2. *Virtutes s. Geretrudis* BHL 3495
2a. *Prologus* (1 chapitre)
Inc.: *Cum multos homines cernamus in hoc seculo viuentes.*
Des.: *Dignatus est ostendere ad sepulchrum eius, si aliqua exinde commemoramus, et ad medium deducamus.*
2b. *Miracula* (10 chapitres)
Inc.: *Erat quaedam abbatissa in monasterio Trevirensi, cui nomen erat Modesta.*
Des.: *Et per idoneos testes didici hoc quod scripsi ... Ergo nunc Dominum deprecemur, ut per eius orationes dignetur nobis adiuuare, cui est honor ...*

3. *Continuatio virtutum* BHL 3499
(4 chapitres)
Inc.: *Sicut et nos scimus quod multas spiritales lucernas.*
Des.: *Fecerunt ibi memoriam cum magna festiuitate de ministerio sacerdotali et cum omni officio glorificantes in sanctae virginis miraculo ladabant et glorificabant Patrem et Filium ...*

---

6   Albert PONCELET, Catalogus codicum hagiographicorum latinorum Bibliothecae Vaticanae, Bruxelles 1910 (Subsidia hagiographica, 11), p. 339, fait état d'une origine tréviroise.

1. *Vita s. Gertrudis*

I. Manuscrits (jusque vers 1100)[7]

1. Version A (Krusch)
Montpellier, BIU, H 55[nm]
(fol. 87v–90v); en provenance de Saint-Étienne d'Autun; sur ce manuscrit, daté du début du IXe s., voir en dernier lieu, HEINZELMANN 2016.
St. Gallen, Stiftsbibliothek, Cod. Sang. 566[nm]
(p. 291–303); écrit à l'abbaye de Saint-Gall vers 900.
Paris, BnF, lat. 11748[mf]
(fol. 141r–143r), en provenance de Saint-Maur-des-Fossés, IXe–Xe s.: daté du Xe siècle dans la base »Légendiers latins« et la fiche de la BnF, et par Wilhelm Levison (Conspectus, p. 645); Bischoff (Katalog, n° 4709) propose le 2e tiers du IXe s., tandis que Bouhot propose d'y voir une copie effectuée à Lyon par des moines de Saint-Maur, vers 860–870[8].
Zürich, ZB, Rh. 81[nm]
(p. 233–242); manuscrit composite, en provenance de Rheinau. La main principale utilise une écriture aux influences insulaires: Bischoff suppose une écriture à Péronne[9]. Cependant, la partie 4 où se trouve le texte est datée du Xe s. (Levison, Conspectus, p. 690).
München, BSB, Clm 4618[mf]
(fol. 75v–80v), du milieu du XIe s., en provenance de Benediktbeuern (VAN EUW 1995, p. 56–57).
München, BSB, Clm 18854[mf]
(fol. 28v–38v), du XIe s.; en provenance de l'abbaye de Tegernsee, ce manuscrit n'est pas répertorié dans la base légendier mais indiqué par Krusch.
Bruxelles, KBR, II 984 (3290) [Phillipps n° 375][nm]
(fol. 40v–43v), XIe s. (ca. 1026–1100), en provenance de l'abbaye Saint-Ghislain, en Hainaut.
Wien, ÖNB, 430 (Salisb. 404)[nm]
en provenance de Salzbourg (fol. 121v–125v), 3e partie, datée de la deuxième moitié du Xe s.
2. Version B (Krusch)
Paris, BnF, lat. 5593[mf]
(fol. 30v–36v) fin IXe–début XIe s.? La datation et l'origine de ce légendier ont fait l'objet de propositions fort différentes. Dans l'introduction à son édition (p. 450), Bruno Krusch date ce manuscrit du IXe s., ce qui n'est probablement pas une faute de frappe[10] puisque Bernhard Bischoff fait de même (Katalog, n° 4381: dernier quart du IXe siècle et originaire de Souabe) ainsi que François Avril, dans son fichier resté manuscrit. Cependant Wilhelm Levison (Conspectus, p. 643) le date du XIe s.; cette datation, reprise dans la fiche en ligne de la BnF, est désormais la

---

7   Comme les manuscrits consultés l'ont été en ligne ou grâce à des numérisations fournies par les bibliothèques (à l'exception de ceux de Bruxelles, KBR, aimablement photographiés par Fernand Peloux que je remercie), le signe °° désignant habituellement les manuscrits examinés directement par l'auteur de l'article n'apparaît pas ici. En revanche, la mention [mf] indique que le manuscrit a été consulté via un microfilm numérisé et le signe [nm] via une numérisation de l'original.
8   Jean-Paul BOUHOT, Un témoin d'une vieille version latine du livre de Judith dans un recueil de prières, dans: Revue Bénédictine 130/2 (juillet 2020), p. 291–303, en part. p. 291–295.
9   Bernhard BISCHOFF, Irische Schreiber im Karolingerreich, dans: ID., Mittelalterliche Studien: ausgewählte Aufsätze zur Schriftkunde und Literaturgeschichte, vol. 3, Stuttgart 1981. p. 39–54, en part. p. 41.
10 Contra NEUBURG 2021, p. 119, qui s'appuie ensuite sur la datation du XIe siècle pour établir la *causa scribendi* de la *Vita* B (cf. ci-dessous, p. 448–449).

plus courante[11]. Reprenant cette datation et une hypothèse de composition au nord-est de l'Italie[12], Neuburg le dit originaire d'Aquilée (Neuburg 2021, p. 124, n. 41). Cependant, pour Guy Philippart, qui conserve la datation de la fin du IXe s., il s'agit d'un manuscrit composé en Lotharingie contenant la copie d'un passionnaire d'Aquilée rédigé au plus tard au début du IXe s.[13], ce qui, à mon sens, pourrait expliquer que la Vie et les Miracles de Gertrude (seuls textes copiés qui ne relatent pas une Passion) y ont été inclus.

Bruxelles, KBR, 7882 (3188){mf}
(fol. 107v–111r), du XIe s.; en provenance de Saint-Nicolas de Cues (collection des Bollandistes), peut-être écrit à Trèves au début du XIe s. (van Euw 1995, p. 58–59).

München, BSB, Clm 14031{mf}
(f° 158v–160v), XIe s., en provenance de Saint-Emmeran de Ratisbonne[14].

II. Éditions

Bruno Krusch, Vita sanctae Geretrudis, MGH, SRM, vol. 2 (édition de référence), Hanovre 1888, p. 453–464, pour la *Vita* A d'après les manuscrits de Montpellier, Paris (lat. 11748), Saint-Gall et Munich (Clm 4618), et pour la *Vita* B, d'après les manuscrits Paris (lat. 5593) et Bruxelles (7882). *Incipit* et *desinit* sont les mêmes dans les deux versions, mais on trouve quelques différences dans les mots et expressions employées sans que cela ne modifie le sens du texte ni le raccourcisse de façon notable (à peine 5 %: 21 lignes de moins pour la *Vita* B, sur un total de 377 lignes pour la *Vita* A).

Joseph Gedolphe Van Ryckel, *Vitae S. Gertrudis, abbatissae Nivellensis*, Anvers 1632. Uniquement le prologue sans les deux dernières phrases, p. 1–2, d'après un manuscrit de Louvain non identifié.

Godfried Henschen, AA SS, mart. II, Anvers 1668, col. 591–596, d'après un manuscrit de l'abbaye cistercienne de Vauluisant (un exemplaire aujourd'hui perdu du *Liber de Natalitiis*)[15]; variantes notables (qu'on retrouve dans le manuscrit de *Liber de natalitiis*, Auxerre, BM 127, en provenance de Pontigny, fol. 179v–180r): le § 6 (§ 5 dans éd. Krusch) évoquant le sauvetage en mer est écrit à la 3e personne du pluriel au lieu de la 1ère personne du pluriel et, au dernier paragraphe, le nom du *peregrinus* installé à de Fosses (Ultain) est précisé.

Jean Mabillon, AA SS OSB, vol. 2, Paris 1669, p. 463–468, d'après l'édition de Henschen et un manuscrit du couvent des Feuillants à Paris (= BnF, lat. 17004, *Liber de Natalitiis*, fol. 152v–154r).

---

11 Ibid.; la datation du XIe siècle est reprise par Antonella Degl'innocenti et Paolo Gatti (Le agiografie di Vigilio, Massenzia, Adelpreto, edizioni critiche, traduzioni e note, Firenze 2013, p. 67); mais, en 2018, Antonella Degl'Innocenti ne fait état que de la datation de Bischoff (A. Degl'innocenti, P. Gatti, C. Giacomozzi, Le agiografie dei martiri Sisinnio, Martirio, Alessandro e di Romedio eremita, Firenze 2018, p. 43).

12 Giovanni Nino Verrando, I due leggendari di Fiesole, dans: Aevum 2 (2000), p. 443–491 (p. 474, note 148).

13 Guy Philippart, Les légendiers, des origines au début du IXe siècle, dans: Monique Goullet (dir.), Le légendier de Turin: ms. D.V.3 de la Bibliothèque nationale universitaire, Florence 2014, p. 7–74 (p. 42).

14 Neuburg 2022, p. 260, qui donne la datation 1060–1080 en faisant référence à Elisabeth Klemm, Die ottonischen und frühromanischen Handschriften der Bayerischen Staatsbibliothek München. Textband und Tafelband, Wiesbaden 2004 (Katalog der illuminierten Handschriften der Bayerischen Staatsbibliothek in München, 2), Nr. 27, p. 57 et Klaus Krönert, L'exaltation de Trèves. Écriture hagiographique et passé historique de la métropole mosellane (VIIIe–XIe siècle), Ostfildern 2010 (Beihefte der Francia 70), p. 349.

15 François Dolbeau, Le légendier de Vauluisant, dans: François Bougard, Pierre Petitmengin (dir.), La bibliothèque de l'abbaye cistercienne de Vauluisant. Histoire et inventaires, Paris 2012, p. 223–230 (en part. p. 226).

Joseph GHESQUIÈRE, AA SS Belgii, vol. 3, Bruxelles 1785, p. 149–155; reprend l'édition de Henschen.

WELKENHUYSEN 1964, vol. 2, p. 4–26, édition ligne à ligne d'après les manuscrits de Montpellier, BIU, H 55 St. Gallen, Stiftsbibliothek, Cod. Sang. 566 Paris, BnF, lat. 11748, Zürich, ZB, Rh. 81 (mal référencé), München, BSB, Clm 4618.

III. Examen critique

a) Résultats
L'auteur est un religieux de l'abbaye de Nivelles, écrivant peu de temps après la mort de Gertrude. La réécriture (*Vita* B), est très probablement d'époque carolingienne.

b) Résumé analytique[16]
L'auteur dit écrire à la demande de l'abbesse et la congrégation du monastère de Nivelles et rappelle la grandeur de la famille de Gertrude (§ 1). Alors qu'elle vivait dans la demeure de ses parents, Gertrude refusa d'épouser un jeune homme présenté par son père et le roi Dagobert en déclarant qu'elle ne voulait que le Christ pour époux (§ 2). Quatorze années plus tard, après la mort de son père Pépin, Gertrude resta auprès de sa mère Itte, dans la chasteté; c'est alors qu'elles eurent la visite de l'évêque Amand qui demanda à Itte de construire un monastère. Pour protéger Gertrude de ceux qui les harcelaient, Itte coupa les cheveux de Gertrude, lui fit remettre le voile et lui confia le gouvernement du monastère. L'auteur énumère les nombreuses qualités de Gertrude qui fait venir des reliques et des livres de Rome ainsi que des érudits d'outre-mer (§ 3). Une fois ces décisions prises, Itte mourut (douze ans après son époux) et fut ensevelie dans l'église Saint-Pierre; Gertrude, pour se consacrer davantage aux jeûnes, veilles et prières, confia le soin des affaires extérieures à des frères et le soin de la communauté à l'intérieur de la clôture à des sœurs. Elle fit construire des églises et d'autres édifices et s'adonnait aux aumônes. L'auteur relate ensuite deux miracles: le globe de feu qui illumine l'église pendant la prière de la sainte (§ 4) et le sauvetage en mer des frères (dont l'auteur?) qui l'avaient appelée à leur secours (§ 5). Ayant eu la révélation de sa mort prochaine, Gertrude confia le gouvernement du monastère à sa nièce Vulfetrude, âgée de vingt ans, dont les qualités étaient telles que les ennemis de son père devinrent ses protecteurs; cette dernière mourut au bout de onze ans et fut inhumée dans l'église Saint-Pierre (§ 6). Revenant à Gertrude, l'auteur décrit la façon dont Gertrude se prépara à la mort (§ 7) dans la prière et l'abstinence; elle demanda qu'on l'ensevelisse sans aucun vêtement, seulement avec son cilice, et enveloppée dans un voile grossier. Elle donna l'ordre de consulter le *peregrinus* retiré à Fosses pour lui demander quel jour elle mourrait; celui-ci répondit que ce serait le lendemain (17 mars). Après la mort de la sainte, au jour dit, l'auteur et un autre frère furent appelés; ils constatèrent qu'une odeur suave émanait de la cellule où se trouvait le corps. Elle fut inhumée dans le caveau qu'elle avait fait préparer.

c) Sources
La *Vita* est une œuvre originale; aucune source écrite ne semble avoir été utilisée. Dans le prologue, l'auteur indique qu'il s'appuie sur ce qu'il a vu lui-même et sur le témoignage oral de personnes fiables; au chap. 4, l'auteur dit avoir recueilli le témoignage direct de la sainte.

d) Discussion critique
L'auteur, qui a donc connu Gertrude, écrit après la mort de l'abbesse Vulfetrude, qu'il signale. Une origine irlandaise lui a parfois été attribuée; même si cette hypothèse est plausible, rien dans le récit ne permet de l'étayer[17]. Il dit écrire à la demande de l'abbesse et de la communauté

---

16   La numérotation des paragraphes est celle de l'édition de Krusch.
17   Cette hypothèse émise par James KENNEY (The Sources for the early history of Ireland, an introduction and guide, vol. 1: Ecclesiastical, New York 1929, p. 504–505) et reprise par Jean-Michel PICARD, The Marvellous in Irish and Continental Saints' Lives of the Merovingian period, dans:

de Nivelles. La désignation de l'abbesse par le mot *dominica* a fait couler beaucoup d'encre car le récit des *Virtutes* (cf. ci-dessous, p. 450–451) ne laisse pas de place entre l'abbesse Vulfetrude et l'abbesse Agnès. Il pourrait donc s'agir du surnom de l'abbesse Agnès ou plus simplement d'un adjectif[18].

La chronologie de la fondation de Nivelles et de la Vie de Gertrude est difficile à établir; en reprenant les données fournies par les textes hagiographiques ici étudiés et l'analyse d'Alain Dierkens[19], on peut cependant la préciser. L'auteur nous apprend qu'après la mort de son père Pépin, donc après 640, Gertrude suivit sa mère dans son veuvage consacré à Dieu, quatorze années après le refus que fit la très jeune Gertrude de se marier (*Post annos vero 14 cum Pippinus pater eius ex hac luce migrasset, matrem in viduitate secuta est ...*[20]). Les données chronologiques de la *Continuatio Virtutum* (§ 4, cf. ci-dessous, p. 452) indiquent implicitement l'année 656 (la 15e année du règne de Charlemagne, donc 783, se situe 127 ans après la mort de Gertrude); mais l'auteur de la Vie indique que Gertrude mourut en sa 33e année, un dimanche 17 mars, ce qui ne peut correspondre qu'aux années 653 ou 659 (et non à l'année 656); l'année 653 ne paraît guère possible puisque Gertrude est encore vivante quand on retrouve le corps de Feuillen, sans doute en 656 (cf. ci-dessous, p. 454). On doit donc supposer que l'indication de la *Continuatio Virtutum* est erronée, d'autant que si l'auteur connaissait bien la date du début du règne de Charlemagne, son contemporain (ou presque), il pouvait ignorer la date exacte de la mort de Gertrude, qui serait donc le 17 mars 659[21].

Même si le calcul effectué par l'auteur de la Vie n'est pas rigoureusement exact (en nuançant l'optimisme d'Alain Dierkens à ce propos), Gertrude serait donc née en 625/626. La demande en mariage serait intervenue au plus tard en 639 (année de la mort de Dagobert). Comme Amand est venu à Nivelles au moins quatorze années après la demande en mariage et au plus tôt en 647 (année de son installation comme évêque de Maastricht et, au plus tard en 651, année de la fondation de Fosses par Itte et Gertrude), il faut donc supposer que la demande en mariage a eu lieu au plus tôt en 633/634 alors que Gertrude n'avait qu'environ huit ans. Alain Dierkens avance ainsi la fourchette de 647/649 pour la fondation de Nivelles.

Il n'est pas possible de déterminer la date exacte de la mort de l'abbesse Vulfetrude: l'auteur indique que Gertrude a confié quelque temps avant sa mort le gouvernement de la communauté à Vulfetrude qui mourut dix ans plus tard mais il ne dit pas quand Gertrude a pris cette décision. Si l'on suit le cours du récit, cette décision prend sans doute place après la mort d'Itte (douze ans après Pépin, donc en 652). Comme Gertrude resta alitée plus de 50 jours avant de mourir, c'est donc au plus tard quand elle se sentit malade qu'elle prit cette décision. Vulfetrude devint donc abbesse du vivant de Gertrude, dans une période comprise entre 652 et les premiers jours de février 659 (plus de 50 jours avant la mort de Gertrude, le 17 mars 659). Vulfetrude serait donc morte entre 662 et 669. La Vie de Gertrude aurait donc été écrite au plus tôt en 662 et, au plus tard, peu après 669.

En ce qui concerne la *Vita* B éditée par Krusch, qui considérait, comme bien d'autres, qu'elle avait été rédigée à l'époque carolingienne, l'hypothèse d'une rédaction dans la première moitié

Howard B. CLARKE, Mary BRENNAN (dir.), Columbanus and Merovingian monasticism, Oxford 1981 (British archaeological reports), p. 91–103 (en part. p. 99) a été développée en dernier lieu par PETRASCHKA 1999, p. 52–61; il faut cependant remarquer que l'auteur de la Vie ne se compte à aucun moment parmi les *peregrini* qu'il signale çà et là.

18 HOEBANX 1952, p. 31–35 et HERBILLON 1983; selon PETRASHKA 1999 (p. 61–62), ce qualificatif pourrait désigner l'abbesse Vulfetrude (comme au § 4 des *Virtutes*) ce qui implique que l'écriture de la Vie aurait été demandée par celle-ci et achevée sous l'abbesse Agnès.
19 DIERKENS 1986.
20 Mise au point sur la signification de ce passage, ibid., n. 34, p. 330.
21 C'est aussi la date retenue par Bruno Krusch après examen des autres datations avancées (éd. cit., introduction, p. 444–449).

du XIe siècle a été récemment avancée par Marieke Neuburg s'appuyant sur l'importance de l'abbaye de Nivelles à l'époque salienne et sur la datation des plus anciens manuscrits, en particulier le manuscrit Paris, BnF, lat. 5593[22]. Même si l'on considère, comme elle l'affirme, que ce manuscrit a été confectionné dans la première moitié du XIe siècle (ce qui ne peut être prouvé), il faut souligner qu'aucun indice interne à cette Vita B, dont la teneur est la même que celle de la Vita A[23], ne permet d'étayer cette hypothèse de datation; en revanche, le rayonnement de Nivelles à l'époque salienne peut effectivement expliquer la diffusion de cette Vita B.

Quoique les destinées de l'abbaye de Nivelles à l'époque carolingienne soient peu connues (comme pour la plupart des abbayes de femmes du royaume franc fondées à l'époque mérovingienne[24]), soulignons que Nivelles fait partie des abbayes dévolues à Charles le Chauve lors du traité de Meersen (870)[25], qu'un diplôme de ce même souverain créant la mense conventuelle établit que l'abbaye est occupée par des chanoines et des *sanctimoniales*[26] et qu'à la fin du IXe siècle, la fille de Lothaire II, Gisèle en fut l'abbesse[27]. Curieusement, Marieke Neuburg s'intéresse peu à cette époque qui fut cependant prospère, comme en témoigne le réaménagement de l'abbatiale (CHANTINNE, MIGNOT, 2014, phase III, p. 314–315); tout en citant le diplôme de Charles le Chauve, elle passe très rapidement du temps de Pépin II († 714), qui marque la fin de la »crise« du VIIe siècle, aux liens de Nivelles avec l'empire romano-germanique[28].

Malgré ses recherches érudites sur les manuscrits de la Vita B et sa minutieuse analyse des destinées de l'abbaye à l'époque salienne, la nouvelle datation qu'elle avance, de la première moitié du XIe siècle, n'emporte pas la conviction; l'hypothèse d'une composition de la Vita B, réécriture de la Vita A, à l'époque carolingienne, reste donc tout à fait plausible.

2. *Virtutes* BHL 3495

I. Manuscrits (antérieurs à 1100)

Pour la description de ces manuscrits, cf. ci-dessus, p. 445–446.
1. Texte édité par Krusch
Montpellier, BIU, H 55^{nm}
(fol. 90v–93)
St. Gallen, Stiftsbibliothek, Cod. Sang. 566^{nm}
(p. 303–317)

---

22 Selon cette hypothèse, cette réécriture aurait donc précédé de quelques décennies seulement la rédaction de la Vita tertia, aussi du XIe siècle et de la Vita tripartita, rédigée autour de 1100 (NEUBURG 2021, p. 117–119).
23 Le point sur les différences (perceptibles dans l'édition de Krusch) se trouve dans NEUBURG 2021, p. 161–166.
24 GAILLARD 2015, p. 86–89.
25 Alfred BORETIUS, Victor KRAUSE (éd.), MGH, Capitularia Regum Francorum, vol. 2, Hanovre 1897, p. 193–195.
26 Georges TESSIER (éd.), Recueil des actes de Charles II le Chauve, roi de France, vol. 2: 861–877, Paris 1952, n° 433, p. 466–468 (9 juillet 877).
27 Friedrich KURZE (éd.), Annales Fuldenses, MGH, Scriptores in usum scholarum, vol. 7, Hanovre 1891, p. 100–101 (a.883–884) et Reginonis chronicon, MGH, Scriptores in usum scholarum, vol. 50, Hanovre 1890, p.120–122 (882 et 885); HOEBANX 1952, p. 109–111; bien qu'on ne puisse l'affirmer avec certitude, Gisèle, qui reçut aussi un peu plus tard l'abbaye (d'hommes) de Fosses était probablement une abbesse laïque.
28 NEUBURG 2021, p. 133; ce n'est qu'au cours de son analyse sur Nivelles à l'époque salienne, qu'elle donne la liste des abbesses de Nivelles qui appartenaient à la famille carolingienne, en préalable à celle des abbesses de la famille impériale germanique du Xe au XIIIe siècle (ibid., p. 138–140).

Paris, BnF, lat. 11748[mf]
(fol. 143r–145v)
München, BSB, Clm 4618[mf]
(fol. 81r–86r)
Zürich, ZB, Rh. 81[nm]
(p. 242–252)
Bruxelles, KBR, II. 984 (3290) [Phillipps n° 375][nm]
(fol. 43v–46v)
München, BSB, Clm 18854[mf]
(fol. 38v–49v)
Wien, ÖNB, 430 (Salisb. 404)[nm]
(fol. 125v–133r)
2. texte réécrit (cf. annexe 1, ci-dessous, p. 456–462)
Paris, BnF, lat. 5593[mf]
(fol. 15v–21v)
München, BSB, Clm 14031[mf]
(f° 154v–156v)

II. Éditions

Bruno KRUSCH, *De Virtutibus sanctae Geretrudis* (édition de référence), MGH, SRM, vol. 2, p. 464–471, d'après les manuscrits de Montpellier, de Paris (lat. 11748), de Saint-Gall et de Munich (Clm 4618) (ignore la présence d'une autre version de ce texte dans Paris, BnF lat. 5593, cf. édition ci-dessous, annexe 1, p. 456–462.

Joseph Gedolphe VAN RYCKEL, *Vitae S. Gertrudis, abbatissae Nivellensis*, Anvers 1632, p. 19–31 (excepté le dernier §); d'après un manuscrit de Louvain non identifié.

Godfried HENSCHEN, AA SS, mart. II, Anvers 1668, col. 596–599 d'après un manuscrit de Vauluisant (cf. ci-dessus, p. 446).

Jean MABILLON, AA SS OSB, vol. 2, Paris 1669, p. 468–472 [d'après l'édition de Henschen et un manuscrit du couvent de Feuillants à Paris (= BnF, lat. 17004, *Liber de Natalitiis*, fol. 154r–155v)].

Joseph GHESQUIÈRE, AA SS Belgii, vol. 3, Bruxelles 1785, p. 156–161; reprend l'édition de Henschen.

WELKENHUYSEN 1964, VOL. 2, p. 4–40, édition ligne à ligne d'après les manuscrits de Montpellier, BIU, H 55, St. Gallen, Stiftsbibliothek, Cod. Sang. 566, Paris, BnF, lat. 11748, Zürich, ZB, Rh. 81 (mal référencé), München, BSB, Clm 4618.

Bernhard VOGEL, Gertrud von Nivelles und die *Virtutes sanctae Geretrudis* (7./8. Jahrhundert), dans: Klaus HERBERS (dir.), Mirakelberichte des frühen und hohen Mittelalters, Darmstadt 2005, p. 51–67 (reprise de l'édition de Krusch avec traduction allemande).

III. Examen critique

a) Résultats
L'auteur est le même que celui de la *Vita Geretrudis;* il écrit dans la dernière décennie du VIIe siècle, probablement vers 692/695.
b) Résumé analytique[29]
Après avoir annoncé son intention de raconter les miracles de celle dont il a déjà écrit la Vie (§ 1), l'auteur relate (§ 2) la vision de l'abbesse de Trèves Modesta qui vit Gertrude lui annonçant qu'elle venait de mourir; avant de révéler cette vision, Modesta se renseigna auprès de

---

29 La numérotation des paragraphes est celle de l'édition de Krusch.

l'évêque (de Metz) Chlodulphus (Clou), en visite dans son monastère, sur l'apparence de Gertrude ; ensuite l'évêque put vérifier que la mort de Gertrude avait bien eu lieu au jour et à l'heure indiqués par Modesta. L'auteur relate ensuite (§ 3) comment Gertrude éteignit miraculeusement l'incendie qui s'était déclaré à Nivelles, la dixième année après sa mort, puis (§ 4) la vision indiquant à quelques-unes des sœurs que désormais personne ne devrait utiliser le lit de la sainte ; l'abbesse, nièce de Gertrude, et toute la communauté déplacèrent ce lit dans la basilique Saint-Paul où eurent lieu de nombreux miracles : parmi ces miracles, la guérison d'une jeune fille devenue aveugle (§ 5). L'auteur en vient ensuite (§ 6) à la mort de l'abbesse, nièce de Gertrude, et le choix effectué par la communauté toute entière de l'abbesse Agnès, issue d'une famille noble et qui avait été élevée par Gertrude. Agnès fit édifier une nouvelle église en l'honneur de Gertrude et y fit transporter le lit. Le miracle des chandelles qui s'allumèrent d'elles-mêmes dans l'église au matin suivant fut bientôt connu dans toute la région et tous ceux qui vinrent sur la tombe de la sainte obtinrent la guérison de leurs maux. Il en fut ainsi d'une femme aveugle qui fut guérie grâce à une onction de la cire des luminaires de l'église (§ 7). Gertrude libéra aussi un enfant qui avait été enlevé par des brigands et qui l'avait priée de lui venir en aide (§ 8) puis un homme accusé de graves crimes et promis à la mort : s'enfuyant enchaîné, il fut libéré de ses chaînes auprès du saint lit (§ 9). Trente-trois ans après la mort de Gertrude, sa sœur Begga[30], qui souhaitait fonder un monastère vint à Nivelles pour qu'on l'aide dans son projet ; elle repartit avec des reliques (dont un morceau du lit), des livres et aussi des sœurs expérimentées pour enseigner la vie régulière aux religieuses de son monastère[31] (§ 10). Peu de temps après (§ 11), une femme noble, Adula[32], séjourna au monastère avec son fils ; elle était très pieuse mais doutait des miracles de la sainte. Elle fut bientôt convaincue puisque son jeune fils, tombé dans un puits le jour de la fête de la sainte, retrouva la vie une fois étendu sur le lit de Gertrude.

c) Sources
Comme pour la Vie de Gertrude aucune source ne peut être identifiée ; l'auteur a peut-être utilisé des récits écrits sur le vif et sans doute ses propres souvenirs, très récents.

d) Discussion critique
L'auteur est le même que pour la *Vita* (au § 1, il affirme qu'il a décrit l'existence de Gertrude et sa vie de moniale depuis sa plus tendre jeunesse) mais il écrit bien plus tard, après la mort de l'abbesse Vulfetrude et au temps de l'abbesse Agnès et au moins trente-trois ans après la mort de Gertrude ; la rédaction a sans doute eu lieu peu après 692, époque de la visite de Begga à Nivelles, trente-trois ans après la mort de Gertrude, puisque le dernier miracle relaté a eu lieu quelques jours après cette visite. Le récit de la visite de l'évêque Chlodulphus à l'abbesse Modesta, dont le monastère est identifié avec Oeren, à Trèves[33], n'est pas sans poser problème, puisqu'il est inattendu de voir un évêque de Metz visitant un monastère de Trèves[34] ; cette visite de Chlodulphus, fils d'Arnoul de Metz, à Oeren serait donc à replacer dans le contexte des liens entre la famille d'Arnoul et celle de Pépin, père de Gertrude.

Comme la *Vita* et sans doute en même temps (cf. ci-dessus, p. 448–449, pour la datation de la *Vita* B, réécriture de la *Vita* A), les *Virtutes* ont été l'objet d'une réécriture (cf. ci-dessous, an-

---

30 Sur Begga, voir WERNER 1980, p. 396–398.
31 Ce passage est notre seule source sur la fondation du monastère d'Andenne, construit par Begga, fille de Pépin l'Ancien († 640) et mère de Pépin le Moyen († 714) (VAN DER ESSEN 1907, p. 182–183, WERNER 1980, p. 396–404).
32 Adula est identifiée avec vraisemblance avec la grand-mère de saint Grégoire (*Vita Gregorii*, BHL 3680, éd. Oswald HOLDER-EGGER, MGH, SS, vol. 15, Hanovre 1887, p. 67–68) ; sur Adela et ses liens avec les Pippinides, cf. GAUTHIER 1980, p. 328–335 et WERNER 1980, p. 159–174, plus critique.
33 Sur cet épisode, voir Matthias WERNER, Zu den Anfängen des Klosters St. Irminen-Oeren in Trier, dans : Rheinische Vierteljahrsblätter 42 (1978), p. 1–51, en part. p. 27–36.
34 Cela a probablement gêné l'auteur de la réécriture qui en fait implicitement un évêque de Trèves en le désignant comme l'*episcopus ciuitatis* (cf. ci-dessous, annexe 1, p. 457).

nexe 1, p. 456–462). Comme pour la *Vita* B, Marieke Neuburg (Neuburg 2022) date cette réécriture du XIe siècle, en se fondant sur la datation des plus anciens manuscrits; si elle a sans doute raison de mettre la diffusion de ce texte en relation avec le développement du culte de sainte Modesta à Trèves à partir du XIe siècle, il faut souligner que, là aussi, aucun indice interne ne permet donner à la rédaction de ce texte, dont le contenu est quasi identique à celui édité par Krusch et où le dernier miracle mentionné se déroule à la fin du VIIe siècle, une datation aussi tardive.

3. *Continuatio virtutum* BHL 3499

I. Manuscrits (antérieurs à 1100)

Manuscrits communs avec BHL 3490 et BHL 3495, pour la description, cf. ci-dessus, p. 445–446.

1. Texte édité par Krusch
St. Gallen, Stiftsbibliothek, Cod. Sang. 566[nm]
(p. 317–326)
München, BSB, Clm 4618[mf]
(fol. 86r–89v)
München, BSB, Clm 18854[mf]
(fol. 49v–57r)
Zürich, ZB, Rh. 81[nm]
(p. 252–258)

2. autre version du texte (cf. ci-dessous, annexe 1, p. 462–465)

I. Manuscrits

Paris, BnF, lat. 5593[mf]
(fol. 21v–25v)
München, BSB, Clm 14031[mf]
(f° 157r–158v)

II. Éditions

Bruno Krusch, MGH, SRM, vol. 2, *Virtutum sanctae Geretrudis continuatio* (édition de référence), p. 471–474, d'après les manuscrits de Saint-Gall et de Munich (ignore la présence d'une autre version de ce texte dans Paris, BnF lat. 5593, cf. ci-dessous, annexe 1, p. 462–465).

III. Examen critique

a) Résultats
L'auteur est un religieux ou une religieuse de l'abbaye de Nivelles, qui écrivit après le 6 janvier 783, probablement dans les premiers mois de cette année et sans doute avant 800.
b) Résumé analytique[35]
Rappelant les récompenses éternelles auprès du Christ pour ceux qui les méritent, l'auteur relate le miracle de guérison d'une jeune fille aveugle venue du Vimeu à la suite d'une vision, sous l'abbatiat d'Eggeburge: alors qu'elle était prosternée devant le tombeau de Gertrude, du sang coula de ses yeux et elle recouvra la vue (§ 1). Puis l'auteur affirme (§ 2) qu'il serait trop long

---

35 La numérotation des paragraphes est celle de l'édition de Krusch.

d'énumérer les nombreux miracles de la sainte. Suit un long éloge de Gertrude qui vit radieuse pour l'éternité (§ 3)[36], puis un autre miracle (§ 4): 127 ans après la mort de Gertrude, la 15ᵉ année du règne de Charles [Charlemagne], une petite fille infirme fut présentée à la reine Hildegarde qui la prit sous sa protection et la confia ensuite au monastère de Nivelles; lors de la fête de la Théophanie (5–6 janvier), Gertrude se montra à trois reprises à l'enfant qui fut guérie dans l'église Sainte-Marie, devant le siège de Gertrude.

c) Sources
Hormis la citation du Ps. 67, 36, au début du § 1, aucune source n'a pu être décelée.

d) Discussion critique
Le dernier miracle ayant lieu les 5 et 6 janvier 783, la continuation ne peut qu'avoir été rédigée après cette date. Les deux plus anciens manuscrits contenant ce texte étant datables de la fin du IXᵉ ou du début du Xᵉ siècle, une rédaction d'époque carolingienne est évidente; on peut resserrer la fourchette de datation en remarquant que Charles n'est pas qualifié d'empereur, mais seulement de roi: il est donc très probable que la rédaction de ce texte a pris place entre 783 et 800. Avec moins de certitude, on peut même supposer que l'auteur écrivit avant d'avoir eu connaissance de la mort de la reine Hildegarde survenue à Thionville le 30 avril 783, puisqu'il ne mentionne pas que la reine est décédée (il n'utilise pas l'adverbe *quondam* quand il la désigne, ni l'adjectif *beatissima* comme le fit plus tard Thégan, le biographe de Louis le Pieux[37]). Comme les deux miracles ont pour objet des jeunes filles venues de contrées différentes et se déroulent à Nivelles, on peut supposer que l'auteur écrivit à Nivelles au temps de l'abbesse Eggeburge qui est nommée au § 1. Mais on peut aussi avancer l'hypothèse d'une rédaction en deux temps: un premier auteur (une religieuse?) prend la plume pour relater un miracle au temps de l'abbesse Eggeburge, évoque l'impossiblité de relater les nombreux miracles de la sainte et termine par une doxologie (§ 3), puis, à la fin du VIIIᵉ siècle, un autre auteur relate un miracle qui lui a paru particulièrement important et dont il (ou elle) a probablement été le témoin.

Comme la *Vita* et les *Virtutes* et sans doute à la même époque (cf. ci-dessus, p. 448–449, pour la datation de la *Vita* B, réécriture de la *Vita* A), la *Continuatio Virtutum* a fait l'objet d'une réécriture (cf. ci-dessous, annexe 1, p. 462–465)[38].

II. Fuilianus

Fuilanus, Fullanus, Foilnanus, Foelnanus (fr. Feuillen)
† le 31 octobre 656, inhumé à Fosses le 16 (ou le 17) janvier 657.

a) Dossier

Additamentum Nivaliense de Fuilano BHL 3211 (dossier Furseus)
(chapitre unique)
Inc.: *Post discessum vero beati viri Fursei tempestas illa quam ille in spiritu praeviderat ultramarinis deserviebat in oris.*
Des.: *… Viris undique nobilibus in obviam concurrentibus … in loco est celeberrimo nominato alio nomine Fossa ubi prestantur beneficia orationum …*

---

36 Ces deux passages sont souvent omis dans les manuscrits plus tardifs.
37 Vita Hludowici imperatoris, éd. Georg Heinrich PERTZ, MGH, SS, vol. 2, Hanovre 1829, p. 591.
38 Dans son dernier article (NEUBURG 2022), Marieke Neuburg considère que le texte qu'elle nomme *Virtutes B* comprend cette continuation réécrite, ce qui se justifie par le fait que, dans les manuscrits, *Virtutes* et *Continuatio* réécrites sont présentées sans discontinuer; cependant, aucun indice interne ne permet de dater cette réécriture du XIᵉ siècle (le dernier miracle présenté est daté de 783) ni de mettre son contenu en relation avec le développement du culte de sainte Modesta à Trèves.

I. Manuscrits (jusqu'au XIIe siècle inclus)

Au total, 12 manuscrits, du Xe au XVIIe s., ont été repérés dans la base *Légendiers latins*.

Le plus ancien témoin manuscrit se trouve inséré au sein de la *Vita Fursei* BHL 3209 dans le manuscrit **Zürich, ZB, Rh. 81** (cf. ci-dessus, p. 445), à la page 363, donc dans la partie la plus ancienne du manuscrit, en écriture insulaire, du IXe siècle (cf. Levison, *Conspectus,* p. 690 et Bruno KRUSCH, Appendix Vita et virtutes s. Fursei, MGH , SRM, vol. 7, Hanovre, Leipzig 1920, p. 837).

On le trouve également dans le manuscrit, **Paris, BnF lat. 2768 A**^{mf}, X^e–XIe siècle (fol. 71v–73r), en provenance de l'abbaye Saint-Martial de Limoges.

Le texte est copié à la suite de BHL 3209 dans le manuscrit **Vat., lat. 5772**^{nm} (fol. 57rA–vB), de la première moitié du XIIe siècle, en provenance de Bobbio (signalé par GROSJEAN, 1957, p. 380).

Il figure aussi dans les manuscrits du »Grand Légendier autrichien«:
– **Heiligenkreuz, Zisterzienserstift, Cod. 11**^{nm} (fol. 48r), de la deuxième moitié du XIIe siècle, copie à la suite de la *Vita Fursei* BHL 3209.
– **Heiligenkreuz, Zisterzienserstift, Cod. 13**^{nm} (fol. 57r–v), de la deuxième moitié du XIIe siècle, où il est copié de façon autonome (volume consacré aux martyrs).

II. Éditions

Bruno KRUSCH, Additamentum Nivaliense de Fuiliano (édition de référence), MGH, SRM, vol. 4, Hanovre 1902, p. 449–451, d'après les manuscrits de Paris et d'Heiligenkreuz (cod. 11) et un manuscrit du Grand légendier autrichien du XIIIe siècle (Melk, Benediktinerstift, Cod. 388). Catalogus codicum hagiographicorum Latinorum antiquiorum saeculo XVI qui asservantur in Bibliotheca nationali Parisiensi, vol. 1, Bruxelles, Paris 1889, p. 195–196.

III. Examen critique

a) Résultats
L'auteur est un frère de l'abbaye de Nivelles (ou peut-être de Fosses), écrivant probablement peu après les événements relatés et avant l'exécution de Grimoald, donc en 656/657[39].
b) Résumé analytique
Après le décès de Fursy, le monastère qu'il avait construit dans le royaume d'Anna (*East-Anglie*) fut détruit par les païens et son frère, l'abbé Feuillen, prit la mer avec des moines, les reliques, la vaisselle liturgique et les livres. Tous furent accueillis par Erchinoald dans le monastère où Fursy était inhumé (Péronne) mais ils en furent bientôt chassés et accueillis par Itte, sa fille Gertrude et son fils Grimoald qui leur firent construire un monastère. Après la mort d'Itte, Feuillen, évoqué plus haut, après avoir célébré les vigiles de la Saint-Quentin (30 octobre), prit la route pour les besoins de son monastère mais lui et ses compagnons furent assassinés par les hommes qui les avaient hébergés; ils les ensevelirent dans l'étable des porcs et se débarrassèrent de leurs vêtements et de leurs chevaux. Comme ils n'arrivaient pas au plaid, les frères et Gertrude se mirent à leur recherche et leurs corps furent découverts au jour anniversaire de la mort de Fursy (16 janvier) et emmenés à Nivelles où séjournaient le maire du palais Grimoald et l'évêque de Poitiers Didon; averti en songe, celui-ci vint à la rencontre du cortège et porta le corps de Feuillen sur ses épaules. Une fois des reliques prélevées, le corps de Feuillen fut emmené dans son propre monastère, Fosses, où il fut inhumé.
c) Sources
Malgré les références faites à Fursy et à Gertrude, les données relatées semblent de première main.

---

39 Grimoald a été capturé par les Neustriens en 657 puis exécuté sur ordre du roi Clovis II (cf. Ian WOOD, The Merovingian Kingdoms, 450–751, Londres, New York 1994, p. 222).

d) Discussion critique

Le plus ancien témoin de ce texte se trouve au sein de la *Vita Fursei* (BHL 3209) dans un manuscrit du IXe siècle; on le trouve à la suite de cette *Vita* dans douze autres manuscrits, dont sept du »Grand légendier autrichien« alors que la base »Légendiers« répertorie 89 manuscrits de la *Vita Fursei* (BHL 3209–3210). On ne peut donc pas considérer que ce texte fait partie du »dossier« hagiographique de Fursy d'autant que son contenu le rattache plutôt à Nivelles (d'où part Feuillen, d'où son corps est recherché et où il est ramené). Cependant, il faut attendre le XIIe siècle et la rédaction de la *Vita Geretrudis tripartita* (BHL 3492, cf. ci-dessous, annexe 2, p. 466) pour le voir intégré dans la Vie de Gertrude.

L'évocation des vigiles célébrées à Nivelles par Feuillen à la veille de son départ, les renseignements donnés par l'auteur sur la présence à Nivelles de Grimoald et de l'évêque Didon ainsi que sur l'enquête menée par Gertrude pour retrouver Feuillen et ses compagnons, et, selon GROSJEAN 1957, l'absence de caractéristiques celtiques dans le texte, suggèrent une rédaction par un frère de Nivelles; cependant, on ne peut pas totalement exclure l'hypothèse d'une rédaction à Fosses. Quoi qu'il en soit, ce récit semble avoir été rédigé sur le vif. L'épisode prend sans doute place après la mort de Sigebert III, lorsque Grimoald chargea l'évêque Dido d'envoyer le fils de Sigebert III, Dagobert, en exil en Irlande, donc en 656[40].

Conclusion générale

Les textes de l'époque mérovingienne composant le dossier de sainte Gertrude de Nivelles sont particulièrement intéressants, non seulement pour les événements historiques dans lesquels ils s'inscrivent mais aussi pour leur originalité[41]. Ils semblent ne s'inspirer d'aucune Vie plus ancienne et avoir tous été rédigés au monastère de Nivelles ou, pour l'*Additamentum*, à Fosses dont la fondation fut l'œuvre d'Itte, la mère de Gertrude. Cette fondation, effectuée pour accueillir les frères de l'Irlandais Fursy, met en évidence les liens entre la famille de Gertrude (en particulier son frère Grimoald) avec les moines irlandais, également implantés en Angleterre. Des passages de la Vie de Gertrude (les moines venus d'outre-mer, le terme *peregrinus* employé pour désigner l'abbé de Fosses, Ultain, la mort de Gertrude le jour de la Saint-Patrick) et de la *Continuatio Virtutum* (la jeune fille objet d'un miracle est confiée à une *peregrina*) relient cette fondation à un courant irlandais, qui, malgré l'intervention d'Amand dans la fondation (Jonas, le biographe de Colomban vécut un temps auprès de lui[42]), ne semble avoir aucun lien avec les fondations de Colomban et de ses disciples[43]. Les nombreux manuscrits médiévaux encore existants et les modifications et aménagements apportés à partir du XIe siècle aux récits recopiés notamment dans les légendiers cisterciens et le »Grand légendier autrichien« mettent en évidence le succès de ces textes hagiographiques au Moyen Âge et même au-delà, succès (dont une étude globale reste à faire) à la mesure de la prospérité de l'abbaye, des aménagements successifs de la collégiale Saint-Gertrude[44], du soin apportés aux reliques de la sainte[45] et de la diffusion de son culte dans l'Empire germanique[46].

---

40 Sur cet épisode et cette datation, cf. WERNER 1980, p. 355 et surtout Jean-Michel PICARD, Church and politics in the seventh century: the Irish exile of King Dagobert II, dans: ID., Ireland and Northern France AD 600–850, Dublin 1991, p. 27–52.
41 Même si on a pu y déceler des influences irlandaises (PETRASCHKA 1999, p. 133–134).
42 *Vita Columbani*, prologue (Bruno KRUSCH [éd.], Ionae vitae sanctorum Columbani, Vedasti, Iohannis, MGH, SRM, vol. 4, Hanovre, Leipzig 1902, p. 62).
43 DIERKENS 1989, en part. p. 385–387.
44 DONNAY-ROCMANS 1999 et 2005; CHANTINNE, MIGNOT 2014.
45 Cf. TRÉSOR 1996.
46 Cf. Bernhard SCHEMMEL, Sankt Gertrud in Franken. Sekundäre Legendenbildung an Kultstätten, dans Würzburger Diözesangeschichtsblätter 30 (1968), p. 7–153 et Jürgen LENSSEN (dir.), Gertrud in Franken, Wurzbourg 1991 (Katalogreihe Marmelsteiner Kabinett, 6).

Annexes

1. Comparaison des Miracles (*Virtutes* et *continuatio*) de sainte Gertrude d'après le manuscrit Paris, BnF, lat. 5593 (fol. 15v–25v) avec l'édition de Krusch.

Krusch utilise le manuscrit Paris BnF lat. 5593 pour son édition de la *Vita Geretrudis* (B) mais ignore que ce manuscrit contient aussi une autre version des *Virtutes* et de la *Continuatio* regroupées sans distinction sous le titre de *Vita Modestae* qui figure, sous le même titre et avec de minimes variantes orthographiques et graphiques, dans le manuscrit Munich, BSB, Clm 22240 (fol. 199r–203v), du XIIe s.[47], que, pour la même raison sans doute, il n'a pas repéré, de même que Rochais 1975(n. 3, I, p. 41).

Édition Krusch (BHL 3495–3499)	Transcription du Ms. Paris, BnF lat. 5593[48]
DE VIRTUTIBUS, QUAE FACTA SUNT POST DISCESSUM BEATE GERETRUDIS ABBATISSE. 1. Cum multos homines cernimus in hoc saeculo viventes vitam angelicam ducere, unde hoc fieri poterit, nisi quia, quamvis corporaliter hic apud homines viventes, quamdiu in corpore subsistunt, tamen eorum mens et conscientia in aeternitate solidatur, et cor ipsorum in contemplatione divinitatis incessabiliter occupatur? Ita et haec famula Christi Geretrudis, cuius vitam vel conversationem a primevo iuventutis conscripsimus, quamvis hic carnaliter apud mortales conversata fuisset et gubernatrix extiterit famulorum famularumque Christi, quae sub ditione sua deguerunt, tamen interiorem vitam ac perpetuam numquam in oblivione tradidit nec statum rectitudinis suae nec morum gravitatem nec disciplinam rigoris amisit. Idcirco apud omnipotentem Dominum promeruisse manifestum est, ut post obitum eius non minimas fieri per ipsam virtutes, quatenus, ut omnibus innotisceret, qui vitam eius vel abstinentiam corporis agnoverunt, nossent nunc etiam, quantum apud Deum obtinere precibus valead, cum virtutes, que Dominus, si petentium fides exigit, dignatus est ostendere ad sepulcrum eius, si aliqua exinde commemoramus, et ad medium deducamus.	Fol. 15v. [UITA BEATAE MODESTAE III IDUS MARTIAS][49] CUM MULTOS HOMINES CERnimus in hoc seculo uenientes uitam angelicam ducere. Unde hoc fieri poterit nisi quia, quamuis corporaliter hic apud homines in corpore consistunt, mens tamen eorum et conscientia in aeternitate solidatur et cor ipsorum in contemplatione diuinitatis incessabiliter occupatur? Ita et haec uirgo Christi Gerdrudis cuius uitam uel conuersationem a primaeuo flore conscripsimus, quamuis carnaliter apud mortales hic conuersa(fol. 16r)ta fuisset et gubernatrix extiterit famulorum famularumque Christi quae sub sua ditione deguerunt, tamen interiorem uitam et perpetuam numquam tradidit obliuioni nec statum rectitudinis suae nec morum grauitatem neque disciplinam rigoris amisit. Idcirco apud omnipotentem Deum meruisse manifestum est ut post obitum non minime per ipsam efficerentur uirtutes ut omnibus innotesceret qui eius uitam uel corporis abstinentiam nouerunt, quantum etiam apud Deum in miraculis ualeat obtinere, cum uirtutes eius quae ad sepulchrum ipsius Dominus ostendere dignatus est ad medium proferamus.
2. Erat quedam abbatissa in monasterio Treverense, cui nomen erat Modesta, et hec ipsa ab infantia sua Deo consecrata fuerat similiterque et sanctae Geretrude in amicitia divina familiariter constricta videbatur. Quamvis longe positae longeque disiunctae inter se fuerunt corporaliter, et multis miliis et terrarum spatiis interiacentibus, quod oculorum obtutibus inter se videre non quiverunt, animo tamen atque in cordis dilectione	Erat quaedam abbatissa in monasterio Treuerensi cui nomen erat Modesta et haec ab infantia fuerat Domino consecrata similiterque et beatae uirgini Gerdrudis in amicitia familiariter miro modo sociata. Licet enim longe ab inuicem essent disiunctę, presentia et uisione corporali animo tunc et dilectione fuere presentes, quia equalem baiolauerunt seruitutis militiam et Domino in cordis sinceritate equaliter sine dolo seruierunt.

---

47 On trouve aussi ces Miracles sous la rubrique *Vita S. Modestae* dans le manuscrit Trier, Stadtbibliothek, 1152 (971), du XIIe siècle (fol. 304v–308r), suivis de la *Vita Geretrudis* (fol. 308r–310v) dans la version B (cf. Neuburg 2021, p. 120; cat. Trèves, p. 213).

48 Les ponctuations nécessaires à la compréhension ont été ajoutées, supprimées ou modifiées et les majuscules des noms propres ont été ajoutées.

49 Une main moderne a ajouté à la suite: *immo Miracula S. Gertrudis Nivaliensis*.

Édition Krusch (BHL 3495–3499)	Transcription du Ms. Paris, BnF lat. 5593[48]
semper praesentes fuerunt, quia aequalem servitutis militiam baiularunt et Domino in sinceritate cordis aequaliter sine dolo servierunt.	
Post multum vero temporis spatium contigit hoc quod volo ad memoriam vestram narrando revocare, ut quadam die, cum praedicta Dei famula Modesta in monasterio suo posita, orationis causa in eclesiam suam intrasset, seque ipsam ante altare beatae Mariae semper virginis in oratione prosternebat. Cum autem, finita oratione, surrexisset, se ipsam undique circumspiceret, subito aspexit viditque ad dexteram latus altaris sanctam Geretrudem stantem in eodem habitu atque in eadem specie, qua ipsa formata fuerat. Dixitque ad eam: »Soror Modesta, certam tene hanc visionem et sine ulla ambiguitate scias me hodie in hac eadem ora absolutam de habitaculo carnis huius. Ego sum Geretrudis, quam multum dilexisti.« Et his dictis ab oculis aspicientis ablata est. Tunc illa intra se tacite cogitabat, quid tanta visio debuisset fieri. Et in eadem die de visione illa nemini indicavit nullum verbum.	(fol. 16v) [P]ost multum temporis contigit quoddam memorabile quod ad scientiam uestram uolo narrando reuocare: quadam enim die, cum predicta famula Dei Modesta in monasterio suo posita orationis causa ecclesiam intrasset seque altare ante beatae Mariae semper virginis in oratione prosterneret, et finita oratione se exsurgens circumspiceret, subito eminus uidit in dextro latere altaris stantem beatam Geredrudam in habitu ipso quo prius fuerat usitata et ait illi: »Soror Modesta, tene certam hanc uisionem et sine ambiguitate scias me hodie de habitaculo carnis absolutam. Ego enim sum Geredrudis. quam unice dilexisti.« Et his dictis ab oculis aspicientis miro modo euanuit. Illa autem tacite cogitabat intra se quidnam esset uisio et ex hac uisione nemini ullum uerbum indicabat.
Cum autem crastinus advenisset dies, civitatis Metensis episcopus nomine Chlodulfus venit ad monasterium praedictae Dei famulae Modestae. Tum illa inter alia conloquia Dei virgo interrogavit episcopum de sancta Geretrude, in quale habitu vel ordine vel specie ipsa fuisset. At ille statim per ordinem narravit staturam corporis eius et speciem decoris eius. Tunc beata Modesta intellexit ex signa, que ab episcopo audierat, verum esse, quod ante viderat, et dixit ad eum: »Hoc tibi nunc confiteor, quod ante celabam, qua revelatum mihi fuit hesterno die hora quasi sexta, quod de hac luce ipso die et eadem ora migrata fuisset.« Et postea totam rem per ordinem pandit episcopo. Ille autem diem ipsum atque horam consignans praedictus episcopus Chlodulfus et invenit ita factum ordinem rei, sicut et supradicta prius indicaverat abbatissa.	Cum autem crastinus dies aduenisset episcopus ciuitatis nomine Hlodulfus uenit ad monasterium illum famulae Dei. Tum, inter alia conloquia, uirgo Dei interrogauit episcopum de Geredrude: in quo habitu et ordine aut specie ipsa exti(fol. 17r)terit. Ille autem famulę Dei per ordinem retulit staturam corporis eius et speciem decoris eius et habitu eodem. Beata itaque Modesta intellexit ex signo quod audierat ab episcopo uerum esse quod uiderat et dicebat ad eum: »Hoc modo tibi confiteor quod celabam, quia hesterno hora VI[ta] mihi est reuelatum quod eo die et hora ab hac luce migraret.« Et postea omnem uisionem per ordinem episcopo narrauit. Ille autem, diem et horam consignans, inuenit ita per ordinem rei sicut supra scripta prius abbatissa indicauerat.
3. Post annum autem decimum obitus sui in monasterio Nivialae ignem exortum fuisse adserunt, ubi ipsa praefuit sancta Geretrudis, adhuc vivens in corpore. In tantum autem, ut dicunt, erupuit flamma vehemens, ut nullus monachorum vel virginum seu virorum ibidem concurrentium nullam spem haberent ad liberandum monasterium de incendio. Ipse autem ancillae Dei, quae ibidem congregate fuerant, foras murum extra monasterium ad vicina loca confugerunt. Tunc vir unus, cui cura monasterii commendata fuerit regere, repente elevans oculos suos, viditque sanctam Geretrudem stantem in summitate refectorii in ipsa specie vel habitu, qua ipsa fuit, et cum ipso velamine, qua erat cooperta, semper iactabat flammam de domo. Ille autem vir tante visione non perterritus, sed gaudio magno repletus, suos sotios (sic) ortabatur, ut constanter agerent. Ipse autem cursu	Post decimum igitur annum obitus sui in monasterio Niuialla, ignis magnis erupit ita ut nemo monachorum, uirginum seu uirorum ibidem consistentium ullam spem habuisset monasterium posse de incendio liberari. Ancillae autem Dei quae ibi fuerunt constitutae foris monasterio extra murum ad loca uicina confugerunt. Uir autem quidam cui cura monasteria (sic) fuerat commendata, oculos repente eleuans, beatam Geredrudem stantem uidit in summitate refectorii. In ipsa specie qua fuerat et uelamine quo erat cooperta, iecit flammam a tecto. Ille (fol. 17v) autem tanta uisione inperterritus, repletus gaudio, socios ortabatur ut constanter agentes uiriliter laborarent. Ille autem cursu concito sursum ascendens ut uideret exitum rei et mirum in modum subito de incendio monasterium liberauit.

Édition Krusch (BHL 3495–3499)	Transcription du Ms. Paris, BnF lat. 5593[48]
concito ascendens sursum, ut videret exitum rei. Tunc mirum in modum cumsubito viderunt liberatum monasterium in ipsa hora de incendio.	
4. Alio quoque tempore admoniti sunt per visionem aliquae de sororibus, ut et lectulum, ubi sancta Geretrudis post laborem vigiliarum orationumque solebat fatigantia membra aliquid requiescere, ut nullus hominum ulterius in eum requiescere fuisset ausus. Tunc praedicta Dei famula Dominica abbatissa, nepta sanctae Geretrude, quae secus pedes eius fuerat nutrita, gaudio repleta est, quod per tanta signorum miracula eam Dominus dignatus est manifestare. Convocata autem universa congregatione, ipsum lectulum tulerunt et portaverunt cum honore magno et Dei laudibus et deposuerunt eum in basilica sancti Pauli apostoli, ubi nunc Dominus multa signa atque virtutes ostendere dignatus est.	Alio etiam tempore admonita est de sororibus quaedam per uisionem ut lectum illum ubi beatae Geredrudis post laborem uigiliarum membra fatigata fecit requiescere custodiret nemoque ulterius in eum auderet ingredi. Tunc predicta famula Dei dominica abbatissa, neptis sanctae Geredrudis nutrita secus pedes eius, gaudio repleta est quoniam per tot miracula eam Dominus manifestare dignatus est. Congregata autem congregatione uniuersa, tulerunt lectum et, cum honore magno, in eclesia beati apostoli Pauli transtulerunt.
5. Fuit quedam puella in regione eadem, quam gravissima egritudo depresserat, et nullus eam medicus per annos plurimos sanare potuisset, et ad extremum oculorum suorum lumen amisit et ceca efficitur. Tunc parentes illius puelle tulerunt eam et secum duxerunt ad monasterium Nivialae, ut saltim ibi invenirent aliquos medicos, qui eam curare potuissent.Tunc in ipsa nocte aparuit ei sancta Geretrudis per visum et dixit ad eam: »Puella, noli dubitare, sed crede in domino Iesu Christo et vade ad lectum, que est positus in eclesia beati Pauli apostoli, ubi Geretrudis requiescere solebat. Ibi accepta eris sanitatem de omni tribulatione, que in corpore tuo pateris.« Ipsa autem puella propter gravitudinem infirmitatis suae non potuit ante diem tertium pervenire illuc. Cumque cuncta congregatio in horam tertiam ad opus divinum consisterent, et opere Dei completo, superveniente autem puella, quae fuerat infirma, tuleruntque eam sorores et adduxerunt ad lectulum, ubi iussa fuerat ambulare. Cumque se in oratione Domino substravisset et ad lectulum inclinasset, statim aperti sunt oculi eius, et totum corpus, que ante vulnerata fuerat, ita repente sanata est, acsi umquam vulneris nihil habuisset. Illa autem Domino gratias agebat et gaudio magno repleta est et exultatione revertebat ad suos parentes.	Puella quaedam erat in regione eadem, quam egritudo corporis depresserat, et nullus medicus eam per annos plurimos ad sanitatem poterat reuocare, sed ad extremum lumine amisso ceca effecta est. Parentes autem sui tollentes, puellam deduxerunt ad monasterium Niuialcha ut uel ibi medicum inuenirent, qui eam sanare potuisset. (fol. 18) Tunc, eadem nocte, apparuit illa per uisionem sancta Geretrudis et dixit ad eam: »Filia ne dubites sed credens in Christo; uade ad lectum qui positus est in domo beati Pauli ubi Geredrudis quiescere solebat et accipies sanitate de tribulatione cuncta quam patiaris iam diutius in corpore tuo.« Ipsa autem, ob infirmitatem nimiam non poterat illic ante diem tertium peruenire, tandemque peruenit. Cumque omnis congregatio hora tertia ad diuinum opus consisterent, conpleto opere Dei superuenit puella quam sorores tulerunt et ad lectum ubi iussa fuerat ambulare perduxerunt. Cumque in orationem se Domino terrae prostraret et ad lectum inclinasset, statim uisum recepit et corpus ante uulneratum sanatum est ita ac si numquam uulneris aliquid habuisset. Illa autem, Deo gratias agens, gaudio magno repleta et exultatione, ad parentes reuersa est.
6. His ita gestis, contigit, ut predicta abbatissa, nepta beate Geretrude de hac luce migrasset, que post ipsam gubernatrix extiterat Nivialense monasterio. Tunc cuncta familia unianimiter omnes unam puellam ex nobile genere ortam sibi elegerunt abbatissam, cui nomen erat Agnes, qui et ipsa similiter nutrita fuerat a beata Geretrude. Ipsa autem postea edificavit eclesiam in honore virginis Christi sanctae Geretrudis. Die vero eadem, qua ecclesia aedificata fuerat, et lectum fuisset cum honore ibidem portatum, ipsa autem nocte omnes sorores in eadem aeclesia cum reverentia sollem-	His itaque gestis contigit ut predicta abbatissa neptis beatae Geredrudis ex hac luce migraret quae post ipsam gubernatrix extiterat Niuialinsi monasterio. Tunc omnis (fol. 18v) congregatio unanimiter ex genere nobili ortam sibi abbatissam statuit nomine Agnen quae et ipsa fuerat nutrita a beata Geredrude. Supra dicta itaque Agnes famula Dei eclesiam in honore uirginis Christi Geredrudis aedificabat mirum in modum. Die uero qua eclesia fabricata ad integrum fuerat et, cum ingenti gloria, lectum ibidem adportatum, nocte ipsa omnes sorores ibidem cum reuerentia solem-

Édition Krusch (BHL 3495–3499)	Transcription du Ms. Paris, BnF lat. 5593[48]
nitatis vigilias habuerunt. Finito autem matutino et opere Dei completo et extinctis lucernis 7, quae semper in eodem oraturio ardere solebant, mane autem facto, cum et ipse sorores ad orationem in eandem ecclesiam intrassent, et viderunt omnes lucernas ardentes, que ante extinctas demiserunt. Unde factum est, ut devulgatum esset hoc miraculum per universam regionem illam, et fama exiit de virtutibus eius, ut omnes, qui longe aut prope essent, venientes ibidem ad sepulcrum beate virginis remedium querere animarum et corporum simul, et cum Dei adiutorio omnes, qui illic ad amorem divinitatis auxilium querebant, sani atque incolumis inde revertebantur.	nitatis uigilias habuerunt. Finitis uero matutinis et lucernis extinctis vii quę semper in oratorio ipso ardere solebant. Facto die, cum sorores introissent ecclesiam, lucernas inuenerunt ardentes quas paulo extinctas reliquerunt. Unde factum est ut diuulgaretur miraculum hoc per uniuersam regionem illam et exiit fama de uirtutibus eius. Et omnes qui prope aut longe erant in regione constituti ad sepulchrum uirginis uenientes remedium animarum simul et corporum quęsituri et Dei auxilio adepti sunt, tam corporis quam animae sanitatem.
7. Erat autem quidam vir in hac vicina loca, cuius uxor ceca est effecta, tulitque eam vir suus et adduxit eam, ubi sancta virgo quiescebat, ad supradictum monasterium Niviala. Cum autem ecclesiam intrassent, et illa stetisset subter unam lampadem, repente effundebatur illa candela, qua ipsa subter stetisset, et effudit super pallium, qua induta erat. Omnes qui illic aderant et viderunt hoc miraculum, tenentes ex ipsa gutta, et uncxerunt oculos eius, et statim inluminati sunt oculi mulieris, que ante fuerat caeca. In crastinum autem confortata est in fide et spe et in virtutibus sanctae virginis Geretrude sana reversa est ad domum suam. Quoniam satis longum est per ordinem totum enumerando perstringere, quanta fecisset Deus per eam omnibus ad eam confugientibus et causam salutis ab ea postulantibus, cum adiutorio Domini omnes inde incolumes revertebantur; qui nomen eius cum fide invocantes, de quacumque tribulatione obpressi fuissent, statim eis angelus Domini adfuit adiutor.	Erat quidam uir in uicino nobis loco positus, cuius (fol. 19) uxor oculorum infirmitate ceca esset effecta. Quam uir suus adsumens deduxit ad monasterium ubi uirgo sancta corpore honorifice quiescebat. Et cum intrassent ecclesiam, ex ipsa sub quadam lampade constituisset, repente frangebatur sub qua steterat et effudit oleum pallio quo erat induta. Omnesque qui ibi aderant et hoc uiderunt ex eadem gutta oculos mulieris unxerunt et statim inluminata est quae fuerat ceca. In crastinum autem, in fide et spe confortata, mulier sana, cum gaudio et laetitia, reuersa est in domum suam. Uerum longum est cuncta per ordinem enarrando perstringere quanta fecerit Deus per eam omnibus confugientibus ad eam et causam salutis deposcentibus, quomodo auxilio Christi ad propria reuertebantur incolomes qui cum fide nomen eius inuocauerunt in quacumque tribulatione, quia statim adiutor adfuit angelus domini.
8. Alio quoque tempore dum latrones quendam puerum conprehenderunt et ligaverunt eum, cumque diu tenerent in vinculis, volentes eum in captivitatem extra patriam venumdare, tunc subito puer rememorans cum fiducia nomen sanctae Geretrude deprecatusque eam, ut sibi auxilium inpendisset, statim ceciderunt vincula de manibus eius, quibus fuerat colligatus, et coepit currere, ut se liberaret. Illi autem viri, qui eum vinctum habuerunt, similiter ceperunt currere post ipsum, ut eum conprehenderent, et non potuerunt. Sicque liberatus est puer de manu latronum et inimicorum eius.	Latrones quoque alio tempore quendam puerum conprehenderunt et ligauerunt eum. Qui cum diu teneretur in uinculis uolebant eum extra patriam (fol. 19v) uenundare. Subito uero puer rememorans nominis sanctae Geredrudis, deprecans ut sibi auxilium inpendere dignaretur. Statimque uincula ceciderunt de manibus eius quibus fuerat conligatus, cepitque currere ut se liberaret. Illi autem qui eum uinctum tenuerunt ceperunt currere post eum ut comprehenderent eum et non potuerunt. Sicque puer de manu inimicorum liberatus est.
9. Iterum autem postea alio tempore dum vir quidam in magnis criminibus inventus fuit, ita ut dominus eius iuberet eum tenere et in vinculis constringere, tunc ille infelix in angustia positus et nimio pavore ceca perterritus, quia omnes qui aderant de vite eius longitudine eum nihil habere sperantes, ipse autem, qui erat vinctus, confortatus est in spe et deprecans se ad sanctam, ut sui miseri auxiliaret. Statimque et in ipso tempore confracti sunt ferri, unde erat strictus, secumque ipse detulit ad monasterium	Alio quodam tempore, cum quidam uir in magnis criminibus esset inuentus et eum dominus illius in uinculis tenere et crudeliter penare uoluisset, infelix ille in angustia positus nimioque pauore perterritus est, quia omnes de longitudine uitae eius omnino nil crediderunt. Sed ipse miser qui erat in uinculis. confortatus fide et spe, deprecabatur ad sanctam Geredrudam ut erueretur. Statimque et in ipso tempore, ferreae confractae sunt unde fuerat constrictus secumque ipse detulit ad monaste-

Édition Krusch (BHL 3495–3499)	Transcription du Ms. Paris, BnF lat. 5593[48]
Nivialae et omnes porte ostiaque eclesiarum apperta repperit et ad ipsum sanctum lectum pervenit, ibique liberatus est per virtutem sanctae virginis. 10. Anno autem trigesimo tertio post obitum beatae Geretrude, inspirante Domino, venit in corde sue germane nomine Becgane, ut sibi ipsa vellit monasterium construere. Postea vero in tale devotione venit ad supradictum monasterium Nivialae, postulansque praedictam abbatissam Agnem simulque omnem congregationem, ut ei aliquo adiutorium prebuissent de causa spirituale, unde maximam necessitatem habuisset sue devotionis initium. Tota autem illa congregatio amantissimo animo susciperunt petitionem, quam ipsa postulasset, et dederunt ei reliquias et libros sanctarum scripturarum. Similiterque dederunt ei in sancto habitu seniores spirituales sorores, qui ipsum monasterium docere potuissent regularis vite disciplinam normamque relegionis initium. Et ex eo lecto ei dederunt partem, ubi sancta Geretrudis, germana sua, migravit ad Christum. Tunc christianissima matrona, acceptis his omnibus, quae ad relegionis reverentiam pertinebant, cum honore et reverentia hec omnia secum detulit ad monasterium suum cum gaudio et exultatione magna repleta. Cum autem adpropinquassent ad monasterium, ubi tendebant, levaverunt cum canticis cruces et Domino laudes caecinerunt; portaverunt reliquias et lectum sanctum, quam secum detulerant, et posuerunt eum iuxta altare sanctae Genoveve virginis. Quis autem hominum verbis explicare poterit, quanti ibidem cotidie a demonio mundati, quanti infirmi curati et de quacumque tribulatione liberati. Anno autem secundo, perfectis omnibus et bene dispositis, matrona illa migravit ad Dominum.	rium et omnes portas hostiaque ecclesiarum aperta repperit et ad ipsum lectum sanctum peraccessit, ibique per sanctae uirginis uirtutem meruit liberari. (fol. 20r) Anno autem XXX III post obitum beatae Geredrudis, inspirante Deo, uenit in cor germanae suae Becca nomine ut sibi ipsa monasterium uellet construere; et tali deuotione ad monasterium beatae Geredrudis uenit, postulans Agnen abbatissam simulque omnem congregationem ut aliquod ei solatium prebuissent, de causa spiritali unde maximam necessitatem habuisset initium deuotionis suae. Omnis uero congregatio amantissimo animo susceperunt petitionem quam postulauerat ab eis et dederunt reliquias et libros sanctarum scripturarum similiterque dederunt ei sorores spiritales seniores qui monasterium ipsum docere potuissent regularem uitam normamque religionis initium, et ex eodem lecto partem quo beata Geredrudis migrauit ad Christum. Tunc christianissima matrona, acceptis omnibus quae ad reuerentiam religionis pertinebant, detulit ad monasterium suum cum gaudio et exultatione magna. Cum adpropinquarent autem monasterio quo tendebant, leuauerunt cruces cum canticis et laudibus et (fol. 20v) deferebant reliquias et secum de lecto sancto detulerunt, ponentes iuxta altare sanctae Genouefe uirginis Christi. Quis autem hominum uerbis poterit explanare quanti erunt (sic) ibi a daemonibus mundati, quanti ab infirmitati curati et de quacumque oborta tribulatione liberati. Anno autem secundo, perfectis omnibus, matrona migrauit ad Dominum.
11. Post non multos vero dies ad eandem monasterium quedam religiosa femina venit, ex nobile genere orta, cui nomen erat Adula, in omnibus vere ancilla Christi, in habitu casta, in humilitate relegiosa, in caritate non ficta, in elimosinis senibus ac pauperibus larga, egenis et peregrinis hospitalis. Sed tamen dubitationem habebat, utrum Dominus tanta signa adque virtutes per meritum beatae Geretrude dignatus esset ostendere, an non. Unde contigit, ut contentio inde exoriretur, sic tamen quasi per ioco inter praedictam matronam et unam famulam Dei ibi in monasterio. Quadam autem die interrogabat eam matrona, dicens: »Quale die erit ista festivitas sanctae Geretrude?« Illa autem respondens dixit: »Quinta ebdomada in quadragisima in sexta feria« . At illa dixit: »Absit hoc a me, ut hac solemnitate aliquid extra solito penso servitutis nostre augere voluero in refectione.« Ipsa autem puella respondens dixit: »Si autem ipsa aliquid apud Deum impetrare poterit, faciat tibi, ut die eodem volente nolenteque facias caritatem.« Cum autem adpropinquasset dies ille, tunc omnes,	Post multos etiam dies, ad monasterium idem quaedam religiosa femina nomine Atula uenit, orta ex nobili genere, in omnibus uere ancilla Christi, in habitu casta, in humilitate religiosa, in caritate non ficta, in elemonisis larga, egenis et pauperibus hospitalis, sed tamen dubitationem habebat utrum tanta Dominus signa et uirtutes per meritum beatae Geredrudis ostendere dignatus est an non. Unde accidit ut contentio exoreretur, sed tamen quasi per iocum, inter matronam illam et unam ex famulabus Dei. Quadam die, interrogauit eam, matrona dicens: »Qua die erit ista festiuitas sanctae Geredrudae?« Illa ait: »quinta ebdomada infra (fol. 21r) quadragesima feria VI.« At illa dixit ei: »Absit hoc a me ut hac sollemnitate extra solitum pensum seruitutis nostrae augeam in refectione.« Puella uero respondit: »Si ipsa aliquid Domino ualeat impetrare faciat ut eo die, nolens volensque, faciat caritatem.« Cum autem adpropinquaret dies, omnes qui conuenerant, uiri seu femine, monachi ac uirgines Christi, cum honore et reuerentia diem celebrantes, post missarum solemnia, sumpserum cibum et

Édition Krusch (BHL 3495–3499)	Transcription du Ms. Paris, BnF lat. 5593[48]
qui ad hanc solemnitatem illic convenerant, sive viri sive feminae, monachi ac virgines Christi, cum honore et reverentia celebrantes diem illam. Et post expleta solemnitate missarum, tunc sumserunt cibum potumque cum gratiarum actione gaudentes ex omnibus escis, quibus licitum fuit quadragessimo tempore comedere; sola autem matrona ea die non commedit.	potum gaudentes cum gratiarum actioneex omnibus escis quibus licitum est edere tempore quadragesimale; sola autem matrona non comedunt (sic).
Erat autem ei filius parvulus, quem multum diligate diligebat. Superveniens autem infans petit ab ea, ut sibi licuisset ludificare. Illa autem dixit ad eum: »Fac tibi, quod vis.« Infans autem iocabat et currebat huc illucque. Subito casu contigit, cecidisse eum in fonte, que illic erat, et tam diu ibi iacebat, usque dum sorores de mensa surrexerant cum gaudio repletas, laetantes et bene refectas. Una autem de sororibus supervenit et dixit: »Scitis, quod iste filius matrone mortuus est?« Interrogabant eam, quis illum occidisset. Illa autem respondens: »In fonte cecidit, ibique mersus est.« Tunc illa sanctimoniales, qui ante contenderat cum ipsa matrona de virtutibus sanctae Geretrudis, exclamavit voce magna et dixit: »Sancta Geretrudis, tu hoc fecisti, quoniam nolebat mater huius infantis virtutibus credere, que per te Dominus operatus est.« Et ait iterum: »Obsecro sanctitatem tuam, sancta Geretrudis virgo Christi, et per dominum nostrum Iesum Christum tibi adiuro, ut, sicut apud Dominum inpetrare poteris, ita eum resuscitare digneris.«	Erat autem ei filius paruulus quem multum diligate diligebat. Superueniens autem petit matrem ut sibi liceret aliquantum iocare. Cui mater ait: »Fac tibi quod uis.« Infans uero incautus huc illucque currebat et casu contigit et infans in puteum cecidit et mortuus est. Etiam diu iacebat ibi quousque sorores a mensa cum gaudio surrexissent. Una autem de sororibus uenit et ait: »Nostis quia filius matronę huius mortuus est?« Interrogabat autem eam quinam occideret illum. Illa ait: »Cecidit in puteum ibique mersus est.« (fol. 21v) Sanctimoniales autem, cum qua matrona contendebat de uirtutibus sanctae Geredrudis, uoce magna clamauit dicens: »O sancta mater Geredrudis, tu hoc fecisti, quoniam nolebat mater infantis credere de uirtutibus quas per te operatus est Deus.« Et ait iterum: »Obsecro te, sancta uirgo sancta Dei Geredrudis, per Dominum nostrum Iesum Christum, ut eum resuscitare digneris.«
Et cepit ire festinanter, ut peteret infantem. Cum autem iret, mater eius obviam ei facta est et dixit: »Quid facis, soror?« At illa respondens tertio cum iuramento et dixit: »Quod ego facio, et tu fac similiter. In veritate crede, quia in ac eadem hora tibi vivum restituet filium tuum sancta Geretrudis.« Tulit autem infantem et posuit eum iuxta lectum beate Geretrude. Mox mirum in modum subito aspitientibus surrexit infans, qui ante fuerat mortuus. Ex illo autem die praedicta matrona cepit credere virtutibus sanctae Geretrude.	Et coepit ire ut portaret infantem. Cum autem iret, mater infantis obuiat, quasi prope mortua, et dixit: »Quid facis soror?« At illa dicit: »Quod facio, et tu fac similiter. In ueritate crede quia in hac eadem hora sancta Geredrudis restituet tibi filium tuum.« Tulit ergo infantem et posuit eum iuxta lectum beatae Geredrudis et mox, in mirum modum cunctis adstantibus, surrexit infans; et ex ea die matrona coepit credere de uirtutibus beatae Geredrudis.
Eadem vero hora convocans universam familiam suam, implevit postea, quod ante negavit de caritate, et in crastinum missam celebravit in honore virginis Christi Geretrude et cum omnibus sororibus refectionem habuit. Infans autem absque ulla lesione ministravit illis et manibus suis potum praebebat unicuique per ordinem. Igitur supradicta matrona illum sanctum lectum aurum gemmisque pretiosis undique circumcinctum pulcherrime exornavit. Et ne cui hoc incredibile fortasse videatur, testem Deum invoco, quod oculis meis vidi et per idoneos testes didici hoc quod scripsi. Nunc autem de virtutibus et miraculis eius satis sit dictum; non tamen totum per ordinem explicare potuimus, quae cotidie in suo nomine Dominus dignatus est operare. Ergo	Et, hora ipsa, uocauit omnem familiam et impleuit quod pertinaciter antea negauit. Et ipsa in crastino celebrauit missam sanctae Geredrudis. Infans autem ministrauit ibi absque ulla lesione et manibus potum dedit unicuique per ordinem. Igitur matrona praedicta sanctum illum lectum auro gemmisque pretiosis undique per circuitum exornauit.

Édition Krusch (BHL 3495–3499)	Transcription du Ms. Paris, BnF lat. 5593[48]
nunc Dominum deprecemur, ut per eius orationes dignetur nobis adiuvare, cui est honor, virtus et hymperium et gloria in secula seculorum. Amen. [VIRTUTUM SANCTAE GERETRUDIS CONTINUATIO] 1. Sicut ut nos scimus, quod multas spiritales lucernas in hoc mundo Christus inluminare dignatus est ad illorum erudicionem, qui hoc credunt, quod Spiritus sanctus per os David praenuntiavit, dicens: *Mirabilis Deus in sanctis suis, Deus Israël ipse dabit virtutem et fortitudinem plebi suae: benedictus Deus*, quia pro dignis operibus. merces sine fine manet cum Christo. Ideo et augmentum bone fidei vestrae caritati scribere conamus, quod Deus omnipotens per merita virginis suae Geredrudae dignatus est ostendere super istam feminam nomine Adalperga de pago Venoense, de illis partibus maritimis, ubi sanctus Walaricus in corpore requiescit; ibi ipsa puella caeca fuit nata. Anno vigesimo secundo aetatis suae aparuit ipsae puellae quaedam sancta Dei monialis, virgo albo pallio vestita, per horas tres admonuit illara, dicens: »Festina ad sepulchrum sanctae Geredrudae virginis Christi, et illa tibi adiuvat«. Post hanc visionem surgens illa caeca, nunciavit haec per ordinem matri suae. Mater vero eius negabat hoc, dicens: »Non credo te esse tanti meriti, ut virgo Dei Geredrudis tibi in visione locuta sit«. Ipsa autem caeca reversa est tristis et venit ad unum sacerdotem, narravit ei omnem visionem. At ille respondens, dixit ei: »Non dubitare, tu filia, sed festina in pago Bracbatense ad monasterium Nivialla; ibi requiescit beata Geredrudis in corpore«. Et ipsa caeca exortata in verbis eius, mense uno perrexit, quousque pervenit ad monasterium. Ipsaque nocte apparuit ei ipsa virgo Dei sacrata et dixit ad illam: »Puellam caecam, festina, ne tardare venire ad sepulchrum virginis Christi Geredrudae«. At illa surrexit festinans, quantum potuit, properavit ad monasterium Nivialla, ubi beata Geredrudis requiescit, sub tegumento sancti Petri apostoli honorifice sepulta. Ibique se prosternens ad sepulchrum sanctae Geredrudae, magno labore estuans, ita ut manibus suis ipsa rumpebat capillos capitis sui, magnum gemitum ostendens in corde suo, multis ibi adstantibus de ipsa congregatione beatae Geredrudae, quae testes fuerunt de hac re. In primo pullorum cantu ipsa caeca inluminata fuit, et ipsae sanctae moniales, quae ibi adstabant, oculis suis viderunt. Et sicut lacrimae erumpere solent ex oculis, ita exivit primitus sanguis et postea clarius et clarius videre. Ita omnipotens Deus dignatus	Item sicut et nos nouimus quod multas spiritales (fol. 22r) lucernas in mundo hoc Christus inluminare dignatus est ad eorum inluminationem qui credunt quod Spiritus sanctus per os Dauid prenuntiauit dicens: *Mirabilis in sanctis suis Deus Israel. Ipse dabit uirtutem et fortitudinem plebi suae benedictus Deus* (Ps. 67, 36), quia pro dignis operibus merces sine fine cum Christo manebit. Ideo ad augmentum caritati uestrae scribere conamur quod omnipotens Deus egit per quaedam merita beatae Geredrudis dilectae uirginis suae. Quaedam uero femina Adalbirga nomine aduenit de pago Uennoensi de partibus maritimis ubi sanctus in corpore requiescit Uualaricus, quae et ibi nata est ceca. Anno etiam etatis suae uicissimo II°, apparuit ei uirgo quaedam in uisione sanctimonialis pallio uestita albo et per orationem eam ammonuit dicens ita: »Festina ad sepulchrum Geredrudis, illa te adiuuabit.« Post hanc uisionem ceca surrexit, nuntians haec matri suae quae negabat hoc dicens: »Non credo te esse tanti meriti ut uirgo Dei Geredrudis in uisione locuta fuisset tibi.« Ipsa autem ceca, reuersa tristis, uenit ad sacerdotem quendam et narrauit ei ex ordine penitus uisionem et ille respondens ait: »Noli dubitare (fol. 22v) sed festina in pago Bragbrantense ad Niuialcha monasterium ubi sancta quiescit corpore Geredrudis«. Quae his uerbis confortata et exortata, mense uno perrexit uiam usque dum ueniret ad monasterium Hlotosa[50] et, ipsa nocte, ipsa apparuit ei uirgo Dei et ait: »Festina ne tardaberis ad sepulchrum uirginis Christi beatae Geredrudis«. Quae festinans surrexit et uenit ad locum designatum et prosternens se ante altare eius, estuans labore magno ita ut manibus rumperet capillos suos et gemitus ostendens, multis ibi adstantibus de ipsa sancta congregatione quae ibi testes fuerunt de hac re. In primo gallorum cantu ceca fuit inluminata et ipse sanctimoniales quae ibidem adstabant et oculis uidebant sicut lacrimae erumpere solent ab oculis ita exiuit primo sanguis. Postea uero clarius et clarius et aperti sunt oculi et ceperunt clare omnia uidere et ipsa conlaudare Deum et omnes qui aderant ibi, quia ita omnipotens Deus pietatem suam ostendere dignatus est per merita ancillae suae beatae Geredrude. Actum die kalendas Septembri, octauo anno postquam cum Dei prouidentia Eckiburga

---

50 Leuze en Hainaut, selon Godfried HENSCHEN (AA SS, mart. II, Anvers 1668, n. d, col. 599).

Édition Krusch (BHL 3495–3499)	Transcription du Ms. Paris, BnF lat. 5593[48]
est ostendere suam pietatem per merita ancillae suae. Hoc fuit factum die Kl. Septb. anno 8, postquam cum Dei providentia Egeburc misericordiam indigens Dei extitit gubernatrix et mater spiritalis sanctae congregationi Nivialense.	mater extitit (fol. 23r) et gubernatrix spriritalis ex congregatione Niuialinse.
2. Hoc longum est scribere, quod cottidie multi ibi venientes, ad laudem Christi nominis absoluti a vinculis, liberi laetique redeunt. Ideo undique pauperes et peregrini concurrunt catervatim, precantes pia mente sanitatem. Nec mora, mirifice Christus conditor ibi multa ostendit miracula maiestatis suae. Ex ipso vero marmore, unde sacrum corpus tegitur, per Christi gratiam ad declaranda merita virginis suae oleum limpidissimum affluenter currit. Per huius liquoris hunctionem multi caeci et infirmi sanitatem recipiunt, nec non assidue caelestes cereos inluminasse in circuitu sepulchri, ubi sanctum corpus requiescit. Sed hoc non est miraculum, quod Christus eam tali anchora decoravit, quia ipsa vixit vigilanter in officiis Christi.	Hoc enim longum est scribere quod ibi cottidię uenientes ad laudem nominis Christi a uinculis liberati leti redeunt. Ideo undique pauperes et peregrini concurrunt caterţatim, precantes piae mentis sanitatem, mox ibi Christus conditus mirabilia suae maiestatis ostendit. Eo uero marmore unde sacrum corpus contegitur, per Christi gratiam ad declaranda uirginis merita, oleum limpidissimum affluenter decurrit. Per huius liquoris unctionem, multi ceci et infirmi sanitatem recipiunt et assidue cerei cęlestes in circuitu sepulchri ubi eius sanctum corpus requiescit diuinitus accenduntur. Sed hoc cur miremur quod eam Christus ita decorabat, cum ipsa uigilanter in seruitio Christi pernoctaret?
3. Extremum diem clausit anima laeta. Deo dante, cum gloria caeli claritatem petivit, aeternaeque lucis praemia fruitura, facie ad faciem laeta Christum cernit. Prudens mater in vita sua feliciter gessit. De miseris curam habens, in omnibus viam veritatis secuta est. Dominus omnium dilexit eam. Doctrix extitit disciplinae Dei, et amator factus est Dominus pulchritudinis eius. Vultu pulchro splendebat, toto corpore casta et sobria. Docta verbis divinae legis, insignis meritis lucebat, cum pace regimini praefuit sanctae congregationi Nivialense. Relictis terrenis, transivit ad caelestia; sanctorum consorcio iuncta, modo laetatur cum Christo in aula caelesti, cunctorum bonorum fruitura sorte beata, clara inter ceteras, gratia Dei flagrans, sancta Dei virgo Geredrudis. Extitit mater veneranda et casta; virginitate potens, nescia malorum, vixit bene sociata inter candidas Christi oves. Aeternam a Christo adsumpsit coronam et cum pio Patre regnat sublimis in arce. Mox petivit caelestia, angelico circumdata coetu, consors thalamis, ubi centuplum fruitur aeternis in arce lucis perpetuam vitam, qui euangelici sermonis iussa secuta fuit. In exclecis caeli de tuis thesauris habitura in aevum, vendidit et sparsit, quicquid habuit, egenis. Modo laeta cernit Christum, propter quem cunta dereliquit virgo constans animo, vultu linguaque iocunda, orta de patre eximio, regali progenie clara. Adfuit sponsus Christus, reddit animam laeta, inviolata et casta. Relinquens gloriam in terris, munera laeta capit in caelestibus. Quam nullus segregat a comitatu agni. In alto throno caelestis Regis matrem, credimus, cum gaudio videt. Sponso placitura Christo, cum sanctorum numero in triumpho sociata, angelicis in ulnis portatur. Corpore cupiens dissolvi et vivere cum Deo, contemplans caelestia, terrena non ambiens, gaudens	Extremum diem clausit anima leta et donante Deo cum gloria alta caeli penetrauit, aeternę lucis premio fruitura, facie ad faciem leta Christum cernens. Prudens mater gessit feliciter in uita, miserorum curam habens, in omnibus uiam secuta ueritatis et Dominus omnium dilexit eam. Doctrix extitit disciplinae Dei. (fol. 23v) et amator factus est Dominus pulchritudinis eius uultu puro splendebat. Toto casta corpore et sobria, docta uerbis diuinae legis, insignis meritis lucebat. Cum pace regimini prefuit congregationi Niuialinse, relictis terrenis transiuit ad cęlestia; sanctorum consortio iuncta, modo laetatur cum Christo. In aula caelesti beata clara gratia Dei flagrans, sancta uirgo Dei. Extitit mater ueneranda, casta uirginitate potens, nescia malorum uixit bene sociata inter candidas Christi oues. Aeternam a Christo adsumpsit coronam et cum pio Patre regnat sublimis in arce. Mox petit cęlestia, angelico circumdata coetu, consors thalami ubi centuplum fruitur aeternis in arce lucis perpetuam uitam quae euangelici sermonis iussa secuta fuit. In excelsis caeli, de tuis thesauris habitura in euum uendidit et sparsit quicquid habuit egenis. Modo laeta cernit Christum propter quem cuncta reliquit uirgo constans animo, uultu lingua quae iocunda, orta patre eximio regali progenie clara. Adfuit sponsa Christi reddidit animam inuiolatam laeta et casta. Gloriam reliquit (fol. 24r) in terris, munera laeta capit in caelestibus. Quam nullus segregat a coetu agni. In alto throno caelesti Regis matrem credimus cum gaudio uadit. Sponsa placitura Christi sanctorum numero in triumpho sociata, angeliscis (sic) in ulnis caeli portatur. Corpore cupiens dissolui et uiuere cum Domino contemplans caelestia (cf. Phi. 1, 23), terrena non ambigens, gaudens anima perducitur ad Christum, bona documenta gregi relinquens de dogmatis

Édition Krusch (BHL 3495–3499)	Transcription du Ms. Paris, BnF lat. 5593[48]
anima perducitur ad Christum, bona documenta gregi relinquens de dogmatibus caelestibus. Adveniente sponso, splendidam paravit lampadam. Sine fine adorat Regem caeli in throno. Vivit felix Geredrudis, beata per secula. Amen. 4. Sed neque hoc silentio tegendum est, quod ad laudem Christi nominis factum est. Postquam beata virgo Geredrudis de hoc mundo migravit ad Dominum, anno centesimo vicesimo septimo, anno 15. regnante domno Carolo piissimo atque christianissimo rege Francorum, erat quaedam puella parva in terra Riguanense debilis genuisque contracta. A primevo aetatis suae gressum non diiudicabat nec medellam sanitatis recipere potuit. Contigit autem, ut parvula adducta fuisset ante conspectum Hildigardae reginae ad elemosinam accipiendam. Et post accepta elemosinam mandabat regina adduci eam in palacium ibique de sua elemosina sufficienter consolare. Post aliquod autem tempore venit in cogitatione domnae reginae, ut ad honorem sanctae Geredrudae virginis ipsam parvulam direxisset ad Nivialla monasterio, ut sua elemosina et beatae Geredrudae misericordia cum illis ancillis Dei, quae in ordine et conversatione Christi servitute stare videbantur, vivere debuisset. Nocte autem una in ipsa vigilia theophaniae iacebat ipsa parvula contracta in stratu suo, dum sorores hora canonica in eclesea (sic) beatae Mariae virginis reddebant officium. Venitque beata Geredrudis in ipsa habitacula, ubi illa puella debilis iacebat, tenens cęreum candidum atque splendentem in manu sua. Dixitque beata Geredrudis ad eam: »Quare non dormis, puella?« Quae respondens, ait: »Domina, non possum«. Subridensque beata virgo, ait ad eam: »Loquere ad sorores et dic ad eos, quomodo mecum locuta fuisti. Et si tibi credere nulunt, die crastino ante horam tertiam do tibi tale signum ostendere, ut veraciter credant sorores, filia, quod tu mecum locuta fuisti, et tu certam tene hanc visionem. Ego sum Geredrudis; mecum locuta fuit.« Et haec dicens, cum magna claritate abscessit ab ea ipsa via qua venerat. Die autem crastina surrexit ipsa puella et portata est in habitationem domus, ubi Christi virgo Geredrudis secus pedes beatae Idubergane sive Ittane genetricis suae spiritaliter nutrita, crescebat, in sancto exemplo gradiens, feliciter vixit in iuventute. Cumque ipsam puellulam lavassent et vestimentis induissent, ipsa parvula innocens subito respexit viditque ante se sanctam Geredrudem stantem, tenentem cereum candidum in manu sua, et statim absoluta sunt vincula de genuis debilibus atque contractis. Cumque ipsa contracta subito sursum se erigeret, beata Geredrudis reversa sub ipso tegumento beatae Mariae semper virginis in porticu, qui est dedicatus in honore sanctae Agadae virginis martyrisque Christi. In ipso aede sancto transivit de hoc mundo inter	caelestibus. Adueniente sponso splendidam parat lampadam. Sine fine adorabat Regem celi in throno. Uiuit uirgo felix beata Geredrudis beata per saecula. Amen. Sed neque hoc est silentio tegendum quod ad nominis Christi laudem actum est, anno C° XX° II° postquam sancta Geredrudis migrauit ad Dominum et XV° regnante domno Carolo rege Francorum. Erat quaedam puelle parua, orta de terra Rubuariense, debilis genibusque contractis a primeuo flore etatis et medellam sanitatis recipere non potuit. Contigit autem ut haec eadem puella ad conspectum regine Hildegardę fuisset adducta, ut de manu ipsius elemosinam percipere deberet. Et accepta elemosina in palatium (fol. 24v), deduci iussa est ibique de eius elemosina iugiter consolari. Post dies autem aliquot, uenit in cogitationem domnae Hildigardae ut ad monasterium beatae Gerdrudis ipsam puellam transmitteret ob salutem. Quod cum esset factum et ad monasterium perlata puella ueniret. In uigilia noctis Theophaniae iacebat in stratu suo, et, dum sorores hora canonica in ecclesia beatae uirginis Dei genitricis Mariae debitum officium soluerent, uenit beata Geredrudis in domum ubi debilis puella iacebat, tenens candidum cereum et splendentem in manu sua, dixitque ad eam: »Quare non dormis puella?«. Quae respondens: »Domina non possum«. Subridensque beata uirgo ait ad eam: »Loquere ad sorores et dic eis quia locuta fuisti mecum et, si tibi credere noluerint, die crastino ante horam tertiam dabo tibi eis tale signum ostendere ut ueraciter sciant quia loquebaris mecum et tu certam tene uisionem. Ego sum Geredrudis et mecum locuta es.« Et haec dicens cum magne claritate abscessit uia quae ueniebat. Die uero crastino, surgens puella deportata est in habitationem ubi beata Geredrudis iuxta pedes beatae Idu(fol. 25r)berganae uel Hittanae genetricis suae spiritaliter nutrita crescebat, in sancto exemplo radians feliciter gessit uel uixit in iuuentute. Cumque lauissent puellam et uestibus induissent, subito respexit ante se stantem beatam Geredrudem et cereum manu tenentem et statim absoluta sunt uincula de genibus contractis. Cumque contracta se sursum erigeret, Geredrudis sancta reuersa est sub ipso tegumento beatę Mariae in porticu quae dedicata est Agathae uirginis honore et martyris Christi, in qua et beata Geredrudis uirgo de hoc mundo ad caelestia regna migrauit. Statim autem post conloquium beatae Geredrudis, ipsa puella melius coepit consolidari basibus suis et erecta in ipso loco subridens stetit et ait: »Uideo te, domina uideo.«

Édition Krusch (BHL 3495–3499)	Transcription du Ms. Paris, BnF lat. 5593[48]
choros angelorum ad caelestia regna. Statim autem post conloquium sanctae Geredrudae et aspectu speciei illius ipsa contracta melius ac melius coeperunt bases eius solidare. Erectaque stetit in ipso loco subridensque ait: »Video te, domina, video«.	
Fuit in illa congregatione una peregrina, cui mandatum fuerat a sororibus ipsae puellae ad ministrandum seu litteras ad docendum, quae magno pavore perterrita, dixit: »Filia, quid vidisti?« At illa ait: »Dominam meam Geredrudem antestantem et cereum candidum tenentem in manu sua.« Haec audiens ipsa peregrina, expavescens valde, adpraehendens eam per manum, duxit in ecclesiam beatae Mariae virginis et posuit eam ante formulam, ubi Geredrudis sancta sedere solebat, quando sorores hora canonica Deo officium reddebant. Tunc tercia vice ipsa parva puella vidit sanctam Geredrudem, statimque hoc notum factum fuit in omni congregatione ancillarum Dei ibidem Deo servientium vel consistentium. Et fecerunt conventum magnum in eclesia beatae Dei genetricis Mariae et invenerunt ipsam puellam super pedes suos stantem et erecta, quae ante super genua sua prostrata, se trahebat super terram. Tunc illa congregatio prona in terra laudaverunt nomen Domini prae gaudio, quia affluenter erumpebant lacrimae ab oculis illarum. Susceperunt autem ipsam puellulam, cum reverentia duxerunt in ecleseam beati Petri apostoli ad sepulchrum beatae Geredrudae virginis Christi. Conlaudabant et glorificabant Dominum, qui dignatus fuit per suam ancillam Geredrudem dare ipsae puellae pauperculae caelestem medicinam. Tunc omnis familia ante portas monasterii, sacerdotes cum clero sive domestici ex vicina loca, qui hoc audierant, cum gaudio concurrebant. Feceruntque ibi memoriam cum magna festivitate de ministerio sacerdotali, et cum omni officio spiritali glorificantes in sanctae virginis miraculo, laudabant et glorificabant Patrem et Filium et Spiritum sanctum, cui est gloria et potestas et imperium, laus et iubilatio sine fine in saecula saeculorum. Amen. EXPLICIT VITA SANCTAE GEREDRUDAE VIRGINIS	Fuitque in congregatione quaedam peregrina cui a sororibus commendatum fuit literas eandem docere et insuper ministrare. Quae magno territa et pauore: »Filia quid uidisti?« Ait: »Dominam meam Geredrudem stantem ante me et tenentem candidum cereum in manu sua.« Audiens hoc peregrina ualde expauit et adduxit eam ecclesiam beatae Mariae et posuit super formulam qua uirgo Dei sedere solebat (fol. 25v) cum horis canonicis sorores Domino officium soluere decertarent. Tunc tertia uice puella beatam Geredrudem uidit. Statimque hoc notum factum est omni congregatione et fecerunt conuentum magnum in ecclesia beatae Mariae Dei genitricis et uirginis et inuenientes puellam stantem erectam, quae paulo ante trahebatur per terram, laudauerunt nomen Domini et prae gaudio lacrimare coeperunt. Puellam autem cum reuerentia dixerunt (sic) in ecclesia beati apostoli Pauli (sic) ad sepulchrum Geredis uirginis Christi, conlaudantes Dominum qui dignatus est per ancillam suam beatam Gerdrudis caelestem pauperculae puelle tribuere medicinam. Tunc omnis familia, cum sacerdotibus et domesticis uel uicinis coeuntes, fecerunt festiuitatem ob memoriam uirginis Christi, glorificantes Deum in miraculis istis quae ad honorem et gloriam uirginis ipsius beatae Gerdrudis dignatus est operari. Per Iesum Christum Dominum nostrum cui est cum Spiritu sancto honor et potestas et imperium sine fine in secula saeculorum. Amen.

On aura remarqué que, comme pour les deux versions de la Vie, le sens du récit n'est pas altéré mais que, sans être drastique, le raccourcissement du texte est un peu plus important: 25 395 signes pour les textes (*Virtutes* et *Continuatio*) édités par Krusch, contre 21 843 signes pour le texte du ms BnF lat. 5593, soit 14 % de moins (15 % pour les *Virtutes*, 12,25 % pour la *Continuatio*).

La répartition des manuscrits de l'ensemble du dossier élaborée par Krusch se fondait sur la présence des récits de miracles dans la classe A et leur absence (erronée pour BnF, lat. 5593) dans la classe B. En réalité, il y eut rapidement deux versions de la Vie et des Miracles de Gertrude en circulation; une première qui circula dans les manuscrits de la classe A de Krusch: A1 et A2 ne contenant que la *Vita* et les *Virtutes* rédigés au VIIe siècle et A3 avec l'ajout de la continuation (rédigée à la fin du VIIIe siècle). La deuxième version, qui correspond aux manuscrits de la classe B de Krusch, présente la Vie et les Miracles (sans rupture entre les *Virtutes* et la *Continuatio*) rédigés de façon plus concise. Comme *incipit* et *desinit* sont identiques dans les deux versions, le classement effectué dans la BHLMs, repris et complété dans la base »Légendiers latins« en fonction de la BHL, ne distingue pas la version A et la version B de la Vie, ni, puisqu'elles n'ont pas été éditées, les deux écritures des *Virtutes* et de la *Continuatio*. Toutefois la présence de la *Vita* B de Krusch et de ces Miracles réécrits dans le manuscrit Munich, BSB, Clm 22240, du XIIe siècle[51], montre que cette réécriture, probablement effectuée, comme pour la *Vita*, dans le courant du IXe siècle (cf. ci-dessus, p. 448–449), rangée sous la rubrique *Vita Modestae* et placée avant la Vie de Gertrude, a quelque peu circulé, même si, dès le XIe siècle, d'autres recensions ont été élaborées[52].

2. Note sur la diffusion de la *Vita* (BHL 3491–3494) et des *Miracula s. Geretrudis* (BHL 3496–3498 et 5000–5001), à partir du XIe siècle

a) Les versions tardives de la *Vita Gertrudis* dans la BHL (BHL 3491–3494)[53]
La *Vita* BHL 3491 est précédée d'un prologue qui figure exclusivement dans les manuscrits (datés du XIIe au XVe siècle) du »Grand légendier autrichien«[54]; le texte de la *Vita* copiée dans ces manuscrits est sensiblement différent de ceux de la *Vita* A et de la *Vita* B édités par Krusch: on y relate de façon un peu différente les mêmes épisodes, excepté la digression relative à Vulfetrude (§ 6–7 de l'édition Krusch) qui n'est pas reprise, l'*incipit* est semblable mais le récit de la sépulture de Gertrude, un peu raccourci, se termine par un *explicit* différent[55]. BHL 3492 (*Vita* 1b) a trait à un texte non édité pour lequel la base »Légendiers latins« ne donne qu'un seul manuscrit, du XIIe siècle; il s'agit du manuscrit 9119 de la Bibliothèque Royale de Bruxelles, qui contient des passages qui ont été édités par Ryckel[56]. Notons que cette *Vita* BHL 3492 (prologue exclu) se trouve (aux folios 92v–94r) dans le manuscrit de Troyes, BM, ms. 7 (XIIe s. en provenance de Montieramey) où se trouve un prologue original, traduit et commenté par François Dolbeau[57].

BHL 3493, pour laquelle la base »Légendiers« donne 21 manuscrits tous postérieurs à 1100 correspond à la Vie éditée par Ryckel (p. 35–73) comme faisant partie d'un récit en trois livres (p. 107–141) et couramment désignée dans la bibliographie par l'expression *Vita tripartita*[58]. Le

51 Ainsi que dans deux manuscrits de Trèves, du XIIe siècle (NEUBURG, p. 120).
52 On trouvera la complète des manuscrits contenant la *Vita* B éditée par Krusch ainsi que les Miracles réécrits dans NEUBURG 2022, p. 317–324.
53 Une analyse claire des différentes versions de la Vie de Gertrude a été effectuée par PETRASCHKA 1999, p. 49–52.
54 Sur le »Grand légendier autrichien«, voir en dernier lieu ROCHAIS 1975, vol. 1, p. 24–79 (en part. p. 51 et 166 pour la Vie de Gertrude).
55 *Corpus eius in ecclesia beati Petri apostoli cum omni deuotione sepelierunt*.
56 Selon le Cat. Brux., vol. 2, p. 271, au f° 96r-v, on trouve quelques mots des pages 35–40 de l'édition de Ryckel (= chapitres 1 et 2 de la *Vita* BHL 3493), aux f°s 96v–97v, le texte des pages 5–18 (chapitres 2 à 7 de la *Vita* BHL 3494) et ensuite, celui des pages 147–149 (vision de Modesta dans BHL 3497). Le n° 3492 attribué par la BHLms à la Vie contenue dans ce manuscrit doit sans doute être remis en question.
57 DOLBEAU 2019, en part. p. 250–251.
58 RYCKEL donne d'abord ce texte puis précise, en abordant la deuxième livre (p. 139 et sq.) qu'il a déjà donné celle-ci auparavant; une variante a été repérée dans le manuscrit Bruxelles, KBR, 5649–5667 (XIe s), cf. Cat. Brux., vol. 1, p. 595–601; sur cette *Vita tripartita*, voir Jürgen EMMERT, »Gertrudis tripartita«: Gestalt und Legende der hl. Gertrud von Nivelles, dans: LENSSEN (dir.), Gertrud in Franken (voir n. 46), p. 9–12 et Véronique SOUCHE-HAZEBROUCK, La transformation du prologue de la *Vita tripartita* de Gertrude de Nivelles dans l'un des prologues de recueils de

premier livre (éd. Ryckel, p. 107–138) est tout entier consacré à la généalogie de la famille carolingienne, depuis Pépin, père de Gertrude, jusqu'à Lothaire Ier († 855); l'auteur précise à la fin du prologue qu'il a composé son récit à partir des *Gestis Francorum*[59]. Le deuxième livre consiste en une *Vita* où l'on trouve deux épisodes originaux: la fuite de Gertrude en Francie orientale pour se soustraire au mariage (p. 40–42) et un récit concernant la sépulture et la mort de saint Feuillen (p. 59–60), sans doute inspiré de *l'Additamentum de Folliano*. Le troisième livre (éd. Ryckel, p. 145–193) est tout entier consacré aux Miracles (cf. *infra*).

BHL 3494 consiste en l'édition de la *Vita* seule par Ryckel (p. 3–18). La base légendiers donne quatre manuscrits pour ce texte, couramment désignée comme la *Vita tertia*; nous avons pu vérifier sa présence dans le Ms. BM Douai 840[60] et avons constaté, comme dans l'édition de Ryckel, l'absence de la digression relative à Vulfetrude, à l'instar des manuscrits du »Grand légendier autrichien«. Il faut ajouter à cette liste le manuscrit Vat., Reg. 497 (fol. 64v–67r), où l'on constate aussi l'absence du même passage[61] et, comme dans le manuscrit de Douai, la présence du prologue édité dans les AA SS (col. 594, notes a et c) dont les dernières lignes sont données par Ryckel comme étant le chapitre I de la *Vita*. À ces variantes, le supplément BHL de 1986 ajoute une *Vita* 1.e (BHL 3494d) et une *Vita* 1.d (BHL 3494f) mentionnées dans les »Analecta Bollandiana«[62].

b) Les versions tardives des Miracles dans la BHL (BHL 3496–3500)
Pour BHL 3495, la base »Légendiers latins« signale 34 manuscrits postérieurs à 1100 dont ceux du »Grand légendier autrichien« où nous avons pu constater de nombreuses modifications et contractions qui n'altèrent pas le sens du texte ainsi que l'omission systématique des passages correspondants aux § 6 et 7 de l'édition de Krusch.

Des recensions sensiblement différentes (BHL 3496–3498) se trouvent dans les mêmes manuscrits tardifs que les *Vitae* BHL 3492–3494, en particulier celui de Troyes, BM, ms. 7 (f°94r–v), où la vision de Modesta se trouve copiée à la suite du récit de la mort de Gertrude avant l'annonce du récit des miracles (*Virtutes* et *Continuatio virtutum*) copiés jusqu'au f°96r; le ms de Douai BM, 840, du XIIe siècle, seul manuscrit rattaché au texte BHL 3496 dans la base »Légendiers latins«, ne retient, à la suite de la *Vita* BHL 3494, que le récit de la vision de Modesta (§ 1 de l'édition de Krusch).

BHL 3497 correspond au troisième Livre de la *Vita* en trois livres éditée par Ryckel (p. 145–181); BHL 3498 est constitué par les miracles édités par Ryckel aux pages 77–101 (à la suite de la *Vita* qui constitue le livre II de cette Vie en trois livres!). Ces deux éditions des Miracles données par Ryckel incluent les chapitres 1 et 4 de la continuation (BHL 3499) et diffèrent essentiellement par l'ordre des chapitres et aussi par le fait que le troisième Livre se termine par un miracle additionnel, BHL 3501.

Pour BHL 3500, la base ne donne que trois manuscrits postérieurs à 1100. Pour BHL 3500b et 3500c, la base »Légendiers latins« ne donne qu'un seul manuscrit (Vat., Reg. lat. 497) où la Vie (BHL 3494) est immédiatement suivie par le récit du miracle relatif à Modesta (correspondant au § 1 dans l'édition de Krusch des *Virtutes*), puis d'une table des matières des miracles où

Jean Gielemans, dans: MarieCéline Isaïa, Thomas Granier (dir.), Normes et hagiographie dans l'Occident latin (V[e]–XVIe siècle), Turnhout 2014 (Hagiologia, 9), p. 436–457.
59 cf. Van der Essen 1907.
60 Où il est suivi du seul miracle révélant à Modesta la mort de Gertrude (§ 1 des *Virtutes* de Krusch).
61 Ce manuscrit est indiqué par la base »Légendiers latins« seulement pour les Miracles (BHL 3500c) qui se trouvent à la suite de la *Vita* (BHL 3494).
62 Respectivement: Analecta Bollandiana 54 (1936), p. 352; n° 227 (Berlin Staatsbibliothek, Theol. lat. fol. 706), du XVe siècle et Analecta Bollandiana 61 (1943), p. 169 n° 2 (trois manuscrits de Cologne des XIVe/XVe s.).

l'on reconnaît ceux des *Virtutes* (BHL 3495) et deux des miracles de la *Continuatio* (BLH 3499), qui correspondent aux § 1 et 4 de l'édition de Krusch (cf. ci-dessous, annexe 3, p. 469–470).

Quant au texte BHL 3501, édité par Ryckel (p. 181–193) au sein de la Vie en trois parties, qui consiste en un chapitre ajouté aux Miracles, on n'en conserve qu'un manuscrit du XIVe/XVe siècle.

On laissera de côté le miracle BHL 3502–3503 (cf. Cat. Brux., vol.1, p. 158–200°et AA SS Feb. I, p. 379) qui ne fait que reprendre le début de la *Vita Berlendis* (BHL 1184).

3. Édition des Miracles de sainte Gertrude d'après le manuscrit Vatican, Reg. Lat. 497 (fol. 67r–71r), daté du XIe/XIIe siècle[63]

Dans ce manuscrit, le dossier de Gertrude est présenté en deux livres, séparés par la table des chapitres du livre II. Celui-ci est composé des Miracles (BHL 3500b–c) qui reprennent en partie ceux de BHL 3495 et 3499 et sont divisés en 11 chapitres.

Dans le livre I, on trouve d'abord, aux fol. 64v–67r, la *Vita* BHL 3494 (Prol., Incipit: *De vita et conversatione beataę virginis Gertrudis ...*, desinit: *Quos quia hic ad uitam sacrę uirginis describendam festinamus supersedit dicere*[64]; *Vita*, incipit: *Igitur cum esset infantula beata uirgo Gerthrudis ...*, desinit: *Sepulta uero est in basilica beati Petri apostoli in loco quem ipsa sibi parauerat ... ubi praestantur cotidiana beneficia ... in secula seculorum. Amen*).

Le Livre I se termine, aux fol. 67r et 67v, par le récit de la vision de l'abbesse Modesta (constituant un chapitre numéroté XVI), suivi d'une sorte de prologue au récit de miracles; vient ensuite la table des chapitres (fol. 67v–68r) qui précède le livre II. C'est cet ensemble que nous éditons ci-dessous[65].

(fol. 67r) Eodem uero die obitus sui eiusque hora taliter demonstrata est. Erat quędam sanctimonialis femina Treueris posita Modesta nomine que preerat gregi sanctimonialium Treuerensis monasterii. Hęc itaque ab ipsis cunabulis Domino consecrata fuerat, seruiens Domino in castitate et operibus bonis. Erat etiam beatę Gerthrudis in amicitia familiaritatis iuncta. Quę quamlibet locorum spaciorumque longinquitate essent diuisę, caritatis tamen uinculis conexę manebant. Hęc itaque beata uirgo ipso die dormicionis beatę Gerthrudis, ingressa basilicam sui monasterii quę erat sacrata in honorem beatę Marię semper uirginis Deique genitricis, cum se orationi dedisset, oratione percelebrata, capud e terra leuasset atque undique circumspiceret, subito sanctam conspexit Gerthrudem ad dextrum latus altaris constitisse, eodem scemate eademque figura qua in seculo conuersans deguisse cognoscebatur. Sed, cum predicta sanctimonialis Modesta quid cerneret pęnitus ignoraret (quia eius corporalis uisionis expers erat), ei beata Gerthrudis taliter suam indicauit uisionem: »Soror Modesta, de hac uisione nil dubitans, scito me hac die [h]ac ipsa hora (fol. 67v) de seculo migrasse. Ego etenim sum Gerthrudis quam te constat multum dilexisse.« Et hęc dicens, ab oculis aspicientis euanuit. Venerabilis autem uirgo de tali uisione stupefacta, eodem die nil cuiquam de hac re patefecit. Crastina uero die contigit ut ipsius ciuitatis episcopus Chlodulfus nomine ad eandem uirginem deueniret, gracia uisendi. Cumque multa et uaria simul colloquerentur, prefata uirgo cępit percontari episcopum quali effigie Christi uirgo Gerthrudis fuisset. Cumque omnem statum corporis eius omnemque uestimentorum eius qualitatem enarrasset, recognouit statim prefata uirgo quod certam uisionem uidisset atque eidem episcopo dixit: »Hesterno, inquid, hora diei sexta de hac luce discessit.« Quam ille percontans et interrogans unde hoc nosset, omnem ei uisionem per ordinem

---

63 Voir ci-dessus, p. 444.
64 Cf. Ghesquière, AA SS Belgii, vol. 3, p. 149–150 (n. a et c).
65 Les ponctuations nécessaires à la compréhension ont été ajoutées, supprimées ou modifiées et les majuscules des noms propres ont été ajoutées.

enarrauit. Predictus uero episcopus notans diem et tempus et horam, ipsa hora eodemque momento eam inuenit de seculo migrasse quo predicta uirgo eam discessisse cognouerat. Vere mirabilis Deus in sanctis suis. Poterat namque sanctam uirginem gloria inmortalitatis donare, absque intuitu et cognitione mortalium. Sed ne ullus de gloria uitę perhennis dubitaret, etiam sanctos uisibili gloria lętificat. Ad tumulum namque sacrę uirginis ęgri ueniunt et sanantur, demoniaci ueniunt et curantur, ceci et illuminantur omnesque ualitudines membrorum per merita et orationes uirginis sacrę effugantur. Quę omnia Dominus ad laudem et gloriam nominis sui facere dignatur, cui est honor, uirtus et gloria et potestas in secula seculorum. Amen.

(*prologue introduisant les miracles du Livre II*[66])

Adiuuante Domino Iesu Christo precipiente etiam uenerabili matre Leupwif[67], uitam, conversationem obitumque sacrę uirginis Gerthrudis, prout posse extitit, descripsi; in quibus non uerborum neque sermonum leporem ornatumque quesiui, sed historię fidem, ut repperi, stilo conmendaui. Nunc iterum, iubente eadem ueneranda matre, uirtutum gesta quę ad eius tumulum Dominus ad laudem et gloriam nominis sui operare dignatus est, serie uerborum aggredi conabor, excellencia tantum notans, multitudinem uero et fastidium deuitans. Ex his igitur quę facta repperi partem notabo partemque relinquam, illud preuidens ne aliquid ingerat copia congesta fastidium, simulque id monere curabo ut qui omnia scire uoluerit, narrantium fide pascatur. Mihi propositum est non omnia contexere, sed excellentia tantum notare.

Itaque qui hęc certissime scire et inuestigare uoluerit, aperto libro per singula capitula hęc eadem adnotata repperiet. Explicit liber primus. Incipit liber II. Incipiunt capitula.

I De incendio Niuialensis monasterii qualiter liberatum sit.

II Qualiter lectulum beatę uirginis per reuelationem translatum sit.

III De puella ęgra et ceca qualiter sanatum (*sic*) sit.

(fol. 68r)

IIII De obitu Dominicę abbatissę et sub rogatione Agnetis qualiterque basilicam sanctę Gerthrudis instituerit vel quomodo lampades in eadem basilica sint accense.

V De muliere cęca et sanata.

VI De puero a latronibus comprehenso et per uirtutem sanctę Gerthrudis liberato.

VII De seruo obnoxio et liberato a uinculis.

VIII De aduentu uenerabilis matronę Bigge ad Niuella monasterium et peticione reliquiarum sanctę Gerthrudis.

VIIII De infantulo mortuo per easdem reliquias suscitato.

X De puella cęca nata et illuminata.

XI De puella debili ibidem erecta

Expliciunt capitula incipit liber secundus

[I][68] Postquam beata Gerthrudis a seculo migrans, cęlesti est a Christo immortalitate donata, anno x transitus illius, ignem exortum asserunt[69] in monasterio Niuialensi. Qui ignis in tantum ualuisse dicitur ut omnis spes liberationis a cunctorum mentibus ablata uideretur. Cuncti uero clerici omnesque sanctimoniales extra septa monasterii fugientes, huc illucque incerti ferebantur. Cumque omnes perstreperent ad submouendum ignem, unus ex his qui circumstabant cui etiam cura monasterii imminebat, oculos eleuans ex inprouiso conspexit et ecce beata Gerthru-

---

66 Édition Poncelet (voir n. 6), p. 339–340.

67 Le nom de cette abbesse, inconnue par ailleurs, se trouve aussi dans le prologue de la *Vita* BHL 3492 qui figure dans le manuscrit de Troyes étudié par François Dolbeau (2019, p. 250–251); la *Vita* BHL 3492 et le récit de miracles BHL 3500c ici édité ont donc le même auteur.

68 La numérotation entre crochets a été ajoutée par mes soins; chaque chapitre commence par une grande initiale rubriquée.

69 Cf. éd. Krusch, § 3: *ignem exortum fuisse adserunt* (ci-dessus, p. 457).

dis aderat: stans in summitate refectorii, ea forma et habitu quo inter eos deguerat. Porro ex uelamine quo operta uidebatur, omne incendium de domo pellebat. Is uero qui hęc videbat, ex ipsa uisione letissimus redditus, hos qui secum erant monere cępit ut uiriliter agerent; ipse uero citissimo cursu excelsa petiit ut exitum rei conspiceret. Miro autem modo repente omne incendium ita deperisse perspexerunt acsi omnis illa uorax flamma fluctibus maris dimersa uideretur.

II[um] Nec multum post tempus effluxerat et ecce quędam de sanctimonialibus ammonentur per uisionem temporibus Dominicę abbatissę ut in lectulo sacrę uirginis quo fatigata membra refocilare somni quiete consueuerat nullus iam requiescere presumeret. Quę uisio, cum multimodis ac multifarie pluribus reuelata fuisset, prefata abbatissa gaudio repleta, quod multorum signorum amminiculo Christi uirgo claresceret, conuocat omnem sacrę congregationis multitudinem atque cum Dei laudibus earundem auferentes, in basilica beati Pauli honorifice posuerunt; quo in loco Dominus tot ac tanta miraculorum signa dignatus est demonstrare ut quibuscumque hęc contigerit legere et audire merito stupeant et dicant: *Mirabilis Deus in sanctis suis* (cf. *Ps 67, 36*) et iterum: *Valde honorificati sunt amici tui, Deus* (cf. *Ps. 138,17*).

III[um] Quodam itaque tempore cum puella quędam in regione eadem grauissima ęgritudine teneretur ita ut nullus eam medicorum sanare quisset, ad ultimum ęgritudo in tantum ualuit ut etiam lumen oculorum amittens (fol. 68v) ceca redderetur. Sed, cum eam parentes tenerrime diligerent, perduxerunt eam ad sepefatum monasterium ut si fieri posset ibi inuenirentur medici aliqui qui aliquod leuamen eidem puellulę ex ipsa infirmitate conferrent. Cumque peruenissent illuc, eadem nocte, adfuit sacra uirgo per uisum eidem puellę sicque eam affata est: »Filia nil dubietatis tuo in corde remaneat sed confidens in Domino, perge ad lectum qui positus uidetur in oratorio beati Pauli et illic te credas omnimodis sanitate donari.« Cumque a somno puella surrexisset, hęc omnia suis narrauit parentibus, sed tamen infirmitate grauescente, ante diem tertium illuc deferri non potuit. Die uero III°, omni congregatione ad officium horę tertię constitute, predicta puella oratorium ingressa et manibus sororum perducta est ad prefatam beati Pauli basilicam atque ante lectulum sacrę uirginis decubans, Dei misericordiam affore deprecata est. Statim uero, ut se orationi prostrauit, mira celeritate et oculorum lumen recepit et omnium uulnerum sui corporis sanitatem recepit in tantum ut ne uestigium uulneris ullum toto in corpore remaneret. Sicque puella sanitate recepta, sospes cum gaudio ad suos reuertitur.

[IV] Post talia uero gesta, cum prefata Dominica abbatissa, cuius monicione et iussione iuxta (*pour* uita?) sacre uirginis descripta fuerat, uocationis die appropinquante a seculo decessisset, omni congregatione sacram puellam et nobili ortam genere Agnem nomine sibi preficiebant. Cumque eidem monasterio preposita fuisset, basilicam in honore sacrę uirginis construxit eamque dedicans ipsum lectum ibidem deportari fecit. Cumque nocturnis uigiliis himnisque matutinis percelebratis lampadibusque extinctis omnes ęgresse erant, manę facto, omnes lampades quas extinctas dimiserant in eodem oratorio ardentes repperiebant. Sicque celebre factum est per omnem regionem Gerthrudem Dei famulam signis et uirtutibus se diuulgasse.

[V] Cumque talibus uirtutum signis claruisset, audiens quidam uir qui in uicino morabatur cuius uxor cęca effecta fuerat famam uirtutum sacrę uirginis, eam ad prefatum monasterium deferri fecit ut ibidem orationibus sacrę uirginis sanitatem assequi potuisset. Cumque ęcclesiam introissent et casu mulier subter quandam lampadem constitisset, contigit ut oleum candelę ipsius effunderetur super pallium quo induta fuerat. Cumque ex eodem oleo oculos admouisset, statim aperti sunt oculi eius. Crastina uero die sana ad suam reuersa est domum.

[VI] Rursum cum latrones quendam puerulum cepissent, uolentes eum extra regionem uenundare, ei manus nodis firmissimis astrinxerunt ne ab eis aliquomodo aufugeret. Sed cum isdem puer diucius in uinculis haberetur, tandem recogitans de Dei misericordia et auxilio beatę uirginis, summissis et flebilibus uocibus nomen (fol. 69r) Domini inuocat sanctamque uirginem sibi auxiliari precabatur. Mox mirum in modum uincula de manibus ceciderunt cepitque currere ut liberaretur; idem uero latrones post ipsum currerre ceperunt ut eundem comprehenderent, sed nullatenus eum apprehendere quiuerunt. Sicque omnipotens Deus eum ab imminenti liberauit periculo per auxilium sancte uirginis Gerthrudis.

[VII][70] Item cum quidam seruus domino suo culpabilis exstitisset atque in magnis reatibus inuentus fuisset, iratus nimis dominus eum comprehendi et ligari precepit ut in eo suam exerceret uindictam. Hi uero qui presentes aderant de uite eius longinquitate omnimodis desperabant. Tunc ipse, in magnis positus angustiis, auxilium a Domino flagitans sacram uirginem sibi subuenire postulabat. Tunc et in ipso tempore, uincula eius absoluta sunt atque ita fugiens ad monasterium Niuiella eadem uincula secum tulit; omnesque aditus monasterii ęcclesiarumque regias inueniens reseratas usque ad sepulchrum sancte uirginis peraccessit sicque liberatus a uinculis per intercessionem sanctę Gertrudis, etiam suppliciis caruit omnemque furorem domini sui euasit.

[VIII] Interea, cum tot signorum uirtutibus polleret, audiens soror eiusdem uuenerabilis uirginis nomine Bigga famam uirtutum eius, amore flagrans diuino, cogitauit etiam et ipsa monasterium construere sibi ipsi ut exinde mercedem a Christo promereretur. Anno itaque XXX° III° post obitum sacrę uirginis, uenit prefata matrona Bigga ad idem monasterium atque a predicta Agne abbatissa omnique congregatione peciit quatinus sibi auxilium spiritale conferrent ad monasterium construendum. Quod cum impetrasset reuersa est ad propria cum magna gratulatione, ferens secum partem lectuli sacri reliquiasque plurimas sanctorum librorumque complures sanctarum scripturarum, necnon et spiritales matres cum illa profecte sunt regularis uitę disciplina instructę quę normam spiritalis uite bene subditas docere possent. Cumque ad locum quo tendebant cum ymnis, psalmis atque omni gratulatione peruenissent, posuerunt partem lectuli sacri in oratorio iuxta altare uirginis sacrę Genovenfe, ubi cotidiana prestantur beneficia, meritis et orationibus sanctę Gertrudis uirginis. Postquam uero hęc omnia, predicta matrona Bigga feliciter consummauit, ordinatis omnibus et bene dispositis, perrexit ad Dominum.

[IX] Non multum post hęc tempus effluxerat, et ecce quedam (fol. 69v) religiosa mulier Adula nomine nobilibus orta natalibus ad idem monasterium uenit. Quę cum multis uirtutum spiritalium ornamentis polleret: habitu religionis ornata, humilitate conspicua, karitate fulgens, ęlemosinas pauperibus tribuens, ęgenis et peregrinis hospitalitatem prebens, fide tamen uirtutum talium quę superius gesta sunt caligabat nec omnino talia credere poterat. Unde factum est ut quodam die cum aliqua sanctimoniali colloquium exinde habens, nullo modo ad credulitatem flecti poterat. Ad hoc tamen uentum est ut prefata matrona diem festiuitatis eius interrogaret; cui responsum est quod XVI kalendas aprilis, quod est XL (*quadragesima*), eueniret eadem solemnitas. Consuetudinem uero sorores fecerant ut ipso die festiuitatis causa uenerationis eiusdem ieiunium soluerent. Quod cum prefata matrona cognouisset: »absit, absit, inquid, ne aliquo modo ieiunii obseruancia a me pro hac solemnitate soluatur.« Cui quedam ex sanctimonialibus taliter respondit: »Credo, inquid, quod suffragantibus meritis sacrę uirginis ipso die ieiunium soluas.« Cumque hęc ipsa solemnitas aduenisset, omnes qui tunc ibi confluxerant, post acta missarum sollemnia, gracias agentes Domino, sumpsere cibum. Prefata uero matrona ipso die, solito more, ieiunium extendit. Habebat uero filium paruulum qui ualde ab ea deliciose nutriebatur. Adueniens itaque puer licentiam a matre postulabat ut cum aliis pueris luderet. Mater uero ilico concessit. Qui cum egressus fuisset, huc illucque discurrebat. Contigit uero ut ibi esset fons in quo puer discurrens cecidit atque ex eo mortuus aufertur. Cumque sorores refectione celebrata a mensa se leuassent, nunciatum est eis quod prefatus puer in fontem decidens mortuus esset. Tunc uniuersis patuit quia pro incredulitate eiusdem mulieris corrigenda, nutu Domini, uita decessisset puer. Tunc, sanctimonialis quę eandem matronam de uirtutibus

---

70 À partir de cet endroit, deux scribes se relaient: l'écriture du deuxième scribe se distingue par un tracé plus épais et par l'utilisation ponctuelle des *v* minuscules, notamment pour l'abréviation de *vero* et, à trois reprises, en initiale des mots *venerabilis et virgo*; le découpage en chapitres n'est plus marqué dans le manuscrit, excepté pour le dernier miracle.

sacrę uirginis credendis monuerat, eundem puerum in manus accipiens, summa cum festinacione ad memoriam sanctę uirginis ferre cępit. Cumque ei mater pueri occurrisset, cę(fol. 70r.)pit ab ea inquirere quid de puerulo facere uellet. Cui ipsa respondit: »Veni, inquid, mecum, obsecro, absque dubio enim modo merita uirtutumque efficaciam sanctę uirginis peruidebis. Credo enim quod hac hora puerum resurgere incolumem uidebis.« Cumque puerum iuxta lectuli partem beatę uirginis posuisset, subito, asspicientibus omnibus, recuperato flatu surrexit puer. Mater uero pueri hęc considerans, obstupuit congregansque omnem familiam suę domus, statim in ueneratione sanctę Gertrudis ieiunium soluit. Crastina uero die, missa in honore sacrę uirginis cęlebrata, omnibus sororibus refectionem parauit atque eundem puerum ministrare uinumque porrigere constituit, quod ille absque lesione compleuit. Predicta uero matrona partem lectuli sacri auro gemmisque decorauit, ne cui uero hoc incredibile foret ab his qui hoc uiderant his qui scripsere narratum est.

[X] Nec hoc silendum est quod Dominus ad laudem et gloriam nominis sui, temporibus Ecgheburgę abbatissae, per merita sacrę uirginis operari dignatus est. Erat quędam puella in partibus maritimis, in pago Uinnoensi, Adelberga nomine, quę lucem huius mundi absque luminibus oculorum attigit. Anno uero XX° secundo ętatis suę, apparuit ei per uisum asspectus cuiusdam sanctimonialis alba uestita placula monuitque eam his uerbis: »Puella, festinato perge ad sepulchrum uirginis sacrę Gertrudis quod noscitur esse in monasterio Niuialensi ibique oculorum tuorum lumen promereberis.« Quę uisio cum ei tertio apparuisset, hęc omnia suę indicauit genitrici. Illa uero nullomodo hęc credere potuit quod ei talis uisio manifestata fuisset. Predicta vero puella tristis abiit ad quendam sacerdotem Dei et omnem rei ueritatem ei narrauit. Ille vero, eam in Domino confortans, taliter ad eam locutus est: »Noli, inquit, dubitare sed sicut tibi iussum est perge. Credo etenim te meritis illius fore sanandam.« Tum prefata puella, confortata sermonibus eius, iter arripuit et, pergens mense integro, uenit in partes Brachatensis pagi, in monasterio quod Chludusa[71]. Illa vero nocte iterum apparuit ei venerabilis virgo dicens ei: »Festina, absque dubio enim illic sanitatem recuperabis.« Illa uero festinantissime properans, peruenit ad prefatum monasterium. Cumque oratorium beati Petri ubi venerabilis uir(fol. 70v)go in corpore requiescit fuisset ingressa et se orationi prostrauisset, repente magnis attrita angustiis, pre nimiaetate doloris cępit capillos capitis sui euellere. Scindebatur namque pellis oculorum lumina tegens et quasi lacrimarum imbres cępit effluere sanguis. Omnes uero qui presentes aderant uidebant sanguinem eius ex oculis profluentem atque ita paulatim oculorum lumen recepit. Sicque omnipotens Deus meritis orationum sanctę uirginis eidem puellę lumen quod nascendo non acceperat dedit.

[XI] Sed neque hoc silentio tegendum est quod ibidem Dominus meritis sanctę uirginis operari dignatus est, temporibus Karoli imperatoris anno xv regni illius, post obitum sacre uirginis anno CXXVII. Erat quedam puella paruula in pago Riboariense, omni parte membrorum debilis. Erat uero omnibus et facultatibus destituta. Contigit uero ut asspectui domnę Hildigardę reginę presentaretur ut ei suam ęlemosinam largiretur. Que misericordia mota super eam, precepit eam ad palacium duci, ut ibidem suę largitatis misericordia aleretur. Quod et factum est. Post aliquot uero tempus, precepit eam ad Niuiella monasterium duci atque ibidem diebus uitę suę sua ęlemosina sustentari. Cumque ibidem moraretur, ipsa uigilia ępiphanię omnibus sororibus ad officium nocturnale pergentibus, prefata puella sola in lectulo remansit. Et ecce conspicit beatam uirginem ingredientem cubiculum in quo consistebat, ferentem in manu cereum miri candoris et fulgoris, ex cuius lumine tota illuminata est cellula. Tum inquid ad eam: »Quare omnimodis quiescere non uideris?« At illa: «Nequeo, inquid, Domina.« Tum illa subridens: »Loquere, ait, sororibus quoniam ego Gertrudis tibi apparui. Si uero tibi credere noluerint, crastina ante horam diei terciam signum tibi dabo quod omnimodis credent.« Et hęc dicens, abcessit. Diluculo uero hęc referens, fecit se portari in domum in qua Christi uirgo nutrita fuerat.

---

71 Leuze, en Hainaut, cf. ci-dessus, n. 50.

Quam cum lauassent et uestimentis induissent, subito respexit et uidit iterum sanctam uirginem ante se stantem, in quam cum intenderet, dissoluta sunt uincula manuum pedumque illius. Statimque erigens se, puella stetit supra pedes suos. Viditque beatam uirginem egredientem atque in porticu quę est dedicata in honorem sanctę Agathę ubi ipsa Christi uirgo de mundo transiens cęlestia petiuit cum cereo stantem. Cumque supradicta puella in ipso loco pedibus staret et clamitaret uidere se aliquid (fol. 71 r.), quędam ex sororibus quę eam custodiebat, dixit ad eam: »Quid uidisti filia?« Illa ait: »Dominam GERTHRUDEM intueor, tenentem cereum candidum in manu sua.« Tunc, apprehensa manu puellę, duxit eam in ęcclesiam beatę MARIE statuitque eam ante sedile in quo Christi uirgo sedere consueuit. Cumque tertia uice sanctam uirginem se clamitaret uidere, omnis congregatio ad tale spectaculum conuenit inueneruntque puellam stantem et glorificantem Deum. Tunc, omnis congregatio, laudans et glorificans Deum, duxit eandem ad basilicam beati PETRI ad sepulchrum uirginis sacrę. Quę pergens cum omnibus, glorificabat Deum pro data sibi sanitate atque ita omnibus diebus uitę suę in sanitate sibi data permansit. AMEN.

Amélie Sagasser

LA REPRISE D'UN PROGRAMME POLITIQUE MANQUÉ

Les dispositions antijuives des synodes de Meaux-Paris (845/846),
Pavie (850) et Metz (vers 893)[1]

Dans les actes de synode rédigés sous Louis le Pieux, les références aux juifs et au judaïsme sont très courantes. Les décisions mises à l'écrit à la suite des assemblées sont renforcées par des compilations de textes bibliques et d'écrits des Pères de l'Église qui font constamment allusion à l'Ancien Testament et au christianisme, dépeint comme le »Nouvel Israël«[2]. Cette forme d'argumentation sert alors à la légitimation du pouvoir, en considérant les chrétiens comme le nouveau »peuple élu« au sein de l'histoire du salut[3]. Après la mort de Louis le Pieux, en 843, le nombre de ces références diminue et la manière de formuler les mesures change. Les acteurs se réfèrent dès lors majoritairement à des résolutions de conciles ou de synodes antérieurs. Dans ces conciles et ces synodes de la seconde moitié du IXe siècle, les juifs et le judaïsme ne sont mentionnés que dans les actes de Meaux-Paris (845–846)[4], de Pavie (850)[5] et de Metz (vers 893)[6].

I. Le synode de Meaux-Paris: moment déclencheur d'un programme politique

Le synode de Meaux-Paris est le plus cité et le plus connu des trois en matière de recherche concernant l'histoire juive[7]. Ceci est notamment dû au fait que l'acte contient quatre chapitres consacrés aux juifs, qui sont peut-être les plus complets et les plus détaillés de tous les textes

---

1   Cette contribution est issue de mes recherches doctorales. Voir Amélie Sagasser, Juden und Judentum im Spiegel karolingischer Rechtstexte, Berlin et al. 2021 (Judentum und Umwelt/Realms of Judaism, 84), notamment p. 214–259. – Je remercie Pauline Spychala et Christophe Barré pour la relecture de cet article.
2   Wilfried Hartmann, Die Synoden der Karolingerzeit im Frankenreich und in Italien, Paderborn, Munich, Vienne, Zurich 1989 (Konziliengeschichte, Reihe A: Darstellungen), p. 154–155.
3   Florence Close, Uniformiser la foi pour unifier l'Empire. La pensée politico-théologique de Charlemagne, Bruxelles 2011; Mary Garrison, The Franks as the New Israel? Education for an Identity from Pippin to Charlemagne, dans: Yitzhak Hen, Matthew Innes (dir.), The Uses of the Past in the Early Middle Ages, Cambridge 2000, p. 114–161.
4   Édition: synode de Meaux-Paris (845–846), dans: Die Konzilien der karolingischen Teilreiche 843–859, t. 3, éd. Wilfried Hartmann, Hanovre 1984 (MGH Conc., 3), n° 11, p. 61–131.
5   Édition: synode de Pavie (850), ibid., n° 23, p. 218–229.
6   Édition: synode de Metz (893), dans: Die Konzilien der karolingischen Teilreiche 875–911, t. 5, éd. Wilfried Hartmann, Isolde Schröder, Gerhard Schmitz, Hanovre 2012 (MGH Conc., 5), n° 37, p. 306–313.
7   Sur le synode de Meaux-Paris (845–846): Carlo De Clercq, La législation religieuse franque. Étude sur les actes de conciles et les capitulaires, les statuts diocésains et les règles monastiques, t. 2: De Louis le Pieux à la fin du IXe siècle, Anvers 1958, p. 111–118; Louis Halphen, Ferdinand Lot, Le règne de Charles le Chauve (840–877), t. 1: 840–851, Paris 1909; Wilfried Hartmann, Vetera et nova. Altes und neues Kirchenrecht in den Beschlüssen karolingischer Konzilien, dans: Annuarium historiae conciliorum 15 (1983), p. 79–95; id., Die Synoden der Karolingerzeit (voir

législatifs formulés sous les règnes des Carolingiens en ce qui concerne les mesures antijuives prises lors des assemblées épiscopales. Il convient néanmoins de souligner que les dispositions antijuives – bien qu'abondantes dans les quatre chapitres, associés aux 79 autres canons du synode – ne représentent qu'une fraction de l'ensemble des résolutions. À une moindre échelle, des observations comparables peuvent être faites pour les synodes de Pavie et de Metz. Parmi les 24 chapitres formulés à la suite du synode de Pavie, en 850, un seul chapitre, dernier de l'acte, est consacré aux juifs. Dans l'acte de Metz de l'année 893, un seul des 13 chapitres, le chapitre 7, leur est dédié. Cette mise en perspective interroge d'emblée le rôle des juifs et l'importance qui leur est accordée lors de ces assemblées.

Ces dernières années, le débat scientifique s'est employé à déterminer l'importance réelle du synode de Meaux-Paris pour les relations entre chrétiens et juifs et à se demander si les textes compilés dans les canons ne pouvaient pas dissimuler un »programme tricoté« bien pensé[8]. Johannes Heil a été le premier à démontrer l'influence des conflits et des rivalités internes de l'Empire sur le synode, qui devait donc être compris dans le contexte de son temps[9]. On sait notamment que 83 canons du synode de Meaux-Paris formulés par les évêques furent rejetés par Charles le Chauve à Épernay en 846[10]. Les quatre canons portant sur les juifs en font partie[11]. Heil en déduit que ce refus ne peut pas être interprété comme une mesure spécifiquement antijuive, mais qu'il représente plutôt un vote contre l'ensemble du synode. Ainsi, l'empereur n'ayant pas validé le contenu du synode de Meaux-Paris[12], on peut supposer que ce dernier ne constitue qu'un moyen pour les évêques d'exprimer leur mécontentement à l'égard de l'empereur et de constituer une opposition. Ces dispositions n'auraient donc pas été prises pour être appliquées[13]. L'évocation des juifs dans ce synode s'inscrit donc dans un programme politique, dans la mesure où les juifs y constituent une figure ajustable. Pour les évêques, la minorité juive

n. 2), p. 208–217; Karl Joseph HEFELE, Henri LECLERCQ, Histoire des conciles, t. 4.1, Paris 1911, p. 120–130; Albert M. KÖNIGER, Zu den Beschlüssen der Synoden von Meaux 845 und Koblenz 922, dans: Neues Archiv 31 (1906), p. 379–390; Albert WERMINGHOFF, Verzeichnis der Akten fränkischer Synoden von 843–918, dans: Neues Archiv 26 (1901), p. 607–678, ici p. 613.

8   Cf. Johannes HEIL, Agobard, Amolo, das Kirchengut und die Juden, dans: Francia 25/1 (1998), p. 39–76, ici p. 71–72. Sur le rôle des juifs et du judaïsme lors du synode de Meaux-Paris, cf. Bat-Sheva ALBERT, Adversus Iudaeos in the Carolingian Empire, dans: Ora LIMOR, Gedaliahu G. STROUMSA (dir.), Contra Iudaeos. Ancient and Medieval Polemics between Christians and Jews, Tubingen 1996, p. 119–142, ici p. 140–142; Christof GEISEL, Das Konzil von Meaux-Paris (845–846) als Zäsur in der Geschichte des europäischen Judentums, dans: Thomas M. BUCK (dir.), Quellen, Kritik, Interpretation. Festgabe zum 60. Geburtstag von Hubert Mordek, Francfort-sur-le-Main 1999, p. 89–115; HEIL, Agobard, p. 39–76; Elisabeth MAGNOU-NORTIER, Les deux discours dans les actes des conciles de Meaux (juin 845) et de Paris (février 846), dans: Martin AURELL, Thomas DESWARTE (dir.), Famille, violence et christianisation au Moyen Âge. Mélanges offerts à Michel Rouche, Paris 2005, p. 409–430; Warren PEZÉ, Amalaire et la communauté juive de Lyon. À propos de l'antijudaïsme lyonnais à l'époque carolingienne, dans: Francia 40 (2013), p. 1–25; Alfred RADDATZ, Zur Vorgeschichte der »Epistula seu liber contra Judaeos« Amulos von Lyon, dans: KARL AMON (dir.), Ecclesia peregrinans. Josef Lenzenweger zum 70. Geburtstag, Vienne 1986, p. 53–57.

9   HEIL, Agobard (voir n. 8), p. 39–76.

10 Notitia de conciliorum canonibus in villa Sparnaco a Karolo rege confirmatis, dans: Capitularia regum Francorum, t. 2, éd. Alfred BORETIUS, Victor KRAUSE, Hanovre 1887 (MGH Capit., 2), n° 257, p. 260–261; cf. HARTMANN, Die Synoden der Karolingerzeit (voir n. 2), p. 216–217.

11 HEIL, Agobard (voir n. 8), p. 67 avec n. 122 et 123; cf. Christof GEISEL, Die Juden im Frankenreich. Von den Merowingern bis zum Tode Ludwigs des Frommen, Francfort-sur-le-Main, Berne 1998, p. 421 avec n. 172.

12 HEIL, Agobard (voir n. 8), p. 72.

13 Ibid., p. 74.

est un exemple représentatif de toutes les autres altérités religieuses présentes dans l'Empire et est donc introduite comme telle dans les actes du synode de Meaux-Paris.

Pour la composition de ces dispositions antijuives, les évêques sont stimulés par les polémiques antijuives apparues dans le diocèse de Lyon, notamment sous l'épiscopat d'Agobard de Lyon à partir des années 820[14]. Warren Pezé a pu prouver, en s'appuyant sur les commentaires bibliques et les gloses, que ces polémiques ne cessèrent pas dans les années 830 mais que les débats antijuifs persistèrent, après Agobard, jusqu'aux années 840. Pezé met cette évolution en rapport avec les bouleversements intellectuels et les changements théologiques et idéologiques du temps, qui ont une influence sur les différents genres de textes (juridiques comme théologiques) de l'époque[15]. L'accès à ces textes est facilité par le fait que Lyon soit l'un des centres de ladite »renaissance carolingienne«, la ville possédant une grande bibliothèque[16]. C'est avec Amolon, élève et successeur d'Agobard, que la lutte entamée par son professeur contre le groupe marginal juif connaît son apogée[17]. À partir de l'année 846, qui est marquée par la réunion finale du synode à Paris, il transmet le »Liber de perfidia Iudaeorum«, ce qui apparaît comme la réalisation d'un véritable programme contre les juifs de la part d'Amolon[18]. Ainsi, les dispositions du synode de Meaux-Paris montrent de manière exemplaire comment, au IXe siècle, les juifs et le judaïsme furent systématiquement instrumentalisés par les autorités ecclésiastiques afin que ces mesures renforcent leur propre discours en vue de l'affirmation de leurs propres intérêts politiques.

Les résultats des travaux sur le synode de Meaux-Paris ainsi qu'une remarque de Johannes Heil précisant que le synode de Pavie s'inscrivait probablement dans la tradition du synode de Meaux-Paris[19] incitent à reposer la question de l'importance accordée aux juifs par les acteurs du synode de Pavie et, dans une certaine mesure, de celui de Metz. Doit-on voir derrière les mesures prises lors de ces synodes un programme fermé et construit, suivant l'exemple des décisions du synode de Meaux-Paris? Quel est le type de liens à l'œuvre entre ces trois synodes qui se tiennent dans différentes parties de l'Empire?

II. La nouvelle éclosion du discours politique lors du synode de Pavie?

Regardons d'abord le synode de Pavie: au mitan du IXe siècle, deux synodes se tiennent à Pavie sous le règne de Louis II (le Jeune). Le premier a lieu avant ou au début de l'an 850, sous le règne de Louis en tant que roi d'Italie, car son père, l'empereur Lothaire Ier, séjournait majoritairement au nord des Alpes. Le second se tient après l'onction impériale de Louis II par Léon IV,

---

14 Sur les polémiques antijuives des archevêques Agobard et Amolon, cf. Bernhard BLUMENKRANZ, Deux compilations canoniques de Florus de Lyon et l'action antijuive d'Agobard, dans: Revue historique de droit français et étranger 32 (1955), p. 227–254, 560–582; ID., Les auteurs chrétiens latins du Moyen Âge sur les juifs et le judaïsme, Paris, La Haye 1963, p. 152–168; Egon BOSHOF, Erzbischof Agobard von Lyon. Leben und Werk, Cologne, Vienne 1969, p. 102–138; HEIL, Agobard (voir n. 8), p. 39–76; Anna Beth LANGENWALTER, Agobard of Lyon. An Exploration of Carolingian Jewish-Christian Relations, Toronto 2009; PEZÉ, Amalaire (voir n. 8), p. 1–25.
15 PEZÉ, Amalaire (voir n. 8), p. 1–25. Sur l'importance de Lyon dans le cadre des mouvements de réforme, cf. BOSHOF, Erzbischof Agobard (voir n. 14), p. 75–101.
16 Cf. BOSHOF, Erzbischof Agobard (voir n. 14), p. 159–169; Heribert MÜLLER, Die Kirche von Lyon im Karolingerreich. Studien zur Bischofsliste des 8. und 9. Jahrhunderts, dans: Historisches Jahrbuch 107 (1987), p. 225–253, ici p. 249.
17 BOSHOF, Erzbischof Agobard (voir n. 14), p. 314.
18 Amolo von Lyon, Liber de perfidia Iudaeorum, éd. Cornelia HERBERS-RAUHUT, Hanovre 2017 (MGH QQ zur Geistesgesch., 29), p. 1–123; sur les possibles motivations de la rédaction de cette polémique, cf. HEIL, Agobard (voir n. 8), p. 65.
19 Ibid., p. 71 avec n. 142.

qui a lieu à Pâques 850, au dernier trimestre de cette année[20]. Les contenus des deux synodes diffèrent très peu, mais le second est le seul à contenir un canon relatif aux juifs. Comme déjà lors du premier synode, l'archevêque Angilbert II de Milan, l'évêque Joseph d'Ivrée ainsi que le patriarche d'Aquilée Theodémer renouvelèrent auprès du souverain leur demande de réformes au sein de l'Église mais aussi de la société[21]. Dans ce synode, il fut question, entre autres sujets, des formes de vie et des devoirs des évêques (chapitres 1 à 8), des familles et du mariage (chapitres 9 et 10, ainsi que 22). Les évêques s'opposaient au refus de la dîme et au système de l'Église propriétaire (chapitres 17 et 18) ainsi qu'aux usuriers (chapitre 19). En outre, ils s'opposèrent à l'oppression des veuves et des orphelins par leur tuteur (chapitre 20). Enfin, ils s'attachèrent à la question des clercs et des moines itinérants qui répandaient des hérésies, contre lesquelles les évêques et les métropolites devaient agir (chapitre 21), et ordonnèrent la pénitence à vie pour les femmes qui, en tant que »servantes du diable«, réalisaient des philtres d'amour et des mélanges de poisons (chapitre 23)[22]. Le canon concernant les juifs est le chapitre 24, le dernier du synode:

> »Il est tout à fait absurde et manifestement nuisible et préjudiciable à la religion chrétienne que des juifs puissent collecter des impôts auprès de chrétiens ou être juges dans quelque procès civil ou criminel que ce soit entre chrétiens. Quiconque permet donc à un juif d'exercer une quelconque activité officielle impliquant un pouvoir judiciaire auprès de chrétiens doit être excommunié[23].«

L'objectif principal du synode était la stabilité de l'Église: il s'agissait, d'une part, de lutter contre les abus internes de l'Église et, d'autre part, de protéger la foi chrétienne contre »les mauvaises influences« extérieures.

En revanche, le contenu du chapitre 24 n'a rien de nouveau. Théodose II proclamait déjà dans la troisième novelle du 31 janvier 438:

> »[…] qu'aucun juif, aucun samaritain […] n'ait accès aux fonctions et aux dignités; que l'administration d'une charge municipale ne soit ouverte à personne, ni personne ne doit occuper la fonction de défenseur. Car nous considérons comme un péché que des gens hostiles à la majesté suprême et aux lois romaines soient considérés comme pouvant, sous le couvert d'un pouvoir juridictionnel usurpé, faire appliquer nos lois de manière punitive, et qui, armés d'une autorité officielle ainsi acquise, ont le pouvoir de juger des chrétiens et souvent même des évêques et de donner leur avis à leur guise, des gens qui se moquent de notre religion[24].«

---

20 HARTMANN, Die Synoden der Karolingerzeit (voir n. 2), p. 239–240; Herbert ZIELINSKI, Ludwig II. von Italien, dans: Neue Deutsche Biographie, t. 15, Berlin 1987, p. 323–327, ici p. 324.
21 MGH Conc. 3 (voir n. 4), n° 23, p. 217; voir HARTMANN, Die Synoden der Karolingerzeit (voir n. 2), p. 242–243.
22 MGH Conc. 3 (voir n. 4), n° 23, p. 220–229; voir HARTMANN, Die Synoden der Karolingerzeit (voir n. 2), p. 242–243; HEFELE, LECLERCQ, Histoire des conciles, t. IV.1 (voir n. 7), p. 186–188.
23 MGH Conc. 3 (voir n. 4), n° 23, p. 229, chap. 24: *Omni ratione caret et religioni christianę noxium et contrarium noscitur, ut Iudei a cristianis vectigalia exigant aut ullas civiles aut criminales causas inter christianos iudicandi locum habeant; quicumque igitur iudiciariae potestatis super christianos aliquam administrationem Iudeo tractare permiserit, a christiana communione pellatur.*
24 Nov. Theod. 3,2 (438), éd. Theodor MOMMSEN, Paul Martin MEYER, Theodosiani libri XVI cum constitutionibus Sirmondianis et leges novellae ad Theodosianum pertinentes, t. 2, Berlin 1905, p. 8: […] *neminem Iudaeum, neminem Samaritam* […] *ad honores et dignitates accedere, nulli administrationem patere civilis obsequii, nec defensoris fungi saltem officio. Nefas quippe credi-*

Plus tard, le synode de Clermont de 535 réitère l'interdiction faite aux juifs de juger les chrétiens[25]. En 583, cette disposition réapparaît lors du premier synode de Mâcon, cette fois en précisant que les juifs ne doivent pas être collecteurs d'impôts, car cela pourrait donner le sentiment que la population juive est supérieure à la population chrétienne[26]. Le synode de Paris de l'année 614 reprend cette même interdiction en ajoutant que le baptême doit être proposé aux juifs comme alternative[27]. Cette disposition fut reprise dans les décisions synodales de Reims (624) et de Clichy (626–627)[28]. Cette pratique de compilation, en vertu de laquelle d'anciennes dispositions étaient reprises dans des synodes plus tardifs et donc remises en avant n'a, en soi, rien de nouveau et correspond à la pratique juridique médiévale courante. Néanmoins, l'intégration de cette disposition bien connue concernant les juifs dans les décisions synodales de Pavie présente un intérêt particulier. Alors que l'on connaissait ce type de mesures de ségrégation dans les régions situées en Francie occidentale et dans la région de Lyon – un carrefour judéo-romain –, nous ne connaissons aucune mesure antijuive de ce genre prescrite jusqu'à cette date dans l'espace italien[29]. Pour comprendre cette mesure avec son contenu antijuif, il faut regarder aux nord des Alpes, car le synode de Pavie ne se tint que quelques années après celui de Meaux-Paris et la rédaction du traité antijuif »Liber de perfida Iudaeorum« d'Amolon. En outre, étant donné qu'Amolon était fortement influencé par les polémiques antijuives de son prédécesseur Agobard, cela laisse supposer que ses écrits pouvaient être connus à Pavie[30].

Pour que le synode de Pavie ait eu un lien avec celui de Meaux-Paris ou avec les polémiques lyonnaises, il eût fallu que les pères du synode de Pavie eussent accès aux dispositions de Meaux-Paris, et donc qu'ils eussent été en possession d'une copie émise dans la première partie du IXe siècle, ou encore que les décisions des deux synodes aient été transcrites dans un manuscrit commun postérieur. Il aurait pu y avoir alternativement des écrits d'Agobard et d'Amolon.

Le synode de Pavie nous est parvenu par quatre manuscrits, dont trois contiennent le chapitre concernant les juifs[31]. Il s'agit d'un manuscrit de Gotha (Forschungsbibliothek, Memb. I. 84), d'un manuscrit d'Ivrée (Bibliotheca Capitolare XXXVIII [20]) ainsi que d'un manuscrit de Wolfenbüttel (Codex Blankenburg 130). Les manuscrits d'Ivrée et de Wolfenbüttel ont été pro-

---

mus, ut supernae maiestati et Romanis legibus inimici ultores etiam nostrarum legum subreptivae iurisdictionis habeantur obtentu et adquisitae dignitatis auctoritate muniti adversum Christianos et ipsos plerumque sacrae religionis antistites velut insultantes fidei nostrae iudicandi vel pronuntiandi quod velint habeant potestatem.

25 Synode de Clermont (535), dans: Concilia aevi Merovingici, t. 1, éd. Friedrich MAASSEN, Hanovre 1893 (MGH Conc., 1), p. 67, chap. 9.
26 Synode de Mâcon (583), ibid., p. 158, chap. 13.
27 Synode de Paris (614), ibid., p. 190, chap. 17.
28 Cf. synode de Reims (624), ibid., p. 204, chap. 11 ainsi que le synode de Clichy (626/627), ibid., p. 199, chap. 13.
29 Même si l'on date le fragment édité par Georg Heinrich PERTZ, MGH LL, 1, Hanovre 1835, p. 359–365 sous le nom »Hlotharii I Constitutiones Papienses« d'entre 832 et 850, le synode de Pavie n'était pas un synode antijuif mais un synode qui promulguait des mesures avec des intérêts économiques pragmatiques. Cf. SAGASSER, Juden und Judentum im Spiegel karolingischer Rechtstexte (voir n. 1), p. 86–90.
30 HEIL, Agobard (voir n. 8), p. 75.
31 Heinrich Canisius s'est appuyé dans sa première édition sur un manuscrit de Saint-Gall (Henricus CANISIUS, Antiquae lectiones, t. 5, Ingolstadt 1604, p. 673–683). Ce (cinquième) manuscrit n'a toutefois pas été conservé. Il existe également le manuscrit Vercelli, Bibliotheca Capitolare, LXXX, qui ne contient toutefois pas le chapitre 22 du synode; cf. MGH Conc. 3 (voir n. 4), n° 23, p. 218–219. Le manuscrit Munich, Bayerische Staatsbibliothek, Clm 29555 (anciennement 29084) (fin du IXe/début du Xe siècle) ne contient que les chapitres 1–12.

duits dans le dernier quart du IXe siècle en Italie du Nord[32]. C'est donc une chance de posséder deux manuscrits contemporains et composés dans la région où s'est tenu le synode. Le manuscrit de Gotha, qui a été composé dans la région de Mayence à la fin du Xe ou au début du XIe siècle, pouvait aussi avoir eu un lien avec l'Italie et laisse en outre supposer que le contenu du synode avait probablement été compilé par des contemporains de première main, ayant peut-être même vécu au temps du synode. La quatrième et dernière partie (fol. 339ra–414vb) du codex est une compilation entre autres des »Leges Langobardorum« et des capitulaires de Louis II (le Jeune). Les dispositions du synode de Pavie font partie de cette section (fol. 410vb–413ra) et clôturent le manuscrit[33]. Cependant, ni le manuscrit de Gotha, ni celui d'Ivrée, ni celui de Wolfenbüttel ne contiennent des chapitres du synode de Meaux-Paris.

Les statuts de ce dernier ont pourtant connu une transmission manuscrite plus favorable. La totalité des dispositions nous est parvenue dans six manuscrits. Dix-neuf autres contiennent des extraits des canons, parmi lesquels deux manuscrits (Heiligenkreuz, Stiftsbibliothek 217 et Munich, Bayerische Staatsbibliothek Clm 3853) contiennent les chapitres 73 à 76 et quatre autres uniquement les chapitres 73 et 74[34]. Le manuscrit le plus ancien, qui contient les chapitres 73 à 76 du synode de Meaux-Paris sur les juifs, est le manuscrit de la Bibliothèque nationale de France nouv. acq. lat. 1632. Ce dernier a été compilé soit dans la seconde moitié du IXe siècle, soit dans la première du Xe, en Francie occidentale, peut-être dans le monastère de Saint-Benoît-sur-Loire[35]. La tradition manuscrite ne permet pas de démontrer l'un de ces cas de figure et nous serons donc dans l'impossibilité d'identifier un manuscrit qui aurait pu servir de modèle à Pavie. De plus, ce manuscrit (tout comme les 24 autres) étant postérieur au synode de Pavie, il n'a donc pu servir lors de ce dernier. Il n'est pas non plus possible de tirer de conclusions à partir de la tradition manuscrite des écrits lyonnais, faute de preuve.

L'étude des traditions manuscrites ne permettant pas d'établir de liens éventuels entre les synodes, l'impact de Meaux-Paris ainsi que la question de l'influence d'Agobard et d'Amolon sur le synode de Pavie doivent donc être étudiés à partir d'indices provenant du contenu, mais surtout à partir d'une analyse des réseaux de sociabilité des acteurs. Les éléments déclencheurs des deux synodes ainsi que des écrits des évêques sont comparables: le but principal pour Agobard et Amolon, comme pour les pères des synodes de Meaux-Paris et de Pavie, était d'obtenir la stabilité et l'unification de l'Église, ce qui les amenait à entamer des réformes. Sur ce plan, tant pour les évêques lyonnais que pour les pères des synodes, le judaïsme représentait un groupe à part, un exemple d'altérité face auquel il fallait réagir. Cela explique et justifie probablement l'intégration du chapitre 24 sur les juifs dans les dispositions.

Mais le chapitre 24 du synode de Pavie présente aussi des similitudes avec le »Liber de perfidia Iudaeorum d'Amolon«. Ce dernier écrit:

> »que certains d'entre eux [les juifs], employés sans autorisation comme percepteurs dans un certain nombre de villes, harcèlent durement les chrétiens pauvres et sans méfiance dans les régions plus reculées pour obtenir le même impôt, puis ont l'habitude de les

---

32 Hubert Mordek, Bibliotheca capitularium regum Francorum manuscripta. Überlieferung und Traditionszusammenhang der fränkischen Herrschererlasse, Munich 1995 (MGH Hilfsmittel, 15), p. 131.

33 Ibid., p. 131–132. Le manuscrit contient en outre dans une première partie le recueil de droit d'Anségise (fol. 1ra–29rb), le »Benedictus Levita« pseudo-isidorien (fol. 29rb–145vb), le capitulaire de Francfort de 951 (fol. 146vb). La deuxième partie (fol. 148ra–225vb) reprend la compilation »Liber legum« de Loup de Ferrières, et dans la troisième partie (fol. 226re–338vb) la »Lex Romana Visigothorum«.

34 MGH Conc. 3 (voir n. 4), n° 23, p. 64–69.

35 Ibid., n° 23, p. 64. Cf. Mordek, Bibliotheca (voir n. 32), p. 624.

persuader de renier le Christ et finalement, comme s'ils agissaient avec plus de douceur, de les décharger [de l'obligation de payer l'impôt]³⁶.«

Cette même question est à son tour abordée dans le canon 73 du synode de Meaux-Paris:

»Nous refusons aux juifs et aux païens la permission de pratiquer le droit et de servir l'État. [...] Nous décrétons dans cette loi [...] qu'aucun des juifs ne doit accéder aux honneurs et aux dignités, qu'à aucun d'eux ne doit être ouverte une administration avec obéissance publique, ni servir de protecteur. [...] Les juifs ne devraient pas être nommés juges de la population chrétienne ou autorisés à être collecteurs de textes, car les chrétiens seraient ainsi perçus comme leur étant soumis³⁷.«

Ces passages du chapitre de Meaux-Paris ont été exactement compilés au chapitre XV, 5, 5 du »Codex Théodosien« (»Nous refusons ... l'État«), au chapitre III, 2 de la »Novella« de Théodose (»Nous décrétons ... protecteur«) ainsi qu'au chapitre 13 du premier synode de Mâcon (»les juifs ... soumis«). Ainsi, Amolon et le synode de Meaux-Paris ne reprennent que cette thématique bien connue, qui trouve son origine dans l'Antiquité tardive. Ces deux exemples ne sont donc que des indices possibles d'une influence des deux évêques sur la Francie médiane et d'un lien potentiel entre les royaumes de Francie occidentale et médiane.

Après l'étude de l'origine des manuscrits et de leurs contenus, il convient de passer au contexte politique et aux possibles réseaux de sociabilité des évêques lyonnais ainsi que des acteurs des synodes de Meaux-Paris et de Pavie. Dans quelle mesure des tendances politiques similaires et comparables à celles du synode de Meaux-Paris se retrouvent en Italie quatre ans plus tard? Ce n'est pas seulement au nord des Alpes que les souverains du royaume médian qui avait été assigné à Lothaire Ier par le traité de Verdun ont dû faire face à des difficultés. Les invasions répétées des corsaires arabes dans le sud de l'Italie ont contraint Louis II (le Jeune) à sécuriser davantage son royaume. Les réformes formulées lors du synode de Pavie reflètent ces préoccupations: c'est ainsi que la position des évêques fut confortée et que les évêchés furent dotés de lettres d'immunité³⁸. Il est possible que, dans ce contexte, la disposition contre les juifs, comme les dispositions des chapitres 21 et 23 concernant des groupes sociaux qui propageaient l'hérésie aux yeux de l'Église, fût un exemple de gestion de l'altérité.

Pour que la référence aux juifs en tant que »figure rhétorique« puisse être attribuée à l'influence des archevêques lyonnais et pour que le synode de Pavie ait pu être inspiré par le synode de Meaux-Paris, le souverain de l'Italie, ou son entourage, devait soit avoir été en contact

---

36 Amolo de Lyon, Liber de perfidia Iudaeorum (voir n. 18), p. 84, l. 10–14: [...], *quod quidam ipsorum [Iudaeorum], qui in nonnullis civitatibus telonarii illicite constituuntur, soleant in remotioribus locis Christianos pauperes et ignaros pro eodem teloneo acriter constringere, deinde ut Christum negent persuadere et tunc eos quasi remissius agentes dimittere.*

37 Synode de Meaux-Paris, MGH Conc. 3 (voir n. 4): *Iudeis vel paganis causas agendi vel militandi licentiam denegamus, quibus christianę legis nolumus servire personas* (p. 119, l. 17–18); *sancimus neminem Iudeum ad honores et dignitates accedere, nulli administrationem patere civilis obsequii nec defensoris saltim fungi officio* (p. 120, l. 3–5); *Ne iudei christianis populis iudices deputentur aut thelonarii esse permittantur, per quod illis, [...] christiani videantur esse subiecti* (p. 122, l. 3–5).

38 Sur la situation politique en Italie vers 850, cf. Peter CLASSEN, Italien zwischen Byzanz und dem Frankenreich, dans: Nascita dell'Europa ed Europa Carolingia: un'equazione da verificare, t. 2, Spolète 1981 (Settimane di studio del Centro italiano di studi sull'alto medioevo, 27), p. 919–967; réimpr. dans: ID., Ausgewählte Aufsätze, Sigmaringen 1983 (Vorträge und Forschungen, 28), p. 85–115; Elke GOEZ, Geschichte Italiens im Mittelalter, Darmstadt 2010, p. 59–62; Pierre RICHÉ, Les Carolingiens. Une famille qui fit l'Europe, Paris 2012, p. 202–207.

avec l'archevêque lyonnais et ses proches, soit au moins avoir connu les acteurs politiques impliqués dans les débats et ensuite la formulation des dispositions du synode de Meaux-Paris.

Or Louis II (le Jeune) pourrait avoir été confronté aux polémiques des archevêques lyonnais. En 829, Louis le Pieux tenta de modifier – en faveur de son fils Charles (dit plus tard le Chauve), né en secondes noces – son »Ordinatio Imperii« de 817. Son fils aîné Lothaire (plus tard Lothaire Ier) fut renvoyé en Italie. Cette démarche fut contestée par ses fils issus du premier mariage, Lothaire, Pépin et Louis le Germanique et conduisit à une alliance des trois frères contre leur père[39]. Lothaire Ier trouva, pour son programme politico-religieux et dans sa lutte contre Louis Ier, outre le soutien du pape Grégoire IV, l'appui d'Ebo de Reims et d'Agobard de Lyon[40]. Depuis 830, Agobard, en particulier, était l'un des plus fidèles soutiens de Lothaire Ier dans sa lutte contre la politique de succession de Louis le Pieux et luttait sans relâche pour l'unité et la sécurité de l'empire franc. C'est également lui qui tenta de punir l'empereur déchu lors du synode de Soissons. Après la défaite de Blois en 834, Agobard, avec Lothaire Ier et Walo, retourna en Italie, où il développa la cour de Pavie[41]. Il y fut présent jusqu'en 838–839 et il est probable qu'il ait diffusé pendant cette période ses idées politiques – et donc sa conception des juifs – et que Louis II (le Jeune), encore jeune homme – ou au moins l'entourage royal – ait été en contact avec lui. Il aurait ainsi pu prendre connaissance des débats politiques, ce qui aurait pu influencer plus tard le contenu du synode de Pavie.

En ce qui concerne Amolon, même s'il existait une proximité de l'évêque avec la cour impériale, en l'absence de preuve, un lien direct entre lui et Pavie ne peut pas être démontré. Il n'en reste pas moins que l'hypothèse est plausible, et ce d'autant plus que l'élément déclencheur du synode de Pavie n'est pas comparable aux intrigues politiques complexes fomentées par les évêques contre l'empereur qui étaient à l'origine des dispositions de Meaux-Paris. La réception de ces synodes plaide déjà en ce sens: alors que les canons du synode de Meaux-Paris (y compris ceux qui concernent les juifs), bien que leurs dispositions eussent été rejetées en grande partie à Épernay, ont encore été repris dans des manuscrits aux XVIe et XVIIe siècles, la plus récente tradition des canons du synode de Pavie est le manuscrit de Gotha[42], daté de la fin du Xe ou du début du XIe siècle. Aucun manuscrit ultérieur dans lequel les canons de Pavie auraient été repris par les législateurs postérieurs n'est connu.

Sur la base de la tradition manuscrite du synode, ceci laisse supposer que les dispositions n'ont guère été reçues[43]. Cela signifie-t-il pour autant qu'avec l'extinction de la tradition manuscrite, la décision concernant les juifs est tombée pour toujours dans l'oubli? Cela confirmerait la thèse de Heil mentionnée plus haut, qui considère le synode italien comme une tentative vaine de sauver une nouvelle fois le programme avorté de Meaux-Paris[44]. Mais ce n'est pas le cas. Le débat sur la question de savoir si les juifs pouvaient assumer des charges publiques ou

---

39 Egon BOSHOF, Ludwig der Fromme, Darmstadt 2005, p. 192–203; Egon BOSHOF, Einheitsidee und Teilungsprinzip in der Regierungszeit Ludwigs des Frommen, dans: Peter GODMAN, Roger COLLINS (dir.), Charlemagne's Heir. New Perspectives on the Reign of Louis the Pious (814–840), Oxford 1990, p. 161–189, ici p. 182–184; Dieter HÄGERMANN, Reichseinheit und Reichsteilung. Bemerkungen zur Divisio regnorum von 806 und zur Ordinatio Imperii von 817, dans: Historisches Jahrbuch 95 (1975), p. 278–307, ici p. 282; Steffen PATZOLD, Eine »loyale Palastrebellion« der »Reichseinheit«? Zur Divisio imperii von 817 und zu den Ursachen des Aufstands gegen Ludwig den Frommen im Jahre 830, dans: Frühmittelalterliche Studien 40 (2006), p. 43–77.
40 PATZOLD, Eine »loyale Palastrebellion« (voir n. 39), p. 60.
41 BOSHOF, Erzbischof Agobard (voir n. 14), p. 216–253; ID., Einheitsidee und Teilungsprinzip (voir n. 39), p. 182–185.
42 Gotha, Forschungsbibliothek Memb. I. 84, fol. 410vb–413ra.
43 MORDEK, Bibliotheca (voir n. 32), p. 147–148.
44 Cf. HEIL, Agobard (voir n. 8), p. 68–71.

exercer des fonctions ne s'est absolument pas éteint par la suite. Au contraire, cette question revint régulièrement en Italie au cours des décennies suivantes (lors d'un synode dans le sud de l'Italie à la fin du IXe siècle[45] ou à Rome en novembre 1078)[46], de sorte qu'il faut plutôt se demander si la disposition relative au traitement des juifs à Pavie a pu avoir un tel effet, surtout si on prend en considération un fragment, intitulé par les éditeurs »Capitula singillatim tradita Hlothario vel Hludowico II adscripta«, qui promulgue, cinq ans plus tard seulement, en juillet 855, l'expulsion de tous les juifs du royaume italien[47]. Ce fragment, en combinaison avec le chapitre 24 du synode de Pavie, donne l'impression d'une politique rigoureuse contre la population juive d'Italie.

Cependant, l'expulsion de Pavie ne peut pas être prouvée, mais rien ne s'y oppose non plus[48]. Il est, à notre avis, très improbable que l'interdiction faite aux juifs d'exercer une fonction officielle ait pu être appliquée. En effet, même si les sources pour l'Italie n'apportent pas d'éclaircissements sur cette question, on sait que des juifs ont continué à travailler dans le royaume de Francie occidentale sous Charles le Chauve, qui tirait profit de leur présence[49]. Le fait que Charles le Chauve ait refusé les dispositions de Meaux-Paris à Épernay montre qu'il ne partageait pas les préoccupations épiscopales et qu'il s'y opposait[50]. Ceci laisse supposer que, dans la pratique, la situation n'était pas différente en Italie.

III. Une dernière tentative de réforme au synode de Metz?

Pour compléter nos réflexions sur la manière dont les juifs apparaissaient dans les actes de synodes de la seconde moitié du IXe siècle, focalisons-nous sur le synode de Metz. Il constitue un exemple relatif à la Lotharingie, à l'époque sous domination du roi de la Francie orientale[51]. Parmi un certain nombre de synodes ayant eu lieu à partir des années 880 (Cologne 887, Mayence 888, Tribur 895) en Francie orientale, le synode de Metz est le seul à avoir pris une disposition concernant les juifs[52]. Nous ne connaissons cependant pas la date exacte de l'assemblée épiscopale. En effet, aucun manuscrit contenant l'acte synodal n'a été conservé. Mais nous disposons des éditions du XVIIe siècle proposant des datations[53]. Ce que l'on peut dire avec certitude, c'est que le synode s'est réuni en tant que synode provincial (*comprovincialem synodum*) un 1er mai (*Calendarum Maiarum*)[54], sous le règne d'Arnulf de Carinthie, roi de Francie orientale à partir de 887 et empereur à partir de 896[55]. La présence de l'archevêque Radbod de Trèves (883–915), des évêques Rotbert (Robert) de Metz (883–917), Dado de Verdun (881–vers 915), et Arnald de Toul (871 ou 872–893) ainsi que d'un abbé nommé Étienne

---

45 SAGASSER, Juden und Judentum im Spiegel karolingischer Rechtstexte (voir n. 1), p. 327–343.
46 Synode de Rome (1078): Das Register Gregors VII., éd. Erich Caspar, t. 2, Berlin 1923 (MGH Epp. sel., 2,2), n° VI 5b, p. 400–406. Cf. Julius ARONIUS, Regesten zur Geschichte der Juden im fränkischen und deutschen Reich bis zum Jahre 1273, Berlin 1887–1902, n° 166, p. 69.
47 MGH Capit. 2 (voir n. 10), n° 219, p. 97; cf. Johann Friedrich BÖHMER, Regesta Imperii, t. 1: Die Regesten des Kaiserreichs unter den Karolingern 751–918, éd. Engelbert MÜHLBACHER, Johann LECHNER, Carlrichard BRÜHL, Hans H. KAMINSKY, Hildesheim 1966, n° 1203 (1168).
48 Cf. SAGASSER, Juden und Judentum im Spiegel karolingischer Rechtstexte (voir n. 1), p. 90–94.
49 Bernhard BLUMENKRANZ, Juifs et chrétiens dans le monde occidental. 430–1096, Paris 1960, p. 183.
50 SAGASSER, Juden und Judentum im Spiegel karolingischer Rechtstexte (voir n. 1), p. 214–234; HEIL, Agobard (voir n. 8), p. 66–67.
51 Synode de Metz (893), MGH Conc. 5 (voir n. 6), n° 37, p. 306–313.
52 HARTMANN, Die Synoden der Karolingerzeit (voir n. 2), p. 359–360.
53 Synode de Metz (893), MGH Conc. 5 (voir n. 6), n° 37, p. 306, 308. Cf. HARTMANN, Die Synoden der Karolingerzeit (voir n. 2), p. 364.
54 Synode de Metz (893), MGH Conc. 5 (voir n. 6), n° 37, p. 309, avec n. 1.
55 HARTMANN, Die Synoden der Karolingerzeit (voir n. 2), p. 364.

confirme que le synode a eu lieu au plus tard en 893⁵⁶. La présence d'Arnald de Toul nous laisse supposer que le synode aurait eu lieu entre 891 et 893. Son prédécesseur, l'évêque Arnulf (843–870), avait déjà perdu des biens monastiques en raison de son opposition à Lothaire II. Une lettre du roi datée du 9 octobre 891 rapporte qu'Arnald de Toul est allé le voir pour lui demander la restitution des monastères. Le roi ayant accédé à la demande de l'intervenant, on peut en conclure qu'il était prêt à renouer avec son évêque⁵⁷. Arnald put récupérer les biens en cause, mais, en février 893, lorsqu'il se rangea du côté de Rodolphe de Haute-Bourgogne, Arnulf de Carinthie le punit une nouvelle fois en le privant de ses biens⁵⁸. Vu le contexte, il semble réaliste que le synode ait eu lieu au plus tôt en 891, après une réconciliation de courte durée entre Arnulf et Arnald.

Après que les pères du synode ont rappelé qu'il n'y avait pas eu de synode dans la province depuis longtemps⁵⁹, le chapitre 2 proclame l'imposition de la dîme⁶⁰. Les chapitres 3 et 4 contiennent des dispositions relatives aux paroisses. Selon le chapitre 3, les prêtres ne peuvent posséder qu'une seule église, avec la justification suivante: »[…] aucun profit terrestre ne doit être retiré du soin des âmes⁶¹.« Dans le chapitre 4, l'exemption d'intérêts sur les biens de la paroisse, telle qu'elle avait déjà été introduite en 818–819 à Aix-la-Chapelle par Louis le Pieux, est abordée⁶². Le chapitre 5 interdit la cohabitation des prêtres avec des femmes, mais aussi d'un clerc avec sa propre mère ou sœur, revenant ainsi sur une disposition déjà souvent discutée lors des conciles et des synodes⁶³. Le chapitre 6 stipule: »que les prêtres doivent présenter leurs livres et leurs vêtements sacerdotaux lors du prochain synode (diocésain) et que l'évêque leur demande de conserver le chrisme *sub sigillo et sera*⁶⁴.«

Il est possible que l'on ait ainsi tenté de contrecarrer le vol de l'huile d'onction utilisée pour les sorts de guérison et autres choses interdites⁶⁵. Le canon proscrit également aux prêtres de porter des armes et des vêtements séculiers et n'autorise qu'un seul parrain pour le baptême⁶⁶.

---

56 MGH Conc. 5 (voir n. 6), n° 37, p. 306. Voir aussi Laurentius Surius (éd.), Conciliorum omnium tam generalium tam provincialium atque particularium, t. 3, Cologne 1567, p. 524; Ernst Dümmler, Geschichte des ostfränkischen Reiches, t. 1: Ludwig der Deutsche bis zum Frieden von Koblenz 860, Leipzig ²1887, p. 357–360.
57 Cf. le diplôme du 9 octobre 891, éd. Paul Kehr, Die Urkunden Arnolfs, Berlin 1940 (MGH Die Urkunden der deutschen Karolinger, 3), n° 93, p. 136–137; voir aussi Eduard Hlawitschka, Lotharingien und das Reich an der Schwelle der deutschen Geschichte, Stuttgart 1968, p. 81.
58 Cf. le diplôme du 2 février 893, MGH D Arn (voir n. 57), n° 112, p. 164; voir aussi Egon Boshof, Kloster und Bischof in Lotharingien, dans: Raymund Kottje, Helmut Maurer (dir.), Monastische Reformen im 9. und 10. Jahrhundert, Sigmaringen 1989 (Vorträge und Forschungen, 38), p. 197–245, ici p. 201; Hlawitschka, Lotharingien (voir n. 57), p. 70, 79–81.
59 MGH Conc. 5 (voir n. 6), n° 37, p. 309, chap. 1, l. 20: *Nos autem, qui tanto tempore transacto comprovincialem synodum non habuimus*; cf. Hartmann, Die Synoden der Karolingerzeit (voir n. 2), p. 365.
60 MGH Conc. 5 (voir n. 6), n° 37, p. 310, chap. 2; cf. ibid., p. 306.
61 Ibid., n° 37, p. 310, chap. 3; cf. Hartmann, Die Synoden der Karolingerzeit (voir n. 2), p. 366.
62 MGH Conc. 5 (voir n. 6), n° 37, p. 310, chap. 4 et ibid., n° 12a, cf. Capitulare Ecclesiasticum (818–819), dans: Capitularia regum Francorum, t. 1, éd. Alfred Boretius, Hanovre 1883 (MGH Capit., 1), p. 277, chap. 10; cf. Hartmann, Die Synoden der Karolingerzeit (voir n. 2), p. 366.
63 MGH Conc. 5 (voir n. 6), n° 37, p. 310, chap. 5; cf. Hartmann, Die Synoden der Karolingerzeit (voir n. 2), p. 306–307.
64 MGH Conc. 5 (voir n. 6), n° 37, p. 310, chap. 6: *Cuncti presbyteri ut libros et sacerdotalia vestimenta suo episcopo in proxima synodo ostendant, et ut chrisma suum sub sigillo et sera semper custodiant* […]. Cf. Hartmann, Die Synoden der Karolingerzeit (voir n. 2), p. 366.
65 MGH Conc. 5 (voir n. 6), n° 37, p. 310–311, chap. 6.
66 Ibid., n° 37, p. 310–311, chap. 6.

Le chapitre suivant, le chapitre 7, traite des juifs et est donc particulièrement intéressant pour notre propos. On y proclame:

> »Que personne ne mange ni ne boive avec les juifs. Guntbert, *primicerius* de l'église de Metz, présente un *libellus proclamationis* sur les juifs qui vivent à Metz. Pour cette raison, il est interdit, selon les chapitres des saints pères, à tout chrétien de manger et boire avec eux ou d'accepter des juifs quoi que soit par lequel il puisse être nourri ou désaltéré. Il est en effet particulièrement indigne et sacrilège, selon ce qu'enseigne Césaire, évêque d'Arles, que leurs aliments soient consommés par des chrétiens, alors que ceux dont nous avons l'usage sont jugés par eux immondes et que, de cette façon, les chrétiens deviendraient inférieurs aux juifs. Et quant à leurs convives, Césaire lui-même, le saint évêque Syagrius d'Autun et beaucoup d'autres les ont excommuniés[67].«

Dans le chapitre 8, il est d'abord dit qu'il est interdit de célébrer des messes dans des lieux non conformes[68]. Une nouveauté est ajoutée dans un deuxième paragraphe: les églises qui n'étaient jusqu'alors consacrées que par un seul chorévêque doivent désormais être à nouveau consacrées par un évêque[69]. Le chapitre 9 évoque le cas de deux religieuses qui furent expulsées de la communauté monastique pour avoir enfreint les règles du monastère. Celles-ci doivent dorénavant être détenues au couvent. Il en va de même pour les diacres qui doivent être condamnés à la prison pour avoir commis un sacrilège[70]. Le canon 10 du synode de Metz mentionne la mutilation d'un prêtre[71], et le chapitre 11 traite de la lutte contre les pilleurs d'églises[72]. Ces deux canons relatent en outre des procès concernant des individus en matière de droit matrimonial et qui ont eu lieu avant le synode[73].

Cette présentation succincte en dit déjà long sur l'orientation générale du synode. L'ensemble des canons vise, d'une part, à consolider les églises de la province de Trèves (cf. surtout les chapitres 2 à 4) et, d'autre part, à préserver la pureté de la foi chrétienne (cf. les chapitres 5 à 11). Avec les chapitres 6 et 7, en plus des autres dispositions qui ont surtout une signification interne à l'Église, le salut de l'Église est également tenu à l'écart des influences externes. Il s'agit également de s'assurer que tous les ustensiles ou produits servant à administrer les sacrements – comme l'huile d'onction – ont été placés sous une surveillance particulière afin d'empêcher tout usage à d'autres fins.

Le canon concernant les juifs doit être compris dans ce contexte. Par l'interdiction de commensalité entre juifs et chrétiens, il s'agissait d'empêcher, d'une part, toute influence provenant d'autres croyants et, d'autre part, que les chrétiens ne mangent des aliments préparés selon la loi juive. L'interdiction formulée par des pères repose sur la notion d'une forte »indignité« ressentie, voire de »sacrilège« (*Nimis [...] indignum est atque sacrilegum*) consistant dans la position

---

67 Ibid., n° 37, p. 311, chap. 7: *Ut nemo cum Iudeis edat, aut bibat. Guntbertus Metensis ecclesiae primicerius obtulit libellum proclamationis super Iudaeos, qui habitant Metis. Quapropter interdictum est, iuxta capitula sanctorum patrum, ut nemo christianorum cum eis manducet et bibat, vel quicquid comedi aut potari potest, a Iudęis accipiat. Nimis enim, iuxta quod ait Caesarius Arelatensis ecclesiae episcopus, indignum est atque sacrilegum, eorum cibos a christianis sumi, cum ea, quibus nos fruimur, ab illis iudicentur immunda, ac sic inferiores incipiant esse christiani quam Iudaei. Et omnes eorum convivas ipse et sanctus Siagrius Eduorum episcopus cum aliis multis excommunicaverunt.*
68 Ibid., n° 37, p. 311, l. 21–22, chap. 8: *Ut missae in locis non consecratis non fiant.* Cf. ibid., p. 307.
69 Ibid., n° 37, p. 311, l. 23–28, chap. 8. Cf. ibid., p. 307.
70 Ibid., n° 37, p. 312, chap. 9; cf. ibid., p. 307.
71 Ibid., n° 37, p. 312, chap. 10; cf. ibid., p. 307.
72 Ibid., n° 37, p. 312, chap. 11; cf. ibid., p. 307.
73 Cf. ibid., p. 307–308.

subordonnée, au regard de l'honneur social, de la Nouvelle Alliance par rapport à l'Ancienne, qui résulterait de ce déséquilibre dans les acceptations alimentaires. Tout comme la disposition de Pavie interdisant aux juifs d'exercer des fonctions publiques, l'interdiction de prendre un repas à la même table avec des juifs n'est pas nouvelle en soi: déjà vers 306, au synode d'Elvire, le canon 50 proclame: »Si un clerc ou un fidèle mange avec des juifs, il sera excommunié à cause de la nécessité d'être remis dans le droit chemin[74].«

Des dispositions similaires étaient déjà apparues, notamment à Vannes 465[75], à Agde 506[76], à Épaone 517[77], au troisième concile d'Orléans 538[78], au premier synode de Mâcon 583[79] et à Clichy 626–627[80]. Jusqu'au XIe siècle, ce sujet a également été discuté à plusieurs reprises lors de différents conciles et synodes[81]. Il s'agit donc, une fois de plus, d'une disposition qui avait été reprise par des conciles plus anciens et adaptée aux circonstances. La disposition acquiert un poids politique supplémentaire par les références à Césaire d'Arles et à l'évêque Syagrius d'Autun, qui avaient qualifié de sacrilège la prise d'un repas commun entre juifs et chrétiens. Wilfried Hartmann ne se satisfait toutefois pas de l'affirmation formulée dans le canon selon laquelle la disposition concernant les juifs repose uniquement sur les explications des Pères de l'Église. Il va encore plus loin et émet l'hypothèse que les canons de Meaux-Paris ou le »Liber de perfidia Iudaeorum« d'Amolon aient pu être présents à Metz et que le chapitre 7 ne soit pas à placer dans leur tradition[82]. Du point de vue du contenu, cela n'est pas exclu, car la question des repas communs entre juifs et chrétiens était en effet également intégrée dans ces deux sources, tout en renvoyant à Césaire d'Arles. Le chapitre 73 de Meaux-Paris reprend le chapitre 40 du synode d'Agde[83]. Une variante de cette disposition apparaît aussi chez Amolon[84]. Toutefois, le déclencheur, pour ce chapitre 7, est explicitement mentionné dans la source. Ainsi, le *primicerius* Guntbert de Metz avait rédigé au préalable un acte d'accusation contre les juifs, acte qui servit de base à ce chapitre. Cependant, il n'y figure pas, à première vue, de référence à Meaux-Paris ni à Amolon. Ce n'est qu'en étudiant le processus qui a conduit à cette disposition que nous nous apercevons toutefois des similitudes avec Meaux-Paris.

La grande différence entre Metz et Meaux-Paris réside néanmoins dans le fait que les décisions synodales de Meaux-Paris soient une compilation de presque toutes les dispositions antijuives formulées depuis l'Antiquité. L'acte d'accusation, rédigé par Guntbert et ayant servi de base à Metz, n'est certes pas connu. En revanche, même si Guntbert avait rédigé un acte d'accusation complet contre les juifs comparable à l'écrit d'Amolon, le contenu de la mesure du canon 7, prétendument inspiré de son écrit, est mince par rapport à Meaux-Paris. Dans les décisions synodales de Metz (comme déjà lors du synode de Pavie), un seul point litigieux (parmi une multitude de mesures évoquées par Amolon et les canons antijuifs du synode de Meaux-Paris)

---

74 Synode d'Elvire (vers 306), dans: Sacrorum conciliorum nova et amplissima collectio, éd. Joannes Dominicus MANSI, t. 2, Florence, Venise 1759, col. 14, chap. 50: *Si vero quis clericus vel fidelis cum Judaeis cibum sumpserit, placuit eum a communione abstinere, ut debeat emendari.*
75 Synode de Vannes (465), ibid., t. 7, Florence, Venise 1762, col. 954, chap. 12.
76 Synode d'Agde (506), ibid., t. 8, Florence, Venise 1762, col. 331–332, chap. 40.
77 Synode d'Epao (517), MGH Conc. 1 (voir n. 25), p. 22, chap. 15.
78 Troisième concile d'Orléans (538), ibid., p. 78, chap. 13.
79 Premier synode de Mâcon (583), ibid., p. 78, chap. 15.
80 Synode de Clichy (626–627), ibid., p. 199, chap. 13.
81 BLUMENKRANZ, Juifs et chrétiens (voir n. 49), p. 173.
82 HARTMANN, Die Synoden der Karolingerzeit (voir n. 2), p. 366.
83 Synode de Meaux-Paris (845–846), MGH Conc. 3 (voir n. 4), n° 11, chap. 73, p. 121, l. 19–25.
84 Amolo von Lyon, Liber de perfidia Iudaeorum (voir n. 18), p. 116, l. 24–29: *Omnes deinceps clerici sive laici Iudaeorum convivia evitent et nec eos ad convivium quis excipiat, quia, cum apud Christianos cibis communibus non utantur indignum est atque sacrilegum eorum cibos a Christianis sumi, cum ea, quae apostolo permittente nos sumimus, ab illis iudicentur immunda.*

a donc été repris. Cette constatation soulève la question de savoir pourquoi l'interdiction d'un repas commun entre juifs et chrétiens a justement été reprise lors de l'assemblée de Metz, alors qu'Amolon et le synode de Meaux-Paris en général ont ordonné des mesures encore plus véhémentes à l'égard de la population juive. La mesure annoncée au canon 7 ne prouve pas à elle seule le lien possible entre les trois sources. On pourrait imaginer que seuls les synodes de Mâcon et d'Agde étaient connus de l'assemblée messine. Un lien entre les synodes ou entre le synode de Metz et Amolon ne peut être établi que si au moins un participant au synode de Metz a pu avoir accès aux écrits ou s'il est prouvé qu'un manuscrit contenant les écrits en question était disponible à Metz. Or, il est envisageable, vu l'importance du dossier, qu'un participant ait eu connaissance dans un passé lointain, par quelque moyen que ce soit, du contenu du synode de Meaux-Paris et qu'il s'en souvienne encore. Faute d'existence de manuscrit du synode, il n'est pas possible de prouver cette hypothèse en appuyant l'argumentation sur d'éventuels manuscrits présents à Metz.

Il faut donc se pencher sur les réseaux de sociabilité des acteurs. Certes, à première vue, il est peu probable que le rapport du synode de Meaux-Paris ait été transmis oralement aux participants de Metz par le biais de contacts personnels. En effet, à la différence du synode de Pavie, qui s'est réuni en 850 du vivant d'Amolon de Lyon, quelques années seulement après le synode de Meaux-Paris, le synode de Metz a eu lieu près d'un demi-siècle plus tard. Amolon est mort en 852. Mais, malgré ce laps de temps, il existe deux indices qui pourraient laisser penser que les réseaux personnels des acteurs du synode de Metz ont également transmis oralement le contenu de Meaux-Paris. D'une part, il est possible qu'Étienne, l'abbé de Saint-Mihiel, né avant 850 et présent à Metz, ait connu les dispositions adoptées à Meaux-Paris, par le biais de son origine de la famille des Carolingiens, impliquant une éducation à la cour de Charles le Chauve[85]. Par manque de preuve, il semble toutefois extrêmement improbable qu'Étienne ait été l'initiateur de ce canon 7.

Le deuxième canal par lequel les dispositions du synode de Meaux-Paris ont pu parvenir à Metz est le »Libellus de ecclesiasticis disciplinis« de Réginon de Prüm. Il s'agit d'un manuel de droit destiné aux évêques afin qu'ils puissent rendre la justice avec plus d'aisance lors de leurs visites dans leurs diocèses. Bien que les décisions de Meaux-Paris aient été rejetées à Épernay, 38 de ces dispositions ont été intégrées dans cet ouvrage – même si cela n'eut lieu que vers 906[86]. Les mesures concernant les juifs ne figurent pas parmi les 38 dispositions choisies. Cela n'exclut pourtant pas totalement la connaissance par Réginon de Prüm des décisions contre les juifs, dans la mesure où des choix ont dû être faits pour construire le manuel, choix ayant pu conduire à laisser ce sujet de côté. Réginon de Prüm s'était enfui de son monastère de Prüm en 899 et avait trouvé protection auprès de l'archevêque Radbod de Trèves, présent au synode de Metz, qui lui avait confié l'abbaye de Saint-Martin, près de Trèves, détruite par les Normands, pour réformer le système monastique[87]. Radbod, issu d'une famille alémanique et probablement éduqué à Saint-Gall, fut élevé au rang d'archevêque de Trèves le 8 avril 883. À ce titre, le roi Arnulf lui confia tout d'abord le monastère de Mettlach (dont ce dernier avait été l'abbé aupara-

---

85 Wilhelm KOHL, Stephan von Tongern, dans: Biographisch-Bibliographisches Kirchenlexikon, t. 10, Herzberg 1995, col. 1395–1397.
86 Cf. à ce sujet l'introduction au synode de Meaux-Paris (845–846), MGH Conc. 3 (voir n. 4), n° 11, p. 63; sur la postérité du concile en particulier, ibid., p. 72–74.
87 Cf. la préface à l'édition de Regino von Prüm, Das Sendhandbuch, éd. Wilfried HARTMANN, Darmstadt 2004 (Freiherr-vom-Stein-Gedächtnisausgabe, 42), p. 3–4. Sur Réginon de Prüm, cf. Hans H. ANTON, Regino von Prüm, dans: Biographisch-Bibliographisches Kirchenlexikon, t. 7, Herzberg 1994, col. 1483–1487; Wilfried HARTMANN, Regino von Prüm, dans: Neue Deutsche Biographie, t. 21, Berlin 2003, p. 269–270; Eduard HLAWITSCHKA, Regino von Prüm (gestorben 915), dans: Edmund STRUTZ, Franz-Josef HEYEN (dir.), Rheinische Lebensbilder, t. 6, Düsseldorf 1975, p. 7–27.

vant), en 888 l'abbaye de Saint-Servais, à Maastricht, et enfin, en 892 l'abbaye d'Echternach[88]. En contrepartie, l'archevêque de Trèves fut chargé, au cours de ses premières années de mandat après les invasions normandes, de réorganiser et de sécuriser l'église de Trèves, en déclarant nulles, par exemple, les consécrations d'églises par les chorévêques[89]. Certes, cinq à six ans s'étaient écoulés depuis le synode de Metz, mais il n'est pas exclu que Radbod et Réginon se soient déjà rencontrés avant 899 et que le prélat trévirais ait connu les écrits de son protégé[90]. Cela reste également une pure spéculation, bien qu'il ressorte de la préface du recueil de droit que l'ouvrage a été rédigé à l'instigation de Radbod. La question de savoir si les canons concernant les juifs à Meaux-Paris ont eu une influence sur la disposition de Metz reste donc ouverte.

Il est possible que l'interdiction du repas commun, qui a été reprise sous différentes formes depuis l'Antiquité et adaptée à chaque fois à la situation, ait été connue des pères synodaux de Metz et leur ait semblé appropriée comme exemple marquant de mesure visant à séparer les juifs des chrétiens. On peut supposer que les pères conciliaires avaient à leur disposition un canon de textes dont ils se servaient au besoin. Ainsi, l'origine de la disposition n'était pas une demande concrète à la suite d'un incident, mais la mesure concernant les juifs était exclusivement un moyen rhétorique pour l'expression politique.

Pourquoi donc les pères conciliaires de Metz ont-ils ressenti la nécessité de traiter de la population juive sous la forme d'un canon unique? Y avait-il une vie juive réelle à Metz, et, si oui, quel en était l'impact concret sur un tel canon? Les sources concernant les juifs de Metz avant 893 sont peu nombreuses[91]. Il est possible que Grégoire Ier ait fait référence à Metz lorsqu'il a reproché à Théodebert II, roi d'Austrasie, de permettre aux juifs de garder des chrétiens comme esclaves[92]. Le seul point de repère fiable est une charte de 945 de l'évêque Adalbert Ier adressée au juif David de Metz, lui demandant de restituer à l'abbaye de Glossinde une vigne dont il était propriétaire[93]. On peut en déduire qu'à cette époque il y avait dans la région des juifs qui possédaient des terres, possiblement des vignes, qu'ils devaient exploiter. Pour cela, ils avaient besoin d'une main-d'œuvre non seulement experte en viticulture, mais aussi familiarisée avec les rites juifs, de sorte que l'on peut supposer qu'il y avait une implantation juive. On suppose même

---

88 Hans H. ANTON, Alfred HAVERKAMP, 2000 Jahre Trier, t. 2: Trier im Mittelalter, Trèves 1996, p. 80–81.
89 Stephanie HAARLÄNDER, Radbod (Radpod, Ratbod), Erzbischof von Trier (seit 883), gestorben 30.3.915, dans: Neue Deutsche Biographie, t. 21, Berlin 2002, p. 82–83.
90 Cf. la préface à l'édition de Regino von Prüm, Das Sendhandbuch (voir n. 87), p. 5, et p. 20: *Sciens, magnitudinem prudentiae vestrae non solum iuxta sacrorum canonum sanctiones totius provinciae sollicitudinem gerere, verum etiam totius regni utilitatibus pervigili cura insudare, misi vestrae celsitudini libellum, quem de synodalibus causis ecclesiasticisque disciplinis iussu et hortatu domni et reverentissimi Ratbodi archiepiscopi, summo cum studio ex diversis sanctorum patrum conciliis atque decretis collegi atque coadunavi, […]*. – »Sachant que la grandeur de votre prudence ne s'occupe pas seulement, conformément aux dispositions des saints canons, des affaires de toute la province ecclésiastique, mais qu'elle se charge aussi d'un soin extrêmement vigilant pour le bien de tout le royaume, j'ai envoyé à votre Excellence un livret que j'ai recueilli et compilé sur l'ordre d'exhortation de mon maître, le très révérend archevêque Radbod, concernant les cas juridiques des sentences et décrets des saints Pères.«
91 Sur l'histoire des juifs de Metz au début du Moyen Âge, cf. Johannes HEIL, Amélie SAGASSER, Metz, dans: Neue Gallia-Germania Judaica, http://serv1-nggj.nggj.eu/admin/dashboard/client/article/4/Metz (le site n'est pas consultable actuellement).
92 Moïse GINSBURGER, Metz, dans: Ismar ELBOGEN, Aron FREIMANN (dir.), Germania Judaica, t. 1: Von den ältesten Zeiten bis 1238, Breslau 1934, p. 229–231; HEIL, SAGASSER, Metz (voir n. 91).
93 ARONIUS, Regesten zur Geschichte der Juden (voir n. 46), n° 126, p. 55; GINSBURGER, Metz (voir n. 92), p. 231; Oskar DÖRING, Beiträge zur ältesten Geschichte des Bisthums Metz, Innsbruck 1886, p. 65; Michael TOCH, The Economic History of European Jews. Late Antiquity and Early Middle Ages, Leiden, Boston 2013, p. 86.

que le rabbin Gerschom ben Jehuda est né à Metz vers 950–960. Celui-ci se rendit à Mayence pour y faire ses études, avant de fonder lui-même une école rabbinique[94]. Tous les autres témoignages datent d'une époque nettement plus tardive. On peut donc supposer qu'il existait à Metz, au moment du synode, un établissement juif, ayant des membres actifs dans l'agriculture, et qui était devenu un centre intellectuel de la foi juive. Les pères conciliaires réunis à Metz, et par conséquent aussi la population, devaient donc déjà être en contact avec des juifs. On ne peut cependant pas établir une possible application du synode du fait de cette présence. L'interdiction de partager la table réapparaît ponctuellement dans les années qui suivent, mais aucune mesure n'est prise à ce sujet concernant les juifs de Metz. De ce fait, le chapitre 7 du synode de Metz n'est pas une mesure antijuive visant directement une hypothétique communauté juive locale: il n'est certes pas exclu qu'il y ait eu une communauté juive à Metz en ce temps, mais la rareté des sources ne permet pas d'être plus précis.

IV. Conclusion

Que peut-on tirer comme conclusions de ces réflexions sur les synodes de Pavie et de Metz? L'objectif de cette contribution était de voir si, et dans quelle mesure, le discours politique construit par des évêques à Meaux-Paris, fortement influencé par les polémiques antijuives lyonnaises de la première moitié du IXe siècle, avait pu déteindre sur les dispositions formulées plus tard. De fait, l'étude a montré que, même à commun dénominateur réduit, des similitudes existent entre les trois synodes. Dans les dispositions des synodes de Pavie et de Metz, ainsi que dans celui de Meaux-Paris, les juifs n'ont servi qu'à illustrer la différence de croyance dans la lutte pour la vraie foi. La minorité juive est ainsi devenue un instrument adaptable, dont on se servait à volonté dans le contexte des bouleversements politiques. Leur mise en relation avec les autres dispositions du synode a montré que la préoccupation principale des pères synodaux était, dans les trois cas, la consolidation de l'Église. Du point de vue de l'Église, la situation dans les royaumes ne pouvait être stabilisée que par l'unité de l'Église et de la foi. C'est pourquoi le synode s'est efforcé d'isoler le christianisme de tout ce qui était étranger et différent afin de garantir la *christianitas*.

Dans ce contexte, les synodes de Pavie et de Metz, tout comme celui de Meaux-Paris, n'ont été que de vaines tentatives d'imposer des réformes dans le cadre de problèmes généraux. En même temps, ils s'inscrivaient dans un discours idéologique et théologique qui s'établissait dans les trois royaumes. Ainsi, les dispositions dédiées aux juifs faisaient partie intégrante de vastes réformes. Elles ne peuvent donc pas être jugées comme s'inscrivant dans une démarche spécifiquement antijuive qui ferait des synodes des assemblées pensées comme telles dès leur origine. Elles relèvent d'abord de la perception de l'Autre. Cet aspect est donc d'autant plus crucial que toute tentative de définir l'empire carolingien unifié et son Église universelle conformément à la volonté de Dieu impliquait nécessairement de se démarquer de tout ce qui n'était pas compatible avec cette définition[95]. Aussi Dominique Iogna-Prat et Jérôme Baschet soulignaient-

---

94 Sur Gerschom ben Yehuda, cf. Hans-Georg von Mutius, Gerschom Ben Yehudah, dans: Lexikon des Mittelalters, t. 4, Munich, Zurich 1989, col. 1353; Rechtsentscheide rheinischer Rabbinen vor dem Ersten Kreuzzug. Quellen über die sozialen und wirtschaftlichen Beziehungen zwischen Juden und Christen, t. 1, éd. ID., Francfort-sur-le-Main, Berne 1984, p. 56–149.

95 Cf. sur l'image de l'Autre à l'époque carolingienne: David M. Freidenreich, Jews, Pagans, and Heretics in Early Medieval Canon Law, dans: John Tolan, Nicholas de Lange (dir.), Jews in Early Christian Law. Byzantium and the Latin West, 6th–11th centuries, Turnhout 2014 (Religion and Law in Medieval Christian and Muslim Societies, 2), p. 73–94; Clemens Gantner, Freunde Roms und Völker der Finsternis. Die päpstliche Konstruktion von Anderen im 8. und 9. Jahrhundert, Vienne 2014; Dominique Iogna-Prat, Ordonner et exclure. Cluny et la société chrétienne face à l'hérésie, au judaïsme et à l'islam, Paris ²1998; Andreas Mohr, Das Wissen über die

ils que »la notion de chrétienté se définit aussi à travers son rapport au monde non-chrétien«[96]. Les autres croyances ne peuvent donc toujours être décrites que par rapport à leur propre religion ou société. Par ailleurs, les dispositions compilées avec une intention particulière témoignent d'un processus d'instrumentalisation de la différence. Dans notre cas de figure exposé dans cette contribution, les juifs y servaient de prototype ou figure ajustable selon ce que requéraient les circonstances[97].

Cependant, ni les traditions manuscrites ni les dispositions en tant que telles ne permettent de prouver que les dispositions de Meaux-Paris étaient disponibles à Pavie et à Metz. Les contenus des chapitres 24 de Pavie et 7 de Metz étaient certes déjà formulés à Meaux-Paris, mais les thématiques abordées trouvaient leurs origines dans l'Antiquité. Pour Pavie et pour Metz – même si s'il y a un écart temporel important –, des liaisons entre les synodes s'expliquent surtout à travers les réseaux sociaux des acteurs. Pour Pavie, nous avons pu démontrer qu'Agobard y était présent entre 834 et 838–839. Pendant ces quatre années, il est possible qu'il ait diffusé ses doctrines et que les juifs en tant que figures soient entrés dans le discours politique à ce moment-là. Pour Metz, il est possible que les informations sur le synode de Meaux-Paris aient été transmises soit par le biais de l'abbé Étienne, présent au synode, et qui avait reçu son éducation à la cour de Charles le Chauve, soit par Radbod de Trèves, qui était en contact avec Réginon de Prüm, lequel avait intégré quelques dispositions de Meaux-Paris dans son »Libellus de ecclesiasticis disciplinis«. On ne peut pas dire avec certitude dans quelle mesure Meaux-Paris a servi de modèle, cependant, nous pouvons soutenir que les synodes de Pavie et de Metz s'inscrivent dans la tradition des doctrines théologiques et des discours politiques propagés à partir des années 820.

Anderen. Zur Darstellung fremder Völker in den fränkischen Quellen der Karolingerzeit, Münster, Munich 2005.

96 Jérôme BASCHET, Dominique IOGNA-PRAT, Art. »Chrétienté«, dans: Régine AZRIA, Danièle HERVIEU-LÉGER (dir.), Dictionnaire des faits religieux, Paris 2010, p. 132–139, ici p. 132.

97 Sur la construction des discours politiques et leur instrumentalisation, cf. Jeremy COHEN, The Friars and the Jews. The Evolution of Medieval Anti-Judaism, Ithaca ²1983; ID., Living Letters of Law. Ideas of the Jew in Medieval Christianity, Berkeley 1999; Hans-Werner GOETZ, Die Wahrnehmung anderer Religionen und christlich-abendländisches Selbstverständnis im frühen und hohen Mittelalter (5.–12. Jahrhundert), t. 1–2, Berlin 2013; Alexander PATSCHOVSKY, Feindbilder der Kirche. Juden und Ketzer im Vergleich (11.–13. Jahrhundert), dans: Alfred HAVERKAMP (dir.), Juden und Christen zur Zeit der Kreuzzüge, Sigmaringen 1999 (Vorträge und Forschungen, 47), p. 327–357.

Winfried Schulze

»L'ANTI-NAZI« HELMUT SCHNEIDER

Wer war der Beschützer der Chantiers de la jeunesse in Auschwitz-Monowitz?

In den letzten Jahrzehnten ist die Geschichte des Einsatzes von französischen Zwangsarbeitern auf dem Gebiet des »Dritten Reichs« mit großer Intensität erforscht worden. Nach der grundlegenden Arbeit Ulrich Herberts von 1985 über den Fremdarbeitereinsatz im »Dritten Reich« sind verschiedene französische und deutsche Untersuchungen entstanden, die die zahlenmäßige Dimension, das Schicksal der Arbeiter in Deutschland, regionale Schwerpunkte, aber auch deren unterschiedliche Rechtsformen genauer untersuchten. Patrice Arnaud und Raphaël Spina haben beeindruckende Synthesen des Service de travail obligatoire (STO) vorgelegt, der seit 1943 die französische Gesellschaft spaltete. Besondere Aufmerksamkeit haben in Frankreich Forschungen gefunden, die sich mit der Geschichte der Chantiers de la jeunesse française beschäftigen, einem Arbeitsdienst für junge Männer, der nach der militärischen Niederlage als Ersatz für den Wehrdienst gedacht war. Sie bauen auf einer älteren Tradition der Erinnerung auf, die bereits in den 1950er-Jahren durch Erinnerungswerke Beteiligter oder diesen Nahestehender begann. Nicht zuletzt die Diskussionen um die Einführung eines Service civique seit etwa 2005 haben das Interesse an den Chantiers in Frankreich noch einmal verstärkt.

Besondere Aufmerksamkeit wurde dabei jener Gruppe der Chantiers entgegengebracht, die Anfang Juli 1943 unter der Führung von Georges Jacques Toupet in Auschwitz eintraf und dort bis zum 21. Januar 1945 an dem großen Hydrier- und Bunawerk mitbauen sollte, das die IG Farben in unmittelbarer Nachbarschaft des Konzentrationslagers seit 1941 errichten ließ. Hier trafen sie im Franzosenlager II-West auf den Abteilungsleiter für (Arbeiter-)Personalfragen Assessor Helmut Schneider, der im Oktober 1941 mit seiner Familie nach Auschwitz gekommen war. In allen französischen Arbeiten seit den 1950er-Jahren taucht der Namen Schneiders in lobender Absicht auf, allerdings immer nur beschränkt auf den Begriff des »assesseur antinazi Schneider«, kaum mehr wird über ihn berichtet. Niemand hat danach gefragt, wer der Mensch hinter dieser Chiffre wirklich war. Im Folgenden soll deshalb im Vorgriff auf eine 2023 erscheinende Biografie Schneiders ein erster Einblick in das Leben dieses Mannes gegeben werden, der in der Tat als *antinazi* in das System der IG Auschwitz hineingeriet[1]. Dieser Versuch kann nicht alle Aspekte seines Lebens berücksichtigen, sondern muss sich auf die Frage kon-

1   Meine Biografie Schneiders erscheint zeitgleich im Verlag de Gruyter-Oldenbourg: Winfried Schulze, Die Verdrängung. Der Weg des Juristen Helmut Schneider von Auschwitz nach Goslar, Berlin 2023 (Schriftenreihe der Vierteljahrshefte für Zeitgeschichte, 127). Ich verweise nur kurz auf die wichtigsten Quellen für diese Untersuchung: Neben der Personalakte im Stadtarchiv Goslar und den Entnazifizierungsakten im Niedersächsischen Landesarchiv (NLA), Abteilung Wolfenbüttel ist vor allem der Teilnachlass Schneiders im Privatbesitz der Familie wichtig, der aus Tagebüchern, Briefen, Texten und Büchern besteht (künftig NL Schneider). Für seine Tätigkeit in der IG Auschwitz sind die »Wochenberichte« der IG Auschwitz in verschiedenen Archiven heranzuziehen, für seine Aussagen im Nürnberger IG-Farben-Prozess die Nürnberger Dokumente (ND) der NI-Reihe auf der Grundlage der Mikrofilmedition der National Archives, Washington D.C., Records of the United States Nuremberg War Crimes Trial, U.S. v. Carl Krauch et al. (Case VI), August 14, 1947–July 30, 1948, http://www.profit-over-life.org/

zentrieren, unter welchen organisatorischen Rahmenbedingungen er seine engen Beziehungen zu den Franzosen entwickelte und welche Motive ihn bewogen, ausgerechnet in Auschwitz-Monowitz unter hohen persönlichen Risiken eine »erste Zelle deutsch-französischer Freundschaft«[2] zu bilden. Damit muss auch die Frage nach seinen Handlungsoptionen als leitender Angestellter der mittleren Ebene der IG Auschwitz verbunden werden, die zwischen reibungslosem Funktionieren und seiner Initiative zu verantwortungsvollem Handeln den Franzosen gegenüber changierten[3].

Schneider, 1910 in Schkeuditz bei Merseburg geboren, aber in Helmstedt in Niedersachsen aufgewachsen, studierte nach dem Besuch des humanistischen Gymnasiums Jura in Kiel, München, Berlin und Göttingen und legte beide Staatsexamen ab. Nach einer vorübergehenden Tätigkeit bei der Industrie- und Handelskammer Halle und einem vorübergehenden Einsatz im Oberkommando der Wehrmacht trat er 1939 eine erste Anstellung beim Hydrierwerk der IG Farben in Pölitz (Police) nördlich von Stettin (Szczecin) an. Er war kein Mitglied der NSDAP und lehnte den Nationalsozialismus seit seiner Studienzeit in München ab, wo er entsetzt den Jubel fanatisierter Menschen für Hitler bei einer dessen Reden gehört hatte. Als Student hatte er sich kritisch zu Hitlers Haltung zur Unabhängigkeit des Richters geäußert und in einem ausführlichen Brief den Pfarrer seiner Heimatgemeinde kritisiert, der sich zu den »Deutschen Christen« bekannte und vom »neuen deutschen Menschen« schwärmte[4]. Deshalb war er auch aus der protestantischen Kirche ausgetreten.

Auffällig an seiner Entwicklung ist nicht nur seine frühe Neigung zur französischen Sprache und Kultur, die mit einer Abiturreise nach Paris und Giverny begann, sondern auch seine Ablehnung studentischer Verbindungen und eine erkennbare Distanz zu jenem völkischen Radikalismus, der typisch für seine Generation wurde, die Michael Wildt die »Generation des Unbedingten« genannt hat[5]. In Pölitz lernte er auch den zukünftigen Chef der IG Auschwitz, den Ingenieur Dr. Walter Dürrfeld kennen, zu dem eine »Beziehung ganz besonderer Natur« bis zu dessen Tod bestehen sollte, auch über den Nürnberger IG-Farben-Prozess hinweg, in dem er als Zeuge für den Angeklagten Dürrfeld aussagte[6]. 1967 sollte er ihm in Essen eine Grabrede halten, in der das Wort Auschwitz nicht einmal vorkam.

Schon zwei Jahre später nahm Dürrfeld den offensichtlich tüchtigen jungen Assessor mit zur IG Auschwitz, wo er eine leitende Stellung in der Sozialabteilung übernahm, in der er insbesondere für Arbeiterpersonalfragen zuständig war. Schneider hatte 1938 seine Frau Barbara geheiratet und kam im Oktober 1941 mit einer zweijährigen Tochter und seiner schwangeren Frau nach Auschwitz, wo die zweite Tochter im April 1942 zur Welt kommen sollte. Seit November stand er auf dem Verteiler der sog. »Wochenberichte«, einer zentralen Informationsgrundlage für die Führungsebene der IG Auschwitz und einer wichtigen Quelle für deren Binnenleben; Teile der Berichte zu Personalfragen verfasste er selbst. Er war also über alle Vor-

---

international/deutsch/guide/index_892.html, zuletzt aufgerufen 20.1.2023, künftig: ND/IG Farben. Weitere Archive werden im Folgenden ggf. genannt.
2   Siehe Anm. 67.
3   Zweck der IG Auschwitz war der Bau und Betrieb des Buna-Werkes der IG Farben in Auschwitz-Monowitz. Dort sollte v. a. künstlich erzeugter Kautschuk für die deutsche Kriegswirtschaft hergestellt werden, es ging aber bis Kriegsende nicht mehr in Betrieb. Neben deutschen Fachkräften arbeiteten beim Bau des Buna-Werkes Zwangsarbeiter aus ganz Europa sowie Häftlinge des KZ Auschwitz, für die die IG Auschwitz 1942 das firmeneigene KZ Auschwitz III Monowitz errichtete.
4   Beide Texte in: Helmut Schneider, Traumatinische Irrfahrt. Dokumentation einer Lage, Goslar 1960, S. 2–23.
5   Michael Wildt, Die Generation des Unbedingten. Das Führungskorps des Reichssicherheitshauptamtes, Hamburg 2003.
6   NL Schneider, Tagebuch 1967.

gänge auf der Baustelle, die Lage und den Einsatz der »freiheitsberaubten« Arbeitskräfte bestens informiert, auch über das Lager Monowitz, das seit Oktober 1942 jene Häftlinge aufnahm, die zur Arbeit an der Baustelle »selektiert« wurden. Er wurde als Leiter einer Unterabteilung für Arbeiterpersonalfragen damit zum systemischen Mittäter bei dem, was man »Vernichtung durch Arbeit« nennen kann. Er unternahm dienstliche Reisen nach Rom, Brüssel und Paris, um Firmen zu gewinnen, die mit ihren Arbeitskräften nach Auschwitz kommen sollten, wo schließlich 1944 fast 250 Firmen mit zusammen etwa 34 000 Beschäftigten arbeiteten. Schneider erkannte wohl schon in Auschwitz, was dort wirklich geschah, im engen Kollegenkreis sprach er über die »Schinderei« der Häftlinge und die »Gewaltherrschaft« der Nazis und trug kritische Tagebuchnotizen vor. Unter diesem Eindruck beschloss er, sich eine Art moralisches Ausgleichskonto anzulegen, dessen Kern seine besondere Beziehung zu ca. 2500 französischen Zwangsarbeitern wurde, zu deren »Schutzpatron« er sich entwickelte. Er wurde – so der interne Spitzname, zum »Franzosen-Schneider«[7]: Es ist nicht eindeutig zu erschließen, wie es zu der besonderen Beziehung zwischen den Franzosen und »assesseur Schneider« gekommen ist, die für sein weiteres Leben wichtig werden sollte. Man kann nur vermuten, dass zunächst Schneiders alte Liebe zur französischen Kultur und Sprache dabei eine Rolle spielte.

Die Vichy-Regierung hatte nach der Niederlage Frankreichs schon am 30. Juli 1940 eine Art Ersatzdienst an Stelle der aufgehobenen Wehrpflicht eingeführt, die Chantiers de la jeunesse française. In mehrmonatigen Lageraufenthalten in der freien Natur sollte die *classe* der jeweils 20-jährigen Franzosen einer *formation morale et physique* unterzogen werden, die in einer Art jugendlichem Arbeitsdienst erfolgen sollte. Unter der Führung des Generals Paul Marie Joseph de La Porte du Theil entwickelte sich schnell eine auf die freie Zone Frankreichs beschränkte, im Grunde paramilitärische (so das Urteil Patrice Arnauds) Organisation, die Lageraufenthalte und sportliche Übungen mit der Arbeit an öffentlichen Projekten verband[8].

An ihrer engen ideologischen Bindung an Marschall Pétain und die Ideale der »nationalen Revolution« kann kein Zweifel bestehen, ebenso wenig an den höchst kontroversen Debatten über die politische Ausrichtung sowie die Formen und das Ausmaß der Kooperation mit dem »Dritten Reich«[9]. Als 1943 die vom Generalbevollmächtigten für den Arbeitseinsatz Fritz Sauckel ultimativ vorgetragenen und von den deutschen Besatzungsbehörden umzusetzenden Forderungen nach französischen Arbeitskräften für die deutsche Wirtschaft immer dringlicher wurden, gerieten auch die Einheiten der Chantiers in den Sog der vom Service de travail obligatoire vorgesehenen Abordnungen nach Deutschland[10]. Denn das STO-Gesetz vom 16. Februar

7 Der Begriff wird in der »Schutzschrift« zur Verteidigung Schneiders im Braunschweiger Prozess 1949 mit Angabe von Zeugen erwähnt: Personalakte Schneider im Stadtarchiv Goslar.
8 Vgl. Christophe Pécout, Les Chantiers de la Jeunesse et la revitalisation physique et morale de la jeunesse française (1940–1944), Paris 2007. Zuletzt Antoine Huan u. a., Les Chantiers de la jeunesse, 1940–1944. Une expérience de service civil, Nantes 1998 und Olivier Faron, Les chantiers de jeunesse. Avoir 20 ans sous Pétain, Paris 2011.
9 Dazu vor allem die Beiträge von Christophe Pécout, Pour une autre histoire des Chantiers de la Jeunesse (1940–1944), in: Vingtième Siècle. Revue d'histoire (2012/4), Nr. 116, S. 97–10; Pécout stellt in Anm. 1–2 auch die ältere Literatur zu den Chantiers zusammen.
10 Dazu grundlegend Ulrich Herbert, Fremdarbeiter, Politik und Praxis des »Ausländer-Einsatzes« in der Kriegswirtschaft des Dritten Reiches, Berlin, Bonn ²1986, S. 251–255. Aus frz. Sicht sind wichtig die ältere Arbeit des »témoin-historiens« Jacques Evrard, La déportation des travailleurs français dans le IIIᵉ Reich, Paris 1972; sowie die Beiträge in: Jean Quellien, Bernard Garnier (Hg.), La main-d'œuvre française exploitée par le IIIᵉ Reich. Actes du Colloque de Caen, Caen 2003; und vor allem die beiden neueren Standardwerke zum STO von Patrice Arnaud, Les STO. Histoire des Français requis en Allemagne nazie 1942–1945, Paris 2019; Raphaël Spina, Histoire du STO, Paris 2017. Dieses Buch beruht auf seiner 1340 S. umfassenden Dissertation von 2012: Ders., La France et les Français devant le service du travail obligatoire

1943 hatte den Dienst genau für jene jungen Männer eingeführt, die bislang für die Chantiers vorgesehen waren[11]. Sie wurden jetzt zu STO-Zwangsarbeitern, nutzten aber trotz der formellen Auflösung der Chantiers weiterhin ihre alte Form der Organisation. Diese »Radikalisierung der Kollaboration« (Raphaël Spina) durch die Laval-Regierung löste in Frankreich heftige Kontroversen zwischen den politischen Gruppierungen aus. Gegen die seit dem Frühsommer laufende dritte Phase der Deportation junger Franzosen regte sich zudem heftiger Widerstand der betroffenen jungen Männer, von denen viele jetzt die Entscheidung für den organisierten Widerstand, die Résistance, trafen oder untertauchten[12].

Eine der bekannteren Einheiten dieser Bewegung war die Gruppe von 454 jungen Männern unter Georges Jacques Toupet[13], die Anfang Juli 1943 von Limoges kommend in Auschwitz-Monowitz eintraf und dort ihre Arbeit aufnahm. Toupet, selber gerade erst 25 Jahre alt, ein junger führungsstarker Reserveoffizier christlicher Prägung, hatte sich bereit erklärt, mit seiner Gruppe nach Deutschland zu gehen, obwohl er das nicht hätte tun müssen; aber er wollte »ses gars« nicht alleine ziehen lassen. Er und seine Unterführer trafen im Lager auf eine schon vorhandene große Gruppe von ca. 2000 Franzosen, darunter sowohl Zwangsrekrutierte wie auch freiwillige Arbeiter. Sie bildeten neben anderen nationalen Teillagern ein abgeschlossenes Lager, das – unmittelbar neben der Baustelle gelegen – durch mangelnde Disziplin, schlechte Hygieneverhältnisse und interne Spannungen, Schwarzhandel und Diebstähle geprägt war. Zudem führten die deutschen Bewacher ein hartes Regiment, Gewalttätigkeiten waren an der Tagesordnung. Toupet und seine Führungsgruppe verstanden es allerdings sehr bald, die jungen Franzosen aller Teilgruppen zu einer weitgehend gemeinsam agierenden Sondergruppe im Lager zu formen, die sich durch Disziplin, kameradschaftliches Verhalten und Selbstbewusstsein auszeichnete und dies auch mit einer schwer vorstellbaren kulturellen Autonomie verband[14].

Das war angesichts widerstrebender Interessen und politischer Differenzen ein schwieriger Prozess. Dazu bedurfte es der aktiven Mithilfe Helmut Schneiders, die Toupet vor allem dadurch gewann, dass er gegen die heimlichen Zahlungen der IG Farben an französische Scheinfirmen vorging, von denen einige der bisherigen Führungsfiguren im Lager unter der Hand profitiert hatten. Schneider war wiederum behilflich, jenes kollaborationsfreundliche Personal zu entfernen, das den bisherigen schlechten Zustand des Lagers zu verantworten und von den Betrügereien profitiert hatte[15]. So entstand der Camp Napoléon in einer Umgebung, die

---

(1942–1945). Histoire, École normale supérieure de Cachan, Cachan 2012, https://tel.archives-ouvertes.fr/tel-00749560 (zuletzt aufgerufen 20.1.2023).

11 Dazu Faron, Les Chantiers (wie Anm. 8), S. 197–199.
12 Dazu Spina, Histoire du STO (wie Anm. 10), S. 144 (dort das Zitat), 298; Arnaud, Les STO (wie Anm. 10), S. 37–39. Zur innenpolitischen Wirkung der STO-Maßnahmen vgl. Pierre Laborie, L'opinion française sous Vichy. Les Français et la crise nationale d'identité, Paris 2001, S. 278 f.
13 Zu Toupet vgl. den frz. Wikipediaeintrag und die zahlreichen Erwähnungen in der STO- bzw. Chantiers-Literatur, gleichwohl fehlt eine präzise biografische Aufarbeitung dieser interessanten Figur. Zur Gruppe der CJF in Auschwitz vgl. auch Arnaud, Les STO (wie Anm. 10), S. 83, 246 und 173 (zu Schneider). Wichtig zur Person Toupets ist sein Bericht vom 28. Juni 1945 in Archives Nationales, AJ 39, 175 und die Dokumente in IHTP Paris, ARC 095. Ich bin Jürgen Finger vom DHI Paris sehr dankbar für seine Hilfe bei der Beschaffung von Archivmaterial aus den Archives Nationales und dem Centre de documentation juive contemporaine (CDJC).
14 Dazu die älteren Darstellungen von Jean Delage, Grandeurs et servitudes des chantiers de la jeunesse. Avec une préface du Général de La Porte du Theil, Paris 1950; Robert Hervet, Les Chantiers de la jeunesse, Paris 1962.
15 Dazu Arnaud, Les STO (wie Anm. 10), S. 83; Faron, Les Chantiers (wie Anm. 8), S. 211, der von »manœuvres frauduleuses« spricht, die Toupet aufdeckte.

ungünstiger nicht sein konnte[16]. Toupet zögerte später nicht, die bemerkenswerte Hilfe Schneiders herauszustellen und machte ihn dabei überschwänglich sogar zu einem Mann französischen Bluts mütterlicherseits, obwohl bestenfalls seine bekannte Begeisterung für das Land und seine Kultur nachgewiesen werden kann, die sich seit der Abiturreise mit seiner Mutter entwickelt hatte. In der Reihe seiner Vorfahren gibt es definitiv keine Franzosen:

> »Je dois dire tout de suite que j'ai été considérablement aidé dans mon travail par la protection d'un jeune avocat allemand, l'Assesseur Helmut SCHNEIDER, ayant dû abandonner son métier par suite de son refus de devenir membre de la partie nationale socialiste, mais qui par des relations de famille et son vive intelligence avait obtenu une place intéressante dans l'industrie lourde allemande. À maintes reprises, le francophile SCHNEIDER (de sang français par la branche maternelle) a sauvé de nombreux camarades et m'a protégé sur sa garantie personnelle de la Gestapo lors de mon arrestation. Bien d'autres Français ont témoigné dans ce sens. […] Il y a cependant de gros risques pour lui à ce jeu et ses ennemis personnels ne se font pas faute de l'attaquer continuellement[17].«

Die Übernahme der Verantwortung im Lager gelang Toupet und seinen Unterführern vor allem durch diese besondere Beziehung zu Helmut Schneider, der sich sehr bald zu einer Art von deutschem Schutzpatron »seiner« Franzosen entwickelte, misstrauisch beobachtet von der Gestapo, aber geschützt durch Dürrfeld. Dabei scheute er zuweilen auch nicht den Konflikt mit der SS und dem Werksschutz, wenn er z. B. das Kurzwellenradio Toupets versteckte, mit dem dieser »Feindsender« hörte. Dieser berichtete von mehreren Situationen, in denen Schneider sein persönliches Gewicht in die Waagschale werfen musste, um die SS-Leute von weiteren Maßnahmen abzuhalten. Jacques Evrard bezeichnete Schneider als »allié précieux«, der Toupet mehr als einmal das Leben rettete[18]. Raphaël Spina zog aus seinem Interview mit Toupet im Jahr 2007 den Schluss: »Georges Toupet ne pourrait réaliser son œuvre au camp Napoléon d'Auschwitz sans la protection de l'assesseur antinazi Helmut Schneider, responsable du personnel à IG Farben«[19]. Selbst wenn man bei Bekundungen dieser Art eine gewisse Neigung zur

---

16 Grundlage für die Beschreibung der Verhältnisse im Lager und die Unterstützung durch Schneider ist v. a. Toupets Bericht, den dieser nach der Rückkehr nach Frankreich im Juni 1945 verfasste, in: Archives Nationales, AJ 39, 175, Abdruck in Pierre MARTIN, La Mission des Chantiers de jeunesse en Allemagne 1943–1945, Paris 1992, S. 216–229; sowie die Berichte von Jean CHASSAGNEUZ, STO (Service de travail obligatoire). Auschwitz–Königstein (1943–1945), Cahiers du Village de Forez, Suppl. zu Nr. 89–90, April 2002, http://forezhistoire.free.fr/images/89-90-S-Chassagneux-STO-2002.pdf, (zuletzt aufgerufen 20.1.2023); DERS., Souvenirs d'un quart de siècle d'un jeune de Saint-Jean-Soleymieux (1922–1948), Les Cahiers du Village de Forez, Nr. 60, März 2009, http://forezhistoire.free.fr/images/60-Chassagneux-CVDF-Souvenirs-Saint-Jean-2009.pdf, zuletzt aufgerufen 20.1.2023. Auch die Befragungen Toupets durch Patrice Arnaud (1995), Olivier Faron (2005) und Raphaël Spina (2007) sind für die Rezeption Schneiders wichtige Quellen, die leider nicht verschriftlicht wurden. Dazu kommt die weiter unten zitierte schriftliche Aussage, die Max Lacourt 1951 zugunsten Schneiders im Entnazifizierungsverfahren machte und in der er auf dessen Bedeutung für das Lager eingeht.
17 Bericht Toupets vom 28. Juni 1945 in Archives Nationales, AJ 39, 175. Toupet scheint bei der Behauptung einer französischen Abstammung Schneiders einem – sicher wohlwollenden – Irrtum aufgesessen zu sein. Leicht veränderter Abdruck des Berichts in MARTIN, La Mission (wie Anm. 16), S. 216–229. Tippfehler und Verschreibungen wurden hier und im Folgenden stillschweigend korrigiert.
18 EVRARD, La déportation (wie Anm. 10), S. 219.
19 SPINA, La France (wie Anm. 10), S. 1016; EVRARD, La déportation (wie Anm. 10), S. 214.

Übertreibung abrechet, ist nicht zu bezweifeln, dass Schneider sich engagiert für »seine« Franzosen einsetzte und zuweilen sehr riskant handelte, wenn es um ihr Schicksal ging.

Im Geschäftsverteilungsplan der IG Auschwitz lässt sich zwar eine allgemeine Zuständigkeit Schneiders für die ausländischen und deutschen Lager ausmachen, aber das erklärt noch nicht seine besondere Sorge für die Franzosen, die man als durchaus ungewöhnlich ansehen muss. Wenn man zudem erfährt, dass es später Kontakte zwischen Schneider und dem Befehlshaber der CJF, dem General de La Porte du Theil, gab, dann bestätigt dies nur die Sonderstellung des Lagers, aber auch die Gefahren, in die sich Schneider begab[20]. Denn am 6. November 1943 hatte der General an den Assessor geschrieben:

> »Le Général De La Porte Du Theil 6.11.43
> Commissaire Général des Chantiers de la Jeunesse,
> à Monsieur l'assesseur SCHNEIDER
>
> J'ai appris par le Commissaire Adjoint TOUPET la compréhension et la bienveillance que vous avez eues à mon égard en lui facilitant la tâche auprès des Français à Auschwitz.
> J'ai noté avec satisfaction la confiance que vous lui avez accordée et que [sic] vous a conduit à lui donner la direction et le contrôle des ouvriers français.
> Je compte que le chef TOUPET, ses collaborateurs et les jeunes des chantiers continueront à être un témoignage de la dignité française dans le respect des consignes du Maréchal.
> Veuillez agréer, Monsieur l'assesseur, l'assurance de ma parfaite considération.
>
> De La Porte du Theil«[21]

Dies war zwar ein sehr formeller, aber auch ein riskanter Brief, denn damit wurde die engere Beziehung zwischen Schneider und Toupet dokumentiert, insbesondere die Formulierung, dass Toupet die »Direktion und Kontrolle« der französischen Arbeiter übernommen habe, konnte von den deutschen Stellen sicher so nicht akzeptiert werden. Natürlich war der Brief von Toupet veranlasst worden: sein Aufenthalt in Châtel-Guyon – dem Hauptquartier der CJF – bzw. Paris ist für den 3. November 1943 belegt, der Brief an Schneider wurde am 6. November ausgefertigt.

Dass Schneider diese enge Beziehung zu den Franzosen aufbauen konnte, hatte zunächst einmal mit den speziellen und relativ günstigen Bedingungen zu tun, unter denen die Franzosen nach Deutschland gekommen waren. Dahinter standen eindeutige Verträge zwischen der Vichy-Regierung und dem Reich, die die Stellung der CJF garantierten. Dazu gehörte auch, dass es seit Juni 1943 in Deutschland eine Mission des chantiers en Allemagne unter der Führung von Colonel Paul Furioux und Commissaire René Cottin gab, die zur Délégation officielle Française (DOF) in Berlin gehörte, die ihrerseits in enger Anlehnung an die Deutsche Arbeitsfront (DAF) arbeitete.

Freilich waren die Arbeiter der Chantiers, zumal mit diesem politischen Hintergrund, keine »Menschen zweiter Klasse«, so wie die Nationalsozialisten sowjetische Kriegsgefangene oder die »Ostarbeiter« aus Polen und anderen slawischen Ländern behandelten. Sie waren – wenn auch unfreiwillige – politische Verbündete, sogenannte »Pétain-Franzosen«, Angehörige einer kulturell hochstehenden und nicht nur von Schneider bewunderten Nation und genossen eine gewisse Sonderstellung, vergleichbar etwa mit den englischen Kriegsgefangenen in Monowitz. Im Frühjahr 1944 durfte eine offizielle französische Delegation mit Pressebegleitung das Lager

---

20 Vgl. dazu den Hinweis bei SPINA, La France (wie Anm. 10), S. 540, Anm. 139.
21 Der Brief in Archives Nationales, AJ 39, 175.

besuchen, was diese Sonderstellung noch unterstrich[22]. All dies mag Schneiders Engagement für die Franzosen relativieren, doch darf man nicht vergessen, dass diese besondere Einstellung prekär und immer durch die Gestapo und die SS gefährdet war[23], wie die Aussage des Werkschutzangestellten Johann Brandl unterstreicht, der beim IG-Farben-Prozess Dürrfeld und Schneider als von der Gestapo »scharf angegriffen und verdächtigt« bezeichnete[24]. Dies war umso gefährlicher, als Toupet als »Führer« des Lagers ebenfalls unter intensiver Beobachtung stand. Im September 1944 richtete das Reichssicherheitshauptamt ein Rundschreiben an die regionalen Dienststellen der SS, das dazu aufforderte, aus gegebenem Anlass gerade die Anführer der Chantiers besonders scharf im Auge zu behalten[25].

Die Tatsache, dass sich die Chefs der deutschen Chantiers-Standorte Anfang November 1944 zu einer Beratung und Schulung auf einer Berghütte bei Oberstdorf versammeln konnten, spricht auf der einen Seite für deren relative Bewegungsfreiheit, auf der anderen Seite musste genau diese aber auch das Misstrauen der deutschen Sicherheitsbehörden wecken. Toupet war tatsächlich schon am 21. Juli 1944 einmal unter dem Verdacht des »Gaullismus« verhaftet worden, aber Schneider war es gelungen, ihn wieder frei zu bekommen, indem er die zuständigen Männer der SS – auch wenn das schwer vorstellbar erscheint – mit einem Schwein bestochen hatte, wie Toupet später selbst berichtete. Immer wenn die evidente Sonderrolle Toupets oder anderer Franzosen durch die SS in Gefahr geriet, stand der Assessor ihnen zur Seite und half ihnen, auch etwa beim Verbergen eines jüdischen Häftlings oder beim Abhören feindlicher Sender im Radio, auch wenn er sich damit selbst in Gefahr brachte[26].

»D'ailleurs tout se centralise sur un seul Allemand, SCHNEIDER«, so sollte Toupet es im Juni 1945 eindeutig formulieren, um die vielen Vorfälle zu charakterisieren, in denen Schneider – oft gegen die konkreten Absichten der SS und des Werkschutzes – seine schützende Hand über die Franzosen hielt und dabei auch nicht vor Bestechung zurückschreckte. Schneiders Kollege Eduard Baar von Baarenfels – ein von den Nazis 1938 ins KZ geworfener, ehemals prominenter christlich-konservativer österreichischer Politiker, der später bei der IG Farben unterkam – berichtete, dass die Verhinderung seiner erneuten Festnahme nach dem 20. Juli 1944 nur durch Überlassung größerer Mengen Cognac (14 Flaschen) an die Gestapo gelang. Ein solches Vorgehen bestätigte seine Vermutung, dass die IG Auschwitz eine Art »Staat im Staate« bildete, der sich so ungewöhnlicher Methoden bedienen konnte[27].

Schneiders Sorge um Toupet ging so weit, dass er sich im Herbst 1944 offiziell an den bereits nach Sigmaringen exilierten Minister Marcel Déat wandte und sich dringend dafür aussprach, Toupet unbedingt in seiner Führungsposition im Lager Monowitz zu belassen und ihn nicht in die Zentrale nach Berlin zu berufen, wie dies schon offiziell verkündet worden war. Schneider schrieb: »C'est un homme admirable. Il a remarquablement tenu ses hommes«. Ein Weggang Toupets wäre für die IG Farben ein »sacrifice considérable«. Er vergaß auch nicht auf die gefährliche politisch-militärische Gesamtlage in Oberschlesien hinzuweisen: »étant donné aussi la considération des difficultés particulières d'ordre politique que nous avons ici à surmon-

---

22 Aussage des Zeugen Georg Wittig in: ND/IG Farben, Rolle 65, fol. 636 f.
23 FARON, Les Chantiers (wie Anm. 8), S. 209.
24 ND/IG Farben, Rolle 65, fol. 891–897.
25 Nach Patrice ARNAUD, Gaston Bruneton et l'encadrement des travailleurs français en Allemagne (1942–1945), in: Vingtième Siècle. Revue d'histoire 67 (2000), S. 95–118, S. 113. Rundschreiben des RSHA, September 1944, in: Bundesarchiv Berlin, R58, 1030.
26 Dazu SPINA, Histoire du STO (wie Anm. 10), passim. Zuletzt über Schneider auch FARON, Les chantiers (wie Anm. 8), S. 211.
27 So Eduard Baar von Baarenfels (1885–1967) in seinen Erinnerungen, in: Kriegsarchiv Wien, B 120, fol. 206. Baar, österreichischer Vizekanzler unter Schuschnigg, war 1938 nach der Machtergreifung der Nazis in Österreich in den KZ Dachau und Flossenbürg bis 1940 inhaftiert worden und kam durch glückliche Umstände zu den IG Farben, durfte aber Österreich nicht mehr betreten.

ter«²⁸. Außerdem lud er Déat nach Auschwitz ein, um vor den französischen Arbeitern eine Rede zu halten und mit ihnen zu diskutieren. In der Tat gelang es, Toupet in Auschwitz zu behalten, obwohl die offizielle Vichy-Zeitung »La France« in ihrer Ausgabe vom 22. November 1944 schon seine Berufung zum 18. November gemeldet hatte²⁹. Ein Mitarbeiter der DOF in Berlin schrieb in einem Bericht über die Vorgänge, Toupet »fait le gros dos, se fait couvrir par l'assesseur Schneider, directeur du personnel de l'usine d'Auschwitz«³⁰. Sicher wird bei seiner Entscheidung in Auschwitz zu bleiben auch die prekäre Lage der ohnmächtigen Vichy-Regierung in Sigmaringen und die Tatsache eine Rolle gespielt haben, dass die Chantiers de la jeunesse am 9. Juni 1944 ohnehin offiziell aufgelöst worden waren.

Was die jungen Franzosen in Auschwitz wahrnahmen, war eindeutig: Sie waren schockiert darüber, wie jüdische und osteuropäische Häftlinge behandelt wurden, die »Pyjamas« (also die KZ-Häftlinge in ihren gestreiften Anzügen) waren ein belastendes Gesprächsthema unter ihnen. Sie erkannten die Verbrechen, die dort begangen wurden, und verstanden es, ihre Berichte darüber nach Frankreich gelangen zu lassen. So schrieb Jean Chassagneuz, ein katholischer Seminarist, später über seine Ankunft in Auschwitz und über seine ihn erschreckenden Eindrücke. Es handelt sich um einen der wenigen Berichte, die wir aus der Feder der jungen Franzosen in Auschwitz haben:

> »Le soir de notre arrivée à Auschwitz viennent à notre rencontre des Français déjà présents au camp: volontaires depuis décembre 1942, premiers requis de février, jeunes du STO arrivés en mai. ›Vous êtes tombés dans un drôle de pays, nous disent-ils, avec les pyjamas, les capos, les SS.‹ Effectivement, nous avons vu deux jours après³¹.«

Die bewegenden Eindrücke dieser jungen Männer, die zu der von Schneider protegierten Gruppe gehörten, machen nicht zuletzt deutlich, dass Schneiders späteres beharrliches Leugnen seines Wissens um die »Vernichtung durch Arbeit« in Monowitz im Verhör in Nürnberg nicht glaubhaft sein konnte. Unter »seinen« Franzosen war es jedenfalls kein Geheimnis, wie die jüdischen KZ-Häftlinge behandelt wurden und was mit jenen Häftlingen geschah, die schon bei der Ankunft in Auschwitz-Birkenau »selektiert« wurden oder die nicht mehr »arbeitsfähig« waren. Warum sollte es der mit ihnen in engem Kontakt stehende leitende Angestellte der IG Farben nicht wissen? Denn wer kann glauben, dass bei den engen Beziehungen zwischen Schneider und Toupet nicht auch über den Bericht einer jungen »bonne Polonaise« über die Gaskammern und damit über das wahre Gesicht von Auschwitz gesprochen wurde³²?

Denn sein Freund Georges Toupet war es auch, der im November 1943 einen Besuch im CJF-Hauptquartier in Châtel-Guyon nahe Riom und in Paris dazu nutzte, um sowohl seine

---

28 Das Zitat aus dem undatierten Brief in CDJC Paris, Dossier Cottin Ia, fol 378 (Kopie). Hinweise auf den Brief auch bei Henry Rousso, Un château en Allemagne. La France de Pétain en exil. Sigmaringen 1944–1945, Paris 1980, S. 374; Bernard Krouck, Victor Martin. L'espion d'Auschwitz, Paris 2018, S. 95. Über die Machtkämpfe innerhalb der Exilregierung, die dem Vorschlag vorausgingen, kann hier nicht berichtet werden. Zur DOF vgl. Evrard, La déportation (wie Anm. 10), S. 209.
29 Kopie der Titelseite der Zeitung in Martin, La Mission (wie Anm. 16), S. 132.
30 Ibid., S. 131.
31 Auszug aus dem längeren Bericht über den gesamten Aufenthalt der Chantier-Gruppe von Toupet in Auschwitz: Chassagneuz, STO (wie Anm. 16); ders., Souvenirs (wie Anm. 16). Vgl. auch Krouck, L'espion d'Auschwitz (wie Anm. 28), S. 84–86, der mit ihm noch vor seinem Tod 2017 in Briefkontakt stand.
32 Die junge Polin erwähnte Toupet in einem Gespräch mit Olivier Faron 2005: Faron, Les Chantiers (wie Anm. 8), S. 210.

Führung als auch Männer der Résistance – z. B. Lucien Léon, alias Kraus – über die Wahrheit des Geschehens in Auschwitz und über die Fortschritte beim Bau der Fabrik zu informieren. Spätere Aussagen belegen, dass Toupet sowohl General de La Porte du Theil, aber auch die Anführer eines Résistance-Netzwerks über seine Kenntnisse aus Auschwitz informierte und dabei sogar eine relativ genaue Skizze des Lagers übergab, die er selbst angefertigt und mit erklärenden Hinweisen versehen hatte[33].

Eindeutig belegt ist auch sein Kontakt mit Colonel Jacques Edouard Pomès-Barrère, der im Dezember dieses Jahres im Auftrag der französischen Résistance Deutschland besuchte[34]. Er tat dies allerdings unter dem Deckmantel eines Beauftragten der CJF (Commissariat d'action sociale pour les Français travaillant en Allemagne), um sich über die soziale Lage in den verschiedenen Lagern der Chantiers zu informieren. Der Offizier war diplomierter Germanist und konnte sich in der Funktion eines Commissaire erstaunlich frei in Deutschland bewegen. Er war tatsächlich aber im Auftrag des sogenannte Réseau Albert-Armand unterwegs und diesem Netzwerk ließ er nach seinem Besuch im Dezember 1944 eine detaillierte Lageskizze von Auschwitz mit Stammlager, Lager Birkenau und dem Bunawerk zukommen[35]. Diese militärische Gruppe war jedenfalls in der Lage, die von ihm gesammelten Erkenntnisse an alliierte Stellen weiterzugeben, wo sie freilich – nach allem was bekannt ist – nicht hinreichend beachtet wurden, oder zumindest nicht die Aufmerksamkeit erhielten, die die Résistance ihnen beimaß[36].

Schneider geriet nicht nur durch seinen Freund Toupet in die Nähe des Widerstands. Darauf deutet die Aussage des Italien-Beauftragten der IG Farben Dr. Hans Deichmann hin, der mit der Bereitstellung italienischer Arbeiter für die IG Auschwitz zu tun hatte, deswegen in Kontakt zu Schneider kam und ihn zwischen dem 16. März 1942 und November 1944 mindestens zehn Mal in Auschwitz besuchte, einmal traf er ihn auch in Rom[37]. Dieser NS-Gegner und spätere Widerstandskämpfer mit engen Beziehungen zum Kreisauer Kreis – seine Schwester Freya war die Frau von Helmuth James Graf von Moltke – und zur italienischen Resistenza berichtete später, dass Schneider ihm im Verlauf schon des ersten Besuchs »langsam immer mehr von den entsetzlichen Dingen, die im Lager vor sich gingen bzw. dabei seien ›anzulaufen‹ (Werksjargon)« erzählte. Diese Aussage ist von besonderem Gewicht, weil die persönlichen Eindrücke aus Auschwitz und Schneiders Berichte Deichmann offensichtlich zum aktiven Widerstand im Rahmen der italienischen Resistenza bewogen. Er betonte in seinem Bericht zugleich

---

33 Dazu KROUCK, L'espion d'Auschwitz (wie Anm. 28), S. 98. Ich verweise hierzu auf die Aussage von Jacques Pomès-Barrère zugunsten Toupets aus dem Jahre 1978 in: IHTP Paris, ARC 095.
34 Zu ihm die Informationen unter http://www.francaislibres.net/liste/fiche.php?index=114830, zuletzt aufgerufen 20.1.2023 und der kurze Bericht über seine Spionagereise nach Deutschland und die Kontakte mit Toupet in: Henri AMOUROUX, La grande histoire des Français sous l'occupation (1939–1945). L'impitoyable guerre civile (Décembre 1942–Décembre 1943), Paris 1976, S. 114–116; ausführlicher Bericht in MARTIN, La Mission (wie Anm. 16), S. 372–378. Vgl. dazu auch DELAGE, Grandeurs et servitudes (wie Anm. 14), S. 182.
35 Die Skizze ist abgedruckt bei MARTIN, La Mission (wie Anm. 16), S. 375.
36 So jedenfalls R. V. JONES, The intelligence war and the Royal Air Force, in: Royal Air Force Historical Society Journal 41 (2008), S. 8–25, hier S. 13. In den bekannten Werken von Walter Laqueur und Martin Gilbert findet sich kein Hinweis auf eine alliierte Reaktion auf solche Meldungen. Der Bericht von Pomès-Barrère in MARTIN, La Mission (wie Anm. 16), S. 372–378.
37 Der Wochenbericht 40 vom 16.3.–22.3.1942 erwähnt zwar am 16.3. den Besuch eines Dr. Poggi von der italienischen Botschaft und eines ital. Firmenchefs in Auschwitz, nennt aber nicht explizit Deichmann (SALA Merseburg, I 528, Nr. 886, fol. 16). Vgl. Hans DEICHMANN, Auschwitz, in: 1999. Zeitschrift für Sozialgeschichte des 20. und 21. Jahrhunderts 5 (1990), S. 110–116. Die Angaben über die Treffen Deichmanns mit Schneider in Auschwitz bzw. Rom beruhen auf der Auswertung des Notizbuchs Deichmanns 1941–1945, in: Stiftung für Sozialgeschichte des 20. Jahrhunderts (Bestand I.02.1, Nachlass Hans Deichmann, Nr. 288), für die ich Malte Heuer und Karl Heinz Roth danke.

die bemerkenswerte Hilfe Schneiders für die italienischen Arbeiter und dessen Informationen über den Beginn der V1-Produktion in Peenemünde, die ihm so wichtig erschienen, dass er sich entschloss, sie über den Vatikan nach England weiterzuleiten[38]. 1949 stellte ihm Deichmann ein positives Zeugnis über seine antinationalsozialistische Haltung und seine zuvorkommende Behandlung der italienischen Arbeiter in Monowitz aus[39].

Damit lag es auf der Hand, dass sowohl die Résistance als auch die von ihr informierten Alliierten über den Bau des Chemiewerks, aber auch über die Vorgänge im KZ informiert sein konnten, wenn sie Toupet und seinem Verbindungsmann zur Résistance, Pomès-Barrère, denn geglaubt hätten[40]. Offensichtlich hatte Toupet daran aber seine Zweifel, denn er sprach später davon, dass ihnen die *cinq étoiles*, also die hohe militärische Führung, wohl nicht Glauben schenkten[41].

All diese Hinweise erlauben den Schluss, dass Toupet im System der Chantiers eine besondere Rolle spielte, die man nur als Doppelrolle bezeichnen kann. Während er auf Vorschlag seines zuständigen Vichy-Arbeitsministers Marcel Déat, der schon im Sigmaringer Exil war, zum Chef aller Chantier-Lager im Reich ernannt wurde, war er zur gleichen Zeit ein registriertes Mitglied der Résistance, genauer gesagt des Bureau central de renseignements et d'action (BCRA)[42]. Mit seiner Ernennung war Toupet endgültig in den »marais politique dans toute son horreur« geraten, wie René Cottin, der Commissaire in Berlin, ihm später schrieb, denn Minister Déat hatte ihn vor seiner Berufung nie gesehen und auch nicht vorher gefragt, ob er diese Position überhaupt einnehmen wolle[43]. Im gleichen Brief vom April 1945 fügte Cottin hinzu – und das unterstreicht die breite französische Wertschätzung für Schneider: »Puisque vous êtes toujours avec M. Schneider, et je vous en félicite, donnez-lui mon bon souvenir et mes remerciements pour ce qu'il fait en faveur des Français«[44]. Schneiders guter Ruf war also auch bis zu René Cottin in die Berliner Mission gedrungen, der ihn auf einer seiner Inspektionsreisen kennengelernt hatte.

Nach den ersten Eindrücken und Berichten von Auschwitz hatte Toupet den riskanten Schritt zur aktiven Arbeit in der Résistance gewagt. Damit unterschied er sich deutlich zumindest von den Teilen der Chantiers-Führung, die als Pétain- und kollaborationsfreundlich angesehen werden müssen[45]. De la Porte du Theil hatte sich jedenfalls im Herbst 1943 der Zusammenarbeit mit der Résistance verweigert, als er darum gebeten wurde[46]. Toupets Distanz zur Führung wurde spätestens seit 1943 deutlich, als er – wie erwähnt – im November nach Paris und Châtel-Guyon fahren konnte und diese Reise nutzte, um sowohl General de La Porte du

---

38 Dazu bislang die knappe Würdigung in: http://www.wollheim-memorial.de/de/hans_deichmann_19072004 (zuletzt aufgerufen 20.1.2023). Karl Heinz Roth arbeitet z. Z. an einer Biografie Deichmanns. Vgl. DERS., Hans Deichmann – Italien-Experte der IG Farben und ihrer Nachfolgegesellschaften, in: Alexander JEHN, Albrecht KIRSCHNER, Nicola WURTHMANN (Hg.), IG Farben zwischen Schuld und Profit, Marburg 2022, S. 351–371.
39 Das Zeugnis Deichmanns in der Stiftung für Sozialgeschichte des 20. Jahrhunderts, Bestand I.02.1 (Nachlass Hans Deichmann) Nr. 289. Ich danke Karl Heinz Roth für den Hinweis auf das Dokument, das er mir auch freundlicherweise zur Verfügung stellte.
40 Vgl. dazu ARNAUD, Gaston Bruneton (wie Anm. 25), S. 107.
41 Zu den Résistance-Kontakten vgl. MARTIN, La Mission (wie Anm. 16), S. 374 f. Der Hinweis auf die »cinq étoiles« bei FARON, Les chantiers (wie Anm. 8), S. 210.
42 So auch KROUCK, Victor Martin (wie Anm. 28), S. 95.
43 Nach MARTIN, La Mission (wie Anm. 16), S. 138. Die Unterlagen im CDJC Dossier Cottin Ia, Nr. 320 geben einen Eindruck von der Entlassung Cottins und ihrem komplizierten Hintergrund, der hier nicht zu thematisieren ist.
44 MARTIN, La Mission (wie Anm. 16), S. 139.
45 Nach ROUSSO, Un château (wie Anm. 28), S. 374 war Toupet schon seit der Abreise nach Auschwitz Mitglied der Résistance.
46 So berichtet Léo HAMON, Vivre ses choix, Paris 1991, S. 162 f.

Theil als auch den Führern der Résistance über Auschwitz zu berichten. Jetzt war aus dem national im Sinne von Vichy denkenden jungen Mann definitiv ein »vichysto-résistant« geworden, wie es Raphaël Spina formulierte[47]. Es kann nicht erstaunen, wenn er im Juni 1945 nach seiner Rückkehr nach Frankreich seinem Bericht den sprechenden Titel gab: »Les activités et le retour en France du camp français d'Auschwitz, premier camp de la Résistance française du S. T. O. en Allemagne, 20 juin 1945«.

Alle diese inzwischen durch die französische Forschung zu den Chantiers gut belegten Aktivitäten Toupets wären ohne Schneiders aktive Hilfe nicht möglich gewesen, sie mussten aber auch Konsequenzen für ihn selbst haben. Schneider half ja nicht nur, die – wie Toupet in einem internen Bericht wohl begrifflich etwas übertreibend formulierte – »integrale Souveränität«[48] im Lager zu übernehmen, er nahm auch die subtilen Formen der stillen Sabotage, der immer wieder beschworenen *inertie* hin, die die jungen Franzosen kultivierten.

Schneider entwickelte schon im Lager einen durchaus freundschaftlichen Kontakt zu Georges Toupet und seiner Gruppe. Er ging so weit, dass Toupet – erstaunlich genug – das Weihnachtsfest 1944 im Kreis der Familie Schneider in Podlesie verbringen konnte, einem wenige Kilometer von Monowitz entfernten kleinen Ort, wo Familie Schneider ein Haus bewohnte. Bei dieser Gelegenheit erhielt er von Schneider einen ausführlichen Brief, den man nur als politisches Zukunftsprogramm bezeichnen kann: »Mein lieber T.! Das freundschaftliche Band, welches zwischen Ihnen und mir besteht, ist nicht nur menschlich begründet, sondern auch politisch«[49.] Es handelt sich bei diesem Brief um eine Art politisches Manifest, in dem Schneider eine aktivistisch-elitäre Position für die zukünftige gemeinsame politische Arbeit entwickelte, deren Grundidee im Zusammenhang seiner späteren Schriften genauer beleuchtet werden kann[50]. 1962 erinnerte sich Toupet in einem Schreiben zu Weihnachten an dieses Zusammensein im Hause Schneiders mit den Worten: »Je n'oublie jamais ce Noël 1944 passé dans votre foyer et où notre amitié est vraiment née«[51].

In welchem Ausmaß Schneider von Toupets Kontakten zur Résistance wusste, kann nicht mit Gewissheit festgestellt werden, liegt aber angesichts der engen Verbindung zwischen beiden Männern nahe. Schneider hat diese für ihn zu Kriegszeiten hochgefährlichen Kontakte nie

---

47 SPINA, Histoire du STO (wie Anm. 10), S. 541. Zur Entstehung des Begriffs vgl. Johanna BARASZ, Les »vichysto-résistants«. Choix d'un sujet, construction d'un objet, in: Julien BLANC, Cécile VAST (Hg.), Chercheurs en Résistance. Pistes et outils à l'usage des historiens, Neue Ausgabe (online), Rennes 2014, S. 37–52, DOI: 10.4000/books.pur.49015, zuletzt aufgerufen 20.1.2023. Die Bewertung der Chantiers durch Christophe PÉCOUT, Pour une autre histoire (wie Anm. 9), als pétainhörig und antisemitisch kann jedenfalls nicht für Toupets Mannschaft gelten, die u. a. in Monowitz einen jüdischen Häftling versteckte. Es gibt zudem keinerlei antisemitische Äußerungen, dagegen Äußerungen über viele Kontakte zwischen den Chantiers und französischen jüdischen Häftlingen, die sie bei der Arbeit trafen.
48 Vgl. unten, Anm. 62.
49 Vgl. den Brief an Toupet vom Januar 1948. Dazu auch Patrice ARNAUD, Les requis pour le travail obligatoire et la langue allemande. Entre mutisme, utilisation et réappropriation, in: Michaela ENDERLE-RISTORI (Hg.), Traduire l'exil. Das Exil übersetzen. Traductions dans l'histoire, Tours 2012, DOI: 10.4000/books.pufr.11099, zuletzt aufgerufen 20.1.2023. Hier heißt es: »De même, André Laxague, requis dans le gigantesque camp d'IG Farben à Auschwitz, devint professeur d'allemand à l'université et joua un rôle moteur dans le premier jumelage de la ville d'Arcachon avec la ville de Goslar que dirigeait l'ancien assesseur de l'usine, Helmut Schneider, qui avait cherché à défendre les Français de la Gestapo, comme Georges Toupet, responsable des Chantiers de la Jeunesse.« (§ 56).
50 Der auf Weihnachten 1944 datierte Brief ist gedruckt in: Helmut SCHNEIDER, Von Tag zu Tag, Goslar 1946 (NL Schneider), S. 22–33.
51 NL Schneider, Mappe Frankreich, Schreiben, s. d. (vor Weihnachten 1962).

erwähnt, auch bei seiner Zeugenaussage in Nürnberg war das kein Thema. Erst in einem autobiografischen Text von 1960 schildert er die Situation eines für ihn »glücklichen Tages« Ende 1949, da Toupet ein Affidavit geschickt habe, »welches mein Verhältnis zur Résistance eindeutig klarstellt«[52]. Man muss dies als die Bestätigung seiner Unterstützung für Toupet in dessen Arbeit für die Résistance verstehen, alles andere würde zu der engen Verbindung beider Männer nicht passen. 1949 spricht er in einem Brief an einen IG-Anwalt von seiner »bewußten Unterstützung für die Résistance«, die ihm die französischen Freunde bestätigt hätten[53].

Allerdings hatte Schneider während der Befragungen in Nürnberg zum Schutz seines Chefs Dürrfeld ein Dokument vorgelegt, das nähere Auskunft über seine enge Beziehung zu Toupet und den Franzosen geben konnte. Toupet hatte einen auf den 1. Mai 1945 datierten Brief an Dürrfeld geschrieben, der eine interessante Mischung aus Dankbarkeit und Kritik enthält. Zwar lobte er ihn für seine Unterstützung der Maßnahmen Schneiders zugunsten der Franzosen, zugleich gab er aber auch zu verstehen, dass er um die Schuld wusste, die auf Dürrfeld lastete:

> »Très honoré Docteur Durrfeld,
> mes hommes et moi-même avons été très touchés de votre visite hier sur la route de notre exode à l'Ouest. Puis-je profiter de cette occasion pour vous exprimer mes remerciements pour la protection que dès notre arrivée vous avez bien voulu nous accorder sans encore nous connaître.
> Un chantier aussi vaste et aussi cosmopolite que celui d'Auschwitz ne pouvait être humain. Vous savez tout aussi bien que moi l'immense somme de souffrance qu'il représentait. Mes camarades français auraient été sûrement perdus à jamais, si quelques hommes lucides et consciencieux n'avaient eu à cœur de rétablir l'équilibre par une ›politique‹ intelligente et active. Je ne vous cache pas qu'il nous est impossible d'oublier l'attitude coupable et même criminelle de certains dirigeants allemands. Par contre il faudrait être pour ainsi dire un monstre d'ingratitude pour ne pas reconnaitre tout ce qu'a fait et tout ce qu'a été pour nous ›notre‹ ami l'Assesseur Schneider. Je sais que vous étiez d'accord avec sa ligne de conduite et je me souviens qu'à chaque fois que nous avons demandé votre arbitrage, l'Assesseur a eu gain de cause et par suite nous aussi.
> Au milieu des mille responsabilités, si lourdes nous nous en doutons bien, de votre vaste entreprise, vous vous êtes souvent penchés sur la cause des français. Encore dernièrement, en donnant des ordres à vos adjoints et en influençant l'O.T. [Organisation Todt, W.S.], vous avez évité à mes hommes d'être employés dans la place forte de Dresden ou l'évacuation vers l'Est comme pour tous les autres travailleurs. Vous me l'avez dit vous-même: ›Vous tenez à ce que les petits français revoient vite leurs familles.‹ Merci encore de cette dernière aide, merci aussi pour toutes les autres occasions. […]
> Georges J. Toupet
> Commissaire adjoint CJF
> Chef du camp français d'Auschwitz«[54].

---

52 SCHNEIDER, Traumatinische Irrfahrt (wie Anm. 4), S. 150. Das Affidavit liegt nicht vor, allerdings wird es in der »Schutzschrift« seines Anwalts vor dem Braunschweiger Prozess erwähnt (vgl. Anm. 7).
53 Brief an Dr. von Rospatt vom 29.4.1949, NL Schneider, Ordner 1940/50.
54 ND/IG Farben, Rolle 65, fol. 915 ff. Es findet sich hier die Bestätigung Schneiders vom 28.2.1948, dass er dabei war, als Toupet diesen Brief schrieb, eine Kopie des Originalbriefs sowie deutsche und englische Rohübersetzungen.

Kehren wir noch einmal zu den Verhältnissen im Lager Monowitz zurück: Ein genaueres Bild zumindest vom Lager der Franzosen ergibt die schon erwähnte Zeugenaussage von Schneider im Prozess gegen Dürrfeld. Als Beispiel der Fürsorge seines Vorgesetzten erwähnt er das Lager und unterstreicht dabei auch seine besondere Rolle:

> »Besonders glücklich entwickelt war die Organisation des Franzosenlagers II-West. Gegen den Widerstand und entgegen den Bestimmungen und Weisungen der Gestapo, der Partei und der Arbeitsfront habe ich mit Wissen und Einverständnis von Herrn Dr. Dürrfeld den Franzosen eine völlige selbstständige und eigene Lagerorganisation und Lagerführung einrichten können[55].«

Im Nachhinein kann man über die Sonderstellung des französischen Camp Napoléon nur staunen. Die Franzosen konnten zu besonderen Anlässen ihre dunkelgrünen Uniformen tragen (Abb. 1), hielten ihre eigenen Appelle ab, versuchten zumindest die französische Flagge zu hissen, die sie mit Toupet standhaft gegen den versuchten Zugriff der SS verteidigten, als man sie ihnen am 12. September 1943 fortnehmen wollte. Jeden Sonntag gab es die feierliche Zeremonie des *face-à-l'Ouest* mit einer Schweigeminute, eine Art Selbstvergewisserung ihrer französischen Identität und ihres Patriotismus. All dies wurde noch unterstützt durch eine Lagerwandzeitung, die den kämpferischen Namen »Le Grognard« trug. Es gab sogar eine wöchentliche Bahnverbindung zur zeitweisen Rückkehr nach Frankreich, dazu hatten die Reichsbahn und die SNCF ein besonderes Abkommen geschlossen[56]. Damit waren auch wöchentliche Zeitungslieferungen aus Frankreich gesichert, freilich nur der vichyfreundlichen Presse[57].

So entstand ein Lager, das sich als Modelleinrichtung für die Chantiers in Deutschland verstand und auch Besucher von anderen CJF-Einheiten anzog, die sich über die erfolgreiche Führung des Lagers informieren wollten[58]. Toupet gewann durch anerkennende Zeitungsberichte in der vichyfreundlichen Presse auch eine gewisse Bekanntheit, was ihm im November 1944 schließlich die gänzlich unerwartete Berufung zum Leiter aller französischen Chantiers-Lager im Reich einbringen sollte. Das wirkliche Bild des Lagers lässt sich am besten durch den schon erwähnten Bericht Toupets verifizieren, den dieser nach seiner Rückkehr nach Frankreich den französischen Behörden erstattete.

Der 17 Seiten umfassende lebendige Bericht Toupets, aus dem hier nicht alle Einzelheiten erwähnt werden können, behandelt auch den Marsch nach Westen bei Kriegsende. Das war eine besondere Herausforderung, die Schneider zusammen mit einer großen Gruppe von jungen Franzosen anging. Nach vielen brenzligen Situationen erreichte die Gruppe schließlich Königstein bei Dresden, wo sich dann die Wege Schneiders und seiner französischen Freunde trennten. Wir sind aber keineswegs nur auf den Bericht Toupets und den schon erwähnten Bericht von Jean Chassagneuz aus dem Jahr 2002 angewiesen, um uns über die Bedeutung Schneiders für das Lager zu informieren[59]. Im August 1951 hat Max Lacourt eine Aussage über Schneiders Rolle in Auschwitz und auf der Flucht verfasst; Lacourt sollte in den folgenden Jahren auch zu seinem stabilen Freundeskreis gehören:

---

55 ND/IG Farben, Rolle 65, fol. 37.
56 SPINA, La France (wie Anm. 10), S. 660.
57 ROUSSO, Un château (wie Anm. 28), S. 373.
58 Es gab sogar französische Zeitungsartikel, die die Disziplin dieses Lagers und seinen Chef lobten, so etwa in »La Voix« vom 11.5.1944. Auch ein Artikel in »La France« betonte die besondere Leistung der Führung des Lagers durch Toupet, der als »animateur incomparable« gepriesen wurde. Vgl. ROUSSO, Un château (wie Anm. 28), S. 372.
59 Vgl. Anm. 13 und 16.

»Je soussigné Max Lacourt ... certifie ce que suit:

Ayant été déporté en Allemagne à Königstein[60] et à Auschwitz – service du Travail Obligatoire Classe 1942, du 2 Juillet 1943 au 14 Mai 1945, j'ai eu l'occasion d'être en contact avec Monsieur l'assesseur Schneider. J'ai pu constater avec quel sens social et quel esprit de justice, il a toujours agi à notre égard.

Sur son intervention:
- de nombreux camarades déficiants [sic] ou malades ont obtenu un travail correspondant à leur force physique.
- un doucissement [sic] presque total des mesures disciplinaires dans notre camp a été obtenu.
- Il nous a été possible de nous maintenir en bonne santé physique: autorisation de création et de fonctionnement du service sanitaire de notre camp, représentant français à la visite médicale avec possibilité de faire des observations.
- Il nous a été possible de nous maintenir intactes nos facultés morales: possibilité d'organiser agréablement nos loisirs: foyer, cinéma, théâtres, kermesses, bibliothèque.
- Le régime de notre camp a été amélioré.
- les catholiques de notre camp ont pu assister à quelques messes célébrées dans la cantine.
- lors de notre évacuation du camp d'Auschwitz en Janvier, les malades de notre camp ont été évacués par voie ferrée.
- il nous a été possible de poursuivre notre évacuation par voie ferrée alors que les ressortissants des autres pays poursuivaient leur route à pieds.
- au camp de Konigstein, la mesure particulièrement inhumaine nous interdisant de quitter le camp pendant les bombardements a été levée.
- au camp de Konigstein des vivres supplémentaires ont été distribuées aux prisonniers de guerre français en transit dans notre camp.

D'autre part, Monsieur Schneider a partagé les souffrances de l'évacuation de l'hiver 1945 soutenant moralement les défaillants et n'hésitant pas à les aider à porter leur sac. Ceci est d'autant plus noble, que sa position du Chef du Service Social de l'IG Farben Industrie lui permettait de se mettre rapidement à l'abri et de laisser à leur triste sort les épaves que nous représentions. Il s'est toujours efforcé de nous fournir un toit et la nourriture.

Je garde de souvenir un homme profondément humain qui par son courage, sa probité, son sens de la justice et son dévouement à l'être humain a su gagner notre estime, malgré le préjugé défavorable que nous pouvions avoir.

Fait à Lagord, le 27 Août 1951«[61]

Die Gefühle der Dankbarkeit und Wertschätzung, die die Franzosen Schneider entgegenbrachten, hatten sich auch sechs Jahre später nicht vermindert. Trotz der Vorurteile, die sie gegeneinander hätten haben können, hatte man in Auschwitz und auf dem Marsch nach Westen eine enge Verbindung zueinander gefunden. Insgesamt ging Schneiders Rolle als eine Art von Schutzpatron über das Lager der Franzosen ohne Zweifel weit über seinen eigentlichen Aufgabenbereich hinaus, und zusammen mit Toupet baute er eine eigenständige Organisation mit einem bemerkenswerten Binnenleben auf (Abb. 2). Er schuf damit zugleich ein Instrument für den

---

60 Nach CHASSAGNEUX, STO (wie Anm. 16), S. 73–78 waren die Männer des CJF erst in verschiedenen Unterkünften im Umfeld der Gemeinde Königstein in Sachsen untergebracht, unweit der Festung Königstein, wo seit 1941 hohe französische Offiziere und Generale inhaftiert waren. Später wurden sie ins KZ-Außenlager Königstein (Eselswiese) gebracht, wo u.a. französische Häftlinge und Kriegsgefangene inhaftiert waren.

61 NL Schneider, Ordner 1949/50.

Abb. 1: Georges Toupet (Mitte) im Kreis seiner Führungsmannschaft in CJF-Uniformen im Lager Monowitz. Quelle: NL Schneider.

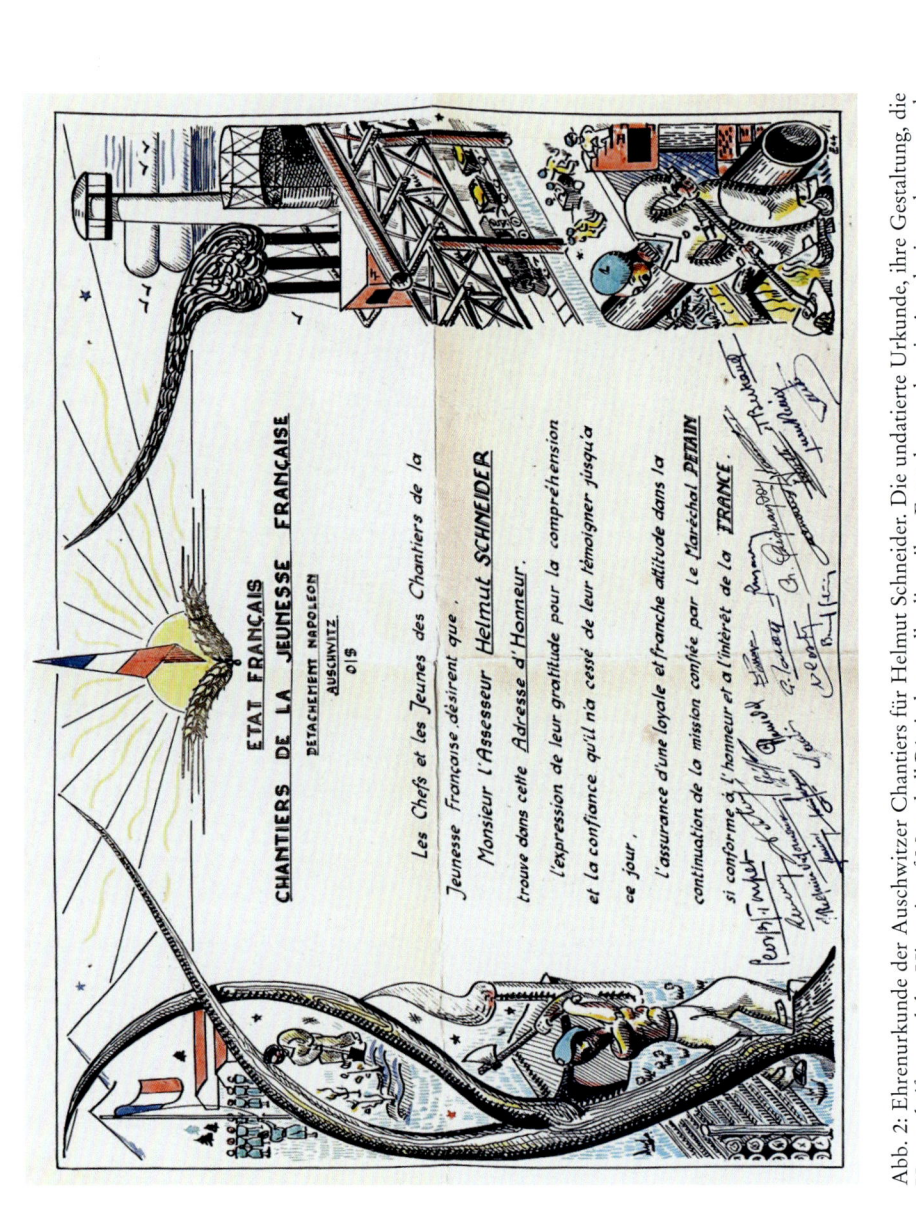

Abb. 2: Ehrenurkunde der Auschwitzer Chantiers für Helmut Schneider. Die undatierte Urkunde, ihre Gestaltung, die Unterschriften und der Hinweis auf Marschall Pétain legen allerdings ihre Entstehung schon in Auschwitz nahe, wo auch die technischen Möglichkeiten dazu bestanden. Neben den Bauarbeiten am Buna-Werk erkennt man insbesondere auch einen französischen Flaggenappell. Quelle: NL Schneider.

Abb. 3: Helmut Schneider (zweiter v. r.) mit seinen französischen Freunden Max Lacourt, Georges Toupet und René Devaux, 1952. Quelle: NL Schneider.

Umgang mit den zwangsweise nach Monowitz gebrachten Arbeitern, das offensichtlich gut funktionierte und offenbar auch seinen Vorgesetzten Dürrfeld überzeugte. Der Camp Napoléon hob sich zudem wohltuend von den anderen nationalen Teillagern in Monowitz ab.

Die Basis des fast autonom betriebenen Lagers eröffnete Toupet erst die Spielräume, um sich für die Résistance zu engagieren. Dieser sprach in einem internen Bericht – sicher die reale Lage übertreibend – vom »camp de souveraineté française intégrale«. Als die Bewachung des Lagers ebenfalls in französische Hände überging, schrieb Toupet stolz nur mit Großbuchstaben in seinen Bericht: »Avec cette dernière mesure nous sommes entre nous[62]!« Chassagneuz, ein guter Beobachter der Szene in Auschwitz, urteilte später: »La conjonction de ces deux hommes était bénéfique pour nous, à notre insu évidemment«[63]. Vieles spricht dafür, dass Schneider in Toupets Haltung eingeweiht war und er damit indirekt die Beziehungen zur Résistance unterstützte. Die durchgehend positive Würdigung Schneiders sowohl durch Toupet und die anderen jungen Franzosen als auch durch die ihnen folgende französische Zeitgeschichtsforschung bestätigen diesen Eindruck. Ohne Zweifel ging er damit ein hohes persönliches Risiko ein.

Irgendwo in Sachsen – wahrscheinlich nach dem Verlassen des Außenlagers Königstein – hatten sich Schneider und seine französischen Freunde im Frühjahr 1945 mit einem feierlichen Adieu verabschiedet, aber man blieb gedanklich und emotional weiter verbunden. Schneider trug die Adressenliste von 27 französischen Freunden bei sich, sie liegt heute noch in seinem Nachlass. »Chef« Toupet selbst geriet 1947 in Frankreich in die missliche Lage, für kurze Zeit als Kollaborateur ins Gefängnis zu müssen, bis sich seine Tätigkeit für die Résistance eindeutig beweisen ließ[64]. Er hatte schon bei seinem Bericht vom Juni 1945 die Befürchtung gehabt, dass seine Rolle in Auschwitz Gegenstand von Verdächtigungen werden könnte und hatte deshalb von den zwei Seiten des französischen Widerstands gesprochen. Eine Variante habe sich im Maquis (also im bewaffneten Widerstand in Frankreich) abgespielt, die andere – genauso wertvolle – bei den Chantiers und STOs in Auschwitz und in den anderen Lagern im Reich[65].

Schneider hatte durch die Entscheidung seiner Frau für Goslar schnell eine neue Heimat in der Stadt und eine neue Beschäftigung gefunden. Genau fünf Monate nach der Flucht aus Auschwitz saß er bereits als juristischer Berater in einer Magistratssitzung. Doch es war ihm, seinem Freund Toupet und den anderen Kameraden offensichtlich wichtig, weiterhin in Kontakt zu bleiben, auch wenn die Verbindung allein über Briefe zunächst schwierig war. Jedenfalls bedauerte Schneider in seinem ausführlichen Brief vom Januar 1948 an Toupet, dass er lange keine Nachricht mehr von ihm erhalten habe. Dies umso mehr, als er von ihm Dokumente erwartete, die zu seiner Entlastung gegen Vorwürfe beitragen könnten, die in einem Strafverfahren gegen ihn erhoben wurden. Denn durch seine Aussage in Nürnberg und den reißerischen Pressebericht einer kommunistischen Zeitung mit falschen Anschuldigungen waren die britischen Behörden erneut auf seine Auschwitz-Vergangenheit gestoßen worden, obwohl er bereits zweimal überprüft worden war. Daraus entstand ein Strafprozess am Landgericht Braunschweig, die Wiederaufnahme seines Entnazifizierungsverfahrens – das er ursprünglich in Kategorie V als Entlasteter abgeschlossen hatte – und ein Dienstaufsichtsverfahren, das Schneider auf Wunsch der Stadt gegen sich selbst beantragte. Schneider, der eben erst feierlich in sein Amt als

---

62 Die Zitate bei AMOUROUX, La grande histoire (wie Anm. 34), S. 123 f. Im gleichen Sinn Toupet auch in MARTIN, La Mission (wie Anm. 16), S. 217.
63 CHASSAGNEUZ, Souvenirs (wie Anm. 16), S. 51.
64 Die Zeitung »L'Aube« hatte am 17.4.1947 die Verhaftung Toupets als »collaborateur« gemeldet und berichtet, dass man ihm vorwarf, Franzosen an die Gestapo gemeldet zu haben, die gaullistische Propaganda gemacht hatten. Ermittelt über https://www.retronews.fr/journal/l-aube/17-avril-1947/721/2071873/3, zuletzt aufgerufen 29.1.2023.
65 Zu den Schwierigkeiten Toupets nach der Rückkehr nach Frankreich vgl. auch SPINA, La France (wie Anm. 10), S. 1069.

Oberstadtdirektor von Goslar eingeführt worden war, geriet dadurch in eine schwierige Lage. Er war seines Postens als Oberstadtdirektor enthoben, seine Bezüge wurden gekürzt und sein Vermögen sequestriert. Vor dem Landgericht Braunschweig wurde über den Vorwurf verhandelt, Schneider sei billigend dabei gewesen, als der Hund eines Werkschutzmannes während eines Verhörs einen jungen Polen ins Gesicht gebissen habe, was aber nicht bewiesen werden konnte. Am 20. Dezember 1949 wurde er aus Mangel an Beweisen freigesprochen, bald darauf kehrte er in sein Amt zurück, sein Entnazifizierungsverfahren wurde aber erst 1951 endgültig und ohne Folgen für ihn abgeschlossen[66].

Nicht nur der Brief Schneiders vom Anfang des Jahres 1948 an Toupet zeigt, dass der Kontakt zwischen den beiden Männern nach dem Ende des Krieges keineswegs abgebrochen war. Mit ihm tauschte er sich über dessen Hochzeit, die Geburt eines ersten Sohnes und andere familiäre Neuigkeiten und das Schicksal der anderen Freunde aus, während er selbst von den Krankheiten seiner beiden Töchter aus Goslar berichtete. Gerade im Jahr vor dem Prozess hatte er intensiven Kontakt mit André Laxague, der in Gengenbach bei Offenburg neben seinem Studium in Straßburg als Sprachlehrer arbeitete und sich auf weitere Examen vorbereitete. Laxague agierte in der Vorbereitung des Prozesses für Schneider als Verbindungsmann zu den französischen Freunden. Toupet meldete bald die Geburt eines zweiten Sohnes und versicherte ihn seiner »unerschütterlichen Freundschaft«[67]. Zum Prozess konnte er selbst zwar nicht kommen, aber er schrieb dem Freund und wünschte ihm: »Courage, mon cher ami, ma penseé fraternelle ne vous quitte pas«[68].

Schneider bemühte sich aber nicht allein um die noch lebenden Freunde, an deren Schicksal er sich interessiert zeigte. Bei einer von der Vereinigung der Verfolgten des Naziregimes (VVN) organisierten Veranstaltung zum Gedenken an die Opfer des Nationalsozialismus am 11. September 1948 gedachte er in einer öffentlichen Rede auch des Franzosen Richard Baudelle, des Chantiers-Anführers in Blechhammer (Oberschlesien), der im Januar 1945 mit seiner Gruppe junger Franzosen das Lager nach Westen verlassen hatte, aber irgendwo in Oberschlesien schon am 21. Januar von einem deutschen Exekutionskommando erschossen worden war[69]. Schneider hatte dies von Baudelles Vater erfahren, der sich vergeblich bemüht hatte, das Grab seines Sohnes ausfindig zu machen. Jetzt, 1948, gedachte er in seiner Rede der Person dieses Freundes stellvertretend für alle Opfer des Nationalsozialismus[70].

Mit unverkennbarem Stolz berichtete er seinen Bekannten aus der Auschwitzer Zeit, dass die alten »Kampfgenossen« »geradezu in rührender Treue« an ihm hingen und ihn als den Mann feierten, der sie vor den Russen in Sicherheit gebracht habe[71]. Dazu passte es, dass einige der französischen Freunde zur Verhandlung vor dem Braunschweiger Landgericht im Dezember 1949 erschienen, allerdings eher zur moralischen Unterstützung des Angeklagten als zur tatsächlichen Aussage vor Gericht. Das war auch nicht erstaunlich, da es bei dem Prozess letztlich um einen Vorwurf ging, zu dem die französischen Freunde auch kaum etwas hätten aussagen können. Sie konnten nur seine charakterliche Integrität bezeugen, und daran ließen sie es

---

66 Die Aussagen zum Braunschweiger Prozess stützen sich auf die Entnazifizierungsakten im NLA Wolfenbüttel, die Personalakte im Stadtarchiv Goslar und den Briefordner 1949/50 im NL Schneider.
67 Zu den bleibenden Verbindungen zwischen Toupet und Schneider auch kurz SPINA, La France (wie Anm. 10), S. 1082f. Das Zitat in der handschriftlichen Widmung Toupets des Buchs von Delage von 1950.
68 Brief Toupets vom 6.8.1949 im NL Schneider, Mappe Frankreich.
69 Zu Baudelle vgl. MARTIN, La Mission (wie Anm. 16), passim, sein Bild gegenüber S. 297.
70 Das Redemanuskript in NLA Wolfenbüttel, ND 26 1544. Ein kurzer Bericht erschien in der Goslarschen Zeitung vom 14.9.1948.
71 So im Brief an Dr. Willi Handloser, den er 1944 in Paris besucht hatte, vom 26.10.49, NL Schneider, Ordner 1949/50.

nicht fehlen, ebenso wie sie nach dem Freispruch das zunächst noch weiterlaufende Entnazifizierungsverfahren begleiteten, für das etwa das schon erwähnte Zeugnis von Max Lacourt aus dem Jahr 1951 entstand. Ein weiteres eindrucksvolles Zeichen der fortwährenden Freundschaft zu Schneider wurden die Büchersendungen, die die französischen Freunde in den folgenden Jahren nach Goslar schickten. Schon 1950 schrieb der Journalist Jean Delage ein faktenreiches, aber eher unkritisches Buch über die Chantiers, das zum ersten Mal die Rolle Schneiders für die Gruppe in Auschwitz heraushob[72]. Toupet versah das Buch mit einer bewegenden Widmung an den Freund:

> »À vous, cher et inoubliable Assesseur Schneider, j'offre les quelques pages de ce mauvais petit livre, où, par un journaliste, qui n'y a rien compris, est relaté une aventure écrite en commun pendant de dures années dans une dure région;
> En souvenir de nos heures d'angoisse, de compréhension, de confiance;
> Et en témoignage d'une indéfectible amitié, née dans la dignité et le respect réciproque et dont la rare qualité valait, à elle seule, tous les risques.
> Votre ami Georges Toupet Noël 1950«.

Ähnlich bewegende Worte der tiefen Verbundenheit, ja der Verehrung, fand auch Robert Hervet, der 1962 ein weiteres Buch über die Chantiers schrieb. Die Freunde hatten im Vorsatz des Buches ein Foto von Toupet und der gesamten uniformierten Führungsmannschaft im Lager eingeklebt (Abb. 1). Auch hier trug das Titelblatt die Unterschrift Toupets »Avec ma gratitude et mon amitié profonde«, dazu auch die Unterschrift von General de La Porte du Theil, dem alten Befehlshaber der CJF[73]. Mit ihm, der erst 1976 als Bürgermeister seiner Heimatgemeinde starb, hatten Toupet und Schneider noch lange brieflichen Kontakt gehalten.

Seit dem Freispruch im Braunschweiger Prozess und erleichtert durch die besser werdenden Reisemöglichkeiten der 1950er-Jahre begann jetzt eine Serie gegenseitiger Familienbesuche in Frankreich und in Goslar. Schon 1952 verbrachte Familie Schneider einen vierwöchigen Urlaub auf Château du Bois d'Huré (nördlich von La Rochelle), wo Max Lacourt als Leiter einer sozialen Einrichtung arbeitete. Toupets Frau Janine kam auch alleine nach Goslar und Schneider brachte im Sommer 1957 seine ältere Tochter Sabine nach Paris, wo er die gerade 17-jährige in den Zug zu den Freunden nach Bordeaux setzte[74]. Fotos zeugen von gemeinsamen Mahlzeiten und dem freundschaftlichen Beisammensein der Familien (Abb. 3).

Diese herzlichen Kontakte wurden sicher noch verstärkt durch die bald einsetzenden gemeinsamen Bemühungen um eine Städtepartnerschaft zwischen der Kleinstadt Arcachon in der Nähe von Bordeaux, wo der Auschwitz-Freund André Laxague inzwischen als Gymnasialprofessor lebte, und der Stadt Goslar. 1961 konnte sie endlich eingerichtet werden. Lange nach dem Tod Schneiders erhielt sein Freund Laxague eine Ehrenplakette der Stadt Goslar, ein spätes Zeichen der deutsch-französischen Verbindungen, die Schneider eingeleitet hatte. Dass diese in Auschwitz begonnen hatten, werden damals vermutlich nur noch wenige gewusst haben.

So wichtig die anhaltende Freundschaft für Schneider und die Franzosen auch war, so kann man nicht verkennen, dass er im Nachhinein zu einer enormen Überhöhung seiner Beziehung zu den französischen Freunden neigte, die in Auschwitz ihren Anfang genommen hatte. 1967 trug er in sein Tagebuch ein:

---

72 DELAGE, Grandeurs et servitudes (wie Anm. 14), S. 178–181.
73 Beide Bücher im NL Schneider: DELAGE, Grandeurs et servitude (wie Anm. 14); HERVET, Les Chantiers de la jeunesse (wie Anm. 14).
74 NL Schneider, Tagebuch 1956/57. Zu den familiären Beziehungen vgl. auch ARNAUD, Les requis (wie Anm. 49), S. 56 mit Anm. 105 auf der Grundlage von Gesprächen mit Toupet und Laxague.

»Auschwitz – das ist mindestens von 1943 an der Verlust des Vaterlandes. Es ging schließlich nur noch um menschliche Bewährung des Einzelnen. Teilergebnis für mich: Die erste deutsch-französische Zelle ist durch mich entstanden. Europa begann damals, zu dieser Stunde als menschliche Bewährungsprobe. Manchmal will es mir heute scheinen, als seien wir damals weiter auf dem Wege gewesen als heute«[75].

Man kann sich des Eindrucks nicht erwehren, dass er die Erinnerung an die Freunde aus Auschwitzer Zeiten und die dort in seinen Augen vollbrachte Bewährungsprobe nutzte, um sich selbst vor einer tieferen Gewissenserforschung über diese Zeit zu bewahren und sich freizusprechen. Die kritische Frage liegt nahe: Galt die »menschliche Bewährung des Einzelnen«, von der er im Tagebuch sprach, nur für seinen Einsatz für die französischen und italienischen Zwangsarbeiter? Hätte sie nicht mit dem gleichen Recht auch für die osteuropäischen Zwangsarbeiter und vor allem die KZ-Häftlinge im Lager Monowitz gelten können, ja müssen? In allen verfügbaren Quellen sowohl aus Auschwitz wie aus der Nachkriegszeit findet sich kaum ein wirklich empathischer Gedanke an die vielen Opfer der Baumaßnahmen der IG Farben. Und wenn sie denn im Kreis der vertrauten Kollegen oder im Gespräch mit seiner Frau geäußert wurden, so fanden sie keinen Weg in seine Aussagen vor Gericht, denn in Monowitz hatte er ja auf die Frage von Dürrfelds Anwalt in Nürnberg »nichts Illegales gesehen«[76]. Mit dieser für einen Juristen erstaunlichen Aussage, um deren Unrichtigkeit er wusste, musste er in Zukunft leben, sie wurde zu einer Belastung. Sein Manuskript »Trauma und Krisis. Tagebuch eines Leidenden« von 1952 zeugt davon.

Schneider hatte eine erfolgreiche Karriere als Chef der Goslarer Kommunalverwaltung und in vielen regionalen und nationalen Gremien erlebt, und er war seit dem Ende des Krieges auch zu einem politisch-philosophischen Schriftsteller geworden, der freilich keinen seiner Texte publizieren konnte. Erst 1960 konnte im Selbstverlag seiner Frau sein Versuch einer Autobiografie unter dem Titel »Traumatinische Irrfahrt. Dokumentation einer Lage« erscheinen, die an frühere Versuche wie das »Tagebuch eines Leidenden« anknüpfte. Darauf kann in diesem Rahmen nicht näher eingegangen werden.

Seit 1954 gehörte er auch zum Freundeskreis von Ernst Jünger, ein relativ umfangreicher Briefwechsel und wechselseitige Besuche in Goslar und Wilflingen – dem oberschwäbischen Wohnort Jüngers – dokumentieren die enge Beziehung der beiden Männer, die sich in ihrer gemeinsamen Liebe zu Frankreich und zum Mittelmeer trafen[77]. Darüber hinaus verband sie eine elitäre Haltung gegenüber Tendenzen zur Vermassung und ein erkennbares Misstrauen gegenüber der parlamentarischen Demokratie. Schneider war zwar 1945 in die SPD eingetreten, ohne sich aber in der Partei zu engagieren oder dort gar inhaltlich zu arbeiten. Stattdessen entwickelte er einen deutlichen Hang zu einem eher rechtskonservativen Freundeskreis, mit dem er sich intensiv austauschte. Seiner Zuneigung zu seinen französischen Freunden blieb er bis zum Tode treu, der ihn im März 1968 während einer SPD-Veranstaltung ereilte. Ernst Jünger bedauerte in einem Tagebucheintrag den Tod seines »alten Freundes«[78].

Nur ein knappes Jahr vor seinem Tod traf in Goslar ein Brief von Hermann Langbein ein, dem Mann, der Auschwitz überlebt hatte und so viel für die Erinnerung an Auschwitz geleistet hat. In der Vorbereitung seines Buchs über »Menschen in Auschwitz«, das dann erst 1972 erscheinen sollte, schrieb er auch an Schneider. Er wollte in sein Buch auch Aussagen von IG-Angestellten einfügen, die Häftlingen geholfen hatten, und er hatte sie unter anderem auch gefragt, ob sie etwa an Sabotage gedacht hätten, was aber alle verneinten. Im Rahmen der

---

75 NL Schneider, Tagebuch 1967, undatiert.
76 ND/IG Farben, Rolle 12, fol. 11407.
77 Nachlass Ernst Jünger im Deutschen Literaturarchiv Marbach.
78 Vgl. Ernst JÜNGER, Siebzig verweht, Bd. 1, Stuttgart 1995, S. 411.

Recherchearbeit bat er auch Schneider, seine Eindrücke aus Auschwitz zu schildern[79]. Seine aufgewühlte Reaktion auf diese Anfrage hielt Schneider in seinem Tagebuch fest:

> »Der Sekretär Langbein vom Comité International des Camps schreibt aus Wien. Er will von mir erfahren, welche Eindrücke ich in Auschwitz als einer, der das System von damals ablehnte, gewonnen und wie ich die Probleme, die sich mir dort stellten, gemeistert hätte. Ob der Briefschreiber wohl ahnt, wie viele Fragen sein Brief auslöst? Ob Briefschreiber Langbein wohl ahnt, wieviel Zweifel und Skeptizismus von mir überwunden werden müssen, bevor ich auf sein Begehren eingehen kann[80]?«

Eigentlich war dies eine ganz normale Frage nach seinen Erfahrungen in der IG Auschwitz, und man hätte erwarten können, dass Schneider – wie einige seiner Kollegen – eine entsprechende Antwort niederschreiben würde. Er hätte aus diesen drei Jahren und vier Monaten genug berichten können, er hätte einen differenzierten Bericht über seine Handlungsmöglichkeiten und -grenzen geben können, der Langbeins Buch um wichtige Aspekte erweitert hätte. Er hätte auch den Widerspruch zwischen seiner Nürnberger Aussage zugunsten Dürrfelds und seinen Gesprächen mit Toupet und Deichmann aufklären können. Aber wir spüren, wie sehr ihn diese Anfrage bewegte. Schneider entschloss sich erst nach langem Zögern zu einer Antwort an Langbein, die aber keine wirkliche Antwort war. Denn die unverhoffte Bitte des österreichischen Altkommunisten berührte schmerzhaft den Punkt in seinem Leben, den er über zwei Jahrzehnte verdrängt hatte, nämlich eine wirklich persönliche Auseinandersetzung mit seiner Rolle in Auschwitz und wie er seine Probleme dort gemeistert hatte. Jetzt bewahrheitete sich der Satz, den er schon 1952 in seinem »Tagebuch eines Leidenden« niedergeschrieben hatte: »Die Schmerzen wiederum, welche mir die letzten Jahre gebracht haben, sind von der Art, daß jedes Wort darüber erste Ursache des eigenen irreparabel scheinenden Unglücks und neuen Leides des Erzählers sein würde«[81].

Man muss Hermann Langbein für diese Fragen dankbar sein, denn sie berührten den wunden Punkt im Leben Helmut Schneiders, auch sein eigenes andauerndes Leiden an seiner Vergangenheit, das ihn seit der Zeit in Auschwitz bedrückte. Anders ist dieser Satz kaum zu verstehen. Seine Antwort machte deutlich, dass er mit Auschwitz selbst nach über 20 Jahren immer noch nicht fertig geworden war:

> »Daß Sie sich der Mühe unterziehen wollen, die menschliche Problematik darzustellen, die sich bei denen ergaben, welche in der ›Nachbarschaft‹ des KZ Auschwitz tätig sein mußten und dem System der damaligen Zeit ablehnend gegenüberstanden, halte ich für ebenso verdienstlich wie schwierig. Ich selbst habe mich mit dieser Problematik immer wieder befasst, bin aber noch zu keinem Abschlusse meines erinnernden Überlegens gelangt[82].«

Helmut Schneiders früher Tod schon im folgenden Jahr verhinderte den möglichen Abschluss seines Nachdenkens über seine Rolle in Auschwitz-Monowitz.

79 Zu Langbein vgl. Brigitte HALBMAYR, Zeitlebens konsequent. Hermann Langbein (1912–1995). Eine politische Biografie, Wien 2012; Katharina STENGEL, Hermann Langbein. Ein Auschwitz-Überlebender in den erinnerungspolitischen Konflikten der Nachkriegszeit, Frankfurt a. M., New York 2012.
80 NL Schneider, Tagebuch 1967, sein Antwortbrief im NL Langbein im Österreichischen Staatsarchiv (ÖStA) Wien. Frau Dr. Pia Wallnig im Österreichischen Staatsarchiv stellte mir die Kopie des Antwortbriefes zur Verfügung, die Anfrage Langbeins an Schneider ist nicht erhalten. Herrn Kollegen Anton Pelinka danke ich für die Erlaubnis zur Benutzung des Nachlasses.
81 Helmut SCHNEIDER, Trauma und Krisis. Tagebuch eines Leidenden, Goslar 1952, S. 6f.
82 ÖStA Wien, NL Langbein, Antwort auf Langbeins Anfrage vom 3. Februar 1967 erst am 7. März. Schneider erklärte sich aber zu einem Gespräch mit Langbein bereit.

Atelier

WESHALB BRINGT MAN SEINEN NACHBARN UM?

Hrsg. von Thomas Maissen

Podiumsdiskussion am 28. September 2022
am Deutschen Historischen Institut Paris

Thomas Maissen

DAS VIZINIZID ALS HISTORISCHES PHÄNOMEN UND HISTORIOGRAPHISCHES PARADIGMA

Zur Einführung*

Dieses Atelier dokumentiert eine Podiumsdiskussion, die das DHI Paris am 28. September 2022 veranstaltet hat. Ausgangspunkt war der 450. Jahrestag der Bartholomäusnacht vom 23./24. August 1572. Damals wurde nicht nur Admiral Coligny, sondern auch rund zehntausend weitere Hugenotten in Paris und vielen französischen Städten ermordet. Moderiert wurde das Podium durch Naïma Ghermani. Jan Assmann, Denis Crouzet und Vincent Duclert formulierten einführende Überlegungen, die sie in den hier präsentierten Texten ausarbeiten konnten; Jérémie Foa war am Anlass selbst verhindert, aber freundlicherweise bereit, seine Forschungsergebnisse ebenfalls zusammenzufassen.

Die Grundidee der Veranstaltung war ein Dialog über verschiedene Grenzen hinweg: zwischen deutschen und französischen Wissenschaftlern; transepochal mit dem theologisch fundierten Input eines Ägyptologen (Assmann) über zwei Spezialisten der französischen Religionskriege im 16. Jahrhundert (Crouzet, Foa) zu einem Fachmann für die Dritte Republik und die Völkermorde des 20. Jahrhunderts (Duclert); zwischen unterschiedlichen methodischen Ansätzen, mit einem Fokus auf religiöse Texte und deren identitätsstiftende Wirkung (Assmann), auf die ebenfalls in Texten greifbare Mentalitätsgeschichte der kollektiven religiösen Gewalt (Crouzet), auf die mikrogeschichtliche Beobachtung ihrer konkreten individuellen Akteure (Foa) und auf die vergleichende Erforschung von Genoziden und Massenverbrechen (Duclert). Alle Autoren sind durch einschlägige Monographien ausgewiesen, auf die in den folgenden An-

---

* Für die Lektüre und kritische Rückmeldungen zum Argumentationsgang danke ich Omer Bartov und Christine Zabel.

merkungen verwiesen wird. Duclert hat zudem zwei einschlägige nationale Kommissionen präsidiert, die Mission d'étude sur la recherche et l'enseignement des génocides et crimes de masse (2016–2018) und die Commission de recherche sur les archives françaises relatives au Rwanda et au génocide des Tutsi (2019–2021)[1].

Ausgangspunkt der Debatte war Jan Assmanns in den 1990er Jahren entwickelte These, dass die Monotheismen, und als erste das Judentum, eine neue – jedoch weder davor noch danach die einzige – Form der kollektiven Gewalt begründeten und legitimierten, nämlich die Gewalt im Namen Gottes. Das geschah nicht unmittelbar, sondern in der längerfristigen Nachwirkung und Rezeption während der »mosaischen Gedächtnisgeschichte«. Diese Gewalt verteidigt auf Erden die eine Wahrheit, über die der eine ewige Gott eifersüchtig wacht, der keine anderen Götter neben sich duldet und die Getreuen dazu anhält, die Falschgläubigen zu bekehren oder auszumerzen[2]. Dass Assmanns Konzept der »mosaische Unterscheidung« in Deutschland sehr intensiv und kontrovers diskutiert wurde, überrascht wenig. In akademischen Kreisen sind ein Sensorium für religiöse und konfessionelle Fragen und Vertrautheit mit kirchlichen Traditionen und Positionen auch dort noch vorhanden, wo sie nicht mit regelmäßiger Teilnahme am Gottesdienst einhergehen. Sie prägen wissenschaftliche Interessen an Universitäten, zu denen oft vergleichsweise gut ausgestattete theologische Seminare gehören. Unter anderem dort wurde Widerspruch gegen Assmanns Argumentation laut, so durch Rolf Schieder. Etwas kurz greift dabei eine Lektüre, die Assmann unterstellt, dass er den Monotheismus als Verantwortlichen für Gewalt schlechthin ansähe – als ob er behaupte, dass (polytheistische) Menschen von Natur aus friedlich miteinander leben würden, wenn nur der Glaube an den einen Gott sie nicht verblenden und aggressiv stimmen würde[3].

Eine solche Vorstellungswelt ist demjenigen nicht unvertraut, der die Debatten in Frankreich verfolgt. So formulierte Richard Malka, der Vertreter von »Charlie Hebdo« im Prozess gegen die Attentäter vom Januar 2015 in seinem Plädoyer: »Wer ist der Angeklagte hier, der nie vor Gericht erscheinen wird, der unterschiedslos Juden, Atheisten, Christen und Muslime tötet? […] Er heißt Religion«[4]. Wenn im Lande Voltaires solche Überzeugungen vertreten werden, hat das wenig mit Jan Assmann zu tun, obwohl seine relevanten Werke übersetzt und in der akademischen Debatte erörtert wurden[5]. Religion wird jedoch oft allein als sozialwissenschaftliches Phänomen (*fait religieux*) untersucht. Theologie hat an staatlichen Universitäten

---

1 Vincent Duclert (Hg.), La France, le Rwanda et le génocide des Tutsi (1990–1994). Rapport remis au Président de la République le 26 mars 2021, Malakoff 2021, online: https://www.vie-publique.fr/rapport/279186-rapport-duclert-la-france-le-rwanda-et-le-genocide-des-tutsi-1990-1994, zuletzt aufgerufen am 22. März 2023.
2 Jan Assmann, Moses der Ägypter. Entzifferung einer Gedächtnisspur, München 1998 (zuerst englisch 1997); ders., Die Mosaische Unterscheidung oder der Preis des Monotheismus, München 2003; französisch ders., Le prix du monothéisme, Paris 2007.
3 Für die Kritiken vgl. bereits die in Assmann, Die Mosaische Unterscheidung, 2003, am Ende abgedruckten Reaktionen sowie ders., Monotheismus und die Sprache der Gewalt, in: Peter Walter (Hg.), Monotheismus und die Sprache der Gewalt, Freiburg, Basel, Wien 2005 (Quaestiones disputatae, 216), S. 18–38, und seine Auseinandersetzung insbesondere mit Rolf Schieder, Sind Religionen gefährlich?, Berlin 2008 in: https://www.perlentaucher.de/essay/monotheismus-und-gewalt.html#3, zuletzt aufgerufen am 22. März 2023; sowie in Rolf Schieder u. a. (Hg.), Die Gewalt des einen Gottes. Die Monotheismus-Debatte zwischen Jan Assmann, Micha Brumlik, Rolf Schieder, Peter Sloterdijk und anderen, Berlin 2014; davor bereits Johannes Thonhauser, Das Unbehagen am Monotheismus. Umriss und Analyse der Debatte um Jan Assmanns Thesen zur »Mosaischen Unterscheidung«, Marburg 2008.
4 Christophe Ayad, Le Monde, 19.10.2022, S. 13; vgl. Richard Malka, Le droit d'emmerder Dieu, Paris 2021.
5 So Jan Assmann, Figures de Moïse dans la philosophie politique, 2012 (Incidence, 8): http://incidence-revue.fr/index.php/2017/02/24/incidence-8/, zuletzt aufgerufen am 23. März 2022.

keine Bleibe und gilt mit dem entsprechenden Glaubenswissen gemeinhin als privates Thema allein der jeweiligen religiösen oder konfessionellen Eigengruppe. Die Gründe für diese Distanz zur religiösen Erfahrung liegen tief in der aufklärerischen Tradition und einem laizistischen Wissenschaftsverständnis. Darin wurzelt auch die in Frankreich nicht nur bei Malka greifbare Überzeugung, dass der Mensch eine freie, friedliche, gerechte und egalitäre Gesellschaft errichten könnte, wenn nur die Religionen einmal überwunden wären, die den Kern aller Übel bildeten.

Es ist dies nicht der Ort, um zu diskutieren, ob »Écrasez l'infâme!« sich gegen die Kirchen *per se*, die Religion oder den Glauben richtete oder aber gegen menschliche Niedertracht, die sich auf diese berief und Form fand als Intoleranz, Aberglaube, Fanatismus, Dogmatismus und jegliche Arten der Repression. Voltaire hat seine berühmte Devise nie definiert. Doch die Bartholomäusnacht war ihm zweifellos ein fürchterliches Beispiel dafür, ein »jour affreux, jour fatal du monde«, als die »infâme milice« der katholischen Liga sich über ihre wehrlosen Opfer hermachte[6]. In der »Henriade« zitierte der bibelkundige Aufklärer aus dem Psalm »An den Ufern von Babylon« den Vers (136/137,9), der denjenigen preist, der die kleinen Kinder Babels nehmen und sie am Felsen zerschmettern wird – eine Passage, die erst das Zweite Vatikanische Konzil aus der Liturgie entfernt hat. Unmittelbar anschließend beschrieb Voltaire die bluttriefenden Mörder, die – von blutrünstigen Priestern aufgehetzt – sich erdreisteten, ihre aufgeschlitzten, unschuldigen Brüder Gott als Weiheopfer anzubieten[7].

Voltaires Zitat ist ein hier passendes, aber – angesichts ungezählter Gewalttaten, die religiös legitimiert wurden und werden – beliebiges Beispiel für das Gewaltpotential, das sich in der Bibel findet. Die heiligen Schriften, die Monotheismen und ganz allgemein die Religionen haben die menschliche Aggressivität nicht geschaffen; aber sie können sie rechtfertigen und lenken. Im Gegensatz zu den meisten anderen Tieren ist der Mensch zu Mord und zu extremen Gewalttaten selbst gegenüber seinen engsten Angehörigen fähig, dem Sexualpartner und den eigenen Kindern. Ebenso außergewöhnlich ist sein Altruismus gegenüber ihm unbekannten, weit entfernt lebenden Gattungsgenossen, mit denen er nicht in einem unmittelbaren Solidarverband (wie in einem Ameisenhaufen) zusammenlebt, denen er sich aber durch exklusive »Letztwerte« und »oberste Legitimationsquellen« wie das Vaterland oder den wahren Glauben verbunden fühlt[8]. Dass diese Gemeinschaften konstruiert und imaginiert sind, ändert nichts daran, dass ihre Angehörigen auf Kreuzzügen ebenso wie in Schützengräben bereit sind, ihr Leben für sie zu opfern.

Religion und die Ausbildung von Großgruppen

Religionen sind historisch gesehen wohl die frühesten Lieferanten von Letztwerten, die Identität und Gemeinschaft stiften. Die Monotheismen binden diese an die Alternative, dass man sich entweder exklusiv zum wahren Glauben bekennen muss oder ausgeschlossen wird. *Tertium non datur*. Wie der Mensch, so kennt auch die Bibel deshalb zwei sehr gegensätzliche Formen des Sozialverhaltens: Sie lehrt einerseits Gewalt (gegen die falschgläubige Fremdgruppe), andererseits die Nächstenliebe (zur Eigengruppe). Es wäre zu einfach, dies als »widersprüchlich« abzutun, da beide auf die Bildung von Gemeinschaft zielen. Die Nächstenliebe kann universell verstanden werden, wofür nicht nur das Neue Testament, sondern auch die jüdische Tradition

---

6   VOLTAIRE, La Henriade, hg. von Owen R. TAYLOR, Oxford ²2005 (Les œuvres complètes de Voltaire, 2), S. 457 (chant 4,356). Für diese und weitere Belege André MAGNAN, Penser l'infâme, in: Cahiers Voltaire 13 (2014), S. 7–50, S. 9 für die fehlende Definition.
7   VOLTAIRE, La Henriade (wie Anm. 6), S. 404f. (chant 2,264; 269–272).
8   Zum Konzept der Letztwerte Dieter LANGEWIESCHE, Nation, Nationalismus, Nationalstaat in Deutschland und Europa, München 2000 (Beck'sche Reihe, 1399), S. 16.

reichlich Beispiele liefert. Es gibt aber nicht nur diese universalistischen, sondern auch die partikularistischen Interpretationen der biblischen Verse, und sie haben in der Weltgeschichte viel Gewalt legitimiert. Deshalb gilt ihnen im Folgenden die Aufmerksamkeit.

Völlig fern steht dieser Ansatz Interpretationen, die einen Gegensatz zwischen einem gewaltbereiten – jüdischen – Alten Testament und einem friedenbringenden – christlichen – Neuen Testament konstruieren. Vielmehr predigt Jesus selbst im Evangelium die Entzweiung:

> »Denkt nicht, ich sei gekommen, um Frieden auf die Erde zu bringen! Ich bin nicht gekommen, um Frieden zu bringen, sondern das Schwert. Denn ich bin gekommen, um den Sohn mit seinem Vater zu entzweien und die Tochter mit ihrer Mutter und die Schwiegertochter mit ihrer Schwiegermutter; und die Hausgenossen eines Menschen werden seine Feinde sein. Wer Vater oder Mutter mehr liebt als mich, ist meiner nicht wert, und wer Sohn oder Tochter mehr liebt als mich, ist meiner nicht wert. Und wer nicht sein Kreuz auf sich nimmt und mir nachfolgt, ist meiner nicht wert. Wer das Leben findet, wird es verlieren; wer aber das Leben um meinetwillen verliert, wird es finden«[9].

Soziologisch (und wohl auch theologisch) gesprochen darf man dem Evangelisten etwas am Wortlaut flicken: Der Religionsbegründer ist nicht gekommen, um nur das Schwert zu bringen. Er stiftet auch den Frieden, nämlich seinen Anhängern – die aber von den Un- und Falschgläubigen eben durch das Schwert abgetrennt und beschützt werden müssen. In vormodernen Gesellschaften mit kaum präsenter Obrigkeit und ohne Polizei war der Friede nur unter Menschen mit der gleichen Religion und deshalb mit der gleichen Moral denkbar. Dass eine Moral in weit umfassenden Kreisen geteilt wurde, war nicht selbstverständlich. Der natürliche (Über-)Lebensverband war in vormodernen Gesellschaften eine kleine Gruppe: die Familie, die blutsverwandte Sippe und die Nachbarschaft von persönlich Bekannten. Ihnen galt die primäre Solidarität, auf ihnen ruhten die Hoffnungen in der Not. Die herkömmlichen Religionen stützten und stärkten diese Bindungen etwa durch das Gebot, die Eltern zu ehren, und dies nicht nur in der Bibel (Ex 20,12; Dtn 5,16)[10]. Anders als das Judentum trat das Christentum mit den zitierten Matthäus-Stellen in ein Spannungsverhältnis zu diesem Gebot. Um Christi Willen musste man bereit sein, sich von den Eltern loszusagen, ja zu ihren Feinden zu werden – sofern sie nicht zum Dienst am alleinigen Gott bereit waren. Dieser würde seinen Getreuen das wahre, ewige Leben schenken, selbst wenn sie auf Erden mit ihren Angehörigen im Streit leben mussten.

Das Schwert, das den natürlichen Lebensverband spaltet, stiftet und eint zugleich einen Großverband in einem primären Gebot, das dem Respekt vor den Eltern vorgeht: Es gibt einen gemeinsamen und eifersüchtigen Gott, der keinen anderen neben sich duldet und Falschgläubige über Generationen hinweg ebenso strafen wird, wie er die Rechtgläubigen belohnt (Ex 20,2–6; Dtn 5,6–10). Diese Gemeinschaft reicht über Familie, Sippe und Nachbarschaft hinaus und eint das Volk Gottes, also einen Großverband. Dessen Angehörige kennen sich nicht persönlich, erkennen sich aber über den gemeinsamen Glauben und dessen Riten. Entgegen dem deutschen Wortsinn und der ursprünglichen hebräischen Bedeutung von re^a, einem persönlich Bekannten, bezieht sich die ihnen aufgetragene Nächstenliebe gerade nicht allein auf den Nächsten, sondern auch auf entferntere Menschen. Im Alten Testament sind es die Volksgenossen, so im ein-

---

9 Mt 10,34–39; vgl. Mt 19,29; Mk 10,29; Lk 14, 26; 18,29; hier nach der Einheitsübersetzung der Heiligen Schrift, Katholische Bibelanstalt GmbH 2016, Stuttgart, auf https://www.bibleserver.com/.
10 Cic. De Inv. 2,66 für die römisch-heidnische *pietas erga parentes*; für den Buddhismus George Elison, Deus Destroyed. The Image of Christianity in Early Modern Japan, Cambridge, MA 1973 (Harvard East Asian Monographs, 72), S. 281–284, und meine Überlegungen dazu in Thomas Maissen, Pourquoi y a-t-il eu la Réformation? Le choix religieux comme une situation de crise, in: Francia. Forschungen zur westeuropäischen Geschichte 42 (2015), S. 94–110, hier 96 f. (auch für das Folgende).

schlägigen Kapitel Lev 19,18: »An den Kindern deines Volkes sollst du dich nicht rächen und ihnen nichts nachtragen. Du sollst deinen Nächsten lieben wie dich selbst.« Dieser Nächste unterscheidet sich vom »Fremden«, den es aber ebenfalls zu lieben gilt wie sich selbst, wenn »er sich bei euch aufhält« (Lev, 19,34; vgl. Ex 22,20; 23,9). Die Passage erlaubt in der jüdischen Tradition eine universalistische Auslegung, obwohl der einzelne Fremde im Land nicht mit dem äußeren Landesfeind als Kollektiv gleichzusetzen ist[11].

Im Neuen Testament fällt diese Unterscheidung zwischen Nächsten und Fremden bei der Nächstenliebe weg, die neben und mit der Liebe zu Gott das wichtigste Gebot überhaupt ist (Mk 12,30). Auch der Fremde ist ein Nächster, und sogar den Feind gilt es zu lieben, was Jesus mit einer impliziten Abwendung von der jüdischen Tradition formuliert (Mt 5,43 f.): »Ihr habt gehört, dass gesagt worden ist: Du sollst deinen Nächsten lieben und deinen Feind hassen. Ich aber sage euch: Liebt eure Feinde und betet für die, die euch verfolgen.« Die christliche Gemeinschaft umfasst dank dem Missionsbefehl (Mt 28,19 f.) nicht nur ein Volk, sondern potentiell die ganze Menschheit in einer Friedensgemeinschaft: In ihr werden letztlich alle zu Gott finden – nicht zuletzt dank dem duldenden Beispiel der Geschädigten, die dem Schädiger die andere Wange hinhalten. Dabei stellen sie familiäre Loyalitäten und entsprechende Pflichten hintan, etwa die Blutrache. Das ist die Voraussetzung dafür, dass die anonymen Angehörigen solcher Großverbände sich als Gleiche anerkennen, die Solidarität und Loyalität verdienen wie die nächsten Bekannten. Höhere Prinzipien, hier also der Glaube an den einen Gott und der Bund mit ihm, ersetzen dabei potentiell die Verpflichtungen gegenüber der ursprünglichen Umwelt von Sippe und Nachbarschaft.

Diese idealtypischen Gegenüberstellungen haben in der historischen Realität nicht zu reinen Formen geführt: Die Blutrache existiert auch in christianisierten Gesellschaften, und Angehörige der verschiedenen Monotheismen haben trotz unterschiedlichen Letztwerten oft und lange friedlich miteinander zusammengelebt, ohne sich im Namen ihres eifersüchtigen Gottes auszumerzen. Die biblischen Gebote konnten, wie diejenigen anderer Religionen, unterschiedlich gedeutet und genutzt werden, nicht zuletzt auch zur Begründung universeller Botschaften wie derjenigen, dass alle Menschen Brüder werden sollen. Aber es liegt in der Logik der gemeinschaftsbildenden heiligen Texte, dass sie neben der friedenstiftenden Botschaft für die Glaubensgenossen eine ausgrenzende gegen die Falschgläubigen beinhalten. Dabei richtete sich ihr Gewaltpotential ursprünglich, wie Assmann festhält, nicht gegen andere Völker und ihre Religionen, sondern gegen innen. Gegenüber Verrätern und Abtrünnigen, die wider die offenbarte Wahrheit handeln, war Gewalt geboten; gegen Unwissende und Verblendete dagegen Aufklärung. Durch diesen Ausschluss entstand aus dem amorphen Volk Israel als Abstammungsgemeinschaft das wahre Israel als Volk Gottes[12].

Die Zugehörigkeit zu einem wahren Volk braucht wahrnehmbare Kennzeichen, damit gerade auch Unbekannte sich untereinander als Angehörige der Großgruppe identifizieren – und andere als Fremde davon ausschließen. Schon die Aussprache eines Wortes kann nicht nur über Zugehörigkeit und Ausschluss entscheiden, sondern manchmal über Leben und Tod: Die alttestamentlichen Ephraimiter wurden zu Tausenden hingerichtet, weil sie das hebräische Wort für »Strömung« nicht wie die Gileaditer »Schibbolet« aussprachen, sondern »Sibbolet« (Ri 12,5 f.)[13]. Ähnliche historische Fälle wären die Sizilianische Vesper (1282) oder das »Petersilien-

---

11 Edward NOORT, Art. »Nächster I. Altes Testament«, in: Theologische Realenzyklopädie, Bd. 23, S. 713–716. Vgl. auch die unterschiedlichen Auslegungen des Babylonischen Talmud, Sanhedrin 37a: »Wer einen [jüdischen?] Menschen rettet, der ist, als würde er eine Welt erretten.«
12 Jan ASSMANN, Das kulturelle Gedächtnis. Schrift Erinnerung und politische Identität in frühen Hochkulturen, München 1992 (Beck'sche Reihe, 1307), S. 211 f.; auch https://www.perlentaucher.de/essay/monotheismus-und-gewalt.html#13x, letzter Aufruf am 22. März 2023.
13 Vgl. auch Simon GEISSBÜHLER, »He spoke Yiddish like a Jew«. Neighbors' Contribution to the

massaker« in der Dominikanischen Republik (1937). Tatsächlich sind die sprachlichen und anderen Unterschiede zwischen Individuen und Kollektiven zahllos. Viele werden einfach als »anders« wahrgenommen, weit weniger als »fremd«; und nur vereinzelte als »feindlich« oder gar »todeswürdig«. Wer im Alltag die vielen möglichen Differenzen zum Anlass nähme, um andere anzufeinden und Konflikte vom Zaun zu reißen, der würde als Streitsüchtiger umgehend selbst aus seiner Eigengruppe ausgeschlossen.

Gleichwohl definiert sich jedes Kollektiv selbst über bestimmte Kriterien, die es von anderen unterscheiden. Diese Kriterien und ihre Maßstäbe sind weder beliebig noch von der Natur vorgegeben, sondern dem historischen Wandel unterworfen, obwohl sie häufig essenzialisiert werden, um Identität zu stiften. Diese Unterschiede verlaufen quer zu den Gemeinsamkeiten, die unter Sippenangehörigen und Nachbarn dominieren. Lebensverhältnisse, Tätigkeiten, Sprache und Aussprache, Glaube, Ethnie, Hautfarbe, Sexualpraktiken – sie alle sind dort weitgehend ähnlich. Keine dieser Differenzen muss zur Ausgrenzung aus der Eigengruppe führen, doch grundsätzlich kann es jede: die geographische oder kulturelle Herkunft, religiöse Praktiken, Reichtum oder Armut, selbst die Haarfarbe (Albinismius oder Rutilismus).

Sigmund Freud thematisierte diese Option als »Narzissmus der kleinen Differenzen«, eine »bequeme und relativ harmlose Befriedigung der Aggressionsneigung, durch die den Mitgliedern der Gemeinschaft das Zusammenhalten erleichtert wird«. Als Beispiele dafür, wie ein Kollektiv zur Identitätsstiftung aus der Gesellschaft ausgeschlossen wurde, nannte Freud neben der Bourgeoisie in der Sowjetunion und den Juden unter deutschen und anderen »Wirtsvölkern« ein nur scheinbar paradoxes Phänomen:

> »Nachdem der Apostel Paulus die allgemeine Menschenliebe zum Fundament seiner christlichen Gemeinde gemacht hatte, war die äußerste Intoleranz des Christentums gegen die draußen Verbliebenen eine unvermeidliche Folge geworden; den Römern, die ihr staatliches Gemeinwesen nicht auf die Liebe begründet hatten, war religiöse Unduldsamkeit fremd gewesen, obwohl die Religion bei ihnen Sache des Staates und der Staat von Religion durchtränkt war«[14].

Auch Freud müsste man an dieser Stelle korrigieren: nicht »obwohl«, sondern »weil die Religion Sache des Staates« war. Das Römische Reich betrieb keine religiöse Vereinheitlichung, solange die verschiedenen Religionen sich in den vorgegebenen Rahmen einfügten, also sich der weltlichen Herrschaft bedingungslos unterordneten. War dies nicht der Fall, konnten die römischen Herrscher sich durchaus intolerant zeigen gegen religiöse Gruppierungen. Da sie den Kaiserkult verweigerten, erfuhren dies nicht zuletzt die Christen selbst. Es war aber keine autonome Sekte oder »Kirche«, welche definierte, was religiös konformes Handeln war, sondern dieselben römischen Würdenträger wie in der Politik: Der Pontifex Maximus war ein politisches Amt unter anderen, und seit Augustus hatte es der Kaiser inne.

Die kleine Differenz schafft die Unterscheidung von der Eigengruppe, die vermeint, grundsätzlich friedlich miteinander leben zu können, und dem inneren Feind, den es zu externalisieren oder zu exterminieren gilt, weil er mit dem äußeren Feind konspiriert und den inneren Frieden stört, ja verhindert. Religionen sind seit jeher dazu prädestiniert, solche Differenzen zu benennen und auszuweisen. Fest definierte Glaubenspraktiken und das Wissen um grundlegende Glaubenssätze oder gar theologisch formulierte Dogmen weisen die Zugehörigkeit aus. Die Rechtgläubigen zelebrieren diese Gemeinsamkeiten im regelmäßigen und liturgisch

---

Mass Killing of Jews in Northern Bukovina and Bessarabia, July 1941, in: Holocaust and Genocide Studies 28 (2014), S. 430–449.

14 Sigmund FREUD, Das Unbehagen in der Kultur, in: Gesammelte Werke, Bd. 14, hg. von Anna FREUD u. a, London 1948, S. 474.

geregelten Gottesdienst. So erfahren sie sich als lokale Solidargemeinschaft ebenso wie als Teil einer umfassenden Glaubensgemeinschaft, etwa der universellen und alleinseligmachenden Kirche.

Besonders trennscharf formulieren die Monotheismen mit ihrem Anspruch auf exklusive Wahrheit und (Bundes-)Treue die Grenzen zwischen Eigen- und Fremdgruppen. Dazu komplementär ist eine Rhetorik der Reinheit und Sauberkeit oder, wo diese fehlt, der Säuberung. Gott vertilgt die Feinde seines Volkes und diejenigen, die seine Gebote missachten (Ex 23,23; Lev 23,30; 26,30; Num 33,52; Dtn 7,22 und passim). Das Ergebnis der Reinigung ist ein geeintes Volk unter einem einzigen König (Ez 37,21–24):

> »Ich will die Israeliten herausholen aus den Völkern, wohin sie gezogen sind, und will sie von überall her sammeln und wieder in ihr Land bringen und will ein einziges Volk aus ihnen machen im Land auf den Bergen Israels, und sie sollen allesamt einen einzigen König haben. […] Und sie sollen sich nicht mehr unrein machen mit ihren Götzen und Gräuelbildern und allen ihren Sünden. Ich will sie retten von allen ihren Abwegen, auf denen sie gesündigt haben, und will sie reinigen, und sie sollen mein Volk sein, und ich will ihr Gott sein.«

Die vorangehenden Überlegungen gehen von den monotheistischen Religionen aus, weil sie gut fassbare und frühe Narrative liefern, um die Bildung von Großgruppen durch Inklusion und Exklusion zu rechtfertigen. Das bedeutet nicht, dass die Monotheismen nur eine partikularistische, ausschließende Botschaft verkünden; aber sie gehört ebenso zu ihnen wie die universalistische Leseweise. Ebenso wenig haben das Judentum oder andere Monotheismen die Gewalt als solche unter die Menschen gebracht; diese gehört zur *condition humaine* und ist wohl fast allen Lebewesen eigen. Erst recht sind Religionen nicht *per se* für Morde, Massenverbrechen oder gar Genozide verantwortlich; vielmehr sind das diejenigen Menschen, die – manchmal mit Berufung auf eine Religion – zu Mördern werden. Nicht zuletzt lassen Religionen in der Regel die Option der Bekehrung zu, wenn der Gewalteinsatz nicht sogar gerade dies bezweckt: nicht einen Völkermord, sondern einen »Religionsmord«, also die Vernichtung der anderen Glaubensoption. Moderne Ideologien wollen dagegen (vermeintlich) durch die Natur gegebene Differenzen von Rassen oder Völkern ausmerzen und sind damit viel anfälliger für eine genozidale Logik als Religionen.

Das Vizinizid als Beitrag zur Ausbildung von Großgruppen

Das monotheistisch legitimierte Gewaltpotential ist demnach keineswegs der einzig denkbare, aber ein historisch früher und wesentlicher Faktor für die Ausbildung und Identität von anonymen Großgruppen. Es bleibt oft latent, doch wenn es ausbricht, kann sich das Schwert sogar gegen die Allernächsten richten, die Familienangehörigen – oder die Nachbarn, um die es im Folgenden geht. »Den möchte ich am liebsten umbringen«: Dieser Gedanke dürfte bei Streitigkeiten unter Nachbarn bereits vielen durch den Kopf geschossen sein. In der Regel bleibt es bei der zornigen Redensart. Dennoch beschäftigen Nachbarschaftskonflikte nicht nur viele Gerichte, sondern stehen auch am Anfang zahlreicher Gewaltdelikte. In Fällen von Mord und Totschlag lebten in Deutschland 2021 Opfer und Täter in 17,7 Prozent der Fälle im gemeinsamen Haushalt, in 3,3 Prozent waren sie in einem anderen engen (Erziehungs-)Verhältnis. Keine räumliche und soziale Nähe gab es in 31,4 Prozent der Fälle, in 35,2 Prozent war diese aber gegeben[15]. In einer deutlichen Mehrzahl der geklärten Vorbeziehungen kannten sich also

---

15 https://de.statista.com/statistik/daten/studie/152753/umfrage/verteilung-der-opfer-tatverdaechtigen-beziehung-bei-mord-und-totschlag/, letzter Aufruf am 22. März 2023.

Opfer und Mörder. Das gilt auch für die USA, wo 2021 etwa gleich viele Nachbarn (106) einem Mord zum Opfer fielen wie Brüder oder Töchter[16].

Von solchen Gewalthandlungen unter Bekannten zu unterscheiden ist der Mord an Nachbarn (lat. *vicinus*) als historisches Phänomen und historiographisches Paradigma, das im Folgenden als Vizinizid definiert werden soll. Neuzeitliche Wortbildungen auf -zid, wie Suizid (17. Jh.) und Genozid (durch Raphael Lemkin 1944), erfolgten analog zu der antiken etwa in *homicidium* (Totschlag) oder *parricidium* (Verwandtenmord). Damit sind diese Substantive Neutra, auch wenn im Deutschen das Maskulinum gebräuchlich geworden ist. Mit der Ausnahme von »Genozid« bezeichnen diese Neologismen Phänomene, die zum Zeitpunkt der Wortprägung altbekannt waren, aber so eine autonome (wissenschaftliche) Bedeutung erhielten. Ein aktuelles Beispiel ist das »Femizid«, das vor allem dank Diana Russells Forschungen um das Jahr 2000 in der Wissenschaft greifbar wurde, aber erst seit kurzem in den öffentlichen Debatten[17].

Den Mord an Nachbarn haben vor allem Anthropologen als Untersuchungsthema definiert[18]. Solche Ansätze sind in der historischen Forschung etwa in Arbeiten zu den Hexenverfolgungen aufgegriffen worden[19]. Noch wichtiger war der Blick auf die Trias Täter, Opfer und Zuschauer, der seit den 1990er Jahren für die Holocaustforschung im Gefolge von Raul Hilberg und Saul Friedländer programmatisch wurde[20]. Für den Nachbarn als Täter waren die Arbeiten von Jan Gross wegweisend, der die Rolle der lokalen polnischen Bevölkerung bei der Ermordung der jüdischen Einwohner namentlich in Jedwabne (1941) und später in Kielce (1946) untersuchte[21]. Der Holocaust hat seither eine Reihe von meist mikrohistorischen Arbeiten über *intimate violence* gefunden[22]. Daneben war vor allem das Genozid in Ruanda Ausgangspunkt von lokalen Fallstudien zum Nachbarschaftsmord. Lee Ann Fujii hat die situative Dynamik aufgezeigt, wenn sich Täter erst dann eine manichäische Regierungspropaganda aneigneten, als sie vor Ort Gruppen bildeten und sich gegen ihre bis dahin befreundeten Nachbarn wandten. »Killing produced groups, and groups produced killing«. Unversöhnlicher Hass gegen die an-

---

16 https://crime-data-explorer.app.cloud.gov/pages/explorer/crime/shr, letzter Aufruf am 22. März 2023.
17 Jill RADFORD, Diana E. H. RUSSELL, Femicide. The Politics of Woman Killing, Buckingham 1992; Diana E. H. RUSSELL, Femicide in Global Perspective, New York 2001 (Athene series).
18 Jon HOLTZMAN, Killing Your Neighbors. Friendship and Violence in Northern Kenya and Beyond, Oakland, CA 2017 (https://toc.library.ethz.ch/objects/pdf03/z01_978-0-520-29191-1_01.pdf). Als vergleichende Studie zu einem besonderen Aspekt der Grausamkeit, Folter und Verstümmelung liegt vor: Sidi N'DIAYE, Neighbour Murders in Rwanda and Poland: What Mutilated Bodies and Killing Methods Tell us about Historical Imaginaries and Imaginaries of Hatred, in: Human Remains and Violence: An Interdisciplinary Journal 2 (2016), S. 3–22. Für die Nachwirkung Harvey M. WEINSTEIN, Eric STOVER (Hg.), My Neighbor, My Enemy: Justice and Community in the Aftermath of Mass Atrocity, Cambridge, New York, NY 2004.
19 Robin BRIGGS, Witches & Neighbours. The Social and Cultural Context of European Witchcraft, London 1996.
20 Raul HILBERG, Täter, Opfer, Zuschauer. Die Vernichtung der Juden 1933–1945, Frankfurt am Main ⁴1992.
21 Jan T. GROSS, Neighbors. The Destruction of the Jewish Community in Jedwabne, Poland, Princeton, NJ 2001; dt. DERS., Nachbarn. Der Mord an den Juden von Jedwabne, München 2001.
22 GEISSBÜHLER, »He spoke Yiddish like a Jew« (wie Anm. 13); Natalia ALEKSIUN, Intimate Violence: Jewish Testimonies on Victims and Perpetrators in Eastern Galicia, in: Holocaust Studies (2016), S. 1–17; Jeffrey KOPSTEIN, Jason WITTENBERG, Intimate Violence. Anti-Jewish Pogroms on the Eve of the Holocaust, Ithaca 2018; Omer BARTOV, Anatomy of a Genocide. The Life and Death of a Town Called Buczacz, New York, NY u. a. 2019; vgl. Claire ZALC, Tal BRUTTMANN (Hg.), Microhistories of the Holocaust, New York, NY 2016 (War and Genocide, 24), Index s. v. »neighbor«.

dere Ethnie oder Furcht vor ihr waren laut Fujii nicht die schon lange existierenden Ursachen, sondern eher die Folgen der Bluttaten von 1994[23]. In (impliziter) Abgrenzung von Fujii betont Hélène Dumas die jahrzehntelang gewachsene rassistische Dämonisierung der Tutsi als langfristige Voraussetzungen dafür, dass zunehmend radikalisierte Hutu die frühere Vertrautheit mit ihren Nachbarn 1994 fast schlagartig durch hasserfüllte Angriffe ersetzen konnten[24].

In dieser Einleitung braucht ein Nichtfachmann zwischen solchen unterschiedlichen Gewichtungen nicht zu wählen. Es reicht die Feststellung, dass das Phänomen der Nachbarschaftsmorde zunehmend an Beachtung gewinnt, nicht zuletzt wegen aktueller Ereignisse etwa in Indien[25]. Unlängst konnte für die Genozidforschung sogar von einem »Neighbourly Turn« gesprochen werden[26]. Dennoch waren die vielen Fallstudien bisher noch nicht Ausgangspunkt für systematische, über den Holocaust hinausweisende Analysen des Phänomens. In einem Sammelband von 2008 mit dem programmatischen Titel »Why Neighbors Kill« gehen nicht einmal die Herausgeber grundsätzlich auf ihre Frage ein. Von zehn Beiträgen analysiert nur einer (Hewstone et al.) tatsächlich die Morde durch Nachbarn, während eine Autorin – Patricia Marchak – dezidiert, aber nicht ganz überzeugend die Position vertritt, dass grundsätzlich nicht Nachbarn, sondern Staaten die Verantwortung für Morde in der Nachbarschaft tragen. Das eigentliche Interesse des Bandes gilt nicht diesem Phänomen, sondern dem Auseinanderbrechen von (ethnisch) gemischten Gemeinschaften in Genoziden[27].

Auch die vorliegende Einführung kann weder die bisherige Forschung synthetisieren noch eine umfassende Deutung entwickeln. Sie ist eher als Anregung zu verstehen, dass es sich lohnen dürfte, vergleichende Fragestellungen zu entwickeln. Was macht das Vizinizid als historisches Phänomen aus? Es ist insofern weniger anthropologisch denn historisch, als das ihm innewohnende Gewaltpotential wohl eine Konstante darstellen kann, dieses aber nur in einer Ausnahmesituation ausbricht. In ihr kombiniert das Vizinizid lokale Gewalthandlungen, die auf Nachbarn beschränkt bleiben, mit einem überlokalen, vielleicht sogar universellen Gegensatz zwischen unvereinbaren Prinzipien.

1. Das Vizinizid trifft Nachbarn, die der Täter zumindest in dem Sinn kennt, dass er sie erkennt und zuordnen kann, wenn er sie gelegentlich trifft. Das impliziert keine persönliche Bekanntschaft oder affektive Nähe, aber doch ein Wissen um Wohnort, (religiöse) Praktiken, Zugehörigkeit zu bestimmten Kollektiven und anderes mehr. Die Nachbarschaft ist keine fest definierte, aber jedenfalls eine überschaubare Größe, die man unter normalen Umständen als Schicksalsgemeinschaft erlebt.

---

23 Lee Ann Fujii, Killing Neighbors. Webs of Violence in Rwanda, Ithaca. NY, London 2009, hier S. 97–102, 186.
24 Fujii ist nur beiläufig erwähnt in Hélène Dumas, Le génocide au village. Le massacre des Tutsi au Rwanda, Paris 2014 (L'univers historique), S. 16, 22; vgl. vor allem S. 239–299 (Kap. 4: »Tuer ses voisins«); vgl. auch dies., Sans ciel ni terre. Paroles orphelines du génocide des Tutsi (1994–2006), Paris 2020.
25 Steven I. Wilkinson, Votes and Violence. Electoral Competition and Ethnic Riots in India, Cambridge 2004 (Cambridge Studies in Comparative Politics).
26 Jean-Philippe Belleau, »Neighbor« is an Empty Concept. How the Neighbourly Turn in Mass Violence Studies has Overlooked Anthropology and Sociology, in: Journal of Genocide Research (2022), S. 1–21, hier 2; vgl. zum »Turn« auch den Tagungsbericht: Neighborliness in Global Perspective, in: H-Soz-Kult, 10. Juni 2021, www.hsozkult.de/conferencereport/id/fdkn-127529, zuletzt aufgerufen am 22. März 2023.
27 Victoria M. Esses, Richard Vernon (Hg.), Explaining the Breakdown of Ethnic Relations. Why Neighbors Kill, Oxford, Malden, MA 2008 (Social Issues and Interventions), S. 2, thematisiert einführend Nachbarschaftsmorde, ohne dass dies in der Zusammenstellung von Einzelstudien wirklich aufgegriffen wird.

2. Das Vizinizid ist weder eine spontane Tat aus dem Affekt noch ein lange und vorsätzlich geplantes Verbrechen. Es braucht einen konkreten Auslöser und richtet sich dann nicht gegen zufällige, sondern gegen wohl definierte und bekannte Opfer.
3. Anders als bei einem reinen Nachbarschaftskonflikt handelt der Mörder zwar individuell und aus eigenem Antrieb, aber nicht isoliert, sondern als Teil eines Kollektivs – selbst wenn er seine Opfer gezielt aussucht.
4. Ein direkter, persönlicher Streit ist als Motiv nicht nötig. Hinreichender Anlass für ein Vizinizid ist die Zugehörigkeit des Opfers zu einem Großkollektiv, das mit politischen, religiösen oder ethnischen Begründungen so dargestellt wird, dass es dem eigenen diametral entgegensteht.
5. Da Täter und Opfer unterschiedlichen Großkollektiven angehören, legitimieren überlokale Kategorien den lokalen Mord. Anders als eine individuell motivierte Bluttat etwa im Streit oder mit dem Ziel der Bereicherung erfüllt das Vizinizid damit (auch) eine soziale Funktion: Die Täter »reinigen« und vereinheitlichen ihre Nachbarschaft, die im Sinne der Religion, der Ethnie, der Nation, der Ideologie oder anderer »höherer Prinzipien« homogen werden soll. Das Vizinizid ist nicht nur ein Mord an einem Nachbarn, sondern der Mord dient – in den Augen des Täters – seiner Nachbarschaft als Solidarverband. Denn diejenigen werden ausgemerzt, die man fürchtet oder hasst, da sie mit ihren abweichenden Letztwerten und Prinzipien diese Solidarität (angeblich) unterwandern. Insofern erscheint die Gewalttat nicht als Angriff, sondern als Reaktion und »Notwehr« gegen die zu Unrecht Übermächtigen, etwa im politischen (Tutsi) oder ökonomischen (Juden) Bereich.
6. Die Säuberung und Homogenisierung der lokalen Gemeinschaft will die Nachbarschaft irreversibel verändern. Es kann Überlebende geben, aber sie sollen sich bedingungslos unterwerfen oder, noch besser, flüchten und nie wieder zurückkommen. Meist fehlt ihnen, die aus der Nachbarschaft ausgestoßen sind, ohnehin die wirtschaftliche und moralische Lebensbasis an ihrem bisherigen Wohnort. Anders als ein Genozid zielt das Vizinizid damit nicht auf die umfassende Vernichtung einer Fremdgruppe, sondern primär auf ihre Vertreibung aus der unmittelbaren Nachbarschaft.
7. Eine zentrale Rolle spielen beim Vizinizid weitere Motive wie Gier und Neid. Wenn die Präsenz der Opfer in der Nachbarschaft und ihr sozialer Status delegitimiert sind, dann wird es legitim, sie ihrer Habe zu berauben. In dieser Überzeugung können die Mörder gleichsam kompensatorisch beanspruchen, zuvor – angeblich oder real – erlittene Benachteiligungen wettzumachen. Solche individuellen Motive zielen insbesondere auf knappe Ressourcen: die Beförderung oder Verteidigung einer individuellen oder kollektiven Führungsstellung, die Verfügungsgewalt über Frauen und evtl. Kinder der Ermordeten und besonders der Raub von deren Land, Wohnungen, Möbeln und anderen Besitztümern, obwohl diese oft nur bescheiden sind. Gewinn in diesen Bereichen braucht in normalen (Friedens-)Zeiten lange, sofern er überhaupt eintritt. Unruhen und (Bürger-)Kriege dagegen sind Ausnahmesituationen, von denen Skrupellose mit geringem Risiko schnell profitieren können.
8. Der Mörder kann im Moment der Tat davon ausgehen, dass sie keine Strafe nach sich ziehen wird, weil die höheren Prinzipien sie legitimieren. Wer beim Vizinizid nicht mitmacht oder gar den Opfern hilft, der verstößt gegen »natürliche« Gefolgschaftspflichten in Familie, Nachbarschaft oder Patronage, die schwerer wiegen als die meist zufällige Nachbarschaftsbeziehung. Insbesondere wird der Mord aber von der eigenen Großgruppe gewünscht, von der Obrigkeit geduldet oder befördert und entspricht vielleicht sogar Gottes Willen.
9. Milizen oder reguläre Truppen können beim Vizinizid mitwirken, vor allem wenn es Teil von (Bürger-)Kriegen oder »ethnischen Säuberungen« ist. Seine Gewaltformen entsprechen aber nicht den Massakern und Massenverbrechen, die wie Lidice oder Oradour durch staatliche oder militärische Stellen angeordnet werden. Dazu können Vizinizide allenfalls beitragen, zumal wenn die Machthaber sie zum »spontanen« Ausdruck des »Volkszorns«

erklären; und insofern obrigkeitlichen und amtlichen Stellen die lokalen Kenntnisse fehlen, um Wohnorte und Verstecke der Verfolgten zu finden.
10. Insofern ähnelt das Vizinizid dem Pogrom, das in seiner historischen und begrifflichen Genese blutige Ausschreitungen gegen jüdische Gemeinschaften im Zarenreich beschrieb, später auch für andere Regionen und, in der Forschungsliteratur zunehmend, in Bezug auf andere Opfergruppen verwendet wurde. Pogrome richteten sich meist gegen die Einwohner von ausgewiesenen und ausgegrenzten Ghettos und ermöglichten auch Ortsfremden die Beteiligung. Dagegen definiert das Paradigma »Vizinizid« die tendenziell gemischte Nachbarschaft als Untersuchungsort und -gegenstand und untersucht die Gemengelage von Motiven und das Verhalten von Akteuren, die sich auch subjektiv als Nachbarn wahrnehmen und vor der Tat miteinander auskamen und sogar befreundet sein konnten. Das Vizinizid bezieht sich damit auf das größtmögliche Kollektiv, in dem Mörder und Opfer sich zumindest vom Sehen her noch persönlich bekannt sind.

Als Paradigma fokussiert das Vizinizid die Schnittstelle zwischen lokal begründeten Spannungen und »höheren« Prinzipien, die in einer katalysatorischen Situation den Mord an Nachbarn rechtfertigen, ja dazu anhalten. Religion, Ideologie, ethnische und nationale Zugehörigkeit stehen als legitimierende Letztwerte im Vordergrund, wenn man erklären will, wie die zufällige physische Nähe der Nachbarschaft eine neue Form gewinnt einerseits in einer durch gemeinsames Töten besiegelten Solidarität der Täter (und Zuschauer) und andererseits in der Ausmerzung der Ermordeten und der Vertreibung der Überlebenden. Das Vizinizid ist gleichsam das teilkollektive Opferritual, in dem der inkompatible Teil der lokalen Gemeinschaft ausgestoßen wird, damit diese auf einer höheren Ebene mit einem Verband kompatibel wird, der Menschen vereint, die sich nicht mehr persönlich kennen, aber sich durch eindeutige dichotomische (Letzt-)Werte enger verbunden fühlen als durch die Zufälle ihrer Geburtskonstellation.

(Bürger-)Kriege sind oft die Ausnahmesituationen, die Vizinizide ermöglichen. Sie schwächen die Resilienz von Individuen und Gesellschaften, sie steigern Bedrohungsängste und heizen den Kampf um verknappte materielle und symbolische Ressourcen an. In dieser Fragilität liegt es nahe, die Schuld bei lokalen Minderheiten und Sündenböcken zu suchen, die durch ein überlokales, möglichst universelles Narrativ als Schuldige ausgewiesen werden. Dessen Sprache ist, auch wenn sie etwa als »Endlösung« säkularisiert wurde, stark religiös geprägt: Reinigung, Säuberung, Erlösung. Saul Friedländer hat deshalb treffend von einem »Erlösungsantisemitismus« gesprochen[28]. Auch abgesehen vom Holocaust ist für die Erklärung von Viziniziden die Erwartung entscheidend, dass das eigene (und eigennützige) Tun teilhat an, ja zusammenfällt mit einem übergeordneten und sogar gottgewollten Plan.

Für den ruandischen Fall hat Fujii von einem »Script for violence« gesprochen, das die Hutu-Extremisten in Regierung und Medien propagierten und die Akteure vor Ort je nach Interessenlage, Motiven und Handlungsspielräumen unterschiedlich umsetzten[29]. Solche Skripte oder Narrative erklären auch in anderen historischen Fällen die höheren Prinzipien, welche die Anwendung von Gewalt, Mord und Raub legitimieren. Sie können mündlich oder schriftlich, mehr oder weniger differenziert vermittelt werden. Der Vorteil der monotheistischen Gewaltrhetorik besteht darin, dass sie in relativ leicht zugänglichen Heiligen Schriften in einer kraftvollen Sprache ausformuliert zur Verfügung steht, um auf eine konkrete Konfliktsituation angewandt zu werden.

---

28 Saul Friedländer, Das Dritte Reich und die Juden: 1939–1945, München 2006, S. 87–128.
29 Fujii, Killing Neighbors (wie Anm. 23), 13, 19 f., 185 f.

Vergleichende Überlegungen

Der Blick in die oben erwähnte Literatur zum Nachbarschaftsmord zeigt eine manchmal implizite, manchmal moralisch formulierte Grundannahme, dass der Mord an einem Nachbarn besonders verwerflich, ja unnatürlich sei[30]. Dagegen hat unlängst Jean-Philippe Belleau dezidiert festgehalten, dass Nachbarschaft nicht gleichbedeutend ist mit persönlicher Nähe, sozialer Bindung oder friedlichem Zusammenleben: »Vicinity is not sociality, vicinity is not unlimited, sociality is not irenic«[31]. Das Zitat ist allzu kategorisch, da gerade in vormodernen Gesellschaften räumliche Nähe entscheidend dazu beitrug, dass langfristige Abhängigkeiten und Schicksalsgemeinschaften entstanden. Sie garantiert aber ebenso wenig wie der Familienverband *per se* dauerhaft friedliches Zusammenleben. Wer zuvor Ehepartner, Freund, Kollege oder guter Nachbar war, kann Feind und Mörder werden – Beispiele sind alltäglich. Auch die erwähnten Mordstatistiken zeigen, dass Täter ihre Opfer deutlich öfter kennen, als dass dies nicht der Fall ist. Insofern liegt es, auch moralisch, nicht zwingend näher, dass man einen Unbekannten nur deshalb erschießt, weil er eine andere Uniform trägt, als dass man Nachbarn ermordet, mit denen man im Streit ist – oder deren Überzeugungen und Werte man mit den eigenen für inkompatibel ansieht.

Die Erwartung, dass räumliche Nähe Geselligkeit und Solidarität hervorbringe, entspricht dem unbeschwerten Nebeneinander in wohlwollender Indifferenz, die Nachbarschaften im heutigen Westen zumeist auszeichnet. Wer überlässt seinem Nachbarn nicht bereitwillig eine Packung Nudeln, wenn dieser das Einkaufen vergessen hat? Dabei geht gerne vergessen, dass Nachbarschaftskonflikte einst und anderswo nicht wegen überflüssiger, sondern wegen knapper und abnehmender Ressourcen ausbrachen. Bei der Deutung des Genozids in Ruanda als ethnischer Konflikt wird oft übersehen, dass der demographische Druck, längere Dürreperioden und der Preisverfall für die wichtigsten Exportprodukte Kaffee und Zinn so zusammenwirkten, dass Verzweifelte ihre Existenznöte zu beheben hofften, wenn sie ihre Nachbarn umbrachten. Das erklärt, weshalb nicht nur Tutsi, sondern auch zahlreiche Hutu dem Genozid zum Opfer fielen und ihr Hab und Gut geraubt wurde[32].

Mit dieser Perspektive erlaubt das Paradigma Vizinizid epochenübergreifende Vergleiche von Phänomenen wie den konfessionell begründeten Massenmorden der Frühen Neuzeit und den ethnischen in Ruanda, aber auch von (Teil-)Ereignissen des Armeniergenozids, der Shoah, des jugoslawischen Bürgerkriegs und der allzu zahlreichen weiteren kollektiven Nachbarschaftsmorde der Geschichte. Vergleichen bedeutet nicht Gleichsetzen: Die genannten Ereignisse unterscheiden sich in vielerlei Hinsicht. So können Vizinizide Teil eines Genozids sein, das aber in seinem umfassenden Vernichtungswillen ganz andere Dimensionen annimmt und in seiner Systematik nur staatlich organisiert werden kann. Als intendiertes Massenverbrechen ist es damit ein relativ junges historisches Phänomen[33]. Für ältere und andere Formen von Massengewalt braucht es eine andere Terminologie. So hat Christian Gerlach am Beispiel von Indonesien (1965/66) und der Vernichtung der Armenier die „partizipatorische Gewalt" eingebracht[34].

„Vizinizid" kann dieses analytische Arsenal erweitern und schärfen. Nicht zuletzt erleichtern eine den Phänomenen angemessene Begrifflichkeit und ein komparativer Ansatz Augen-

---

30 Stellvertretend DUMAS, Le génocide au village (wie Anm. 24), S. 26f.
31 Vgl. hierzu und zu den Durkheim'schen Prämissen BELLEAU, »Neighbor« is an Empty Concept (wie Anm. 26), S. 2, 5.
32 Jared M. DIAMOND, Kollaps. Warum Gesellschaften überleben oder untergehen, Frankfurt am Main ⁶2005, S. 387–408.
33 Anders sieht dies Ben KIERNAN, Erde und Blut. Völkermord und Vernichtung von der Antike bis heute, München 2009.
34 Christian GERLACH, Extrem gewalttätige Gesellschaften. Massengewalt im 20. Jahrhundert, München 2011.

maß in einem Feld, das durch die Leiden und die Konkurrenz der Opfer charakterisiert und emotionalisiert ist. Insbesondere der Begriff »Genozid« wird mit geschichtspolitischen Motiven inflationär genutzt, etwa in der These eines *génocide vendéen*[35]. Das Paradigma »Vizinizid« ist (nur) ein Beitrag für Differenzierungen, die den Dimensionen und Konsequenzen von Massengewalt gerecht werden sollen und entsprechende vergleichende Fragestellungen erlauben. Handelt es sich um ein lokal isoliertes Vizinizid, ist es Teil einer Vielzahl ähnlicher Mordtaten, oder fügen sich diese in einen landesweit oder länderübergreifend organisierten Völkermord ein? Der Fokus auf konkrete Nachbarschaften erleichtert es, das Zusammenspiel von Motiven zu analysieren. Wie nahe oder fern standen sich Täter- und Opferkollektive vor dem Vizinizid? Welche Konflikte, Vorgehensweisen und handlungsleitenden Zukunftserwartungen erklären sich aus dem zwischenmenschlichen lokalen Kontext, welche aus den höheren Prinzipien und ihren Gewalt legitimierenden religiösen, nationalen oder ideologischen Großerzählungen? Fällt die (staatliche) Obrigkeit in der Anarchie des (Bürger-)Krieges als neutrale Ordnungsmacht weg[36]? Oder schlägt sich die Staatsgewalt auf die Seite der Mörder, toleriert und rechtfertigt sie zumindest deren Vorgehen? Regt sie das Vizinizid selbst an, oder übernimmt sie, nach dessen Beginn, die Führung und weitet es aus[37]?

Der historische Vergleich führt über die quellennahe Rekonstruktion von Gewalttaten hinaus und erlaubt weiterführende Fragen nach anthropologischen und gesellschaftlichen Grundmustern des Verhaltens. Der Vergleich ist besonders dann aufschlussreich, wenn das Vizinizid im Spannungsverhältnis und beim Übergang zwischen der Nachbarschaft und einem größeren Ganzen, zum Beispiel dem (Gottes-)Volk, betrachtet wird. Nachbarn kennen sich persönlich und trauen sich deshalb zu, ihre Zuverlässigkeit, Hilfsbereitschaft, Ehrlichkeit und Vertrauenswürdigkeit wechselseitig zu beurteilen – sei es aus eigener Erfahrung, aufgrund von Erzählungen und Gerüchten oder anderen (Vor-)Urteilen. Im anonymen Großverband, der viele Nachbarschaften inkorporiert, ersetzen gemeinsame Grundwerte und Prinzipien diese persönliche Vertrautheit.

Wie erkennen die Angehörigen der Eigengruppe trotzdem, wer in dieser erweiterten Umwelt zu ihnen gehört und wer zur Fremdgruppe? Moderne Staaten erfassen distinktive Merkmale über Volkszählungen, Meldeämter, Ausweise und Listen etwa von Steuer- und Dienstpflichtigen, wobei historisch gesehen die kirchlichen Taufbücher eine entscheidende Vorläuferrolle spielten. Wo solche Institutionen fehlen oder nur wenige Daten erfassen, überbrückt der persönliche Bekannte und insbesondere der Nachbar den Abstand zwischen den allgemeinen, abstrakten Kriterien der Ein- und Ausgrenzung und den konkreten Verhältnissen in seinem Dorf oder Stadtviertel.

Im Hinblick auf Gewalttaten lässt sich das so formulieren, dass der künftige Täter (oder Denunziant) das künftige Opfer erkennen wird, weil er seinen alten Nachbarn schon kennt; und nicht zuletzt dessen Gewohnheiten, vielleicht auch Verstecke, seine Geheimnisse. Häufig fehlen eindeutige äußerliche Merkmale, die es erlauben würden, Freuds ja nur »kleine Differenzen« und damit ein Opfer eindeutig zu identifizieren. Die wahre religiöse Überzeugung kann sich hinter dem äußeren Schein verbergen, was bei Morisken und Marranen immer wieder Anlass zu Verdächtigungen und Verfolgungen gab. Im konfessionellen Zeitalter sprachen analog Zeit-

---

35 Jean-Clément MARTIN, Sur la guerre de Vendée et le »concept de génocide«, une mise au point historique, in: AGHORA et Tribunes (2018).
36 Ein bezeichnendes Beispiel sind die Plünderungen und Nachbarschaftsmorde an Juden im Vakuum des Jahres 1941, nachdem die Vertreter der öffentlichen Ordnung aus den westlichen Teilen der UdSSR schon abgezogen, die deutschen Eroberer aber noch nicht eingetroffen waren, vgl. GEISSBÜHLER, »He spoke Yiddish like a Jew« (wie Anm. 13).
37 Die Führungsrolle von staatlichen Autoritäten betont Patricia MARCHAK, Why Do States Kill Citizens? Or, Why Racism Is an Insufficient Explanation, in: ESSES, VERNON (Hg.), Explaining the Breakdown (wie Anm. 27), S. 171–191.

genossen von »Kryptopapisten« oder »Kryptocalvinisten«. Im 20. Jahrhundert waren religiöse Juden oft durch ihre Kleidung und äußere Erscheinung erkennbar, aber viele andere in ihrem Selbstverständnis und Auftreten assimiliert. Wo es keine bürokratischen Verfahren wie den Ariernachweis gab, konnten nur ihre Nachbarn sie erkennen und den Mordaktionen zum Beispiel deutscher oder verbündeter Soldaten preisgeben[38].

Unverzichtbar war die Identifikation in den Massakern an Tutsi und Hutu in Ruanda und Burundi, auch vor und nach dem Genozid von 1994. Es handelt sich ursprünglich um eine wandelbare ständisch-soziale Einteilung von (herrschenden) Viehhaltern, den Tutsi, und (hörigen) Bauern, den Hutu. Erst die Kolonialmächte Deutschland und Belgien machten daraus eine vererbbare ethnisch-rassistische Unterscheidung. Entscheidend für die anfängliche Einordnung als Tutsi waren gleichwohl Eigentum und Machtstellung, während die angeblich sichtbaren Kriterien (wie Körpergröße und Hautfarbe) noch unschärfer und unzuverlässiger waren als europäische Redeweisen von einem nordischen oder mediterranen Typ. Dennoch trifft es die Sache nicht, wenn Stéphane Audoin-Rouzeau von einer »différence inexistante« zwischen den beiden Ethnien spricht oder diese als rein subjektiv abtut[39]. Die essenzialistischen Implikationen dieser Sichtweise legen nahe, dass es objektive Unterscheidungen gäbe, die zur Abgrenzung mehr Sinn ergäben – als ob die nationalsozialistischen Kategorien von Ariern, Volljuden, Vierteljuden oder Achteljuden und ihre medizinisch unhaltbare Begründung mit dem Blut »objektiv« gewesen wären, nur weil sie in klare Gesetze gefasst wurden. Welche der vielen mehr oder weniger objektivierbaren Eigenschaften von Menschen herangezogen werden, um die Eigengruppe von der Fremdgruppe abzugrenzen, entscheidet sich immer durch eine politische Setzung, die auch dann willkürlich ist, wenn sie sich mit gesundem Menschenverstand oder wissenschaftlicher Erkenntnis legitimiert. Die mordenden Hutu wussten sehr wohl, wen sie als Tutsi ermordeten und wen als Hutu, weil er politisch gemäßigt war oder den Tutsi beistand. Aber wenn sie die ethnische Zugehörigkeit nicht auf der Identitätskarte überprüfen konnten, wo sie vermerkt war, blieben sie darauf angewiesen, dass diejenigen sie identifizierten, die sie und ihre Verhältnisse kannten: Familienangehörige und Nachbarn.

Wie Fujii und andere gezeigt haben, konnten Angehörige der Tätergemeinschaft sehr unterschiedlich auf Vizinizide reagieren, was nicht nur, aber auch davon abhing, wie nahe ihnen die konkreten Opfer standen. In Ruanda hat schätzungsweise ein Fünftel der Hutu-Männer am Genozid mitgewirkt. Das ist eine sehr große Zahl, bedeutet aber dennoch, dass vier Fünftel nicht gemordet haben. Dem Vizinizid gehen Kommunikationen voran, in denen sich die Täter den Argumenten oder dem Druck von Wortführern oft erst situativ anschließen und vor allem dann, wenn sie im selben Haushalt oder in der Nähe wohnen, sich also ebenfalls als Nachbarn kennen[40]. Dass andere Gruppenangehörige sich zurückhalten, sich dem Morden verweigern oder gar Opfer beschützen und verstecken, führt den Tätern Alternativen vor Augen und konfrontiert sie damit, dass sie ihre Handlungen grundsätzlich, also außer bei Befehlsnotstand, selbst beschließen können.

Umso wichtiger sind die höheren Prinzipien, in deren Namen Gewalt praktiziert und legitimiert wird; *nota bene* eine Gewalt, die sich oft gegen wehrlose Nachbarn richtet, gegen Frauen und Kinder, ja Neugeborene. Die entsprechenden Rechtfertigungen im »Script« der Groß-

---

38 Für Rumänen GEISSBÜHLER, »He spoke Yiddish like a Jew« (wie Anm. 13), S.437.
39 Stéphane AUDOIN-ROUZEAU, Une initiation. Rwanda, 1994–2016, Paris 2017, S. 105; ähnlich Damien BALDIN, Pierre-Étienne SCHMIT, Entretien avec Stéphane Audoin-Rouzeau, in: Le Philosophoire 48 (2017), S. 11–38: »un cas de différence objectivement inexistante (mais existante sur le plan subjectif, naturellement)«.
40 Außer FUJII, Killing Neighbors (wie Anm. 23) auch Omar Shahabudin MCDOOM, Who Killed in Rwanda's Genocide? Micro-space, Social Influence and Individual Participation in Intergroup Violence, in: Journal of Peace Research 50 (2013), S. 453–467, hier 453.

gruppe können als Gebot der Pflicht oder des Gewissens verinnerlicht werden[41]. Sie sind für die Täter und ihre Gemeinschaft sehr und exklusiv positiv konnotiert, was Historiker bei heutzutage relativierten Letztwerten wie Religion oder Nation gerne übersehen. Doch auch ein heute unbestrittenes höheres Prinzip wie die Demokratie kann herangezogen werden, um Vizinizide zu legitimieren. Dieser Einwurf hat unter den Podiumsgästen und im Saal einigen Widerspruch provoziert. Die Differenz gründet darin, dass man Demokratie unterschiedlich verstehen kann. Man kann sie im heute verbreiteten Sinn liberal und emphatisch definieren, etwa als gewaltenteilige Verfassung einer pluralistischen Gesellschaft mit verbrieften Menschen-, Bürger- und Partizipationsrechten sowie, nicht zuletzt, Minderheitenschutz. Tatsächlich entstanden die heutigen demokratischen Nationalstaaten zwar fast alle aus äußeren und inneren Kriegen, aber nicht aus Massenmorden und Genoziden. Dennoch muss man in vielen Fällen erwägen, inwiefern Demokratisierung nicht mit dem Willen zur Homogenisierung einherging. Wie können gleiche Bürger und Bürgerinnen im öffentlichen Raum Mehrheitsmeinungen ausbilden, wenn sie unterschiedliche Sprachen sprechen? Wer nimmt ihnen die Angst, dass verlorene Wahlen in eine demokratisch legitimierte Diktatur der Mehrheit führen? Der Glaube an eine prä-demokratische, homogene Gemeinschaft ist nicht die einzige mögliche Antwort auf solche Fragen, aber sie war im 20. Jahrhundert nicht selten.

Wie Genozide sind Vizinizide Mehrheitsverbrechen. Die Hutu sind in Burundi und Ruanda eine große Mehrheit, die seit der Unabhängigkeit auch mit demokratischen Argumenten die Vorrangstellung der Tutsi bekämpfte. In der Endzeit des Osmanischen Vielvölkerreichs bereitete das Armeniergenozid ebenso wie die Vertreibung der Griechen die Bildung eines zumindest im Anspruch demokratischen und säkularen Nationalstats der Türken vor. Die Shoah vernichtete Minderheiten, die in Ostmitteleuropa quantitativ bedeutend waren und auch im Westen von ihren Verfolgern als so einflussreich dargestellt wurden, dass sie den Willen der Mehrheit manipulieren konnten. Der kollektive Mord an Juden kann als gemeinschaftsstiftendes (Schuld-)Ritual von Nationen gelesen werden, die aus dem Weltkrieg und dem Kalten Krieg als homogenisierte Gesellschaften hervorgingen.

Man muss nicht so weit gehen, wenn man – ohne Nostalgie für eine ebenfalls problematische Verfassung – festhält, dass die Herrscher der europäischen Imperien des 19. Jahrhunderts grundsätzlich leichter mit religiöser, sprachlicher, ethnischer und anderer Vielfalt leben konnten als ein (demokratischer) Nationalstaat. In ihm besteht stets die Gefahr, dass die Mehrheit ihren Willen im Namen der Einheit beziehungsweise der *volonté générale* durchsetzt. Bezeichnenderweise Carl Schmitt hat schon 1924 eine solche antipluralistische Demokratielehre formuliert: »Zur Demokratie gehört also notwendig erstens Homogenität und zweitens – nötigenfalls – die Ausscheidung oder Vernichtung des Heterogenen«[42]. Das war für Schmitt die Voraussetzung dafür, dass »das Wahre und Richtige« sich in der Demokratie durchsetze, weil »kraft der gleichen Zugehörigkeit zum gleichen Volk alle in gleicher Weise im Wesentlichen das Gleiche wollen«[43]. Wenn Demokratie im Sinn von Carl Schmitt verstanden wird, dann kann sie für das homogenisierende Vizinizid (und Genozid) durchaus das höhere Prinzip darstellen, das den Mord legitimiert.

---

41 So erklärte der Anführer der (Nachbarschafts-)Morde an indonesischen Kommunisten (1965/56) in Joshua Oppenheimers Dokumentarfilm »The Act of Killing«: »I killed because my conscience told me they had to be killed.« https://brightestyoungthings.com/articles/byt-interviews-joshua-oppenheimer-discusses-the-look-of-silence, zuletzt aufgerufen am 22. März 2023.
42 Carl Schmitt, Die geistesgeschichtliche Lage des heutigen Parlamentarismus, Berlin ⁶1985, S. 13 f.; vgl. zu Schmitt Péter Techet, Warum wir den Begriff der Souveränität (nicht) brauchen. Die Kontroverse um Recht und Politik bei Carl Schmitt und Hans Kelsen, erscheint in: Thomas Maissen, Niels F. May, Rainer Maria Kiesow (Hg.), Souveränität: Konzept und Schlagwort im Wandel. Frankreich und Deutschland, 14.–21. Jahrhundert, Göttingen 2023.
43 Carl Schmitt, Legalität und Legitimität, Berlin ⁴1988, S. 31.

Ausblick auf die Beiträge

Die vorangestellten Überlegungen über das Vizinizid und seine Definition waren keine Vorgabe der Podiumsdiskussion, sondern entstanden danach und von ihr inspiriert, als eigentliches Nach-Denken. Die folgenden Beiträge dokumentieren damit erst im Ansatz eine Auseinandersetzung mit dem Paradigma »Vizinizid«. Sie liefern eigenständige Überlegungen der Autoren, die dabei meist auf frühere monographische Werke zurückgreifen. Die französischen Beiträge wurden übersetzt, womit sie in diesem gemeinsamen Rahmenthema erstmals einem deutschsprachigen Publikum präsentiert werden.[44] Im Sinne des zur Diskussion gestellten Paradigmas wird zuerst ein besonders wirkmächtiges Beispiel für höhere Prinzipien und Werte vorgestellt, der Monotheismus, der dann am konkreten frühneuzeitlichen Fall auf der Makroebene der identitätsstiftenden und gruppenbildenden Legitimation ebenso untersucht wird wie im Zusammenspiel mit den situativen Motiven der lokalen Tätergemeinschaft. Ruanda im 20. Jahrhundert sollte dazu gleichsam als Gegenprobe dienen, wie das weltliche Argument der ethnischen Reinheit auf diesen beiden Ebenen greifbar wird.

Der Aufschlag oblag Jan Assmann und seinen Überlegungen, wonach der Monotheismus eine besondere Form der kollektiven Gewalt geprägt habe: Aus den fremden Religionen anderer Völker wurden vor dem einen Gott falsche Religionen. Das begründete ein neuartiges und historisch sehr wirkmächtiges Gewaltpotential, das laut der Bibel in einem direkten Bund mit Gott dem befreiten Volk (und nicht dem König) übertragen wurde. Der ursprüngliche Monotheismus der Treue erweiterte sich später zu einem Monotheismus der Wahrheit. Dieser liefert in den oben präsentierten Überlegungen zum Vizinizid die früheste, paradigmatische Vorlage für exklusive, dichotomische Letztwerte, welche die Lauen und Abgefallenen ebenso, wenn nicht noch härter zu strafen gebot wie die Irrenden.

In dieser Logik bildeten sich im 16. Jahrhundert neue konfessionelle Großgruppen, nachdem die Reformatoren realisieren mussten, dass die von ihnen entdeckte und verkündete religiöse Wahrheit nicht von allen (an-)erkannt wurde. Auf die Zeit der Religionsgespräche im Reich und in Frankreich folgte so fast unvermeidlich die Konfrontation mit denen, die entgegen allen Belehrungen verblendet blieben. Die zuvor latente religiöse Gewalt war in allen Lagern rasch mobilisiert – so gegen ein »verstocktes« hugenottisches Ehepaar, dessen Neffen sie »zum Teufel fahren« ließen. Damit gaben sie eine klare Antwort auf die rhetorische Frage eines Erzbischofs: »Wer steht dir näher, dein katholischer und christlicher Bruder oder etwa dein fleischlicher Bruder, der Hugenotte ist?«[45] Jérémie Foa beobachtet die einzelnen Täter von 1572 gleichsam beim Morden und seziert ihre unterschiedlichen Motive. Denis Crouzets ausführlicher Essay betont dagegen ihren kollektiven Anspruch, als Rechtgläubige die Prophezeiung und den Auftrag Gottes umzusetzen, der ihnen in biblischen Erzählungen wie derjenigen vom Goldenen Kalb (Ex 32,27) typologisch vorgegeben schien. Crouzet kombiniert dabei Assmanns Anregungen mit seinen eigenen früheren Arbeiten, in denen er die konfessionelle Gewalt als Produkt eschatologischer Ängste und heilsgeschichtlicher Erwartungen erklärt hat[46].

Für seine Frage, wie gewöhnliche Menschen plötzlich ihren langjährigen Nachbarn die Kehle durchschneiden konnten, stützte sich Jérémie Foa ausdrücklich auf die Arbeiten von Hélène Dumas zum *génocide de proximité* in Ruanda, die ihrerseits dem Werk von Crouzet wichtige Anregungen verdankt[47]. Aus zeitlichen Gründen konnte Dumas ihre aktuelle Fallstudie leider

---

44 Der essayistische Charakter einzelner Beiträge legte eine freie Übersetzung und gelegentlich redaktionelle Eingriffe nahe, für die der Herausgeber die Verantwortung trägt.
45 Vgl. für die Belege den folgenden Artikel von Foa.
46 Der Aufsatz beruht insbesondere auf Denis CROUZET, Les guerriers de Dieu. La violence au temps des troubles de religion, vers 1525–vers 1610, Seyssel 1990 (Époques).
47 Jérémie FOA, Tous ceux qui tombent. Visages et massacre de la Saint-Barthélemy, Paris 2021 (À

nicht als Aufsatz verfassen, die das Zusammenwirken von Nachbarn, Sanitätspersonal und Geistlichen beim Genozid zeigt[48]. Vincent Duclert erörtert die Täterschaft hingegen auf der Makroebene der Kirche(n). Diese Perspektive ergab sich insofern aus einem Missverständnis, als die ursprüngliche Anfrage an Duclert eher auf eine Gegenprobe zu Assmanns Monotheismusthese zielte: Welche »höheren Prinzipien« legitimierten im 20. Jahrhundert Vizinizide und Massengewalt, als die religiösen Motive für Morde weitgehend wegfielen – so zumindest die Annahme des Schreibenden? Dazu entgegengesetzt nahm sich Duclert in Übereinstimmung mit jüngeren Forschungstendenzen gerade die Rolle von Religion und Kirche beim Genozid vor[49]. Seine Argumentation regte einen stimulierenden Austausch an und schlägt sich im Anschluss an seinen Artikel in einer abschließenden Replik des Herausgebers nieder.

la source), S. 7 f. sowie 39 zu Dumas; für Crouzet: DUMAS, Le génocide au village (wie Anm. 24), S. 27, 29 (Anm. 1). Vgl. zudem Xavier DE LA PORTE, Comment en vient-on à massacrer son voisin? Entretien croisé Jérémie Foa/Hélène Dumas, L'Obs, 15.12.2021; https://www.nouvelobs.com/idees/20211218.OBS52324/de-la-saint-barthelemy-au-rwanda-comment-en-vient-on-a-massacrer-son-voisin.html.

48 Vgl. für die Aufzeichnungen und Photographien der deutschen Ordensschwester Milgitha Kösser: Hélène DUMAS, Afin de mettre une marque en ce temps. Kaduha, avril 1994: un album de l'attestation, in: Sensibilités: histoire, critique & sciences sociales (2022), S. 27–45.

49 Omer BARTOV, Phyllis MACK (Hg.), In God's Name. Genocide and Religion in the Twentieth Century, New York, Oxford 2001 (War and Genocide, 4); darin zu Ruanda die Beiträge von Charles de Lespinay und Timothy Longman sowie von diesem auch Timothy LONGMAN, Christianity and Genocide in Rwanda, Cambridge 2010 (African Studies, 112); grundlegend nun Philippe DENIS, The Genocide Against the Tutsi, and the Rwandan Churches. Between Grief and Denial, Woodbridge, Suffolk, Rochester, NY 2022 (Religion in Transforming Africa).

Jan Assmann

MONOTHEISMUS UND GEWALT

Alttestamentliche Grundlagen einer zeitlosen Frage

Es gibt verschiedene Formen von Monotheismus und verschiedene Formen von Gewalt. So erscheint zunächst eine Begriffsklärung notwendig. Man unterscheidet zwischen inklusivem Monotheismus, der auf der Devise »alle Götter sind eins!« basiert und exklusivem Monotheismus mit der Devise »keine anderen Götter!« Mir hat sich außerdem bei meiner Beschäftigung mit dem Buch Exodus die Unterscheidung zwischen einem Monotheismus der Treue und einem Monotheismus der Wahrheit aufgedrängt[1]. Der Monotheismus der Treue, um den es in den Büchern Exodus bis Deuteronomium geht, ergibt sich aus dem Gedanken des Bundes, den Gott mit seinem auserwählten Volk geschlossen hat. Er unterscheidet zwischen Treue und Abfall bzw. Verrat. In diesem Zusammenhang tritt Gott regelmäßig als Befreier aus ägyptischer Sklaverei auf. Der Monotheismus der Wahrheit, der in der Bibel vor allem bei Deuterojesaja zum Ausdruck kommt, unterscheidet zwischen Wahrheit bzw. Erkenntnis und Irrtum bzw. Verblendung. Hier ist von Gott als Schöpfer von Himmel und Erde die Rede[2]. Gegen Verräter und Abtrünnige ist Gewalt geboten, gegen Verblendete dagegen Aufklärung[3].

Bei Gewalt muss man zwischen roher Gewalt, Staatsgewalt, Rechtsgewalt, religiöser Gewalt im Sinne von sakrifizieller Gewalt und Gewalt als heiliger Verpflichtung unterscheiden. Rohe Gewalt wird in eigener Sache ausgeübt, die anderen Formen von Gewalt geschehen immer »im Namen von …«. Außerdem ist die Unterscheidung zwischen physischer und struktureller Gewalt wichtig. Ferner muss man in der Beziehung von Religion und Gewalt zwischen Legitimation und Motivation unterscheiden. Ruft die Religion zur Ausübung von Gewalt auf oder dient sie der Legitimation einer aus ganz anderen Motiven ausgeübten Gewalt? Hier, im Andenken an die Bartholomäusnacht, interessiert uns allein die physische Gewalt, die eindeutig »im Namen von …« ausgeübt wurde und offenkundig religiös motiviert und nicht nur religiös legitimiert war[4]. Eine weitere Unterscheidung ist gerade mit Bezug auf die Bartholomäusnacht besonders wichtig: zwischen *Gewalt nach außen*, gegen äußere Feinde, und *Gewalt nach innen*, gegen die eigenen Leute, wofür Thomas Maissen den Begriff »vicinicide« (»Nachbarn-« oder geradezu »Nächstenmord«) geprägt hat[5].

---

1 Jan Assmann, Exodus. Die Revolution der Alten Welt, München 2015, S. 196–119.
2 Vgl. ibid., S. 112.
3 Die typische Waffe gegen Verblendung und Torheit ist Satire, wofür es zahlreiche Beispiele im AT gibt, vgl. ders., Totale Religion. Ursprünge und Formen puritanischer Verschärfung, Wien 2016, S. 58–67.
4 Siehe zur Frage einer Beziehung zwischen Monotheismus und Gewalt auch Rolf Schieder (Hg.), Die Gewalt des einen Gottes. Die Monotheismus-Debatte zwischen Jan Assmann, Micha Brumlik, Rolf Schieder, Peter Sloterdijk und anderen, Berlin 2014, und darin Jan Assmann, Monotheismus und Gewalt. Eine Auseinandersetzung mit Rolf Schieders Kritik an »Moses der Ägypter«, S. 36–55.
5 Brieflich v. 30.9.2022.

In meinem Buch »Moses der Ägypter« habe ich den Begriff der »mosaischen Unterscheidung« eingeführt und darunter die Unterscheidung zwischen wahr und falsch verstanden[6]. Zugleich habe ich die These vertreten, dass diese Unterscheidung im Raum der Religion bisher unbekannt war. »Falsche« Götter und »falsche« Religionen kannte man nicht. Die Götter der anderen waren fremd, trugen fremde Namen und wurden mit fremden Riten verehrt. Aber sie waren nicht »falsch«, d. h. »fiktiv«, sondern wurden als wirksame Mächte anerkannt und manche sogar ins eigene Pantheon übernommen. Doch auch die alten, »heidnischen« Religionen wie die Kulturen allgemein bildeten einen Horizont des Eigenen aus, der sich gegenüber dem Fremden abgrenzte. Zugleich entwickelten sie Techniken der Übersetzung. Der Beruf des Dolmetschers gehört zu den ältesten und angesehensten der Welt. Unser Wort »Dolmetsch« kommt aus dem türkischen *Dragoman*, arabisch *tarğuman*, in dem das akkadische Wort *ragamu* »brüllen, rufen« steckt. Der Dolmetscher rief der anderen Gruppe die Übersetzung des Gesagten in deren Sprache zu.

Der Grundsatz der Übersetzbarkeit galt prinzipiell auch für die Religionen. Die Götter waren ineinander übersetzbar[7]. Die Technik der Götterübersetzung geht auf Mesopotamien zurück, wo seit alters Sumerer und Akkader nebeneinander lebten. Hier entstanden im 3. Jahrtausend sumerisch-akkadische Glossare, darunter auch Götterlisten mit Angabe nicht nur der Götternamen, sondern auch des *tertium comparationis* im Sinne der gemeinsamen Zuständigkeit, z. B. Himmel, Erde, Sonne, Luft, Wasser, Schrift, Weisheit, Tod, usw. Im 16. und 15. Jahrhundert, der späten Bronzezeit, als sich die Keilschriftkultur im ganzen östlichen Mittelmeerraum ausbreitete, kamen weitere Panthea hinzu, deren Götternamen ins Akkadische übersetzt wurden. Dieses Verfahren lebte in der Interpretatio Graeca und Latina der babylonischen, ägyptischen und anderen Götternamen weiter auf der Grundlage der Überzeugung, in einer gemeinsamen Welt zu leben, deren Mächte allen in natürlicher Evidenz vor Augen standen und von den verschiedenen Kulturen auf ihre Weise artikuliert und verehrt wurden. Plutarch bringt in seinem Traktat über Isis und Osiris diese allgemeine Überzeugung auf den Begriff. Hinter den verschiedenen Götternamen, schreibt er, stehen immer dieselben kosmischen Phänomene: die Sonne, der Mond, der Himmel, die Erde, das Meer usw. Da alle Menschen in ein und derselben Welt leben, verehren sie dieselben Götter, die die Herren dieser Welt sind[8].

> »Wir unterscheiden ja auch nicht die Götter verschiedener Völker oder griechische und barbarische oder nördliche und südliche. Sondern ebenso wie die Sonne, der Mond, der Himmel, die Erde und das Meer allen gemeinsam sind, obwohl sie bei den verschiedenen Völkern mit verschiedenen Namen bezeichnet werden, so steht es auch mit der einen Vernunft (*logos*), die alles ordnet und der einen Vorsehung, die für alles sorgt, und den helfenden Mächten, die allem zugewiesen sind: ihnen werden verschiedene Ehren und Anredeformen erwiesen bei den verschiedenen Völkern gemäß der Sitte und sie verwenden geheiligte Symbole …«[9].

Statt als trennendes Prinzip zu wirken, wie die heutigen Religionen, wirkte die Religion im Gegenteil als verbindendes Element. Von den Anderen, mit denen man in Handelsbeziehungen eintreten oder Bündnisse schließen wollte, wurde nicht erwartet, dass sie der eigenen Religion angehörten, sondern dass sie überhaupt eine Religion hatten und Götter verehrten, bei denen sie schwören konnten und die über die Einhaltung der Eide wachten. Deshalb war es wichtig,

---

6 Jan Assmann, Moses der Ägypter. Entzifferung einer Gedächtnisspur, München 1998, S. 17–26.
7 Ibid., S. 18 f.
8 Ibid., S. 77–82.
9 Plutarch, De Is. c.67, S. 377E ff., übers. nach J. Gwyn Griffiths, Plutarch De Iside et Osiride, Cardiff 1970, S. 223 f.

die Götter der anderen zu kennen und Äquivalenzverhältnisse zu den eigenen Schwurgöttern ausmachen zu können.

Entsprechend ordneten die antiken »Heiden« anfangs auch die jüdische Religion ein. Varro (116–27 v. Chr.), der die Juden über Poseidonius kannte, hielt es für unnötig, zwischen Jupiter und Jahve zu unterscheiden, »weil er meinte, daß es auf den Namen nicht ankäme solange nur Dasselbe gemeint sei« (*nihil interesse censens quo nomine nuncupetur, dum eadem res intelligatur*)[10]. Porphyrius, ein neuplatonischer Philosoph des 3. Jahrhunderts n. Chr. vertrat die Ansicht, dass die Namen der Götter auf bloßer Konvention beruhten[11]. Ähnlich argumentierte Celsus im 2. Jahrhundert n. Chr. in seinem Pamphlet gegen die Christen, »Alethes Logos«, dass »es keinen Unterschied macht, ob man Gott den ›Höchsten‹ nennt (*Hypsistos*) oder Zeus, oder Adonai, oder Sabaoth, oder Amun wie die Ägypter, oder Papaios, wie die Skythen«[12]. Auf den Namen komme es nicht an, wenn der Gemeinte evident sei.

Doch der biblische Monotheismus verweigerte sich dieser Übersetzbarkeit und machte ihr ein Ende. JHWH ließ sich nicht in Zeus oder Jupiter oder Assur, Amun-Re usw. übersetzen, obwohl er bei den Israeliten genau dieselbe Funktion und Stellung eines Staatsgottes und Höchsten Wesens erfüllte. Die Unübersetzbarkeit der jüdischen und christlichen Religion in die Götterwelten der heidnischen Antike und die Aufkündigung der gemeinsamen Grundlage war der eigentliche Skandal der neuen Religionen. Der biblische Monotheismus brachte eine neue Kategorie der Trennung zwischen den Menschen in die Welt, die mit den herkömmlichen Kulturtechniken der Übersetzbarkeit nicht überbrückt werden durfte. Ein weiteres Charakteristikum der neuen Religionsform war die Ausbildung einer Orthodoxie mit der Unterscheidung zwischen rechtem und falschem Glauben, rechter und falscher Auslegung der kanonischen Texte. *Kanonische* Texte kennen überhaupt nur Religionen des neuen, biblischen Typs. Die alten Religionen kannten nur *heilige* Texte, die nur unter ganz bestimmten Umständen und nur mit berufenem Munde rezitiert werden durften, um ihre magische Wirkung zu entfalten. Kanonische Texte dagegen wollen beherzigt und in Lebenspraxis umgesetzt werden. Dabei kommt es auf das Verstehen an[13]. Dafür sorgt die Orthodoxie.

Erst im Rahmen einer Orthodoxie stellt sich das Problem der Toleranz. Orthodoxien müssen intolerant sein gegenüber dem, was sie als falsch und häretisch ausgrenzen. Das ist ein Problem, das den Religionen alten Typs völlig unbekannt war. Hier konnte man allenfalls Fehler im Vollzug von Ritualen machen, aber nicht in den Ansichten über die Götterwelt. Ob man sich den Sonnenlauf als Wagenfahrt wie in Griechenland oder als Schifffahrt wie in Ägypten vorstellte, war gleichgültig, wobei sich die Ägypter diesen Vorgang auch als Flug der mit Flügeln ausgestatteten Sonne vorstellten[14]. Allein Echnatons Abschaffung der traditionellen Götterwelt überschritt die Grenzen des Erträglichen, was sich in der *damnatio memoriae* nach seinem Tod entlud. Eine vergleichbare Zumutung stellte die monotheistische Leugnung der heidnischen Götterwelten in der Antike dar, weshalb der Monotheismus auch des Atheismus bezichtigt wurde[15].

---

10 AUGUSTINUS, De consensu evangelist. 1, 22, 30 und 23, 31 Patrologia Latina 34, 1005 f. = VARRO fr. I, 58b, siehe Martin HENGEL, Judentum und Hellenismus, Tübingen ³1988, S. 472.
11 Brief an Anebo, bei IAMBLICHUS, De Mysteriis Aegyptiorum VII 5, hg. und übers. von Édouard DES PLACES, Paris ²1989, S. 193.
12 Ap. ORIGENES c. Cels. I 24, V 41 (45); siehe Martin HENGEL, Judentum und Hellenismus (wie. Anm. 10), S. 476.
13 Zu dieser Unterscheidung zwischen »heiligen« und »kanonischen« Texten s. ASSMANN, Exodus (wie Anm. 1), S. 79–88.
14 Für dieses Prinzip hat Henri Frankfort den Begriff einer »multiplicity of answers« geprägt, s. Henri FRANKFORT, Ancient Egyptian Religion. An Interpretation, New York, Chichester 1948.
15 Vgl. Apollonius MOLON, apud Josephus, contra Apionem II, 148.

Die Gewalt gegen Abweichler, Ketzer, Häretiker ergibt sich aus der Idee des Bundes zwischen dem einen Gott und denen, die ihm gehorsam sind. Dieser Bundesgedanke mit seinen Gesetzen und seinen Verheißungen kam erstmals mit der biblischen Religion in die Welt, und Christentum und Islam haben ihn vom Judentum übernommen. Hierhin gehört das Gebot der Treue und des Glaubens. Wer zum Bund gehört, schwört Treue zum Bundesherrn und seinen Geboten. Im Zusammenhang der Bundesreligion entsteht der Begriff des Glaubens, hebräisch *emunah*, der in den alten Religionen keine Parallele hatte. Es geht um Glauben an die Verheißungen, die im »alten Bund« der Juden in langem Leben im Gelobten Land in Gemeinschaft mit Gott und im »neuen Bund« der Christen in der Erlösung von Sünde und Tod bestehen. Die Stiftung des Bundes zwischen JHWH und den Kindern Israel zieht eine Grenze ein und vollzieht eine Trennung zwischen den Mitgliedern des Bundes, dem »heiligen Volk« (*goy qadoš*) und den restlichen »Völkern« (*goyîm*) der Welt. Diese Trennung impliziert aber keine Gewalt. Auch die anderen Völker sind Gottes Fürsorge anheimgegeben. Dass sie andere Götter anbeten und anderen Gesetzen gehorchen, ist völlig in Ordnung. Bei der Gewalt, die im Gesetz als heilige Verpflichtung vorgeschrieben ist, handelt es sich um eine Gewalt *nach innen*, gegen die eigenen Landsleute, die sich gegen das Gesetz versündigt haben. Die Urszene dieser Gewalt nach innen ist die Geschichte vom Goldenen Kalb. Mose hält, als er mit den Tafeln vom Berg herabsteigt und den Tanz um das Goldene Kalb erblickt, ein furchtbares Strafgericht. Er zerbricht die Tafeln im Zorn und ruft:

> »Her zu mir, wer für JHWH ist! Daraufhin versammelten sich bei ihm alle Söhne Levis. Und er sagte zu ihnen: So spricht JHWH, der Gott Israels: Ein jeder lege sein Schwert an die Hüfte! Geht im Lager hin und zurück, von Tor zu Tor, und erschlagt jeder seinen Bruder und seinen Freund und seinen Verwandten! Die Söhne Levis nun handelten nach dem Wort des Mose; und es fielen vom Volk an jenem Tage etwa dreitausend Mann. Darauf sagte Mose: Weiht euch [wörtlich: »füllt eure Hände«[16]] heute für JHWH – denn jeder [von euch ist] gegen seinen Sohn und gegen seinen Bruder [vorgegangen] – um heute Segen auf euch zu bringen!« (Ex 32,26–29)[17]

Dieser Text, einer der immer wieder beschworenen Kronzeugen für die Verbindung von Monotheismus und Gewalt, macht deutlich, dass die Bindung an Gott, die das Volk durch den Bundesschluss eingegangen ist, alle anderen, auch die engsten zwischenmenschlichen Bindungen, an Verbindlichkeit übertrifft. Es wird ausdrücklich betont, dass Mose und die Leviten gegen die eigenen Leute vorgehen und selbst engste Familienangehörige nicht verschonen. Durch den Mord an »Sohn und Bruder« (etwas Schrecklicheres konnte man sich auch im Rahmen der biblischen Semantik nicht vorstellen) sollen sich die Israeliten zu der alles überbietenden Bundestreue bekennen, die Gott von ihnen fordert. Treue schließt Gewalt nicht aus, im Gegenteil. Wer »für JHWH ist« und zum Bund steht, muss bereit sein, die größten Opfer zu bringen, ja, den eigenen Sohn und Bruder zu erschlagen. Damit »weihen« sich die Getreuen als heilige Krieger und ermöglichen den Segen selbst für das abtrünnige Volk[18]. Zum Konzept des Gottesbundes mit der ihm eigenen Ambivalenz gehören nun einmal Segen und Fluch, Treue und Ver-

---

16 Diese Wendung deutet das Massaker an den eigenen Brüdern und Söhnen als Opfergabe für JHWH.
17 Die Bibelstellen werden nach der Elberfelder Übersetzung zitiert.
18 In Dtn 33, 8–9 werden Mose und die Leviten für ihre Treue gesegnet, die keine Brüder, Väter und Söhne kennt: »Deine Tummim und deine Urim sind für den Mann, der dir treu ist, den du versucht hast bei Massa, mit dem du gestritten hast bei dem Wasser von Meriba, der von seinem Vater und von seiner Mutter sagte: ›Ich habe ihn nicht gesehen!‹, und der seine Brüder nicht kannte und von seinen Söhnen nichts wusste. Denn sie haben dein Wort beachtet, und deinen Bund bewahren sie.«

rat, Freund und Feind, und mit ihrer Tat haben sich die Anbeter des Kalbs als Verräter und Gottesfeinde erwiesen.

Von dieser Gewalt nach innen sind die anderen Völker nicht als falschgläubige »Heiden« betroffen, solange sie von den Juden getrennt leben: Es gibt keinen Missionsauftrag. Allein die Völker, die im Gelobten Land wohnen, werden von den einwandernden Israeliten mit Gewalt vertrieben.

»Wenn JHWH, dein Gott, dich in das Land bringt,
in das du [jetzt] hineinkommst, um es in Besitz zu nehmen,
und [wenn er dann] viele Nationen vor dir hinaustreibt:
die Hetiter und die Girgasiter
und die Amoriter und die Kanaaniter
und die Perisiter und die Hewiter und die Jebusiter,
sieben Nationen, größer und stärker als du,
und [wenn] JHWH, dein Gott, sie vor dir dahingibt, und du sie schlägst,
[dann] sollst du unbedingt an ihnen den Bann (*hæræm*) vollstrecken.

Du sollst keinen Bund mit ihnen schließen noch ihnen gegenüber Gnade walten lassen.
Und du sollst dich nicht mit ihnen verschwägern.
Deine Tochter darfst du nicht seinem Sohn geben,
und seine Tochter darfst du nicht für deinen Sohn nehmen.
Denn er würde deinen Sohn von mir abwenden, dass er andern Göttern dient,
und der Zorn JHWHs würde gegen euch entbrennen,
und er würde dich schnell vernichten.

Sondern so sollt ihr an ihnen tun:
Ihre Altäre sollt ihr niederreißen und ihre Gedenksteine zerbrechen
und ihre Ascherim umhauen und ihre Götterbilder mit Feuer verbrennen.
Denn du bist JHWH, deinem Gott, ein heiliges Volk.
Dich hat JHWH, dein Gott, erwählt,
dass du ihm als Eigentumsvolk gehörst
aus allen Völkern, die auf dem Erdboden sind.« (Dtn 7,1–6.)

»Von den Städten dieser Völker, die JHWH, dein Gott, dir als Erbteil gibt,
sollst du nichts leben lassen, was Odem hat.
Sondern du sollst an ihnen unbedingt den Bann (*hæræm*) vollstrecken:
an den Hetitern und an den Amoritern,
den Kanaanitern und den Perisitern,
den Hewitern und den Jebusitern,
wie JHWH, dein Gott, dir befohlen hat,
damit sie euch nicht lehren, nach all ihren Greueln zu tun,
die sie ihren Göttern getan haben,
und ihr so gegen JHWH, euren Gott, sündigt.« (Dtn 20,16–18)

Vollkommen eindeutig wird hier das gewaltsame Vorgehen gegen die Ureinwohner des Gelobten Landes als heilige Verpflichtung eingeschärft und religiös begründet. Die Götter und Kulte der Kanaaniter sind der Grund für ihre Verdammung. Als heiliges, auserwähltes Volk darf sich Israel nicht nur nicht mit ihnen einlassen, sondern muss sie ausrotten und vertreiben, um sich nicht von ihrer Religion anstecken zu lassen. Das Buch Deuteronomium ist in dieser Hinsicht wesentlich expliziter als das priesterlich redigierte Buch Exodus, aber das Prinzip des Heiligen

Vernichtungskrieges (*hærǽm*, »Bann«) ist beiden gemeinsam. Diese dunkle Seite der Erzählung hat den christlichen Eroberern, Invasoren und Kolonisatoren immer wieder Argumente zur Legitimierung ihrer Gewalttaten gegen Ureinwohner geliefert und den antiklerikalen Aufklärern und später auch den Antisemiten Argumente zur Ablehnung des Alten Testaments.

Das Deuteronomium setzt die auswärtigen Feinde, die Kanaaniter, mit den Abtrünnigen, den »Hassern« von Bund und Gesetz in den eigenen Reihen gleich. Das weist darauf hin, dass mit diesen »Völkern« die *eigene*, in manchen noch nicht zum Monotheismus konvertierten Gegenden und Schichten fortwirkende Vergangenheit gemeint ist. Auf diese symbolische Bedeutung des biblischen Antikanaanismus hat besonders Othmar Keel aufmerksam gemacht[19]: »Es braucht keine großen Bibelkenntnisse, um zu sehen, dass die Gräuel dieser Völker, die Altäre und Masseben, die zerstört werden sollten, einst Teil der Religion Israels bildeten und nicht die irgendwelcher verruchten Völker«[20]. Und weiter erläutert Keel: »Der ›Antikanaanismus‹ Hoseas und der dtn/dtr [deuteronomischen, d.h. vorexilischen, und deuteronomistischen] Bewegung verfemt wie der Antijudaismus des NT einen Teil der eigenen Vergangenheit und versucht, ihn zu etwas Fremden zu erklären und abzustoßen«[21].

Keel macht damit drei Punkte klar: 1. Es handelt sich hier um ein Phänomen der Konversion, der Begriff »Kanaanäer« bezieht sich auf die *eigene* Vergangenheit und die Nicht-Konvertierten in den *eigenen* Reihen; 2. dieser Antikanaanismus charakterisiert nicht etwa die gesamte Hebräische Bibel, sondern eine ganz bestimmte Richtung, die laut Keel zuerst beim Propheten Hosea auftritt und dann vor allem die deuteronom(ist)ische Tradition bestimmt; 3. diese Richtung setzt sich nicht nur im Antijudaismus des Neuen Testaments fort, sondern auch in der Haltung von kolonialistischen Bewegungen, die sich mit dem Exodus identifizieren. So beriefen sich die puritanischen Einwanderer in den USA, die Buren in Südafrika und die israelische Siedlerpartei (*guš ʾæmumîm*, »Block der Glaubenstreuen«) gegenüber indigenen Bevölkerungsgruppen immer wieder auf die entsprechenden alttestamentlichen Texte, um ihre Gewalttaten zu legitimieren[22].

Natürlich muss man die biblischen Texte aus ihren historischen Entstehungsbedingungen heraus verstehen und darf sie nicht für den Missbrauch verantwortlich machen, der in der späteren Rezeptionsgeschichte mit ihnen getrieben wurde und wird. Es gilt aber auch den hermeneutischen Grundsatz zu beherzigen, dass die Rezeptionsgeschichte eines Textes dem in ihm angelegten Bedeutungspotenzial nicht ganz und gar äußerlich ist[23]. Die Unterscheidung zwischen Freund und Feind und die damit verbundene Gewalt sind im Rahmen von Recht und Gesetzeskraft vermutlich unverzichtbar und lassen sich von daher als Rechtgewalt erklären. Doch die Ausweitung dieses Gottesrechts auf Außenstehende mit ihrer Stigmatisierung als Gottesfeinde als Folge und die religiöse Aufladung der Gewalt im Sinne des Heiligen Krieges

---

19 Othmar KEEL, Der zu hohe Preis der Identität oder von den schmerzlichen Beziehungen zwischen Christentum, Judentum und kanaanäischer Religion, in: Manfried DIETRICH, Oswald LORETZ (Hg.), Ugarit. Ein ostmediterranes Kulturzentrum im Alten Orient I, Münster 1995, S. 95–114; Othmar KEEL, Kanaan – Israel – Christentum. Plädoyer für eine ›vertikale‹ Ökumene. Franz Delitzsch-Vorlesung 2001, Münster 2002; Thomas STAUBLI, Antikanaanismus. Ein biblisches Reinheitskonzept mit globalen Folgen, in: Peter BURSCHEL, Christoph MARX (Hg.), Reinheit, Wien 2011, S. 349–388.
20 Othmar KEEL, Die Geschichte Jerusalems und die Entstehung des Monotheismus, 2 Bde., Göttingen 2007, S. 573.
21 Ibid., S. 575.
22 Othmar Keel verweist auf Ferdinand E. DEIST, The Dangers of Deuteronomy. A Page of the Reception History of the Book, in: Florentino GARCIA MARTINEZ u. a. (Hg.), Studies in Deuteronomy in Honour of C. J. Labuschagne, Leiden 1994, S. 13–29.
23 Darauf hat vor allem Othmar Keel aufmerksam gemacht, siehe bes. KEEL, Der zu hohe Preis der Identität (wie Anm. 19).

haben in der Geschichte bis heute zu viel Unheil angerichtet, um sie als »Gottes Wort« gelten zu lassen. Othmar Keels Vorschlag hat einiges für sich, darin die »unguten Gesetze« (ḥuqqîm lo´tovîm) zu erkennen, von denen Gott bei Ezechiel spricht (Ez 20,25)[24].

Die Gewalt nach innen, gegen das eigene Volk, ergibt sich aus der Idee des Gottesbunds mit den Geboten und Gesetzen, auf die er gegründet ist. Es handelt sich also um Rechtsgewalt und zwar, wie aus neueren Untersuchungen hervorgeht, nach assyrischem Vorbild. Der Treueeid, den König Asarhaddon 672 v. Chr. seine Untertanen und Vasallen seinem designierten Nachfolger Assurbanipal schwören ließ, macht seinen Einfluss bis in den Wortlaut des biblischen Textes hinein spürbar[25]. Einer dieser Vasallen muss König Manasse von Juda gewesen sein, sodass man davon ausgehen kann, dass eine Abschrift des Loyalitätseides im königlichen Archiv in Jerusalem aufbewahrt wurde. Bei der Anwendung dieser assyrischen Vorlage auf den Bund zwischen JHWH und dem Volk haben die biblischen Autoren sie in zweierlei Hinsicht übernommen und angepasst. Erstens schließt Gott diesen Vertrag nicht mit dem König, in seiner Eigenschaft als Vertreter des Volkes vor den Göttern, sondern direkt mit dem Volk selbst; und zweitens gelten die Treueklauseln der Beziehung nicht zwischen dem Volk und dem König in seiner Eigenschaft als Vertreter der Götter vor dem Volk, sondern zwischen dem Volk und Gott. In einer revolutionären Neuerung wird damit die Stellung des Königs als Repräsentant und Vermittler ausgehebelt. Durch die »Umbuchung« der König-Gott-Beziehung und der König-Volk-Beziehung auf die Beziehung zwischen Gott und seinem Volk wird die assyrische Staatsideologie in die israelitische Bundestheologie umgewandelt[26]. Aus einem politischen Instrument der Unterdrückung, dem assyrischen Vasallenvertrag und Loyalitätseid, wird ein religiöses Instrument der Befreiung. Die Kernmetapher für diese Befreiung ist das Narrativ vom Auszug aus der ägyptischen Sklaverei. Der Gottesbund stiftet in der von staatlicher Unterdrückung beherrschten Welt des Vorderen Orients und Ägyptens einen Raum der Freiheit.

Diese Freiheit basiert auf der scharfen Trennung von Gottesdienst und Königsdienst. In der späteren Geschichte der monotheistischen Religionen wird sie immer wieder aufs Spiel gesetzt durch die enge Allianz zwischen Religion und Staat, die Legitimierung staatlicher Gewalt durch die Religion und die Implementierung religiöser Gewalt durch Staatsorgane, wofür die Bartholomäusnacht neben vielen anderen ein markantes Beispiel war.

---

24 Ibid., S. 96 f., sowie DERS., Leben aus dem Wort Gottes? Vom Anspruch und vom Umgang mit den Schriften des Alten und Neuen Testaments, in: Alois SCHIFFERLE (Hg.), Pfarrei in der Postmoderne? Festschrift für Leo KARRER, Freiburg i. B., Basel, Wien 1997, S. 95–109.
25 Eckart OTTO, Mose und das Gesetz. Die Mose-Figur als Gegenentwurf Politischer Theologie zur neuassyrischen Königsideologie im 7. Jh. v. Chr., in: DERS., Mose. Ägypten und das Alte Testament, Stuttgart 2000 (Stuttgarter Bibelstudien, 189), S. 43–83; Christoph KOCH, Vertrag, Treueid und Bund. Studien zur Rezeption des altorientalischen Vertragsrechts im Deuteronomium und zur Ausbildung der Bundestheologie im Alten Testament, Berlin, New York 2008 (Beihefte zur Zeitschrift für die alttestamentliche Wissenschaft, 383).
26 Otto spricht in diesem Zusammenhang von »subversiver politischer Theologie«. Siehe OTTO, Mose und das Gesetz (wie Anm. 25).

Denis Crouzet

DIE BARTHOLOMÄUSNACHT
ALS PROJIZIERTE WIEDERHOLUNG DER »URSZENE«

Die Lektüre des Werks von Jan Assmann, genauer gesagt von »Moses der Ägypter. Entzifferung einer Gedächtnisspur« (1998) lädt den über das 16. Jahrhundert arbeitenden Historiker dazu ein, über die alttestamentarische Grundlage der Beziehung zwischen »exklusivem Monotheismus« und geheiligter Gewalt nachzudenken. Sie legt ihm nahe, die Religion als ein Trennungsprinzip zu begreifen, das auf einem Erlösungsversprechen beruht[1]. Dieses Prinzip kann auf das Pariser Massaker von 1572, die Bartholomäusnacht, bezogen werden. Ist es nicht auffällig, dass die Erzählung vom Goldenen Kalb (Exodus 32,26–29), die von Jan Assmann als »Urszene« der »inneren« Gewalt analysiert wird, in den Jahren 1550–1572 häufig offen oder unterschwellig in den Reden der Prediger und in ihren polemischen Schriften auftaucht? Jan Assmann behandelt das Aufkommen der »mosaischen Unterscheidung«, die Gott als Einzigkeit und Transzendenz begreift, was jede andere Möglichkeit einer Gotteserscheinung (Theophanie) ausschließt. Dadurch kann es nur noch eine einzige Form der Beziehung zum Göttlichen geben: den Bund des Einen Gottes mit Seinem Volk, der ein System der Ausschließlichkeit festlegt. Folge davon sind die (Un-)Treue des Volkes und die göttliche Eifersucht, die miteinander in Wechselwirkung stehen. Die Gläubigen schulden Gott absolute Treue, weil er dauernd auf sie achtet, seitdem er seine Liebe und Barmherzigkeit denjenigen Menschen geschenkt hat, die ihn erwählt haben und die er auserwählt hat. Jan Assmann erklärt dies als Perspektive, welche ursprünglich nicht charakteristisch gewesen sei für die biblische Schrift, die sich aber mit der Flucht ins Gelobte Land durchgesetzt habe. Er beschreibt diese Umwälzung, ja sogar Revolution in der jüdischen Subjektivität wie folgt:

> »Im Buch Genesis ist weder von Freund noch Feind die Rede, und schon gar nicht von Gottes Zorn oder Eifersucht, obwohl oft von strafender Gewalt die Rede ist, angefangen bei der Vertreibung aus dem Paradies und der Sintflut über die Zerstörung von Sodom und Gomorrha bis zur babylonischen Sprachenverwirrung – während all dieser gewaltsamen Eingriffe bricht niemals der Zorn Gottes aus. Dies setzt sich in ähnlicher Weise im Buch Exodus fort. Hinter den zehn Plagen, die Gott über Ägypten bringt, verbirgt sich kein flammender Zorn, sondern der Wunsch, Zeichen zu setzen und seine Macht zu demonstrieren. Zorn und Eifersucht gehören erst zur Semantik des am Sinai geschlossenen Bundes, und die Erzählung vom Goldenen Kalb dient dazu, dies klar und deutlich zu machen. So sah es bereits Lactantius, als er in seiner Schrift ›De ira Dei‹ den Zorn Gottes auf sein *imperium* bezog, d. h. auf seine Rolle als Herr des Bundes und nicht auf sein Wesen. Genau zu diesem *imperium* gehört die Unterscheidung zwischen Freund und Feind. Sie gehört zu einem Gott, der sich nicht damit begnügt, über die Einhaltung von Verträgen und Gesetzen zu wachen, wie es viele andere Götter tun, so etwa Re in Ägypten, Schamasch in Babylonien, Zeus in Griechenland, Mithras in Persien, Varuna in Indien, le Ba'alberît in Kanaan. Im Gegenteil, und das ist das außer-

---

1 Jan Assmann, Moses der Ägypter. Entzifferung einer Gedächtnisspur, München 1998.

ordentlich Neue an dieser Religion, es ist ein Gott, der diese Gesetze und Verträge selbst erlässt².«

Und damit sei grundlegend, dass die mosaische Unterscheidung nicht eine Unterscheidung ist zwischen »dem Einen Gott und den vielen Göttern […], sondern die Unterscheidung zwischen wahr und falsch in der Religion, zwischen dem wahren Gott und den falschen Göttern, der wahren Lehre und den Irrlehren, zwischen Wissen und Unwissenheit, Glaube und Unglaube³.« Diese »mosaische Unterscheidung« habe das Religiöse für eine Logik der notwendigen Gewalt geöffnet.

Es geht hier weniger um eine Diskussion von Jan Assmanns Ausführungen als vielmehr darum, sie zu bestätigen und zu beweisen, dass sie die Geschichte von Religionsunruhen erhellen können. Es soll die These formuliert werden, dass die Urszene zwischen 1560 und 1572 einerseits der verinnerlichte Verständnishorizont war für eine Gewalt aus Gehorsam gegenüber einem alttestamentarischen Gott, der nicht duldete, dass ein anderer Gott von Seinem Volk verehrt würde; und dass sie andererseits eine individuelle und kollektive Konditionierung so verinnerlichte, dass sie sich in dem entsetzlichen Massenmord von Paris und seinen Tausenden von Opfern erfüllte.

Im folgenden Text, der sich auf frühere Vorarbeiten stützt, werden daher zwei Etappen unterschieden⁴. Zuerst wird eine Redeweise herausgearbeitet, die Gottes Wort nach der Flucht aus Ägypten so vergegenwärtigte, dass sie die heilsgeschichtlichen Erwartungen der »guten Katholiken« der Jahre 1550–1572 herausforderte. Ihre öffentliche Verbreitung durch die Predigt wird dort untersucht, wo die mosaische Urszene paraphrasiert wird. Es werden die Grundlinien eines Prophetentums rekonstruiert, das eine Entmenschlichung des Selbst verlangt. Sie stellt die Verbindung her zwischen der Urszene und dem grenzenlosen Verlangen zu töten, das in der katholischen Vorstellungswelt der Jahre 1550–1572 latent vorhanden war und sich in den Nächten und Tagen des Bartholomäus-Massakers erfüllte. In einem zweiten Schritt soll der Höhepunkt der Gewalt, das Massaker von 1572, als intensivste Umsetzung des lange gehegten Wunsches gedeutet werden, die Urszene des Goldenen Kalbs in der Gegenwart zu wiederholen und sie als die heilige Basis für die Innerlichkeit eines jeden Christen wiederherzustellen. Das Pariser Massaker war insofern begründet in der mächtigen Wunschvorstellung, dass die Versöhnung mit Gott durch die Wiederholung des Reinigungsvorgangs möglich sei, als den die Bibel den Mord an den Anbetern des Goldenen Kalbs darstellt.

I. Eine Rede, die Gottes Wort vergegenwärtigen wollte

Die Gewalt konnte von den Mördern von 1572 als ein Werk der von Gott gewollten Gerechtigkeit und zugleich als ein Werk des Gehorsams gegenüber Gott erlebt werden. Parallel zu einer Welt der Stickereien, Wandteppiche, Emaille-Arbeiten, Gemälde und Skulpturen haben Priester und Mönche, die die traditionelle katholische Religion verteidigen wollten, wahrlich ganze Arbeit geleistet, um das Wort des Gottes Israels zur Pflicht zu erklären. Es gebiete jedem, für den wahren Gott zum Schwert zu greifen und selbst Bruder, Freund und Verwandte zu töten; widrigenfalls werde man verflucht und bestraft. Die Gewalt ergibt sich somit aus einer Transsub-

---

2 Id., Autour de l'Exode: monothéisme, différence et violence, in: Revue de l'histoire des religions 2014/1, S. 5–26, hier S. 7, der den »Monotheismus der Treue« hervorhebt.
3 Id., Die Mosaische Unterscheidung oder der Preis des Monotheismus, München 2003, S. 12f. Ein Ansatz, den Jan Assmann in dem zuvor zitierten Artikel nuanciert hat.
4 Vgl. für die hier zum Teil unvollständig belegten Darlegungen die ausführliche Schilderung in Denis Crouzet, Les guerriers de Dieu. La violence au temps des troubles de religion, vers 1525–vers 1610, 2 Bde., Seyssel 1990.

jektivierung des mosaischen Wortes. Die göttliche Forderung nach Gewalt, die von Predigern und Polemikern beglaubigt und immer wieder erneuert wurde, wurde außerdem durch Bilder gerechtfertigt, die belegen, dass der Hugenotte nicht als ein Mensch unter anderen betrachtet werden darf und kann: Weil er einen falschen Gott anbete, ist er nur ein seelenloser Körper, der daher völlig ohne Mitleid zu behandeln sei. Der Prediger Simon Vigor behauptete frühzeitig, dass »der Teufel den Ketzern im Gemüte steckt«, und er degradierte sie zu Tieren:

> [C]'est pourquoy quand une personne est hérétique, il est appellé loup: le paillard est appellé pourceau, chien, cheval hannissant: un ambitieux et cruel est appellé lion: un envieux est appelé chien en l'escriture; et le fin et trompeur est appellé renard[5].

Für den Kanoniker Jean Talpin betet der Ketzer einen Gott an, der nur eine Illusion ist. Deshalb sei er innerlich vom Teufel besessen, von einem Götzen, den er anbete und der in ihm wirke, von einer *grande statue d'or, d'argent, d'airain, de fer et de bric qui est l'invention du cerveau humain*. Damit sei der Ketzer nur noch ein Abglanz des von Gott nach seinem Bild geschaffenen Menschen[6]. Dieses Goldene Kalb sei als solches unsichtbar, müsse aber von denen, die den wahren Gott lieben, zerstört werden. Man dürfe nicht zögern zwischen der göttlichen Forderung nach Ausrottung und dem Akt des Tötens, der keine Sünde sei. Vielmehr bedeute es, die eigenen Hände und damit das eigene Wesen dem Herrn zu weihen; es bedeute, Gott zu lieben, einem Wunsch Gottes entgegenzukommen und die mosaische Unterscheidung, von der Jan Assmann spricht, wirksam werden zu lassen.

Wie kann es sein, dass diese Urszene, die von Theologen in ihren Predigten immer wieder aufgerufen, erklärt und kommentiert wurde, so wirksam und zwingend von denen verinnerlicht wurde, die sich gute Katholiken nannten? Um dies zu verstehen, müssen wir bei der Vorstellung beginnen, die man sich von der homiletischen Rede und ihrer möglichen Beziehung zur Gewalt machte; und zugleich bei der Vorstellung, die der Prediger nicht nur vom tatsächlichen Inhalt seiner Rede vermittelte, sondern auch von deren Verbindung mit Gott.

Bereits sehr früh zeigte sich die Verbindung zwischen kollektiver Gewalt und der Rede von Gottesmännern. In den Tagen nach dem Gottesdienst auf dem Pré-aux-Clercs, wo am 13. Mai 1558 Tausende von Hugenotten öffentlich Psalmen sangen, erklangen von der Kanzel herab Aufrufe an die Altgläubigen, den ersten Lutheraner, den sie träfen, zu töten, was diese zu großen Untaten anstachelte (*donnoient congé de tuer le premier Lutherien qui seroit rencontré: ce qui fut cause de grandes insolences*)[7]. Ab 1560 ist dann in der »Histoire ecclesiastique« von Théodore de Bèze nur noch von Predigern die Rede, die das Volk immer wieder gegen die Anhänger der Religion des Evangeliums aufhetzten. Das führte so weit, dass Verurteilte den Händen des Henkers entrissen wurden, um ihre Qual noch zu vergrößern (*pour accroistre leur tourment*)[8]. In der Fastenzeit 1561 in Toulouse berichtet ein Calvinist aus Millau: *i avoict un precheur cordeller que toutz ses sermons estoient plein de seditions, car tout gorn, parlant mal contre ces Uguenaus, lequel induisoit le populace à ce faire*[9].

Es gab eine Art mosaische Entflammung, die man einerseits auf die Präsenz im Wesen des Geistlichen zurückführen kann, der als Botschafter Gottes angesehen wurde. Von ihnen übertrug sie sich andererseits als Versprechen von Heil und Erlösung auf alle, die sich ihrer Bot-

---

5   Simon Vigor, Sermons catholiques pour tous les jours de Caresme et Feries de Pasques [...], Paris 1588, S. 146.
6   Jean Talpin, Remonstrance à tous Chrestiens qui se sont separez de l'Église Romaine [...], Paris 1567, S. 108.
7   Théodore de Bèze, Histoire ecclesiastique des eglises reformées au Royaume de France [...], Antwerpen 1580, Bd. I, S. 142.
8   Ibid., Bd. I, S. 248.
9   J.-L. Rigal (Hg.), Mémoires d'un calviniste de Millau, Rodez 1911, S. 14.

schaft und Rede anschlossen, wenn sie die Pflicht predigten, alle auszurotten, die sich Gott widersetzten. Die Predigt war sowohl durch ihr Referenzkorpus als auch durch die Tatsache deuteronomisch, dass sich die Theologen während ihrer Predigten als neue Leviten wiedererkannten und inszenierten, als Nachfolger jener Kinder Israels, die die Götzendiener töteten, nachdem Moses die Tafeln zerbrochen hatte. Oft griffen sie dabei auf die Sakralisierung der Gewalt durch das alttestamentliche Gesetz zurück[10]. Eine der Grundlagen dafür war wohl die Aktualisierung der alttestamentarischen Gesetzgebung gegen die Blasphemie in den Predigten. So verurteilte bereits das Buch Levitikus die Gotteslästerer zum Tod durch Steinigung. Es verankerte den antihäretischen Diskurs in einer alttestamentarischen Theologie des Bundes, die es ermöglichte, zwischen falschen und wahren Propheten zu unterscheiden[11]. Dieser Bezug war die Urszene und die Pflicht, den Feind Gottes zu töten.

Aus dem Reden der Diener Gottes und ihrer Transsubjektivierung entstand ein großes Gewaltpotenzial. Es ist ein Reden, dem sie nicht absagen konnten, weil sie andernfalls keine Diener Gottes mehr wären. Genau dies versicherte der Theologe Simon Vigor in einer Predigt für den zweiundzwanzigsten Sonntag nach Trinitatis, die er möglicherweise in den Jahren 1567–1568 verfasste, um das Predigen und die Gabe der Prophezeiung fast vollständig gleichzusetzen und zu verherrlichen. Von Johannes Chrysostomus ausgehend erklärte Vigor zunächst, predigen bedeute, öffentlich die Wahrheit zu verkünden, *tellement que le prédicateur est la trompette de Jesus Christ, pour faire entendre le vouloir de Dieu à tout le monde*[12]. Im Prediger spricht nicht der Mensch, sondern der Geist von Gottvater, der sich an das christliche Volk wendet, wie er sich einst an das »Volk von Juda« wandte. Sein Wort wird ihm unmittelbar von Gott eingegeben, und deshalb muss er die Gefahren ignorieren, welche die Ordnung der Welt für ihn bereithalten kann.

Die Predigt, die unmittelbar die göttliche Wahrheit vermittelt, akzeptiert weder die Untreue selbst noch Kompromisse und ein Paktieren mit der Untreue. Diese Predigt gewinnt Kraft aus ihrer Absolutheit, die implizit auf die Gestalt des Moses verweist. Gott spricht unmittelbar so aus dem Mund des Predigers wie damals, als Moses vom Berg Sinai herabstieg. Keine irdische Macht kommt der Macht der Wahrheit gleich, die sich im Prediger ausdrückt und die ihn ermächtigt, alle Sünder zu maßregeln, unabhängig von ihrem sozialen oder politischen Status. Selbst der Fürst muss sich den göttlichen Geboten und damit auch der Stimme des Predigers beugen. Denn die weltliche Macht ist nach Vigor derjenigen des Predigers unterlegen, weil Gott aus dessen Mund spricht. Die Gabe der Offenbarung des göttlichen Geheimnisses wird denjenigen Menschen zuteil, die Gottes sind. In seiner Predigt zum Sonntag der Allerheiligen-Oktave stützt sich Vigor dabei auf das Beispiel von Nebukadnezar, des Königs von Babylon, der den Juden Daniel zu sich rief, damit er ihm die göttliche Botschaft in dem Traum deute, den er vergessen hatte (Daniel 2,22–47): *Or ça est il rien plus interieur qu'un songe? toutesfois Dieu le revela à Daniel, qui veut l'expliquer à Nabuchodonosor de mot à mot* […]. *Ce n'est donc chose estrange dire, que Dieu revele le secret de sa pensée*. Diese Gabe der Kommunikation und Kommunion mit dem Wort Gottes rechtfertigt eine absolute Vorrangstellung der klerikalen Autorität – warf sich Nebukadnezar nicht vor Daniel nieder? Nur folgerichtig ist die Forderung, dass sich die weltliche Autorität dem Wort unterwerfen solle, das Gott eingibt[13].

---

10 Thierry Amalou, L'imaginaire de la guerre sainte pendant les guerres de religion. Le rôle des théologiens de la Sorbonne, in: Lucia Felici (Hg.), Violenza sacra, Bd. I: Forme e manifestazioni nella prima età moderna, Rom 2022, S. 53–83, hier S. 54 f.
11 Ibid., Bd. I, S. 60–63.
12 Simon Vigor, Sermons catholiques sur les dimenches et festes […] depuis l'onziesme après la Trinité jusques au Caresme […], Paris 1597, Bd. II, S. 393.
13 Ibid., Bd. II, S. 342–344.

Der Prediger macht sich auf diese Weise ein »levitisches Priestertum« zu eigen. Daraus folgt ein »biblischer Figurismus zwischen Juden und Franzosen«, eine Parallelisierung der beiden Völker in der geforderten Unterwerfung unter das göttliche Gesetz[14], wobei zudem das gepredigte Wort eine theophanische Kraft besitzt, durch die Gott in das Bewusstsein der Zuhörer eindringen kann. Dort nimmt immer wieder neu die Urszene Gestalt an, in der Ägypten einerseits das Land ist, aus dem das auserwählte Volk weggegangen und von wo es hergekommen ist, aber andererseits eben auch das Symbol für die Notwendigkeit darstellt, mit der »Gegenreligion« zu brechen. So ist das homiletische Reden eine Einladung, in die Erinnerung an die Geschichte Israels einzutreten. Auf diese Weise verkündet sie, dass das, was einst war, erneut erlebt werden muss. Und in dieser Erinnerung kehrt die Geschichte vom Goldenen Kalb wie eine Litanei wieder, als Prophezeiung dafür, dass die gegenwärtige Zeit eine gefährliche Zeit ist, an deren Ende nur wenige Auserwählte überleben werden.

Der Theologe und Pamphletist Jean de La Vacquerie bezeichnete François Le Picart (1504–1556) als einen der ersten, die öffentlich verkündigten, was er als die schändliche Verderbtheit der Ketzer bezeichnete. Einer von ihnen hätte Le Picart, als er zu einem nicht näher bezeichneten Zeitpunkt in der Pariser Kirche Saint-Jacques-de-la-Boucherie predigte, beinahe erwürgt, wenn er nicht vom Volk daran gehindert worden wäre, das um die Kanzel stand, den Ketzer aus der Kirche warf und ihn in der Erregung tötete[15]. Der große Polemiker Artus Désiré widmet Le Picart nach seinem Tod am 17. September 1556 »Les regretz et complainctes de Passe partout et Bruitquicourt«. Er besingt die Heiligkeit des Predigers und beschreibt seine Beerdigung, an der mehr als 20 000 Pariser in allen Kirchen und Pfarreien unter Tränen und Klagen teilnahmen[16]. Aus der immensen Betroffenheit in Paris ergibt sich die Verehrung eines Mysteriums im Körper des Priesters, das als allgemeiner Segen für alle wahren Christen angesehen wurde:

> *As tu point vu les nobles dames*
> *Filles et autre povres femmes,*
> *Lesquelles d'une affection*
> *Faisoient par grande devotion*
> *Tres honnorablement toucher*
> *Leurs patenostres à sa chair?*

Drei oder vier Stunden nach seinem Tod wurde Le Picart mit entblößtem Gesicht und gefalteten Händen im Hof seines Hauses aufgebahrt. Die Pariser, arme und einfache Menschen, die die Heiligkeit seiner Lebensführung bewunderten, kamen in großer Zahl zusammen und legten ihm ihre Andachtsbücher und Paternosterschnüre in die Hände, damit sie noch von dem toten Picart berührt würden[17]. Man glaubte, er sei von Gott dazu bestimmt, die letzten Tage anzukündigen, da er im vierundzwanzigsten Kapitel des Matthäusevangeliums die *vraye description du temps present* erkannt habe. Diese verrät sich in der Ankunft von Verführern, die sich Christus nennen, in der Erhebung einer Nation gegen die andere, in Hungersnöten, Pestilenz und Erdbeben. Die gebotene Umkehr setzt also zunächst die Einsicht voraus, dass die Endzeit, die sich auf erschreckend beunruhigende Weise nähere, vor allem deshalb eintrete, weil die Rechtgläubigen die Anhänger eines falschen Gottes haufenweise um sich herum duldeten und untätig blieben, obwohl das Böse die Kirche zerfresse. Die Schuld ist dieselbe bei denen, die den wahren Gott beleidigen wie einst die Juden, die das Goldene Kalb anbeteten, wie bei jenen Zeitgenossen, die angesichts dieser dramatischen Herausforderung passiv blieben. Wie Prediger und

---

14 AMALOU, L'imaginaire de la guerre sainte (wie Anm. 10), S. 74 f., 80.
15 Jean DE LA VACQUERIE, Remonstrance addressee au Roy […], Lyon 1574, S. 36 f.
16 Artus DÉSIRÉ, Les regretz et complainctes de Passe partout & Bruitquicourt […], Paris 1557, np.
17 Frère Hilarion DE COSTE, Le Parfait ecclésiastique […], Paris 1658, S. 30–39.

Polemiker immer wieder betonen, gibt es keinen anderen Ausweg als eine Rückkehr zu der ursprünglichen Szene, als die Anbeter des Goldenen Kalbes niedergemetzelt wurden. Bekehrung und Gewalt bedeuten in dieser Sichtweise dasselbe. Gewalt ist eine Prüfung, da sie impliziert, dass man die persönlichsten aller gesellschaftlichen Bindungen überwindet oder vergisst, nämlich die Verbindung mit denjenigen, die unsere Blutsverwandten sind. Gerade diese Prüfung ist dringend geboten.

Le Picart war zweifellos der Vorläufer einer psychischen Konditionierung, die ihre obsessive Aufmerksamkeit ganz auf eine Wiederkehr der Urszene fokussierte. Bereitet die Berührung seines Leichnams nicht eine andere, diesmal gewalttätige Berührung vor, nämlich die des abgeschlachteten Körpers eines Ketzers? In der Fastenzeit des Jahres 1560 entstand in der Kirche Saints-Innocents ein Aufruhr, nachdem der Minorit Jean de Hans über die Ehebrecherin (Dtn 22,22–24) gepredigt und zweifellos an die mosaische Vorschrift der Steinigung erinnert hatte. Ein Mann, der verdächtigt wurde, ein Lutheraner zu sein, wurde vor dem Portal des Sanktuariums massakriert: *Il n'y avoit si petit qui ne luy baillast son coup: et mettoyent mesmes leurs mains dedans les playes, puis les esleveient, se glorifiant de les avoir tainctes du sang d'un lutherien*[18]. Entsteht kollektive Gewalt nicht am Ende einer Reihe von Ereignissen, welche die Menschen vom Hören von Gott inspirierter Worte zu Handlungen führt, die das Gesetz Gottes mosaisch verinnerlichen sollen, das auferlegt, das Böse auszurotten (*le mal du milieu de toi*)?

Es gibt zahlreiche Beispiele dafür, dass diese verbale Kommunikation eine empathische Handlungsweise oder eine gewalttätige Übertragung bewirkt hat. Als der Jakobiner Pierre Dyvolé in der Fastenzeit 1561 nach Provins kam, bediente er sich prophetischer Rhetorik mit dem Ziel, seine Zuhörer an die Vorstellung soteriologischer, also erlösungsbringender Gewalt zu gewöhnen, weil allein diese Gewalt den göttlichen Zorn zu lindern vermöge. Claude Haton hörte diesen levitischen Propheten, der in seinem Sprechen eine Verbindung zu den Propheten des Alten Testaments ausdrückt. Er bezweckte mehr als Gehorsam oder Nachahmung und schuf eine heilige Verbindung zur Gegenwart, indem er vorhersagte, welches Unheil bevorstand, wenn die Zuhörer nicht handelten:

> *Et davantage predist le mal prochain, que, en brief temps, seroit faict par eulx en la France; comme ilsz s'eslevoientent par armes et sedition contre le roy, son estat et le repos public, desolantant les villes, sacplantant les eglises et les temples, maltraitant les prebstres, taschant à abolir toute vraye religion, toutes lois ecclesiastiques, politicques et civilles, tous sacremens et services divin; comment par leur orgueil ilz prendroient les armes au poing pour exterminer le roy et son estat, ensemble tout le peuple catholique*[19].

Weil die Ketzer in der Lage seien, übelste Gewalttaten zu verüben, müssten sich die Katholiken dazu entschließen, präventiv die »defensiven Waffen« zu ergreifen[20]. Der Prophetismus von 1560–1561 verlangte, für Gott und gemäß dem Willen Gottes umgehend mit ihrer Gegenwart zu brechen und die Versöhnung mit Gott einzuleiten, die notwendigerweise durch gewaltsames Handeln und eine Art kollektiver Rückprojektion in mosaische Zeiten erfolgte.

Den Gottlosen zu tolerieren bedeutet immer mehr Spaltung; und damit bringt man eine stets wachsende Strafe für sich und für das Volk, dem man angehört. Neben dem Andersartigen zu leben, die Existenz des Andersartigen zu akzeptieren und sogar zu erwarten, dass der Andersartige aufhört, für einen selbst andersartig zu sein, das bedeutet, dass man seinerseits Gott

---

18   DE BÈZE, Histoire ecclesiastique (wie Anm. 7), Bd. I, S. 166.
19   Claude HATON, Mémoires contenant le récit des évènements accomplis de 1553 à 1587, principalement dans la Champagne et la Brie, hg. von Félix BOURQUELOT, Paris 1857, Bd. I, S. 137–140.
20   Ibid., S. 138.

fremd wird. Der Bruch mit dem Andersartigen muss vollständig sein, ohne einen Rest an Verständnis oder Duldung, ohne den winzigsten Spielraum für Vergebung. Krieg und Aggression sind gerecht, weil die Tötung des Ketzers die von Gott nach seinem Bild geschaffene Kreatur rechtfertigt. Den Andersartigen zu tolerieren ist dagegen kriminell, weil er ein Verführer ist, der die unschuldigen Seelen derer tötet, die sich verführen lassen. Im Angesicht des Verbrechens verlangt der Logos, dass die Kluft zwischen dem Diesseits und dem Jenseits, zwischen dem Damals und dem Jetzt durchbrochen wird. Die Menschen sollen sich von der Sehnsucht nach Gott überwältigen lassen. Moses übertrug diese Sehnsucht auf diejenigen Juden, die Jahwe treu geblieben waren, als er vom Sinai herunterkam und feststellte, dass ein Teil des Volkes seine Abwesenheit genutzt hatte, um das Goldene Kalb anzubeten[21]. Jeder Verführer, der das Volk von den göttlichen Geboten abbringt und zum Götzendienst verführt, müsse gesteinigt werden, wobei man selbst die Bande des Fleisches vergessen soll:

> *quand ton frère, fils de ta mère, ou ton fils, ou ta fille, ou ta femme qui est en ton sein, ou ton prochain, lequel t'est comme ton ame, te viendra inciter, disant en secret: Allons et servons aux autres Dieux, lequel tu n'as cogneu toy ne tes pères [...] ne luy consents, et si ne l'escoute pas: aussi que ton œil ne luy pardonne point, et ne luy fais miséricorde, et si ne le caches point. Mais tu l'occiras: ta main sera sur luy la première pour le mettre à mort: et après la main de tout le peuple [...]*[22].

Gewalt wird zum heiligen Ausdruck der Tatsache, dass man den göttlichen Willen wiederentdeckt hat. Befreit von ihrer zeitlichen Kontingenz kehrt die Gewalt zurück zu den Zeiten, als das jüdische Volk das Land der Plagen, Ägypten, verließ, und es ist damit vollständig frei von irgendeiner Schuld:

> *[...] et qu'en ce faisant ne pescheront aulcunement, selon le tesmoignage de l'escriture, non plus qu'avoient faict Abraham, Moïse, David et le peuple d'Israel, lesquelz, pour la deffense de l'honneur de Dieu et de la religion, avoient prins les armes contre les Philistins et les incirconcis, armés pour l'extermination de tous sacrifices, sacrificateurs et peuple fidèle de la circoncision*[23].

Die Ausrottung ist keine Sünde, sondern eine Pflicht; aber nicht nur eine Pflicht. Der Aufruf zur Gewalt wird mit einem prophetischen Bannfluch gegen das Königreich kombiniert, das mit Prediger 10,16 in eine Gegenwart projiziert wird, die bald der Wut der neuen Götzendiener ausgeliefert sein wird: *il predist le temps auquel ilz devoient prendre les armes et de quel orgueil ilz chemineroient et se comporteroient en tous lieus* – er prophezeite die Zeit, in der sie die Waffen würden ergreifen müssen, und mit welchem Stolz sie umherziehen und sich an allen Orten verhalten würden[24].

Versteht man beim Lesen dieser Worte nicht besser die außergewöhnliche Brutalität oder vielmehr die Brutalisierung der katholischen Reaktion auf die protestantische Erhebung von 1562? Ist die Gewalt, die eine Verkündigung fortsetzt, die von verbal inspirierten Predigern kommt, nicht eingebettet in eine außergewöhnliche Zeit der wiedergefundenen Immanenz, welche die Interaktion zwischen Gott und dem Gottesvolk inszeniert? Und ermöglicht das prophetische Wort nicht, die Unmittelbarkeit besser zu verstehen, welche die katholische Gewalt kennzeichnet? In der Psyche der Akteure des Blutbads beziehungsweise der Massaker von 1562

---

21 Antoine DE MOUCHY, Response à quelque Apologie [...], Paris, 1560, S. 9.
22 Ibid., S. 27 f., unter Verweis auf Deuteronomium 13,3.
23 HATON, Mémoires (wie Anm. 19), Bd. I, S. 140.
24 Ibid., Bd. I, S. 137.

wie auch von 1572 erfolgt eine Projektion der Vorstellung, dass die Gewalt einen Körper rituell auslöscht, dessen innere Fäulnis nach außen getragen und zur schmutzigen Hülle erklärt werden muss.

Die geistige Unreinheit wird über den Kontakt mit der Unreinheit der Materie vermittelt und dargestellt. So wurden in Gaillac am 17. Mai 1562 einige Menschen durch den Schlamm geschleift (*traînés par les boues*)[25]. Der gottlose Mensch wird durch diese schmutzige Hülle entstellt und entmenschlicht, weil er keine Menschlichkeit mehr besitzt, seitdem er durch den Verlust seiner Seele nichts mehr mit dem Geschöpf gemein hat, das Gott nach seinem Bild erschaffen hat. Die Seele, die sich von Gott getrennt hat, ist tot, denn ein Mensch, der nicht mehr durch die Seele lebt, die das Wesen Gottes in ihm ist, lebt nicht mehr von Gott, ist nichts als ein trostloses Grabmal, das Verwesung birgt. Seine Seele existiert nicht mehr, weil sie sich einem Götzen hingegeben hat und diesen verehrt, indem sie ihn gewissermaßen in den eigenen Körper hineingenommen hat. So verbirgt jeder Anhänger Calvins ein neues Goldenes Kalb in sich, dessen physische Existenz nicht akzeptiert werden darf. Deswegen hinterlassen die Gewalttäter auf seinem Körper die sichtbaren Zeichen seines Bruchs mit Gott, den er durch seinen unsichtbaren Götzendienst vollzogen hat. Weil die Strafe die Worte und Gebote Gottes umsetzt, machen sie die verborgene Andersartigkeit des Ketzers sichtbar. Während einer Predigt des Jakobiners Pierre Dyvolé in Angers am Sonntag, dem 26. August 1561, wurde die Menschlichkeit eines Verdächtigen auf ähnliche Weise entwertet: Er wurde von so vielen Hieben mit Schemeln und Messern getroffen, dass man ihn nicht mehr habe wiedererkennen können[26]. Das Gesicht wurde von den Angreifern bevorzugt ins Visier genommen, so dass das Opfer im Wortsinn das Gesicht verlor: *si cruellement qu'il ne lui resta aucune forme de visage*[27]. Die äußere Entstellung diente der theatralischen Neuinszenierung der Bibel.

Ein Doppelgänger des Teufels steckt im Häretiker, der ihn aber versteckt. Die Gewalt bringt ihn an die Oberfläche des Körpers und isoliert ihn dadurch zugleich. Damit muss er sich der Wahrheit stellen, der er sich verweigerte, indem er einen falschen Gott anbetete. Der falsche Schein ist das Mittel, durch welches das Goldene Kalb ganz grundsätzlich seine unheilvolle Macht der Täuschung ausübt. Der Hugenotte ist ein Götzendiener, weil er sich selbst anbetet, indem er sich einem falschen Gott überlässt, der es ihm erlaubt, nicht zu fasten, keine Buße zu tun und seinen Körper so sehr zu lieben, dass er nur noch lebt, um ihn zu befriedigen. Das Götzenbild, das Goldene Kalb, ist im Ketzer selbst. Die Gewalt entstellt, zerreißt und entmenschlicht ihn durch vielfältige Verletzungen, um darauf hinzuweisen, dass die Kreatur, die den Anschein erweckt, eine Schöpfung Gottes nach seinem Bild zu sein, nicht mehr dieses Bild ist. Stattdessen ist sie das schreckliche Abbild eines Götzen, der die Verachtung des wahren Gottes bedeutet. Vor allem aber stellt die Gewalt die Aktualität der mosaischen Unterscheidung dar, von der die Prediger sprechen. Immer wieder tauchen in den Berichten die endlosen Hiebe (*infinis coups*[28]) mit Schwertern oder Stöcken auf, die der Verunreinigung im rituellen Ablauf vorausgehen oder ihr folgen[29].

Der Theologe Antoine de Mouchy zitierte entsprechend das göttliche Gebot, den Götzendiener, der seine Kinder dem Moloch geweiht hat, zu steinigen und auszurotten (Levitikus 20,26):

> *Le peuple de la terre le lapidera de pierres. Je mettray ma face à l'encontre de cet homme, et l'extermineray du milieu de son peuple. Car il a donné de sa generation audit Moloch,*

---

25 DE BÈZE, Histoire ecclesiastique (wie Anm. 7), Bd. III, S. 69.
26 Ibid., Bd. III, S. 754–755.
27 Ibid., Bd. II, S. 377.
28 Vgl. etwa DE BÈZE, Histoire ecclesiastique (wie Anm. 7), Bd. II, S. 130.
29 Pierre DYVOLÉ, Dix sermons de la saincte messe et ceremonies dicelle [...], Paris, 1577, np.

pour souiller mon sanctuaire et mon sainct nom. Que si le peuple de la terre est nonchallant d'entendre à l'homme qui a donné de sa génération à Moloch, ne le mettant point à mort, je mettray ma face contre cest homme, et contre sa famille, le faisant exterminer du milieu de son peuple, avecques tous ceux qui ont fait fornication avec Moloch[30].

Mouchy erinnerte ebenso an Deuteronomium 13,1–5, wo der Befehl erteilt wird, den Propheten oder den Träumer zu steinigen[31]. Niemand darf mit Ketzern verkehren, sonst wird er für immer aus dem Himmelreich ausgeschlossen. Sie sind Leute ohne Glauben, ohne Gesetz, ohne König und ohne Gott. Sie sind voller Stolz, Lügen, Schamlosigkeit und Ehebruch, sie verfolgen Gott und seine Gläubigen, sie sind rebellisch und aufrührerisch, sie verhexen die wahren Christen und müssen deshalb sterben. Sie tragen das Goldene Kalb in sich, das in ihnen wieder gegenwärtig geworden ist. Jeder Augenblick ihres Lebens ist eine Blasphemie, die Gott entgegengeschleudert wird. Unter Berufung auf Levitikus 21,9 wollte Mouchy deshalb diejenigen verbrennen, die Gott und die christliche Religion verlassen:

Il reste encore plus amplement demonstrer que la punition des hérétiques est juste, partant qu'il est escript: qui prendra la fille et la mère, soit bruslé. Et quand la fille du sacrificateur viendra à paillarder, elle contaminera son père: pour ce elle sera bruslée au feu. Ces sentences conviennent bien à nostre propos: parce que tous Chrestiens sont enfans du sacrificateur Jésus Christ. Parquoy s'ils viennent à paillarder et délaisser Dieu et la religion chrestienne, pour la grande injure qui font à leur père Jésus Christ, ils méritent estre bruslez[32].

Allerdings geboten die königlichen Edikte, dass man die konfessionellen Differenzen beschweigen solle, um neues Blutvergießen zu vermeiden. Doch das Schweigen bedeutete für den Prediger sich zu weigern, dem Volk die von Gott direkt aufgetragene Botschaft zu überbringen. Ja, es bedeutete, kein Mensch Gottes mehr zu sein. Denn wer die Wahrheit über die meineidigen und aufrührerischen Hugenotten verkündet, predigt das Evangelium:

Dire que les hereticques huguenotz de France sont meschans, apostatz d'avoir renoncé la vraye église catholicque pour suyvre l'héréticque, est-ce point prescher l'Evangile? dire qu'on se donne garde de leur doctrine, de les escouter, de lire leurs livres; dire qu'ilz ne tendent et ne cerchent qu'à faire séditions, meurtres et saccagemens, comme ilz ont commencé de faire en la ville de Paris et aultres infinis lieux du royaume, est-ce poinct prescher l'Evangile[33]?

Die Rhetorik der Gewalt ahmt Moses in der Predigt nach, bereitet die reale Gewalt vor und akzeptiert sie als heilige Fortsetzung der Erwählung, die im Akt des prophetischen Redens dramatische Gestalt annimmt.

Die Fastenpredigten von Simon Vigor in ihrer möglicherweise zensierten Veröffentlichung von 1588 lassen weitere Äußerungen dieser mosaischen Rede erkennen, durch die der Heilige Geist die Kirche verteidigt. Vigor lehnte die königlichen Vermittlungsbemühungen zwischen den konfessionellen Lagern ab, denn ein (religiöser) Friede, der dem göttlichen Willen widerspreche, müsse scheitern: Jedes Reich, das in sich gespalten ist, wird veröden (Matth. 12,25–26).

---

30 Mouchy, Response (wie Anm. 21), S. 10–13.
31 Ibid.
32 Ibid., unter Verweis auf Levitikus 21,9: »Wenn sich die Tochter eines Priesters als Dirne entweiht, so entweiht sie ihren Vater; sie soll im Feuer verbrannt werden.«
33 Haton, Mémoires (wie Anm. 19), Bd. I, S. 212.

Unterschiedliche Glaubensüberzeugungen in ein und demselben Königreich bedeuten für Vigor unvermeidlich Spaltung und Uneinigkeit. Weil sich die Hugenotten von der römischen Kirche getrennt haben, sind sie ständig auf der Hut und überleben nur in Furcht. Spaltung bedeutet aus diesem Grund Gewalt, damit es für die Gottlosen unmöglich ist, sich zu irgendeinem Zeitpunkt sicher zu fühlen. Genesis 3,15 verstärkt für Vigor die Überzeugung, dass ein Frieden, der die Koexistenz zweier Religionen in Erwägung zieht, reiner Unsinn wäre. Gott kann nur Zorn empfinden für einen Herrscher, der sein Gesetz gegen das göttliche Gesetz erlassen hat: »Und Feindschaft setze ich zwischen dich und deine Frau, zwischen deine Nachkommen und ihre Nachkommen« – *Je mettray inimitié entre toy et ta femme, et entre ta semence et celle de la femme*. Die Prophezeiung wird so gedeutet, dass die Ketzer der Same des Teufels sind, und die Kinder der Kirche der Same der Frau: *la semence du diable, ce sont les heretiques: et la semence de la femme, les enfans de l'Eglise*[34]: Frieden ist unmöglich, denn gegenüber dem Unreinen kann der wahre Gläubige nur Hass empfinden.

Diese Botschaft wird in einer Predigt radikalisiert, die wohl am Himmelfahrtstag 1570 in Zusammenhang mit dem Frieden von Saint-Germain gehalten wurde. Möglicherweise hat die Predigt bei der soteriologischen Prägung der Massenmörder von 1572 eine herausragende Rolle gespielt. Vigor erklärte, dass der Frieden umso mehr ein Zeichen der Untreue gegenüber Gott ist, als er der göttlichen Wahrheit widerspricht, die besagt, dass Gott unteilbarer Anfang aller Dinge ist. Seit der Schöpfung bestehe Gott auf dem Prinzip des EINEN: Er hat nur eine Welt und einen Menschen geschaffen; er hat gesagt, dass Mann und Frau eins werden im Fleisch (*erunt duo in carne una*); er hat nur ein einziges Volk erwählt, nur einen Führer Moses und einen König Saul bestimmt (*ne luy a baillé qu'un seul guide Moyse, un seul roi Saul*) und der Welt nur einen einzigen Erlöser gegeben. Wer die Spaltung akzeptiere, befinde sich automatisch außerhalb dessen, was Gottes ist, und trete in das Unglück und die Zeit des Fluchs ein. Der Friede in einem Reich, das Glaubensspaltung erlebt, verdiene die Bezeichnung Friede nicht. Vigor kündigte das Ende an, eine Fackel, die ein Feuer entzünden werde, so groß, dass es das ganze Königreich Frankreich, ja, die ganze Welt verzehren werde (*une torche, qui allumera un feu si grand qu'il consummera tout le Royaume de France: voire qui sera pour consumer tout le monde*). Die jüngere Geschichte lehre nicht nur, dass gegenüber treulosen und verräterischen Menschen und den Dienern eines falschen Gottes der Frieden eine Täuschung sei, die diejenigen, die ihn schließen oder annehmen, an den Teufel binde. Vielmehr befehle auch Gott, einen solchen Frieden abzulehnen, da Gott dazu aufrufe, die Hugenotten auf den Tod zu hassen und damit, um auf Assmanns Argumentation zurückzugreifen, die Urszene wieder aufzuführen[35].

Es gibt eine Verpflichtung zur Gewalt, weil Gott die Gewalt will, die Voraussetzung dafür ist, dass dieses Volk *Sein* Volk ist. Denn er kann nicht dulden, dass die Seinen akzeptieren, dass unter ihnen jene leben, die seine Majestät leugnen. Deshalb erklärte Vigor, dass Gottes nicht würdig sei, wer seinen Vater und seine Mutter mehr liebe als ihn[36]. Mit diesen Worten befinden wir uns im Herzen der Gewaltbereitschaft und damit des Hasses, den jeder Katholik in sich zu tragen verpflichtet sei: Die Rückkehr zur Urszene verlangt, dass derjenige, der das Goldene Kalb anbetet, ohne Mitleid getötet werden muss, selbst innerhalb der eigenen Familie. Niemand darf, so Vigor, Umgang mit Ketzern pflegen, sonst zieht er den Zorn Gottes auf sich. Weil der aussätzige König Joschija nicht weit weg aus dem Lebensraum der Juden vertrieben wurde, gedieh das Königreich Israel nicht, und Gott war so zornig, dass es keine Offenbarung und keine Propheten gab. Wie wird er erst angesichts der geistigen Leprakranken wüten, die ein falscher Friede in den Städten, in den Parlamenten und im Rat des Königs belässt!

---

34 VIGOR, Sermons catholiques pour tous les jours de Caresme (wie Anm. 5), Bd. II, S. 155 f.
35 ID., Sermons catholiques sur les dimenches (wie Anm. 12), Bd. I, S. 478–484.
36 ID., Sermons et predications chrestiennes et catholiques du S. Sacrement de l'Autel [...], Paris 1577, S. 12.

Or vous voyez comme nous sommes en un temps miserable, et est bien à craindre qu'il ne nous advienne comme du temps d'Osias. Nous voyons les heretiques meslez avec les Catholiques et ce par edict. Ils sont receuz aux citez, aux maisons, voire pour faire le pire qu'ils pourront [...] O le grand malheur! si dieu a esté tant courroucé contre un royaume, pour avoir lassé un lepreux vivre en une ville contre son commandement et sa volonté: regardez combien d'avantage il le sera, quand on laissera les lepreux spirituels és villes, és parlemens, au conseil du Roy. En punition de ceste faute, tant qu'il a vescu, n'y a eu Prophetes en Israël. Hélas pour la mesme faute nous sommes en danger avoir faute de predicateurs en France[37].

Es bestehe die Gefahr einer geistigen Hungersnot (*famine spirituelle*), und wenn das Volk sich nicht bessere, so werde Gott bestimmt einen gewaltigen Schlag tun und alles ausrotten: *je m'asseure que Dieu frapera un bon coup, et exterminera tout*[38]. Krieg gegen Ketzer zu führen, die aufgrund ihrer götzendienerischen Verirrung Feinde Gottes sind, bedeute, an der heiligen Pflicht teilzuhaben, sie zu töten. Man dürfe keine Angst vor dem Tod haben, wenn man gegen den Ketzer kämpfe und dabei David folge, der mutig gegen Goliath antrat[39]. Man müsse all jene ausrotten, die keine Hoffnung auf Besserung geben und wie ein verfaultes Körperglied sind. Selbst ein König habe nicht die Macht, ihnen zu vergeben. Gott schenke hingegen denjenigen, die sich für ihn einsetzen, den Sieg über Satan. Für Vigor war es wichtig, die fleischlichen Bande (*conjonction charnelle*) zu überwinden und der geistigen Verbindung unbedingt den Vorzug zu geben. Die Hugenotten nicht zu schlagen bedeute, keine Religion zu haben, und Frieden zu schließen bedeute, Gott zu verachten, Gott, der befiehlt, seine Feinde zu hassen und zu töten[40].

Hier wird komplementär ein Antikanaanismus greifbar, wie ihn Jan Assmann behandelt hat. Er betont, dass das Deuteronomium die Grundlagen für einen Glauben legt, der aus erlösungstheologischen Zwängen mit einem Willen zur Ausrottung verknüpft ist. Der Priester Artus Désiré stellte sich bereits 1551 ein Streitgespräch zwischen einem Antipapisten und einem Papisten vor, der seinen Gegner als Kanaaniter herausforderte:

> *O fier matin cananéen,*
> *Produit de sang cananeite,*
> *Tu n'es pas de race benite*
> *Mais plustost de celle de Can*[41].

Vergebung sei eine Sünde in einer Zeit, in der man dem Bösen keinen Raum gewähren dürfe, weil jedes Zögern die Macht Satans vergrößere. Der Kampf sei notwendig, bis hin zur Selbstaufopferung für die Ehre Gottes. Er verspreche volle Vergebung für diejenigen, die ihr Blut für diese gerechte und gute Sache vergießen. Aber er werde alle ausrotten, wenn man auch nur geringste Nachsicht walten lasse.

> *Car ceulx qui respandront leur sang*
> *Pour ceste cause iuste et bonne,*
> *Sont asseurez que Dieu leur donne*

---

37 Zitiert in Jean-Louis BOURGEON, Quand la foi était révolutionnaire: les sermons d'un curé parisien, Simon Vigor, en 1570–1572, in: Madeleine FOISIL, Jean-Pierre BARDET (Hg.), La vie, la mort, le temps. Mélanges offerts à Pierre Chaunu, Paris 1993, S. 471–484, hier 475–477.
38 VIGOR, Sermons catholiques pour tous les jours de Caresme (wie Anm. 5), Bd. II, S. 74–88.
39 Ibid., Bd. II, S. 306.
40 Ibid., Bd. II, S. 26.
41 Artus DÉSIRÉ, Les batailles et victoires du chevalier céleste, contre le chevalier terrestre [...], Paris 1562, Bl. 28r.

Plain pardon de tous leurs pechez
[...]
Que si nous pardonons au moindre,
Dieu nous exterminera tous [...][42]

Gott habe Désiré kundgetan, dass die Ereignisse der Gegenwart das Ende der Welt einläuten. Passiv zu bleiben bedeute, auf die Seite derer zu wechseln, die Gott bekämpfen und seinen unwiderruflichen Zorn erleiden werden. Wenn man dafür kämpfe, dass die Kirche nicht so sehr befleckt wird, dass sie aus der Welt verschwindet, dann fördere man die eigene Erlösung; selbst wenn man dabei diejenigen töte, die vom eigenen Fleisch und Blut sind. Der Ursprung des Gewaltpotenzials, das 1572 ausbricht, ist eine geistliche Kultur, die auf diese Weise Gegenwart und Vergangenheit vermischt. Gestützt auf das kanaanäische Paradigma verkünden die Priester, dass die Häretiker neue Kanaaniter sind, die sich in ihrer Bestialität suhlen. Diese Rhetorik bereitet eine beinahe völkermörderische Praxis vor, da die Häretiker ja einer verfluchten Rasse (*race maudite*[43]) angehören.

Daraus ergibt sich, dass die Mörder von 1572 wahrscheinlich wie geblendet waren von den subjektiven Projektionen, die sie zuvor empfangen und angehäuft hatten. Der Andersartige existierte für sie an einem Ort jenseits des Menschlichen. Er war unmenschlich, weil ein Götze in ihm saß, und deshalb musste er Gott und dem Gottesvolk durch rituelle Exerzitien als unmenschlich vorgeführt werden. Dies erlaubt die Hypothese, dass die Morde in Genoziden ebenfalls eine zeitliche Dimension haben, insofern sie etwas hin zu einer zeitlichen Idealität in Bewegung setzen. Die Welt der Mörder von 1572 ist eine eingebildete Welt, wie diejenige der Henker von Auschwitz oder jene der Hutu, die die Tutsi ausrotteten. Der Andersartige stirbt wie ein Tier, weil er die Un-Menschlichkeit, ja sogar eine biblische Nicht-Menschlichkeit verkörpert, die durch die Gewalt zugleich entlarvt und abgelehnt wird. Um ein Mörder zu werden, muss man über ein kognitives Kapital verfügen, das bestreitet, dass diese Objekte der eigenen Vorstellungswelt noch zum Menschlichen gehören; und das zugleich die Zeiten vor der Korruption zurückkehren lässt. Während der großen Massaker an den Tutsi spielten die Hutu ein Spiel, das die Rückkehr zu einem goldenen Zeitalter des Nahrungsüberflusses symbolisierte. Es werde wieder entstehen, wenn diejenigen verschwunden seien, die durch ihre vermeintliche Gier und Habsucht die Schöpfungsordnung störten. Die Tutsi, die in den Kirchen starben, in denen sie sich in der Hoffnung auf Schutz zusammengedrängt hatten, starben wie in einem Schlachthaus, gehäutet wie Vieh. Sie waren entblößt, und die Mörder projizierten in sie die Vorstellung von biblischer Animalität.

Lag im Jahr 1572 der positive Referenzpunkt nicht im ursprünglichen Moment der Konfrontation mit dem Goldenen Kalb? Legt dieser nicht die Parallele nahe, dass diejenigen, die Moses folgten, sich bedingungslos zum Willen Gottes bekannten, und ebendiesen in die Tat umsetzten? Erfüllte sich dadurch nicht eine Vorstellungswelt, in welcher der Heilige Krieg als zentrales Element den Übergang vom Unreinen zum Reinen darstellt? Spielte die Dramaturgie nicht die Urszene nach, in der ein »Monotheismus der Treue« befreiend wirkt, weil er göttliche Erlösung verheißt?

---

42 Id., La grande trahison et volerie du Roy Guillot prince et seigneur de tous les larrons, bandolliers, sacrilèges, voleurs et brigans du royaume de France, s.l., s.d., Bl. 266v, 268v.
43 De Bèze, Histoire ecclesiastique (wie Anm. 7), Bd. II, S. 158.

II. Das Massaker als projizierte »Urszene«?

Die Bartholomäusnacht vom 24. August 1572 ging in der ersten Phase des Massakers vom König aus, wahrscheinlich in Absprache mit der katholischen Adelsfraktion der Guise und ihren Unterstützern in Paris[44]. Es ging darum, die Bedrohung auszuschalten, die der militärische Protestantismus für die kommenden Tage darstellte. Dazu wollte man die militärischen Anführer eliminieren, die für die königliche Hochzeit in die Hauptstadt gekommen waren. Vielleicht ging es sogar darum, einem katholischen Volk, das in Aufruhr war und kurz davorstand, spontan gewalttätig zu werden, einen Beweis zu liefern, dass die Krone handlungsfähig war. Das Gerücht, das nach Jahren der Ungewissheit endlich eine königliche Entscheidung gefällt worden war, führte zur zweiten Stufe, in der sich die Vorstellung erfüllte, Gottes Allmacht sei nun am Werk und müsse von den »guten Katholiken« der Hauptstadt unterstützt werden. Am späten Vormittag des 24. August waren die Machthaber dann nicht mehr in der Lage, die Gewalttaten aufzuhalten, die in ihrem Namen begangen wurden. Die morgendlichen Mörder freuten sich darüber, dass der König unverhofft zu einer Politik der Gewalt zurückgekehrt war, die sie nun umsetzen konnten – in den Straßen von Paris, wo die Protestanten wohnten. Schon seit 1560 hatten die Priester sich jedes Mal, wenn die Krone versucht war, eine Politik der Eintracht zu verwirklichen, vehement dagegen ausgesprochen. Zugleich hatten sie eine biblische Königsfigur in die Person Karls IX. projiziert. Der vom Allmächtigen auserwählte Fürst wurde so als lebendiges und vollkommenes Abbild Gottes konstruiert, der ihm seinen »Geist« verliehen hatte. Er sollte dem Rat Davids folgen, Gott dienen, vor dessen Majestät zittern und kein anderes Ziel haben, als die göttliche Herrlichkeit zu ehren. Dazu sollte er durch seine Rechtsprechung die Einheit des Glaubens in seinem Königreich schützen und all jene verfolgen, die sich vom wahren Gott losgesagt hatten. Karl IX. schien im August 1572 plötzlich dieser lang ersehnte biblische König geworden zu sein.

Der Herrscher wurde gegen seinen Willen zu einem mordenden König, in dessen Namen gemeuchelt wurde. Vielleicht geschah dies aber auch, weil solche prophetischen Bilder den Wünschen und Erwartungen von vielen entsprachen, die endlich seinen Gehorsam gegenüber Gott erleben wollten. Deshalb bestätigte Karl IX. am 26. August 1572 in einer offiziellen Sitzung, dass er im Namen Gottes und für Gott Rache an denen genommen hatte, die nicht davon abließen, die göttliche Herrlichkeit zu entweihen. Denn sie hätten sich verschworen, ihn, den König, zu töten und den Staat an sich zu reißen. Karl IX. ließ sogar eine Medaille mit einer vielleicht mosaisch inspirierten Umformulierung seines Mottos *Pietas et justitia* gravieren: *Pietas excitavit justitiam* – die Frömmigkeit gegenüber Gott und der wahren Religion hat das Schwert der königlichen Gerechtigkeit geführt[45]. Karl IX. erklärte sich damit zum König des absoluten Gehorsams, der antikanaanäischen Theophanie. Er nutzte diese Vorstellung zu seinen Gunsten, damit nicht länger der Eindruck herrsche, er kenne den göttlichen Willen nicht. Der Buchstabe T (griechisch Tau) rechts neben der Königskrone erinnerte damit ganz grundlegend an das Kreuz Jesu Christi. Als dessen Verteidiger auf Erden galt nun der König, weil er dessen Andenken gegen seine Feinde verteidigt hatte[46]. Entscheidender Bezug zur Bibel war Hesekiel 9,4: »Der Herr sagte zu ihm: Geh mitten durch die Stadt, mitten durch Jerusalem und schreib ein Taw auf die Stirn der Männer, die seufzen und stöhnen über all die Gräueltaten, die in ihr be-

---

44 Vgl. für die die hier summarisch zusammengestellten Ereignisse CROUZET, Les guerriers de Dieu (wie Anm. 4).
45 Zitiert in Denis CROUZET, Un imaginaire au travail: le catholicisme militant au temps des guerres de Religion, in: Philippe BÜTTGEN, Christophe DUHAMELLE (Hg.), Religion ou confession. Un bilan franco-allemand sur l'époque moderne (XVIe–XVIIIe siècles), Paris 2010, S. 541–557, online: doi:10.4000/books.editionsmsh.14329 hier § 23.
46 Denis CROUZET, La nuit de la Saint-Barthélemy. Un rêve perdu de la Renaissance, Paris 1994, S. 535.

gangen werden!« Das Tauzeichen bedeutet die Erfüllung des Wortes Gottes. Es ist der Buchstabe, der den wahren Diener Gottes auszeichnet, der den Befehl befolgt hat, alle diejenigen zu töten, die abscheuliche Taten vollbringen: »Alt und Jung, Mädchen, Kinder und Frauen sollt ihr erschlagen und umbringen« (Hesekiel 9,6).

Die Bartholomäusnacht war vor diesem Hintergrund in erster Linie das Werk Gottes, der die Treue seines Volkes auf die Probe stellte, und sie fand laut dem Anwalt Louis Dorléans deshalb statt, weil es nur so kommen konnte[47]. Das Massaker war das Ereignis, in dem Gott seine Prophezeiung verwirklichte. *Ce jour remarquable de la saint Barthelemi* war nämlich vor allem der Moment der Rache Gottes: *le jour de la vengeance du Seigneur, ou plusieurs renards huguenots laisserent non seulement la queuë, mais aussi la peau: et dont les charognes infecterent le pré aux Clercs, qui leur fut donné pour cimetiere.* Man musste das Massaker verherrlichen, weil es die Herrlichkeit Gottes ausdrückte. Daher konnte kein Katholik ein Ereignis verurteilen, *en laquelle la necessité, la raison, l'utilité, et l'honneur ont une liaison tres etroite. Vraiment, Messieurs les calvinistes, je vous demande, s'il est bienseant a un huguenot, cruel et inhumain de nature, de precher aux catoliques la douceur et l'honeteté: et que lui, qui est rebelle a son Roi, nous recommande le respect que lon doit a l'autorité du Roi*[48].

Die Bartholomäusnacht hatte also eine Evidenz, die man nicht hinterfragen konnte. Sie war göttlich, und es war Gott, der durch sie sprach und handelte in der Form einer Rückkehr zur Urszene. An einem Tag des Leids unterwarf er die frechen Ketzer:

> ce jour estant, comme dit le Profete, un jour de courous, de tribulation, et d'angustie, jour de calamité et de mizere, jour de tenebres et d'obscurité, jour de nuages et de tonnerre, pour abaisser l'orgueil, et chatier les insolances des Heretiques; c'estoit ce jour que Malachie avoit predit, qu'il viendroit un jour alumer comme un grand feu, auquel tous les superbes et tous les mechans seroient devorez comme paille[49].

Gott wurde ein Opfer (*sacrifice*) dargebracht, und der Begriff des »nutzbringenden Brandopfers« (*propice holocauste*), das ihm für alle Sünden Frankreichs dargebracht wurde, brachte die Gewalt in einen historischen Zusammenhang: Die Gottlosen des Alten Testaments wurden zu den Ketzern der Gegenwart. Jedes Wort war hier wichtig, und es war wieder Mose, der dabei im Hintergrund stand. Laut Levitikus 1,1–17 stellt das von Gott geforderte Opfer ein Symbol dar für den Willen, »dem Herrn wohlgefällig« zu sein in der Sühne. Dieses Opfer symbolisiert die Ausrottung der bösen Seelen, die in einer Vorstellungwelt leben, die ausschließlich von Blut, dem Verschlingen der anderen und dem Hass auf den wahren Gott erfüllt ist.

Das Universum wurde so im Augenblick der Bartholomäusnacht mit einer postmosaischen Perspektive wiedererlebt. Alles geschah, als wäre der Geist Davids in Paris gegenwärtig gewesen. Dessen Psalm 63,10–12 wurde vom Anwalt Dorléans eigenwillig übersetzt und damit neu interpretiert:

> C'est en vain qu'ils ont fait a mon ame la guerre,
> Car ils seront jetez au profond de la terre,

---

47 ID., Louis Dorléans ou le massacre de la Saint-Barthélemy comme un »coup d'estat«: à propos d'un manuscrit inédit, in: Ouzi ELYADA, Jacques LE BRUN (Hg.), Conflits politiques, controverses religieuses. Essais d'histoire européenne aux 16e–18e siècles. Mélanges offerts à Myriam Yardeni, Paris 2002, S. 77–99.
48 Zitiert in Denis CROUZET, Le haut cœur de Catherine de Médicis. Une raison politique aux temps de la Saint-Barthélemy, Paris 2005, S. 475.
49 Die Zitate in diesem Absatz finden sich in: Loys DORLÉANS, Histoire de l'origine de la Ligue, BNF, Ms. Fr. 4922, Mikrofilm 352, fol. 1–71, zitiert in CROUZET, Le haut cœur (wie Anm. 47), S. 475–477.

On les verra tomber au tranchant du couteau,
En morceaux des renards on taillera la peau;
Et le Roi qui verra merveilles si estranges,
S'ejouissant en Dieu, publira ses louanges:
On prizera tous ceux qui en lui ont juré,
Car alors des mechans le bec sera muré[50].

Der göttlichen Präsenz und Inspiration verdankt das Massaker seine Dynamik, und sie wurden bereits von den Zeitgenossen als Grundmotto der Ereignisse gedeutet. Louis Dorléans wiederholte oft, dass die Rache nicht allein auf einen Wunsch von Menschen (*desir des hommes*) reduziert werden könne. Vielmehr habe ein Wunder gezeigt, dass der Allmächtige Gnade bewiesen und an der Bestrafung der Häretiker mitgewirkt habe. Gegen Ende der Massaker habe man nämlich zwei herausragende Anhänger Satans und Feinde des Königs hinrichten können, weil ein göttlicher Sonnenstrahl das nahende Dunkel durchbrach: *ce qui marque la part qu'il prenoit au chatiment des Heretiques, c'est que l'on executa Briquemaut et Cavaignes, combien qu'il fut fort tart, et que chacun pensat le soleil estre couché: si est-ce que soudain il lança un raion, afin de voir mourir ces deus garnemens, vrais piliers et etançons de la cause de Sathan, et les deux ennemis conjurez du roi et du roiaume*[51].

Jérémie Foa hat in seinem Buch »Tous ceux qui tombent« eine neuartige Analyse der Bartholomäusnacht vorgelegt und insbesondere die mordenden Massen auf eine kleine Gruppe von Männern reduziert[52]. Das muss hier vielleicht etwas differenzierter betrachtet werden. Es ist problematisch, dass die Gruppe der Mörder, die durch ihren brennenden katholischen Glaubenseifer und auch durch berufliche oder familiäre Netzwerke zusammengeschweißt wurden, nur eine relativ kleine Anzahl von Männern gewesen sein soll, angeführt von Massenmördern. Diese töten jeweils mehr als 100 oder 200 Menschen, sogar bis zu 400, wie einige sich brüsten, um das zu verherrlichen, was sie sich als Kriterium für den unerschütterlichsten Glauben vorstellen. Das »mörderische Kollektiv«, um eine Formulierung von Jérémie Foa aufzugreifen, ist in Aktion, aber verwässert oder zerstreut in zahlreichen verschiedenen Mordhandlungen, die den Stadtraum von Paris durchziehen. Müsste man im Übrigen nicht die Zahl der Opfer nach oben korrigieren? Die Quellen zeigen, dass die Hauptstadt am frühen Morgen des 24. August 1572 von bewaffneten Männern durchkämmt und kontrolliert wurde. Sie sind da, um schnell aufzugreifen, zu töten und dabei auch zu plündern, aber das »Volk« von Paris steht an ihrer Seite. Paris ist wach und auf der Straße. Genauer gesagt sind diese Straßen am frühen Morgen des 24. August offenbar überfüllt, als der Herzog von Guise, nachdem er den Admiral Coligny getötet hat, versucht, sich einen Weg zur Porte de Bussy zu bahnen. Jedenfalls muss er sich auf den König berufen, um durchgelassen zu werden: *laissez passer, le roy le commande*. Die Frage ist also weniger, wer genau diese Pariser waren, die beim Ertönen der Sturmglocke aus ihren Häusern kamen, als vielmehr, weshalb sie draußen waren, welchen Sinn sie der Tatsache geben konnten, dass sie bei einem zweifellos blutigen Ereignis zugegen waren. Alles deutet auf eine Stadt hin, die einer kollektiven Gewalt ausgeliefert war. Diese ging von Männern aus, die in Banden durch Paris zogen, wie der Zeitgenosse Luc Geizkofler berichtet. In seiner notariell be-

---

50 Zitiert nach Ingrid LAMUR, L'Œuvre manuscrite de Louis Dorléans: Histoire de l'origine de la Ligue et Poezies, Mémoire de maîtrise, 2000, Centre Roland Mousnier, Sorbonne Université, S. 118–120. Psalm 63,10–12 lautet in der Einheitsübersetzung: »Die mir nach dem Leben trachten, um mich zu vernichten, sie müssen hinabfahren in die Tiefen der Erde. Man gibt sie preis der Gewalt des Schwerts, sie werden den Schakalen zur Beute. Der König aber freue sich an Gott!/ Wer bei ihm schwört, darf sich rühmen. Doch allen Lügnern wird der Mund verschlossen.«
51 Zitiert in CROUZET, Le haut cœur (wie Anm. 47), S. 477. Der Strahl spielt möglicherweis auf die »Sonne der Gerechtigkeit« an (Maleachi, 3,20).
52 Jérémie FOA, Tous ceux qui tombent. Visages du massacre de la Saint-Barthélemy, Paris 2021.

glaubigten Aussage, die er am 7. September 1572 in Heidelberg machte, führte der Straßburger genauer aus, was nach der Ermordung der »chefs de la religion« geschah:

> *vers le jour, entre trois et quatre heures, ils ont sonné le tocsin avec deux petites cloches, qu'ils appellent cloches d'alarme, et le bruit s'est aussitôt répandu que le roi avait permis d'égorger tous les huguenots et piller leurs maisons. Alors a commencé le massacre par tout Paris, de sorte qu'il n'y avait point de ruelle dans Paris, quelque petite qu'elle fût, où l'on n'en ait assassiné quelques-uns, et le sang coulait dans les rues comme s'il avait beaucoup plu*[53].

Das Wichtigste ist hier wohl der Hinweis auf das verbreitete Gerücht, wonach der König selbst die Gewalt erlaubte, ja gewünscht habe. In gewisser Weise erschien er damit als der erste, der sich zu einer Tat hinreißen ließ, die an das längst vergangene Massaker an den Anbetern des Goldenen Kalbs anknüpfte. Auch Maximilien de Béthune wurde um drei Uhr morgens durch Glockenläuten und den Lärm des Pöbels geweckt, zog sein Scholarengewand an und klemmte sich »ein dickes Paar Stundenbücher« unter den Arm. Er berichtet, dass er starr vor Entsetzen gewesen sei, als er auf die Straße trat und wütende Menschen sah, die von überall herbeigerannt kamen, in die Häuser einbrachen und schrien: Töte, töte, massakriere die Hugenotten (*tue, tue, massacre les huguenots*). Überall floss Blut[54]. Als der König am Morgen des 26. August in einem *lit de justice* die Verantwortung für den Mord an Coligny und anderen »Verschwörern« übernahm, war Paris noch immer auf den Straßen: Das gemeine Volk war in Massen unterwegs, so die Aussage des Straßburgers, und rief *vive le Roy*[55]. Sicherlich gab es gewohnheitsmäßige Mörder, die sich in Massenmörder verwandelten und sich damit brüsteten. Denn wer für sich in Anspruch nahm, in großer Zahl Feinde Gottes getötet zu haben, konnte sicher sein, als Diener Gottes anerkannt und bekannt zu werden, hatte er doch an einer erlösenden Heldentat teilgenommen. Es gab natürlich *scélérats [qui] camouflent leur petite délinquance sous le grand massacre, recouvrent le mauvais par le pire, déguisent le condamnable avec l'impardonnable*[56]. Zugleich gab es in dieser Menge noch Pariser und Pariserinnen, die aus Eigeninteresse oder aus Großzügigkeit flüchtende Männer, Frauen und Kinder retteten. Vor allem aber war ganz Paris draußen und beim Töten dabei: Die Bevölkerung beobachtet, wie die Leichen aus den Fenstern geworfen und bis zur Seine gezogen werden, oder sieht bei der Einkerkerung von Reformierten zu.

Müsste man im Widerspruch zu Jérémie Foas bemerkenswerter Analyse die Pariser Blutnacht nicht wieder zu dem kollektiven Verbrechen erklären, das sie war? Müsste man nicht wieder von einem Verbrechen des Pariser »Volkes« sprechen, dessen Angehörige sowohl aktiv mitwirken als auch passiv zuschauen konnten? Handelt es sich um den Katalysator eines langen Prozesses der soteriologischen Vorprägung, der schlagartig ein Gefühl von quasi heiliger Besessenheit hervorrief, die doppelt inspiriert war: durch den Gehorsam gegenüber den göttlichen Geboten und durch das Vorbild von alttestamentlichen Helden, die in der mosaischen Tradition die Untreue gegenüber Gott bestraften?

In Zeiten der Gewalt gibt es immer sowohl Henker als auch Menschen, die ihnen in einer Art Faszination beim Handeln zuschauen und durch ihre Blicke an den mörderischen Taten teil-

---

53 Rodolphe REUSS, Un nouveau récit de la Saint-Barthélemy par un bourgeois de Strasbourg, in: Bulletin de la Société de l'histoire du protestantisme français 22 (1873), S. 374–381, hier S. 378.
54 Zitiert in Charles DE LACRETELLE, Histoire de France pendant les guerres de religion, Paris 1844, Bd. II, S. 343.
55 Jules-Guillaume FICK (Hg.), Mémoires de Luc Geizkofler, tyrolien (1550–1720), Genf 1892, S. 53–73.
56 FOA, Tous ceux qui tombent (wie Anm. 52), S. 203.

haben können. So konnte man im Litauen oder Estland des Zweiten Weltkriegs Mörder von Juden sehen, die von Zuschauern umringt wurden, die wahrscheinlich aus der unmittelbaren Nachbarschaft stammten, welche die Verbrechen beobachteten, die einer von ihnen fotografierte. Einige taten das mit stillem Einverständnis, andere anscheinend mit Vergnügen! Im Ruanda des Völkermordes mit über 800 000 getöteten Männern, Frauen und Kindern scheint der Austausch zwischen denen, die töteten, und den Zuschauern gleichsam sexueller Natur gewesen zu sein:

> »Les hommes ici tuaient, mais les femmes, vraiment, c'était comme si elles venaient assister à une fête de mariage. Elles, elles ne s'inquiétaient de rien, car elles savaient que c'était les Tutsis que l'on chassait, pas les Hutus. Les hommes finalement venaient abattre les vaches, et les femmes venaient prendre la viande. Je connais plusieurs femmes qui ont dit à d'autres: ›Ah toi! Ton mari est en train d'abattre les vaches, de te nourrir, et toi tu ne fais rien. Tu dois faire quelque chose‹. [...] Je me souviens d'un jour où on m'a emmenée à la rivière, il y avait au moins un millier de femmes derrière moi. [...] Comprenez alors que leur rôle était de montrer à quel point elles étaient heureuses de voir ce qui se passait, et excitées par cela[57].«

Neben den Blutverbrechern gibt es also Frauen, die den todbringenden Spuren der Männer folgen, den Mord beobachten, die Toten ausziehen, sich über die Leichen lustig machen, die blutigen Häuser plündern. Man steht vor derselben Frage wie bei der historiografischen Einordnung des Nationalsozialismus und seiner antisemitischen Vernichtungspolitik. Gab es eine bewusste Zustimmung des deutschen »Volkes«, die von Hitlers Charisma herrührte und einer Verstrickung in die Netze der Propaganda, die den tiefsitzenden, langwährenden Judenhass verstärkte und die Zustimmung zu einem Völkermord-Programm in Konzentrationslagern und durch Massenerschießungen einschloss? Oder waren die Zeitgenossen einfach gleichgültig oder wussten gar nichts über diese Ereignisse? Wenn man argumentiert, das kriminelle Paris von 1572 habe nur eine begrenzte Anzahl von Massenmördern mobilisiert, übernimmt man bei der Analyse dann nicht eine Perspektive, die Daniel Goldhagen in seinem faszinierenden Buch über »Hitlers willige Vollstrecker« kritisiert hat[58]? War die Vernichtung der Juden das Werk von hyperaktiven Tätern unter den SS-Truppen, in den KZ, bei den Soldaten aller Ränge und in den Einsatzgruppen in den von der Wehrmacht besetzten Gebieten? Oder war sie auch das Werk der »gewöhnlichen« Deutschen, die in der Kristallnacht fotografiert wurden, wie sie sich um die SA, den SD und die SS scharten? Muss man nicht diese kollektive Verantwortung akzeptieren, die sich auf der Grundlage eines eliminatorischen Antisemitismus ergibt, der die kollektive Vorstellungswelt prägte?

Für die Reichskristallnacht legt die Forschung möglicherweise nahe, dass zwischen dem 9./10. November 1938 und den darauffolgenden Wochen eine räumlich – von Wien und Nürnberg bis Berlin – und zeitlich ausgedehnte Art »Bartholomäusnacht« stattgefunden haben könnte: Auf die wahrscheinlich zunächst mehreren hundert Opfer folgten dann 25 000– 30 000 Deportierte, die später in Konzentrationslagern ermordet wurden, nachdem Nazis in Uniform oder in Zivil in umfassender Weise ihr Eigentum geplündert hatten. Auch hier waren diejenigen, die die Geschäfte verwüsteten und jüdische Familien angriffen, nicht allein: Um sie herum betrachteten Passanten, manche von ihnen gut gekleidet, das Werk. Sie strömten dorthin, wo das Klirren der zerbrochenen Schaufenster zu hören war und die jüdischen Besitzer

---

57 Viviane BARADUC, Tuer au cœur de la famille. Les femmes en relais, in: Vingtième siècle. Revue d'histoire 122/2 (2014), S. 63–74.
58 Daniel Jonah GOLDHAGEN, Hitlers willige Vollstrecker. Ganz gewöhnliche Deutsche und der Holocaust, Berlin 1996 (engl. 1996).

brutal verprügelt und beschimpft wurden. Das Pogrom war ein kollektives Fest, das Akteure und Zuschauer zu einer Gemeinschaft vereinte, welche die Juden enthumanisierte. Deutet die große Zahl der erhaltenen Fotos nicht tendenziell darauf hin, dass die Fotografen eine Art Fest in Erinnerung behalten wollten, das sie von ihrer Obsession der Unreinheit befreite? Kommentierte nicht Joseph Goebbels selbst das Ereignis: »Die Juden sollen einmal den *Volks*zorn zu verspüren bekommen«[59].

Der August 1572 könnte auch mit den Ereignissen in Polen im Jahr 1941 in Verbindung gebracht werden, als vor der Ankunft der deutschen Truppen die lokale Bevölkerung aus eigenem Antrieb viele Juden in den Städten und auf dem Land tötete, gewissermaßen im Vorgriff auf die Umsetzung der nationalsozialistischen Ausrottungspolitik. Der Fall der Kleinstadt Jedwabne und des Pogroms vom 10. Juli 1941 wurde von Jan T. Gross untersucht[60]. Es waren die örtlichen Behörden, die zunächst Peitschen und Knüppel an die ins Rathaus gerufenen nichtjüdischen Einwohner verteilten. Anschließend wurden alle Juden aufgefordert, sich auf dem Marktplatz zu versammeln, wo ein Teil von ihnen ermordet wurde. Bis zu 1600 Juden – Männern, Frauen, Kindern und alten Menschen – wurde entweder die Kehle durchgeschnitten oder sie wurden geköpft oder ertränkt. Andere wurden in eine Scheune gesperrt, die in Brand gesteckt wurde, so wie es einige Tage zuvor in einem großen Dorf in der Nähe geschehen war. Die Täter dieses Massenmordes waren die christlichen Nachbarn. Dies ist nur ein Beispiel von vielen für das, was Jan T. Gross als breite Beteiligung einer Bevölkerung an Mord und Plünderungen bezeichnet, um sich das mythische »jüdische Gold« anzueignen. Auch hier gab es zweifellos einerseits die Mörder und andererseits diejenigen, die ihnen mit ihren Blicken folgten. Gemäß Schätzungen hatte die kollektive christlich-polnische Beteiligung am Massenmord eine erhebliche Dimension, da von den drei Millionen in Polen ermordeten Juden rund 200 000 von Polen getötet worden sein sollen. Auch hier waren die Täter »normale« Männer, wie Christopher Browning es ausdrückt, die mit Sicherheit von vielen begleitet waren, die mit stillem Einverständnis und damit als Komplizen zuschauten[61].

Das Massaker von 1572 ist aus dieser Perspektive nicht nur ein Massaker, das in wenigen Tagen von einer Handvoll Männer verübt wurde, die sich im Jahrzehnt zuvor ein lokales Wissen und damit ein »savoir faire« erworben hatten, wie Jérémie Foa es so treffend formuliert[62]. Später wurden sie von Zeugen beschuldigt, für eine große Anzahl von Morden verantwortlich zu sein. Sie sind die Mörder, die namentlich benannt und gezählt werden können. Die Bartholomäusnacht war aber auch ein kollektives Fest, in dessen Verlauf, das hat Foa exzellent nachgewiesen, plötzlich eine innerfamiliäre Gewalt an die Oberfläche kam, bei der man seine Frau, seine Neffen, seinen Bruder, seinen Schwiegersohn usw. tötete oder töten ließ. Dazu kommt eine vizinizidale Gewalt, da man seinen Nachbarn ermordete, dessen Frau, seinen Sohn oder seine Tochter, seinen eigenen Arbeitgeber, denjenigen, mit dem man Geschäfte machte oder dem man Geld schuldete. Sollte man hier nicht hinzufügen, dass die Gewalt in einer Stadt mit 200 000 Einwohnern unvermeidlich eine Gewalt unter Nachbarn sein musste, da nur die Nachbarn in der Straße wussten, wer protestantisch war? Deshalb wurden gerade sie aktiv, um diejenigen zu töten, die sie als Feinde Gottes identifizieren konnten. Sicherlich mag es im Hintergrund die Habgier, die Rache, den Sozialneid, die Beute von Plünderungen und viele andere konkrete Motivlagen gegeben haben. Aber sollte man nicht annehmen, dass im Vordergrund

---

59 Elke Fröhlich (Hg.), Die Tagebücher von Joseph Goebbels. Teil I: Aufzeichnungen 1923–1941, 9 Bde., München 1998–2006, hier Bd. 6, S. 180 (10.11.1938). Hervorhebung durch D. Crouzet.
60 Jan T. Gross, Voisins. 10 juillet 1941, un massacre de Juifs en Pologne, Paris 2022, S. 41–52; id., Nachbarn. Der Mord an den Juden von Jedwabne, München 2001.
61 Christopher Browning, Ganz normale Männer. Das Reserve-Polizeibataillon 101 und die »Endlösung« in Polen, Reinbek bei Hamburg 1994.
62 Foa, Tous ceux qui tombent (wie Anm. 52), S. 49–52.

die göttliche Forderung stand, dass derjenige, der ein neues Goldenes Kalb ehrt, nicht im Schoß der Familie, der Nachbarschaft, ja der Stadt Paris überleben darf? Denn Passivität gegenüber den Ketzern bedeutete, selbst teilzunehmen am Widerstand gegen die Herrlichkeit Gottes, sich damit selbst zur Verdammnis zu verurteilen und eben jenen Tod zu verdienen, den laut Moses diejenigen erleiden sollen, die einen falschen Gott verehren.

Ist diese Gewalt, die in Glaubensvorstellungen gründet, für die Eruption der Bartholomäusnacht charakteristisch, oder eher die Gewalt aus Leidenschaft, wie sie Foa ausgehend von Einzelfällen dokumentiert? So dankte der Kommissar Aubert den Mördern seiner protestantischen Frau Marye Robert und heiratete bald darauf eine Witwe, Hélène de la Ruelle[63]. Fällt in einer Familie die Unreinheit eines Einzelnen oder einer Einzelnen nicht auf alle zurück, weil man sich schuldig fühlt, in Gemeinschaft mit Unreinen gelebt und damit die Forderungen Gottes vergessen zu haben? Bezweckt nicht die Ermordung der Anbeter des Goldenen Kalbes in einem beruflichen Zusammenhang oder in einer gemeinsam bewohnten Straße, sich vor Gottes Zorn in Sicherheit zu bringen? Zielt ihre Vernichtung in einer Stadt, die sich in Parallele zu Jerusalem als Zentrum eines gelobten Landes versteht, nicht darauf ab, göttliche Vergebung zu erlangen, nachdem die Untreue von Nahestehenden das Gemeinschaftsleben befleckt hat, obwohl dieses sich einmütig der Verehrung Gottes hätte verschreiben müssen?

Um zu erklären, was die außerordentliche Gewalt von 1572 hauptsächlich ausgemacht hat, müsste man auch berücksichtigen, dass die Bewohner von Paris glaubten, sich in einer wunderbaren Über-Zeit (*sur-durée*) zu befinden, die an die Heilswunder der nachexilischen Geschichte des auserwählten Volks anknüpfe. Zwar gab es am frühen Morgen des 24. August die Mordaktionen von Kommandos, die nach der Ermordung Colignys mehrere Dutzend protestantische Hauptleute töteten. Doch das kollektive Verbrechen ereignete sich später und möglicherweise in Verbindung mit der Vorstellung, dass die Transzendenz gegenwärtig werde und in sakralem Ton die Pflicht zu töten verkündige. Gegen acht Uhr geschah im Herzen der Hauptstadt, auf dem Friedhof Saints-Innocents, ein christliches »Wunder«: Ein seit drei Jahren vertrockneter Weißdorn erblühte wieder, in der falschen Jahreszeit, und auf seinen Blättern sah man angeblich Blutstropfen perlen. Beim Läuten der Glocken seien die Gläubigen in großer Zahl herbeigeeilt, um zu beten und den lebendigen Gott um Barmherzigkeit zu bitten. Neben den blutigen Zeichen, mit denen die mordenden Soldaten und Zivilisten den städtischen Raum als Zeichen ihres Gehorsams versahen, entstand so die suggestive Vorstellung, dass Gott selbst sein eigenes Zeichen setzte und mit seinem Blut mischte, das einst und in alle Ewigkeit für die Erlösung der sündigen Menschheit vergossen wurde. Außerdem wehte gleichzeitig ein starker Wind über der Hauptstadt: Von ihm hieß es, der Erzengel Michael schlage vor Freude mit den Flügeln... Und kleine Kinder, Abbilder der heiligen Unschuld, packten Colignys Leichnam und schleiften ihn durch den Schlamm der Straßen von Paris, warfen ihn auf Feuerglut – und inszenierten so Gottes Dürsten nach Gewalt gegen denjenigen, der im Namen eines falschen Gottes Krieg gegen die Seinen geführt hatte. Sollte man nicht Exodus 34,10 zitieren für die Schlussfolgerung, dass die Bartholomäusnacht stattfand, um die Worte Gottes in einem kollektiven Mord zu erfüllen und die lang ersehnte Versöhnung zu besiegeln? »Da sprach der HERR: Hiermit schließe ich einen Bund: Vor deinem ganzen Volk werde ich Wunder wirken, wie sie auf der ganzen Erde und unter allen Völkern nie geschehen sind. Das ganze Volk, in dessen Mitte du bist, wird die Taten des HERRN sehen; denn was ich mit dir vorhabe, wird Furcht erregen.«

Paris ist eine Stadt, deren Einwohner zwar nicht alle die in ihrer Umgebung lebenden Hugenotten umgehend töteten. Aber sie sahen die Gewalttaten mit an, selbst wenn sie nicht direkt beteiligt waren. Charlotte Arbaleste de La Borde wurde am frühen Morgen des 24. August in ihrem Bett von einer Dienerin geweckt mit der Bemerkung, dass alle getötet würden (*l'on tuoit*

---

[63] Ibid., S. 11–23.

tout). Sie schaute aus dem Fenster und sah in der Rue Saint-Antoine alle Leute in heller Aufregung; die Morde erfolgten direkt auf den Straßen, begangen von *ceste populace*. Auf einem Dachboden versteckt, konnte sie die unheimlichen Schreie der Männer, Frauen und Kinder hören, die auf der Straße ermordet wurden, als ob die Gewalt unter den Augen des eifersüchtigen Gottes von Moses gesehen, gehört und öffentlich gemacht werden sollte[64].

Die Gewalt ist eine deuteronomistische Versöhnungshandlung, die in ihrer Unmittelbarkeit darauf abzielt, dem Ungehorsam des Volkes ein Ende zu setzen, den die Prediger angeprangert haben. Viele Opfer wurden zum Ufer der Seine gebracht, um sie dort zu töten oder zu ertränken, nachdem man sie bewusstlos geschlagen hatte. Wasser ist das Element des Sühneopfers, es reißt die Verdammten in seine Tiefen hinab, in die Hölle, und es reinigt die Stadt. Über diese Gewalttaten kann sich der Gerechte in Erinnerung an Psalm 58,11 nur freuen: »Wenn er die Vergeltung sieht, freut sich der Gerechte; er badet seine Füße im Blut des Frevlers.« Vor allem sollte man bei der Charakterisierung der vizinizidalen Gewalt vielleicht einen außergewöhnlichen Werdegang wie den des Thomas Croizier, genannt der »Goldfadenzieher« (*tireur d'or*), auf den Foa eingeht, etwas nuancieren und auch den mosaischen Willen zur Reinigung hervorheben[65]. Wenn er sich rühmt, eigenhändig mehr als 400 Hugenotten getötet zu haben, wohnt dann dieser Gestalt und ihrer mörderischen Maßlosigkeit nicht der Anspruch inne, durch die Wiederholung der Urszene eine soteriologische Erfüllung zu erlangen? Außerdem töteten die Mörder unter den Augen der Pariser, die durch Straßen und über Plätze liefen und so zu Zuschauern einer göttlichen Erscheinung wurden, ja an ihr teilhatten. Muss man gegen Foa nicht daran festhalten, dass das Massaker ein kollektives Verbrechen war, an dem sowohl diejenigen beteiligt waren, die töteten, als auch diejenigen, die beim Töten zugegen waren und die Mörder gewähren ließen?

Einer der Erträge von Foas Buch ist der Nachweis, dass die Gewaltbereitschaft schon im Vorfeld der Massaker vorhanden war, als die Verhaftungen von Menschen sich vervielfachten, die wegen ihrer Religion verdächtig waren. Der Wunsch nach Ausrottung, der bereits diesen Inhaftierungen zugrunde lag, wurde schließlich theatralisch umgesetzt. Croizier und seine Freunde seien insofern die Seele eines seelenlosen Massakers (*massacre sans âme*). Vielleicht sollte man diese Vorstellung eines Drehbuchs, das schon einige Jahre zuvor erlernt wurde, durch das ergänzen, was im unmittelbaren, dynamischeren Kontext der Ereignisse zusammenkam: hasserfüllte Predigten und die Prophezeiungen einer Frau, die um den 15. August herum durch Paris irrte; Ankündigungen der bevorstehenden Strafe Gottes und Aufrufe, die Bösen und Ungehorsamen auszurotten; die Angst vor dem göttlichen Zorn und allerlei prophetische Publikationen. Dazu gehörte die »Histoire des persécutions de l'Eglise chrestienne et catholique faisant un emple discours des merveilleux combatz qu'elle a soustenuz«, die Pierre Boistuau im Januar 1572 herausgab. Laut ihm war die *gigantomachie des tyrans et heretiques* ein eitles Geschäft, da der »Gott der Rache«, der *Dieu des vengeances* seit jeher diejenigen vernichte, die sich Satan angeschlossen haben[66].

So besehen gab es also zwei Drehbücher, die Ende August 1572 zusammenkamen. Wenn die wahren Diener Gottes Schritt für Schritt die Urszene inszenierten und mit dem Tauzeichen signalisierten, dass die Worte Gottes sich erfüllten, dann war der Mord an der eigenen Frau oder den Neffen nichts anderes als die Umsetzung der Worte von Moses, als er vom Sinai herabkam

---

64 Charlotte DUPLESSIS-MORNAY, Les Mémoires de Madame de Mornay, hg. von Nadine KUPERTY-TSUR, Paris 2010, S. 108–109.
65 FOA, Tous ceux qui tombent (wie Anm. 52), S. 37 f.
66 Pierre BOISTUAU, Histoire des persecutions de l'Eglise chrestienne et catholique, faisant un ample discours du merveilleux combats qu'elle a soustenus, estant oppressée et affligée soubz la tirannie de plusieurs Empereurs Romains, Commençant à nostre Sauveur Jesus Christ, et à ses Apostres, et quelle a este la constance de leurs successeurs en icelle, Paris 1572.

und den Seinen befahl, die Anbeter des Goldenen Kalbs auszurotten, seien es Brüder, Schwestern, Eltern, Onkel, Cousins oder Nichten. Es gab einerseits ein Massaker von Nachbarn durch Nachbarn, aber die Bartholomäusnacht war andererseits auch eine Theophanie, die das Bedürfnis, Gott gehorsam zu sein, in exemplarischer Weise vor Augen führte – bis hin zur Verpflichtung, sogar die eigenen Angehörigen zu töten. Gewiss ereignete sich das Massaker in einem Raum, in dem die Menschen sich nahe waren: Nachbarn unter Nachbarn, Verwandte unter Verwandten. Hier entfesselte die Bartholomäusnacht im Namen Gottes latente Konflikte und innerfamiliäre Spannungen. Vor allem aber kann man sich fragen, ob die Überschreitung der Grenzen, die zwischen 1567 und 1570 das Schauspiel bestimmte, nicht als Übertragung des Alten Testaments in die Praxis zu verstehen war: Forderte der eifersüchtige Gott nicht, dass diejenigen, die ihn lieben, die Probe bestehen und selbst diejenigen töten, mit denen sie blutsverwandt sind?

Eines der schönen Meisterstücke in Jérémie Foas Buch ist der »roten Tür« gewidmet und damit dem Epizentrum der Gewalt, dem Tal des Elends, wo Mörder wie der Goldfadenzieher Croizier sowie Tanchon, Pezou und andere am Werk waren. Warum aber ist die Tür von Croiziers Haus rot gestrichen? Könnte es eine Anspielung auf die Passion Christi sein, wie es bei der roten Tür von Notre-Dame der Fall ist, die sich nach Norden, zum Chor hin öffnet? Diese Tür soll mit der Symbolik des Hirschen, der gegen Schlangen kämpft, verbunden sein. Damit wäre sie ein Bild des heiligen Menschen, der Gott sucht, ein Bild von Christus als Hirsch unter Hirschen. Oder war sie eine Tür, die vor dem Todesengel schützte und somit Exodus 12 umsetzte, wo Moses das Passahfest einrichtete und befahl, die Türen der Häuser mit Blut zu bestreichen, damit der Würgeengel die erstgeborenen Söhne der Juden nicht töte? Rief diese Tür dazu auf, die Prophezeiung der sinnträchtigen Urszene zu aktualisieren und die Seele durch das Blut der Feinde Gottes zu erlösen, die ihrerseits das Blut Christi vergossen hatten, indem sie Kruzifixe köpften, heilige Hostien zertraten oder sie in den Schmutz warfen? Verkündigte diese Tür, dass die katholische Polemik nach dem Blut der Hugenotten verlangte, die sie seit 1562 beschuldigte, durch ihre bilderstürmerischen Gräueltaten und Priestermorde Christus erneut gekreuzigt zu haben? Geißelte nicht der Priester Gabriel de Saconnay den Hass der Hugenotten auf Christus, da sie die Altäre zerschlugen, wo Leib und Blut Jesu Christi ihren Sitz hatten?

> *Vostre fureur les a tous ou razés, ou transportés. Que si, par jugement plein d'envie, nous vous semblions polluz et indignes, qu'est-ce que Dieu vous avoit fait qu'on a accoustumé d'invoquer sur les autelz? En quoi vous avoit offensé Jésus-Christ, dequel (par certain intervalle) le corps et sang habitait là? Pendant que malheureusement vous persécutez noz mains là où habitoit Jésus-Christ, vous souillez les vostres*[67]?

Foa widmet einige aufwühlende Seiten den Taten von Nicolas Pezou, der Schatzmeister der königlichen Garde, Hauptmann der Miliz und Träger des Reliquienschreins von Sainte-Geneviève war. Am 26. August drang er in das Haus von Pierre de la Place in der Rue Vieille-du-Temple ein und holte den Präsidenten des Pariser *parlement* aus seinem Haus. Pezou sagt ihm, er werde ihn zum König bringen, doch wird la Place in der Nähe von gedungenen Mördern umgebracht. Hier könnte man sich fragen: Warum wird der Präsident außerhalb seines Hauses getötet? Der Grund dürfte sein, dass die Hinrichtung sichtbar sein sollte. Sie musste unter freiem Himmel und damit unter den Augen Gottes und seines Volkes stattfinden. So bringt die Tat allen Heil, die sie ins Werk setzen, ob als Akteure oder Zuschauer einer Geschichte, die so nicht

---

67 Gabriel DE SACONNAY, Discours des premiers troubles advenus à Lyon […], Lyon 1569, in: Louis CIMBER, Félix DANJOU (Hg.), Archives curieuses de l'Histoire de France, 1re serie, Paris 1835, Bd. 4, S. 217–342.

vorgezeichnet ist, die aber auf Taten zurückgeht, welche die Mörder und ihr Publikum zuvor schon wiederholt ausgeführt haben. Wird hier die Urszene auf die Bühne gebracht? Die Mörder töten vor einem religiösen Hintergrund, nämlich unter dem Blick Gottes. Ein Mord in einem geschlossenen Raum oder ein Leichnam, der dort bleibt, sagt nichts darüber aus, weshalb der Tod erfolgte und welche kollektive Erlösungsbotschaft ihm innewohnt.

Geht man über Jérémie Foas »horizontale« Argumentation hinaus, die auf Menschen abstellt, die sich kennen, kann man postulieren, dass vielmehr das Ritual den Häretiker bezeichnet, indem es ihn in Verbindung mit der endlich wieder aktualisierten Urszene inszeniert; es ist die Vorbedingung seines Todes, in dem er noch als jemand zur Schau gestellt wird, der mit Gott gebrochen hat. Ähnlich gaben die von ihrer »Rassenbiologie« geprägten Nazis vor, zu erkennen, wer »jüdischen Blutes« war. In ihrer Gewalt projizierten sie ihre rassistische Ideologie in einem Spektakel, das die Juden als »parasitäres Ungeziefer« darstellte. Ihre Vernichtung sei heilsam für die arische Rasse, die von Unreinheit bedroht sei, die ihr überlegenes Blut verderbe. Ähnlich führte die rassistische Ideologie der Hutu dazu, dass sie die Tutsi durch öffentliche Rituale der Reinigung töteten, etwa indem sie Kirchen mörderisch niederbrannten, in denen jene Zuflucht gesucht hatten. Bevor diese Kirchen niedergebrannt wurden, verwandelten sie sich also in Schlachthäuser, die Gott die Bestialität der Sterbenden durch ihre Gleichsetzung mit Ungeziefer, Kakerlaken oder Schlangen und damit ihre parasitäre Natur vor Augen führten.

Müsste man insofern nicht davon ausgehen, dass Croiziers rote Tür an den Bund auf dem Berg Sinai erinnern sollte (Exodus 24,2) und damit das Massaker als Wunsch erklärte, in die Zeit vor der Urszene zurückzukehren?

> »Mose nahm die Hälfte des Blutes und goss es in eine Schüssel, mit der anderen Hälfte besprengte er den Altar. Darauf nahm er das Buch des Bundes und verlas es vor dem Volk. Sie antworteten: Alles, was der HERR gesagt hat, wollen wir tun; und wir wollen es hören. Da nahm Mose das Blut, besprengte damit das Volk und sagte: Das ist das Blut des Bundes, den der HERR aufgrund all dieser Worte mit euch schließt.« (Exodus 24,6–8)

Die Türe wäre dann das Symbol der Urszene, in der Moses dem Goldenen Kalb entgegentrat; ein Symbol für ihr Umschlagen in ein Massaker, an dem jeder beteiligt ist und sich mordend sogar auf die nächsten Blutsverwandten stürzt:

> »Mose sah, wie verwildert das Volk war. Denn Aaron hatte es verwildern lassen, zur Schadenfreude ihrer Widersacher. Mose trat in das Lagertor und sagte: Wer für den HERRN ist, her zu mir! Da sammelten sich alle Leviten um ihn. Er sagte zu ihnen: So spricht der HERR, der Gott Israels: Jeder lege sein Schwert an. Zieht durch das Lager von Tor zu Tor! Jeder erschlage seinen Bruder, seinen Freund, seinen Nachbarn. Die Leviten taten, was Mose gesagt hatte. Vom Volk fielen an jenem Tag gegen dreitausend Mann. Dann sagte Mose: Füllt heute eure Hände für den HERRN! Denn jeder ist gegen seinen Sohn und seinen Bruder vorgegangen, damit Segen auf euch komme.« (Exodus 32,25–29)

Schluss

Das Massaker von 1572 sollte daher nicht nur hinsichtlich einer vizinizidalen Gewalt betrachtet werden, die möglicherweise die religiösen Motive hintanstellte, sondern auch als Wiederholung der Urszene, wie sie Jan Assmann definiert hat. Dabei bezieht er sich auf Moses, der die Tafeln zerschlägt und die Ausrottung der Anbeter des Goldenen Kalbes befiehlt. Dieser Text belegt den Zusammenhang zwischen Monotheismus und Gewalt und zeigt deutlich, dass der

Bund Gottes mit seinem Volk allen anderen Bindungen vorangeht, selbst den engsten menschlichen Beziehungen. Die Juden sollen »ihren Sohn und ihren Bruder« töten – etwas Schrecklicheres kann man sich selbst im semantischen Rahmen der Bibel nicht vorstellen. Dadurch bekennen sie die alles übertreffende Bundestreue, die Gott von ihnen verlangt[68]. Das Konzept eines Bundes mit Gott umfasst mit seiner eigentümlichen Ambivalenz Segen und Fluch, Treue und Verrat, Freund und Feind – durch ihre Untat haben sich die Anbeter des Kalbs als Verräter und Feinde Gottes erwiesen. Umgekehrt spielt diese Besessenheit, allerdings mit anderen Dimensionen, auch bei den Reformierten eine Rolle, für die der »Papismus« die Herrschaft des Götzendienstes ist.

Diese monotheistische Gewalt ist Voraussetzung und Folge der Einheit des Gottesvolkes. Das Volk von Paris praktiziert diese Gewalt unmittelbar oder mittelbar und ahmt dabei das Volk von Jerusalem nach. Während das Blut in Strömen fließt, bildet sich dieses Volk ein, dadurch endlich den göttlichen Segen für seinen Kampf gegen einen falschen Gott zu erhalten, der nur eine teuflische Illusion ist: ein Götzenbild, das die Ketzer anbeten und das sie verinnerlicht haben, eine »große Statue aus Gold, Silber, Erz, Eisen und Ziegel, eine Erfindung des menschlichen Gehirns«[69]. Es ist auffällig, dass die Religionskriege diese starke mosaische Prägung hatten, seit sie 1562 mit dem Massaker von Vassy begannen und bis sie mit dieser bilderstürmerischen Besessenheit im August 1572 ihren Höhepunkt erreichten. Der Zeitzeuge Michel de Castelnau fasste die Haltung der katholischen Priester mit bezeichnenden Worten zusammen:

> [...] *les predicateurs catholiques soustenoient que ce n'estoit point de cruauté, la chose estant advenuë pour le zele de la religion catholique: & alleguoient l'exemple de Moyse, qui commanda à tous ceux qui aymoient Dieu, de tuer sans exception de personne tous ceux qui avoient plié les genoux devant l'image d'or, pour luy faire honneur, & après qu'ils en eurent tué trois mil, il dit qu'il leur donnoit sa benediction, & la prelature de tout le peuple, pour avoir consacré leurs mains au sang de leurs freres pour le service de Dieu.*[70]

---

68 In Deuteronomium 33,8–9 werden Mose und die Leviten für ihre Treue gesegnet, die weder Brüder noch Väter noch Söhne kennt.
69 TALPIN, Remonstrance à tous Chrestiens (wie Anm. 6), S. 108, zitiert von Denis CROUZET, Théâtres de la cruauté. Hypothèses pour une anthropologie de la violence paroxystique au temps des guerres de Religion, in: Quentin DELUERMOZ, Christian INGRAO, Hervé MAZUREL, Clémentine VIDAL-NAQUET (Hg.), Corps au paroxysme, Themenheft von: Sensibilités 3/2 (2017), S. 24–36, hier S. 30 f.
70 Michel DE CASTELNAU, Les memoires de messire Michel de Castelnau, seigneur de Mauvissiere, auxquelles sont traictées les choses plus remarquables qu'il a veuës & negotiées en France, Angleterre et Escosse, soubs les rois François II & Charles IX, tant en temps de paix qu'en temps de guerre, Paris 1621, S. 151 f., zitiert von Laurent ROPP, Des tueries horribles. Les violences religieuses dans la France du XVIe siècle selon les mémorialistes, in: Source(s) – Arts, civilisation et histoire de l'Europe 14–15 (2019), S. 39–57, hier S. 42.

Jérémie Foa

WARUM TÖTET MAN SEINEN NACHBARN?

Der Fall der Bartholomäusnacht (August–Oktober 1572)

Jan Assmanns Beitrag und seine Arbeiten insgesamt legen nahe, es gebe eine spezifische monotheistische, ja christliche Gewalt, die mit der Verteidigung der alleinigen Wahrheit und eines eifersüchtigen und allmächtigen Gottes legitimiert wird. Diese These wurde anhand von Makroforschungen zu altorientalischen Religionen entwickelt. Kann sie als Basis für Überlegungen zu gut bekannten Fällen religiöser Gewalt im westlichen Christentum des frühneuzeitlichen Europas dienen? Die Bartholomäusnacht vom 23. auf den 24. August 1572, in der etwa 10 000 Protestanten getötet wurden, dürfte ein geeigneter Gegenstand sein, um diese Frage am Beispiel eines lokalen Ereignisses zu untersuchen.

Da die Mörder der Bartholomäusnacht keine Memoiren verfasst haben, da sie nie vor Gericht gestellt oder gezwungen wurden, ihre Gründe öffentlich darzulegen, stellt sich für den Historiker ein ernsthaftes Quellen- und Methodenproblem, wenn er erforschen will, welchen Sinn sie ihren Handlungen beimaßen. Tatsächlich gerieten die Namen der Mörder schnell in Vergessenheit, und »das Volk« oder »der Pöbel« wurden für die Massaker verantwortlich gemacht. Wer ihre Motive verstehen will, wer wissen will, ob es sich um »rohe Gewalt« oder um »Gewalt im Namen von« handelte, darf nicht nur nach religiösen Überzeugungen fragen. Er muss auch die soziologischen Merkmale der Mörder rekonstruieren. Wie geht man aber vor, wenn man weder die Namen der Mörder noch der Opfer findet, die erlauben würden, die Beziehungen (oder das Fehlen von Beziehungen) zwischen beiden zu erfassen? Erst wenn das Massaker mit Personen verbunden ist und seine Protagonisten identifiziert werden, kann man herausfinden, ob das Töten religiös motiviert war oder nur religiös gerechtfertigt wurde, obwohl es aus ganz anderen Gründen erfolgte. Wie kann man herausfinden, ob es ein Motiv gab oder vielfältige, ob sie religiös oder weltlich waren, bewusst oder unbewusst? All diese Fragen erfordern, dass man sich auf Nebenwege begibt und indirekte Quellen konsultiert, die aus anderen Gründen und nicht von den Mördern selbst verfasst wurden.

Dieser Beitrag geht zunächst davon aus, dass die Massaker der Bartholomäusnacht von Bekannten an Bekannten in ihrer unmittelbaren Nähe verübt wurden und so als »Vizinizid im Namen Gottes« bezeichnet werden können. Im nächsten Schritt werden die säkularen Elemente des Massakers herausgearbeitet, ohne dabei dessen religiöse Dimension zu leugnen. Schließlich wird danach gefragt, ob das Konzept der Intentionalität (mit dem Schwerpunkt auf Begriff und Problematik der Beweggründe) ausreicht, um die Hintergründe des Massakers zu verstehen[1].

---

1 Diese Überlegungen finden sich ausführlicher erörtert in meinem Buch: Tous ceux qui tombent. Visages du massacre de la Saint-Barthélemy, Paris 2021.

Ein Massaker unter Bekannten

Die hier vorgetragenen Hypothesen schließen an Denis Crouzets Ausführungen zur Vorstellungswelt der Mörder an. Sie unterscheiden sich jedoch insofern davon, als sie die Bartholomäusnacht nicht als ein »événement sans acteurs« ansehen und nicht als »histoire sans histoire, la mort anonyme aussi bien pour ceux qui la reçurent que pour ceux qui la donnèrent.[2]« Um dies zu belegen, muss das Massaker mit Personen verknüpft und die Geschichte und Soziologie der von dieser Katastrophe erfassten Menschen rekonstruiert werden.

Die Opfer der Massaker von 1572 waren Opfer in doppelter Hinsicht: einerseits durch ihren Tod, andererseits aber auch, weil das umgehende Vergessen ihre Existenz sofort auslöschte. Das entspricht einem »vertikalen« Zeitalter, in dem aufgrund von Klasseninteressen und einem tiefen Alphabetisierungsgrad nur die Großen dieser Welt wahrgenommen wurden. Tatsächlich beschränkten sich katholische und protestantische Zeugen darauf, die Ermordung von Adligen (Coligny, Téligny, La Rochefoucault usw.) zu erwähnen. Ansonsten schwiegen die Diplomaten, verstummten die Historiker in Paris wie in der Provinz, als habe man sich verschworen, aus dieser Geschichte ein »Ereignis ohne Akteure« zu machen. Dies ist umso bedauerlicher, als ein solcher Ansatz die Gegebenheiten vor Ort und die gewöhnlichen Mechanismen des Massakers weitgehend ausblendet und Mörder und Ermordete zu anonymen Akteuren macht, die sich nicht kannten – was keineswegs der Fall war. In ihrer berühmten Studie über »Riten der Gewalt« führt Natalie Zemon Davis diesen Punkt aus:

> »The crucial fact that the killers must forget is that their victims are human beings. These harmful people in the community – the evil priest or hateful heretic – have already been transformed for the crowd into ›vermin‹ or ›devils‹. The rites of religious violence complete the process of dehumanization[3].«

Aus einer anderen Perspektive vertritt Mark Konnert ebenfalls die Idee, dass die Menge Morde begehe. Seiner Ansicht nach ist die gemeinschaftliche Ausübung der Gewalt eine der Voraussetzungen für schuldfreies Töten. Weil die Großstadt der Menge Anonymität erlaubt, sei gewalttätiges Handeln möglich:

> »[...] la déshumanisation qui peut mener à la violence serait plus difficile à atteindre dans une communauté où les cibles potentielles de la violence déshumanisante sont connues de leurs agresseurs [...]. Les gens ont plus de chance de se comporter d'une manière agressive quand ils se retrouvent en situation d'anonymat[4].«

---

2   Denis CROUZET, La nuit de la Saint-Barthélemy. Un rêve perdu de la Renaissance, Paris 1994, p. 81.
3   Natalie ZEMON DAVIS, The Rites of Violence, in: DIES., Society and Culture in Early Modern France: Eight Essays, Stanford 1975, S. 152–187, hier S. 181: »Es ist entscheidend, dass die Mörder vergessen, dass ihre Opfer Menschen sind. Jene schädlichen Menschen – der böse Priester oder der verhasste Ketzer – wurden von der Masse zu ›Ungeziefer‹ oder zu ›Teufeln‹ gemacht. Gewaltrituale vervollständigen den Prozess der Entmenschlichung.«
4   Mark KONNERT, La tolérance religieuse en Europe aux XVIe et XVIIe siècles. Une approche issue de la psychologie sociale et de la sociologie, in: Thierry WANEGFFELEN (Hg.), De Michel de l'Hospital à l'édit de Nantes. Politique et religion face aux Églises, Clermont-Ferrand 2002, S. 97–113, hier 110: »[...] Entmenschlichung, die zu Gewalt führen kann, sei in einer Gemeinschaft, in der die potenziellen Ziele entmenschlichender Gewalt ihren Angreifern bekannt sind, schwieriger zu erreichen [...]. Menschen verhalten sich eher aggressiv, wenn sie sich in einer Situation der Anonymität befinden.« Ich selbst habe diese Position in frühen Arbeiten vertreten, von denen ich mich heute distanziere.

Philip Zimbardo, der vom berühmten »Luzifer-Effekt« spricht, behauptet ebenfalls, dass Anonymität und Entindividualisierung in einer Gruppe gewalttätiges Verhalten begünstigten[5].

Ganz im Gegensatz dazu scheint mir, dass die Bekanntschaft zwischen Mördern und Ermordeten nicht nur das Töten begünstigte, sondern auch die Gewalt beförderte, mit der die Henker im Nachhinein ihre Opfer entmenschlichten. In Paris wie auch in Lyon oder Bordeaux wurden die Morde von Leuten aus einem Viertel an Leuten aus demselben Viertel begangen, in einem Umkreis, in dem sich alle kannten. »Die Nähe des ›Ich kenne ihn vom Sehen‹, die im 16. Jahrhundert weiter reichte, definierte eine einheitliche Gesellschaft, von der sich die Eliten noch nicht gelöst hatten«, schreiben Robert Descimon und Françoise Thelamon[6]. Ist es tatsächlich sicher, dass in der Bartholomäusnacht häufig oder sogar mehrheitlich die Menge Morde verübte? Ein zeitgenössischer Text schreibt über die Bartholomäusnacht in Toulouse, dass »die Morde, Massaker und Exzesse nicht aus der Erregung des Volkes heraus begangen wurden[7].« Schon im 19. Jahrhundert wirft Michelet seinen Vorgängern zu Recht vor, sie hätten den Eindruck erweckt, »das Volk« sei hauptverantwortlich für die Gewalttätigkeiten, und korrigiert dies mit Bezug zum Mord an Petrus Ramus:

> »*Le peuple*, c'était un tailleur et un sergent, avec une bonne escouade de gens payés. Ils ne cherchèrent pas au hasard, mais allèrent droit à l'adresse, forcèrent la porte du collège, montèrent sans hésitation au cinquième, où Ramus avait son cabinet de travail[8].«

Ich halte es nicht für gerechtfertigt, die Mehrheit der Morde in der Bartholomäusnacht einem »Mob« oder vielleicht gar einem Kollektiv zuzuschreiben, da viele Morde Auge in Auge von konkreten Personen an anderen konkreten Menschen begangen wurden. Dies ist durch zahlreiche Geschichten belegt. So wurde zum Beispiel Pierre Baillet, ein Seidenhändler in der Rue Saint-Denis, zusammen mit seinem Sohn Abraham Baillet von den eigenen Nachbarn verhaftet und ermordet.

> *Pierre Baillet, marchant teinturier, en la rue S. Denys, oyant le bruit des armes par la rue, sur la minuict fit sortir un de ses serviteurs, pour savoir que c'estoit. Comme il vouloit s'avancer, les voisins armez lui commandèrent de rentrer & dire à son maistre qu'il se tinst quoi; que l'on vouloit tuer l'Amiral, et qu'ils estoyent en armes pour empescher la sedition. Lui entendant ces nouvelles, conut que c'estoit fait de sa vie. Et pourtant fit lever sa femme & tous ses enfans au nombre de sept, puis fit la prière d'ardante affection,*

---

5   Philip G. ZIMBARDO, The Lucifer Effect. Understanding How Good People Turn Evil, New York 2007.
6   Robert DESCIMON, Françoise THELAMON, Solidarité communautaire et sociabilité armée: les compagnies de la milice bourgeoise à Paris (XVIe–XVIIe siècles), in: Françoise THELAMON (Hg.), Sociabilité, pouvoirs et société. Actes du colloque de Rouen, 24–26 novembre 1983, Rouen 1987, S. 599–610, hier S. 606.
7   Briefve instruction de ce qui a passé en la ville de Thoulouze despuis l'emprisonnement faict de ceulx de la nouvelle religion fais au commencement du mois de novembre, ensemble de l'estat auquel ladicte ville est de présent et e que semble expédient et nécessaire pour la pollice, tranquilité et conservation d'icelle en l'obéissance du roy, Bibliothèque nationale de France, Ms. Fr. 3250, fol. 89.
8   Jules MICHELET, Histoire de France au seizième siècle. Guerres de religion, Paris 1856, S. 460: »Das Volk, das waren ein Schneider und ein Sergeant mit einer Truppe bezahlter Leute. Sie überließen die Suche nicht dem Zufall, sondern gingen direkt zur Adresse, brachen die Tür des Kollegiums auf und stiegen ohne zu zögern in den fünften Stock hinauf, wo Ramus sein Arbeitszimmer hatte.« Zu Michelets Sicht auf das 16. Jahrhundert vgl. Denis CROUZET, Le XVIe siècle est un héros. Michelet inventeur de la Renaissance, Paris 2021.

laquelle achevée, on vint sonner la clochette de sa maison. Sa femme, descendant pour l'excuser, receut vn grand soufflet, ce que lui oyant, descendit promptement, & d'une parole ferme dit qu'on laissast sa femme pour gouverner ses petis enfans, qu'il estoit le chef de la maison pour responde à ce qu'on voudroit demander. Les meurtriers l'empoignent, l'emprisonnent à S. Magloire, après l'y avoir tenu quelque peu de temps, pour ce qu'il ne leur bailloit rançon comme ils demandoyent, prioit qu'on considerast ses enfants, & qu'il n'auoit grands moyens, ils le tirerent hors et l'assommerent devant la porte de S. Magloire, en presence de deux de ses fils[9].

Wie die meisten Morde der Bartholomäusnacht war auch derjenige an Pierre Baillet ein Vizinizid – also das Gegenteil von einem Mord, bei dem ein anonymer Mob wahllos unbekannte Opfer niedermetzelt. Nachbarn sind als Informanten bei der Ermordung der Hugenotten unerlässlich. Weder physische Merkmale noch Gewohnheiten oder Adressen der Protestanten sind in einem Dokument oder einer Liste festgehalten, auf die Außenstehende oder Söldner zugreifen könnten: Nur Nachbarn verfügen über diese Informationen, die sie durch langes Zusammenleben erworben haben. So verlassen sich die Schlächter bei ihrem Tun auf Informationen, die (so glauben sie) religiöser Natur, aber ansonsten von beklemmender Banalität sind: Anlass zum Töten ist, dass man das Gesicht der Nachbarn, ihre Adresse, ihren Namen kennt – ein Wissen, das in Friedenszeiten auf der Straße, bei der Arbeit, in den Markthallen geduldig erworben wurde. Es handelt sich um verinnerlichtes Kapital, das nicht in einer Liste oder einem Handbuch verzeichnet ist und folglich auch nur an Einheimische als Information weitergegeben werden kann. In einem ganz anderen Zusammenhang, dem Völkermord an den Tutsi in Ruanda, begründet Hélène Dumas das theoretische Konzept von Massakern an Bekannten:

»au cœur de l'intimité sociale, affective et topographique entre les tueurs et les victimes se situe la question redoutable de la réversibilité des liens forgés dans le temps d'avant, lorsque le voisinage, la camaraderie, la pratique religieuse, jusqu'aux liens familiaux, se muent en autant de moyens favorisant la traque et la mise à mort[10].«

9   Simon GOULART, Mémoires de l'estat de France, sous Charles neufiesme […], Bd. I, Middelburg 1579, S. 222: »Pierre Baillet, ein Färber und Händler in der Rue S. Denys, hörte um Mitternacht auf der Straße Waffenlärm und schickte einen seiner Diener hinaus, um zu sehen, was los war. Als dieser hinausgehen wollte, befahlen ihm die bewaffneten Nachbarn, zurückzukehren und seinem Meister zu sagen, dass er sich ruhig verhalten solle; dass man den Admiral töten wolle und dass sie bewaffnet seien, um einen Aufruhr zu verhindern. Als er diese Nachrichten hörte, begriff er, dass es um sein Leben geschehen sei. So ließ er seine Frau und alle seine Kinder, sieben an der Zahl, aufstehen und verrichtete das Gebet in tiefer Anteilnahme, woraufhin an der Hausglocke geklingelt wurde. Als seine Frau hinunterging, um ihn zu entschuldigen, erhielt sie einen schweren Schlag. Als er dies hörte, kam er schnell herunter und sagte mit festen Worten, dass man seine Frau wegen seiner kleinen Kinder in Ruhe lassen solle und dass er das Oberhaupt des Hauses sei, der auf alles antworten werde, was man ihn fragen wolle. Die Mörder packten ihn und sperrten ihn in St. Magloire ein. Nachdem sie ihn dort einige Zeit festgehalten hatten und weil er kein Lösegeld zahlte, wie sie es verlangten, sondern bat, man möge an seine Kinder denken und daran, dass er keine großen Mittel habe, zogen sie ihn heraus und erschlugen ihn vor der Tür von St. Magloire, im Beisein von zweien seiner Söhne.«
10 Hélène DUMAS, Histoire, justice, mémoire: la reconstitution du génocide des Tutsi au Rwanda. Entretien avec Joël Hubrecht, 29 septembre 2014: »Im Herzen der sozialen, emotionalen und topografischen Vertrautheit zwischen Mördern und Opfern steht die furchtbare Frage nach der Umkehrbarkeit von Bindungen, die in den Zeiten davor geschmiedet wurden, bevor Nachbarschaft, Freundschaft, religiöse Praxis bis hin zu Familienbanden umgekehrt und zu Mitteln wurden, die Verfolgung und Töten begünstigten.« Vgl. https://ihej.org/programmes/justice-penale-internationale/histoire-justice-memoire-la-reconstitution-du-genocide-des-tutsi-au-rwanda/ (letzter

Die »Umkehrbarkeit sozialer Bindungen« ist *mutatis mutandis* von entscheidender Bedeutung, um die Gewalt zu verstehen, die sich im August 1572 in Frankreich entlud. Damit ein Gemetzel wie in der Bartholomäusnacht möglich wird, muss eine gewisse Vertrautheit zwischen Mördern und Opfern vorhanden sein und beim Töten genutzt werden. Intimes Wissen, Ortskenntnisse und das Auge des Nachbarn erklären die verblüffende Leichtigkeit, mit der die Hinrichtungen ablaufen. Die Mörder sind umso furchterregender, als sie mit dem Ort des Tötens vertraut sind. Sie gehen umso raffinierter vor, weil sie die Gewohnheiten ihrer »Gegner kennen und sie mit ihnen teilen. Sie kennen die Orte, an denen die künftigen Opfer arbeiten, die Straßen, durch die sie gehen, die Ecken, in denen sie schlafen, was sie essen und wen sie lieben.

Tatsächlich gibt es nur wenige Beschreibungen von kollektiven Massakern. Diese machen deutlich, dass seit den 1570er Jahren die Namen mancher Täter recht schnell, wenn auch eher diskret dem lesenden Publikum überliefert wurden. Pierre de L'Estoile beispielsweise erwähnt in den nachfolgenden Jahren regelmäßig beim Tod mancher seiner Nachbarn in einer Art Nachruf, diese seien »Schlächter« gewesen. Eine solche individuelle Zuschreibung lässt aufhorchen; L'Estoile würde sie nicht vornehmen, wenn sich die Verantwortung einzelner Menschen in einem Kollektiv vom Typ »Mob« auflösen würde und sich nicht einzelne Männer durch ihre Brutalität hervorgetan hätten. So benennt er beispielsweise nach deren Tod 1596 Claude Chenet, Guillaume de Loueire, Pierre de la Rue und Jean de la Rocque als »Gefährten der Waffen und des Massakers, auch der Bartholomäusnacht, deren wichtigste Henker sie waren[11].« Als Nicolas Coraillon 1605 starb, zählte ihn der Chronist zu den »letztverbliebenen der Schlächter von Sankt Bartholomäus[12].« Er ist jedoch nicht der einzige. Pierre de Farnace, der Biograf von Pierre de La Place, wirft 1575 Nicolas Pezou vor, bei der Ermordung des Präsidenten des Aides-Gerichtshofs mitgewirkt zu haben[13].

Diese Zeugen, die eine kleine Zahl von Männern bezichtigen, für zahlreiche Morde verantwortlich zu sein, muss man ernst nehmen. Nicolas Pezou wird des Mordes an Pierre de la Place beschuldigt[14]. Jean Crespins »Histoire des martyres« macht Thomas Croizier alias »der Goldfadenzieher« (»tireur d'or«) für die Ermordung des Goldschmieds Mathurin Lussault während des Massakers verantwortlich[15]. Und warum sollte man den Gerüchten nicht glauben, wonach allein Croiziers Hände vierhundert Seelen in den Tod geschickt haben? Jacques-Auguste de Thou erklärt ihn des vielfachen Mordes für schuldig:

> *J'ai vu bien des fois et toujours avec un soulèvement de cœur involontaire ce Crucé* [sic, pour Croizier], *homme d'une figure vraiment patibulaire, et qui se vantait, en montrant son bras nu, d'avoir égorgé, dans un seul jour, plus de quatre cents personnes*[16].

Aufruf: 5.4.2023). Vgl. auch DIES., Sans ciel ni terre. Paroles orphelines du génocide des Tutsi (1994–2006), Paris 2020.
11 Madeleine LAZARD, Gilbert SCHRENCK (Hg.), Pierre de L'Estoile, Registre journal du règne de Henri III, Bd. VI, Paris 2003, S. 74.
12 Gustave BRUNET u. a. (Hg.), Mémoires-journaux de Pierre de L'Estoile, Bd. VII, Paris 1879, S. 141.
13 Pierre DE LA PLACE, Traicté de l'excellence de l'homme chrestien et maniere de le cognoistre [...], Genf 1575.
14 Jacques-Auguste DE THOU, Jac. Augusti Thuani Historiarum sui temporis, Bd. III, London 1733, S. 138 (de Thou schreibt »Pezovius«).
15 Ibid., 135.
16 DERS., Histoire universelle de Jacques Auguste de Thou [...], Bd. IV, Den Haag 1740, S. 593: »Ich habe viele Male und stets mit unbezwingbarer Abscheu diesen Crucé [sic, für Croizier] gesehen, einen Mann von wahrhaft bedrohlicher Gestalt, der sich damit brüstete, indem er seinen nackten Arm zeigte, an einem einzigen Tag mehr als vierhundert Menschen die Kehle aufge-

Hat de Thou übertrieben? Nichts ist weniger gewiss. Natürlich kopieren die Autoren voneinander, aber Tomaso Sassetti, der im September 1572 Zeugenaussagen in Paris zusammenträgt, schreibt genau dasselbe und erwähnt »einen Goldschmied«, der »sich damit brüstete, eigenhändig mehr als 400 Menschen jeden Geschlechts und verschiedener Herkunft ermordet zu haben[17].« Dass Croizier zusammen mit seinen Mitstreitern, Freunden, Kollegen und Nachbarn für mehrere Hundert Tote verantwortlich ist, erscheint mir angesichts ihrer genauen Kenntnisse, ihrer Motive und auch angesichts des Kontextes durchaus wahrscheinlich. Der »Reveille-Matin des François« inszeniert eine halb fiktive Unterredung zwischen Nicolas Pezou und König Karl IX. am 5. September 1572 im Louvre, bei der Pezou damit prahlt, am Vorabend 120 Hugenotten ins Wasser geworfen zu haben; noch einmal so viele habe er für die kommende Nacht in seinen Händen[18].

Mehrere der Genannten, darunter Thomas Croizier und Nicolas Pezou, sind Träger des Schreins von Sainte-Geneviève, was ihren intensiven Einsatz für den strengen Katholizismus erklärt. Sie haben an Prozessionstagen die Aufgabe, in bestimmten Gewändern die Reliquien der Heiligen durch die Stadt zu tragen. Aller Wahrscheinlichkeit nach haben die Verbindungen zur Kirche für diese Männer Vorrang vor nachbarschaftlichen, ehelichen, freundschaftlichen, ja sogar biologischen Banden. Wer sich von der Kirche abgewandt hatte, beging Verrat, wurde zum Feind und Verräter, ganz gleich, wie eng zuvor die räumliche und emotionale Bindung zu jenen gewesen war, die Gott treu ergeben blieben. Die meisten der Schlächter waren übrigens Gemeindemitglieder von Saint-Jacques-de-la-Boucherie, deren Pfarrer Julien Pelletier zu den Eiferern gehörte, die ihre Schäfchen zum Massaker anstachelten. Überliefert sind auch die Predigten des Pfarrers Simon Vigor, in denen er tobt und so zum Mord an den Ketzern aufruft: »Wer steht dir näher, dein katholischer und christlicher Bruder oder dein fleischlicher Bruder, der ein Hugenotte ist[19]?« Dass für eifrige Katholiken ihre religiösen Bindungen höher stehen als Familienbande, zeigt der Verwandtenmord an Marie Passart und ihrem Mann Pierre Feret. Simon Goulart schildert die letzten Stunden des Ehepaars, als ihre Neffen, wohl Jacques und Nicolas le Peultre, in das Haus der Feret eindringen und das Wort ergreifen:

> »*Mon oncle, c'est aujourd'hui qu'il faut que vous et ma tante, qui avez esté tant opiniastre, alliez à tous les diables.« Et sans respect de parentage ni d'excuse quelconque, les firent promptement habiller, puis les menèrent à l'abreuvoir Poupain. La femme fort resolue et d'un visage constant, en sortant de sa maison, donna son demi-ceint d'argent*

schlitzt zu haben.« In der französischen Ausgabe wurde »Cruciato« fälschlich mit »Crucé« übersetzt. Richtig ist »Croizier«.

17 John TEDESCHI, Tomasso Sassetti's Account of the St. Bartholomew's Day Massacer, in: Alfred SOMAN (Hg.), The Massacre of St. Bartholomew. Reappraisals and Documents, Den Haag 1974, S. 99–154, hier S. 140.

18 Le Reveille-Matin des François, et de leurs voisins, composé par Eusebe Philadelphe Cosmopolite, en forme de dialogues, Edinburgh 1574, S. 75: »Nachdem er den Metzger Pezou (einen der Pariser Anführer) zu sich gerufen hatte, fragte [der König] ihn, ob es in der Stadt noch übrig gebliebene Hugenotten gebe; worauf Pezou antwortete, dass er am Tag zuvor sechs mal zwanzig ins Wasser geworfen habe und dass er noch genauso viele für die kommende Nacht in Händen habe. Der König war sehr erfreut und lachte so laut, dass man es kaum glauben konnte.«

19 Simon VIGOR, Sermons catholiques sur les dimenches et festes depuis l'octave de Pasques jusques à l'Advent, Bd. II, Paris 1597, S. 298: *Anciennement, les Huguenots se tenoient en leurs maisons, et ne se mouvent point: non plus que quand ils sont les plus foibles, ils dissimulent et font les chatemites, afin qu'on ne se desfie pas d'eux. Mais il se faut bien garder d'eux: car s'ils estoient les plus forts, ils ne nous pardonneroient pas.* »Früher blieben die Hugenotten in ihren Häusern und bewegten sich nicht hinaus: Auch deshalb nicht, weil sie schwächer sind, sie verstellen sich und tun freundlich, damit man ihnen nicht misstraut. Aber man muss sich vor ihnen hüten; denn wenn sie die Stärkeren wären, würden sie uns nicht vergeben.«

à vne buandiere qu'elle connoissoit, puis encouragea son mari par les chemins. Estans au lieu de leur supplice, ils furent assomez, et leurs propres neveux y mirent la main; puis on jetta leurs corps en l'eau[20].

Es gibt unzählige Beispiele dafür, dass Familienbande im Namen des Bundes mit Gott verleugnet wurden. Die Frau von Guillaume Gaultier, einem Schreiner in der Rue des Prouvelles, nahm ihren Mann, der vor seinen Mördern floh, nicht bei sich auf, sondern »schickte ihn weg und verjagte ihn nackt, wie er war, so dass der arme Mann nicht wusste, wohin fliehen, und am Morgen in dieser Verfassung auf dem Boden lag, wo er sehr schnell aufgegriffen und ertränkt wurde[21].« Nicolas Aubert »dankt« sogar den Mördern seiner Frau Marye Robert. Der Krieg ist ein Bürgerkrieg, da er sich nicht auf ein Schlachtfeld beschränkt, sondern die Straße einbezieht, die Nachbarn mitreißt, die Häuser durchzieht, Religion und Politik in die Schlafzimmer trägt. Er unterwandert die Grenze zwischen Öffentlichem und Häuslichem. Giorgio Agamben schreibt, dass der *oikos* der ursprüngliche Ort der *stásis* und der Bürgerkrieg ein »Krieg innerhalb der Familie«, ein *oikeos polemos*, sei. Und er fährt fort mit der Feststellung,

> »dass der Bürgerkrieg Bruder und Feind, Drinnen und Draußen, Haus und Stadt einander angleicht und ununterscheidbar macht. In der *stásis* entfällt der Unterschied zwischen Tötung des Nächsten und der des Fremdesten. Das aber bedeutet, dass die *stásis* nicht innerhalb des Hauses verortet ist, sondern vielmehr, dass sie eine Schwelle der Ununterscheidbarkeit zwischen *oikos* und *polis*, Blutsverwandtschaft und Bürgerschaft bildet[22].«

Als letztes Beispiel sei der Mord am Goldschmied Philippe le Doulx erwähnt, einem bekannten Hugenotten und reichen Handwerker aus der Rue Vieille-du-Temple. Am 24. August 1572, um zwei Uhr morgens, als Paris erwacht, um Paris zu töten, stürmten zwei Milizionäre aus dem Viertel, der Hauptmann Pierre Coullon und Thierry de Saint-Laurent, in dessen Haus und riefen ihre Befehle. Nachdem Pierre Coullon einen Teil der Beute an die Bewohner der Straße verteilt hatte, befahl er Guillaume de la Faye, beim Läuten der Sturmglocke zum nächsten Schritt überzugehen und die Bewohner des gesamten Hauses kaltblütig abzuschlachten (*quand on sonnoyt le tauxin, que l'on les tuast*). »So geschah es«, schloss la Faye. Zwei Punkte sind an dieser traurigen Geschichte bemerkenswert. Erstens sind es auch hier die Nachbarn, die in den frühen Morgenstunden des 24. August 1572 in das Haus der le Doulx eindringen. Die Männer, die einige Wochen später ins Rathaus vorgeladen werden, um die Episode zu bezeugen, und die in verschiedener Hinsicht Protagonisten der Morde sind, heißen Pierre Humbelot, Papiermacher, Nicolas Hundret, Kleiderschneider, und Guillaume de la Faye, Posamentenhändler. Alle wohnen in der Rue de la Vieille-Monnaie, wenige Meter von der Familie le Doulx entfernt. Außerdem weisen alle in ihren Zeugenaussagen auf die Plünderungen durch andere Nachbarn hin, so Pierre Coullon und Adrien Lequet, die in der Mordnacht »Hände und Taschen voller

---

20 GOULART, Mémoires de l'estat de France (wie Anm. 9), Bd. I, S. 222: »›Onkel, heute ist der Tag, an dem Sie und meine Tante, die Ihr so verbohrt gewesen seid, zu allen Teufeln gehen müsst.‹ Und ohne Rücksicht auf Verwandtschaft oder irgendeine Entschuldigung hießen sie die beiden, sich sofort anzuziehen, und führten sie zur Poupain-Tränke. Die Frau, entschlossen und mit reglosem Gesicht, gab beim Verlassen des Hauses einer Wäscherin, die sie kannte, ihren silbernen Halbgürtel und sprach ihrem Mann unterwegs Mut zu. Als sie am Ort ihres Martyriums waren, wurden sie erschlagen, und ihre eigenen Neffen legten dabei Hand an; dann warf man ihre Körper in das Wasser.«
21 Ibid., S. 220.
22 Giorgio AGAMBEN, Stasis. Der Bürgerkrieg als politisches Paradigma, Frankfurt a. M. 2016, S. 23, 25.

Silber-Testons« hatten und auf der hektischen Suche nach der angeblich im Haus versteckten Summe von »viertausend Ecus« waren[23]. Derlei Details lassen deutlich die pekuniären Motive des Massakers erkennen.

Die materielle Dimension der Bartholomäus-Massaker

Die Mörder der Bartholomäusnacht waren zwar religiös motiviert, doch ergriffen sie darüber hinaus die Gelegenheit, um hugenottisches Eigentum massiv zu plündern. Als 1596 eine Pariser Brücke einstürzte, der Pont aux Meuniers, schrieb Pierre de l'Estoile, dass »die meisten, die in dieser Flut umkamen, reiche, wohlhabende Leute waren, reich geworden durch Wucher und Plünderungen der Bartholomäusnacht und der Liga«[24]. Ilja Mieck wies zu Recht auf die Dimension der sozialen Rache in der Bartholomäusnacht hin: Viele reiche Handwerker und begüterte Kaufleute wurden Opfer der Ereignisse[25]. Damit hier kein Missverständnis aufkommt: Materielle Anliegen standen bestimmt nicht an erster Stelle, doch wirkten sie sowohl während der Massaker als auch unmittelbar nach den Gewalttaten. In Toulouse sind die Beschlagnahmungen, die während und nach den Morden erfolgten, in zwei ganzen Registern des Stadtarchivs dokumentiert[26]. Man erfährt dort beispielsweise, dass die Kommissare, die im Oktober 1572 das Haus des protestantischen Schuhmachers Jacques Boudosque aufsuchten, der »aufgrund des neuen Glaubens« (*pour raison de la nouvelle oppinion*) abwesend war, bei ihm noch »einige Möbelstücke vorfanden, die nach den Plünderungen und dem Raub am Tag des Heiligen Franziskus [3. Oktober 1572] und während der Massaker verblieben waren«[27]. Es wird festgehalten, dass im Haus des ermordeten Ratsherrn Jean de Coras die Türen »gewaltsam geöffnet und dort zahlreiche Möbel gestohlen, geraubt und mitgenommen wurden«[28]. In Paris haben die Mörder Croizier, Pezou und Chenet drei Jahre lang Hugenotten erpresst und deren Eigentum willkürlich beschlagnahmt, bevor sie diese umbrachten. Diese guten Katholiken hatten ihre kleinen Nebeneinkünfte. Verschläge, Keller und Dachböden wurden angefüllt mit geraubtem Gut. Denn die Verfolgung brachte etwas ein, über das Ansehen bei den Nachbarn hinaus. Klagen ehemaliger hugenottischer Häftlinge lassen vermuten, dass Mitglieder der Miliz die Verhaftungen nutzen, um unterdessen Eigentum zu beschlagnahmen und wegzuschaffen. Nicolas Godeffroy zum Beispiel bringt ein sehr präzises Anliegen vor den Gerichtshof des *parlement*. Er beschuldigte Chenet und Croizier, ihm eine stattliche Summe geraubt zu haben, als er im Mai 1569 wegen Ketzerei in der Conciergerie inhaftiert war: *deux cens sols pistolletz, quatre-vingt dix-sept doubles ducatz à deux testes, quatre vingtz quatre imperialles d'or, deux noble roze, cent soixante cinq escuz sol, quarante escuz à la royne, neuf doubles Henriz et aultres especes d'or et d'argent qui estoient en son escarcelle*[29].

Wären solche Kläger tot, würden sie ihre beschlagnahmten Güter nicht mehr zurückfordern. Thomas Croizier verhaftete im Januar 1569 den berühmten Graveur René Boyvin. Im Juni fordert dieser noch,

---

23 Archives nationales (im Folgenden: AN), Z1h70.
24 Pierre DE L'ESTOILE, Mémoires-journaux, 1574–1611, Bd. 7: Journal de Henri IV, 1595–1601, Paris 1982, S. 77.
25 Ilja MIECK, Die Bartholomäusnacht als sozialer Konflikt, in: Klaus MALETTKE (Hg.), Soziale und politische Konflikte im Frankreich des Ancien Régime, Berlin 1982, S. 1–23.
26 Archives municipales (im Folgenden: AM) de Toulouse, GG 831, 832.
27 AM de Toulouse GG 831, fol. 107.
28 Ibid.
29 FOA, Tous ceux qui tombent (wie Anm. 1), S. 34f.

que les biens meubles cy apres declairez prins et saisis sur luy lors de son emprisonnement luy fussent renduz et restituez, assavoir une espée, une dague, ung sac de cuir dedans lequel estoient une planche de cuyvre où est taillé ung paisage, six aultres planches de cuivre dont y en a une faicte et les autres imparfaictes, soixantes pieces de portraictures d'Allemaigne, une paire de paignes sans estuy [...][30].

Einige Zeit später wird Croizier von den Brüdern d'Eyrolles beschuldigt, die bei ihrer Verhaftung beschlagnahmten Truhen für sich behalten zu haben[31]. Ein weiteres Beispiel: Marguerite Merlin versichert, sie lebe katholisch nach den heiligen Traditionen und Verfassungen der römisch apostolischen Kirche:

Ce neantmoins, soubz pretexte que son premier deffunct mary estoit de ladicte pretendue nouvelle oppinion, Claude Chesnet, sans aucune plaincte de ses voisins ny informations auroit emprisonné ladicte suppliante ès prisons du Chastellet. [Elle supplie la cour d'] *ordonner que les perles et autres bagues prinses sur ladicte supliante lors de sondict emprisonnement luy seront renduz et restituez par les gardiens d'iceux*[32].

Nüchtern betrachtet ist diese Handvoll Hauptleute, Leutnants oder Fähnriche nicht repräsentativ für die gesamte Miliz. Aber einige von ihnen, darunter die Mörder des August 1572, haben ihren persönlichen Nutzen aus den Ereignissen gezogen. Nicolas Pezou und Claude Delaistre haben am 24. März 1569 in der Rue de la Harpe den Anwalt Merlin de Villiers wegen Ketzerei verhaftet: »[...] im selben Augenblick wurden alle seine Kleider, Truhen, Bücher und Pakete, die in einem Zimmer im Haus der vier Söhne Aymon lagen und jetzt noch dort sind, beschlagnahmt und konfisziert[33].« Noch am 15. Juni 1569 forderte er von den Hauptleuten, »die das Zimmer mit Vorhängeschlössern gesichert hatten«, die Rückgabe seiner geraubten Güter[34]. Diese Männer hielten ihren Schatz geduldig in Verschlägen und Kammern unter Verschluss, die über ganz Paris verteilt waren. Am Tag des Massakers musste es für sie eine zusätzliche Motivation gewesen sein, die rechtmäßigen Besitzer dieser Gegenstände verschwinden zu lassen.

Natürlich ist es nicht möglich, und bestimmt wäre es nutzlos, die Motive der Mörder zu hierarchisieren und zwischen ihren religiösen Absichten und finanziellen Interessen klar zu unterscheiden. Man kann nichts über ihre religiösen Gefühle erfahren. Ich habe keine Testamente von ihnen gefunden, die man hätte untersuchen können, und die wohl kaum Einblick in ihren Glauben gegeben hätten[35]. Denis Crouzet hat jedoch gezeigt, dass die Mörder kollektiv »Gotteskrieger« waren, die von einer starken eschatologischen Angst und der quälenden Sorge um ihr Seelenheil geplagt waren. Zusätzlich geschürt wurde der Hass durch abschätzige Darstellungen

---

30 AN, X2b56: »dass die nachstehend aufgeführten beweglichen Güter, die ihm während seiner Gefangenschaft genommen und beschlagnahmt wurden, zurückgegeben und ersetzt werden, nämlich ein Schwert, ein Dolch, ein Lederbeutel, in dem sich ein Kupferbrett befindet, in das eine Landschaft eingraviert ist, sechs weitere Kupferbretter, von denen eines vollendet und die anderen unvollkommen sind, sechzig Porträts aus Deutschland, ein Paar Kämme ohne Etui [...].«
31 AN, X2b55.
32 AN, X2b58: »Dennoch habe Claude Chesnet unter dem Vorwand, ihr erster verstorbener Ehemann habe besagte neue Meinung vertreten, die besagte Klägerin ohne irgendwelche Klagen seitens der Nachbarn noch andere Informationen im Chatelett-Gefängnis inhaftiert. [Sie bittet das Gericht,] anzuordnen, dass ihr die Perlen und andere Ringe, die ihr während der Gefangenschaft weggenommen wurden, von denen zurückgegeben werden, die sie behalten haben.«
33 Archives de la préfecture de Police (im Folgenden: APP), AB³, fol. 12.
34 AN, X2b56.
35 Ann W. RAMSEY, Liturgy, Politics, and Salvation: The Catholic League in Paris and the Nature of Catholic Reform, 1540–1630, Rochester 1999.

der Protestanten: Die Hugenotten wurden in den Predigten der Priester, allen voran von Simon Vigor, immer wieder als Kakerlaken, als Wölfe, als Hunde, als Monster oder Teufel beschrieben. Von solchen Bildern war die religiöse Vorstellungswelt der Mörder in der Stunde des Massakers geprägt. Die meisten Mörder waren fanatische Katholiken, fast durchweg Träger des Schreins von Sainte-Geneviève. Diese Männer betrachteten den Protestantismus als Beschmutzung, als Monstrosität, die zur Rettung ihres Seelenheils dringend ausgerottet werden musste. Sie lebten in einer religiösen Vorstellungswelt, in welcher das Diesseits von Zeichen und Eingriffen Gottes, von Wundern, von Heiligem, aber auch vom Satan, von Schmutz und Entweihung geprägt war.

Neben diesen religiösen Aspekten gab es jedoch weitere Motive. Tatsächlich existierte eine breite Palette von Haltungen zum Massaker nebeneinander. Manche töteten mit dem einzigen Ziel, zu plündern, andere mordeten aus religiösem Hass, ohne je dabei zu rauben. Noch zahlreicher waren vermutlich die »Kriegsgewinnler«, die das Massaker als Gelegenheit nutzten, um ihre Nachbarn zu bestehlen oder Leichen zu fleddern. Man weiß, dass der junge Jacques Caumont la Force von einem Mann versteckt und gerettet wurde, der ursprünglich ausgezogen war, um die Toten zu plündern. In Paris sind solche Plünderungen zahlreich. So nahm der mächtige Milizionär Germain Chartier mitten im Massaker eine Truhe mit Büchern und Kleidern an sich, die dem Hugenotten Guillaume de Courlaye gehörte und die sich am 20. September 1572 immer noch in Chartiers Händen befand[36]. Ein weiterer Vorfall, der sich während des Massakers im Haus des Gastwirts André Pinel ereignete, zeigt das Ausmaß der Plünderungen vom Sommer 1572: Als Pinel verhört wurde, sprach er von »erlaubten Plünderungen und Raub in Paris an den Angehörigen des neuen Glaubens[37].« In seinem Haus wurden die reichen Hugenotten, die vermutlich wegen der Hochzeit des Heinrich von Navarra zu Gast waren, ihres gesamten Besitzes beraubt, insbesondere ihrer Koffer und Pferde. Janine Garrisson hält fest: »Il y a sans doute dans la Saint-Barthélemy un crime de classe: il est sûr que les huguenots riches ont été assaillis et pillés de préférence[38].« In zahlreichen Zeitzeugenberichten werden nicht nur Milizionäre, sondern auch Nachbarn beschrieben, die sich an Plünderungen und Einbrüchen beteiligten.

Schließlich sei noch erwähnt, dass die Bandbreite nichtreligiöser Motive bei den Massakern groß ist. Opportunisten konnten vom Getümmel profitieren, um alte Rechnungen zu begleichen, sich von Feinden oder Konkurrenten oder gar von lästigen Ehefrauen zu befreien. Bekannt ist der Fall von Jacques Kerver, der das Massaker nutzte, um sich seines Kollegen, des Buchhändlers Oudin Petit, zu entledigen, der kein anderer war als der Sohn seiner Frau, Catherine Marais, aus erster Ehe[39]. Ein weiteres Beispiel: Von Étienne de Nully weiß man, dass er zum Mord an Pierre de La Place anstiftete, unter anderem, um dessen Amt als erster Präsident des Aides-Gerichtshofs zu erlangen. Cosme Carré, ein Papiermacher, soll an der Ermordung des Buchhändlers Charles Perrier beteiligt gewesen sein. Die genaue Zahl der Opportunisten bei diesem Massaker wird nie bekannt werden, doch prägten deren Taten gewiss die Ereignisse der Bartholomäusnacht.

---

36 AN, MC/ET/XCI/62.
37 AN, Z1h71.
38 Janine GARRISSON, Tocsin pour un massacre. La saison des Saint-Barthélemy, Paris 1968, S. 196.
39 Denis PALLIER, Les victimes de la Saint-Barthélemy dans le monde du livre parisien. Documents, in: Frédéric BARBIER u. a. (Hg.), Le livre et l'historien. Études offertes en l'honneur du professeur Henri-Jean Martin, Genf 1997, S. 141–164, hier S. 151.

Wie tötet man seinen Nachbarn?

Die Motive der Mörder sind zwar entscheidend, doch müssen sie mit deren Dispositionen und dem Handlungsrahmen in Zusammenhang gebracht werden. Die Frage nach dem Wie ist ebenso wichtig wie die Frage nach dem Warum. Mit anderen Worten: Ein Motiv zu haben, ist nicht ausreichend, um ein großes Massaker zu verüben[40]. Handeln die Mörder im Getümmel und Rausch oder in aller Ruhe und Gelassenheit? In aller Öffentlichkeit oder im Verborgenen? All diese Fragen wurden im Kontext der Bartholomäus-Massaker nur selten gestellt.

Thomas Croizier, Nicolas Pezou, Claude Chenet, Cantien Delaistre – immer wieder werden dieselben Namen für die Täter des Pariser Massakers genannt. Kannten sich diese Männer untereinander, im Unterschied zur Beziehung zwischen Menschen, die als Teil einer Menge handeln? Kannten sie vor allem ihre Opfer? Um zu antworten, muss man zeitlich weiter zurückgehen und in erster Linie die Gefängnisakten betrachten. Die meisten der Genannten, fast alle Milizionäre, haben sich lange darin geübt, ihre hugenottischen Nachbarn zu belästigen und festzunehmen. Die Bartholomäusnacht war nicht im Voraus geplant, doch manche Nachbarn bereiteten sie über mehrere Jahre hinweg (mindestens zwischen 1568 und 1570) vor, indem sie Hugenotten schikanierten und belästigten, in Paris wie anderswo. Zum Glück sind in Paris die Haftregister des Conciergerie-Gefängnisses erhalten geblieben, so dass dies nachweisbar ist, was in Lyon oder Toulouse schwerer fällt.

In Paris kann man auf dicken Blättern neben dem Namen der verhafteten Person den Grund für die Inhaftierung (»Ketzerei«) und vor allem den Namen dessen lesen, der sie aufgegriffen und ins Gefängnis gebracht hat – ein wertvoller Hinweis. Die Zahlen sind unbestechlich: Zwischen Oktober 1567 und August 1570 waren drei Männer für die Hälfte der 504 Inhaftierungen verantwortlich, die in der Conciergerie wegen Ketzerei erfolgten[41]. Drei Männer! Ihre Namen: Thomas Croizier, Nicolas Pezou und Claude Chenet. Alle gehörten der Miliz an, sie waren also zuständig für die polizeiliche Bewachung von Straßen und Plätzen in ihrem Viertel sowie für die Kontrolle der Stadtmauern und Tore. Drei von ihnen werden schon früh als Anführer der Morde bezeichnet: Hauptmann Nicolas Pezou, Unteroffizier Claude Chenet und Fähnrich Thomas Croizier. Letzterer war zwischen 1567 und 1570 für mindestens 110 Gefangennahmen verantwortlich, davon 72 in alleiniger Verantwortung. Jede Woche, jeden Tag, manchmal sogar mehrmals am Tag, nimmt er Protestanten fest, die während des Krieges in Paris geblieben waren.

Das Fachwissen der Mörder entstand nicht über Nacht, aus einer Laune heraus, in der Hitze einer Sommernacht. Zwischen den gängigen Praktiken der Drangsalierung in den Jahren 1568 bis 1570 und den Gewalttaten gibt es eine Kontinuität. Croizier und seine Gefährten haben ihre Taten lange eingeübt, bevor sie diese am Abend des Massakers mit unerbittlicher Gründlichkeit ausführen. Ihr Vorteil ist ein »Adressbuch«, das Verzeichnis des Pariser Protestantismus. Nur sie besitzen es, und nur sie wissen, wo sie zuschlagen müssen. Ohne sie gäbe es kein Massaker. Sehr schnell können sie dank des Charismas, das sie sich auf den Straßen der Hauptstadt hart erarbeitet haben, Freunde, Kollegen, treue Anhänger und harte Kerle mobilisieren, die zu allem bereit sind. Mit den Verhaftungen haben sie sich ein Wissen angeeignet. Ein Wissen, das am großen Abend des Massakers von unschätzbarem Wert ist: Namen und Adressen der Pariser Hugenotten. Dieses Fachwissen der Mörder ist Polizeiwissen: Es betrifft sowohl das Aufspüren (Ketzer lokalisieren) als auch das weitere Vorgehen (Verdächtige festnehmen).

---

40 Nicolas MARIOT, Faut-il être motivé pour tuer? Sur quelques explications aux violences de guerre, in: Genèses 53/4 (2003), S. 154–177.
41 Barbara DIEFENDORF, Beneath the Cross: Catholics and Huguenots in Sixteenth Century Paris, Oxford 1991, S. 160f.

Das Fachwissen der Mörder entstand also nicht über Nacht, aus einer Laune heraus, in der Hitze einer Sommernacht.

Die Verbindung zwischen diesen Männern und den Gefangennahmen und Morden der Bartholomäusnacht ist offensichtlich. Croizier und seine Gefährten sind das fehlende Glied zwischen der Entscheidung, eine Handvoll hugenottischer Hochadliger zu töten, und dem Übergang zum Kollektivmassaker. Nur sie waren im Besitz der Informationen, die für die Ermordung von Nachbarn durch Nachbarn unerlässlich waren. Sie waren die Auslöser des Pogroms, nicht zuletzt, weil sie die fragmentierte Geografie des protestantischen Paris in- und auswendig kannten. Am 24. März 1569 wurde Marie, die Frau Pierre Ferets, mit der ordnungsgemäß angegebenen Adresse »à la corne de Cerf« in der Rue Saint-Denis von Thomas Croizier in die Conciergerie verbracht[42]. Am 24. August 1572 befand sich Pierre Feret, dessen Frau und drei seiner Kinder unter den Opfern des Massakers. Ungezählt sind 1572 die Morde an Personen, deren genaue Adressen in den Jahren 1568, 1569 und 1570 erfasst worden waren. Der Hotelier Louis Brecheux, der das »Fer-à-Cheval« betrieb, war im Januar 1570 zusammen mit seiner Frau Marie Creichant inhaftiert worden[43]. An der Adresse »place Maubert«, die bei seiner Verhaftung genannt wurde, wurde er während der Massaker erschlagen[44]. Der massakrierte Federputzmacher Antoine le Saulnier war einige Jahre zuvor von Croizier verhaftet worden[45]. Der am 24. August ermordete Goldschmied Simon Boursette war am 12. Januar 1569 von Jean Godefroy, der mit Claude Chenet zusammenarbeitete, inhaftiert worden[46]. Ein letztes Beispiel soll genügen, obwohl man um der Gerechtigkeit willen alle erwähnen müsste: Nicolas Aubert, ein Untersuchungsrichter am Pariser Châtelet, wurde im Januar 1570 in der Rue Fontaine-Maubue wegen Ketzerei verhaftet[47]. Während des Massakers wurde seine Frau Marie Robert in der »Rue Simon-le-Franc nahe der Fontaine-Maubue« ermordet[48].

Das Gefangenenregister ist gleichzeitig das Verzeichnis der Verdammten. All diese Elemente stützen die Hypothese, dass es eine Kontinuität zwischen den normalen Zeiten und dem Tag des Massakers gibt. Um ein Massaker zu verüben, braucht es Wissen und zunächst einmal unverzichtbare Kenntnisse: Namen und Adressen der künftigen Opfer, aber auch das richtige Vorgehen, um einen Verdächtigen aufzugreifen, ihn ins Gefängnis zu bringen und schließlich hinzurichten. Das Know-how der Mörder entstand nicht über Nacht im wahnsinnigen Rausch eines Abends. Es hat sich über einen langen Zeitraum hinweg ausgebildet.

Meine These lautet daher: Die gesetzliche Verfolgung der Hugenotten diente als Laboratorium für das Massaker, sie war dessen Experimentierphase und Croizier der Versuchsleiter. Die Gefangennahmen in der Conciergerie sind die Spitze des Eisbergs der jahrelangen Hugenottenverfolgungen. Geduldig wurde eine Arbeitsgruppe aufgebaut, regelmäßige Kooperationen organisiert, Handgriffe perfektioniert. Die Schuld dieser wenigen Männer an den Massakern ist denn auch von Anfang an bekannt. Brantôme klagt »den Goldfadenzieher« an[49]. 1587 werden gesammelte Verse und Schmähschriften von Pierre de l'Estoile veröffentlicht, in denen er die »Mörder, Chenets, Croisets, Pesous« poetisch auflistet[50]. Selbst wenn keiner der Täter verfolgt

---

42 APP, AB³, fol. 12.
43 AN, X2b60.
44 APP, AB³, fol. 143.
45 GOULART, Mémoires de l'estat de France (wie Anm. 9), Bd. I, S. 225.
46 APP, AB², fol. 348.
47 APP, AB³, fol. 143.
48 GOULART, Mémoires de l'estat de France (wie Anm. 9), Bd. I, S. 225.
49 Pierre DE BOURDEILLE DE BRANTÔME, Mémoires de Messire Pierre de Bourdeille, seigneur de Brantôme, contenans Les vies des hommes illustres et grands capitaines estrangers de son temps, Leiden 1665, S. 174.
50 Mandement du roy de Guise pour la convocation de sa gendarmerie 1587, en juing, Ramas de folies, pasquils et escrits divers publiés en cest an 1587, ramassés par les esprits oiseaux et curieux de ce

worden ist, verhinderte dies nicht, dass sich Gerüchte verbreiteten und die Pariser bald deren Namen erfuhren. Denn Pezou, Croizier und Chenet blieben im Paris der 1570er und 1580er Jahre einflussreiche und brutale Männer, weshalb Anschuldigungen und Kritik meist nur im Verborgenen zirkulierten.

Daraus kann man folgern, dass in Paris wie auch in Lyon oder Bordeaux die Morde von Gruppen von Männern begangen wurden, die einander kannten, auch wenn der Stand der Dokumentation und Geschichtsschreibung den genauen Nachweis nicht immer ermöglicht. Die Männer sind durch berufliche oder familiäre Netzwerke so verbunden, dass Konformismus, Vertrauen oder Klientelismus ihre mörderische Effizienz nicht nur vergrößern, sondern ihnen auch die Realität der begangenen Morde milder erscheinen lassen. Die Gewalttaten werden so weniger undenkbar, weniger frontal, auch weniger »ideologisch«. Mit anderen Worten: Ihre religiöse Motivation, so stark sie auch sein mochte, reicht nicht aus, um ihre furchtbare Effizienz zu erklären. Das Massaker als anormales Ereignis wurde in einen normalen, bekannten Rahmen gegossen und so die für alle außergewöhnliche Erfahrung in Routine verwandelt. Beim Massaker in Lyon wurde der Chefmörder Mornieu von seinem Neffen Maurice Poculot und wahrscheinlich seinem Freund Claude de Fenoyl begleitet, dem Schwager von Claude de Rubys, der das Massaker aus der Ferne in Auftrag gegeben hatte. Überall werden Verwandten von Verwandten getötet.

Folglich muss man überlegen, ob die bislang übliche Verortung der Massenmorde des Sommers 1572 zutrifft. Nachdem die ersten Hinrichtungen vorüber waren, die am helllichten Tag und mit auffälligen Zeichen jeder Art verübt wurden, geschahen die meisten Morde wahrscheinlich hinter hohen Mauern, weitab von den Blicken der Öffentlichkeit, inmitten der Nacht. Die Feintopografie der Gemetzel ist wenig bekannt, was darauf verweist, dass die Massaker zunehmend »unsichtbar« wurden. Abram de Swaan hat dieses Phänomen unter dem Begriff der Fragmentierung der Gewalt problematisiert[51]. Agrippa d'Aubigné beispielsweise spricht in seinem Bericht nicht von einem öffentlichen, sichtbaren Ort, sondern von einem Privathaus, demjenigen von Thomas Croizier an der Ecke des Pont aux Meuniers, wo die Mörder ihr makabres Werk verrichtet haben sollen.

> *En la valee de misere, il y une porte que nous avons veuë peinte de rouge, à laquelle les principaux massacreurs, comme Tanchon, Pezou, Croiset et Perier, estoyent durant les trois jours ou tout, ou partie d'eux. Là, on amenoit à l'entrée de la porte les miserables que ceux ci recevoyent et menoyent sur des planches, par où on va aux moulins pour les precipiter entre deux piliers du pont*[52].

---

temps. Zit. nach LAZARD, SCHRENCK (Hg.), Pierre de L'Estoile (wie Anm. 13), Bd. V, Paris 2001, S. 336. Vgl. ibid., S. 343: *Sunt quidam de Parlamento/Qui tenent de Huguenoto, Sed posuimus ordinem, Quod per Chenet occidentur:/Garnier, Marchant, praeparantur/Pro vacuare pectinem.* »Es gibt einige im Parlament, die als Hugenotten gelten, aber wir haben angeordnet, dass sie von Chenet getötet werden. Garnier und Marchant werden vorbereitet, um den Kamm zu reinigen.«

51 Abram DE SWAAN, Diviser pour tuer. Les régimes génocidaires et leurs hommes de main, Paris 2016.
52 Théodore Agrippa D'AUBIGNÉ, L'histoire universelle du sieur d'Aubigné […], Teil I, Maillé 1616, S. 22: »In der Valee de Misere gibt es ein Tor, das wir mit roter Farbe bemalt sahen, an dem die Hauptmörder wie Tanchon, Pezou, Croiset und Perier während der drei Tage sämtlich oder zeitweise anwesend waren. Dort wurden die Elenden zum Eingang des Tors gebracht, wo sie von jenen empfangen und auf Brettern zu den Mühlen geführt wurden, um zwischen zwei Pfeilern der Brücke hinabgeworfen zu werden.«

Eine Tür wird als Epizentrum des Massakers zur Schwelle zwischen Leben und Tod. Dahinter warten vier Mörder: Nicolas Pezou, Thomas Croizier, Jehan du Perier, ein Oberst der Miliz, und schließlich der Polizeileutnant Jean Tanchou, ein ehemaliger Hauptmann der Miliz, der für sein Vorgehen gegen die Hugenotten und seine Brutalität bekannt ist. Im erstinstanzlichen Pariser Gericht, der *prévôté*, ist er für die Inhaftierung von Straftätern und Kriminellen zuständig, und gefürchtet wegen seiner zwölf Bogenschützen. Er wird sogar zu einer Figur im Roman »Les Quarante-Cinq« von Alexandre Dumas (1847–1848). Die berühmte Darstellung der Bartholomäusnacht durch den Maler François Dubois, der sie selbst überlebte, ist beeindruckend, aber damit auch teilweise trügerisch. Sie bildet Morde ab, die am helllichten Tag und auf offener Straße begangen wurden[53]. Will man den Widerspruch zwischen denjenigen Zeugenaussagen auflösen, die tagsüber agierende Mörder beschreiben, und anderen, die von nächtlichen Morden sprechen, muss sicherlich die Variable der Dauer wieder eingeführt werden. Sie ist in Krisen wesentlich, selbst wenn diese schlagartig ausbrechen. Das Verstreichen der Zeit hat nämlich entscheidende Auswirkungen auf den Ort des Tötens oder die Rationalität der Mörder und führt zu einer Verschiebung des sinnlich Wahrnehmbaren: vom Lärm zur Stille, vom Licht zum Halbdunkel, vom Öffentlichen zum Privaten, vom Expliziten zum Impliziten und von der Erregung zum Kalkül. Simon Goulart beschreibt die Gefängnisse Châtelet und For-l'Évêque als »voll von Gefangenen, denen man Hoffnung auf Freilassung gab, die aber nachts zu Hunderten grausam zugerichtet wurden, und dann warf man die Leichen ins Wasser[54].«

Mit der Ausdehnung der Gemetzel auf die Provinz wurde die räumliche Fragmentierung der Gewalt noch offensichtlicher: In Lyon (31. August) wie auch in Rouen (16. September), Toulouse und Bordeaux (3. und 4. Oktober) wurde der Großteil der Massaker in Gefängnissen hinter verschlossenen Mauern verübt. Man muss nur nachlesen, mit welch kalter Präzision die Schlächter in Toulouse vorgingen:

> *Avant soleil levé, deux escoliers, l'un nommé Latour et l'autre Lestelle, ayant assemblé quelques autres gernements en nombre de sept ou huit, armés de haches et de coutelas, s'en allèrent à la conciergerie par le commandement de l'advocat general et, estant entrés, faisoient descendre ces pauvres prisonniers les uns après les autres, les massacroient au pied du degré sans leur donner loisir de parler ny de prier Dieu; et de la sorte, comme on assure, en furent tués plus de trois cents[55].*

Man muss »dem Massaker aufmerksam zuhören«, die Ohren spitzen. Alles beginnt mit dem Läuten der Sturmglocke, wie wir wissen, gegen zwei oder drei Uhr morgens in der Nacht vom 23. auf den 24. August 1572. Die Straße wird aus dem Schlaf gerissen, taucht flüsternd aus der Stille auf, die Menschen kleiden sich schnell an. Danach Stimmen, Schreie, Stöße, Rennen und Weinen, Frauen, die rennen, andere, die weinen; Parolen werden gerufen und weitergetragen;

---

53 Das Gemälde ist im Musée cantonal des Beaux-Arts in Lausanne aufbewahrt und abrufbar unter folgender Adresse: https://www.mcba.ch/collection/le-massacre-de-la-saint-barthelemy-vers-1572-1584/ (letzter Aufruf: 5.4.2023).
54 GOULART, Mémoires de l'estat de France (wie Anm. 9), Bd. I, S. 226.
55 Charles PRADEL (Hg.), Mémoires de Jacques Gaches sur les guerres de Religion à Castres et dans le Languedoc, 1555–1610, Paris 1879, S. 119: »Vor Sonnenaufgang gingen zwei Schüler, der eine genannt Latour und der andere Lestelle, nachdem sie einige andere, sieben oder acht an der Zahl, zusammengerufen hatten, mit Äxten und Messern bewaffnet, auf Befehl des Generalstaatsanwalts zur Conciergerie. Nachdem sie eingetreten waren, ließen sie die armen Gefangenen nacheinander herunterkommen und schlachteten sie am Fuß der Treppe ab, ohne ihnen Zeit zu lassen, zu sprechen oder zu Gott zu beten; und auf diese Weise, so wird versichert, wurden mehr als dreihundert von ihnen getötet.«

Türen schlagen zu, Hunde bellen; man nimmt Schüsse wahr und Körper, die zusammenbrechen. In diesem Tohuwabohu lässt sich kaum ein einzelnes Signal ausmachen, das mehr als alle anderen das Bartholomäus-Massaker charakterisieren würde. Hört man aber genau hin, vernimmt man Türglocken und Klingeln. Mathurin Lussault ist in seinem Haus in der Rue Saint-Germain, als »die Klingel an seinem Fenster« gezogen wird[56]. Es ist infam, doch bei Lussault klingeln die Mörder, bevor sie eintreten – ein Rest von guten Gewohnheiten, der zeigt, dass die Mörder keine Söldner sind, die wahllos Türen eintreten, sondern ihre Opfer kennen, die ihnen daher die Tür öffnen. Lussault kommt herunter, öffnet und wird mit »einem Schwerthieb« begrüßt. Auch bei Pierre Baillet, einem Färber und Händler in der Rue Saint-Denis, wird »die Glocke seines Hauses geläutet«. Ein Stück weiter hört der Juwelier Olivier de Montault nicht, dass »es an seiner Tür klopft«, doch seine Frau ist wach. Sie ist es, die den Mördern öffnet, so wie man den Nachbarn öffnet: Die ganze Familie wird hingerichtet[57]. In Orléans klopfen einige Mörder »an die Tür eines Doktors der Rechte namens Taillebois, der das Fenster öffnet und als er hört, dass sie mit ihm sprechen wollen, hinuntergeht und die Tür öffnet[58].«

Dieses Klingeln wirft Fragen auf. Ist es ein Ergebnis der Fantasie von Zeugen oder Erzählern, Dramatisierung, also schlicht ein literarischer Kniff? Ich glaube nicht, denn es ergibt Sinn oder, besser gesagt, es verleiht den berichteten Szenen einen Sinn[59]. Bei diesen Mördern handelt es sich um Nahestehende und gut erzogene, gewöhnliche Menschen. Der Grund, warum so wenig Widerstand geleistet wurde, liegt im Grunde darin, dass alles mit dem Läuten einer Glocke begann und Nachbarn vor der Tür standen. Immer wieder wurden die Hugenotten von diesen Menschen schikaniert, mussten ihnen in die Gefängnisse folgen, sich ihren Verhören und ihrem Spott unterwerfen[60]. So erklärt sich auch die Passivität der Protestanten inmitten der Massaker: Hunderte Male haben jene, die läuten, bereits bei ihnen geläutet. Das Massaker von Sankt Bartholomäus ist ein Nachbarschaftsereignis. Auch bei Pierre Feret in der Rue Saint-Denis wird an die Tür geklopft: »Pierre Feret, Seidentuchhändler in der rue S. Denys, nahe bon Pasteur, ist noch im Bett, als die Neffen seiner Frau kommen und an die Tür schlagen[61].«

Die Erwartung der Hugenotten, sie würden »wie üblich« in Gefängnisse oder zu den benachbarten Milizionären verbracht, könnte ihre Stummheit, das erstaunliche Fehlen einer kollektiven Reaktion und ihre Reglosigkeit erklären. Als die Protestanten zur besagten Stunde ihre Nachbarn kommen sehen, können sie denken, einmal mehr eine allzu bekannte Szene zu erleben: Gefangennahme, die übliche Belästigung. Deshalb sehen sie ihr verhängnisvolles Schicksal kaum vorher.

Beim aktuellen Forschungsstand lässt sich nur schwerlich eine angemessene Synthese formulieren zwischen Zeugenaussagen, die den Lärm betonen, und jenen, die sich an die betäubende Stille in den Straßen des Massakers erinnern. Ein Zeuge berichtet, dass die Morde in Lyon »ohne Lärm und Getöse« verübt wurden [62]. Andernorts wird vom Chaos, dem Anblick von Leichenbergen und den Blutströmen berichtet, die sich langsam durch Frankreichs Straßen ergossen. Solche Widersprüche in einem unvermeidlicherweise fragmentarischen Quellenkorpus

---

56 GOULART, Mémoires de l'estat de France (wie Anm. 9), Bd. I, S. 221.
57 Ibid. Vgl. auch die Feststellung der Erbmasse von Olivier Montault: AN, MC/ET/VI/77.
58 GOULART, Mémoires de l'estat de France (wie Anm. 9), Bd. I, S. 248. Vgl. auch Johann Wilhelm VON BOTZHEIM, Saint-Barthélemy à Orléans racontée par Joh.-Wilh. de Botzheim, étudiant allemand témoin oculaire 1572, in: Bulletin de la Société de l'histoire du protestantisme français 21 (1872), S. 347–392.
59 Daniel ARASSE, Le Détail. Pour une histoire rapprochée de la peinture, Paris 1992.
60 Zur »Erfahrung der Gefängnisse« für Minderheiten Natalia MUCHNIK, Les prisons de la foi. L'enfermement des minorités, XVIe–XVIIe siècle, Paris 2019, insbesondere Kap. VII und VIII, S. 223–292.
61 GOULART, Mémoires de l'estat de France (wie Anm. 9), Bd. I, S. 222.
62 Jean de Masso an Guyot de Masso: AM de Lyon, AA 35, fol. 208.

verhindern oft, die genauen Bindeglieder zwischen heißen und kalten Stunden der Gewalt richtig zu erfassen, die Kippmomente von Augenblicken intensivster Nervosität zu Zeiten unauffälliger Ruhe, von ohrenbetäubendem Schweigen zur Unsichtbarkeit der Morde. Ein Forschungsansatz sollte sich daher mit der Mikrochronologie der Morde befassen und eine Feinkartographie der Orte des Tötens erstellen. So kann man besser verstehen, wie inmitten der Kollektivmassaker die Zustände von Übererregtheit und Unempfindlichkeit bei den Akteuren ineinandergreifen, sich ergänzen oder einander gegenüberstehen.

Zwar ist es meiner Ansicht nach unabdingbar, die konkrete Situation zu berücksichtigen, in der die Gewalttaten verübt werden. Dennoch bleibt festzuhalten, dass die religiöse Vorstellungswelt der Mörder, ihre Überzeugungen und ihr Glaube beim Bartholomäus-Massaker stärkster Motor des Handelns waren. Die Mörder waren überzeugt, dass ihre religiösen Nachbarn nicht nur im Irrtum waren, sondern auch verhinderten, dass sie selbst ins Paradies gelangen konnten. Sie ließen sich daher von der Macht eines Monotheismus davontragen, der ihr Handeln legitimierte und entscheidend dazu beitrug, dass sie religiöse Alterität für unmöglich und inakzeptabel ansahen.

Vincent Duclert

KIRCHEN, MASSENVERBRECHEN UND VÖLKERMORD

Ein lösbares Rätsel

Die Arbeit des Historikers bedarf ebenso breiter Sachkenntnis wie der Hingabe zum Detail. Kritische Analysen müssen mit gründlicher Dokumentations- und Quellenarbeit unterlegt werden[1]. Das gilt sowohl mit Blick auf das eigentliche Thema der Debatte, die Massaker der Bartholomäusnacht (23./24. August 1572) und die kritische Reflexion über die Rolle und den Platz, welche die Kirche, ihre Dogmen und der Glaube, ihre Diener und ihre Gläubigen bei der Massenvernichtung einer ketzerischen Gruppe einnehmen. Die Organisatoren haben die Grundlinien ihrer Überlegungen laut Programm mit der Frage formuliert: »Bringt die Religion eine besondere Form der kollektiven Gewalt hervor oder verstärkt sie, lenkt sie in bestimmte Richtungen oder schwächt sie gar ab?«

In diesem Zusammenhang war ich geladen, über die Rolle und den Platz der »Nachbarn« und der Kirche im Völkermord an den Tutsi in Ruanda zu sprechen. Die schlagartige Vernichtung einer ganzen Minderheit – in hundert Tagen vom 7. April bis zum 17. Juli 1994 war etwa eine Million Opfer zu beklagen –, die als feindliche Rasse dargestellt wurde, obwohl dies eine Einbildung war, wird auch als »Völkermord der Nachbarn« (*génocide des voisins*) bezeichnet. Die zentrale Fragestellung behauptete gleich zu Beginn, ohne vorherige Prüfung oder methodologische Vorbehalte, dass die Religion in den neuen Zusammenhängen des 20. Jahrhunderts, die den Völkermord an den Tutsi charakterisieren, kaum noch eine Rolle spielte, im Vergleich etwa zu den Massakern der Bartholomäusnacht[2]. Zwar neigen andere, ebenfalls voreilige Erklärungen dazu, die Religion bei der Erklärung des Völkermordes in Ruanda auszublenden. So meint Philippe Denis, der sich 2022 allerdings eher mit der Zeit nach dem Völkermord als mit dem Ereignis selbst befasste, dass es dabei nicht um Religion gegangen sei: »The genocide against the Tutsi cannot be described as a religious war, because the conflict was not about religion[3].« Der rassische Zweck des Vernichtungskriegs gegen die Tutsi habe demnach nichts mit religiösen Kategorien zu tun gehabt, trotz der fundamentalen Rolle der Religion in der Gesellschaft und Geschichte Ruandas. Demgegenüber legte der Historiker Stéphane Audoin-Rouzeau, ein Spezialist für die Geschichte der Kriegsgewalt, in einem sehr persönlichen Essay von 2017 über seine Begegnung mit den Ereignissen von 1994 nahe, dass das Ereignis auch eine religiöse Dimension haben könnte[4]. Weitere Forschungen und Gesamtdarstellungen sind ihm darin ge-

---

1 Dieser Beitrag basiert auf den Überlegungen des Autors bei der Podiumsdiskussion »Weshalb bringt man seinen Nachbarn um? Gewalt als historisches, religiöses und anthropologisches Phänomen«, mit Jan Assmann, Denis Crouzet, Vincent Duclert und Naïma Ghermani, Deutsches Historisches Institut Paris, 28.9.2022.
2 Die Frage wurde so formuliert: »Kann man im 20. Jahrhundert dieselben Motive feststellen, als die Religion kaum noch eine Rolle spielte, wie in Ruanda – oder etwa bei den Völkermorden an den Juden und Armeniern, die zwar religiöse Minderheiten waren, aber eben nicht aus diesem Grund vernichtet wurden, sondern weil sie als nationale Minderheit galten?«
3 Philippe Denis, The Genocide Against the Tutsi and the Rwandan Churches. Between Grief and Denial, Kampala 2022, S. 92.
4 Stéphane Audoin-Rouzeau, Une initiation. Rwanda (1994–2016), Paris 2017.

folgt, welche die Rolle der Kirche, des Glaubens und der Geistlichen im Völkermord an den Tutsi neu bewerten. In einer Bibliografie im Anhang sind die wichtigsten Titel zu diesem Thema zusammengestellt.

Die Verbindung zwischen Völkermord und Kirche zu bestreiten, beruht offensichtlich auf einer falschen Perspektive. Sie beruht meiner Meinung nach auf einer Herangehensweise, die nicht dokumentiert ist, und auf der Schwierigkeit, Grenzüberschreitungen in der Extremsituation des Völkermordes zu begreifen. Sie erinnert uns daran, dass es von entscheidender Bedeutung ist, Forschungsseminare und Vortragsreihen den Völkermorden des 20. Jahrhunderts zu widmen, um deren Prozesse zu verstehen und das Unfassbare zu erklären. Denn in der genozidalen Situation werden alle regulären Krafte der Gesellschaft, des Staates, der Vernunft und des Glaubens mobilisiert mit dem Ziel, eine Gruppe physisch und metaphysisch zu vernichten, die rassisch so definiert wird, als stelle sie eine existenzielle Gefahr für die Mehrheit dar. Die willkürlich dieser Gruppe zugeordneten Personen werden aus dem gemeinsamen Leben und dem sozialen Raum ausgestoßen, sie werden stigmatisiert, entmenschlicht und auf die Erwartung des schrecklichsten Todes ebenso konditioniert, wie umgekehrt auch die Täter zur Vollstreckung des »Urteils« gegen die stigmatisierte Gruppe konditioniert werden – in Ruanda bedeutete dies: zum Mord an ihren Tutsi-Nachbarn.

Um solche Formen der Massenvernichtung, die alles aus der Vergangenheit Gelernte in den Schatten stellen, zu verstehen, sind neue juristische Kategorien notwendig. Diese neuen Kategorien machen Grenzüberschreitungen sichtbar, die den bisher bekannten Rahmen sprengen. Deren Verständnis und Kontextualisierung verlangen eine Dezentrierung des wissenschaftlichen Blicks sowie ein vertieftes Geschichtsbewusstsein in der Gesellschaft, beim Staat und in der Kirche. So kann man den Anteil dieser neuen Faktoren, aber auch denjenigen der etablierten Kategorien und Institutionen an genozidalen Prozessen identifizieren und das Ausmaß der Grenzüberschreitung ermessen. Völkermorde wirken mit ungeahnter Macht auf die gesellschaftlichen Rahmenbedingungen ein, die sie selbst erzeugt haben; sie zerbrechen die Organisationsstrukturen ebendieser Gesellschaften und richten sie auf das Ziel der »Endlösung« aus. Dies gilt auch für die Kirche, die in dieser Situation als nationale Institution, Kult- und Kulturstätte und Gemeinschaft der Gläubigen nicht existieren kann. Tatsächlich wurde die ruandische Kirche geradezu zerrissen durch Massenmorde an Tutsi-Geistlichen und denjenigen Hutu-Priestern, die den Extremismus ablehnten und deshalb als Komplizen des »Feindes« angesehen wurden. Ein Viertel der Geistlichen wurde massakriert, da die »Hutu Power« die Kirche als zu freundlich gegenüber den Tutsi ansah. Diese Einschätzung ging bis auf die »Roten Allerheiligen« von 1959 zurück, die ersten großen Rassenmassaker in Ruanda. Seitdem hatte die Kirche die Tutsi bei Massakern aufgenommen und beschützt. Die harte Haltung des Papstes, der Gewalttaten regelmäßig verurteilte und schon am 27. April 1994 als erstes Staatsoberhaupt überhaupt die Massaker an den Tutsi als Völkermord anerkannte, verstärkte den Hass der Hutu gegen die Kirche. Aber aus diesem Bruch entstand zugleich eine Kirche der Zerstörung, welche die Botschaft des Glaubens und die Priester der Kirchen gegen das Zielvolk mobilisierte. Die Tutsi verloren durch dieses Vorgehen die Zugehörigkeit zum Christentum, die sie noch hätte schützen können. Ihre Entmenschlichung erfolgte nicht zuletzt dadurch, dass sie ihrer religiösen Identität beraubt wurden. Nur die Kirche konnte diesen Ausschluss der Opfer aus der Welt der Gläubigen vollziehen und die Opfer so ihren Henkern ausliefern – bei denen es sich auch um Priester und Klosterschwestern handeln konnte. Diese Situation verschaffte den Verantwortlichen und Seelsorgern vor Ort eine beträchtliche, ungeteilte weltliche und geistliche Macht. In den Augen der Bevölkerung, die mobilisiert wurde, um zu töten, wurden sie die Kirche selbst.

Folglich gibt es keine kategorischen Unterschiede zwischen vormodernen Phänomenen wie den Massakern der Bartholomäusnacht, bei denen religiöse Motive die Mörderbanden antrieben, mobilisierten und strukturierten, und Phänomenen der jüngeren Geschichte, bei denen radikal neue Kriterien von kriminellen Mobs und für diese mobilisiert werden. Denn die Genozide des 20. Jahrhunderts zeichnen sich dadurch aus, dass die völkermörderischen Machthaber fähig waren, die gesamte Bandbreite materieller und spiritueller Ressourcen aufzubieten, um eine Population zu töten.

Von vornherein davon auszugehen, dass der Glaube beim Völkermord an den Tutsi keine Rolle spielte, da die Ziele der Gewalt nur rassisch definiert gewesen seien, führt in eine Sackgasse. Diese Annahme erlaubt nicht, die Ereignisse in Ruanda zu verstehen, was jedoch unerlässlich ist für die historische Forschung darüber und ebenso für die Bekämpfung und Prävention von Völkermord in der Zukunft. Das religiöse Moment ist beim Völkermord an den Tutsi in Ruanda sehr präsent, denn es rechtfertigte das Vorgehen der Mehrheitsbevölkerung gegen die Tutsi und die Massaker. Mit anderen Worten: Wer den Völkermord bezeugen und erklären will, muss dessen religiöse Dimension in all ihren Formen erforschen.

I. Vom Völkermord an den Tutsi zu den Massakern der Bartholomäusnacht

Die (archäologischen, schriftlichen, visuellen, mündlichen oder gerichtlichen) Quellen und der auf ihnen basierende Forschungsstand in Geschichte, Philosophie, Geistes- und Sozialwissenschaften offenbaren die Spirale der Zerstörung in Ruanda und die ihr zugrundeliegenden Kausalitäten. Nur der Rückgriff auf Quellen wie Forschung kann solide und treffende Analysen begründen. Dabei muss man die Bedeutung der Glaubensstätten und der Beteiligung von Geistlichen in der Hauptphase des Genozids (»phase paroxysmique«) hervorheben. Beides stellte einen krassen Gegensatz dar zum Schutz, den die Kirche den Tutsi-Opfern bei den Massakern gewährt hatte, die seit den »Roten Allerheiligen« von 1959 fast jährlich wiederkehrten und von Hutu-Extremisten mit passiver oder aktiver Komplizenschaft der Machthaber organisiert wurden.

Das Umschwenken der Kirche im Völkermord von 1994 ist eine Teilerklärung dafür, weshalb er in diesem Ausmaß, in dieser Intensität und in dieser Geschwindigkeit durchgeführt werden konnte. Die Formen, welche die Beteiligung religiöser Personen und Gruppen annehmen konnte, sind Gegenstand zahlreicher Studien, die im bibliografischen Anhang dieses Artikels aufgeführt sind. Von besonderer Bedeutung sind Arbeiten über die Kirche und den Völkermord, die zeigen, dass das Thema auf jeden Fall relevant ist und nicht mit der Begründung abgetan werden kann, dass das Profil der Opfer nur nach »rassischen« Kriterien gebildet worden sei. Die Thematik war auch Gegenstand mehrerer Vorträge beim Ruanda-Panel des internationalen Kolloquiums »Savoirs, sources et ressources sur le génocide perpétré contre les Tutsi du Rwanda. La recherche en acte«[5]. Der Überfluss an einschlägigen wissenschaftlichen Arbeiten bedeutet allerdings nicht automatisch, dass die Kirche als solche direkt oder indirekt, in all ihren Formen oder durch einige von ihnen in den Völkermord an den Tutsi involviert war. Tatsächlich muss man für diese Frage die Forschungsarbeiten gründlich auswerten.

Denn die Antwort auf die Frage nach der Beteiligung der Kirche, deren Art, Grad und Modalitäten hängt davon ab, wie man »Kirche« als soziale Institution versteht: als weltliche und geistliche Macht, als Gemeinschaft von Klerikern oder als Kultstätten, die den Tutsi während der seit 1959 immer wiederkehrenden Massaker als Zufluchtsort dienten. Die Antworten unterscheiden sich, je nachdem ob die Rolle von Geistlichen und Laien im Völkermord als Gemeinschaft der Gerechten, der Mörder, der Gleichgültigen oder der Vernichteten untersucht wird. Diese Dreiteilung liegt in den bereits zitierten Arbeiten von Philippe Denis begründet[6].

---

5   Sitzung im September 2022, Programm zugänglich unter https://ur.ac.rw und https://cirre.hypotheses.org (8.3.2023). Ein Tagungsband wird im Verlag Armand Colin erscheinen; eine zweite Sitzung wird in Paris im September 2023 stattfinden.
6   DENIS, The Genocide Against the Tutsi (wie Anm. 3).

1. Die Kirche ist ebenfalls ein Opfer des Völkermordes, wenn man die zahlreichen massakrierten Tutsi-Priester betrachtet und diejenigen Ordensleute, die als »Komplizen« der Tutsi identifiziert wurden. Das gilt etwa für die Jesuiten, die Opfer von Massenmorden wurden.

2. Die Kirche führt auch eine Art von Neutralität oder Nichteinmischung vor. In einem gewissen Sinn kann diese als passive Komplizenschaft analysiert werden, als Beweis für eine Weigerung, als Christ zu denken und zu handeln, da der christliche Glaube den Gläubigen – und erst recht den Kleriker – zur Solidarität mit den Opfern der Verfolgung anhält. Er fordert etwa dazu auf, die »Szenen des Schreckens« in den Internierungslagern für Juden abzulehnen, wie der Erzbischof von Toulouse, Monsignore Jules-Géraud Saliège, am 23. August 1942 in seinem Hirtenbrief schrieb, der in allen Pfarreien seiner Diözese verlesen werden sollte[7]:

> »Il y a une morale chrétienne, il y a une morale humaine qui impose des devoirs et reconnaît des droits. [...] Les Juifs sont des hommes, les Juives sont des femmes. Tout n'est pas permis contre eux, contre ces hommes, contre ces femmes, contre ces pères et mères de famille. Ils font partie du genre humain. Ils sont nos frères comme tant d'autres. Un chrétien ne peut l'oublier[8].«

Die katholische Kirche in Ruanda kennt theoretisch nur Gläubige und macht keine Unterschiede zwischen ihnen, insbesondere keine Unterschiede aufgrund der »Rasse«. Deshalb hätte es eigentlich keine Berührungspunkte zwischen der Kirche und dem Völkermord geben dürfen abgesehen von zwei Situationen: Erstens, wenn Priester und Ordensschwestern ermordet wurden, weil sie Opfer schützten, wie beispielsweise 1992 im Fall von Schwester Antonia Locatelli: das Motiv für den Mord wäre in diesem Fall also politisch. Und zweitens aufgrund der Forderung des Evangeliums, seinem Nächsten gegenüber Barmherzigkeit zu zeigen, zumal wenn dieser ebenfalls Katholik ist. Denn die Tutsi waren mehrheitlich katholisch und fast alle christlich (mit Ausnahme von einigen zehntausend Muslimen). Der Beweis dafür ist gerade die Tatsache, dass sie während Massakern in den Kirchen Zuflucht fanden, von den »Roten Allerheiligen« im Oktober/November 1959 bis zu den Morden im Januar, Februar und März 1994. Die Kirche und diejenigen Männer und Frauen, die sie verkörperten und ihr dienten, weigerten sich, diese Gläubigen zu exkommunizieren, sie hielt die Tutsi in der Gemeinschaft der Gläubigen. Die Zugehörigkeit zu einer gemeinsamen Religion, welche die Unterschiede ignorierte, widersetzte sich so der beschleunigten rassischen Kategorisierung der Gesellschaft, die Tutsi und Hutu voneinander trennte. Die Kirche stellte rassisch Verfolgte unter den Schutz ihrer heiligen Stätten.

3. All das kehrte sich radikal um, als ab dem 7. April 1994 der Völkermord an den Tutsi ausbrach und schnell auf seine Hauptphase zusteuerte. Gotteshäuser wurden entweiht und manchmal sogar in Tötungszentren umgewandelt. Das waren keine isolierten Ereignisse, sie wiederholten sich in einer Reihe von Kirchen im ganzen Land. Die Jagd auf die Tutsi und ihre Ermordung an geheiligten Stätten bedeuteten noch nicht, dass der Glaube die Mörder lenkte, die mit Unterstützung der bischöflichen Hierarchie eine in den Augen Got-

---

7   Mgr. Saliège wurde 1945 zum »Compagnon de la Libération« erklärt, 1969 zum »Gerechten unter den Völkern«.
8   Lettre pastorale du Cardinal Saliège sur »la personne humaine«, 23.8.1942, Toulouse, zitiert nach: https://eglise.catholique.fr/approfondir-sa-foi/vivre-sa-foi-a-tous-les-ages/relationsjudaisme/une-annee-de-commemoration/528547-lettre-pastorale-du-cardinal-saliege-sur-la-personne-humaine/ (11.4.2023)

tes verfluchte Rasse ausrotten wollten. Feldforschungen und Lokalstudien zeigen jedoch die Beteiligung der Kirche am Völkermord an den Tutsi. Dabei lassen sich drei Optionen oder drei Modalitäten beobachten, wobei zu berücksichtigen ist, dass die weltliche und geistliche Zerstörungskraft des Völkermordes die Institution selbst ausbluten ließ. Pfarreien, Klöster und die Diener und Dienerinnen Gottes gewannen auf lokaler Ebene Macht, da die Verbindungen zur Hierarchie sich im Vernichtungskrieg auflösten. Sie handelten in Gebieten, wo die Bevölkerung verzweifelt nach Zufluchtsorten vor den Mördern suchte. Für die Opfer wurden in dieser Situation religiöse Gebäude zur Falle; manche verwandelten sich sogar in Tötungszentren, und das auf direkte Anweisung der Verantwortlichen. Es fällt schwer, bei der Untersuchung der Handlungen in dieser Phase den religiösen Faktor (*fait religieux*) auszuschließen und davon auszugehen, dass die Priester oder Nonnen ausschließlich Aktivisten der »Hutu Power« waren; dass sie also nicht auch als Geistliche handelten. Warum sollte man sich den Gedanken verbieten, dass auch die Religion die »Hutu Power« befruchtete und den Völkermord an den Tutsi ermöglichte, der durch eine intensive soziale Mobilisierung gekennzeichnet war, den sogenannten »Völkermord der Nachbarn«?

In mehreren Pfarreien und Klöstern spielten sich während der »Hundert Tage«, in der Hauptphase des Völkermordes, Szenen ab, in denen die Religion eine herausragende Rolle spielte, da sie durch das Verhalten der Geistlichen und eine Verdrehung der Glaubensbotschaft in den Dienst der Rassenvernichtung gestellt wurde. Tutsi, die in religiösen Gebäuden Zuflucht suchten, wurden nicht gerettet, sondern im Gegenteil in eine Falle gelockt, den Killern ausgeliefert oder an Ort und Stelle in Kirchen getötet, die zu Tötungszentren umfunktioniert wurden. In Nyange etwa stand der Vikar Athanase Seromba den Tausenden von Gläubigen nicht bei, die in die Gemeinde strömten[9]. Er verkündete, dass »der Gott der Tutsi nicht mehr existiert« und ließ die Priestergewänder, Kelche und Ziborien aus der Sakristei entfernen, wodurch er die Kirche symbolisch als auch materiell profanierte. Am 15. April kam es zu den ersten Angriffen von Milizionären, die versuchten, das Gebäude in Brand zu setzen; die Zerstörung durch Feuer war seit 1959 bei der Verfolgung von Tutsi üblich[10]. Am nächsten Tag schob ein Bagger, der für den Bau der Straße Gitarama–Kibuye eingesetzt wurde, das Gebäude einen Abhang hinunter. Zwischen 1000 und 2000 Tutsi wurden getötet. »Der Befehl wurde vom Bürgermeister erteilt und von Seromba bestätigt, der erklärte, dass der Teufel sich der Kirche bemächtigt habe und dass eine neue Kirche gebaut werden müsse«, erklärt der Historiker Florent Piton und fährt fort: »Der Priester handelte aus der Position des Priesters, lieferte den Mördern theologische Argumente und trug dazu bei, die Profanierung zu ermöglichen, indem er ihre Entweihung andeutete [›contribuant à rendre la profanation possible par une ébauche de désacralisation‹]. Das Massaker von Nyange schöpft somit aus einer Ideologie, die die Tutsi mit der Figur des Teufels und des Dämons in Verbindung bringt, und belegt den Willen der Mörder, den spirituellen Rahmen nicht zu verlassen[11].«

Der Internationale Strafgerichtshof für Ruanda (ICTR) eröffnete 2006 eine Untersuchung gegen Athanase Seromba[12]. In einem anderen Fall hat 2001 ein Schwurgericht in Brüssel die Schuld von Schwester Gertrude und Schwester Kizito am Verbrechen des Völkermordes

---

9   Wir folgen hier der Analyse des Historikers Florent PITON, Le génocide des Tutsi du Rwanda, Paris 2018, S. 112 ff.
10 Vgl. Antoine MUGESERA, Les conditions de vie des Tutsi au Rwanda de 1959 à 1990. Persécutions et massacres antérieurs au génocide de 1990 à 1994, 2 Bde., Kigali 2015.
11 PITON, Le génocide des Tutsi du Rwanda (wie Anm. 9), S. 113–114. Übersetzungen ins Deutsche durch die Redaktion.
12 Vgl. Timothée Brunet-Lefèvre, Le père Seromba. Destructeur de l'Église de Nyange (Rwanda 1994), Paris 2021.

bestätigt. Beide waren für den Benediktinerkonvent von Sovu in Butare verantwortlich, in dem ab Mitte April 1994 auf Verlangen der religiösen Autoritäten 10 000 Tutsi massakriert wurden[13]. Auch die Forschungen des renommierten Experten Jean-Pierre Chrétien, die nach dem Ende des Völkermordes 1995 begannen, zeigen, wie die Ausrottung der Tutsi einen spezifisch religiösen Charakter annehmen konnte. Zum Beispiel verkündete eine Propagandistin der »Hutu Power« im freien Radio et Télévision des Mille Collines (RTLM), dass die Jungfrau Maria im Wallfahrtsort Kibeho erschienen sei, um ihre Unterstützung für die Mörder zu zeigen[14]. Erschwerend kommt hinzu, dass die kirchlichen Autoritäten in Ruanda die Vernichtung der Tutsi nicht verurteilten und die direkte Beteiligung von Priestern und Nonnen an den Tötungen leugneten. Am 19. April 1994, darauf weist Florent Piton hin, veröffentlichte »L'Osservatore Romano«, das offizielle Organ des Vatikans, ein Kommuniqué der katholischen Bischöfe Ruandas. Es erwähnte die Tutsi-Herkunft der Opfer nicht einmal und würdigte dagegen die ruandischen Streitkräfte (FAR) und die Übergangsregierung, obwohl gerade sie die Massaker koordinierten[15].

4. Die Rolle der Kirche beim Völkermord an den Tutsi beschränkte sich also nicht darauf, angesichts der Not und der Verfolgung des Nächsten die Solidarität zu verweigern – obwohl dieses Gebot im Zentrum der christlichen Moral steht und die Weltkirche und ihre Lehre begründet. Der Beitrag am Völkermord erfolgte aktiv im Namen der Kirche, als sie beschloss, die Tutsi aus der Stadt Gottes (»cité de Dieu«) auszuschließen, nachdem geistliche und weltliche Amtsträger *in dieser Eigenschaft* dazu aufgefordert hatten. Priester und Nonnen töteten oder stifteten zur Ermordung von Menschen an, etwa indem sie den Mördern Absolution erteilten. Das bedeutet noch nicht zwingend, dass die gesamte Kirche oder der Glaube als solcher die Ausrottung der Tutsi befahl. Andere Motivationen und ideologische Rechtfertigungen waren ebenfalls am Werk, darunter die Unterwanderung der gesamten Gesellschaft und des Staates durch eine Ideologie der Rassifizierung und der »Selbstverteidigung« gegen den inneren Feind.

Die katholische Hierarchie in Ruanda verurteilte die Massaker nicht, sondern förderte sie durch die Unterstützung derer, die den Völkermord organisierten. Das Verhalten der Kirche beim Völkermord an den Tutsi offenbart einen doppelten Zusammenbruch: weil die Kirche den religiösen Glauben, das Wort des Evangeliums und die Macht der Geistlichen zu entscheidenden Waffen für die physische und metaphysische Ausrottung gemacht hat und weil sie ihren Werten nicht treu geblieben ist. Die Kirche mag anderen Werten treu geblieben sein, die einst den Kreuzzug gegen Ungläubige oder die Ermordung von Ketzern propagierten. Doch die Kirche hatte sich seitdem verändert. 1994, 50 Jahre nach dem öffentlichen Bekanntwerden des Holocaust, war das Bewusstsein für die Verantwortung der Kirche bei der Tötung sehr großer Bevölkerungsgruppen gewachsen. Nichts davon scheint allerdings in der Kirche von Ruanda die Haltung der Mehrheit im Genozid geprägt zu haben. Es ist auch nicht auszuschließen, dass die Hutu-Kirchenführer im Zuge des Völkermordes die Kirche revolutionieren und zu einer Bastion der Rassenreinheit machen wollten. Die zentrale Verantwortung des ruandischen Katholizismus besteht letztlich darin, dass er seine historische, aus der Erfahrung des Holocaust erwachsene Rolle nicht wahrgenommen hat: Durch die Mobilisierung gegen den Völkermord und die Gewährung von

---

13 Vgl. Raphaëlle RÉROLLE, Rwanda: sœur Gertrude et sa conscience face aux fantômes du génocide, in: Le Monde, 3.2.2020.
14 Jean-Pierre CHRÉTIEN (Hg.), Rwanda. Les médias du génocide, Paris 1995, Neuauflage 2002.
15 PITON, Le génocide des Tutsi du Rwanda (wie Anm. 9), S. 117. Das Kommuniqué vom 19. April 1994 ist unter https://francegenocidetutsi.org (8.3.2023) abrufbar.

Schutz und Anerkennung für die Tutsi hätte die Kirche Ruandas viele vor der Vernichtung bewahren, ja ihre Hauptphase (»phase paroxysmique«), verhindern können.

5. In der Tat, und das ist ebenfalls ein sehr wichtiger Punkt, hat die Kirche in Ruanda diese Hauptphase viel stärker mitgeprägt als die deutschen Kirchen den Holocaust. Indem sie ein Werk der Zerstörung umsetzten und ihre geistliche und weltliche Autorität in den Dienst des Genozids stellten, schloss sich eine Mehrheit der Kirchenvertreter in Ruanda diesem an. Zusammen mit den Organisationen der »zivilen Selbstverteidigung« war die Kirche dafür verantwortlich, dass ein großer Teil der Bevölkerung für die »Arbeit« der Jagd, Folter und Ermordung der Tutsi mobilisiert werden konnte[16]. Die Kirche war Teil des Völkermordes, und es waren keine Ausnahmefälle in ein oder zwei Kirchgemeinden, die zu Tötungszentren umgewandelt wurden. Das ganze Land war betroffen, als die Kirche aus Tutsi Ketzer fabrizierte und diese zur Vernichtung in ihren eigenen Gotteshäusern preisgab, wo die Opfer auf Zuflucht gehofft hatten. Diese Transformation der Tutsi zu Ketzern in Verbindung mit der Fabrikation von Vorstellungen einer zu vernichtenden »Rasse« und eines zu zerschlagenden Nationalfeindes erklärt das Ausmaß, die Intensität und die Geschwindigkeit des Völkermordes an den Tutsi. Die Kirche machte die Schnelligkeit und Massivität der Hauptphase der »hundert Tage« erst möglich.

Der Völkermord an den Tutsi war ein »populärer« Völkermord, ein Völkermord der »Nachbarn«, an dem mehrere Millionen Mörder beteiligt waren – zwei Millionen von ihnen wurden ab 2001 vor Gericht gestellt, als die Gacaca-Tribunale eingerichtet wurden[17]. Um ein solches Ergebnis und eine solche Effizienz beim Töten zu erreichen, war die Mobilisierung aller sozialen, administrativen, militärischen und politischen Strukturen einschließlich der Kirche erforderlich, die in Ruanda allgegenwärtig war und die Bevölkerung in jeder Gemeinde sehr eng betreute. Die Ermutigung zu Massakern an Tutsi, die nicht mehr als Gläubige dargestellt wurden, hatte sofort eine massive Beteiligung von Angehörigen des »Mehrheitsvolkes« zur Folge, die in ihrem Selbstverständnis als gute Hutu und gute Christen handelten. Laut einem Bericht von Kommandeuren der militärisch-humanitären Operation Turquoise, der von Juni bis August 1994 im Südwesten Ruandas eingesetzten französischen Militärmission, genügte es umgekehrt, dass französische Militärs in den Kirchen eine Botschaft der äußersten Entschlossenheit verlasen, um die Massaker in der Region zu beenden[18].

6. Man kann also argumentieren, dass ein Bartholomäus-Massaker in den Völkermord an den Tutsi eingebettet war, sich mit dem Genozid identifizierte und einer der Faktoren für seinen Erfolg war. So bezeichnete der Historiker Gérard Prunier den Ausbruch des Völkermordes als »eine Art politische Bartholomäusnacht«[19]. Es war nicht nur ein Völkermord an den »Nachbarn«, sondern auch einer der »Gläubigen«, die über ihre Brüder und Schwestern herfielen. Die Kirche hatte Letztere zuvor ausgeschlossen, durch ein Schisma mit schweren Folgen für die christliche Moral und die Identität der Kirche. Die Tiefe dieses kanonischen Bruchs und das Engagement der kirchlichen Institution erklären, warum die

---

16 »Travail« war ein gebräuchlicher Begriff, um über die Hinrichtung von Tutsi durch ihre Hutu-»Nachbarn« zu sprechen.
17 Vgl. Phil CLARK, The Gacaca Courts. Post-Genocide Justice and Reconciliation in Rwanda. Justice without Lawyers, Cambridge 2010.
18 Colonel Patrice Sartre, Lieutenant-colonel Eric de Stabenrath, Aussagen gegenüber Vincent Duclert, 2022.
19 Rapport de la Commission d'enquête parlementaire sur le Rwanda, Sénat belge, 1997, Band III, Auditions, 11. Juni 1997, S. 710, zitiert nach Olivier LANOTTE, La France au Rwanda (1990–1994). Entre abstention impossible et engagement ambivalent, Brüssel 2007, S. 282.

Wunden in Ruanda noch immer besonders schmerzen. Gerade weil die religiöse Konstellation (»donnée religieuse«) eine der Erklärungen für den Völkermord ist, ist die Forschung über die Kirche von so großer Bedeutung. Diese Konstellation, die ganz von der Kirche und ihrem Wort bestimmt ist, kann schließlich nur zu ihrer Zerstörung führen. Die Tiefe des Traumas und die Schwierigkeit der Wiedergutmachung, oder auch nur der Anerkennung, lassen sich durch diesen kollektiven Selbstmord erklären.

Hinzu kommen langfristige Faktoren eines letztlich fast vierzig Jahre währenden Prozesses, der auf den Völkermord zulief. So wurde am 24. März 1957 ein »Manifest der Bahutu« von einer Gruppe von neun Hutu-Ideologen verfasst und verbreitet – unter ihnen der spätere Präsident der Republik Ruanda, Grégoire Kayibanda, ein ehemaliger Seminarist aus Gitarama[20]. Der Text forderte insbesondere die Erfassung der ethnischen Identitäten im Personenstand, »eine Maßnahme, die mit den heute bekannten Folgen bis 1994 bestehen blieb«, wie der Historiker Marcel Kabanda feststellt[21]. Im November 1959 brachen in der gesamten Kolonie Gewalttaten gegen die Tutsi-Minderheit aus. Es gab mehrere hundert Tote und Plünderungen in großem Stil, während Tausende Tutsi ins Exil nach Burundi, Tansania und Uganda flohen. Der Name dieser ersten großen Rassenmassaker in Ruanda, die bereits erwähnten »Roten Allerheiligen«, spielt ebenfalls auf den religiösen Kontext dieser Gewalt an. Im Dezember 1990, als sich die Gewaltspirale im Rahmen des sogenannten »Bürgerkriegs« beschleunigte, wurde in der extremistischen Zeitschrift »Kangura« ein Aufruf mit dem Titel »Zehn Gebote der Bahutu« veröffentlicht, der an das »Manifest« von 1957 anknüpfte. Es ist erschütternd, dass bereits in den Jahren 1991 bis 1993 Zeugenaussagen die Vorahnung der Opfer zeigten, dass sie künftig keine Zuflucht mehr in den Kirchen, beim Glauben und bei Gläubigen gleich welcher Rasse finden würden, wie das während der großen Massaker zwischen 1959 und 1993 noch möglich war. Die Tutsi befürchteten, »dieses Mal nicht zu entkommen«, berichtet die französische Wissenschaftlerin Françoise Imbs im April 1992, als sie den verzweifelten Hilferuf der Frau eines Tutsi-Kollegen in Ruhengeri aufzeichnete: »›In früheren Zeiten konnten wir uns flüchten – ›wir‹: gemeint sind ›wir, die Tutsi‹ –, wir konnten uns in die Kirchen flüchten, aber dieses Mal wird es nichts nützen, wir werden alle sterben‹. 1992, im April 1992 sagte sie mir das. Und tatsächlich starb sie, und ihr Mann auch[22].«

Diese Vorahnung beruhte auf der Beobachtung sozialer Entwicklungen, die sich im Laufe der Jahre verschärft hatten, als die Machthaber ihre Rassenpolitik intensivierten, die Tutsi immer stärker ins Visier nahmen und die Kirche allmählich kontaminierten. Dieser Prozess begann bereits 1959, noch vor der Unabhängigkeit Ruandas, als die belgischen Kolonialherren beschlossen, die von ihnen rassifizierte Tutsi-Minderheit zugunsten des »Mehrheitsvolkes« aufzugeben. Sie hofften so, ihren Einfluss im Mandatsgebiet aufrechterhalten zu können, das Belgien seit dem Ersten Weltkrieg verwaltete. Während der Fastenzeit des Jahres 1959, im Jahr der »Roten Allerheiligen«, verlas der Schweizer Monsignore Perraudin, der Apostolische Vikar von Kabgayi, einen Hirtenbrief von der Kanzel, in dem er die Existenz von »Rassen« in Ruanda anerkannte und missbilligte, dass die soziale und materielle Ungleichheit darin begründet liege:

---

20 Der genaue Titel des »Manifests« lautet: »Note sur l'aspect social du problème racial indigène au Rwanda« – Anmerkung zum sozialen Aspekt des indigenen Rassenproblems in Ruanda.
21 Marcel Kabanda, Rwanda. La racialisation de la révolution sociale, in: Vincent Duclert (dir.), Le génocide des Tutsi au Rwanda. Devoir de recherche et droit à la vérité, Themenheft von: Le Genre humain 62 (2023), S. 61–77, 63.
22 Françoise Imbs, Archives de la mémoire: En mission au campus de l'université du Rwanda à Ruhengeri, avril 1992, in: Vincent Duclert (Hg.), Le génocide des Tutsi au Rwanda. Devoir de recherche et droit à la vérité, Themennummer von: Le Genre humain 62 (2023), S. 227.

»Les différences et les inégalités sociales sont pour une grande part liées aux différences de race, en ce sens que les richesses d'une part et le pouvoir politique et même judiciaire d'autre part, sont en réalité en proportion considérable entre les mains des gens d'une même race. Cet état de chose est l'héritage d'un passé que nous n'avons pas à juger. Mais il est certain que cette situation de fait ne répond plus aux normes d'une organisation saine de la société ruandaise et pose, aux Responsables de la chose publique des problèmes délicats et inéluctables[23].«

Gerade dadurch, dass die Kirche nach Ansicht dieses Prälaten nicht aktiv in die politische Sphäre eingreifen sollte, was ihr nicht zustehe, legitimierte er paradoxerweise die Politik der »sozialen Revolution« oder vielmehr eine Rassenrevolution des »Mehrheitsvolkes« gegen eine als dominant und bedrohlich empfundene Minderheit[24]. Es passt ins Bild, dass die Gruppe des »Manifests der Bahutu« mit Mgr. Perraudin eng verbunden war. Die Tatsache, dass Bischof Perraudin diesem Übergriff ins Soziale und Politische zustimmte, unterstreicht den Ernst der Botschaft, bezeugt ihre biblische Wahrheit und ihre ganz und gar christliche Notwendigkeit. Es war tatsächlich die »christliche Moral«, auf die man sich berief. Es war gleichgültig, ob der Rassismus des kirchlichen Engagements und ihrer Botschaft im Widerspruch stand zum Anspruch einer universellen Gemeinschaft der Gläubigen. Die Messe war gelesen. Die Propaganda der Kirche nahm sogar diejenige des Staates vorweg, der unter dem Namen Ruanda 1962 die Unabhängigkeit erlangte: Nur durch die Ausrottung einer Rasse, die 1959 mit einer »sozialen Klasse« verwechselt wurde, konnte die Einheit unter den Gläubigen und Ruandern wiederhergestellt werden. Es war also möglich, die Sprache der Kirche wie auch der Nation zu sprechen und gleichzeitig den Ausschluss der Tutsi aus der religiösen, dann der sozialen und schließlich der nationalen Gemeinschaft zu fördern. Darin lag kein Widerspruch.

7. Die direkte und aktive Beteiligung der katholischen Kirche Ruandas am Völkermord, zu dessen Opfern sie zugleich selbst wurde, erklärt auch die großen Schwierigkeiten ihrer Amtsträger, heute die historische Wahrheit und die gegen Geistliche verhängten Strafen öffentlich anzuerkennen. Die Hierarchie widersetzt sich beispielsweise der Errichtung eines Gedenksteins in der Kirche der Heiligen Familie in Kigali, wo der Priester Wenceslas Munyeshyaka tätig war, der vom Internationalen Strafgerichtshof für Ruanda des Völkermordes verdächtigt wurde[25]. Er war wie zehntausende Soldaten der FAR und Hutu-Milizen nach Nord-Kivu im Osten Zaires geflohen und gehörte am 2. August 1994 zu den Unterzeichnern des »Briefs der Priester der Diözese Ruanda, die nach Goma (Zaire) geflohen waren, an den Heiligen Vater, Papst Johannes Paul II.«. Darin leugneten sie den Völker-

---

23 Pastoralbrief von 11. Februar 1959, abrufbar auf https://francegenocidetutsi.org/1959–02–1959LettrePastoraledeMgrPerraudinpourlecareme.pdf (8.3.2023).
24 Ebenda: »Nous n'avons pas comme évêque, représentant l'Église dont le rôle est surnaturel, à donner ni même à proposer à ces problèmes des solutions d'ordre technique, mais il Nous appartient de rappeler, à tous ceux, autorités en charge ou promoteurs de mouvements politiques, qui auront à les trouver, la loi divine de la justice et de la charité sociales. Cette loi demande que les institutions d'un pays soient telles qu'elles assurent réellement à tous ses habitants et à tous les groupes sociaux légitimes, les mêmes droits fondamentaux et les mêmes possibilités d'ascension humaine et de participation aux affaires publiques. Des institutions qui consacreraient un régime de privilèges, de favoritisme, de protectionnisme soit pour des individus soit pour des groupes sociaux, ne seraient pas conformes à la morale chrétienne.«
25 Wenceslas Munyeshyaka amtierte in der Pfarrei Gisors (Eure) in Frankreich, wo er festgenommen wurde. Die Einstellung des Verfahrens gegen ihn wurde am 30. Oktober 2019 vom Kassationshof bestätigt.

mord an den Tutsi – zu einem Zeitpunkt, als der Genozid von den Vereinten Nationen anerkannt wurde und der UN-Sicherheitsrat begann, die Einrichtung des Internationalen Strafgerichtshofs für Ruanda (ICTR) vorzubereiten. Damals genoss Munyeshyaka die Unterstützung der Kirche von Frankreich, die ihn in der Gemeinde von Gisors als Pfarrvikar (*coopérateur*) und Seelsorger bei den Pfadfindern einsetzte. Erst 2021 untersagte ihm die Diözese Évreux die Ausübung jeglicher Funktionen innerhalb der Kirche, aber nicht wegen seiner mutmaßlichen Rolle beim Völkermord, sondern da er im Jahr 2010 einen biologischen Sohn anerkannt hatte.

8. Allerdings gibt es auch progressive Strömungen in der Kirche, die die Kirchen an ihre Verantwortung und ihre Pflicht zur Wahrheit erinnern. So organisierte das Christus-Zentrum, der Sitz der Jesuiten in Kigali, bereits 1995 erste Treffen, die zur Gründung der Versammlung der ruandischen Priester (APRERWA) führten, um die Kirche zu einer kritischen Auseinandersetzung mit ihrer Vergangenheit zu bewegen[26]. Diese Initiativen stützten sich auf Vorbilder wie jene Klosterschwestern und Kirchenmänner, die sich der Beteiligung der Kirche am Völkermord verweigerten und deshalb selbst oft zum Opfer von Morden wurden. Sie waren zwar eine Minderheit, konnten aber zu *exempla* werden. Das Christus-Zentrum selbst war Schauplatz eines Massakers an Jesuiten im Jahr 1994. Ähnlich vorbildhaft war die italienische Nonne Antonia Locatelli, die in der Pfarrei Nyamata unterrichtete und am 9. März 1992 von einem Gendarmen ermordet wurde: Als organisierte Massaker an Tutsi in der Region Bugesera verübt wurden, hatte sie im französischen Radiosender RFI und in der englischen BBC die Opfer verteidigt, die Massaker angeprangert und die politischen Entscheidungsträger kritisiert. Ihr Beispiel ist der Lyoner Organisation Golias wohlbekannt. Auf ihrer Website erläutert sie ihre spirituellen Ziele:

> »GOLIAS, évêque légendaire du Moyen Âge, dont se réclamaient de fidèles disciples appelés goliards. Clercs ou laïcs en rupture de ban et qui parcouraient le monde en exerçant le métier de saltimbanques. Ces gens sortent tout droit de bonnes écoles, seulement voilà, un beau jour, ils ont décidé de tout plaquer et de partir à l'aventure, leur baluchon sur le dos parce qu'ils préféraient la grand'route et le vent du large aux senteurs des sacristies. Ce sont des hommes de Dieu, menant une existence de nomades et de ménestrels. Mais après tout que faisaient-ils d'autre ces bohémiens, que, de marcher sur les pas du Christ lui-même, fustigeant les adorateurs et les fidèles du temple, pour inviter à sa suite le peuple de Galilée?[27]«.

II. Einige methodologische Überlegungen

1. Um Völkermorde und andere extreme Gewalt zu verstehen und um zu erforschen, wie Menschen unmenschliche Grausamkeiten begehen können, die manchmal die Fähigkeiten des Verstehens übersteigen, sind genaue Heuristik, also die Auswertung von Quellen, die Feststellung von Fakten sowie kritische Analyse entscheidend. Die kürzlich erschienenen Werke von Hélène Dumas über den Völkermord an den Tutsi (2020) und von Jérémy Foa über das Massaker der Bartholomäusnacht in Paris (2021) basieren auf einem mikrohistori-

---

26 Rémi KORMAN, Écrire l'histoire d'une controverse: les relations entre l'Église catholique rwandaise et le génocide des Tutsi au travers de la presse rwandaise (1994–2003), in: Sources. Materials & Fieldwork in African Studies 2/2021, S. 45–140, https://www.sources-journal.org/431?-lang=en (8.3.2023).
27 https://www.golias-editions.fr/a-propos-de-golias/ (8.3.2023). Vgl. Christian TERRAS, Mehdi BA (Hg.), Rwanda, l'honneur perdu de l'Église, Villeurbanne 1999.

schen Ansatz, der die rohen Quellen qualitativ aufbereitet, sensibel und manchmal in literarischer Form auswertet und den Blick auf eine Anthropologie der vorsätzlichen Zerstörung von Körpern und Seelen eröffnet[28]. Solche Ansätze können allerdings die Auswertung von Quellen zu methodischen und dokumentarischen Zwecken nicht ersetzen.

2. Das Thema erfordert Quellen, die dem Erwerb von Grundkenntnissen dienen. Darüber hinaus müssen mit einem persönlicheren Ansatz individuelle Lebenswege, Emotionen und Fiktionen berücksichtigt werden. Weshalb widmen sich Forscher überhaupt der Massengewalt? Das war, mit dem Titel »La prise du sujet« (»Die Wahl des Forschungsgegenstands«), das Thema eines Studientages des Centre d'études sociologiques et politiques Raymond Aron (CESPRA) am 19. Oktober 2022[29]. Ein Sammelwerk, »Penser les génocides. Itinéraires de chercheurs« hatte ein Jahr zuvor dreiunddreißig Beiträge von Autorinnen und Autoren aus allen Ländern vereint, die den Bezug der Forschenden zu ihrem Thema reflektieren[30]. Das Nachdenken über die affektive und emotionale Dimension bei der »Wahl des Forschungsgegenstands« ist zwar notwendig, darf aber nicht dazu führen, die Untersuchung der Fakten durch jene der Beziehung des Forschers zu seinem Gegenstand zu ersetzen. Ansonsten besteht die Gefahr einer narzisstischen Verzerrung, wie sie immer öfter zu beobachten ist[31].

3. Die Untersuchung von extremer Gewalt gegen Feindgruppen, die auf eine religiöse oder rassische Abstraktion reduziert wurden, eröffnet Erkenntnisse über Verfolgungsphänomene, ihre Durchführung, das ihnen zugrundeliegende Räderwerk sowie über das Wissen der Zeitgenossen. So hat die Erforschung von und Erinnerung an Antiprotestantismus und Antisemitismus den europäischen Gesellschaften Erkenntnisse über allgemeine Mechanismen der Verfolgung verschafft und das Engagement für andere verfolgte Minderheiten ermöglicht. Einige der Verteidiger des Hauptmanns Alfred Dreyfus schlossen sich im Jahr 1898 auch dem Kampf für die Rechte der »Eingeborenen« an, die dem kolonialen Gefängnissystem unterworfen waren[32]. Andere setzten sich für die Armenier ein, die im Osmanischen Reich zum Opfer von Massakern und schließlich eines Genozids wurden[33].

4. Themen wie Massengewalt und Völkermord werden seit Langem und anhand unterschiedlichster historischer Fälle von den Massakern der Bartholomäusnacht bis zum Genozid an den Tutsi erforscht. Dafür sind präzise Definitionen und die Möglichkeit zum analytischen Vergleich zentral. Seit dem 9. Dezember 1948 gibt es laut dem Übereinkommen über die

---

28 Hélène DUMAS, Sans ciel ni terre. Paroles orphelines du génocide des Tutsi (1994–2006), Paris 2021; Jérémy FOA, Tous ceux qui tombent. Visages du massacre de la Saint-Barthélemy, Paris 2021.
29 Beiträge in schriftlicher oder gefilmter Form werden auf der Politika-Website verfügbar sein.
30 Penser les génocides. Itinéraires de chercheurs, Paris 2021. Dieses Buch knüpft an die Arbeit der Mission d'étude en France sur la recherche et l'enseignement des génocides et des crimes de masse an (2016–2018). Vgl. Vincent Duclert (Hg.), Rapport de la Mission Génocides, Paris 2018, https://medias.vie-publique.fr/data_storage_s3/rapport/pdf/194000082.pdf (9.3.2023), gedruckt: Paris 2018.
31 Herausragende Beispiele für den Gebrauch des Selbst zu heuristischen Zwecken finden sich in Raul HILBERG, The Politics of Memory. The Journey of a Holocaust Historian, Chicago 1996; Philippe SANDS, East West Street. On the Origins of Genocide and Crimes Against Humanity, London 2016; Annette WIEVIORKA, Tombeaux. Autobiographie de ma famille, Paris 2022.
32 Zum Beispiel: Patrick ARABEYRE, Frédéric AUDREN, Alexandra GOTTELY (Hg.), Paul Viollet 1840–1914. Un grand savant assoiffé de justice, Paris 2019.
33 Vgl. Vincent DUCLERT, La France face au génocide des Arméniens, du milieu du XIXe siècle à nos jours. Une nation impériale et le devoir d'humanité, Paris 2015.

Verhütung und Bestrafung des Völkermordes eine Definition dessen. Historiker übernehmen sie grundsätzlich, auch wenn sie selbst den Begriff im Sinne einer historischen Tatsache – Völkermord – verwenden und nicht als Straftatbestand – das Verbrechen des Völkermordes. Der juristische Tatbestand spielt einerseits eine normative Rolle, insoweit grundlegende Prinzipien formuliert werden, und andererseits eine praktische Rolle, da er nationale und internationale Strafgerichte ermächtigt, Anklagen wegen Völkermordes zu verhandeln und Täter zu verurteilen. Dies gilt auch für den Internationalen Strafgerichtshof für Ruanda, der am 8. November 1994 durch die Resolution 965 des Sicherheitsrats eingerichtet wurde.

5. Der heutige Begriff – mit seinem aus dem Altgriechischen »genos« (γένος) und dem Lateinischen »cidere« gebildeten Barbarismus – geht auf die Arbeiten von Raphael Lemkin zurück[34]. Dieser polnische Jurist jüdischer Herkunft, der zu Beginn des Zweiten Weltkriegs in die USA flüchtete, beschäftigte sich seit den 1920er-Jahren mit dem Schicksal der Armenier im Osmanischen Reich. Zwar ist unsere heutige Vorstellung vom Verbrechen des Völkermordes untrennbar mit dem Wissen um die Vernichtung der europäischen Juden im Zweiten Weltkrieg verbunden. Sie ergibt sich jedoch nicht weniger mit Blick auf diese im Ersten Weltkrieg fast vernichtete Minderheit, obwohl die Besonderheit ihres Schicksals von den damaligen Staaten und internationalen Institutionen noch nicht anerkannt wurde und eine moralische, rechtliche oder politische Wiedergutmachung ausblieb[35]. Raphael Lemkins Weg zur Definition des Verbrechens Genozid legt dem Historiker nahe, wie er das Wissen über Völkermorde nutzen kann, um die Prozesse der partiellen oder unvollständigen Ausrottung ganzer Bevölkerungsgruppen und deren Bestimmungsfaktoren besser zu verstehen.

6. Der Fall der Kirchen und ihrer Beteiligung an Massenmorden liefert in dieser Hinsicht wichtige Informationen für das Verständnis von Mechanismen der Vernichtung. Insbesondere lehren sie, wie eine Gesellschaft zum Massenmord verleitet wird und ein anderer Teil der Gesellschaft alle Hoffnung auf die Menschheit verliert. Die Kirchen vereinen vier Machtressourcen in sich: die Macht einer Religion mit ihren Riten, ihren Orten und dem Sakralen; die Macht einer politischen, rechtlichen und moralischen Institution; die Macht einer Armee von Dienern, Gläubigen und Verbündeten; und die Macht einer Eschatologie, die Gesellschaften und Staaten ins Jenseits projiziert. Diese letzte Macht gewährt dem Weltlichen eine spirituelle Macht, die unsere Vorstellungen von der Menschheit neu ausrichten kann.

7. Wenn Kirchen sich also dazu entschließen, sich an der Massenvernichtung zu beteiligen – sei es physisch, indem sie Gotteshäuser zu Tatorten machen, oder metaphysisch, indem sie den Opfern die Zugehörigkeit zum Reich Gottes absprechen – gibt es für die Opfer kein Entkommen mehr. Die Umwandlung von geweihten Orten in Schlachthöfe setzt alle denkbaren Formen der Gewalt und Kreativität beim Töten frei. Das Umkippen der Kirchen in den Massenmord durchbricht die letzten moralischen Barrieren und nimmt den Opfern jede Hoffnung auf ein Überleben. Religion kann im Prozess der extremen Gewalt eine entscheidende Rolle spielen, da sie es erlaubt, einen ungekannten Grad der Radikalität zu er-

---

34 Raphael LEMKIN, Axis Rule in Occupied Europe. Laws of Occupation, Analysis of Government, Proposals for Redress, Washington 1944.
35 Vgl. insbesondere Annette BECKER, Messagers du désastre, Raphael Lemkin, Jan Karski et les génocides, Paris 2018, und Samantha POWER, A Problem from Hell. America and the Age of Genocide, New York 2002. Eine Zusammenfassung findet sich in unserem Buch: Vincent DUCLERT, Les génocides, Paris 2019 (La Documentation photographique, Dossier 8127).

reichen. Diese Rolle der Kirchen bestätigen Denis Crouzets »Gotteskrieger«[36], die in der Bartholomäusnacht auf dem Vorplatz der protestantischen Kirchen mordeten und die heiligen Gebäude zerstörten, ebenso wie die am Völkermord beteiligten Priester in Ruanda, als in der Hauptphase des Geschehens zwischen dem 6. April und dem 17. Juli 1994 auch in Kirchen gemordet wurde.

8. In dem Maß, in dem der Glaube zur Rechtfertigung von Menschheitsverbrechen wurde, stehen die Kirchen vor einer großen Herausforderung, um wieder Akzeptanz zu finden; eine Herausforderung, auf die das Leugnen der Institution und das Schweigen ihrer Verantwortlichen zu den Taten unzureichende Antworten gaben, da sie so jeglicher Gewissenserforschung und der Anklage der Schuldigen auswichen. Ähnlich hatte es sich nach dem Zweiten Weltkrieg verhalten: Die Haltung des französischen Klerus gegenüber der Judenverfolgung wurde erst im Zuge des Prozesses gegen Paul Touvier vor dem Schwurgericht von Versailles im März/April 1994 wirklich hinterfragt. Auch in Ruanda ist der katholische Klerus nach wie vor sehr zurückhaltend, wenn es darum geht, seine aktive Beteiligung an den Tötungen zuzugeben. Erst 1997 bat das geistliche und weltliche Oberhaupt der katholischen Kirche, Johannes Paul II., während des Weltjugendtages in Paris offiziell um Vergebung für die Massaker der Bartholomäusnacht. Um jegliche Polemik zu vermeiden, tat er das nicht beim Pontifikalamt am Jahrestag des Massakers von 1572, sondern am Vorabend, am 23. August 1997 am Rande einer Vigil. Die Bedeutung seiner Erklärung wurde zudem dadurch reduziert, dass er den euphemistischen Begriff »Versagen« (»fléchissements«) zur Charakterisierung von Verbrechen der Vergangenheit verwendete:

> »À la veille du 24 août, on ne peut pas oublier le douloureux massacre de la Saint-Barthélemy aux motivations bien obscures dans l'histoire politique et religieuse de France. Des chrétiens ont accompli des actes que l'Evangile réprouve. Si j'évoque le passé, c'est parce que ›reconnaître les fléchissements d'hier est un acte de loyauté et de courage qui nous aide à renforcer notre foi, qui nous fait percevoir les tentations et les difficultés d'aujourd'hui et nous prépare à les affronter‹. Je m'associe bien volontiers aux initiatives des évêques français, car avec eux je suis convaincu que seul le pardon offert et reçu conduit progressivement à un dialogue fécond qui scelle alors une réconciliation pleinement chrétienne. L'appartenance à différentes traditions religieuses ne doit pas constituer aujourd'hui une source d'opposition ou de tension. Bien au contraire, l'amour pour le Christ qui nous est commun nous pousse à chercher sans relâche le chemin de la pleine unité[37].«

---

36 Vgl. Denis CROUZET, Les guerriers de Dieu. La violence au temps des troubles de religion vers 1525–vers 1610, Seyssel ²1990; ID., La nuit de la Saint-Barthélemy. Un rêve perdu de la Renaissance, Paris 1994.
37 Weltjugendtag 1997 – Paris, Meditation Papst Johannes Pauls II. anlässlich einer Vigil im Hippodrome von Longchamps, 23.8.1997, https://www.vatican.va/content/john-paul-ii/fr/travels/1997/documents/hf_jp-ii_spe_19970823_vigil.html (10.4.2023); vgl. auch die Meldung der Agence de presse internationale catholique APIC, 26. August 1997, https://www.cath.ch/newsf/paris-demande-de-pardon-du-pape-pour-le-massacre-de-la-st-barthelemy/?lost (8.3.2023). Das Zitat im Zitat stammt aus dem Apostolischen Schreiben »Tertio millenio adveniente« Papst Johannes Pauls II. zur Vorbereitung des Jubeljahres 2000, 10.11.1994, https://www.vatican.va/content/john-paul-ii/de/apost_letters/1994/documents/hf_jp-ii_apl_19941110_tertio-millennio-adveniente.html (10.4.2023).

9. Das Beispiel des Holocaust belegt aber auch die Widerstandskraft des Glaubens. Die in München von der Bewegung der Weißen Rose verbreiteten Flugblätter bezogen sich auf christliche Werte mit universeller Reichweite und richteten sich gegen die Eschatologie der Nazis. Die Mitglieder der Weißen Rose warnten vor der Vernichtung der Juden und stützten sich dabei auf eine ebenso humanistische, säkulare wie religiöse deutsche Kultur. Ihre unterschiedlichen konfessionellen Bekenntnisse (Protestanten, Katholiken, Orthodoxe) waren ebenso prägend wie ihr antitotalitäres politisches Bewusstsein: »Unser Volk steht im Aufbruch gegen die Verknechtung Europas durch den Nationalsozialismus, im neuen gläubigen Durchbruch von Freiheit und Ehre![38]«, schrieben sie am Ende des letzten Flugblattes, das sie vor der Verhaftung noch verbreiten konnten:

> »Es gibt für uns nur eine Parole: Kampf gegen die Partei! Heraus aus den Parteigliederungen, in denen man uns politisch weiter mundtot halten will! Heraus aus den Hörsälen der SS-, Unter- oder Oberführer und Parteikriecher! Es geht uns um die wahre Wissenschaft und echte Geistesfreiheit! Kein Drohmittel kann uns schrecken, auch nicht die Schließung unserer Hochschulen. Es gilt den Kampf jedes einzelnen von uns um unsere Zukunft, unsere Freiheit und Ehre in einem seiner sittlichen Verantwortung bewussten Staatswesen. Freiheit und Ehre![39]«

In Würdigung der Weißen Rose sprach der Schriftsteller Thomas Mann, der im Londoner Exil gegen den Nationalsozialismus kämpfte, am 27. Juni 1943 in einer seiner Sendungen an »Deutsche Hörer« in der BBC von dem neuen Glauben, für den die Gruppe stand, und paraphrasierte eine Stelle aus dem letzten Flugblatt: »Ein neuer Glaube dämmert an Freiheit und Ehre[40].«

10. Die Völkermorde des 20. Jahrhunderts sind untrennbar mit der Geschichte der modernen Staatsgewalt verbunden. Der Staat konzipierte den Völkermord und bereitete ihn vor, er organisierte ihn und führte ihn durch. Die zu diesem Ziel geschaffenen Organisationen hatten Zugriff auf die Ressourcen der ganzen Verwaltung und mobilisierten sie umfassend für den Vernichtungskrieg und die Zerstörung des inneren Feindes, der angeblich eine existenzielle Bedrohung darstellte. Der Völkermord an den Tutsi bestätigt dieses Muster des genozidalen Prozesses und des Übergangs in die Hauptphase. Dadurch dass sich die normalen Institutionen des Staates den Sonderorganisationen und der Vernichtungspolitik anschlossen, legitimierten sie zugleich, dass die religiösen Institutionen dies ebenfalls taten. Die Verstrickung der Kirchen hatte eine dreifache Funktion: Sie beseitigte die letzten moralischen Vorbehalte gegen die »Endlösung«, da sie in den Augen der Gesellschaft diese verkörperte; sie stellte ihre eigenen Ressourcen in den Dienst der Sonderorganisationen; und schließlich stärkte sie durch die eschatologische Dimension des Glaubens den Millenarismus, der solchen nach Absolutheit strebenden Revolutionen zu eigen ist. Damit akzeptierten die Kirchen auch ihre eigene radikale Transformation, die besondere Formen der Gewalt hervor-

---

38 VI. Flugblatt der Weißen Rose, https://www.weisse-rose-stiftung.de/widerstandsgruppe-weisse-rose/flugblaetter/vi-flugblatt-der-weissen-rose/ (10.4.2023).
39 Ibid. Vgl. auch Hartmut MEHRINGER, La Rose Blanche, in: Les Chemins de la Mémoire 126/2003, https://www.cheminsdememoire.gouv.fr/fr/la-rose-blanche (8.3.2023).
40 Der Text weicht leicht vom Flugblatt ab, da es sich möglicherweise um eine Rückübersetzung ins Deutsche handelt. Mann situierte das Zitat als Antwort an Roland Freisler, den Präsidenten des Volksgerichtshofs, während der Verhandlung, in der er die Mitglieder der Weißen Rose zum Tode verurteilte. Vgl. Christian ERNST, Die Weiße Rose – eine deutsche Geschichte? Die öffentliche Erinnerung an den Widerstand in beziehungsgeschichtlicher Perspektive, Göttingen 2018, S. 80.

brachte, wie sie auch in anderen Institutionen zu finden sind, etwa bei Einheiten der deutschen Polizeireserve während der Shoah[41]. Wenn die besonderen Formen der Gewalt im Fall der Kirchen einen besonders verwerflichen Charakter annahmen, dann weil sie dem Genozid eine moralische Rückendeckung und eine eschatologische Dimension verliehen, so dass das Verbrechen sich in eine heilige Aufgabe wandelte.

11. Die Beteiligung der Kirchen vervollständigte den Prozess der totalen Entmenschlichung der Opfer und der Enthemmung der Täter. Dieser Prozess löste die letzte und Hauptphase des Völkermordprozesses aus: die paroxysmale Phase, der Völkermord im engeren Sinn. Beim Völkermord an den Tutsi ging die Beteiligung von Millionen von Hutu-Tätern mit dem Einsatz der Kirche und des Glaubens in einem sehr katholischen Land einher. Die Mobilisierung beschleunigte die Vernichtung der Tutsi-Minderheit umso effizienter, als die durch ihre Rassenrevolution veränderte Kirche die völkermörderischen Mächte unterstützte. Der Einsatz der Kirchen und des Glaubens vervielfachte die Wirksamkeit der genozidalen Gewalt ebenso wie deren Akzeptanz in den betroffenen Gesellschaften. Zugleich wurde die Weltöffentlichkeit durch die Haltung der Kirche beruhigt. Das Verhalten religiöser Institutionen im Angesicht diesseitiger Herausforderungen erzeugte eine Sogwirkung und schwächte potenzielle Bedenken ab. Doch der Preis, den die Kirchen dafür zahlen mussten und müssen, ist beträchtlich: Wenn sie in den Völkermord abgleiten oder sich an einem Prozess der kollektiven Zerstörung beteiligen, zerstören sie sich selbst. Das System der Gewalt, an dem sie beteiligt sind, geht zunächst nicht von ihnen aus. Aber ihre menschliche, institutionelle und spirituelle Kooperation erweitert dieses System, so dass diese Gewalt ihnen direkt zugerechnet werden kann.

Die Rolle der Kirchen bei der Schaffung einer Religion der Gewalt, untrennbar verbunden mit dem Völkermord, scheint ein Rätsel, weil ein Massenverbrechen an sich die Grundlagen der großen Monotheismen negiert. Doch dieses Rätsel ist weder unausweichlich noch unlösbar, solange die historische Forschung die Geschichte allumfassend erforscht, methodisch vorgeht und ihr Wissen vertieft.

12. Umgekehrt verringert die Weigerung der Kirchen, einen Prozess der Radikalisierung und Zerstörung zu unterstützen, in erheblichem Maß dessen Reichweite und Wirksamkeit. Die Religion kann in diesen Situationen also eine Alternative bieten zur totalitären Ideologie und zum Millenarismus der Henker. Wenn die christlichen Kirchen und ihre Vertreter der Botschaft Christi treu blieben, konnte sich der Widerstand gegen die Eskalation der Gewalt und die paroxysmale Phase in dem Maß vervielfachen, wie im umgekehrten Fall die Beteiligung der Kirchen die genozidale Gewalt fördern konnte. Es gibt historische Präzedenzfälle für diese widerständige Wirkung des Glaubens, etwa das Engagement eines »katholischen Komitees zur Verteidigung des Rechts«, das sich für Alfred Dreyfus einsetzte[42]. Die Kenntnis dieser Geschichte stellt bereits ein Element des Widerstands dar. Damals konnte die Erinnerung an das Edikt von Nantes, das am 13. April 1598 den Religionskriegen und der Ächtung der Reformierten ein Ende setzte, sich sowohl auf das katholische als auch auf das protestantische Engagement in der Dreyfus-Affäre auswirken. Als diese 1898 ausbrach, beging die französische Gesellschaft gerade den dreihundertsten Jahrestag des Edikts – aller-

---

41 Vgl. Christopher BROWNING, Ordinary Men. Reserve Police Battalion 101 and the Final Solution in Poland, New York 1992.
42 Vgl. Vincent DUCLERT, Paul Viollet et le Comité catholique pour la défense du droit (1899–1914), in: ARABEYRE, AUDREN, GOTTELY (Hg.), Paul Viollet 1840–1914 (wie Anm. 32), S. 109–125.

dings im Wissen darum, dass der königliche Staat es am 18. Oktober 1685 wieder aufgehoben hatte.[43]

Bibliografie

- Stéphane AUDOIN-ROUZEAU, Une initiation. Rwanda (1994–2016), Paris 2017.
- Jean-Damascène BIZIMANA, L'Église et le génocide au Rwanda: les Pères Blancs et le négationnisme, Paris 2001.
- Emilie BRÉBANT, Au Rwanda, la vierge est apparue, Paris 2016.
- Timothée BRUNET-LEFÈVRE, Le père Seromba. Destructeur de l'Église de Nyange (Rwanda, 1994), Vorwort von Stéphane AUDOIN-ROUZEAU, Paris 2021.
- Jean-Pierre CHRÉTIEN (Hg.), Rwanda. Les médias du génocide, Paris 1995.
- ID., Rapport d'expertise déposé dans le cadre du procès des Médias, Arusha 2002.
- Phil CLARK, The Gacaca Courts. Post-Genocide Justice and Reconciliation in Rwanda. Justice without Lawyers, Cambridge 2010.
- Yves COSSIC, Au nom de la loi et du Saint-Esprit, in: La Nuit rwandaise 3/2009.
- ID., Que se cache-t-il sous le négationnisme paroissial de Carcassone, in: La Nuit rwandaise 2/2008, https://www.lanuitrwandaise.org/que-se-cache-t-il-sous-le,127.html?lang=fr (28.3.2023).
- Philippe DENIS, The Genocide Against the Tutsi and the Rwandan Churches. Between Grief and Denial, Kampala 2022.
- ID., The Missionaries of Africa and the Rwandan Genocide, in: Journal of Religion in Africa 50 (2021), Nr. 1–2, S. 109–136.
- Tharcisse GATWA, The Churches and Ethnic Ideology in the Rwandan Crises 1990–1994, Oxford, London, 2005.
- Françoise IMBS, Archives de la mémoire: En mission au campus de l'université du Rwanda à Ruhengeri, avril 1992, in: Vincent DUCLERT (Hg.), Le génocide des Tutsi au Rwanda. Devoir de recherche et droit à la vérité, Themennummer von: Le Genre humain 62 (2023), S. 227.
- Marcel KABANDA, Rwanda. La racialisation de la révolution sociale, in: Vincent DUCLERT (Hg.), Le génocide des Tutsi au Rwanda. Devoir de recherche et droit à la vérité, Themenheft von: Le Genre humain 62 (2023), S. 61–77.
- Rémi KORMAN, Écrire l'histoire d'une controverse: les relations entre l'Église catholique rwandaise et le génocide des Tutsi au travers de la presse rwandaise (1994–2003), in: Sources 2/2021, S. 45–140.
- Ian LINDEN, Jane LINDEN, Christianism and Powers in Rwanda, 1900–1990, Paris 1999.
- ID., Church and Revolution in Rwanda, Manchester 1977.
- Hugh MAC CALLUM, Dieu était-il au Rwanda? La faillite des Églises, Paris 1996.
- Antoine MUGESERA, Les conditions de vie des Tutsi au Rwanda de 1959 à 1990. Persécutions et massacres antérieurs au génocide de 1990 à 1994, 2 Bde., Kigali 2015.
- François-Xavier MUNYARUGERERO, Réseaux, pouvoirs, oppositions. La compétition politique au Rwanda, Paris 2003.
- Jean NDORIMANA, De la région des Grands lacs au Vatican. Intrigues, scandales et idéologie du génocide au sein de la hiérarchie catholique, Kigali 2004.
- ID., Rwanda, L'Église catholique dans le malaise. Symptômes et témoignages, Kigali 2001.
- Jean D'ORMESSON, La drôle d'odeur de l'église de Kibuye, in: Le Figaro, 20.7.1994.

---

43 Mein herzlichster Dank gilt Thomas Maissen dafür, dass er meine Analysen mehrmals mit mir diskutiert und mich dazu veranlasst hat, sie mit größerer Entschiedenheit zu vertiefen. Ich bin ihm ausgesprochen dankbar für die Diskussion, die nur die Freundschaft (und seine Schweizer Herkunft!) so weit gedeihen lassen konnte. Ich bleibe natürlich uneingeschränkt verantwortlich für die in diesem Artikel verfolgte Beweisführung.

- Florent Piton, Le génocide des Tutsi du Rwanda, Paris 2018.
- Paul Rutayisire u. a. (Hg.), Les religions au Rwanda: défis, convergences et compétitions. Actes du colloque international du 18–19 septembre 2008 à Butare/Huye, Butare 2009.
- Paul Rutayisire, Approche locale du génocide. La région de Nyarubuye, in: Vingtième siècle. Revue d'histoire 122/2014, S. 37–49
- Id., L'Église catholique dans la société rwandaise: un regard interrogateur, Yaoundé 2014.
- Id., L'Église catholique du Rwanda: erreurs et fautes commises mais non avouées, in: Au cœur de l'Afrique, 64/1996, S. 143–180.
- Id., L'Église catholique face au génocide, Vaudreuil-Dorion 2000.
- Id., Le catholicisme rwandais en procès, in: Dégratias Byanafashe (Hg.), Les défis de l'historiographie rwandaise. Bd. 1: Les faits controversés, Butare 2004, S. 219–238.
- Id., Le remodelage de l'espace culturel rwandais par l'Église et la colonisation, in: Revue d'histoire de la Shoah 190/2009, S. 83–103.
- Id., Les signes précurseurs de la toussaint rwandaise, in: Dialogue, Nr. 189, November 2009.
- Id., Rudahigwa et les missionaires, in: Dialogue, Nr. 188, April-Juli 2009, S. 23–53.
- Id., Silences and Compromissions of the Hierarchy of the Catholic Church of Rwanda, in: Au cœur de l'Afrique 61/1995, S. 413–441.
- Id., Privat Rutazibwa, Genocide à Nyarubuye. Monographie sur l'un des principaux sites du génocide des Tutsi de 1994 au Rwanda, Kigali 2007.
- Faustin Rutembesa, Jean-Pierre Karegeye, Paul Rutayisire (Hg.), Rwanda. The Catholic Church at the Test of Genocide, Greenfield Park 2000.
- Léon Saur, Catholiques belges et Rwanda: 1950–1964. Les pièges de l'évidence, thèse, université Paris 1 Panthéon-Sorbonne 2013.
- Id., L'Internationale démocrate-chrétienne au Rwanda, Brüssel 1998.
- Christian Terras, Mehdi Ba (Hg.), Rwanda, l'honneur perdu de l'Église, Villeurbanne 1999.

Thomas Maissen

WAS TRUGEN KIRCHE(N) UND RELIGION ZUM GENOZID IN RUANDA BEI – UND WAS RELIGIÖSE BEGRIFFE ZU SEINER HISTORISCHEN ERKLÄRUNG?

Nachfragen an Vincent Duclert

Vincent Duclerts vorangehender Artikel ist das Ergebnis eines produktiven Missverständnisses. Er untersucht weniger »le génocide des voisins« in Ruanda als »le rôle et la place de l'Église, de la foi, du dogme, de ses desservants comme de ses fidèles«[1]. Die ursprüngliche Anfrage an ihn lautete, welche weltlichen Motive im 20. Jahrhundert kollektive Mordtaten an Nachbarn erklären können. Implizit war, dass es anders als in der Bartholomäusnacht nicht mehr monotheistisch begründete, religiöse Gewalt war, die zwischen Eigen- und Fremdgruppe eine mörderische Grenze zog. Die Völkermorde an den Juden und Armeniern betrafen zwar Minderheiten, die das auch aus religiösen Gründen waren. Doch die Verfolgung geschah nicht wegen des falschen Glaubens, sondern wegen der »falschen« Nationalität. Insofern teilt der Schreibende das Urteil von Philippe Denis, dass das Genozid an den Tutsi nicht als religiöser Krieg beschrieben werden könne, weil es beim zugrundeliegenden Konflikt nicht um Religion ging. Mit dieser Aussage über die Analysekategorien will Denis keineswegs die Kirchen in Schutz nehmen. Seine kürzlich vorgelegte und grundlegende Studie zu ihrer Rolle im Genozid bildet den Forschungsstand ab bei einem Thema, zu dem es viele meist einseitig anklägerische oder apologetische Quellen, aber wenig solide wissenschaftliche Untersuchungen gibt[2].

Duclert zitiert im vorangehenden Artikel dieselbe Aussage von Denis, um ihm explizit zu widersprechen. Dass die meisten Ruander gläubige Kirchgänger waren und sind, dürfte Duclert und andere Fachleute in der Annahme bestärken, dass die Religion ein wichtiger Faktor ist, um das Genozid zu erklären. Für Stéphane Audoin-Rouzeau ist es »offensichtlich«, dass das Phänomen Religion (*le religieux*) dem Massaker eine eigene Energie, ja eine religiöse Weihe verliehen habe – wobei er ausdrücklich die Parallele zu Denis Crouzets »Guerriers de Dieu« zieht. Die Priester seien beim Massaker sehr aktiv gewesen, was Audoin-Rouzeau mit einem Fall illustriert. »Le Rwanda est massivement catholique, massivement croyant et il fut massivement massacrant«. Diese Aussage suggeriert viel, beweist aber nichts, weil keine kausalen Zusammenhänge erklärt werden[3]. Ruanda war unter anderem auch stark landwirtschaftlich geprägt, was *per se*

---

1   Die französischen Zitate stammen aus der Originalfassung des in diesem Band übersetzt abgedruckten Artikels.
2   Philippe DENIS, The Genocide against the Tutsi, and the Rwandan Churches. Between Grief and Denial, Woodbridge, Suffolk, Rochester, NY 2022 (Religion in Transforming Africa), S. 93 sowie S. 12–14 für den Forschungsstand, den insbesondere die Arbeiten von Tharcisse Gatwa ausmachen. Vgl. zudem Timothy LONGMAN, Christianity and Genocide in Rwanda, Cambridge 2010 (African Studies, 112).
3   Damien BALDIN, Pierre-Étienne SCHMIT, Entretien avec Stéphane Audoin-Rouzeau, in: Le Philosophoire 48 (2017), S. 11–38; vgl. Stéphane AUDOIN-ROUZEAU, Une initiation. Rwanda, 1994–2016, Paris 2017, S. 111. Beim erwähnten Priester handelt es sich um Athanase Seromba in Nyange.

noch nicht bedeutet, dass die Bauern massiv am Völkermord beteiligt waren. Das ist durchaus möglich, muss aber belegt werden.

Der Laie, der nie über Ruanda geforscht hat und sich neben dem grundlegenden Werk von Denis nur oberflächlich in die hier zitierte Sekundärliteratur eingelesen hat, beansprucht nicht, die Gründe für das Genozid besser zu kennen als die Fachleute. Hinter Duclerts oben abgedrucktem Beitrag steht eine langjährige Beschäftigung mit der Thematik, die dazu führen kann, dass man Informationen voraussetzt oder übergeht, die für den Laien wichtig wären. Gleichwohl erlaubt sich der Europahistoriker, der die religiöse Dynamik historischer Ereignisse aus der Frühen Neuzeit kennt, einige Nachfragen, wo ihn der Argumentationsgang von Duclert und anderen nicht überzeugt.

Vorweg sei festgehalten, dass es gerade einem Frühneuzeitler nicht darum zu tun ist, eine Kirche oder den Klerus gegen berechtigte Anklagen zu schützen oder gar mit Denkverboten zu bestreiten, dass sie an Massenverbrechen teilhaben, ja diese lostreten konnten: In Rom ließ der Papst nach der Bartholomäusnacht die Freudenglocken läuten und Dankesmessen veranstalten. Das historische Sündenregister der christlichen Kirchen ist lang und ja nicht zuletzt ein Ausgangspunkt für die hier dokumentierte Diskussion. Unbestritten ist, dass Kirchenführer wie Erzbischof Vincent Nsengiyumva der Hutu-Regierung vor 1994 sehr nahestanden und ihr brutales Vorgehen gegen die Tutsi nicht verurteilten. Ebenfalls unbestritten ist die Unterstützung von Geistlichen für Mörder und ihr Mitwirken dabei, dass zum Teil ihre eigenen Kirchen zu Todesfallen für geflüchtete Tutsi wurden. Fünf Geistliche befanden sich unter den insgesamt 96 Personen, die der Internationale Strafgerichtshof in Arusha wegen Völkermords anklagte. In Ruanda selbst kamen mindestens 24 Urteile gegen katholische Kleriker und rund zehn gegen Protestanten hinzu, die sich unter den allerdings vielen Tausenden von Verdächtigen befanden[4].

Der nachträgliche – beschweigende, leugnende oder apologetische – Umgang insbesondere der katholischen Hierarchie mit dem Genozid und der eigenen Rolle darin widersprach lange Zeit solchen Tatsachen[5]. Johannes Paul II. hielt im Jahr 2000 fest, dass die Kirche als solche keine Verantwortung habe für die Verfehlungen einzelner ihrer Mitglieder[6]. Erst 2016 bat die Bischofskonferenz von Ruanda um Verzeihung für alles Unrecht, das die Kirche und »wir« – die Gläubigen – begangen hatten, weil sie sich aus ethnischen Gründen gegenseitig gehasst und im Genozid getötet hätten[7]. Ein Jahr später erbat Papst Franziskus I. ebenfalls die Vergebung Gottes für die Sünden und Unterlassungen der Kirche und ihrer Glieder, darunter gewisse Geistliche, die sich dem Hass und der Gewalt hingegeben und so ihre evangelische Mission verraten hätten[8]. Viel früher, nämlich 1996, hatte die Presbyterianische Kirche Gott und Nation um Verzeihung dafür gebeten, dass sie sich schwach und mutlos dem Genozid nicht entgegengestellt habe[9].

Dass eine Institution, welche die Nächstenliebe predigt, zerknirscht ihr Versagen eingesteht, ist moralisch angebracht. Dahingestellt bleibt, ob Historiker ebenfalls die Kirche daran zu erinnern brauchen, dass sie im Einklang mit Christi Botschaft solidarisch auf der Seite der Opfer

---

4 DENIS, The Genocide against the Tutsi (wie Anm. 2), S. 82–85, 206–213.
5 Ibid., S. 101–126; DERS., Grief and Denial Among Rwandan Catholics in the Aftermath of the Genocide against the Tutsi, in: Archives de sciences sociales des religions (2018), S. 287–307.
6 DENIS, The Genocide against the Tutsi (wie Anm. 2), S. 199f.
7 Associated Press, 20.11.2016; https://web.archive.org/web/20161121122707/https://www.washingtonpost.com/world/africa/rwanda-catholic-bishops-apologize-for-role-in-genocide/2016/11/20/70f0fb7e-af5a-11e6-bc2d-19b3d759cfe7_story.html, zuletzt aufgerufen am 22. März 2023.
8 http://www.fides.org/fr/news/61968; https://www.lemonde.fr/afrique/article/2019/04/10/rwanda-1994-l-eglise-saint-jean-de-kibuye-oubliee-de-dieu_5448155_3212.html, zuletzt aufgerufen am 22. März 2023.
9 DENIS, The Genocide against the Tutsi (wie Anm. 2), S. 153–155.

zu stehen habe. Was jedenfalls unbestritten zu den Aufgaben des Historikers gehört, ist der Versuch zu verstehen, wie und weshalb Kirche und Kleriker in Ruanda Teil hatten am Genozid. Wie signifikant waren Kirchenleute unter Mördern, Anstiftern oder Denunziatoren vertreten? Inwieweit wirkten sie dabei als Geistliche in ihrer Führungs- und Vorbildfunktion; oder allein als Teil ihrer lokalen Hutu-Gemeinschaft? Handelten sie aufgrund individueller Entscheidungen oder im Namen der Kirche? Erklärt die Zugehörigkeit zu einer Kirche oder eine Funktion in ihr das jeweilige – mörderische oder humanitäre – Verhalten? Gaben die beteiligten Kleriker oder Christen religiöse oder heilsgeschichtliche Motive für ihr Handeln an? Legitimierten sie Gewalt mit einer Rhetorik, die von der Bibel und der »mosaischen Unterscheidung« geprägt war? Wenig bibelfest klingen von Tätern überlieferte Aussagen, dass Gott die Tutsi verlassen habe oder ihr Gott gar demjenigen der Hutu weichen müsse[10].

Die Hauptfrage lautet letztlich: Wie weit waren Kirchen als Institutionen in das Genozid involviert und unterstützten es? Oder um Raul Hilbergs zwar simple, aber verbreitete Kategorien zu brauchen: Waren sie, und nicht nur vereinzelte Angehörige, Täterin, *perpetrator*, oder Zuschauerin, *bystander*, was von stiller Billigung der Verbrechen bis Hilfeleistung für die Opfer vieles umfassen kann? Die erwähnten Entschuldigungen belegen ein institutionelles Schuldgefühl zumindest der katholischen Kirche. In einem Überblickswerk hält Wolfgang Schonecke, ein katholischer Missionar, dagegen fest, dass trotz der engen Kooperation mit dem Regime »weder der Krieg noch der Genozid von der Kirche je gutgeheißen oder unterstützt wurde«[11]. Die katholische Kirche zählte zahlreiche Geistliche zu den Opfern der Gewalttaten, darunter den erwähnten Erzbischof und zwei weitere Bischöfe, die von Tutsi-Rebellen ermordet wurden. Diese hatten aber nur etwa ein Zehntel der je über hundert Priester und Ordensleute zu verantworten, die zum überwiegenden Teil der Armee und den Hutu-Milizen zum Opfer fielen[12]. Wie Duclert in seinem Beitrag erwähnt, dürften die Mörder ein Viertel der Kleriker massakriert haben, was für die Protestanten ähnlich gelten dürfte[13]. Es ist weder möglich noch sinnvoll, diese Zahlen der Ermordeten gegen kirchliche Mittäter im Genozid aufzurechnen. Aber Letztere allein können auch nicht zum Beweis dienen, dass *die* Kirche als Institution das Genozid befürwortete und betrieb.

Das aber ist die Hauptaussage, die Duclert durchgehend und scharf als Anklage formuliert: die Verstrickung der (katholischen) Kirche im Genozid (»l'implication de l'Église«). Er setzt ihre »entscheidende Rolle« mit derjenigen in der Bartholomäusnacht gleich. Die Mobilisierung der Kirchen und des Glaubens habe die Gewalt und ihre Akzeptanz vervielfacht. Die Kirche habe mit einer Religion der Gewalt die letzten moralischen Vorbehalte gegen die »Endlösung« beseitigt, ihre eigenen Ressourcen in deren Dienst gestellt und das eschatologische Denken der Täter befördert. Duclert spricht von einer »offiziellen Unterstützung« der Kirchenhierarchie für die Organisatoren des Genozids und von einem »Beschluss«, sich der Massenvernichtung anzuschließen und den Glauben dafür zu mobilisieren. Ebenso habe die Kirche »entschieden«, die Tutsi aus der christlichen Gemeinschaft, ja aus dem Gottesstaat (*cité de Dieu*) auszuschließen, nachdem sie sie zu »Häretikern« abgestempelt hatte. Wenn Kirchengebäude sich zu Todesfallen verwandelt hätten, so handle es sich nicht um Einzelfälle. Die Mehrheit der Kir-

---

10 Ibid., S. 93–97.
11 Wolfgang SCHONECKE, Die Situation der Kirche in Ruanda und Burundi seit 1945, in: Marco MOERSCHBACHER (Hg.), Afrika, Leiden u. a. 2021 (Kirche und Katholizismus seit 1945, 8), S. 367–392, hier S. 386.
12 DENIS, The Genocide against the Tutsi (wie Anm. 2), S. 71–79; laut SCHONECKE, Die Situation der Kirche (wie Anm. 11), hier S. 388, waren es vier Bischöfe, 123 Priester und mehr als 300 Ordensleute; vatikanische Quellen geben 103 Priester und 112 Ordensleute an, vgl. http://www.fides.org/fr/news/61968, zuletzt aufgerufen am 22. März 2023.
13 Wohl nach DENIS, The Genocide against the Tutsi (wie Anm. 2), S. 99.

chenvertreter habe sich dem Genozid angeschlossen und sich mit geistlicher und weltlicher Autorität dafür eingesetzt.

Dies alles war möglicherweise der Fall. Der Frühneuzeitler kennt Fälle, wo man ähnliche historische Befunde formulieren kann – dank entsprechenden Quellen und Forschungsliteratur. Diese fehlen nicht nur beim erwähnten Missionar Schonecke, dem man eine apologetische Position zutraut, sondern ebenso in Duclerts Beitrag. Das überrascht insbesondere dort, wo die Anklagen so massiv werden wie eben zusammengefasst. Wo von »Beschlüssen« oder »offizieller Unterstützung« die Rede ist, müssten diese belegt werden. Mögliche Aufrufe von Kirchenleuten gehören exemplarisch zitiert, wenn sie Gläubige zum Morden angespornt haben oder Freude darüber empfanden wie Papst Gregor XIII. im Jahr 1572. Man vermisst im Artikel selbst generische Hinweise auf einschlägige *travaux de terrains* und *monographies locales*, wogegen sich Fußnoten und sogar Quellen für – in diesem Zusammenhang – eher sekundäre Aspekte finden[14]. Einer der wenigen konkreten Fälle, die Duclert anführt, ist die »Schuld« von zwei Nonnen an der Ermordung von zehntausend Tutsi in ihrem Kloster. Der Beleg dafür ist ein Bericht in »Le Monde« über den entsprechenden Prozess. Der Journalist erwähnt wohl das ergangene Urteil, lässt aber weit ausführlicher Zeugnisse zu Wort kommen, die dessen Berechtigung hinterfragen[15].

Ein längeres Zitat entnimmt Duclert dem Hirtenbrief des Apostolischen Vikars André Perraudin von 1959[16]. Der Pastoralbrief bezweckte, dass die nationalen Ressourcen in einem demokratischen und sozialen Sinn gerechter verteilt würden. Diese seien zu einem allzu großen Teil aufgrund rassistischer Kriterien in der Hand der Tutsi-Minderheit konzentriert, was die Hutu-Mehrheit benachteilige. Weshalb positioniert Duclert dieses Zitat zum – einzigen – Quellenbeleg für die Verstrickung der Kirchenhierarchie und gibt dabei seiner Quelle eine eigene Interpretation? »Nur die Ausrottung einer Rasse, die 1959 mit einer ›sozialen Klasse‹ verwechselt wurde, werde es erlauben, die Einheit der Gläubigen ebenso wie der Ruander wiederherzustellen.« Von Gewalt ist in der Quelle nicht die Rede, geschweige denn von Ausrottung (*éradication*). Es war wohl kaum eine Verwechslung, sondern naheliegend für einen Vertreter der katholischen Soziallehre, der um die Verhältnisse etwa in den USA wusste, wenn er soziale Differenzen mit jenen zwischen Rassen erklärte – um sie zu beheben. Ob Perraudins damalige Analyse und Terminologie angemessen waren, kann an dieser Stelle dahingestellt bleiben. Aber es scheint etwas weit hergeholt, dass ein bischöflicher Hirtenbrief von 1959 das mörderische Handeln von 1994 erklären, ja motiviert haben soll. Zeitlich näherliegend wäre ein Zitat aus der Erklärung gewesen, in der Bischöfe und protestantische Kirchenführer sich 1992 gemeinsam gegen Gewalt aussprachen und daran erinnerten, dass Hutu und Tutsi als Brüder mit derselben Würde in Friede und wechselseitiger Liebe zusammenleben sollten[17]. Widersprachen die Taten dieser Prälaten ihren Worten? Das ist möglich, muss aber belegt werden.

Die Terminologie der Quellen und ihre Analyse ist eine große Herausforderung bei diesem Thema, zumal wenn es um Religion und den ohnehin vieldeutigen Begriff »Kirche« geht. Duclert gebraucht ihn zumeist im Singular und meint damit implizit und elliptisch die katholische Kirche (in Ruanda). Gelegentlich ist aber auch von der Verstrickung der Kirchen im Plural die Rede, ohne dass diese näher präzisiert werden. Sind es nur verschiedene (katholische) Kirchsprengel oder unterschiedliche Glaubensbekenntnisse? Duclert geht in seiner Argumentation von einem »pays très catholique« aus, ohne je andere Religionen zu erwähnen. Tatsächlich galt

---

14 Vgl. die Ausführungen zur Gesellschaft GOLIAS oder den Verweis auf Christopher BROWNING, Ganz normale Männer (1992).
15 Raphaëlle RÉROLLE, »Rwanda: sœur Gertrude et sa conscience face aux fantômes du génocide«, in: Le Monde, 3. Februar 2020.
16 Vgl. dazu auch DENIS, The Genocide against the Tutsi (wie Anm. 2), S. 27–29, 32–36.
17 Ibid., S. 63 f.

Ruanda bis 1994 als das am stärksten katholische Land in Afrika. Damals standen sich offenbar 68 Prozent Katholiken und 18 Prozent Angehörige von protestantischen Kirchen gegenüber[18]. Bei der Volkszählung von 2012 waren noch 44 Prozent katholisch und 38 protestantisch, zudem 12 Prozent Adventisten[19]. Da man die Adventisten als evangelikale Freikirche ansehen kann, waren die Protestanten also inzwischen in der Mehrheit. Das belegt, dass die katholische Kirche im Gefolge des Genozids viele Gläubige an Konkurrenten verloren hat. Das hat mit der Abwendung von Frankreich und hin zur anglophonen protestantischen Welt ebenso zu tun wie mit den Verlusten und inneren Spaltungen im Gefolge des Genozids sowie dem Vorwurf, für diesen mitverantwortlich zu sein. Allerdings gilt das auch für protestantische Geistliche, wie der bekannte Fall des Adventisten-Pfarrers Elizaphan Ntakirutimana zeigt, der als erster Kleriker überhaupt für Beihilfe beim Genozid verurteilt wurde[20].

Angesichts dieser Vielfalt an Phänomenen und Fragen ist es wenig sinnvoll, von *der* Kirche zu sprechen. Differenzierungen sind nötig, und das betrifft auch andere religiöse Begriffe. Ist »Schisma« zutreffend, wenn keine hierarchische Spaltung stattfand; und gibt es »Häretiker«, wo keine dogmatischen Differenzen bestehen? Sind die Konnotationen der Quellensprache (*cité de Dieu*) und von theologischen Konzepten (Eschatologie) angemessen? Kann man insbesondere den Glauben als politischen Akteur parallel zur Kirche setzen und erörtern, ob die ganze Kirche und der ganze Glaube die Ausrottung der Tutsi angeordnet haben (»Cela ne démontre pas nécessairement que toute l'Église et toute la foi ont ordonné l'extermination des Tutsi«)?

Vielleicht sollte man in solchen Zusammenhängen nicht nur begrifflich, sondern auch phänomenologisch eher von »Gläubigen« oder »Kirchenangehörigen« reden – Wörter und Kategorien, die in Duclerts Artikel kaum vorkommen. Ihre Verwendung würde die Vorwürfe an die Kirche als Institution relativieren, wäre aber möglicherweise der historischen Situation eher angemessen. Als Institutionen gaben die Kirchen auch deshalb keine passende Antwort (*appropriate response*) auf das Genozid, weil sich unter ihren Geistlichen die ganze menschliche Bandbreite fand: »heroes, victims, cowards and criminals«[21]. Philippe Denis, der dies als Fazit seiner umfassend dokumentierten Untersuchung festhält, bleibt bei der institutionellen Schuldfrage entsprechend vorsichtig: Dass die Gerichte nur eine kleine Zahl von Geistlichen als Schuldige verurteilten, bedeute nicht, dass die Kirchen als Institutionen frei seien von irgendeiner (moralischen) Schuld[22]. Wenn man zu einem anderen Urteil kommt, sollte man es ähnlich solide belegen wie Denis. Dass Christen und andere Gläubige morden können, sogar an geweihten Stätten, ist eine traurige Konstante der Geschichte. Ob das 1994 in Ruanda in signifikanter Weise mit religiösen Motiven und mit offizieller Unterstützung der Kirche legitimiert wurde, bleibt zu dokumentieren.

---

18 https://de.wikipedia.org/wiki/V%C3%B6lkermord_in_Ruanda, zuletzt aufgerufen am 22. März 2023.
19 https://rwanda.opendataforafrica.org/srpsuje/religion, zuletzt aufgerufen am 22. März 2023.
20 Philip GOUREVITCH, We Wish to Inform You that Tomorrow We Will Be Killed with Our Families. Stories from Rwanda, New York 1998.
21 DENIS, The Genocide against the Tutsi (wie Anm. 2), S. 311.
22 Ibid., S. 308 f., der dabei nicht ganz überzeugend Karl Jaspers in »Die Schuldfrage« (1946) folgt. Wie Denis selbst festhält, ist für Jaspers moralische Schuld individuell und nur so aufzuarbeiten. Bei einer Institution wäre eher von einer »politischen« Schuld zu reden.

Nekrologe

MICHAEL STOLLEIS

(1941–2021)

Le 18 mars 2021 disparaissait Michael Stolleis. La nouvelle de son décès, survenu après une brève période de maladie et à seulement quelques semaines de ses 80 ans, a pris de court nombre de ces connaissances et amis dans le monde entier.

L'auteur de ces lignes a eu la chance de faire la connaissance de Michael Stolleis en 2005 comme jeune doctorant débutant. Une rencontre qui s'est finalement inscrite dans la durée et qui me marque jusqu'à aujourd'hui profondément comme chercheur et comme historien – une expérience transformative que nous semblons être nombreux à avoir vécu dans nos échanges avec lui[1]. Rencontrer Michael Stolleis en 2005 s'était se trouver face à une sommité internationalement reconnue, récipiendaire du prix Balzan, directeur de l'Institut Max-Planck, etc., – et découvrir un homme de grande taille, qui se plaçait au même niveau que son interlocuteur, écoutant attentivement, répondant avec engagement et mobilisant son savoir encyclopédique pour rendre le dialogue plus intense et plus profond, mais sans écraser son vis-à-vis. Le tout en souriant souvent, avec ce sourire qui s'étendait jusqu'à ses yeux. Auditeur attentif, lecteur précis, »sans *habitus* professoral fat, mais conscient de sa valeur«[2] il était un interlocuteur enrichissant, qui savait aussi être un critique franc, voire sévère, quand il estimait que le travail proposé n'était pas au niveau de ce qui était possible. Mais c'était un trait que l'on acceptait d'autant plus facilement que la bienveillance fondamentale qui le portait était toujours manifeste. »Le ton modéré d'une sévérité toute paternelle se nourrissait de son attention pour les autres«[3].

Michael Stolleis est né le 20 juillet 1941 à Ludwigshafen, mais il a grandi à Gimmeldingen dans le Palatinat, où la famille Stolleis, aux origines suisses, a produit du vin depuis le milieu du XVIIe siècle jusqu'à aujourd'hui. Cette tradition familiale explique que Michael Stolleis ait commencé sa vie professionnelle par un apprentissage en viticulture. Ce n'est que par la suite qu'il entreprit des études de droit, de littérature allemande et d'histoire de l'art à Heidelberg, puis à Wurzbourg, avant d'arriver en 1965 à Munich, où il présentera d'abord sa thèse puis son habilitation sous la direction de Sten Gagnér, historien du droit d'origine suédoise, dont il fut le premier doctorant. A de multiples reprises, Michael Stolleis a souligné l'influence qu'eut Gagnér sur son propre développement intellectuel. Il trouva chez lui une approche résolument interdisciplinaire de l'histoire du droit, une minutie de détective dans l'analyse des sources et la capacité à approcher les complexes historiques sans préjugé. Mais Gagnér fut aussi et surtout un maître bienveillant, éternellement curieux et encourageant. Ayant soutenu son habilitation

---

1   Miloš Vec, Eine leuchtende Spur: Zum Tod des Frankfurter Juristen und Völkerrechtshistorikers Michael Stolleis (20. Juli 1941–18. März 2021), in: Journal of the History of International Law/Revue d'histoire du droit international 2021, p. 1–15, ici p. 6.
2   Gustav Seibt, Stimme zum Grundgesetz. Zum Tod des Rechtshistorikers Michael Stolleis, in: Süddeutsche Zeitung, 28.03.2021, https://www.sueddeutsche.de/kultur/michael-stolleis-nachruf-1.5249367 (05.04.2023).
3   Vec, Eine leuchtende Spur (voir n. 1), p. 6.

en 1974, Michael Stolleis fut appelé en mars 1975 sur une chaire de »droit public« (qui sera par la suite étendue à l'»histoire du droit«) à Francfort-sur-le-Main. Dans cette ville, il trouva un groupe de jeunes professeurs (lui-même n'avait que 33 ans!), tous historiens du droit, avec lesquels il a fait de Francfort un pôle de l'histoire du droit européen et même mondial: Bernhard Diestelkamp, Dieter Grimm, Hein Mohnhaupt, Joachim Rückert[4]. En 1991, Michael Stolleis fut nommé à la direction de l'Institut-Max-Planck d'histoire européenne du droit, fondé en 1964 par Helmut Coing, qu'il marquera notamment par l'élargissement des champs de recherche et par l'ouverture aux jeunes chercheurs. Il dirigera l'Institut jusqu'à son éméritat en 2006, et puis à nouveau, de manière intérimaire, de 2007 à 2009, après la démission et le décès prématuré de Marie Theres Fögen, qui lui avait succédé à la tête de l'institution[5]. Pour autant, la retraite n'a pas changé grand-chose à ses habitudes – Eva-Maria Magel constatait en 2007 que »les deux lettres ›em‹ […] ne pèsent pas bien lourd«[6] – : il continuait à assurer son séminaire une fois par semaine, d'être présent aux colloques et journées d'études de l'Institut et de voyager dans le monde entier pour répondre aux nombreuses invitations dont il faisait l'objet. Ses travaux et ses engagements divers valurent à Michael Stolleis une reconnaissance nationale et internationale que reflétèrent récompenses et décorations (prix Leibniz en 1991, prix Balzan en 2000, croix Pour le Mérite pour les Sciences et les Arts en 2014, Grand officier de l'ordre du Mérite de la République fédérale d'Allemagne en 2015) et de nombreux doctorats *honoris causa* (Lund, Toulouse, Padue, Helsinki).

Comment rend-t-on hommage à la vie et l'œuvre de cet homme? Probablement en constatant avec Gustav Seibt qu'il fut une personnalité »trop grande pour une nécrologie«[7]. Il n'y a pas *une* manière de raconter ce que fut cet homme, mais une multitude de perspectives sur ce qu'il a été et sur la manière dont il marqua les gens qui eurent le plaisir et l'honneur de le rencontrer.

Sans aucun doute, Michael Stolleis restera dans les annales pour son travail d'historien. Et au cœur de son œuvre se tient ce »solitaire de l'histoire du droit«[8] qu'est sa monumentale »Histoire du droit public en Allemagne«. Envisagée à l'origine »en un volume rédigé en un an«[9], l'entreprise s'articula finalement en quatre tomes publiés sur 24 ans (de 1988 à 2012) et court de 1600 à 1990[10]. Toutefois, contrairement à ce que peut laisser entendre le titre, cette longue fresque s'intéresse moins à l'histoire des normes et des règles de droit qu'à l'histoire de la science et de la pensée juridique: dans l'introduction au premier tome, Michael Stolleis explique

---

4 Ibid., p. 5.
5 Jan Thiessen, Das Max-Planck-Institut für europäische Rechtsgeschichte, in: Thomas Duve, Stefan Vogenauer, Jasper Kunstreich (dir.), Rechtswissenschaft in der Max-Planck-Gesellschaft 1948–2002, Göttingen 2022 (Studien zur Geschichte der Max-Planck-Gesellschaft, 2), p. 141–196, ici p. 182, 191.
6 Eva-Maria Magel, Frankfurter Gesichter: Michael Stolleis, in: Frankfurter Allgemeine Zeitung, 01.09.2007, p. 54.
7 Seibt, Stimme zum Grundgesetz (voir n. 2).
8 Katja Gelinsky, Ein Solitär der Rechtsgeschichte, in: Frankfurter Allgemeine Zeitung, 23.11.2012, p. 32.
9 Ibid.
10 Michael Stolleis, Geschichte des öffentlichen Rechts in Deutschland, vol. 1: Reichspublizistik und Policeywissenschaft 1600–1800, München 1988; id., Geschichte des öffentlichen Rechts in Deutschland, vol. 2: Staatsrechtslehre und Verwaltungswissenschaft 1800–1914, München 1992; id., Geschichte des öffentlichen Rechts in Deutschland, vol.. 3: Staats- und Verwaltungsrechtswissenschaft in Republik und Diktatur 1914–1945, München 1999; id., Geschichte des öffentlichen Rechts in Deutschland, vol. 4: Staats- und Verwaltungsrechtswissenschaft in West und Ost 1945–1990, München 2012; les deux premiers tomes ont été traduits en français: Michael Stolleis, Histoire du droit public en Allemagne: la théorie du droit public impérial et la science de la police 1600–1800, Paris 1998; id., Histoire du droit public en Allemagne 1800–1914, Paris 2014.

que ce qu'il entend retracer, c'est une »histoire des textes à travers lesquels le droit public a été méthodologiquement conçu, approfondi et systématisé, donc […] l'histoire d'une science«[11].

De manière générale, le profil intellectuel de Michael Stolleis présente trois traits spécifiques qui expliquent qu'il fut à la fois un pionnier et un *outsider* au sein de la recherche en histoire du droit. D'une part, la chaire occupée par Michael Stolleis à Francfort avait bien été élargie à l'histoire du droit en 1981, mais elle associait cette dernière au droit public. Or, comme le fait remarquer Miloš Vec, en Allemagne l'histoire du droit est traditionnellement associée à des chaires de droit privé[12]. La configuration particulière de sa chaire conférait donc à Michael Stolleis une situation et une perspective quelque peu à part, comme le soulignait déja Uwe Wesel pour ses 70 ans de Michael Stolleis en 2011: il »est le seul qui maîtrise l'histoire du droit public *et* administratif, le seul qui a construit ici son œuvre principale«[13].

D'autre part, comme juriste, Michael Stolleis présentait la spécificité d'avoir fait l'ensemble de ses travaux de qualification universitaire en histoire du droit. Sa thèse de doctorat de 1969 portait sur »la morale en politique chez Christian Garve« et fut ensuite intégrée dans une monographie plus ample sur »la raison d'État, le droit et la morale dans les textes philosophiques du XVIIIᵉ siècle tardif«[14]. Par la suite, comme le relève Norbert Frei, c'est surtout sa thèse d'habilitation de 1974, analysant »les formules sur le bien commun dans le droit national-socialiste«[15] qui le fit connaitre auprès des historiens, et qui lui valût la méfiance de certains juristes[16]. Ayant grandi dans le Palatinat rural plutôt protégé (et alors même qu'avec un père membre du NDSAP dès 1929 et maire de Ludwigshafen de 1939 à 1941 la question du passé récent de l'Allemagne le touchait de près[17]), Michael Stolleis a raconté qu'il n'avait véritablement pris conscience de la nature criminelle du régime national-socialiste qu'en »trébuchant« dessus lors d'un voyage de classe à Berlin en 1958, où il assista à une représentation de »La résistible ascension d'Arturo Ui« de Bertold Brecht[18]. Mais en même temps, il constatait également en 2011 que »ce sujet était celui de ma génération qui, arrivant à l'université autour de 1960, vit qu'il était nécessaire d'accomplir là un travail que ses professeurs ne pouvaient ou ne voulaient faire«[19]. Pour autant, le choix d'étudier le droit national-socialiste dans le cadre de son habilitation signifiait s'avancer sur un »champ de mines mémoriel«[20] – a priori peu favorable à une carrière universitaire. Mais si Michael Stolleis sut circumnaviguer tous les écueils, ce fut grâce à la solidité scientifique de son travail ainsi qu'en raison de son intégrité incontestable en tant que savant[21]. Au plus tard avec son livre sur »Le droit à l'ombre de la croix gammée«, publié

---

11 Id., Histoire du droit public en Allemagne 1600–1800 (voir n. 10), p. 58. Italiques dans le texte.
12 Miloš Vec, Die Wahrheit schadet nie. Zum Tod des Rechtshistorikers Michael Stolleis (1941–2021), in: Historische Zeitschrift 314/3 (2022), p. 667–677, ici p. 669.
13 Uwe Wesel, Ein Gelehrter ohne Misere. Zum siebzigsten Geburtstag des Juristen und Rechtshistorikers Michael Stolleis, in: Frankfurter Allgemeine Zeitung, 20.07.2011, p. 13.
14 Michael Stolleis, Staatsraison, Recht und Moral in philosophischen Texten des späten 18. Jahrhunderts, Meisenheim am Glan 1972.
15 Id., Gemeinwohlformeln im nationalsozialistischen Recht, Berlin 1974.
16 Norbert Frei, Nachwort, in: Michael Stolleis, Nahes Unrecht, fernes Recht. Zur juristischen Zeitgeschichte im 20. Jahrhundert, Göttingen 2014 (Jena Center Vorträge und Kolloquien, 16), p. 167–169, ici p. 167.
17 Michael Stolleis, Rechtshistoriker sind Historiker. Ein Gespräch über Väter, Bildungswege und Zeitgenossenschaft, in: id., Nahes Unrecht, fernes Recht (voir n. 16), p. 135–164, ici p. 136–137.
18 Ibid., p. 135–136.
19 Michael Stolleis, Le droit à l'ombre de la croix gammée: études sur l'histoire du droit du national-socialisme, Lyon 2016, p. 337. Titre original: Michael Stolleis, Recht im Unrecht: Studien zur Rechtsgeschichte des Nationalsozialismus, Frankfurt am Main 1994.
20 Vec, Die Wahrheit schadet nie (voir n. 12), p. 668.
21 Id., Eine leuchtende Spur (voir n. 1), p. 4.

en 1994, il s'établira comme un des spécialistes de référence sur l'histoire du droit sous le national-socialisme[22]. Mais, pour autant, il ne se cantonnera jamais à cette seule période historique.

Enfin, le troisième trait caractéristique de Michael Stolleis tient au fait qu'il a toujours revendiqué une approche spécifiquement historienne dans sa démarche. Comme il l'expliquait à Norbert Frei en 2014, qui l'interrogeait sur le rapport entre science historique et science juridique, il avait »un avis décidé sur le sujet, mais que ne partagent pas tous les historiens du droit: les historiens du droit sont des historiens. Ils s'occupent d'un champ spécifique de l'histoire, de la même manière que le font les spécialistes d'histoire économique ou d'histoire sociale«[23]. Dans une telle optique, il ne surprenait guère de le voir décrire l'»histoire du droit public« moins comme une discipline spécifiquement juridique que comme cette »partie des sciences historiques générales qui, pour des raisons liées à l'histoire, a trouvé aujourd'hui sa place parmi les disciplines juridiques universitaires«[24]. Et dans »Le droit à l'ombre de la croix gammée«, il détaillait ce qui dans la formation des juristes les handicapait pour le travail d'historien (focalisation sur le droit positif, attachement aux modèles de causalité issus du droit pénal, refus des motivations non-juridiques, pensée systémique)[25]. Écrire cela ne vise pas à minimiser le juriste et l'enseignant de droit engagé et convaincu que Michael Stolleis fut aussi[26], mais sert à souligner que dans son travail de recherche les historiens lui étaient des interlocuteurs naturels, ce qui lui permit de tisser et d'entretenir bien des liens par-delà les frontières disciplinaires traditionnelles.

Pour autant, Michael Stolleis ne s'est jamais limité à son rôle d'universitaire et de chercheur. Il fut aussi un intellectuel engagé dans les débats de la cité, écrivant des centaines d'articles, principalement pour la »Frankfurter Allgemeine Zeitung«, mais également dans la revue pour la pensée européenne »Merkur« et de nombreuses autres revues[27]. Il n'hésitait pas à militer publiquement en faveur d'un enjeu qui le méritait, comme la mise en place du Fritz-Bauer-Institut à Francfort ou la construction, sur le campus de la Goethe-Universität d'un mémorial commémorant Norbert Wollheim, travailleur forcé chez IG-Farben et dont le dépôt de plainte et le procès dans les années 1950 ouvrit la voie à l'indemnisation de bien d'autres victimes. Courageux comme citoyen et comme universitaire, Michael Stolleis se révéla prêt à descendre dans l'arène quand son sens de la justice et son impératif éthique étaient offensés: ce fut le cas le 21 décembre 1993, lorsqu'il dénonça très publiquement l'inertie des professeurs de droit public face à l'»affaire Maunz«, du nom de Theodor Maunz, professeur à l'Université de Munich, éditeur du commentaire de référence de la Loi fondamentale, et dont on venait de découvrir qu'il avait été un compagnon de route du parti néonazi DVU[28]. Ou bien en 2008 lorsqu'il dénonça avec vigueur une campagne de »diffamation concertée« (et *in fine* réussie) contre Horst Dreier, professeur de droit constitutionnel reconnu, qui devait être élu à la cour constitutionnelle et qui se vit accusé d'apologie de la torture[29]. Dans ces textes portés par une colère froide, la rhétorique toujours pondérée de Michael Stolleis savait se faire plus acerbe et plus tranchante.

Ces dernières années, il semblait accorder plus de place à une veine qui traverse l'ensemble de l'œuvre d'un auteur que ses options méthodologiques (et une connaissance de longue date de la

---

22 Stolleis, Le droit à l'ombre de la croix gammée (voir n. 19).
23 Id., Rechtshistoriker sind Historiker (voir n. 17), p. 163.
24 Id., Histoire du droit public en Allemagne: la théorie du droit public impérial et la science de la police 1600–1800, Paris 1998, p. 57.
25 Id., Le droit à l'ombre de la croix gammée (voir n. 19), p. 54.
26 Vec, Die Wahrheit schadet nie (voir n. 12), p. 669.
27 Id., Eine leuchtende Spur (voir n. 1), p. 10 évoque le chiffre de 140 articles pour la seule FAZ.
28 Michael Stolleis, Eckstein des Anstoßes. Theodor Maunz und die Abgründe der herrschenden Lehre, in: Frankfurter Allgemeine Zeitung, 21.12.1993, p. 27.
29 Id., Konzertierter Rufmord. Die Kampagne gegen Horst Dreier, in: Merkur. Deutsche Zeitschrift für europäisches Denken 62/8 (2018), p. 717–720.

philosophie analytique du langage) avaient amené à s'interroger sur la limite entre narration historique et littérature[30]. Dans ses derniers travaux, le conteur d'histoire(s) prenait toute sa place. Ainsi dans »Margarethe und der Mönch«, Stolleis avait rassemblée des histoires variées, parfois hautes en couleur et plus ou moins anecdotiques, mais qui soulevaient toutes des questions juridiques précises. D'une de ces histoires – celle du procès qui opposa deux aïeux de Goethe, le maitre-tailleur Goethé et le *Stadtsyndikus* Johann Wolfgang Textor, au sujet des dettes faramineuses accumulées par la très jeune épouse de ce dernier – il tira même matière à une pièce de théâtre, pour laquelle il a manifestement pris »un malin plaisir«[31] à rédiger les dialogues aux accents très francfortois. Cela étant dit, la sensibilité littéraire dans l'œuvre de Michael Stolleis n'est pas une découverte, elle a toujours été manifeste dans son style personnel très travaillé[32]. Elle se retrouvait aussi dans le livre consacré en 2003 aux »Kalendergeschichten« de Hebel, ainsi que dans son appartenance (de 2011 à 2014) au directoire de la Deutsche Akademie für Sprache und Dichtung, qui décerne chaque année le Georg-Büchner-Preis, le prix littéraire allemand le plus renommé. D'autres signes de ce »malin plaisir« transi d'humour sérieux sont disséminés comme des petites pépites à travers toute l'œuvre du grand historien, que ce soit un article sur »Canardville comme système autoréférentiel«[33], le »Juristen-Quartett«[34], c'est-à-dire un jeu des sept familles sur les grands juristes de l'histoire, dont il était fort fier, ou le »Juristen-Skat«, qui permet de voir les valets Hans Kelsen et Fritz Karl von Savigny s'affronter sous les yeux des reines Emilie Kempin-Spyri ou Anita Augspur, pendant que les As vous instruisent sur les enjeux du »droit naturel«, qui »longtemps fut considéré comme l'as dans la manche de la philosophie du droit«[35].

Au bout du compte, c'est probablement Michael Stolleis lui-même qui trouva les mots les plus justes pour décrire la personnalité qu'il fut et pour mesurer le vide que sa disparition subite a laissée. En 2000, au moment du décès de son maître Sten Gagnér, Michael Stolleis lui consacra dans la »Frankfurter Allgemeine Zeitung« des lignes émouvantes, dans lesquelles il est aujourd'hui difficile à ses propres amis et étudiants de ne pas le retrouver lui-même: »Son talent pour les amitiés était légendaire. Là où il apparaissait se déployait une gaieté contagieuse, mais aussi un échange scientifique intense«[36].

Christian E. Roques

---

30 Id., Rechtsgeschichte schreiben: Rekonstruktion, Erzählung, Fiktion?, Basel 2008 (Jacob Burckhardt-Gespräche auf Castelen, 21).
31 Eva-Maria Magel, Shopping-Queen. Ehe-Aus, Rechnung offen. Eine Gerichtsposse unter Goethes Ahnen, in: Frankfurter Allgemeine Zeitung, 21.01.2019, p. 10. Pièce enregistrée par des acteurs spécialistes de dialecte hessois et vendu sous forme de CD: Michael Stolleis, Goethé versus Textor. Kaufrausch und Ehescheidung, Frankfurt am Main 2018 (Frankfurt im Ohr, 7), 75 minutes.
32 Le style de Michael Stolleis mériterait une analyse à part entière: à la fois précis et travaillé, sachant jouer avec la langue et ses polysémies, il fut source de tracas et de douleur pour ses traducteurs. Miloš Vec renvoie à juste titre à l'art consommé des titres que Stolleis pratiquait notamment dans ses articles de presse. Vec, Die Wahrheit schadet nie (voir n. 12), p. 676.
33 Michael Stolleis, Entenhausen als selbsreferentielles System, in: Miloš Vec, Marc-Thorsten Hütt, Alexandra M. Freund (dir.), Selbstorganisation. Ein Denksystem für Natur und Gesellschaft, Köln 2006, p. 188–195.
34 Id., Juristen-Quartett, Frankfurt am Main 2010.
35 Id., Juristen-Skat, Frankfurt am Main 2010
36 Id., Gewährenlassen. Zum Tod des Rechtshistorikers Sten Gagnér, in: Frankfurter Allgemeine Zeitung, 26.05.2000, p. 46.

JEAN-LAURENT MEYER

(1924–2022)

Nicht nur die Sorbonne und seine dortigen Kollegen haben einen sehr schmerzlichen Verlust erlitten, sondern auch die internationale Gemeinschaft der Frühneuzeithistorikerinnen und Frühneuzeithistoriker trauert um Jean-Laurent Meyer. Die Nachricht von seinem Tod – nach jahrelangem Leiden – am 18. April 2022, am Ostermontag, hat sie alle tief getroffen. Jean Meyer war ein äußerst sympathischer, sehr aufgeschlossener, stets hilfsbereiter, umfassend gebildeter und kultivierter Mensch sowie ein weit über die Grenzen Frankreichs hinaus renommierter Historiker, der auf Grund seiner Forschungen ein profunder Kenner nicht nur der Geschichte Frankreichs während des Ancien Regime, sondern auch der Nachbarländer – vor allem Deutschlands – war. Alle diejenigen, die das Glück hatten, ihn nicht nur als Kollegen kennenzulernen, sondern ihn auch als Freund zu gewinnen, werden ihn nicht vergessen und ihm ein dankbares Andenken bewahren.

Jean Meyer wurde am 11. November 1924 in Straßburg geboren. Er verbrachte eine glückliche Kindheit am Fuße der Vogesen und wurde bis zu seinem 11. Lebensjahr von seinem Vater unterrichtet, der Direktor der Grundschule in Neuve-Église (Bas-Rhin) war. Dann wechselte er auf das Jesuitenkolleg Saint-Clement in Metz und von dort für ein Jahr auf das Kolleg dieser *Patres* in Poitiers. Wegen der Ereignisse des Jahres 1939 sahen sich seine Eltern gezwungen, Beinheim (nördlich von Straßburg), wo der Vater seit 1936 amtierte, zu verlassen. Die Familie ließ sich in Saint-Barbant (Haute-Vienne) nieder, kehrte dann aber im Juni 1940 wieder in das von deutschen Truppen besetzte Elsass zurück. Diese Entscheidung der Eltern hat den jungen Jean-Laurent, der seine letzten Oberschuljahre am protestantischen Gymnasium in Straßburg absolvierte, verbittert. Sie hat in seiner Erinnerung tiefe Spuren hinterlassen. Welche Konflikte und Belastungen für die Masse der Elsässer aus der Besatzung durch die deutsche Wehrmacht und aus dem in deren Gefolge etablierten Naziregime resultierten, können Außenstehende allenfalls nur erahnen.

Im Jahre 1942 wurde Jean Meyer zwangsrekrutiert und zum Reichsarbeitsdienst (RAD) eingezogen. Dort erhielt er zunächst in Österreich, dann in der Tschechoslowakei auch eine militärische Ausbildung. Schließlich wurde er im Mai 1943 in die Wehrmacht eingegliedert und an die Front in Russland abkommandiert. Dank einer geheimdienstlichen Verwendung gelang ihm die Flucht in die Sowjetunion. Nach seiner Desertion trug er nacheinander mehrere Uniformen (die russische, englische und französische). Schließlich wurde er im Juni 1945 demobilisiert.

Von 1945 bis 1949 studierte Jean Meyer Geschichte an der Universität Straßburg. Er beendete sein Studium mit der *Licence* und dem *CAPES*. Diese Zertifikate ermöglichten ihm die Einstellung als Professor am Lyzeum in Barr (*professeur de lycée*). Gleichzeitig bereitete er sich auf den *Concours de l'Agrégation en histoire* vor, den er 1952 erfolgreich abschloss. Dank der *Agrégation* wurde er im selben Jahr zum Professor für Geschichte (*professeur d'histoire*) an den Lycées Clemenceau et Jules Verne in Nantes ernannt. Dort lehrte er bis 1962 und lernte in dieser Zeit die Bretagne kennen, deren abwechslungsreiche Landschaft und Geschichte ihn faszinierten.

Sein bereits damals erkennbares großes Interesse an der Geschichtswissenschaft und an eigenständiger Forschung sowie seine in verschiedenen Staats- und Universitätsexamina nachgewiesene herausragende Qualifikation auf dem Gebiet der Neueren Geschichte eröffneten ihm die Möglichkeit, in den Jahren 1960 bis 1962 eine Forschungstätigkeit am Centre National de Recherches Scientifiques (CNRS) wahrzunehmen. Die an der Universität Rennes lehrenden Historiker würdigten die Leistungen ihres jüngeren Kollegen, indem sie ihm im Jahre 1962 einen Lehrauftrag (*chargé d'enseignement*) für Neuere Geschichte erteilten, den er bis 1966 ausgeübt hat. In jenen Jahren arbeitete er unter der Leitung des renommierten Historikers Henri Fréville an seiner großen Dissertation über den bretonischen Adel im 18. Jahrhundert.

Im Jahre 1966 wurde Jean Meyer mit seiner grundlegenden und weithin – nicht nur von der Fachwelt – rezipierten Dissertation über »La noblesse bretonne au XVIIIe siecle« von der Université de Haute-Bretagne in Rennes mit dem Prädikat *cum maxima laude* promoviert. Der Promotionskommission (*jury*) gehörten die renommierten Historiker Ernest Labrousse, Pierre Goubert, Jean Delumeau und Pierre Renouvin an. Der wissenschaftliche Ertrag dieser sehr profunden und umfangreichen Untersuchung, auf die später etwas näher einzugehen ist, stieß in Frankreich und weit darüber hinaus auf ein sehr positives Echo. Deshalb überrascht es nicht, dass Jean Meyer noch im selben Jahr durch die Universität Rennes als Nachfolger von Barthélemy Pocquet du Haut-Jussé auf den Lehrstuhl für die Geschichte der Bretagne berufen wurde, den er zwölf Jahre innehatte. Seit 1969 leitete er als Direktor auch das Centre de recherches historiques armoricain. Im Rahmen dieser Tätigkeit war er an der Bearbeitung und Publikation der »Histoire de la Bretagne« (1969), der »Documents d'histoire de la Bretagne« (1970), der »Histoire de Rennes« (1972), der »Histoire de Nantes« (1978) sowie anderer einschlägiger Werke zur Geschichte der Bretagne beteiligt. In diesem Kontext ist auch auf seine 1983 publizierte Geschichte der kleinen bretonischen, unweit der Küste gelegenen Stadt Bécherel hinzuweisen, wo er und seine Gattin Marie-Jeanne eine alte Prioratsanlage erworben und mit Liebe sowie großer Eigenleistung restauriert hatten.

Im Jahre 1978 wurde Jean Meyer auf den Lehrstuhl für Neuere Geschichte (*professeur titulaire*) der Universität Paris-IV-Sorbonne berufen. Zu seinen dortigen Kollegen zählten u. a. die international bekannten Historiker Pierre Chaunu, Roland Mousnier, André Corvisier, Jean-Pierre Poussou, Jean Bérenger, Jean-Pierre Bardet, Lucien Bély, Denis Crouzet und Olivier Chaline. Neben seiner Tätigkeit an der Sorbonne leitete er als Direktor das Laboratoire d'histoire maritime des CNRS.

In seiner im Manuskript rund 1300 Seiten umfassenden Dissertation über den bretonischen Adel im 18. Jahrhundert konnte Jean Meyer u. a. nachweisen, dass die *noblesse bretonne* im Untersuchungszeitraum langfristig und in signifikanter Weise von Vorgängen geprägt wurde, die sich zwischen 1668 und 1672 sowie zwischen 1672 und 1675 in Frankreich ereignet hatten. Es waren dies die unter Ludwig XIV. ergriffenen administrativen Maßnahmen zur Überprüfung der Adelszugehörigkeit (die sog. *recherches de noblesse*, 1668–1672) sowie die Bemühungen der Regierung, das entfremdete Krongut soweit wie möglich wieder der Verfügungsgewalt der Krone zu unterstellen. Die in diesem Zusammenhang durchgeführten Maßnahmen hatten eine Erschütterung des *équilibre des forces* in der Bretagne zur Folge, was wiederum Reaktionen des bretonischen Adels auslöste, die sich prägend auf ihn auswirkten. Eine signifikante Folge war, dass sich beim bretonischen Adel seit Ende der 1670er Jahre die Tendenzen sozialer Abschließung verstärkten. Symptomatisch dafür war, dass das *Parlement* von Rennes, der oberste königliche Gerichtshof in der Bretagne, seit der zweiten Hälfte des 17. Jahrhunderts die Aufnahme nichtadliger Kandidaten in seine Körperschaft ablehnte.

In Anbetracht des wissenschaftlichen Ertrages der Dissertation Jean Meyers, deren Ergebnisse hier nicht detaillierter thematisiert werden können, war es nur folgerichtig, dass dieses zweibändige Werk in der renommierten Reihe der École Pratique des Hautes Études, VIe section publiziert wurde. Für die äußerst positive Rezeption seiner Untersuchung auch außerhalb der Fachwelt spricht, dass sie bereits 1972 in einer gekürzten Fassung als Taschenbuch in der Reihe »Science Flammarion« (Paris) erschien.

Dem in der Dissertation aufgegriffenen Fragen- und Forschungskomplex widmete sich Jean Meyer auch in der Folgezeit in mehreren Monographien. Zu nennen ist in diesem Kontext die bereits 1969 publizierte Untersuchung »L'armement nantais dans la seconde moitié du XVIIIᵉ siècle« – die damals im Rahmen des Promotionsverfahrens noch erforderliche komplementäre Dissertation (*thèse complémentaire*). Darin konnte er u. a. nachweisen, dass die im 17. und 18. Jahrhundert dank erfolgreicher wirtschaftlicher Betätigung in die *noblesse* aufgestiegenen ehemaligen Angehörigen bürgerlicher Schichten nach Abschluss ihres sozialen Aufstiegs ihre weitreichenden Handelsaktivitäten nicht aufgegeben haben. Vielmehr nahmen sie auch als Angehörige der Aristokratie weiter an den lukrativen Geschäften des Fernhandels teil und verlegten sich nicht allein auf das *vivre noblement*.

Zu nennen ist des Weiteren seine 1973 publizierte Monographie »Noblesses et pouvoirs dans l'Europe d'Ancien Régime«, in der Jean Meyer mit konsequent komparativem Ansatz das Spannungsverhältnis zwischen Adel und Monarchie in Europa vom beginnenden 16. bis zum frühen 19. Jahrhundert behandelte. Von zentraler Bedeutung ist aber, dass diese Darstellung den ersten und in methodischer Hinsicht neuartigen Versuch darstellte, die Geschichte Europas zur Zeit des Ancien Régime unter der leitenden Fragestellung zu analysieren, welche prägende Wirkung der Adel in seiner sozialen und politischen Komplexität für die europäische Geschichte jener Jahrhunderte entfaltet hat. Ein vorläufiges Resümee seiner Forschungen zum Adel zog Jean Meyer in seinem insbesondere für Studentinnen und Studenten vorgesehenen Taschenbuch »La noblesse française a l'époque moderne, XVIᵉ–XVIIIᵉ siècles« (Paris 1991, Reihe »Que sais-je?«).

Einen weiteren Schwerpunkt seiner Forschungen bildete die Geschichte des französischen und europäischen Marinewesens. In zahlreichen Untersuchungen, die im Rahmen der Arbeiten der von ihm lange Jahre geleiteten und bereits genannten Forschungsstelle für die Geschichte der Seefahrt und der Meere (Laboratoire d'histoire maritime) entstanden sind, hat Jean Meyer auf der Basis serieller Quellen und unter Rekurs auf quantifizierende Methoden unsere Kenntnisse des französischen und europäischen Marinewesens grundlegend erweitert. Genannt werden hier nur einige besonders aufschlussreiche, teilweise gemeinsam mit Fachkolleginnen und Fachkollegen verfasste bzw. herausgegebene Publikationen: »Les marines de guerre européennes, XVIIᵉ–XVIIIᵉ siècles« (Paris 1985); »La grande époque de la marine à voiles« (Rennes 1987); »L'Europa dei mari. Splendori e tramonto dei grandi velieri« (Venedig 1989, deutsche Ausgabe: »Segelschiffe im Pulverdampf. Das Ringen um die Seeherrschaft in Europa«, Bielefeld 1990); »L'empire des mers. Des galions aux clippers« (Fribourg 1990); »Béveziers (1690): La France prend la maîtrise de la Manche« (Paris 1993); »Histoire de la marine française. Des origines à nos jours« (Rennes 1994).

In mehr oder minder engem Zusammenhang mit diesen marinegeschichtlichen Arbeiten entstanden seine originelle Untersuchung über die Geschichte des Zuckers und des Zuckerhandels (»Histoire du sucre«, Paris 1989), seine Abhandlung »Esclaves et négriers« (Paris 1986, deutsche Ausgabe: »Sklavenhandel«, Ravensburg 1990) und sein Buch »Francia y América del siglo XVI al siglo XX« (Madrid 1992).

Die enorme Bandbreite seiner Forschungsinteressen wird dadurch dokumentiert, dass sich Jean Meyer seit Beginn der 1980er Jahre in zunehmendem Maße auch biographischen Themen zugewandt hat. Ihm verdanken wir eine facettenreiche und profunde Biographie Colberts, des berühmten Finanzministers Ludwigs XIV. (»Colbert«, Paris 1981). Vier Jahre später erschien seine Biographie des Regenten Philipp von Orléans (»Le Régent«, Paris 1985). In seiner Studie »La Naissance de Louis XIV: 1638« (Paris 1989) analysierte er die komplexen Rahmenbedingungen der Geburt des Sonnenkönigs im Jahre 1638.

Im Jahre 1993 veröffentlichte Jean Meyer die erste, modernen historiographischen Ansprüchen entsprechende biographische Abhandlung über den berühmten katholischen Theologen, Kanzelredner, Schriftsteller, Präzeptor des Dauphins und Bischof von Meaux, Jacques Bénigne Bossuet, die nicht nur in Frankreich eine sehr positive Aufnahme gefunden hat. Für diese meisterliche Biographie verlieh ihm die Académie française 1994 den Grand Prix Gobert. Schließlich veröffentlichte er 2003 eine Studie über Ludwig XV., in der er diesem zuvor überwiegend sehr negativ dargestellten König eine nuancierte und kritisch abwägende Beurteilung seines Lebens und seiner Leistung zuteilwerden ließ (»Louis XV ou Le scepticisme politique«, Paris 2003).

In seinen biographischen Werken erwies sich Jean Meyer als ein kritischer, aber gleichzeitig sehr einfühlsam vorgehender Autor, dem es nicht zuletzt dank seiner stupenden Kenntnisse der europäischen Geschichte immer wieder gelungen ist, seinen Lesern und Leserinnen nicht nur ein facettenreiches, ausgewogenes und lebendiges Bild der jeweils behandelten Persönlichkeit zu vermitteln, sondern auch deren Agieren im Kontext der gegebenen Rahmenbedingungen nachvollziehbar und verständlich zu machen. Nichts charakterisiert wohl eindringlicher Jean Meyers behutsame, stets vorsichtig abwägende Arbeitsweise als Biograph als jene Sätze, die man im Nachwort seines Bossuet gewidmeten Werkes findet: »J'ai vécu, des années durant, avec les écrits de Bossuet, à mon plus grand plaisir souvent, avec résignation parfois, des bouffées d'antipathie quelquefois, et, pourquoi ne pas le dire, une commisération pour les faiblesses trop humaines qui sont le lot des mortels, de tous les mortels.« Und weiter erklärte Jean Meyer: »Avouons jusqu'au bout: j'ai infiniment aimé, et parfois détesté, celui qui demeure, quoi qu'on en pense, le grand Bossuet, avec son lot de petitesses […]. Je n'ai pas à être l'avocat du diable: qu'il n'ait pas été canonisé repose sur de solides raisons – qui ont varié au fil des siècles.« (Meyer, Bossuet, S. 278–279)

Einen weiteren Schwerpunkt seines wissenschaftlichen Schaffens bildete die Auseinandersetzung mit den vielfältigen Problemen, mit denen der sich formierende Staat der frühen Neuzeit in den Bereichen von Politik, Wirtschaft, Gesellschaft, Finanzen, Religion und Kultur konfrontiert sah. In diesen Kontext sind folgende Handbücher bzw. Überblicksdarstellungen einzuordnen: »Les Capitalismes« (Paris 1981); »Le poids de l'État« (Paris 1983); »La France moderne« (Paris 1985, deutsche Übersetzung: »Frankreich im Zeitalter des Absolutismus, 1515–1789«, München 1990); »Le Despotisme éclairé« (Paris 1991); »L'Europe des Lumières« (Roanne 1989); »L'éducation des princes en Europes du XVe au XIXe siècle« (Paris 2004).

Das wissenschaftliche Œuvre Jean Meyers umfasst nahezu 30 Monographien und mehr als 200 Artikel, die in Fachzeitschriften, Sammelbänden und historischen Lexika erschienen sind. Auf seine Beteiligungen an kollektiven Publikationen, seine Teilnahme an zahlreichen nationalen und internationalen Kolloquien und Tagungen sowie auf seine häufigen Fernsehauftritte sei hier nur hingewiesen.

Jean Meyer war nicht nur in Europa, sondern auch in Übersee ein sehr geschätzter und angesehener Frühneuzeithistoriker. Bereits Anfang der 1970er-Jahre hatten ihn die Universitäten Toronto und John Hopkins in Baltimore als Gastprofessor eingeladen. Seit den 1980er-Jahren hielt er sich regelmäßig für mehrere Wochen zu Forschungen am Zentrum für Interdisziplinäre Forschung (ZIF) an der Universität Bielefeld, an der Herzog-August-Bibliothek in Wolfenbüttel sowie am Fachbereich Geschichte und Kulturwissenschaften der Philipps-Universität Marburg auf.

In Anbetracht seines großen wissenschaftlichen Œuvres, seines unermüdlichen Engagements bei der Förderung der universitären Kooperation und seines Einsatzes nicht nur für die Annäherung und Aussöhnung zwischen Frankreich und Deutschland, sondern generell auch für den Ausbau der Europäischen Union kann es nicht überraschen, dass Jean Meyer zahlreiche Ehrungen und Preise erhalten hat, auf die hier nicht vollständig eingegangen werden kann. Im Jahre 1987 wurde er mit dem höchst angesehenen und auch dotierten Preis der Alexander von Humboldt-Stiftung ausgezeichnet. Bereits 1976 war er zum *chevalier de l'ordre du Mérite de la République Française* ernannt worden; 1991 erfolgte seine Beförderung zum *officier* dieses französischen Verdienstordens. Die Philipps-Universität Marburg ehrte ihn am 4. November 1994 mit der Verleihung des Titels eines Doktors *honoris causa*. Wenige Monate später – am 9. Februar 1995 – überreichte ihm der deutsche Botschafter in Paris das Verdienstkreuz Erster

Klasse der Bundesrepublik Deutschland. Am 1. Oktober 2003 erhob ihn der französische Staatspräsident zum *officier de la Légion d'honneur*. Rund ein Jahr später veranstaltete der Fachbereich Geschichte und Kulturwissenschaften der Philipps-Universität Marburg am 4. Dezember 2004 aus Anlass des 80. Geburtstags des französischen Kollegen ein Festkolloquium, das der damalige französische Botschafter, Seine Exzellenz Claude Martin, mit seiner Anwesenheit und einem Begrüßungswort beehrte. Die aus diesem Anlass gehaltenen Vorträge wurden 2007 in der Festschrift für Jean Meyer veröffentlicht[1].

Ich habe Jean Meyer erstmals 1983 anlässlich des *Colloque pour le tricentenaire de la mort de Colbert* getroffen, das von Roland Mousnier in Paris veranstaltet wurde. In den folgenden Jahren häuften sich unsere Begegnungen, so dass sich zwischen uns nicht nur ein intensiver wissenschaftlicher Austausch, sondern auch eine enge Freundschaft (inklusive der Familien) entwickelte. Zum letzten Mal habe ich meinen Freund im Oktober 2021 in der Résidence Catherine Labouré in Paris besuchen können, wo er und seine zwei Jahre vor ihm verstorbene Ehefrau einige Jahre gepflegt worden sind. In großer Dankbarkeit denken meine Frau Waltraut und ich an unsere hingeschiedenen Freunde Jean und Marie-Jeanne Meyer. Wir vermissen sie sehr.

Klaus Malettke

---

[1] Klaus Malettke, Christoph Kampmann (Hg.), Französisch-deutsche Beziehungen in der neueren Geschichte. Festschrift für Jean Laurent Meyer zum 80. Geburtstag, Berlin 2007.

MANFRED MESSERSCHMIDT

(1926–2022)

Le 18 décembre 2022, l'Allemagne a perdu l'un des principaux fondateurs de l'histoire militaire critique contemporaine dont le rôle fut majeur dans la dissipation de la légende dorée de la Wehrmacht. Il avait 96 ans.

Témoin, historien et juriste. Né à Dortmund en 1926, Manfred Messerschmidt a vécu son enfance et une partie de son adolescence sous le IIIe Reich. Incorporé à 17 ans dans les forces antiaériennes puis au sein de la Wehrmacht à la fin de la guerre, il connaît une courte captivité aux États-Unis en 1945. Après avoir décroché son baccalauréat en 1947, il embrasse des études d'histoire qui le conduisent de Münster à Fribourg-en-Brisgau. Il y obtient son doctorat en 1954 sous la direction de l'historien national-conservateur Gerhard Ritter (1888–1967) avec une thèse consacrée à l'Allemagne au miroir de l'historiographie anglaise[1]. Il n'en retourne pas moins sur les bancs de l'université pour y poursuivre des études de droit. Cette double casquette d'historien et de juriste lui ouvre en 1962 les portes du Militärgeschichtliches Forschungsamt (MGFA), une institution du ministère fédéral de la Défense fondée en 1957 à Fribourg-en-Brisgau et dont il prend finalement la direction en 1970.

Co-fondateur de l'histoire critique de la Wehrmacht. Engagés dans les années 1960 grâce à l'exploitation inédite de documents confisqués par les Alliés, ses travaux pionniers sur l'histoire de la Wehrmacht ont fortement contribué à dissiper la légende d'une Wehrmacht propre, *die Legende der sauberen Wehrmacht*, qui s'était constituée dès le lendemain de la guerre, malgré les preuves irréfutables de son implication dans les crimes nazis accumulées lors des procès de Nuremberg. Dans son livre fondateur sur »La Wehrmacht dans l'État nazi. Le temps de l'endoctrinement«, paru en 1969, Messerschmidt met en évidence les liens étroits qu'entretenaient le régime nazi et l'armée allemande et démontre l'implication de la Wehrmacht dans les crimes du IIIe Reich[2].

Il met ensuite sa double formation d'historien et de juriste au service d'une relecture critique de l'histoire de la justice militaire allemande du IIIe Reich. Les très nombreuses publications qu'on lui doit à ce sujet[3] ont permis de balayer, dans le prolongement des travaux pionniers

---

1 Manfred MESSERSCHMIDT, Deutschland in englischer Sicht. Die Wandlungen des Deutschlandbildes in der englischen Geschichtsschreibung, Düsseldorf 1955.
2 ID., Die Wehrmacht im NS-Staat: Zeit der Indoktrination, Hambourg 1969 (Truppe und Verwaltung, 16). Voir aussi, parmi d'autres travaux: ID., Das Verhältnis von Wehrmacht und NS-Staat und die Frage der Traditionsbildung, in: Aus Politik und Zeitgeschichte 17 (1981), p. 11–23; ID., Die Wehrmacht als tragende Säule des NS-Staates (1933–1939), in: Walter MANOSCHEK (dir.), Die Wehrmacht im Rassenkrieg. Der Vernichtungskrieg hinter der Front, Vienne 1996, p. 39–54; Manfred MESSERSCHMIDT, Vorwärtsverteidigung. Die Denkschrift der Generale für den Nürnberger Gerichtshof, in: Hannes HEER, Klaus NAUMANN (dir.), Vernichtungskrieg. Verbrechen der Wehrmacht 1941/44, Hambourg 1995, p. 531–550.
3 Manfred MESSERSCHMIDT, Fritz WÜLLNER, Die Wehrmachtjustiz im Dienste des Nationalsozialismus. Zerstörung einer Legende, Baden-Baden 1987; Manfred MESSERSCHMIDT, Was damals Recht war … NS Militär- und Strafjustiz im Vernichtungskrieg, Essen 1996, p. 191–229; ID., Deutsche Militärgerichtsbarkeit im Zweiten Weltkrieg, in Hans-Jochen VOGEL, Helmut SIMON, Adalbert PODLECH (dir.), Die Freiheit des Anderen. Festschrift für Martin Hirsch, Baden-Baden

d'Otto Hennicke[4], le mythe longtemps véhiculé par la littérature d'une justice militaire allemande imperméable au nazisme[5]. Elles lui ont très rapidement valu une reconnaissance scientifique internationale, jamais démentie depuis. En atteste la réception de son dernier opus paru sur le sujet en 2005 alors qu'il avait déjà près de 80 ans[6]. Loin d'être une simple synthèse de ses travaux antérieurs, l'ouvrage de plus de 500 pages intitulé »Die Wehrmachtjustiz 1933–1945« les complète utilement en mobilisant de nouvelles sources. Le tableau d'une justice militaire criminelle – 30 000 condamnations à mort dont près de 20 000 exécutées durant la guerre – adhérant largement au projet politique nazi au point d'en constituer un des piliers y gagne en profondeur et en nuances, couronnant de façon magistrale l'œuvre scientifique de l'historien.

Un rôle majeur dans la réhabilitation de l'histoire militaire. En dépit des résistances qu'il a dû affronter au sein même du MGFA et plus largement d'un monde militaire traditionnellement peu enclin à s'accommoder de l'indépendance de la recherche[7], Manfred Messerschmidt a su faire émerger et imposer en Allemagne une nouvelle histoire militaire résolument critique. Complètement décrédibilisée au lendemain du second conflit mondial, l'histoire militaire avait en effet été bannie des manuels scolaires et mise au ban des universités allemandes. Il lui redonne ses lettres de noblesse à un moment où la menace militaire semblait à nouveau tangible dans le contexte de la guerre froide. Partant, il élabore une histoire sociale en rupture avec le militarisme dans lequel elle s'était compromise, démarche à l'origine des missions que lui confie le président fédéral Gustav Heinemann, en le nommant, sur proposition du ministre de la Défense Helmut Schmidt (SPD), à la tête du MGFA en 1970. C'est dans ce cadre que Manfred Messerschmidt initie, conçoit et mène à bien une série d'entreprises éditoriales collectives colossales destinées à écrire une histoire totale de l'armée allemande et de la guerre. En résulteront dix volumes sur l'histoire militaire du IIIe Reich pendant la Seconde Guerre mondiale[8], puis six volumes sur l'histoire militaire allemande[9] intégrant les dimensions politiques, militaires, économiques et sociales du fait guerrier. Autant dire que si l'université de Potsdam – où le MGFA fut transféré en 1994 pour devenir le Zentrum für Militärgeschichte und Sozialwissenschaften der Bundeswehr (ZMSBW) – s'est à nouveau dotée d'une chaire d'histoire militaire et si l'histoire militaire telle qu'elle est pratiquée en Allemagne fait aujourd'hui internationalement référence, c'est à l'œuvre de Messerschmidt qu'on le doit largement. Les fonctions qu'il occupa au

---

1981, p. 111–142; Manfred MESSERSCHMIDT, Karl Sack, Opposition und Militärjustiz, in: Stephan DIGNATH (dir.), Dr. Karl Sack: ein Widerstandskämpfer aus Rosenheim. Bekenntnis und Widerstand, Bad Kreuznach 1985, p. 62–66; Manfred MESSERSCHMIDT, Militarismus, Vernichtungskrieg, Geschichtspolitik: zur deutschen Militär- und Rechtsgeschichte, Paderborn 2006.

4 Otto HENNICKE, Auszüge aus der Wehrmachtkriminalstatistik, in: Zeitschrift für Militärgeschichte 5 (1966), p. 438–456; ID., Über den Justizterror in der deutschen Wehrmacht, in: Zeitschrift für Militärgeschichte 4 (1965), p. 715–720.

5 Otto Peter SCHWELING, Die deutsche Militärjustiz in der Zeit des Nationalsozialismus, Marburg 1977; Erich SCHWINGE, Die deutsche Militärgerichtsbarkeit im Zweiten Weltkrieg, in: Deutsche Richterzeitung 37 (1959), p. 350–352.

6 Manfred MESSERSCHMIDT, Die Wehrmachtjustiz 1933–1945, Paderborn 2005; Magnus KOCH, Rezension zu: Messerschmidt, Manfred: Die Wehrmachtjustiz 1933–1945, Paderborn 2005, in: H-Soz-Kult, 9.1.2006, www.hsozkult.de/publicationreview/id/reb-7157, consulté le 29 janvier 2023.

7 Hans-Erich VOLKMANN, Der Nestor der modernen deutschen Militärgeschichte, in: Badische Zeitung, 1.10.2006, https://www.badische-zeitung.de/der-nestor-der-modernen-deutschen-militaergeschichte--127992714.html, consulté le 29 janvier 2023.

8 Das Deutsche Reich und der Zweite Weltkrieg, éd. par le Militärgeschichtliches Forschungsamt, 10 vol., Stuttgart 1979–2008.

9 Othmar HACKL, Manfred MESSERSCHMIDT au nom du Militärgeschichtliches Forschungsamt (dir.), Handbuch zur deutschen Militärgeschichte 1648–1939, fondé par Hans MEIER-WELCKER, Munich 1979–1981.

sein des instances internationales de la profession comme président de l'antenne allemande de l'International Society for Military Law and the Law of War ou comme secrétaire général du Comité d'histoire de la Deuxième Guerre mondiale, sont là pour en témoigner.

Un historien-citoyen. Si ses recherches lui ont très rapidement valu une reconnaissance scientifique internationale, elles en ont également souvent fait la cible d'attaques politiques violentes, dans le cadre notamment des polémiques suscitées en Allemagne par l'exposition sur les crimes de la Wehrmacht organisée par l'Institut de recherche sociale de Hambourg en 1995[10]. Professeur d'histoire moderne et contemporaine à l'université de Fribourg convaincu de l'importance du rôle social de l'historien, il n'a en effet jamais ménagé ses efforts pour aider la société allemande à affronter son passé. Dès 1978, il refuse ainsi de cautionner la ligne de défense de l'ancien juge militaire allemand, Hans Filbinger (CDU), devenu ministre-président du Bade-Wurtemberg[11], puis participe en 1987–1988 à la commission Waldheim chargée d'enquêter sur le passé nazi du président fédéral de la République d'Autriche. Vice-président de la Fondation du musée allemand de l'Holocauste (Stiftung Deutsches Holocaust-Museum), membre du conseil consultatif de la Fondation du mémorial aux Juifs assassinés d'Europe (Stiftung Denkmal für die ermordeten Juden Europas), enfin président d'honneur du conseil scientifique de l'Association fédérale des victimes de la justice militaire nazie (Bundesvereinigung Opfer der NS-Militärjustiz), il n'est pas étranger à la reconnaissance du caractère terroriste de la justice militaire nazie par la Cour fédérale de justice en 1995 et a, de tout évidence, influencé les délibérations du Bundestag sur la réhabilitation des victimes des tribunaux militaires du IIIe Reich, finalement actée en trois étapes en 1998, 2002 et 2009.

Un promoteur infatigable des échanges scientifiques franco-allemands. Ce que l'on sait peut-être moins, c'est que Manfred Messerschmidt s'impliqua aussi fortement dans le développement des échanges scientifiques internationaux dédiés à l'histoire des relations franco-allemandes, notamment aux côtés de l'Institut historique allemand de Paris (IHA). C'est ainsi que le 15e colloque franco-allemand de l'IHA intitulé »France et Allemagne 1936–1939« qui se tint à Bonn en 1978 fut co-organisé par le Comité d'histoire de la Seconde Guerre mondiale et le MGFA dirigé par Messerschmidt[12]. Celui-ci participa par la suite aux colloques organisés en 1984 et 1985 par l'IHA et la Fondation Thiers sur la guerre de 1870/1871 dont les actes furent publiés en 1990[13]. Il contribua d'autre part à l'ouvrage dirigé par Rainer Hudemann et

---

10 Parmi l'abondante littérature traitant des controverses suscitées par l'exposition itinérante sur les crimes de la Wehrmacht, controverses qui provoquèrent la convocation d'une commission de contrôle composée d'historiens et la suspension de l'exposition quelques années durant, voir notamment la synthèse rédigée par Johannes KLOTZ, Die Ausstellung »Vernichtungskrieg. Verbrechen der Wehrmacht 1941 bis 1944«. Zwischen Geschichtswissenschaft und Geschichtspolitik, in: Detlev BALD, Johannes KLOTZ, Wolfram WETTE (dir.), Mythos Wehrmacht. Nachkriegsdebatten und Traditionspflege, Berlin 2001, p. 116–177.
11 Après avoir affirmé n'avoir aucun souvenir des peines capitales qu'il avait prononcées contre des soldats allemands pour défaitisme à la fin de la guerre, Hans Filbinger avait en effet cherché à les justifier en passant sous silence son engagement national-socialiste et en affirmant que »ce qui était alors le droit ne peut pas être considéré aujourd'hui comme relevant du non-droit« (»Was damals rechtens war, kann heute nicht Unrecht sein«), une formule que M. Messerschmidt détournera plus tard pour l'intégrer au titre de l'une de ses publications majeures (cf. n. 3).
12 Klaus HILDEBRAND, Karl Ferdinand WERNER, Klaus MANFRASS (dir.), Deutschland und Frankreich 1936–1939: 15. deutsch-französisches Historikerkolloquium des Deutschen Historischen Instituts Paris (Bonn, 26.–29. September 1979), Munich, Zurich 1981 (Beihefte der Francia, 10).
13 Philippe LEVILLAIN, Rainer RIEMENSCHNEIDER (dir.), La guerre de 1870/71 et ses conséquences: actes du XXe colloque historique franco-allemand organisé à Paris par l'Institut historique allemand en coopération avec le Centre de recherches Adolphe Thiers, du 10 au 12 octobre 1984 et du 14 au 15 octobre 1985, Bonn 1990 (Pariser Historische Studien, 29).

Georges-Henri Soutou sur les élites en France et en Allemagne aux XIXᵉ et XXᵉ siècles[14]. Mentionnons également sa contribution au colloque international sur les procès de Nuremberg et de Tokyo organisé au Mémorial de Caen par le Centre de recherche d'histoire quantitative (CRHQ) en 1995[15]. Oserai-je enfin ajouter qu'en 2005, il me fit l'immense honneur de participer au jury de soutenance de ma thèse consacrée à la politique de »maintien de l'ordre et de la sécurité« conduite par le Militärbefehlshaber in Frankreich (Commandant militaire allemand en France) pendant l'Occupation. Et si l'on doit regretter que ses travaux majeurs sur l'histoire de la Wehrmacht et de la justice militaire allemande n'aient toujours pas été traduits en français, au moins ont-ils été régulièrement chroniqués par des collègues français au sein de la revue de l'IHAP, »Francia«.

Historien-citoyen, précurseur de l'histoire critique de la Wehrmacht, auteur prolifique à l'origine d'entreprises éditoriales individuelles et collectives colossales, Manfred Messerschmidt laisse, en disparaissant, l'histoire militaire allemande et internationale orpheline de l'un de ses plus brillants représentants.

Gaël Eismann

---

14 Manfred Messerschmidt, Militär, Politik, Gesellschaft: ein Vergleich, in: Rainer Hudemann, Georges-Henri Soutou (dir.), Élites en France et en Allemagne aux XIXᵉ et XXᵉ siècles/Eliten in Deutschland und Frankreich im 19. und 20. Jahrhundert, 2 vol., Munich 1994, vol. 1, p. 249–261.
15 Manfred Messerschmidt, La quête de la responsabilité: le procès de Nuremberg et les élites dirigeantes allemandes, in: Annette Wieviorka (dir.), Les procès de Nuremberg et de Tokyo, Bruxelles 1996, p. 89–104.

CLAUDIA HIEPEL

(1967–2023)

In der Nacht vom 13. auf den 14. Februar 2023 ist die Essener Historikerin Claudia Hiepel verstorben. Auch wenn sie seit einiger Zeit gegen eine tückische Krankheit kämpfte, kam ihr Tod doch plötzlich.

Ihr Studium beendete Claudia Hiepel 1998 mit einer Dissertation über den katholischen Gewerkschafter August Beust (1862–1924)[1]. Sie betrat damit einerseits das Feld der Arbeiterforschung im Ruhrgebiet des 19. Jahrhunderts, das bislang sehr stark von Arbeiten über sozialistische und sozialdemokratische Gewerkschaften und ihre Akteure geprägt war. Sie konnte zeigen, dass die katholische Arbeiterbewegung ebenfalls eine bedeutsame Rolle im Ruhrgebiet spielte. Andererseits leistete sie einen Beitrag zur Katholizismusforschung, denn die Konfession spielte neben dem entstehenden Klassenbewusstsein der Arbeiter im Ruhrgebiet eine wichtige Rolle als Ort der Identifikation. Dass dies oft mit vormodernen Vorstellungen einherging, wie die Forschung lange Zeit betonte, war aus Hiepels Sicht kein Nachteil, sondern eher im Gegenteil. Der Katholizismus bot der Arbeiterschaft im Ruhrgebiet einen Anker der Stabilität in einer sich rasch verändernden sozialen und politischen Umgebung.

In ihrem Habilitationsprojekt wandte sich Claudia Hiepel der deutsch-französischen Geschichte zu[2]. Auf breiter Quellenbasis untersuchte sie die bis dahin weniger beachteten Beziehungen zwischen Willy Brandt und Georges Pompidou zu Beginn der 1970er-Jahre. Während Brandt lange Zeit vor allem als Architekt der Neuen Ostpolitik der Bundesrepublik Deutschland gesehen wurde, konnte Hiepel ausführlich zeigen, dass er auch wesentliche Impulse für die westeuropäische Integration gab. Insbesondere auf dem Haager Gipfel im Dezember 1969 entwarf er die Vorstellung von der Europäischen Gemeinschaft als einer »exemplarischen Ordnung« für Europa, deren Kern die Überwindung des Ost-West-Gegensatzes war[3]. Auch Georges Pompidou, der lange Zeit als blasser Nachfolger des charismatischen Charles de Gaulle galt, entwickelte weiterführende europapolitische Ideen. Im Gegensatz zu de Gaulle war er überzeugt, dass die supranationale europäische Integration mit den nationalen Interessen Frankreichs sehr wohl verbunden war. Beide Arbeiten, die Dissertation und die Habilitationsschrift, wurden mit verschiedenen Preisen ausgezeichnet. Insbesondere der Deutsch-französische Parlamentspreis, mit dem sie 2016 von Claude Bartelone und Norbert Lammert ausgezeichnet wurde, zeugt von der Wirkung, die Claudia Hiepel auch auf die deutsch-französische Politik hatte. Die Arbeit wurde daher auch in französischer Sprache publiziert[4].

---

1   Claudia HIEPEL, Arbeiterkatholizismus an der Ruhr. August Beust und der Gewerkverein christlicher Bergarbeiter, Stuttgart, Berlin, Köln 1999 (Konfession und Gesellschaft, 18).
2   EAD., Willy Brandt und Georges Pompidou. Deutsch-französische Europapolitik zwischen Aufbruch und Krise, München 2012 (Studien zur Internationalen Geschichte, 29), DOI 10.1524/9783486713619.
3   Erklärung von Willy Brandt zur Eröffnung des europäischen Gipfels in Den Haag, 1. Dezember 1969, in: Bulletin der Europäischen Gemeinschaften, Februar 1970, Nr. 2, S. 39–46, digital: https://www.cvce.eu/obj/erklarung_von_willy_brandt_auf_dem_haager_gipfel_1_dezember_1969-de-840ec5a1-a449-4822-9662-49e92450c706.html.
4   Claudia HIEPEL, Willy Brandt et Georges Pompidou. La politique européenne de la France et de l'Allemagne entre crise et renouveau, Villeneuve d'Ascq 2016.

Nach dem Abschluss dieses Werkes blieb Claudia Hiepel der Europäischen Integrationsforschung und den deutsch-französischen Beziehungen als Forschungsthemen treu. 2012 organisierte sie gemeinsam mit Wilfried Loth in Essen eine Tagung über die Europäische Integration in den 1970er-Jahren[5]. Hier wurde deutlich, dass das lange dominierende Bild von der »Eurosklerose« der 1970er auf einer zeitgenössischen Einschätzung beruhte, die sich geschichtswissenschaftlich nicht bestätigen ließ. Insbesondere durch die Direktwahl des Europäischen Parlaments und die Etablierung des Europäischen Rates entwickelte sich die Europäische Gemeinschaft gerade in dieser Zeit sehr dynamisch, obwohl die wirtschaftliche Entwicklung angesichts der globalen Energiekrisen und des Strukturwandels problematisch war. Zugleich bearbeitete Hiepel auch Bereiche der europäischen Integration, die fern der Europäischen Gemeinschaft waren. Das betraf beispielsweise die Euregios als Formen grenzüberschreitender Zusammenarbeit[6], aber auch das World Management Forum und die sogenannten G7-Gipfeltreffen. Zuletzt arbeitete sie über die belgische Militärpräsenz im südlichen Nordrhein-Westfalen zwischen 1945 und der Mitte der 1990er-Jahre. Bei der Erkundung solcher Konträume gelang es ihr, regionalgeschichtliche Ansätze mit jenen der internationalen Geschichte zu verbinden[7]. Alle diese Themen waren für Claudia Hiepel nicht nur Forschungsgebiete. Das Ruhrgebiet und seine Geschichte ebenso wie die deutsch-französischen Beziehungen und die europäische Integration lagen ihr auch persönlich am Herzen.

Claudia Hiepel war zudem in der akademischen Lehre sehr präsent. Sie lehrte als Gastprofessorin und Lehrstuhlvertreterin an den Universitäten in Hamburg, Kassel, Marburg, Münster und Wien. Seit 2018 wirkte sie als außerplanmäßige Professorin am Historischen Institut der Universität Duisburg/Essen. Bis zuletzt engagierte sie sich in starkem Maße für ihre Studierenden, sei es als Studiengangsbeauftragte an der Universität Duisburg-Essen oder als Koordinatorin des Erasmus-Programms.

Besondere Verdienste erwarb sich Claudia Hiepel auch als versierte Wissenschaftsmanagerin. Sie war eines der führenden Mitglieder im Brauweiler Kreis, der sich mit der rheinisch-westfälischen Regionalgeschichte beschäftigt, und engagierte sich in der Historiker-Verbindungsgruppe bei der Europäischen Kommission. In diesem Rahmen arbeitete sie redaktionell für das »Journal of European Integration History« und organisierte internationale Tagungen, auf denen vor allem unter Nachwuchswissenschaftlern die neuesten Forschungsergebnisse in diesem Bereich diskutiert wurden. Seit 2019 betreute sie zudem die Rezensionen in H-Soz-Kult zu Themen der Europäischen Integration und der deutsch-französischen Geschichte. Auch im Komitee der AG Internationale Geschichte im deutschen Historikerverband war Claudia Hiepel führend beteiligt. Ihr früher Tod hinterlässt eine große Lücke in der Geschichtswissenschaft.

GUIDO THIEMEYER

---

5   EAD. (Hg.), Europe in a Globalising World. Global Changes and European Responses in the »long« 1970s, Baden-Baden 2014, DOI: 10.5771/9783845254272.
6   Christian Henrich-FRANKE u. a. (Hg.), Grenzüberschreitende institutionalisierte Zusammenarbeit von der Antike bis zur Gegenwart. Baden-Baden 2019 (Arbeitstagung der AG Internationale Geschichte beim Verband der Historiker und Historikerinnen Deutschlands, 2), DOI: 10.5771/9783748901501.
7   Christoph BRÜLL u. a. (Hg.), Belgisch-deutsche Konträume in Rheinland und Westfalen, 1945–1995, Baden-Baden 2020 (Historische Dimensionen Europäischer Integration, 31), DOI: 10.5771/9783748906834.

DANIEL ROCHE

(1935–2023)

Daniel Roche verstarb am 19. Februar dieses Jahres im Alter von 87 Jahren, für viele seiner Freunde, Kolleginnen und Kollegen trotz seines Alters plötzlich und unerwartet. Er war einer der ganz großen französischen Historiker der letzten 50 Jahre, der noch bis ins hohe Alter hinein forschte, schrieb, publizierte, an Tagungen teilnahm und Vorträge hielt. *Ancien élève* der École Normale Supérieure in Saint-Cloud, dann zunächst nach seiner *Agrégation d'histoire* Lehrer im Schuldienst, führte ihn seine weitere Karriere in die renommiertesten Institutionen des französischen Hochschulsystems: als Assistant zurück an die ENS in Saint-Cloud, dann als Professor für Neuere Geschichte an die Universitäten Paris-VII und Paris-I-Panthéon-Sorbonne und – im Anschluss an einen achtjährigen Aufenthalt als Hochschullehrer am Europäischen Hochschulinstitut in Florenz – als *directeur d'études cumulant* an die École des Hautes Études en Sciences Sociales (EHESS) und schließlich 1999 bis zu seiner Emeritierung im Jahre 2005 auf einen für ihn geschaffenen Lehrstuhl für die Geschichte der Aufklärung an das Collège de France. Er zählte zweifellos zu den produktivsten, ideenreichsten und – vor allem auch durch seine zahlreichen Doktorandinnen und Doktoranden – einflussreichsten französischen Historikern seiner Generation. Methodisch und konzeptuell mit der *Annales*-Schule in der Tradition von Fernand Braudel und Lucien Febvre eng verbunden, verknüpfte Daniel Roche in einer völlig neuen, singulären und wegweisenden Art Sozialgeschichte und Kulturgeschichte, quantitativ-serielle und qualitativ-fallbezogene Herangehensweisen sowie biographiezentrierte Perspektiven mit Ansätzen, die auf die Untersuchung einer sozialen Gruppe in einer historischen Langzeitperspektive zielten.

Unter seinen 15 monographischen Werken, den knapp 30 Sammelbänden, die er (mit-)herausgegeben hat und den über 250 wissenschaftlichen Artikeln, die er veröffentlicht hat, erscheinen vier Werke für sein gesamtes Œuvre besonders charakteristisch. Sie stellen in gewisser Hinsicht Marksteine seines wissenschaftlichen Werdegangs und der diesem zugrundeliegenden theoretischen und methodischen Orientierungen dar und haben zugleich die geschichtswissenschaftliche Forschung in Frankreich und im internationalen Rahmen nachhaltig beeinflusst. Seine *thèse d'État* mit dem Titel »Le Siècle des Lumières en province. Académies et académiciens provinciaux, 1680–1789« (Paris, Den Haag 1978) stellt die umfassende Kollektivbiographie eines soziokulturellen Milieus – der Mitglieder der französischen Provinzakademien des 18. Jahrhunderts – und ihrer vielfältigen und bis dahin nur sehr bruchstückhaft aufgearbeiteten intellektuellen Aktivitäten dar, die in den Jahrzehnten vor der Französischen Revolution in mehreren Akademien (wie Châlons-sur-Marne, Metz, Lyon, Rouen) auch eine dezidiert kritisch-reformorientierte Ausrichtung annahmen. Daniel Roche wies hiermit präzise auf der Grundlage eines breiten Quellenmaterials die über Paris hinausreichende institutionelle, soziale und kulturelle Genese und Entwicklung des Aufklärungsprozesses nach. Diese Pionierarbeit fand ihre Fortsetzung in zahlreichen Einzelstudien, die auch die kulturellen Eliten der Metropole Paris betrafen, wie den Baron d'Holbach und seinen Kreis, sowie in einer umfangreichen Synthese, dem 1988 erschienenen Buch »Les Républicains des lettres. Gens de culture et Lumières au XVIIIe siècle« (Paris 1988). Im Vorwort dieses Buches formulierte Roche programmatisch die grundlegende Zielsetzung seiner Forschungen: eine Sozialgeschichte der Kultur zu schreiben mit der Perspektive, die verschiedenen Bezüge zwischen den ökonomischen Rahmenbedingungen und den unterschiedlichen Vorstellungs- und Wahrnehmungsweisen, die die betroffenen Menschen hiermit verbinden, zu verstehen[1].

Der zweite große Markstein seines Gesamt-Œuvres, »Le Peuple de Paris« (Paris 1981), verbindet in ähnlich innovativer Weise sozialhistorische und kulturhistorische Ansätze, richtet den Blick aber nunmehr nicht auf die sozialen und intellektuellen Eliten der Provinz, sondern auf das »einfache Volk« von Paris, die Unterschichten und die untere Mittelschicht, von den Tagelöhnern, Dienstmädchen und Dienstboten bis zu kleinen Ladenbesitzern und Handwerksmeistern. Daniel Roche hat mit diesem Werk die erste, umfassende Untersuchung zur Kultur des »einfachen Volks« im Paris des 18. Jahrhunderts und der vorrevolutionären Jahrzehnte vorgelegt, wobei der hier zugrundeliegende Kulturbegriff sowohl die materielle Dimension (wie etwa Wohnkultur und Konsumkultur) als auch die ästhetisch-symbolische Dimension (Lesestoffe, Leseweisen) und schließlich die anthropologische Dimension (Verhaltens- und Wahrnehmungsweisen) umgreift. Mit der hiermit verbundenen Publikation der Autobiographie des Pariser Glasergesellen (und Rousseau-Bewunderers) Jacques-Louis Ménétra (»Journal de ma vie. Édition critique du journal de Jacques-Louis Ménétra, compagnon vitrier au XVIIIe siècle«, Paris 1982, Neuauflage 1998) richtete Daniel Roche den Fokus auf ein außergewöhnliches (und äußerst seltenes) Dokument und zugleich auf ein ebenso singuläres wie – für die soziale Verbreitung und Aneignung der Aufklärungsbewegung – symptomatisches Fallbeispiel. Die hier entwickelte soziokulturelle Mikrohistoire, die ähnlich wie die italienische *microstoria* (Carlo Ginzburg, Carlo Poni u. a.) auf zeittypische Einzelschicksale zielt, hat Roche in zwei weiteren, von ihm (mit-)herausgegebenen Werken weiterverfolgt: zum einen in der monumentalen, gemeinsam mit Pascal Bastien und Sabine Juratic erstellten und herausgegebenen Edition des im Manuskript erhaltenen Tagebuchs »Mes Loisirs, ou journal d'événements tels qu'ils parviennent à ma connaissance« des Pariser Buchhändlers Siméon-Prosper Hardy, das von 1757 bis 1789 reicht und von dem bisher acht, jeweils über 700 Seiten starke Bände erschienen sind (Paris 2012–2022); und zum anderen mit der Edition der poetischen und sonstigen Schriften Ménétras, die Daniel Roche zusammen mit dem kanadischen Historiker Pascal Bastien und in Kooperation mit einem Team von Geschichts- und Literaturwissenschaftlern editiert und kommentiert hat. Sie ist kurz vor seinem Tode Anfang Januar 2023 unter dem Titel »Les Lumières minuscules d'un vitrier parisien. Souvenirs, chansons et autres textes, 1757–1802« (Genf 2023) erschienen[2]. Sein 2003 erschienenes Werk »Humeurs vagabondes. De la circulation des hommes et de l'utilité des voyages« (Paris 2003) schließlich markiert eine transkulturelle Perspektive, die sich weder auf eine lokale oder regionale Mikroperspektive (wie die Stadt Paris) noch auf Frankreich als politischen und soziokulturellen Raum beschränkt, sondern Prozesse zu erfassen sucht, die alle europäischen Gesellschaften der Frühen Neuzeit – in unterschiedlichen Ausprägungsformen und in differenten Entwicklungsrhythmen – betreffen: geographische Mobilität, Konsumkultur, Mode und Kleidungskultur. Neben »Humeurs vagabondes« sind dieser transkulturellen und transnationalen (Neu-)Ausrichtung seiner Forschungen, die zweifellos seinem langjährigen Aufenthalt am Europäischen Hochschulinstitut in Florenz entscheidende Impulse verdankt, seine Werke »La Culture des apparences. Une histoire du vêtement, XVIIe–XVIIIe siècle« (Paris 1989), »Histoire des choses banales. Naissance de la consommation dans les sociétés traditionnelles, XVIIe–XIXe siècle« (Paris 1997), seine dreibändige Geschichte der Reitkultur in westlichen Gesellschaften (»La culture équestre occidentale, XVIe–XIXe siècle«, 3 Bde., Paris 2008–2015) und schließlich die Mitherausgeberschaft (zusammen mit Christophe

---

1   Daniel ROCHE, Les Républicains des lettres. Gens de culture et Lumières au XVIIIe siècle, Paris 1988, S. 13.
2   Daniel ROCHE (Hg.), Les Lumières minuscules d'un vitrier parisien: souvenirs, chansons et autres textes (1757–1802) de Jacques-Louis Ménétra, Genf 2023.

Charle) des monumentalen, sehr anregenden, aber leider (bisher) zu wenig rezipierten interdisziplinären Handbuchs »L'Europe. Encyclopédie historique« (Arles 2018) zuzuordnen.

Das skizzierte Tableau zeigt grundlegende methodische, theoretische und konzeptuelle Kontinuitäten im Werk von Daniel Roche auf, zu denen zweifellos zentral die Verbindung von Sozial- und Kulturgeschichte zählt. Es verdeutlicht jedoch zugleich auch eine beständige Dynamik der Innovation, die neue Fragestellungen und Gegenstandsbereiche in den Blick rückt. Persönliche Neugierde, eine schier unbegrenzte Arbeitskraft (und eine hiermit verbundene Arbeitsdisziplin) und der Mut, neues Terrain zu betreten, haben die Dynamik des wissenschaftlichen Werkes von Daniel Roche ebenso bestimmt wie die Valorisierung von Teamarbeit und kollektiver Recherche, die Kooperation mit Kolleginnen und Kollegen aus Nachbardisziplinen (vor allem der Literaturwissenschaft und der Kunstgeschichte) und schließlich die beständige Disponibilität für den kollegialen und freundschaftlichen wissenschaftlichen Austausch – und die sichtbare Freude hieran –, deren modernes »Modell« er in gewisser Hinsicht in der intellektuellen Debattenkultur des Aufklärungszeitalters sah[3]. Die meisten seiner Hauptwerke sind übersetzt worden, vor allem ins Englische, aber auch ins Italienische. Auf Deutsch hingegen liegt keines seiner Bücher vor, lediglich einige Kongressbeiträge sind in Deutschland – im Allgemeinen in französischer Sprache – von ihm erschienen. Über die Gründe für die fehlenden Übersetzungen seiner Werke im Deutschen und die im Vergleich zu den USA, Großbritannien und Italien deutlich geringere Rezeption seines Œuvres in deutschsprachigen Zeitschriften und Publikationen lassen sich nur Vermutungen anstellen. Sie sind zweifellos auch auf eine zunehmend stärker gewordene Orientierung der deutschen Geschichtswissenschaft, und auch der Forschungen zur Frühen Neuzeit, auf die anglo-amerikanische Forschung zurückzuführen.

Ich möchte diese Hommage an Daniel Roche, seine Persönlichkeit und sein Werk, mit schlaglichtartigen Erinnerungen an drei von vielen Begegnungen mit ihm in den letzten 45 Jahren schließen. In intensiver Erinnerung bleiben wird mir immer die erste Einladung in seine Wohnung, die in der Rue du Puits de l'Ermite im 5. Pariser Arrondissement, ganz in der Nähe der Großen Pariser Moschee gelegen war, zu Beginn des Jahres 1978, als er zusammen mit mir in den Keller des Hauses hinabstieg, um von dort die meterlangen, von ihm handschriftlich notierten Aufzeichnungen aller Themen der Preisausschreiben der französischen Provinzakademien des 18. Jahrhunderts zu holen und sie dann in seinem Wohnzimmer am Boden auszurollen, um sie anschließend mit mir für die Themenstellung meiner Dissertation (die sich u. a. mit den akademischen Preisausschreiben zu Kriminalität und Justizreform beschäftigte), geduldig durchzusehen. Zweite Szene: Daniel Roche beim Romanistenkongress in Berlin 1983, wo ihn Günter Berger (damals an der Universität Bielefeld) in die Sektion zum Thema »Buch und Leser im Frankreich des Ancien Régime« eingeladen hatte. Daniel Roche war, wie bei allen Tagungen bei denen ich ihn erlebt habe, in der Sektion immer anwesend, hielt einen vielbeachteten Vortrag (zu Ménétra[4]), beteiligte sich mit Interesse und Empathie an der Diskussion und schrieb ununterbrochen und konzentriert mit. In einer der Pausen hörte er auf den Gängen des sogenannten »Rostlaube«-Gebäudes, in dem ein Teil der Geisteswissenschaften der FU Berlin untergebracht ist und in dem der Kongress stattfand, den für ihn anscheinend neuen, diskursanalytischen Begriff »pragmatique historique du texte« (historische Textpragmatik), wiederholte ihn mit einem deutlichen Pathos in der Stimme und ließ sich ihn von uns erklären, nicht ohne eine gewisse

---

3   ROCHE, Républicains des lettres (wie Anm. 1), S. 21; vgl. hierzu auch Roger CHARTIER, Entre utilité et bonheur, le travail d'un historien, in: Vincent MILLIOT, Philippe MINARD, Michel PORRET (Hg.), La grande chevauchée. Faire de l'histoire avec Daniel Roche, Genf 2011 (Bibliothèque des Lumières), S. 11–17, hier S. 16–17.
4   Daniel ROCHE, Le journal d'un vitrier parisien: perspectives d'appropriation culturelle des classes populaires, in: Günter BERGER (Hg.), Zur Geschichte von Buch und Leser im Frankreich des Ancien Régime. Beiträge zu einer empirischen Rezeptionsforschung, Rheinfelden 1986, S. 163–175.

schmunzelnde Skepsis im Gesichtsausdruck. Dritte Szene: Daniel Roche bei einem Kolloquium zu seinen Ehren, das Pascal Bastien und Simon Macdonald im Mai 2017 im Institut d'Études Avancées de Paris veranstalteten[5]. Auch hier war Daniel Roche ein äußerst konzentrierter Zuhörer, der sich unermüdlich Notizen machte und nur gelegentlich, aber eher zurückhaltend, in die Diskussion eingriff – um am Ende, auf Bitten der Veranstalter, ein Schlusswort zu sprechen (bzw. einen Schlussvortrag zu halten): Es wurde ein sehr persönlicher, geradezu intimer Vortrag, in dem Daniel Roche auf wichtige Etappen seines Werkes, vor allem jedoch auf wichtige persönliche Weichenstellungen seines Lebens einging – und zum Erstaunen aller (bzw. der meisten Zuhörerinnen und Zuhörer) offenbarte, er habe nach dem Abitur auf Drängen seiner Familie (die sich damals in finanziellen Schwierigkeiten befand) zunächst kein Studium begonnen, sondern eine Lehre als Dreher (*tourneur-fraiseur*) absolviert und mit einem Diplom (CAP) abgeschlossen und danach erst, auf Drängen seiner ehemaligen Schullehrer, das Studium der Geschichte aufgenommen. Daniel Roches kontinuierliches Bestreben, intellektuelle Kultur mit dem der materiellen und pragmatischen Kultur zu verbinden, seine Aufrichtigkeit und Redlichkeit (*probité*), sein Anspruch an methodische Präzision und sprachliche Klarheit, seine Freude an solider Arbeit (»le plaisir du travail bien fait«), wie es Roger Chartier formulierte[6]; und schließlich sein kontinuierliches Interesse an der Lebenswelt des »einfachen Volkes«, dessen Gesten, Sehnsüchten und Stimmen, haben – dies wurde allen Anwesenden schlaglichtartig deutlich – auch tiefe biographische Wurzeln.

Daniel Roche wird allen, die ihn gekannt haben, unvergesslich bleiben, als Lehrer, Kollege und Freund. Und sein Werk wird ganz ohne Zweifel intensiv weiterwirken, als Inspirationsquelle dienen und vielfältige Impulse geben können – hoffentlich in Zukunft auch mehr als bisher im deutschen Sprachraum.

Hans-Jürgen Lüsebrink

---

5   Pascal Bastien, Simon Macdonald (Hg.), Paris et ses peuples au XVIIIe siècle, Paris 2020 (Histoire moderne, 60).
6   Chartier, Utilité et bonheur (wie Anm. 3), S. 12.

Resümees/Résumés/Abstracts

Sebastian SCHOLZ, Handlungsfähigkeit und rechtliche Stellung der freien Frau im fränkischen Reich (6.–8. Jahrhundert), S. 103–127.

Die rechtliche Stellung der freien Frau im frühen Mittelalter wurde von der Forschung lange als stark eingeschränkt angesehen. Diese Sichtweise wird für die Zeit vom 6. Jahrhundert bis etwa zur Mitte des 8. Jahrhunderts überprüft. Die ältere Forschung nahm an, für die verheiratete Frau habe eine »Geschlechtsvormundschaft« bestanden, bei der ein männliches Mitglied der Familie über die Frau die Vormundschaft ausübte. Vielfach wurde für diese Sichtweise auf die Bestimmungen im langobardischen Recht verwiesen, obwohl die früheren germanischen *Leges* vergleichbare Vorschriften nicht enthalten. Zudem wurden für die Frage nach der Handlungsfähigkeit und rechtlichen Stellung der Frau nur die normativen Texte betrachtet, Formeln und Urkunden aber beiseitegelassen. Eine Auswertung der rechtspraktischen Formeln lässt es zu, die Handlungsfähigkeit und rechtliche Stellung der freien Frau im fränkischen Reich neu einzuordnen. Die dort greifbaren Gerichtsverfahren basieren auf germanischen Rechtsnormen und -traditionen, die es der Frau durchaus ermöglichen, selbst im Gericht aufzutreten und auch für sich zu handeln. Hingegen kennen weder die Formeln noch die fränkischen Leges Männer, die als Bevollmächtigte der Frau oder als Muntwalt auftreten. Da auch die Urkunden zeigen, dass Frauen eigenen Besitz hatten und diesen selbst verwalten konnten, muss die Stellung der Frau im frühen Mittelalter neu bewertet werden.

Pendant longtemps, la recherche a considéré le statut juridique de la femme libre au haut Moyen Âge comme fortement limité. Cette perspective est analysée pour la période s'étendant du VIe siècle jusqu'au milieu du VIIIe siècle, environ. Les précédentes recherches supposaient que, pour les femmes mariées, il existait une *Geschlechtsvormundschaft* (tutelle de sexe), vis-à-vis de laquelle un homme de la famille exerçait une tutelle sur la femme. Concernant ce point de vue, on s'est très souvent référé aux dispositions du droit lombard, sachant que les premières lois germaniques ne contiennent pas de règlements similaires. De plus, quant à la question de la marge de manœuvre et du statut juridique de la femme, seuls les textes normatifs ont été pris en compte, alors que les formules et les chartes ont été mises de côté. Exploiter les formules des pratiques juridiques permet de considérer sous un nouvel angle la marge de manœuvre et le statut juridique de la femme libre dans le royaume franc. Les procédures judiciaires correspondantes aujourd'hui disponibles s'appuient sur des normes et traditions juridiques germaniques, qui permettaient aux femmes de comparaître assurément devant un tribunal et d'agir en leur nom. En revanche, ni les formules ni les lois franques ne connaissent des hommes qui apparaissent comme représentant et tuteur (*muntwalt*) des femmes. Étant donné que les chartes montrent aussi que des femmes possédaient leurs propres biens et pouvaient en assurer directement la gestion, la condition de la femme au haut Moyen Âge doit être réévaluée.

The legal position of the free woman in the early Middle Ages was long considered to be severely restricted. The essay reviews this assumption for the period from the 6th century to about the middle of the 8th century. Earlier research suggested that for married women there existed a *Geschlechtsvormundschaft* (gender guardianship), meaning that a male member of the family exercised guardianship over the woman. Many researchers made reference to the provisions in Lombard law to support this view, even though the earlier Germanic *leges* do not contain comparable provisions. Discussions about women's ability to act independently and their legal position usually considered only normative texts and did not include *formulae* and charters. An evaluation of the *formulae* of the Frankish kingdom makes it possible to reclassify the legal position of the free woman and their ability to act independently. The court proceedings documented in them are based on Germanic legal norms and traditions, which certainly allowed a woman to appear in court herself and to act on her own behalf. On the other hand, neither the *formulae* nor the Frankish *leges* know of men acting as women's proxies or *muntwalt*. Since the documents also show that women could own property and manage it themselves, the position of women in the early Middle Ages is in need of reassessment.

Jean-Marie MOEGLIN, Le traité de Verdun (843). Les enjeux d'une mémoire, S. 129–169.

Der Vertrag von Verdun, der 843 zwischen den drei Söhnen Kaiser Ludwigs des Frommen geschlossen wurde, fand im Gegensatz zur Schlacht von Fontenoy (841) nur bei einer kleinen Anzahl zeitgenössischer Autoren Beachtung. Später scheint er in den Chroniken und Annalen weitgehend ignoriert worden zu sein. Nur wenige Autoren hielten es für angebracht, die Reichsteilung Ludwigs des Frommen zu erwähnen, da sie die fortwährende Trennung zwischen Westfranken/Frankreich und Ostfranken/Deutschland zu erklären erlaubte. Ab der zweiten Hälfte des 11. Jahrhunderts jedoch führte ein neuer Aufschwung der Universalgeschichte dazu, dass die Schlacht von Fontenoy und vor allem die Teilung von Verdun als Schlüsseldaten betrachtet wurden, die das Ende der Einheit des fränkischen/römischen Reiches nach dem Tod Ludwigs des Frommen bedeuteten. Diese Rückbesinnung auf den Vertrag von Verdun besaß aber in Frankreich und Deutschland eine unterschiedliche Bedeutung. In Deutschland war man der Ansicht, dass das durch die Teilung von Verdun entstandene Reich der Deutschen seinen Zweck erfüllt hatte, indem es mit dem Römischen Reich wiedervereinigt wurde. In Frankreich musste man feststellen, dass das Königreich Frankreich zwar der direkte Erbe des *regnum Francorum* war, dass sich aber nach der Teilung von Verdun ein deutsches Königreich davon emanzipiert und es sogar geschafft hatte, die römische Kaiserwürde zu erlangen, die Karl der Große für die französischen Könige erworben hatte. Die von Sigebert von Gembloux als Anteil Karls des Kahlen erwähnte *Francia* war nur noch das kleine *Royaume de France* der vier Flüsse. In der Nachfolge der mittelalterlichen Chronisten schreiben die Historiker der Neuzeit dem Vertrag von Verdun eine zentrale Rolle bei der Entstehung der großen Staaten Europas zu. Aber während in Deutschland die Geburt eines rein deutschen Königreichs gefeiert wurde, beklagte man in Frankreich den Untergang des alten *empire françois*. An diese Überlegungen anknüpfend, machen im 19. Jahrhundert Augustin Thierry in Frankreich und Georg Waitz in Deutschland den Vertrag von Verdun zur Geburtsurkunde der französischen und der deutschen Nation: Dank ihnen wird er zum *lieu de mémoire* der deutschen und französischen Geschichte.

Le traité de Verdun conclu en 843 entre les trois fils de l'empereur Louis le Pieux n'a retenu l'attention, contrairement à la bataille de Fontenoy, que d'un petit nombre d'auteurs contemporains. Il paraît par la suite disparaître largement des chroniques et annales. Seuls quelques auteurs jugent bon d'évoquer le partage de l'empire de Louis le Pieux parce qu'il permettait de remonter à l'origine du mouvement de séparation entre la Francie de l'ouest/France et la Francie de l'est/Allemagne. À partir de la deuxième moitié du XIe siècle toutefois, un nouvel essor de l'histoire universelle conduit à identifier la bataille de Fontenoy et surtout le partage de Verdun comme les dates-clefs marquant la fin de l'unité de l'Empire franc/romain après la mort de Louis le Pieux. Ce retour du traité de Verdun prend un sens différent en France et en Allemagne. En Allemagne, l'on considérait que le royaume des Allemands né lors du partage de Verdun avait rempli sa vocation en étant réuni avec l'Empire romain. En France, l'on devait constater que certes le royaume de France était l'héritier direct du *regnum Francorum* mais, après le partage de Verdun, un royaume allemand s'en était émancipé et avait même réussi à capter la dignité d'empereur romain que Charlemagne avait acquise aux rois de France; la *Francia* mentionnée par Sigebert de Gembloux comme part de Charles le Chauve n'était plus que le petit royaume de France des quatre rivières. Dans la continuité des chroniqueurs médiévaux, les historiens de l'époque moderne assignent au traité de Verdun un rôle central dans la naissance des grands États de l'Europe. Mais tandis qu'en Allemagne, on célèbre la naissance d'un royaume proprement allemand, l'on déplore en France la ruine de l'ancien *empire françois*. Rebondissant sur ces considérations, les historiens libéraux du XIXe siècle, Augustin Thierry en France, Georg Waitz en Allemagne, font du traité de Verdun l'acte de naissance des nations française et allemande; ce sont eux qui l'érigent en lieu de mémoire de l'histoire allemande et française.

Unlike the Battle of Fontenoy, the Treaty of Verdun, concluded in 843 between the three sons of Emperor Louis the Pious, drew the attention of only a small number of contemporary writers. In later chronicles and annals, it seems to have been largely ignored. Only a few writers refer to the division of the empire by Louis the Pious as an explanation for the continuing separation of West Francia/France and East Francia/Germany. From the second half of the 11th century, however, an upsurge in the writing of universal chronicles led to a new view of the Battle of Fontenoy, and above all, the partition under the Treaty of Verdun, as key dates marking the end of the unity of the Frankish/Roman Empire after the death of Louis the Pious. This return to the Treaty of Verdun was given different interpretations in France and Germany. In Germany, it was felt that the German Empire created by the partition of Verdun had fulfilled its purpose in being reunited with the Roman Empire. In France, it did not go unnoticed that although the Kingdom of France was the direct heir to the *regnum Francorum*, a German kingdom had liberated itself from it after the partition of the Treaty of Verdun and had even succeeded in gaining the Roman imperial dignity that Charlemagne had conferred on the French kings. The *Francia* referred to by Sigebert of Gembloux as the share of Charles the Bald was now merely the small *royaume de France* of the four rivers. Following in the footsteps of medieval chroniclers, modern historians maintain that the Treaty of Verdun played a central role in the emergence of the great states of Europe. But whereas Germany celebrated the birth of a purely German kingdom, the French lamented the demise of the old *empire françois*. In the 19th century, the liberal historians Augustin Thierry in France and Georg Waitz in Germany went further, declaring the Treaty of Verdun to be the birth certificate of the French and German nations, so establishing it as a *lieu de mémoire* of German and French history.

Adelheid KRAH, »Natio«, Gemeinschaft, Kult und Nation. Gemeinschaftskonzepte des Früh- und Hochmittelalters. Teil 1, S. 171–204.

Die Studie behandelt die enge Kohäsion der historischen Phänomene »*natio*, Gemeinschaft, Kult und Nation« in den sozialen Gemeinschaften Europas im Früh- und Hochmittelalter. Dabei werden sowohl die sozialen Mechanismen des Zusammenschlusses als auch die der Ausgrenzung anderer sozialer Gruppen untersucht. Leitend wirkten bei diesen sozialen Prozessen autoritative Texte von Theologen und Rechtsgelehrten. Eine starke gentile Trennung nach dem Prinzip der Religionszugehörigkeit nahm mit dem Siegeszug der christlichen, an Rom orientierten Religion ihren Lauf. Allerdings ist eine nachhaltige Wirkung der Rechtstheorie Bischof Isidors von Sevilla (um 555–636) während der späteren Phase der Verschriftlichung der gentilen Rechte im Karolingerreich feststellbar. Die in dem Beitrag vorgestellten Gemeinschaftskonzepte implizieren in jeder Form eine dynamische Perspektive des Lebens und zeigen das Bild einer menschlichen Gemeinschaft, die sich stets erneuert. Insofern wird in dieser Studie auch von der Hermeneutik der Begriffe *natio* und Nation ausgegangen. Dabei werden die Phänomene des Rückgriffs auf kulturhistorisch bedeutende politische und kulturelle Erscheinungsformen von Gemeinschaft und deren Renaissance ebenso thematisiert wie das theologische Prinzip der Unvergänglichkeit und damit ein Gemeinschaftskonzept mit einer zweiten Perspektive, nämlich auf ein Fortleben nach dem Tod.

L'étude traite de l'étroite cohésion des phénomènes historiques »*natio*, communauté, culte et nation« dans les communautés sociales d'Europe au haut Moyen Âge ainsi qu'au Moyen Âge central. À cette occasion, tant les mécanismes sociaux de regroupement que ceux d'exclusion d'autres groupes sociaux sont analysés. Par rapport à ces processus sociaux, ce sont les textes normatifs des théologiens et des hommes de loi qui prévalaient. Par la suite se forme un écart entre groupes sociaux en fonction de la religion adoptée, accentué par le triomphe de la religion chrétienne orientée vers Rome. Toutefois, on décèle l'effet durable de la théorie juridique de l'évêque Isidore de Séville (vers 555–636) lors de la phase tardive de mise par écrit des lois barbares dans l'empire carolingien. Les concepts de communautés présentés dans l'article impliquent dans chacune des formes une perspective dynamique de la vie et montrent l'image d'une société humaine, qui se renouvèle constamment. À cet égard, l'étude se fonde également sur l'herméneutique des termes de *natio* et nation. Dans ce contexte-là, l'article tend à montrer que la communauté et la renaissance de celle-ci s'appuient sur des manifestations historiques importantes, politiques et culturelles. De même, la contribution reprend le postulat théologique de l'immortalité et avec cela un concept communautaire, avec une deuxième perspective, à savoir la vie après la mort.

This study explores the close-knit cohesion of the historical phenomena of »*natio*, community, cult and nation« in social communities of early and high medieval Europe. It examines mechanisms both of association with and exclusion from other social groups. These social processes were shaped by authoritative texts by theologians and legal scholars. The triumph of Christianity, focused on Rome, brought about a strong gentile separation following the principle of religious affiliation. The influence of the legal theory of Bishop Isidore of Seville (c. 555–636) can still be detected much later, however, during the period when gentile rights were written down under the Carolingian Empire. The concepts of community presented here imply a dynamic perspective on life and offer an image of human communities that were constantly reinventing themselves. This study thus also draws on the hermeneutics of the concepts of *natio* and nation. It will address the phenomena of having recourse to culturally and historically significant political and cultural manifestations of community and their renaissance, and of the theological principle of imperishability and hence of the concept of community with another perspective, namely survival after death.

Maximiliane BERGER, Waldwüstenwirtschaft. Produktion, Tausch und monastische Konkurrenz in den »Vitae Ebrulfi«, S. 205–226.

Auch mittelalterliche Eremiten brauchten ein Mindestmaß an materiellen Ressourcen. Wovon sie lebten und wie sie beschafften, wovon sie lebten, musste zwar nicht, konnte aber in über sie erzählenden Heiligenviten seinen Niederschlag finden. Eine Gruppe von fünf Viten des Ebrulfus, der Gründerfigur des ursprünglich merowingerzeitlichen, um 1050 neugegründeten normannischen Klosters Saint-Évroult, verfasst zwischen dem 8. und dem späten 12. Jahrhundert, befasst sich besonders intensiv mit den wirtschaftlichen Aspekten eremitischer und klösterlicher Existenz in einer nordwesteuropäischen Waldwüste. Ihnen wird in diesem Aufsatz auch im diachronen Vergleich nachgegangen. Im Medium der Lebensgeschichte des heiligen Ebrulfus zeigt sich, dass in Saint-Évroult eine bewusste, jeweils zeitgenössisch aktualisierte Auseinandersetzung mit den wirtschaftlichen Existenzgrundlagen des Klosters stattfand. Dabei wurde »Wirtschaft« nicht nur als naturgegeben, sondern primär als sozial gestaltbar aufgefasst: In der Abwägung zwischen produktions- und tauschbasierter klösterlicher Wirtschaft zeichnen die »Vitae Ebrulfi« des 12. Jahrhunderts – als Zisterzienser und erneuerte Debatten um die Auslegung der Benediktsregel Agrarproduktion und Landesausbau als Signa guter Klosterwirtschaft propagierten – ein positives Bild einer Tauschwirtschaft, in der Saint-Évroult durch das Angebot seines charakteristischen spirituellen Gutes regionale Spillover-Effekte generierte.

Au Moyen Âge, les ermites avaient eux aussi besoin d'un minimum de ressources matérielles. Ce dont ils vivaient et comment ils se le procuraient n'était pas toujours mentionné dans les sources, mais pouvait se trouver dans les Vies des saints qui témoignaient d'eux. Rédigées entre le VIIIe siècle et la fin du XIIe siècle, cinq Vies de saint Évroult, fondateur de l'abbaye du même nom, construite à l'époque mérovingienne, puis refondée sous les Normands vers 1050, s'intéressent tout particulièrement aux aspects économiques relatifs à l'existence des ermites et des moines dans un désert forestier du nord-ouest de l'Europe. Cet article les examine également dans le cadre d'une comparaison diachronique. Par l'intermédiaire de la Vie de saint Évroult, on constate que s'opérait dans l'abbaye une réflexion active et constante sur les rudiments économiques. À cette occasion, l'»économie« n'a pas seulement été conçue comme quelque chose de fixe. Cette notion a changé sous l'emprise de la société: en comparant l'économie monastique basée sur la production et le troc, les Vies de saint Évroult du XIIe siècle – alors que les Cisterciens et de nouveaux débats autour de l'interprétation de la règle bénédictine prônaient une production agraire et un aménagement rural, reflet d'une économie monastique solide – renvoie une image positive de l'économie fondée sur le troc, qui produit à l'échelle régionale des effets de *spillover* au travers des biens spirituels caractérisant l'abbaye de Saint-Évroult.

Even medieval hermits needed a minimum of material resources. What they lived on and how they procured what they lived on would sometimes be documented in hagiographies. A collection of five *vitae* of Saint Ebrulf, founder of the Merovingian abbey of Saint-Évroult that was revived around 1050, written between the 8th and the late 12th century, provides an unusually thorough study of the economic aspects of hermetic and monastic life in a densely wooded, sparsely populated part of north-western Europe. This paper adopts a diachronic approach to an examination of these same aspects of monastic life. The *vitae* of Ebrulf demonstrate that in Saint-Évroult the economic foundations of the monastery were carefully considered and adapted to the conditions of the day. The »economy« of the monastery was not viewed as a natural given but rather as something that could be socially shaped. Weighing up production-based against exchange-based monastic economics, the »Vitae Ebrulfi«, partly written in the 12th century – a time when the Cistercians, reopening debates about the correct interpretation of the Benedictine Rule, maintained that agricultural production and colonization of new land were principles of good monastic economics –, paint a positive picture of an exchange economy in which Saint-Évroult generated regional spillover effects by offering its distinctive spiritual goods.

Hannes ENGL und Robin MOENS, Sainte-Glossinde, Saint-Mihiel und der Streit um Lacroix-sur-Meuse (ca. 1187–1210). Ein außergewöhnlich gut dokumentierter Fall päpstlich delegierter Gerichtsbarkeit (Untersuchung und Edition), S. 227–279.

In den Jahren zwischen 1187 und 1210 standen sich die Äbtissin von Sainte-Glossinde in Metz und der Abt von Saint-Mihiel (Diözese Verdun) in einem äußerst langwierigen Rechtsstreit gegenüber. Verhandelt wurde er überwiegend vor päpstlich delegierten Richtern, doch traten daneben auch lokale Schiedsgerichte, die den Prozessverlauf entscheidend beeinflussten. Die außergewöhnliche und für diese Zeit einzigartige Überlieferungsdichte des Rechtsstreits, dessen Akten sich in den Beständen der Abtei von Sainte-Glossinde finden, erlaubt es, die praktische Umsetzung und Reichweite der päpstlichen Delegationsgerichtsbarkeit im regionalen Kontext anhand eines konkreten Einzelfalls zu untersuchen. Näher beleuchtet werden in diesem Beitrag zum einen einzelne Abläufe des Verfahrens (Auswahl der Delegaten und Verhandlungsorte; Übergänge zwischen den Prozessphasen) und zum anderen das Zusammenspiel zwischen delegierten Richtern und lokalen Instanzen. Dabei wird unter anderem gezeigt, dass die Kurie den Streitenden angesichts der sich abzeichnenden Ausweglosigkeit des Konflikts zusehends weniger Spielraum bei der Auswahl der Delegaten ließ. Des Weiteren wird deutlich, dass sich in diesem Fall die Reichweite des Handelns delegierter Richter nicht allein anhand der Anerkennung ihrer Urteile durch die Streitparteien ermessen lässt. Sie manifestiert sich vielmehr in einem breiten Spektrum an Reaktionen verschiedener regionaler Akteure, welche die Anweisungen der Delegaten in unterschiedlicher Weise aufgriffen und so ihrerseits das Prozessgeschehen beeinflussten.

Entre 1187 et 1210, un litige très long et complexe opposa l'abbesse de Sainte-Glossinde de Metz à l'abbé de Saint-Mihiel (diocèse de Verdun). Il fut surtout jugé par des délégués du pape, mais aussi par des arbitres locaux; ces derniers exercèrent également une influence considérable sur le déroulement du procès. Extraordinairement vaste pour la période concernée, l'importance des archives de l'abbaye de Sainte-Glossinde permet d'examiner l'application pratique de la justice déléguée pontificale et sa portée dans le contexte régional à partir d'un exemple concret. Cet article aborde d'une part certains aspects de la procédure (en particulier le choix des juges délégués et des lieux des tribunaux, mais aussi la transition entre différentes phases du procès) et d'autre part les interactions entre les juges délégués et les instances locales. Ainsi il est entre autres établi que la Curie laissa moins de marge de manœuvre aux litigants quant au choix des juges délégués aux vues de la durée du procès. Dans ce cas précis, on remarque que la portée des jugements des délégués pontificaux se mesure non seulement à la reconnaissance de leurs sentences par les litigants mais aussi par un large spectre de réactions de la part de différents acteurs régionaux. Ces derniers interprétaient les prescriptions des juges délégués de différentes manières et influençaient ainsi, quant à eux, le déroulement du procès.

From c. 1187 to c. 1210, the abbess of Sainte-Glossinde in Metz and the abbot of Saint-Mihiel (in the diocese of Verdun) were engaged in a long and complex lawsuit. This was mainly dealt with by papal judges delegate, but several local arbitrators were also involved in the proceedings and had a decisive impact on their course. The court records, still held in the archives at

Sainte-Glossinde, are unusually extensive for the period, allowing a case study that deepens our knowledge of the practice of papal delegated justice and the extent of its regional influence. This paper focuses on the trial process (the selection of the judges delegate and the places where the courts should sit, and the transition between the different stages of the trial), as well as on the interaction between the judges delegate and the local courts. From this it becomes clear that as the lawsuit dragged on and became ever more inextricable, so the litigants' involvement in the choice of the judges delegate became increasingly limited by the papal Curia. In this particular case, moreover, it can be seen that the impact of the judges delegates' actions could be measured not only by the disputing parties' acceptance of their verdicts, but also by the influence of those actions on a number of regional protagonists, whose varying responses and interpretations in their turn influenced the course of the proceedings.

Lucas HAASIS, Ein Hamburger Kaufmann auf Etablierungsreise in Frankreich. Ambitionen, Praktiken und Kolonialhandel im Spiegel einer Geschäftskorrespondenz der Jahre 1743–1745, S. 281–305.

Im August 1745 finden englische Offiziere ein verstecktes Reisearchiv auf einem gekaperten Schiff. Es handelt sich um das Geschäfts- und Briefarchiv des Hamburger Fernhandelskaufmanns Nicolaus Gottlieb Luetkens (1716–1788). Luetkens hatte die vorangegangenen beiden Jahre damit verbracht, Frankreich zu bereisen, um seine kaufmännische Etablierungsphase zu vollziehen. Im Zentrum des Artikels stehen die Fragen, warum er für diese so wichtige Phase im Leben eines Kaufmanns Frankreich wählte, welche Etappen er auf dem Weg zum niedergelassenen Fernhandelskaufmann absolvierte, wie er von der französischen Kolonialwirtschaft profitierte und diese als Hamburger Kaufmann aktiv unterstützte. Grundlage des Artikels sind die Briefe und Unterlagen, die damals von den Offizieren aus dem Reisearchiv sichergestellt wurden und heute in den National Archives London, als Teil des Prize Papers Bestands verwahrt werden. Sämtliche Unterlagen aus dem Luetkens-Archiv stehen seit Anfang 2023 zudem im Prize Papers Portal digitalisiert zur Verfügung. Das Luetkens-Archiv ist ein eindrückliches Zeugnis deutsch-französischer Wirtschaftsbeziehungen. Der Aufsatz widmet sich den Geschäftspraktiken junger Hamburger Kaufleute in Frankreich, den rechtlichen Privilegien und Grauzonen im französischen Wirtschaftssystem, Luetkens' Reiseroute, seinem Handelsnetzwerk und seiner Korrespondenzaktivität in Frankreich und fragt schließlich nach seiner konkreten Rolle als Mittelsmann im atlantischen Kolonialhandel.

En août 1745, des officiers anglais trouvent, à bord d'un navire capturé, les archives commerciales et des lettres de Nicolaus Gottlieb Luetkens (1716–1788), un marchand hambourgeois faisant du commerce sur de grandes distances. Pour réussir à s'implanter en tant que commerçant, il avait passé les deux années précédentes à voyager en France. L'enjeu de cet article est de répondre aux questions suivantes: pourquoi pour son implantation, une étape si importante dans la vie d'un commerçant, Luetkens a-t-il choisi la France? Quel a été son parcours pour devenir marchand? Comment a-t-il profité de l'économie coloniale française et comment l'a-t-il activement soutenue en tant que marchand hambourgeois? L'article se base essentiellement sur les lettres et les documents saisis par les officiers qui sont actuellement conservés aux National Archives à Londres et qui font partie du fonds Prize Papers. Par ailleurs, depuis 2023, tous les documents des archives de Luetkens ont été numérisés et sont consultables sur le Prize Papers Portal. Ceux-ci sont un témoignage remarquable des échanges économiques franco-allemands. L'article s'intéresse aussi aux pratiques commerciales des jeunes marchands hambourgeois en

France, aux privilèges juridiques et aux zones d'ombre du système économique français, à l'itinéraire de Luetkens, à son réseau commercial et à ses correspondances en France. Mais le texte s'interroge aussi sur son rôle d'intermédiaire dans le commerce colonial atlantique.

In August 1745, British officers discovered a chest filled with papers hidden on a ship they had captured. This proved to be the business and correspondence archive of the Hamburg travelling merchant Nicolaus Gottlieb Luetkens (1716–1788). Luetkens had spent the previous two years travelling through France to complete the establishment phase of his career as a merchant. This paper focuses on the questions of why he chose France for this important stage in his career, what kind of experience he had gained before becoming a sedentary merchant, how he profited from the French colonial economy during this time and how he actively supported it as a Hamburg trader. It draws on letters and documents seized by the officers from this travelling archive, now held in the National Archives in London as part of the Prize Papers collection. All documents from the Luetkens Archive have also been made available online on the Prize Papers Portal since early 2023. The Luetkens Archive is an impressive testimony to Franco-German economic relations. This study examines the business practices of young Hamburg merchants in France, legal privileges and grey areas in the French economic system, Luetkens' itinerary, his trade network and his correspondence in France, before finally exploring his role as a middleman in the colonial transatlantic trade.

Magnus RESSEL, Des ennemis de la foi à visage humain. Évolution et impact du regard des intellectuels nord-européens sur les Barbaresques dans la deuxième moitié du XVIIe siècle, S. 307–321.

Die Publikation von Laugier de Tassys »Histoire du royaume d'Alger« im Jahr 1725 gilt zu Recht als ein Meilenstein in der westeuropäischen Wahrnehmung dieses bedeutenden Barbareskenstaates und damit auch aller Maghrebstaaten und sogar des Islam im Allgemeinen. Der Bruch mit dem vormals vorherrschenden Schreckensbild der Barbareskenstaaten in diesem Werk war äußerst radikal, da gegen die bislang dominierende Perhorreszierung ein relativ positives und teilweise wohl auch übertrieben idealisierendes Bild gesetzt wurde. Dies galt insbesondere bezüglich der Behandlung der Christensklaven. Bei Tassy wurde deren Schicksal in günstigen Farben gezeichnet und deren Herren relativ human charakterisiert. Im vorliegenden Aufsatz wird versucht, diesen Bruch dadurch etwas erklärbarer zu machen, dass der Blick auf die zeitlich davor liegende Barbareskenliteratur in Nordeuropa, konkret in Altona/Hamburg und die nördlichen Niederlande gewandt wird. 1666 erschien bereits in Altona/Hamburg das vom dortigen Pastor Johann Frisch verfasste Werk »Schauplatz barbarischer Schlaverey«, welches trotz seines Titels ein durchaus differenziertes Bild der Barbareskenstaaten andeutete, gerade in Bezug auf die günstige Behandlung der Christensklaven. Ähnlich geschah dies im 1684 vom strengen Calvinisten Simon de Vries publizierten »Handelingen en Geschiedenissen […] van de Zee-Roovers in Barbaryen«, welches die Aussagen von Frisch teilweise radikalisierte und dabei auch zuspitzend vereinfachte. Diese beiden Werke dürfen stellvertretend für den Barbareskendiskurs in Nordeuropa im späten 17. Jahrhundert gelten – und die Tatsache, dass Tassy nach vielen Jahren Aufenthalt in Amsterdam sein Werk 1725 hier druckte, mag auch auf solche Einflüsse zurückzuführen sein.

La publication de Laugier de Tassy, »Histoire du royaume d'Alger«, en 1725, est considérée à juste titre comme une avancée considérable dans la perception que se font les Européens de l'Ouest de l'important État barbaresque, et par cela de tous les États du Maghreb et même de l'Islam en général. Cette œuvre se distingue particulièrement, en se plaçant à l'encontre du rejet des États barbaresques qui dominait jusqu'alors et en présentant une image relativement positive et vraisemblablement aussi idéalisée de ces États. Elle rompt ainsi avec l'image effrayante de ces États, qui prévalait auparavant. Ceci valait en particulier pour le traitement des esclaves chrétiens. Tassy décrivait leur sort de manière favorable et attribuait à leurs maîtres des caractères relativement humains. Le présent article cherche à rendre cette rupture un peu plus compréhensible en tournant le regard vers la littérature sur les barbaresques produite antérieurement en Europe du Nord, plus précisément à Altona/Hambourg et dans le Nord des Pays-Bas. En 1666 était déjà paru à Altona/Hambourg l'ouvrage rédigé par le pasteur local Johann Frisch »Schauplatz barbarischer Schlaverey«, lequel laissait entrevoir, malgré son titre, une image plutôt différenciée des États barbaresques, notamment en ce qui concerne le traitement favorable des esclaves chrétiens. Cela est repris également dans »Handelingen en Geschiedenissen […] van de Zee-Roovers in Barbaryen«, publié en 1684 par le calviniste acharné Simon de Vries, qui a radicalisé en partie les propos de Frisch, non sans les simplifier davantage. Ces deux œuvres peuvent être considérées représentatives du discours à propos des barbaresques en Europe du Nord à la fin du XVIIe siècle – et le fait, que Tassy, après avoir séjourné plusieurs années à Amsterdam, ait imprimé son œuvre là-bas en 1725, peut également être attribué à de telles influences.

The publication of Laugier de Tassy's »Histoire du royaume d'Alger« in 1725 is rightly considered a milestone in the Western European perception of this important Barbary state, and by extension of all the Maghreb states and even Islam in general. The rift that this work represented with the lurid image of the Barbary states that had prevailed up to that time was extremely radical, as it offered a relatively positive and possibly sometimes over-idealised image, in contrast to the fear and revulsion that had previously been the dominant narrative. This was especially true in relation to the treatment of Christian slaves. Tassy painted their fate in favourable colours and described their masters as relatively humane. This essay attempts to make this departure a little more explicable by looking at earlier northern European literature on Barbary states, specifically in Altona/Hamburg and the northern Netherlands. A work written by the local pastor Johann Frisch, »Schauplatz barbarischer Schlaverey«, had already been published in Altona/Hamburg in 1666. Despite its title, this provided a detailed and nuanced picture of the Barbary states, especially with regard to the favourable treatment of Christian slaves. A work published in 1684 by the strict Calvinist Simon de Vries, »Handelingen en Geschiedenissen […] van de Zee-Roovers in Barbaryen«, followed a similar approach, radicalising Frisch's statements to a degree while also simplifying and exaggerating them. These two works may be regarded as representative of the discourse on Barbary corsairs in northern Europe in the late seventeenth century – and the fact that Tassy printed his work in Amsterdam in 1725 after living there for many years may also be due to such influences.

Edern DE BARROS, La figure germanique de Charlemagne au XVIIIe siècle en France. La souveraineté à l'épreuve du régime mixte, S. 323–346.

Im 18. Jahrhundert ist die Figur Karls des Großen Gegenstand einer Debatte zwischen Befürwortern des Absolutismus und Republikanern, die als Vorwand dient, das Konzept der Souveränität als solches zu hinterfragen. Absolutisten wie der Abt Dubos entwickeln eine Historiographie, die Franzosen und Römer parallelisiert und darauf abzielt, das öffentliche Recht der

Kaiserzeit auf die gesamte Geschichte Frankreichs zu projizieren – entgegen des von Tacitus beschriebenen demokratischen Erbes der Germanen. Die postulierte Parallelität findet ihre Begründung in der Behauptung von Gregor von Tours, derzufolge der byzantinische Kaiser Anastasios den fränkischen König Chlodwig mit dem Titel und den Abzeichen eines Patricius, eines Konsuln oder sogar eines Augustus' und Kaisers ausgestattet haben soll. Mit der Annahme des Kaisertitels hätte sich Karl der Große in diese Tradition eingeschrieben und auf diese Weise eine staatsrechtliche Kontinuität von den Merowingern bis zu den Bourbonen sichergestellt. Dem Studium des Digests ziehen Republikaner wie die Brüder Étienne Bonnot de Condillac und Abt Gabriel Bonnot de Mably das der Kapitularien vor, welche die Spuren der Barbarenherrschaft bewahren, um die republikanische Erinnerung an die Mischverfassung zu pflegen. Die Souveränität der Rechtssetzung liegt beim Marsfeld, während der König auf die Ausführung der Gesetze beschränkt ist. Karl der Große wird gegen die römisch-kaiserzeitliche Tradition zum Wiederhersteller der *démocratie tempérée* der germanischen Franken. Diesen erscheint die Existenz einer Nationalversammlung von nun an als Instrument, um das System der widerstreitenden Kräfte ins Gleichgewicht zu bringen und im selben Atemzug das von Bodin geerbte Souveränitätskonzept zu delegitimieren. Die republikanische Figur eines demokratischen Karl des Großen begleitet folglich die Rechtfertigung der Wiedereinberufung der Generalstände.

Au XVIIIe siècle, la figure de Charlemagne fait l'objet d'un débat entre les partisans de l'absolutisme et les républicains qui sert de prétexte pour interroger le concept même de souveraineté. Les absolutistes comme l'abbé Dubos élaborent une historiographie du parallèle des Romains et des Français qui a pour objectif de projeter le droit public impérial sur toute l'histoire de France contre l'héritage démocratique des Germains décrits par Tacite. La thèse du parallèle trouve son fondement dans l'affirmation de Grégoire de Tours selon laquelle l'empereur Anastase aurait donné à Clovis le titre et les ornements de patrice, de consul ou même d'Auguste et d'empereur. En prenant le titre d'empereur, Charlemagne s'inscrirait dans cette tradition, assurant une continuité en droit public des Mérovingiens jusqu'aux Bourbons. À l'étude du Digeste, les républicains comme les frères Condillac et Mably préfèrent celle des capitulaires qui conservent la trace du gouvernement des barbares pour rappeler la mémoire républicaine du régime mixte. La souveraineté législative appartient au Champ de Mars, tandis que le roi est borné à faire exécuter les lois. Charlemagne devient le restaurateur de la *démocratie tempérée* des Francs germaniques, contre la tradition romano-impériale. Dès lors, la présence d'une assemblée de la nation leur apparaît comme le lest qui rééquilibre le système des contre-forces, disqualifiant du même coup le concept même de souveraineté héritée de Bodin. La figure républicaine d'un Charlemagne démocrate accompagne alors la justification du rétablissement des États généraux.

In the Eighteenth century, Charlemagne became the focus of a debate between the supporters of absolutism and republicans that served as a pretext for calling into question the very concept of sovereignty. Absolutists such as the abbot Dubos drew a historiographical parallel between the Romans and the French, intending thereby to project imperial public law on to the entire history of France, as opposed to the democratic heritage of the Germans according to Tacitus. The thesis underlying this parallel was founded on Gregory of Tours's assertion that the emperor Anastasius endowed Clovis with the titles and decorations not only of patrician and consul but also of Augustus and emperor. In accepting the title of emperor, Charlemagne thus became part of this tradition, so ensuring the continuity in public law from the Merovingians right up to the Bourbons. Rather than studying the Digest, republicans such as the brothers Condillac and Mably preferred to refer to the capitularies, which retained elements of barbarian laws, in order to recall republican memories of a hybrid system of government. Legislative sovereignty belonged to the Mars Field, while the king's role was confined to enforcing the law.

Charlemagne restored the *démocratie tempérée* of the Germanic Franks, as against the imperial Roman tradition. From that point on, the presence of a national assembly seemed to them to be the concession that would restore balance to the system of opposing forces, by the same token discrediting the very concept of sovereignty inherited from Bodin. The figure of Charlemagne as a republican and democrat was thus used to support the justification for the reconvening of the Estates General.

Michael ROHRSCHNEIDER und Albert SCHIRRMEISTER, Die französischen Korrespondenzen in den Acta Pacis Westphalicae. Zwischenbilanz und Perspektiven, S. 347–365.

Der Aufsatz stellt die Genese der Edition der französischen Korrespondenzen als umfangreichsten Teil der seit 1962 erscheinenden Acta Pacis Westphalicae vor, ordnet das Langzeitprojekt in seine institutionelle und in die geschichtswissenschaftliche Entwicklung ein und diskutiert seine Perspektiven und Potentiale. Die vom ursprünglichen Zweck der Edition – die Genese der Friedensschlüsse sichtbar zu machen – abhängigen Editionsentscheidungen werden diskutiert und die positiven forschungspraktischen Folgen der institutionellen Einbindung und die Forschungen initiierende Wirkung der Edition skizziert. Schließlich wird die Situierung des derzeit entstehenden Bandes der französischen Korrespondenz in einem editionswissenschaftlich veränderten Kontext besprochen: Mit der Entwicklung digitaler Editionstechniken verbunden sind auch theoretische Überlegungen zur Offenheit des edierten Textes, zum Korpus oder zur Vernetzung etc. Hierzu muss sich ein Band, der Teil eines Langzeitprojektes ist, anders verhalten, als es Einzeleditionen können. Entsprechendes gilt für den veränderten geschichtswissenschaftlichen Kontext, durch den neue Perspektiven und thematische Elemente relevant werden. Als Ziel der Edition wird gleichbleibend die Anregung zu neuen Forschungen am reichhaltigen Korpus beschrieben.

L'article présente la genèse de l'édition des correspondances françaises comme la plus importante partie des Acta Pacis Westphalicae publiés depuis 1962. Il inscrit le projet à long terme dans son évolution institutionnelle et historiographique et discute de ses perspectives et potentialités. Les décisions éditoriales dépendantes du but initial de l'édition, qui était de mettre en lumière la genèse des accords de paix, sont discutées. Sont également esquissés le fait que l'intégration institutionnelle ait eu des retombées positives sur les pratiques de la recherche ainsi que l'effet initié par l'édition sur les recherches. Enfin, le contexte éditorial scientifique évoluant, la place du volume de la correspondance française en cours d'élaboration est examinée: sont liées au développement des techniques d'édition numérique également des réflexions théoriques sur l'accessibilité du texte édité comme du corpus, sur la mise en relation, etc. Sur ce point, un volume, qui fait partie d'un projet à long terme, se distingue forcément des éditions isolées. Cela vaut également pour l'évolution du contexte historiographique, au travers duquel de nouvelles perspectives et thématiques deviennent pertinentes. L'article au travers de l'édition a pour objectif d'impulser de manière constante de nouvelles recherches vis-à-vis de ce riche corpus.

This essay describes the genesis of the edition of the French correspondence, the most extensive section of the historical-critical edition of the Acta Pacis Westphalicae that has been in publication since 1962. It traces the institutional and historiographical development of this ongoing publication project and reflects on its perspective and potential. It also discusses how editorial decisions have been guided by the original aim of the publication to shed light on the genesis of the peace accords, and outlines how institutional integration has led to positive practical research outcomes and how the publication has given impetus to new research. Finally, it shows how the work currently underway on the volume of French correspondence is shaped by changes in editorial scholarship, with the development of digital editorial techniques making it necessary for editors to consider theoretical questions about the openness of the edited text and the corpus, networking, etc. A volume that forms part of a long-term project inevitably differs from an individual volume in this respect. The same is true for the changed historiographical context, which opens up new perspectives and thematic considerations. The aim of the edition remains to provide a stimulus to new research on this rich corpus.

James STONE, Bismarck and the Bazaine Affair of 1873, S. 367–394.

Die Bazaine-Affäre von 1873 stellt den spektakulärsten militärischen Schauprozess in Europa in den zwei Jahrzehnten vor der Dreyfus-Affäre dar. Obwohl dieser Justizirrtum seitens der Geschichtswissenschaft viel Beachtung gefunden hat, ist die Rolle Deutschlands in den verschiedenen Phasen des Kriegsgerichts weitgehend ignoriert worden, obwohl sie eine wichtige war. Insbesondere die Herausforderungen und Probleme, die der Prozess und die Verurteilung dieses in Ungnade gefallenen französischen Marschalls für Bismarcks Außenpolitik mit sich brachten, wurden völlig vernachlässigt, obwohl sie von großer Bedeutung waren, da diese Affäre und ihr Ausgang entscheidende Komponenten der Frankreichstrategie des deutschen Reichskanzlers zu unterminieren drohten. Dessen Bemühungen, diese negativen Auswirkungen abzufedern, führten zu ernsthaften Spannungen in den deutsch-französischen Beziehungen. Darüber hinaus wirft Bismarcks Verwicklung in einen der spektakulärsten Gerichtsprozesse des neunzehnten Jahrhunderts ein überraschendes neues Licht auf die Affäre als solche.

L'affaire Bazaine de 1873 a constitué le procès militaire le plus sensationnel en Europe au cours des deux décennies qui ont précédé l'affaire Dreyfus. Bien que cette erreur judiciaire ait fait l'objet d'une grande attention de la part des historiens, le rôle de l'Allemagne dans les différentes phases de ce procès en cour martiale a été largement ignoré, bien qu'il ait été important. Les défis et les problèmes posés par le procès et la condamnation de ce maréchal français en disgrâce pour la politique étrangère de Bismarck ont notamment été entièrement négligés, bien qu'ils aient été importants, puisque cette affaire et son verdict menaçaient de saper des éléments clés de la stratégie française du chancelier allemand. Ses efforts pour atténuer ces effets négatifs ont créé de graves tensions dans les relations franco-allemandes. En outre, l'implication de Bismarck dans l'un des procès les plus sensationnels du XIXe siècle jette un éclairage nouveau et surprenant sur l'affaire elle-même.

The Bazaine Affair of 1873 represented the most sensational military show trial in Europe in the two decades prior to the Dreyfus Affair. Although this miscarriage of justice has received considerable historical attention, the role of Germany in the various phases of this court martial has been largely ignored although it was an important one. In particular, the challenges and issues presented by the trial and conviction of this disgraced French Marshal to Bismarck's foreign policy have been entirely neglected although they were significant as this affair and its outcome threatened to undermine key elements of the German chancellor's French strategy. And his efforts to mitigate these negative impacts created serious tensions in the Franco-German relationship. In addition, Bismarck's involvement in one of the most sensational trials of the nineteenth century throws some surprising new light on the affair itself.

Daniel HADWIGER, Die Entdeckung der Altstadt. Authentisierungsstrategien und die Sanierung des Altstadtviertels Le Panier in Marseille, 1972–1991, S. 395–416.

Altstädte wurden in den 1970er-Jahren als identitätsstiftende Symbole wiederentdeckt. Zahlreiche Städte in Westeuropa sanierten ihre verfallenden historischen Altstadtkerne. Diese sollten nicht nur bewohnt, sondern für Naherholung und Tourismus genutzt werden. Die Sanierung eines Viertels war jedoch auch eine Entscheidung für eine bestimmte Identität und Epoche, die widersprüchliche und heterogene Identitätszuschreibungen nicht zuließ. Am Beispiel des historischen Viertels Le Panier in Marseille untersucht der Beitrag, inwiefern es in den Jahren »nach dem Boom« zu einem Wertewandel in Bezug auf die historische Altstadt kam. Das Panier-Viertel ist heute bekannt als touristisches, kreatives Museumsviertel in Marseille. In den 1960er-Jahren war es von Verfall, einem hohen Migrationsanteil, Abwanderung und einem schlechten Ruf als kriminelles Hafenviertel geprägt. Als einziges historisches Stadtviertel im Zentrum Marseilles wurde das Panier-Viertel ab 1972 als denkmalgeschützte Zone (Ensembleschutz) saniert. Warum galt gerade dieses Viertel als erhaltenswert und als typisches, authentisches Stadtviertel Marseilles? Der Artikel ist ein Beitrag zur Erforschung urbaner Authentizität und untersucht am Beispiel des Panier-Viertels, inwiefern und wie das Viertel als authentischer Ort Marseilles inszeniert wurde. Die Perspektive der Stadtverwaltung wird mit der Sichtweise der Bevölkerung, insbesondere der Migrantinnen und Migranten, in Beziehung gesetzt.

Dans les années 1970, de vieux centre-villes ont été redécouverts en tant que symbole favorisant la construction identitaire. De nombreuses villes d'Europe de l'Ouest ont entrepris la restauration de leurs centres-villes historiques, alors en déclin. Ceux-ci ne devaient pas seulement être habités, mais aussi être utilisés pour la détente et le tourisme. Restaurer un quartier était dans un même temps une décision prise en faveur d'une identité et d'une époque particulières, qui ne permettait pas d'attributions identitaires contradictoires et hétérogènes. Au travers l'exemple du quartier historique du Panier à Marseille, l'article étudie, dans quelle mesure un changement de conceptions s'est opéré après les Trentes Glorieuses (»nach dem Boom«), par rapport à la vieille ville historique. Le quartier du Panier est aujourd'hui connu comme un lieu touristique et créatif à Marseille avec des musées. Celui-ci apparaissait pourtant en déclin dans les années 1960, marqué par une part importante d'immigration, de départs du quartier et par une réputation de foyer de criminalité. Le Panier a été, à partir de 1972, le seul quartier historique du centre de Marseille à avoir été restauré en tant que zone de protection du patrimoine urbain. Pourquoi ce quartier parmi d'autres a-t-il été jugé digne d'être conservé et considéré comme un quartier typique et authentique de la ville de Marseille ? L'article est une contribution à la recherche sur l'authenticité urbaine et étudie, à travers l'exemple du quartier du Panier, dans quelle mesure et comment le quartier a été mis en avant comme un lieu authentique de Marseille. La perspective de l'administration municipale est mise en relation avec le point de vue de la population, en particulier des migrantes et migrants.

Old towns were rediscovered in the 1970s as symbols of identity. All over Western Europe, decaying historic city centres were redeveloped, not just to create dwellings but also as spaces for local recreation and tourism. But since regeneration schemes required the choice of a specific identity and period, they did not allow for any conflicting or heterogeneous attributions of identity. Using the historic district of Le Panier in Marseille as a case study, this essay explores to what extent values attributed to the historic old town shifted during the »post-boom« years. Nowadays, Le Panier is known as a tourist hub and a creative museum quarter. In the 1960s, it was notable for its decaying fabric, high numbers of immigrants, depopulation and a reputation as a port district with a high rate of crime. It was the only historic quarter of Marseille to be redeveloped as a protected heritage area, with work starting in 1972. Why was this district in particular considered worthy of preservation and seen as a typical, authentic Marseille neighbourhood? As a contribution to the study of urban authenticity, this essay uses the example of the district of Le Panier to examine how and to what extent this neighbourhood was staged as an authentic quartier of Marseille. The perspective of the municipality is contrasted with that of the neighbourhood's inhabitants, and especially its immigrant population.

Im Jahr 2022 eingegangene Rezensionsexemplare
Livres reçus pour recension en 2022

Die Rezensionen werden online veröffentlicht.
Les comptes rendus seront publiés en ligne.
francia.dhi-paris.fr
www.recensio.net

Mittelalter/Moyen Âge

– Stuart AIRLIE, Making and Unmaking the Carolingians. 751–888, London, New York (Bloomsbury Publishing) 2022, 456 p., ISBN 978-1-7867-2640-7, USD 39,95.
– Danièle ALEXANDRE-BIDON, Nadège GAUFFRE FAYOLLE, Perrine MANE, Mickaël WILMART (dir.), Le vêtement au Moyen Âge. De l'atelier à la garde-robe, Turnhout (Brepols) 2021, 344 p., 2 ill. en n/b, 74 ill. en coul., 10 tab. en n/b (Culture et société médiévales [CSM], 38), ISBN 978-2-503-59008-0, EUR 90,00.
– Christopher ALLMAND, Aspects of War in the Late Middle Ages, London, New York (Routledge) 2022, 234 p., ISBN 978-0-367-33067-5, GBP 120,00.
– Christophe ARCHAN, Gilduin DAVY, Gérard COURTOIS, Raymond VERDIE, Marc VALLEUR (dir.), Les ordalies. Rituels et conduites, Le Kremlin Bicêtre (mare & martin) 2022, 398 p., ISBN 978-2-84934-551-1, EUR 39,00.
– Carlos ASTARITA, From Feudalism to Capitalism. Social and Political Change in Castile and Western Europe, 1250–1520, Leiden (Brill Academic Publishers) 2021, 267 p. (Historical Materialism Book Series, 252), ISBN 978-90-04-258372, EUR 215,00.
– David L. D'AVRAY, Papal Jurisprudence, 385–1234. Social Origins and Medieval Reception of Canon Law, Cambridge (Cambridge University Press) 2022, XI–320 p., ISBN 978-1-108-47300-2, GBP 75,00.
– David S. BACHRACH, The Foundations of Royal Power in Early Medieval Germany. Material Resources and Governmental Administration in a Carolingian Successor State, Woodbridge (The Boydell Press) 2022, 384 p., 2 fig., ISBN 978-1-80010-633-8, EUR 88,54.
– Grzegorz BARTUSIK, Radoslaw BISKUP, Jakub MORAWIEC (ed.), Adam of Bremen's Gesta Hammaburgensis Ecclesiae Pontificum. Origins, Reception and Significance, London, New York (Routledge) 2022, 308 p., 19 fig. (Studies in Medieval History and Culture), ISBN 978-1-032-12105-5, GBP 120,00.
– Pierre BAUDUIN, Simon LEBOUTEILLER, Luc BOURGEOIS (dir.), Les transferts culturels dans les mondes normands médiévaux (VIIIe–XIIe siècle). Objets, acteurs et passeurs, Turnhout (Brepols) 2021, 350 p., 67 ill. en n/b, 7 ill. en coul. (Cultural Encounters in Late Antiquity and the Middle Ages, 36), ISBN 978-2-503-59366-1, EUR 90,00.
– Alison I. BEACH, Shannon M. T. LI, Samuel SUTHERLAND (ed.), Monastic Experience in Twelfth-Century Germany. The Chronicle of Petershausen in Translation, Manchester (Manchester University Press) 2022, 248 p., ISBN 978-1-5261-6697-5, EUR 20,00.
– Heiko BEHRMANN, Instrument des Vertrauens in einer unvollkommenen Gesellschaft. Der Eid im politischen Handeln, religiösen Denken und geschichtlichen Selbstverständnis der späten Karolingerzeit, Ostfildern (Jan Thorbecke Verlag) 2022, 480 S. (Relectio. Karolingische Perspektiven, 4), ISBN 978-3-7995-2805-4, EUR 55,00.

– Daniel Berger, Sabine Panzram, Lorenzo Livorsi, Rocco Selvaggi (ed.), Iberia Pontificia. Vol. VII: Hispania Romana et Visigothica, Göttingen (V&R) 2022, XX–114 S. (Regesta Pontificum Romanorum), ISBN 978-3-525-35229-8, EUR 60,00.
– Robert F. Berkhofer, Forgeries and Historical Writing in England, France, and Flanders, 900–1200, Rochester, NY (Boydell & Brewer) 2022, 348 p. (Medieval Documentary Cultures), ISBN 978-1-78327-691-2, USD 99,00.
– Anne Besson, William Blanc, Vincent Ferré (dir.), Dictionnaire du Moyen Âge imaginaire. Le médiévalisme, hier et aujourd'hui, Paris (Vendémiaire) 2022, 464 p. (Collection Dictionnaires), ISBN 978-2-36358-389-5, EUR 30,00.
– Peter Biller, L. J. Sackville (ed.), Inquisition and Knowledge 1200–1700, Woodbridge (The Boydell Press) 2022, 360 p., 23 fig., ISBN 978-1-914049-03-3, GBP 70,00.
– Irene Binini, Possibility and Necessity in the Time of Peter Abelard, Leiden (Brill Academic Publishers) 2021, IX–326 p. (Investigating Medieval Philosophy, 16), ISBN 978-90-04-47028-6, EUR 138,00.
– Yves Blomme, Quand les cathédrales se mesuraient entre elles. L'incidence des questions hiérarchiques sur l'architecture des cathédrales en France (XIIe–XVe siècles), Pessac (Ausonius Éditions) 2022, 280 p. (Scripta mediaevalia, 45), ISBN 978-2-35613-438-7, EUR 19,00.
– Tobias Boestad, Pour le profit du commun marchand. La genèse de la Hanse (XIIe siècle–milieu du XIVe siècle), Genève (Librairie Droz) 2022, 820 p. (Hautes Études médiévales et modernes, 116), ISBN 978-2-600-05753-0, EUR 97,06.
– Anne Bonzon, La paix au village. Clergé paroissial et règlement des conflits dans la France d'Ancien Régime, Ceyzérieu (Champ Vallon) 2022, 352 p. (Époques), ISBN 979-10-267-1070-7, EUR 25,00.
– Courtney M. Booker, Hans Hummer, Dana Polanichka (ed.), Visions of Medieval History in North America and Europe. Studies on Cultural Identity and Power, Turnhout (Brepols) 2022, 475 p. (Cursor Mundi, 41), ISBN 978-2-503-59628-0, EUR 120,00.
– Michael Borgolte, Die Welten des Mittelalters. Globalgeschichte eines Jahrtausends, München (C. H. Beck) 2022, 1200 S., ISBN 978-3-406-78446-0, EUR 48,00.
– Cédric Brélaz, Els Rose (ed.), Civic Identity and Civic Participation in Late Antiquity and the Early Middle Ages, Turnhout (Brepols) 2021, 447 p. (Cultural Encounters in Late Antiquity and the Middle Ages, 37), ISBN 978-2-503-59010-3, EUR 120,00.
– Florentin Briffaz, Prunelle Deleville (dir.), Faire famille au Moyen Âge, Lyon (CIHAM-Éditions) 2022, 190 p. (Mondes médiévaux, 7), ISBN 978-2-9568426-6-8, EUR 25,00.
– Monica Brinzey, The Rise of an Academic Elite. Deans, Masters and Scribes at the University of Vienna before 1400, Turnhout (Brepols) 2022, 670 p. (Studia Sententiarum, 6), ISBN 978-2-503-60102-8, EUR 95,00.
– Sulamith Brodbeck, Anne-Orange Poilpré, Ioanna Rapti (dir.), Histoires chrétiennes en images: espace, temps et structure de la narration. Byzance et Moyen Âge occidental, Paris (Éditions de la Sorbonne) 2022, 335 p. (Byzantina Sorbonensia, 33), ISBN 979-10-351-0805-2, EUR 35,00.
– Rosalind Brown-Grant, Mario Damen (ed.), A Chivalric Life. The Book of the Deeds of Messire Jacques de Lalaing, Woodbridge (The Boydell Press) 2022, 390 p., 11 fig., ISBN 978-1-78327-721-6, GBP 75,00.
– Stephan Bruhn, Reformer als Wertegemeinschaften. Zur diskursiven Formierung einer sozialen Gruppe im spätangelsächsischen England (ca. 850–1050), Ostfildern (Jan Thorbecke Verlag) 2022, 608 S. (Mittelalter-Forschungen, 68), ISBN 978-3-7995-4389-7, EUR 75,00.
– Andreas Büttner, Geld – Gnade – Gefolgschaft. Die Monetarisierung der politischen Ordnung im 12. und 13. Jahrhundert, Göttingen (V&R) 2022, 610 S., ISBN 978-3-412-52511-8, EUR 85,00.

– Neithard Bulst, Les états généraux de France de 1468 et 1484. Recherches prosopographiques sur les députés, Paris (Éditions de la Sorbonne) 2022, 710 p. (Histoire ancienne et médiévale, 182), ISBN 979-10-351-0803-8, EUR 49,00.
– Thomas E. Burman, Brian A. Catlos, Mark D. Meyerson (ed.), The Sea in the Middle. The Mediterranean World, 650–1650, Berkeley (University of California Press) 2022, 496 p., 185 fig., ISBN 978-0-520-29652-7, USD 49,95.
– Thomas E. Burman, Brian A. Catlos, Mark D. Meyerson (ed.), Texts from the Middle. Documents from the Mediterranean World, 650–1650, Berkeley (University of California Press) 2022, 290 p., ISBN 978-0-520-29653-4, USD 34,95.
– Danielle Buschinger, Sieglinde Hartmann (dir.), Le lyrisme du Moyen Âge allemand. Choix de poèmes, Paris (Classiques Garnier) 2022, 229 p. (The Middle Ages in Translation, 11), ISBN 978-2-406-12570-9, EUR 29,00.
– Joseph Canning, Conciliarism, Humanism and Law. Justification of Authority and Power, c. 1400–c. 1520, Cambridge (Cambridge University Press) 2021, XI–203 p., ISBN 978-1-108-83179-6, EUR 88,54.
– Loïc Cazaux, Les capitaines dans le royaume de France. Guerre, pouvoir et justice au bas Moyen Âge, Paris (Honoré Champion) 2022, 1016 p., ISBN 978-2-7453-5648-2, EUR 95,00.
– Benoît Chauvin, Le Puits salé et le sel de Lons-le-Saunier au Moyen Âge (v. 1150–v. 1320) à travers les archives cisterciennes, Devecey (L'Hermitage) 2020, 192 p., ISBN 978-2-904690-152, EUR 40,00.
– Charlotte Cooper-Davis, Christine de Pizan. Life, Work, Legacy, London (Reaktion Books) 2021, 192 p., 27 fig. (Medieval Lives), ISBN 978-1-78914-442-0, GBP 16,95.
– Albrecht Cordes, Natalija Ganina, Jan Lokers (Hg.), Der Bardewiksche Codex des Lübischen Rechts von 1294. Band 1: Faksimile und Erläuterungen, Mainz (Nünnerich-Asmus Verlag & Media) 2021, 464 S., ISBN 978-3-96176-166-1, EUR 40,00.
– Albrecht Cordes, Natalija Ganina, Jan Lokers (Hg.), Der Bardewiksche Codex des Lübischen Rechts von 1294. Band 2: Edition, Textanalyse, Entstehung und Hintergründe, Mainz (Nünnerich-Asmus Verlag & Media) 2021, 511 S., ISBN 978-3-96176-170-8, EUR 40,00.
– Albrecht Cordes, Natalija Ganina, Jan Lokers (Hg.), Der Bardewiksche Codex des Lübischen Rechts von 1294. Band 3: Rechtshistorischer Kommentar, Mainz (Nünnerich-Asmus Verlag & Media) 2022, 350 S., ISBN 978-3-96176-178-4, EUR 30,00.
– Anne Curry, Rémy Ambühl, A Soldiers' Chronicle of the Hundred Years War. College of Arms Manuscript, Cambridge (D. S. Brewer) 2022, 480 p., 9 fig., ISBN 978-1-84384-619-2, GBP 90,00.
– Jacques Dalarun, Corpus franciscanum. François d'Assise, corps et textes, Bruxelles (Zones Sensibles Éditions) 2021, 192 p., ISBN 978-2-930601-50-2, EUR 22,00.
– Johanna Dale, Pawel Figurski, Pieter Byttebler (ed.), Political Liturgies in the High Middle Ages. Beyond the Legacy of Ernst H. Kantorowicz, Turnhout (Brepols) 2021, 250 p., 9 b/w fig. (Medieval and Early Modern Political Theology [MEMPT], 4), ISBN 978-2-503-595672, EUR 80,00.
– Noëlle Deflou-Leca, Anne Massoni (dir.), Évêques et communautés religieuses dans la France médiévale, Paris (Éditions de la Sorbonne) 2022, 410 p. (Histoire ancienne et médiévale, 185), ISBN 979-10-351-0820-5, EUR 30,00.
– Rosa M. Dessì, Didier Méhu (dir.), Images, signes et paroles dans l'Occident médiéval, Turnhout (Brepols) 2022, 349 p., 162 ill. (Collection d'études médiévales de Nice, 21), ISBN 978-2-503-60398-8, EUR 90,00.
– Jean-François Draperi, Le fait associatif dans l'Occident médiéval. De l'émergence des communs à la suprématie des marchés, Latresne (Le Bord de l'eau éditions) 2021, 400 p. (L'histoire des brèches), ISBN 978-2-35687-820-5, EUR 26,00.

– Anne-Lydie Dubois, Former la masculinité. Éducation, pastorale mendiante et exégèse au XIIIᵉ siècle, Turnhout (Brepols) 2022, 458 p. (Bibliothèque d'histoire culturelle du Moyen Âge, 21), ISBN 978-2-503-59522-1, EUR 85,00.
– Lucie Ecorchard, Les lieux de justice parisiens à la fin du Moyen Âge, Paris (L'Harmattan) 2022, 302 p. (Prix scientifique L'Harmattan. Série Master), ISBN 978-2-343-246369, EUR 31,00.
– Frank Engel, Thomas Czerner, Daniel Berger (ed.), Iberia Pontificia. Vol. VI: Provincia Tarraconensis. Dioeceses Pampilonensis, Calagurritana et Tirasonensis, Göttingen (V&R) 2022, 329 S. (Regesta Pontificum Romanorum), ISBN 978-3-525-31739-6, EUR 100,00.
– Peter Erhart, Karl Heidecker, Rafael Wagner, Bernhard Zeller (ed.), Chartularium Sangallense. Band II: 841–999, Ostfildern (Jan Thorbecke Verlag) 2021, 597 S., ISBN 978-3-7995-6070-2, EUR 120,00.
– Christian Etheridge, Michele Campopiano (ed.), Medieval Science in the North. Travelling Wisdom, 1000–1500, Turnhout (Brepols) 2021, 232 p. (Knowledge, Scholarship, and Science in the Middle Ages, 2), ISBN 978-2-503-58804-9, EUR 75,00.
– Jean-Pol Évrard (dir.), L'abbaye de Lisle-en-Barrois. Origines, histoire et chartes (1134–1226), Turnhout (Brepols) 2021, 392 p., 28 ill. en n/b, 4 tab. (Atelier de recherche sur les textes médiévaux [ARTEM], 30), ISBN 978-2-503-593807, EUR 95,00.
– Anthony Falgas, Les origines du contentieux domanial (Vᵉ–XIXᵉ) siècle, Paris (Éditions La Mémoire du Droit) 2022, 220 p., ISBN 978-2-8453-9060-7, EUR 54,00.
– Laurent Feller, Richesse, terre et valeur dans l'occident médiéval. Économie politique et économie chrétienne, Turnhout (Brepols) 2021, 347 p., 8 ill. en n/b (Collection d'études médiévales de Nice [CEM], 19), ISBN 978-2-503-598123, EUR 70,00.
– Sean Field, Marco Guida, Dominique Poirel (dir.), L'épaisseur du temps. Mélanges offerts à Jacques Dalarun, Turnhout (Brepols) 2021, 725 p., 3 ill. en coul., ISBN 978-2-503-59592-4, EUR 125,00.
– Anne-Marie Flambard Hericher, François Blary (dir.), L'abbaye cistercienne de Preuilly, une redécouverte. Actes de la journée d'étude du 26 septembre 2018 au Collège des Bernardins de Paris, Bruxelles (Éditions de Boccard) 2021, 520 p. (Études d'archéologie, 16), ISBN 978-2-9602029-3-9, EUR 40,00.
– David M. Foley, Simon Whedbee (ed.), Peter Comestor. Lectures on the Glossa ordinaria, Toronto (Pontifical Institute of Mediaeval Studies) 2021, XII–158 p. (Toronto Medieval Latin Texts, 37), ISBN 978-0-88844-487-5, CAD 17,95.
– Frontières spatiales, frontières sociales au Moyen Âge. LIᵉ Congrès de la SHMESP, Paris (Éditions de la Sorbonne) 2021, 376 p. (Histoire ancienne et médiévale, 177), ISBN 979-10-351-0656-0, EUR 30,00.
– Cecilia Gaposchkin (ed.), Vexilla Regis Glorie. Liturgy and Relics at the Sainte-Chapelle in the Thirteenth Century, Paris (CNRS Éditions) 2022, 352 p. (Sources d'histoire médiévale, 46), ISBN 978-2-271-14332-7, EUR 65,00.
– Charles Garcia, Élise Louviot, Stephen Morrison (dir.), La Formule au Moyen Âge IV. Formulas in Medieval Culture IV, Turnhout (Brepols) 2021, 302 p., 11 ill., 4 tab. (Atelier de recherche sur les textes médiévaux [ARTEM], 31), ISBN 978-2-503-59414-9, EUR 95,00.
– Murielle Gaude-Ferragu, Le trésor des rois. Sacré et royauté, des rois maudits aux princes de la Renaissance, Paris (Perrin) 2022, 336 p., ISBN 978-2-262-08633-6, EUR 24,00.
– Claude Gauvard, Jeanne d'Arc. Héroïne diffamée et martyre, Paris (Gallimard) 2022, 188 p. (L'esprit de la cité. Des femmes qui ont fait la France), ISBN 978-2-070178-55-1, EUR 18,00.
– Philippe George (dir.), Quand flamboyait la Toison d'or. Le Bon, le Téméraire et le Chancelier Rolin (1376–1462), Beaune (Ville & Hospices de Beaune) 2022, 250 p., ISBN 978-2-9580821-0-9, EUR 25,00.
– Jean-Pierre Gerzaguet, L'abbaye de Marchiennes milieu VIIᵉ–début XIIIᵉ siècle. Du monastère familial à l'abbaye bénédictine d'hommes: histoire et chartes, Turnhout (Brepols) 2022,

485 p., 17 ill. (Atelier de recherche sur les textes médiévaux [ARTEM], 32), ISBN 978-2-503-59472-9, EUR 95,00.
– Matthew B. GILLIS (ed.), Carolingian experiments, Turnhout (Brepols) 2022, 300 p. (Medieval and Renaissance Studies, 1), ISBN 978-2-503-59410-1, EUR 85,00.
– Mathew B. GILLIS, Religious Horror and Holy War in Viking Age Francia, Budapest (Trivent Publishing) 2021, 158 p. (Renovatio – Studies in the Carolingian World, 1), ISBN 978-615-6405-20-3, EUR 79,00.
– Knut GÖRICH (Hg.), Cappenberg 1122–2022. Der Kopf, das Kloster und seine Stifter, Regensburg (Schnell & Steiner) 2022, 448 S., 17 s/w Abb., 208 farb. Abb., ISBN 978-3-7954-3612-4, EUR 50,00.
– Knut GÖRICH, Friedrich Barbarossa. Der erste Stauferkaiser, München (C. H. Beck) 2022, 128 S., 1 Abb. (C. H. Beck Wissen, 2931), ISBN 978-3-406-78197-1, EUR 9,95.
– Hans-Werner GOETZ, Ian WOOD (ed.), »Otherness« in the Middle Ages, Turnhout (Brepols) 2021, 475 p., 31 b/w fig., 8 col. fig. (International Medieval Research, 25), ISBN 978-2-503-59402-6, EUR 120,00.
– Monique GOULLET, L'hagiographie est un genre introuvable. Études d'hagiographie latine (VIe–XIe siècle) réunies par Fernand PELOUX avec la collaboration de Michèle GAILLARD, Paris (Éditions de la Sorbonne) 2022, 288 p. (Histoire ancienne et médiévale, 181), ISBN 979-10-351-0790-1, EUR 24,00.
– Gesine GÜLDEMUND, Das Erbrecht der Buch'schen Glosse, Köln, Weimar, Wien (Böhlau) 2021, 693 S. (Forschung zur deutschen Rechtsgeschichte, 35), ISBN 978-3-412-52189-9, EUR 100,00.
– Martina HACKE, Die Boten der Nationen der Universität von Paris im Mittelalter, Husum (Matthiesen) 2022, 612 S., zahlr. Abb. (Historische Studien, 513), ISBN 978-3-7868-1513-6, EUR 79,00.
– Heike HAWICKS, Harald BERGER (Hg.), Marsilius von Inghen und die Niederrheinlande. Zum 625. Todestag des Gründungsrektors der Heidelberger Universität, Heidelberg (Universitätsverlag Winter) 2022, 169 S. (Beiträge zur Geschichte der Kurpfalz und der Universität Heidelberg, 1), ISBN 978-3-8253-4897-7, EUR 32,00.
– Anne D. HEDEMAN, Visual Translation. Illuminated Manuscripts and the First French Humanists, Notre Dame (University of Notre Dame Press) 2022, 394 p., 183 col. fig. (The Conway Lectures in Medieval Studies, 2013), ISBN 978-0-268-20227-9, USD 80,00.
– Christiane HEINEMANN, Der Riesencodex der Hildegard von Bingen. Verschollen – Gefunden – Gerettet. Schicksalswege 1942 bis 1950, Wiesbaden (Historische Kommission für Nassau) 2021, 258 S., ISBN 978-3-930221-41-7, EUR 25,00.
– Felix HEINZER, Gold in the Sanctuary. Reassessing Notker of St Gall's Liber Ymnorum, Turnhout (Brepols) 2022, 328 p., 16 fig. (Studies and Texts, 228), ISBN 978-0-88844-228-4, EUR 95,00.
– Klaus HERBERS, Matthias SIMPERL (Hg.), Das Buch der Päpste – Liber pontificalis. Ein Schlüsseldokument europäischer Geschichte, Freiburg i. Br., Basel, Wien (Herder) 2020, 496 S., 15 Abb. (Römische Quartalschrift für christliche Altertumskunde und Kirchengeschichte. Supplementband, 67), ISBN 978-3-451-38867-5, EUR 80,00.
– Judith HERRIN, Ravenna. Hauptstadt des Imperiums, Schmelztiegel der Kulturen, Darmstadt (Wissenschaftliche Buchgesellschaft) 2022, 640 S., 62 Abb., ISBN 978-3-8062-4416-8, EUR 39,00.
– Claudia HÖHL, Felix PRINZ, Pavla RALCHEVA (Hg.), Islam in Europa. 1000–1250, Regensburg (Schnell & Steiner) 2022, 352 S. (Dommuseum Hildesheim), ISBN 978-3-7954-3719-0, EUR 35,00.
– Elmar HOFMAN, Armorials in Medieval Manuscripts. Collections of Coats of Arms as Means of Communication and Historical Sources in France and the Holy Roman Empire (13th–early

16th Centuries), Ostfildern (Jan Thorbecke Verlag) 2022, 378 p., 46 fig. (Heraldic Studies, 4), ISBN 978-3-7995-1554-2, EUR 58,00.
– Ulrike Hohensee, Mathias Lawo, Michael Lindner, Olaf B. Rader (Hg.), Dokumente zur Geschichte des Deutschen Reiches und seiner Verfassung 1365, Wiesbaden (Harrassowitz Verlag) 2021, VI–470 S. (Monumenta Germaniae Historica. Constitutiones et acta publica imperatorum et regum, 14, 2), ISBN 978-3-447-11747-0, EUR 130,00.
– Anne Huijbers (ed.), Emperors and Imperial Discours in Italy, c. 1300–1500. New Perspectives, Roma (École française de Rome) 2022, 368 p. (Collection de l'École française de Rome, 592), ISBN 978-2-7283-1564-2, EUR 32,00.
– Arlette Jouanna, Le sang des princes. Les ambiguïtés de la légitimité monarchique, Paris (Gallimard) 2022, 368 p. (L'esprit de la cité), ISBN 978-2-0727-4516-4, EUR 22,50.
– Bernhard Jussen, Karl Ubl (Hg.), Die Sprache des Rechts. Historische Semantik und karolingische Kapitularien, Göttingen (V&R) 2022, 377 S., 23 Abb. (Historische Semantik, 33), ISBN 978-3-525-31141-7, EUR 85,00.
– Norbert Kersken, Paul Srodecki (ed.), The Expansion of the Faith. Crusading on the Frontiers of Latin Christendom in the High Middle Ages, Turnhout (Brepols) 2021, 320 p., 10 b/w fig. (Outremer. Studies in the Crusades and the Latin East, 14), ISBN 978-2-503-58880-3, EUR 85,00.
– Jennifer Kolpacoff Deane, A History of Medieval Heresy and Inquisition, Lanham (Rowman & Littlefield) 2022, 328 p. (Critical Issues in World and International History), ISBN 978-1-5381-5293-5, EUR 111,15.
– Jacques Krynen, Philippe Le Bel. La puissance et la grandeur, Paris (Gallimard) 2022, 152 p. (L'esprit de la cité. Des hommes qui ont fait la France), ISBN 978-2-07-269657-2, EUR 17,00.
– Emilie Kurdziel, Graeme Ward, Rutger Kramer (ed.), Monastic Communities and Canonical Clergy in the Carolingian World (780–840). Categorizing the Church, Turnhout (Brepols) 2022, 475 p., 4 fig. (Medieval Monastic Studies, 8), ISBN 978-2-503-57935-1, EUR 120,00.
– Ada M. Kusowski, Vernacular Law. Writing and the Reinvention of Customary Law in Medieval France, Cambridge (Cambridge University Press) 2022, 429 p. (Studies in Legal History), ISBN 978-1-00-921789-7, EUR 118,03.
– Abel Lamauvinière, Les juifs et le judaïsme à Troyes du XIe au XIVe siècle, Paris (L'Harmattan) 2021, 264 p. (Religions & Spiritualité. Série judaïsme), ISBN 978-2-343-242934, EUR 27,00.
– Klaus H. Lauterbach (ed.), Jos von Pfullendorf. Die Fuchsfalle, Wiesbaden (Harrassowitz Verlag) 2022, 644 S., 8 Abb. (Monumenta Germaniae Historica. Quellen zur Geistesgeschichte des Mittelalters, 33), ISBN 978-3-447-11552-0, EUR 140,00.
– Stéphane Lecouteux, Nicolas Leroux, Ourdia Siab (dir.), La bibliothèque et les archives de l'abbaye de la Sainte-Trinité de Fécamp. Splendeur et dispersion des manuscrits et des chartes d'une prestigieuse abbaye bénédictine normande. Vol. 1: La bibliothèque et les archives au Moyen Âge, Fécamp (Centre Michel de Boüard Craham) 2021, 317 p., ISBN 979-10-699-8343-4, EUR 30,00.
– Christian T. Leitmeir, Eleanor J. Giraud (ed.), The Medieval Dominicans. Books, Buildings, Music, and Liturgy, Turnhout (Brepols) 2021, 420 p., 27 b/w fig., 17 col. fig., 15 tab. (Medieval Monastic Studies [MMS], 7), ISBN 978-2-503-56903-1, EUR 100,00.
– Marjolaine Lémeillat, Les gens de savoir en Bretagne à la fin du Moyen Âge. Fin XIIIe–XVe siècle, Rennes (Presses universitaires de Rennes) 2022, 460 p. (Histoire), ISBN 978-2-7535-8251-4, EUR 25,00.
– Alain de Libera, Maître Eckhart et ses disciples, Montrouge (Bayard) 2020, 318 p., ISBN 978-2-227-49810-5, EUR 14,90.
– Detlef Liebs, Scintilla de libro legum. Römisches Vulgarrecht unter den Merowingern. Die Fuldaer Epitome der Lex Romana Visigothorum, Berlin (Duncker & Humblot) 2022, 468 S. (Freiburger Rechtsgeschichtliche Abhandlungen. Neue Folge, 82), ISBN 978-3-428-18335-7, EUR 99,90.

– Dietrich LOHRMANN, Energieressourcen Westeuropas vor 1500. Eine Anthologie von Text- und Bildzeugnissen. Band 1: Antriebskräfte und Verkehr, Band 2: Wärmeressourcen und Suche nach neuen Energien, Aachen (Shaker Verlag) 2022, 1004 S., 245 Abb. (Aachener Studien zur älteren Energiegeschichte, 11, 12), ISBN 978-3-8440-8576-1; 978-3-8440-8577-8, EUR 99,60.

– Jacques MADIGNIER, Diocèse de Mâcon, Turnhout (Brepols) 2022, 368 p. (Fasti Ecclesiae Gallicanae, 22), ISBN 978-2-503-59969-4, EUR 75,00.

– Eliana MAGNANI (dir.), Productions et pratiques sociales de l'écrit médiéval en Bourgogne, Rennes (Presses universitaires de Rennes) 2022, 459 p., ill. en coul. (Art et Société), ISBN 978-2-7535-8267-5, EUR 39,00.

– Clark MAINES, Sheila BONDE (ed.), Other Monasticisms. Studies in the History and Architecture of Religious Communities Outside the Canon, 11th–15th Centuries, Turnhout (Brepols) 2022, 376 p., 20 b/w fig., 78 col. fig., ISBN 978-2-503-58784-4, EUR 125,00.

– Lucie MALBOS, Harald à la Dent bleue. Viking, roi, chrétien, Paris (Humensis) 2022, 288 p., ISBN 978-2-3793-3625-6, EUR 22,00.

– Annett MARTINI, Arbeit des Himmels. Jüdische Konzeptionen rituellen Schreibens in der europäischen Kultur des Mittelalters, Berlin, Boston (De Gruyter) 2022, 347 S., 79 Abb. (Studia Judaica, 115), ISBN 978-3-11-072190-4, EUR 92,95.

– Francesco MASSETTI (a cura di), Un vescovo imperiale sulla cattedra di Pietro. Il pontificato di Leone IX (1049–1054) tra »regnum« e »sacerdotium«, Mailand (Vita e Pensiero) 2021, 257 p. (Ordines, 12), ISBN 978-88-343-4234-3, EUR 25,00.

– Olivier MATTÉONI (dir.), Les Bourbons en leur bibliothèque (XIIIe–XVIe siècle), Paris (Éditions de la Sorbonne) 2022, 424 p., 135 ill. (Histoire ancienne et médiévale, 183), ISBN 979-10-351-0794-9, EUR 39,00.

– Yossi MAUREY, Liturgy and Sequences of the Sainte-Chapelle. Music, Relics, and Sacral Kingship in Thirteenth-Century France, Turnhout (Brepols) 2021, 252 p., 27 b/w fig., 4 col. fig. (Cultural Encounters in Late Antiquity and the Middle Ages [CELAMA], 35), ISBN 978-2-503-59105-6, EUR 80,00.

– Philipp MELLER, Kulturkontakt im Frühmittelalter. Das ostfränkische Reich 936–973 in globalhistorischer Perspektive, Berlin, Boston (De Gruyter) 2021, 414 S., 6 Abb. (Europa im Mittelalter, 40), ISBN 978-3-11-074375-3, EUR 99,95.

– Ralph MOFFAT, Medieval Arms and Armour. A Sourcebook. Vol. 1: The Fourteenth Century, Woodbridge (The Boydell Press) 2022, 298 p., 52 fig., ISBN 978-1-78327-676-9, GBP 60,00.

– Élisabeth MORNET, Olle FERM (ed.), Swedish Students at the University of Paris in the Middle Ages. Vol. 1: Origin, studies, carriers, achievements, Stockholm (Sällskapet Runica et Mediævalia) 2021, 959 p. (Scripta minora, 28), ISBN 978-91-88568-79-3, EUR 69,83.

– Alan V. MURRAY, Baldwin of Bourcq. Count of Edessa and King of Jerusalem (1100–1131), Abingdon (Taylor & Francis) 2022, 280 p. (Rulers of the Latin East), ISBN 978-0-367-54531-4, EUR 143,70.

– Lawrence NEES, Frankish Manuscripts. The Seventh to the Tenth Century. 2 vol., London (Harvey Miller) 2022, 712 p. (A Survey of Manuscripts Illuminated in France, 2), ISBN 978-1-872501-25-3, EUR 295,00.

– Michel NICOLAS (dir.), Les Miroirs aux princes aux frontières des genres (VIIIe–XVe siècle), Paris (Classiques Garnier) 2022, 335 p. (Rencontres, 554), ISBN 978-2-4061-3843-3, EUR 34,00.

– Andreas NIEVERGELT (Hg.), Zeitenwende. Notker der Deutsche († 1022), Basel (Schwabe Verlag) 2022, 122 S., 31 farb. Abb., ISBN 978-3-7965-4575-7, EUR 25,00.

– Samu NISKANEN, Publication and the Papacy in Late Antiquity and the Middle Ages, Cambridge (Cambridge University Press) 2022, 75 p. (Elements in Publishing and Book Culture), ISBN 978-1-009-11108-9, EUR 11,49.

– Anna P. Orlowska, Johan Pyre. Ein Kaufmann und sein Handelsbuch im spätmittelalterlichen Danzig. Band 1: Darstellung, Band 2: Edition, Köln, Weimar, Wien (Böhlau) 2022, 712 S., 70 Abb. (Quellen und Darstellungen zur Hansischen Geschichte, 77/1, 77/2), ISBN 978-3-412-51723-6, EUR 110,00.
– Giulia M. Paoletti, Lidia L. Zanetti Domingues, Lorenzo Caravaggi (ed.), Women and Violence in the Late Medieval Mediterranean, ca. 1100–1500, London, New York (Routledge) 2022, 238 p. (Studies in Medieval History and Culture), ISBN 978-0-367-56570-1, GBP 120,00.
– Zsuzsanna Papp Reed, Matthew Paris on the Mongol Invasion in Europe, Turnhout (Brepols) 2022, 470 p. (Cultural Encounters in Late Antiquity and the Middle Ages, 38), ISBN 978-2-503-59552-8, EUR 120,00.
– Agostino Paravicini Bagliani, La Papessa Giovanna. I testi della leggenda (1250–1500), Firenze (SISMEL Edizioni del Galluzzo) 2021, 694 p. (Millennio Medievale, 120), ISBN 978-88-9290-130-8, EUR 140,00.
– Agostino Paravicini Bagliani, Francesco Santi (a cura di), Medioevo latino e cultura europea. In ricordo di Claudio Leonardi, Firenze (SISMEL Edizioni del Galluzzo) 2021, 436 p. (mediEVI, 32), ISBN 978-88-9290-082-0, EUR 58,00.
– Fernand Peloux, Les premiers évêques du Languedoc. Une mémoire hagiographique médiévale, Genève (Librairie Droz) 2022, 616 p. (Hautes Études médiévales et modernes, 115), ISBN 978-2-600-05752-3, EUR 51,70.
– Dominique Poirel, Pierre Abélard. Génie multiforme. Actes du colloque international, organisé par l'Institut d'Études Médiévales et tenu à l'Institut Catholique de Paris les 29–30 novembre 2018, Turnhout (Brepols) 2021, 224 p., ISBN 978-2-503-59565-8, EUR 60,00.
– Valentin Portnykh (dir.), Humbert de Romans, Traité sur la prédication de la croisade. De praedicatione sanctae crucis, Turnhout (Brepols) 2022, 235 p. (Corpus Christianorum in translation, 39), ISBN 978-2-503-59810-9, EUR 45,00.
– Isabelle Poutrin, Élisabeth Lusset (dir.), Dictionnaire du fouet et de la fessée. Corriger et punir, Paris (Presses universitaires de France) 2022, 773 p., ISBN 978-2-13-081898-4, EUR 28,50.
– Raban Maur, Les louanges de la Sainte Croix. In honorem Sanctae Crucis, Paris (Beaux-Arts de Paris éditions) 2022, 204 p. (Patrimoine et collections), ISBN 978-2-84056-816-2, EUR 45,00.
– Jan Reitzner, Die Verba Seniorum in der monastischen Welt Frankreichs im 12. Jahrhundert: »reformare« oder »meliorare«?, Münster (Aschendorff) 2022, XII–612 S. (Archa Verbi. Subsidia, 21), ISBN 978-3-402-10327-2, EUR 36,00.
– Stephen H. Rigby, Robert C. Nash, The Overseas Trade of Boston, 1279–1548, Köln, Weimar, Wien (Böhlau) 2022, 135 p. (Quellen und Darstellungen zur Hansischen Geschichte, 79), ISBN 978-3-412-52659-7, EUR 32,00.
– Amélie Rigollet, Mobilités du lignage anglo-normand de Briouze (mi-XIe siècle–1326), Turnhout (Brepols) 2021, 519 p., 18 ill. en n/b, 27 ill. en coul., 15 tab. (Histoires de famille. La parenté au Moyen Âge [HIFA], 22), ISBN 978-2-503-59248-0, EUR 79,00.
– Adriano Russo, Elisa Lonati, Silverio Franzoni (dir.), Le sens des textes classiques au Moyen Âge. Transmission, exégèse, réécriture, Turnhout (Brepols) 2022, 278 p., 8 ill. en n/b (Recherches sur les Réceptions de l'Antiquité [RRA], 4), ISBN 978-2-503-59846-8, GBP 90,00.
– Antonella Sannino, Reading William of Auvergne, Firenze (SISMEL Edizioni del Galluzzo) 2022, 199 p. (Micrologus Library, 113), ISBN 978-88-9290-166-7, EUR 36,00.
– Emmanuelle Santinelli-Folz, Couples et conjugalité au Haut Moyen Âge (VIe–XIIe siècles), Turnhout (Brepols) 2021, 407 p., 11 ill. en n/b, 19 tab. en n/b, 3 cartes en n/b (Haut Moyen Âge [HAMA], 43), ISBN 978-2-503-59503-0, EUR 95,00.
– Ahmed M. A. Scheir, The Prester John Legend Between East and West During the Crusades. Entangled Easter-Latin Mythical Legacies, Budapest (Trivent Publishing) 2022, 367 p., ISBN 978-615-6405-28-9, EUR 144,00.

- Rebecca Schmalholz, Verdichtete Botschaften. Wie Gelehrte um Karl den Großen in Gedichten kommunizierten, Köln, Weimar, Wien (Böhlau) 2022, 408 S. (Zürcher Beiträge zur Geschichtswissenschaft, 13), ISBN 978-3-412-52478-4, EUR 75,00.
- Élisabeth Schmitt, »En bon trayn de justice«. Les grands jours du parlement de Paris au lendemain de la guerre de Cent Ans, Paris (Publications de la Sorbonne) 2022, 382 p. (Histoire ancienne et médiévale, 186), ISBN 979-10-351-0819-9, EUR 28,00.
- Romedio Schmitz-Esser, Richard Engl, Jan Keupp, Markus Krumm (Hg.), StauferDinge. Materielle Kultur der Stauferzeit in neuer Perspektive, Regensburg (Schnell & Steiner) 2022, 272 S., ISBN 978-3-7954-36261, EUR 40,00.
- Sebastian Scholz (Hg.), Ausgewählte Synoden Galliens und des merowingischen Frankenreichs, Darmstadt (Wissenschaftliche Buchgesellschaft) 2022, 480 S. (Ausgewählte Quellen zur Geschichte des Mittelalters, 56), ISBN 978-3-534-27536-6, EUR 76,00.
- Isolde Schröder (ed.), Epistolae variorum 798–923, Wiesbaden (Harrassowitz Verlag) 2022, XXVI–442 S. (Monumenta Germaniae Historica. Epistolae, 9 [Epistolae Karolini aevi, 7]), ISBN 978-3-447-11783-8, EUR 130,00.
- Matthias Schrör, Die Briefe Karls des Kahlen. Einführung und Edition, Wiesbaden (Harrassowitz Verlag) 2022, XXX–152 S. (Monumenta Germaniae Historica. Studien und Texte, 69), ISBN 978-3-447-11844-6, EUR 40,00.
- Volker Scior, Boten im frühen Mittelalter. Medien – Kommunikation – Mobilität, Frankfurt am Main (Peter Lang Edition) 2021, 692 S. (Studien zur Vormoderne, 3), ISBN 978-3-631-84954-5, EUR 101,90.
- Richard Shaw, How, when and why did Bede write his Ecclesiastical History?, Abingdon (Taylor & Francis) 2022, 302 p., ISBN 978-0367-07734-1, EUR 144,64.
- Giulio Silano (ed.), Regino of Prüm. Two Books on Synodal Causes and Ecclesiastical Disciplines, Turnhout (Brepols) 2022, VIII–366 p. (Medieval Sources in Translation, 60), ISBN 978-0-88844-310-6, EUR 32,50.
- Viola Skiba, Nikolas Jaspert, Wilfried Rosendahl, Bernd Schneidmüller (Hg.), Die Normannen. Eine Geschichte von Mobilität, Eroberung und Innovation, Regensburg (Schnell & Steiner) 2022, 528 S., zahlr. Abb. (Publikation der Reiss-Engelhorn-Museen, 96), ISBN 978-3-7954-3671-1, EUR 45,00.
- Michel Sot, Christiane Veyrard-Cosme (dir.), Annales du royaume des Francs. Texte d'après l'édition de Friedrich Kurze, Paris (Les Belles Lettres) 2022, CIV–354 p. (Les classiques de l'histoire de France au Moyen Âge, 58), ISBN 978-2-251-45313-2, EUR 45,50.
- Philipp N. Spahn, Die Bibel als Norm? Das Ringen um das Recht der Kirche in Streitschriften aus der Zeit des Investiturstreits, Frankfurt am Main (Vittorio Klostermann) 2021, 416 S. (Studien zur europäischen Rechtsgeschichte, 335), ISBN 978-3-465-04544-1, EUR 89,00.
- Peter Stabel, The Fabric of the City. A Social History of Cloth Manufacture in Medieval Ypres, Turnhout (Brepols) 2022, 278 p. (Studies in European Urban History 1100–1800, 59), ISBN 978-2-503-60051-2, EUR 94,00.
- Pero Tafur, Aventures et voyages, Toulouse (Presses universitaires du Midi) 2022, 254 p. (Études médiévales ibériques, 18), ISBN 978-2-8107-0781-2, EUR 25,00.
- Joshua C. Tate, Power and Justice in Medieval England. The Law of Patronage and the Royal Courts, New Haven, London (Yale University Press) 2022, 272 p. (Yale Law Library Series in Legal History and Reference), ISBN 978-0-3001-6383-4, USD 55,00.
- Laurent Theis, Charles le Chauve. L'empire des Francs, Paris (Gallimard) 2021, 272 p., ill. en coul., cartes, tab. généal., ISBN 978-2-07-292657-0, EUR 21,00.
- Francesca Tinti, David A. Woodman (ed.), Constructing History across the Norman Conquest. Worcester, c. 1050–c. 1151, York (York Medieval Press) 2022, 305 p. (Writing History in the Middle Ages, 9), ISBN 978-1-914049-04-0, GBP 60,00.

– James Titterton, Deception in Medieval Warfare. Trickery and Cunning in the Central Middle Ages, Woodbridge (The Boydell Press) 2022, 292 p., 5 fig., ISBN 978-1-78327-678-3, GBP 70,00.
– Michele Tomasi, Écrire l'art en France au temps de Charles V et Charles VI (1360–1420). Le témoignage des chroniques, Turnhout (Brepols) 2022, 199 p. (Les Études du RILMA), ISBN 978-2-503-59588-7, EUR 55,00.
– Ernst Tremp, Kathrin Utz Tremp (Hg.), Das Nekrologium der Prämonstratenserabtei Humilimont (Marsens). Edition und Einleitung, Münster (Aschendorff) 2022, 185 S. (Spicilegium Friburgense, 51), ISBN 978-3-402-13821-2, EUR 39,00.
– Karl Ubl, Köln im Frühmittelalter. Die Entstehung einer heiligen Stadt. 400–1100, Köln (Greven Verlag) 2022, 513 S. (Geschichte der Stadt Köln, 2), ISBN 978-3-7743-0440-6, EUR 60,00.
– Emmanuelle Vagnon, Sandrine Victor (dir.), La »Mappa Mundi« d'Albi. Culture géographique et représentation du monde au haut Moyen Âge, Paris (Éditions de la Sorbonne) 2022, 280 p., 39 ill. (Histoire ancienne et médiévale, 180), ISBN 979-10-351-0786-4, EUR 30,00.
– Jim van der Meulen, Woven into the Urban Fabric. Cloth Manufacture and Economic Development in the Flemish West-Quarter (1300–1600), Turnhout (Brepols) 2021, 250 p., 16 b/w fig., 13 b/w tab. (Studies in European Urban History 1100–1800, 54), ISBN 978-2-503-59455-2, EUR 84,00.
– Alexandra Velissariou, Jean Devaux, Matthieu Marchal (dir.), Écrire le voyage au temps des ducs de Bourgogne. Actes du colloque international organisé les 19 et 20 octobre 2017 à l'Université du Littoral – Côte d'Opale (Dunkerque), Turnhout (Brepols) 2021, 300 p., 12 ill. en n/b, 8 ill. en coul. (Burgundica, 33), ISBN 978-2-503-57993-1, EUR 84,00.
– Patricia Victorin, Froissart après Froissart. La réception des Chroniques en France du XVe siècle au XIXe siècle, Rennes (Presses universitaires de Rennes) 2022, 492 p. (Interférences), ISBN 978-2-7535-8602-0, EUR 28,00.
– Pierre-Louis Viollet, Histoire de l'énergie hydraulique. Moulins, pompes, roues et turbines de l'Antiquité au XXe siècle, Paris (Presses de l'École nationale des ponts et chaussées) 2022, 236 p., ISBN 2-85978-414-4, EUR 44,00.
– Cécile Voyer, Vinni Lucherini (dir.), Le livre enluminé médiéval instrument politique, Roma (Viella) 2021, 406 p. (Quaderni Napoletani di Storia dell'Arte Medievale, 6), ISBN 978-88-331-3700-1, EUR 58,00.
– Emily J. Ward, Royal Childhood and Child Kingship. Boy Kings in England, Scotland, France and Germany, c. 1050–1262, Cambridge (Cambridge University Press) 2022, 300 p. (Cambridge Studies in Medieval Life and Thought. Fourth Series, 120), ISBN 978-1-108-83837-5, GBP 90,00.
– Matthias Weber, Der Bischof stirbt. Zu Form, Funktion und Vorstellung bischöflicher Sterbeberichte (6.–12. Jahrhundert), Göttingen (V&R) 2022, 663 S. (Orbis Mediaevalis, 20), ISBN 978-3-8471-1491-8, EUR 85,00.
– Björn Weiler, Paths to Kingship in Medieval Latin Europe, c. 950–1200, Cambridge (Cambridge University Press) 2021, 300 p., ISBN 978-1-316-51842-7, EUR 35,40.
– Benjamin Wheaton, Venantius Fortunatus and Gallic Christianity. Theology in the Writings of an Italian Émigré in Merovingian Gaul, Leiden (Brill Academic Publishers) 2022, 300 p. (Brill's Series on the Early Middle Ages, 29), ISBN 978-90-04-52194-0, EUR 109,00.
– Emily A. Winkler, Chris P. Lewis (ed.), Rewriting History in the Central Middle Ages, 900–1300, Turnhout (Brepols) 2022, 342 p. (International Medieval Research, 26), ISBN 978-2-503-59686-0, EUR 100,00.
– Claudia Wittig, Learning to be Noble in the Middle Ages. Moral Education in North-Western Europe, Turnhout (Brepols) 2022, 300 p. (Disputatio, 33), ISBN 978-2-503-59500-9, EUR 85,00.

– Philipp T. Wollmann, Litterae der Apostolischen Pönitentiarie in partibus (1400–1500). Ein Beitrag zur kurialen Diplomatik, Wiesbaden (Harrassowitz Verlag) 2021, XXXVI–323 S. (Monumenta Germaniae Historica. Studien und Texte, 68), ISBN 978-3-447-11732-6, EUR 65,00.
– Bernhard Zeller, Diplomatische Studien zu den St. Galler Privaturkunden des frühen Mittelalters (ca. 720–980), Köln, Weimar, Wien (Böhlau) 2022, 631 S. (Mitteilungen des Instituts für Österreichische Geschichtsforschung. Ergänzungsband, 66), ISBN 978-3-205-21487-8, EUR 95,00.
– Bernhard Zeller, Charles West, Francesca Tinti, Marco Stoffella, Nicolas Schroeder, Carine van Rhijn, Steffen Patzold, Thomas Kohl, Wendy Davies, Miriam Czock, Neighbours and Strangers. Local Societies in Early Medieval Europe, Manchester (Manchester University Press) 2022, 308 p. (Manchester Medieval Studies, 24), ISBN 978-1-5261-6389-9, EUR 32,00.
– Philip Zimmermann, Armut und Bischofsherrschaft. Bischöfliche Fürsorge in der Merowingerzeit, Ostfildern (Jan Thorbecke Verlag) 2022, 266 S. (Vorträge und Forschungen. Sonderband, 63), ISBN 978-3-7995-6773-2, EUR 38,00.

Frühe Neuzeit/Histoire moderne, Révolution, Empire (1500–1815)

– Wolfgang Adam, Montaignes Kalender, Heidelberg (Universitätsverlag Winter) 2021, 129 S. (Beihefte zum Euphorion, 115), ISBN 978-3-8253-4849-6, EUR 36,00.
– Gérald Arboit, Napoléon et le renseignement, Paris (Perrin) 2022, 544 p., ISBN 978-2-262-04319-3, EUR 18,99.
– Oliver Auge, Michael Hecht (Hg.), »Kleine Fürsten« im Alten Reich. Strukturelle Zwänge und soziale Praktiken im Wandel (1300–1800), Berlin (Duncker & Humblot) 2022, 473 S., 52 Abb. (Zeitschrift für Historische Forschung. Beihefte, 59), ISBN 978-3-428-18427-9, EUR 79,90.
– Anne-Sophie Banakas, Les portraits de Marie-Thérèse. Représentation et lien politique dans la Monarchie des Habsbourg (1740–1780), Berlin, Boston (De Gruyter Oldenbourg) 2021, 530 p., ISBN 978-3-11-066180-4, EUR 92,95.
– Bernard Barbiche, Le Roi et l'État. Regards sur quelques institutions de la France moderne (XVIe–XVIIIe siècle), Paris (École nationale des chartes) 2021, 394 p. (Mémoires et documents de l'École des chartes, 112), ISBN 978-2-35723-165-8, EUR 50,00.
– Ingrid Baumgärtner, Mapping Narrations – Narrating Maps. Concepts of the World in the Middle Ages and the Early Modern Period. Ed. by Daniel Gneckow, Anna Hollenbach, Phillip Landgrebe, Berlin, Boston (De Gruyter Oldenbourg) 2022, 400 p., 127 col. fig. (Research in Medieval and Early Modern Culture, 34), ISBN 978-1-5015-2381-6, EUR 86,09.
– Stefan Bayer, Kirsten Dickhaut, Irene Herzog (Hg.), Lenkung der Dinge. Magie, Kunst und Politik in der Frühen Neuzeit, Frankfurt am Main (Vittorio Klostermann) 2021, IV–396 S. (Zeitsprünge, 25), ISBN 978-3-465-04558-8, EUR 118,00.
– Marc Belissa, Yannick Bosc, Le Consulat de Bonaparte. La fabrique de l'État et la société propriétaire 1799–1804, Paris (La fabrique éditions) 2021, 304 p., ISBN 978-2-35872-222-3, EUR 15,00.
– Günter Berger, Jean-Philippe Baratier oder die Vermarktung eines Wunderkindes, Berlin (Duncker & Humblot) 2021, 124 S., 7 Abb., ISBN 978-3-428-18441-5, EUR 14,90.
– Gilles Bertrand, Catherine Brice, Mario Infelise (dir.), Exil, asile: du droit aux pratiques (XVIe–XIXe siècle), Roma (École française de Rome) 2022, 552 p. (Collection de l'École française de Rome, 594), ISBN 978-2-7283-1555-0, EUR 29,00.
– Samantha Besson (dir.), Inventer l'Europe, Paris (Les Éditions du Collège de France/les Éditions Odile Jacob) 2022, 352 p. (Travaux du Collège de France), ISBN 978-2-4150-0325-8, EUR 27,90.

– Johannes Birgfeld, Stephanie Catani, Anne Conrad (Hg.), Aufklärungen. Strategien und Kontroversen vom 17. bis 21. Jahrhundert, Heidelberg (Universitätsverlag Winter) 2022, 552 S. (Beihefte zum Euphorion. Zeitschrift für Literaturgeschichte, 117), ISBN 978-3-8253-4822-9, EUR 58,00.
– Anja Bittner, Bärbel Holtz (Hg.), Der preußische Hof von 1786 bis 1918. Ämter, Akteure und Akteurinnen, Paderborn, München, Wien et al. (Ferdinand Schöningh) 2022, 940 S. (Acta Borussica. Neue Folge, 3. Reihe, 1), ISBN 978-3-506-70833-5, EUR 239,00.
– Tim Blanning, Glanz und Größe. Der Aufbruch Europas 1648–1815, München (DVA) 2022, 928 S., ISBN 978-3-421-04860-8, EUR 49,00.
– Julia Bloemer, Empirie im Mönchsgewand. Naturforschung in süddeutschen Klöstern des 18. Jahrhunderts, Göttingen (V&R) 2022, 276 S., 9 s/w Abb., 14 farb. Abb. (Religiöse Kulturen im Europa der Neuzeit, 22), ISBN 978-3-525-31142-4, EUR 65,00.
– Isaure Boitel, Yann Lignereux (dir.), Convaincre, persuader, manipuler. Rhétoriques partisanes à l'épreuve de la propagande (XVe–XVIIIe siècle), Rennes (Presses universitaires de Rennes) 2022, 212 p. (Histoire), ISBN 978-2-7535-8295-8, EUR 22,00.
– Céline Borello, Aziza Gril-Mariotte (dir.), Imageries religieuses à l'ère industrielle. Supports, diffusion et usages (XVIIe–XXe siècle), Rennes (Presses universitaires de Rennes) 2022, 240 p. (Art & Société), ISBN 978-2-7535-8671-0, EUR 26,00.
– Anna Boroffka (ed.), Between Encyclopedia and Chorography. Defining the Agency of »Cultural Encyclopedias« from a Transcultural Perspective, Berlin, Boston (De Gruyter Oldenbourg) 2022, 447 p., 91 col. fig. (Cultures and Practices of Knowledge in History, 12), ISBN 978-3-11-074787-4, EUR 89,95.
– Simona Boscani Leoni, Sarah Baumgartner, Meike Knittel (ed.), Connecting Territories. Exploring People and Nature, 1700–1850, Leiden (Brill Academic Publishers) 2022, 280 p. (Emergence of Natural History, 5), ISBN 978-90-04-41246-0, EUR 119,00.
– André Burguière, Les affinités sélectives. Un parcours historiographique, Paris (Éditions de l'EHESS) 2022, 332 p. (Cas de figure, 54), ISBN 978-2-7132-2938-1, EUR 16,00.
– José Cáceres Mardones, Bestialische Praktiken. Tiere, Sexualität und Justiz im frühneuzeitlichen Zürich, Köln, Weimar, Wien (Böhlau) 2022, 343 S. (Tiere in der Geschichte/Animals in History, 1), ISBN 978-3-412-52491-3, EUR 60,00.
– Stéphane Castelluccio (dir.), Vivre noblement en son hôtel. Résidences aristocratiques et vie sociale dans les capitales européennes au XVIIIe siècle, Paris (CNRS Éditions) 2021, 351 p. (CNRS Alpha), ISBN 978-2-271-13533-9, EUR 39,00.
– Gérald Chaix, Köln im Zeitalter von Reformation und katholischer Reform 1512/13–1610, Köln (Greven Verlag) 2021, 504 S., 100 Abb. (Geschichte der Stadt Köln, 5), ISBN 978-3-7743-0446-8, EUR 60,00.
– Roger Chartier, Éditer et traduire. Mobilité et matérialité des textes (XVIe–XVIIIe siècle), Paris (Éditions de l'EHESS) 2021, 300 p. (Hautes Études), ISBN 978-2-02-147389-6, EUR 24,00.
– Roger Chartier, Cartes et fictions (XVIe–XVIIIe siècle), Paris (Les Éditions du Collège de France) 2022, 109 p., 34 ill. (Faire savoir), ISBN 978-2-7226-0585-5, EUR 24,00.
– Loris Chavanette, Danton et Robespierre. Le choc de la Révolution, Paris (Passés/Composés) 2021, 480 p., ISBN 978-2-3793-3024-7, EUR 25,00.
– Joël Cornette, Anne de Bretagne, Paris (Gallimard) 2021, 336 p. (Collection NRF Biographies), ISBN 978-2-07-077061-8, EUR 22,00.
– Annette C. Cremer, Alexander Jendorff (Hg.), Decorum und Mammon im Widerstreit? Adeliges Wirtschaftshandeln zwischen Standesprofilen, Profitstreben und ökonomischer Notwendigkeit, Heidelberg (Heidelberg University Publishing) 2022, 464 S. (Höfische Kultur interdisziplinär, 4), ISBN 978-3-96822-069-7, EUR 59,90.

– Kestutis Daugirdas, Christian Volkmar Witt (Hg.), Gegeneinander glauben – miteinander forschen? Paradigmenwechsel frühneuzeitlicher Wissenschaftskulturen, Göttingen (V&R) 2022, 296 S., 11 Abb. (Veröffentlichungen des Instituts für Europäische Geschichte, 134), ISBN 978-3-525-56859-0, EUR 70,00.
– Aubrée David-Chapy, Anne de France. Gouverner au féminin à la Renaissance, Paris (Passés/Composés) 2022, 288 p., ISBN 978-2-3793-3276-0, EUR 22,00.
– Markus Debertol, Markus Gneiss, Julia Hörmann-Thurn und Taxis, Manfred Hollegger, Heinz Noflatscher (Hg.), »Per tot discrimina rerum« – Maximilian I. (1459–1519), Köln, Weimar, Wien (Böhlau) 2022, 528 S., 128 Abb., ISBN 978-3-205-21602-5, EUR 85,00.
– André Deblon (†) (dir.), La visite des 75 paroisses du doyenné de Bastogne en 1693 par le doyen et official Jean de Herlenval, curé d'Ortho. Édité par Christian et Julie Dury, Pierre Hannick et Jean-Claude Muller, Liège (Institut archéologique du Luxembourg/Société d'art et d'histoire du diocèse de Liège) 2021, 320 p., ill. (Annales de l'Institut archéologique du Luxembourg/Bulletin de la Société d'art et d'histoire du diocèse de Liège, Tome LXXIII [Exercices 2019–2020]), ISSN 0776-1295, EUR 28,00.
– Wietse de Boer, Art in Dispute. Catholic Debates at the Time of Trent, Leiden (Brill Academic Publishers) 2021, XI–414 p., fig. (Brill's Studies on Art, Art History, and Intellectual History, 59), ISBN 978-90-04-42128-8, EUR 149,00.
– Lyke de Vries, Reformation, Revolution, Renovation. The Roots and Reception of the Rosicrucian Call for General Reform, Leiden (Brill Academic Publishers) 2021, 444 p. (Universal Reform, 3), ISBN 978-90-04-25022-2, EUR 115,00.
– Jean-Dominique delle Luche, Des amitiés ciblées. Concours de tir et diplomatie urbaine dans le Saint-Empire, XVe–XVIe siècle, Turnhout (Brepols) 2021, 382 p., 30 ill. en n/b et 14 ill. en coul. (Studies in European Urban History [1100–1800], 51), ISBN 978-2-503-59017-2, EUR 96,00.
– Antonella del Prete, Anna Lisa Schino, Pina Totaro (ed.), The Philosophers and the Bible. The Debate on Sacred Scripture in Early Modern Thought, Leiden (Brill Academic Publishers) 2021, XIV–303 p., 4 fig. (Brill's Studies in Intellectual History, 333), ISBN 978-90-04-41863-9, EUR 124,00.
– Michel de Waele, L'affirmation du fait colonial dans les relations internationales. La guerre franco-anglaise de 1627–1629, Rennes (Presses universitaires de Rennes) 2022, 328 p. (Histoire), ISBN 978-2-7535-8305-4, EUR 28,00.
– Andreas Deutsch (Hg.), Stadtrechte und Stadtrechtsreformationen, Heidelberg (Universitätsverlag Winter) 2021, 681 S. (Schriftenreihe des Deutschen Rechtswörterbuchs), ISBN 978-3-8253-4898-4, EUR 68,00.
– Tobias Dienst, Konfessionelle Konkurrenz. Gelehrte Kontroversen an den Universitäten Heidelberg und Mainz (1583–1622), Tübingen (Mohr Siebeck) 2021, 460 S., ISBN 978-3-16-159216-4, EUR 109,00.
– Thomas Dorfner, Thomas Kirchner, Christine Roll (Hg.), Berichten als kommunikative Herausforderung. Europäische Gesandtenberichte der Frühen Neuzeit in praxeologischer Perspektive, Göttingen (V&R) 2021, 198 S., 1 Abb. (Externa, 16), ISBN 978-3-412-52367-1, EUR 49,00.
– Hervé Drévillon, Penser et écrire la guerre. Contre Clausewitz, 1780–1837, Paris (Passés/Composés) 2021, 352 p., ISBN 978-2-37933-076-6, EUR 23,00.
– Stefan Droste, Offensive Engines. Projektemacher und Militärtechnik im langen 18. Jahrhundert, Stuttgart (Franz Steiner Verlag) 2022, 452 S. (Wissenschaftskulturen. Reihe I: Wissenschaftsgeschichte, 3), ISBN 978-3-515-13242-8, EUR 72,00.
– Evelyn Dueck, Die »krumme Bahn der Sinnlichkeit«. Sehen und Wahrnehmen in Optik, Naturforschung und Ästhetik des 17. und 18. Jahrhunderts, Leiden (Brill Academic Publishers) 2022, 420 S., 16 s/w Abb. (Laboratorium Aufklärung, 37), ISBN 978-3-7705-6740-9, EUR 97,61.

– Chloë Duflo-Ciccotelli, La franc-maçonnerie en Guadeloupe, miroir d'une société coloniale en tensions (1770–1848), Bordeaux (Presses universitaires de Bordeaux) 2021, 360 p. (Monde maçonnique), ISBN 979-10-300-0315-4, EUR 20,00.
– François Duluc, Le marquis de Bonnay. Le père oublié de la Déclaration des droits de l'homme, Paris (Passés/Composés) 2022, 416 p., ISBN 978-2-3793-3855-7, EUR 24,00.
– Márta Fata, Melioration und Migration. Wasser und Gesellschaft in Mittel- und Ostmitteleuropa vom 17. bis Mitte des 19. Jahrhunderts, Stuttgart (Franz Steiner Verlag) 2022, 346 S., 49 Abb. (Schriftenreihe des Instituts für donauschwäbische Geschichte und Landeskunde, 25), ISBN 978-3-515-13145-2, EUR 68,00.
– Marine Fiedler, Von Hamburg nach Singapur. Translokale Erfahrungen einer Hamburger Kaufmannsfamilie in Zeiten der Globalisierung (1765–1914), Köln, Weimar, Wien (Böhlau) 2022, 517 S. (Peripherien, 8), ISBN 978-3-412-52433-3, EUR 90,00.
– Uwe Folwarczny, Lutherische Orthodoxie und konfessioneller Pragmatismus. Kurfürst Joachim Friedrich von Brandenburg zwischen Dynastie, Territorien und Reich, Berlin (Duncker & Humblot) 2022, 625 S., 9 Abb. (Veröffentlichungen aus den Archiven Preußischer Kulturbesitz. Forschungen, 20), ISBN 978-3-428-18263-3, EUR 109,90.
– Laurence Fontaine, Vivre pauvre. Quelques enseignements tirés de l'Europe des Lumières, Paris (Gallimard) 2022, 512 p. (Collection NRF Essais), ISBN 978-2-07-295338-5, EUR 24,00.
– Erwin Frauenknecht, »Ich kan yetzo nit mee …« – Johannes Reuchlin unterwegs im Dienst Württembergs. Begleitband zur Ausstellung, Stuttgart (Kohlhammer) 2022, 118 S., 40 Abb. (Sonderveröffentlichungen des Landesarchivs Baden-Württemberg), ISBN 978-3-17-042567-5, EUR 12,00.
– Nathalie Freidel, »Le Temps des écriveuses«. L'œuvre pionnière des épistolières au XVIIe siècle, Paris (Classiques Garnier) 2022, 290 p. (Masculin/féminin dans l'Europe moderne, 35), ISBN 978-2-406-12823-6, EUR 25,00.
– Stéphan Geonget, Anne Boutet, Louise Daubigny, Marie-Bénédicte Le Hir (dir.), Le réseau de Marguerite de Navarre, Genève (Librairie Droz) 2022, 488 p. (Cahiers d'Humanisme et Renaissance, 182), ISBN 978-2-600-06310-4, EUR 56,40.
– Kim Gladu, Huguette Krief, Marc André Bernier, La vertu féminine, de la cour de Sceaux à la guillotine, Paris (Classiques Garnier) 2022, 273 p. (Masculin/féminin dans l'Europe moderne, 34), ISBN 978-2-406-12582-2, EUR 28,00.
– Christine Gouzi, L'Art et le jansénisme au XVIIIe siècle, Paris (Classiques Garnier) 2021, 320 p. (Univers Port-Royal, 8), ISBN 978-2-406-12306-4, EUR 36,00.
– Michaël Green, Lars Cyril Nørgaard, Mette Birkedal Bruun (ed.), Early Modern Privacy. Sources and Approaches, Leiden (Brill Academic Publishers) 2021, XXII–442 p. (Intersections, 78), ISBN 978-90-04-15291-5, EUR 149,00.
– Sophie Guérinot, L'Exil de Marie de Médicis. Actions et informations politiques (1631–1642), Paris (Classiques Garnier) 2022, 701 p., ISBN 978-2-406-12838-0, EUR 48,00.
– Mirjam Hähnle, Wann war Arabien? Historische Zeiterfahrungen im Kontext einer Forschungsreise (1761–1767), Köln, Weimar, Wien (Böhlau) 2021, 462 S. (Peripherien), ISBN 978-3-412-52400-5, EUR 75,00.
– Katharina Helm, Heroisierung als visuelle Rhetorik in Standbildern der Frühen Neuzeit in Italien und Frankreich, Baden-Baden (Ergon) 2022, 506 S. (Helden – Heroisierungen – Heroismen, 18), ISBN 978-3-95650-868-4, EUR 68,00.
– Emmanuel Hourcade, Charlotte Morel, Ayse Yuva (dir.), La perfectibilité de l'homme. Les Lumières allemandes contre Rousseau?, 2 vol., Paris (Classiques Garnier) 2022, 1488 p. (Textes de philosophie, 19), ISBN 978-2-406-12253-1, EUR 121,00.
– Dieter Hüning, Arne Klawitter, Gideon Stiening (Hg.), Jakob Mauvillon (1743–1794) und die deutschsprachige Radikalaufklärung, Berlin, Boston (De Gruyter Oldenbourg) 2022, 508 S., 5 Abb. (Werkprofile, 20), ISBN 978-3-11-079353-6, EUR 129,95.

– Didier Kahn, Hiro Hirai (ed.), Pseudo-Paracelsus. Forgery and Early Modern Alchemy, Medicine and Natural Philosophy, Leiden (Brill Academic Publishers) 2021, 504 p., ISBN 978-90-04-50338-0, EUR 143,00.

– Susan C. Karant-Nunn, Ritual, Gender, and Emotions. Essays on the Social and Cultural History of the Reformation, Tübingen (Mohr Siebeck) 2022, X–350 p. (Spätmittelalter, Humanismus, Reformation/Studies in the Late Middle Ages, Humanism, and the Reformation, 131), ISBN 978-3-16-161329-6, EUR 124,00.

– Simon Karstens, Untergegangene Kolonialreiche. Gescheiterte Utopien in Amerika, Köln, Weimar, Wien (Böhlau) 2022, 291 S., 16 Abb., ISBN 978-3-205-21471-7, EUR 39,00.

– Thomas Kaufmann, Die Druckmacher. Wie die Generation Luther die erste Medienrevolution entfesselte, München (C. H. Beck) 2022, 350 S., 61 Abb., ISBN 978-3-406-78180-3, EUR 28,00.

– Nina J. Koefoed, Andrew G. Newby (ed.), Lutheranism and Social Responsibility, Göttingen (V&R) 2022, 267 p., 23 fig. (Academic Studies, 82), ISBN 978-3-525-55868-3, EUR 99,00.

– Heinrich Lang, Internationale Kapital- und Warenmärkte, transalpiner Handel und Herrscherfinanzen. Kooperation zwischen den Handelsgesellschaften der Welser, Stuttgart (Franz Steiner Verlag) 2021, 757 S. (Deutsche Handelsakten des Mittelalters und der Neuzeit, 24), ISBN 978-3-515-12836-0, EUR 122,00.

– Margareth Lanzinger, Raffaella Sarti, Eine Löwin im Kampf gegen Napoleon? Die Konstruktion der Heldin Katharina Lanz, Köln, Weimar, Wien (Böhlau) 2022, 392 S., 50 farb. Abb., ISBN 978-3-205-20661-3, EUR 50,00.

– Mathis Leibetseder, Joachim II. von Brandenburg. Kurfürst zwischen Renaissance und Reformation, Berlin (Duncker & Humblot) 2022, 756 S., 33 Abb. (Veröffentlichungen aus den Archiven Preußischer Kulturbesitz. Forschungen, 15), ISBN 978-3-428-18478-1, EUR 129,90.

– Alain J. Lemaître, Odile Kammerer (dir.), L'Alsace au XVIIIe siècle. L'aigle et le lys, Berlin (Erich Schmidt Verlag) 2022, 290 S. (Studien des Frankreich-Zentrums der Albert-Ludwigs-Universität Freiburg, 27), ISBN 978-3-503-20637-7, EUR 69,95.

– Volker Leppin, Stefan Michels (Hg.), Reformation als Transformation? Interdisziplinäre Zugänge zum Transformationsparadigma als historiographischer Beschreibungskategorie, Tübingen (Mohr Siebeck) 2022, 285 S. (Spätmittelalter, Humanismus, Reformation/Studies in the Late Middle Ages, Humanism, and the Reformation, 126), ISBN 978-3-16-161276-3, EUR 104,00.

– Saskia Limbach, Government Use of Print. Official Publications in the Holy Roman Empire, 1500–1600, Frankfurt am Main (Vittorio Klostermann) 2021, XVIII–347 S., Ill., Diagr., (Studien zur europäischen Rechtsgeschichte, 326), ISBN 978-3-465-04425-3, EUR 79,00.

– Wolfgang Mährle, Im Bann des Sonnenkönigs. Herzog Friedrich Carl von Württemberg-Winnental (1652–1698), Stuttgart (Kohlhammer) 2022, 219 S. (Geschichte Württembergs. Impulse der Forschung, 7), ISBN 978-3-17-041308-5, EUR 28,00.

– Klaus Malettke, Katharina von Medici. Frankreichs verkannte Königin, Paderborn, München, Wien et. al. (Ferdinand Schöningh) 2020, VIII–403 S., 12 farb. Abb., 4 s/w Graf., 4 s/w Kt. Abb., ISBN 978-3-506-70332-3, EUR 78,00.

– Rebekka von Mallinckrodt, Josef Köstlbauer, Sarah Lentz (ed.), Beyond Exceptionalism. Traces of Slavery and the Slave Trade in Early Modern Germany, 1650–1850, Berlin, Boston (De Gruyter Oldenbourg) 2021, XIII–311 S., col. fig., ISBN 978-3-11-074869-7, EUR 89,95.

– Meredith Martin, Gillian Weiss, Le Roi-Soleil en mer. Art maritime et galériens dans la France de Louis XIV, Paris (Éditions de l'EHESS) 2022, 350 p. (Représentations, 14), ISBN 978-2-7132-2950-3, EUR 32,00.

– Peter Maxwell-Stuart, José Manuel García Valverde (ed.), Investigations into Magic. An Edition and Translation of Martín Del Río's Disquisitionum magicarum libri sex. Vol. 1, Leiden (Brill Academic Publishers) 2022, VI–443 p. (Heterodoxia Iberica, 6,1), ISBN 978-90-04-44154-5, EUR 145,00.

– Grantley McDonald, Marsilio Ficino in Germany from Renaissance to Enlightenment. A Reception History, Genève (Librairie Droz) 2022, 1016 p. (Travaux d'Humanisme et Renaissance), ISBN 978-2-600-06279-4, EUR 119,00.
– Barbara Mittler, Thomas Maissen, Pierre Monnet (ed.), Chronologics. Periodisation in a Global Context, Heidelberg (Heidelberg University Publishing) 2022, 286 p., ISBN 978-3-96822-137-3, EUR 52,90.
– Martin Mulsow (Hg.), Das Haar als Argument. Zur Wissensgeschichte von Bärten, Frisuren und Perücken, Stuttgart (Franz Steiner Verlag) 2022, 285 S. (Gothaer Forschungen zur Frühen Neuzeit, 21), ISBN 978-3-515-11660-2, EUR 60,00.
– Jacqueline Murray (ed.), The Male Body and Social Masculinity in Premodern Europe, Toronto (Centre for Reformation and Renaissance Studies) 2022, 297 p., 47 fig., ISBN 978-0-7727-1114-4, CAD 39,95.
– Kathrin Dorothea Paszek, In den Augen der Anderen. Die Wahrnehmung von Jan III. Sobieski in den Korrespondenzen von Habsburg und Hohenzollern, Köln, Weimar, Wien (Böhlau) 2022, 430 S., ISBN 978-3-205-21575-2, EUR 55,00.
– Andreas Pečar, Marianne Taatz-Jacobi (Hg.), Die Universität Halle und der Berliner Hof (1691–1740). Eine höfisch-akademische Beziehungsgeschichte, Stuttgart (Franz Steiner Verlag) 2021, 351 S. (Wissenschaftskulturen. Reihe III: Pallas Athene, 55), ISBN 978-3-515-12910-7, EUR 68,00.
– Jennifer D. Penschow, Battling Smallpox before Vaccination. Inoculation in Eighteenth-Century Germany, Leiden (Brill Academic Publishers) 2022, 296 p., 15 fig. (Clio Medica, 105), ISBN 978-90-04-46513-8, EUR 125,00.
– Ines Peper, Thomas Wallnig (ed.), Central European Pasts. Old and New in the Intellectual Culture of Habsburg Europe, 1700–1750, Berlin, Boston (De Gruyter Oldenbourg) 2022, 660 p., 26 fig. (Cultures and Practices of Knowledge in History, 6), ISBN 978-3-11-064911-6, EUR 94,95.
– Lionel Piettre, L'ombre de Guillaume Du Bellay sur la pensée historique de la Renaissance, Genève (Librairie Droz) 2022, 688 p. (Travaux d'Humanisme et Renaissance), ISBN 978-2-600-06358-6, CHF 105,00.
– Madame de Pringy, Les différens caractères des femmes du siècle avec La description de l'amour propre (Édition de 1694). Édition critique de Constant Venesoen, Paris (Classiques Garnier) 2022, 172 p. (Textes de la Renaissance, 58), ISBN 978-2-406-13155-7, EUR 25,00.
– Lisa Regazzoni, Geschichtsdinge. Gallische Vergangenheit und französische Geschichtsforschung im 18. und frühen 19. Jahrhundert, Berlin, Boston (De Gruyter Oldenbourg) 2020, XVI–508 S., 24 Abb. (Cultures and Practices of Knowledge in History, 5), ISBN 978-3-11-067449-1, EUR 94,95.
– Peter Reinkemeier, Die Gouvernementalisierung der Natur. Deutung und handelnde Bewältigung von Naturkatastrophen im Kurfürstentum Bayern des 18. Jahrhunderts, Göttingen (V&R) 2022, 498 S., 5 s/w Abb. (Umwelt und Gesellschaft, 27), ISBN 978-3-525-37103-9, EUR 80,00.
– Magnus Ressel, Protestantische Händlernetze im langen 18. Jahrhundert. Die deutschen Kaufmannsgruppierungen und ihre Korporationen in Venedig und Livorno von 1648 bis 1806, Göttingen (V&R) 2021, 698 S., 11 Abb. (Schriftenreihe der Historischen Kommission bei der Bayerischen Akademie der Wissenschaften, 107), ISBN 978-3-525-36329-4, EUR 80,00.
– Magnus Ressel, Ellinor Schweighöfer (Hg.), Heinrich Mylius (1769–1854) und die deutsch-italienischen Verbindungen im Zeitalter der Revolution. Die Lombardei und das nordalpine Europa im frühen 19. Jahrhundert, Stuttgart (Franz Steiner Verlag) 2021, 366 S., 17 Abb. (Aurora, 8), ISBN 978-3-515-12596-3, EUR 68,00.

– Iris de Rode, François-Jean de Chastellux (1734–1788). Un soldat-philosophe dans le monde atlantique à l'époque des Lumières, Paris (Honoré Champion) 2022, 736 p., ISBN 978-2-7453-5684-0, EUR 95,00.
– Sibylle Röth, Grenzen der Gleichheit. Forderungen nach Gleichheit und die Legitimation von Ungleichheit in Zeitschriften der deutschen Spätaufklärung, Hannover (Wehrhahn Verlag) 2022, 696 S. (Aufklärung und Moderne, 39), ISBN 978-3-86525-859-5, EUR 48,00.
– Emma Rothschild, Eine Hochzeit in der Provinz. Die Spuren der Familie Aymard über zwei Jahrhunderte europäischer Geschichte, Darmstadt (Wissenschaftliche Buchgesellschaft) 2022, 496 S., ISBN 978-3-8062-4443-4, EUR 32,00.
– Anne-Simone Rous, Geheimdiplomatie in der Frühen Neuzeit. Spione und Chiffren in Sachsen 1500–1763, Stuttgart (Franz Steiner Verlag) 2022, 812 S. (Gothaer Forschungen zur Frühen Neuzeit, 18), ISBN 978-3-515-13052-3, EUR 110,00.
– Elisabeth Ruffert, Das Gesandtschaftszeremoniell des brandenburgisch-preußischen Hofes um 1700, Berlin (Duncker & Humblot) 2022, 728 S. (Quellen und Forschungen zur Brandenburgischen und Preußischen Geschichte, 55), ISBN 978-3-428-18327-2, EUR 119,90.
– Regula Schmid Keeling, Mit der Stadt in den Krieg. Der Reisrodel der Zürcher Constaffel, 1503–1583, Zürich (Chronos) 2022, 200 S. (Mitteilungen der Antiquarischen Gesellschaft in Zürich, 89), ISBN 978-3-0340-1663-6, CHF 48,00.
– Julia Annette Schmidt-Funke, Gunhild Berg, Martin Mulsow (Hg.), Das Schloss als Hörsaal. Ludwig Christian Lichtenbergs »Vorlesung über die Naturlehre« und die residenzstädtische Wissensproduktion um 1800, Stuttgart (Franz Steiner Verlag) 2021, 425 S., 17 Abb. (Gothaer Forschungen zur Frühen Neuzeit, 19), ISBN 978-3-515-12664-9, EUR 70,00.
– Ingeborg Schnelling-Reinicke, Susanne Brockfeld (Hg.), Karrieren in Preußen – Frauen in Männerdomänen, Berlin (Duncker & Humblot) 2020, 351 S., 33 Abb. (Forschungen zur Brandenburgischen und Preußischen Geschichte, 15), ISBN 978-3-428-18035-6, EUR 119,00.
– Henrik Schwanitz, Von der Natur gerahmt. Die Idee der »natürlichen Grenzen« als Identitätsressource um 1800, Leipzig (Leipziger Universitätsverlag) 2021, 362 S. (Schriften zur sächsischen Geschichte und Volkskunde, 65), ISBN 978-3-96023-382-4, EUR 55,00.
– Georg Stanitzek (Hg.), Semantik und Praktiken der Freundschaft im 18. Jahrhundert, Hannover (Wehrhahn Verlag) 2022, 288 (Bochumer Forschungen zum 18. Jahrhundert, 12), ISBN 978-3-86525-967-7, EUR 29,50.
– Philip Steadman, Renaissance Fun. The Machines Behind the Scenes, London (University College London Press) 2021, 418 p., col. fig., ISBN 978-1-78735-917-8, GBP 30,00.
– Stefanie Stockhorst, Verschriftlichungsstrategien. Maritime Handbücher der Frühen Neuzeit zwischen Wissenspolitik und kultureller Inszenierung, Hannover (Wehrhahn Verlag) 2022, 128 p., 8 Abb. (Neue Perspektiven der Frühneuzeitforschung, 6), ISBN 978-3-86525-932-5, EUR 12,00.
– Eveline Szarka, Sinn für Gespenster. Spukphänomene in der reformierten Schweiz (1570–1730), Köln, Weimar, Wien (Böhlau) 2022, 356 S., 10 s/w und farb. Abb. (Zürcher Beiträge zur Geschichtswissenschaft, 12), ISBN 978-3-412-52428-9, EUR 75,00.
– Jacques Szpirglas, Dictionnaire des musiciens de la cour de Louis XIII et des maisons princières (1610–1643). 2 vol., Paris (Classiques Garnier) 2021, 1865 p. (Musicologie, 14), ISBN 978-2-406-12061-2, EUR 119,00.
– Evelien Timpener, In Augenschein genommen. Hessische Lokal- und Regionalkartographie in Text und Bild (1500–1575), Berlin, Boston (De Gruyter Oldenbourg) 2022, 206 S., 27 Abb. (bibliothek altes Reich, 38), ISBN 978-3-11-077755-0, EUR 59,00.
– Tom Tölle, Heirs of Flesh and Paper. A European History of Dynastic Knowledge around 1700, Berlin, Boston (De Gruyter Oldenbourg) 2022, 337 p. (Cultures and Practices of Knowledge in History, 11), ISBN 978-3-11-074460-6, EUR 69,95.

– Kathrin Utz Tremp, Warum Maria blutige Tränen weinte. Der Jetzerhandel und die Jetzerprozesse in Bern (1507–1509). 2 Bde., Wiesbaden (Harrassowitz Verlag) 2022, 1057 S. (Monumenta Germaniae Historica. Schriften, 78), ISBN 978-3-447-11647-3, EUR 165,00.
– Beatrijs Vanacker, Lieke van Deinsen (ed.), Portraits and Poses. Female Intellectual Authority, Agency and Authorship in Early Modern Europe, Leuven (Leuven University Press) 2022, 400 p., ISBN 978-94-6270-330-8, EUR 65,00.
– Cécile Vidal (dir.), Une histoire sociale du Nouveau Monde, Paris (Éditions de l'EHESS) 2021, 344 p. (En temps & lieux, 107), ISBN 978-2-7132-2898-8, EUR 24,80.
– Éliane Viennot, Seize études sur Marguerite de Valois. Ses proches, son œuvre, son temps, son mythe, Paris (Classiques Garnier) 2022, 329 p. (Études et essais sur la Renaissance, 127), ISBN 978-2-406-12600-3, EUR 32,00.
– Jörg Vögele, Luisa Rittershaus, Timo Heimerdinger, Christoph auf der Horst (Hg.), The Cruel Sea. Der Tod und das Meer – historische und kunsthistorische Perspektiven, Köln, Weimar, Wien (Böhlau) 2022, 248 S., 38 Abb., ISBN 978-3-412-52640-5, EUR 55,00.
– Gerrit Walther (Hg.), Staatenkonkurrenz und Vernunft. Europa 1648–1789, München (C. H. Beck) 2021, 368 S., ISBN 978-3-406-67174-6, EUR 18,95.
– Jeffrey R. Watt, The Consistory and Social Discipline in Calvin's Geneva, Rochester, NY (University of Rochester Press) 2020, 338 p. (Changing Perspectives on Early Modern Europe), ISBN 978-1-6482-5004-0, USD 24,95.
– Christine Weder, Die Schlaraffenlandkarte um 1700. Geografie und Ökonomie einer multimedialen Fantasie, Baden-Baden (Nomos) 2021, 132 S. (Litterae, 253), ISBN 978-3-96821-829-8, EUR 29,00.
– Thomas Winkelbauer (Hg.), Die Habsburgermonarchie (1526–1918) als Gegenstand der modernen Historiographie, Göttingen (V&R) 2022, 456 S. (Veröffentlichungen des Instituts für Österreichische Geschichtsforschung, 78), ISBN 978-3-205-21660-5, EUR 80,00.
– Martin Wrede, Gilles Montègre (dir.), Les Rome nouvelles de l'époque moderne, Rennes (Presses universitaires de Rennes) 2022, 223 p., ISBN 978-2-7535-8622-2, EUR 22,00.
– Christine Zabel (ed.), Historicizing Self-Interest in the Modern Atlantic World. A Plea for Ego?, London, New York (Routledge) 2022, 304 p., 15 b/w fig. (Political Economics of Capitalism, 1600–1850), ISBN 978-0-367-74149-5, GBP 36,99.
– Andreas Zechner, Steinbock, Mensch und Klima. Das Ende der letzten autochthonen Steinwildpopulation der Ostalpen im Zillertal, 1687–1711, Köln, Weimar, Wien (Böhlau) 2022, 280 S., 37 Abb. (Umwelthistorische Forschungen, 10), ISBN 978-3-412-52396-1, EUR 50,00.
– Renate Zedinger, Maria Luisa de Borbón (1745–1792). Großherzogin der Toskana und Kaiserin in ihrer Zeit, Göttingen (V&R) 2022, 195 S., 9 Abb. (Schriftenreihe der Österreichischen Gesellschaft zur Erforschung des 18. Jahrhunderts, 22), ISBN 978-3-205-21510-3, EUR 35,00.
– Olivier Zeller, Les Pennonages lyonnais. De la milice populaire à la garde bourgeoise (XVIe–XVIIe siècle), Paris (Classiques Garnier) 2022, 1073 p. (Histoire des Temps modernes, 10), ISBN 978-2-406-11989-0, EUR 59,00.
– Simone Zweifel, Aus Büchern Bücher machen. Zur Produktion und Multiplikation von Wissen in frühneuzeitlichen Kompilationen, Berlin, Boston (De Gruyter Oldenbourg) 2021, 282 S. (Cultures and Practices of Knowledge in History, 10), ISBN 978-3-11-074033-2, EUR 79,95.

19.–21. Jahrhundert/Époque contemporaine

– Andrea Albrecht, Lutz Danneberg, Kristina Mateescu, Ralf Klausnitzer (Hg.), Internationale Wissenschaftskommunikation und Nationalsozialismus. Akademischer Austausch, Konferenzen und Reisen in Geistes- und Kulturwissenschaften 1933 bis 1945, Berlin, Boston (De Gruyter) 2022, 436 S., 22 Abb., ISBN 978-3-11-073730-1, EUR 102,95.

– Pierre Allorant, Walter Badier, Jean Garrigues (dir.), Les Dix décisives. 1869–1879, Rennes (Presses universitaires de Rennes) 2022, 452 p. (Histoire), ISBN 978-2-7535-8386-3, EUR 28,00.
– Carolin Amlinger, Oliver Nachtwey, Gekränkte Freiheit. Aspekte des libertären Autoritarismus, Berlin (Suhrkamp) 2022, 480 S., ISBN 978-3-518-43071-2, EUR 26,00.
– Gabriele Anderl, Linda Erker, Christoph Reinprecht (ed.), Internment Refugee Camps. Historical and Contemporary Perspectives, Bielefeld (transcript) 2022, 314 p., 28 fig. (Histoire), ISBN 978-3-8376-5927-6, EUR 40,00.
– Marc André, Une prison pour mémoire. Montluc, de 1944 à nos jours, Lyon (ENS Éditions) 2022, 572 p. (Sociétés, Espaces, Temps), ISBN 979-10-362-0573-6, EUR 24,00.
– Birgit Aschmann, Monika Wienfort (Hg.), Zwischen Licht und Schatten. Das Kaiserreich (1871–1914) und seine neuen Kontroversen, Frankfurt am Main (Campus Verlag) 2022, 399 S., ISBN 978-3-593-51508-3, EUR 32,00.
– Claire Aslangul-Rallo, Bérénice Zunino (dir.), La presse et ses images/Die Presse und ihre Bilder. Sources – réseaux – imaginaires – méthodes/Quellen – Netzwerke – Imaginäre – Methoden, Frankfurt am Main (Peter Lang Edition) 2022, 546 p., 160 ill. (Zivilisationen und Geschichte/Civilizations and History/Civilisations et Histoire, 73), ISBN 978-3-631-84291-1, EUR 89,99.
– Meike Sophia Baader, Alfons Kenkmann (Hg.), Jugend im Kalten Krieg. Zwischen Vereinnahmung, Interessenvertretung und Eigensinn, Göttingen (V&R unipress) 2021, 428 S., 48 Abb. (Jugendbewegung und Jugendkulturen, 16), ISBN 978-3-8471-1380-5, EUR 40,00.
– Marc-Olivier Baruch, Edenz Maurice (dir.), Vichy et les préfets. Le corps préfectoral français pendant la Deuxième Guerre mondiale, Paris (La documentation Française) 2021, 327 p., ISBN 978-2-11-145673-0, EUR 19,00.
– Arvid von Bassi, Karl Dietrich Erdmann. Historiker, Wissenschaftsorganisator, Politiker, Berlin, Boston (De Gruyter Oldenbourg) 2022, 464 S., ISBN 978-3-11-072811-8, EUR 69,95.
– Bert Becker, France and Germany in the South China Sea, c. 1840–1930. Maritime Competition and Imperial Power, Cham (Springer International Publishing) 2021, 499 p. (Cambridge Imperial and Post-Colonial Studies), ISBN 978-3-030-52604-7, EUR 116,04.
– Wolfgang Benz, Deutsche Herrschaft. Nationalsozialistische Besatzung in Europa und die Folgen, Freiburg i. Br. (Herder) 2022, 480 S., ISBN 978-3-451-38989-4, EUR 28,00.
– Andreas Biefang, Dominik Geppert, Marie-Luise Recker, Andreas Wirsching (Hg.), Parlamentarismus in Deutschland von 1815 bis zur Gegenwart. Historische Perspektiven auf die repräsentative Demokratie, Düsseldorf (Droste) 2022, 476 S. (Veröffentlichungen der Kommission für Geschichte des Parlamentarismus und der politischen Parteien [KGParl]), ISBN 978-3-7700-5355-1, EUR 49,90.
– Pierre Jérôme Biscarat, Olivier Lalieu, Alexandre Bande (dir.), Nouvelle histoire de la Shoah, Paris (Passés/Composés/Humensis) 2021, 416 p., ISBN 978-2-3793-3521-1, EUR 24,00.
– Monica Black, Deutsche Dämonen. Hexen, Wunderheiler und die Geister der Vergangenheit im Nachkriegsdeutschland, Stuttgart (Klett-Cotta) 2021, 432 S., s/w Abb., ISBN 978-3-608-98415-6, EUR 26,00.
– Sarah E. Black, Drugging France. Mind-Altering Medicine in the Long Nineteenth Century, Montréal, QC (McGill-Queen's University Press) 2022, 400 p. (Intoxicating histories, 5), ISBN 978-0-228-01143-9, USD 42,95.
– Andreas Braune, Michael Dreyer, Markus Lang, Ulrich Lappenküper (Hg.), Einigkeit und Recht, doch Freiheit? Das Deutsche Kaiserreich in der Demokratiegeschichte und Erinnerungskultur, Stuttgart (Franz Steiner Verlag) 2021, 426 S., 18 s/w Abb., 21 farb. Abb., 1 s/w Tab. (Weimarer Schriften zur Republik, 17), ISBN 978-3-515-13150-6, EUR 64,00.

– Klaus-Jürgen Bremm, Normandie 1944. Die Entscheidungsschlacht um Europa, Darmstadt (Wissenschaftliche Buchgesellschaft Theiss) 2022, 352 S., 40 s/w Abb., ISBN 978-3-8062-4488-5, EUR 28,00.
– Stefan Breuer, Max Weber in seiner Zeit. Politik, Ökonomie und Religion 1890–1920, Wiesbaden (Harrassowitz Verlag) 2022, XII–448 S. (Kultur- und sozialwissenschaftliche Studien, 22), ISBN 978-3-447-11764-7, EUR 89,00.
– Lucien Calvié, Italie, Allemagne, France. Un triangle européen, Paris (Éditions du Cygne) 2022, 115 p., ISBN 978-2-84924-682-5, EUR 13,00.
– Nicola Camilleri, Staatsangehörigkeit und Rassismus. Rechtsdiskurse und Verwaltungspraxis in den Kolonien Eritrea und Deutsch-Ostafrika (1882–1919), Frankfurt am Main (Max-Planck-Institute for Legal History and Legal Theory) 2021, XIV–302 S. (Global Perspectives on Legal History, 19), ISBN 978-3-944773-37-7, EUR 23,94.
– Michel Catala, Stanislas Jeannesson (dir.), Les États-Unis en France et en Europe, 1917–1920. Circulation et diffusion des idées et des savoirs, Rennes (Presses universitaires de Rennes) 2022, 334 p., ISBN 978-2-7535-8585-0, EUR 25,00.
– Stéphanie Chapuis-Després, Florence Serrano (dir.), Femmes face à l'État. Allemagne, Espagne, France, XIXe–XXe siècles, Chambéry (Éditions de l'université de Savoie) 2022, 230 p. (Sociétés, Religions, Politiques), ISBN 978-2-37741-075-0, EUR 20,00.
– Nicolas Charles, Stéphane Tison (dir.), Reconstruction(s) 1918–… Les Ardennes après l'occupation allemande, Villeneuve-d'Ascq (Presses universitaires du Septentrion) 2022, 522 p. (War Studies, 9), ISBN 978-2-7574-3679-0, EUR 33,00.
– Evelyne Cohen, Anaïs Fléchet, Pascale Goetschel, Laurent Martin, Pascal Ory (ed.), Cultural History in France. Local Debates, Global Perspectives. Transl. by Andrew Hill and Rosine Feferman, London, New York (Routledge) 2020, XI–332 p., ISBN 978-0-367-27187-9, GBP 36,99.
– Marc Connelly, Postcards from the Western Front. Pilgrims, Veterans, and Tourists after the Great War, Montréal, QC (McGill-Queen's University Press) 2022, 424 p., 24 fig., 1 map (Human Dimensions in Foreign Policy, Military Studies, and Security Studies, 17), ISBN 978-0-2280-1190-3, CAD 42,95.
– Fabien Conord (dir.), Le radicalisme en Europe. XIXe–XXIe siècles, Nancy (Arbre bleu éditions) 2022, 229 p. (Gauches d'ici et d'ailleurs), ISBN 979-10-90129-50-4, EUR 25,00.
– Anne Couderc, Corine Defrance, Ulrich Pfeil (dir.), La réconciliation/Versöhnung. Histoire d'un concept entre oubli et mémoire/Geschichte eines Begriffs zwischen Vergessen und Erinnern, Frankfurt am Main (Peter Lang Edition) 2022, 358 p., 17 ill. (L'Allemagne dans les relations internationales/Deutschland in den internationalen Beziehungen, 18), ISBN 978-2-87574-489-0, EUR 37,45.
– Corine Defrance, Françoise Frenkel. Portrait d'une inconnue, Paris (Gallimard) 2022, 224 p. (L'Arbalète), ISBN 978-2-07-293838-2, EUR 19,50.
– Quentin Deluermoz (dir.), D'ici et d'ailleurs. Histoires globales de la France contemporaine (XVIIIe–XXe siècle), Paris (Éditions La Découverte) 2021, 337 p., ISBN 978-2-348-06010-6, EUR 23,00.
– Francis Démier, La nation, frontière du libéralisme. Libre-échangistes et protectionnistes français, Paris (CNRS Éditions) 2022, 464 p., ISBN 978-2-271-13204-8, EUR 26,00.
– Delphine Diaz, En exil. Les réfugiés en Europe, de la fin du XVIIIe siècle à nos jours, Paris (Gallimard) 2021, 531 p. (Folio histoire, 312), ISBN 978-2-07-280244-7, EUR 9,70.
– Delphine Diaz, Sylvie Aprile (ed.), Banished. Traveling the Roads of Exile in Nineteenth-Century Europe, Berlin, Boston (De Gruyter Oldenbourg) 2021, 319 p. (Migrations in History, 1), ISBN 978-3-11-073731-8, EUR 94,95.
– Paul Dietschy (dir.), La Coupe du monde dans toutes ses dimensions, Besançon (Presses universitaires de Franche-Comté) 2022, 224 p. (Football[s]. Histoire, culture, économie, sociétés, 1), ISBN 978-2-84867-940-2, EUR 20,00.

– Andrea DI MICHELE, Filippo FOCARDI (ed.), Rethinking Fascism. The Italian and German Dictatorships, Berlin, Boston (De Gruyter Oldenbourg) 2022, 341 p. (Studies in Early Modern and Contemporary European History, 4), ISBN 978-3-11-076645-5, EUR 92,95.
– Alexis DRACH, Liberté surveillée. Supervision bancaire et globalisation financière au Comité de Bâle, 1974–1988, Rennes (Presses universitaires de Rennes) 2022, 306 p. (Histoire contemporaine), ISBN 978-2-7535-8235-4, EUR 25,00.
– Emmanuel DROIT, Nicolas OFFENSTADT (Hg.), Das rote Erbe der Front. Der Erste Weltkrieg in der DDR, Berlin, Boston (De Gruyter Oldenbourg) 2022, 386 S., 21 Abb., ISBN 978-3-11-071073-1, EUR 89,95.
– Antonin DUBOIS, Organiser les étudiants. Socio-histoire d'un groupe social (Allemagne et France, 1880–1914), Vulaines-sur-Seine (Éditions du croquant) 2021, 368 p. (sociologie historique), ISBN 978-2-36512-263-4, EUR 18,96.
– Valérie DUBSLAFF, Deutschland ist auch »Frauensache«. NPD-Frauen im Kampf für Volk und Familie 1964–2020, Berlin, Boston (De Gruyter Oldenbourg) 2022, 395 S. (Quellen und Darstellungen zur Zeitgeschichte, 131), ISBN 978-3-11-075666-1, EUR 59,95.
– Valérie DUBSLAFF, Jasmin NICKLAS, Maude WILLIAMS (dir.), Émotions, politique et médias aux XXe et XXIe siècles/Emotionen, Politik und Medien im 20. und 21. Jahrhundert. Perspectives franco-allemandes pour une histoire européenne des émotions/Ein deutsch-französischer Blick auf eine europäische Emotionsgeschichte, Bern, Berlin, Bruxelles et al. (Peter Lang) 2021, 274 p. (Convergences, 103), ISBN 978-2-8076-1904-3, EUR 50,29.
– Astrid M. ECKERT, Zonenrandgebiet. Westdeutschland und der Eiserne Vorhang, Berlin (Ch. Links) 2022, 560 S., 20 Abb., ISBN 978-3-96289-151-0, EUR 30,00.
– Sarah EHLERS, Sarah FRENKING, Sara KLEINMANN, Nina RÉGIS, Verena TRIESETHAU (Hg.), Begrenzungen, Überschreitungen/Limiter, franchir. Interdiziplinäre Perspektiven auf Grenzen und Körper/Approches interdisciplinaires sur les frontières et les corps, Göttingen (V&R) 2021, 299 S., 7 Abb. (Deutschland und Frankreich im wissenschaftlichen Dialog/Le dialogue scientifique franco-allemand, 11), ISBN 978-3-8471-1297-6, EUR 45,00.
– Patrick FARGES, Elissa MAILÄNDER (dir.), Marcher au pas et trébucher. Masculinités allemandes à l'épreuve du nazisme et de la guerre, Villeneuve-d'Ascq (Presses universitaires du Septentrion) 2022, 244 p. (War Studies, 10), ISBN 978-2-7574-3682-0, EUR 20,00.
– Michael FARRENKOPF, Regina GÖSCHL (Hg.), Gras drüber… Bergbau und Umwelt im deutschdeutschen Vergleich, Berlin, Boston (De Gruyter Oldenbourg) 2022, 275 S. (Veröffentlichungen aus dem Deutschen Bergbau-Museum Bochum, 251), ISBN 978-3-11-078015-4, EUR 34,95.
– Jérôme FEHRENBACH, Jenny Marx. La tentation bourgeoise, Paris (Passés/Composés) 2021, 400 p., ISBN 978-2-3793-3485-6, EUR 24,00.
– Cédric FERIEL, La ville piétonne. Une autre histoire urbaine du XXe siècle? Paris (Éditions de la Sorbonne) 2022, 303 p., 79 ill. (Homme et société), ISBN 979-10-351-0049-0, EUR 25,00.
– Pierre-Philippe FRAITURE (ed.), Unfinished Histories. Empire and Postcolonial Resonance in Central Africa and Belgium, Leuven (Leuven University Press) 2022, 426 p., ISBN 978-94-6166-491-4, EUR 35,00.
– Vera FRITZ, Denis SCUTO, Elisabeth WINGERTER (dir.), Histoire de la justice au Luxembourg (1795 à nos jours). Institutions – Organisation – Acteurs, Berlin, Boston (De Gruyter Oldenbourg) 2022, 498 p. (Studien zur transnationalen Zeitgeschichte Luxemburgs, 1), ISBN 978-3-11-067953-3, EUR 49,95.
– Eckhardt FUCHS, Kathrin HENNE, Steffen SAMMLER, Mission Textbook. The History of the Georg-Eckert-Institute, Köln, Weimar, Wien (Böhlau) 2022, 168 p., ISBN 978-3-412-52469-2, EUR 40,00.
– Elisabeth FURTWÄNGLER, Mattes LAMMERT (Hg.), Kunst und Profit. Museen und der französische Kunstmarkt im Zweiten Weltkrieg, Berlin, Boston (De Gruyter Oldenbourg) 2022, 256 S., ISBN 978-3-11-073760-8, EUR 39,95.

– Christine DE GEMEAUX, De la Prusse à l'Afrique. Le colonialisme allemand, XIXᵉ–XXIᵉ siècle, Tours (Presses universitaires François-Rabelais) 2022, 348 p. (Civilisations étrangères), ISBN 978-2-86906-802-5, EUR 25,00.
– Jean-Louis GEORGET, L'ethnologie nationale allemande. Autopsie d'une discipline, Villeneuve-d'Ascq (Presses universitaires du Septentrion) 2022, 392 p. (Mondes germaniques), ISBN 978-2-7574-3643-1, EUR 32,00.
– Jan GERBER, Philipp GRAF, Anna POLLMANN (Hg.), Geschichtsoptimismus und Katastrophenbewusstsein. Europa nach dem Holocaust, Göttingen (V&R) 2022, 535 S., ISBN 978-3-525-31736-5, EUR 55,00.
– Thomas GERHARDS, Staat, Nation und Moderne. Europa 1870–1920, Stuttgart (Kohlhammer) 2022, 205 S., 14 Abb. (Europäische Geschichte der Neuzeit), ISBN 978-3-17-037741-7, EUR 29,00.
– Bernard GIROUX (dir.), Voir, juger, agir. Action catholique, jeunesse et éducation populaire (1945–1979), Rennes (Presses universitaires de Rennes) 2022, 228 p. (Histoire), ISBN 978-2-7535-8595-9, EUR 22,00.
– Jill GOSSMANN (Hg.), Mediziner und die Erziehung der »Massen«. Gesundheitspädagogische Diskurse in der Weimarer Republik, Marburg (Tectum Verlag) 2021, 450 S., ISBN 978-3-8288-4541-1, EUR 92,00.
– Johannes GROSSMANN, Zwischen Fronten. Die deutsch-französische Grenzregion und der Weg in den Zweiten Weltkrieg, Göttingen (Wallstein) 2022, 600 S., 10 Abb. (Moderne Zeit. Neue Forschungen zur Gesellschafts- und Kulturgeschichte des 19. und 20. Jahrhunderts, 34), ISBN 978-3-8353-5210-0, EUR 48,00.
– Michel GRUNEWALD, Das »Dritte Reich« im Visier. Interpretationen, Urteile, Strategien der Action française, 1933–1945, Frankfurt am Main (Peter Lang Edition) 2021, 286 S. (Zivilisationen und Geschichte/Civilizations and History/Civilisations et Histoire, 69), ISBN 978-3-631-85606-2, EUR 57,03.
– Michel GRUNEWALD, Olivier DARD, Uwe PUSCHNER (dir.), Confrontations au national-socialisme en Europe francophone et germanophone (1919–1949)/Auseinandersetzungen mit dem Nationalsozialismus im deutsch- und französischsprachigen Europa (1919–1949). Volume 5.2/Band 5.2: Catholiques et protestants francophones, juifs allemands et français/Französischsprachige Christen, deutsche und französische Juden und der Nationalsozialismus, Bern, Berlin, Bruxelles et al. (Peter Lang) 2022, 344 p. (Convergences, 107), ISBN 978-287-57-4664-1, EUR 64,95.
– Jean-Michel GUIEU, Stéphane TISON (dir.), La paix dans la guerre. Espoirs et expériences de paix (1914–1919), Paris (Éditions de la Sorbonne) 2022, 440 p. (Guerre et paix), ISBN 979-10-351-0049-0, EUR 34,00.
– Katja HAPPE, Michael MAYER, Maja PEERS (ed.), Western and Northern Europe 1940–June 1942, Berlin, Boston (De Gruyter Oldenbourg) 2021, 916 p. (The Persecution and Murder of the European Jews by Nazi Germany, 5), ISBN 978-3-11-068333-2, EUR 59,95.
– Heinz-Dieter HEIMANN, Schinkels Brunnen und das Königsgrab an der Saar. Eine Gedächtnisgeschichte und politische Affäre Preußens, Berlin (Duncker & Humblot) 2022, 187 S., zahlr., teilw. farb. Abb. (Quellen und Forschungen zur Brandenburgischen und Preußischen Geschichte, 56), ISBN 978-3-428-18385-2, EUR 39,90.
– Kirsten HEINSOHN, Thomas KROLL, Anja KRUKE, Philipp KUFFERATH, Friedrich LENGER, Ute PLANERT, Dietmar SÜSS, Meik WOYKE (Hg.), Eliten und Elitenkritik vom 19. bis zum 21. Jahrhundert, Bonn (Dietz) 2021, 644 S. (Archiv für Sozialgeschichte, 61), ISBN 978-3-8012-4280-0, EUR 68,00.
– Lars HELLWINKEL, La base navale allemande de Brest. 1940–1944, Rennes (Presses universitaires de Rennes) 2022, 284 p., ill. en n/b (Histoire), ISBN 978-2-7535-8229-3, EUR 24,00.

– Manfred Hettling, Wolfgang Schieder (Hg.), Reinhart Koselleck als Historiker. Zu den Bedingungen möglicher Geschichten, Göttingen (V&R) 2021, 461 S., 33 Abb., ISBN 978-3-525-31729-7, EUR 65,00.
– Gregor Hofmann, Mitspieler der »Volksgemeinschaft«. Der FC BAYERN und der Nationalsozialismus, Göttingen (Wallstein) 2022, 560 S., ISBN 978-3-8353-5261-2, EUR 28,00.
– Thorsten Holzhauser, Demokratie, Nation, Belastung. Kollaboration und NS-Belastung als Nachkriegsdiskurs in Frankreich, Österreich und Westdeutschland, Berlin, Boston (De Gruyter Oldenbourg) 2022, 186 S. (Historische Zeitschrift. Beihefte, N. F. 80), ISBN 978-3-11-076328-7, EUR 72,95.
– Rainer Hudemann, Armin Heinen, Raymon Poidevin (Hg.), Die Saar 1945–1955/La Sarre 1945–1955. Ein Problem der europäischen Geschichte/Un problème de l'histoire européenne, 3. Aufl., Berlin, Boston (De Gruyter Oldenbourg) 2022, 730 S., 9 Abb., ISBN 978-3-11-076911-1, EUR 97,95.
– Dietmar Hüser, Paul Dietschy, Philipp Didion (Hg.), Sport-Arenen – Sport-Kulturen – Sport-Welten/Arènes du sport – Cultures du sport – Mondes du sport. Deutsch-französisch-europäische Perspektiven im »langen« 20. Jahrhundert/Perspectives franco-allemandes et européennes dans le »long« XXe siècle, Stuttgart (Franz Steiner Verlag) 2022, 499 S., 19 s/w Abb., 18 farb. Abb. (Vice versa. Deutsch-französische Kulturstudien, 7), ISBN 978-3-515-13206-0, EUR 82,00.
– Pasi Ihalainen, Antero Holmila (ed.), Nationalism and Internationalism Intertwined. A European History of Concepts Beyond the Nation State, New York, Oxford (Berghahn) 2022, 364 p., 17 fig., 4 tab., ISBN 978-1-80073-314-5, GBP 107,00.
– Anna Imhof, Das staatskirchenrechtliche Regime Elsass-Lothringens in rechtsvergleichender Perspektive/Le droit local des cultes en Alsace-Moselle, Berlin (Duncker & Humblot) 2022, 550 S. (Staatskirchenrechtliche Abhandlungen, 60), ISBN 978-3-428-18548-1, EUR 119,90.
– Alexander Jehn, Albrecht Kirschner, Nicola Wurthmann (Hg.), IG Farben zwischen Schuld und Profit. Abwicklung eines Weltkonzerns, Marburg (Historische Kommission für Hessen) 2022, XII–407 S., 34 farb. u. s/w. Abb., 2 Tab. (Veröffentlichungen der Historischen Kommission für Hessen, 91), ISBN 978-3-942225-51-9, EUR 32,00.
– Hervé Joly, Philipp Müller (dir.), Les espaces d'interaction des élites françaises et allemandes. 1920–1950, Rennes (Presses universitaires de Rennes) 2021, 210 p., ISBN 978-2-7535-8217-0, EUR 24,00.
– Jonas Kaesler, »Ein vordringlich europäisches Problem«. Umweltverschmutzung und saarländische Umweltdebatte im deutsch-französischen Grenzgebiet. 1945 bis in die 1960er Jahre, Saarbrücken (Kommission für Saarländische Landesgeschichte) 2022, 452 S., s/w Abb. (Veröffentlichungen der Kommission für Saarländische Landesgeschichte, 55), ISBN 978-3-939150-16-9, EUR 39,00.
– Wolfram Kaiser, Piotr H. Kosicki (ed.), Political Exile in the Global Twentieth Century. Catholic Christian Democrats in Europe and the Americas, Leuven (Leuven University Press) 2021, 350 p. (Civitas. Studies in Christian Democracy), ISBN 978-94-6270-307-0, EUR 69,50.
– Adolf Kimmel, François Mitterrand, Stuttgart (Kohlhammer) 2022, 217 S., 13 Abb. (Urban-Taschenbücher), ISBN 978-3-17-040094-8, EUR 29,00.
– Rotem Kowner, Iris Rachamimov (ed.), Out of Line, Out of Place. A Global and Local History of World War I Internments, Ithaca, NY (Cornell University Press) 2022, 336 p., ISBN 978-1-5017-6544-5, USD 28,95.
– Clemens Krauss, Geldpolitik im Umbruch. Die Zentralbanken Frankreichs und der Bundesrepublik Deutschland in den 1970er Jahren, Berlin, Boston (De Gruyter Oldenbourg) 2021, 399 S. (Quellen und Darstellungen zur Zeitgeschichte, 128), ISBN 978-3-11-07282-86, EUR 59,95.

– Lutz Kreller, Franziska Kuschel, Vom »Volkskörper« zum Individuum. Das Bundesministerium für Gesundheitswesen nach dem Nationalsozialismus, Göttingen (Wallstein) 2022, 368 S., ISBN 978-3-8353-5201-8, EUR 36,00.
– Morgane Le Boulay, La fabrique de l'histoire de l'Europe. Un domaine de recherche entre savoir et pouvoir depuis 1976 en France, en Allemagne et au-delà, Rennes (Presses universitaires de Rennes) 2022, 253 p. (Res Publica), ISBN 978-2-7535-8372-6, EUR 25,00.
– Ariane Leendertz, Der erschöpfte Staat. Eine andere Geschichte des Neoliberalismus, Hamburg (Hamburger Edition) 2022, 480 S., ISBN 978-3-86854-477-0, EUR 40,00.
– Erwan Le Gall, Une armée de métiers? Le 47ᵉ régiment d'infanterie pendant la Première Guerre mondiale, Rennes (Presses universitaires de Rennes) 2022, 286 p., ill., cartes (Histoire), ISBN 978-2-7535-8292-7, EUR 25,00.
– Jean-Luc Leleu, Combattre en dictature. 1944 – La Wehrmacht face au débarquement, Paris (Perrin) 2022, 880 p. (Synthèses Historiques), ISBN 978-2-262-09700-4, EUR 28,00.
– Lucia J. Linares, German Politics and the »Jewish Question«, 1914–1919, Stuttgart (Franz Steiner Verlag) 2021, 233 p. (Weimarer Schriften zur Republik, 15), ISBN 978-3-515-13069-1, EUR 47,00.
– Arne Lindemann, Vom Germanenerbe zum Urkommunismus. Urgeschichtsbilder in Museen der SBZ und DDR, Berlin, Boston (De Gruyter Oldenbourg) 2022, 405 S., 99 Abb., ISBN 978-3-11-076086-6, EUR 49,95.
– Kolja Lindner, Marx, Marxism and the Question of Eurocentrism, Basingstoke (Palgrave Macmillan) 2022, XXIII–168 p., 1 fig. (Marx, Engels, and Marxisms), ISBN 978-3-030-81823-4, EUR 105,49.
– Matthijs Lok, Friedemann Pestel, Juliette Reboul (ed.), Cosmopolitan Conservatisms. Countering Revolution in Transnational Networks, Ideas and Movements (c. 1700–1930), Leiden (Brill Academic Publishers) 2021, 452 p. (Studies in the History of Political Thought, 16), ISBN 978-90-04-44523-9, EUR 130,00.
– Lilly Maier, Auf Wiedersehen, Kinder! Ernst Papanek. Revolutionär, Reformpädagoge und Retter jüdischer Kinder, Wien, Graz (Molden) 2021, 304 S., ISBN 978-3-222-15048-7, EUR 28,00.
– Stephan Malinowski, Die Hohenzollern und die Nazis. Geschichte einer Kollaboration, Berlin (Propyläen Verlag) 2021, 752 S., ISBN 978-3-549-10029-5, EUR 32,00.
– Emily Marker, Black France, White Europe. Youth, Race, and Belonging in the Postwar Era, Ithaca, NY (Cornell University Press) 2022, 276 p., ISBN 978-1-5017-6562-9, USD 39,95.
– Catherine Maurer, Jerôme Schweitzer, Pauline Belvèze, Théo Mertz, Alain Colas (dir.), Face au nazisme. Le cas alsacien, Strasbourg (BNU Éditions) 2022, 191 p., ill. en n/b et en coul., ISBN 979-10-362-0573-6, EUR 24,00.
– Reinhard Mehring, Carl Schmitt. Aufstieg und Fall. Eine Biographie, München (C. H. Beck) 2022, 731 S., 43 Abb., ISBN 978-3-406-78563-4, EUR 38,00.
– Stefanie Middendorf, Macht der Ausnahme. Reichsfinanzministerium und Staatlichkeit (1919–1945), Berlin, Boston (De Gruyter Oldenbourg) 2022, 585 S., 17 Abb., ISBN 978-3-11-071218-6, EUR 69,95.
– Dominique Missika, Résistantes. 1940–1944, Paris (Gallimard/Ministère des Armées) 2021, 272 p. (Albums Beaux Livres), ISBN 978-2-07-294029-3, EUR 29,00.
– Kolja Möller (Hg.), Populismus. Ein Reader, Berlin (Suhrkamp) 2022, 369 S. (suhrkamp taschenbuch wissenschaft, 2340), ISBN 978-3-518-29940-1, EUR 26,00.
– Thibault Montbazet, Une année terrible. Histoire biographique du siège de Paris 1870–1871, Paris (Passés/Composés) 2022, 288 p., ISBN 978-2-3793-3355-2, EUR 20,00.
– Matthieu de Oliveira, Marie Derrien, Élise Julien (dir.), La vie d'après. Les retours de la Grande Guerre, Villeneuve-d'Ascq (Presses universitaires du Septentrion) 2022, 312 p. (War Studies, 8), ISBN 978-2-7574-3649-3, EUR 25,00.

– Philippe Olivera (dir.), Jean Norton Cru. Témoins. Essai d'analyse et de critique des souvenirs de combattants édités en français de 1915 à 1928, Marseille (Éditions Agone) 2022, 1128 p., ISBN 978-2-7489-0442-0, EUR 23,00.
– Philippe Olivier, La vie musicale en République démocratique allemande. Comparaison avec l'USSR et la France (1949–1990), Genève (Librairie Droz) 2022, 424 S. (Histoire des Idées et Critique Littéraire, 518), ISBN 978-2-600-06274-9, EUR 49,00.
– Karin Orth, Nichtehelichkeit als Normalität. Ledige badische Mütter in Basel im 19. Jahrhundert, Göttingen (Wallstein) 2022, 352 S., 2 Abb., ISBN 978-3-8353-5234-6, EUR 39,00.
– Jana Osterkamp, Vielfalt ordnen. Das föderale Europa der Habsburgermonarchie (Vormärz bis 1918), Göttingen (V&R) 2021, 531 S., 12 Abb. (Veröffentlichungen des Collegium Carolinum, 141), ISBN 978-3-525-37093-3, EUR 80,00.
– Barbara Picht, Die »Interpreten Europas« und der Kalte Krieg. Zeitdeutungen in den französischen, deutschen und polnischen Geschichts- und Literaturwissenschaften, Göttingen (Wallstein) 2022, 335 S., 49 Abb., ISBN 978-3-8353-5231-5, EUR 39,90.
– Karl Heinrich Pohl, Sachsen 1923. Das linksrepublikanische Projekt – eine vertane Chance für die Weimarer Demokratie? Göttingen (V&R) 2022, 307 S., ISBN 978-3-525-31143-1, EUR 45,00.
– Daniela Preda, Robert Belot (ed.), Visions of Europe in the Resistance. Figures, Projects, Networks, Ideals, Bruxelles (Peter Lang Edition) 2022, 562 p., 2 fig., ISBN 978-2-87574-452-4, EUR 74,90.
– Juliette Rennes, Métiers de rue. Observer le travail et le genre à Paris en 1900, Paris (Éditions de l'EHESS) 2022, 462 p. (Représentations, 15), ISBN 978-2-7132-2949-7, EUR 24,90.
– Richard Rohrmoser, Antifa. Portrait einer linksradikalen Bewegung, München (C. H. Beck) 2022, 208 S. (C. H. Beck Paperback, 6414), ISBN 978-3-406-76097-6, EUR 16,00.
– Beate Rossié, Kirchenbau in Berlin 1933–1945. Architektur – Kunst – Umgestaltung, Berlin (Lukas Verlag) 2022, 468 S., 112 Abb., ISBN 978-3-86732-387-1, EUR 36,00.
– Stéphanie Roza, Lumières de la gauche, Paris (Éditions de la Sorbonne) 2022, 300 p. (La philosophie à l'œuvre), ISBN 979-10-351-0668-3, EUR 22,00.
– Karsten Ruppert, Die Exekutiven der Revolutionen. Europa in der ersten Hälfte des 19. Jahrhunderts, Paderborn, München, Wien et al. (Ferdinand Schöningh) 2022, X–531 S., ISBN 978-3-657-79101-9, EUR 99,00.
– Philippe Rygiel, L'ordre des circulations? L'institut de Droit international et la régulation des migrations (1870–1920), Paris (Éditions de la Sorbonne) 2021, 350 p. (Histoire contemporaine), ISBN 979-10-351-0634-8, EUR 28,00.
– Alexandre Saintin, Le vertige nazi. Voyages des intellectuels français dans l'Allemagne nationale-socialiste, Paris (Passés/Composés/Humensis) 2022, 320 p., ISBN 978-2-3793-3206-7, EUR 23,00.
– Ariane Santerre, La littérature inouïe. Témoigner des camps dans l'après-guerre, Rennes (Presses universitaires de Rennes) 2022, 302 p. (Interférences), ISBN 978-2-7535-8293-4, EUR 25,00.
– Lucia Scherzberg (Hg.), Gemeinschaftskonzepte im 20. Jahrhundert. Zwischen Wissenschaft und Ideologie, Darmstadt (Wissenschaftliche Buchgesellschaft) 2022, 326 S. (theologie.geschichte. Beihefte, 1), ISBN 978-3-534-45004-6, EUR 32,00.
– Antonia Schmidlin, Hermann Wichers, Versorgt, ausgewiesen, in den Tod geschickt. Das Leben des jüdischen Elsässers Gaston Dreher (1907–1944), Zürich (Chronos) 2022, 217 S., 47 Abb., ISBN 978-3-0340-1679-7, EUR 38,00.
– Anne-Catherine Schmidt-Timborn, La ligue d'Action française (1905–1936). Organisation, lieux et pratiques militantes, Frankfurt am Main (Peter Lang Edition) 2022, 272 p. (Convergences, 104), ISBN 978-2-8076-0864-1, EUR 48,15.

– Dorothee Schmitz-Köster, Unbrauchbare Väter. Über Muster-Männer, Seitenspringer und flüchtende Erzeuger im Lebensborn, Göttingen (Wallstein) 2022, 176 S., ISBN 978-3-8353-5325-1, EUR 22,00.
– Benedikt Schoenborn, Reconciliation Road. Willy Brandt, Ostpolitik and the Quest for European Peace, New York, Oxford (Berghahn) 2020, XI–236 p. (Studies in Contemporary European History, 25), ISBN 978-1-78920-700-2, EUR 99,95.
– Thies Schulze, Katholischer Universalismus und Vaterlandsliebe. Nationalitätenkonflikte und globale Kirche in den Grenzregionen Ostoberschlesien und Elsass-Lothringen, 1918–1939, Leiden (Brill Academic Publishers) 2021, XII–464 S., 3 s/w Karten (Veröffentlichungen der Kommission für Zeitgeschichte. Reihe B: Forschungen, 138), ISBN 978-3-506-79270-9, EUR 83,18.
– Antoine Schwartz, Le libéralisme caméléon. Les libéraux sous le Second Empire (1848–1870), Besançon (Presses universitaires de Franche-Comté) 2022, 448 S. (Les cahiers de la MSHE Ledoux, 46; Série »Archives de l'imaginaire social«, 11), ISBN 978-2-84867-862-7, EUR 35,00.
– Daniel Siemens, Hinter der Weltbühne. Hermann Budzislawski und das 20. Jahrhundert, Berlin, Weimar (Aufbau Verlag) 2022, 413 S., ISBN 978-3-351-03812-0, EUR 28,00.
– Jonathan Spanos, Flüchtlingsaufnahme als Identitätsfrage. Der Protestantismus in den Debatten um die Gewährung von Asyl in der Bundesrepublik (1949 bis 1993), Göttingen (V&R) 2022, 392 S. (Arbeiten zur Kirchlichen Zeitgeschichte, 85), ISBN 978-3-525-55847-8, EUR 90,00.
– Alessandro Stanziani, Capital Terre. Une histoire longue du monde d'après (XIIe–XXIe siècle). Préface de Thomas Piketty, Paris (Éditions Payot) 2021, 432 p. (Histoire Payot), ISBN 978-2-228-92925-7, EUR 22,00.
– Sybille Steinbacher, Michael Wildt (Hg.), Fotos im Nationalsozialismus. Neue Forschungen zu einer besonderen Quelle, Göttingen (Wallstein) 2022, 180 S. (Dachauer Symposien zur Zeitgeschichte, 20), ISBN 978-3-8353-5318-3, EUR 20,00.
– Ninja Steinbach-Hüther, Afrikanisches Wissen in Deutschland und Frankreich. Präsenz, Rezeption und Transfer akademischer Literatur, Göttingen (V&R) 2022, 465 S., 41 Abb. (Transnationale Geschichte, 14), ISBN 978-3-525-37090-2, EUR 75,00.
– Alexa Stiller, Völkische Politik. Praktiken der Exklusion und Inklusion in polnischen, französischen und slowenischen Annexionsgebieten 1939–1945. 2 Bde., Göttingen (Wallstein) 2021, 1454 S., ISBN 978-3-8353-1985-1, EUR 79,00.
– Thibault Tellier, Humaniser le béton. Les origines de la politique de la ville en France (1969–1983), Paris (L'Harmattan) 2022, 454 p. (Historiques. Série Travaux), ISBN 978-2-343-25506-4, EUR 42,00.
– Valérie Tesnière, Au bureau de la revue. Une histoire de la publication scientifique (XIXe–XXe siècle), Paris (Éditions de l'EHESS) 2021, 412 p. (En temps & lieux, 103), ISBN 978-2-7132-2880-3, EUR 25,80.
– Fabien Théofilakis (dir.), Les prisonniers de guerre français en 40, Paris (Fayard) 2022, 384 p., ISBN 978-2-213-72242-9, EUR 29,00.
– Jean-Michel Turcotte, Comment traiter les »soldats d'Hitler«? Les relations interalliées et la détention des prisonniers de guerre allemands (1939–1945), Ottawa (Les Presses de l'Université d'Ottawa) 2022, 406 p. (Études canadiennes), ISBN 978-2-76033-720-6, CAD 39,95.
– Volker Ullrich, Deutschland 1923. Das Jahr am Abgrund, München (C. H. Beck) 2022, 441 S., 25 Abb., ISBN 978-3-406-79103-1, EUR 28,00.
– Perrine Val, Les relations cinématographiques entre la France et la RDA. Entre camaraderie, bureaucratie et exotisme (1946–1992), Villeneuve-d'Ascq (Presses universitaires du Septentrion) 2021, 390 p., ISBN 978-2-7574-3360-7, EUR 30,00.

– Laurien Vastenhout, Between Community and Collaboration. »Jewish Councils« in Western Europe under Nazi Occupation, Cambridge (Cambridge University Press) 2022, 280 p. (Studies in the Social and Cultural History of Modern Warfare), ISBN 978-1-316-51168-8, GBP 75,00.
– Marie-Bénédicte Vincent, La dénazification des fonctionnaires en Allemagne de l'Ouest, Paris (CNRS Éditions) 2022, 384 p., ISBN 978-2-271-09530-5, EUR 25,00.
– Laurent Warlouzet, Europe contre Europe. Entre liberté, solidarité et puissance, Paris (CNRS Éditions) 2022, 496 S., ISBN 978-2-271-13846-0, EUR 26,00.
– Arndt Weinrich, Nicolas Patin (dir.), Quel bilan scientifique pour le centenaire de 1914–1918? Préface de Stéphane Audoin-Rouzeau, Paris (Sorbonne Université Presses) 2022, 502 p., ill. en n/b et en coul., cartes, ISBN 979-10-231-0706-7, EUR 35,00.
– Stéphane Weiss, Le réarmement français de 1944–1945. Faire flèche de tout bois, Rennes (Presses universitaires de Rennes) 2022, 230 p., ISBN 978-2-7535-8364-1, EUR 20,00.
– Dieter Wirth, Saarländischer Archivverband (Hg.), Quellen einer bewegten Geschichte. Saarländisch-lothringisches Archivkolloquium 2019, St. Ingbert (Dengmerter Heimatverlag) 2021, 104 S. (Veröffentlichung des Saarländischen Archivverbandes, 2), ISBN 978-3-929576-22-1.
– Anna-Katharina Wöbse, Patrick Kupper (ed.), Greening Europe. Environmental Protection in the Long Twentieth Century – A Handbook, Berlin, Boston (De Gruyter Oldenbourg) 2021, 481 p. (Contemporary European History, 1), ISBN 978-3-11-060965-3, EUR 133,95.
– Annika Wolff, Sozio-technischer Wandel durch Europäisierung? Die Abfallvermeidungspolitik der Städte München und Köln im Vergleich, Baden-Baden (Nomos) 2022, 380 S., ISBN 978-3-8487-8932-0, EUR 79,00.
– Gertrud Woltmann, Corinna von List, Dorothea Garcia-Cerro (Hg.), Meine Lieben daheim! Briefe aus Paris 1940–1944, Berlin (Lukas Verlag) 2022, 350 S., ISBN 978-3-86732-409-0, EUR 25,00.
– Stefan Zeppenfeld, Vom Gast zum Gastwirt? Türkische Arbeitswelten in West-Berlin, Göttingen (Wallstein) 2021, 430 S., 13 Abb. (Geschichte der Gegenwart, 26), ISBN 978-3-8353-5022-9, EUR 39,00.